教育、科技、人才是全面建设社会主义现代化国家的基础性、战略性支撑。必须坚持科技是第一生产力、人才是第一资源、创新是第一动力，深入实施科教兴国战略、人才强国战略、创新驱动发展战略，开辟发展新领域新赛道，不断塑造发展新动能新优势。

完善科技创新体系。坚持创新在我国现代化建设全局中的核心地位。深化科技体制改革，深化科技评价改革，加大多元化科技投入，加强知识产权法治保障，形成支持全面创新的基础制度。

——节选自习近平总书记 2022 年 10 月 16 日在中国共产党第二十次全国代表大会上的报告《高举中国特色社会主义伟大旗帜　为全面建设社会主义现代化国家而团结奋斗》

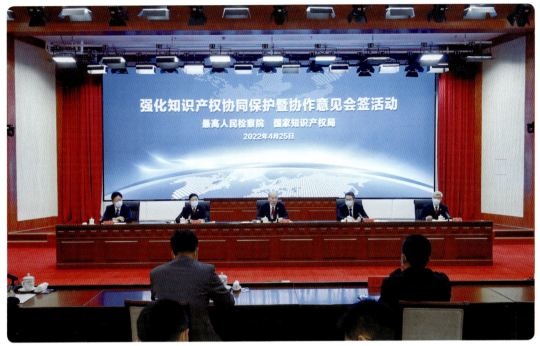

◆ 2022 年 4 月 25 日，最高人民检察院与国家知识产权局共商强化知识产权协同保护，会签《关于强化知识产权协同保护的意见》，推动构建"严保护、大保护、快保护、同保护"工作格局。

供图：最高人民检察院知识产权检察办公室

◆ 2022 年 1 月 6 日，全国知识产权局局长会议在北京召开。

供图：国家知识产权局办公室

◆ 2022 年 4 月 24 日，国务院新闻办公室举行 2021 年中国知识产权发展状况新闻发布会。

供图：国家知识产权局办公室

◆ 2022 年 4 月 24 日，全国保护种业知识产权打击假冒伪劣套牌侵权视频会议在北京召开。

供图：农业农村部科学技术司

◆ 2022 年 11 月 17 日，最高人民法院召开新闻发布会，发布人民法院反垄断和反不正当竞争司法有关情况和典型案例，并回答记者提问。

供图：最高人民法院民三庭

◆ 2022 年全国知识产权宣传周活动海报。

供图：国家知识产权局办公室

CHINA INTELLECTUAL PROPERTY YEARBOOK

中国知识产权年鉴

2023

 主办 | 国家知识产权局

 知识产权出版社
全国百佳图书出版单位
—北京—

图书在版编目(CIP)数据

中国知识产权年鉴.2023/国家知识产权局主办.—北京:知识产权出版社,2023.12
ISBN 978-7-5130-9152-7

Ⅰ.①中… Ⅱ.①国… Ⅲ.①知识产权—中国—2023—年鉴 Ⅳ.①D923.4-54

中国国家版本馆 CIP 数据核字(2023)第 250613 号

责任编辑:黄清明 林竹鸣   责任校对:王 岩
封面设计:智兴设计室·索晓青   责任印制:刘译文

中国知识产权年鉴 2023

国家知识产权局 主办

出版发行:知识产权出版社 有限责任公司		网 址:http://www.ipph.cn	
社 址:北京市海淀区气象路 50 号院		邮 编:100081	
责编电话:010-82000860 转 8117		责编邮箱:hqm@cnipr.com	
发行电话:010-82000860 转 8101/8102		发行传真:010-82000893/82005070/82000270	
印 刷:三河市国英印务有限公司		经 销:新华书店、各大网上书店及相关专业书店	
开 本:787mm×1092mm 1/16		印 张:41.5	
版 次:2023 年 12 月第 1 版		印 次:2023 年 12 月第 1 次印刷	
字 数:1055 千字		定 价:240.00 元	

ISBN 978－7－5130－9152－7

《中国知识产权年鉴 2023》编辑委员会名单

主　任：申长雨　国家知识产权局局长

副主任：胡文辉　国家知识产权局副局长

　　　　葛　树　国家知识产权局专利局副局长兼战略规划司司长

编　委：（按姓氏笔画排序）

王　飞　公安部食品药品犯罪侦查局

王培章　国家知识产权局知识产权运用促进司

白剑锋　国家知识产权局知识产权发展研究中心

任爱光　工业和信息化部科技司

刘太宗　最高人民检察院知识产权检察办公室

刘　超　知识产权出版社有限责任公司

刘新民　知识产权出版社有限责任公司

汤兆志　中央宣传部版权管理局

孙传范　农业农村部科学技术司

孙　悦　中国版权协会

杜宏伟　海关总署综合业务司

李　明　商务部条约法律司

李　剑　最高人民法院民三庭

杨　帆　国家知识产权局公共服务司

杨洪丰　国家市场监督管理总局价格监督检查和反不正当竞争局

张志成　国家知识产权局人事司

张　鹏　国家知识产权局条法司

陈　丹　国家知识产权局商标局

郑　伟　中国贸促会法律事务部

赵志彬　国家知识产权强国建设工作部际联席会议办公室

赵建军　中华全国专利代理师协会

秦浩源　科学技术部成果转化司

高胜华　国家知识产权局专利局复审和无效审理部

郭　雯　国家知识产权局知识产权保护司

龚玉梅　国家林业和草原局科技发展中心

盛　莉　国家知识产权局国际合作司

梁心新　国家知识产权局办公室

谢小勇　中国知识产权研究会

衡付广　国家知识产权局办公室

魏保志　国家知识产权局专利局审查业务管理部

年鉴编辑部名单

主　　　编： 胡文辉

副 主 编： 衡付广　刘　超　梁心新　刘新民

执行副主编： 潘　轶　杨钟超　黄清明

责 任 编 辑： 黄清明　林竹鸣

特 约 编 辑：（按姓氏笔画排序）

马　欢　国家知识产权局专利局审查业务管理部

马文婷　国家知识产权局条法司

方凤雷　国家知识产权局战略规划司

申博文　科学技术部成果转化司

刘　涛　最高人民检察院知识产权检察办公室

刘培磊　农业农村部科学技术司

齐明媛　国家知识产权局知识产权保护司

孙晓璐　海关总署综合业务司

李　芳　国家知识产权局知识产权发展研究中心

杨朝敏　国家知识产权局战略规划司

杨照莹　中国贸促会法律事务部

吴悠扬　国家知识产权局商标局

何　塈　公安部食品药品犯罪侦查局

辛碧秋　商务部条约法律司

张　茜　工业和信息化部科技司

张文康　中央宣传部版权管理局

张国宁　国家市场监督管理总局价格监督检查和反不正当
　　　　竞争局

张栌月　国家知识产权局知识产权运用促进司

陈　光　国家林业和草原局科技发展中心

陈君竹　国家知识产权局人事司

陈泽宇　最高人民法院民三庭

武　伟　中国知识产权研究会

范晓华　国家知识产权局公共服务司

曹译丹　国家知识产权局办公室

路剑锋　国家知识产权局专利局复审和无效审理部

魏华迪　国家知识产权国际合作司

编 辑 说 明

一、《中国知识产权年鉴》是反映我国知识产权领域工作基本状况的大型资料性工具书,2001年11月创刊,每年出版一卷,2023版反映的是2022年度我国知识产权工作的基本情况。

二、2023版内容由"专文""概况""大事记""统计资料""评选、认定和保护""法律、法规、规章、司法解释及其他规范性文件""典型案例""学术成果""附录"9部分组成。

三、"专文"栏目,记录了2022年度有关部门、单位负责同志涉及知识产权工作的重要讲话及署名文章。

四、"概况"栏目,全面记录了2022年度我国专利、商标、集成电路布图设计、地理标志及统筹协调涉外知识产权,版权,科技创新知识产权,农业植物新品种,工业和信息化领域知识产权,公安机关保护知识产权,商务知识产权,海关知识产权,反不正当竞争与保护商业秘密,林草植物新品种保护方面的工作情况,司法、检察机关保护知识产权的工作情况,贸促知识产权的工作情况,全国性知识产权领域社团活动的情况,各地方开展知识产权工作的情况。

五、"大事记"栏目,记录了2022年度我国专利、商标、集成电路布图设计、地理标志及统筹协调涉外知识产权,版权,农业植物新品种,公安,商务,林草植物新品种保护,知识产权司法、检察保护,以及贸促知识产权工作方面的重大事件。

六、"统计资料"栏目,收集了2022年度我国专利、商标、集成电路布图设计、地理标志、农业植物新品种、林草植物新品种、海关知识产权保护和知识产权司法保护方面的重要统计数据。

七、"评选、认定和保护"栏目,收录了第二十四届中国专利金奖及外观设计金奖项目简介,2022年新增地理标志商标名录,2022年新认定地理标志保护产品名录,2022年中国版权金奖获奖名单。

八、"法律、法规、规章、司法解释及其他规范性文件"栏目,收录了2022年度公布和新修订的与知识产权有关的规章、司法解释及其他规范性文件。

九、"典型案例"栏目,收录了知识产权强国建设第一批典型案例,2022年度知识产权行政保护典型案例,专利复审无效十大案件,商标异议和评审典型案例,地理标志、奥林匹克标志、特殊标志和官方标志行政保护典型案例,全国打击侵权盗版十大案件,农业植物新品种保护典型案例,公安机关打击侵权假冒犯罪典型案例，中国海关知识产权保护典型案例，反不正当竞争与保护商业秘密典型案例，中国法院十大知识产权案件，中国法院 50 件典型知识产权案例，最高人民检察院第四十八批指导性案例（知识产权检察综合保护主题）。

　　十、"学术成果"栏目，收录了国家知识产权局 2022 年度关于知识产权的主要学术研究成果。

　　十一、"附录"栏目，收录了与知识产权有关的主要政府网站简介。

目　　录

大 事 记

统计资料

评选、认定和保护

法律、法规、规章、司法解释及其他规范性文件

法律(无)、法规(无)

规章

典型案例

学术成果

附　　录

Contents

Special Articles

Surveys

Major Events and Activities

Statistics

Selection, Recognition, and Protection

Laws, Regulations, Rules, Judicial Interpretations, and Other Normative Documents

Typical Cases

Academic Research Achievements

Appendix

加快推进知识产权强国建设[*]

国家知识产权局党组书记、局长　申长雨

党的十八大以来，以习近平同志为核心的党中央统筹中华民族伟大复兴战略全局和世界百年未有之大变局，把知识产权工作摆在更加突出的位置，谋篇布局、举旗定向，引领我国知识产权工作取得历史性成就，走出一条中国特色知识产权发展之路，开启了全面建设知识产权强国的新征程。

一、党领导知识产权事业取得历史性成就

党的十九届六中全会将强化知识产权创造、保护、运用写入《中共中央关于党的百年奋斗重大成就和历史经验的决议》，这是党对知识产权事业发展成就的充分肯定。回顾我国知识产权事业发展走过的非凡历程，从新中国成立之后的初步探索，到改革开放之后逐步走上正规化轨道，尤其是党的十八大以来，在以习近平同志为核心的党中央坚强领导下，知识产权事业实现大发展大跨越大提升，取得了举世瞩目的巨大成就。

一是法律制度日益完善。建立了符合国际通行规则、门类较为齐全的知识产权法律制度，实现了从制度引进到适应国情、植根本土的重要转变。同时，加入了几乎所有主要的知识产权国际公约。特别是党的十八大以来，将知识产权写入了民法典，确立了依法保护知识产权的重大法律原则。对专利法、商标法、著作权法作了新一轮的修改，建立了国际上最高标准的惩罚性赔偿制度，为严格知识产权保护提供了有力的法律保障。推动第一个在中国签署并以中国城市命名的《视听表演北京条约》正式生效，加入了《工业品外观设计国际注册海牙协定》和版权方面的《关于为盲人、视力障碍者或其他印刷品阅读障碍者获得已出版作品提供便利的马拉喀什条约》，积极履行国际公约规定的各项责任义务，成为知识产权国际规则的坚定维护者、重要参与者和积极建设者。

二是管理体制不断健全。党的十八大以来，习近平总书记就知识产权工作作出一系列重要指示，多次主持召开中央全面深化改革委员会（领导小组）会议，审议通过《关于强化知识产权保护的意见》《关于开展知识产权综合管理改革试点总体方案》等重要文件，作出一系列重大部署。国务院印发《深入实施国家知识产权战略行动计划（2014—2020 年）》《关于新形势下加快知识产权强国建设的若干意见》《"十三五"国家知识产权保护和运用规划》等一系列重要文件，建立了知识产权战略实施工作部际联席会议制度，加强国家层面的

＊ 本文首发于《学习时报》2022 年 9 月 5 日第一版。

宏观统筹。2018 年党和国家机构改革,组建了国家市场监督管理总局,重新组建国家知识产权局,实现了专利、商标、原产地地理标志、集成电路布图设计的集中统一管理和专利、商标的综合执法,解决了知识产权管理多头分散的问题,知识产权管理效能大幅提升。建立了多层级的地方知识产权管理机构,形成了横向协同、纵向贯通的管理体制和运行机制,极大提升了知识产权领域的治理能力和治理水平。

三是改革发展成就斐然。创造方面,持续提升知识产权审查质量和效率,截至 2022 年 6 月底,我国发明专利有效量达到 390.6 万件,有效注册商标量达到 4054.5 万件,累计批准地理标志产品 2493 个,核准地理标志作为集体商标、证明商标注册 6927 件,集成电路布图设计登记累计发证 5.7 万件。特别是通过实施专利质量提升工程、商标品牌战略和地理标志运用促进工程,核心专利、知名商标、优质地理标志产品等持续增加。保护方面,统筹推进严保护、大保护、快保护、同保护各项工作,知识产权保护社会满意度达到 80.61 分,整体步入良好状态。运用方面,统筹推进建机制、建平台、促产业各项工作,2020 年,专利密集型产业增加值达到 12.13 万亿元,占 GDP 的比重达到 11.97%,成为经济高质量发展的重要支撑。全球领先的 5000 个品牌中,中国占到 408 个,总价值达 1.6 万亿美元。我们还通过专利技术强农、商标品牌富农、地理标志兴农,打造了知识产权助力精准脱贫的中国样本。服务方面,持续深化知识产权领域"放管服"改革,实施知识产权公共服务能力提升工程,公共服务的标准化、规范化、便利化水平不断提升。

四是国际影响显著提升。我国在世界知识产权组织发布的《2021 年全球创新指数报告》中的排名,由 2013 年的第 35 位提升至 2021 年的第 12 位,稳居中等收入经济体之首,是世界上进步最快的国家之一。特别是在多个细分指标上表现良好,PCT国际专利申请量自 2019 年起连续三年位居世界首位,知识产权收入在贸易总额中的占比持续提高,进入全球百强的科技集群数量跃居全球第二,表明我国正在从知识产权引进大国向知识产权创造大国转变。世界知识产权组织表示,中国排名持续稳步上升,预示着全球创新地理格局正在向东方转移。

二、党领导知识产权事业形成规律性认识

坚持党对知识产权事业的全面领导。党政军民学,东西南北中,党是领导一切的。知识产权事业是党的事业的有机组成部分,必须坚持党的全面领导,坚持以习近平新时代中国特色社会主义思想为指导,深刻领悟"两个确立"的决定性意义,进一步增强"四个意识"、坚定"四个自信"、做到"两个维护",认真贯彻落实习近平总书记关于知识产权工作的重要论述,把牢知识产权事业发展方向,走好中国特色知识产权发展之路。特别是习近平总书记关于知识产权工作的重要论述,是习近平新时代中国特色社会主义思想的有机组成部分,深刻阐明了新时代做好知识产权工作的重要意义、基本原则、目标任务、思路举措和工作重点,是知识产权发展一般规律与我国实践探索的理论升华,是做好新时代知识产权工作的根本遵循和行动指南,必须牢牢把握,始终坚持。

坚持以人民为中心的发展思想。以人民为中心体现了我们党的根本宗旨。习近平总书记强调,知识产权保护工作关系人民生活幸福,只有严格保护知识产权,净化消费市场,维护广大消费者权益,才能实现让人民群众买得放心、吃得安心、用得舒心。党领导下的知识产权事业必须站稳人民立场,坚守社会主义本质特征和共同富裕的发展方向,坚持公正合理保护,把握好权利人与社会公众之间的利益平衡,既通过严格的知识产权保护激发全社会创新活力,

推动高质量发展，又要通过权利的平衡，有力促进知识的传播与利用，促进创新成果更多惠及人民，满足人民对美好生活的向往。要紧紧依靠人民，坚持顶层设计和基层探索相结合，尊重基层首创精神，将人民群众的知识产权合法权益是否得到有效保护、创新活力是否得到有效激发、营商环境是否得到有效优化、经济社会发展是否得到有效推动，作为检验知识产权工作成效的根本标准，着力解决好人民群众在知识产权方面的"急难愁盼"问题，增强人民群众的获得感、幸福感、安全感。

坚持围绕中心服务大局。围绕中心、服务大局是我们开展工作的重要原则。只有把知识产权工作放在党和国家工作大局中来思考、来定位，才能找准工作的切合点、结合点、着力点，实现既为一域增光，更为全局添彩。对知识产权工作的职能定位，习近平总书记有着深刻的论述，强调创新是引领发展的第一动力，保护知识产权就是保护创新；加强知识产权保护是完善产权保护制度最重要的内容，也是提高中国经济竞争力最大的激励；产权保护特别是知识产权保护是塑造良好营商环境的重要方面；知识产权保护工作关系国家治理体系和治理能力现代化，关系高质量发展，关系人民生活幸福，关系国家对外开放大局，关系国家安全。习近平总书记的重要论述将知识产权摆在了更加突出的位置，寄予了殷切的期望。我们要立足知识产权功能定位，自觉在全局中思考、在大局下行动，更好发挥知识产权对内激励创新、对外促进开放的重要作用，为促进建设现代化经济体系，贯彻新发展理念、构建新发展格局，推动高质量发展提供有力支撑。要从贯彻总体国家安全观出发，增强斗争精神，提高斗争本领，促进关键核心技术自主研发，做好知识产权保护，建设知识产权涉外风险防控体系，坚决维护我国主权、安全、发展利益。

坚持与时俱进改革创新。一切制度总是在改革创新中不断完善和发展。知识产权制度是激励创新的基本保障，其自身也必须与时俱进、不断创新。特别是当今世界正经历新一轮科技革命和产业变革，大数据、人工智能、基因技术等新领域、新业态日新月异、加速发展，网上购物、智慧医疗、在线教育等蓬勃兴起，知识产权制度必须及时回应时代课题，作出制度安排，更好满足发展需要。

坚持合作共赢扩大开放。知识产权制度是人类文明的重要成果，我国的知识产权制度更是伴随着改革开放的历史进程建立和发展起来的，在促进技术传播利用、推动国际经贸往来、丰富人们物质文化生活等方面发挥了至关重要的作用。在新时代新阶段，我们要进一步深化国际合作，通过共同保护知识产权促进知识传播共享，让创新创造更好造福各国人民，推动构建人类命运共同体。要坚定维护多边主义，积极参与全球知识产权治理，积极贡献中国智慧，提出中国方案。为国内外企业提供一视同仁、公平对待的知识产权政策环境。深化"一带一路"知识产权合作，支持发展中国家能力建设，努力实现共同发展和繁荣进步。

三、在新的历史起点上加快推进知识产权强国建设

2021年，《知识产权强国建设纲要（2021—2035年）》和《"十四五"国家知识产权保护和运用规划》（以下分别简称《纲要》和《规划》）印发，对未来知识产权事业发展作出重大顶层设计，这充分体现了以习近平同志为核心的党中央对知识产权工作的高度重视、亲切关怀和殷切期待，标志着我国知识产权事业进入新的发展阶段。要深刻领会党中央对知识产权事业的战略性布局，立足两个大局，胸怀"国之大者"，勇担历史使命，在新的历史起点上加快推进知识产权强国建设。

把握好知识产权强国建设的宏伟目

标。建设知识产权强国是开启全面建设社会主义现代化国家新征程,推进国家治理体系和治理能力现代化,推动构建新发展格局,实现高质量发展的必然要求。要按照"制度完善、保护严格、运行高效、服务便捷、文化自觉、开放共赢"的总体目标,坚持国际国内统筹、宏观微观结合、远期近期兼顾,分两步走推进知识产权强国建设。第一步,瞄准未来五年中期目标,以《规划》实施为抓手,扎实推进相关工作,确保到2025年,知识产权强国建设取得明显成效。在此基础上,再经过十年努力,到2035年,推动我国知识产权综合竞争力跻身世界前列,中国特色、世界水平的知识产权强国基本建成。

把握好知识产权强国建设的重点任务。知识产权强国建设是一项系统工程,需要结合《纲要》和《规划》相关工作部署,坚持战略性和实操性相结合,做到纲举目张、突出重点、衔接顺畅,一张蓝图绘到底,两张卷子一起答。要围绕《纲要》明确的六个方面重点任务,聚焦建设面向社会主义现代化的知识产权制度、支撑国际一流营商环境的知识产权保护体系、激励创新发展的知识产权市场运行机制、便民利民的知识产权公共服务体系、促进知识产权高质量发展的人文社会环境和深度参与全球知识产权治理,抓好《规划》部署的5个方面14项重点任务和15个专项工程。要全面加强知识产权保护,激发全社会创新活力;提高知识产权转移转化成效,支撑实体经济创新发展;构建便民利民知识产权服务体系,促进创新成果惠及人民;推进知识产权国际合作,服务开放型经济发展;推进知识产权人才和文化建设,夯实事业发展基础。

处理好知识产权强国建设的重大关系。推进知识产权强国建设是一项没有既定经验可循的重大实践探索,要立足走好中国特色知识产权发展之路,把握和处理好五个方面的重大关系。一是中国特色与世界水平的关系,既要立足中国实际,符合中国国情,解决中国问题,满足中国需要,又要树立全球视野,实现国际可比,跻身世界前列。二是数量与质量的关系,进入知识产权强国建设新阶段,要把质量放在更加突出的位置,把高质量作为事业发展的生命线、主旋律,追求理性的繁荣,加快实现从知识产权引进大国向知识产权创造大国转变,知识产权工作从追求数量向提高质量转变。三是激励创新与维护公共利益的关系,要深刻认识知识产权制度的本质特征,把握权利人和社会公众之间的利益平衡,坚持人民利益至上,推动公正合理保护,既严格保护知识产权,又防止个人和企业权利过度扩张,努力实现激励创新与公共利益兼得。四是市场驱动与政府推动的关系,要进一步厘清政府和市场的边界,既发挥好政府职能,加强规划引领、行业监管、环境营造,又遵循市场规律,注重采取市场化手段,激发市场主体活力,依靠市场内生动力推动知识产权事业发展。五是国内保护与国际保护的关系,知识产权是国际贸易的标配,必须统筹好国内国际两个市场,既依法保护在华外资企业的知识产权,又推动外国政府加强对中国知识产权的保护,实现平等保护,切实维护中外企业的合法权益。

做好知识产权强国建设的干部人才保障。当前,我们国家已经进入到知识产权强国建设的新阶段,面临着比以往更加艰巨繁重的改革发展任务。特别是《纲要》和《规划》的实施,需要更加有力的干部人才队伍支撑。要大力加强干部队伍能力建设,使广大党员干部在政治站位上、格局视野上、业务能力上、精神面貌上、工作作风上,都能够更好地适应新时代知识产权事业发展的需要,更好肩负起推进知识产权强国建设的时代重任。一方面,要着力提高政治判断力、政治领悟力、政治执行力。善于从党和国家工作大局思考问题,时刻关注党中央在关心什么、强调什么,深刻领会什么是党和国家最重要的利益,什么是最需要坚定维护的立场,对"国之大者"了然于胸,对党中央精神准确把握,坚持用党中央精神分析形势、推动工作,始终同党中央保持高度一致。要经常同党中央精神对表对标,不折不扣抓好习近平总书记重要指示论述精神和党中央决策部署的贯彻落实。另一方面,要着力提升业务能力。主动适应新形势、不断增强本领,立足知识产权专业特点,努力学习新理论、钻研新业务、掌握新技能、适应新发展,涵养专业精神、提高专业素养、掌握专业方法。要把握知识产权国际竞争新形势,增强斗争精神,提高斗争本领,有效维护国家利益。要进一步深入开展调查研究,加强对业务领域重大理论和实践问题的研究,摸清基层实

际情况和市场主体、创新主体的真实需求,积极破解知识产权事业改革发展中的各种难题,勇闯知识产权"无人区",推动事业更好更快发展。

我们将坚持以习近平新时代中国特色社会主义思想为指导,以实施《纲要》和《规划》为抓手,坚持政治引领、服务大局,坚持稳字当头、稳中求进,坚持落实为要、质量优先,全面提高知识产权的创造质量、运用效益、保护效果、管理能力和服务水平,更大力度加强知识产权保护国际合作,扎实推进知识产权事业高质量发展,加快知识产权强国建设,为保持平稳健康的经济环境、国泰民安的社会环境、风清气正的政治环境作出知识产权领域的积极贡献,以实际行动迎接党的二十大胜利召开。

锚定目标　真抓实干
全面落实知识产权强国建设纲要和"十四五"规划*
——在2022年全国知识产权局局长会议上的工作报告(摘编)
(2022年1月6日)
国家知识产权局局长　申长雨

一、2021年主要工作

2021年是党和国家历史上具有里程碑意义的一年,以习近平同志为核心的党中央团结带领全党全国各族人民,沉着应对百年变局和世纪疫情,隆重庆祝建党一百周年,深刻总结党的百年奋斗重大成就和历史经验,勠力同心、艰苦奋斗,顺利实现第一个百年奋斗目标,全面开启向第二个百年奋斗目标进军新征程,党心民心空前凝聚,发展成就举世瞩目。一年来,全国知识产权系统深入学习贯彻习近平总书记在中央政治局第二十五次集体学习时的重要讲话精神,牢牢把握知识产权工作的"五大关系"

"两个转变""六项重点",加强顶层设计,持续改革创新,坚持稳中求进,全年主要目标任务圆满完成,实现"十四五"良好开局。

一是知识产权事业发展顶层设计全面加强。党中央、国务院印发《知识产权强国建设纲要(2021—2035年)》(简称《纲要》),这是第一份由党中央、国务院印发的知识产权重要文件;国务院印发《"十四五"国家知识产权保护和运用规划》(简称《规划》),这是继"十三五"之后知识产权规划再次纳入国家重点专项规划。《纲要》和《规划》共同绘就了未来一个时期我国知识产权事业发展的宏伟蓝图。二是知识产权高质量发

* 本文系国家知识产权局局长申长雨2022年1月6日在2022年全国知识产权局局长会议上作的工作报告(摘编),首发于2022年1月7日《中国知识产权报》。

展格局加快形成。推动"每万人口高价值发明专利拥有量"写入国家"十四五"规划纲要主要预期性指标，全面取消知识产权申请环节资助奖励，以空前力度打击非正常专利申请和商标恶意注册行为，行业秩序显著好转。我国在世界知识产权组织发布的《2021年全球创新指数报告》中的排名提升至第12位，再创新高。三是知识产权保护更加有力。新修改的专利法顺利实施，知识产权保护工作再次纳入中央督查检查考核计划。北京、天津、上海、浙江、山东、湖北等地高规格召开知识产权保护大会，黑龙江、安徽、河南等多地将知识产权保护工作纳入党委、政府考核体系。四是知识产权运用效益显著提高。实施专利转化专项计划和知识产权质押融资入园惠企行动。建立知识产权支撑关键核心技术攻关工作机制，对一批关键核心技术专利申请实施按需审查，助力破解"卡脖子"难题。五是知识产权"放管服"改革纵深推进。国务院常务会议审议通过深化知识产权领域"放管服"改革文件，部署6个方面16项改革举措。配合开展中国营商环境知识产权指标评价。启动实施知识产权公共服务能力提升工程。商标电子证书全面推行。六是知识产权国际合作"克疫"前行。主办中美欧日韩外观设计和商标五局年度会议，人民币成为PCT相关国际费用定价和结算货币，中美第一阶段经贸协议知识产权条款和中欧地理标志保护与合作协定有序落实，做好《区域全面经济伙伴关系协定》（RCEP）生效实施准备，参与疫苗专利豁免相关磋商谈判，有力服务了国家开放大局。

2021年，知识产权发展指标量质齐升。创造方面，授权发明专利69.6万件，实用新型312.0万件，外观设计78.6万件，我国国内（不含港澳台）每万人口高价值发明专利拥有量达到7.5件；受理PCT国际专利申请7.3万件。核准注册商标773.9万件，收到马德里商标国际注册申请5928件。新认定地理标志保护产品99个；新核准注册地理标志证明商标、集体商标477件。集成电路布图设计登记1.3万件。审查方面，高价值发明专利审查周期压减至13.3个月，发明专利平均审查周期压减至18.5个月，商标注册平均审查周期稳定在4个月。其中，高价值发明专利和商标注册审查周期提前完成国务院提出的五年改革目标任务。保护方面，全系统共处理专利侵权纠纷行政裁决案件4.98万件，同比增长17.4%。新批准建设25家知识产权保护中心和快速维权中心，筹建50个国家地理标志产品保护示范区。知识产权保护社会满意度进一步提高到80.61分。运用方面，2020年专利密集型产业增加值达到12.13万亿元，同比增长5.8%（未扣除价格因素，下同），占GDP比重达到11.97%，较上年提高0.35个百分点。专利商标质押融资额达3098亿元，同比增长42%。前11个月知识产权使用费进出口额超过3200亿元，其中出口额增幅达29.3%。评选出中国专利金奖40项。服务方面，知识产权服务机构数量达到7.3万家，从业人员超过86.5万人，营业收入超过2250亿元。建成101家技术与创新支持中心（TISC）和80家高校国家知识产权信息服务中心。国际合作方面，开展37次高层级多双边"云合作"，全年共签订各类合作文件28份。实现244个中欧地理标志产品互认互保。

2021年，我们主要开展了以下工作：

一是强化政治引领，做好顶层设计。牢牢把握党对知识产权事业的全面领导，认真做好习近平总书记在中央政治局第二十五次集体学习时重要讲话精神的传达学习、宣传解读和贯彻落实，国家局党组两次召开专题会议学习研讨，印发贯彻落实的意见，细化分解134项具体举措，逐一建立工作台账，逐项抓好工作落实。开展省级知识产权局局长专题培训和国家局干部轮训，要求全体干部职工深刻领悟讲话精神实质，准确把握讲话思想内涵，切实增强

"四个意识"，坚定"四个自信"，以贯彻落实的实际行动践行"两个维护"。以总书记重要讲话和指示精神为指引，编制完成知识产权强国建设纲要和"十四五"规划，印发年度推进计划和地方工作要点，制定6个知识产权分项规划。河北、吉林、湖南、四川、贵州、云南、陕西、甘肃、新疆等16个省（区、市）印发地方知识产权纲要或"十四五"规划，总体形成知识产权强国建设的政策体系、规划体系和指标体系。知识产权工作首次被纳入国务院督查激励措施。国家知识产权局与北京、内蒙古、上海、江苏、浙江、山东、湖北7个省（区、市）人民政府开展合作会商，"一省一策"合力推动知识产权强省建设。

二是坚持依法治理，加强行业监管。加快专利法实施细则修改，配套修订《专利审查指南》，完善人工智能、大数据等领域专利审查标准。出台《重大专利侵权纠纷行政裁决办法》和《药品专利纠纷早期解决机制行政裁决办法》，已受理首批案件。印发《商标一般违法判断标准》，发布《商标审查审理指南》。山西、辽宁等地颁布地方知识产权综合性法规。严厉打击非正常专利申请和商标恶意注册行为，向地方通报四批次81.5万件非正常专利申请，前三批撤回率达97%。打击恶意商标注册申请48.2万件，快速驳回抢注"长津湖""全红婵"等商标注册申请1111件，依职权主动宣告注册商标无效1635件，向地方转交涉嫌重大不良影响及商标恶意注册案件线索1062条，及时稳妥处置"逍遥镇"胡辣汤、"潼关肉夹馍"等商标舆情，积极引导舆论，切实维护稳定。深入推进代理行业监管"蓝天"行动大会战，集中打击违法违规代理行为，指导规范平台型服务机构健康发展，共约谈代理机构2350家，责令整改2105家，作出罚款与警告220件，吊销资质和停止代理业务12家，办案量比机构改革前的总量还要多。

三是做强保护链条，提升保护效能。

加强知识产权源头保护，建立以国家需求和用户满意为导向的专利商标审查管理机制，持续提高审查质量效率。完善专利审查质量保障体系，完成商标审签机制改革，发明专利审查结案准确率达到92.6%。印发《2021年全国知识产权行政保护工作方案》，建立行政保护技术调查官制度，规范技术调查官参与行政裁决办案工作。对建党100周年官方标识实施保护，为重大活动举办营造良好氛围。加强与公安部、司法部、最高人民法院的协同保护。与市场监管总局联合开展地理标志和冬奥会、冬残奥会奥林匹克标志知识产权保护专项行动。加强知识产权信用管理，将"故意侵犯知识产权"等行为列入严重违法失信名单。指导知识产权纠纷调解组织开展在线诉调对接，受理2.3万余件调解案件，调解成功率达到71.2%。联合中央宣传部等20个部门成功举办全国知识产权宣传周活动，开通知识产权海外社交媒体账号，打造对外宣传新平台，得到国务院领导同志高度肯定。各地聚焦冬奥会、服贸会、进博会、广交会等大型赛事或重要展会，加强知识产权保护，开展维权服务。上海市知识产权局调整为正局级市政府直属机构。海南设立崖州湾科技城知识产权特区，探索"五合一"综合管理。

四是突出质量导向，提高运用效益。会同有关部门出台推动科研组织知识产权高质量发展的意见，印发产学研合作知识产权指引。制定促进与规范知识产权运营工作的政策措施。深化知识产权权益分配改革，在推动职务成果使用权、处置权、收益权从国家到单位放权的基础上，进一步推动解决单位和个人的权益分配问题，打通"最后一公里"。研究建立专利开放许可制度运行机制，做好程序设计。会同财政部启动专利转化专项计划，全国高校院所专利许可转让次数同比增长超过30%。指导建设一批专利导航服务基地，推广实施专利导航国家标准。在洁净能源、5G通信、人工智能等领域新建 9 家产业知识产权运营中心。与大型国有银行开展知识产权融资合作，面向中小企业推出融资产品。鼓励开发知识产权保险新产品，稳步推进知识产权证券化。深入实施中小企业知识产权战略推进工程。推动知识产权融入国际创新管理标准体系并开展试点，助力中央企业提升国际竞争力。发布中国商标品牌发展指数报告，加快商标品牌指导站建设，促进品牌经济发展。开展地理标志助力乡村振兴行动，160 件地理标志入选首批重点指导目录。四川等 12 个省（区、市）共建地理标志产业发展联动机制。福建、江西、广西、重庆、西藏、青海、宁夏、新疆建设兵团等地大力实施地理标志运用促进工程。

五是强化服务供给，扩大服务效果。加强知识产权公共服务队伍和能力建设，实现知识产权信息公共服务机构省级层面及副省级城市全覆盖。编制知识产权公共服务事项清单，明晰服务主体、服务内容和服务方式，推动实现同标准受理、无差别办理。加强知识产权数据开放供给，基础数据开放增加至 45 种，数据下载带宽提升 2/3。首次开放集成电路布图设计数据。面向各地推广应用专利检索分析系统，为创新创业主体提供服务 70 万余次。上线欧盟商标查询系统。在全国推行专利代理机构执业许可审批告知承诺制度。开展外国人参加专利代理师资格考试和外国专利代理机构在华设立常驻代表机构试点改革。组织开展"知识产权服务万里行""知识产权信息公共服务机构在行动"等活动，服务中小企业 30 万余次。上海等地实现企业变更登记与商标变更申请同步受理。广东促进粤港澳知识产权公共服务互联互通。

六是统筹合作竞争，服务对外开放。与保加利亚、匈牙利合作成果纳入中国—中东欧国家领导人峰会成果清单。积极参与世界知识产权组织框架下的大数据、人工智能等新领域新业态知识产权规则制定，推动传统知识、遗传资源等领域知识产

权国际规则谈判。我国加入《工业品外观设计国际注册海牙协定》取得决定性进展，与世界知识产权组织共同主办首次全球技术与创新支持中心（TISC）会议。推动中文成为植物新品种联盟工作语言，继续推动马德里体系、海牙体系纳入中文语言。认真研究我国申请加入《全面与进步跨太平洋伙伴关系协定》（CPTPP）知识产权问题。深化"一带一路"和中日韩、金砖国家、中国—东盟知识产权合作，在发明专利基础上进一步成功推动中国外观设计专利在柬埔寨登记生效。设立 22 家国家海外知识产权纠纷应对指导中心地方分中心，累计指导企业海外维权案件 500 多件，多家中国企业在美国"337 调查"案件中胜诉。完成首例外资并购中的知识产权对外转让安全审查。形成专利和集成电路布图设计对外转让数据年度报告。优化海外知识产权信息服务，编制知识产权保护国别指南，为企业海外维权提供指引。

2021 年，全国知识产权系统按照党中央统一部署，深入开展党史学习教育，认真学习习近平总书记在党史学习教育动员大会上的重要讲话和"七一"重要讲话精神，深入学习党的十九届六中全会精神，深刻领会总结党的百年奋斗重大成就和历史经验的重大意义，深刻把握"两个确立"的决定性意义，筑牢做到"两个维护"的政治自觉、思想自觉和行动自觉。开展建党 100 周年系列庆祝活动，扎实推进"我为群众办实事"实践活动，解决人民群众"急难愁盼"问题，把党史学习教育成果转化为做好各项工作的强大动力。评选出全国知识产权系统先进集体 99 个、先进个人 97 名，干事创业热情进一步激发。

围绕贯彻落实习近平总书记重要指示批示精神和中央决策部署，驻市场监管总局纪检监察组贴近监督、跟进指导，压紧压实主体责任和监督责任，推动全面从严治党向纵深发展，深入落实中央八项规定精神，驰而不息纠治"四风"，指导开展"作风

建设年"活动,一体推进不敢腐、不能腐、不想腐,做了大量卓有成效的工作,发挥了至关重要的作用。

上述成绩的取得,是党中央、国务院正确领导的结果,是市场监管总局党组关心指导的结果,是各部门各地方大力支持的结果,是全系统干部职工团结奋斗的结果。在此,我谨代表国家知识产权局,向有关部门和社会各界表示衷心的感谢!

在总结成绩的同时,我们也清醒看到,当前知识产权工作仍面临一些矛盾和问题。专利商标审查提质增效压力较大,关键核心技术领域高价值专利创造不足,知识产权行政保护能力还需要大力加强,转移转化成效还有待进一步提升,公共服务供给不够充分,企业海外知识产权纠纷应对能力普遍较弱,系统干部职工业务能力、专业素养还需要加快提升,工作作风还需要进一步转变。我们要高度重视这些问题,提高政治站位,主动改革创新,认真加以解决。

二、准确把握新时代中央对知识产权工作的新部署、新要求

2021年,党中央、国务院相继印发知识产权强国建设纲要和"十四五"规划,对未来15年知识产权事业发展作出重大顶层设计,这充分体现了以习近平同志为核心的党中央对知识产权工作的高度重视,是我国知识产权事业发展史上的重大里程碑。党的十九届六中全会将强化知识产权创造、保护、运用写入《中共中央关于党的百年奋斗重大成就和历史经验的决议》,这是知识产权首次写入党的重大历史决议,充分肯定了知识产权在党和国家事业发展中的重要地位和作用,具有历史性意义。中央经济工作会议进一步强调,要强化知识产权保护,营造各类所有制企业竞相发展的良好环境,持续激发各类市场主体活力。我们要深刻领会和准确把握中央对知识产权工作的战略部署、战略意图,提高政治判断力、政治领悟力、政治执行力,立足"两个大局",牢记"国之大者",勇担历史使命,忠诚履职尽责,加快知识产权强国建设。

第一,要准确把握知识产权强国建设的指导思想。思想引领发展,理论指导实践。习近平新时代中国特色社会主义思想,特别是习近平总书记关于知识产权工作的重要指示论述,是知识产权强国建设纲要和"十四五"规划的总遵循。党的十八大以来,习近平总书记对知识产权工作多次发表重要讲话,作出一系列重要指示,深刻阐明了新时代做好知识产权工作的重要意义、基本原则、目标任务、思路举措和工作重点,高屋建瓴、思想深邃、内涵丰富,这是习近平新时代中国特色社会主义思想在知识产权领域的具体要求,是知识产权发展一般规律与我国实践探索的科学概括,是做好新时代知识产权工作的根本遵循和行动指南,在《纲要》和《规划》中得到充分体现和全面贯彻,我们要进一步学深悟透,认真落实。

第二,要准确把握知识产权强国建设的宏伟目标。建设知识产权强国是开启全面建设社会主义现代化国家新征程,推进国家治理体系和治理能力现代化,推动构建新发展格局、实现高质量发展的必然要求。《纲要》和《规划》确定的中长期发展目标,是党中央、国务院着眼我国经济社会发展全局,准确把握当前和今后一个时期国内国外两个大局,经过认真研究提出来的,完全符合我国知识产权事业发展实际。我们要按照"制度完善、保护严格、运行高效、服务便捷、文化自觉、开放共赢"的总体目标,坚持国际国内统筹、宏观微观结合、远期近期兼顾,分两步走推进知识产权强国建设。第一步,瞄准未来五年中期目标,以"十四五"规划实施为抓手,以定量指标完成为牵引,扎实推进相关工作,确保到2025年,知识产权保护更加严格,社会满意度达到并保持较高水平,知识产权市场价值进一步凸显,品牌竞争力大幅提升,专利密集型产业增加值占 GDP 比重达到 13%，知识产权使用费年进出口总额达到 3500 亿元，每万人口高价值发明专利拥有量达到 12 件，知识产权强国建设取得明显成效。在此基础上，再经过十年努力，到 2035 年，推动我国知识产权综合竞争力跻身世界前列，中国特色、世界水平的知识产权强国基本建成。

第三，要准确把握知识产权强国建设的重点任务。知识产权强国建设是一项系统工程，我们要结合《纲要》和《规划》相关工作部署，坚持战略性和实操性相结合，做到纲举目张、突出重点、衔接顺畅，一张蓝图绘到底，两张卷子一起答。要围绕《纲要》明确的六个方面重点任务，聚焦建设面向社会主义现代化的知识产权制度、支撑国际一流营商环境的知识产权保护体系、激励创新发展的知识产权市场运行机制、便民利民的知识产权公共服务体系、促进知识产权高质量发展的人文社会环境和深度参与全球知识产权治理，抓好"十四五"规划部署的 5 个方面 14 项重点任务和 15 个专项工程。要全面加强知识产权保护，激发全社会创新活力；提升知识产权转移转化成效，支撑实体经济创新发展；构建便民利民知识产权服务体系，促进创新成果惠及人民；深化知识产权国际合作，服务开放型经济发展；推进知识产权人才和文化建设，夯实事业发展基础。要按照项目化推进、工程化实施的工作模式，着力抓好数据知识产权保护、专利导航、商标品牌建设、地理标志保护等重点工程，推动各项目标如期完成。

第四，要准确把握知识产权强国建设中的重大关系。推进知识产权强国建设是一项没有既定经验可循的重大实践探索，要立足走好新时代中国特色知识产权发展之路，把握和处理好若干重大关系。一是中国特色与世界水平的关系，既要立足中国实际，符合中国国情，解决中国问题，满足中国需要，又要树立全球视野，实现国际可比，跻身世界前列，贡献中国方案。二是数量与质量的关系，进入知识产权强国建设新阶段，要把质量放在更加突出的位置，把高质量作为事业发展的生命线、主旋律、硬任务，追求理性的繁荣，加快实现"两个转变"。三是激励创新与维护公共利益的关系，要深刻认识知识产权制度的本质特征，把握权利人和社会公众之间的利益平衡，坚持人民利益至上，推动公正合理保护，既严格保护知识产权，有效激励创新创造，又防止个人和企业权利过度扩张，损害公共利益，努力实现激励创新与公共利益兼得。四是市场驱动与政策驱动的关系，知识产权事业发展是政府和市场双向发力的结果，在新的发展阶段，要进一步厘清政府和市场的边界，既要发挥好政府职能，加强规划引领、行业监管、环境营造，又要遵循市场规律，注重采取市场化举措，依靠市场内生动力推动知识产权事业发展。五是国内保护与国际保护的关系，知识产权是国际贸易的标配，必须统筹好国内国际两个市场，我们既要依法保护在华外资企业的知识产权，又要推动外国政府加强对中国知识产权的保护，实现平等保护，切实维护中外企业的合法权益。

三、2022 年重点工作

2022 年将召开党的二十大，这是党和国家政治生活中的一件大事。中央经济工作会议明确提出，要保持平稳健康的经济环境、国泰民安的社会环境、风清气正的政治环境，这是我们工作中必须把握的重大原则和基本要求。2022 年知识产权工作的总体思路是：以习近平新时代中国特色社会主义思想为指导，全面贯彻党的十九大和十九届历次全会精神，落实中央经济工作会议部署，弘扬伟大建党精神，立足新发展阶段，贯彻新发展理念，推动构建新发展格局，以实施知识产权强国建设纲要和"十四五"规划为总抓手，坚持政治引领、服务大局，坚持稳字当头、稳中求进，坚持落实为要、质量优先,按照全国市场监管工作会议有关部署,全面提高知识产权的创造质量、运用效益、保护效果、管理能力和服务水平,更大力度加强知识产权保护国际合作,扎实推进知识产权事业高质量发展,奋力开创知识产权强国建设新局面。

1. 建立健全知识产权强国建设纲要和"十四五"知识产权规划落实机制,全面贯彻中央决策部署

建立《纲要》与《规划》落实的衔接机制。全面加强党对知识产权强国建设的领导,充分发挥国务院知识产权战略实施工作部际联席会议机制统筹协调和宏观指导作用,一体推进《纲要》和《规划》的实施。各地要按照中央对知识产权工作的总体部署,结合自身实际,完善《纲要》和《规划》的配套政策,上下联动、合力推进知识产权强国建设。

健全《纲要》与《规划》落实的保障机制。编制完成《纲要》重点任务分工方案,建立《纲要》和《规划》实施的督促检查机制,开展年度监测,实施动态调整。要发扬基层首创精神,支持有条件的地方围绕重大改革、重大工程、重点项目大胆探索、先行先试,积极出台更多有利于知识产权事业稳定发展的政策措施。各地要加大知识产权工作投入力度,保障各项工作顺利开展,确保中央部署有效落实。

2. 完善知识产权法律制度和工作机制,提升治理能力和治理水平

完善知识产权法律制度。加快数据产权、人工智能知识产权保护制度研究论证,适应新领域、新业态发展需要。完成《专利法实施细则》和《专利审查指南》修改。加快商标法及其实施条例修改论证,推动解决恶意抢注、大量囤积、平衡公共利益、强化使用义务等突出问题。提出地理标志统一立法的基本框架和主要内容。出台《商标代理管理办法》和《外国专利代理机构常驻代表机构管理办法》,加强行业监管。做好对地方知识产权立法的指导。

完善知识产权工作机制。推动出台中央和地方知识产权事权划分改革方案,适当加强知识产权保护中央事权,更好调动地方工作积极性。优化局省合作会商机制,开展知识产权强国建设试点示范工作,高标准建设知识产权强省强市,培育一批知识产权强县和产业园区。鼓励各地加强跨区域知识产权工作协同,打造区域知识产权高地,服务国家区域战略。制定出台实施办法,落实国务院督查激励措施。加强知识产权高质量发展监测评价。发挥全国知识管理标准化技术委员会作用,提升标准研制和应用水平。

3. 提升知识产权创造质量,助力高水平科技自立自强

促进知识产权高质量创造。稳步推动每万人口高价值发明专利拥有量指标落实,配合做好国家高质量发展综合绩效评价,切实发挥专利指标导向作用。强化中国专利奖对关键核心技术领域重大发明创造的评价和激励。继续严厉打击非正常专利申请和商标恶意抢注行为,严防非正常申请外溢造成国际影响。修改《关于规范专利申请行为的若干规定》,创新排查方式,提高发现和打击非正常专利申请的精准度。加大对商标囤积行为的治理。建立财政资助项目形成专利的声明制度。加强知识产权申请质量统计监测。各地要进一步统一思想、强化治理,共同营造知识产权高质量发展的良好氛围。

建设一流知识产权审查机构。完善以国家需求和用户满意为导向的专利商标审查管理机制,突出对国家经济、科技战略的协同。优化审查流程,持续压缩专利审查周期,坚决完成国务院确定的审查提质增效五年目标任务。推进实用新型制度改革,引入明显创造性审查,提高授权质量。做好加入海牙协定后外观设计审查等相关工作的衔接。持续加强专利、商标审查全流程意识形态风险防控。严格地理标志保护产品认定和地理标志证明商标、集体商标的注册审查。强化审查质量全流程管理。优化审查资源配置，加强智能化技术运用，提高审查工作效能。建立商标等级审查员制度。推动专利、商标审查协作中心高质量发展，优化审查协作机制。探索全面推行专利电子证书。

4. 健全知识产权保护体系，营造更好创新环境和营商环境

提高知识产权保护体系效能。制订出台《2022—2023 年贯彻落实〈关于强化知识产权保护的意见〉推进计划》。开展国家级知识产权保护示范区建设，打造知识产权保护标杆。加大行政执法业务指导力度，深化专利侵权纠纷行政裁决示范建设。完善技术调查官制度和知识产权侵权纠纷检验鉴定工作体系。制定实施地理标志保护工程方案，推进国家地理标志产品保护示范区建设。

加强知识产权保护机构建设。深入实施知识产权保护机构建设工程。进一步优化保护中心和快速维权中心布局，拓展中心职能，规范中心运行，强化"一站式"服务。加强海外知识产权纠纷应对指导和风险防控，推进海外维权援助能力建设，更好助力我国企业"走出去"。

加强知识产权协同保护。会同有关方面扎实做好北京冬奥会、冬残奥会知识产权保护工作，助力赛事成功举办。出台知识产权信用管理规定，依法依规对失信行为予以惩戒。出台商品交易市场知识产权保护规范。加大对知识产权滥用行为的规制。做好知识产权对外转让安全审查，切实维护国家安全。各地要深化知识产权纠纷多元化解工作，做好诉调对接和维权援助，便利权利人依法维权。

5. 加快知识产权转化运用，提高对经济社会发展的贡献度

完善知识产权转化运用政策体系。扩大专利转化专项计划覆盖面，做好奖补省份的绩效评估。加强国家知识产权试点示范高校建设，继续做好职务科技成果赋权改革，活跃知识产权转移转化。完善专利权转让登记制度，修订专利实施许可合同备案办法。加快落实专利开放许可制度。探索建立知识产权交易价格统计发布机制。

构建良好的知识产权运营生态。分级分类做好企业、高校、科研院所知识产权试点示范工作，深化实施中小企业知识产权战略推进工程，大力扶持"专精特新"企业发展。打造知识产权运营服务体系升级版。规范知识产权融资模式，深化政银合作和银企对接，做到扩大规模与防范风险相统一。深入开展知识产权质押融资入园惠企行动，更好助力中小企业创新发展。

健全促进产业发展的联动机制。加强与产业部门联动，完善知识产权支撑关键核心技术攻关工作体系。大力实施专利导航工程，启动建设国家级专利导航服务基地，开展专利导航成果备案和项目评价。强化商标品牌培育和运用，加强商标品牌指导站建设，推动打造产业集群品牌和区域品牌。深入开展地理标志助力乡村振兴行动，支持建设展示推广中心，加强品牌运营和案例宣传。继续做好专利密集型产业统计监测发布，探索开展专利密集型产品备案。扩大国际创新管理标准体系与知识产权融合试点。

6. 优化知识产权服务体系，提升服务水平

持续深化"放管服"改革。配合做好中国营商环境知识产权指标评价工作，加强结果运用。推进知识产权业务办理告知承诺制，开展事中事后抽查。推广应用知识产权公共服务事项清单，编制办事指南和服务标准，把政策措施有效传导至微观市场主体。推动一批知识产权公共服务事项接入国家政务服务平台，更好实现"网上办""掌上办""二十四小时不打烊"服务。

完善知识产权公共服务体系。深化实施知识产权公共服务能力提升工程，扩大地市级公共服务机构覆盖面，拓展 TISC、高校国家知识产权信息服务中心和国家知

识产权信息服务网点功能。支持知识产权保护中心和专利、商标审查协作中心开展公共服务。加快知识产权保护信息平台建设。进一步扩大知识产权基础数据开放范围，优化系统服务功能，支持建设世界一流知识产权数据库和地方特色数据库。

促进知识产权服务业健康发展。深入推进代理行业"蓝天"专项整治行动，严厉打击违法违规代理行为，加强平台代理机构治理。实施知识产权代理信用评价管理，加强对经营异常和严重违法失信行为的监管，健全行业自律机制。出台促进知识产权服务业高质量发展的意见，深化知识产权服务业集聚区改革创新。建设国家知识产权服务出口基地。

7. 统筹推进知识产权国际合作和竞争，维护知识产权领域国家利益

深度参与知识产权全球治理。加快完成我国加入《工业品外观设计国际注册海牙协定》，做好业务推广。积极参与世界知识产权组织框架下的新领域新业态国际规则和标准制定。持续推进马德里体系和海牙体系纳入中文语言的磋商谈判。推动与世界知识产权组织合作举办遗传资源、传统知识和民间文艺国际研讨会。继续参与做好新冠疫苗和治疗药物有关知识产权豁免磋商。有序落实和继续深入研究有关经贸协定知识产权条款。加强对地方参与知识产权国际合作的指导和统筹。

统筹知识产权国际合作竞争。深化"一带一路"知识产权合作。办好金砖国家知识产权局长会议，深度参与中美欧日韩五局合作，提升中国影响力。按照中央统一部署，加强对美知识产权工作。推动中欧、中法地理标志协定下一阶段落实，推进与俄罗斯、泰国等国家地理标志合作。深化与东盟、非洲和拉美地区知识产权交流，支持发展中国家能力建设。加强对内外资企业知识产权诉求的调研和响应，推动国内外平衡保护。加大知识产权对外宣传，应对知识产权领域斗争。

8. 营造良好知识产权环境，夯实事业发展基础

完善知识产权大宣传格局。加快媒体融合，构建传播矩阵，创新传播内容、形式和手段，提高宣传效果，厚植文化氛围。加强社会公众知识产权公益培训，持续推动知识产权进党校、进学校、进社区，增强全社会知识产权意识。办好世界知识产权日、全国知识产权宣传周等大型活动，对外讲好中国知识产权故事。做好全国知识产权系统先进集体和先进个人的表彰。

强化知识产权人才队伍建设。推进论证设置知识产权专业学位，支持高校知识产权学院和研究院建设。设立国家知识产权人才培养基地，继续做好知识产权行政管理人员轮训，提升全系统干部职工的专业化水平。加强国际化人才培养。大力发展知识产权高端智库，充分发挥专家学者咨询作用。

同志们，做好知识产权工作，要始终坚持和加强党对知识产权事业的全面领导，大力推进政治机关建设，做好党的十九届六中全会精神的传达学习，促进党建和业务深度融合、高度统一。特别是今年要召开党的二十大，凡事都要讲政治。要从"两个维护"的高度，更好落实党中央决策部署，自觉在全局中思考、在大局下行动。要进一步提高政治站位，更加善于从政治上推进业务工作，把准政治方向，考虑政治影响，注重业务开展的政治效果、法律效果和社会效果的统一，为营造平稳健康的经济环境、国泰民安的社会环境、风清气正的政治环境贡献力量。要坚持全面从严治党，深入落实中央八项规定及其实施细则精神，持之以恒纠治"四风"，进一步为基层减负。要加强意识形态管理，做好重大舆情分析研判和舆论引导，切实维护社会大局稳定。要不折不扣落实关于常态化疫情防控的各项要求，确保全系统防疫安全。

同志们，蓝图已经绘就，奋斗正当其

时。让我们更加紧密地团结在以习近平同志为核心的党中央周围，坚持以习近平新时代中国特色社会主义思想为指导，肩负起知识产权强国建设的历史使命，锚定目标、真抓实干、锐意进取、接续奋斗，加快知识产权强国建设，为贯彻新发展理念、构建新发展格局、推动高质量发展提供有力支撑，以优异成绩迎接党的二十大胜利召开！

加强知识产权司法保护　服务更高水平对外开放 *

——在第 3 届中国—东盟大法官论坛上的专题发言

（2022 年 7 月 20 日）

中华人民共和国一级大法官、最高人民法院常务副院长　贺　荣

各位嘉宾，女士们、先生们、朋友们：

创新是引领发展的第一动力，保护知识产权就是保护创新。在中国东盟建立全面战略伙伴关系和《区域全面经济伙伴关系协定》（RCEP）深入实施的背景下，我们围绕"加强知识产权合作，提升知识产权保护国际化水平"开展交流，很有意义。

中国始终高度重视知识产权保护工作，先后出台《关于强化知识产权保护的意见》《知识产权强国建设纲要（2021—2035年）》，实行严格的知识产权保护制度，走出了一条中国特色知识产权发展之路。中国国家主席习近平多次强调要"全面加强知识产权保护"，引领中国知识产权事业不断发展进步。中国法院牢固树立保护知识产权就是保护创新理念，切实加强专业化审判建设，知识产权司法保护力度不断加大。2021 年审结知识产权案件 54.1 万件，是 2013 年的 5.4 倍，年均增长 24.5%。

一是严格依法平等保护中外当事人合法权益。贯彻对外开放基本国策，切实履行国际条约义务，尊重非歧视性规则的国际营商惯例，依法公正高效审理涉外案件，对内外资企业、中外权利人一视同仁、平等保护，营造市场化、法治化、国际化营商环境。依法严格保护发明创造和科技创新主体合法权益，助力营造开放、公平、公正、非歧视的科技发展环境。2021 年，中国法院审理涉外知识产权案件 10 167 件。越来越多的外国企业选择到中国法院解决知识产权纠纷，中国正逐渐成为值得信赖的国际知识产权诉讼优选地。

二是持续完善知识产权审判规则体系。2013 年以来，最高人民法院出台涉专利权、商标权、著作权、植物新品种权、商业秘密等 21 件司法解释和 12 项司法政策，加快健全法律适用规则。针对"举证难、周期长、赔偿低、成本高"等世界普遍面临的知识产权维权难题，通过适时转移举证责任等方式减轻权利人举证负担，出台惩罚性赔偿司法解释并积极适用，采取有效方式防止损害扩大，显著降低维权成本、提高侵权代价。

三是深化知识产权审判领域改革创新。2019 年 1 月 1 日成立最高人民法院知识产权法庭，统一审理全国范围内专利等技术类知识产权案件。设立北京、上海、广州和海南自由贸易港知识产权法院，支持南京等 27 地设立知识产权法庭，跨区域管辖专业技术性较强的知识产权案件。目前，已形成以最高人民法院知识产权审判部门为牵引、知识产权法院为示范、知识产权法庭为重点、地

---

　　* 本文系最高人民法院常务副院长贺荣 2022 年 7 月 20 日在第 3 届中国—东盟大法官论坛上作的专题发言，发表时略有删节。

方法院知识产权审判庭为支撑的专业化审判格局。深入推进知识产权民事、行政、刑事审判"三合一"改革,提高知识产权民事、行政、刑事司法保护能力。建立"全国法院技术调查人才库",完善多元化技术事实查明机制,与中国国家知识产权局等完善协同配合机制,健全行政执法和司法衔接机制,推动构建大保护工作格局。

四是深度参与知识产权国际治理。与世界知识产权组织签署司法交流合作谅解备忘录,深度参与世界知识产权组织框架下全球知识产权治理。中国最高人民法院高度重视《区域全面经济伙伴关系协定》义务的落实,出台制止原告滥用权利等方面司法解释,引导当事人诚信行使诉权。

女士们、先生们、朋友们!

当前,世界正经历百年未有之大变局,唯有互助互惠,方能行稳致远。随着新一轮科技革命和产业变革的蓬勃兴起,各类新知识新技术新业态层出不穷,加强知识产权保护国际合作愈发重要。中国法院将深入践行习近平法治思想,秉持人类命运共同体理念,严格依法保护各类知识产权,公正高效审理涉外知识产权案件。中国法院愿意加强与东盟各成员国法院的合作交流,共同落实 RCEP 义务,推动构建开放包容、平衡有效的知识产权国际规则,为区域科技创新、文化繁荣、公平竞争和更高水平的经贸往来提供司法保障,促进创新成果更多更公平惠及各国人民。

全国知识产权工作概况

专利、商标、集成电路布图设计、地理标志及统筹协调涉外知识产权工作

一、法律事务

（一）法制建设

《专利法实施细则》修改取得重要进展。开展调研座谈，积极与立法机关和十余个相关部门沟通协调，全力配合司法部加快推进修改进程。修订《关于施行修改后专利法的相关审查业务处理暂行办法》。

顺利加入《海牙协定》，做好与国内制度的有效衔接。《工业品外观设计国际注册海牙协定》（1999年文本，简称《海牙协定》）于2022年5月5日在我国正式生效。为有效履行国际义务，确保海牙协定在我国顺利实施，在《专利法实施细则》《专利审查指南》中加入《海牙协定》相关内容，制定发布并及时修订《关于加入〈海牙协定〉后相关业务处理暂行办法》。

加快推进《商标法》及其实施条例新一轮修改。开展重点问题研究，面向不同主体举办征求意见会，赴安徽、重庆调研座谈，召开多场讨论会和征求意见会，与相关部门专门沟通，并结合各方意见起草形成《商标法修订草案（征求意见稿）》及其说明。

大力推进地理标志立法工作。开展专题研究，与立法机关、相关部委进行沟通交流，赴四川、浙江等7个省、直辖市调研，发放调查问卷，起草形成《地理标志条例草案》和制定说明。

稳步推进规章修改工作。推动出台《商标代理监督管理规定》并做好宣传解读，从备案入口、执业规范、监管手段、违规处罚等环节提出有针对性的治理措施，促进行业健康发展，该规定已于12月1日起施行。加快推进《集体商标、证明商标管理和保护办法》修改工作，完成对外公开征求意见和定向征求意见。

加强地方立法指导协调。完善知识产权立法工作信息联络机制，开展调研与走访，对地方知识产权立法工作提出针对性的指导意见，组织召开首次全国知识产权法制交流研讨会。

持续加强其他法治政府建设工作。做好规范性文件和政策文件的合法性审核和公平竞争审查工作，对重大行政执法决定进行法制审核。开展全局公职律师培训，参与法治实践任务。按照《全国知识产权系统法治宣传教育第八个五年实施方案（2021—2025年）》组织开展法治宣传教育。

（二）审查标准与政策

持续完善专利审查标准政策。推进《专利审查指南》配套修改，根据公众意见修改完善《专利审查指南草案》并配合《专

利法实施细则》修改内容作适应性调整,并完成再次对外征求意见。进一步严格规范专利申请行为,积极推动《关于规范专利申请行为的若干规定》的修改。配合做好审查业务指导工作。

适时出台商标审查政策及相关指引。制定实施《商标注册申请快速审查办法(试行)》及配套工作方案,强化对涉及国家利益和社会公共利益的商标保护,有效服务重大区域发展战略和经济社会发展大局。制定《餐饮行业商标注册申请与使用指引(试行)》《关于商标申请注册与使用如何避免与在先权利冲突的指引》和《关于第35类服务商标申请注册与使用的指引》,引导相关市场主体规范提交商标注册申请,合理行使商标专用权。

(三)行政复议和行政诉讼

2022年,共收到涉及专利、商标、集成电路布图设计、原产地地理标志类行政复议申请2594件。除复审、无效案件的行政应诉案件外,国家知识产权局参加涉及专利、商标、集成电路布图设计、原产地地理标志类行政应诉一审案件共288件,其中,法院新受理的一审案件91件,2021年结转案件197件。

2022年,行政相对人不服专利复审、无效案件审理机构作出的行政决定而向人民法院提起行政诉讼的案件1645件,不服商标评审机构作出的行政裁决而向人民法院提起行政诉讼的案件2.2万件。专利复审无效案件被诉率为2.3%,商标评审案件被诉率为5.7%。

二、知识产权创造
(一)专利
1.专利申请

2022年,我国发明专利申请量为161.9万件,同比增长2.1%。其中,国内发明专利申请146.5万件,占总量的90.4%,同比增长2.6%;国外在华发明专

利申请15.5万件,占总量的9.6%,同比下降2.0%。

国内发明专利申请中,职务申请140.9万件,占96.2%,同比增长7.3%。国内发明专利申请中,企业所占比重达到69.7%,较上年提升2.9个百分点。

2022年,我国实用新型专利申请量为295.1万件,同比增长3.5%;我国外观设计专利申请量为79.5万件,同比下降1.4%。

2.专利审查和授权

扎实落实《提升发明专利审查质量和审查效率专项实施方案(2019—2022年)》工作部署,持续提高审查质量和审查效率,成功打赢提质增效攻坚战。严格依法审查,把好授权确权关,发明专利审查结案准确率达93.4%,2022年度专利审查质量用户满意度指数为85.7,持续保持在满意区间。

不断优化工作机制,合理调配审查资源,加强各审查阶段周期过程管理,持续清理长周期案件。2022年,高价值专利审查周期压减至13.0个月,发明专利平均审查周期压减至16.5个月,圆满完成国务院深化"放管服"改革任务目标。

2022年,授权发明专利79.8万件,同比增长14.7%。其中,国内发明专利授权69.6万件,占总量的87.1%。国内发明专利授权中,职务发明专利授权68.1万件,占97.9%,同比增长20.6%;非职务发明1.4万件,占2.1%,同比下降31.3%。

2022年,授权实用新型专利280.4万件,同比下降10.1%;授权外观设计专利72.1万件,同比下降8.2%。

3.有效发明专利拥有量

截至2022年底,已授权并维持有效的发明专利拥有量为421.2万件,同比增长17.1%。其中,国内(不含港澳台)发明专利拥有量328.0万件,占总量的77.9%,同比增长21.3%;国外在华发明专利拥有量86.1万件,占总量的20.4%,同比增长4.5%。

4.PCT国际专利申请

2022年,共受理PCT国际专利申请

7.4 万件,同比增长 1.4%。其中,6.9 万件来自国内,同比增长 1.1%。共完成国际检索报告 7.8 万件,同比下降 0.7%。自 1994 年起,累计受理 PCT 国际专利申请 59.5 万件,累计完成 PCT 国际检索报告 56.3 万件。

2022 年,收到进入中国国家阶段的 PCT 国际专利申请 10.6 万件,同比下降 1.2%。其中,发明专利申请 10.5 万件,实用新型专利申请 746 件。自 1994 年起,收到进入中国国家阶段的 PCT 国际专利申请累计 152.5 万件。

5. 海牙外观设计

2022 年,中国申请人通过《海牙协定》提交外观设计国际注册申请 1286 件。国际注册公布后进入我国的外观设计国际注册申请量为 607 件。

6. 专利复审与无效

2022 年全年共受理复审请求 10.5 万件,同比增长 38.1%,结案周期平均为 17.2 个月。对驳回发明专利申请决定不服的复审请求为 9.7 万件,占当年受理总量的 92.0%。2022 年全年复审请求结案共 6.3 万件,同比增长 16.1%。审结的发明专利复审案件中,撤销驳回占 48.8%,维持驳回和其他方式结案占 51.2%。

2022 年全年共受理无效宣告请求 7095 件,同比下降 7.0%。2022 年全年无效宣告请求结案共 7879 件,同比增长 11.5%。无效宣告请求的结案周期平均为 5.7 个月。审结的发明专利无效案件中,全部无效占 27.9%,部分无效占 15.4%,专利权维持占 56.7%;审结的实用新型专利无效案件中,全部无效占 41.4%,部分无效占 18.7%,专利权维持占 39.9%;审结的外观设计专利无效案件中,全部无效占 53.8%,部分无效占 1.4%,专利权维持占 44.8%。

自 1985 年以来,累计受理复审请求 50.6 万件。截至 2022 年底,复审请求累计结案 38.3 万件。累计受理无效宣告请求 8.2 万件。截至 2022 年底,无效宣告请求累计结案 7.7 万件。

当事人通过复审和无效宣告电子请求系统提交复审无效请求的比率逐年上升。该系统为当事人提供了便利,有效缩短了立案周期。

2022 年,已建成 25 间多媒体审理庭和 35 间多媒体合议室。在北京、南京、浙江、浦东知识产权保护中心建设了审理庭点对点远程审理系统;在北京、南京、浙江、浦东、淄博、天津知识产权保护中心建设了基于互联网的远程审理系统,审理系统覆盖线下当面审理、互联网远程审理与保护中心远程审理等多种模式。

(二)商标

1. 商标申请

2022 年,我国商标注册申请量 751.6 万件,同比减少 20.5%。其中,国内商标申请 730.4 万件,占总申请量的 97.2%,同比减少 20.5%;国外在华商标申请 21.2 万件,占总申请量的 2.8%,同比减少 17.8%。在全年商标注册申请中,服务商标的注册申请量 253.4 万件,占总申请量的 33.7%,同比减少 21.3%。

2. 商标审查

2022 年,完成商标注册审查 705.6 万件,同比减少 33.2%。商标注册申请平均审查周期稳定在 4 个月,一般情形商标注册周期稳定在 7 个月。商标注册全流程质量管理进一步加强,审查审理质量进一步提升,商标审查抽检合格率达 97.0% 以上。

适时出台商标审查新政策顺应发展大局。制定实施《商标注册申请快速审查办法(试行)》(简称《办法》)及配套工作方案,强化对涉及国家利益和社会公共利益的商标保护,有效服务重大区域发展战略和经济社会发展大局。2022 年 1 月《办法》实施以来,截至 2022 年底,共对符合规定的 153 件商标予以快速审查。制定完成《集体商标、证明商标(含地理标志)实质审查质量管理办法》,进一步严格集体商标、证明商标审查。

3. 商标注册

2022年,我国商标注册量为617.7万件,同比减少20.2%。其中,国内商标注册600.2万件,占总量的97.2%,同比减少20.5%;国外在华商标注册17.6万件,占总量的2.8%,同比减少9.4%。

2022年,我国商标注册审查签发量中,初步审定占52.0%,部分驳回占14.4%,驳回占33.6%。

4. 有效注册商标量

截至2022年底,商标有效注册量为4267.2万件,同比增长14.6%。其中,国内有效注册商标4064.2万件,占总量的95.2%,同比增长15.1%;国外在华有效注册商标203.0万件,占总量的4.8%,同比增长5.9%。

5. 马德里商标国际注册申请

2022年,我国申请人提交的马德里商标国际注册申请5827件。截至2022年底,我国马德里商标国际注册累计有效注册量达5.2万件,同比增长7.6%。马德里商标国际注册业务电子化办理运行稳定,2022年网上申请率达98.3%,较2021年提升1.3%;国际异议电子发文开发已进入生产测试阶段。截至2022年底,中国申请人马德里国际注册申请的平均形式审查周期稳定在2个月。

2022年,我国申请人马德里商标国际注册申请量前十位的商品和服务类别为第9类(科学仪器、计算机、数字存储媒介等)、第7类(机器、机床、马达等)、第35类(广告、商业经营)、第42类(科学技术服务等)、第12类(运载工具等)、第10类(外科、医疗用仪器及器械等)、第5类(药品等)、第11类(照明设备、微波炉、冰箱等)、第25类(服装、鞋、帽等)、第3类(不含药物的化妆品和梳洗用制剂等)。

2022年,马德里商标国际注册我国申请人指定缔约方前十位为美国、俄罗斯、日本、英国、印度尼西亚、韩国、泰国、马来西亚、越南、欧盟。我国申请人马德里国际注册申请量前十位的省(市)分别为广东、浙江、江苏、河北、上海、山东、北京、福建、安徽、天津。

2022年,收到外国申请人指定中国的国际注册领土延伸申请2.5万件。指定中国的马德里商标国际注册领土延伸申请审查周期稳定在4个月,国际转让、变更、续展审查周期稳定在1个月。

2022年,外国申请人指定中国的马德里商标国际注册申请量前五位的商品和服务类别为:第9类(科学仪器、计算机等)、第42类(科学技术服务、工业分析与研究等)、第35类(广告、商业经营等)、第41类(教育、提供培训等)、第5类(药品等)。

6. 商标异议

2022年,商标异议申请量为14.6万件,同比减少17.2%;完成异议申请形审审核14.6万件,异议形审审核周期保持在2.5个月以内。异议审查量为16.9万件,同比增长3.2%,异议平均审查周期为11个月。2022年,商标异议成立率为45.1%,部分成立率为11.8%,不成立占43.1%,恶意注册在异议程序中得到有效遏制。

异议决定书在中国商标网上全面公开,2022年全年共公开决定书14.1万件。商标异议网上申请功能全面运行。

7. 商标评审

2022年,累计各类评审案件申请收文42.3万件,同比减少10.6%,其中,驳回复审33.2万件,复杂案件9.1万件。2022年,共完成商标评审案件审理41.2万件,同比增长7.5%,其中,审理驳回复审案件34.5万件,审理复杂案件6.7万件。2022年,审结的商标驳回复审案件中,商标注册申请全部驳回占65.8%,部分驳回占10.9%,初步审定占23.3%;审结的商标无效宣告案件中,全部无效占62.1%,部分无效占12.9%,维持有效占25.0%;审结的商标撤销复审案件中,全部撤销占49.0%,部分撤销占33.8%,维持有效占 17.2%；审结的商标不予注册复审案件中，不予注册占 67.9%，部分不予注册占 21.1%，核准注册占 11.0%。

设立北京、广州 2 个巡回评审庭，为当事人提供方便快捷、智慧精准、公开透明的商标评审服务。

（三）地理标志

1. 地理标志产品

2022 年，国家知识产权局受理地理标志产品保护申请 9 个，批准保护地理标志产品 5 个，核准使用地理标志专用标志市场主体 6373 家。截至 2022 年底，累计批准地理标志产品 2495 个，核准使用地理标志专用标志市场主体 23 484 家。

2. 地理标志商标

2022 年，新核准以地理标志作为集体商标、证明商标注册 514 件，同比增长 7.8%。截至 2022 年底，累计以地理标志作为集体商标、证明商标注册 7076 件，其中，国外商标 227 件。

以地理标志注册的集体商标、证明商标中，用于第 31 类农产品、新鲜水果蔬菜等商品的数量最多，共 3609 件，占比 51.0%；其次分别是用于第 29 类（肉、鱼、蛋、奶等）产品和用于第 30 类（咖啡、茶、米、蜂蜜等）产品，分别为 1266 件和 1193 件，分别占比 17.9% 和 16.9%。

以地理标志注册的集体商标、证明商标数量居于前五位的省份分别为：山东（903 件）、福建（643 件）、四川（587 件）、湖北（517 件）和江苏（412 件），该五省注册量共占比 43.3%。

截至 2022 年底，共核准国外以地理标志注册的集体商标、证明商标 227 件，比 2021 年底增加 5.6%。排名前三的国家为：法国（155 件）、意大利（34 件）、美国（14 件），三国注册量共占比 89.4%。

单一主体拥有以地理标志注册的集体商标、证明商标数量排名前十位的分别是波尔多葡萄酒行业联合委员会（法国，139 件）、淮安市淮阴区畜禽产业协会（江苏，34 件）、云霄县地理标志产业协会（福建，33 件）、涟水县农副产品营销协会（江苏，26 件）、淮安市洪泽区洪泽湖农产品协会（江苏，22 件）、喀什农村合作经济组织协会（新疆，22 件）、金湖县农副产品营销协会（江苏，20 件）、平和县特产协会（福建，20 件）、勐海县茶叶技术服务中心（云南，17 件）和寿光蔬菜瓜果产业协会（山东，15 件）。

（四）集成电路布图设计

2022 年，集成电路布图设计登记申请 1.4 万件，同比下降 29.2%；予以公告并发出证书 9106 件，同比下降 30.4%。自 2001 年 10 月 1 日《集成电路布图设计保护条例》实施以来，共收到集成电路布图设计登记申请 8.1 万件，予以登记公告并发出证书共计 6.1 万件。

截至 2022 年底，累计受理 25 件集成电路布图设计撤销案，其中，当年新增受理 1 件集成电路布图设计撤销案；累计审结 21 件。

三、战略实施和保护运用
（一）知识产权战略

1. 系统推进《知识产权强国建设纲要（2021—2035 年）》组织实施

制定印发《知识产权强国建设纲要（2021—2035 年）》（简称《纲要》）重点任务分工方案，将《纲要》各项部署落实到部门，有效推动《纲要》实施。开展《纲要》实施年度监测，全面掌握《纲要》实施情况，编制形成《纲要》实施年度监测报告。对《纲要》工作任务落实情况开展督促检查，相关内容纳入知识产权保护工作检查考核。指导 31 个省（自治区、直辖市）和新疆生产建设兵团完成《纲要》配套政策制定工作。认真做好《纲要》宣传解读，组织编写出版《纲要》辅导读本。

2. 持续加大知识产权战略实施统筹推进力度

充分发挥国务院知识产权战略实施工

作部际联席会议（简称联席会议）机制作用，组织联席会议各成员单位和相关单位按职责分工推进落实《知识产权强国建设纲要和"十四五"规划实施年度推进计划》。指导地方建立健全知识产权战略实施工作统筹协调机制，31个省（自治区、直辖市）和新疆生产建设兵团均建立地方党委、政府领导下的知识产权战略实施工作统筹协调机制，统一领导、部门协同、上下联动的知识产权战略实施工作体系基本建成。发掘和推广地方在知识产权强国建设中的典型经验做法，公布知识产权强国建设第一批典型案例。

3. 不断夯实知识产权战略实施工作基础

成立由十二届全国人大常委会副委员长严隽琪担任主任，34位高层专家组成的知识产权强国建设专家咨询委员会，为推进知识产权强国建设工作提供指导和咨询。加强国家知识产权战略实施研究基地建设，围绕知识产权战略实施重大问题，组织开展16项专题研究和多项应急性研究，报送6篇政策咨询专报。会同联席会议成员单位开展知识产权发展状况评价，编制发布《2022年中国知识产权发展状况评价报告》。组织出版《迈向知识产权强国之路（第3辑）》。不断提高知识产权战略信息工作水平，编发联席会议《工作动态》12期、知识产权战略实施研究《信息速递》39期。充分发挥国家知识产权战略网、知识产权战略微信公众号作用，加大知识产权战略宣传力度，开展《纲要》公开发布一周年专题宣传报道。评选表彰2022年战略信息先进个人和优秀战略信息，举办2022年国家知识产权战略信息工作培训班。

（二）政策研究

围绕党中央、国务院关心的大事要事，紧跟知识产权领域的新情况新问题，累计编报局《知识产权局简报》29期、《知识产权局信息》45期。统一发布软科学研究项目、专利专项项目申报指南，加强国家知识

产权局内课题研究的统筹管理。聚焦知识产权制度运行、战略施行、法律执行、改革推行中的重点难点问题，新设立软科学研究项目18项。聚焦专利审查提质增效关键环节，围绕人工智能、大数据、基因技术等新领域新业态专利保护规则和审查标准、专利审查管理机制优化、实用新型明显创造性审查标准适用等方面开展课题研究35项。组织开展2021年立项课题的结题评审，共结题20项。利用国家知识产权局学术委员会平台、《中国知识产权年鉴》、《知识产权工作动态》等共享课题研究成果。

（三）知识产权保护

1. 推动《关于强化知识产权保护的意见》及相关推进计划贯彻落实取得阶段性进展

贯彻落实习近平总书记在第十九届中央政治局第二十五次集体学习时的重要讲话精神，组织制定《关于贯彻落实习近平总书记在中央政治局第二十五次集体学习时重要讲话精神的意见》，细化134条落实举措。按照中央督查检查计划，会同中央宣传部、市场监管总局对31个中央和国家机关有关部门、31个省（自治区、直辖市）党委政府开展2022年知识产权保护工作检查考核，完成天津等5省市的实地检查考核工作。经国务院同意印发《国家知识产权保护示范区建设方案》，会同最高人民法院等六部门共同推进国家知识产权保护示范区建设工作，遴选首批国家知识产权保护示范区建设城市（地区）。会同中央宣传部等三十部门单位编制《深入实施〈关于强化知识产权保护的意见〉推进计划》，明确六个方面114条重点任务和工作措施。会同中央宣传部等十一部门编制发布《2021年中国知识产权保护状况》白皮书。

2. 持续开展知识产权保护社会满意度调查

为准确把握全社会对知识产权保护工

作的主观感知,自 2012 年起,国家知识产权局持续组织开展知识产权保护社会满意度调查。2022 年 9 月,发布 2021 年知识产权保护社会满意度调查结果。同年,国家知识产权局面向全国 31 个省(自治区、直辖市),组织开展 2022 年全国知识产权保护社会满意度调查,调查涵盖知识产权保护工作各个方面,包括法律政策、执法保护、机制建设、意识培养、保护效果 5 项一级指标、11 项二级指标和 31 项三级指标。调查结果显示,2022 年全国知识产权保护社会满意度达到 81.25 分(百分制),较 2021 年提高 0.64 分,较调查启动之初(2012 年)提高了 17.6 分,得分再创新高,连续三年迈过 80 分门槛,整体步入良好阶段。

3. 持续推进知识产权涉外纠纷应对机制建设

完善涉外知识产权风险防控体系,持续推进战略性新兴产业知识产权安全保障和风险防控平台建设。加大海外知识产权纠纷应对指导工作力度,2022 年以来累计为企业提供海外知识产权纠纷应对指导 340 余次,提供咨询服务 700 余次。改版升级海外知识产权信息服务平台"智南针网",更新海外知识产权官费信息等各类资讯 500 余条,发布韩国、墨西哥、巴西、哈萨克斯坦等国知识产权保护国别指南以及《2021 年度中国企业在美知识产权诉讼调查报告》《进入中国韩企知识产权指南》报告,加强海外知识产权信息供给。会同中国贸促会编写发布中国知识产权保护成效英文通讯,向全球 70 多个国家 340 多个商会组织发放。加强调研和诉求响应,在上海组织召开海外知识产权援助工作专题座谈会,在跨国公司青岛峰会组织召开闭门会议,听取企业知识产权保护诉求,提升企业海外知识产权维权能力。组织 2 期海外知识产权纠纷应对指导能力提升全国培训班,加强海外知识产权纠纷应对指导专业化建设。

4. 扎实推进知识产权保护体系建设工作

一是推动快速协同保护机制建设。组织召开知识产权保护中心建设推进工作组第三次全体会议。2022 年新批建知识产权保护中心、快维中心共 10 家。截至 2022 年底,全国国家级知识产权保护中心达 62 家,快维中心达 35 家。举办第三届知识产权维权案例模拟活动,线上线下观摩人次超过 60 万。依托知识产权保护中心、快维中心开展知识产权纠纷快速处理试点工作,大幅压缩纠纷办理周期。2022 年全年,各中心共办理保护维权案件 7.1 万余件,受理专利预审案件 13.7 万件。

二是持续严厉打击非正常专利申请和恶意商标注册申请行为。印发《国家知识产权局关于持续严格规范专利申请行为的通知》,分四批向地方通报非正常专利申请相关情况。集中打击恶意商标注册申请,2022 年,共向地方转交涉嫌重大不良影响及恶意商标注册案件线索 110 件,涉及商标注册申请信息 1239 条。

三是完善知识产权保护体系。落实《关于加强知识产权纠纷调解工作的意见》,完善诉调对接机制,全国 1200 余家知识产权纠纷调解组织共受理调解案件 8.8 万件;制定印发《国家知识产权局知识产权信用管理规定》,印发配套文书表格,推进建立工作机制,依法依规通报首批共 25 例违法失信主体信息。推动 7 省 12 市开展第二批分级分类监管试点工作,按照季度报送试点工作进展情况。2022 年,中国知识产权维权援助线上服务平台网站访问量近 300 万次。全国知识产权维权援助机构数量达到 2000 余家,维权援助志愿者近 1 万名。全年共办理维权援助申请 7.1 万件,提供咨询指导服务 4.9 万次,出具侵权判定意见 1.1 万件。印发《知识产权保护规范化市场创建示范管理办法》,组织开展 2022 年度知识产权保护规范化市场续延审查。

5. 持续加大知识产权行政保护业务指导力度

一是加强知识产权执法案件指导工作。在国家知识产权局官方微博、官网、《中国知识产权报》等国家知识产权局属媒体上分批次发布《〈商标侵权判断标准〉理解与适用》《〈商标一般违法判断标准〉理解与适用》《第二批知识产权行政执法指导案例理解与适用》，共计8万余字，受到广泛关注和好评。在"4·26全国知识产权宣传周"期间发布2021年度知识产权行政保护典型案例，展现近年来我国在积极履行国际条约、全面加强知识产权保护、护航国家重大活动、持续优化创新和营商环境等方面取得的成就。发布第二批3件知识产权行政执法指导案例，体现严格知识产权保护导向，切实发挥指导地方执法保护积极作用。

二是加强专利侵权纠纷行政裁决工作。落实重大专利侵权纠纷行政裁决和药品专利纠纷早期解决行政裁决机制，审结首批重大专利侵权纠纷行政裁决案件2件和药品专利侵权早期解决行政裁决案件35件。向各地知识产权局和司法厅通报第二批行政裁决建设13项典型经验做法，确定天津、山西等8个地方开展第三批专利侵权纠纷行政裁决规范化建设试点工作。2022年，办理全国专利侵权纠纷行政裁决案件5.8万件，同比增加16.8％。

三是健全跨部门跨地区保护协作机制。联合最高人民检察院印发强化知识产权协同保护的政策文件，与公安部联合表扬2021年度全国知识产权系统和公安机关知识产权保护工作成绩突出集体100家和个人200名，进一步深化行政保护和司法保护协作配合，健全完善行刑衔接机制。指导上海、江苏等12省市，黄河流域9省区，长三角G60科创走廊知识产权行政保护协作中心，南京都市圈等加强跨区域行政保护协作，推动打造区域知识产权保护高地。

四是加大知识产权行政保护工作力度。印发《2022年全国知识产权行政保护工作方案》，从4个方面部署14项主要任务，聚焦群众反应强烈、社会舆论关注、侵权假冒多发的电商、展会等重点领域、关键环节和多发区域开展专项治理，重拳出击、整治到底、震慑到位。

五是推进知识产权侵权纠纷技术支撑体系建设。制定印发《关于加强知识产权鉴定工作的指导意见》，会同最高人民法院、最高人民检察院、公安部、国家市场监督管理总局四部门制定印发《关于加强知识产权鉴定工作衔接的意见》，促进知识产权鉴定机构专业化、规范化发展。建设全国知识产权行政保护技术调查官信息库。举办首次知识产权行政保护技术调查官线上培训班。

六是加强执法保护队伍建设。分别在黑龙江省哈尔滨市、江西省南昌市举办2022年专利侵权纠纷行政裁决培训班和知识产权能力提升培训班，线上线下累计培训350余人。联合最高人民检察院在河南省郑州市国家检察官学院举办知识产权案件办理疑难复杂问题同堂培训专题研修班。指导地方办理知识产权行政保护培训班20场次，派出授课教师36人次。商标执法指导精品课程及相关评估测试正式上线Ⅰ智库。

6. 加快推动建立地理标志统一认定制度

一是完善地理标志保护政策、制度和标准。推进地理标志统一认定制度建设并取得阶段性重要进展，协调有关部门停止农产品地理标志登记工作。提出我国地理标志专门立法保护管理制度框架内容建议。组织出版《地理标志保护制度汇编（国内法律法规、国际公约及条约）》。印发实施《地理标志保护和运用"十四五"规划》。推动10项地理标志保护国家标准制修订立项。

二是加强地理标志行政保护。会同国家市场监督管理总局推动全国各地落实

《关于进一步加强地理标志保护的指导意见》。加大对各地地理标志保护的业务指导,对辽宁省知识产权局、山西省知识产权局关于使用地理标志专用标志的事实认定和法律适用的请示给予批复指导。评选发布 2021 年地理标志、奥林匹克标志和特殊标志行政保护典型案例。组织开展地理标志、官方标志和特殊标志保护能力提升培训班。

三是深化地理标志保护试点示范建设。推进第一批地理标志专用标志使用核准改革试点验收,发布推广各试点地方取得的显著成效和典型经验。在安徽、上海等 20 个省市开展第二批试点及持续深化第一批改革试点工作,提出探索建立专用标志使用异常名录等多项改革措施。批准筹建 29 个国家地理标志产品保护示范区,批准成立 1 个国家地理标志产品保护示范区,推广保护和管理经验,充分发挥示范区的示范辐射和带动引领作用。加强地理标志专用标志使用管理,编制发布《地理标志保护发展报告(2021 年度)》。

7. 加强官方标志、特殊标志和奥林匹克标志保护

备案中国载人航天官方标志 2 件。核准健康中国行动、杭州亚运会、中国载人航天系列飞行任务有关特殊标志登记 31 件。做好亚运会会徽"潮涌"和珠海航展会徽特殊标志延期工作。公告保护 8 件北京 2022 年冬奥会奥林匹克标志。联合国家市场监督管理总局在全国范围内开展北京 2022 年冬奥会和冬残奥会奥林匹克标志知识产权保护专项行动,圆满完成了各项工作任务,为北京冬奥会、冬残奥会胜利举办提供有力支撑。对河北省关于奥林匹克标志专有权保护有关法律适用问题给予答复指导。支持赛后北京冬奥会和冬残奥会有关奥林匹克标志权利人变更,推动常态化保护。

8. 地理标志领域业务合作

加大《中欧地理标志保护协定》宣传贯彻力度,出版《〈中华人民共和国政府与欧洲联盟地理标志保护与合作协定〉中欧地理标志产品互认互保名录(中国产品第一批)》(简称《中欧地理标志保护与合作协定》)。推进同步受理协定第二批 350 个清单产品公示,公告受理莱茵朗姆酒等 175 个欧洲联盟地理标志产品保护申请。推动欧盟委员会公告受理金华火腿等 175 个中国地理标志产品保护申请。

(四)知识产权运用

1. 有力支撑主体创新发展

强化政策引导。会同工信部印发《关于知识产权助力专精特新中小企业创新发展的若干措施》,加强对专精特新的知识产权服务支撑。联合教育部、工信部、科技部组织开展"千校万企"协同创新伙伴行动和"百校千项"高价值专利培育转化行动,加快高校知识产权向产业转移转化。完成管理体系建设优化升级。修订完成《企业知识产权合规管理体系要求》国家标准。指导建设全国知识管理标准化技术委员会标准推广应用综合服务平台。对标世界先进企业管理模式,在 3 家中央企业、12 家专精特新"小巨人"企业率先试点实施《创新管理——知识产权管理指南》国际标准。强化示范标杆引领。优化升级企业创新管理与知识产权融合评价体系,首次采取数字化手段完成主体申报测评,确定新一批国家知识产权示范企业 482 家、国家知识产权优势企业 2512 家。

2. 持续优化运营服务体系

加快实施专利开放许可制度。印发《专利开放许可试点工作方案》,组织召开开放许可试点工作部署会,指导 18 个省份印发试点方案。1110 所高校院所、大型企业筛选公布开放许可专利超过 2.1 万件,精准匹配推送至 6.1 万家中小企业,达成许可超 4000 项。配套印发《专利开放许可使用费估算指引(试行)》,引导专利权人科学、公允、合理估算许可费。优化升级知识产权运营服务体系。印发《关于完善知识产权运营平台体系有关事项的通知》,启动认定首批功能性国家平台,完善知识产权运营平台总体布局。完成第二、三、四批知识产权运营服务体系建设重点城市绩效评价。支持深圳证券交易所率先成立知识产权和科技成果产权交易机构。深入推进专利转化专项计划。会同财政部印发《关于做好 2022 年专利转化专项计划有关工作的通知》,确定新一批 8 个奖补省份,全国累计 16 个省份获得中央财政奖补资金支持。2022 年,16 个奖补省份高校院所专利转让许可次数达 3 万次,占全国的近 9 成,引导作用和实施成效明显。

3. 不断拓展金融服务渠道

知识产权评估体系加速完善。会同财政部、人民银行、银保监会制订完善知识产权评估管理配套政策工作方案。与人民银行、银保监会共同研究制定《专利评估指引》国家标准。建立专利实施许可备案合同的专利许可费率统计数据持续发布机制。推动质押融资提质扩面。会同中国银行开展商标质押助力餐饮、文旅等重点行业纾困"知惠行"专项活动,扩大专利权质押登记线上办理试点范围,支持江苏、浙江、广东实行质押登记全流程无纸化办理,知识产权质押融资规模实现逆势上涨。2022 年,专利商标质押融资规模达到 4868.8 亿元,同比增长 57.1%,惠及企业 2.6 万家,同比增长 65.5%。其中,1000 万元以下的普惠贷款项目惠及企业 1.8 万家,同比增长 63.1%。不断丰富各类知识产权金融服务。联合银保监会、中国贸促会共同推广海外知识产权侵权责任险。指导浙江开展知识产权保险改革创新试点。支持上海浦东建设科创板拟上市企业知识产权服务站。"健全知识产权质押融资风险分担机制和质物处置机制"入选国务院首批营商环境创新试点改革举措。

4. 大力促进转化运用

助力创新型经济发展。支持建设国家专利密集型产品备案认定试点平台,组织开展专利产品备案,促进专利密集型产业发展取得新突破。支持建设"碳中和"、硅基新材料等 4 家产业知识产权运营中心。支持建设国家级专利导航服务基地 104 家、支撑服务机构 26 家,批复建设国家专利导航综合服务平台,推进完善供、需、用高效互动的专利导航服务产业发展体系。完成第二十三届中国专利奖评选,40 项金奖获奖项目平均销售额达 63 亿元、平均新增利润达 9.8 亿元,经济效益和社会效益十分显著。助力品牌经济发展。持续加强商标品牌建设,推动建设 3400 家商标品牌指导站,2022 年服务企业 41.1 万次。联合国家发展改革委等七部门印发新时代推进品牌建设指导意见。连续三年组织编制《中国商标品牌发展指数》。助力特色经济发展。深入开展地理标志助力乡村振兴行动,完善地理标志运用促进重点联系指导机制。联合商务部指导开展"数商兴农"专场活动,加强地理标志产品线上产销对接和品牌推广。

5. 培育壮大服务业态

健全行业管理制度。推动出台《商标代理监督管理规定》,完善商标代理备案制度。印发《外国专利代理机构在华设立常驻代表机构管理办法》,首次批准 5 家外国专利代理机构在华设立常驻代表机构。制定专利代理信用评价管理办法,在河北等四省开展专利代理信用评价管理试点。优化行政审批服务。349 家机构通过告知承诺制方式获得专利代理执业许可。组织开展 2022 年专利代理师资格考试。推出全国专利商标代理公共服务平台,实现 13 余万条专利商标代理信息通过微信小程序便利化查询。严格代理行业治理。会同国家市场监督管理总局开展商标代理行业专项整治行动。持续开展"蓝天"专项行动,从严打击非正常专利申请、恶意抢注冬奥商标和伪造地理标志商标申请证据等违法行为,单案最高罚没 249 万元。累计约谈代理机构 7400 家,责令整改 4500 家,作出罚款和警告 680 余件,吊销资质和停止代理业务 19 家。制作《选择不对,努力白费》宣传片,引导正确选择代理机构。促进行业高质量发展。联合十六部门制定印发《关于加快推动知识产权服务业高质量发展的意见》。发布全国知识产权服务业统计调查报告和全国专利代理行业发展状况报告。与商务部共同完成 9 家知识产权服务出口基地遴选。继续组织开展"知识产权服务万里行"活动,惠及企业 30 万余家。

6. 筑牢强国建设根基

优化升级强省共建模式。对局省合作会商工作机制进行全面优化升级,采用"共商强省主题、共发强省方案、共开强省大会"的合作模式,与湖南、山西、吉林、新疆、海南、广东等六地省级人民政府共同印发知识产权强省建设方案和工作要点,与湖南、山西高规格召开知识产权强省推进大会。强国建设试点示范全面启动。支持 38 个城市、48 个区县、22 个园区首批开展知识产权强国建设示范创建,指导浙江、湖南、广东等省级知识产权局与相关城市人民政府做出共建强市制度性安排,湖南长沙以市委市政府名义印发强市建设方案。窗口服务效能稳步提升。继续推进知识产权业务受理"一窗通办",设立国家知识产权局福建业务受理窗口,综合窗口实现所有省份全覆盖;新增 13 个商标业务受理窗口,全国商标业务受理窗口达到 310 个,服务便利性和可及性进一步提升。

四、知识产权公共服务

(一)公共服务

1. 知识产权公共服务体系基本形成

以系统观念科学谋划《纲要》《规划》有关知识产权公共服务的重点任务,落实落细,见行见效。强化公共服务体系的统筹推进,立体化、多层次广泛调动系统内和社会化机构的积极性,基本形成以省级知识产权公共服务机构为节点,以技术与创新支持中心(TISC)、高校知识产权信息服务中心、国家知识产权信息公共服务网点为重要网点的覆盖全国、疏密有致,门类多样、多元参与,层级有序、主次分明的知识产权公共服务体系。2022 年以来,在省级知识产权公共服务机构全覆盖的基础上,新增地市级知识产权综合性公共服务机构 37 家,覆盖率增长至 40%。遴选第四批高校国家知识产权信息服务中心 23 家,备案第二批国家知识产权信息公共服务网点 68 家,完成首期 TISC 筹建目标,做好阶段性运行总结,与世界知识产权组织(WIPO)联合发布《TISC 在中国》展示册,截至目前,国家级重要服务网点达到 348 家。推动全国 41 家保护中心及快维中心拓展知识产权信息公共服务工作。探索在专利、商标审查协作中心建立常态化知识产权公共服务协调工作机制。各服务机构围绕产业发展需求和创新创业需要,累计服务市场主体 150 余万次,对创新发展的支撑作用日益凸显。

2. 知识产权信息公共服务产品更加丰富

在国务院客户端上线"知识产权"主题服务,实现专利公布公告、商标公告、知识产权公共服务机构等信息"掌上查",知识产权智慧化便利化服务实现新突破。积极宣传推广新上线的智能化专利检索及分析系统,助力创新主体提升专利信息检索分析利用能力。启动升级改造外观设计专利检索公共服务系统。丰富完善国家重点产业专利信息服务平台,启动建设芯片、中医药等领域专题数据库。支持各地加强特色化公共服务产品供给,全国 27 个省(区、市)及 15 个副省级城市和计划单列市建有知识产权公共服务平台。各类信息公共服务产品实现线上均等可及,成为创新创业主体"找得到、学得会、离不开"的得力助手。

3. 知识产权数据信息供给更加多元

不断强化知识产权基础数据普惠性供给,新增开放知识产权基础数据 11 种,开放基础数据种类总数达 55 种,基本实现专利、商标、集成电路布图设计基础数据"应开放、尽开放"。将知识产权基础数据下载带宽从 100Mbps 增至 200Mbps,进一步提升数据下载体验。扩大开放知识产权标准化数据,向地方知识产权管理部门、知识产权公共服务体系节点网点单位配置的标准化数据种类增至 53 种,向 26 家具备数据加工和分析利用能力的市场主体,按需免费提供知识产权标准化数据。畅通与地方信息交换渠道,通过国务院一体化政务服务平台共享 8 种知识产权数据和 2 种电子证照信息,切实提升政务服务效能。持续推进电商平台专利权评价报告共享试点,累计向京东、阿里等平台共享核验评价报告 9 万余份,处置权利纠纷 1500 余件,推动平台更好履行主体责任。

4. 知识产权公共服务社会影响力更加广泛

举办首届知识产权公共服务机构专利检索分析大赛,搭建一线公共服务人员"比武练兵"平台,近 600 人报名参赛,3 万余人在线观看决赛,取得良好社会反响。发布两批共 35 个知识产权公共服务优秀案例,组织开展三批全国知识产权信息服务优秀案例线上分享活动,2 万余人在线参与分享,为开展标准化规范化知识产权公共服务树立示范标杆。举办首次知识产权公共服务专题新闻发布会,广泛宣传近年来公共服务工作成效,提升社会公众知识产权公共服务意识与信息利用意识。与 WIPO 有关部门举办在华 TISC 机构专题培训班,加强公共服务人才培养和经验交流。参与 WIPO TISC 员工认证试点项目,拓展完善在华 TISC 机构工作人员职业发展路径,提升机构管理的规范化水平。开展首批 TISC 机构三年运行效果评估,TISC 机构在服务创新驱动发展、推动技术转移转化等方面发挥了重要支撑作用,为全球 TISC 网络建设贡献了中国智慧和中国经验。

(二)完成知识产权领域"放管服"改革

1. 加强分类指导以及督办协调力度

加强分类指导以及督办协调力度,统筹推进改革工作,定期汇总各地区、局内各部门改革进展情况,推动《关于深化知识产权领域"放管服"改革　营造良好营商环境的实施意见》和《关于深化知识产权领域"放管服"改革　优化创新环境和营商环境的通知》两份政策文件确定的 142 项改革任务全部落到实处,形成机制,取得实效。做好改革成效评估,召开东中西部三场地方座谈调研会,广泛听取四川、吉林等 12 个省(区、市)以及 44 家企业、高校等创新创业主体代表的意见建议。根据调研座谈情况,整体来看,创新创业主体对近年来知识产权领域"放管服"改革工作成效予以高度认可,特别是在压缩审查周期、提升服务便利度等方面,改革获得感明显。积极协调配合国务院办公厅政府职能转变办公室编发《政府职能转变和"放管服"改革专报》知识产权领域"放管服"改革专刊 4 期。组织整理报送国家发展改革委主办的《全国优化营商环境简报》刊发地方知识产权典型经验 10 篇。编发《知识产权领域"放管服"改革专报》6 期、《知识产权公共服务聚焦》6 期。

2. 统筹推进知识产权领域优化创新环境和营商环境

发布《知识产权政务服务事项办事指南》,提升服务标准化水平。健全完善专利、商标"好差评"制度,进一步畅通政企沟通渠道。持续深化告知承诺制改革,与国家税务总局建立专利费减纳税信息核验机制,修订商标注册申请书式,健全信用承诺机制。落实国务院营商环境创新试点知识产权工作部署,积极支持试点城市先行先试,截至 2022 年底,15 项知识产权改革任务均取得积极进展,其中 2 项列入国务院首批在全国复制推广的试点任务清单。优化完善中国营商环境评价知识产权指标及问卷,跟踪研究世界银行全球营商环境评估体系新增知识产权有关评估内容的新变化，做好与国家发展改革委、财政部的沟通，加强对地方应对工作的指导，在更多层面争取支持、更大范围凝聚共识，充分发挥知识产权在营造市场化法治化国际化的一流营商环境中的积极作用。

（三）文献出版

1. 专利文献资源

全年共配置各类文献资源 142 种，其中，专利资源 6 种，非专利资源 136 种，为专利审查、专利信息公共服务、宏观管理及相关研究等工作提供了基础保障；与 30 个国家（地区）或组织开展专利文献交换，向 6 个 PCT 国际检索与初审单位赠予中国专利文献。

截至 2022 年底，累计拥有 540 种专利文献资源，包括著录项目 191 种、全文图像 167 种、全文文本 83 种、专题数据 18 种、辅助检索 72 种、其他类 20 种。著录项目覆盖 104 个国家（地区）或组织，全文图像覆盖 103 个国家（地区）或组织，全文文本覆盖 36 个国家（地区）或组织。目前，国家知识产权局专利文献总量近 1.51 亿件。

2. 专利文献分类

继续针对全部领域发明专利新申请同时开展 IPC 和 CPC 分类，全年文献分类量共计 641.1 万件。其中，发明专利申请分类量 169.1 万件，实用新型专利申请分类量 349.2 万件，IPC 再分类 111.1 万件，CPC 再分类 11.7 万件。发明与实用新型申请分类周期有效控制在计划值内，较上年分别下降 15.2% 和 31.2%，周期压减成效明显。完成分类质量管理调整和转型，构建涵盖质量监督、反馈、评价、促进全流程的分类质量保障体系，全年完成 18 批次质量报告审核。组织开展 IPC、CPC 和 FI-Fterm 分类表及定义的翻译和更新工作，切实保障分类标准的时效性和可用性。面向全体审查员举办 3 期特定技术领域 CPC 分类在线培训以及 1 期 IPC 新版分类表宣

讲会，共 2541 人次参加。积极履行分类国际合作义务，向 WIPO 提供 2021 版 IPC 再分类数据共计 40 万条，向 EPO 提供公开后的 CPC 分类结果数据共计 131.9 万条。

3. 专利文献出版物

全年出版发明、实用新型和外观设计专利公报文献共 600.1 万件。出版《国外知识产权资讯》93 期，其中，正刊 81 期、专刊 7 期、特刊 1 期，上报信息 14 期。以习近平总书记在中共中央政治局第三十六次集体学习中对"双碳工作"的重要指示为根本遵循，聚焦"应对气候变化技术"出版《专利文献研究 2022》，共包含 30 篇文章，60 万字。出版 5 期《专利文献研究》正刊，涉及基础研究、政策研究、审查服务、产业服务，共计约 28 万字；出版 2 期《专利分类研究》增刊，包含 IPC 分类研究与运用、CPC 分类研究与运用、分类综合研究与运用，共计约 32 万字。

4. 文献服务

推动智能化升级系统中文献全文提取模块上线并正常运行，全年完成专利和非专利文献全文提取需求 2.6 万件，其中，高价值申请 0.8 万件，文献满足率超过 96%；以现场培训和远程培训的方式，面向国家知识产权局内各审查部门、各审查协作中心开展非专利检索培训 12 期，累计培训 6045 人；通过知识产权文献数据库、文献交流微信群、邮件、网页发布 6 期《文献知识与检索技巧》简报，四个领域共 22 期技术研究动态简报；通过热线电话和微信群答复问题咨询 700 余人次；开展知识产权信息库建设工作，制定《知识产权信息库分类建设方案》和《知识产权信息库长效运行机制》，完成"非专利过档全文库""外文网刊库""技术综述库"三个专题库。

全年专利文献咨询服务累计处理公众来电咨询 640 人次、网络咨询 485 条；"专利文献众享"微信公众号发布信息 104 条，阅读总人数为 27.3 万人次。

公益讲座围绕加强知识产权保护宣传

教育,持续提升专利审查质量和效率,开展"外观设计国际保护与海牙体系""商标和特殊标志保护""新领域新业态专利审查规则"等18个专题64期公益讲座。参与讲座直播人数7.4万人次,点播讲座视频8.2万人次。

五、宣传、人才培养和学术活动

(一)宣传

1. 扎实完成年度各项重点工作宣传报道

全面深入做好迎接宣传贯彻党的二十大精神的报道工作,集中展现党的十八大以来,在党领导下我国知识产权事业取得的历史性成就。国家知识产权局与国家市场监督管理总局共同作为牵头单位,联合中央宣传部等十八部门,以"全面开启知识产权强国建设新征程"为主题,成功举办2022年全国知识产权宣传周活动。此外,还举办了以"全面加强知识产权保护　优化创新环境和营商环境"为主题的2022中国知识产权保护高层论坛。年内,围绕我国加入《海牙协定》、中国知识产权年会等5个活动开展专项宣传报道,进一步夯实知识产权大宣传格局,进一步提升宣传效果。

2. 有效加大知识产权重要信息发布力度

一是信息发布工作取得新成效。2022年,增加新闻发布频次,将季度新闻发布调整为月度新闻发布,全年举办新闻发布会12场,来自中央宣传部等5个部委、北京市知识产权局等2个地方的30位领导出席,回答35家媒体的提问94个,产生新闻信息累计3.5万余条。局属新媒体矩阵进一步拓展,开设快手、B站和今日头条政务账号,新媒体平台达到7个,粉丝量累计近百万。

二是舆论引导能力不断提升。聚焦民生热点,加强知识产权相关领域舆情监测处置。围绕"冰墩墩""谷爱凌"商标抢注等热点舆情第一时间发布驳回通告,积极回应社会关切,网络舆情处置能力和对外舆论引导水平不断提升。

三是与媒体机构合作实现新突破。加强与中央主流媒体合作,继续委托中国日报社运营局海外推特账号,持续加强账号建设。2022年全年累计发布推文近400条,累计浏览量近500万次,粉丝总数2.67万。《人民日报》3次在头版刊发相关报道,《光明日报》"喜迎党的二十大特刊"刊发知识产权整版报道,中央广播电视总台报道知识产权重要工作、最新数据逾十次。在抖音、快手账号开展上海知识产权论坛开幕式等重大专项活动直播,累计观看人数超过40万次。局政务快手账号获快手平台"2022年度影响力政务账号"。

四是与地方知识产权管理机构形成宣传合力。"4·26全国知识产权宣传周"启动仪式首次在内蒙古、江苏、湖北、广州4个省区市设立分会场,中央电视台"央视频"App客户端接龙直播,实时在线观看人数达4.3万,有效提升地方参与度。遴选宣传精品,打造形成供各地下载使用的宣传资源库,获各地好评。政务微信开拓地方专刊栏目,每周三刊发地方知识产权事业发展成果,累计刊发报道百余篇。

3. 持续推进知识产权教育工作

2022年,开通B站账号,建成以教育师资培训为实体,以远程教育平台和B站账号为两翼的中小学知识产权教育新模式,培训教师近万人次。B站账号累计发布相关视频超百条,播放量10万次,粉丝量超过1万。在远程教育平台开发包括知识产权基础知识等系列课程共13课时。"我也会发明"同名动漫在央视等媒体持续播出,知识产权文化产品更加丰富。

(二)人才培养和学术活动

1. 全国知识产权人才工作

统筹推进知识产权人才队伍建设。组织召开全国知识产权人才工作电视电话会议,传达学习中央人才工作会议精神,全面回顾总结党的十八大以来的知识产权人才工作,部署下一阶段重点工作。举办全国知识产权局局长高级研修班,推动深入落实《知识产权强国建设纲要(2021—2035年)》和《"十四五"国家知识产权保护和运用规划》。制定印发《落实〈知识产权人才"十四五"规划〉2022年度工作计划》,统筹开展128项重点工作,做好规划贯彻落实。赴河南、天津、上海、江苏等地开展知识产权人才工作专题调研,召开15场座谈会听取意见建议,为下一步做好知识产权人才培养和评价工作打好基础。做好博士后科研工作站申报工作,加强高端人才培养。

做好知识产权行政管理人员轮训工作。印发《国家知识产权局办公室关于在知识产权人才培训中学习贯彻党的二十大精神的通知》《国家知识产权局办公室关于在知识产权人才培训中进一步学习贯彻党的十九届六中全会精神的通知》,强化党的二十大精神、十九届六中全会精神和习近平总书记关于知识产权工作的重要指示精神在业务培训中的政治引领作用。全年共举办知识产权行政管理人员轮训30期,培训1.9万人次,切实提升行政管理人员专业能力水平。

成功推动新设知识产权专业学位类别。积极推进设置知识产权专业学位,在2022年国务院学位委员会、教育部发布的研究生教育学科专业目录中,新设知识产权硕士专业学位类别。知识产权专业人才可被授予知识产权硕士专业学位,进一步完善了知识产权人才培养体系,将大大提升高素质、复合性、应用型知识产权人才的供给水平,有力缓解社会需求与人才培养之间的矛盾。组织开展高校全国知识产权人才调查,了解全国200余所高校知识产权人才培养情况,赴清华大学、北京大学、中国人民大学等20余所高校和地方省市开展知识产权专业学位专题调研,进一步配合做好知识产权专业学位建设。

深入开展急需紧缺人才培训工作。编制印发《2022年全国知识产权人才能力提升培训计划》,加强知识产权人才培训,加大对重点领域人才培养的支持力度,组织开展青年人才、国际化人才、粤港澳大湾区人才、集成电路知识产权人才等专题培训班80期,培训约2.6万人次。开展知识产权精品课程录制,新录制上线精品课程45门,丰富完善线上培训课程体系。

持续做好知识产权职称工作。扎实推进知识产权职称制度改革,调整国家知识产权局高级职称评审委员会组成,开展国家知识产权局高级职称评审工作,赴天津、河南、上海等地调研了解地方职称改革工作情况,通过召开座谈会、实地调研等形式听取市场主体、创新主体意见建议。配合人力资源和社会保障部完成2022年初、中、高级职称考试大纲和初、中级职称考试用书修订,选派专家参加考试命审题和阅卷等工作。继续加强职称申报系统和评审系统建设,向人力资源和社会保障部信息系统上传有关人员职称证书信息,实现专业技术人才职称信息跨地区核验。

加强知识产权智库建设。充分发挥国家知识产权专家咨询委员会专家咨询作用,制定印发《国家知识产权专家咨询委员会2022年工作计划》,提升专家咨询委员会工作效能,推动专家咨询委员会工作进一步科学化规范化。做好委员服务保障,向委员提供各类知识产权期刊上千册。支持中国科学院大学承担"中国特色知识产权新型国家智库建设研究"国家知识产权局软科学研究项目,推动形成高质量研究成果。

2. 局内人才培养工作

加强全局人才工作统筹力度。一是强化顶层设计。印发《国家知识产权局贯彻落实〈知识产权人才"十四五"规划〉行动计划》,明确"十四五"时期全局人才工作的总体目标、主要任务。二是召开第五届全局人才工作会议。深入贯彻落实中央人才工作会议精神,总结"十三五"时期全局人才工作成效,部署"十四五"时期全局人才工作任务。三是稳步推进专门人才培养。先后印发专利审查人才、国际合作人才、知识产权分析研究人才、商标审查人才4类专门人才能力提升计划，持续提升专门人才素质能力。

着力构建适应事业发展需要的人才队伍。一是开展中高端人才选拔。新选拔40名领军人才、200名高层次人才、563名骨干人才，进一步充实中高端人才队伍；探索开展青年人才选拔工作，首次选拔54名青年人才，为事业发展储备优秀后备力量。二是做好专利审查员资格评审工作。印发《专利审查协作中心专利审查员资格评审办法》及配套文件，建立专利审查协作中心审查员资格评审制度，形成全局统一的专利审查员评价体系，1455名专利审查员晋升一至四级专利审查员资格。

积极有序开展人才培训。一是开展中高端人才培训。举办领军人才及高层次人才"知识产权促进经济发展"专题研修班、骨干人才"知识产权与科技"专题培训班、第五期"云课堂"在线培训，累计培训近300人次，进一步提高了中高端人才的政治素质、大局意识和战略思维。二是全面加强新审查员培训统筹管理。发布《关于进一步加强新入职人员培训相关工作的通知》，修订《国家知识产权局专利局新入局人员集中培训管理办法》，强化培训管理，明确纪律规矩。组织修订18门课程，新开发3门课程，发布同领域审查培训体系，统筹开发领域性"理解发明"课程。顺利完成国家知识产权局局内2022年新入局人员集中培训班、2021年新入局审查员后续提高三个阶段培训班。三是开展专利审查员专业技术培训。增设西安高新区、广州经开区、杭州未来科技城和辽宁自贸区沈阳片区4家审查员实践基地，全年累计派出9个实践团组、42名审查员赴实践基地开展培训，持续开展知识更新讲座与专业技术会议审批，助力审查员切实提升技术理解能力。四是开展外语培训。着眼适应事业发展需要，

积极探索调整培训思路，外语培训效益、服务局重点工作能力持续增强。全年举办各类外语培训3期，累计培训350余人次。

扎实有效开展课题研究。聚焦知识产权业务领域重大理论和实践问题以及国家知识产权局党组重点工作，并首次面向专利审查员实践基地开展课题研究工作，共立项19项课题。经过严格评审，19项课题均顺利结题，研究主题涵盖完善知识产权法规制度，全面打赢审查提质增效攻坚战，知识产权创造、保护、运用、国际合作和竞争，知识产权助力经济高质量发展，加强干部人才队伍建设等方面，研究成果针对性强、实效性强，在支撑国家知识产权局重点工作、培养锻炼中高端人才方面更加有力。

加大对京外专利审查协作中心指导支持。全年为京外中心培养骨干导师145名、骨干教师38名，开展涉及12个课程模块、49门课程的串讲，选派48名外派培训指导教师到各中心工作。组织修订、印制《新审查员在岗培训指导工作手册》（包括通用分册和8个领域性分册），梳理、编制新审查员导师指导问答手册，制作微课程11门，不断固化经验成果。

3. 涉外培训工作

完成2019年聘任的17名国家知识产权局涉外教师考核工作，增补国家知识产权局涉外教师9人，目前国家知识产权局涉外教师队伍已达120人。举办2022年国家知识产权局涉外教师职业素养提升培训班，30余名国家知识产权局涉外教师参训，通过培训，进一步提升国家知识产权局涉外教师的授课、教研水平以及跨文化交流能力。

开展国家知识产权局涉外教学研究工作，着力完善局涉外培训课程体系，优化课程内容，全年共开发包括《外观设计国际注册海牙体系》等20门涉外培训课程，及时、有效地满足了外方多元化的培训需求及局内相关部门对外交流需要。

选派国家知识产权局涉外教师参与第八次金砖国家审查员交流研讨会，围绕"提

升审查质量和效率"、"生物医药领域相关专利申请的审查"和"中小微企业创新与绿色技术和可持续发展"3个主题5项子议题进行分享交流,进一步增进了金砖五局的理解与互信,共享了多个领域的审查经验和相关信息,巩固了国家知识产权局在金砖五局中主导地位。选派国家知识产权局涉外教师在面向哥斯达黎加、非洲—拉美地区及"一带一路"国家的知识产权线上培训班等线上培训班授课。

(三)学术活动

国家知识产权局知识产权发展研究中心扎实稳步推进知识产权智库建设,紧紧围绕《知识产权强国建设纲要(2021—2035年)》和《"十四五"国家知识产权保护和运用规划》任务部署,对照国家知识产权局党组工作要点和重点工作部署安排,深入开展知识产权理论、政策和实务研究,全年组织开展项目研究工作80余项。持续组织承担知识产权强国建设纲要和"十四五"规划落实情况的监测评估工作。受国务院知识产权战略实施工作部际联席会议办公室、国家知识产权局战略规划司等部门单位委托,发布《2022年中国知识产权发展状况评价报告》《中国电子商务知识产权发展研究报告(2021)》,支撑《2022年中国专利调查报告》等系列调查研究报告有关工作。认真落实国家知识产权局专利分析和预警领导小组办公室日常工作,组织召开国家知识产权局专利分析和预警工作2021年总结暨2022年启动会,聚焦新一代通信技术、双碳绿色技术、高端CPU、人工智能、细胞治疗、人工智能6个重点领域开展课题研究,并广泛对接核电、新材料、飞机装配等大型国有企业,组织开展10余项专利分析和预警项目,同时,组织成立国家知识产权局专利分析和预警专家库,已遴选第一批专家174名。此外,积极探索对外深化服务,强化地方特色研究支撑,推进地方研究基地建设。

中国知识产权研究会积极发挥智库作用,围绕《知识产权强国建设纲要(2021—2035年)》《"十四五"知识产权保护和运用规划》及商标法、集成电路条例修改等组织课题研究21项,组织召开专题讲座、学术研讨和交流活动14期。以"数字经济时代下的知识产权使命与担当"为主题,成功举办中日韩知识产权国际学术研讨会。

中国知识产权培训中心积极融入世界知识产权组织(WIPO)学院全球教育网络,承办"世界知识产权组织—格鲁吉亚国家知识产权中心—中国国家知识产权局地理标志高级培训班"和"世界知识产权组织—国家知识产权局知识产权管理和商业化高级培训班",引进植物新品种保护联盟远程课程DL205(植物品种保护UPOV体系导论);加强与欧洲专利学院、东盟学院以及日本、韩国、新加坡等国政府知识产权培训机构的合作,制作完成并与欧洲专利学院交换课程,首次开展针对我国驻韩企业的培训,来自中韩两国的137名学员参加学习。

六、港澳台交流

(一)与香港特区、澳门特区交流

充分发挥香港、澳门特区在知识产权强国建设中的作用,支持特区知识产权事业发展,服务粤港澳大湾区建设。主办2022年内地与香港特区、澳门特区知识产权研讨会,推动与港澳特区交流。全年共为300多件在港澳提交的专利申请提供审查协助。

深化与香港特区在知识产权领域的交流。12月,申长雨局长为香港特区举办的第12届亚洲知识产权营商论坛致开幕辞。积极响应香港特区申请人和特区知识产权署需求和建议,在广东、深圳等地方知识产权部门的配合下,积极推进香港特区申请人在内地发明专利优先审查申请试点项目,对特区居民和企业等开展优先审查做出便利安排,该项目将于2023年1月1日起正式实施。与香港特区商务及经济发展局续期知识产权领域合作安排。支持特区

知识产权人才培养和发展,为 4 名香港特区知识产权署专利审查员提供入职培训,继续在香港特区设立专利代理师资格考试考点,便利香港居民参加专利代理师资格考试。支持香港特区建设区域知识产权贸易中心。

推进与澳门特区在知识产权领域的交流。与澳门特区深化数据交换合作。为澳门科技人员提供专利挖掘等方面业务培训。

(二)与台湾地区交流

12 月,在国务院台湾事务办公室指导下,继续与台湾工业总会举办两岸专利论坛,保持两岸知识产权领域交流。积极协调解决台湾同胞知识产权合理诉求。

七、国际合作

(一)服务国家对外工作大局

2 月,WIPO 邓鸿森总干事来华出席 2022 北京冬奥会开幕式等一系列外事活动;我国正式向 WIPO 交存《工业品外观设计国际注册海牙协定》加入书和《关于为盲人、视力障碍者或其他印刷品阅读障碍者获得已出版作品提供便利的马拉喀什条约》批准书,展示中国尊重和保护知识产权的良好形象。

9 月,贯彻落实《金砖国家领导人第十四次会晤北京宣言》,在 2022 年金砖国家合作主场外交框架下,成功主办第 14 次金砖国家知识产权局局长会议,完善合作机制,WIPO 高级管理团队首次全程参会,进一步扩大金砖国家知识产权合作影响力。

与海湾阿拉伯国家合作委员会(GCC)秘书处签署《中国国家知识产权局与海湾阿拉伯国家合作委员会秘书处谅解备忘录》,完成《中欧地理标志保护与合作协定》第二批产品公示,均列入国家重大外交活动成果。中以两局签署《中华人民共和国国家知识产权局与以色列国司法部知识产权领域合作谅解备忘录》,列入中以创新合作联委会第五次会议成果。

(二)深度参与全球知识产权治理

1. 深度参与 WIPO 框架下的全球知识产权治理

2 月,我国提交《工业品外观设计国际注册海牙协定》加入书。5 月 5 日,海牙协定对华生效。

7 月,申长雨局长率团出席 WIPO 第 63 届成员国大会并做一般性发言,呼吁各国展现更多团结合作精神,坚持协商一致原则,妥善处理共同关心的问题;呼吁各国共同努力推进联合国 2030 年可持续发展议程;持续完善 WIPO 全球知识产权服务体系。

首次在 WIPO 发展与知识产权委员会(CDIP)提出议题提案,主题为"应对气候变化挑战:知识产权助力实现'双碳'目标"。

支持中国产业界、知识产权专家积极参与知识产权国际事务。高文律师事务所管理合伙人管健先生当选 WIPO 独立咨询监督委员会(IAOC)委员,农业农村部科技发展中心总农艺师崔野韩先生当选国际植物新品种保护联盟(UPOV)理事会主席。

2. 支持完善知识产权国际规则体系

继续深度参与 WIPO、UPOV 和世界贸易组织(WTO)"与贸易有关的知识产权协定"(TRIPS)理事会等平台上各议题的讨论和磋商。深度参与专利合作条约(PCT)、商标注册马德里体系、工业品外观设计海牙体系、国际专利分类(IPC)等体系的调整与完善;就马德里体系、海牙体系引入中文等新语言议题与有关方密切沟通;积极参与知识产权国际事务和规则制定。

参与 WTO 关于新冠疫苗知识产权豁免的磋商谈判,开展新冠药物相关前瞻性研究。

持续跟踪人工智能和大数据等新领域新业态知识产权国际规则制定。与美国、欧洲、日本、韩国等开展人工智能领域交流磋商。在 WIPO 前沿技术对话会等各平台,分享我国新兴技术发展方面实践经验。

11 月,与 WIPO 合作举办知识产权与传统知识和遗传资源国际专题讨论会,并将会议形成的事实性报告向 2023 年度知识产权与遗传资源、传统知识和民间文艺政府间委员会(IGC)会议提交。

3. 继续深化与 WIPO 的双边合作

申长雨局长与邓鸿森总干事分别于 2 月、6 月举行 2 次视频会谈，双方就合作情况和共同关心的议题深入交换了意见，就继续加强合作形成共识。

4 月，卢鹏起副局长会见王彬颖副总干事，就深化双方合作，包括筹备 WIPO 与中国合作 50 周年活动等交换意见。

与 WIPO 开展知识产权金融合作，联合编写知识产权金融国家报告。

推进知识产权服务体系推广与技术援助合作。举办海牙体系和马德里体系线上研讨会。继续利用 WIPO 中国信托基金支持"一带一路"硕士学位教育、面向发展中国家的地标扶贫、面向共建"一带一路"国家和地区的马德里体系电子通信推广等项目。完成首期在华技术与创新支持中心(TISC)建设评估工作，启动第二期建设。

支持地方开展与 WIPO 的交流活动。继续支持上海举办第 19 届上海知识产权国际论坛，协调 WIPO 总干事及其高级别官员通过线上或在线方式参加专利金奖颁奖、中国知识产权年会等活动。

(三)"一带一路"知识产权合作

完成 2022—2023 学年度"一带一路"硕士学位教育项目招生工作。同济大学和中南财经政法大学共计招录 14 个国家的 30 名学员，通过线上方式参加学习。

举办 2022 年度"一带一路"线上培训班，以"知识产权保护"为主题，邀请最高人民法院、国家市场监督管理总局、海关总署、中央宣传部版权管理局等单位选派教师授课，组织沿线 16 个国家和地区的 101 名知识产权官员参加培训。

编辑印制《如何在中国保护商标》英文版小册子，并在"一带一路"沿线国家推广，授权泰国、越南、缅甸将其翻译为本国语言。

(四)小多边知识产权合作

1. 中美欧日韩五局合作

6 月，申长雨局长出席第 15 次中美欧日韩知识产权五局(IP5)局长会议。会议通过《2022 年中美欧日韩知识产权五局联合声明》，发布五局产业界参与五局合作 10 周年视频，继续强化中国国家知识产权局首倡的"为用户和公众提供更好服务"合作理念。推动五局在全球案卷、专利实践协调、新兴技术/人工智能等项目方面取得新进展，为用户在高效获取专利信息和降低获权成本等方面提供更多便利。

10 月，申长雨局长出席中美欧日韩商标五局(TM5)和外观设计五局(ID5)年度会议并发表视频致辞。会议通过《商标五局合作十周年联合愿景声明》《外观设计五局合作联合声明》和中国国家知识产权局推动形成的《商标五局合作运行指南》，批准中国国家知识产权局牵头新项目。

2. 金砖国家知识产权合作

9 月，贯彻落实《金砖国家领导人第十四次会晤北京宣言》，在 2022 年金砖国家合作主场外交框架下，主办第 14 次金砖国家知识产权局局长会议。推动形成并通过升级版《金砖知识产权合作运行指南框架》，签署《第 14 次金砖国家知识产权局局长会议纪要》，将"知识产权支撑联合国 2030 年可持续发展议程"写入合作目标。

3. 中日韩知识产权合作

11 月，申长雨局长出席中日、中韩、中日韩局长会系列活动，签署会谈纪要；为中日韩知识产权用户研讨会开幕视频致辞，介绍中国国家知识产权局运用知识产权制度促进"碳中和"的积极举措。

与日韩两局在包括专利审查、外观设计、自动化、复审、商标、人员培训等领域的双边和三边合作项目进展良好，通过视频会议和邮件方式推动项目深入开展。

4. 中国—东盟及中蒙俄知识产权合作

8 月，申长雨局长线上出席中国—东盟知识产权局局长会，深化与东盟国家知识产权合作,确认下一年度合作计划。

10月,申长雨局长为第10届中蒙俄知识产权研讨会录制开幕致辞,持续推动中蒙俄三边知识产权合作发展。

11月,举办中国—东盟遗传资源相关传统知识主题研讨会,为多边平台形成制度性文件形成支撑。

首次在中国—东盟合作基金项下举办中国—东盟菁英奖学金知识产权能力建设在线培训班,来自9个东盟国家的27名知识产权官员及从业者在四川大学参加了以"知识产权商业化"为主题的培训。

(五)双边知识产权合作

1. 与欧洲专利局、欧盟知识产权局的合作

6月,申长雨局长与欧盟知识产权局(EUIPO)局长克里斯蒂安·阿尔尚博举行视频会谈,双方就中欧知识产权工作最新情况、两局合作进展以及未来合作展望等内容交换意见。

11月,申长雨局长与欧洲专利局(EPO)局长安东尼奥·坎普诺斯共同出席第16次中欧两局局长视频会议,签署年度工作计划、分类和EPOQUE Net相关协议,在文献分类、审查质量、自动化、能力建设等领域开展多项合作。

9月,与EPO共同发布联合声明,将两局PCT国际检索单位试点项目延期一年至2023年11月30日,为我国申请人在欧知识产权保护提供便利。

2. 与欧洲国家的知识产权合作

4月,申长雨局长在中国国家知识产权局与法国国家原产地和质量管理局、法国工业产权局联合举办的首个地理标志国际研讨会上致辞,推动中法地理标志有关议定书落实。申长雨局长在白俄罗斯知识产权制度建立30周年国际研讨会上视频致辞,宣介中国知识产权最新政策与成就。

9月,申长雨局长与欧亚专利局局长戈利高里·伊夫利耶夫、荷兰专利局局长蒂斯·斯派特分别举行视频会谈,就各自最新工作进展及双边合作等议题充分交流。

11月,申长雨局长在第6届中英知识产权研讨会上视频致辞,围绕中英两国知识产权最新动态与热点问题进行研讨;在与丹麦专利商标局和丹麦王国驻华大使馆共同主办的中丹生命健康与医药知识产权研讨会上视频致辞,就医药与生命科学领域相关知识产权政策进行交流。

卢鹏起副局长在欧亚地区医药创新和知识产权保护国际会议、白俄罗斯第二届国际科学与实践会议上视频致辞。

中国国家知识产权局与芬兰专利注册局签署合作谅解备忘录。

中国国家知识产权局与瑞士联邦知识产权局续签合作谅解备忘录,举办两局工作会议和产业界圆桌会,举办地理标志专家会。

中国国家知识产权局与俄罗斯联邦知识产权局续签数据交换协议,举行地理标志专家交流,并就知识产权运用促进和质押融资等进行专家交流。

中国国家知识产权局与欧盟贸易总司、增长总司开展中欧知识产权在线交流;在中欧知识产权合作项目IP Key China框架下,联合举办中欧商标领域最新发展研讨会,交流商标领域立法和实践最新进展。

中国国家知识产权局派员参加西班牙第10届ICT路线图国际会议、白俄罗斯知识产权国际论坛等知识产权国际会议。

3. 与周边及亚洲国家的交流合作

3月,申长雨局长分别与吉尔吉斯斯坦、老挝举行局长会谈,深入沟通双边合作事宜,巩固与周边国家传统友谊。

8月,申长雨局长与日本特许厅新任长官举行礼节性会谈,就中日知识产权法律和政策最新发展等进行交流。

9月,申长雨局长出席新加坡知识产权周活动并做主旨发言,宣介中国知识产权促进创新和经济社会发展的新进展。

卢鹏起副局长与柬埔寨工业、科技和创新部国务秘书帕克萨里共同出席中柬专

利审查合作视频研讨会,宣传推广中国发明专利在柬直接登记生效和外观设计加快认可登记项目等双边合作成果。

中国国家知识产权局发布《关于启动柬埔寨对中国相关外观设计加快认可登记项目的公告》,启动柬埔寨对中国外观设计加快认可登记项目。

持续推进中泰地理标志"3+3"互保试点项目、中老"推进专利授权合作"项目。派专家出席越南知识产权局举办的商标和地理标志研讨会。

持续加强与日韩驻华专员的沟通联系。会见日本贸易振兴机构北京代表处新任驻华知识产权官员,推进中日知识产权友好合作。

4. 与北美、大洋洲国家的交流合作

积极推进与北美及大洋洲国家在专利、商标等领域交流合作。

进一步深化与美国专利商标局业务合作,完成两局合作计划磋商,开展自动化、外观设计、专利分类和专利复审等领域专家交流,务实推动两局业务合作。

与美国专利商标局共同举办商标法律发展与实务研讨会,就中美两国商标从业者共同关心的热点问题进行交流。

5. 与拉美、非洲国家的交流合作

4月,申长雨局长向墨西哥创新奖颁奖仪式致贺信;11月,向 ARIPO 行政理事会第46次会议致视频贺词;12月,向 OAPI 行政理事会第62次会议作视频致辞,深化与非洲和拉美地区重点国家和地区组织的纽带联结。

5月,为哥斯达黎加举办生物医药领域审查培训班;11月,举办2022年非洲、拉美地区知识产权线上培训班,向非洲、拉美知识产权主管机构及业界分享我国知识产权保护和实践,支持发展中国家能力建设。

(六)政府间机制性对话和磋商

配合做好《区域全面经济伙伴关系协定》(RCEP)生效实施工作,以及《全面与进步跨太平洋伙伴关系协定》(CPTPP)和《数字经济伙伴关系协定》(DEPA)加入工作。

积极落实中美第一阶段经贸协议和中欧、中法地理标志合作协议。参与中欧经贸高层对话、中英经济财金对话、中法高级别经济财金对话等机制性高级别对话,以及中以、中秘等自贸区协定磋商有关工作。

(七)各业务领域合作

1. 专利审查高速路合作

继续深化专利审查高速路(PPH)合作网络建设。完成与马来西亚、葡萄牙、捷克以及欧亚专利局 PPH 试点项目延长。完成中法 PPH 协议文本磋商。

2. 专利审查业务交流

与美国专利商标局开展外观设计、专利复审等领域专家交流,进一步深化双边业务合作。

与欧洲专利局举办质量、自动化及分类领域专家组会,开展专利复审、培训、能力建设等领域专家交流。与欧盟知识产权局开展外观设计、复审无效等领域专家交流。

与日韩两局在专利审查、外观设计、专利复审等领域开展多项双边和三边合作项目。开展中日人工智能审查案例对比研究,举办中韩专利专家会,了解日韩人工智能领域审查最新进展。

开展中英、中芬、中以审查员交流,就液力机械、电池、医疗、通信、有机化学等领域审查标准和审查实践进行探讨。

主办金砖国家审查员交流研讨会,就提质增效政策机制、局间工作共享、医药领域审查实践等开展深入交流。

3. 地理标志、商标领域业务合作

举办中法地理标志在线研讨会,两国知识产权部门、行业协会和产业界代表以"地理标志产品质量管理与市场推广"为主题开展交流研讨。

与瑞士联邦知识产权局、俄罗斯联邦知识产权局分别举办地标专家视频会议。组织参加由法国农业部举办的亚洲地理标志在线培训。

举办中日、中韩和中日韩商标专家交流及中日韩商标用户论坛,与日韩探讨商标领域共同关注的议题。

(八)强化与企业联系纽带,促进内外平衡保护

支持国外企业保护合法权益。接待阿斯利康、耐克等国外公司代表,与德国喜宝、英国洲际酒店等公司开展交流,了解外资企业对我国知识产权工作建议。协处外资企业专利、商标诉求,促进中外企业开展正常技术交流合作。与中国日本商会日资企业知识产权保护联盟(IPG)举办线上交流会,相关在华日资企业将就其关注的知识产权议题与国家知识产权局交流。

帮助我国企业海外获权维权,与美国律师CNIPA联络委员会共同举办中美知识产权实务研讨会。举办海牙体系和马德里体系线上研讨会,以及中欧IP-Key框架下的商标、外观设计研讨会等交流活动,组织企业参加欧洲单一专利制度研讨会、中柬专利审查合作研讨会,支持企业更好地利用国际知识产权制度和服务体系。以中国国家知识产权局名义向欧洲发明人奖提名,提升中国企业国际影响力。

支持企业参与国际事务。引导企业参与中美欧日韩五局和产业界对话会、中日韩用户研讨会、中瑞产业界圆桌会、中蒙俄知识产权研讨会等活动。加强前沿领域调研,与通信、汽车等重点领域企业、协会围绕标准必要专利议题开展深入交流,了解企业诉求。向欧盟、英国、加拿大以及欧洲专利局等国家和地区知识产权机构反馈企业意见建议。

(九)在国际合作中讲好中国知识产权故事

坚持深入宣传党的二十大精神和习近平总书记关于知识产权工作的一系列重要指示精神,在知识产权领域积极宣介人类命运共同体理念,分享中国特色知识产权发展经验。

在第14次金砖国家知识产权局局长会上,突出绿色办奥、低碳环保理念,将知识产权工作与联合国可持续发展议程相结合,以"张北的风点亮北京的灯"为例,介绍利用知识产权促进绿色创新,推动可持续发展的中国故事。

在第13届中国—东盟知识产权局局长会上,分享中老铁路发展过程中的知识产权故事。

在与WIPO共同举办的知识产权与传统知识和遗传资源国际专题讨论会上,介绍我国在运用数字技术保护传统知识等方面的相关实践。

在WIPO首届"解码无形资产融资高级别对话会"上分享中国在知识产权金融领域的政策和实践。

在第10次中日韩知识产权用户研讨会上,讲述"光伏羊"的故事,介绍中国利用清洁能源技术加快绿色转型、助力实现碳中和等创新举措。

在线举办中国商标法律政策宣讲会,向各国驻华使领馆知识产权专员及相关工作人员广泛宣介我国最新商标法律政策与实践。

向泰国、越南、缅甸等国知识产权机构授权翻译发行《如何在中国保护商标》小册子,帮助各国申请人了解中国知识产权实践。翻译出版《韩国标准必要专利指南2.0》《中小企业使用知识产权案例研究》等宣传册及宣传视频等外宣材料。

联合世界知识产权组织编制知识产权金融国家报告,分享知识产权质押融资、保险、证券化等方面的中国做法和中国经验,首次面向国际全方位讲述中国知识产权金融故事。

供稿:国家知识产权局办公室

版权工作

2022年，版权工作紧紧围绕迎接宣传贯彻党的二十大主线，以习近平新时代中国特色社会主义思想为指导，全面贯彻党中央决策部署，坚持稳中求进、守正创新，扎实推进版权强国建设，为服务宣传思想工作大局，维护意识形态安全、促进文化繁荣发展做好版权支撑。

一、加强顶层设计，完善版权法律制度体系

1. 推进版权法规和政策制度建设

充分发挥立法在促进版权社会治理中的重要作用，积极推进《中华人民共和国著作权法实施条例》《著作权集体管理条例》等行政法规和部门规章修订工作。会同有关部门研究制定《军用计算机软件著作权登记暂行规则》。开展民间文艺版权保护与促进试点，推动民间文学艺术作品著作权保护暂行条例研究制定工作。加强对地方版权立法工作的支持，指导广东省出台《广东省版权条例》，目前共9省出台了版权地方性法规、规章。

2. 推动版权国际条约生效及落地实施

推动《关于为盲人、视力障碍者或其他印刷品阅读障碍者获得已出版作品提供便利的马拉喀什条约》于2022年5月5日对中国生效。该条约对中国的生效，极大丰富了我国阅读障碍者的精神文化生活，展现了我国大力发展残疾人事业、充分尊重人权的国际形象。为推动条约更好落地实施，保障阅读障碍者的文化权益，研究制定了《以无障碍方式向阅读障碍者提供作品暂行规定》，组织召开了条约落地实施专题推进会。

二、强化专项整治，营造良好版权环境

1. 开展冬奥版权保护集中行动

国家版权局会同中央网信办、工信部、公安部、文旅部、广电总局等部门联合开展冬奥版权保护集中行动，重点整治通过广播电视、网站（App）、IPTV、互联网电视等平台非法传播冬奥赛事节目的行为。集中行动期间，全国各级版权执法部门共出动执法人员18.5万人次，检查实体市场相关单位8.9万家，推动各视频、社交、直播、电商及搜索引擎平台删除涉冬奥侵权链接11.07万个，处置侵权账号10 072个，得到国际奥委会来信致谢。

2. 开展青少年版权保护季行动

国家版权局会同公安部、教育部、文化和旅游部等部门联合开展青少年版权保护季行动，重点整治寒暑假期间权利人和广大家长反映强烈的危害青少年权益的侵权盗版问题。集中行动期间，地方版权执法部门出动执法人员36万人次，检查出版物市场、印刷企业及校园周边书店、报刊摊点、文具店、打字复印店等场所23万余家次，加大对电商平台传播、销售侵权盗版教材教辅和少儿图书的查办力度，查办侵权盗版教材教辅、儿童图书案件601件，移送司法机关75件。加强对电商平台的版权监管，强化电商平台的主体责任，持续规范整治电商平台证照核验，推动权利人与电商平台构建侵权处置"绿色通道"机制，注销违法网上书店2158个。

3. 开展打击院线电影盗录传播专项工作

国家版权局会同公安部、文化和旅游部等部门联合开展院线电影版权保护专项工作，严厉打击春节档、国庆档等院线电影盗录传播违法犯罪行为，规范电影市场版权秩序。专项工作开展以来，公布10批62部重点档期的院线电影预警保护名单，共监测发现33个涉院线电影盗录源头，涉及23部重点院线电影，向15个省（区、市）移转院线电影案件线索，有关地方迅速查办，

有效遏制了院线电影盗录传播势头。

4. 开展"剑网 2022"专项行动

国家版权局会同公安部、工业和信息化部、中央网信办联合开展打击网络侵权盗版"剑网 2022"专项行动，严厉打击文献数据库、短视频和网络文学等重点领域的侵权盗版行为，强化 NFT 数字藏品、"剧本杀"等网络新业态版权监管，持续巩固院线电影、网络直播、体育赛事、在线教育、新闻作品、网络音乐、游戏动漫、有声读物、网盘等领域专项治理成果，压实短视频、直播、电商等网络平台主体责任，不断提升网络版权执法效能。查办各类涉网侵犯著作权案件 1180 件、移送司法机关 87 件，删除侵权盗版链接 84.62 万条，处置侵权账号 1.54 万个，网络版权环境进一步净化。

5. 加强版权日常监管

2022 年，全国各级版权执法部门共检查实体市场相关单位 50.7 万家次，查办侵权盗版案件 3378 起，移送司法机关 174 起，涉案金额 12.58 亿元。不断加大对侵权盗版大案要案的协调督办力度，与全国"双打"办等部门联合挂牌督办 5 批 110 起版权重点案件。加强与中央网信办等相关部门协同，指导 12 家单位开展"区块链+版权"创新应用试点工作，充分利用新技术创新版权监管手段。

6. 推进软件正版化工作

加强对各地区各部门软件正版化工作指导，巩固党政机关、国有企业和金融机构软件正版化成果，积极推进教育、医疗等特定行业软件正版化工作。继续加强软件正版化工作督促检查，组织 9 个推进使用正微软件工作部际联席会议联合督查组，对 20 家中央和国家机关、10 家中央企业、15 家金融机构，以及 7 个省(区、市)软件正版化工作进行督查，并聘用第三方机构对各单位软件使用情况进行年度核查，共核查单位 199 家、计算机近 5 万台，核查结果在网上公布。

三、加强服务监管，提升版权社会服务水平

1. 优化版权登记服务

进一步完善著作权登记制度，提升著作权登记工作效能。启动《作品自愿登记试行办法》《计算机软件著作权登记办法》修订工作。实现全国著作权质权信息与人民银行征信中心共享、计算机软件著作权登记信息与发改委全国融资信息服务平台信息共享，进一步优化版权营商环境，为版权融资业务提供便利。2022 年，全国著作权登记总量 635.3 万件，其中作品登记 451.8 万件，计算机软件著作权登记 183.5 万件。

2. 加强著作权集体管理组织监管

依法加强对著作权集体管理组织监管，指导中国文字著作权协会、中国音乐著作权协会、中国电影著作权协会、中国摄影著作权协会、中国音像著作权集体管理协会有序推进换届工作；督促指导中国音像著作权集体管理协会有关大数据系统开发与应用。

3. 加强境外著作权认证机构监管

完成对 7 家境外著作权认证机构驻华代表处的年检备案工作。指导境外著作权认证机构依法开展各类活动，不断巩固和发挥其在中外著作权交流中的桥梁和纽带作用。

四、激发创新活力，推动版权产业高质量发展

1. 深化全国版权示范创建

充分发挥版权示范典型在提升创新能力、推动经济发展等方面的重要作用，深化全国版权示范创建工作。授予 15 家园区(基地)为全国版权示范园区(基地)、57 家单位为全国版权示范单位、24 家单位为全国版权示范单位(软件正版化)。推动佛山、潍坊、南通、长沙、温州等地深入开展版权示范城市创建。启动修改《全国版权示范城市、示范单位和示范园区(基地)管理

办法》,指导各地区积极开展本区域内的示范创建工作,积极探索版权创造、运用、保护、管理、服务新机制和新举措。

2. 完善全国版权展会授权交易体系建设

指导和支持山东青岛、江苏南京举办第五届青岛国际版权交易博览会、第三届江苏(南京)版权贸易博览会,为开展版权交流、版权交易提供重要平台。指导景德镇国家陶瓷版权交易中心和山东泰山国家图书版权交易中心建设。推动各级版权交易中心优化机制、规范管理,促进版权转化和运用,推进版权产业高质量发展。2022年我国版权产业行业增加值达到 8.91 万亿元,占 GDP 的比重为 7.41%。核心版权产业发展稳中向好,占全部版权产业的比重达到 63.1%,对版权产业发展的支持引领作用更加明显,对我国经济结构优化升级和高质量发展发挥了重要的作用。

3. 开展中国版权金奖评选

国家版权局与世界知识产权组织合作开展 2022 年中国版权金奖评选表彰工作,对在版权创造、推广运用、保护、管理等方面作出突出贡献的单位和个人等进行表彰,激励全社会尊重版权、重视版权。

五、强化国际合作,提高版权国际影响力

1. 加强版权国际话语体系建设

持续巩固与世界知识产权组织、世界贸易组织等国际组织在版权方面的交流合作,积极参加相关成员国大会及地区会议,以及《保护广播组织条约》《保护传统文化表现形式条约》《全面与进步跨太平洋伙伴关系协定》、中日韩自贸协定等谈判进程。在世界知识产权组织知识产权与遗传资源、传统知识和民间文学艺术政府间委员会相关会议上提供中国方案、中国标准。积极开展版权产业海外风险问题研究,举办版权产业国际风险防控培训班,加大对我国企业海外版权维权援助,建设版权涉外风险防控体系,形成高效的国际版权风险预警和应急机制。

2. 加强多双边版权交流合作

积极维护和发展版权多边合作体系,加强在世界知识产权组织、世界贸易组织等国际多边机制中的合作,举办国际版权论坛、开展高层次对话,推进《马拉喀什条约》实施过程中的无障碍格式版跨境交换。深化与共建"一带一路"国家和地区,以及同我国有双边版权合作协议重点国家的交流合作。举办中日、中英、中韩、中欧版权会谈和研讨会,增进交流,为业界拓宽国际版权交易渠道。指导中国版权协会等非政府组织在版权国际交流合作中积极发挥作用。

3. 建立健全版权国际应对联动机制

指导国际版权研究基地等机构开展多双边谈判和普遍关注的版权重点、热点议题进行专项研究。加强与立法机关、司法机关及外交、商务、市场监管等行政机关的联系沟通,不断提高海外版权保护能力。

六、广泛宣传培训,建设良好人文环境

1. 加强版权主题宣传

围绕全面加强冬奥知识产权保护、中国知识产权发展状况、中国知识产权保护与营商环境新进展等,举行新闻发布会、吹风会。举办《马拉喀什条约》落地实施推进会、2022 国际版权论坛,举办"喜迎二十大,奋进新征程——《著作权法》实施三十周年成就展"以及世界知识产权组织版权保护优秀案例示范点、民间文艺版权保护、《马拉喀什条约》落地实施系列主题展览,编辑出版《中国版权年鉴 2021》《软件正版化在中国 2021》,评选发布中国版权十件大事、打击侵权盗版十大案件,组织制作国家版权局官网"2022 版权宣传周"专栏,集中宣传版权保护成果,持续提升社会公众版权意识。

2. 做好版权对外宣传

用好国家版权局英文网平台和会议、会谈、会见场合,对外通报国内动态,发出权威声音,赢得外方对我国版权工作的认同。以批准实施《马拉喀什条约》、民间文艺版权保护项目调研、版权优秀案例示范点为突破口,打造一批内容新颖、形式多样的中国版权故事。运用传统媒体和新兴媒体传播渠道,擦亮国际版权论坛等会议品牌,用好世界知识产权组织网站平台,让中国版权故事、中国版权声音全媒体传播。

3. 深入开展调查研究

围绕版权工作重点任务,深入开展中国版权产业经济贡献、著作权法定许可、中国网络版权保护状况、新技术在版权领域应用、版权国际应对、民间文艺作品版权保护等调研,深入分析新形势、新任务,研究新思路、新举措,不断提升版权治理能力和治理水平。

供稿:中央宣传部版权管理局

科技创新知识产权工作

2022 年是党的二十大召开之年,是全面实施《国家中长期科学和技术发展规划(2021—2035 年)》《"十四五"国家科技创新规划》,加快实现高水平科技自立自强的关键之年,在深入研究的基础上,科技部党组对我国科技领域知识产权创造、转化和保护进行顶层设计,对加强科技相关知识产权工作作出部署和要求,明确提出"调整优化科技结构,进一步增强企业创新主体地位,深化产学研结合,充分发挥金融支持作用,支撑经济平稳运行"。

一、强化科技领域知识产权创造运用等环节的政策制度建设

一是完善科技成果评价机制。落实《国务院办公厅关于完善科技成果评价机制的指导意见》部署要求,科技部会同教育部、财政部等部门组织开展科技成果评价试点。试点工作开展以来,相关部门、地方和试点单位扎实推进,在五元价值、分类评价、金融成果评价等方面探索实施一系列改革举措,总结形成多项典型案例。二是持续推进高校及科研院所开展职务科技成果赋权改革试点工作。组织 40 家试点单位凝练创新举措典型案例。同时,会同教育部、财政部、人力资源社会保障部联合印发《〈关于扩大高校和科研院所科研相关自主权的若干意见〉问答手册》,将"改革科技成果管理制度"等 14 项政策分解为 32 项问答,为高校和科研院所科技成果管理制度改革提供了细化政策保障。三是开展职务科技成果单列管理试点。进一步探索职务科技成果管理新模式,研究制定职务科技成果及其作价投资形成的股权区别于其他国有资产的管理制度。

二、持续推动知识产权转化运用工作

一是积极推动高校专业化技术转移机构建设。2022 年,指导相关高校以技术转移机构建设为突破口,进一步完善科技成果转化体系,强化科技成果转移转化能力建设,有效促进高校科技成果高水平创造和高效率转化。二是推动技术经理人纳入《职业分类大典》。2021 年,科技部向人力资源社会保障部提出有关建议。2022 年 7 月,技术经理人作为新职业正式纳入《职业分类大典》。三是构建完善知识产权公共服务体系。科技部持续优化布局技术转移服务网络。全国已建设 12 家国家技术转移区域中心、420 家国家技术转移(示范)机构、1500 余家省级技术转移示范机构,以及 40 余家市场化技术交易市场(所),基本形成覆盖全国县级及以上地区的技术转移服务网络。同时,支持中国技术交易所、上海技术交易所、深圳证券交易所等机构建设国家知识产权和科技成果产权交易机构,建设互联互通的技术交易市场。四是

完善技术要素市场建设顶层设计。2022年9月印发《"十四五"技术要素市场专项规划》，围绕健全科技成果产权制度、强化高质量科技成果供给、建设高标准技术交易市场等方面，加快建设高标准技术要素市场。2022年全国技术合同77.3万项，成交额4.78万亿元，同比分别增长15.2%和28.2%。五是完善科技计划项目成果汇交和常态化路演对接机制。2022年7月，在国科管系统建立国家科技计划成果登记模块，形成国家科技计划项目成果库，完善国家科技计划项目成果登记汇交机制。2022年6月，科技部启动国家科技计划成果路演行动，2022年共举办12场路演，涉及550余项科技成果。

三、加强国家科技计划项目知识产权管理与服务

一是在国家科技计划实施过程中，高度重视知识产权全流程管理。对项目形成的知识产权归属、使用、转移、权益分配等进行了明确规定。明确提出关于发明专利、技术标准等约束性指标，加快推动知识产权强国建设。二是推进科技成果转化年度报告制度。《中国科技成果转化年度报告2022（高等院校与科研院所篇）》显示，全国高校院所的科技成果转化合同项数为56.5万项，合同总金额达1581.8亿元，同比分别增长21.5%和24.4%，科技成果转化态势活跃。三是在信息技术、新能源、新材料等领域，围绕领域科技前沿和产业链供应链短板弱项，统筹优化布局研究任务，

加快催生原始创新成果。

四、积极营造促进知识产权高质量发展的社会环境

一是引导形成讲诚信的文化氛围。编印《中国科研诚信建设蓝皮书》《负责任署名——学术期刊论文作者署名指引》等，宣传我国科研诚信建设整体进展和实践经验，引导科研人员规范开展科学研究。二是大力弘扬科学家精神。首批建设140个科学家精神教育基地，成立中国科学家精神宣讲团，推动各级各地"科学家精神宣讲团"开展现场宣讲。三是加强科研诚信建设。完善科研诚信建设联席会议机制，成员单位扩展至22家；联合印发《科研失信行为调查处理规则》，进一步健全调查机制、细化调查责任、规范调查程序、强化失信惩戒；持续开展打击论文代写代投黑中介的"清网"行动，净化网络环境；建成并不断完善科研诚信管理信息系统，实现了科研诚信严重失信行为信息的在线汇交、审核。四是积极开展知识产权科普工作。2022年，联合印发《"十四五"国家科学技术普及发展规划》，强调科普成果知识产权保护；依托2022年全国科技活动周，充分调动各部门和地方积极性，举办各具特色的科普活动，广泛宣传知识产权保护内容。同时，配合国家知识产权局开展2022年全国知识产权宣传周活动，总结知识产权保护典型案例，营造尊重知识、保护知识产权的良好氛围。

供稿：科学技术部成果转化司

农业植物新品种工作

一、深入贯彻落实新修改《种子法》

组织召开《种子法》实施座谈会、《种子法》实施与种业知识产权保护等研讨会，加快推进新修改《种子法》实施。成立实质性

派生品种实施专项工作推进组，制定实施方案，适时向社会释放信息。推进《中华人民共和国植物新品种保护条例》修订，形成修订征求意见稿向最高人民法院、最高人

民检察院、科技部、国家发展改革委、财政部等17个部门单位和各省(区、市)农业农村、林业草原主管部门征求意见，并向社会各界广泛公开征求意见。配合全国人大农业与农村委员会、全国人大常委会法工委编制《种子法律导读(修订版)》《植物新品种保护法律制度》，编制《实质性派生品种问答》，形成权威性解读课件、教材。

二、申请授权持续增长

2022年共受理农业植物新品种权申请11 199件，同比增长15.20%，连续六年位居世界第一位，申请总量达62 636件。全年共授予农业植物新品种权3375件，同比增长4.88%，授权总量达到23 101件。

三、强化体系建设

海南自由贸易港农业植物新品种审查协作中心正式揭牌，标志着全国首家农业植物新品种审查协作中心正式运行。国家植物品种测试徐州中心建设项目可研报告通过专家评审，列入《"十四五"农业农村部直属单位条件能力建设规划》。植物新品种测试中心顺利完成种子质量检验机构复评审和扩项，成为我国唯一集"DUS测试、真实性检测和转基因检测"三合一的检测机构。新发布标准31项，其中，国家标准13项，行业标准18项。推进34种作物分子指纹检测技术研究应用，上线启用全国农作物品种DNA指纹公共平台，推出了首批20家种业打假护权检验机构，为打击种业假冒伪劣、套牌侵权增加"利器"。截至2022年底，农业农村部植物新品种测试中心SSR指纹库共收录19种作物近4万份保护样品指纹信息。

四、加强DUS测试质量监管

为进一步规范植物品种测试行为，加强测试机构管理，组织对农业植物新品种测试分中心开展DUS测试复评审和检查，加强自主DUS测试监管，对2020年备案的230个品种开展自主DUS测试复核。

五、强化维权指导和执法

落实与最高人民法院签署的加强种业知识产权合作备忘录，建立定期交流机制，强化侵权信息共享和线索移送，全面推动行政与司法保护衔接。会同最高人民法院、最高人民检察院、公安部等单位部门联合印发《关于保护种业知识产权打击假冒伪劣套牌侵权营造种业振兴良好环境的指导意见》，强化行政执法和刑事司法衔接，联合公检法等部署开展种业知识产权保护、打击假冒伪劣套牌侵权工作。印发《2022—2023年全国种业监管执法年活动方案》，组织开展种业监管执法年活动。举办全国保护种业知识产权假冒伪劣套牌侵权视频会议，遴选并发布《2022年农业植物新品种保护典型案例》。统筹推进品种审定、登记、保护标准样品管理，为推行品种"身份证"管理奠定基础。

六、做好品种权质押备案

2022年，办理农业植物新品种权质押备案66件，涉及金额3.61亿元，同比增长312%。截至2022年底，共办理质押备案84件，涉及金额5.23亿元。

七、开展宣传培训

开展种子法进企业、进院校、进展会、进基地系列宣讲活动，累计授课10余场(次)，培训10余万人次。在《人民日报》和人民网首页报道我国申请量超过5万件的新闻，取得了良好的社会反响。举办5期品种DUS测试与植物新品种保护能力提升培训班，培训学员千余人次。举办农业植物新品种新技术展示示范活动，集中展示甘薯、花生、大豆等209个授权新品种和28项新技术。

八、深化国际合作与交流

2022年10月28日，农业农村部科技

发展中心崔野韩总农艺师成功当选 UPOV 理事会主席,任期三年,成为该组织历史上首位中国籍理事会主席。派员出席 RCEP 论坛、中巴研讨会、国际无性繁殖园艺植物和果树育种者协会(CIOPORA)年会以及 UPOV 等有关线上会议,参加中以、中瑞等商务谈判,举办中欧植物新品种保护法律法规线上研讨会,组织为期 2 周的发展中国家植物新品种保护援外培训,参加 UPOV 远程教育,派员任 UPOV 远程教育中文导师,启动参与 UPOV 品种权国际申请平台中国项目二期研发。

供稿:农业农村部科学技术司

工业和信息化领域知识产权工作

一、加强工业和信息化领域知识产权工作部署

加快实施知识产权强国战略,强化知识产权创造、运用、保护、管理和服务。2022 年,工业和信息化部支持 15 个知识产权推进计划项目,构建工业和信息化领域知识产权高质量发展统计与促进机制,开展知识产权态势分析与布局研究,推动企业知识产权运用能力协同培育,提升行业知识产权服务能力。据统计,2022 年,我国规模以上重点领域企业每亿元营业收入高价值发明专利数为 2.62 件,十年间提升近 3 倍。

二、强化工业和信息化重点领域知识产权保护

积极参与全国打击侵犯知识产权和制售假冒伪劣商品系列工作,赴地方开展正版化检查,做好企业软件正版化工作,推动将软件正版化检查范围从基础软件扩展到工业软件。强化互联网基础管理,提升网络溯源能力完善工作机制,合力治理网络违法违规活动。发挥行业协会和产业联盟自律作用,推动建立行业知识产权纠纷调解机制,支持公共服务平台建设。

三、提升企业知识产权意识与能力

10 月,国家知识产权局与工业和信息化部联合印发《关于知识产权助力专精特新中小企业创新发展的若干措施》,深化实施中小企业知识产权战略推进工程。持续推进工业企业知识产权运用试点工作,累计遴选 2800 余家试点企业。通过制造业知识产权大课堂等活动,组织专业机构面向企业开展培训,2022 年累计培育 2000 余人次。

四、推进知识产权规则制定和国际合作交流

加强与有关国际组织和机构的合作,鼓励产业技术基础公共服务平台等加强国内外交流合作,营造良好的国际知识产权保护环境。聚焦产业体量大、跨界融合突出的相关行业,支持开展融合领域标准必要专利许可规则研究。汽车、通信行业联合发布《汽车行业标准必要专利许可指引(2022 版)》。

供稿:工业和信息化部科技司

公安机关保护知识产权工作

2022 年,公安部深入学习贯彻习近平总书记关于全面加强知识产权保护的系列重要论述、重要指示精神,认真贯彻落实党中央、国务院部署要求,组织全国公安机关

进一步强化责任担当,充分履行打击犯罪职能,深入推进夏季治安打击整治"百日行动""昆仑2022"等专项行动,依法严打侵权假冒犯罪,2022年共立案侦办侵犯知识产权和制售伪劣商品犯罪案件3.4万起,坚决遏制此类犯罪多发高发势头,有力服务经济社会高质量发展。

一、着力强化风险防控,护航安全发展

始终坚持以人民为中心的发展思想,依法严厉打击侵害群众利益的侵权假冒犯罪活动。紧紧围绕食品安全,全面落实"四个最严"要求,严厉打击侵权假冒、有毒有害、不符合安全标准等食品领域犯罪,破获四川"4·11"制售假酒案、安徽"11·4"制售有毒有害食品案等一批重大案件,努力让人民群众吃得更放心。紧紧围绕粮食安全,破获河南张某等人制售假冒品牌种子案、四川"8·27"制售假农药案等涉农资犯罪案件,有力净化农资市场秩序。紧紧围绕药品安全,集中侦破广东"2·15"、浙江"1·21"假药案等药品领域犯罪案件,切实维护人民群众生命健康。紧紧围绕生产生活安全,严打制售假冒伪劣建筑材料、家用电器、学生儿童用品等突出犯罪,组织侦办广东"3·15"制售"非标"线缆案等典型案件,积极配合行业主管部门开展源头治理。

二、着力强化产权保护,服务高质量发展

聚焦创新驱动,组织侦办四川"10·26"侵犯国有企业技术秘密案等技术领域案件,为加快建设科技强国提供法治保障。聚焦复工达产,组织侦破天津"3·30"制售假冒伪劣石油专用物资案、山东"5·15"制售假冒品牌建筑材料案,保障企业产销迅速恢复。聚焦消费环境,紧盯群众反映集中的"网红""直播带货"等网上售假问题,集中破获一批利用网购模式进行欺诈式售假案件,净化网络环境,提振消费信心。聚焦营商环境,坚持依法平等保护,严打侵犯各类市场主体知识产权犯罪,指导山西、安徽、福建、河南、四川等地公安机关侦破一批大要案件,增强企业投资发展信心。8月,第四届民营经济法治建设峰会将公安机关"开展'昆仑'专项行动依法严厉打击侵犯知识产权犯罪"评选为"新时代加强民营经济法治建设"十大事件。

三、着力强化协作配合,形成工作合力

密切"两法衔接",会同中央宣传部、工信部、网信办等部门开展打击"剑网2022""冬奥版权保护""打击院线电影盗录传播""青少年版权保护季"等专项行动,联合督办一批大要案件。会同国家知识产权局等部门制定出台《关于加强知识产权鉴定工作衔接的意见》,深化知识产权管理执法部门与司法机关在知识产权鉴定工作中的合作,强化知识产权全链条保护。密切司法协同,配合最高人民法院、最高人民检察院研究起草知识产权刑事司法解释,进一步完善入罪标准、法律适用。密切警企协作,开展"惠民利企"调研走访活动,听取意见建议,畅通举报投诉渠道;指导天津、浙江等地探索建立"知识产权流动警务站""知识产权警务联络官"等机制,推动完善社会共治格局。

四、着力强化社会宣传,营造良好氛围

积极融入大局,在"4·26全国知识产权宣传周"期间开展主题宣传,组织各地公安机关同步联动,发布系列新闻稿件和典型案例,通报公安机关打击侵权假冒犯罪工作情况,取得良好成效。紧盯重要节点,在"元旦""春节""双11"期间加强法治宣传和预警提示,积极营造全民参与浓厚氛围。注重形象展示,依托多双边国际执法合作机制,与有关国家和地区围绕重点跨国跨境案件开展执法合作;应国际刑警组织邀请,继续参加打击跨国侵权假冒犯罪领域"奥普森""盘古"等联合执法行动,牢牢把握国际场合话语权,充分展示我国负责任大国形象。

供稿:公安部食品药品犯罪侦查局

商务知识产权工作

一、务实开展知识产权双边对话

2022年，商务部用好与经贸相关的知识产权双边对话交流机制，与欧盟、瑞士、俄罗斯等贸易伙伴召开双边知识产权工作组会议，就共同关心的知识产权议题开展富有成效的交流，积极推动解决产业界关注。

3月1—3日，与瑞士联邦知识产权局共同主持召开中瑞经贸联委会知识产权工作组第十一次会议，双方就与经贸相关的知识产权立法及执法最新进展进行交流，就关注的知识产权保护问题进行讨论，确定下一步合作方向和内容。为推动解决双方产业界具体关注，双方还在会议期间举行产业圆桌会议。

6月29—30日，与俄罗斯知识产权局共同主持召开中俄经贸分委会知识产权工作组第十三次会议，双方就共同关注的知识产权保护问题进行了深入讨论，并会同有关企业举行了产业圆桌会议，就企业在贸易投资中遇到的具体知识产权问题进行了沟通。

11月15—17日，与欧盟委员会贸易总司共同主持召开中欧知识产权工作组第二十五次会议，双方就知识产权立法、执法、司法领域最新进展等进行了富有成效的交流。会议期间举行产业圆桌会，推动解决双方企业在对方市场遇到的知识产权问题。

二、积极参与知识产权多边磋商

在世贸组织项下，会同我国常驻世贸组织代表团，建设性参与新冠疫苗知识产权豁免磋商，加强与其他成员国沟通互动，推动各方弥合分歧，为世贸组织第12届部长级会议就新冠疫苗知识产权豁免达成一致作出积极贡献；积极参与世贸组织"与贸易有关的知识产权"理事会常规议题讨论，推动世贸组织第12届部长级会议达成《关于〈与贸易有关的知识产权协定〉非违反之诉和情景之诉的部长决定》，分享我国在知识产权质押融资、专利开放许可制度等方面的举措。

在金砖国家知识产权合作机制会议、亚太经合组织知识产权专家组会议等多边机制项下，就相关议题与各成员加强交流，阐明中方立场。

三、高质量实施《中欧地理标志保护与合作协定》

强化机制保障。1月19日，与欧方共同组织召开中欧地理标志联合委员会第一次会议，就推进《中欧地理标志保护与合作协定》实施、加强双边务实合作交换意见。双方共同审议通过了联合委员会议事规则，讨论通过了联合委员会下一步工作计划。

推动第一批地理标志升级保护。协定第一批双方各100个地理标志已在协定生效时获得保护。会同有关部门，推动其中部分中方地理标志在欧盟实现升级保护，由地理标志保护（PGI）升级为原产地名称保护（PDO），进一步提升相关产品在欧盟市场的竞争力和认可度。

推进第二批地理标志受保护进程。协定第二批双方各175个地理标志将在2025年3月前获得保护。积极协调有关部门，于2022年12月2日与欧方同步公示第二批地理标志，推动第二批地理标志尽早获得保护。

开展协定产品推广。会同有关部门，与欧方密切协作，通过举办、参与博览会、研讨会、论坛等方式，宣传推广协定地理标志产品，使协定成果更多惠及中欧企业和消费者，助力中欧经贸关系持续、健康发展。

四、牵头做好自贸协定知识产权议题相关工作

多边方面，积极推动加入《全面与进步

跨太平洋伙伴关系协定》进程,展示我国推动高水平开放的决心,持续深入研究协定涉及的知识产权问题。会同相关部门,高质量实施《区域全面经济伙伴关系协定》,全面提升区域内知识产权整体保护水平。

双边方面,牵头组织中国—以色列、中国—尼加拉瓜、中国—秘鲁、中国—海合会等多个自贸协定(升级)知识产权章节谈判,推动谈判取得积极进展。牵头做好中韩自贸协定知识产权章节落实工作。

五、加强知识产权海外维权援助机制建设

继续指导中国保护知识产权网发挥知识产权预警和维权援助信息平台作用,为"走出去"企业提供知识产权预警和维权援助服务。

持续更新预警信息。网站全年编辑发布《知识产权海外风险预警专刊》12 期,《知识产权国际快讯(周刊)》48 期,英文版 *IPR Focus* 电子期刊 24 期,通过微信公众号推送国际新闻快讯 150 期。

不断充实数据库。紧跟形势,在原有"国内新闻""国际新闻""海外维权""保知指南""数据资料"等栏目基础上,增设"中欧地理标志协定""新冠疫苗知识产权""多双边知识产权协定"等专栏,及时发布中欧地理标志、国际疫苗知识产权规则等最新动态,收录我国已签署的自贸协定以及《全面与进步跨太平洋伙伴关系协定》等高标准自贸协定知识产权章节。

提供免费在线咨询。通过"在线咨询"专栏,及时公开答复公众提出的涉外知识产权问题,为中国企业应对海外知识产权纠纷提供信息支持。

供稿:商务部条约法律司

海关知识产权工作

一、2022 年全国海关知识产权执法情况

2022 年,全国海关共采取知识产权保护措施 6.46 万次,实际扣留进出口侵权嫌疑货物 6.09 万批、7793.85 万件。全年受理知识产权海关保护备案申请 23 412 件,审核通过备案申请 21 356 件,其中,国内权利人备案数量为 15 091 件。查扣侵权嫌疑货物主要呈现以下特点。

1. 查获侵犯商标权货物数量仍居首位

海关查扣侵权货物的知识产权类型包括商标权、专利权、著作权、奥林匹克标志专有权等,其中,扣留涉嫌侵犯商标权的货物占全部扣留数量的 97.93%。

2. 侵权查发主要集中在东部沿海地区

扣留侵权嫌疑物数量排名前十位的海关分别为:深圳、宁波、杭州、上海、厦门、广州、武汉、成都、黄埔和天津海关,其中,8 个海关位于东部沿海地区。中西部地区及内陆地区海关执法力度不断加大,在扣留侵权批次和数量方面同比均有增长。

3. 查获主要涉及电子电器、文具办公等商品类别

海关查获的侵权嫌疑货物以电子电器、文具办公、儿童玩具、烟草制品等为主。

二、擘画发展蓝图,促进执法提质增效

全国海关准确把握新形势下知识产权保护工作的新任务、新要求,落实全国海关工作会议精神,系统谋划、主动作为、破解难题,为促进外贸保稳提质、构建新发展格局提供有力保障。

1. 科学施策提高执法工作整体效能

对内着力推动知识产权海关保护能力提升工程实施,印发《海关总署关于"十四五"时期加强和完善知识产权保护工作的意见》,就进一步强化海关知识产权保护工作提出 12 项措施并督导落实。聚焦重点渠道、重点行业、重点商品,连续第六年开

展知识产权海关保护"龙腾行动",连续第三年开展寄递渠道知识产权保护"蓝网行动"、出口转运货物知识产权保护"净网行动"。优化完善专项行动量化考核制度,从16个方面狠抓工作落实。对外会同国家市场监督管理总局等多部门联合印发《2022网络市场监管专项行动方案》,共同集中整治网络市场突出问题,促进网络市场规范健康持续发展。

2. 持续推动执法规范化建设

组织起草《知识产权海关保护法律文书》,就法律依据、基本要素、文书格式等进行规范,进一步严格法律文书的适用。编发海关总署文告《知识产权海关保护》专刊,权威深度解读相关政策法规。

3. 开展理论研究探索执法新方向

加强对"一带一路"沿线国家和地区海关知识产权保护法律制度研究,组织编写"一带一路"沿线及主要贸易国家知识产权海关保护制度研究丛书。开展"创新海南自贸港知识产权海关保护监管制度"课题研究,提高海南自贸港知识产权海关保护精准度和便利度。加强跨境电商知识产权风险研判、新发展格局下涉外定牌加工问题、自主品牌国际竞争力提升、《区域全面经济伙伴关系协定》(RCEP)知识产权制度执行等新领域、新业态中涉及的海关执法工作研究,创新海关保护监管制度,为知识产权海关保护执法实践探索新方向,解决新问题。

4. 科技赋能助力执法手段智能化

全面推广使用"商标智能识别"智能应用,在查验环节辅助执法关员在线甄别侵权商标,加快进出口货物知识产权状况验核速度。推进知识产权海关保护执法系统与其他海关监管系统互联互通。开展知识产权海关保护备案系统改造升级,推动实现"互联网+海关"政务服务平台"一号登录、业务通办"。

三、开展专项行动,高效治理侵权假冒

2022年,全国海关聚焦群众反映强烈、社会舆论关注、侵权假冒多发的重点领域和渠道,继续以知识产权保护专项行动为抓手,密切关注侵权货物跨境贸易态势,多措并举促进专项行动取得显著成效。

1. 强化整治关键领域、重点环节侵权

组织开展"龙腾行动2022",应对进出口侵权违法新态势,深入推进大数据实战应用,推动查获精准度整体提升。

2. 严厉打击进出口高风险渠道侵权

开展寄递渠道知识产权保护"蓝网行动2022",组织执法力量集中加大对"化整为零""蚂蚁搬家"式进出口侵权行为的打击力度,及时关注侵权商品"渠道漂移"现象,加强跨境电商等新兴业态领域知识产权保护。

3. 有力保护出口转运货物知识产权

开展出口转运货物知识产权保护"净网行动2022",形成区域联动保护网络,重点打击通过货运、寄递渠道将侵权货物输往香港或者经由香港转运至北美、欧洲、南美、东南亚、"一带一路"沿线国家和地区的违法行为。

4. 持续关注重大赛事相关知识产权

结合重大赛事举办的时间节点,加强对北京2022年冬奥会、冬残奥会和2022年卡塔尔世界杯相关知识产权保护。

四、优化服务举措,支持企业创新维权

全国海关统筹推进各项促进外贸保稳提质、助企纾困降成本措施的落地落实,坚持爱企助企惠企,完善服务企业长效机制,切实为企业办实事、解难题,提升企业维权创新能力,助力企业高质量发展。

1. 引导企业用好海关保护政策

聚集企业实际需求,鼓励引导国内外权利人申请知识产权海关保护备案,致力提升企业知识产权维权能力。

2. 惠企举措促进外贸保稳提质

不断完善惠企服务举措,制定加力帮扶中小企业纾困解难工作措施,帮助企业保订单、保交付,激发市场主体创新活力。

3. 多维服务助力企业便利维权

将高新技术企业、中小企业知识产权

保护作为专项行动重点任务。

4. 指导提升企业海外维权能力

密切关注国际知识产权保护最新动向，鼓励企业积极应对侵权纠纷，为企业拓展国际市场保驾护航。

五、强化内外协同，推动构建大保护格局

全国海关坚持系统观念，健全知识产权工作整体推进机制，强化部门协同、上下联动、区域协作、社会共治，共同打造打击侵权假冒立体防控体系。

1. 关际合作整体效能持续提升

全年共计开展各层级关际协作300余次，关际协作整体效能不断提升，广度和深度不断拓展，关内协同、信息互通、区域联动成效进一步凸显。

2. 关地合作协调机制稳步推进

持续深化与市场监管、版权、烟草专卖部门和法院等地方行政、司法机关的合作，提高侵权假冒综合治理效能。

3. 关企合作联系配合更加紧密

全国海关充分发挥权利人企业、行业协会、维权联盟作用，共同在执法培训、情报共享、便利维权等多个领域开展合作。

4. 行政刑事工作衔接日益畅顺

深化与公安机关合作，进一步理顺信息共享、线索通报、侵权货物移交、案件查处等工作，推动案件深挖扩线，强化知识产权行政保护与司法保护的有效衔接，形成"打源头、摧网络、断链条"的工作局面。

六、深化国际合作，积极参与全球治理

全国海关积极参与各种形式双边、多边知识产权国际执法合作，参与全球知识产权治理体系改革和建设，推动高质量共建"一带一路"知识产权海关保护工作深入开展，为全球知识产权保护贡献中国智慧。

1. 双边机制性执法合作走深走实

积极推动《中欧海关知识产权执法行动计划（2021—2024年）》生效实施，统筹规划下阶段双方合作重点；远程方式召开

中俄海关知识产权工作组会议，持续推动《中俄海关关于加强知识产权边境执法合作备忘录》的落实。进一步加强与欧、俄、日、韩等国家和地区海关的知识产权案件数据交换、案件信息共享、立法及执法实践交流，不断提升合作成效。参加中欧、中瑞、中俄知识产权工作组会议，宣传介绍中国海关执法最新进展。

2. 多边输出性交流合作面向全球

积极参与上海合作组织、亚太经合组织等有关国际组织的知识产权国际事务，继续参与世界海关组织打击非法、假冒和不符合标准的药品及医疗物资进出口的"阻止"联合执法行动。推荐专家为发展中国家、非洲国家、"一带一路"沿线国家海关相关人员授课，介绍中国海关知识产权保护理念和制度。参加中国国际进口博览会"保护知识产权　打击侵权假冒国际合作"虹桥分论坛，交流分享中国海关打击侵权假冒、强化国际合作的经验和成效。

3. 关际合作知识产权保护内容丰富

广东分署牵头组织广东省内七个直属海关与香港、澳门海关开展知识产权海关保护联合执法行动，切实提升三地打击跨境侵权成效。天津、南京、重庆等海关与新加坡海关局开展关际合作，立足本口岸出口实际，对涉及与新加坡贸易的商品开展知识产权专项风险分析；开展线上座谈研讨交流，就知识产权海关保护领域可开展的合作事项进行讨论，推进关际合作文件知识产权保护规定落地实施。

七、内培外宣并进，营造良好保护氛围

全国海关持续加大执法培训力度，不断提升知识产权海关保护队伍执法能力和水平；遵循"线上线下并举、内部外部并抓、新老媒体联动"的宣传思路，组织开展覆盖广泛的知识产权普法宣传活动，营造尊重和保护知识产权的良好氛围。

1. 持续提升队伍执法能力

通过业务培训、岗位交流锻炼、跟班作

业等形式,提升一线执法能力与水平。2022 年开展各类知识产权业务培训 668 场,培训人员累计 4.45 万人次。

2. 持续增强社会宣传效应

对外公布 2021 年中国海关知识产权保护状况及典型案例、2022 年上半年海关保护典型案例,定期发布海关知识产权执法情况,展示中国海关加强知识产权保护的工作成效。以"4·26 世界知识产权日"

"8·8 海关法治宣传日"等为契机,全方位、多层次、广范围开展知识产权保护宣传与政策宣讲。

3. 积极扩大网络传播覆盖面

充分利用各类新媒体平台开展知识产权海关保护工作宣传教育,彰显海关打击侵权的决心与成效。

供稿:海关总署综合业务司

反不正当竞争与保护商业秘密工作

一、完善法律制度规则,筑牢反不正当竞争法制基础

1. 加快推进反不正当竞争法修订

贯彻落实习近平总书记重要指示精神,顺应经济发展形势需要,与时俱进加快推进《中华人民共和国反不正当竞争法》(简称《反不正当竞争法》)修订。起草形成修订草案征求意见稿。市场监管总局贯彻落实习近平总书记重要指示精神,顺应经济发展形势需要,与时俱进加快推进《中华人民共和国反不正当竞争法》修订。2022 年底,在深入调查研究、广泛征求意见、多轮研讨交流基础上,市场监管总局已完成《反不正当竞争法(修订草案送审稿)》,待局务会审议通过后报送司法部。修订草案中,新增了"国家推动建立健全商业秘密自我保护、行政保护、司法保护一体的商业秘密保护体系"条款,进一步加强商业秘密保护。

2. 不断完善反不正当竞争政策制度体系

聚焦重点行业、重点行为,结合监管执法实践需要,推动制定配套行为合规指引、案件查办指南等文件,丰富日常监管工具箱,夯实反不正当竞争监管执法理论基础。聚焦商业秘密保护,研究编制商业秘密案件查办指南,加强对商业秘密案件查办的专业指导,探索建立执法办案标准化流程,提高执法准确性和办案效率。

二、加强反不正当竞争监管执法,净化市场竞争环境

2022 年,市场监管总局印发《关于开展 2022 年反不正当竞争专项执法行动的通知》,聚焦重点问题,紧盯重点时段,严厉查处各类不正当竞争行为,以公正监管保障公平竞争、促进经济发展。其中,聚焦重要商品和要素市场中的侵犯知识产权问题,紧盯农产品、抗疫防护用品、食品等重要商品,以及技术、数据等重要要素市场,打击商业标识仿冒混淆行为,加强商业秘密保护,为商品和要素自由高效流动提供了良好市场环境。2022 年,全国各级市场监管部门共查办各类不正当竞争案件 9069 件,罚没金额约 6.2 亿元。其中,查处侵犯商业秘密、仿冒企业名称字号、生产销售仿冒混淆农资产品抗疫防护用品等不正当竞争案件 746 件,罚没金额 2162 万元。

三、加大商业秘密保护力度,服务企业创新发展

1. 开展全国商业秘密保护创新试点工作

贯彻落实党中央、国务院关于加强商业秘密保护的决策部署,加大改革创新力度,部署开展全国商业秘密保护创新试点工作。2 月,在浙江宁波召开全国商业秘密保护创新试点部署会。3 月,印发《市场监管总局关于印发〈全国商业秘密保护

创新试点工作方案的通知〉》,组织各地开展创新试点申报工作。经过严格、公正的评审,7月8日,公布第一批20个创新试点地区名单。7月14日,在浙江杭州组织召开全国商业秘密保护创新试点启动会,正式启动创新试点工作。指导各试点地区,围绕加强制度创新、完善工作机制、强化监管执法、健全保障体系、对标国际规则、营造整体氛围六方面重点任务,着力探索多元有效的保护工作机制,以点带面推动全国商业秘密保护工作再上新台阶。

2. 组织召开全国商业秘密保护百家企业圆桌会议

11月,在北京组织召开全国商业秘密保护百家企业圆桌会议,围绕加强商业秘密保护主题进行交流研讨,来自全国各地的115家企业以及部分专家学者以线上和线下相结合的方式参加会议。会上,百家企业代表联合签署"保护商业秘密助力创新发展"倡议书,倡议全国企业不断提升商业秘密保护意识和能力,共同维护公平竞争秩序。此次会议引起社会各界高度关注,为营造尊重知识产权、保护商业秘密的良好氛围发挥了积极作用。

3. 积极推动商业秘密保护服务网络建设

把商业秘密保护作为寓监管于服务的重要切入点,指导各地市场监管部门创新监管方式,推动商业秘密保护关口从事后维权向事前预防转移,力争防患于未然。依托地方产业园区、经济开发区等各类产业聚集区域,推进服务站点建设,畅通政企沟通渠道,加快建立完善广覆盖、全流程的商业秘密保护服务体系。以服务站点为载体,开展常态化培训宣讲,提供专业咨询服务,为企业创新发展提供有力支撑。截至2022年底,全国已建立商业秘密保护指导站、联系点、示范企业、示范基地等服务站点8634个。

供稿:国家市场监督管理总局
价格监督检查和反不正当竞争局

林草植物新品种保护工作

一、林草植物新品种保护法规与政策

积极推进《中华人民共和国植物新品种保护条例》(简称《条例》)修订工作,与农业农村部共同成立《条例》修订工作小组,召开《条例》修订座谈会,研究相关修订内容,并征求各方专家意见,根据新种子法要求形成《条例》修订征求意见稿,向社会公开征求修订意见。举办林草新品种分子测试技术研讨会,推动建立林草实质性派生品种(EDV)制度,更好地激励原创育种和原始创新。与国家知识产权局等十六部门联合印发《关于加快推动知识产权服务业高质量发展的意见》。

二、林草植物新品种审查和授权

国家林业和草原局植物新品种保护办公室推进新品种授权智能化、便利化改革,升级优化"林草植物新品种保护管理系统",全面提升了林草植物新品种受理审查的工作效率和服务水平。2022年,林草植物新品种初步审查时间由规定的6个月压缩至50天以内,共受理国内外林草植物新品种权申请1828件,完成品种权申请初步审查1809件,组织完成植物新品种实质审查684件,其中,现场审查420件,田间测试264件;发布植物新品种授权公告2批共651件。截至2022年底,国家林业和草原局植物新品种保护办公室共受理国内外植物新品种申请8836件,授予植物新品种权4055件。

三、林草植物新品种权行政执法

6月,印发《国家林业和草原局办公室关于组织开展2022年打击制售假劣林草种苗和侵犯植物新品种权工作的通知》,组织力量集中开展打击侵犯、假冒林草植物新品种权专项行动,强化植物新品种行政执法工作的组织领导,提高执法工作的权威性,加大打击制售假劣林草种苗和侵犯植物新品种权行为工作力度,规范市场秩序,保护品种权人的合法权益。启动《林草植物新品种保护行政执法办法》修订的前期研究,推进行政执法和司法衔接,开展广泛调研,听取各方的意见和建议。同时指导品种权人积极维权,营造良好的市场氛围。

四、林草植物新品种测试体系建设

加强林草植物新品种测试体系顶层设计和布局研究,组织起草林业和草原植物新品种测试体系建设规划,批复设立海南崖州测试分中心;举办林草植物新品种测试分中心工作座谈会;编制发布《林草植物新品种领域标准体系》。2022 年,组织林草植物新品种测试站对 361 个蔷薇属、杜鹃花属、绣球属、芍药属、山茶属申请品种开展田间测试工作,完成了 264 个品种的田间种植测试,提交正式测试报告。2022年,木麻黄属、李属—樱花、金丝桃属等 9项林业植物新品种测试指南以林业行业标准发布。截至 2022 年底,累计开展 165 项林业植物新品种测试指南的编制工作,已完成金露梅、珍珠梅属、青檀属等 79 项测试指南标准的制定,分别以国家标准或行业标准发布,其中,国家标准 13 项、林业行业标准 66 项,有效提高了植物新品种的授权质量和审查测试能力。

五、实施林业和草原知识产权转化运用项目

2022 年,国家林业和草原局科技发展中心组织实施"罗城优良竹种繁育及高效栽培关键技术转化运用"、"户外竹质双拼梁装配式廊亭加工技术在广西龙胜美丽乡村建设中的转化运用"和"鼠害种群数量调查关键技术转化运用"3 项林业专利技术

转化运用项目,"重瓣型观赏海棠新品种转化运用"、"蓝莓新品种转化运用"和"枸杞新品种转化运用"等 7 项林业授权植物新品种转化运用项目。组织专家对"石竹复合墙体加工及构件组装的产业化应用技术"知识产权转化运用项目进行了现场查定和验收。2011—2022 年,组织实施 107项林业知识产权转化运用项目,53 项林业知识产权转化运用项目通过验收。

国家林业和草原局推荐 2 项林业发明专利项目参加第二十四届中国专利奖评选;4 项林草专利获第二十三届中国专利优秀奖。2012—2022 年,共有 33 项林业专利获中国专利优秀奖。

六、林草植物新品种宣传培训

组织开展 2022 年全国林业和草原知识产权宣传周系列活动,制作"部长谈知识产权"、《新闻 2+1》(知识产权宣传周特别节目——全面开启知识产权强国建设新征程)、"优良林草植物新品种巡礼"视频,在 UPOV 社交媒体平台发布 8 个中国林草植物新品种和 4 个青年育种者事迹,在 UPOV 官方网站发布中国优良林草植物新品种宣传视频(英文版),展现我国林草植物新品种创制创新风貌。在国家林业和草原局政府网、国家知识产权网、中国林业知识产权网、中国林业信息网、林业专业知识服务系统、林草植物新品种保护网等主要网站登载或转载有关林草知识产权方面的报道120 余篇,在国务院知识产权战略实施工作部际联席会议微信公众平台"知识产权战略"发布文章 4 篇。在《中国绿色时报》《科技日报》《中国知识产权报》上发表有关林草知识产权的重点报道 50 篇。4 月 26 日在《中国绿色时报》发表专栏文章《保护知识产权 赋能林草创新》,全面介绍 2021 年林业和草原知识产权工作进展和成就,扩大了林业和草原知识产权的影响力。出版《2021 中国林业和草原知识产权年度报告》。

国家林业和草原局科技发展中心组织

开展 5 次有关植物新品种保护的国际培训活动,包括 UPOV 远程学习课程 3 次,东亚论坛 DUS 初级和高级研讨班各 1 次,共计 88 人次参加。9 月 19 日,国家林业和草原局科技发展中心线上举办林草新品种及知识产权保护与管理培训班,来自 31 个省(自治区、直辖市)及新疆生产建设兵团林业和草原主管部门、各大林草高校、林草综合测试站、测试分中心、分子鉴定实验室等单位的相关人员,共 700 余人参加培训。

七、国际履约和合作交流

积极派员参加国际植物新品种保护联盟系列会议、东亚植物新品种保护论坛、国际无性繁殖观赏植物和果树育种者协会会议,联合欧盟植物新品种保护办公室(CPVO)举办"中欧植物新品种保护法律法规研讨会",促进中欧更充分了解国际以及双方法律法规的最新进展。积极履行联合国粮农组织(FAO)相关职责,组织起草《第二次中国林木遗传资源国家报告》,经征求有关单位意见后修改完善,展现 10 年间中国林木遗传资源领域变化和发展。

2022 年银杏属国际植物新品种测试指南获国际植物新品种保护联盟批准立项,同时推进枸杞属、木兰属国际植物新品种测试指南编制。截至 2022 年底,我国专家共承担了山茶属、牡丹、丁香属、核桃属、木兰属、枸杞属和银杏属 7 项 UPOV 国际测试指南标准的制定,已完成山茶属、牡丹、丁香属、核桃属 4 项 UPOV 国际测试指南制定,并由 UPOV 发布实施,进一步提升了林草植物新品种国际标准话语权。

供稿:国家林业和草原局科技发展中心

知识产权司法保护工作

一、充分发挥审判职能,服务创新驱动发展

2022 年,人民法院着力强化审判职能作用,依法公正高效审理各类知识产权案件,新收一审、二审、申请再审等各类知识产权案件 526 165 件,审结 543 379 件(含旧存,下同),同比分别下降 18.17% 和 9.67%。

地方各级人民法院新收知识产权民事一审案件 438 480 件,审结 457 805 件,同比分别下降 20.31% 和 11.25%。其中,新收专利案件 38 970 件,同比上升 23.25%;商标案件 112 474 件,同比下降 9.82%;著作权案件 255 693 件,同比下降 29.07%;技术合同案件 4238 件,同比上升 5.55%;竞争类案件 9388 件,同比上升 11.51%;其他知识产权民事纠纷案件 17 717 件,同比下降 15.66%。地方各级人民法院新收知识产权民事二审案件 46 524 件,审结 46 563 件,同比分别下降 5.22% 和上升 2.41%。最高人民法院新收知识产权民事案件 3786 件,审结 3073 件,同比分别下降 10.77% 和 13.61%。

地方各级人民法院新收知识产权行政一审案件 20 634 件,审结 17 630 件,同比分别上升 0.35% 和下降 8.85%。其中,新收专利案件 1876 件,同比上升 3.65%;商标案件 18 738 件,比 2021 年增加 4 件;著作权案件 12 件,比 2021 年减少 7 件;其他案件 8 件。地方各级人民法院新收知识产权行政二审案件 5897 件,审结 7285 件,同比分别下降 28.22% 和 1.79%。其中,维持原判 5518 件,改判 1650 件,发回重审 3 件,撤诉 78 件,驳回起诉 10 件,其他 26 件。最高人民法院新收知识产权行政案件 1456 件,审结 1542 件,同比分别下降 48.95% 和 38%。

地方各级人民法院新收侵犯知识产权刑事一审案件 5336 件,审结 5456 件,同比分别下降 14.98% 和 9.76%。其中,新收侵犯注册商标类刑事案件 4971 件,审结

5099 件,同比分别下降 15.3％和 9.86％;新收侵犯著作权类刑事案件 304 件,审结 302 件,同比分别下降 8.71％和 7.93％;新收其他刑事案件 61 件,审结 55 件,比 2021 年分别减少 13 件和 6 件。地方各级人民法院新收涉知识产权的刑事二审案件 979 件,审结 977 件,同比分别下降 6.76％和 2.01％。

2022 年,人民法院受理的知识产权案件呈现以下主要特点。

一是技术类案件数量持续上升,中西部等地知识产权保护需求强劲,知识产权司法服务高质量发展作用进一步凸显。2022 年,最高人民法院知识产权法庭新收技术类知识产权民事二审实体案件数量保持较高增长。地方各级人民法院新收涉专利、技术合同一审案件数量增幅明显。江苏法院新收技术性较强的知识产权权属、侵权纠纷案件 1817 件,同比增长 17.61％。山西、海南法院新收知识产权案件数量同比分别增长达 22.21％和 72.58％。河北法院知识产权案件收结案数同比分别增长 45.94％和 106.01％。辽宁法院新收知识产权民事案件数同比增长 61％。江西法院新收知识产权民事一审案件数同比增长 22％。湖南、黑龙江、新疆生产建设兵团等地法院收案量也延续了稳定增长的态势。

二是知识产权案件互联网审判机制不断创新,智慧法院建设深入推进,司法便民利民机制持续健全。各地法院依托互联网审判平台,全面开展知识产权案件线上庭审、送达等工作,有效缩短诉讼周期,降低诉讼成本。上海法院全年知识产权案件线上立案 38 505 件,组织在线开庭、谈话等 2 万余场,电子送达超 17 万次。河南法院知识产权一审案件网上立案 16 023 件,网上立案率超 90％。青海法院知识产权案件网上立案率达 62.7％,通过送达平台电子送达 898 次。广西贵港中院利用数字赋能,全年网上立案量约占全部受理知识产权案件的 70％。青岛知识产权法庭建设互联网异步质证系统,当事人在线上传电子化证据材料完成质证,庭前程序更加高效便捷。

三是纠纷实质性化解持续加强,权利人权益保障更加全面,人民群众知识产权司法获得感日益增强。2022 年,全国法院知识产权民事一审案件调解结案 44 155 件,调解结案率 9.64％,比 2021 年增加 0.78 个百分点。知识产权民事二审案件解调结案 2894 件,调解结案率 6.22％,比 2021 年增加 0.57 个百分点。天津法院知识产权民事一审案件调撤率达 75.51％。河北法院知识产权案件调撤率达 73.48％。广东法院知识产权民事一审案件调撤率为 52.94％。黑龙江法院全年知识产权案件总体调撤率达 66.6％。当事人诉累有效减轻,社会和谐稳定得到充分维护。江苏法院审理适用惩罚性赔偿的知识产权案件 97 件,同比增长 21.25％。上海浦东法院全年审理 25 件适用惩罚性赔偿知识产权案件。深圳中院在 29 件知识产权案件中适用惩罚性赔偿,累计判赔金额达 1.69 亿元。湖南法院开展专项行动,执结涉知识产权案件 3796 件,执行到位金额 6043.15 万元。广东法院不到 20％的知识产权民事案件进入强制执行,执行案件结收比约 98％。江苏法院针对涉食品、药品等重点民生领域侵犯知识产权犯罪行为,发放"从业禁止令"近百份。贵州贵阳中院全年办理知识产权财产保全案件 25 件,依申请查封、冻结财产 4010 万元。知识产权侵权违法成本显著提高,权利人损失得到有效弥补。

四是审判重心有序下沉,中级、高级法院管辖分工更加完善,知识产权案件审判质效稳步提升。2022 年,江苏基层法院知识产权案件受理数占全省知识产权案件总数的 65.25％,同比上升 10.52 个百分点,中级法院和高级法院案件受理数占比分别减少至 31.56％和 3.19％。重庆基层法院新收知识产权案件数占全市知识产权案件总数的 75.2％,同比增长 28.1 个百分点;中级法院占 21.3％,同比下降 29.9 个百分点;高级法院占 3.5％,同比增长 1.8 个百分点。知识产权案件审理"金字塔"格局逐步形成。地方各级人民法院审结的知识产权民事一审案件中,有 320 件结案方式为上级法院提级管辖,数量是 2021 年的 3 倍多。江西法院全年提级审理知识产权民事一审案件 63 件,广东法院全年提级审理新类型、疑难复杂或者具有法律适用指导意义的知识产权案件 15 件,有效促进了裁判规则统一。

二、激励保障科技创新,促进科技自立自强

加快实现高水平科技自立自强,是推动高质量发展的必由之路。人民法院充分发挥知识产权审判对科技创新的激励和保障作用,通过高质量知识产权司法,支持基础研究,保障原创性引领性科技攻关,打通制约推进高质量发展的卡点瓶颈。

1. 持续推动技术类案件裁判标准统一

人民法院以强化保护为导向,加强对专利授权确权行政行为合法性的严格审查,推动行政标准与司法标准统一,促进专利授权确权质量提升。充分发挥司法裁判在科技创新成果保护中的规则引领和价值导向功能,总结提炼司法保护新规则,促进技术和产业不断创新升级。2022 年,最高人民法院合理定位四级法院审判职能,明确发明专利、实用新型专利、植物新品种、集成电路布图设计、技术秘密、计算机软件的权属、侵权纠纷案件由知识产权法院、省会城市中级法院和最高人民法院确定的中级法院集中管辖,有效促进全国技术类案件裁判标准统一,提升重大科技创新的司法保障水平。发布 2021 年度中国法院十大知识产权案件和 50 件典型知识产权案例,其中包括 11 件技术类案件,分别涉及侵害技术秘密、侵害植物新品种权、侵害发明专利权等,有效指导审判实践。对《关于审理申请注册的药品相关的专利权纠纷民事案件适用法律若干问题的规定》等司法解释的实施情况进行调研,及时总结案件

审判经验。最高人民法院审理"气化炉除尘装置及系统"专利权权属案,合理界定技术来源方和技术改进方获得权利的基础。审理齐鲁制药与四环制药专利无效行政纠纷案,明确药品专利创造性和说明书充分公开的判断标准。审理"整体式土工格室"侵害实用新型专利权纠纷案,明确合法来源抗辩中是否尽到合理注意义务的审查思路。

2. 着力服务保障基础研究及原始创新

人民法院立足"四个面向",加强关键领域、核心技术、新兴产业知识产权司法保护,维护创新主体合法权益,服务保障打赢关键核心技术攻坚战。最高人民法院深入贯彻落实党中央关于种业振兴决策部署,与农业农村部等部门联合印发《关于保护种业知识产权打击假冒伪劣套牌侵权营造种业振兴良好环境的指导意见》,发布第二批人民法院种业知识产权司法保护典型案例 10 件,支持设立人民法院知识产权司法保护种质资源研究(海南)基地并首次以基地名义召开种质资源知识产权司法保护研讨会。审理的"金粳 818"水稻品种侵权案入选"新时代推动法治进程 2021 年度十大案件"。审结的全国首例药品专利链接诉讼案,推动药品专利链接制度落地完善,入选"新时代推动法治进程 2022 年度十大提名案件"。在两起"蜜胺"专利及技术秘密侵权关联案件中,判令各被告连带赔偿权利人经济损失合计 2.18 亿元,切实体现大力保护科技创新的司法导向。审理"油气微生物勘探"技术秘密侵权案,释放加强技术秘密保护的强烈信号。江苏高院与省内有关部门围绕知识产权助力产业强链和自主可控现代产业体系建设签署备忘录,建立服务重点产业链发展工作机制。苏州知识产权法庭在涉美国公司侵害发明专利权纠纷案中促成当事双方达成一揽子和解,有力维护创新主体合法权益。合肥知识产权法庭与行政执法机关及省内企业座谈,听取回应市场创新主体维权需求。

三、加强商标司法保护，助推品牌培育发展

人民法院持续加强商标权司法保护，不断提高商标授权确权行政案件和商标民事案件审理质量，维护商标申请注册及使用秩序，引导权利人依法申请注册并规范使用商标，坚决维护市场法治环境，助力新时代品牌强国建设。

1. 提升商标授权确权质量

提高商标授权确权行政案件审理质量，坚决打击不以使用为目的的商标恶意注册行为，科学合理界定商标权权利边界与保护范围，促进商标申请注册秩序正常化和规范化。最高人民法院与国家知识产权局开展座谈，征集全国法院意见，为商标法修改、地理标志立法等法律修改制定工作提供高质量建议参考，推动商标类法规制度不断健全，商标授权确权规则更加完善。最高人民法院审结的"陈麻花"商标无效行政案入选"新时代推动法治进程 2022 年度十大案件"，为判断其他缺乏显著特征的标志提供了有效指导。审理"BIODERMA"商标申请驳回复审案，明确英文商标显著性的判断标准。审理"友联"商标无效宣告案，阐明违反诚信原则，未合理避让他人在先商标的商标不应予以注册。北京高院组建商标驳回复审案件、普通商标行政案件审判团队，推进案件集约化办理，商标驳回复审行政案件平均审理周期缩短至 35 天，切实实现简案快审、繁案精审。

2. 加大商标司法保护力度

不断强化商标使用对确定商标权保护范围的作用，积极引导权利人持续实际使用商标，发挥商标的识别功能，保护消费者合法权益。加强驰名商标、传统品牌和老字号司法保护，依法支持商标品牌建设。完善地理标志司法保护规则，遏制侵犯地理标志权利行为。最高人民法院审理"南庙"豆腐商标侵权案，依法保护其他经营者对注册商标中所含地名的正当使用权利。审理"一品石"商标侵权案，依法制止恶意

取得商标并提起侵权诉讼的权利滥用行为。北京高院和北京知识产权法院积极为北京冬奥会和冬残奥会的奥运品牌保护工作提供支持，收到组委会发来的感谢信。四川高院依法处理"青花椒"商标维权案，维护商标使用秩序，保护诚信经营。浙江高院组织开展地理标志商标司法保护重点课题调研，助力地理标志司法保护水平提升。海南自由贸易港知识产权法院调研形成地理标志司法保护指南，探索知识产权保护与乡村振兴融合发展。北京西城法院走访辖区老字号企业，建立涉老字号知识产权案件挂账审理机制，促进"老字号"焕发"新活力"。

四、强化著作权审判，服务文化强国建设

人民法院充分发挥著作权审判对于优秀文化的引领和导向功能，加强著作权和相关权利保护，促进文化和科学事业发展与繁荣，服务社会主义文化强国建设。

1. 大力弘扬社会主义先进文化

立足司法审判职能，以社会主义核心价值观为引领，坚持弘扬社会主义先进文化，促进中华优秀传统文化创造性转化、创新性发展，激发全民族文化创新创造活力，增强实现中华民族伟大复兴的精神力量。依法审理涉及红色经典传承和英烈合法权益保护案件，大力弘扬社会主义核心价值观。加强遗传资源、传统文化、传统知识、民间文艺等著作权保护，促进非物质文化遗产的整理和利用。

高度重视网络直播、短视频、动漫游戏、文化创意等新领域著作权保护，打击盗版、抄袭行为，繁荣发展文化事业和文化产业。北京、天津、上海法院对盗播北京冬奥会、卡塔尔世界杯等行为及时作出禁令，促进优化数字文化市场环境。江苏宿迁中院分析研判当地图书盗版案件特点，向行政主管机关发送司法建议，有效遏制图书侵权盗版行为。广西钦州中院审结跨省制售盗版教材教辅著作权犯罪案，获评 2022 年全国青少年版权保护十大典型案件。北京

互联网法院发布"版权链—天平链协同治理平台"2.0版本，实现数字版权确权、授权、交易、维权各环节全覆盖，推动版权要素市场健康有序发展。福建泉州德化法院构建陶瓷知识产权"1234"保护机制，推动破解证据保全、执法监管、社会认同、纠纷化解四大难题，获世界知识产权组织高度评价。

2. 提升新时代著作权司法水平

人民法院全面贯彻实施著作权法，保护著作权以及与著作权有关的权益。最高人民法院不断总结审判经验，组织地方法院共同开展调研，起草著作权司法解释，着力解决著作权审判领域法律适用疑难问题。依法提审并改判"大头儿子"美术作品著作权侵权案，厘清著作权归属认定规则，取得良好社会效果。办理侵害作品信息网络传播权管辖请示案，明确侵害信息网络传播权民事案件管辖问题及司法解释适用标准，有效指导著作权审判实践。北京高院就图片侵权案件许可使用费标准的确定形成答复，促进辖区图片侵权案件裁判尺度统一。湖北法院在著作权类型化案件审判中积极推广表格化裁判文书，大幅缩短审理周期。四川、重庆高院联合印发会议纪要，统一两地同类侵害信息网络传播权案件裁判标准。黑龙江高院与省版权局等9家单位就打击侵犯著作权违法犯罪会签通知文件，加强衔接配合，加大著作权刑事保护力度。北京知识产权法院统筹处理中文学术文献网络数据库企业间著作权侵权互诉系列案，一揽子促成全市1000余起案件调解，妥善化解潜在纠纷。

五、维护竞争法治环境，激发创新创造活力

人民法院持续加强反垄断和反不正当竞争司法，强化竞争政策基础地位，维护公平竞争的市场法治环境，优化营商环境，服务构建高水平社会主义市场经济体制。

1. 加强反垄断、反不正当竞争司法

2022年，人民法院不断完善竞争领域法律适用规则，强化公平竞争司法审判，维护市场竞争法治秩序。最高人民法院出台《关于适用〈中华人民共和国反不正当竞争法〉若干问题的解释》，对反不正当竞争法"一般条款"、仿冒混淆、虚假宣传、商业诋毁、网络不正当竞争行为等问题作出细化规定，统一裁判标准，回应新领域新业态司法需求。研究起草新的反垄断民事诉讼司法解释，面向社会公开征求意见，推动健全完善反垄断案件裁判规则，明确垄断行为判断标准。召开人民法院加强反垄断和反不正当竞争司法新闻发布会，发布人民法院反垄断和反不正当竞争典型案例各10件，增强全社会尊重和保护公平竞争的法治意识，指导各级法院依法制裁垄断行为、维护公平竞争秩序。各级人民法院加强对平台经济、核心技术、医药、通信等重点领域和关键环节的司法审判力度，严厉打击垄断协议，制止滥用市场支配地位等排除、限制竞争行为。完善涉互联网平台垄断行为认定标准，细化流量劫持、干扰等不正当竞争行为认定，依法规范和引导资本健康发展。最高人民法院审理"张百年"商标侵权及不正当竞争纠纷案和柏瑞润兴不正当竞争纠纷案，明确反不正当竞争纠纷案件中销售者责任。审理"幼儿园"横向垄断协议案和给排水公用企业滥用市场支配地位案，积极回应社会对事关百姓民生的市场竞争行为的关切，及时制止排除、限制竞争行为，切实保障人民群众从公平竞争中获益。

2. 依法促进数字经济健康发展

积极探索加强数字经济领域知识产权司法保护，为充分发挥数据要素作用、提高数据要素治理效能提供有力司法服务和保障，促进数字经济实现高质量发展。加强数据云存储、数据开源、数据确权、数据交易、数据服务、数据市场不正当竞争等案件审理，切实维护数据安全。开展数据权益知识产权司法保护调研和数字经济时代公平竞争与知识产权司法保护调研，指导地方法院探索数字经济审判模式，促进数字经济创新成果的司法保护。最高人民法院审理"爬虫平台数据信息"技术秘密侵权案,明确平台数据信息可以作为技术秘密保护客体,强化对平台经营者通过合法经营形成的具有竞争优势和竞争价值的数据权益保护。江西高院制定知识产权审判服务保障数字经济发展的意见,提出13项服务与保障举措。广东深圳中院出台加强数字经济知识产权司法保护的实施意见,助力深圳数字经济高质量发展。北京知识产权法院完成"数字经济下新业态、新模式竞争行为司法规制研究"等课题,妥善审结多起数据侵权案,不断探索适用反不正当竞争法保护数据的裁判规则。

六、深入推进司法改革,提升整体保护效能

人民法院深入推进知识产权审判领域改革创新,不断完善知识产权专门化审判体系,健全知识产权诉讼制度,深化知识产权审判"三合一"改革,统一法律适用标准,加强纠纷多元化解,强化行政执法和司法衔接,促进知识产权司法保护效能全面提升。

1. 推进审判体系现代化提升司法能力

以最高人民法院知识产权审判部门为牵引、4个知识产权法院为示范、27个地方中级人民法院知识产权法庭为重点、地方各级人民法院知识产权审判庭为支撑的专业化审判格局进一步完善。最高人民法院制定《关于第一审知识产权民事、行政案件管辖的若干规定》,配套发布《关于印发基层人民法院管辖第一审知识产权民事、行政案件标准的通知》和《关于涉及发明专利等知识产权合同纠纷案件上诉管辖问题的通知》,健全管辖科学的司法保护体制,合理定位四级法院审判职能,优化审判资源配置,全国具有知识产权民事案件管辖权的基层法院包括互联网法院已经达558家。最高人民法院不断完善国家层面知识产权案件上诉审理机制,优化知识产权申请再审案件办理流程,加强监督指导,确保法律正确统一适用。地方各级人民法院调配审判资源、依法适用案件提级管辖等机制,推动知识产权案件的高效审理和当事人权益的充分保障。

最高人民法院加大指导力度,推进全国25个高级法院、236个中级法院和275个基层法院开展知识产权民事、行政和刑事案件"三合一"审判机制改革,十地法院已实现辖区内知识产权案件"三合一"审理机制全覆盖。积极推动相关规范性文件研究制定,会同最高人民检察院起草《关于办理侵犯知识产权刑事案件适用法律若干问题的解释(征求意见稿)》并向社会公开征求意见。黑龙江高院协调有关部门为省内受理知识产权案件的中级、基层法院审判庭加挂"知识产权审判庭"牌子,印发实施方案,指导"三合一"工作落地见效。安徽、浙江、河南、青海等地高院与省检察院、省公安厅联合出台完善知识产权刑事案件管辖的指导文件,明确程序衔接,健全协调机制,全面落实"三合一"改革目标。

持续完善多元化技术事实查明机制,加强"全国法院技术调查人才库"建设,500余名技术调查专家入库,全国范围按需调派和人才共享机制不断深化,有效缓解技术类案件事实查明难题。广西、西藏等地高院出台技术调查官参与知识产权诉讼案件办理的相关规定,结合地方实际完善制度机制。南京、苏州知识产权法庭充分发挥技术调查官作用,参与751件技术类案件事实调查,参与勘验、保全66次,庭审、听证490次,出具技术调查报告388份。

人民法院积极探索健全完善知识产权司法保护规则。最高人民法院出台《关于加强中医药知识产权司法保护的意见》,促进中医药传承创新发展。针对知识产权诉讼特点,推动知识产权诉讼特别程序法研究制定。开展知识产权恶意诉讼规制、惩罚性赔偿精准适用等领域的专项调研,着力遏制滥用权利,加强权利人保护。上海

高院印发知识产权小额诉讼案件办理意见,推动知识产权案件繁简分流、小额诉讼程序优化调整。北京、山东、广东、新疆、内蒙古等地高院及中院,起草或出台惩罚性赔偿的适用指引,发布典型案例,促进惩罚性赔偿制度依法严格准确落实。

2. 参与构建知识产权大保护格局

持续加强司法审判与行政执法衔接协作,促进行政执法标准与司法裁判标准统一。最高人民法院会同最高人民检察院、农业农村部、商务部、文化和旅游部、国家市场监督管理总局、国家知识产权局、国家中医药管理局等单位,完善协同配合机制,推进业务交流、数据交换和信息共享。与国家知识产权局、最高人民检察院等部门印发《关于加强知识产权鉴定工作衔接的意见》,深化知识产权管理执法部门与司法机关在知识产权鉴定工作中的合作。与国家知识产权局联合印发《关于强化知识产权协同保护的意见》,健全知识产权行政保护与司法保护衔接的 13 项具体举措。陕西高院牵头与 13 家省级机关及院校单位成立秦创原知识产权司法保护中心,建立联席会议制度,搭建合作平台。广州知识产权法院、上海知识产权法院与国家知识产权局开展协作,探索专利行政确权和法院侵权纠纷审理同步进行,有效缩短专利侵权案件审理周期,提升保护效果。

积极推进知识产权纠纷多元化解机制建设,深化落实"总对总"在线诉调对接工作机制,完善行政调解协议司法确认制度,促进形成知识产权保护合力。全国 30 个地区实现知识产权调解组织全覆盖,入驻调解组织、调解员持续增长,人民法院委派诉前调解纠纷 9 万余件,调解成功率超过 80%,有效化解知识产权纠纷。最高人民法院加强与国家版权局、中国作家协会、中国文联等单位的沟通,推动建立版权保护领域"总对总"在线诉调对接机制。河北高院与省市场监管局联合签署《知识产权纠纷行政调解协议司法确认工作合作备忘

录》,推动 5 件专利纠纷通过行政调解协议司法确认机制化解。山东法院全年办理知识产权纠纷行政调解协议司法确认案件146 件。辽宁高院联合省知识产权局印发《关于建立知识产权纠纷在线诉调对接机制的通知》,成立 11 个调解组织,110 名调解员入驻,2834 件知识产权纠纷调解成功,成功率达 96.29%。黑龙江高院配合省司法厅组建设立知识产权仲裁院,下发《关于依法妥善办理仲裁保全案件的通知》,推动诉讼与仲裁、调解衔接,强化协同治理。

推动构建区域知识产权保护机制,加强知识产权诚信体系建设,扩大知识产权司法保护法治宣传。最高人民法院持续指导相关法院,积极服务京津冀协同发展、长江经济带发展、长三角一体化发展、粤港澳大湾区建设、东北全面振兴、海南自由贸易港建设、成渝地区双城经济圈建设等,助推区域协同创新。湖南、湖北、江西高院推动"长江中游城市群"审判工作协作机制,指导岳阳、咸宁、九江等地中院和有关市场监管部门签订跨域知识产权保护协议,探索解决跨区域、规模化、群体性知识产权侵权新问题。四川、重庆高院联合举办 2022 川渝知识产权保护研讨会,强化两地知识产权一体化保护。北京知识产权法院与天津三中院、雄安新区中院签署《关于加强知识产权司法保护合作框架协议》,推动人才培养、协同审判、经验分享等方面合作。海南自由贸易港知识产权法院向海南省市场监管局、省知识产权局发出司法建议,将 9 起侵犯知识产权刑事案件的 12 人列入知识产权严重违法失信主体名单,向社会公示。辽宁大连中院向当地市场监管局发出司法建议,对 4 名主体故意侵害知识产权的行为予以公示。天津滨海新区法院出台规定,将知识产权案件被执行人不履行义务的信息向市场监管部门、金融机构及行业协会等通报。"4·26 全国知识产权宣传周"期间,最高人民法院召开新闻发布会,组织系列活动,全方位、多视角、深层次展

示人民法院知识产权司法保护成果。吉林、甘肃、青海、宁夏、新疆生产建设兵团等地法院精心组织发布典型案例，开展公开庭审、公开执行等活动，促进增强全社会尊重和保护知识产权意识。

七、坚持依法平等保护，促进国际交流合作

深入推进国际知识产权诉讼优选地建设，妥善审理与国际贸易有关的重大知识产权纠纷，营造公开透明的法治环境和平等竞争的市场环境，积极服务高水平对外开放。2022年，全国法院审结涉外知识产权一审案件近9000件。最高人民法院审理马诺娄·布拉尼克与国家知识产权局等商标权无效行政纠纷案，平等保护外国当事人在先权利，西班牙驻中国大使馆发函表示感谢。江苏法院新收涉外知识产权案件527件，审结涉外国知名品牌商标侵权及不正当竞争纠纷案，依法适用惩罚性赔偿，全额支持外方权利人5000万元赔偿请求。广东法院妥善化解系列涉外标准必要专利纠纷，促成当事方达成全球一揽子和解。福建厦门思明法院与一带一路国际商事调解中心共同设立海丝中央法务区知识产权专业调解室，拓宽涉外知识产权纠纷调解途径。

坚持人类命运共同体理念，积极参与世界知识产权组织框架下的全球知识产权治理，深化同其他国家和地区知识产权司法合作，推动完善相关国际规则和标准。参加第3届中国—东盟大法官论坛、中国—新加坡最高法院联合工作组第四次会议，与欧盟举办知识产权专门诉讼程序研讨会，参加2022年世界知识产权组织法官论坛、替代性争议解决机制平行论坛、执法咨询委员会第十五届会议，参加商务部举办的中俄知识产权工作组第13次会议等会议，与香港特别行政区政府律政司共同举办内地与香港知识产权纠纷案件法律适用与司法合作研讨会，参与世界知识产权组织《国际专利案件管理司法指南》中国专章的编写和远程教育中文项目高级课程授课。福建高院与世界知识产权组织仲裁与调解中心签署《加强知识产权领域替代性争议解决交流与合作协议》，制定配套对接工作办法。

八、发挥党建引领作用，锻造一流审判队伍

人民法院始终坚持以党的政治建设为统领，坚决筑牢政治忠诚，公正廉洁司法，努力锻造一支政治坚定、顾全大局、精通法律、熟悉技术、具有国际视野的知识产权审判队伍。

人民法院牢牢坚持党对知识产权司法工作的绝对领导，坚定拥护"两个确立"、坚决做到"两个维护"，全面学习、全面把握、全面落实党的二十大精神，坚持不懈用习近平新时代中国特色社会主义思想凝心铸魂，坚持用习近平法治思想指导新时代知识产权司法，深入开展"两个确立"主题教育，巩固深化党史学习教育和政法队伍教育整顿成果，不断推动人民法院知识产权司法审判工作实现高质量发展。

严格执行防止干预司法"三个规定"、新时代政法干警"十个严禁"等铁规禁令，落实近亲属"禁业清单"，规范离任从业行为，全面准确落实司法责任制、规范司法权力运行、完善知识产权领域审判权力运行和制约监督机制，确保公正廉洁司法。不断加大教育培训力度，提升干警政治理论水平和业务能力素质，增强斗争精神和斗争本领。最高人民法院就新制定的知识产权类司法解释和司法政策性文件召开新闻通报会，发布理解与适用文章，指导地方各级人民法院准确适用。组织力量完成《中国民法典适用大全》知识产权与竞争卷内容的编写，开展裁判要旨梳理提炼工作，进一步有效指导审判实践。四川、重庆高院与两地省(市)检察院共同举办知识产权司法保护业务培训班，指导成都中院与重庆一中院共同承办知识产权法官论坛。云南

高院与省市场监管局联合举办知识产权行政执法与司法保护培训班,提升知识产权法官眼界视野。辽宁丹东中院结合边境口岸城市特点,联合海关开展培训,促进知识产权审判工作人员了解国际品牌保护。

供稿:最高人民法院民三庭

检察机关保护知识产权工作

一、加强顶层设计,推动知识产权检察机制完善

2022年3月,最高人民检察院制发《关于全面加强新时代知识产权检察工作的意见》(简称《意见》),提出四个方面21条内容,明确当前和今后一段时期知识产权检察工作的指导思想、基本原则、目标任务和具体举措,为新时代知识产权检察工作提供指引。《意见》要求各省进一步加大知识产权检察机构建设力度,完善知识产权检察体系。积极推动省级检察院和有条件的设区的市级检察院组建知识产权检察专门机构。各省围绕贯彻落实《意见》,制定本地具体方案和实施意见,强化体制机制建设。2022年,10个省级检察院新组建成立知识产权检察办公室,全国共有29个省级检察院成立知识产权检察部门。其中,陕西、天津2省(市)知识产权检察部门经编办批准,为独立机构。山东等地在全省推开综合履职工作,推动原则上市级检察院成立知识产权检察办公室,基层检察院成立知识产权检察办案组。

二、全面履行职能,强化知识产权综合司法保护

1. 聚焦检察办案主责主业

2022年,全国检察机关共受理审查逮捕侵犯知识产权犯罪4098件7889人,受理审查起诉8489件20192人。加大民事行政诉讼监督力度,共办理知识产权民事行政诉讼监督案件937件,同比上升72.2%。其中,受理民事生效裁判监督案件424件,提出抗诉19件,提出再审检察建议61件;受理民事审判活动监督案件189件,提出检察建议103件;受理民事执行监督案件120件,提出检察建议83件。受理行政生效裁判监督案件143件,受理行政审判活动监督案件7件,受理行政执法监督案件54件,共提出抗诉或检察建议60件。最高人民检察院提出抗诉的"蒙娜丽莎"商标行政纠纷案,最高人民法院指定再审,北京高院2022年6月再审改判。该案对商标授权确权领域有关类似商品、近似商标和商标延续申请注册等法律适用问题起到引领示范作用,有助于促进司法裁判标准的统一。

2. 强化创新发展重点领域保护

加强科技创新成果保护,强化对信息技术、人工智能、生物医药、新能源等高新技术领域知识产权保护,严厉打击侵犯企业关键核心技术犯罪行为,激发创新活力。加大对侵犯商业秘密犯罪的打击力度,完善商业秘密案件办案规则和办案机制,严格保护企业技术秘密和经营秘密,不断提升保护效果,全年共审查起诉侵犯商业秘密犯罪99人。对于以不正当手段获取权利人商业秘密的情形,天津、福建等地探索以权利公司取得商业秘密的授权许可合同费用、委托专业机构评估等方式确定合理许可使用费,准确认定重大损失数额。加强诉讼环节商业秘密保护,天津、山东等地制发专门规定,依法保障权利人诉讼中商业秘密保护的申请权,通过告知诉讼参与人保密义务、要求签署《保密承诺书》等方式,防止二次泄密。

3. 探索其他领域知识产权保护

老字号承载着民族企业独特生产技艺、精深服务理念和商业文化精髓,是我国弥足珍贵的自主品牌资源。检察机关着力加强老字号企业知识产权保护，通过依法惩治侵犯商标权犯罪、实质性化解行政争议、推动社会综合治理等多种方式，助力老字号企业创新技术、提升品牌经营管理能力。上海、四川、广东等地检察机关从刑事、民事、行政、公益诉讼等多角度，加强地理标志产品和非物质文化遗产保护。上海市人大常委会根据全国人大常委会授权制定《上海市浦东新区建立高水平知识产权保护制度若干规定》，明确支持浦东检察院在地理标志、集体商标、药品专利等涉及公共利益领域探索开展公益诉讼。浦东新区检察院针对权利主体维权能力弱的实际情况，对"南汇8424西瓜"地理标志集体商标被侵权案开展支持起诉，参与地理标志保护。四川天府新区检察院通过行政公益诉讼，推动蜀锦地理标志和国家级非物质文化遗产保护运用。

三、坚持守正创新，提升知识产权检察保护质效

1. 着力服务保障国家重点工作

检察机关胸怀"国之大者"，聚焦国家创新驱动发展大局，一体履行知识产权各项检察职能，加强知识产权法治保障，助力中国式现代化建设。2022年北京冬奥会、冬残奥会举办期间，最高人民检察院加强统筹指导，北京检察机关出台专门方案，组建知识产权检察保障团队，加强涉奥知识产权保护，依法惩治涉奥知识产权违法犯罪，为冬奥筹办举办营造良好的法治环境。聚焦国家种业安全，贯彻落实中央《种业振兴行动方案》，会同农业农村部等部门出台《关于保护种业知识产权打击假冒伪劣套牌侵权营造种业振兴良好环境的指导意见》，发布相关典型案例。参加保护种业知识产权工作部署会，要求各地检察机关突出政治引领，强化协同保护，持续加大对涉种业违法犯罪打击力度，为种业振兴营造良好司法环境。

2. 组织开展惩治恶意诉讼专项工作

按照中央政法委部署，最高人民检察院2022年7月下发通知，在全国组织开展为期1年半的"依法惩治知识产权恶意诉讼"专项监督工作。要求各地检察机关全面履行知识产权检察职能，聚焦批量维权诉讼案件，精准甄别恶意诉讼行为，重点关注虚假公证、虚假诉讼问题，加强对涉嫌犯罪线索的移送，积极参与对恶意注册、囤积商标等突出问题的行业治理，斩断灰色"产业链"，切实维护人民群众和中小微企业合法权益。如浙江省绍兴市柯桥区检察院通过运用大数据监督模型，梳理分析当地法院2008年以来的花型著作权纠纷判决，挖出一条专门伪造虚假材料登记花型版权、捏造侵权事实、恶意提起诉讼，借"维权"名义进行敛财的黑灰产业链。检察机关对64件虚假诉讼案件提出监督，均再审改判。依法对周某等4人以诈骗罪追究刑事责任，法院均予以定罪处刑，其中主犯周某被判处有期徒刑十一年六个月，并处罚金。

3. 深化数字赋能知识产权检察监督

指导各地知识产权检察部门，探索构建法律监督模型，以大数据赋能法律监督提质增效，实现深度融合。浙江、北京等地依托省级大数据平台、裁判文书共享平台，打通数据壁垒，调取大量行政执法或法院诉讼文书数据，研发大数据法律监督模型开展分析研判和跟踪监督，取得初步成效。北京市检察院依托12345政府便民热线底层数据，发现侵犯知识产权犯罪立案监督线索，部分线索移送公安机关后已立案侦查。北京市检察院第四分院组织开发知识产权民事侵权案件法律监督模型，探索对知识产权恶意诉讼、以罚代刑等不正当行为的大数据筛查，力争实现类案监督、批量监督、智能监督。

4. 依法履行检察职能，促进社会综合治理

司法办案既要抓末端、治已病，更要抓

前端、治未病。检察机关在办理知识产权案件中,通过依法履行检察职能,更深融入社会治理,健全知识产权保护体系,促进知识产权领域社会治理能力和治理水平现代化,减少类似案件发生。对于发现的社会治理问题,及时提出检察意见建议,促进堵漏建制。

四、聚焦专业化建设,夯实知识产权检察工作基础

1. 打造全国检察专业人才梯队

组建全国知识产权检察人才库,公布首批 90 名成员,重点挖掘民事行政和公益诉讼办案骨干,打造复合型人才团队和人才梯队,充分发挥业务骨干的示范引领作用。建立办案联系点制度,设立首批 34 个基层办案联系点,畅通上下沟通联络渠道。指导北京、江苏、福建等地建立本地知识产权检察人才库,在全省(市)范围内统筹调配使用。深化业务援藏、援疆工作,通过落实业务巡讲、案例指导、对口帮扶、培训交流等制度,为中西部地区培养知产检察办案人才。

2. 多措并举强化对下业务指导

最高人民检察院编写发布 2 批 15 件知识产权检察保护典型案例,发挥案例引领示范作用。会同国家版权局等部门联合挂牌督办 2 批 95 件重大侵权盗版案件,强化共同指导。充分发挥检察一体化优势,指导北京、上海、江苏、重庆等地办理知识产权疑难复杂案件,提出指导意见。组织开展不起诉案件专项分析,做好"后半篇文章"。对于不起诉案件,涉嫌构成行政违法的,及时移送相关行政机关处理,抓好行刑双向衔接,防止不诉了之,持续跟进监督,提高侵权成本。

3. 加强业务培训提升能力素质

最高人民检察院多次组织知识产权检察专题培训班,加强对下指导,促进提升办案能力水平。9 月,最高人民检察院牵头,会同国家知识产权局、中央宣传部、最高人民法院,共同举办知识产权案件办理疑难复杂问题同堂培训,更新执法司法理念,破解知识产权办案难题,此次培训共有来自全国知识产权执法司法一线的法官、检察官、警察和商标、版权等领域行政执法办案骨干 130 余人参加。

五、融入大保护格局,强化知识产权全链条保护

1. 积极凝聚知识产权保护合力

4 月 25 日,最高人民检察院与国家知识产权局召开专题会议,会签《关于强化知识产权协同保护的意见》(简称《意见》)。《意见》共九部分 17 条,推动进一步深化执法司法协作配合、健全完善行刑衔接机制、构建知识产权协同保护体系,提升知识产权综合保护质效。会同国家知识产权局等部门,研究制定《关于加强知识产权鉴定工作衔接的意见》,完善知识产权鉴定工作体系,提升知识产权鉴定质量和公信力。

2. 深化知识产权保护国际交流合作

派员参加中国国际进口博览会"保护知识产权打击侵权假冒国际合作"虹桥分论坛、商务部组织的中瑞(士)知识产权会议、世界知识产权组织中国办事处座谈会等国际活动,介绍中国检察机关知识产权保护工作的思考、行动和成效,传递检察声音。积极参与加入 CPTPP 相关工作,推动我国深度参与国际知识产权治理规则的修订和完善。完成《欧洲知识产权犯罪案例研究》意见反馈,并提供案例材料。

3. 注重经验总结和材料报送

按照国务院知识产权战略实施工作部际联席会议办公室(简称联席办)部署要求,报送"四川省成都市检察机关推出知识产权刑事案件'双报制'经验材料",入选知识产权强国建设第一批典型案例。向国务院联席办报送知识产权检察职能集中统一履行试点工作信息,被评为优秀战略信息一等奖。会同国家知识产权局,共同研究知识产权保护水平评估指标体系、评估知识产权强国建设纲要年度监测数据。

4. 常态化抓好知识产权检察法治宣传

3月，最高人民检察院组织召开新闻发布会，发布《关于全面加强新时代知识产权检察工作的意见》和知识产权综合性司法保护典型案例。"4·26 全国知识产权宣传周"期间，最高人民检察院领导出席 2022 中国知识产权保护高层论坛并作主旨演讲，录制"部长谈知识产权"短视频。推出"打好综合履职组合拳 知识产权检察跑出加速度""知识产权检察大事记"等多篇系列报道，最高人民检察院微信公众号文章《严保护、大保护、快保护、同保护》阅读量超 10 万。各地充分发挥主观能动性，通过召开新闻发布会、发布典型案例、组织庭审观摩、制作法宣作品等形式，线上线下相结合，形成全国宣传矩阵。

供稿：最高人民检察院
知识产权检察办公室

贸促知识产权工作

2022 年，中国贸促会作为国务院知识产权战略实施工作部际联席会议成员单位，坚持以习近平新时代中国特色社会主义思想为指导，全面贯彻落实习近平总书记在第十九届中央政治局第二十五次集体学习时的重要讲话精神，积极落实知识产权强国建设重点工作部署，加快推进相关工作，取得积极成效。

一、积极参与知识产权机制建设

1. 开展贸促系统知识产权工作调研

为更好地落实知识产权强国战略，发挥好联通政企、融通内外、畅通供需独特优势，在知识产权强国建设中更好发挥作用，中国贸促会通过拜会国家知识产权局等主管部门相关司局，走访知识产权领域专家，召开专家研讨会、企业座谈会和会内讨论会，赴广东、四川和浙江等地调研等方式，搜集政府、学界、行业企业等各方在知识产权领域诉求和知识产权工作的建议，认真梳理，深入研究，形成《中国贸促会在知识产权强国建设中更好发挥作用调研报告》，向国务院报送摘编并获批示。

2. 打造知识产权多元纠纷解决平台

为回应国际关切、满足国内企业需要，中国贸促会大力推进知识产权仲裁调解工作。充分发挥中国贸促会调解中心知识产权专业委员会专业平台作用，积极引导当事人利用调解方式解决知识产权纠纷。7月，成立中国国际经济贸易仲裁委员会知识产权仲裁中心，打造知识产权纠纷多元化解决专业平台，引领知识产权仲裁工作规范化、专业化、国际化发展。

二、服务开展知识产权多双边工作

1. 服务知识产权对外谈判

开展美特别 301 审议应对工作，广泛联系企业，积极组织知识产权领域专家学者撰写书面评论意见并向美国贸易代表办公室（USTR）递交，展现我国在知识产权保护方面作出的努力和知识产权立法、司法和执法方面进展和显著成效。积极配合政府参加中瑞、中俄、中欧等双边知识产权工作组会议，广泛征集企业在"走出去"过程中所面临的问题，推进涉外知识产权沟通机制的完善，协助各方解决国内外权利人面临的问题。

2. 推进知识产权国际合作

4月，中国贸促会会长任鸿斌视频会见世界知识产权组织（WIPO）总干事邓鸿森，并签署中国贸促会与世界知识产权组织合作谅解备忘录，标志着两机构合作新的里程碑。作为 WIPO 长期观察员，参加第 63 届 WIPO 成员国大会及相关国际会议，积极发声表达中国观点，参与相关规则制定。举办 2022 年中美企业知识产权交流会、第四届国际工商知识产权论坛等品牌活动,为中外工商界知识产权加强对话、增进互信、促进合作搭建交流平台。加大对国际商会(ICC)、国际保护知识产权协会(AIPPI)、国际许可贸易工作者协会(LES)等国际组织工作力度,积极参加相关会议、参与国际规则制定,并推荐专家人才。

三、持续深化知识产权研究

1. 参与知识产权立法修法,研究提出意见建议

针对《中华人民共和国专利法实施细则(修改草案送审稿)》《专利审查指南修改草案(征求意见稿)》等知识产权领域重要法律和部门规章,广泛征求企业意见和建议,组织业内专家学者集中研讨,向政府有关部门反馈相关建议。

2. 开展全球知识产权保护指数研究

为填补全球知识产权保护领域缺少综合性指数型报告的空白,更加科学合理地评估全球知识产权保护水平,中国贸促会选取15个不同区域、不同发展阶段国家作为重点评估样本,构建知识产权保护评价指标体系,编写并发布《2022年全球知识产权保护指数报告》。同时,持续性收集重点评估国家知识产权保护最新动态信息,在中国贸促会企业跨境贸易投资法律支援平台(贸法通)上常态化发布。

四、持续提升知识产权公共服务水平

1. 强化海外知识产权公共服务

积极参与国家海外知识产权纠纷应对指导中心工作,推动落实《关于加强海外知识产权纠纷应对工作的指导意见》,积极推荐具有丰富涉外知识产权经验的人选担任国家海外知识产权纠纷应对指导专家。参与编写跨境电商知识产权保护指南,落实党中央、国务院对加强跨境电商知识产权保护工作的要求,引导跨境电商平台和企业防范化解知识产权风险,加大企业海外知识产权纠纷应对指导工作力度。支持国际商事争端预防与解决组织持续发布跨境电商平台风险预警信息提示。

2. 努力提升展会知识产权服务能力水平

开展展会知识产权综合服务,为我国企业提供展前、展中和展后知识产权服务,提升我国中小企业知识产权保护意识和应对纠纷能力。迪拜世博会期间,积极为中国馆提供知识产权保护服务。在2022年中国—中北美洲及加勒比地区国际贸易数字展览会、2022年中国—中东欧国家国际贸易数字展览会等数字展会上,为参展企业提供在线知识产权咨询服务,探索线上展会的法律服务新模式。

供稿:中国贸促会法律事务部

全国知识产权社团工作

中国知识产权研究会

一、持续巩固《知识产权》杂志理论研究阵地

围绕学习宣传贯彻习近平总书记关于知识产权保护重要指示论述,以及《知识产权强国建设纲要(2021—2035年)》《"十四五"国家知识产权保护和运用规划》等重要文件,汇编理论文章20篇,形成《中国特色知识产权强国建设理论研究文集》。优化《知识产权》杂志编辑委员会队伍,强化选题策划,提升杂志质量品位。2022年,《知识产权》杂志共刊发文章76篇,其中,深入学习宣传贯彻党的二十大精神专刊2期共11篇文章,《知识产权强国建设纲要(2021—2035年)》专项研究6组共18篇文章,大数据知识产权保护研究、地理标志保护制度研究等专题12组共33篇文章。

二、扎实推进知识产权高端智库建设

围绕《知识产权强国建设纲要(2021—2035 年)》《"十四五"国家知识产权保护和运用规划》、商标法和集成电路条例修改、数据知识产权保护等组织开展课题研究 21 项。撰写《〈2022 世界知识产权报告〉研究评析报告》等专题报告及政策建议 10 篇,其中,1 篇专题报告被国务院办公厅《送阅》采用。参与起草《关于加强知识产权鉴定工作的指导意见》《关于加强知识产权鉴定工作衔接的意见》。参与知识产权鉴定国家标准立项,编制出台知识产权鉴定团体标准,开展贯彻实施认证。

三、全面加强海外知识产权纠纷应对指导

建成海外知识产权纠纷监测平台,进一步提升纠纷应对指导响应能力。上线海外知识产权纠纷应对指导工作管理系统,开展地方分中心能力提升培训,探索产业分中心建设试点,强化应对指导中心网络协同。面向 223 起海外知识产权纠纷提供应对指导服务,编写各类指南手册 24 份,开展专题公益培训 320 期,受众 22 万余人次。

四、有效落实知识产权师职称考评相关工作

组织开展知识产权师职称考试大纲和教材第 2 次修订工作,大纲累计修订 31 处,教材累计修订和新增内容 52 处涉及 5 万余字。完成职称考试试题初审、终审及阅卷评审工作。围绕知识产权师考评,开展多场政策宣讲、大纲教材解读、培训辅导,累计 3000 余人次参加。面向考生开展沟通回访与意见征集工作,梳理汇总问题,制订解决方案,提升满意度。

五、健全完善社团组织体系

积极推进理事会换届筹备工作,广泛征集遴选理事会成员候选人。提升研究会办事机构管理水平,2022 年全年新制定制度 5 项,修订制度 13 项,废除制度 1 项。持续强化分支机构监督管理,建立分支机构考核机制,推进专利专业委员会和国防知识产权专业委员会换届,筹备成立商标品牌专业委员会。

六、充分发挥宣传矩阵作用

在内外网网站增设"深入学习贯彻党的二十大精神""知识产权强国建设公益大讲堂"等专栏,弘扬主旋律,传播正能量。优化公众号选题、排版、美编等,微信公众号订阅量和阅读量稳步攀升,引领力、传播力、影响力进一步提高。打造党建和文化宣传墙,提升全体党员、干部职工的凝聚力和战斗力,激发干事创业的内生动力。

七、着力提升会员服务水平

全年共举办知识产权实务培训班 11 期、专题培训班 8 期、职称考试培训班 2 期。组织一线科研人员、知识产权管理人员及广大基层科技工作者深入学习和了解知识产权法律知识、实务技能,内容涵盖专利、商标、地理标志、著作权等,累计培训 4000 余人次,有效提升了会员单位知识产权创造、保护、运用能力。推出"知识产权强国建设"公益大讲堂,开展系列宣讲解读,全年共播出 16 期,浏览量 30 万余人次。组织会员单位参与中国专利奖遴选。

八、积极拓展知识产权全链条服务体系

持续加强知识产权鉴定评估工作。新设资产评估机构,围绕知识产权开放许可、侵权诉讼损害赔偿、标准必要专利许可费率等开展评估服务,响应社会需求,服务创新发展。

供稿:中国知识产权研究会

中国专利保护协会

一、发挥协会职能,积极服务行业高质量发展

一是对行业重点热点问题开展研究,积极开展专利质量提升、知识产权管理规范、专利奖政策体系调研、各国标准必要专

利政策研究、外观设计专利密集型产业分类统计等课题研究,为相关政策制定和完善提供有益参考。二是加强知识产权人才培养,以宣传国家政策和企业关注热点问题为导向,开展公益培训 10 次,培训人数 1000 余人。三是加强政策宣讲和热点信息跟踪,中国专利保护协会微信公众号全年共发布行业动态文章 285 篇。四是凝聚行业智慧和力量,研究并发布《企业商业秘密管理规范》(T/PPAC 701—2021)、《企业专利密集型产品评价方法》(T/PPAC 402—2022)等多项团体标准,促进行业行为规范,助推行业高质量发展。

二、聚合资源,深化行业和区域合作

创新合作模式,拓展服务圈,先后与中国国际经济贸易仲裁委员会、武进国家高新区管委会、江阴市人民政府和江阴国家高新区管委会、保定国家高新区管委会、广西壮族自治区市场监督管理局等签署战略合作框架协议,成为高质量知识产权合作伙伴,在行业重点问题研究、人才培养、服务咨询、贯标认证等方面,为地区和行业知识产权高质量发展提供服务支撑。

三、深化国际合作,增强国际事务参与度

一是 2022 年在瑞士日内瓦举办的世界知识产权组织(WIPO)成员国大会第 63 届系列会议上,中国专利保护协会成为世界知识产权组织观察员,将更深入地参与世界知识产权组织规则的制定和决议的形成,参与知识产权国际规范性框架的建立和完善,积极传递中国声音。二是组织国内企业参加中美欧日韩发明专利领域五局合作系列会议,在清洁能源、人工智能等领域反馈中国企业现状及思考,在专利国际转让、说明书附图等战略性议题研究中提供中国企业的意见建议。三是协助国家知识产权局做好中外双边及多边会议组织工作,包括中日、中美、中柬、中瑞、中英、中丹、中蒙俄等政府与创新主体交流会议。四是积极对接国外

知识产权组织,合作举办中日、中美等企业研讨会,加强国内外企业间的交流沟通。

四、聚焦行业发展主线,承建国家级功能服务平台

充分发挥与产业界高效互动的有利优势,注重载体创新,先后获批建设国家专利密集型产品备案认定试点平台和国家专利导航综合服务平台两大国家级平台。国家专利密集型产品备案认定试点平台为专利产品备案和专利密集型产品认定工作提供了有效的公益服务支撑,2022 年度完成 2 万余件备案产品审核工作。国家专利导航综合服务平台统筹聚合国家专利导航优势技术与专业力量,高效响应各级政府部门和创新主体的产业创新决策工作需求,有效支撑全国专利导航工作体系的核心能力建设与服务业态发展。

五、强化知识产权保护,积极开展维权援助工作

一是持续开展知识产权调解服务。全年共调解案件近 2700 件,被北京市司法局推荐为北京市调解行业 2022 年度"先进集体"。二是根据国家知识产权局及国家海外知识产权纠纷应对指导中心工作安排,组织开展重点联系单位的申报工作,确定首批重点联系单位 23 家,开展海外知识产权保护信息收集工作,为及时掌握海外经贸工作中的知识产权保护相关政策、法规的动态及产业与企业对于海外知识产权保护诉求,更高质量地做好我国创新主体在海外的知识产权合法权益保护工作提供支撑。

供稿:中国专利保护协会

中华全国专利代理师协会

一、深入学习贯彻习近平新时代中国特色社会主义思想,充分发挥党建引领和全面从严治党政治保障作用

一是深入学习习近平新时代中国特色

社会主义思想,印发《中华全国专利代理师协会理论学习领导小组 2022 年专题学习重点内容安排》。二是认真学习宣传贯彻党的二十大精神。举办"喜迎二十大 奋进新征程"主题党日活动,组织全体干部职工收听收看党的二十大开幕会,组织处级以上党员干部集中轮训,深入学习领会二十大精神。三是坚持和加强党的全面领导。全面落实基层党建工作责任制,贯彻落实国家知识产权局党组《关于加强对"一把手"和领导班子监督的实施办法》和《关于加强新时代廉洁文化建设的若干措施》。四是坚持党建引领。加强党的基层组织建设,形成协会党总支成立工作方案,制定、修订《协会党支部工作规则》等制度 5 项。组织"学查改"专项工作,开展学习研讨活动 22 次。五是深化党风廉政建设和反腐败工作。开展"落实年"活动,巩固"作风建设年"活动成果,完善"以审谋私、审代勾连"专项整改工作机制,开展第十七次党风廉政宣传教育月活动。六是重视群团工作。成立青年工作组,组织开展庆祝建团 100 年系列活动,参与"奋进有我"抖音短视频征集展示评选等主题活动。组织丰富多彩的工会活动,积极筹备成立独立工会。

二、贯彻落实党中央决策部署和国家知识产权局党组重点工作,与时俱进谋划专利代理行业高质量发展路径

一是深入宣传贯彻《知识产权强国建设纲要(2021—2035 年)》(简称《纲要》)、《"十四五"国家知识产权保护和运用规划》(简称《规划》)决策部署,制定印发《推进专利代理行业高质量发展行动计划(2022—2025 年)》,推动任务落实。二是充分发挥桥梁纽带作用。与国家知识产权局知识产权运用促进司(简称运用促进司)共同制定《加强专利代理监管联动工作方案》,联合地方行业组织约谈 70 家专利代理机构累计 113 次,曝光 196 家无资质专利代理机构名单。联系代理机构参与国家知识产权

局智能审查项目需求调研和升级测试工作。

三、履行行业自律职能,规范专利代理行业发展

一是强化行业自律监督。制定《关于进一步加强行业自律机制建设的工作方案》,对违反专利代理行业自律规范的行为予以查处与惩戒。二是开展"行风建设年"活动。通过发布服务公约、提出联合倡议、开设宣传专栏、建立志愿者队伍等一系列主题活动,发出"弘正气 提质量"行风建设宣言。三是引导机构规范化建设。推进《专利代理服务指导标准》修订,举办 2 期专利代理机构内部管理公益讲座。

四、加强行业人才培养,推动行业高质量发展

2022 年共举办各类培训 40 余期,培训约 2.86 万人次。一是加强审代交流,开展专利审查与专利代理交流座谈会和培训活动。二是聚焦热点业务议题,举办线上公益讲座 24 期。三是围绕人才能力提升,组织开展专利代理师和诉讼代理人远程教育培训。四是全面优化培训课程,形成覆盖代理业务、机构管理、法律诉讼等领域共 259 门课程的行业人才培养课程体系。五是培养专利实务人才,组织北京、西安、广州等地专利代理机构为国家知识产权试点高校及科研机构提供专业讲座和课程培训。六是培养国际化人才,举办中日外观设计制度研讨培训班,培训人员约 600 人次;组织参加中欧、中英等知识产权研讨会,参加人数 1000 余人次。七是举办 EAC 系统线上公益培训,累计培训人数 1300 余人次。

五、发挥行业引导作用,提升会员服务质量

一是研究制定《关于加强服务会员工作的措施》,积极做好疫情防控相关工作,向专利代理机构、代理师发出《关于疫情防

控期间优先网上办理专利申请业务的倡议》，告知权益受疫情影响的相关救济途径。实施专利代理职业责任保险方案。二是开展诉讼代理人推荐工作，推进广州知识产权法院兼职技术调查官的推荐工作。三是通过协会网站发布代理机构招聘信息，探索"代理机构招聘进高校"。四是组织第八届知识产权论坛征文评审活动，探索研究专利代理机构和代理师分级分类评价。五是加强信息化建设，保障平台数据更新和信息安全。六是扎实做好中国专利奖推荐工作。

六、深化国际交流合作，增强行业涉外业务能力

一是派员参加 WIPO、FICPI 等国际知识产权组织的会议活动 14 次，推荐会员参与国际非政府组织高层管理人员选举。向 WIPO 部分委员会推荐优秀行业专家，充分发挥协会作为非政府组织在国际交流合作中的作用。二是举办线上交流会，与英国专利律师协会、日本贸易振兴机构加强双边业务交流。三是积极参与国家海外知识产权纠纷应对指导中心、国际商事争端预防与解决组织相关工作，开展 2022 年海外专利服务机构遴选管理工作。

七、加强舆论宣传引导，营造知识产权强国建设良好氛围

一是完善管理机制。制定《行业宣传工作方案》，与运用促进司联合制定《落实舆情处置有关部署要求协作工作机制》，加强宣传联动和舆情处置协作，主动上报并成功处置舆情事件 1 起。二是加强意识形态管理。制定实施《中华全国专利代理师协会意识形态工作计划》《中华全国专利代理师协会干部职工个人自媒体账号管理办法》等，建立意识形态工作日常管理机制。三是加强阵地建设。2022 年全年协会官网访问量突破 500 万次，公众号关注人数达 2.6 万余人，《专利代理》杂志每期发行量达 7700 本。四是注重内容策划。结合"4·26 全国知识产权宣传周"和世界知识产权日主题，开展 3 期人物访谈活动。《专利代理》杂志围绕《规划》《纲要》、学习党的二十大精神等重要主题设置专题栏目。在协会官网设置"深入学习贯彻党的二十大精神"和"知识产权代理行业行风建设年活动"专栏，引领全行业贯彻新发展理念、追求高质量发展。

八、聚焦中规主责主业，加快推进多元化发展

一是做好管理体系认证和创新能力评价业务。截至 2022 年底，协会下属企业中规公司共完成 3773 家企业知识产权管理体系认证审核，"易派客"关联方知识创新能力评价客户达 301 家。二是拓展多渠道、多品类业务。中规公司发挥高素质专业人才优势，与 9 个区县签订专利申请前评估服务项目技术合同。推进智能制造成熟度评价项目，培养评估师 4 名，见习主任评估师 1 名。

九、加强协会自身建设，提升监督保障能力

一是加强行业领导，召开理事会 3 次、常务理事会 5 次。二是严格安全管理，扎实做好疫情防控工作。三是加强组织与制度建设。召开协会分工会换届大会，完善协会制度规范 25 项。四是做好人才招聘和选拔。进一步充实协会职工队伍，选拔推荐中高端人才。落实管理和专业技术岗位薪酬体系，完善晋升机制。五是加强企业监督管理。完善下属企业管理制度，积极稳妥推进国企改革。

供稿：中华全国专利代理师协会

中华商标协会

一、深入推进商标品牌建设工程

一是加强商标品牌建设理论研究。

2022 年,发起成立"商标法律前沿问题研究专题组",确定 38 个研究专题组,并从多个维度组建了专家指导组,确保研究水平和质量。承接国家知识产权局十余项课题项目,为商标法修改、地理标志立法、商标代理行业监管等工作提供理论和数据支持。二是开展前沿问题交流研讨。组织召开地理标志立法工作调研座谈会、"商标法及其实施条例修改征求意见会"、"公益性撤销注册商标连续三年不使用工作座谈会"、"打击商标恶意抢注 加强代理行业自律研讨会"、"囤积商标和闲置商标问题研讨会"等专题会议,聚焦商标法律前沿热点焦点和行业共性问题。三是发布商标品牌专题报告。在国家知识产权局知识产权运用促进司指导下,编制发布《中国商标品牌发展指数(2022)》,并受地方相关部门委托,编制完成《2021 广东商标品牌发展指数》《2022 年东莞市商标品牌发展指数》等,引导各地商标品牌高质量发展。

二、主动服务会员商标品牌发展

一是协会领导分别带队走访抖音集团、理想汽车等 50 余家会员单位,面对面听取意见和建议,及时向有关部门反映会员诉求;承接阿里巴巴(中国)有限公司等大型企业咨询服务项目,助力会员商标品牌战略实施。二是面向会员及社会,举办 10 期线上线下免费培训班,邀请国家知识产权局、地方商标执法部门、资深商标代理从业骨干人员参与授课,累计约 11 万人次参与学习,全面提升从业人员专业素质和业务水平。三是协会商标海外维权工作委员会召开"重点企业商标海外维权问题汇报沟通会",就企业商标海外维权代表性问题和难点问题向相关部门进行汇报沟通;发布《中华商标协会会员企业 2021 年度国际商标监测预警报告》《关于 21 枚国内新能源汽车领域知名商标在菲律宾疑似被集中抢注的预警提示》,编制完成《2022 年海外重点国家商标维权指南》。

三、积极推进商标代理行业自律

一是注册并开展"商标代理服务证明商标"使用许可,向首批 11 家商标代理机构会员单位颁发使用许可证书、证牌,并在商标局完成备案,促进商标代理机构规范开展业务。二是组织实施 2022 年商标代理人业务水平考试,提升从业人员专业素质和业务水平。三是在国家知识产权局知识产权运用促进司的指导下,与中华全国专利代理师协会联合举办"弘正气 提质量"知识产权代理行业行风建设年活动,联合发布《知识产权代理行业服务公约》,推动知识产权服务机构公约上墙活动,促进行业作风转变和提升。四是深入配合国家知识产权局"蓝天"专项整治行动,发布开展持续深化知识产权代理行业"蓝天"专项整治行动的公告;配合国家知识产权局发布《关于依法打击恶意抢注"冰墩墩""谷爱凌"等商标注册的通告》,对其中涉及的协会会员作出行业警告,督促及时整改。五是加强商标代理人才建设,制定发布《商标人才库商标代理职业能力评价标准》。

四、充分发挥社会组织桥梁纽带作用

一是协助北京知识产权法院开展商标行政诉讼案件诉前调解,成功调解广州某日用品公司与国家知识产权局、第三人义乌某日用品公司系列商标无效宣告请求行政纠纷案等,并入选该院商标行政案件诉前化解五大典型案例。二是与北京市知识产权公共服务中心合作开展保护知识产权志愿服务工作,组建知识产权服务志愿者专家库,调动社会力量参与知识产权公益活动。三是联合中国服装设计师协会共同主办"时尚知识产权国际协同与保护"2022 中国时尚知识产权大会,发布《2022 时尚产业知识产权保护年度报告》。四是成立中华商标协会数字化工作委员会,筹备组建互联网商标品牌专业委员会,助推我国商标代理行业和商标权利人在商标管理方面的数字化进程,探索完善互联网领域知识产权保护制度。

五、积极推进商标品牌团体标准制定

一是制定《中华商标协会团体标准管理办法》，成立中华商标协会申诉委员会，规范开展团体标准制定工作，推动商标品牌战略规范化实施。二是成立中华商标协会标准化委员会、中华商标协会品牌影响力专业委员会，拟定《企业商标管理规范》《知名商标品牌评价规范》，广泛征集共同起草单位，征求相关领域专家意见。三是注册全国团体标准信息平台用户，发布《企业商标管理规范》《知名商标品牌评价规范》，宣传推广各项团体标准，建立和完善有中国特色的商标品牌评价体系，助力中国商标品牌全球推广。

六、持续优化商标品牌宣传平台建设

一是搭建与各方的理论实务交流平台。《中华商标》杂志继续承接国家知识产权局知识产权保护司"商标执法与保护"项目、商标局"商标案例精读""审查之窗"等栏目，搭建商标执法保护、审查审理环节依法行政宣传平台；继续与北京高院合作"判例辨析"栏目、与北京知识产权法院合作"法官说商标"栏目等，分享最新司法判例实践。二是及时跟进知识产权重大事件和焦点话题。在《中华人民共和国商标法》颁布实施 40 周年之际设立专栏，邀请国内知名学者和企业家就我国商标法制建设历程和未来进行回忆和展望；策划"4·26：知识产权与青年""5·10：我国自主品牌故事""奥林匹克标志的知识产权保护"等专栏专题。三是打造中华商标协会全国高校商标热点问题系列活动。举办"第二届中华商标协会全国高校商标热点问题征文"活动，收到来自全国高校的征文 80 余篇；举办第二届"中华商标协会知识产权（商标）热点问题辩论赛"，全国 21 支高校队伍报名参赛，搭建了高校知识产权法学理论和实践的交流平台。

七、多方促进商标品牌国际交流

一是协会成为世界知识产权组织（WIPO）观察员，并以 WIPO 观察员身份参加商标国际注册马德里体系法律发展工作组第 20 届会议，配合支持中国代表团工作。二是在国家知识产权局国际合作司指导下，与日本贸易振兴机构北京代表处共同举办"第四次中日商标制度研讨会"，分享中日两国商标制度的最新动向。三是参加 WIPO"解读 2022 年全球创新指数"圆桌会议等活动，在国际商标协会（INTA）第 144 届年会期间，以线上形式成功举办 2022 "CTA 论坛"，积极宣传我国商标法律制度和实践。四是与日本弁理士会（JPAA）共同举办"中华商标协会（CTA）& 日本弁理士会合作二十周年纪念活动"并签署《合作备忘录》，会见澳大利亚驻华使馆、日本贸易振兴机构（JETRO）北京代表处、加拿大驻华大使馆等相关组织和机构负责人，建立互惠合作机制，为国内外企业搭建商标交流平台。

供稿：中华商标协会

中国版权协会

一、加强党建与业务融合，提升协会自身能力

2022 年，中国版权协会深入开展各类党建活动，促进党建工作和协会业务工作的深度融合。

8 月，中国版权协会正式搬迁至位于国家版权创新基地（北京市朝阳区化工路甲 18 号东进国际中心）的新办公区。迁入新址后，"远集坊"也得到了全面升级，文化讲坛活动可容纳更多的现场嘉宾，书画展览规模也有较大提升。2022 年举办 5 场重要活动，线上收视率由搬迁前平均 50 万人次，上升为平均超过 100 万人次。

二、围绕党和国家版权工作大局，积极开展各项工作

根据产业发展需求和会员单位需求，

协会共设立 4 个二级委员会:艺术品版权工作委员会、软件工作委员会、网络游戏版权工作委员会、文字版权工作委员会。4 个二级委员会在协会理事会的领导下,发挥各自专长和优势,结合自身特点和联系领域,积极开展专项工作。

"4·26 全国知识产权宣传周"期间,邀请到了阎崇年、丁磊、段奕宏、樊登、罗振宇等 30 余位多领域的知名人士,为宣传活动录制短视频,同步在抖音、快手、微信视频号、哔哩哔哩、百度百家号上共发布宣传报道 130 余条,累计播放量近 300 万次,吸引了网友的广泛参与和关注,达到了较好的宣传效果,对倡导全社会提升尊重知识、保护版权的意识起到了积极作用。

中国版权链版权服务平台于 2021 年正式上线,现已建成集区块链版权存证、版权认证、版权鉴定、版权资产管理、侵权监测、侵权固证、诉讼维权、纠纷调解、版权授权等于一体的涵盖版权全生命周期的综合性版权服务体系。在中央宣传部版权管理局的指导与支持下,该平台成功入选了国家区块链创新应用试点项目——"版权+区块链"特色领域的创新应用试点。2022 年,顺利完成东京奥运会、北京冬奥会、央视春晚、央视元宵晚会、卡塔尔世界杯等中央广播电视总台重点节目的监测维权工作,有关工作得到了中央广播电视总台的肯定。

5 月,中国版权协会线上举办了《2021 年中国网络文学版权保护与发展报告》发布会。受国家版权局委托,由中国版权协会继续组织编写了《新技术在版权领域的应用》课题研究报告。

数次组织召开规范数字音乐版权行业秩序座谈会,综合参会各方意见起草《数字音乐版权行业自律宣言(征求意见稿)》,并报中央宣传部版权管理局;主办"NFT 数字藏品著作权问题研讨会";主办"数字出版版权保护问题研讨会";主办"2022 网络游戏版权问题研讨会";主办"2022 卡塔尔世界杯版权保护工作协商会"。

2022 年,根据疫情防控要求,以线下小范围、线上全覆盖的方式,化整为零,开展年会活动。举办 2022 年中国版权年会、"新时代优秀作品的创作与传播"远集坊高峰论坛、2022 中日著作权保护研讨会、传统文化的现代传播方式论坛、软件正版化工作二十周年座谈会、可持续社会价值视野下的游戏产业论坛、文化大数据的版权保护研讨会、WEB 3.0 时代数字版权产业发展与合规治理论坛、数字音乐行业良性发展研讨会等系列活动。在 2022 年中国版权年会上发布《2021 年度最具版权价值排行榜》。

由于新冠疫情原因,2022 年没有开展线下培训工作。为满足会员需求,2022 年 7 月,在线举办了版权资产管理培训班。协会 400 余家会员单位 1900 余名学员参加培训。部分会员单位还根据自身需要,组织员工进行了集体学习,取得了良好的培训效果。

2022 年 5 月,中国版权协会首次以世界知识产权组织观察员身份,线上参加了世界知识产权组织版权及相关权常设委员会(SCCR)第 42 届会议;6 月,中国版权协会与日本内容产品海外流通促进机构(CODA)签订协议,协助其在中国大陆地区开展著作权维权及相关研讨活动;7 月,中国版权协会领导会见了韩国著作权委员会北京代表处首席代表张星焕、主任郑现镇,韩国文化产业振兴院首席代表尹镐辰等,就中韩文化交流中遇到的版权问题进行探讨并提出合作意向。

三、继续举办"远集坊"讲坛相关活动

2022 年,共举办"远集坊"文化论坛 8 期,得到了各主流媒体和新媒体的大力支持,在腾讯、爱奇艺、抖音、快手等多家新媒体平台进行同步直播,每期活动在线观看人数稳定在 60 万人次以上。并特别举办了"2022 远集坊数字内容高峰论坛",106.5 万人在线观看了该期活动。

为喜迎党的二十大召开,远集坊在新址举办《一枝一叶总关情——远集坊书法邀请展》,邀请到邵华泽、阎崇年、方祖岐、滕文生、戚建国、黄树贤、胡振民等 46 位嘉宾,以"一枝一叶总关情"为主题进行创作,用笔墨丹青书写对党、祖国和人民的热爱与忠诚。

四、配合中宣部版权管理局,积极推进各项版权工作

受中央宣传部版权管理局委托,中国版权协会继续承办软件正版化工作培训班、版权行政执法监管培训班。协助国家版权局对山西、海南省级政府机关及部分国有企业软件正版化全覆盖开展现场核查工作,对江苏、安徽、山东、广东、陕西部分省级政府机关及国有企业,和部分中央国家机关、中央企业、银行及金融机构的软件正版化开展现场核查工作。

邀请全国司法、立法、行政、学术、行业知名专家对"2021 中国版权十件大事"进行评选,评选结果在各大媒体上进行宣传,扩大了版权工作影响,提升了全社会版权意识。

经中央宣传部版权管理局批准,中国版权协会向会员单位征集有关项目,经版权管理局审核后纳入国家版权局"重点作品版权保护预警名单"。在 2022 年卡塔尔世界杯赛事期间,向中央宣传部版权管理局申请,对侵权网站进行封堵,共处置三批次共计 1255 家境外非法侵权网站。

供稿:中国版权协会

中国音乐著作权协会

一、会员发展

2022 年,中国音乐著作权协会(简称音著协)发展新会员 723 人,其中,曲作者 494 人、词作者 186 人、继承人 17 人、其他 1 人、出版公司 25 家,会员总数达到 12 709 人。

在新发展的会员中,较有影响力的会员有:北京看见文娱文化有限公司、北京果然乐动文化有限公司、北京太格印象文化传播有限公司、北京无限星空版权代理有限公司、成都曼歌文化传媒有限公司、包胡尔查、胡适之、刘炽炎、张亦江、付垚、李维福、石梅、樊凯杰、孙伟、赵鹏、庞龙、姜胜楠、陈鹏杰、许明、张伊卉、王晓倩、王锦麟等。

二、音乐作品版权信息管理

音著协应用"音乐著作权大集成服务系统(iSMC, Integrated System of Music Copyright)"对音乐作品版权信息进行数字化管理。iSMC 由音著协开发,2021 年 8 月正式上线运行,是音乐作品信息数据和著作权服务一体化的集大成平台。该系统依托于音著协覆盖全球范围的音乐作品著作权信息管理大数据系统(DIVA, Documentation Innovation Visionary Art)和横贯各主要行业的音乐使用监测大数据系统,可以为音乐著作权人、音乐使用者等产业主体提供高效便捷的著作权服务,一站式解决作者入会、作品登记、权利查询、许可管理、使用费分配等问题,在促进音乐产业繁荣的同时,该系统还可以为维护国家和社会的文化安全贡献力量。音著协目前管理范围覆盖全球 300 多万名词曲著作权人、超过 1600 万首音乐作品。

三、音乐作品使用许可

2022 年,音著协许可总收入财务到账金额约为 4.17 亿元,受疫情影响同比略有下降,降幅约 5.6%。截至 2022 年底,音著协历年许可收费总额达 34.5 亿元。

1. 表演权许可工作

2022 年,音著协表演权许可收入约 1.68 亿元,较 2021 年增长约 35%。

其中,机械表演(背景音乐)许可金额约 1.62 亿元;现场表演方面,许可金额约为 657 万元,其中,常规演唱会、音乐会约 300 万元,新兴活动类演出(如虚拟人物演唱会等)的许可金额约 357 万元。

2. 广播权许可工作

2022年,音著协广播权许可总收入约3456.9万元。其中,广播电台缴纳许可使用费约508.4万元,电视台缴纳许可使用费2948.4万元。受新冠疫情持续影响,广播电视行业广告收入较之往年下降明显。此外,中国广播电视社会组织联合会广播版权委员和电视版权委员会与音著协的续约商谈进程也受到影响,广播权许可收入总额有所下滑。

截至2022年底,已同音著协达成许可付酬协议的电视台56家,广播电台77家,共计133家。

3. 复制权许可工作

2022年,音著协复制权许可收入约2206.8万元。整体略有下降,主要由于在影视广告类音乐许可使用授权中,部分影视公司因疫情原因使用音乐方面的预算有所缩减,音乐使用量有所减少。整体而言,主流影视公司仍保持着同音著协相对稳定的许可合作关系。

4. 信息网络传播权许可工作

2022年,音著协信息网络业务许可总额约1.78亿元。音著协始终坚持"音乐著作权主渠道合作模式",对纷乱的数字音乐版权市场进行有效梳理,并逐步拓展网络直播和网络视频的音乐许可业务。

实践中,尽管有些网络音乐平台已与音著协签订音乐著作权许可使用协议,但仍有部分主流网络音乐平台坚持侵权使用音乐作品,对国家市场监督管理总局反垄断处罚提出的"不得支付高额预付金"断章取义,无理拒绝音乐著作权人要求其承担与其使用增长规模相匹配、体现音乐作品实际贡献价值的合理诉求,利用其市场优势故意压低音乐作品的价值。对此,音著协正在逐步加大维权力度。

四、音乐作品许可使用费分配

2022年共完成四期13次分配,涉及许可收入金额约4.28亿元(税前),管理费比例约占15.7%。

五、诉讼维权

2022年,音著协共向侵犯音乐著作权的使用者发函(律师函、法务部函)85封,对侵权行为取证9件,启动诉讼程序112件。采取以上维权行动后,经谈判、和解、调解或者判决,音著协为音乐著作权人索赔和追回的著作权使用费806万余元、待执行款127万余元,共计933万余元。

六、国际事务

2022年,在国际作者和作曲者协会联合会(CISAC)的国际版权保护体系下,音著协已与近80家海外同类组织签订了著作权相互代表协议。

七、信息公开及宣传

2022年,音著协继续通过网站、微信公众号、"理事工作简报"、会讯、年报等形式,向会员、使用者、政府、社会公众通报具体工作,主动做到公开、透明。

供稿:中国音乐著作权协会

中国发明协会

一、坚持党建引领,深入学习贯彻党的二十大精神

在中央国家机关工委和中国科协的领导下,扎实开展党史学习教育,协会党委、党支部先后组织全体党员、入党积极分子和协会工作人员前往中国共产党历史展览馆和北大红楼、西柏坡学习参观,开展党日活动,深入进行党史等"四史"学习教育活动。党的二十大开幕会当天,协会全体同志通过网络集体收看习近平总书记报告,会后进行学习交流。二十大胜利闭幕后,协会党委先后召开高校创造教育分会、非职务发明工作委员会、发明成果转化研究院分会、独角兽企业创新分会、智慧交通分会、工业互联网技术创新分会、社区发展创

新创意分会等分支机构工作座谈会,传达学习宣传二十大精神,共同研究分支机构工作发展。根据中国科协党组和科技社团党委要求,协会特邀请党的二十大代表、军事科学院副院长、少将、中国发明协会副理事长陈小前走进协会,通过报告、座谈等方式,宣讲党的二十大精神。

二、结合"中国特色一流学会建设"课题,成功举办第16届中国发明家论坛暨发明创业奖颁奖典礼

中国发明协会2021年成功入选中国科协"中国特色一流学会建设(创新特色)"项目,为协会"四力"建设提供了新动力。8月24日,第16届中国发明家论坛暨发明创业奖颁奖典礼在北京的中国科技会堂成功举办,同时在石家庄和张家口设立会场,来自全国科技界、发明界、企业家代表500余人线下线上参会。中国发明协会党委书记余华荣主持会议。十二届全国政协副主席齐续春、中国发明协会理事长吴朝晖院士等领导致辞、讲话,中国工程院院士、北京大学博雅讲席教授詹启敏以《健康中国背景下生物医药创新发展》为题作主旨报告,中国农业大学国家农业科技战略研究院院长高旺盛教授以《农业科技创新与乡村振兴若干战略问题讨论》为题作专题报告。

姚斌等10位各学科领域杰出人才成为中国发明协会第五批会士。

王文等102位同志荣获第十二届"发明创业奖人物奖",其中作出重大贡献的陈小前等18位同志荣获"当代发明家"荣誉称号。赵争鸣等7位"当代发明家"荣誉获得者出席颁奖典礼。

三、积极推进筹建世界发明创新联合会,国际发明创新交流活动持续向好

3月1日,中国发明协会发起、牵头筹建的世界发明创新联合会(WIIF)被列为中国科协培育发起的第一批国际组织名单。8月15日,发起成立WIIF顺利通过由中国科协组织的专家论证会。

2022年协会共组织参加18个境外国际发明展览会。其中,9个活动参加线下展览,9个活动仅以线上形式参展。共组织336个发明项目参展。截至2022年底,获得金奖142个、银奖107个、铜奖74个、专项大奖11个。

继续加强与世界知识产权组织(WIPO)的合作沟通。协会领导专程拜访WIPO中国办事处,并出席WIPO组织的年度工作座谈会、2022博鳌亚洲论坛亚洲知识产权论坛、"解读2022全球创新指数"(2022 GII)圆桌会议等重要活动。

向中国科协成功申请4个国际合作课题,获得总资助76万余元。

四、会员质量稳步提高,会员服务内涵不断丰富

2022年新增入会会员418人,其中,硕士研究生以上学历占35%;单位会员新增21个。

2022年协会首次获得"中国科协青年人才托举工程项目"托举资格,并获得4个托举名额,首都医科大学附属北京同仁医院王梦琳等4人入选。

提名碳中和智慧化管理创新研究团队为第十八届中国青年女科学家奖团队奖候选人,提名宋汶秦等3人为第十八届中国青年女科学家奖个人奖候选人,提名周荣等2人为2022年度未来女科学家候选人。

9月8日,召开第三届发明创业奖成果奖专家评审会,共815个项目参评,授予117个项目一等奖,授予134个项目二等奖。

8月2日,在北京举办"企业发明创新与知识产权管理及非职务发明培训班",贺泓等知名院士专家为来自全国的70多位学员授课。11月9日,在北京举办"新产品研发高级专业人才能力提升"高级研修班,100余名学员参加,詹启敏、曹国忠、韩秀成等知名专家授课。

供稿:中国发明协会

国际保护知识产权协会（AIPPI）中国分会

一、AIPPI 会长参加庆祝中国贸促会建会 70 周年大会暨全球贸易投资促进峰会

5 月 18 日，庆祝中国贸促会建会 70 周年大会暨全球贸易投资促进峰会在北京举行。来自 59 个国家和地区的政府官员、国际组织领导人和工商界代表共 1 万余人线上线下出席大会。

AIPPI 中国分会协助主办方邀请 AIPPI 会长路易斯·亨利克·杜·阿玛拉以线上方式参加了本次大会。阿玛拉会长代表 AIPPI 对中国贸促会成立 70 周年表示热烈祝贺，并祝愿中国贸促会不断取得辉煌成就。

二、AIPPI 会长参加中国国际经济贸易仲裁委员会知识产权仲裁中心揭牌仪式暨知识产权保护与争议解决研讨会并致辞

7 月 22 日，中国国际经济贸易仲裁委员会知识产权仲裁中心（简称仲裁中心）揭牌仪式暨知识产权保护与争议解决研讨会在北京成功举行。

AIPPI 中国分会协助主办方邀请 AIPPI 会长路易斯·亨利克·杜·阿玛拉在揭牌仪式上发表视频致辞，对仲裁中心的成立致以热烈的祝贺，同时向各位参会人介绍了 AIPPI 的基本情况，邀请大家参加 9 月在美国旧金山举办的 AIPPI 世界知识产权大会，并希望 AIPPI 中国分会与仲裁中心加强交流合作，共同为完善和加强国际知识产权保护、构建和谐的知识产权法律体系作出贡献。

三、参加 2022 年 AIPPI 旧金山世界知识产权大会

9 月 10—14 日，2022 年 AIPPI 世界知识产权大会在美国旧金山顺利召开，1200 余名会员参会。

大会期间共举办了 2 次执委会和多场专题研讨会，通过了多项报告并进行了事务

局和法定委员会换届和连任选举。AIPPI 中国分会沈兰英连任总报告人助理，AIPPI 中国分会副会长林晓红当选通讯委员会委员，AIPPI 中国分会理事黄革生当选会址遴选委员会委员，AIPPI 中国分会理事邵亚丽连任规划委员会委员。

9 月 14 日，执委会上经投票通过 Q280 诊断方法的可专利性、Q281 商标与互联网和社交媒体、Q282 精神权利、Q283 民事诉讼中的商业秘密保护 4 项 AIPPI 专题报告决议和与落实谈判和让步提议有关的豁免 1 项 ADR 常设委员会决议。

四、与广西知识产权局签署战略合作协议

9 月 16 日，第十九届中国—东盟博览会和中国—东盟商务与投资峰会在广西南宁开幕。在当天下午举行的中国—东盟商事法律合作研讨会上，AIPPI 中国分会、中华商标协会、知识产权出版社分别与广西知识产权局就建设《区域全面经济伙伴关系协定》（RCEP）框架下广西知识产权国际交流合作平台签订战略合作协议。李毅秘书长代表 AIPPI 中国分会签署协议。

五、共同主办 2022 上海浦江知识产权国际论坛

10 月 28—29 日，"2022 上海浦江知识产权国际云论坛暨长三角珠三角知识产权合作联动大会暨第二届京津沪渝知识产权论坛"在上海成功举办。AIPPI 中国分会受邀共同主办 2022 上海浦江知识产权国际论坛。AIPPI 中国分会会长田力普受邀在开幕式上致辞。

AIPPI 中国分会秘书长李毅受邀就"全球竞争中知识产权保护的新趋势"进行发言，向参会人介绍在 2022 年 AIPPI 旧金山大会上通过的知识产权专题研究决议，邀请与会嘉宾参加 2023 年在土耳其伊斯坦布尔举办的 AIPPI 大会，以及 2024 年在杭州举办的 AIPPI 大会。

六、共同主办 2022 湖北国际技术交流会之"涉外知识产权保护论坛"

11月22日，由 AIPPI 中国分会、LES 中国分会、中国国际贸易促进委员会武汉市分会、湖北省对外科技交流中心共同主办的 2022 湖北国际技术交流会之"涉外知识产权保护论坛"在武汉成功举办。来自知识产权管理部门及代理机构、有关企业等参会代表以线上、线下相结合的方式参加活动。

AIPPI 中国分会李毅秘书长受邀主持本次论坛。论坛共邀请 5 位海内外专家分别以线下和视频方式围绕"海外知识产权纠纷应对与解决"与"国际知识产权许可运营"作主题报告。

七、以电子通讯形式召开 AIPPI 中国分会第七届七次会员代表大会

12月1—6日，AIPPI 中国分会以电子通讯形式召开第七届七次会员代表大会，审议第七届理事会理事人选的调整事项。大会通过了理事改选决议：改选李德山、熊延峰任理事。

八、在线举办 2022 年 AIPPI 中国分会版权热点论坛

12月10日，AIPPI 中国分会版权热点论坛成功在线举办。论坛邀请国内高校知名学者、企业代表、律师代表就本年度版权热点问题发表专题演讲，就理论和实务问题进行深入交流，吸引近百人次线上参会，约 2700 人次通过视频直播方式参与论坛。

本届论坛发布了 2022 年度 AIPPI 中国分会版权十大热点案件。在主题研讨环节，6 位版权专家就 2022 年度版权领域的热点、难点问题发表演讲，涉及内容侵害保护作品完整权的判断标准、人工智能技术与作品概念、作者和表演者在视听作品或录像中的权利及其行使等。

九、在线举办 2022 年 AIPPI 中国分会理事会

12月27日，AIPPI 中国分会第七届十二次理事会成功在线召开，龙传红副会长、林晓红副会长、李勇副会长、李毅秘书长及理事或理事代表共 24 人参会。

龙传红副会长主持会议，李毅秘书长代表分会向各位理事作 2022 年度的工作汇报。龙传红副会长向大家介绍了中国分会与土耳其分会成功互换 2023 年和 2024 年 AIPPI 大会举办时间的相关情况。林晓红副会长介绍了 2023 年青年知识产权研讨会的筹备情况和进展。

供稿：国际保护知识产权协会中国分会

地方知识产权工作概况

北 京 市

❖ ❖ ❖ ❖ ❖ ❖ ❖ ❖

知识产权工作

2022 年,北京市知识产权创造、运用、保护、管理和服务工作成效突出,获国务院知识产权督查激励。专利侵权纠纷行政裁决、知识产权保险试点、技术转让所得税优惠政策等多项改革举措作为优秀案例或创新实践案例获得推广。

一、完善政策机制,不断增强工作合力

完善政策体系。出台《北京市知识产权强国示范城市建设纲要(2021—2035 年)》,面向未来 15 年描绘首都知识产权事业发展蓝图。颁布施行《北京市知识产权保护条例》,筑牢新时期知识产权首善之区法治根基。市知识产权局与市市场监管综合执法总队完善协作机制,与市中医管理局联合发布《北京市中医药知识产权夯基行动计划》,与市司法局等十部门联合印发《北京市关于加强知识产权纠纷多元调解工作的实施意见》,与市农业农村局等六部门联合印发《北京市推进地理标志和绿色有机农产品发展工作方案(2022—2035 年)》。

注重区域联动。在 5 个区开展"一区一特色"专项工程。海淀区、朝阳区入选国家知识产权强市建设示范城市,丰台区、石景山区、大兴区入选国家知识产权强市建设试点城市。京津冀三地知识产权局签订《京津冀营商环境一体化发展知识产权合作框架协议》。京津冀协同发展 5 项任务有序落地,签订京津冀知识产权快速协同

保护合作备忘录,开展京津冀地区海外纠纷监测,与河北互认海外维权专家,京津冀三地联合举办"RECP 协定中的知识产权规则"等海外知识产权维权培训班 12 期。

二、激励创新创造,持续提升治理能力

知识产权量质齐升。截至 2022 年底,全市有效发明专利量 47.8 万件,同比增长 17.96%。每万人口发明专利拥有量 218.3 件,稳居全国第一。商标有效注册量总计 290.8 万件,同比增长 12.76%。2022 年,全市专利授权量 202 722 件,其中发明专利授权量 88 127 件,同比增长 11.3%;全市商标注册量 38.7 万件,同比减少 9.58%;PCT 申请量 11 463 件,同比增长 10.67%。在第二十三届中国专利奖评选中,北京地区共获奖 165 项,包括金奖 9 项,银奖 24 项,优秀奖 132 项。其中金奖、银奖获奖数量分别占总数的 1/4 和 1/3,均稳居全国首位。

三、加强保护力度,助力优化营商环境

高质量推进专利侵权纠纷行政裁决试点工作,在国家知识产权局试点验收中被评定为优秀。开展打击商标恶意注册专项行动,办理国家知识产权局转办商标恶意注册案件线索 7 批。持续深化知识产权代理行业"蓝天"专项整治行动,开展无资质代理行为专项执法检查。以优秀成绩通过国家知识产权局首批知识产权领域以信用为基础的分级分类监管试点验收。指导 16 家知识产权纠纷人民调解委员会受理纠纷,调解成功率 60%。圆满完成北京冬奥

会、冬残奥会、中国国际服务贸易交易会（简称服贸会）等重大活动以及展会知识产权保护工作。建立市级横向协作、市区纵向联动工作机制。北京冬奥会、冬残奥会知识产权保护工作成绩突出，获国家奖励。服贸会实现知识产权纠纷投诉"零记录"。

四、深化创新改革，加大先行先试力度

统筹"两区"建设知识产权专项工作。2022年，顺利完成"两区"年度牵头任务5项。推动出台《"两区"建设知识产权全环节改革行动方案》，截至2022年底，有29项任务完成或取得阶段性成果。中关村科学城获评全国首批知识产权服务出口基地。完成北京市第二个知识产权对外许可转让安全审查事项。首创专利侵权纠纷行政裁决"先行裁驳、另行请求"审理模式，入选北京自贸试验区改革试点经验优秀案例。在"两区"建设两周年主题活动中，知识产权保险试点、技术转让所得税优惠政策2项政策获评十大最具影响力政策，3个案例获评改革创新实践案例。

持续深化知识产权领域营商环境改革工作，对标国际先进做法，学习国内先进城市经验，打造优化营商环境"北京做法"，不断提升社会满意度和群众获得感。以世界银行评价为引领，统筹推进营商创新试点及优化营商环境5.0改革25项任务落实落地。

五、提高运用效益，充分支撑经济发展

加强知识产权转化运用。实施专利转化专项工作，投入4000万余元支持百余家中小微企业购买并实施专利技术，切实助企纾困。启动专利开放许可试点工作，出台试点工作方案，征集到开放许可专利超千件。首创企业"白名单"双向推送机制，入选国家知识产权局知识产权强国建设第一批典型案例，筛选并推送654家企业。首次推出海外知识产权纠纷法律费用保险试点，为7家企业提供海外险保费补贴。

支持北京知识产权交易中心发挥作用，推进知识产权证券化产品2期"中技所-中关村担保-长江-2期知识产权资产支持专项计划"在深圳证券交易所成功发行。

加强知识产权运营培育。积极推进优势单位培育，开展"护航工程"，2022年北京市新认定知识产权试点单位483家、示范单位146家。2022年新增国家知识产权优势企业100家、示范企业18家。加强对北京市产业（行业）知识产权联盟的监督管理和业务指导，制定联盟备案办法，推动联盟工作有序健康发展。建设绿色能源化工产业知识产权运营中心。

六、全力助企纾困，深入推进"放管服"改革

优化服务流程。进一步深化"一网通办"，持续推进"就近办""掌上办"和"同事同标"，实现专利权质押登记业务告知承诺制。扩大专利预审服务领域，新增集成电路、量子科技、生物信息学等领域55个专利预审服务分类号。北京市知识产权保护中心获得快速授权的专利同比增长49%，平均授权周期73天，远低于我国平均专利审查周期。

提供精准服务。以精细化管理推进"接诉即办"向"未诉先办"转变，12345派单响应率、解决率、满意率均为100%。制定并发布《北京市知识产权局公共服务事项清单（第一版）》。完善"1+17+N"多层级知识产权公共服务体系，新设7家工作站，体系建设成效被纳入"2022年科技体制改革案例"。探索开展企业商业秘密管理体系建设工作。出台实施《北京市知识产权信息公共服务体系建设行动方案（2022—2024年）》。

七、扩大开放合作，用心讲好北京故事

深化交流合作。联合世界知识产权组织（WIPO）举办"知识产权加速全球绿色发展"专题活动，指导企业申报WIPO首届全球奖、欧洲发明人奖,推进技术与创新支持中心(TISC)建设和 WIPO GREEN 项目实施。依托服贸会平台举办"工业设计与知识产权保护论坛",举办第 25 届京台科技论坛知识产权论坛、京港洽谈会知识产权专题活动。加强海牙体系宣传和推广,推动小米等企业在海牙体系生效当日通过该途径提交 20 余件外观设计申请。持续推进建设知识产权国际交流合作基地和"一带一路"首都知识产权发展联盟建设。

讲好北京故事。在"4·26 全国知识产权宣传周"期间,围绕"全面开启知识产权强国示范城市建设新征程"主题,召开新闻发布会,发布《2021 年北京市知识产权保护状况》、2021 年度北京市知识产权行政保护十大典型案例,举办"北京知识产权专家云讲堂"等各类宣传活动 121 场。在《人民日报》发表署名文章《讲好中国知识产权故事》。组织编写出版《漫话知识产权》。

供稿:北京市知识产权局

版权工作

2022 年,北京市版权局以习近平新时代中国特色社会主义思想为指导,认真学习贯彻习近平总书记关于知识产权保护工作的重要论述,紧紧围绕迎接宣传贯彻党的二十大这条主线,聚焦版权领域重点难点问题,抓住规范引导与打击惩治两个关键,通过建机制、搭平台、严保护、强服务等举措,推动版权工作取得新实效。

一、版权执法监管工作

1. 聚焦重点领域重要节点,开展专项整治

开展北京冬奥版权保护集中行动。北京冬奥会、冬残奥会期间,监测涉及冬奥开闭幕式和 581 场冬奥赛事节目,发现侵权链接 8.4 万余条,下线/断链率约 97%;及时运用"通知—移除"规则督促 53 家网络

平台移除外部投诉侵权链接约 8.57 万条。北京市有关部门通力合作,查办的全国首例侵犯冬奥吉祥物形象著作权案仅一个多月就依法判决,及时有效震慑违法犯罪行为。国家版权局对北京市冬奥专项版权保护工作予以通报表扬。

开展打击网络侵权盗版"剑网 2022"专项行动。落实上级工作部署,会同相关单位启动专项行动,开展重点领域专项整治,压实网络平台主体责任,强化网络新业态版权监管,持续加强对院线电影、网络直播、体育赛事等版权保护,严厉打击权利人反映强烈的网络侵权行为。

开展"青少年版权保护季"行动。开展暑假校园周边教材教辅出版物专项联合执法检查和打击盗版教材教辅专项行动等,文化执法部门查处涉青少年版权侵权案件 7 起。8 月 31 日,北京市多部门对王四营图书批发市场及周边地区开展联动打击整治行动,抓获涉嫌侵权盗版的非法经营者 34 名,扣押青少年读物侵权盗版图书近百种 2.6 万余册。

2. 围绕"诉源治理",完善行政司法协同机制

深入贯彻落实习近平总书记关于"把非诉讼纠纷解决机制挺在前面"的重要指示,建立专班,印发工作任务清单,指导平台企业充分利用"e 版权"诉非"云联"机制,将版权纠纷化解于诉前。著作权侵权申请立案率同比下降 39.5%。首都版权协会调解业务累计收案 5938 件(其中涉外案件 764 件),已调解完结 5371 件,调解完结率为 90.5%,在已经完结的案件中,调解成功 2804 件,调解成功率为 52.2%,和解金额约为 1.4 亿元。

3. 加强版权执法监管,有力打击侵权盗版

对网络版权侵权重点领域进行监测,发现侵权总量超 465 万条,运用"通知—移除"机制,发起维权约 440.2 万条,通知下线总量约 402 万条,总下线率约 91.32%。

与北京互联网法院等部门联合推出"版权链—天平链"协同治理平台、"版权线上公证电子证据保全业务系统"等,利用新技术助力权利人开展维权工作。

二、版权社会服务工作

1. 率先落地版权质押担保登记信息统一查询

坚持多部门协同推进,将版权质押权利担保登记信息数据接入中国人民银行征信中心动产融资统一登记公示系统。5月30日,登记公示系统正式对外提供北京市版权担保登记信息统一查询服务。

2. 以"两区"建设为引领打造一流版权营商环境

积极推动北京文化创意版权保护服务中心建设,利用区块链技术等,对文化创意作品方案进行版权登记,优化登记流程,解决查询时间长、质押登记效率低等问题。推动完善版权展会授权交易体系,助力数字经济发展,不断推介优质版权项目,促进版权项目交流转化。

3. 探索推动"国家区块链可信数字版权生态创新应用"试点

入选中央网信办等十六部委关于国家"区块链+版权"创新应用试点任务,正式启动数字确权等六大工程,并与长江经济带、粤港澳大湾区等区域省市建立数字版权合作关系,成功推出多个数字版权示范项目。数字版权证书上链近300万件,版权链在全国的节点数量已达42个,示范项目超过50个。

4. 充分运用数字技术服务提升版权管理、保护工作水平

按照"互联网+政务服务"的工作要求,实现了著作权登记业务的全流程网上办理。2022年,北京市作品著作权登记量为1 047 270件,占全国登记总量的23.18%,连续15年保持增长趋势。北京版权调解中心实现线上调解,为当事人提供远程立案、线上调解等一系列便民法律服务。

5. 亮相中国国际服务贸易交易会首都版权展区

积极策划主题展区亮相首钢园1号馆,集中展示了北京市版权保护新成果和版权服务新手段,为推介优质版权项目、促进项目交流转化创造了良好平台,彰显了文创企业的核心竞争力和首都版权的行业影响力。

三、版权宣传与外事工作

1. 版权系列宣传活动亮点频出

举办"4·26"版权主题宣传活动。围绕著作权法普法宣传,联合东城区委宣传部,举办"艺术版权的新生——加强民间文学艺术保护,推动《视听表演北京条约》落地实施"主题宣传活动,受到社会广泛关注。各区和重点文化园区、企业同步开展主题宣传。组织全市16区和经济开发区、版权园区、重点文化企业,集中开展版权专业培训、专题论坛等宣传活动,扩大版权宣传活动的社会影响力。启动2022版权课堂。组织市级文化园区和科技文化企业参加北京市企业版权管理十百千人才公益培训。举办版权宣导培训15场。

2. 全市版权示范体系建设有力推进

召开2022年全市版权示范体系建设和版权工作站建设动员部署会,印发工作方案。2022年,实现24家市级示范园区版权工作站和版权保护服务中心全覆盖,其中5家单位、1家园区获全国版权示范单位、园区(基地)称号,新增14家企业和7家园区为市级版权示范单位、园区(基地)。

3. 版权保护领域国际交流合作不断深入

组织版权调解员参与世界知识产权组织(WIPO)线上版权培训课程,邀请WIPO中国办事处参加版权调解员培训并授课,向WIPO中国办事处推荐专家及调解员。完善调解案件移交机制,已有3起案件移交WIPO中国办事处。通过WIPO官方网站宣传北京市版权发展成就,讲好中国

版权故事。

4. 出版业国际传播能力建设持续提升

北京市持续加强出版业国际传播能力建设，紧紧抓住"走出去"关键环节，奖励和资助在北京地区注册企业所从事的面向国外的版权输出、实物出口、翻译、交流推介、渠道建设等业务与项目，2022 年共有 14 个项目获得奖励扶持，涵盖优秀出版物成果、优秀出版物翻译和对外数字出版等类别。

四、软件正版化工作

组织召开北京市 2022 年软件正版化工作动员部署会议，制订工作方案，将市属高校、区教委直属单位、区属国有企业纳入考核范围，增加数据库监管。6 月 29 日，举行北京市软件正版化检查服务系统启动仪式。系统上线后，将实现国家软件正版化检查常态化管理、软件侵权预警事前提示、决策分析辅助支持等功能。

供稿：北京市版权局

司法工作

一、坚持首善标准，圆满完成审判任务

2022 年，北京三级法院共受理各类知识产权案件 72 778 件，同比下降 15.33%，其中民事案件 46 529 件、行政案件 26 249 件；共审结各类知识产权案件 74 506 件，同比下降 0.4%，其中审结民事案件 51 458 件、行政案件 23 048 件。

北京三级法院共受理一审知识产权案件 61 559 件，同比下降 15.03%，其中民事案件 41 175 件、行政案件 20 384 件；共审结一审知识产权案件 62 413 件，同比下降 1.76%，其中民事案件 46 644 件、行政案件 15 769 件。

北京知识产权法院和北京高院知识产权庭共受理二审知识产权案件 10 880 件，其中民事案件 5055 件、行政案件 5825 件；审结二审案件 11 708 件，其中民事案件 4487 件、行政案件 7221 件。

北京高院审结全国首例因不服国家市场监督管理总局就垄断行为作出的行政处罚的一审行政案件；审结中国音像著作权集体管理协会与天合文化集团有限公司及 20 家天合子公司著作权许可使用合同纠纷案。

北京知识产权法院审结全国首例药品专利链接案中外制药诉海鹤药业案、"红羽蛋鸡品种"技术秘密案；东城区人民法院审结"古北水镇"恶意行使商标注册权不正当竞争案；朝阳区人民法院审结默克公司诉默沙东公司侵害商标权及不正当竞争纠纷案。海淀区人民法院审结快手公司等诉西安巨量云公司虚假流量不正当竞争案，获评"2022 年度中国十大传媒法事例"；北京互联网法院在卡塔尔世界杯决赛前夕，于立案当日快速审理并立即作出停止非法直播的行为保全裁定，及时制止非法盗播行为；该院还审理了我国加入《马拉喀什条约》后全国首例涉阅读障碍者合理使用条款著作权纠纷案件，对提供电影《我不是潘金莲》无障碍版的行为是否构成合理使用作出认定。

二、坚持改革创新，服务国家发展大局

北京高院带队，全市三级法院跨审判部门法官组成调研组，完成《北京市高级人民法院关于北京数字经济重点领域专项调研报告》。

北京知识产权法院成立数据保护专班，完成"数字经济下新业态、新模式竞争行为司法规制研究"等课题，妥善审结"662 所高校学生毕业十年就业薪酬和就业行业分布信息""汽车消费者投诉信息"等数据侵权案。

北京互联网法院和首都版权协会完成《涉网络图片权利使用费的市场调查报告》，北京高院形成《关于北京互联网法院涉图片网络侵权案件和涉肖像权网络侵权案件审理中相关问题请示的答复》。北京知识产权法院协调处理知网与超星公司著作权侵权互诉系列案,一揽子促成全市法院近 1000 件案件调解结案。西城区人民法院审结涉"京华茶叶""景德镇瓷器协会""西四包子铺"等知名品牌知识产权案件;妥善审结涉及王洛宾音乐作品的著作权权属、侵权纠纷系列案件。

三、坚持调查研究,发挥司法引领作用

北京高院围绕中国加入世界贸易组织 20 年北京法院知识产权案件审判情况、最新国际条约(RCEP、CPTPP、《海牙协定》)涉及知识产权部分对我国知识产权审判工作的影响等开展专项调研。海淀区人民法院撰写《关于网络直播侵害著作权纠纷的调研报告》,对全国法院涉网络直播相关案件进行梳理。

北京高院在"4·26 全国知识产权宣传周"期间发布《关于侵害知识产权民事案件适用惩罚性赔偿审理指南》以及惩罚性赔偿典型案例;北京知识产权法院设立竞争垄断审判庭,调研形成《平台等涉互联网滥用市场支配地位案件中地域管辖问题研究》等成果。

海淀区人民法院建立"审、研、学"协同机制,搭建人才梯队;北京互联网法院以"互联网审判特色人才高地"为依托,明确将综合审判一庭设置为知产专业审判庭室。

四、坚持能动司法,积极延伸司法职能

北京高院、市检察院、市公安局、市市场监督管理局、市知识产权局、市版权局等六部门共同颁布《关于联合开展依法惩治知识产权恶意诉讼专项工作实施方案》。

北京知识产权法院与市农业农村局、平谷区政府签订《涉农知识产权保护战略合作协议》;与天津市三中院、河北省雄安新区中院签署《加强知识产权司法保护合作框架协议》。东城区人民法院在审结"海底捞诉小放牛"商标侵权纠纷案后,主动向通州区市场监督管理局移送线索,实现司

法与行政的有效衔接。丰台区人民法院完善与区市场监督管理局的"知识产权行政执法与民事审判联动机制"。北京互联网法院积极融入版权综合治理格局,与市公安局、市司法局、市铁路运输检察院、市公安局环境食品药品和旅游安全保卫总队、市文化执法总队构建"民+行+刑"版权治理网格。

北京高院指导北京知识产权法院在昌平未来科学城、平谷农业中关村农业科技园区设立巡回审判庭,推动巡回审判庭的职能整合。北京知识产权法院在国家重点科学实验室设立法官工作站。朝阳区人民法院在中国(北京)自由贸易试验区金盏国际合作服务区开展商标侵权案件巡回审判。海淀区人民法院联合中国(中关村)知识产权保护中心举办知识产权案件在线庭审观摩活动。

北京知识产权法院与国家知识产权局构建"司法+行政"同频联动的诉源治理格局,超过一半案件于诉前成功化解。东城区人民法院积极融入东城区"紫金服务"品牌体系,设立驻王府井地区知识产权法官工作站。西城区人民法院走访辖区"老字号"企业,完善涉老字号知识产权案件挂账审理机制。朝阳区人民法院建立"1+1"诉调对接机制。海淀区人民法院通过源头回溯机制成功化解头部互联网平台间涉视频切条侵害著作权纠纷 30 余件。北京互联网法院联合市版权局、首都版权协会深化"e版权"诉非"云联"机制,以版权非诉调解平台为支撑,开展"云对接""云指导""云化解"等非诉调解工作。

供稿:北京市高级人民法院
知识产权审判庭

检察工作

一、加大办案力度,提升知识产权检察履职效能

全面贯彻党的二十大精神,深入落实

习近平总书记关于知识产权工作的重要论述,按照市委和最高人民检察院工作部署,以心怀"国之大者"的责任担当,更加积极主动融入北京国际科技创新中心、知识产权强国示范城市建设,打造首都特色知识产权检察品牌。2022 年,全市检察机关共受理知识产权审查逮捕案件 171 件,受理审查起诉案件 93 件。受理知识产权民事监督案件 204 件,行政监督案件 95 件,建议行政执法机关移送案件 44 人。3 起案件获评最高人民检察院典型案例,在检察日报社主办的"2022 年度十大法律监督案例"评选活动中,北京市检察机关办理的 2 起案件入选。3 个集体和 11 名个人获评年度全国查处重大侵权盗版案件有功单位和个人,6 名检察官入选首批全国知识产权检察人才库。

二、紧密围绕服务大局,建立"一站式"知识产权保护机制

按照"两区"建设工作要求,积极融入知识产权全环节改革行动。朝阳、门头沟、顺义、大兴、昌平、延庆等区检察院与相应的中关村园区、未来科学城等重点科技园区建立检察联络机制,提升知识产权维权能力。市检察院围绕全国文化中心建设要求,发布《北京市人民检察院加强老字号知识产权保护工作指引(试行)》,联合市知识产权局成立老字号知识产权保护专班,对北京老字号企业情况、商标情况、涉诉情况进行全面摸排,进一步加强保护力度。《检察日报》以《北京:为老字号注入新动能》为题整版报道工作经验,北京卫视"向前一步"栏目组以"检察服务老字号知识产权保护"为主题录制专题电视节目。

三、加强涉冬奥知识产权保护,营造首都知识产权保护良好形象

市检察院发挥检察一体优势,组建冬奥知识产权保护专班。在市知识产权局的大力支持和帮助下,主动联系北京冬奥组委会,协调搭建涉奥商品真伪鉴别快速通道,快速、全链条打击涉奥侵权违法犯罪。指导办理全国首例涉北京冬奥会知识产权刑事案件、侵犯北京冬奥会吉祥物形象作品案等一批有重大影响力的案件,得到北京冬奥组委会的高度肯定。

四、落实数字检察战略,推进知识产权检察工作现代化

全市检察机关加强大数据法律监督模型建设,推进大数据赋能知识产权检察。市检察院依托首都检察版"接诉即办"工作机制,创设打击整治销假销劣大数据法律监督模型,以 12345 投诉数据为依托,准确识别案件线索。发现并向公安、市场监管等部门移送涉刑事、行政重点线索 400 余条,推动刑事立案 3 起,查处侵犯知识产权行政违法案件 23 起,提前介入重特大制假售假刑事案件 14 件 39 人。市四分院研发的"知识产权民事侵权案件法律监督模型"获全国检察机关大数据法律监督模型竞赛优秀奖。铁检院研发"商业维权公司批量诉讼行为大数据法律监督模型",在依法惩治知识产权恶意诉讼专项监督工作中发挥重要作用。

五、建立多层次专业辅助办案机制,办理技术类案件的效果凸显

市检察院印发《北京市检察机关聘请技术调查官辅助办理知识产权案件的工作办法(试行)》,在全国检察机关率先组建技术调查官库,将该机制引入刑事、民事、行政案件领域。邀请国家知识产权局专利局、专利审查协作北京中心选派专利审查员担任技术调查官,目前已参与案件 6 件。市知识产权局选派 5 名专家作为检察机关特邀检察官助理,全程参与案件办理。为解决更加复杂的新型技术难题,聘请 23 名知名高校专家以听证员、专家咨询库专家等身份,参与案件 30 件。

六、营造法治化营商环境，提升企业知识产权保护意识和能力

全市检察机关将知识产权检察工作与营造法治化营商环境紧密结合，通过"随案会诊"帮助企业填补知识产权保护和管理漏洞，构筑风险防控体系，助力提升企业知识产权保护意识和能力。

七、深化行政司法协同联动，构建知识产权大保护格局

市检察院联合五部门印发《关于联合开展依法惩治知识产权恶意诉讼专项工作实施方案》，惩治知识产权恶意诉讼，防范和打击恶意注册、权利滥用等行为。与知识产权管理部门深化协同发展工作机制，探索知识产权行政监督案件矛盾化解后续行政处理提示机制。如市检察院在办理一起商标行政纠纷案中，促成文化企业与高校系列商标纠纷实质性化解，向行政管理部门寄送矛盾化解书，被充分采纳，当事人赠送锦旗表示感谢。与市律协建立检律协作线上移送平台，进一步加大知识产权保护力度。健全京津冀检察机关协同保护机制，不断推进异地协助取证，三地检察机关开展"新时代知识产权检察履职"系列同堂培训活动，共同提升履职能力。

供稿：北京市人民检察院
知识产权检察办公室

天 津 市
※※※※※※※

知识产权工作

2022年，天津市发明专利授权 11 745件，同比增长 59.2%，首次突破 1 万件；有效发明专利 5.1 万件，同比增长 17.9%；每万人口高价值发明专利拥有量 14.4 件，高出全国平均水平 53.2%；2022 年商标注册申请 7.1 万件，核准注册 5.5 万件，有效注册商标 39.96 万件，同比增长 13.3%，驰名商标 157 件。起草《天津市知识产权强市建设纲要（2021—2035 年）》，并经 2022年 5 月 24 日市委常委会审议通过。积极组织开展国家知识产权强市建设试点示范城市创建工作，滨海新区、北辰区、河西区、东丽区成为首批国家知识产权强市建设试点示范城市。2022 年 8 月 24 日，天津滨海高新技术产业开发区、天津市华明高新技术产业区被命名为国家级知识产权强国建设试点园区。中国天辰等 8 家企业被确定为 2022 年度国家知识产权示范企业，天津久日新材料等 49 家企业被确定为 2022 年度国家知识产权优势企业。"茶淀玫瑰香葡萄"被国家知识产权局确定纳入 2022 年国家地理标志产品保护示范区建设筹建名单。

一、知识产权运用

专利转化实施成效显著，获得国家财政支持。贯彻落实国家知识产权局实施专利转化专项计划助力中小企业创新发展成效显著，获得财政部、国家知识产权局2022年专利转化专项计划中央财政奖补资金 1亿元，2022 年先期下达 5000 万元，用于支持知识产权运用工作。

知识产权金融创新取得突破性进展。2022年 9 月，全市首单知识产权证券化产品在中国银行间债券市场成功发行，发行规模1 亿元，为全国首单国企"科创票据"。"齐心菌类"商标和"一种蘑菇种植培养基自动化处理装置"获首单"专利+商标"混合质押贷款。2022 年，全市知识产权质押融资总额33.82 亿元。

促进知识产权交易和开放许可。市知识产权局与滨海高新区共同建设知识产权生态园，与天津产权交易中心、滨海高新区联手打造全方位、综合性的知识产权交易

平台,搭建知识产权转化交易"双平台"。围绕天津市"1+3+4"产业集群和"12条重点产业链",布局中国汽车技术研究中心有限公司、中国科学院天津工业生物技术研究所2个国家级知识产权产业运营中心和7个重点产业链市级知识产权运营中心,形成"2+7"的知识产权运营交易服务体系。完成知识产权项目挂牌500项,成交105宗,成交金额1100万元。

布局专利导航服务基地和运营中心。2022年9月15日,专利审查协作天津中心和中国汽车技术研究中心有限公司获批2个国家级专利导航工程支撑服务机构。完善专利导航服务体系,天津市科学技术发展战略研究院等5家单位获批国家级专利导航服务基地。

开展高质量专利创造试点工作。加大对中汽研汽车检验中心(天津)公司等38家2021年天津市重点产业链高价值专利试点项目(创造类)承担单位服务力度,指导推动各试点单位有效开展试点任务。确定和能人居科技(天津)集团股份有限公司等37家企业为2022年高质量专利创造试点项目承担企业。鼓励"小巨人"和"专精特新"中小企业参加专利试点,申报国家知识产权优势企业和示范企业。26家"小巨人"企业通过国家知识产权局评审,进入优势和示范企业培育行列。

着力推进产业专利导航工作。组织实施信创、车联网、生物医疗等5个市级重点产业链专利导航项目。滨海新区、东丽区两个国家知识产权运营服务体系重点建设城区累计完成产业专利导航项目43项、企业专利导航项目75项。

实施地理标志产品培育工程,指导涉农区培育、申报一批地理标志产品、地理标志证明商标、集体商标和区域品牌,推动地理标志与特色产业发展、乡村振兴有机融合,年内培育指导申请注册农产品商标超千件。推进小站稻、独流老醋两个国家地理标志产品保护示范区建设,助推品牌兴农,助力乡村振兴。

持续推进实施商标品牌战略,按照建设商标品牌工作指导站有关要求,根据各区域需求,在各区、重点园区、市场监管所设立商标品牌工作指导站,推动打造产业集群品牌和区域品牌。

组织专利奖申报工作。康希诺生物股份公司的项目获第二十三届中国专利奖金奖。组织天津专利奖申报和第二十四届中国专利奖推荐工作,评选出天津市99项专利奖,其中金奖20项,优秀奖79项,组织25项专利申报第二十四届中国专利奖。

二、知识产权保护

扎实推进知识产权"大保护"工作。与市司法局签订《天津市加强知识产权纠纷调解工作实施方案》,与市检察院签订《关于加强知识产权保护合作框架协议》和《关于建立行政机关专业人员兼任特邀检察官助理工作合作协议》。与市三中院等5家单位建立知识产权司法与行政执法联动机制,组织市公安局、市市场监管综合行政执法总队签署《加强知识产权保护合作共建备忘录》。制定《天津市技术调查员参与专利侵权纠纷行政裁决办案的工作规则》,创新专利裁决工作。

畅通快保护通道。整合"双保护中心"资源,提高知识产权保护成效。市知识产权保护中心、滨海新区知识产权保护中心共受理专利预审案件4952件,预审合格3221件,授权2435件。知识产权纠纷人民调解委员会快速调解知识产权纠纷960件。

加大严保护的力度。指导全市积极开展商标、地理标志和奥林匹克标志专用权保护工作,截至2022年底,办结各类商标侵权案件376件,涉案金额919.44万元,罚没款565.7万元,移送司法机关案件17件。天津市推荐的麦购休闲广场侵犯商标专用权案例入选全国商标行政保护十大典型案例。制定《天津市2022年"蓝天"专项整治行动工作方案》,持续开展专利代理机构"双随机一公开"检查。进一步优化监管机制,将市级专利代理机构监管职能委托给区级执行。

开展专利行政保护试点。发布《2022年知识产权行政保护工作实施方案》,组织滨海、东丽、西青、津南、北辰、静海6个区开展专利行政保护试点,6家试点区共办理专利纠纷案件34件,占全市各区总数的69.4%。

加强规范化市场建设组织培育。滨海金元宝农产品批发市场等3家市场已通过2022年国家级市场单位审核,物美津东商业广场等2家被认定为市级规范化市场,武清区万达广场等7家市场遴选为重点培育市场。

三、知识产权服务

加强知识产权信息服务。组织知识产权信息服务机构参加全国知识产权信息优秀服务案例分享活动,中汽中心TISC作为全国首家单位分享了"标刻创新水平 引领产业创新"的典型服务案例。全年为各类用户提供专利浏览检索服务40 000次,下载专利文献23万篇,提供专利基础分析6000余次。

提升知识产权服务能力。代办处受理专利新申请8.9万件,专利电子申请率为98.7%,专利代理机构的电子申请率为100%;完成专利权质押登记79件,专利合同许可备案72件,完成各类通知书10.7万份。专利票据电子化实现平稳过渡,收取面交专利费用14.5万笔。配合公安机关、法院、区执法部门办案取证10次;为全市1.1万家企业减缴专利费用1.5亿元。

深入推进商标注册便利化改革,充分发挥全市8个商标注册受理窗口、商标品牌工作指导站法律法规宣传、业务咨询、业务指导的积极作用,方便市场主体商标注册等申请业务的申报工作,降低企业商标注册申请成本。全市8个商标注册受理窗口共办理商标注册申请和后续业务3563件,其中受理注册申请1008件。商标权质押9件,质押金额0.87亿元。批准设立商标品牌工作指导站58个,积极服务各类市场主体商标品牌发展。

四、知识产权宣传培训

一是精心组织知识产权宣传。召开天津市知识产权新闻发布会,向社会发布2021年天津市知识产权发展状况白皮书、2021年天津市知识产权保护状况白皮书、2021年度天津市知识产权行政保护十大典型案例。通过天津电视台《天津新闻》对知识产权工作五年来的成就进行展示,《新闻这一刻》邀请市知识产权局领导走进直播间对知识产权工作进行介绍。5月27日,《中国知识产权报》头版头条以《打造保护高地　创新别样津彩》为题对天津市知识产权工作进行报道。10月17日,新华社主管的《天津要情参阅》(第39期)"特别推荐"栏目以《天津:建设知识产权强市　助力高质量发展》为题对天津知识产权工作进行宣传报道。

二是推进知识产权教育培训工作。加大基层知识产权管理人员培训力度,市知识产权局系统共组织各类线上线下培训63场次,4891人次参加,指导4家TISC机构组织线上线下培训20场次,2206人次参加。青少年知识产权教育工作不断深化,联合市教委、科技局、科协举办青少年小发明大赛,近百所中小学校参加,认定全市8所学校为青少年知识产权教育示范校。联合市教委、市科技局、市人社局等以知识产权创新创业助力高质量发展为主题共同举办2022年天津市知识产权创新创业发明与设计大赛,举办"云上天津"优秀专利项目发布推介会。

供稿:天津市知识产权局

版权工作

2022年,天津市版权局以习近平总书

记关于"保护知识产权就是保护创新"等重要讲话为指导,认真落实天津市委及市委宣传部部署要求,以迎接宣传贯彻党的二十大为主线,加大保护力度、优化服务质量、严查重点案件、加强宣传引导,推动天津版权工作高质量发展。

一、坚持日常监管与专项行动相结合,提升版权保护水平

1. 开展"剑网 2022"专项行动,对侵权盗版形成高压态势

"剑网 2022"专项行动期间,天津市文化执法部门共出动联合执法人员 3848 人次,实地检查巡查 1861 家次。开展网络巡查 3156 家,对 211 家问题网站进行约谈、警告,注销网站 163 家。查办侵权案件 21 起,行政罚款 35.59 万元。其间,天津市公安机关会同有关行政主管部门开展联合执法行动 20 余次,检查重点领域 110 余处,并成功发起跨省市集群战役 2 起,侦办中文在线数字出版集团股份有限公司刊登连载的电子书被电子书软件"小书阁""小说亭"等 App 侵犯著作权刑事案件,涉案金额达 900 万余元,对侵权盗版犯罪分子形成了强力震慑,工作成绩获得公安部贺电 1 次。

2. 压实网络平台责任,强化网络新业态版权监管

不断推进网站平台实现规范化自我管理,督促网站平台健全完善信息发布审核机制。督促未来电视有限公司自查旗下数字藏品 App"未来数藏",重点检查是否存在未经授权使用他人美术、音乐、动漫、游戏和影视等作品铸造 NFT、制作数字藏品等侵权盗版行为。"津云新媒体"定期对采编人员培训,对重点页面、重要位置加大版权审核力度,"洪恩识字""掌上天津"等均采取相应措施。天津市文化执法部门在专项行动期间还办理 8 起地毯行业网络侵权案件,为天津地毯行业营造了公平竞争、鼓励创新的良好环境,起到了"查办一案,警示一片"的作用。

3. 召开查处侵权盗版案件有功单位和有功个人工作座谈会和经验交流会、培训会

天津市 6 组 14 个单位、14 组 39 名个人,被国家版权局评为 2021 年查处重大侵权盗版案件有功单位和有功个人。天津市版权局组织召开经验座谈会,请相关同志介绍查办案件先进经验、交流办案体会,进一步发挥版权相关执法部门查处侵权盗版案件的积极性和主动性,充分彰显查处侵权盗版案件先进典型的引导和示范作用。

天津市"剑网 2022"专项行动协调小组联合举办了网络版权保护与执法培训会。天津市文化市场行政执法总队副总队长围绕"著作权法学习要点及版权执法实务"为各区区委宣传部版权及执法负责同志进行线上辅导授课。

4. 开展冬奥版权保护、青少年版权保护和院线电影版权保护等集中整治行动

坚持网上网下保护相统筹,牵头组织开展冬奥版权保护、院线电影版权保护、青少年版权保护等专项行动,组织拍摄制作公益宣传广告、深入查找案件线索,对群众反映强烈、社会舆论关注、侵权盗版多发的重点领域和区域,重拳出击、整治到底、震慑到位。组织举办网络版权保护培训会,对市重点网站开展上门服务及宣传工作,深入园区召开版权企业座谈会,听取意见建议。天津市委宣传部(天津市版权局)版权处被国家版权局评为 2021 年查处重大侵权盗版案件有功单位,被天津市评为市知识产权工作先进集体。

二、发挥示范引领,加强版权服务

2022 年,天津市评选出曙光信息产业股份有限公司等 5 家单位为市级版权示范单位。在天津市文联、市软件协会等 4 家单位设立版权服务工作站。截至 2022 年底,天津市有市级版权示范单位 61 家,13 家单位、园区获得全国版权示范单位或全国版权示范园区称号。

2022年,天津市共办理作品登记92 181件,登记量同比上年有增长,作品质量有明显提升。文字作品数量增长接近一倍,视听作品由497件增长到近8万件。

三、不断扩大范围、巩固成果,持续推进软件正版化工作

按照推进使用正版软件工作部际联席会议的工作要求,结合工作实际,制定《天津市2022年推进使用正版软件工作计划》,并印发全市。同时,指导市级机关和各区版权局制定本单位、本系统和本地区的软件正版化工作计划,有序开展相关工作。

加强对重点领域的软件正版化工作推进,以点带面,推进软件正版化工作。印发《关于对部分重要行业软件正版化工作开展督查的通知》,组织力量对全市医疗卫生、教育、交通和能源等部分重要行业软件正版化工作开展督查,把推进使用正版软件审计工作列入党政机关常规审计项目。组织全市推进使用正版软件工作人员培训,市版权局在南开区、宁河区和环境保护、规划资源等系统,开展现场授课,实地讲解案例,切实解决问题。

辅导各单位从"正版软件检查工具"安装情况、正版软件安装使用情况、使用正版软件责任落实及软件资产管理情况和现场检查计算机情况入手,进一步做好自查自检工作。抽查10家市级政府机关和4个区的软件正版化工作情况,进行考核评定。从检查情况看,各单位正版软件安装使用正版化率稳中有升。

四、创新版权宣传,持续加大宣传引导力度

一是创新宣传引导,激发社会关注。天津市版权局组织安排在地铁移动LED屏等新兴阵地播映天津市2022年版权主题宣传片。二是开展天津市2022年版权宣传主题发布会,对2021年天津市版权工作突出成绩进行总结展示,对2022年版

权领域重点工作进行发布,并配合国家版权局做好重点宣传内容《关于为盲人、视力障碍者或其他印刷品阅读障碍者获得已出版作品提供便利的马拉喀什条约》(简称《马拉喀什条约》)的宣传推广工作。三是开展"天津市作品著作权登记工作成果展"。全面总结本市作品著作权免费登记以来,作品登记工作在确权保护、版权转化、文化交流以及国际传播等方面取得的突出成绩,进一步鼓励和引导全社会提升版权意识、激发创新创作热情。四是开展著作权管理培训班,全面提升全市作品登记机构的专业化服务能力水平。

结合《马拉喀什条约》,策划拍摄2022年版权宣传主题宣传片,并组织传统媒体和新媒体进行全面宣传,在地铁、户外大屏等播放超过200万次。邀请视障人士录制"音乐朗读者"版权公益宣传节目,开展为全市阅读障碍者提供"光明影院无障碍电影项目"、捐赠喜马拉雅阅读障碍者专用VIP账户等活动,《天津新闻》对此进行了采访报道。组织开展"天津市2022年版权宣传主题发布会""天津市作品著作权登记工作成果展",举办了7场专题讲座和培训。

供稿:天津市版权局

司法工作

一、忠实履行审判职责,公正高效审理案件

1. 知识产权案件总体情况

2022年,全市法院新收各类知识产权案件12 151件,审结12 956件,年结案率93.03%。

强化知识产权民事司法保护。全市法院新收知识产权民事案件12 091件,占比99.51%。全市法院审结知识产权民事案件128 98件,占比99.55%。

依法打击知识产权犯罪行为。新收知识产权刑事案件50件,占全部知识产权案件的0.41%;审结51件。判处刑事处罚

168 人,其中判处三年以上有期徒刑 39 人。审结赵某某侵犯商业秘密罪一案,依法以合理许可费确定损失数额。审结"12·13"重大侵犯著作权案、李某某通过发展网络代理长期在线销售假冒注册商标的商品案,严惩链条式、产业化犯罪。

依法规范知识产权行政执法。新收知识产权行政案件 10 件,审结 7 件。妥善审理王洛宾《玛依拉》民歌知识产权纠纷案、"亨得利""同仁堂"等老字号商标侵权案,圆满化解涉"卡地亚"等知名商业标识侵权纠纷。河西区人民法院就非法盗播卡塔尔世界杯赛事作出诉前禁令入选 2022 年中国十大体育法律事件。

2.2022 年知识产权审判工作特点

知识产权收案数量下降。2022 年,天津法院强化诉源治理工作,知识产权新收案件数量实现近十年来首次下降。

知识产权纠纷实质化解成效显著。协调多方力量共同参与知识产权纠纷化解,将专业和行业调解组织引入人民法院调解平台,共参与调解案件 3000 余件,成功率超 90%。

依法妥善运用行为保全制度,为权利人及时提供司法救济。市三中院作出全国首例采取禁止被诉侵权产品出口的行为保全裁定,滨海法院 24 小时内对盗播冬奥赛事行为作出诉前行为保全裁定。在"贝比赞"发明专利权侵权案中,依法判处被告承担原告三倍损失的惩罚性赔偿责任。推动构建知识产权社会信用监管体系,滨海法院出台《关于对知识产权民事案件失信被执行人实施信用惩戒的若干措施(试行)》,对知识产权案件被执行人失信行为实施信用惩戒措施,将被执行人不履行或者不完全履行义务的信息进行通报,对失信被执行人予以信用惩戒。

二、强化创新保护导向,积极服务发展大局

审结专利、植物新品种、集成电路布图设计等案件 260 件,加大重点领域司法保护力度。审结全国首例《最高人民法院 最高人民检察院关于办理侵犯知识产权刑事案件具体应用法律若干问题的解释(三)》施行后以合理许可费确定损失数额的案件。审结天津市首例侵害植物新品种权案件,快速高效化解矛盾纠纷。天津高院深入调研相关市场主体在种子繁育、销售、种植过程中面临的主要法律问题,完成《以科技创新驱动乡村新业态发展的问题研究——以种业知识产权司法保护为视角》的重点调研课题。

积极回应数字经济发展需求,受理涉计算机软件、信息网络传播权等案件 6197件;研究制定《关于审理网络著作权纠纷案件相关问题的解答》,不断完善数字产业知识产权司法保护规则。

加强与天津市市场监管委的工作联动,促进司法审判与行政执法有机衔接,及时制止垄断行为。

三、持续深化改革创新,不断提升保护效能

统一天津市辖区内一审知识产权民事案件诉讼标的额标准,新增受理知识产权案件基层法院,进一步厘清一审法院受理知识产权民事、刑事、行政案件范围,实现审判重心下沉。

多次就刑事案件管辖格局调整问题与市检察院、市公安局座谈研讨,对全市知识产权刑事案件管辖布局进行调整,进一步有效发挥"三合一"一体化优势。

深入推进业务指导体系建设,目前已形成涉及知识产权各领域侵权及惩罚性赔偿适用、中医药保护、特许经营、技术事实查明等十余个审判指导文件;完成《2021年度天津市高级人民法院知识产权发改案件分析报告》。

四、深入开展法治宣传,营造激励创新环境

连续 13 年发布知识产权司法保护白

皮书,向社会通报知识产权司法保护工作情况。统筹组织全市相关法院开展知识产权宣传周活动,通报辖区内知识产权刑事案件、特许经营案件审理情况及典型案例。

加强庭审公开,如全程线上直播涉抖音和百度两家互联网巨头的侵害信息网络传播权纠纷案件审理,深入社区现场开庭以案说法等,提升了法治宣传效果。

注重加强与公共媒体的全面合作,强化自媒体平台建设,形成新媒体矩阵宣传合力。在"津法之声"公众号打造"知津"专栏,开展知识产权"送法"服务,提高社会公众的知识产权保护意识。

五、狠抓审判队伍建设,夯实审判事业根基

坚持以习近平新时代中国特色社会主义思想为指导,增强知识产权审判队伍服务大局意识和能力。凝聚青年力量,打造青年干警党建品牌,市高院一名干警获评"天津市基层理论宣讲先进个人",三中院"津知先锋"影响力不断增强。

不断提高知识产权审判队伍的职业素养和专业水平。"健全完善知识产权审判机制"获评"天津政法领域改革亮点"和首届"天津法院改革创新奖";《加强中医药司法保护的调研报告》获天津市政法委第一届调研成果评比一等奖;市二中院1人获评"全国优秀法院法官"、天津市"人民满意的公务员",天津高院1人获评"天津市知识产权工作先进工作者"。建立人才交流机制,先后选派7名干警到最高人民法院知识产权法庭学习有效激励办案人员积极性。

深入推进党风廉政建设和反腐败斗争,持续深化落实中央八项规定、防止干预司法"三个规定"等铁规禁令确保队伍忠诚干净担当。

供稿:天津市高级人民法院
知识产权审判庭

检察工作

一、加强办案组织建设,全面推进知识产权检察综合履职

天津市人民检察院设立知识产权检察办公室,统筹负责全市知识产权检察职能集中统一履行工作。制定《天津检察机关关于全面加强新时代知识产权检察工作的实施意见》,明确提出新时代天津检察机关知识产权检察工作"四个着力"工作目标、"四个一体化"综合履职模式等22项实施意见,要求全面提升知识产权检察工作质效,服务保障创新驱动发展,为天津全面建设社会主义现代化大都市提供有力的司法保障。天津市人民检察院各分院、各基层人民检察院分层次、分步骤推广职能集中统一履行工作,均组建知识产权检察工作专门办案组或指定专人办理知识产权案件。

二、聚焦"质量建设年",用心用情办好知识产权案件

2022年,办理各类知识产权案件共121件,其中批准逮捕11件21人,提起公诉40件82人,监督公安机关立案12件,撤案4件,受理民事生效判决监督案件2件,调查核实5件。办理5起全国"扫黄打非"办等六部门联合督办案件。开展依法惩治知识产权恶意诉讼专项监督工作,对在办案件、三年内受理和已结案件展开线索排查,主动收集有关案件裁判文书4307份,聚焦知识产权领域虚假诉讼、权利滥用以及恶意注册、囤积商标等行为依法开展专项监督。天津市人民检察院第三分院办理天津首例以合理许可费认定损失数额的侵犯商业秘密案件。天津市红桥区人民检察院办理的一起案件入选最高人民检察院惩治制售假冒伪劣商品犯罪典型案例。加强涉奥运知识产权保护,办理多起涉侵害奥林匹克专用标志行政公益诉讼案件。

三、立足"大保护格局",深化跨区域跨部门协作

与天津市知识产权局会签《加强知识产权保护合作框架协议》,从共享数据信息资源、共享专家服务资源、建立会商机制等多方面建立协作机制;会签《关于建立行政机关专业人员兼任特邀检察官助理合作协议》,提升检察机关对知识产权案件的审查能力和对专业技术事实的判断能力。与天津市公安局会签《侵犯商业秘密犯罪案件证据指引》,统一侵犯商业秘密犯罪证据收集调取标准。与天津大学建立合作机制,共同举办"知识产权强国建设背景下的综合司法保护"论坛,邀请京津冀三地检察机关一线检察干警及高校专家等共商知识产权保护协作。与天津市律师协会知识产权委员会建立沟通机制,组织实务问题座谈会,听取知识产权专业律师意见,梳理反馈信息 30 余条,对其中发现的监督线索按区梳理、综合研判、实时跟踪监督动态。

四、突出保障科技创新,加强全领域知识产权保护

在天津市人民检察院派驻高新区与保税区的检察室设立知识产权企业服务站,围绕高新技术密集重点区域、重点产业精准对接企业司法需求。开展种业知识产权保护专项调研,分析天津种业发展状况、总体形势、存在问题,探索检察履职路径,形成专题情况反映。加强"老字号"保护,梳理 6 批共 187 家天津老字号企业,因地制宜制定个性化保护方案,举办主题检察开放日,邀请"耳朵眼""狗不理"等 8 家"中华老字号"企业代表座谈。服务保障中医药传承创新,与天津市中医药研究院共建"中医药保护实践基地",签订《关于促进中医药传承创新发展合作框架协议》。

五、加强法治宣传,积极营造良好氛围

"4·26 世界知识产权日"期间,组织开展知识产权宣传周系列活动。召开新闻发布会,发布《2021 年度天津知识产权检察工作白皮书》,通报 2021 年度全市检察机关办理知识产权案件情况,发布卢某某等人假冒注册商标等 6 件典型案例。天津市各级检察机关在做好新冠疫情常态化防控工作的前提下,科学稳妥、安全有序地开展宣传,针对不同受众主体,采取进社区、进乡镇、进学校、进商超等方式,通过摆放展板、张贴横幅、发放宣传册、播放宣传片,为群众释法说理答疑解惑,充分利用"两微一端"等平台,通过制作、推送、转发视频宣传片、专题宣传文章等,以人民群众喜闻乐见、互动性强的方式积极拓宽线上宣传渠道,营造齐心参与、共同保护的良好氛围。

六、深化强基建设,加强人才队伍建设

天津市人民检察院第二分院和天津市滨海新区人民检察院入选最高人民检察院检知识产权检察办公室基层联系点,畅通上下沟通联系渠道,定期报送典型案例和工作情况。举办京津冀加强知识产权司法保护公检法同堂培训班活动,三地公检法机关共计 500 余人通过网络会议平台在线同步参训。4 名检察官入选全国首批知识产权检察人才库。1 个集体、2 名个人获评全国知识产权工作先进集体、先进个人。1 个集体、1 名个人获评天津市知识产权工作先进集体、先进工作者。3 个集体及 4 名个人获评国家版权局查处重大侵权盗版案件有功集体、有功个人。制定《天津市知识产权检察工作人才库使用管理办法》,评选出全市知识产权检察人才 28 名。

供稿:天津市人民检察院
知识产权检察办公室

河北省

知识产权工作

一、全面落实知识产权战略部署

河北省政府先后 3 次召开常务会议、专题会议,听取知识产权工作汇报,研究部署重点工作。省长到省知识产权局调研知识产权保护工作,听取知识产权全链条工作汇报,详细了解全省专利侵权办案数量、知识产权保护工作考核等情况,对知识产权工作提出希望和要求。河北省知识产权战略实施工作领导小组围绕《知识产权强国建设纲要(2021—2035 年)》和《"十四五"知识产权保护和运用规划》推进实施,制定出台重点任务分工方案和2022 年实施推进计划,确保各项任务落实落地。石家庄等 6 个单位获批国家知识产权强国建设试点示范城市、县或园区,完成知识产权强国试点示范实施方案印发、报备。

二、着力提升知识产权创造质量

一是专利商标质量稳步提升。2022年,全省新增注册商标 19.55 万件,累计有效商标注册总量达 124.51 万件。新增专利授权 11.53 万件,其中发明专利授权1.20 万件,首次突破万件;每万人口发明专利拥有量达 6.97 件,同比增长 24.91%。资助国内授权发明专利 1852 项、PCT 国际申请授权发明专利 75 项,惠及企事业单位516 家。二是地理标志工作成绩显著。新获批地理标志保护产品 2 件,获批数量全国第一。新增地理标志证明商标 39 件,累计达 367 件。稳步推进地理标志专用标志使用核准改革试点工作,新增地理标志专用标志用标企业 342 家,累计达 673 家,用标覆盖率 65.58%。

三、充分彰显知识产权保护成效

一是不断加强知识产权行政保护。建立专利侵权行政裁决案件繁简分流制度,专利侵权案件平均办理周期压缩至 1 个月。加强技术调查官人才库建设,选任技术调查官 68 名。全省共处理专利侵权纠纷案件 2365 件,同比增长 49.59%。查处商标侵权案件 1273 件,罚没 2457.87 万元。全省新增驰名商标 3 件,累计 363 件。在国家对河北省委、省政府的知识产权保护工作考核中,连续三年优秀。圆满完成冬奥会奥林匹克标志保护工作,被河北省委、省政府、北京冬奥组委表彰为 2022 年北京冬奥会先进集体。二是大力推进知识产权协同保护。河北省知识产权局与河北省高级人民法院等部门签署《加强知识产权合作备忘录》《知识产权保护合作协议》,打造高效协同联动保护机制。三是持续强化知识产权领域信用体系建设。开展知识产权领域信用分级分类监管,构建分级分类指标体系和评价模型。四是积极开展海外知识产权保护和风险预警。加强海外知识产权纠纷应对机制建设,支持石家庄等 5地建立海外知识产权保护预警平台,指导 9家跨境电商平台和 75 家跨境电商制定知识产权保护规则。组织实施知识产权海外风险预警项目,针对高端装备制造、生物医药等重点产业领域,形成 8 份风险预警分析报告,有效提升企业海外知识产权保护意识和纠纷应对能力。

四、切实提高知识产权运用效益

一是实施知识产权强企行动。新增知识产权托管服务中小微企业 2480 家,同比增长 15.2%;新增《企业知识产权管理规范》国家标准贯标认证单位 440 家,同比增长 19.2%。获批国家知识产权优势和示范企业 109 家,累计 177 家。二是推进专利转化运用。获批财政部、国家知识产权局专利转化专项计划奖补资金 1 亿元。全省专利转化许可次数超 1.6 万次,同比增长 16%,增速居全国前列。全省公布开放许可专利技术 11 批次 356 项,达成许可 74 项,匹配中小企业 28 家。三是开展知识产权金融创新。全年全省实现专利商标质押融资项目 300 余个,融资金额 62 亿元,同比增长 74%。全力推进知识产权保险产品落地,160 余家企业投保知识产权保险,风险保障金额超过 4.8 亿元,同比增长 26%。河北省首单知识产权海外侵权责任险落地石家庄,首单地理标志保险落地张家口。四是强化知识产权密集型产业培育。累计备案专利产品 809 项,密集型产业专利产品 464 项。加强专利导航服务基地建设,石家庄高新区等 3 家单位被确定为首批国家级专利导航服务基地。全省高端装备制造等重点产业实施专利导航项目 27 项。荣获第二十三届中国专利奖金奖 2 项、银奖 2 项、优秀奖 6 项,金、银奖获奖数量创历史新高。以河北省政府名义印发《河北省专利奖奖励办法》,评选首届河北省专利奖 50 个。五是实施地理标志商标品牌运用工程。培育地理标志商标品牌运用促进项目 82 个,带动 16.81 万农户,增加收益 12 亿元。新建商标品牌指导站 104 个,服务各类市场主体 9709 家,开展服务 1.72 万次,积极助力乡村振兴。

五、不断优化知识产权服务质量

一是着力提升公共服务水平。扎实开展"知识产权信息进企业促创新""涉外知识产权交流活动""服务企业行"等系列活动,建立知识产权服务联络站 112 个,共服务对接企业 3642 家,提供专题分析报告 211 篇,指导企业申请专利 1908 项。二是大力健全公共服务体系。获批国家级知识产权信息公共服务网点 2 个、高校国家知识产权信息服务中心 1 个,新增省级知识产权信息公共服务网点 6 家,总数达 14 家,实现地级市全覆盖。新增专利代理机构 52 家,总数达 185 家;新增商标代理机构 395 家,总数达 2609 家。新增省级知识产权服务品牌机构 14 家、知识产权服务品牌培育机构 12 家。认定中小学知识产权教育示范学校 8 所、试点学校 12 所。三是持续改善服务业发展环境。深入推进代理行业"蓝天"专项整治行动,对 15 家专利代理机构和 23 名专利代理师进行警示约谈。办理商标代理机构违法案件 13 起,罚没 60.4 万元。对 20 家专利代理机构、122 家商标代理机构实施"双随机、一公开"抽查,发现问题机构 23 家,责令限期改正 9 家,列异 14 家。

六、积极发挥知识产权保护中心职能

一是开展快速预审服务。全年累计接收快速预审案件申请 3287 件,预审通过 1895 件,专利申请审查周期平均缩短 80% 以上。积极开展快速预审服务企业备案,累计新增备案主体 3325 家。二是优化快速维权服务。累计受理人民调解案件 1544 件,涉案金额 1.74 亿元。为各地市行政执法、行政裁决案件提供技术支撑 682 件。办理维权援助案件 413 件。向企业推送海外专利风险预警分析报告 20 余份,帮助 2 家涉诉企业有效应对海外知识产权纠纷。三是认真做好专利商标代办业务。实现各类代办业务全年"零差错",受理专利电子申请 2.99 万件;办理推荐专利优先审查 929 件,同比增长 33.67%;代办商标业务 629 件,同比增长 101.6%。

供稿:河北省知识产权局

版权工作

2022 年,河北省版权局认真贯彻《知识产权强国建设纲要(2021—2035 年)》《"十四五"国家知识产权保护和运用规划》,积极推动本省《知识产权强省建设纲要（2021—2035 年）》和《河北省"十四五"知识产权保护和运用规划》《河北省版权工作"十四五"规划》的深入实施，在版权管理、保护、运用方面都取得了积极成效。

一、制发《河北省版权工作"十四五"规划》

依据《知识产权强国建设纲要（2021—2035 年）》《"十四五"国家知识产权保护和运用规划》《版权工作"十四五"规划》，结合河北省版权工作实际，河北省版权局制定了《河北省版权工作"十四五"规划》并印发全省。

二、组织开展冬奥版权保护集中行动

会同省公安厅等五部门于 2022 年 1—3 月联合开展北京冬奥会、冬残奥会版权保护集中行动。集中行动期间，共计巡查各类网站（App）、网络平台及自媒体等 21 540 家（个），处置侵权信息 420 条，清理各类侵权链接 120 余条，清理各类涉北京冬奥会、冬残奥会有害信息 4296 条。

三、做好版权执法协调指导工作

重点督办国家六部门联合挂牌督办的邢台市南宫"9·14"涉嫌侵犯著作权案和石家庄市"李某涉嫌侵犯著作权案"。部署开展"剑网"专项行动，专项行动期间，全省各级版权执法部门共计查办各类侵权盗版案件 51 件，移送公安机关 12 件。全部案件涉案金额共计 7247.16 万元。

四、切实做好软件正版化工作培训和部署

组织省推进使用正版软件工作联席会议各成员单位相关人员开展软件正版化年度考核前业务培训。2022 年 5 月至 10 月，河北省委宣传部（省版权局）派员通过网络课堂和线下培训等方式，先后为教育厅、石家庄市国资委、省总工会、省旅投集团、省农信联社等单位和衡水市市县党政机关进行了软件正版化工作业务培训 9 次，党政

机关和企事业单位参训人员 2900 余人。8 月，参加河北省干部网络学院"知识产权保护"栏目有关课程的授课，超 1.1 万人次参与学习。10 月，应邀参加省工商联组织的"法律政策微课堂"授课活动，为民营企业做好版权保护工作、规避侵权盗版风险提供法律和政策服务。进一步修订完善《河北省推进使用正版软件工作考核办法（试行）》，印发《河北省 2022 年推进使用正版软件工作计划》，为开展全年工作提供依据和遵循。截至 2022 年底，全省已有 178 个市、县级政府在完成本级党政机关软件正版化的基础上，延伸完成了本级事业单位国产办公软件全覆盖。各级党政机关共采购操作系统、办公和杀毒软件 52 万余套，采购金额 5668 万余元。企业共采购操作系统、办公、杀毒和其他软件 10 万余套，采购金额 1.1 亿余元。

五、持续开展版权示范创建

河北省精英动漫文化传播股份有限公司、明尚德玻璃科技股份有限公司被评为 2021 年度全国版权示范单位，河北人民出版社有限责任公司被评为全国版权示范单位（软件正版化），华斯裘皮产业园被评为全国版权示范园区（基地）。继续对沧州市申请全国版权示范城市创建资格加强指导，持续不断推动全国版权示范城市申创工作。2022 年 10 月，向国家版权局推荐中信戴卡、方圆电子出版社、磁州窑文化产业创业园区等 7 家单位申报全国版权示范单位（软件正版化）和示范园区（基地）。

六、不断完善版权管理体制机制建设

成立河北省版权保护中心人民调解委员会，进一步完善河北省版权保护工作机制。积极推动版权服务站建设工作，印发《河北省版权局关于 2022 年推进县级版权服务站建设的通知》，在市级版权服务站全覆盖的基础上，持续开展全省县级版权服务站建设。截至 2022 年底，全省共

建设县级版权服务站 188 个,实现了版权服务站县级全覆盖。全年共完成作品登记 131 522 件,同比增长超过 100%。

七、认真开展无障碍格式版服务机构备案工作

按照《国家版权局以无障碍方式向阅读障碍者提供作品暂行规定的通知》要求,结合河北实际,明确备案对象范围,梳理审核流程,组织指导全省各地开展无障碍格式版服务机构备案工作,重点对省内提供无障碍阅读服务的各级图书馆和特教学校等开展备案。2022 年 10 月,将全省 39 家无障碍格式版服务机构备案材料提交国家版权局审核备案。

八、认真组织开展版权宣传周系列活动

"4·26 世界知识产权日"版权宣传周期间,公布了 2021 年度河北省"扫黄打非"十大案件,通报了河北省 2021 年度获全国打击侵权盗版有功单位和有功个人名单与全国版权示范单位称号名单,并向全社会发布版权保护倡议书;举办了"版权保护工作及版权全链条保护"专题座谈会,通过沙龙座谈方式,宣传河北省版权保护工作成绩,并就版权全链条服务进行了研讨;发布 2021 年度河北省作品著作权登记情况分析报告;向全省手机用户推送版权保护公益短信,推送量达 1.6 亿条。全网涉河北省版权宣传周相关信息 1232 条,90 余家媒体和商业媒体平台转发推送,全网信息传播总量突破 5100 万次,起到了良好的社会宣传效果,达到了预期目标。

九、其他工作

向国家版权局推荐 2021 年度查处重大侵权盗版案件有功单位和有功个人,河北省共有 4 家单位或专案组获评有功单位,9 名个人获评有功个人;按时向省知识产权保护联席会议办公室报送 2022 年知识产权保护工作报告,迎接国家对河北省知识产权保护工作的检查;对河北省近 20 年软件正版化工作进行梳理总结,以图文并茂方式撰写《在探索中推进 在巩固中提高——河北省 20 年软件正版化工作综述》稿件,及时报送国家版权局,为其编辑出版的《腾飞廿年——软件正版化在中国》专辑供稿;向国家版权局报送中国版权金奖推荐名单。

供稿:河北省版权局

司法工作

一、充分发挥审判职能作用,大力提升案件审判质效

2022 年,河北法院知识产权审判部门受理知识产权案件数量持续增长,全省法院收、结案数量再创历史新高,新收一、二审知识产权民事案件 13 151 件,审结 14 820 件,收案、结案分别较上年同期增加 45.94% 和 106.01%,调撤 10 890 件,调撤率达 73.48%。不断强化司法保护力度,提高侵权经济成本,有效遏制侵权假冒易发多发态势。审结一批社会影响较大的疑难复杂案件,通过审理荷花、柏瑞润兴、大嘴猴、景德镇、立白等系列案,统一裁判标准及赔偿尺度,取得良好的政治、法律和社会效果。持续打造精品案件,绫致时装侵害商标权及不正当竞争纠纷一案入选 2021 年度中国法院 50 件典型知识产权案例。全省法院 6 个集体和 10 名个人被河北省知识产权保护联席会议办公室表彰为知识产权保护优秀集体和优秀个人。河北高院民三庭 2 名个人获评全省审判业务专家,1 名个人被表彰为全省法院调研工作先进个人。

二、深化改革创新,推进知识产权审判体系和审判能力现代化

顺利完成知识产权案件管辖调整工作。赋予雄安新区中院技术类知识产权案件管辖权,跨区域集中管辖本辖区及北部

六市技术类知识产权案件。根据最高人民法院部署,新增14家基层法院跨区域集中管辖知识产权案件,全省管辖调整工作平稳有序完成,知识产权管辖布局进一步优化。

深入推进知识产权"三合一"审判机制改革。在中院层面实现知产案件"三合一"审理的基础上,会同省公安厅、省检察院研究制定"三合一"审判机制下知识产权刑事案件办理的规范性文件,起草《河北省高级人民法院　河北省人民检察院　河北省公安厅关于办理知识产权刑事案件若干问题的意见(试行)》。

完善知识产权技术查明机制。聘请省知识产权保护中心18名专利预审员为第二批兼职技术调查官,制定《技术调查官调派办法》和《兼职技术调查官经费保障管理办法》,有效提升技术类案件审理效率和技术事实认定水平,2022年有技术调查官参与审理的知识产权技术类案件10余件。

推进知识产权案件繁简分流。持续推广知识产权类型化案件快审机制,河北高院在全国率先制定《关于适用小额诉讼程序审理知识产权民事案件若干问题的工作指引》,进一步推进繁简分流,缩短知识产权案件诉讼周期。河北法院发挥小额诉讼优势推动知识产权纠纷化解,被最高人民法院简报刊登。

三、加大审判调研指导力度,充分发挥条线指导职能

加强审判热点难点问题研究,通过多种方式加强指导,强化裁判规则指引,统一裁判标准。

编发5期《知识产权审判参考》。结合知识产权一审案件审理中存在的问题,编发5期《知识产权审判参考》,相关系列案新收数量呈明显下降态势。《2021年度知识产权类型化案件调研分析》被最高人民法院《知识产权审判动态》刊发。

发布典型案例,印发实用手册。公布知识产权司法保护典型案例13件,通过内网和法官微信群及时推送知识产权司法保护经验做法和典型案例。汇编知识产权相关法律、政策性文件,印发《知识产权审判实用手册》供各级法院使用。

开展专业培训。通过视频会议方式举办4期全省范围的知识产权审判线上沙龙,由资深法官分享相关审判经验。举办全省法院知识产权审判业务培训班,有关法院负责同志、业务骨干160人参加培训,邀请最高人民法院和北京高院的审判专家就审判实务问题进行专题授课。

积极形成调研成果。起草《侵犯商业秘密民事纠纷案件诉讼指引》,维护科技创新企业的核心竞争力。完成实务课题《区块链证据的司法认定问题研究》,获年度全省法院司法研究优秀课题。

四、服务经济发展大局,营造法治化营商环境

推动构建知识产权大保护工作格局。与省市场监管局联合签署《加强知识产权保护合作备忘录》《知识产权纠纷行政调解协议司法确认工作合作备忘录》,经验做法被最高人民法院简报刊登,2022年已有5件专利纠纷行政调解司法确认案件。积极推动知识产权纠纷多元化解、诉调对接,相关工作在全国排名第二。指导雄安新区中院与京津冀知识产权保护中心建立"一中院三中心"会商机制,与北京、天津两地中院签订合作框架协议。

延伸司法服务,保障创新发展。指导各中院积极延伸审判职能,服务区域营商环境建设。各中院召开企业座谈会或受邀与创新主体调研座谈,服务保障创新发展。部分中院就本地麻核桃、石雕等特色产业知识产权保护进行专项指导。衡水、保定等中院深化司法大数据应用,分别形成《知识产权案件司法大数据分析报告》和《审判决策参考》,为社会治理提供决策参考。部分中院针对餐饮特许经营走访企业调研指导,总结推广经验,相关案件数量大幅下降。河北高院配合省市场监督管理局,上报数据、材料,完成国家知识产权局等部门对河北省委、省政府2022年知识产权保护工作的检查考核。

强化司法公开,推进司法宣传。河北高院在河北省政府新闻办召开新闻发布会,发布河北省知识产权司法保护状况白皮书。全省法院通过召开新闻发布会、发布知识产权司法保护状况白皮书、公布典型案例、广场宣传等多种形式开展丰富多彩的宣传活动,全面展示河北省法院知识产权司法保护成效。

供稿:河北省高级人民法院
知识产权审判庭

检察工作

一、扎实推进知识产权检察案件办理

2022年,河北省各级检察机关共批准逮捕侵犯知识产权犯罪案件95件128人,不批准逮捕141件313人;提起公诉229件400人,不起诉49件126人;监督公安机关立案6件6人;监督撤案6件7人。侵犯知识产权犯罪案件呈现以下特点。

1. 案件数量小幅波动,总体呈上升趋势

2019年提起公诉侵犯知识产权犯罪案件176件;2020年提起公诉226件,同比上升28.4%;2021年提起公诉270件,同比上升19.5%;2022年提起公诉232件,同比下降14.1%。

2. 商标权仍是侵犯知识产权犯罪行为主要侵犯对象

2022年,全省提起公诉侵犯知识产权犯罪人员407人,其中假冒注册商标罪199人,销售假冒注册商标的商品罪130人,非法制造、销售非法制造的注册商标标识罪50人,侵犯商标权犯罪共计提起公诉379人,占侵犯知识产权犯罪提起公诉人数的93.1%。

3. 地域特征明显,发案地高度集中

发案数量与当地产业发展情况相关,案件涉及领域具有较强的地域特点。如保定徐水区生产白酒和鞋类的工厂较多,侵犯知识产权犯罪案件多集中在制售假冒伪劣白酒、鞋类;石家庄新华区内有太和电子城、颐高数码等大型电子数码销售市场,辖区内销售假冒注册商标的数码产品犯罪频发。

二、积极构建知识产权检察综合履职模式

知识产权"四大检察"融合履职是检察机关落实国家知识产权强国战略而开展的工作机制创新。2022年以来,河北省检察院进一步完善知识产权检察工作组织机构,省、市两级检察院全部成立了知识产权检察办公室,各基层检察院组建了侵犯知识产权案件办案组或指定专人负责,统一办理涉知识产权刑事、民事、行政、公益诉讼案件,开展"一案四查""一案四评估",同步审查是否涉行政违法、刑事追诉、民事追责、公益诉讼线索等情形,实现办案理念融合和工作整合,办理了一批典型案件。省知识产权保护联席会议办公室对省检察院知识产权检察办公室等4个优秀集体和10名优秀个人进行通报表彰。

三、依法严厉打击侵犯知识产权犯罪

聚焦人民群众反映强烈的涉农领域产品、生命健康产品等侵犯知识产权犯罪,重拳出击,形成有力震慑。2022年河北省检察院指导督办了多起涉著名商标、有较大影响的侵犯知识产权案件,各级检察机关依法提前介入,引导公安机关深挖犯罪线索,同时打击上、下游犯罪,对知识产权开展全方位、全链条、全覆盖保护。加强冬奥会、冬残奥会知识产权保护工作,严厉打击侵犯涉冬奥知识产权犯罪,如张家口崇礼区人民检察院围绕服务保障冬奥会顺利举办这一重大任务,充分发挥知识产权检察职能作用,联合公安局、市场监督管理局等部门召开专项行

动研讨会,推动通过了《2022 年冬奥会和冬残奥会奥林匹克标志知识产权保护专项行动方案》,着力构建立体化保护机制。针对未经授权售卖冬奥特许商品、售卖假冒伪劣冬奥商品、恶意囤积冬奥特许商品等问题,及时向行政执法部门制发检察建议,有效加强了涉奥知识产权的保护。

四、深入开展惩治知识产权恶意诉讼专项监督工作

根据最高人民检察院工作部署,组建恶意诉讼专项监督工作领导小组,制订下发专项监督工作方案,要求各地重点围绕知识产权领域的批量维权、权利滥用、虚假诉讼开展案件分析和线索筛查。加强与公安、法院和市场监管等部门沟通协作,健全完善相关工作机制,解决联络配合、线索通报、研判会商、案件数据共享等问题。如唐山市高新技术产业开发区人民检察院与同级法院签订《加强知识产权保护、依法惩治恶意诉讼备忘录》,有效加强了与法院的协作配合。2022 年全省共签订备忘录、合作协议等工作机制文件 9 件,为检察机关深入开展依法惩治知识产权恶意诉讼专项监督工作奠定了基础。

五、着力构建知识产权大保护工作格局

着力加强与公安、法院和行政执法部门的协作配合,积极与省市场监管局、"双打办""知战办"等部门联合开展专项活动。健全完善合作机制,6 月,会同省市场监管局、省公安厅、省司法厅、省法院等部门签订《知识产权保护合作协议》,按照统筹安排、加强合作、资源共享的原则,围绕沟通联络、信息共享、技术支撑、执法协作、人才交流、宣传教育等方面深化合作,共同构建知识产权大保护工作格局。11 月,联合省文旅厅、省公安厅印发《文化市场领域知识产权行政执法与刑事司法衔接相关工作办法》,建立健全协作配合机制,形成打击文化市场领域侵犯知识产权违法犯罪行为合力。

六、大力加强知识产权检察办案队伍建设

6 月,从省市场监管局、科技厅等部门聘请多名专业人员担任特邀检察官助理,强化专业技术人员辅助办案,针对涉及植物新品种、技术秘密等专业性较强的知识产权案件,为检察办案提供专业化帮助。多次联合北京、天津检察机关共同举办知识产权司法保护论坛、专题培训班,针对知识产权前沿课题、案件审查要点、典型案例分析开展专项授课,着力提升检察人员办案水平。另外,积极向最高检推荐知识产权检察专业人才,2022 年全省检察机关 3 名检察官入选全国首批知识产权检察人才库。同时,省检察院择优选拔政治立场坚定、业务能力突出、理论功底深厚、纪律作风过硬的知识产权检察专业人才,组建河北知识产权检察专家人才库,着力提升河北知识产权检察履职水平。

七、聚力营造保护和尊重知识产权的浓厚氛围

利用世界知识产权日、世界版权日、"4·26 全国知识产权宣传周"等重要时间节点开展形式多样、内容丰富的知识产权法律宣传活动,通过制作发放宣传册、发布视频漫画、开办法治教育讲堂、现场宣讲普法等方式,向社会公众宣传知识产权法律法规及侵权犯罪的后果教训,常态化开展河北老字号、老品牌、地理标志等专项保护活动。4 月 25 日,会同石家庄市检察院、正定县检察院联合走访正定老字号企业,并与高新区企业家座谈,了解企业知识产权保护需求,护航企业创新发展。4 月 26 日,组织召开知识产权保护新闻发布会,通报知识产权保护工作开展情况,发布知识产权保护典型案例,充分发挥典型案例的示范引领作用。

供稿:河北省人民检察院
知识产权检察办公室

山 西 省

❋ ❋ ❋ ❋ ❋ ❋ ❋

知识产权工作

2022年,山西省委、省政府印发《知识产权强省建设纲要》,省政府印发《山西省"十四五"知识产权保护和运用规划》。召开全省知识产权保护大会暨共建高质量转型发展知识产权强省推进大会。山西省人民政府与国家知识产权局联合印发《共建高质量转型发展知识产权强省实施方案》。《中国知识产权报》以《创新之风暖三晋 信心百倍建强省》为题,头版头条刊登山西知识产权工作成效。

一、知识产权创造

2022年,山西省发明专利授权5026件,较上年增长28.4%。截至2022年底,全省发明专利有效量达23 235件,较上年增长19.3%;高价值发明专利拥有量7000件,比上年增长19.0%,每万人口高价值发明专利拥有量2.0件。全省有效注册商标量342 608件,较上年增长18.4%。"平遥牛肉"入选国家地理标志产品保护示范区建设筹建名单。开展第四届山西省专利奖评选,评出一等奖5项、二等奖15项、三等奖25项;参加第二十三届中国专利奖评选,5个获优秀奖,1个获银奖,实现银奖零突破。

二、知识产权保护

1. 强化知识产权协同保护

与省检察院联合印发《知识产权保护协作配合机制》,促进知识产权行政保护与司法保护有机衔接。与省商务厅、省贸促会联合印发《关于加强海外知识产权纠纷应对机制建设的实施意见》,确定首批海外知识产权纠纷应对指导专家。制定《山西省地理标志产品保护示范区建设管理办法(试行)》,开展地理标志商标奖励工作,参与沿黄九省(区)地理标志联合保护行动。

2. 加大知识产权行政执法力度

印发《2022年山西省知识产权行政保护工作实施方案》,持续强化专利侵权纠纷行政裁决和调解工作,全省办理专利行政调处案件71件,较上年增长111%。依法打击非正常专利申请和恶意商标注册行为,及时处理违法行为线索,完成4批非正常专利申请核查整改工作。山西省被国家知识产权局、司法部确定为第三批专利侵权纠纷行政裁决规范化建设试点。

3. 完善知识产权维权工作机制

新建维权援助分中心1家、县区工作站64家,由1家省级中心、12家分中心、131家维权工作站组成的省市县(区)三级维权援助体系基本建成。山西省知识产权保护中心成立"山西省海外知识产权纠纷应对指导工作站"及"知识产权鉴定工作日常办事窗口",运行山西省知识产权纠纷人民调解委员会,在人民调解、司法诉调对接等领域实现突破,年内完成人民纠纷调解17起,通过人民法院调解平台完成纠纷调解26起。

4. 提高知识产权保护精准度

组织开展2022年北京冬奥会和冬残奥会奥林匹克标志知识产权保护专项行动,全系统共出动7779人次,开展专项检查1814次,发现涉嫌侵犯奥林匹克标志专有权案件线索8起。制定印发《关于申报知识产权保护规范化市场的通知》,组织认定6家市场为全省知识产权保护规范化市场。印发《展会知识产权保护工作指南》,在2022中国(太原)国际能源产业博览会期间设立知识产权保护办公室,向参展商和群众提供服务。

三、知识产权运用

1. 提升知识产权运营服务能力

太原市知识产权运营服务体系重点城市建设初见成效,建成4个知识产权运营中心,在山西转型综改示范区建成知识产权服务业集聚区。太原市、太原市万柏林区、运城市盐湖区、山西综改示范区被确定为国家知识产权强市、强县、强区试点。

2. 推进知识产权运用效能

开展知识产权质押融资"入园惠企"行动,山西省知识产权局先后与山西银行、建设银行山西分行、中国人保山西分公司、山西金控集团等4家金融机构签订战略合作议定书。开展商标质押助力餐饮文旅等重点行业纾困"知惠行"专项活动。1月12日,国家知识产权局专利局太原代办处获批开通商标专用权质押登记业务,发放全省首张本地办理的商标专用权质权登记证书。开展专利转化计划,共转化专利项目124项。山西省知识产权保护中心被确定为首批国家级专利导航服务基地。结合山西产业结构特点,重点聚焦山西10条重点产业链开展导航。"大同黄花"通过国家地理标志运用促进项目验收,获得优秀等次,并入选国家知识产权局《地理标志助力乡村振兴典型案例汇编》。

3. 推动知识产权与创新融合发展

山西省知识产权标准化技术委员会印发《山西省知识产权标准体系》,发布《知识产权托管服务规范》等3项知识产权领域省级地方标准,在2022年省级专业标准化技术委员会考核评估中获评"优秀"等次。出台《山西省知识产权局关于实施知识产权促进经济平稳健康发展若干工作举措》,印发《贯彻落实〈关于知识产权助力专精特新中小企业创新发展的若干措施〉的意见》,指导企业实施以知识产权为导向的创新发展战略。

四、知识产权服务

1. 深化放管服改革

印发《山西省知识产权公共服务事项清单(第一版)》,发布30项公共服务事项,为社会公众和创新主体办理知识产权业务提供高效指引。将知识产权有关指标纳入省对市营商环境考核评价体系。国家知识产权局专利局太原代办处成立"晋心办"品牌指导站,在省局指导下开展商标品牌一站式服务。

2. 布局知识产权信息公共服务网点

山西农业大学被遴选为第四批高校国家知识产权信息服务中心。山西省科技创新服务中心备案为2022年度国家知识产权信息公共服务网点。

3. 推进知识产权公共服务平台立项建设

编制《山西省知识产权公共服务平台信息化建设项目建议书》,申请将山西省知识产权公共服务平台纳入全省2023年政务信息化建设项目,推动知识产权工作线上线下融合发展。

4. 推动知识产权服务业高质量发展

山西省市场监督管理局(知识产权局)等十五部门联合印发《关于推动知识产权服务业高质量发展的实施意见》。组织开展全省知识产权代理行业"蓝天"专项整治行动,重拳打击商标代理违法违规行为。

五、知识产权人才培养

与省委组织部联合举办"知识产权保护能力提升培训班",与执法稽查部门联合举办"知识产权执法暨打击侵权假冒培训班"。省知识产权保护中心通过"线上+线下"方式开展知识产权公益培训15场次,受众人数过万,推广新一代地方专利检索及分析系统传播。与省贸促会联合举办"2022年RCEP知识产权培训班",培训相关企业及专业管理人员230人。制定印发《知识产权行政保护技术调查官管理规定》,聘任首批知识产权行政保护技术调查官,为知识产权保护工作提供技术支撑。3个集体、5名个人因知识产权保护工作成绩突出,被国家知识产权局和公安部联合表扬。2个集体、3名个人因北京2022年冬奥会和冬残奥会奥林匹克标志知识产权保护工作突出,受到国家知识产权局等三部门联合表扬。

供稿:山西省知识产权局

版权工作

2022年,山西省版权局深入学习贯彻党的二十大精神,以习近平总书记关于知识产权的重要论述为指导,认真开展打击侵权盗版、软件正版化、版权宣传、公共服务等工作,努力为全省全方位推动高质量发展在版权方面提供有力支撑,奋力开创山西省版权工作的新气象新格局。

一、加强版权执法监管,维护版权市场秩序

1. 落实责任,做好版权领域"双打"牵头工作

制定2022年度版权领域"双打"工作年度计划,将其纳入全省打击侵权假冒工作要点,通过省知识产权工作考核和打击侵权假冒考核途径从六方面对各市进行考核。积极加强执法巡查、线索搜集、行刑衔接,组织开展各类专项行动,不断加大版权执法力度。

2. 聚焦难点,开展院线电影版权保护

联合省公安厅、省电影局等部门,于2022年春节期间组织开展了院线电影版权保护工作。积极与中央宣传部电影质检所沟通,请求协助搜集案源线索,畅通了线索移转渠道。行动期间,全省共下发重点作品预警3批次,重点查办1起院线电影盗录案件。全省多地各类新媒体组成网络宣传矩阵,转载转发盗录传播院线电影典型案例和相关法律法规。

3. 围绕热点,加强冬奥版权保护

1月28日,印发《关于切实做好冬奥版权保护工作的通知》,加强与公安、工信、文旅、广电、网信等部门的沟通协调,围绕非法传播冬奥赛事节目、涉冬奥作品侵权盗版行为两个重点关注对象,针对线下重点部位,组织开展侵权监测、市场检查、信息互通、联合办案等工作,严厉打击各类涉冬奥作品的侵权盗版行为。对市场检查中发现的相关情节轻微的侵权问题进行批评教育、责令整改,积极开展相关网络侵权案件的调查取证、查办处置工作,全省共查处涉冬奥版权行政案件8起。

4. 突出重点,做好青少年版权保护工作

全面加强青少年版权保护工作,严厉整治教材教辅、少儿图书等领域的侵权盗版问题,下发《关于做好青少年版权保护工作的通知》,联合开展"青少年版权保护季"行动。组织各市对各类出版物市场、印刷企业、物流市场开展检查,对电商平台、社交平台、知识分享平台等各类网络平台开展巡查,积极查办侵权盗版案件,规范青少年市场版权秩序。

5. 持之以恒,开展打击网络侵权盗版"剑网行动"

联合公安、网信、通信管理等部门,加强网络版权全链条保护,针对重点作品类型,严厉打击违规网站、短视频、网络直播、体育赛事、在线教育等领域的侵权盗版行为。重点查办网络侵犯著作权案件5件。联系中国曲艺家协会、国际唱片业协会等组织和权利人核实案件情况、提供涉案作品权属证明,及时处理案件进展过程中的难题,有效推动了重点案件查办工作。

二、重视版权宣传教育,推动版权意识深入人心

以"全面开启版权强国建设新征程"为主题,自4月20日起,在全省范围内集中组织开展"4·26""线上、网上、云上、屏上"版权宣传周活动。全省各级版权部门利用宣传平台,采用播放公益视频、刊登主题海报等形式,积极开展宣传。

各市在各级主流媒体播放宣传公益视

频,在各类网站宣传版权知识,仅晋城市的网络宣传点击量就达到了16万余次;太原市制作版权主题宣传漫画,用通俗易懂的方式宣传版权知识;晋中市结合民间文艺版权保护工作,通过农村广播让版权宣传深入农村;太原、长治、晋城、临汾、运城、阳泉等市利用电子屏滚动播放宣传标语,仅临汾市就有1600块各类固定显示屏、800余辆出租车显示屏参与宣传;吕梁市组织30余个自媒体宣传版权知识,1.5万余人开展版权在线承诺活动。晋城市举办了知识产权宣传周启动仪式;临汾市组织200余所学校开展版权宣传活动,学生受众达10万余人;长治市、运城市在书店、景区、影院等场所开展现场版权宣传,发放现场资料2万余份。

举办全省线上版权工作培训班。全省各级组织政府机关软件正版化工作培训44次,参训单位达到1646家次,参训人数达到5221人次。全省各级举办企业软件正版化工作培训186次,参训人数达21 186人次。

三、强化长效机制建设,认真开展软件正版化工作

1. 有序组织推进

积极落实推进使用正版软件工作部际联席会议的工作部署,下发正版软件工作计划,继续巩固省、市、县三级政府机关软件正版化工作成果,继续推动省属国有企业软件正版化工作,加强推动能源、交通、金融等行业软件正版化工作,积极协调推动启动教育、医疗行业使用正版软件,逐步推动民营企业软件正版化工作。2022年,在28家民营企业推进使用正版软件工作,并把民营企业使用正版软件工作纳入社会诚信目标建设体系。

2. 加强督促检查

2022年,推进使用正版软件工作部际联席会议督查组对山西省35个省直机关软件正版化工作情况进行全覆盖检查,针对检查情况组织专项整改。组织各级开展自查整改和督促检查,对制度建设和责任落实情况、软件安装使用管理情况进行全面自查和二次整改。省版权局结合督促检查、平时工作和打击侵权假冒工作考核等情况,对各市软件正版化工作进行考核评议,切实落实软件正版化工作责任。

四、加强服务能力建设,做好版权公共服务工作

1. 主动服务预防侵权

充分发挥作品版权登记在预防纠纷、厘清权属等方面的有效作用,全面加强作品版权登记工作,2022年完成版权贸易合同备案7件,山西省版权保护中心完成作品登记913件。

2. 开展民间文艺版权保护与促进工作

下发开展民间文艺版权保护与促进试点工作的通知,将民间文艺版权保护与促进试点工作作为保护利用本省丰富的历史文化遗产、推动乡村振兴和资源型经济转型的有效举措和抓手,以激活民间文艺领域版权价值、促进优秀传统文化创造性转化和创新性发展为主线,调研、梳理民间文艺版权保护、发展的现状和需求,山西省晋城市成功入选全国8个市级版权保护与促进工作试点。

3. 加强版权示范创建工作

积极落实习近平总书记考察调研山西重要指示精神,下发版权示范创建评选工作的通知,组织开展省级版权示范单位、示范园区(基地)申报工作。2022年,成功创建全国版权示范单位4个,成功创建全省版权示范单位15个,数量均为历年之最。

大力开展著作权法律咨询和纠纷调解服务,在节约行政和司法资源的同时,有效实现了定纷止争,保护了重点作品权利。与省市场监管局共同落实鼓励知识产权质押融资的相关政策,对版权质押融资相关机构和单位给予补贴,助推版权产业发展。

供稿:山西省版权局

司法工作

一、着力提高审判质效,有效回应人民需求

1.案件基本数据统计

2022 年,共受理知识产权案件 3701 件,结案 3334 件,结案率 90.08%。受理案件总数与 2021 年相比,增加了 22.21%。

2022 年受理知识产权案件中,民事案件 3529 件,占比 95.35%,结案 3175 件,结案率 89.97%(其中民事一审案件受理 3280 件,结案 2939 件;二审案件受理 230 件,结案 222 件;申请再审审查案件 16 件,结案 11 件;再审案件受理 3 件,结案 3 件);刑事案件 163 件,占比 4.4%,结案 150 件,结案率 92.02%;行政案件 9 件,占比 0.24%,结案 9 件,结案率 100%。

2.案件类型统计

2022 年,受理的一审知识产权民事案件中,商标权纠纷案件 1002 件,占 30.55%,结案 905 件,结案率 90.32%;著作权纠纷案件 1438 件,占 43.84%,结案 1323 件,结案率 92%;专利权纠纷案件 597 件,占 18.2%,结案 512 件,结案率 85.76%;其他类型案件 243 件,占 7.4%,结案 199 件,结案率 81.89%。

2022 年,受理的二审知识产权民事案件中,商标权纠纷案件 115 件,占 50%,结案 111 件,结案率 96.52%;著作权纠纷案件 68 件,占 29.57%,结案 68 件,结案率 100%;专利权纠纷案件 8 件,占 3.48%,结案 7 件,结案率 87.5%;其他类型案件 39 件,占 16.96%,结案 36 件,结案率 92.31%。

在民事知识产权案件中,商标权、著作权案件占比较高,收案量最大,专利权案件和其他类型的案件占比较少。

2022 年,受理的知识产权民事案件中,调撤 2083 件,调撤率 70.87%;民事二审案件调撤 22 件,调撤率 9.91%;申请再审审查案件调撤 0 件;民事再审案件结案 3 件,调撤 0 件。总体调撤率 66.3%。

知识产权民事案件调解或撤诉比例较高,远高于其他类型民事案件。一是知识产权案件相对比较专业,权利人及其委托代理人在起诉前基本均已经做了公证取证等证据保全工作;二是该类案件的侵权法律关系明确;三是经过法官释法明理,当事人双方和解意愿较强。

二、深化知识产权审判领域改革,构建知识产权保护新格局

积极落实四级法院审级职能定位改革,从 2022 年 5 月起在全省实现了每个地级市加综改示范区均有一个基层法院专属管辖受理知识产权民事、行政案件,形成了"1 个高级法院+12 个中级法院+12 个基层法院"的三级法院司法保护格局。

开展专项培训,提升审判能力。组织召开全省法院知识产权审判工作推进会,进一步推动基层人民法院知识产权民事、行政案件管辖受理工作,对具有知识产权管辖权的一审法院审判人员进行业务培训,强化业务审理能力。为切实了解一线法官的办案需求,解决其实际问题,山西高院先后前往太原中院和汾阳市、忻府区人民法院召开现场会议,现场答疑解惑,受到一致好评。

出台《山西省高级人民法院关于技术调查官参与知识产权诉讼活动若干问题的规定》。建立技术调查官制度,强化知识产权专业力量在司法案件审理中的运用,推进知识产权审判工作专业化水平,增强技术事实认定的中立性、客观性和科学性,提升技术类案件的审判质效。

完善司法审判机制,推进知识产权民事、刑事、行政案件"三合一"审判机制实质化运行。草拟出台《关于在全省法院开展知识产权审判"三合一"工作的实施意见》(简称《实施意见(讨论稿)》)。《实施意见(讨论稿)》出台后,将与公安机关、检察机关形成合力,共同打击知识产权侵权行为,提升知识产权维权效率和审理能力。

三、强化知识产权全方位保护,增强社会保护意识

持续发布知识产权司法保护白皮书,公布知识产权审判年典型案例。通过审理"山西百度融资担保有限公司不正当竞争纠纷案"有效维护市场正常经营秩序,通过审理"张某某侵害实用新型专利权纠纷案"严厉打击网上侵权行为。

开展知识产权侵权案件专项审理活动。山西高院联合太原中院在知识产权巡回审判庭开展知识产权侵权案件专项审理活动,省市场监督管理局(知识产权局)、中国(山西)知识产权保护中心、太原海关、国家知识产权局专利局太原代办处及 6 家知识产权服务机构共计 50 余人旁听庭审,有效扩大了知识产权侵权案件的审理效果,提高企业和社会公众的知识产权保护意识和维权能力,优化营商环境,护航创新发展。

加强调研指导,了解知识产权发展动向。先后前往中国(山西)知识产权保护中心、省综改示范区、太原重型机械集团有限公司、凯赛生物技术股份有限公司、山西汾酒集团股份公司等地实地调研,详细了解企业生产经营和发展中遇到的知识产权问题,增强院企沟通,现场释法解困,让企业深入了解如何运用法律武器维护自身合法权益,不断延伸司法职能,加强知识产权保护,优化法治化营商环境。

强化部门协作,凝聚保护合力。山西高院与省市场监督管理局共同组织召开"知识产权保护协作工作推进会",就进一步加强府院联动,推进知识产权保护协作、知识产权巡回审判庭常态化运行进行安排部署。对《知识产权纠纷人民调解委员会诉调对接工作流程》《山西省知识产权保护中心巡回审判庭使用细则》进行认真讨论修改。

供稿:山西省高级人民法院
知识产权审判庭

检察工作

一、强化政治建设,深入推进知识产权检察职能集中统一履职

2022 年,山西省检察机关以高度的政治自觉、法治自觉和检察自觉,认真落实《知识产权强国建设纲要(2021—2035 年)》《"十四五"国家知识产权保护和运用规划》,积极融入大保护格局,提高知识产权检察工作的主动性、有效性。山西省人民检察院(简称山西省检察院)知识产权检察办公室着力在推进山西省知识产权检察保护集中统一履职上下功夫,聚焦基础制度建设和落实,印发了《关于进一步落实知识产权检察保护一体化办案机制的通知》,进一步完善知识产权检察工作组织机构,围绕"集中统一履职实质化",确保人员到岗、职责到位、责任到人,防止各地知识产权检察办公室空转和挂名办案。进一步推进落实知识产权保护一体化办案机制,全面开展"一案四查""一案四评估"工作,将知识产权专项监督工作走深走实。2022 年,山西省检察机关已建立知识产权检察办公室共 91 个,其中省级院 1 个,市级院 12 个,县级院 78 个;太原市检察院知识产权检察办公室被确定为最高人民检察院知识产权检察办公室办案联系点。

二、以办案为要务,夯实知识产权检察工作基础

一是加大办案力度,依法惩治侵犯知识产权犯罪。2022 年,共批准逮捕侵犯知识产权类犯罪 76 件 105 人,起诉 103 件 183 人,山西省检察院指导办理知识产权案件 3 件 7 人。聚焦人民群众反映强烈和社会关注的突出问题,办理了一批具有示范引领意义的案件,形成有力震慑。如,山西省检察院指导办理的综改区检察院提前介入的一起侵犯商业秘密案件,在引导侦查机关取证方面给予思路指引,取得良好办案效果。又如,太原市万柏林区院办理

的潘某某等人假冒注册商标、卢某某等人销售假冒注册商标的商品案中，检察机关积极介入侦查，引导公安机关"产—供—销"全链条追查，追诉4名犯罪嫌疑人，追加犯罪数额50万余元的犯罪事实，全力打击制造侵权产品的源头犯罪，依法全面告知9家被侵权公司相关诉讼权利和义务，并主动了解被侵权公司生产经营情况，引导其强化自身维权意识，有力保障了商标权利人的合法权利，维护了正常有序的市场经济秩序。该案件作为太忻一体化典型案例发布。二是强化"两项监督"，全面提升法律监督质效。坚持"在办案中监督、在监督中办案"，实现对立案、侦查活动全时全面监督。2022年，山西省检察院知识产权检察办公室共办理民事裁判文书监督案件2件，山西省检察机关共监督知识产权案件立案15件，制发不立案理由说明14份，书面提出纠正违法37件次。晋中市榆次区院办理的孙某某假冒注册商标的商品案，检察机关严把事实关、证据关、法律适用关，要求公安机关查明孙某某销售假冒柳工、潍柴品牌装载机配件的销售价格、违法所得，查明该案未达立案标准，依法监督公安机关撤案，坚决纠正"不应当立案而立案"的违法情形，同时加强行刑衔接，依法向行政机关制发检察建议，要求对孙某某销假行为给予行政处罚，取得了良好的社会效果和法律效果。

三、依法履行职责，推进知识产权检察工作创新发展

一是持续推动知识产权检察工作制度机制创新。进一步加强检察机关与知识产权主管部门协作配合，加快形成知识产权行政保护与司法保护有机衔接、优势互补的综合保护合力，更好服务山西经济社会创新发展。山西省检察院牵头与山西省知识产权局会签印发《知识产权保护协作配合机制》，建立了常态化联络、信息共享、办案协作、监督、交流等五项机制。各级检察机关进一步加强知识产权检察监督机制建设工作，取得良好效果。如，太原市院牵头与公安机关、市场监督管理局联合印发《关于加强知识产权保护协调联动的若干意见》，忻州、长治等地市院、县（区）院也建立了相应机制。二是联合开展惩治恶意诉讼专项工作。针对知识产权恶意诉讼中跨区域、刑民交叉、证据固定以及协作配合、行业治理等方面的问题，山西省检察院联合省高级人民法院、省公安厅、省知识产权局开展调研，召开座谈会，就部分内容形成一致意见，会签了《关于联合开展依法惩治知识产权恶意诉讼工作会议纪要》，明确了关于对批量维权、权利滥用、虚假诉讼等案件审查要求和注意事项，例举了权利滥用的几种表现形式。在行刑衔接及线索移送方面，结合具体办案实际，提出跨市、县域开展线索移送和证据核查工作方法，进一步强调了信息对接和数据共享常态化工作的重要性，明确了重大、敏感、复杂的恶意诉讼线索和案件办理联合执法要求，并对线索核查、侦查取证和刑民交叉案件办理给出具体指引。同时，4家单位在"挂案"清理、虚假诉讼线索移送及处罚、同堂培训和防范宣传等方面也形成一致意见。三是着力打造知识产权"品牌检察保护"新模式。紧抓知识产权案件集中管辖有利契机，加强调研对接，完善配套制度，围绕省内知名品牌打造检察保护优质产品。吕梁市、汾阳市检察院牵头，与公安、市场监管等部门联合成立汾酒知识产权保护中心，创新"汾酒品牌检察保护"新模式，建立完善"三个一"工作机制。建立以联席会议为核心的综合保护工作机制，健全以闭环打击为目标的案件线索移送机制，实现对山西汾酒品牌全域类案监督和全方位保护，同时也为其他知识产权保护积累了丰富的实践经验。四是积极开展知识产权保护主题宣传活动。开展了以"全面开启知识产权强国建设新征程"为主题的宣传活动，依托山西省知识产权保护示范基地，山西综改区检察院联合山西省综改区管委会深入智创城NO.1暨清控创新基地(山西示范区)开展法治宣传,达成保护共识,签署服务保障企业知识产权健康发展工作协议,持续为山西综改区提供优质检察产品。创新宣传思路,召开"云端"新闻发布会,开辟知识产权专门宣传栏目,搭建微信公众号检察小讲堂,打造知识产权检察保护宣传"线上"阵地。

四、及时总结经验,做实知识产权信息报送工作

2022年,将知识产权信息报送工作列入年度重点工作,印发了《关于进一步加强山西省检察机关知识产权信息报送工作的通知》(简称《通知》),建立了山西省检察机关"知识产权信息报送联络员"人员库,明确了报送内容、渠道和要求。自《通知》下发以来,各地检察机关积极报送知识产权检察保护信息,多篇知识产权类信息被最高人民检察院工作情况和省级动态转发。如《山西省检察院、省知识产权局会签协作配合机制　凝聚知识产权保护合力》在最高人民检察院《知识产权检察工作情况》2022年第5期上转发。又如,《山西走进商业CBD零距离开展普法宣传经验》,被最高人民检察院《知识产权检察工作情况》2022年第4期《全国检察机关组织开展知识产权宣传周活动情况》引用。同时,加强知识产权信息逐月报送工作,《山西省检察机关勇于担当、积极作为,多形式开展知识产权宣传周活动》《省检察院积极推进刑事、民事、行政一体化办案机制》和《忻州市检察机关参与办理一起山西省侵犯植物新品种案件》等7篇经验材料在《山西省知识产权工作动态》上转发。

供稿:山西省人民检察院
知识产权检察办公室

内蒙古自治区

知识产权工作

内蒙古自治区党委、政府制定印发《内蒙古自治区党委、自治区人民政府贯彻落实〈知识产权强国建设纲要(2021—2025年)〉实施方案》,与《内蒙古自治区"十四五"知识产权保护和运用规划》《国家知识产权局　内蒙古自治区人民政府共建新时代绿色发展知识产权强区合作会商议定书》等一体推进落地落实。并将加强知识产权保护列入自治区第十一次党代会报告和2022年自治区政府工作报告进行安排部署。

一、不断完善知识产权法律政策体系

自治区市场监管局、知识产权局起草《内蒙古自治区专利促进与保护条例》,并列入2023年自治区人大审议项目。印发《关于深入推进知识产权纠纷多元化解工作的实施意见》《内蒙古自治区技术调查官管理办法》和《内蒙古自治区推动知识产权高质量发展年度工作方案(2022)》等,知识产权地方法规和相关政策不断完善。

二、组织开展知识产权执法保护行动

组织开展知识产权保护"铁拳""蓝天"等专项行动,查处一批侵权假冒违法犯罪案件,连续三年发布全区知识产权保护十大典型案例,为市场主体创新发展营造良好的市场环境和营商环境。2022年,全区共查处商标侵权假冒案件302件,案值228万元,罚没金额174万元;查处假冒专利案件20件,办理专利侵权纠纷案件242件(含电商案件220件);共对2552件非正常专利申请进行核查,撤回非正常专利申请2326件,撤回率为91%;办理知识产权行政调解司法确认案件8件。

三、内蒙古自治区知识产权保护中心投入运行

面向生物和新材料产业已开展知识产权快速协同保护工作,开启专利审查"绿色通道"。维权援助案例《"众里寻他"的烦恼》调解驰名商标被侵权案,荣获第三届全国知识产权维权案件模拟演示活动全国十佳优秀奖;成功入选首批国家级专利导航服务基地;开展内蒙古草种业、苜蓿产业、兽用生物制品专利导航项目;打造知识产权科普动漫《安安知道》宣传品牌,《安安知道——知识产权遇纠纷来这说"理"》获评自治区优秀科普微视频作品,代表自治区推荐至科技部参选全国优秀科普微视频作品,《安安知道——著作权的奇妙世界》获全区第四届广播电视公益广告大赛三等奖,《安安知道——重要的地理标志》获内蒙古首届短视频创新创意大赛优秀作品。

四、深入实施专利转化专项计划

培育草业、乳业、稀土、羊绒、沙棘 5 家自治区产业知识产权运营中心,自治区首家高价值专利培育中心包头第一机械集团建立的装备制造业高价值专利培育中心挂牌成立,2 项专利获第二十三届中国专利奖优秀奖。截至 2022 年底,全区专利授权总量 12.11 万件,有效商标注册总量 33.25 万件,驰名商标 84 件,地理标志商标 181 件,注册数量列全国第 12 位。地理标志保护产品 41 件,每万人口有效发明专利拥有量 3.87 件。

五、深入实施商标品牌战略

建立 6 家商标品牌指导站和地理标志工作站,确定内蒙古额尔敦餐饮有限公司等 5 家企业为自治区商标品牌建设优势企业。

六、深入开展知识产权质押融资入园惠企行动

分别与中国银行内蒙古分行、人保财险内蒙古分公司签署知识产权战略合作协议。全区专利商标质押贷款 151 笔,合计质押融资金额达 26.72 亿元。知识产权创新创造能力逐步提升。

七、深入实施知识产权试点示范工程

呼和浩特市获批成为国家知识产权强市建设试点城市,包头稀土高新技术产业开发区获批成为国家知识产权强国建设试点园区,包头市昆都仑区、鄂尔多斯市东胜区和准格尔旗获批成为国家知识产权强县建设试点县,蒙草集团等 5 家公司获批成为国家知识产权示范企业,三瑞农业科技股份有限公司等 12 家企业获批成为国家知识产权优势企业。目前,全区共有国家和自治区知识产权试点城市 2 个、强县工程试点县 10 个、传统知识知识产权保护试点县 11 个、示范园区 1 个;培育高校国家知识产权信息服务中心 1 家、技术与创新支持中心(TISC)3 家、国家知识产权信息公共服务网点 3 个、全国专利文献服务网点 4 个;培育国家级和自治区级知识产权优势企业 98 家、示范企业 11 家;培育国家级和自治区级试点中小学校 46 所。

八、深入开展"4·26 全国知识产权宣传周"活动

作为"4·26 全国知识产权宣传周"四个分会场之一,与北京主会场一道举行启动仪式,自治区副主席出席并致辞,制作的《内蒙古自治区知识产权宣传周》专题片在启动仪式上由央视融媒体直播,讲好内蒙古知识产权故事,取得了良好的社会效果。

九、知识产权助力高质量发展取得新成效

各地坚持生态优先、绿色发展,突出优势特色产业,深入推进实施知识产权量质齐升、区域公用品牌建设、地理标志运用促进和专利转化专项计划等工程。五原向日葵入选国家地理标志产品保护示范区筹建名单,兴安盟大米、敖汉小米等 6 件地理标志被确定为国家第一批地理标志运用促进

重点联系指导名录,培育打造天赋河套、鄂托克前旗羊肉等一批区域公用品牌。

十、跨区域跨部门保护协作机制初步建立

截至2022年底,自治区知识产权局先后与北京、天津、河北、山西等13个省区市签署知识产权保护合作协议,与自治区公安厅、高级人民法院、人民检察院、司法厅、版权局等部门建立知识产权保护合作机制,全区12个盟市知识产权局共同签署知识产权执法保护协议,"区内盟市全覆盖、周边省区全贯通、重点省市有协作"的知识产权保护协作机制初步建立。

供稿:内蒙古自治区知识产权局

版权工作

2022年内蒙古自治区版权工作坚持以习近平新时代中国特色社会主义思想为指导,深入贯彻落实习近平总书记关于知识产权工作重要指示论述和党中央、国务院、自治区党委、政府决策部署,牢固树立新发展理念,坚持稳中求进、守正创新,扎实做好版权执法、版权宣传、社会服务和软件正版化等各项工作,为新时代知识产权强国建设提供有力支撑。

一、坚持全面保护,提升版权工作法治化水平

突出专项整治。开展"冬奥会版权保护""青少年版权保护""剑网打击网络侵权盗版"三大专项行动,查处涉冬奥著作权案件41起,教材教辅案件7起,网络侵权盗版案件2起,严厉整治各领域侵权盗版乱象,维护出版物市场版权秩序。

加大办案力度。巩固传统领域版权监管成效,以严格保护为版权工作主基调,强化保护力度、讲求保护实效。发挥版权行政组织、部署、协调、监督检查职责,提高案件办理的数量和质量。2022年依据《中华

人民共和国著作权法》查处案件50起,较2021年增长700%。

完善执法机制。会同相关部门制定完善行政执法运行机制,联合印发《关于加强知识产权协同保护合作框架协议》《网络市场监管专项行动方案》,会同自治区文旅厅完善文化市场综合行政执法运行机制的规范性文件。

二、坚持统筹协调,提升软件正版化工作质量

加强机制建设。针对部分成员单位负责人和联络员发生变动的实际情况,第六次调整完善成员单位及工作职责,保持了工作机制的完整性和连续性,形成以联席会议为主导,相关管理部门密切协作,自治区、盟市、旗县层级推进的工作格局。

开展督导检查。第五次修订《推进使用正版软件工作职责》,对全区207家单位进行正版化工作督查,推动区直单位实现正版软件全覆盖。

拓展工作领域。指导自治区国资委、卫健委等行业主管部门推动正版化工作继续向国有企业、金融机构延伸。截至2022年底,内蒙古自治区已有15家国有企业完成软件正版化覆盖。

三、坚持质量优先,提升版权社会服务能力

完善服务体系。建立全自治区统一的著作权登记服务体系,推广公益著作权登记服务,实现著作权登记全流程网上办理。2022年全自治区共登记作品6110件,为社会各界和产业发展提供更加优质、便捷的服务。

提升服务水平。在内蒙古文联、音像出版社设立版权服务工作站,引导其在版权资产管理、版权运营、宣传培训、纠纷调处等方面发挥专业性优势。

加强普法宣传。形成以"4·26全国知识产权宣传周"为重要平台,以版权事件为契机,以新闻媒体为主要渠道的宣传方式,通过

开展培训、制作播出公益广告等多种形式全面开展版权保护知识的宣传、普及活动。

四、坚持示范引领，促进版权产业发展水平

聚焦示范创建。指导各盟市各单位开展全国版权示范创建评选推荐工作，2022年成功申报全国版权示范单位 2 个，示范园区 1 个。

推进试点工作。成功申报全国民间文艺试点省区，依托全自治区丰富的民间文艺资源，探索民间文艺版权保护地方性立法，健全民间文艺版权保护体系，以立法和实践经验为基础，深度参与全国民间文艺版权保护工作，贡献内蒙古经验。

强化顶层设计。推进《内蒙古自治区著作权法实施条例》《内蒙古自治区民间文学艺术作品保护与促进条例》起草工作，为版权工作高质量发展提供制度支持。

（供稿：内蒙古自治区版权局）

司法工作

一、充分发挥审判职能作用，服务保障创新驱动发展

收结案件数量持续增长。全年审理各类知识产权民事一审案件 1603 件，其中，商标权案件 672 件，专利权案件 25 件，著作权案件 610 件，不正当竞争案件 56 件。审理各类知识产权民事二审案件 191 件，其中，商标权案件 83 件，专利权案件 1 件，著作权案件 63 件，不正当竞争案件 8 件。

审判职能作用充分发挥。在保证审判效率和质量的同时，注重发挥审判对社会和公众的导向作用，审结了一批具有较大社会影响的新类型案件和疑难案件。

二、持续推进最严格保护工作，切实发挥司法惩治威慑力

准确适用惩罚性赔偿制度。包头中院制定《知识产权侵权案件惩罚性赔偿适用问题的工作指引（试行）》，呼和浩特中院在永和豆浆侵权案中，鉴于前诉判决已认定侵权人经营的店铺构成侵权，并判令停止侵权，而侵权人继续实施侵权，适用惩罚性赔偿判决赔偿商标权人 5 万元，鄂尔多斯中院在江苏某日化有限公司诉某超市商标权侵权案中，适用惩罚性赔偿酌情确定赔偿数额 8 万元，传递了人民法院严厉打击恶意侵权行为、让侵权人付出沉重代价的审判理念。

依法加大判赔支持力度。针对知名度较高的商业标识权利被侵害等现象，依法加大对权利人判赔请求的支持力度，促进知名品牌培育和保护，提升企业竞争力，推动品牌强国建设。

充分发挥刑罚威慑作用。严厉打击各类知识产权违法犯罪行为，2022 年受理知识产权犯罪案件 41 件，审结 34 件。其中，假冒注册商标罪案件 11 件，审结 10 件；销售假冒注册商标的商品罪 28 件，审结 22 件；侵犯商业秘密罪 2 件，审结 2 件。呼和浩特中院结合审判实际，出台《知识产权犯罪证据及量刑审判实务参考》。

三、着力构建大保护工作格局，有效提升司法保护整体效能

健全知识产权保护衔接机制。内蒙古自治区高院（简称自治区高院）积极参与自治区版权局举办的知识产权保护座谈会，就版权保护、版权案件审判程序与相关部门进行交流探讨；主动对接自治区知识产权服务中心，就如何形成知识产权保护合力开展讨论交流，努力实现知识产权行政执法和司法保护协同推进。

持续完善多元解纷机制。自治区高院与自治区市场监督管理局共同印发《关于深入推进知识产权纠纷多元化解工作的实施意见》。包头中院与市市场监督管理局共同印发《关于建立知识产权民事纠纷诉调对接机制的实施意见（试行）》，挂牌成立包头市知识产权民事纠纷诉调工作室。

加强知识产权保护法治宣传教育。全区各级法院精心筹划"4·26 全国知识产权宣传周"活动，积极开展知识产权保护状况白皮书发布活动，连续多年发布年度知识产权典型案例。

四、着力优化法治化营商环境，切实提高服务大局水平

强化企业知识产权保护意识与能力。自治区高院知识产权审判庭走进内蒙古谱泽生物制品有限责任公司开展知识产权法律知识宣讲，呼和浩特中院赴伊利实业公司、华讯高科技公司等企业，结合真实案例为企业主答疑解惑，塑造企业保护创新的内核意识。

坚决维护公平竞争的法治环境。2022年，全区审结销售假冒伪劣商品犯罪案件97 件，审结人数 316 人。

平等保护中外权利人合法权益。坚持平等保护规则，公平公正审理涉外知识产权案件，维护权利人合法权益，努力营造良好的国际营商环境。

五、持续完善便捷高效的诉讼机制，推进审判体系和审判能力现代化

深化知识产权领域改革创新。进一步完善"三合一"审判机制。根据《最高人民法院关于印发基层人民法院管辖第一审知识产权民事、行政案件标准的通知》，确定呼和浩特市新城区人民法院等全区 13 个基层法院具有一般知识产权案件管辖权。包头中院建立技术调查官、专家陪审员制度。

加大条线监督指导力度。自治区高院知识产权审判庭不断强化对下指导，指派法官做客新城区人民法院知识产权案件庭审直播间，深入赤峰中院开展知识产权案件巡回审判，与承担知识产权案件审判任务的法官展开座谈。乌海中院印发《知识产权司法保护状况白皮书》，呼和浩特中院发布《知识产权审判白皮书》和知识产权案件审理参考系列丛书及知识产权典型案例。

强化智慧法院成果运用。内蒙古法院系统试点运用司法区块链平台，启动"司法区块链+知识产权保护"模式，锡林郭勒盟中院运用区块链证据核验技术开庭审理了一起金融借款合同纠纷案件，兴安盟中院通过互联网开庭审理侵害作品信息网络传播权纠纷案，明显降低了权利人举证难度，减轻了权利人举证负担。

供稿：内蒙古自治区高级人民法院
知识产权审判庭

检察工作

一、高质高效，依法办理涉知识产权"四大检察"案件

2022 年，全区检察机关共办理涉知识产权刑事案件 74 件 116 人，其中审查逮捕案件 22 件 27 人，审查起诉案件 52 件 89 人；民事裁判结果监督案件 3 件；公益诉讼案件 20 件。创新落实知识产权"严保护"要求，起诉的刑事案件和不起诉的刑事案件分别全部适用"权利人权利义务告知工作制度"和"双移送"机制，切实维护权利人合法权益。在案件办理过程中，全区各级检察机关提高政治站位，始终将"三个效果"有机统一作为履职尽责的终极目标，全面提升知识产权案件办理质效。

二、提高站位，有力推动知识产权检察专业化建设

4 月，自治区人民检察院党组决定成立知识产权检察办公室，实施"四检合一"办案模式，统筹推动知识产权刑事、民事、行政、公益诉讼检察，强化顶层设计，推动知识产权检察机构专业化建设。同年 6 月，自治区检察院从全区 450 余名专兼职从事知识产权检察工作的干警中选拔 22 名进入第一批"知识产权检察人才库"，2 名优秀人才入选最高人民检察院知识产权检察人才库，促进知识产权人才专业化建设。2022 年，共组织全区知识产权检察人员业务培训 3 次，司法

实务网络培训 5 次,各类专题小培训 15 次,提升知识产权检察人员业务专业化水平。

三、锐意创新,部署开展知识产权检察集中统一履职试点工作

7 月,自治区人民检察院党组决定在呼和浩特市检察院等 5 个分市院和呼和浩特市新城区检察院等 10 个基层院开展为期 8 个月的知识产权检察职能集中统一履行试点工作,目的是通过实行知识产权检察"四检合一"办案模式,推动全区知识产权检察职能融合发展。截至 2022 年底,全区 12 个分市院全部成立知识产权检察办公室,31 个基层院成立知识产权检察办公室或办案组。

四、强化指导,积极制定知识产权检察办案规范性文件

自治区人民检察院先后制定了《关于知识产权检察集中统一办案的规定》《侵犯知识产权犯罪案件证据审查指引》《知识产权刑事抗诉工作指引》《侵犯知识产权犯罪量刑工作指引》;联合技术处,绘制"全区知识产权检察保护地图",强化业务指导。

五、协同发力,推动构建知识产权检察协同保护工作格局

一是先后走访自治区知识产权局、市场监管局、公安厅、高级法院、内蒙古商标品牌协会等行政、司法机关及相关协会十余家,建立日常联络;二是与自治区知识产权局、版权局联合印发《加强知识产权协同保护合作框架协议》,从 12 个方面着手合作;与自治区公安厅、知识产权局、市场监管局、版权局、文化和旅游厅联合印发《加强知识产权行政执法和刑事司法衔接工作的意见》,从 18 个方面完善"两法衔接";三是推动呼和浩特、包头、鄂尔多斯、乌兰察布四市检察院会签《关于加强"呼包鄂乌"知识产权检察协作的意见》,建立跨区域知识产权协作保护机制。

六、聚焦专项,积极开展依法惩治知识产权恶意诉讼专项监督活动

组织全区检察机关认真开展依法惩治知识产权恶意诉讼专项监督工作。7 月,自治区检察院联合自治区高院、呼和浩特中院、呼和浩特市人民检察院、内蒙古大学等的法官、检察官和专家学者,召开"知识产权虚假诉讼司法规制研讨会",围绕"知识产权大数据筛查、正当维权与恶意诉讼的界限、恶意诉讼产业化的综合治理、立法完善及司法协作"等主题进行研讨。通过汇编典型案例、绘制思维导图、裁判文书网大数据筛查等方式,推动专项工作开展,将发现的 20 余件恶意诉讼案件线索,交相关分市院办理。

七、保障创新,积极推动知识产权检察综合司法保护

一是挂牌"知识产权检察联系点"。先后在蒙牛、伊利、蒙草等自治区知识产权优势企业挂牌"知识产权检察保护联系点",提供"一对一"检察服务,保障企业创新发展。二是召开"科技创新型企业家座谈会"。携手科技创新企业家召开"优化营商环境法治护航科技创新"座谈会,共话优化法治化营商环境,加强知识产权司法保护力度。三是开展知识产权送法进企业活动。通过举办讲座、联合培训等形式,送法进企业,提高科技企业知识产权保护意识。四是开展知识产权普法宣传活动。利用"3·15""4·26"等重要节点积极开展知识产权普法宣传,营造社会保护知识产权浓厚氛围。

供稿:内蒙古自治区人民检察院
知识产权检察办公室

辽宁省

知识产权工作

一、专利工作

2022 年，全省三种专利授权 77 434 件（其中，发明专利、实用新型专利、外观设计专利分别授权 10 892 件、61 846 件、4696 件）。截至 2022 年底，全省三种专利有效量 303 038 件，同比增长 18.0%（其中，发明专利、实用新型专利、外观设计专利有效量分别为 64 049 件、219 846 件、19 143 件，同比增长 14.1%、20.8%、1.7%）。每万人口发明专利拥有量达 15.14 件，比上年末增加 2.0 件。

全省三种专利授权中，职务发明创造授权 67 891 件，其中，工矿企业、大专院校、科研单位、机关团体分别授权 54 975 件、9033 件、2928 件、955 件，非职务发明创造授权 9543 件。

2022 年，全省专利转让（许可）4634 件，专利受让（被许可）6047 件。全省 25 所省属本科高校实现科技成果转化 3149 项，转化金额 12.23 亿元，省内转化率为 76.2%。2022 年修订《辽宁省知识产权质押融资风险补偿基金管理办法》，推出"辽知贷"金融产品，开展"知惠行"专项行动，搭建银企对接平台，知识产权海外侵权责任保险实现"零"突破。2022 年，知识产权质押融资 418 项，同比增长 190.3%，实现质押金额 37.14 亿元。

2022 年新增国家知识产权示范企业 17 家、国家知识产权优势企业 121 家，通过复核国家知识产权示范企业 25 家、国家知识产权优势企业 115 家，培育省级知识产权优势企业 156 家。23 个项目获评第二十三届中国专利奖。

2022 年建成并运行辽宁省知识产权一体化服务平台，实现知识产权服务"一网通查""一网通办"。新增专利代办处工作站 2 家，获批国家级信息公共服务网点 2 家。组建辽宁省知识产权代理行业协会，吸纳会员 73 家。全省新增专利代理机构 8 家，累计 140 家。新增专利代理师 71 人，累计 443 人。开展 2022 年知识产权职称评审，评选高级知识产权师 2 人，正高级知识产权师 2 人。组织经济系列（知识产权）专业技术职业资格考试，44 人获得中级职称，6 人获得初级职称。全省 27 所本科高校开设知识产权、法学、电子商务及法律等相关专业 3 个，专业点 30 个，知识产权专业获批省级一流专业建设点。3 所高校自主设立知识产权法等目录外二级学科，开展研究生培养。举办全省领导干部知识产权保护专题培训班，专题学习《知识产权强国建设纲要（2021—2035 年）》。举办专利侵权纠纷行政裁决、知识产权纠纷调解、仲裁、维权援助、海外纠纷应对等专题业务培训，累计培训 500 人次。

二、商标

2022 年，新增商标注册申请 11.2 万件，注册 8.67 万件，有效注册商标总量 63.17 万件，同比增长 13.5%。

2022 年组织开展四批次非正常专利申请核查整改工作，加大对专利非正常申请和商标恶意注册等行为的打击力度。引导申请人提高专利申请质量，共核查非正常专利申请 22 166 件，撤回率为 87.4%。及时办理国家知识产权局转办的商标恶意注册案件线索，严格核查涉及"冰墩墩""谷爱凌""普京大帝"等商标恶意注册行为案件线索。

三、地理标志

2022 年，全省地理标志保护产品总量

89 个，地理标志证明商标总量 141 件，使用地理标志专用标志的市场主体共计 603 家，发布地理标志保护产品专用标准 13 项。全省农产品地理标志登记 100 件。

2022 年，辽宁省 4 个案例获评国家知识产权局商标品牌建设优秀案例，东港草莓亮相《辉煌的中国》成果展，老龙口白酒入选国家地理标志产品保护示范区筹建名单，迈德利牌新民大米荣获第二十九届杨凌农高会后稷特别奖。

四、其他工作

2022 年，全省市场监管系统查处知识产权案件 467 件，罚没 398 万余元，其中查处商标案件 395 件，专利案件 69 件，地理标志案件 3 件。移送司法案件 4 件。开展奥林匹克标志专项执法，检查期间共出动 2233 人次，调查处理问题线索 20 件。全省知识产权管理部门处理专利纠纷行政裁决案件 59 件，调解专利纠纷案件 20 件。完善知识产权仲裁案件处理机制。建立知识产权仲裁人才库，56 名同志入选知识产权仲裁人才库成员。沈阳、大连、丹东仲裁委员会分别独立设置知识产权仲裁院，专项处理知识产权仲裁案件。2022 年受理知识产权仲裁案件 30 件。

出台《辽宁省专利侵权纠纷行政裁决规程》，规范商标、专利行政办案标准，各级知识产权部门函复批复、参与办案类指导案件 17 次，解答咨询类指导案件 5 次。确定第二批 17 名知识产权保护技术调查官专家。推进专利侵权纠纷行政裁决试点规范化建设，"辽宁率先将行政裁决纳入地方性法规"作为典型经验在全国推广。

开展年度知识产权保护工作检查考核，督促各市加强知识产权保护工作政策措施落地见效，强化知识产权保护检查考核和评价，压实知识产权保护属地责任。

全省布局建设 3 家国家级知识产权保护中心。沈阳市知识产权保护中心正式运行，开展快速预审、快速维权、产业布局分析等知识产权综合服务。积极筹建辽宁省知识产权保护中心、大连市知识产权保护中心，计划 2023 年内投入运行。

完善知识产权纠纷调解规则体系，省知识产权局、省司法厅、省法院联合出台知识产权纠纷调解、诉调对接、行政调解司法确认等工作制度和工作规则。全年共受理知识产权纠纷人民调解案件 1357 件，行政调解案件 20 件，行政调解司法确认案件实现"零"突破。新设维权工作站 19 家，全省维权工作站数量达到 131 家。全省共开展维权援助 1952 次，其中办理国内申请 73 件，海外申请 3 件，提供相关咨询 324 件，出具侵权判定意见 144 件，提供分析预警 6 件，办理纠纷调解 1199 件，协助办理行政执法案件 203 件。提供驻场维权援助 45 次，组织开展公益研讨、培训 61 场。

成立辽宁省知识产权涉外风险防控中心，编印《海外知识产权预警手册》《沈阳市知识产权海外维权援助与保护指引手册》，为企业提供跨境知识产权保护专题培训和工作指引。省知识产权局、省贸促会联合建立海外知识产权纠纷应对机制，提升企业应对海外知识产权纠纷能力。省知识产权局、省商务厅、省科技厅联合出台《辽宁省知识产权对外转让审查细则（试行）》，规范知识产权对外转让秩序。

成功举办 2022 年知识产权宣传周活动，以"全面加强知识产权保护　推动构建新发展格局"为主题，各地各部门通过发布典型案例、播放公益广告、举办现场咨询、发放宣传品等多种形式，开展知识产权法治宣传。全省范围内共举办数十场新闻发布、知识竞赛、演讲培训等活动，全省各类媒体刊载知识产权宣传信息 160 余篇次。2022 年，全省知识产权系统共开展 50 余场知识产权保护进企业、进单位、进社区、进学校、进网络等公益宣传活动，编辑知识产权政务信息 448 篇次。《人民日报》等核心媒体刊发知识产权保护相关报道 35 篇次。辽宁广播电视台播发有关知识产权保护报道 20 余篇次,北斗融媒发布有关广电视听知识产权宣传报道 16 篇,总浏览量超过 35 万次;东北新闻网发布有关广电视听知识产权宣传报道 15 篇,总点击量 12.1 万次。

供稿:辽宁省知识产权局

版权工作

2022 年,辽宁省版权局强化版权执法和行业监管,开展专项整治行动,深入推进软件正版化,全社会尊重和保护版权意识显著提升,版权工作取得新成效、实现新突破。

一、版权执法监管实现新突破

1. 开展涉重大体育赛事版权保护专项行动

印发《关于开展北京冬奥会版权专项保护工作的通知》,联合文化执法、公安、市场监管等部门组成督察组,集中整治各类非法传播冬奥会和冬残奥会赛事节目和未经北京冬奥组委许可,擅自使用、经营冬奥会和冬残奥会会徽、吉祥物等行为。协调沈阳市文化综合执法总队等部门,及时处置2022 年卡塔尔世界杯赛事转播侵权案件。

2. 开展打击院线电影盗录传播专项整治行动

会同电影主管部门、文化执法队等组成联合检查组,在全省范围内持续开展严厉打击院线电影盗录传播等违法犯罪行为专项行动,及时向社会发布重点影视作品版权保护预警名单,严格落实版权保护责任,加强片源使用管理、巡场检查、员工教育和管理,规范电影市场版权秩序。

3. 深入开展"剑网 2022"专项行动

聚焦解决群众反映强烈的违法违规问题,加强督查和案件查办,重拳整治各类侵权盗版活动,极大震慑违法犯罪活动。全省备案网站主体 6.6 万个、备案互联网信息服务 8.7 万个,网站备案率 100%,备案准确率 99.71%,清理空壳类网站 2.2 万个,查处各类违法违规网站 574 个,进一步净化了网络生态。

4. 注重案件查办质量

组织开展全国 2021 年度举报、查处侵权盗版案件奖励推荐申报工作,辽宁省共有 6 家单位获评 2021 年度查处重大侵权盗版案件有功单位(专案组)、17 人获评有功个人(专案组个人),均创近年来新高。加强与公安、市场监管、网信等部门的执法协作,《敦煌壁画全集》网络侵权案、卢某河等人侵犯著作权案、华梦(大连)科技有限公司侵犯著作权案已申请列入国家版权局挂牌督办案件。

5. 创新纠纷调解机制

坚持将网络领域作为版权保护主阵地,加强大数据、人工智能、区块链等新技术开发运用,深入开展对新型传播平台的版权重点监管工作。指导北方国家版权交易中心建设完善超级维权系统,通过大数据检索,及时发现著作权侵权行为,协助相关权利人依法开展维权活动。截至 2022 年 11 月,通过北方国家版权交易中心监测检索涉及著作权与知识产权线索约 22 000 条,其中,近 1500 件通过快速纠纷调解机制达成和解。

二、版权社会服务实现新跨越

1. 版权登记作品数量翻番

积极探索版权登记服务数字化改革,2022 年全年登记各类版权作品 32 000 件,比 2021 年增长超过 100%,实现登记作品数量翻番。

2. 版权保护数字化升级

创新推出数字化版权管理服务系统,依托区块链、数字证书技术构建,着力解决作品版权"登记难、存证难"问题,提高辽宁省作品登记数字化、便民化水平,实现版权保护数字化升级。

3. 设立版权服务工作站

选取版权工作基础好、积极性较高、人员素质过硬的单位试点设立版权服务工作站,2022 年完成辽宁日报社、辽宁广播电视台等 5 家版权工作站试点工作,为广大权利人和使用者提供顺畅高效的版权服务。

4. 激发行业协会新活力

加强对省版权保护协会的管理,指导协会完成年检、换届等重要工作,推进协会管理规范化,促进协会健康发展。指导省版权保护协会立足自身优势,发挥积极作用,参与省软件使用情况督导检查、版权保护提升计划等工作,激发省版权保护协会新活力。

三、软件正版化工作取得新进展

1. 持续完善工作机制

充分发挥省推进使用正版软件工作联席会议机制在决策指导和综合协调方面的职能作用,召开辽宁省推进使用正版软件工作联席会议全体会议,增补省卫健委作为辽宁省推进使用正版软件工作联席会议成员单位。

2. 持续强化督导检查

以省推进使用正版软件工作联席会议办公室的名义,制定印发《关于开展 2022 年度软件使用情况督导检查工作的通知》,以自检自查和实地抽查核验相结合的方式,对政府机关、国有企业、金融机构、教育机构等相关单位的软件使用情况进行检查。重点检查制度建设和责任落实情况、正版软件管理情况、计算机软件安装情况,发现问题及时整改,确保规范使用正版软件。

3. 持续推进队伍建设

举办全省推进软件正版化业务培训班(线上),共计 275 人参加本次培训。举办 2022 年全省"扫黄打非"及版权执法业务培训班,共约 100 人参加培训。通过培训加强了版权工作队伍建设,全面提升管理人员的政策水平和业务能力,为辽宁省全面振兴、全方位振兴贡献版权力量。

四、版权科普宣传取得新成效

1. 创新推出辽宁版权宣传主题形象"版宝"

设计推出辽宁版权宣传主题形象"版宝",并以"版宝"为主人公,围绕《中华人民共和国著作权法》及群众关注热点,制作 10 期科普动画《版宝开讲》,同步制作"版宝"系列表情包。提高版权知识宣传普及水平,营造尊重创作、抵制盗版的良好社会氛围。

2. 开展版权集中宣传

在"4·26 全国知识产权宣传周"期间开展丰富多彩的版权宣传活动。举办以"加强版权保护、创造运用版权、优化营商环境、促进创新发展"为主题的版权保护宣传海报设计大赛,共征集参赛作品 870 份。筹建版权海报"云展馆"项目,探索常态化版权宣传新路径。开展"版权十日谈"——版权知识普及在线打卡活动,围绕大众关心的版权问题,紧扣版权热点事件,策划推出 10 期版权知识普及公益节目《版权十日谈》。组织开展"版权知识百问百答"系列活动,推出《北北的版权小课堂——您关心的著作权法"热"知识》线上小课堂。充分利用新华书店、北方图书城、图书馆、楼宇电子屏等开展形式多样、内容新颖的版权宣传活动,制作推出一批短视频、公益广告、版权宣传海报,24 小时滚动播放。通过抖音、快手、西瓜视频等商业平台及时推送各地各单位开展版权普法宣传的特色做法,使版权保护理念融入生活、深入人心。

五、版权产业发展探索新模式

1. 组织开展版权示范创建推荐评选工作

深入挖掘版权资源,完善培育、选树、管理工作机制,推荐大连市水务集团水资源有限公司等 6 家单位参与全国版权示范创建评选。不断发挥版权示范单位、示范园区(基地)的带动和辐射作用,实现数量与质量"双提升"。

2. 积极推动辽宁版权"走出去"

支持北方国家版权交易中心推动辽宁原创 IP"走出去"活动,推动版权成果转化和运用,促进版权工作与相关产业深度融合发展,提升其行业知名度和影响力,打造辽宁版权品牌企业。

供稿:辽宁省版权局

司法工作

一、抓好司法办案第一要务,全面加强知识产权司法保护

2022年,辽宁法院受理知识产权民事案件12 944件,与2021年受理8040件相比,增幅达61%,在案件增幅较大的情况下案件审理周期平均只增加2天,结案率、案件调撤率和一审服判息诉率等指标均好于2021年。

二、聚焦高质量发展,全力护航辽宁全面振兴

服务创新驱动发展,开展"强化知识产权司法保护"专项活动。深入贯彻《关于依法服务辽宁振兴发展取得新突破的司法措施》,加大对涉及新材料、精细化工等"卡脖子""专精特新"关键核心技术和新兴产业、重点领域的知识产权司法保护力度。公正审理涉数据产权、数据交易、数据市场不正当竞争等案件,服务数字辽宁建设。谨慎审理涉及改造升级"老字号"、深度开发"原字号"、培育壮大"新字号"的知识产权案件,助力提升辽宁制造业核心竞争力,服务智造强省建设。

加强司法行政协作,努力构建"大保护"工作格局。联合省知识产权局印发《关于建立知识产权纠纷在线诉调对接机制的通知》,此后各市中院与辖区知识产权局亦会签相关文件,共同建立有机衔接、协调联动、高效便捷的知识产权纠纷在线诉调对接工作机制。全年共有11个调解组织、110名调解员入驻,结案2943件,其中调解成功2834件,成功率96.29%;涉企结案2902件,调解成功2796件,成功率96.34%。联合省知识产权局出台《关于开展知识产权纠纷行政调解协议司法确认工作的办法(试

行)》,推进知识产权行政调解司法确认工作。构建知识产权保护公检法联席会议机制,实行信息共享,加强沟通联络。大连中院联合市市场监管局发布《关于对重复侵害、故意侵害知识产权的主体向社会予以公布的工作办法》,并向市市场监管局出具司法建议,建议对4名主体的故意侵权行为予以公示。丹东地区法院结合丹东为边境口岸城市的特点,联合海关开展培训,有助于知识产权审判工作人员深入了解国际品牌,为以后涉及奢侈品的知识产权审判工作打下了基础。

完善司法保护进企业助发展机制。辽宁高院聚焦装备制造科技企业面临的知识产权维权实际问题,了解相关行业及企业状态,引导企业依法维权。沈阳中院建立技术密集型企业专人对接工作机制,及时掌握和回应企业的知识产权保护需求。营口中院联合中国(辽宁)自由贸易试验区营口片区管委会及驻地知识产权企业,以线上线下参与的方式召开以"推进知识产权保护·助力法治化营商环境建设"为主题的座谈会,提高知识产权司法保护整体效能。

三、推动司法改革,不断优化知识产权审判体系

不断优化调整知识产权案件管辖布局。根据最高人民法院的有关规定和要求,印发《辽宁省高级人民法院关于调整第一审知识产权民事、行政案件管辖的通知》,2022年5月1日起,全省法院已按新调整的管辖布局受理案件。

深入推进知识产权案件繁简分流。大连中院对知识产权案件适用简易程序作出规定,率先在全省独任审理二审案件。西岗区人民法院不断完善要素式审判工作机制,编写《侵害商标权纠纷案件诉讼要素表》《侵害商标权纠纷案件有效抗辩释明表》等18份审判要素表样本和12份要素式文书样本,简案占新收案件比例为36.34%,平均审理天数为27.86天。

积极促进知识产权纠纷多元化解。沈阳两级法院通过制定《持续深化多元解纷诉源治理工作实施方案》《知识产权特邀调解工作规则》《诉前特邀调解员管理办法》《强化诉前调解工作的实施细则》等一系列文件，成立由速裁法官、法官助理、人民陪审员、人民调解员共同组成的混合调解团队，推动知识产权纠纷多元化解。大连中院深化落实《大连市中级人民法院知识产权案件诉前委派调解实施细则（试行）》，2022年共受理诉前委派调解案件21件，审结17件。大连经济技术开发区法院与大连市仲裁委员会签订《关于建立知识产权案件仲裁与诉讼相衔接工作机制的若干意见》。

推进知识产权审判信息化智能化。积极探索互联网司法新模式，在线办理大量知识产权案件，做到立案"不打烊"、审理"云端见"。沈阳知识产权法庭创新"司法区块链+知识产权保护"的工作机制，搭建了东北地区首家实际投入使用、全国统一联网、支持跨链协同的知识产权司法区块链平台，实现电子卷宗、电子证据、文书日志等内部司法数据和外部电子证据的上链存储。

四、营造司法保护氛围，持续提高知识产权司法公信力

深化司法公开，促进司法公正。充分利用审判流程公开、庭审活动公开、裁判文书公开、执行信息公开四大平台，最大限度地保障当事人和社会公众的知情权、参与权和监督权。庭审直播坚持"以直播为原则，不直播为例外"，知识产权案件审判做到了"应播尽播"。

加大宣传力度，提高司法影响力。辽宁高院坚持重大案件审判活动邀请人大代表、政协委员、律师代表和行业协会代表等参加旁听和座谈交流，传递法院司法保护知识产权的"好声音""正能量"。

开展"4·26世界知识产权日"主题活动，扩大宣传效果。精心筹划和严密实施"4·26全国知识产权宣传周"各项活动。公布知识产权司法保护典型案例，积极回应社会关切。辽宁中院和大连中院作为指导单位，参加了辽宁省第五届大学生知识产权模拟法庭竞赛，有助于增强全社会尤其是大学生尊重、保护知识产权意识，造就、储备知识产权青年人才。

五、加强审判队伍建设，提高知识产权司法审判素能

始终坚持思想政治建设。辽宁高院坚持思想引领、学习在先，深入学习党的二十大精神、习近平法治思想，深刻领悟"两个确立"的决定性意义，增强"四个意识"、坚定"四个自信"、做到"两个维护"。以"两个确立"主题教育为重点，融入实际工作，不断提高思想认识和工作水平。坚持党对司法工作的绝对领导，教育引导干警正确认识每一起案件都与大局相关、与民心相连。

大力提高司法审判业务能力。辽宁高院以提升业务能力为重点，积极加强知识产权专业人才岗位锻炼。深度融入辽宁高院"审学研"一体化机制建设，加强专业人才培养。全省法院有4名知识产权审判法官被评为全省审判业务专家。

供稿：辽宁省高级人民法院
知识产权审判庭

检察工作

一、刑事检察打击犯罪，彰显法律震慑

一是保持打击犯罪高压态势。2022年，辽宁检察机关批准逮捕侵犯知识产权犯罪26件39人，提起公诉117件229人，监督公安机关立案14件17人。严厉打击侵犯知识产权犯罪，办理涉冬奥侵犯知识产权犯罪案件，维护了我国积极履行奥林匹克宪章义务的良好形象；办理侵犯驰名商标白酒系列犯罪案件，保障人民群众"舌尖上的安全"；办理省公安厅、省版权局挂

牌督办的跨省侵犯著作权案件,充分发挥法律监督作用,追诉犯罪嫌疑人,有力维护国家珍贵古文化遗址出版物版权;办理一批涉"大国重器"企业,战略型、领军型企业,上市企业,小巨人企业等被侵犯商业秘密案件,有力保护了高科技企业的创新力、竞争力。二是全面推进知识产权刑事案件权利人权利义务告知工作。高度重视侵犯知识产权刑事案件权利人诉讼权利义务告知工作,年初将其写入《2022 年经济犯罪检察工作要点》,全年三次调研该工作开展情况。针对薄弱环节、薄弱地区,辽宁省检察院有针对性地进行辅导,逐案制定个性化方案,省市县三级院联动纾解告知难题。适时扩大告知案件范围,将以生产、销售伪劣商品犯罪、非法经营犯罪定罪处罚同时构成侵犯知识产权犯罪的案件与侵犯知识产权罪名定罪案件一并纳入应告知对象。2022 年,辽宁省检察机关受理侵犯知识产权一审刑事案件,权利人诉讼权利义务告知率实现100%。三是扩展工作思路,推动"双向衔接"走实走深。大连、鞍山、锦州、朝阳、盘锦等地检察机关在办理侵权假冒案件时,充分落实《最高人民检察院关于推进行政执法与刑事司法衔接工作的规定》,以检察意见的形式,依法督促给予被不起诉人行政处罚,确保行政执法与刑事司法的"双向衔接"。

二、民事检察依法履职,强化诉讼监督

2022 年,辽宁省检察机关受理 3 件涉及知识产权民事监督案件,均未提出监督意见;办理 30 件涉知识产权支持起诉案件。制定《辽宁省检察机关开展依法惩治知识产权恶意诉讼专项监督工作实施方案》。辽宁省检察院决定成立专项监督工作领导小组,下设办公室,日常工作机构设在第六检察部,专项工作由第六检察部(民事检察部)牵头,第七检察部(行政检察部)、第四检察部(经济犯罪检察部)共同开展。各市(分)院也相继建立本地区组织领导机构。

本溪市检察院与本溪市中级人民法院搭建本溪地区检法联动办理涉知识产权案件的交流、学习平台,研究虚假诉讼和恶意诉讼情形相关问题。沈阳市检察院深入街道、社区、乡镇等,着力宣传知识产权恶意诉讼的特点、危害性,提高广大人民群众对知识产权恶意诉讼的认识,引导群众依法维权。丹东地区两级检察机关对 2019 年至 2021 年案件进行梳理,包括裁判结果监督案件、执行监督案件、审判人员违法行为监督案件、支持起诉案件,主要审查是否涉及知识产权、案件是否涉及知识产权恶意诉讼。铁岭地区检察机关重点依托 12345、中国裁判文书网网上数据组建大数据库,经裁判文书网查阅 2021 年涉铁岭地区企业、个人知识产权案件,积极关注相关案件进展。

三、行政检察建立沟通协调机制,探索知识产权保护路径

一是与行政机关建立沟通常态机制。积极发挥防控中心作用,在浑南区沈阳知识产权服务集聚区内设立"检察蓝护航创业者法律服务站 N002"便民、便企窗口,在服务中排查监督线索,发现问题隐患;聘请省知识产权局骨干力量担任检察官助理、听证员,与行政机关增进互动,提升检察机关知识产权保护水平。二是与法院建立沟通机制。与同级法院通过定期和不定期沟通、座谈,了解行政知识产权类别案件的相关情况,从中发现行政检察监督问题。比如有无类似由于商标局在商标审查方面核准不力予以注册引发的诉讼问题。三是检察院内部建立线索移送机制。与刑事检察、控告申诉等部门增强线索发现能力及意识,及时移送工作中发现的行政检察知识产权保护案件线索。四是与企业建立沟通联系。在涉知识产权企业微信群内推送检察官热线,为企业在涉知识产权行政诉讼中提供法律问题的解答,同时注意搜集相关的案件线索。

四、公益诉讼检察大胆尝试,拓展生态农产品知识产权公益诉讼保护

丹东草莓作为辽宁丹东特产、全国农产品地理标志,是属于长白山脉辽东山地丘陵地带的特殊农产品。2017年9月1日,"丹东草莓"国家农产品地理标志登记保护批准实施。丹东市检察机关以此为契机,开展"丹东草莓"地理标志保护公益诉讼检察工作,2022年3月,检察机关发现天猫商户销售的是江苏徐州本地草莓,但在产品上公开标注"现货丹东99牛奶草莓""水果红颜奶油九九大草莓"等字样。检察机关经调查取证查明,"丹东草莓"当时只是农产品地理标志,尚未申请商标注册。本案涉及的假冒"丹东草莓"行为并未使用"丹东草莓"标志,不适合启动公益诉讼知识产权保护。丹东检察机关一方面将案件线索移送销售行为发生地检察机关调查;另一方面,检察机关从规范和促进知识产权角度,向农业农村部门、市场监督部门、草莓协会("丹东草莓"地理标志所有权人)发出社会治理检察建议,督促行政机关积极关注、查处、移送销售假丹东草莓涉及侵害消费者非法权益、侵犯农产品地理标志等知识产权案件线索。

五、完善组织架构,深入推进知识产权检察职能集中统一履行

一是知识产权检察集中履职工作取得实质性进展。2022年底,在辽宁省检察院设立涵盖刑事、民事、行政、公益诉讼检察全覆盖的知识产权检察办公室,统一履行知识产权检察职能。批准沈阳市检察院设立独立的统一履行刑事、民事、行政、公益诉讼检察职能的知识产权检察办公室,筹建工作在持续推进中。大连市检察院成立了由大连市检察院、西岗区检察院、高新区检察院共同派员组建的知识产权检察办公室,开展大连地区知识产权统一履职工作。其余12家市级检察院、61家基层检察院也已实现组建知识产权检察专门办案组或指定专人办理知识产权案件。二是出台细则,集中管辖实现规范化运转。继沈阳市检察院发布《关于知识产权刑事案件集中管辖问题的通知》,明确知识产权刑事案件统一由沈阳高新技术产业开发区人民检察院、沈阳高新技术产业开发区人民法院管辖后,大连、营口分别出台规范文件明确办案规程。4月,大连市检察院知识产权检察办公室制发《大连市检察机关办理侵犯知识产权刑事案件两级联动工作办法》,落实大连地区侵犯知识产权刑事案件集中管辖的检察办案机制。该联动工作办法进一步规范了两级检察机关在办理重大、疑难的侵犯知识产权审查逮捕案件和审查起诉案件过程中的工作机制,细化了案件报告、提请研究以及案件研讨、答复等办案工作的具体规程。2022年底,营口市检察院会同市中级人民法院、市公安局、市知识产权局出台《关于涉知识产权案件集中管辖的暂行规定》,明确营口地区涉知识产权案件集中办理、统一履职等事项。

六、加强部门联动配合,全面提升检察工作质效

进一步加强与省市场监督管理局、省知识产权局、省药品监督管理局、省农业农村厅、省发展与改革委员会、省商务厅等部门的密切联系配合。一是建章立制,使行刑衔接有章可循。辽宁省检察院与省市场监督管理局、省知识产权局等部门签订《辽宁省市场监管领域行政执法与刑事司法衔接工作实施细则》《商业秘密保护管理规范》,进一步明确了辽宁省市场监管领域两法衔接工作的依据及商业秘密的地方标准;与省农业农村厅共同制定《关于保护种业知识产权打击假冒伪劣套牌侵权营造种业振兴良好环境的指导意见》,完善多部门协作框架,提高种业知识产权保护水平。二是通力协作,取得最优质效。根据省政府知识产权办公会议的要求,省检察院积极履行检察职能,提前部署、全力配合,圆

满完成国家知识产权局对各省的知识产权保护工作的检查考核任务。同时,配合省知识产权局出台考评方案,共同推进知识产权保护有关工作有序开展。三是引进外脑,为专业工作借鉴他山之石。省检察院引进省市场监督管理局专家为辽宁省检察院特邀检察官助理,在知识产权保护等工作中,发挥专业优势。两位特邀检察官助理,面向全省范围授课;同时助力案件查办,推动两法衔接协同配合走向更深处。沈阳高新区检察院聘任浑南区市场监督管理局、自贸区市场监督管理局的 6 名同志为特邀检察官助理。办案中,特邀检察官助理与承办检察官共同深入研究与案件有关的法律政策,对涉案专业问题进行解释和说明,共同起草出庭预案并协助检察官出席法庭;积极发挥各自领域专业优势,弥补专业知识短板,破除检察办案中遇到的专业知识壁垒,实现知识产权行政执法与刑事司法有效衔接,共同构建起"检察机关牵头、知识产权行政主管部门联动"的知识产权风险防控工作机制。

供稿:辽宁省人民检察院
知识产权检察办公室

吉 林 省

知识产权工作

一、专利

2022 年,全省有效发明专利授权量 26 420 件,同比增长 21.8%。在国家知识产权保护工作检查考核中获得优秀等次。以省委办公厅、省政府办公厅文件印发实施《吉林省贯彻落实〈知识产权强国建设纲要(2021—2035 年)〉工作方案》。省政府与国家知识产权局印发《共建新产业体系知识产权强省实施方案》,开展局省合作会商。将"知识产权保护中心建设"纳入 2022 年省政府工作报告,将"加强知识产权保护和运用""强化种业知识产权保护"纳入 2022 年国务院《政府工作报告》涉及本省重点工作任务分解表和 2022 年省政府重点工作目标责任制目标任务。省委、省政府将知识产权保护工作列入对市(州)政府绩效管理考评体系,同时纳入省管领导班子和领导干部年度考核内容。省政府督查室对各市(州)政府开展知识产权强国建设工作督查考核。

2022 年,省知识产权局、省法院、省检察院、省公安厅等部门联合建立知识产权纠纷在线诉调对接、协同保护、案件移送等工作机制。省知识产权局、省贸促会、省版权局、长春海关建立知识产权保护合作机制,在展会执法、海外预警、海外维权等方面加强沟通协调和工作联动。组织开展专利、商标、地理标志、奥林匹克标志等领域知识产权保护专项行动,办理专利侵权纠纷案件 227 件,侵犯奥林匹克标志专有权案件 8 件,查办其他知识产权案件 125 件,案值 92.23 万元,罚没 143.24 万元。9 个市(州)知识产权纠纷人民调解委员会全部入驻人民法院调解平台,录入调解员 40 名,实现调解组织在线调解全覆盖。新建 12 家维权援助工作站,总数达 103 家,实现省、市、县三级全覆盖。省知识产权局推行"五段式"行政执法模式,印发《全面加强市场监管综合执法工作实施方案(2021—2023 年)》,确定知识产权法制审核员 39 名,聘任 24 名知识产权行政保护技术调查官。举办知识产权行政执法等培训班,培训基层执法人员 1600 余人次。编制《海外知识产权纠纷案例汇编》,发放 1000 余份,为企业化解知识产权涉外风险提供遵循。

2022 年,长春市获批国家知识产权强市建设示范城市,四平市、船营区、通化县、公主岭市、长春新区分别获批国家知识产权试点城市、试点县和试点园区。首批确定长春市、四平市、公主岭市、舒兰市开展省级知识产权保护示范区创建工作。93户企业获批国家知识产权优势示范企业。围绕"六新产业"领域，支持建设 8 个省级专利导航服务基地，支持 15 户企业开展专利导航项目。打造长春知识产权生态小镇，建成知识产权运营服务大厦，运营服务平台上线运行，引进 24 户优质服务机构。印发《吉林省专利开放许可试点工作方案》，发布 12 家单位 432 件开放许可专利，签订 5 份专利许可协议。

2022 年，吉林省获得第二十三届中国专利奖中国外观设计金奖 2 项、中国专利优秀奖 5 项。印发《关于做好 2022 年吉林省知识产权信息公共服务网点工作有关事项的通知》，开展知识产权公共服务体系建设，在建成吉林省、长春市知识产权信息服务中心的基础上，先后在延边州和辽源市成立 2 家地市级知识产权信息公共服务机构。省内技术与创新支持中心、高校知识产权信息服务中心、国家级和省级信息公共服务网点共有 652 名服务人员，开展服务 3.1 万次，服务企业 1865 家，举办线上线下培训 314 次、培训 1.4 万余人次，发布知识产权公共服务报告 37 份，专题数据库访问量 1.4 亿次。组织"知识产权服务企业基层行"活动，为 70 余家市场主体提供量身定制的知识产权信息服务。2 个案例成功入选 2022 年首批全国知识产权信息服务优秀案例。组织 36 家代理机构签订《知识产权代理行业自律倡议书》。

2022 年，省知识产权局联合省法院、省检察院、省公安厅等六部门，共同举办宣传周启动仪式，刊发《吉林市场监管报》"4·26"专刊，开发"2022 吉林省知识产权宣传周"微信小程序以开展普法宣传，总访问量近 2.5 万人次。吉林省、长春市知识产权保护中心通过地铁媒体、公交站点投放知识产权公益宣传广告。知识产权宣传周活动期间，广泛开展知识产权"五进"活动 140 余场次。通过新闻媒体、微信公众号等公开发布知识产权保护典型案例 5 批 31 件。

高效运行吉林省、长春市 2 个国家级知识产权保护中心，开展快速审查、快速确权、快速维权以及协同保护，截至 2022 年底，完成创新主体注册通过 764 家，接收专利申请预审案件 1172 件，获得授权 363 件。代办业务全面推行网上申请、网上审查，全年受理审查专利收费减缴备案 9686 件，为创新主体节省费用 1.1 亿元；完成专利电子申请受理审查 40 082 件，均实现"零跑动"；将 567 件高价值专利申请推荐至国家知识产权局进行优先审查；为 106 家企业的 466 件专利办理专利权质押登记，质押融资 17.36 亿元。在省知识产权保护中心设立长春专利代办处北湖工作站，实现专利代办和预审业务"一地办理"。

二、商标

2022 年，全省有效注册商标 356 321 件，同比增长 15.02%。编制《商标品牌指导站工作指南》，指导商标品牌指导站面向辖区内市场主体提供一站式知识产权指导服务，全年各指导站服务各类市场主体 2684 个，累计服务 4202 次，指导网上办理商标业务 3525 次，网上办理商标注册 6107 件，办理商标权质押 15 件，质押金额 9.69 亿元。全面梳理、归集全省地理标志商标资源数据，公示吉林省已备案使用地理标志商标的市场主体名单，帮助市场主体树立品牌意识，促进特色产业发展。

三、地理标志

获批 2 个国家地理标志产品保护示范区，3 个产品入选中欧地理标志产品互认互保名录。推进梅河大米、白城绿豆国家地理标志保护产品示范区建设，引导 19 户企业积极使用专用标志。组织开展吉林长白山人参和露水河红松母林籽仁 2 个地理标志保护产品中欧地理标志互认受理公示工作,推动吉林特色产品出口。拍摄《走进吉林地理标志》宣传片,扩大地理标志产品知名度。

供稿:吉林省知识产权局

版权工作

2022年,吉林省版权局积极加大版权服务力度,持续加强对重点领域的版权监管,全面查处侵权盗版案件,努力推动软件正版化工作,扎实开展版权示范园区(基地)、单位创建工作,全面提升管理服务效能。全省共有4个单位(9个专案组)、10名个人获评国家版权局2021年度查处重大侵权盗版案件有功单位和有功个人;2家单位被评为全国版权示范单位。

一、版权执法监管体系不断完善,执法力度不断提升

持续开展侵权盗版专项整治、不断加强网络版权监管、加大重大案件督查督办力度,积极开展版权执法协作,健全和完善版权执法监管体系。在开展好版权日常监管工作的基础上,抓住重点领域、重大节日、重要活动、重点人群四个维度进行重点部署。

一是抓住互联网这一重点领域,会同省网信办、省通信管理局、省公安厅等单位连续开展打击网络侵权盗版"剑网"专项行动,面向各类互联网侵权行为有针对性地进行重点治理。

二是抓住元旦、春节、五一国际劳动节、国庆节等重大节日对全省电影放映机构进行教育和监督,严厉打击院线电影盗录和传播行为,规范电影市场版权秩序。

三是抓住冬奥会、冬残奥会等重要国内外活动契机,组织执法力量进行市场监控和检查,针对奥林匹克标志、体育赛事转播、吉祥物规范运用等开展版权监督教育。

四是抓住需要保护的重点人群——青少年,开展有针对性的版权保护活动。吉林省版权局、省新闻出版局、省扫黄打非工作领导小组办公室会同省公安厅、省教育厅、省文化和旅游厅联合印发《关于加强青少年版权保护工作的通知》,组织开展全省保护青少年合法权益版权保护专项行动。

2022年,全省有2起侵权案件被中央宣传部版权管理局列为挂牌督办案件。

二、软件正版化工作持续推进

作为省推进使用正版软件工作联席会议的牵头部门,吉林省版权局积极发挥组织协调和业务指导作用,与各成员单位密切配合,加强督导检查,狠抓整改落实,建立长效工作机制,全面推动软件正版化工作。

2022年,调整省推进使用正版软件联席会议工作机构。由省委常委、宣传部部长担任联席会议总召集人,省委宣传部副部长、省新闻出版局(省版权局)局长担任召集人。调整结束后,省推进使用正版软件工作联席会议办公室(省版权局)组织召开了全省推进使用正版软件工作联席会议。会上通过了《吉林省2022年推进使用正版软件工作计划》,调整了联席会议成员和联络员,对吉林省持续推进使用正版软件工作进行了全面部署。省卫健委、省教育厅、省工商联、省国资委等行业主管部门在会上进行了交流发言。会后,联席会议办公室聘请第三方公司,对部分地区的党政机关、省级党政机关、省国资委监管企业及重点行业共计67家单位开展了软件正版化工作检查。2022年,全省共采购正版操作系统软件1562套,采购金额133.8万元;采购正版办公软件1534套,采购金额141.5万元;采购正版杀毒软件1411套,采购金额54.4万元。采购正版软件总数4507套,采购金额总计329.7万元。

三、版权示范创建在政策引领作用下全面展开

培育全省版权保护示范单位和示范园区(基地)一直是吉林省版权社会服务工作的重点。全省各级版权管理部门积极推

动、加强政策引导;深入调研、拓宽版权示范领域;分层培训、不断提升基层版权服务能力;广泛宣传和突出版权示范效果,取得了较好的成绩。2022 年,全省创建全国版权示范单位 2 个,省级版权示范单位 5 个。

围绕乡村振兴战略,主动寻找版权保护服务"三农"的发力点,为农民作品版权的运用和推广探索崭新路径,依托新时代文明实践中心,分批次设立农村版权保护服务工作站,开展农村版权保护服务试点工作。在设立的农村版权服务工作站中,涌现出许多农民作品版权创新亮点。全省各地积极推动,将农村版权服务工作站与版权示范创建工作进行有机衔接,为全省各个区域内企业的版权创造、运用、保护和管理提供了有针对性的服务。截至 2022 年底,全省已设立 19 家农村版权服务工作站。

四、版权宣传工作效能全面提升

全省版权管理部门通过开展"4·26 世界知识产权日"主题宣传活动、制作播放版权公益宣传片、配合"剑网"行动和其他执法监管行动,开展重点专题宣传,建立案件公开发布制度,积极拓宽版权宣传渠道,提升工作效能。

在完成好抗击疫情重要任务的同时,组织全省版权管理部门积极联动,开展了形式丰富的线上版权保护宣传教育活动,制作的版权保护公益广告在《中国新闻出版广电报》上整版刊发,取得良好效果。吉林省公众的版权认知度逐年上升,尊重知识、尊重创作、尊重版权的良好社会氛围逐步形成。

供稿:吉林省版权局

司法工作

2022 年,吉林省立足审判工作,积极发挥知识产权司法保护主导作用,加强审判监督指导和审判机制建设,为吉林省优化营商法治环境和知识产权创新工作提供了优质的司法服务和保障。

2022 年,吉林省各级人民法院共审理知识产权案件 5553 件。其中,知识产权民事案件 5508 件,刑事案件 45 件。已结 5402 件,总体结案率 97.28%。

一、实施知识产权精品工程战略

在吉林高院制定的《吉林省高级人民法院关于知识产权精品工程实施意见(试行)》规则指引下,全省各级人民法院积极挖掘和培育知识产权精品案例、精品庭审。吉林高院民三庭撰写的一件 KTV 侵权案例分析获得全国法院系统 2022 年度优秀案例分析三等奖;长春知识产权法庭的一起生态农业公司发明专利侵权案和体育文化公司录音录像制作者权侵权案入选最高人民法院司法案例研究院编著的《知识产权新规则案例适用》。在 2022 年度全省法院优秀裁判文书、优秀庭审的评选中,2 件知识产权裁判文书获得一等奖、1 件获得二等奖、1 件获得三等奖;1 件知识产权案件庭审获得一等奖。

二、强化分析研判和专题调研

为进一步提升"吉林制造""吉林智造"竞争力,长春知识产权法庭围绕吉林地方特色种业知识产权保护问题申报开展调研课题,现已结题。长春知识产权法庭撰写调研课题《商标恶意抢注行为的法律规制研究——以助力加快建设全国统一大市场为目标》获评全省法院 2022 年度优秀司法研究课题一等奖。

三、加强府院联动,发挥司法延伸功能

长春知识产权法庭协助长春市人大起草《关于加强知识产权司法保护工作的决定》并经长春市人大常委会通过,为推动刑事案件批捕、起诉集中管辖奠定制度基础,促进了民事维权、行政查处、刑事制裁有效衔接。

四、确定知识产权一审管辖法院

根据最高人民法院《关于第一审知识

产权民事、行政案件管辖的若干规定》,大部分民事、行政知识产权案件一审管辖权下放至基层法院。根据最高人民法院的要求,调研全省知识产权案件地域分布情况,在各市、州挑选基层人民法院确定为知识产权民事、行政案件一审管辖法院,并确定其管辖区域,根据经济水平确定适合的民事案件管辖诉讼标的额标准,上报给最高人民法院,协助其确定最终管辖标准。在2022年的知识产权司法审判中,各地基层管辖法院承担的民事知识产权一审案件量占全省的21.9%。

五、开展知识产权普法宣传

为迎接"4·26世界知识产权日",开展"全面开启知识产权强国建设新征程"主体知识产权宣传周活动。长春知识产权法庭在微信公众号上推出《普法小课堂》视频专辑以及《知识产权值多少》普法宣传长图文;通化中院对当地知名药企修正药业开展走访调研,参加电台节目录制;吉林高院法官走进广播电台直播间进行普法宣传,对长春光机所等科研机构进行走访调研。

六、协助完成国家知识产权保护工作检查考核

2022年初,国家知识产权局通报2021年国家知识产权保护工作检查考核结果,吉林省知识产权保护工作再次被评定为优秀等次。吉林高院民三庭作为迎检工作成员,认真落实中央、省委关于知识产权工作的部署要求,积极提供知识产权司法保护的材料依据,撰写考核说明材料,并多次到省知识产权局参加领导小组报告会,根据领导小组的要求修改、完善迎检材料,为迎检工作做出突出贡献。

七、开展知识产权培训工作

12月15日,吉林高院民三庭一名法官通过"钉钉"App以"著作权侵权案件审理思路"为题对全省从事知识产权审判工作的法官及助理进行培训。10月24日,该法官走进省检察院,为全省检察干警培训吉林省知识产权案件审理情况及审理思路。

八、做好"4·26"知识产权日宣传工作

吉林高院民三庭拟定2022年吉林省知识产权审判情况白皮书及十大知识产权典型案例,并召开发布会向新闻媒体及社会公布。同时号召全省各级法院开展相关知识产权宣传工作,延伸司法服务功能,营造良好营商环境。

九、统一KTV著作权侵权纠纷案件损害赔偿标准

吉林省知识产权案件中KTV经营者著作权侵权纠纷案件数量占比较大,且各地区均有此类案件分布。实践中,各地区判赔标准从几十元到400元不等,差距较大,造成权利人与侵权人均不能息诉服判,不利于纠纷化解。为统一全省卡拉OK侵权案件赔偿标准,加强类案指导,提高案件审判质效和司法公信力,吉林高院民三庭制定了卡拉OK侵权案件赔偿标准细则。

十、服务科技创新,做好重点领域知识产权司法保护

依法妥善审理涉及制造业、战略性新兴产业、现代服务业、数字经济等领域知识产权案件,加大对涉及大数据、人工智能、基因技术等领域新业态司法保护工作的研究,助力提升全省产业链、供应链、价值链现代化水平。

十一、服务"一带一路",树立知识产权司法保护良好国际形象

深入推动知识产权司法保护融入长春新区、中韩(长春)国际合作示范区、珲春海洋经济发展示范区、梅河口先行示范区建设。把知识产权司法保护工作作为建设延边东北亚区域国际商事争端解决中心的重要内容,为更高水平对外开放提供法治保

障。加强与东北亚区域国家知识产权交流合作,以中韩(长春)国际示范区等国际合作园区为重点,做好知识产权对外开放司法服务工作。

十二、延伸司法功能,推动完善全省知识产权保护制度体系

完善多元化纠纷解决机制,加强与省知识产权局合作,建立起有机衔接、协调联动、高效便捷的知识产权纠纷在线诉调对接工作机制。加强与行政执法、检察、公安的合作,建立健全知识产权全链条的保护工作机制。探索形成完善的行政执法和司法衔接机制,促进知识产权行政执法标准和司法裁判标准统一。

供稿:吉林省高级人民法院
知识产权审判庭

检察工作

一、聚焦关键领域,严厉打击侵犯知识产权犯罪

2022年,全省检察机关充分发挥批捕、起诉职能,共受理提请批捕侵犯知识产权犯罪30件99人。批准和决定逮捕15件44人,不批准逮捕16件56人。共受理移送起诉侵犯知识产权犯罪76件264人,起诉36件103人,不起诉19件52人。监督公安机关立案5件6人。强化案件督办指导,对最高人民检察院知识产权检察办公室等六部门联合挂牌督办的延吉市金某等人侵犯著作权案进行专门跟踪督办,下发《关于进一步规范侵犯知识产权案件量刑建议工作的提示》,进一步规范全省侵犯知识产权案件量刑建议工作,提高确定刑量刑建议适用比例。

二、集中统一履职,全面加强知识产权综合司法保护

发布《关于对全省涉知识产权检察案件进一步加强指导的通知》,全面加强对全省涉知识产权案件的统一协调、指挥、督导,统筹推进知识产权综合司法保护工作全面开展。下发《关于加强经济犯罪检察与公益诉讼检察衔接协作的工作意见》,在严厉打击电信网络诈骗、生产销售伪劣商品、侵犯知识产权等经济犯罪的同时,全面加强个人信息、食品药品安全等领域社会公共利益保护。如在一起以深井水过滤的方式生产桶装水冒充"泉阳泉""农夫山泉""娃哈哈"等多个品牌制假售假案件办理中,长春市检察院知识产权检察办公室在依法提起公诉的同时,支持省消费者协会提起民事公益诉讼。经法院开庭调解,被告人在依法承担刑事责任的同时,承担销售假冒注册商标商品赔偿金93 366元并在新闻媒体上公开发表道歉声明,案件办理取得良好效果。发挥案例指导作用,编发知识产权综合司法保护专题简报,选取本省办理的2件知识产权综合司法保护典型案例印发全省,供全省知识产权检察条线在具体工作中参考。

三、服务知识产权强省建设,积极构建知识产权协同保护机制

主动对接中国(吉林)、中国(长春)知识产权保护中心,与省知识产权局会签《关于强化知识产权协同保护工作的意见》,就双方在建立常态化联络机制、推动实现信息共享、加大业务与办案协作及专业化人才交流培养等方面加强协作配合作出明确规定。探索建立知识产权检察案件专家咨询、专家辅助人参与办案制度,商请省知识产权局一次性向检察机关推荐24名技术调查官和2名特邀检察官助理,为检察机关办理知识产权案件提供技术性支持。

四、积极参与社会治理,有力推进行刑衔接

在监督办案过程中,省检察院知识产权检察办公室要求全省知识产权检察条线自觉、主动融入国家治理,针对案件办理中

发现的社会治理倾向性、苗头性问题,加强与知识产权管理部门等的协作,健全行政执法与刑事司法衔接机制,落实好案件线索移送机制,完善检察机关与行政执法机关、公安机关、审判机关、监察机关等的信息共享、案情通报、案件移送制度,实现行政处罚与刑事处罚无缝对接,不断加强对侵犯知识产权、食品药品安全、产品质量等与人民群众生命安全、身体健康息息相关的市场监督管理领域违法犯罪行为的打击力度。2022年,检察机关作出相对不起诉决定后共移送行政机关行政处罚5人,行政机关已作出行政处罚3人。

五、创新工作思路,扎实推进知识产权恶意诉讼专项监督工作

就全省知识产权恶意诉讼、权利滥用、批量维权、商业维权等的诉讼和行政执法现状,开展针对性摸排调研,并在此基础上梳理形成涉及17项知识产权恶意诉讼具体表现的专项监督重点关注清单,为全省扎实开展专项监督提供有力抓手。2022年10月,邀请省法院专门审理知识产权案件的资深法官为全省知识产权检察条线开展专题培训。全省三级院积极对接民事裁判智慧监督平台、执法司法办案业务协同系统等大数据监督平台,全面开展知识产权相关案件数据筛查。截至2022年底,松原地区已对2017年以来本地区共153件涉知识产权相关案件情况筛查完毕,吉林地区已对2017年以来本地区706件知识产权民事案件全面筛查完毕。

供稿:吉林省人民检察院
知识产权检察办公室

黑龙江省

知识产权工作

一、加快实施知识产权强省战略和"十四五"规划

深入贯彻落实《黑龙江省知识产权强省建设纲要(2021—2035年)》(简称《纲要》)《黑龙江省"十四五"知识产权保护和运用规划》(简称《规划》),发挥黑龙江省知识产权战略制定和实施工作领导小组办公室牵头作用,制定《2022年黑龙江省知识产权强省建设和规划实施工作要点》,发布《2021年黑龙江省知识产权保护状况》白皮书,组织召开"推进知识产权强省建设"新闻发布会、《纲要》《规划》线上解读培训会,编制解读手册。

二、激励高水平知识产权创造,推动高质量发展

2022年,发明专利授权8519件,同比增长34.43%,超全国平均增速近2倍。截至2022年底,有效发明专利拥有量达到39 256件,同比增长19.85%。每万人口高价值发明专利拥有量4.01件。有效商标注册量达451 792件,同比增长15.01%。驰名商标105件,地理标志保护产品73个,地理标志商标108件。哈尔滨市入选国家知识产权强市建设示范城市,牡丹江市入选国家知识产权强市建设试点城市,铁力市、五常市入选国家知识产权强县建设试点县,双鸭山市饶河东北黑蜂国家地理标志产品保护示范区获批筹建。全国首个《知识产权试点示范园区建设与运行规范》省级地方标准批准发布。加大知识产权优势企业培育力度,首次认定企业高价值发明专利培育中心4家,新增国家知识产权优势示范企业25家,958家企业通过《企业知识产权管理规范》国家标准认证。完成2022年度知识产权促进高质量发展企业奖补资金兑现工作,支持企业205家,发放奖补资金超过2500万元。获第二十三届中国专利奖金奖

1 项、银奖 1 项、优秀奖 7 项。完成首届黑龙江省专利奖评选表彰工作,省政府印发授奖决定,奖励奖金 700 万元。

三、强化知识产权保护,优化营商环境

组织指导开展知识产权行政保护专项行动,获批国家专利侵权纠纷行政裁决规范化建设试点,办理知识产权行政执法案件 828 件、专利侵权纠纷案件 155 件。与省法院、省检察院、省公安厅、省市场监管局、哈尔滨海关联合印发《关于进一步健全知识产权保护协作机制的意见》,商标、专利跨部门保护协作机制有效运行。知识产权纠纷调解组织实现市(地)级全覆盖,纠纷诉调对接机制稳步推进,全年共办理知识产权纠纷调解案件 1311 件。建立哈大齐国家自主创新示范区知识产权一体化保护协作机制。通过国家第一批地理标志产品专用标志使用核准改革试点验收并延续开展第二批试点工作,全年共核准专用标志使用企业 138 家。在全国 20 个开展使用核准改革试点省份中,黑龙江省核准备案材料数量和质量实现双优,复检合格率 100%,列全国第一。组织开展专用标志使用行为"双随机、一公开"抽查检查。持续开展"蓝天"专项整治行动。完成 2022年专利代理机构"双随机、一公开"抽查,持续开展打击非正常专利申请工作,加强对专利、商标代理机构的监管。加强维权援助志愿者队伍建设,建立海外维权援助专家库。建成维权援助工作站 32 个,实现市(地)全覆盖。在全国率先出台系列文件推进维权援助工作站、商标品牌指导站、地理标志产品保护示范区标准化、规范化、特色化建设。推进商标品牌指导站规范化建设,截至 2022 年底,已建成商标品牌指导站 46 家,支持助力黑龙江省企业强化品牌建设。发挥省优化营商环境知识产权创造、保护和运用工作专班牵头作用,全年共制定出台各项政策制度 28项、创新举措 7 项,各市(地)营商环境评价知识产权指标水平明显提升。

四、大力提高知识产权运用效益,支持实体经济发展

推广《专利导航指南》系列国家标准,新增 3 家建设主体,专利导航服务基地 10家。完成装备制造产业、生物产业、工业机器人、石墨产业等专利导航分析项目,为黑龙江省重点产业发展提供决策参考,取得较好反响,受到省政府主要领导和分管领导的肯定。不断强化对重点企业的指导、支持和服务。推进黑龙江省知识产权运营促进中心、黑龙江省生物产业知识产权运营中心建设,11 个市(地)成立知识产权运营机构。成立哈大齐国家自主创新示范区知识产权运营联盟。组建省知识产权金融服务联合体,质押融资工作全流程实现"一压三减"。知识产权金融服务联合体入选中国(黑龙江)自由贸易试验区第六批省级创新实践案例,13 个市(地)跟进建立知识产权金融服务联合体或多元化知识产权金融服务协调机制。2022 年全省专利商标质押融资登记金额 30.72 亿元,较上年翻了一番。据国家知识产权局通报的全年数据,黑龙江省 2022 年专利许可 379 次,专利出让 4743 次。面向黑龙江省内高校、院所、企业开展专利开放许可供需对接服务活动,是全国除国家知识产权局确定的专利开放许可试点省份外首个开展开放许可工作的省份,征集有开放许可意向的专利项目 2463 项,首批发布 64 项。

五、增强知识产权服务质量,积极提升服务水平

黑龙江省知识产权保护中心开展专利预审、维权援助、专利导航工作,实现了装备制造产业、生物产业领域的专利快速授权。全年累计接收专利预审申请 460 件,预审合格进入快速审查通道的 264 件,已获得国家知识产权局授权 145 件,实现黑龙江省创新主体重点产业专利的快速授

权。加快公共服务体系及市（地）知识产权公共服务节点建设。建成市（地）级公共服务节点机构 13 个，实现全省市（地）全覆盖。积极开展"4·26 全国知识产权宣传周"活动，围绕"全面开启知识产权强国建设新征程"主题进行广泛宣传，营造浓厚的知识产权文化氛围。

供稿：黑龙江省知识产权局

版权工作

2022 年，黑龙江省版权工作以习近平新时代中国特色社会主义思想为指导，紧紧围绕学习贯彻党的二十大精神、省第十三次党代会及省委全会精神，认真落实《知识产权强国建设纲要（2021—2035 年）》《版权工作"十四五"规划》，扎实推进版权执法监管、软件正版化、版权社会服务和宣传培训等工作，为服务宣传思想工作大局、维护意识形态安全、促进文化繁荣发展做好版权支撑。

一、加大版权执法力度，维护版权保护秩序

按照国家部署、围绕重点治理领域和重要时间节点，组织开展北京冬奥会版权保护专项整治、打击院线电影盗录传播专项行动、青少年版权保护专项行动、打击网络侵权盗版"剑网 2022"专项行动，有力震慑了侵权盗版违法者，有效维护了著作权人合法权益。全省出动执法人员 15 930 人次，检查经营单位 9566 家次，查处侵权盗版行政案件较 2021 年增长 30%。与省委网信办、省公安厅等九部门联合制定关于在打击侵犯著作权违法犯罪工作中进一步加强衔接配合的机制。与省公安厅对哈尔滨"6·22"、鸡西"5·05""4·14"侵犯著作权案件联合进行省级挂牌督办。其中哈尔滨"6·22"和鸡西"5·05"侵犯著作权案，涉案人员多、侵权范围广、涉案金额巨大、办案难度高，已被国家版权局、公安部食药

环局等六部门联合挂牌督办。黑龙江省 1 家单位和 3 名执法人员分别获得国家版权局"2021 年度查处重大侵权盗版有功单位和有功个人"荣誉称号。

二、推进软件正版化工作，巩固版权工作成果

黑龙江省充分发挥联席会议制度优势，及时调整联席会议成员单位的成员和联络员，由省委常委、宣传部部长担任总召集人，为黑龙江省软件正版化工作的深入开展提供了组织保障。制定印发《黑龙江省 2022 年软件正版化工作计划》，组织召开 2022 年黑龙江省推进使用正版软件工作联席会议。组织联席会议成员单位，聘用第三方机构对 97 家省市政府机关和省国资委出资企业开展软件正版化检查。推进使用正版软件工作部际联席会议联合督察组对黑龙江省软件正版化工作进行督查，并通报了在核查的所有计算机中，使用的均为正版软件。

三、提升版权社会服务能力，优化版权保护环境

为加强民间文艺作品版权保护，黑龙江省版权局按照《关于开展民间文艺版权保护与促进试点工作的通知》要求，组织省内具有开展民间文艺版权保护与促进试点工作意愿的地市进行申报，佳木斯市入选全国首批民间文艺版权保护与促进试点城市。为充分发挥版权示范单位示范引领作用，佳木斯哲艺堂赫哲鱼皮文化传播有限公司等 3 家单位被评为"全国版权示范单位"，认定哈尔滨市龙江半亩堂书店等 7 家单位为省级版权示范单位。与省文联、省作协联合开展"我与版权"主题作品征集活动，共评选出版权理论探索奖、最佳视觉冲击奖、优秀内容贡献奖、新媒体表现奖、最佳版权故事奖等 11 个奖项 54 件作品。充分发挥省版权协会的作用，优化登记流程，规范审查标准，全年完成作品登记 7132

件,较 2021 年增长 150%,攻坚克难完成对 1995 年以来 1.4 万件作品登记档案抢救性整理。

四、加强版权宣传培训,营造版权保护氛围

黑龙江省版权局围绕"全面开启版权强国建设新征程"主题,组织开展黑龙江省"4·26 全国知识产权宣传周"版权系列宣传活动。在极光新闻、龙头新闻、学习强国等多个平台联动发布版权公益宣传海报、宣传短片,累计点击量达 5 万余次,扩大版权宣传,提高公众版权保护意识。联合团省委、省教育厅组织开展第三届黑龙江省大学生版权征文活动,征文总数量较 2021 年增长 83%。通过龙江讲坛组织开展著作权法公益讲座,与省文联联合举办文艺维权培训班,举办 2022 年全省推进软件正版化工作业务线上培训班。各市(地)版权相关工作人员、文联系统权保干部、广大文艺工作者、省推进使用正版软件工作联席会议各成员单位、省直各有关单位、省国资委出资企业等 3400 余人参加培训。

供稿:黑龙江省版权局

司法工作

一、以执法办案为中心,依法妥善审理知识产权案件

2022 年,受理各类知识产权一审案件 2448 件,审结案件 2527 件,结案率 103.2%。与 2021 年同期相比,新收案件数量增加 81 件,增长率为 3.4%;结案数量增加 320 件,增长率为 14.5%。其中,民事案件一审新收案件 2417 件,审结 2490 件,结案率 103%;刑事案件一审收案 29 件,审结 35 件,结案率 120.7%;行政案件一审收案 2 件,审结 2 件,结案率 100%。

在新收民事一审案件中,商标权纠纷 869 件,著作权纠纷 954 件,专利权纠纷 150 件,不正当竞争纠纷 99 件,植物新品种纠纷 6 件,知识产权权属等其他纠纷 339 件。与 2021 年同期相比,著作权纠纷、不正当竞争纠纷增幅较大。在新收的刑事一审案件中,销售假冒注册商标的商品罪 10 件,侵犯著作权罪 8 件,假冒注册商标罪 8 件,非法制造、销售非法制造的注册商标标识罪 3 件。

在审结的 2490 件民事一审案件中,以撤诉方式结案 1563 件,撤诉率 62.8%;以调解方式结案 95 件,调解率 3.8%,总体调撤率 66.6%;以判决方式结案 711 件,一审服判息诉率 90.29%。

二、不断完善司法保护机制,有效提升司法保护效能

优化管辖机制。立足法院审级职能定位改革,起草知识产权民事、行政案件管辖改革方案,同时指导各相关法院做好组建专业团队、加强改革宣传等工作。经最高人民法院批准,自 2022 年 5 月 1 日起,16 家指定基层法院开始集中管辖知识产权民事、行政一审案件。截至 2022 年底,相关基层法院共受理知识产权民事一审案件 939 件,审结 844 件。

完成知识产权民事、刑事和行政案件审判"三合一"改革。与省检察院、省公安厅联合下发《关于办理知识产权刑事案件若干程序问题的意见》,知识产权刑事案件集中到指定法院管辖,全面完成"三合一"改革。协调省委机构编制委员会为所有管辖知识产权案件的中级、基层法院审判庭加挂"知识产权审判庭"牌子,印发《黑龙江省高级人民法院关于全面推进知识产权审判"三合一"工作的实施方案》,进一步指导"三合一"工作落地见效。

探索符合知识产权诉讼规律的裁判方式。细化审判专业领域,合理优化诉讼流程,实现"专、精、快、好"审理案件。定期统计并通报全省法院知识产权系列案件数据,针对系列案件特点加大调解力度,促进实质性解决纠纷。以示范性判决促成系列

案件和解,化解全省各地法院的 187 起相关案件,有效减轻当事人诉累,"案结事了"成果凸显,相关做法被黑龙江省委办公厅《黑龙江信息》刊载,取得良好社会效果。开展知识产权民事案件繁简分流调研,在总结齐齐哈尔中院知识产权民事案件裁判文书样式简化试点经验基础上,调研形成《关于探索在全省法院推广知识产权民事案件繁简分流的调研报告》。2022 年全省法院知识产权民事一审案件平均审理天数为37.42 天,同比缩短 42.7 天,降幅 53.3%;刑事一审案件平均审理天数为 49.28 天,同比缩短 6.18 天,降幅 2%,审判效率得到有效提升。

推进惩罚性赔偿与罚金刑制度适用。发布判赔金额达 300 万元的"德美亚"商标侵权纠纷惩罚性赔偿案例及罚金数额为2100 万余元的侵犯商标权罪案,充分发挥以案示警作用。加大对侵犯知识产权犯罪的打击力度,注重涉案财物处置及财产刑运用,强化刑罚威慑功能,全年审结的知识产权刑事案件共计判处罚金 3240 万余元,有力震慑知识产权违法犯罪行为。

强化审判队伍专业化建设。通过视频形式举办全省法院知识产权审判业务培训班,分别围绕商标权、著作权等审判实务进行授课,为进一步提升知识产权审判业务水平奠定基础。2022 年,共有 4 名知识产权法官被评为黑龙江法院审判业务专家。

三、强化协同保护,推进行政执法与司法有效衔接

突出种业知识产权保护。立足黑龙江是农业大省、产粮大省的实际,与黑龙江省农业农村厅签署种业知识产权协同保护合作备忘录,深化双方在业务会商、案件协同、信息共享、跨区保护及多元化解等方面的交流合作,七家单位联合制发《保护种业知识产权打击假冒伪劣套牌侵权行动实施方案》,为种业振兴发展提供全面高效保护,相关工作经验被《最高人民法院简报》

刊发。梳理全省法院审理的涉种子保护案件,向省委办公厅报送《关于打击套牌种子、仿冒种子有关工作情况的报告》,获得充分肯定。

健全多领域沟通协调机制。与黑龙江省知识产权局等 5 家单位会签《关于进一步健全知识产权保护协作机制的意见》,与黑龙江省版权局等 9 家单位会签《关于在打击侵犯著作权违法犯罪工作中进一步加强衔接配合的通知》,进一步理顺行政执法与司法衔接渠道,下发至全省各级法院贯彻落实。配合省司法厅推动成立知识产权仲裁院,联合印发《关于建立司法确认联络员制度的通知》,制发《关于依法妥善办理仲裁保全案件的通知》,进一步加大诉讼支持仲裁、调解力度。

增强知识产权多元解纷机制实效。将推进知识产权多元纠纷化解作为黑龙江优化营商环境专项行动重要考核指标,推动全省各地市实现知识产权专业化调解"全覆盖"。2022 年,在全省各级市场监管部门、司法行政部门等的大力支持下,依托人民法院调解平台,共调解知识产权民事纠纷 646 件,其中通过音视频调解 544 件,拓宽了权利人高效便捷的维权渠道。

强化知识产权司法保护公开及普法宣传。在"4·26 全国知识产权宣传周"期间,连续 14 年发布知识产权司法保护状况白皮书及十大典型案例,发挥典型案例的示范引领作用。其中,刘某与李某涵、朱某侵害作品发表权纠纷案入选 2021 年中国法院 50 件典型知识产权案例。通过黑龙江高院微信公众号发布知识产权保护普法宣传推文 5 篇,涉及奥运标志、种业、白酒产业、大数据及论文著作权等领域知识产权法律常识,阅读量累计达 13.8 万次,促进了公众知识产权保护意识的提高。

供稿:黑龙江省高级人民法院
知识产权审判庭

检察工作

一、依法履行职责，全面提升知识产权检察保护质效

一是以司法办案为中心，依法严厉打击侵犯知识产权犯罪。2022年，全省检察机关共受理审查逮捕侵犯知识产权犯罪案件38件86人，批准逮捕13件30人；受理审查起诉侵犯知识产权犯罪案件41件120人，起诉25件59人。监督公安机关依法撤案8件，纠正漏捕1人、漏诉1人，书面纠正侦查活动违法12件，监督纠正审判活动违法4件。同时，对最高人民检察院挂牌督办的3件涉嫌侵犯图书著作权案，与省版权局、省公安厅等单位联合制发《关于转发国家六部委挂牌督办案件的通知》，并指定专人负责督办案件，重点跟踪指导办理，强化介入引导侦查，确保案件督办质效。二是以综合保护为重点，促进知识产权检察融合履职。积极落实中办、国办《关于强化知识产权保护的意见》、最高人民检察院《关于全面加强新时代知识产权检察工作的意见》，印发《关于全面加强新时代知识产权司法保护工作的实施意见》，统筹推进全省知识产权检察工作。深化知识产权检察职能集中统一履行，印发《关于进一步促进知识产权综合性司法保护工作的通知》，强化知识产权案件"一案四查""一案四评估"，充分发挥知识产权刑事、民事、行政和公益诉讼检察职能，实现办案理念融合与职能整合。三是以专项行动为牵引，凝聚打击治理攻坚合力。聚焦种子、农兽药、肥料、农机具等重点农资产品，开展农资打假专项行动，严厉打击制售假冒伪劣农资犯罪，维护农民合法权益，确保农业生产安全。与省市场监督管理局等单位联合印发《黑龙江省关于保护种业知识产权打击假冒伪劣套牌侵权行动实施方案》，综合运用行政监管、司法审判等多种手段，持续净化种业市场环境。绥化、鹤岗等地检察机关开展检察护航春耕春播专项行动，紧盯农耕生产关键环节和重点领域，针对个别农资商店存在证照不齐、无购销台账等问题向市场监管部门制发检察建议，护航春耕生产顺利。深入开展惩治知识产权恶意诉讼专项工作，组建领导小组，制定实施方案，落实责任分工，将涉企民事虚假诉讼纳入常态化监督，依法惩治抢注权利、恶意提起诉讼等扰乱知识产权秩序系列行为。

二、完善制度机制，促进知识产权保护工作协调充分发展

一是健全侦检协作机制，充分发挥诉前引导检察职能。哈尔滨市检察院利用侦查监督与协作配合办公室，与市公安局、海关缉私局会签《关于加强经济犯罪侦查监督与办案协作工作机制（试行）》，推动形成"引导侦查、联席会议、联合执法、专家把关"知识产权办案新模式；大庆市检察院建立备案审查监督制度，要求行政机关向公安机关移送涉嫌犯罪线索的同时报检察机关备案，公安机关受理案件后不予立案或立案后撤销案件的，书面通知行政机关的同时抄送检察机关。二是加强横向协作配合，构建知识产权大保护格局。与省版权局等单位联合制发《关于在打击侵犯著作权违法犯罪工作中进一步加强衔接配合的通知》，建立工作协调和信息共享机制，提高侵犯著作权犯罪精准打击效能；与省知识产权局等单位会签《关于进一步健全知识产权保护协作机制的意见》，强化行政与司法联动、部门与部门协作，联合打击商标、专利领域违法犯罪行为。齐齐哈尔市检察院与市中级人民法院、公安局、司法局等单位联合建立市民营经济知识产权司法保护中心，完善知识产权行政执法与司法保护有效衔接，推进民营经济知识产权纠纷诉调对接机制。

三、延伸检察职能，深化诉源治理多元解决矛盾纠纷

一是注重发案原因分析，积极制发检

察建议。针对辖区内多发频发侵犯知识产权犯罪情况，哈尔滨、齐齐哈尔等地检察机关向行政主管部门制发社会治理类检察建议，主动融入与参与社会治理，推动其完善机制建设，堵塞管理漏洞，规范执法行为。泰来县检察院办理督促行政机关整治未经授权使用冬奥会标志商业行为公益诉讼案，对泰来县市场监督管理局制发诉前检察建议，督促行政机关强化监管职能，整治侵犯冬奥会知识产权乱象。该案入选黑龙江省2022年民生领域案件查办"铁拳"十大行动第一批典型案例。二是加强宣传引导，营造良好氛围。选编知识产权典型案例5件，其中马某等六人假冒注册商标、销售假冒注册商标的商品案入选最高人民检察院保护知识产权服务保障创新驱动发展典型案例。组织知识产权宣传周活动，林区、绥化等地检察机关利用"三微一端"科普知识产权法律法规，以"互联网+"强化知识产权宣传效果，营造良好创新环境和营商环境，其中东方红院创制的微视频《贾茂的发财日记》被国家级媒体中国青年报刊发。

四、加强专业化建设，提升办案履职素能

一是完善指导机制，提高案件办理质效。哈尔滨市检察院建立案件管理台账，跟踪指导解决实际问题，带动提升审理业务能力，其中哈尔滨市南岗区检察院办理的金某蒂、张某明等13人侵犯著作权案件，省、市、区三级院高效联动，在门户网站告知被害单位、被害人依法主张权利，充分保障被害人合法权益；双鸭山市检察院制定《关于经济犯罪案件请示、汇报、备案工作的相关规定》，派员提前介入重大疑难复杂案件，提出收集、固定证据指导意见，严格把关事实认定与法律适用。二是组织专题培训，提升办案专业素养。举办全省知识产权实务技能专题培训，针对司法实践中知识产权案件取证难、定性难、数额认定难等程序实体问题，邀请法院、行政执法及高校等单位专家授课，全面提升检察、执法人员办案素质能力，其中哈尔滨市检察院《优化营商环境背景下的知识产权检察保护》入选市委政法委重点课题。三是注重借助外脑，组建专业办案团队。省检察院第四检察部与高校院所建立知识产权保护交流协作机制，促进理论研究与办案实务结合，实现检察机关与高校基地优势互补、互利共赢。建立专业技术人员辅助办案制度，大庆市高新区检察院等基层院聘请专业人员为技术调查官、特邀检察官助理辅助办案，在知识产权相关技术认定、政策法规方面获得专业支持。

供稿：黑龙江省人民检察院
知识产权检察办公室

上　海　市

知识产权工作

2022年，上海获得国务院知识产权工作督查激励，在全国知识产权保护检查考核中获得优秀。上海在世界知识产权组织（WIPO）发布的《2022年全球创新指数报告》"最佳科技集群"（与苏州合并一个集群）中排名第六位，较2021年提升两位。上海知识产权行政裁决、海外维权援助、跨区域一体化保护、信用分级分类监管等多项工作入选全国典型经验或获得通报表扬。

一、知识产权强市建设有力推进

市知识产权联席会议印发《上海市知识产权强市建设纲要和"十四五"规划实施推进计划（2022—2023）》，市委常委会专题听取知识产权工作汇报。举办领导干部"加快打造国际知识产权保护高地"专题研讨班。首次将知识产权保护工作纳入市级机关督查检查考核计划。助力打赢大上海保卫战,先后出台《全力抗疫情助企业促发展的若干知识产权工作措施》和《关于知识产权政策实施提速增效 助力经济平稳健康发展的通知》,开通专网办理绿色通道和应急流程,开展商标质押纾困"知惠行"专项活动,精准对接中小微企业融资需求140余项,为14 100余件专利免除年费滞纳金,指导750余家企业办理权利恢复手续。启动科创板拟上市企业上海(浦东)知识产权服务站,牵头江浙皖知识产权局在沪签署《长三角地区知识产权更高质量一体化发展框架协议书2.0》,圆满完成第五届进博会知识产权保护百日行动。3个案例入选知识产权强国建设第一批典型案例。

二、知识产权保护体系持续健全

会同市贸促会制定《关于加强海外知识产权纠纷应对机制建设的实施意见》。会同市司法局制定《上海市关于加强知识产权纠纷调解工作的实施意见》。印发《上海市知识产权保护示范区建设方案》。研究形成数据知识产权保护试点暂行办法(草案)。深入开展北京冬奥会和冬残奥会奥林匹克标志知识产权保护等专项行动。支撑全国首例重大专利侵权纠纷行政裁决案件审结落定。完成上海市知识产权保护中心建设,上海奉贤(化妆品)知识产权快维中心获批建设。建立知识产权海外纠纷应对指导机制,发布首批应对指导专家名录,布局首批海外服务站。开展知识产权纠纷快速处理试点,制定有关工作方案和规范等。全年共立案受理专利侵权纠纷行政案件2040件,结案2050件;立案查处商标违法案件1050件,结案980件,涉案金额17 573.37万元,罚没款1146.81万元,移送涉嫌商标违法犯罪案件(线索)55件。开展地理标志专用标志使用核准改革试点,12家企业首批获准使用"练塘茭白"地理标志专用标志。"上海市崇明区""南汇水蜜桃""松江大米"入选国家地理

标志产品保护示范区筹建名单。4件案件分别入选国家知识产权局知识产权行政保护典型案例、知识产权行政执法指导案例、知识产权行政保护优秀案卷。上海在国家知识产权局首批专利侵权纠纷行政裁决试点和以信用为基础的分级分类监管试点工作验收中均获优秀等次。

三、知识产权发展质效有效提升

在全国率先出台省级知识产权专项资金管理办法。严厉打击商标恶意注册和非正常专利申请行为。推动上海知识产权创新奖提升为省部级表彰,9家单位和44个项目获第四届创新奖。认定一批市级重点产业知识产权运营中心、产学研运营联合体、高价值专利培育中心、高价值专利升级培育项目、高校和医疗卫生系统运营中心。举办首届上海市高价值专利运营大赛。在全国首批开展专利开放许可试点工作,落地全国首单专利开放许可交易保证保险。会同上海银保监局等八部门发布《上海银行业保险业做好知识产权质押融资服务的工作方案》,首次发布质押融资工作十大典型案例。2022年,全市专利商标质押融资登记519笔共121.53亿元,分别同比增长173.2%和59.2%;保险投保801笔,保额2.9亿元,同比增长94.5%。开展专利导航和评议项目41项,2家机构入选首批国家级专利导航工程支撑服务机构。出台《商标品牌指导站建设服务规范》地方标准,推出商标品牌评估模型。入选国家知识产权优势示范企业85家、国家知识产权强国建设试点示范园区3家,新认定市级专利工作试点示范单位130家、知识产权强市建设试点示范园区4家。浦东新区和闵行区入选国家知识产权强市建设示范城区,徐汇、松江、嘉定区入选试点城区。

2022年,全市发明专利授权量3.68万件,同比增长11.98%;PCT国际专利申请量5591件,同此增长15.76%;有效发明专

利量 20.20 万件,同比增长 17.43%;每万人口高价值发明专利拥有量达到 40.9 件,较 2021 年增长 6.7 件。全市商标申请量为 40.31 万件,同比下降 27.93%,商标注册量 35.07 万件,同比下降 16.69%,商标有效注册量 242.75 万件,同比增长 14.66%。54 项专利获第二十三届中国专利奖,其中金奖 4 项、银奖 6 项。上海芯龙光电科技股份有限公司获首届 WIPO 全球奖。

四、知识产权服务供给不断强化

发布第一版 5 大类 42 项知识产权公共服务事项清单。完成知识产权保护"一件事"集成服务改革项目。印发商标注册申请快速审查办事服务指南。出台《关于加强上海知识产权公共服务工作的意见》,首次召开全市知识产权公共服务工作会议并发布年度服务发展报告。深入开展知识产权服务"专精特新"专项行动。组织开展"知识产权服务万里行"活动。市知识产权信息服务平台改版上线。新认定 9 家市级信息公共服务网点,3 家机构备案为国家级网点。上海在首届全国知识产权公共服务机构专利检索分析大赛中获全国第一。在浦东新区和漕河泾开发区开展代理领域扩大开放试点,在漕河泾开发区推进国家知识产权服务出口基地建设。持续深化代理行业"蓝天"专项整治行动,开展专利代理行业委托监管。全市专利代理机构达到 295 家、执业专利代理师 1996 人,同比分别增长 10.9% 和 12.3%。1 个案例入选国家知识产权信息公共服务优秀案例。

五、知识产权发展环境不断优化

高规格举办以"加强知识产权转化运用　助力中小企业创新发展"为主题的第十九届上海知识产权国际论坛,市委书记出席并致辞,市委副书记、市长出席,世界知识产权组织总干事邓鸿森通过视频致辞。推进市政府与 WIPO 新一轮合作谅解备忘录磋商。推动成立上海国际知识产权

学院理事会。首次开展高级知识产权师职称评审,12 名专业人才获高级职称。同济大学在全国率先设立知识产权交叉学科博士点。顺利完成延期的 2021 年和 2022 年全国专利代理师资格考试上海考点工作。认定第二批 6 家市级知识产权培训基地。认定 6 所第六批市级中小学知识产权教育示范学校。全市知识产权系统组织开展以"同心抗疫　共克时艰　全面开启知识产权强国建设新征程"为主题的"4·26 全国知识产权宣传周"系列活动。11 家互联网企业共同发起"加强知识产权保护,共建知识产权强市"联合倡议。

供稿:上海市知识产权局

版权工作

2022 年,上海市版权局坚持以习近平新时代中国特色社会主义思想为指导,遵循国家知识产权战略规划,以提升上海城市经济创新力、产业竞争力和文化软实力为目标,持续开展版权产业发展创新、提升版权工作效能、加强版权保护力度,为"十四五"开局打下了坚实的基础。

一、聚焦高质量发展,激发版权赋能增效

1. 版权产业关键指标接近世界发达国家水平

发布《上海版权产业报告(2020—2021)》。该报告指出,按照世界知识产权组织统计方法计算,2020—2021 年,上海版权产业增加值达 3723.13 亿元,占当年上海地区生产总值的 9.56%,实际增长速度为 2.47%,对地区生产总值的经济贡献率达 13.87%。带动全市经济发展的同时,吸纳了更多的从业人员,成为上海经济发展的重要引擎和城市文化软实力的重要载体。

2. 版权登记工作增量同时提质

2022 年,上海市作品登记总量达 382 000 件,同比增长 10.5%。登记方式从线下转移到线上,登记受理地点从全市单一窗口

扩展到全域通办,登记材料实现全部无纸化。疫情期间,全市作品登记数量与往年持平,未受影响。登记的作品中涌现出了大量以人民为中心进行创作的,富含审美价值、艺术价值、转化价值的优秀作品,为上海创新建设的高质量发展积累了重要要素资源。

3. 讲好中国故事,以版权点亮中华文化复兴创新

在东华大学设立全国首个中华传统服饰版权综合服务平台——上海汉服版权中心,针对汉服原创设计维权痛点,提供版权登记、确权、维权等专业化服务,形成从创意设计到内容产品、从版权认证到维护,最终实现交易化的全流程承载平台。通过举办主题论坛、发布汉服产业发展报告等,构建具有国际影响力的中华传统服饰设计高地、流行趋势与新品发布高地。

4. 版权国际贸易实现引进与输出并重,有力彰显文化自信

主题出版"走出去"成为一大亮点,学术科技类图书输出成效显著。2022年,上海市共引进各类版权1324种,其中图书版权1251种,录音制品20种,录像制品3种,软件3种,电影4种,电视节目43种;共输出各类版权1978种,其中,图书版权1141种,电子出版物5种,电视节目832种。与2021年相比,图书版权引进增加29种,同比上升2.3%;图书版权输出增加493种,同比上升76.1%。

二、聚焦国家战略大局,构建创新发展优势

持续支持国家版权创新发展基地(上海浦东)建设,支持浦东开展版权领域先导式创新,探索以"著作权行为发生地"为原则开展作品跨地域登记。在中国(上海)自由贸易试验区内开展作品快速登记服务,涉及文化艺术、互联网音频、互联网直播等多个领域的2万余件作品。指导国家版权创新发展基地(上海浦东)紧贴区域产业布局和企业实务需求,开展系列性、针对性的公益培训,服务区域企业数千家次,在线播放量逾32 000次。

三、聚焦版权法治保障,护航一流营商环境

1. 突出长效机制,实现版权保护综合治理

主动联合市"扫黄打非"办公室、市公安局、市检察院等部门有效推进案件集中查处,积极配合做好作品版权认证、案件协调等工作。配合公安部门成功破获"6·9"特大侵权著作权案、"7·18"系列侵犯剧本杀著作权案等大要案。

2. 部署实施"剑网2022"专项行动

联合市公安局、市通信管理局、市委网信办、市文旅局、市文旅局执法总队等单位,深入开展重点领域网络版权专项整治,不断强化网络新业态版权监管,压紧压实网络平台主体责任,持续巩固历次专项行动治理成果。

3. 聚焦重点,有效开展网络版权主动监管

以国家版权局公布的重点影视剧作品名单为监测重点,加大线索搜集力度,及时向执法部门移送侵权线索。累计监测网络传播链接57.73万条,对重点作品侵权链接总体通知下线率超过90%,有效净化了上海地区网络版权环境。

4. 落实主体责任,持续深入推进软件正版化工作

巩固上海市使用正版软件工作联席会议制度,加强软件采购监管,推动各级党政机关和企事业单位规范软件使用管理。开展市区两级党政机关和部分国有企事业单位软件正版化工作年度核查工作。严厉打击软件侵权盗版行为。发挥技术在软件正版化工作信息报送、使用管理、督促检查等方面的优势,推动"终端正版软件服务平台"建设。

四、聚焦市场主体需求，优化版权特色服务

1. 优化政策供给

修订《上海市著作权合同备案办法》，确保法律法规之间的协调与统一，发挥好备案制度在版权资产产权变更中的作用。协助推进著作权质权登记信息的统一查询服务，落实国家在上海开展"知识产权融资担保"营商环境创新试点工作的要求。

2. 缩减办理时限

"一网通办"办事指南中，境外图书出版和复制境外音像制品著作权等授权合同登记备案项目的法定办结时限是15个工作日。其中除境外电子出版物授权合同登记需提交国家版权局认证外，其余行政确认项目的办理时限为7个工作日。2022年上海市共办理境外图书出版合同登记1074件。

3. 开展版权示范建设

逐步在全市建立起以区版权示范推荐为基础、市级版权示范企业为核心、国家级版权示范企业为引领的版权示范梯度培育工作体系。蓝天经济城等2家单位被授予"全国版权示范单位和示范园区（基地）"称号，读客文化等10家单位被认定为上海版权示范单位和示范园区（基地）。

4. 创新工作模式，版权工作站携手检察院形成版权保护合力

在上海市版权局和上海市检察院的共同指导下，长宁区、杨浦区和嘉定区试点地区区委宣传部主管的版权工作站与区检察院知识产权检察办公室签署备忘录。面向辖区内版权相关企业共同组织专业化服务与专题性活动，帮助企业解决版权保护中的问题，推动版权纠纷化解等。

5. 开展年度版权服务优质项目推荐活动

开展年度版权服务优质项目推荐活动，项目涉及优秀服务、推广运用、促进创新和宣传保护四个方面，嘉定区版权服务进园区、进社区、进校园等项目入选。

6. "4·26全国知识产权宣传周"期间，开展形式多样的版权宣传活动

"4·26全国知识产权宣传周"期间，上海版权工作站开展了各种形式的宣传活动。嘉定区开展版权主题系列活动，发布"漫说版权"系列漫画、版权知识微课，举办"我嘉"版权沙龙，制作版权宣传折页等。杨浦区版权工作站开展了"当虚拟偶像遇上著作权"等活动，探讨版权保护热点问题。金山区版权工作站将版权与中华传统文化、金山特色文化相结合，通过"画"说版权的方式，用画笔描绘版权保护场景，助力版权宣传。

供稿：上海市版权局

司法工作

一、积极克服疫情影响和收案压力，抓好执法办案第一要务

2022年，上海高院共受理各类知识产权案件42 150件，审结42 763件。审判工作有序开展。充分利用智慧法院平台，全面开展知识产权案件同步及异步诉讼活动。

审理一批影响重大和新类型案件。受理神盾股份有限公司诉深圳市汇顶科技股份有限公司、上海卡俐特科技有限公司侵害发明专利权纠纷案，该案标的额高达2亿元。审结两起基因工程发明专利侵权一审案件，作出全国法院首次支持基因工程专利侵权指控的判决。"3·15国际消费者权益日"期间，上海高院在线审理涉及食品药品犯罪的庄某假冒"美心"等注册商标案，涉案金额2900万余元。2022北京冬奥会期间，浦东新区人民法院在受理申请的48小时内即对盗播行为作出禁令，裁定书送达后立即执行。卡塔尔世界杯期间，浦东新区人民法院作出全国首份应央视申请的禁止盗播诉前禁令。

深入推进精品案例建设，案例工作成果丰硕。上海三中院、杨浦区人民法院审理的侵犯著作权罪案入选"2021年中国法

院 10 大知识产权案件"。上海知识产权法院审理的仿冒、虚假宣传和商业诋毁纠纷案获评"2021 年中国法院 50 件典型知识产权案例"。上海高院（2018）沪民终 475 号判决书、上海市浦东新区人民法院（2019）沪 0115 民初 11133 号判决书入选第四届全国法院"百篇优秀裁判文书"。

二、充分发挥司法职能，服务大局积极作为

服务保障浦东高水平改革开放。浦东新区人民法院发布知识产权司法服务保障"双区联动"白皮书及十起典型案例，发布《浦东引领区建设背景下知识产权惩罚性赔偿司法适用调研报告及典型案例》。截至 2022 年底，浦东新区人民法院知识产权审判庭共审理知识产权惩罚性赔偿案件 25 件，判赔金额共计 3558 万余元。

制定落实知识产权审判服务保障强市建设意见。形成《上海市高级人民法院关于加强新时代知识产权审判工作为知识产权强市建设提供有力司法服务和保障的意见》，明确上海法院加强新时代知识产权审判的总体要求。

开展司法宣传，优化法治化营商环境。第 22 个"世界知识产权日"期间，上海高院发布中英文版《2021 年上海法院知识产权审判白皮书》，发布"2021 年上海法院知识产权司法保护十大案件"和"2021 年上海加强知识产权保护力度典型案件"。上海知识产权法院发布《上海知识产权法院知识产权司法保护状况（2021 年）》。

深度参与知识产权纠纷处理国际合作，推进涉外知识产权保护工作。2022 年 9 月，上海高院发布《关于与世界知识产权组织仲裁与调解上海中心诉调对接的工作办法》，与 WIPO 仲调上海中心合作推进知识产权纠纷多元化解工作，成为世界知识产权组织《面向知识产权局和法院的替代性争议解决机制（ADR）指南》推荐实例，在 WIPO 官网以四种语言发布。

推动构建全链条保护格局，服务保障进博会等重大展会活动。在上海高院指导下，青浦区人民法院与区市监局、区检察院共同签署《知识产权全链条保护战略合作协议》，联合发布《知识产权服务保障进博会十二条举措》。

结合区域经济发展特色，服务保障区域经济发展大局。上海知识产权法院"凌崧法官工作室"为临港商业秘密区级示范区、站、点作商业秘密典型案例讲座。

三、深入推进各项改革措施，不断优化知识产权审判体制

发布上海市知识产权案件管辖新规定。上海高院会同市人民检察院、市公安局签署《关于调整本市知识产权刑事案件管辖的规定》，印发《关于调整上海法院知识产权民事、行政案件管辖的规定》。

完善"三合一"审判机制，加大协同保护力度。普陀区人民法院移送的涉嫌销售假冒注册商标的商品罪犯罪线索已立案侦查，该案系上海法院首例适用知识产权刑事犯罪线索移送机制移交的公安立案案件。上海知识产权法院与国家知识产权局在一起专利权纠纷中开展"专利确权+专利诉讼"联合审理。

推进繁简分流，完善小额诉讼制度。上海高院印发《关于审理知识产权小额诉讼案件若干问题的意见》。

深化溯源治理，持续发挥多元化纠纷解决机制作用。静安区人民法院与区司法局、区市监局签署《推进知识产权纠纷多元调解工作备忘录》。黄浦区人民法院搭建"委调 e 空间"平台，与区知识产权局签署《关于建立知识产权民事纠纷多元化解工作对接机制的实施意见》。

四、注重专题调研，辅助司法决策参考

围绕重点问题开展专项调研。上海高院知识产权审判庭牵头撰写《涉数字经济知产案件呈现鲜明产业特色相关产业秩序

有待进一步规范》《数字经济市场竞争秩序规范与培育面临多方面挑战》等调研材料，被中办内刊以及最高人民法院《高法信息》等录用。浦东新区人民法院基于与WIPO开展诉调对接工作的经验形成的《我国涉外知识产权司法保护程序问题研究》中标最高人民法院十项应用法学理论研究招标课题。

集聚力量推进精品调研。上海高院联合华东政法大学成立涉电商平台知识产权损害赔偿问题专项调研小组；召开涉图形用户界面(GUI)外观设计专利法律适用问题座谈会；搭建调研专班，组织知识产权犯罪量刑问题系列座谈会。

持续推动研讨平台建设。上海高院联合同济大学组织司法服务保障知识产权强市建设座谈会。会同华东政法大学召开侵害作品改编权纠纷案件研讨会。进一步落实上海高院与高校共同签署的合作协议。

五、扎实推进队伍教育整顿，建设德才兼备的高素质法院队伍

巩固党史学习成果，提升政治修养。夯实队伍基础，开展专项自查。召开2022年上海法院知识产权审判工作会议，总结部署知识产权审判工作。开展知识产权审判专题培训，夯实知识产权审判队伍建设。上海高院组织开展"第284期专题业务(知产审判实务)培训班"。

供稿：上海市高级人民法院
知识产权审判庭

检察工作

一、服务国家重大战略，推动跨区域知识产权检察保护机制建设

一是服务临港新片区建设。贯彻落实上海检察机关服务保障临港新片区建设22条意见，依托设立在新片区的知识产权检察保护中心、检察服务基地，围绕商业秘密保护等企业关心焦点，定期提供知识产权巡回课堂、专项法律咨询等检察产品。二是服务虹桥国际中央商务区建设。加强与商务区管委会沟通协作，依托已有知识产权检察保护中心开展问卷调研，深度梳理商务区企业知识产权法治需求。与管委会、闵行区政府以"跨区域知识产权保护全面协调可持续发展"为主题共同举办首届虹桥检察论坛，与管委会签署推进区域知识产权保护机制建设战略合作备忘录。设立虹桥商务区知识产权检察服务基地，派驻检察人员为区内企业提供日常检察服务。三是保障第五届进博会举行。青浦区院会同区法院、市场监督管理局，共同发布知识产权保障进博12条工作举措，在国家会展中心联合设立"青浦区服务保障进博会知识产权全链条保护中心"，携手进驻进博会直播间，重点宣传进博会知识产权"全链条保护"举措。

二、加快推进知识产权检察职能全面履行，服务保障经济创新发展

一是持续健全办案组织。三级院均成立了知识产权检察办公室或专业化办案组织，浦东新区张江地区检察院转变原有职能，成为首家知识产权检察专门办案机关。浦东新区检察院、静安区检察院、崇明区检察院探索知识产权检察职能"四合一"融合履行，以专业化、高质量的知识产权检察保护支持创新策源功能发挥。二是完善知识产权检察工作机制。参与最高人民检察院办理知识产权案件规定制定工作，逐步推开"一案三查"工作机制，全市检察机关在办理知识产权案件中，同步审查是否涉刑事追诉、行政违法、民事追责等情形，一体解决刑事责任追究和民事责任承担问题。落实完善已有知识产权权利人实质性参与诉讼工作机制，静安区检察院、宝山区检察院及时通过"云连线""e办案"视频告知被侵害权利人诉讼权利义务，释明协助取证等维权事宜。三是完善跨部门协作机制。落实本市九部门知识产权行刑衔接工作意

见,向市市场监管局反向移送商标侵权不起诉案件,同时联合市市场监管局研究出台市场监管领域行刑衔接工作意见。与市高院组织二轮本市法检知识产权刑事办案工作调研会,就当前知识产权刑事司法实践中的程序实体问题、工作机制开展系统调研,力争达成共识。闵行区检察院联合区公安分局、市场监管局、文旅局等部门打造知识产权一站式保护 MIP 平台,牵头研发一键式登记侵权线索的 MIP 知护码程序。

三、加强知识产权案件检察办理力度,推进全面综合司法保护

一是强化重点领域、重大案件办理质效。加大侵犯服务商标、地理标志、网络著作权、商业秘密犯罪的打击力度,全年受理侵犯知识产权罪审查逮捕案件 174 件 331 人,批准逮捕 104 件 178 人,审查起诉案件 616 件 1382 人,提起公诉 504 件 994 人,办理了最高人民检察院督办的李某明等 4 人侵犯任天堂游戏著作权案等一批重大案件,全国首例假冒服务商标案等 7 件案件入选最高人民检察院、上海市以及中国外商投资企业协会优质品牌保护委员会典型案例。吴某某等人侵犯著作权案等 3 起案件被中央宣传部、全国双打办等六部委联合督办,提前介入本市涉案金额逾 25 亿余元特大跨境电商销售假冒注册商标的商品案,有力打击公司化、网络化、规模化的新领域知识产权团伙犯罪。二是推动新业态类案法律适用标准统一。加强对引发社会广泛关注的假冒热玛吉医美产品系列案的定罪路径研究,准确界定该系列案中假冒服务与假冒商品的不同认定标准,为类案处理提供依据。在上海法院知识产权审判管辖全面下沉基层的大背景下,主动走访法院,多次开展全市知识产权刑事办案工作调研,就当前知识产权刑事司法实践中法律适用、证据标准、办案程序等问题开展系统调研,逐步形成本市办案统一标准。三是拓宽民事、行政监督渠道。加强案件

综合审查,拓宽监督视野,探索建立知识产权案件刑民行交叉监督机制,跨类发掘监督线索,全年受理民事检察监督案件 7 件,提出检察建议 7 件,法院采纳率 100%,受理行政检察监督案件 1 件,提出检察建议 1 件,法院采纳率 100%。浦东新区检察院从已有行政处罚线索中发现"南汇 8424 西瓜"商标侵权线索,支持区农协会提起民事诉讼,促成双方达成和解并建立长期战略合作关系,该案系本市首例地理标志集体商标支持起诉案件。此外还开展"南汇8424 西瓜"地理标志侵权溯源治理,构建大数据模型,通过信息碰撞锁定电商平台侵权违法犯罪线索,向平台侵权商铺、店主发布知识产权风险提示,净化网络竞争环境。四是开展依法惩治知识产权恶意诉讼专项监督。研究出台专项监督工作实施方案,全市检察机关就专项监督工作与对口法院、工商联、市场监督管理局等进行专门协调沟通,其中闵行区检察院与法院会签全国首个《关于加强惩治涉知识产权恶意诉讼工作合作备忘录》,深化知识产权领域协同保护。市检察院牵头与行政机关、创新园区、重点企业共同研究整治工作,指导三分院充分运用中国裁判文书网等数据平台开展实证调研,浦东新区检察院通过大数据建模海量筛选锁定可疑线索,强化刑事案件中恶意诉讼线索的挖掘。全市知识产权专业检察办案组织办理的 13 件案件入选最高人民检察院典型案例、上海市知识产权保护等市级以上典型案例(其中入选最高人民检察院典型案例 3 件),6 个办案部门、3 名检察干警获评国家版权局年度查处重大侵权盗版案件有功单位和有功个人。

四、关注重点治理行业领域,多措并举提升检察服务实效

一是持续开展地理标志保护专项工作。指导青浦、奉贤区院围绕"练塘茭白""奉贤黄桃"等上海本土地理标志开展日常跟踪,关注地理标志商标注册及续展情况,

向农户提示潜在侵权风险。二是持续维护企业知识产权权益。通过市经信委企业云服务 App 向全市发布《企业知识产权保护指南》，组织"上海市检察机关服务创新知识产权巡回课堂"，为临港新片区、市北高新园区等重要功能区企业线上线下授课。知识产权专业办案团队走进中芯国际集成电路制造公司等核心技术企业开展商业秘密保护交流，营造知识产权保护的良好社会环境。先后设立驻中国浦东知识产权保护中心知识产权检察办公室工作站、南部科创园区知识产权检察保护基地等，提供日常法律咨询等服务。三是推进专业法治宣传。连续 7 年向社会发布年度上海知识产权检察白皮书及典型案例，并在"上海检察"公众号"知产办公室"专栏累计推送 34 期内容，围绕"全面开启知识产权强国建设新征程"全国知识产权宣传周主题，组织全市检察机关线上线下相结合开展主题宣传活动，部分公众号推文被最高人民检察院微信公众号转载，上述活动被纳入 2022 年上海知识产权宣传周主要活动在全市平台推广宣传。市检察院第四检察部（知识产权检察办公室）荣获全国"七五"普法先进单位。

五、加强理论实践交流，扩大检察专业影响力

一是组织开展宏观微观课题研究。围绕知识产权办案疑难复杂问题等主题，加强对反不正当竞争、反垄断行政执法、商业秘密、数字知识产权和计算机软件源代码等前瞻性问题研究。市检察院领导牵头搭建多个课题组，科学探讨知识产权强保护背景下的检察角色重塑，多维分析知识产权检察职能集中统一履行体系建设与路径完善，以及深度研究知识产权权利人实质性参与诉讼制度等。二是持续夯实检校合作。与华东政法大学会签加强知识产权教育和司法实践专项合作协议，并围绕知识产权恶意诉讼协调治理热点问题联合举办第二届知识产权实务论坛。与上海交通大学共同组织知识产权宣传周线上讲座，邀请最高人民检察院知识产权检察办公室副主任就著作权案件办理疑难问题授课。三是坚持深化与行业协会、社会组织的交流协作。联合举办"知识产权权利人实质性参与诉讼的路径与边界"圆桌论坛，紧扣商业秘密、数字版权等议题开展深入研讨。参与上海市科协"商业秘密保护的路径选择"研讨会，针对商业秘密保护的路径选择问题面向技术行业组织、科研专家等作主题演讲。上述活动均受到社会公众、企业、知识产权专业人士的认可与好评。

六、全面开展打击侵权假冒领域研究，打造检察人才高地

一是强化人才队伍"专业性"。围绕最高人民检察院针对知识产权出台司法解释的工作计划，协助完成资料收集、争议点梳理、比对等大量工作，选派专业办案人员至业务厅跟班开展工作，为司法解释出台带去上海经验，反映一线呼声。将人才培养与条线重点工作相结合，坚持开展知识产权法治菁英项目、全市知识产权检察官联席会议等专项工作，确保常态化专业培训及疑难案件研商覆盖三级院专门办案人员。二是夯实专业化办案团队建设。以疑难案件办理、理论研究和法治宣传为主要任务，形成知识产权办案、宣传等工作的引领力量。2022 年专业化办案团队核心成员 2 次参与上海人民广播电台"法眼看天下"直播专题访谈，团队成员承担最高人民检察院知识产权检察办公室检察理论研究课题、上海市检察官协会重点课题 2 项，参与公安部第三研究所关于商业秘密、著作权司法鉴定标准的制定。同时，团队持续通过为国家检察官学院、行政机关或企业授课等形式，就侵权假冒、数字版权保护等领域热点问题、争议焦点、典型案例进行研究，提升检察办案团队在相应专业领域的影响力。

供稿：上海市人民检察院
知识产权检察办公室

江苏省

知识产权工作

2022年,江苏省知识产权工作坚持以习近平新时代中国特色社会主义思想为指导,深入学习贯彻党的二十大精神和习近平总书记关于知识产权工作的重要指示论述,全面落实党中央、国务院决策部署,稳步推进"五区五高"知识产权强省建设,有力服务高质量发展大局。2021年度知识产权保护工作检查考核获优秀等次,知识产权工作获国务院督查激励,获第二十三届中国专利奖金奖6项,知识产权保护社会满意度居全国第一。

一、知识产权强省建设

颁布《江苏省知识产权促进和保护条例》。印发《江苏省知识产权强省建设纲要(2021—2035年)》。出台《江苏专利奖评奖办法》。印发《江苏省知识产权强省建设纲要(2021—2035年)重点任务分工方案》《江苏省"十四五"知识产权发展主要目标和重点任务分工方案》。新承担国家知识产权局专利代理信用评价管理试点、知识产权纠纷快速处理、知识产权质押登记线上办理、专利开放许可、数据知识产权工作试点等5项创新试点任务,专利侵权纠纷行政裁决试点、知识产权领域以信用为基础的分级分类监管试点、地理标志保护产品专用标志使用核准改革试点等3项创新试点验收取得优秀成绩,知识产权保护示范区建设等13项创新举措获得在全国推广。

二、知识产权创造

2022年,全省商标申请量480 272件,商标注册量398 631件。全省有效商标注册量2 685 045件,同比增长12.00%。全省专利授权量560 127件,同比降低12.61%,其中,发明专利授权量89 248件,同比增长29.70%;实用新型专利授权量427 156件,同比降低17.21%;外观设计专利授权量43 723件,同比降低22.16%。全省有效发明专利量428 589件。每万人口发明专利拥有量50.39件,每万人口高价值发明专利拥有量18.15件。全省PCT专利申请量6986件。全省地理标志商标注册总量411件,有效地理标志产品91件,全省新增地理标志商标33件。全省农业植物品种权累计申请量381件,授权量225件。2022年,全省共获授权林草植物新品种42件,累计授权植物新品种权261件。全省集成电路布图设计登记量9141件。

三、知识产权保护

江苏知识产权快速协同保护经验做法入选国家发展改革委《优化营商环境百问百答》。推荐南京、苏州申报建设首批国家级知识产权保护示范区。全年共查处知识产权违法案件3258件,罚没款6978.16万元;查办侵权盗版案件584起,涉案2亿余元;查处林草种苗案件41件,罚没款78.31万元;扣留侵权货物3525批次,涉案货物数量62.12万件。全省公安机关查处案件1749起,抓获犯罪嫌疑人2856人。

四、知识产权运用

支持5所高校、5个产业园区设立知识产权产业运营中心。试点开展专利开放许可,开放许可专利122件,许可金额近400万元。2022年全省知识产权质押融资金额近500亿元,服务企业4000余家。围绕江苏省先进制造业集群,选取20个重点细分技术领域开展专利导航。制定印发《江苏省专利导航服务基地管理办法(试行)》。

2 家机构获批国家级专利导航工程支撑服务机构。全省共有 26 家产业知识产权联盟在国家知识产权局备案。

制定出台《高价值专利培育工作规范》地方标准。2022 年度立项支持高价值专利培育项目 19 个、升级项目 12 个。在第二十三届中国专利奖评选中获专利金奖 4 项、外观设计金奖 2 项,蝉联最佳组织奖。引导 4524 家企业贯彻《企业知识产权管理规范》,贯标企业总数超过 2.9 万家。全省新增国家优势企业 100 家、示范企业 46 家,优势、示范企业总数达 720 家。苏州瑞派宁获首届 WIPO 全球奖。实施新一轮创新型领军企业培育行动,遴选 160 家创新能力突出、先发优势显著的优秀企业入库培育。实施科技型中小企业研发"春风行动",全年入库国家科技型中小企业数量 8.7 万余家。选择 11 家创新主体开展知识产权"产才对接"活动,匹配专业团队,提供知识产权优质服务。江苏获首批国家地理标志专用标志使用核准改革试点验收优秀等次,构建地理标志专用标志申请审核新机制等 3 项试点经验在全国推广。立项支持洞庭(山)碧螺春茶、阳山水蜜桃等 8 个地理标志培育和保护项目。开展"我最喜爱的江苏地理标志"公益调查活动,"雨花茶""阳山水蜜桃"等 60 个最具江苏特色和代表性的产品参与角逐。镇江香醋、兴化香葱获批纳入国家地理标志产品保护示范区筹建名单。探索设立省商标品牌培育和保护项目,立项支持小天鹅、恒立液压等 20 个工业品牌项目。

五、知识产权服务

出台知识产权"助企纾困解难 15 条"工作举措。加快知识产权服务数字化转型,建成上线省知识产权大数据平台。新认定 23 家国家和省级知识产权信息公共服务网点。编制知识产权公共服务事项清单(第一版)以及办事指南和服务指引。推动各地建设知识产权工作站,全省知识产权工作站达 144 家。推进知识产权代理信用评价监管,落实《专利代理信用评价管理办法(试行)》,建设专利代理机构检索评价系统。开展非正常专利代理行为整治,对全省 168 家涉及不以保护创新为目的的专利申请代理行为的专利代理机构进行行政约谈和行政指导。立案 14 起专利商标代理案件。

六、知识产权宣传和人才培养

2022 年,江苏作为东部地区代表承办了"4·26 全国知识产权宣传周"分会场活动。"4·26 世界知识产权日"期间,省委新闻网、江苏卫视等 20 余家省级以上媒体刊播知识产权系列报道近百篇(条)。打造"知识产权·青年说"品牌项目,60 余所高校近 4000 名师生参与知识产权竞赛、演讲比赛等活动。组建"知识产权·青年行"志愿者队伍,开展校园行、社区行、采风行、企业行等活动 169 场。编制发布和组织实施江苏省"十四五"知识产权人才发展规划,召开全省知识产权人才工作会议。加强与世界知识产权组织合作,建设江苏国际知识产权学院。支持南京工业大学、江苏大学知识产权学院开展知识产权专业本科、研究生人才培养。省高院出台《关于进一步加强知识产权审判队伍建设的通知》。分类推进知识产权行政执法、企业高管、专利代理师资格考试等各类实务培训,组织 23 期专项和远程培训,共培训人员 5 万余人次。

七、知识产权国际交流合作

举办国际知识产权应用暨项目合作大会。积极参与世界知识产权组织中国办事处举办的"解读 2022 年全球创新指数"圆桌会议。推动江苏驻德国、越南、新加坡等 16 个海外法律服务中心的规范化实体化运行。编写《江苏企业在美 2021 年知识产权纠纷调查报告》。追踪涉江苏企业的美国"337 调查"案件 3 起,指导企业应对海外知识产权纠纷案件 26 件。

供稿:江苏省知识产权局

版权工作

一、积极推动版权产业发展

1. 成功举办第三届江苏(南京)版权贸易博览会

展会以"激活版权资源 激发创新活力"为主题,继续打造展示交流、成果转化、专业研讨和普法宣传四个平台,设置 23 个展区,展陈面积 14 800 平方米,200 余家单位参展,展示展销各类版权产品近万种,成功举办"中国版权产业集聚区发展国际论坛(世界知识产权组织版权保护优秀案例示范点建设)"等专业论坛和授权路演活动 7 场,促成版权交易签约 1.65 亿元,版权产品销售签约 451.88 万元。共有 86 万名网友通过直播进行观展,120 万名网友在"壮见版博会 Vlog"中领略各展区展品,超 1400 万人次参与版博会微博话题讨论,网络专题推出的稿件总点击量超 6000 万次。

2. 持续推动优秀版权作品产业转化

联合开展第三届优秀版权作品产业转化重点培育项目遴选推荐。活动共收到申报项目 123 个,经过资格审查、项目初审、专家评审、技术性复审和评审委员会终审,29 个项目入选重点培育项目。

加大江苏国家版权贸易基地建设力度。基地全年实现版权贸易总额 18.7 亿元。平台注册用户增加 44.7%,总用户超过 1.9 万名,存证作品数量增加 27.4%,总量超 18 万件。南京正版数字内容服务平台上线,与 110 余家单位达成合作,累计授权素材数量 2 万余件。对接司法区块链,降低权利人举证成本,提高维权效率。累计发现侵权线索 10 万余条,有效固定侵权证据 5.9 万余条。优化版权调解的案件申请、材料审查和案件沟通等流程,实现实时案件统计、进度查询等功能。2022 年成功调解版权案件 346 起,结案标的 291.8 万元。

3. 扎实推进版权示范创建

持续开展全国版权示范城市、示范单位、示范园区(基地)的创建工作,印发创建管理有关工作通知,大力推广版权保护促进产业发展"南通经验""吴江模式",指导各地结合自身优势资源,发展地方特色版权产业。指导南通市创建全国版权示范城市。"版权赋能——吴江丝绸产业高质量发展"入选知识产权强国建设第一批典型案例。举办全省版权示范创建工作现场交流会,总结交流版权示范创建经验。新增全国版权示范单位 5 家。组织对 11 个设区市的 31 家单位和 2 个园区进行实地验收,授予江苏现代快报传媒有限公司等 23 家单位江苏省版权示范单位、示范单位(软件正版化)、示范园区称号。

4. 发布 2020 年度版权产业经济贡献率调查报告

2020 年,江苏省版权产业增加值为 8861.75 亿元,占 2020 年全省地区生产总值的 8.63%,比 2020 年中国版权产业增加值占全国 GDP 的比重高出 1.24 个百分点,对全省地区生产总值的经济贡献率达 9.20%。版权产业从业人数为 342.58 万人,平均薪酬为 9.78 万元,货物贸易进口额为 71.19 亿美元,货物贸易出口额为 243.65 亿美元。

5. 启动民间文艺版权保护与促进试点工作

按照《版权工作"十四五"规划》部署,中央宣传部开展民间文艺版权保护与促进试点工作,扬州市入选试点地区。省、市两级版权主管部门分别牵头成立工作指导小组和领导小组,全面调研扬州市民间文艺的现状和保护诉求,广泛听取各方意见建议,细化试点工作方案,进入项目具体实施阶段。

二、持续加强版权执法监管

2022 年,共查办侵权盗版案件 633 起,其中行政案件 207 起,刑事案件 62 起,调解案件 364 起,涉案金额 2 亿余元。宿迁

"6·22"涉嫌销售侵权复制品案等两起案件被列为国家六部门挂牌督办案件,扬州"2·10"涉嫌侵犯著作权案被列为国家五部门挂牌督办案件,常州某视频网涉嫌侵犯著作权案被列为国家四部门挂牌督办案件。上海国芯集成电路设计有限公司等侵犯软件著作权案、常州"好看动漫"网站侵犯动漫作品著作权案入选2021年度全国打击侵权盗版十大案件。31个单位和60名个人获评国家版权局2021年度查处重大侵权盗版案件有功单位和个人。

连续五年组织开展江苏省打击网络侵权盗版集中办案周行动,取得练兵、办案双成效。联合开展江苏省冬奥版权保护集中行动,严厉打击各类涉冬奥作品的侵权盗版行为。联合开展全省"青少年版权保护季"行动,严厉打击复制发行、网络传播侵权盗版教材教辅、少儿图书等违法犯罪活动。联合开展"剑网2022"专项行动,强化网络平台治理,加强网络版权全链条保护。

三、巩固扩大正版化推进成果

召开省推进使用正版软件工作领导小组(扩大)会议。会同省机关事务管理局、财政厅开展省级机关国有资产管理绩效评价工作,对29家省级机关软件正版化工作进行现场检查。南京地铁集团有限公司获2021年度全国版权示范单位(软件正版化)称号。

组织力量对42家省级政府机关、27家国有企业、2家民营企业进行拉网式检查,并召开江苏省软件正版化工作检查情况反馈会。督查组从组织领导、制度落实、督查力度、宣传引导四个方面给予江苏省推进使用正版软件工作高度评价。

四、着力提升公共服务水平

2022年,新建基层版权工作站20家,调整关闭3家,目前总数为198家,专兼职工作人员400余人。线上线下同步组织全省作品登记培训班,2600余人参加培训。全年共接收用户注册申请18 495个,通过16 962个,其中个人用户13 072个,单位用户3890个。现累计注册用户达95 638个。收到作品登记申请材料536 810件,登记通过334 896件,通过率为62.39%,为满足权利人维权、交易等需求,接受查档申请254批次,涉及作品515件。

五、不断创新版权宣传方式

1. 上下联动,积极营造舆论声势

在南京市举办"全面开启版权强省建设新征程"2022江苏省暨南京市版权宣传周现场活动,启动全省版权知识系列培训"百堂苏版课"活动。上线南京正版数字内容服务平台,并举行南京版权落地转化、服务合作签约仪式。国、省、市及有关行业媒体聚焦活动内容进行了重点宣传报道,《现代快报》整版专题介绍了江苏省版权工作成效和版权宣传活动开展情况。

2. 统筹资源,重点展示工作成效

在全省各地电视台、网络、户外大屏等平台投播版权保护视频公益广告,在全省收听率较高的电台播放音频公益广告,在公交地铁站点、公共阅报栏、学校等公共场所投放版权保护公益海报,在微博、网易、凤凰、央视频等客户端连续推出《我与版权的故事》10个系列宣传片。据统计,"4·26"期间,省级版权宣传活动线上累计点击量超3670万次。各地版权主管部门分别组织版权宣传进校园、进社区等活动,举办版权知识讲座、图片展览等,积极营造打击侵权盗版、保护版权的良好氛围。

供稿:江苏省版权局

司法工作

一、立足审判,打造高质效知识产权保护

2022年,共审理各类知识产权案件37 021件,审结32 518件。案件呈现如下特点:从审判效果来看,服判息诉率、结收案比等质效指标持续向好;从案件类型来看,涉著作权、技术类、不正当竞争纠纷持

续增长,涉商标权纠纷大幅减少;从审级分布来看,"金字塔"格局已然形成;从地区分布来看,案件类型与地区经济发展状况、科技创新能力等紧密相关;从受"三新"影响来看,涉互联网知识产权案件持续增多;从涉外涉港澳台案件来看,司法保护高地效应持续放大;从刑事案件来看,案件数量因新旧法衔接持续减少,知识产权刑事案件整体上呈现罪名高度集中、制假领域高度集中的"双集中"特点。

二、聚焦创新,服务高水平科技自立自强

以持续深化最严格司法保护激发创新创业活力。重点惩治涉食品、药品等民生领域犯罪行为,发放"从业禁止令"近百份,有效保障人民群众"舌尖上的安全"。审结全国"扫黄打非"工作四部门联合挂牌督办的侵犯网络游戏软件著作权案。

以加强关键核心技术成果保护助力技术攻坚。江苏法院依法审理重点领域、战略性新兴产业知识产权案件。与江苏省知识产权局等相关部门,围绕"知识产权助力产业强链和自主可控现代产业体系建设"签署备忘录。无锡中院联合设立物联网产业知识产权司法保护中心,并实质化运作相关工作机制。苏州中院通过审理侵害半导体发明专利权案,助力全省半导体产业创新驱动发展。在涉美侵害发明专利权纠纷案中,双方达成一揽子和解。在发明专利侵权案中,及时采取证据保全。针对芯片被"卡脖子"困境,联合开展专题调研,完成全省法院重点调研课题《计算机软件案件知识产权法律问题研究——以促进软件产业创新发展为视角》。《人民法院报》头版刊登《聚焦"专精特新"聚力科技创新——江苏法院知产审判助企攻坚"卡脖子"难题纪实》。

以加强涉农知识产权保护服务保障乡村振兴。南京中院审结的侵害植物新品种权案入选"新时代推动法治进程十大案件"。

以严厉惩治不诚信行为助推净化创新生态。首次发布江苏法院推进知识产权诚信体系建设十件典型案例。调研并起草完成《关于对知识产权领域严重侵权失信行为开展联合惩戒的意见(征求意见稿)》。

三、加强反垄断反不正当竞争,推进高标准市场体系建设

严厉打击假冒混淆侵权行为。涉"稳健"商标侵权及不正当竞争案入选人民法院贯彻实施民法典典型案例(第二批)。

加强商业秘密司法保护。加强诉讼阶段商业秘密保护,综合运用多种措施,有效防范二次泄密。

规制网络不正当竞争行为。妥善审理新业态新领域垄断、不正当竞争案件,开展多项专题研究,推动多主体积极加强互联网平台治理。

增强执法司法合力。与江苏省市场监督管理局共同召开新闻发布会,联合通报工作情况,并发布典型案例。联合开展假冒注册商标罪、侵犯商业秘密罪等罪名的专题研讨,起草完成《侵犯商业秘密罪办理意见(征求意见稿)》。苏州中院联合召开商业秘密司法保护疑难问题研讨会,在全国商业秘密保护创新试点工作部署会上作主题交流。

四、完善机制,构建高水平保护格局

优化管辖布局。目前省知识产权法庭和基层知识产权管辖法院数量均位列全国第一。

完善技术调查官制度。持续推进技术调查官全流程参与。苏州知识产权法庭与中移云能力中心续签计算机软件技术事实查明合作框架协议,推动计算机软件类案件技术事实查明能力"再升级"。

推进保护区域协作。发布《关于强化知识产权司法保护推进长三角国际一流营商环境建设的意见》。江浙沪皖四地高院联合申报的"先行先试创新突破推动长三角知识产权保护一体化"创新工作举措入

选知识产权强国建设首批典型案例并向全国推广。

完善多元解纷机制。建立驻法院律师工作站调解机制,联合江苏省知识产权局建立知识产权纠纷在线诉调对接机制。联合江苏省知识产权局出台《知识产权民事纠纷行政调解协议司法确认实施办法》。

探索繁简分流机制。要素式审判应用系统获 2022 年度人民法院重大科技创新成果一等奖。

五、强化能力,锻造高素质知识产权审判队伍

强化政治建设。出台《关于进一步加强知识产权审判队伍建设的通知》。江苏高院知识产权审判庭获评"江苏省工人先锋号"、江苏省级机关"三个表率"模范机关建设先进单位,相关党建工作经验入选江苏省省级机关模范机关建设优秀案例。

推进精品战略。入选典型案例数和优秀文书数量均居全国第一。

加强监督指导。态势分析报告连续三年入选全省法院优秀态势分析报告。组织发改案件评查,坚持实行二审案件"一案一表"制度。组织全省法院审判业务培训班,有针对性开展专项培训。

组织专题研讨。举办江苏省法学会知识产权法学研究会 2022 年年会。创办首届江苏法院知识产权"智峰论坛"。

六、延伸职能,推动高效能社会治理

加强法治宣传。江苏高院连续十七年向社会发布《江苏法院知识产权司法保护状况》《江苏法院知识产权案件年度报告》及十大典型案例。通过互联网公开审理,多家媒体同步直播。省级以上媒体 50 余篇报道宣传工作及成效。

提出司法建议。针对审理中发现的多主体存在的问题,及时提出司法建议。江苏省省委、省政府吸收江苏省法院《关于加强种业知识产权保护工作的报告》中的建议,建立江苏省种业振兴联席会议制度。针对以引流为目的任意设置搜索关键词的行为,江苏高院向工业和信息化部发送司法建议。在"万词霸屏"不正当竞争案中,苏州中院主动向有关互联网信息中心发送司法建议并获反馈。宿迁中院梳理、分析研判涉盗版图书著作权侵权案件激增异常态势,及时向行政主管机关发送司法建议。

回应创新需求。江苏高院召开路灯行业知识产权保护座谈会,并向江苏省政协报送《充分发挥行业协会作用　促进路灯行业规范健康发展》专题报告。

　　　　　　供稿:江苏省高级人民法院
　　　　　　　　　知识产权审判庭

检察工作

一、以办案为中心,依法履行法律监督职责

通过强化办案全面履行打击、保护、监督、预防等检察职能,2022 年共办理各类知识产权案件 778 件,其中刑事案件 689 件、民事支持起诉案件 45 件、民事诉讼监督案件 22 件、涉知识产权公益诉讼案件 22 件。2 件案件入选最高人民检察院发布的典型案例,1 件案件入选"江苏省知识产权十大典型案例"。一是加大知识产权刑事犯罪打击力度。突出对技术类知识产权刑事犯罪的打击,共办理侵犯商业秘密罪案件 14 件、侵犯软件著作权犯罪案件 22 件。保持对传统商标类犯罪的打击态势,共办理侵犯商标类刑事犯罪案件 519 件。加大对重大疑难复杂案件的指导,江苏省检察院挂牌督办 8 起重大知识产权案件,指导办理多起涉及技术的侵犯商业秘密案。加强量刑建议指导和抗诉指导工作,全省检察机关提出量刑建议 1122 人,法院采纳 999 人,采纳率 89.04%;提出抗诉 6 件。二是加强知识产权民事、行政、公益诉讼检察工作。知识产权检察案件中,刑事、民事、公益诉讼案件比重分别为 88.56%、8.61%、

2.83%，民事、公益诉讼案件的比重较上一年度有所上升。各地增强了主动发现民事、行政、公益诉讼案件线索的意识，如南通检察机关为加强奥林匹克标志知识产权保护，主动发布公告和开通举报电话，与公安、市场监管等部门联系，牵头召开联席会议，部署开展"冰盾行动"，相关做法得到最高人民检察院肯定。三是开展依法惩治知识产权恶意诉讼专项监督工作。苏州工业园区院联合"企查查"构建影视作品知识产权虚假诉讼法律监督模型，通过设立多项研判规则，获取民事诉讼监督线索。南通市检察机关向法院调取近十年来相关品牌批量维权民事诉讼案件电子卷宗，组织人员阅卷审查，梳理恶意诉讼线索。连云港市两级检察院利用与辖区企业建立的挂钩联系制度发现有关线索。

二、以综合履职为抓手，强化知识产权综合性保护

一是加强组织领导，实现项目化推进。江苏省检察院将深化知识产权综合保护列入 16 项党组重点项目之一，在开展知识产权检察职能集中统一履行试点工作的基础上，持续完善各项机制，提高履职能力水平。二是通过加强机构组织建设深化综合履职。全省 13 家设区的市级检察院中，组建知识产权检察办公室的有 8 家，有专门办案组或专人办理的有 3 家；办理知识产权案件的 61 家基层检察院中，组建知识产权检察办公室的有 9 家，有专门办案组或专人办理知识产权案件的有 35 家。三是综合履职取得新的成效。"四检合一"职能整合对于知识产权全方位综合性司法保护起到了积极作用，如南通检察机关在开展"冰墩墩"冬奥特许商品知识产权"冰盾行动"保护工作中，改变了以往单纯从刑事角度开展工作的思维，向相关部门移送侵权线索 4 条，向某电商企业移送网店违规售卖北京冬奥会特许商品的侵权线索 17 条，向获得生产授权的某玩具公司发出法律风险提示函。

三、加强跨部门协作，强化知识产权协同保护

一是加强行刑衔接，形成打击知识产权违法犯罪闭环。共建议行政执法机关移送刑事案件 16 件 24 人。江苏省检察院与省农业农村厅、省高级人民法院、省公安厅等六家单位联合转发《关于保护种业知识产权打击假冒伪劣套牌侵权营造种业振兴良好环境的指导意见》，并对相关工作提出具体要求。二是加强机制建设，形成知识产权保护合力。苏州市人民检察院联合本市市场监管局、公安局、文广旅局、版权局印发《关于强化知识产权协同保护工作的实施办法》。徐州市人民检察院联合本市法院、公安局、市场监管局制定《徐州市商业秘密保护协作机制》，并与市市场监管局印发《徐州市市场监督管理领域不起诉案件移送行政处罚办法》。泰州市人民检察院联合本市法院、公安局印发《关于深入推进知识产权刑事案件协调配合机制的实施意见（试行）》。南京铁路运输检察院加强与中国（南京）知识产权保护中心的联系，设立"南京铁路运输检察院知识产权检察保护中心"，并聘请 8 名知识产权、计算机等领域的专业人士为特邀检察官助理。三是加强联合调研，进一步统一执法尺度。江苏省检察院与公安厅、省法院多次就制定侵犯商业秘密刑事案件适用法律若干问题进行座谈研讨。江苏省检察院派员会同市场监管局、知识产权局等部门对江苏省知识产权保护工作开展联合调研。

四、加强知识产权检察队伍专业化建设

统筹内外部资源，通过内部挖潜、外部借力，创新办案机制和管理模式，弥补办案人手和办案能力不足，提升专业化水平。南京铁路运输检察院组建了一支由 3 名入额院领导、6 名员额检察官、6 名检察官助理、16 名特邀检察官助理和技术调查官组成的集刑事、民事、行政、公益诉讼检察职能于一体的知识产权专业化办案团队。江苏省检察院组织全省检察机关知识产权检察人才库成员参与业务调研、理论研究。常州市检察院组建了包含 12 人的知识产权检察人才库，着力加强检察队伍专业化建设。南通通州湾示范区检察院与苏州大学王健法学院、苏州大学苏州知识产权研究院签署战略合作框架协议，成立"知识产权检察保护理论与实务研究基地"，并共同发布《商标类犯罪案件证据审查指引》。

供稿：江苏省人民检察院
知识产权检察办公室

浙　江　省

知识产权工作

2022 年，浙江省认真学习贯彻习近平总书记关于知识产权保护工作的重要论述和指示批示精神，全面落实党中央、国务院《知识产权强国建设纲要（2021—2035 年）》和《"十四五"国家知识产权保护和运用规划》，坚持以数字化改革为引领，以知识产权全链条集成改革为主线，强化法治保障，深化治理创新，突出塑造变革，知识产权发展综合指数稳居全国第一方阵，赋能经济社会高质量发展的作用日益彰显。第二次获国务院知识产权督查激励，数字化改革、专利开放许可入选国家首批知识产权强国建设典型案例，浙江加快推进知识产权全链条"一件事"集成服务经验做法在全国推广。

一、高位谋划推进知识产权强省建设

浙江省委、省政府印发实施《深入贯彻〈知识产权强国建设纲要（2021—2035 年）〉打造知识产权强国建设先行省的实施意见》，连续第二年高规格召开全省知识产权保护和发展大会。浙江省人大制定颁布《浙江省知识产权保护和促进条例》，修订完成《浙江省反不正当竞争条例》，开展专利"一法一条例"执法检查。浙江省政府设立全国唯一涵盖全门类、贯通全链条的"浙江省知识产权奖"。知识产权议事协调机构实现市县全覆盖，33 个市县入围首批国家知识产权强县建设试点示范县名单，杭州、宁波、湖州、嘉兴、台州、衢州 6 个设区市升格由政府主要领导担任议事协调机构负责人。

二、纵深推进知识产权治理变革

"浙江知识产权在线""职务成果转化在线""法护知产"等数字化应用系统持续迭代升级，开发"大脑产品"，推进核心业务从数字化向智能化跃升。地方应用"花样版权数治"获评浙江全省数字化改革最佳应用，获浙江省委改革突破奖。浙江在全国先行探索数据知识产权制度改革，获批全国首批数据知识产权地方试点，开发数据知识产权公共存证平台，制定出台数据知识产权保护运用制度规范，在全国率先将数据知识产权登记保护运用纳入法治化轨道，获评 2022 年中国（浙江）自由贸易试验区最佳制度创新案例，2022 年度浙江省数字经济系统优秀制度成果、理论成果。专利开放许可获国家知识产权局首批试点，累计征集开放许可专利 1925 件，促成专利实施 1252 件次，入选首批知识产权强国建设典型案例、浙江省高质量发展建设共同富裕示范区第一批最佳实践。浙江省市场监管局（知识产权局）会同八部门联合推进地理标志富农集成改革，实施地理标志专用标志使用核准改革试点，上链企业 970 家，专用标志企业 2150 家。

三、全力驱动知识产权创造量质齐升

2022 年，浙江省新增国内发明专利授权 6.13 万件，同比增长 7.9%；有效发明专利 30.56 万件，同比增长 22.1%；三大科创高地有效发明专利拥有量达 17.2 万件,同比增长 24.28%;高价值发明专利首次突破 10 万件,同比增长 29.17%,每万人口高价值发明专利拥有量 15.5 件,同比增长 24%;PCT 国际专利申请量 4316 件,获第二十三届中国专利奖金奖 4 项,创历史新高。商标申请量 64.2 万件,新增注册商标 56 万件,有效注册商标达 416.11 万件,同比增长 13.23%,三者连续五年均居全国各省(区、市)第二位。每百户企业有效注册商标量 124 件,居全国第一。作品自愿登记量 47 825 件,同比增长 4.55%,每百万人口作品登记量 731.27 件。新获国家植物新品种权 137 件,其中新增国家林草植物新品种权 20 件。新增知识产权海关保护备案 4711 件,累计有效备案 16 538 件,居全国首位。

四、充分释放知识产权赋能发展活力

浙江在全国率先开展知识产权赋能"专精特新"企业高质量发展行动,新增国家知识产权示范企业 40 家、优势企业 193 家,省知识产权示范企业 551 家;率先出台《浙江省专利导航项目管理办法(试行)》,面向重点产业布局建设 7 家国家级、5 家省级产业专利导航服务基地。2022 年,浙江省专利、商标质押融资金额 1681.02 亿元,同比增长 50.59%,占全国总量的 34.53%,连续四年居全国首位;完成专利转让 7.91 万次,居全国第三,累计办理知识产权保单 1602 份;率先实施专利转化专项计划,首创科技成果"先用后转"机制,许可专利 14 907 次,居全国第一,转让专利 7.91 万次,居全国第三,医疗卫生领域成果转移转化金额累计 20 亿余元。地理标志富农成效显著,上线"浙里地理标志"应用和"林业植物新品种"销售专区,设立全国首个农创客知识产权联盟,实施国家农产品地理标志保护工程项目 10 个,"缙云烧饼"年产值 20 亿余元,"常山胡柚"年产值 30 亿余元,"庆元香菇"品牌价值 49 亿余元,涌现出一大批地理标志富农典型案例。

五、持续提升知识产权保护满意度

2022 年,浙江省知识产权保护社会满意度再创历史新高,达到 85.64 分。各地各部门查办了一批具有全国影响力的知识产权典型案例,其中入选全国市场监管典型案例、指导案例 5 起,入选农业植物新品种权保护十大典型案例 1 起,入选全国海关知识产权保护典型案例 2 起,入选最高人民法院典型案例 5 起,入选最高人民检察院典型案例 3 起,办理中央宣传部联合督办案件 7 起。浙江全省共办理各类知识产权行政案件 2.1 万件,同比增长 12%;累计建成国家级知识产权保护中心、快维中心 10 家,办理专利侵权纠纷案件 17 563 件、商标违法案件 4350 件,查扣进出口侵权货物 3026 批次,寄递渠道立案查处 829 家次;种业监管执法 1.58 万人次。浙江法院系统共新收一审民事知识产权案件 24 811 件,同比上升 12.63%,破获知识产权刑事案件 676 起,抓获犯罪嫌疑人 2414 名,受理犯罪立案监督 60 件。11 个设区市实现专利案件司法行政对接全覆盖,专利案件司法行政对接设区市全覆盖,知识产权仲裁院 5 家、知识产权人民调解组织 27 家,聘任技术调查官 239 人,多元化解各类知识产权维权援助案件 69 347 件。

六、不断优化知识产权人文社会环境

知识产权公共服务更加便捷,知识产权领域"放管服"改革持续推进,率先落地知识产权质押融资线上办理国家试点;率先开展企业变更登记与商标变更信息协同改革试点;率先开展集成电路布图设计的全流程线上审查业务。知识产权人才队伍不断壮大,知识产权行政管理人才 1352 人,中级及以上知识产权经济师 574 人,专利代理师 1682 人,专业人民调解员 149 人,累计开展培训 6 万余人次。知识产权宣传交流有力推进,全年共组织开展"4·26 全国知识产权宣传周"系列活动 352 场,发布"2021 年度浙江省知识产权保

护十大案例""2021 年度浙江省知识产权金融创新十大案例""全省检察机关保护知识产权十大典型案例"系列典型案例,讲好知识产权浙江故事。

(供稿:浙江省知识产权局)

版权工作

2022 年,浙江省坚持以习近平总书记关于知识产权保护工作的重要论述为指导,认真贯彻落实全省知识产权保护和发展大会精神,扎实推进版权保护、服务、宣传等工作,为党的二十大胜利召开营造了良好的版权环境。

一、严厉打击侵权盗版行为

1. 全力查办侵权盗版案件

加强对各地版权执法部门的指导,强化与公安、法院等部门的沟通联系,深化案件线索核查,加大案件查办力度,依法严厉查处群众意见强烈、社会危害大的侵权盗版分子。全省版权执法共检查单位 4298 家次,出动执法人员 10 985 人次,查办侵权盗版案件 79 起,罚款超 33 万元。温州徐某某等人涉嫌侵犯著作权案、金华冯某某等人涉嫌侵犯著作权案、嘉兴"7·14"涉嫌销售侵权复制品案等 7 个案件被列为全国挂牌督办案件,为案件查办争取到了必要的支持,浙江省成为全国挂牌督办案件较多的省区市之一。

2. 开展"剑网 2022"专项行动

联合网信、公安、通信管理部门制定印发《浙江省打击网络侵权盗版"剑网2022"专项行动实施方案》,突出抓好文献、网络视频、网络文学等重点领域和NFT 数字藏品、"剧本杀"等网络新业态版权监管,持续巩固游戏动漫、有声读物、网盘等历年成果,进一步压紧压实短视频、直播、电商等平台主体责任。全省共删除侵权盗版链接 3340 条,查办网络侵权盗版案件 32 起。

3. 开展冬奥版权保护集中行动

第一时间转发《国家版权局等关于开展冬奥版权保护集中行动的通知》,并于2022 年 1—3 月联合省公安、文旅、广电、网信等部门开展冬奥版权保护集中行动。全力打击涉冬奥侵权盗版行为,如平阳县文化市场综合行政执法队对某企业通过网站销售印有未取得授权的"冰墩墩"图案纪念币收藏册行为予以查处,该案系浙江省查办的首例侵犯冬奥吉祥物"冰墩墩"著作权案。

4. 开展"青少年版权保护季"行动

联合省公安、教育、文旅部门制定印发《浙江省"青少年版权保护季"行动实施方案》,分别于 2022 年 2—3 月、7—9 月开展"青少年版权保护季"行动,严厉整治教材教辅、少儿图书的侵权盗版乱象,推动形成青少年版权保护共治格局。全力打击涉青少年出版物侵权盗版行为,如杭州市公安局西湖分局成功破获咪咕数字传媒有限公司被侵犯著作权案,复制发行侵权电子小说 20 万余部(次),销售金额 100 万余元,采取刑事强制措施 11 人。

二、稳步推进使用正版软件

1. 召开浙江省推进使用正版软件工作联席会议第四次全体会议

传达学习推进使用正版软件工作部际联席会议第十一次全体会议精神,通报2021 年浙江省软件正版化工作情况,部署2022 年工作重点。印发《浙江省推进使用正版软件工作联席会议第四次全体会议纪要》《2022 年浙江省推进使用正版软件工作计划》。

2. 稳步推进重点领域软件正版化工作

继续采取"场地授权"方式为省级预算单位提供国产正版办公软件,从源头上解决办公软件正版化问题,大幅节省财政资金。扎实推进省属国有企业软件正版化工作,继续将软件正版化工作纳入省属国企等级考核重要内容,直接与领导层薪酬挂钩,省属国有企业本级及下属二、三级企业已按计划完成。重点推进金融、医疗、教育、交通等特定行业和重点领域软件正版化工作。

3. 组织开展软件正版化工作年度考核

充分发挥考核"指挥棒"作用,继续将软件正版化工作纳入对各市党委(党组)意识形态工作责任制落实情况考核内容,压紧压实主体责任。印发《关于做好 2022 年软件正版化考核有关工作的通知》,2022 年 12 月底前完成省直有关部门和各设区市年度考核工作。2022 年 11 月 22—25 日,赴杭州开展实地督查,检查市级政府机关及国有企业、学校、医院等重点行业 7000 余台计算机通用软件安装使用情况。2022 年 12 月上旬,对嘉兴市软件正版化工作开展实地督查。

4. 加强软件正版化审计监督

继续将软件正版化工作情况纳入党政机关、事业单位和国有企业审计内容,将软件采购资金管理使用、软件资产管理情况作为主要审计内容,着力规范软件采购资金管理和使用,推动完善软件资产管理制度。

三、持续提升版权服务质效

1. 迭代完善"版权桥"应用

深化版权全周期管理服务机制改革,全面推进"版权桥"应用试运行,加快推动省市县三级贯通。迭代完善服务端,新增电子签章、溯源批量存证等功能,上线文化数字资产发行模块,加强与宣传大脑数据互通。完成在线监测 25 433 次,登记溯源 2811 件,达成交易 29 172 笔,藏品数 32 424 个,帮助丁墨、沧月等知名网络作家达成版权交易,多地文化上市企业提出深度合作需求。上线治理端 3.0 版,新增侵权投诉举报与案件办理、软件正版化、版权示范创建三大模块,全省版权业务基本实现全覆盖。

2. 不断优化版权服务水平

指导成立浙江省版权协会版权鉴定委员会,推动纳入浙江法院网鉴定机构名录并入驻人民法院诉讼资产网,面向司法及行政机关开展版权鉴定业务。新增嘉兴市、丽水市版权服务工作站,做好辖区作品登记受理、版权纠纷调解、版权保护宣传等工作,推动版权服务触角向基层延伸,实现版权服务工作站 11 市全覆盖。

3. 积极开展版权示范创建

指导温州市开展全国版权示范城市创建,温州市版权协会正式成立,温州版权馆作为全国首家一站式版权服务综合平台经优化提升后重新开馆,版权领域标志性成果日益凸显。大力推进全国和省级版权示范创建,各地申报省级版权示范单位 29 家、版权示范园区(基地)9 家,推荐浙江艾叶文化艺术品股份有限公司等 6 家单位申报全国版权示范单位,浙江瑞安市林川镇溪坦工艺礼品文创街区等 3 个园区申报全国版权示范园区(基地)。

四、广泛开展版权宣传教育

1. 组织开展知识产权宣传周版权宣传活动

以"全面开启知识产权强国建设先行省新征程"为主题,组织开展浙江省版权宣传活动。加快推动版权宣传进社区、进园区、进校园,联合嘉兴市委宣传部、嘉兴市教育局、嘉兴学院举办浙江省第十届"知识产权杯"创意设计大赛,嘉兴学院等 20 余所院校千余名大学生参与,收到创意设计作品 1400 余件,评选出获奖作品 120 件。各地通过侵权盗版出版物集中销毁、普法宣传、联合执法等形式,广泛开展系列宣传活动,形成省市县三级联动、政企学民各方参与的浓厚氛围。

2. 组织开展版权业务培训

召开全省软件正版化工作培训会,各市县宣传、教育、卫健、审计、国资等部门 140 余人参加,邀请浙江省教育厅、浙江省卫健委、温州市国资委等同志讲解或交流。举办全省版权执法监管工作培训班,各市县版权行政主管部门、行政执法部门 110 余人参加,邀请知识产权领域法律专家授课,宁波、嘉兴基层执法办案人员交流办案经验。

供稿:浙江省版权局

司法工作

一、围绕大局,服务保障创新驱动发展战略

服务保障数字经济发展。做好 2021 年浙江省高院重点调研课题的成果转化,《关于数据权益知识产权保护问题的调研》发表于《人民司法》2022 年第 13 期。完成《关于加强新时代知识产权审判工作推进数字经济高质量发展的实施意见》初稿。

营造公平竞争营商环境。加强反垄断和反不正当竞争案件审理工作,审结的"苏泊尔不粘锅"商业诋毁纠纷案入选最高人民法院 2021 年度十大反不正当竞争典型案例。参与最高人民法院组织的、配合国务院反垄断委员会举办的"2022 年中国公平竞争政策宣传周"的各项活动,积极报送典型案例,并在浙江省开展反垄断和不正当竞争案件集中公开庭审活动。

常态化开展"三服务"活动。自 2020 年先后设立两批共 51 家省级知识产权司法保护调研服务联系点。2022 年 6 月,下发《关于知识产权司法保护调研服务联系点运行情况的通报》。

二、公正司法,充分发挥审判职能作用

公正高效审理各类知识产权案件。2022 年共新收知识产权民事一审案件 26 594 件,同比增长 12.52%,审结 26 373 件,同比增长 14.43%;新收涉知识产权刑事一审案件 512 件,审结 479 件;新收涉知识产权行政一审案件 37 件,审结 22 件,并审查执结一批非诉行政执行案件。

积极推进"精品工程"建设。浙江高院常态化梳理条线精品案件,多种形式指导下级法院积极培育"伟大判决"。参评入选数量在全国法院名列前茅。

加强对下业务指导。8 月举办全省知识产权审判业务培训班。11 月召开全省中院庭长和部分基层法院庭长座谈会。对条线近三年改判案件的态势进行分析,下发 3 期《知识产权民事案件质量通报》,并与改判案件较多的法院召开改判分析会。

强化长期未结案清理督导。浙江高院将长期未结案清理工作作为年度重点工作谋划开展,截至 2022 年底,浙江省知识产权长期未结案件 47 件,同比减少 36 件,督导成效显著。

高质量完成重点调研课题。组织开展 2022 年浙江省法院重点调研课题"保护地理标志　助推共同富裕——地理标志商标司法保护",在听取多方意见的基础上,高质量完成调研报告。

三、守正创新,不断优化司法保护机制

健全知识产权专门化审判体系。高质量推进知识产权法庭建设。根据四级法院审级职能定位改革要求,优化浙江省案件管辖布局,目前全省共有 48 家基层法院具有一般知识产权案件管辖权。

加强知识产权审判"三合一"工作。进一步完善"三合一"审判机制,9 月,与省公安厅、省人民检察院联合印发《关于进一步加强知识产权刑事司法保护工作的通知》,完善知识产权"三合一"审判管辖制度、衔接程序。专项研究刑事附带民事诉讼相关法律问题,完成《关于知识产权刑事附带民事诉讼的指引》初稿并召开座谈会进行讨论;在此基础上于 11 月召开知识产权刑事附带民事诉讼试点工作会议,对知识产权刑事附带民事诉讼试点工作进行部署指导。

多措并举推进诉源治理工作。两次与中国(杭州)知识产权·国际商事调解云平台召开座谈会,建立浙江省驾驶舱,及时掌握和汇总省内各站点诉调案件情况。全省诉前和诉后进入纠纷多元化解机制处理的

案件分别为 41 698 件和 3883 件,案件总量是 2021 年的 1.28 倍。共通过纠纷多元化解机制成功调解案件 16 212 件,其中诉前调解成功的案件数量为 13 733 件。前往案件数量多的温州、金华地区进行诉源治理专题调研。聚焦外观设计专利案件数量大幅增长问题,形成专项分析报告。针对多地法院受理的涉民宿、足浴店批量著作权侵权案件,浙江高院及时统一裁判标准。

持续推进数字化改革。浙江高院民三庭牵头成立专班研发"法护知产"集成应用,获评 2022 年全省"数字法治好应用"。"法护知产"集成应用由"协同保护""版权 AI 智审""涉网知识产权案件智审""云上物证室"等多项子应用构成。"版权 AI 智审"已由绍兴柯桥法院试点推广至全省,缓解了作品抢注和权利滥用现象。在余杭法院上线运行的"涉网知识产权案件智审"能够实现简单涉网案件要素式立案、智能庭审、裁判文书智能生成。"云上物证室"以3D 扫描、拍照、摄影等方式实现物证的数字化存储与规范化管理,全省知识产权物证上链 2511 条,涉案 1292 件。余杭法院、杭州互联网法院成功申报成为最高人民法院全链条要素式技术能力攻关与创新应用(信息网络传播权)试点法院。

四、联动协同,积极扩大知识产权司法保护影响力

强化跨部门多领域协同保护。2 月,浙江高院与省市场监管局联合召开第一次知识产权司法与行政协同保护工作会议,签署《合力打造知识产权强国建设先行省备忘录》。浙江高院与省市场监管局联合发布《关于建立知识产权领域失信联合惩戒机制的纪要》,建立全国首个"司法建议+行政列严"有机衔接的失信联合惩戒机制。在绍兴地区进行大走访大调研,形成《关于绍兴法院加强知识产权协同保护工作的调研报告》。多次参加浙江省人大立法论证会,在起草地方性立法文件过程中提出意见建议。以解决"举证难"问题为重点,走访浙江省律师协会,召开座谈会听取意见建议并形成专项报告。

高质量推进"知识产权+共享法庭"建设。浙江高院民三庭梳理全省可以依托建设"共享法庭",指导条线做好"知识产权+共享法庭"的结合文章,并出台《知识产权特设"共享法庭"运行规程》。全省法院共建成知识产权特设"共享法庭"49 家,初步形成广泛覆盖的运行体系。

打造理论与实务相结合的论坛品牌。分别于 1 月、11 月以"数据权益知识产权保护""地理标志司法保护"为主题与知产力、知产宝联合召开第六届、第七届全国性"三知论坛"。顺利举行两期"浙知沙龙",分别围绕"地理标志司法保护""知识产权批量维权案件诉源治理"问题开展交流。

广泛开展宣传交流。成功举行"4·26 全国知识产权宣传周"活动启动仪式、观摩案件庭审、新闻发布会等活动,并通过网络全程直播。联合新媒体平台制作"知识产权·青年说"短视频,由知识产权青年法官代表出镜介绍知识产权典型案件。以"精案精品年"为活动主题内容,全面升级"我是院长,现在开庭"专项审判活动,全省 52 家中级法院及有一般知识产权案件管辖权的基层法院院长担任审判长公开开庭审理知识产权精品案件。

供稿:浙江省高级人民法院
知识产权审判庭

检察工作

一、强化检察办案,进一步提升知识产权刑事保护力度

聚焦犯罪全链条打击,有力惩治犯罪。2022 年,共受理知识产权刑事案件 982 件2486 人,其中审查逮捕 135 件 208 人,批准逮捕 123 人;审查起诉 847 件 2278 人,提起公诉 520 件 1127 人,起诉人数同比增长17%。在履行审查逮捕、审查起诉职能中,特别注重追踪溯源,穿透式精准打击。如嘉兴检察机关在办理最高人民检察院等中央六部门督办的"假地图"案中,有效运用数字检察工作理念方法,深挖彻查上下游犯罪产业链,开展自行补充侦查,追加起诉犯罪数额近 500 万元,并立案监督及追诉 8 人,检察监督效果得以全面展现。该案入选全国检察机关年度知识产权保护十大典型案例。

聚焦重难点领域,着力提升办案质效。浙江省检察院牵头召开省公检法知识产权刑事司法保护联席会议,并首次邀请省知识产权行政主管部门参会,围绕实践中的难点、争议性问题进行研讨会商,推动达成共识,指导基层解决实务问题。针对重大疑难复杂案件,浙江省检察院会同省公安厅建立联合督办机制,强化协同配合,及时研究解决侦查、诉讼难题,指导推动侵犯商业秘密、计算机软件著作权等重难点案件办理。如湖州检察机关在办理一起侵犯计算机软件著作权案件中,夯实证据证实检材的客观性,解决鉴定比对难题,准确认定软件同一性,同时以软件烧录的载体作为突破口,精准认定非法经营数额。该案入选全国检察机关年度知识产权保护十大典型案例。针对商业秘密案件办理难的问题,浙江省检察院研究出台《关于加强对浙江省侵犯商业秘密案件管理和指导工作的办法》,建立备案制度,对如何实现商业秘密最优保护效果提出具体要求,还指导杭州市滨江区检察院制定《侵犯商业秘密刑事案件审查指引》,为办案提供参考。杭州、宁波等地检察机关在浙江省检察院具体指导下成功办理了多起侵犯高科技企业技术类商业秘密案件,激发了企业创新创造活力。

二、强化融合履职,提升知识产权综合保护质效

全面保障权利人权益,护航企业发展。全面落实知识产权刑事案件权利人诉讼权利义务告知制度,优化侵权人诉前赔偿和解机制,深化检调对接职能,用好认罪认罚从宽、涉案企业合规等制度,积极促成侵权人向权利人合理赔偿,实现在刑事案件中一并解决民事救济,降低维权成本。如宁波市鄞州区检察院在办理一起新材料高新技术企业被侵犯商业秘密案中,推动涉案企业及相关人员的认罪认罚及诉前赔偿工作,被侵权企业获赔 3700 万元。杭州建德市检察院在办理一起涉新能源领域技术秘密案件中,促成认罪悔罪的犯罪嫌疑人与权利人达成和解并重建业务合作关系,为企业挽回损失 1000 万元。在此过程中,检察机关通过召开听证会公开审查,主动接受社会监督,提升办案透明度与公信力,让企业创新成果更加受到尊重。

加强检察融合监督,惩治恶意诉讼。为保障公平竞争的市场环境,惩治冒用、滥用知识产权行为,浙江检察机关积极落实最高人民检察院部署,有力推进专项监督工作。浙江省检察院统筹指导,充分发挥数字化监督作用,对重点领域批量知识产权民事诉讼进行线索排摸后深入监督,取得明显成效。如绍兴检察机关着力打击纺织品花样著作权领域的恶意诉讼,通过刑民高效协同,挖掘出某版权代理公司通过虚假诉讼进行诈骗敛财犯罪线索,移送公安机关立案侦办后,对该公司 4 名主要犯罪成员依法提起公诉,其中主犯被判处有期徒刑十一年六个月。同时,检察机关运用抗诉、检察建议等方式对相关错误民事裁判进行监督,成功纠正民事案件 64 件。该案入选最高人民检察院第四十八批指导性案例,获评最高人民检察院 2022 年知识产权检察十大案事例,并被写入最高人民检察院年度工作报告。

探索开展检察公益保护,守护公共资源。浙江检察机关先后办理涉侵犯"西湖龙井""安吉白茶""绍兴黄酒"等地理标志证明商标专用权案件,检察机关以"刑事追责+公益保护"的新工作模式,支持权利人提起诉讼,促进刑民证据转化,降低维权成本,保护地域公共资源。湖州检察机关在办理一起假冒"安吉白茶"案中,就地理标志证明商标保护支持起诉召开听证会,并全程公开直播,扩大知识产权保护宣传,获最高人民检察院官微、《检察日报》报道。

三、强化协同保护,融入知识产权大保护格局

积极参与地方立法,优化履职环境。浙江省检察院全程参与《浙江省知识产权保护和促进条例》的立法工作,提出的行刑衔接抄告检察机关制度、全省统一技术调查官制度、公益诉讼等建议均被采纳。该条例强调了检察机关的法律监督职能,以地方立法形式规定了行政机关在将犯罪线索移送公安机关时应抄送检察机关,有利于检察机关开展监督,并明确肯定检察机关探索开展知识产权领域公益诉讼。

深化行刑衔接,形成打击合力。浙江省检察院与省市场监督管理局联合召开工作推进会,会签《强化知识产权协同保护的实施意见》,全面强化行刑共治,还联合发布了一批知识产权协同保护典型案例,通过传统纸媒和新媒体进行宣传,发挥案例的指导引领作用。如乐清市市场监督管理局在某学校扩建工程工地查获一批假冒品牌商标的瓷砖,公安机关受理移送线索后作出不予立案决定,乐清市检察院通过行刑衔接机制获知该情况后,及时依法监督公安机关立案进行侦查,最终被告人被判处有期徒刑。

加强常态化宣传,营造共治格局。延伸办案工作,以案普法,浙江省检察院在"4·26世界知识产权日"当天发布浙江省保护知识产权十大典型案例。杭州、温州、湖州等市级检察院也发布了知识产权检察保护典型案例或普法案例,营造学案例、普法律的热烈氛围。浙江检察新媒体在浙江检察视频号、抖音号、头条号持续推出一系列知识产权案件直播庭审、听证,同时,有效运用新媒体,刷新"知识"点,以普法漫画、小视频、情景剧、动画片、再现案情微剧场等生动活泼的形式,宣传知识产权保护工作。11月,浙江省检察院举办检察开放日活动,邀请人大代表、政协委员、企业家代表、新闻媒体参加,以知识产权案例展板、案件公开听证、座谈等方式,开展普法宣传。

供稿:浙江省人民检察院
知识产权检察办公室

安 徽 省
✳✳✳✳✳✳✳

知识产权工作

一、知识产权顶层设计

2022年,安徽省委、省政府印发《安徽省知识产权强省建设纲要(2021—2035年)》,省政府办公厅印发《安徽省知识产权"十四五"发展规划》,全面开展创新型知识产权强省建设。省委常委会专题听取省政府知识产权保护工作汇报,省政府连续2年召开全省知识产权保护工作会议,省知识产权强省建设联席会议召开5次会议,研究部署知识产权保护工作。推动《安徽省专利条例》修订和《安徽省知识产权保护和促进条例》立法纳入省人大立法计划。

二、知识产权创造

2022年,安徽获授权专利156 584件,同比增长2.0%,其中发明专利26 180件,占16.7%,同比增长10.8%。拥有有效发明专利144 704件,同比增长18.9%,每万人口高价值发明专利拥有量6.58件,PCT专利申请量1880件。商标申请量243 320件,同比下降15.3%,商标注册量195 276件,同比下降23.1%,全省商标有效注册量

1 189 531 件,同比增长 17.6%。实施地理标志运用促进工程,累计获批国家地理标志保护产品 85 件,覆盖全省 16 个省辖市的 73 个县(市)、区,74 件地理标志产品专用标志被 827 家企业使用。

三、知识产权运用

2022 年安徽获国家知识产权局批准知识产权强国建设示范城市 2 个、试点城市 3 个,示范县 5 个、试点县 12 个,示范园区 1 个、试点园区 4 个,示范企业 30 家、优势企业 99 家,国家地理标志保护示范区 4 个,知识产权强国的安徽版图蔚然成型。印发《安徽省高价值发明专利培育工程实施方案》和《安徽省专利开放许可实施方案》,全省 23 家企业和 3 所高校发布专利开放许可信息 89 条,达成许可交易专利 5 件。积极推动专利导航服务产业发展,建设省级专利导航服务基地 9 个,获批国家专利导航服务基地 4 个,实施各类专利导航项目 29 项,有效促进了专利信息分析与产业运行决策深度融合。1082 家企业和高校院所通过《知识产权管理规范》贯标认证,建立健全现代知识产权管理制度。

安徽获第二十三届中国专利奖金奖 2 项、银奖 3 项、优秀奖 22 项。第九届安徽省专利奖评选评出发明专利金奖 20 项,外观设计金奖 3 项。会同省财政厅印发《安徽省"实施专利转化专项计划　助力中小企业创新发展"实施方案(2021—2023)》,安徽省市场监督管理局与中国工商银行安徽省分行等 7 家金融机构签署战略合作协议,构建了知识产权质押融资"高架桥",知识产权质押登记项目 2083 笔,质押融资金额 187.24 亿元。

深入实施商标品牌战略,600 余家商标品牌指导站为 5.5 万余家市场主体提供咨询服务 10 万余次。建设省级商标品牌基地 140 家,2659 家骨干企业为安徽经济发展贡献 800 亿余元产值。

四、知识产权保护

印发《2022 年全省知识产权全链条保护工作要点》《安徽省 2022 年强化知识产权保护工作要点》,建立知识产权保护检查考核的长效机制,压实各级党委政府知识产权保护责任。出台《安徽省专利侵权纠纷行政裁决实施办法(试行)》《安徽省流通领域(实体专业市场)知识产权保护工作指南(试行)》《安徽省电子商务领域(电商平台)知识产权保护工作指南(试行)》等指导性文件。安徽省国家级知识产权保护中心获批建设,合肥市知识产权保护中心建成运行,建成知识产权纠纷人民调解组织 110 个,知识产权维权援助组织 179 个,设立知识产权保护工作站 32 家,海外知识产权纠纷应对指导工作站 8 家。组建知识产权仲裁人员 387 人,知识产权公证人员 192 人,推动 68 个调解组织和 503 名调解员入驻人民法院调解平台,知识产权保护系统性、整体性和协同性不断增强。

2022 年,全省查处知识产权案件 3302 件,处理知识产权纠纷 3113 件,作出行政裁决 88 件,行政调解 94 件,向公安机关移交知识产权犯罪线索 104 条,较上年增长 48%。发布知识产权保护典型案例 65 件,知识产权保护社会满意度连续 6 年稳步提升。

省市场监管局与省司法厅、省高级人民法院、省检察院、省商务厅、贸促会、省外办等单位共同推进知识产权协同保护机制。积极参与长三角、十二省市年度知识产权保护协作活动,与沪苏浙签署《长三角地区知识产权更高质量一体化发展框架协议书 2.0》和《长三角地区数据知识产权保护合作协议书》。

五、知识产权服务

出台《关于加快推动安徽省知识产权公共服务高质量发展的实施意见》,围绕安徽特色主导产业建设知识产权专题数据库,基本建成主干清晰、门类多样、内容丰富的知识产权信息公共服务体系。

2022 年,安徽新增知识产权公共服务节点 8 家,在建 3 家,地市级知识产权公共服务节点覆盖率 81.3%,新认定省级知识产权公共服务网点 32 家。深入开展"知识产权服务万里行"活动,组织知识产权服务机构,面向特色产业、龙头企业提供便利化、高质量的服务,有效支撑企业创新需求。积极引导高校、科研院所、中小企业、知识产权运营中心共同参与专利技术供需对接活动,全省共组织开展各类服务 1532 次,惠及企业 13 079 家。

六、知识产权管理

持续深化"蓝天"专项整治行动,坚决打击非正常专利申请行为,核查非正常专利 4 批次 6.09 万件。引导知识产权代理行业成立安徽省专利代理师协会,组织开展执业许可条件检查,约谈代理不以保护创新为目的专利申请代理机构,规范专利代理行业。全年立案查处无资质专利代理案件 6 件,罚没款 11.6 万元,39 家代理机构被列入信用 B 类重点监管,"双随机一公开"抽查专利代理机构 37 家。组织 3703 人报名参加专利代理师资格考试,报名人数同比增长 12.5%。开展"安徽省百名优秀知识产权专员"评选活动,编制《知识产权专员工作汇编》,积极推动《知识产权专员管理》地方标准立项。面向社会聘任知识产权行政保护技术调查官 146 名、知识产权保护社会监督员 71 人。

七、知识产权宣传

充分利用媒体矩阵讲好安徽故事,在《中国知识产权报》《中国市场监管报》《中国质量报》等中央级媒体刊发稿件 53 篇,在《安徽日报》《安徽广播电台》《中安在线》等省级媒体上刊发稿件 94 篇。世界制造业大会知识产权保护与运用论坛举办期间,成功发布《安徽省专利调查》等研究成果,47.92 万人次通过人民网安徽频道观看"全面开启知识产权强国建设新征程"主题线上直播访谈活动。举办五期"合肥代办处大讲堂"专题宣读活动,拍摄科普短视频《琅琊说之保护知识产权》获得国家知识产权局视频征集优秀作品一等奖和最佳人气奖。

供稿:安徽省知识产权局

版权工作

2022 年,安徽省认真学习贯彻习近平总书记关于全面加强知识产权保护的重要论述指示精神,深入贯彻落实党的二十大精神,全面加强版权工作,取得较好成效。黄山市入选中央宣传部首届民间文艺版权保护与促进试点地区;5 家单位入选全国版权示范单位、示范园区(基地);64 家单位和个人获国家版权局查处重大侵权盗版案件有功奖励。

一、加大执法监管力度,版权市场秩序日益规范

聚焦权利人和人民群众反映强烈的重点领域,加大打击侵权盗版力度。

一是强化日常巡查巡检。认真执行日监测、月通报、季抽查、年总结的监管制度,全年出动版权执法人员 10.79 万人次,检查单位 4.04 万家次,同比分别增长 12%、6%。

二是强化大案要案查办。开展打击网络侵权盗版"剑网 2022"、打击院线电影盗录传播、冬奥版权保护、青少年版权保护季等专项行动。2022 年查处侵权盗版案件 305 件,办结 260 件,同比分别增长 98%、117%。7 起案件获国家版权局等部门挂牌督办,1 起案件入选全国打击侵权盗版教材教辅、少儿图书典型案例,1 起案件入选全国"剑网 2022"专项行动十大案件。

三是强化部门协同联动。安徽省版权局与省公安厅共建版权执法监管协作机制,与省高级人民法院、省市场监管局联合发布年度知识产权行政保护和司法保护情况及典型案例,印发《关于开展知识产权纠纷行政调解协议司法确认程序工作的实施办法》。

四是强化技防体系建设。引入区块链等技术,优化提升版权存证确权、授权交易、监测维权服务水平。"区块链+版权"创新应用试点工作扎实推进,皖文创链初步建成,安徽版权在线数字服务平台部分子系统上线投用,实现区块链存证确权 7.5 万件。

二、扎实推进软件正版化,数字经济发展环境更加优化

将正版化与信息化、信息安全相结合,持续巩固拓展软件正版化成果。

一是统筹协调凝聚合力。制定印发《安徽省软件正版化工作联席会议制度》,召开安徽省软件正版化工作联席会议全体会议,印发《安徽省 2022 年软件正版化工作实施方案》。制订实施省市县国有企业软件正版化三年行动计划,扎实推进县级以上公立医院使用正版软件工作。

二是督促检查促进落实。采取随机抽查、实地督导、考核评议、约谈通报等方式督促推进软件正版化工作。全省各级党政机关和企事业单位 2022 年新购正版软件 8 万余套,采购资金 1.06 亿元。省市县三级党政机关实现软件正版化,累计推进 1000 余家企事业单位实现软件正版化。推进使用正版软件工作部际联席会议联合督查组对安徽推进软件正版化工作成效给予充分肯定。

三、促进版权转化运用,创新创造活力竞相迸发

围绕激活版权资源、激发创新活力,健全完善版权社会服务体系。

一是优化服务便利作品登记。采取升级服务系统、印发宣传折页、开展宣讲培训、设立版权服务站等方式,推动作品登记便民惠民、提质增效。全年登记作品 26.5 万余件,是前两年登记量的总和,发布精选登记作品及版权重点保护名单 4 期 39 件。

二是培树典型促进转化运用。评选认定省级版权示范单位、示范园区(基地)51 家,组织参加国际版权论坛、第三届江苏

(南京)版权贸易博览会、第六届中国国际动漫创意产业交易会、安徽省第九届工业设计大赛等。

三是广泛宣传营造浓厚氛围。组织开展"4·26"系列版权宣传活动,制作发布版权保护主题音视频和 H5 集锦,组织张贴宣传海报、播放公益宣传片,评选公布安徽省打击侵权盗版典型案件。举办"版权保护与文化创新"专题讲座。《中国新闻出版广电报》、国家版权局官网等宣传报道安徽版权工作成效做法 20 余次。安徽省版权局官网"安徽版权网"发稿近千篇,浏览量超 2000 万次。

(供稿:安徽省版权局)

司法工作

安徽省知识产权审判"三合一"改革工作为国务院知识产权战略实施工作部际联席会议机制推广,特色"知行"品牌党建创新案例、长三角知识产权保护一体化案例分别入选最高人民法院第二届新时代人民法院党建创新优秀案例、知识产权强国建设第一批典型案例。

一、立足执法办案,巩固提升质效

2022 年,全省法院共受理知识产权民事案件 12 241 件,审结 12 102 件;受理知识产权刑事案件 205 件,审结 174 件;审理知识产权行政案件 9 件。安徽高院审理的 8 件案件先后入选最高人民法院中国法院知识产权司法保护 50 件典型案例、服务和保障长三角一体化发展典型案例、人民法院种业知识产权司法保护典型案例、农业农村部农业植物新品种保护十大典型案例、"剑网"专项行动十大典型案例、中央宣传部版权管理局等六部门公布的查办制售传播侵权盗版教材教辅、少儿图书典型案例。

完善简案快审机制,缩短案件审理周期。安徽高院在出台《知识产权类型化案件快审机制运行规范》明确特定种类案件

"快审"思路流程基础上,进一步细化形成《关于知产二审和再审审查案件快审机制的暂行规定》,以快审机制促繁简分流。安庆市迎江区法院探索实行"即立即审即判即送"知产审判新模式,实现当日立案、当日开庭、当日判决、当日送达。六安市裕安区法院严格落实《六安市裕安区人民法院关于诉前调解阶段送达排期转立流程节点管控的暂行规定》,最大限度压缩办案周期,确保办案质效。

降低维权取证难度,丰富事实查明手段。合肥知识产权法庭制定知识产权民事案件流程细则,正式实施技术事实调查认定体系,全年先后在 50 余件案件中引入技术调查官或智库专家。淮北中院开展商标侵权案件公证证据调研情况,指导审判实践,提升审判水平。芜湖中院建立专家咨询制度,打造"专业审判+权威咨询"审判模式。

加大赔偿力度,提升知识产权保护实效。安徽高院、省市场监督管理局联合下发《关于共建知识产权侵权惩罚机制促进知识产权行政与司法保护一体化发展的通知》,进一步落实惩罚性赔偿制度。

加大调研指导力度。安徽高院常态化发布知识产权司法保护典型案例,首次发布为市场主体的创新行为和竞争行为提供明确清晰的规则指引。加强知识产权审判热点难点问题研究,就出台知识产权刑事案件证据指引开展调研,已完成起草工作,并向省检察院、省公安厅征求意见。开展全省法院知识产权"三优"评选活动。

二、强化机制建设,改革彰显担当

"三合一"改革、管辖布局优化一体推进。按照最高人民法院工作部署,结合本省法院实际情况,及时调整知识产权案件管辖范围,实现知识产权审判"重心下沉"。与之相适应,安徽高院牵头省检察院、省公安厅联合修订《关于办理知识产权刑事案件若干程序问题的意见》,下发《关于在全省深入推进知识产权案件"三合一"审判机制的通知》,完善与知识产权审判"三合一"机制相适应的案件管辖制度和协调机制,有序推动知识产权审判体系改革向纵深发展。2022 年 8 月 25 日,国务院知识产权战略实施工作部际联席会议工作简报刊发《优化案件管辖布局 安徽法院知识产权审判"三合一"向纵深发展》,肯定安徽省法院知识产权审判"三合一"改革成绩。

充分应用智慧法院建设成果。依托类案检索、文书纠错等智能辅助功能,推动审判质效再提升。

多元化解知识产权纠纷。安徽高院与省市场监管局、省司法厅联合印发《关于推进知识产权人民调解工作的实施意见》,与省委宣传部版权局、省市场监督管理局修订《知识产权纠纷行政调解协议司法确认实施办法》;融合司法审判、人民调解、行政调解多方优势,促进各类纠纷化解机制联动衔接。

三、强化工作协同,凝聚保护合力

持续打造知识产权司法保护"安徽品牌"。连续 10 年发布安徽知识产权司法保护状况及知识产权司法保护十大案例。连续 4 年举办全省知识产权司法保护宣传周活动。安徽高院、省知识产权局联合发布《安徽法院知识产权司法保护状况》《安徽省知识产权保护典型案例》。各地法院以多种形式开展知识产权司法保护宣传。

举办第七届皖江知识产权司法保护研讨会,会议邀请最高人民法院、沪苏浙高院知识产权法官、中国人民大学等知名高校专家学者、律师代表、企业代表及多家媒体代表到会,就"不正当竞争行为的法律规制"主题展开交流研讨。除现场到会的代表外,首次要求全省知识产权审判条线的审判人员全程线上参会,以会代训。

推进司法保护与行政保护协作。参与食用农产品"治违禁控药残促提升"三年行动,安徽高院联合多部门下发《安徽省食用农产品"治违禁控药残促提升"三年行动实施方案》，推动专项行动开展。

推进跨区域协作。全省法院区域协作迈出新步伐。多地中院签约组建南京都市圈知识产权司法保护联盟，共同打造区域创新共同体和改革开放新高地。宿州中院与江苏、山东、河南等地法院联合发布淮海经济区知识产权司法保护典型案例，扩大省际知识产权协同保护影响力。

对接创新主体，凝聚保护共识。省高院、合肥知识产权法庭参加合肥高新区管委会"全面加强知识产权保护构建新发展格局"座谈会，与相关行政执法机关及科大讯飞、阳光电源等省内知名企业座谈，听取回应市场创新主体维权需求。蚌埠中院、芜湖中院分别联合市市场监管局、市公安局、市检察院挂牌成立中国（安徽）自由贸易试验区蚌埠片区知识产权维权援助工作站、芜湖片区知识产权维权援助工作站，推动辖区知识产权维权援助服务体系向基层延伸。芜湖中院发挥知识产权司法保护法官办公室作用，主动上门为三只松鼠股份有限公司、奇瑞汽车股份有限公司等30余家企业提供知识产权司法服务。

供稿：安徽省高级人民法院
知识产权审判庭

检察工作

一、强化部署推动，确保知识产权保护工作有力

重点部署加强知识产权保护工作。一是提高政治站位。省检察院党组加强对习近平总书记关于知识产权工作的重要批示指示精神的学习领会，将知识产权作为全院重点工作来抓，强化助力安徽"三地一区"建设。二是加强统一履职建设。在省检察院成立知识产权检察办公室基础上，持续推进知识产权检察职能统一履职工作，有条件的市、县（区）检察院相继成立知识产权检察办公室或办案组，把分散在四大检察中的检察职能归整在一起，实现对

知识产权更好的保护作用。全省共有43个检察院成立知识产权检察办公室或办案组，极大提升了知识产权检察工作的专业化水平。三是强化建章立制。认真落实最高人民检察院《关于全面加强新时代知识产权检察工作的意见》，制定出台检察机关《关于发挥检察职能作用助推知识产权强省工作的实施办法》，不断提升知识产权保护质效，打造检察工作自身高质量发展新引擎。四是加强调研指导。省检察院知识产权检察办公室根据党组重点工作安排，专门成立四个督导组对各市知识产权保护工作情况进行督导调研，就地召开座谈会，介绍知识产权检察保护职能，解答知识产权保护难题。

二、充分发挥职能，加大知识产权检察保护力度

一是保持对侵犯知识产权犯罪打击力度。充分发挥检察机关"捕诉一体"优势，积极运用审查逮捕、审查起诉等检察职能，全省检察机关共批捕侵犯知识产权犯罪94件180人，起诉205件531人。省检察院第四检察部被国家版权局表彰，连续两年被评为查处重大侵权盗版案件有功单位。二是加强知识产权综合保护。拓展民事行政检察案件案源，畅通当事人依法申请民事、行政检察监督渠道，加强涉知识产权民行监督案件办理。受理涉知识产权纠纷民事监督案件3件，行政执行活动监督2件。办理涉知识产权公益诉讼案件37件，制发检察建议12件，起诉12件，涉及被告人27人，主张赔偿金额808.98万元。三是积极推行权利义务告知制度。按照最高人民检察院部署要求，持续推广知识产权刑事案件权利人义务告知制度，已经在知识产权刑事案件中履行权利义务告知程序247件，得到知识产权案件权利人的充分肯定。四是充分发挥法律监督职能。综合运用立案监督和侦查活动监督等手段，及时在侵犯知识产权犯罪中监督纠正有案不立、有

罪不究等现象。共监督公安机关立案 13 件,撤案 1 件,纠正漏捕 5 人,纠正漏诉 31 人。五是加强办案指导。对重大、复杂、疑难的侵犯知识产权犯罪案件,加大对下级检察机关办案指导力度,确保办案质量。对最高人民检察院、公安部、国家版权局等六部门联合挂牌督办的知识产权案件,安排专人负责,积极参与案件会商,确保案件"三个效果"。

三、健全协作保护,形成知识产权工作合力

一是充分运用好"两法衔接"平台。落实知识产权行政执法与刑事司法衔接工作机制,运用好两法衔接系统,摸排侵犯知识产权犯罪案件线索,建议行政执法机关向公安机关移送涉嫌侵犯知识产权犯罪案件 44 件,行政执法机关已移送 44 件,公安机关已立案 42 件,立案率超过 90%。二是加强部门协作。与省市场监管局联合印发《关于加强知识产权协同保护的实施意见》,认真落实"府检联动"工作机制,整合知识产权行政和司法资源,合力构建安徽省知识产权"严保护、大保护、快保护、同保护"工作格局。与省高级人民法院、省公安厅联合会签《关于办理知识产权刑事案件若干程序问题的意见》,确定适应"三合一"审判机制的检察机关案件管辖制度。三是落实沪苏浙皖办案协作机制。紧紧围绕推动国家"长三角"区域发展战略实施,探索推进跨行政区划知识产权检察机制建设,积极参与长三角区域一体化检察协作,护航长三角区域一体化高质量发展。省检察院应邀参加首届虹桥检察论坛,就跨区域知识产权检察保护工作专门做交流发言。四是借助"外脑"协助办案。发挥检察专家人才库作用,专门从中科大等单位聘请 20 名知识产权专业人员作为专家咨询委员,为检察办案提供智力支持。进一步加强检校协作,与安徽大学联合举办"知识产权司法保护"主题研讨会,评出"知识产权司法保护"获奖论文,并就知识产权司法实践中存在的难点、涉外知识产权等司法保护问题进行深入研讨。

四、延伸工作触角,积极参与社会综合治理

一是参与综合整治。积极响应省知识产权保护联席会议部署,对突出违法犯罪开展集中打击,防止侵犯知识产权违法犯罪产生重大危害。在依法坚决打击侵犯知识产权犯罪的同时,加强与有关部门的协作配合,配合有关行政执法机关开展专项整治行动,合力惩治人民群众反映强烈的侵犯知识产权犯罪。二是助力社会治理。在立足检察职能的同时注重延伸工作触角,助力从源头上减少侵犯知识产权犯罪行为发生。各地检察机关针对办案中发现的行业领域存在的问题,主动向有关单位发出检察建议 15 份,促进增强知识产权保护意识,完善知识产权保护制度,预防和减少侵犯知识产权行为。三是开展知识产权恶意诉讼专项监督。深入落实最高人民检察院关于在全国检察机关开展依法惩治知识产权恶意诉讼专项监督工作的部署,梳理涉及知识产权的虚假诉讼、敲诈勒索等刑事案件,排查专项监督案件线索,依法惩治知识产权恶意诉讼,切实保护广大人民群众和中小微企业合法权益。四是加强知识产权宣传。开展"4·26 世界知识产权日"系列活动,与省公安厅和省政府新闻办联合召开全省知识产权司法保护工作情况新闻发布会,受到省内外媒体高度聚焦,《安徽日报》头版、安徽电视台新闻联播、央广网、人民网、正义网、香港商报网等多家媒体报道相关工作情况。同步发布 7 起典型案例,通过开展检察官以案释法、制作微电影、微动漫、微视频等多种方式进行宣传,推动形成依法保护知识产权、服务保障创新发展的司法环境和社会氛围。

供稿:安徽省人民检察院
知识产权检察办公室

福 建 省

知识产权工作

一、全面加强知识产权顶层设计

2022年,福建省成立由省委书记担任组长、省长担任第一副组长的中共福建省委加快建设知识产权强省领导小组,印发《福建省贯彻〈知识产权强国建设纲要(2021—2035年)〉的实施方案》《福建省"十四五"知识产权保护和运用规划》,全省知识产权相关部门围绕全方位推进高质量发展目标任务,奋力谱写福建知识产权发展与保护新篇章。

二、稳步推进知识产权创造量质

2022年,全省专利授权141 536件,其中发明专利授权16 213件。截至2022年底,全省有效发明专利75 064件,同比增长21%;其中高价值发明专利27 905件,同比增长23.2%;每万人口高价值发明专利拥有量6.66件;全年专利电子申请率99.78%,位列全国第三位。全省新增有效注册商标327 483件,有效注册商标2 277 564件,位列全国第7位。全省新增地理标志商标40件,地理标志商标633件,位列全国第二位。

三、持续提升知识产权运用效益

一是拉动产业升级。支持福厦泉国家自主创新示范区、福州新区、高新技术开发区开展专利集群管理,培育知识产权优势示范企业和专利密集型产业,全省完成专利密集型产品备案2399项,入选国家优势示范企业291家、福建省优势企业224家,安排省级奖励经费1540万元。入选2022年专利转化专项计划奖补省份,获中央财政奖补资金1亿元。二是驱动创新发展。共有44项专利获2021年度福建省专利奖,30项专利获第二十三届中国专利及外观设计优秀奖,获奖项目数创历年新高,共发放奖金1540万元;评审推荐34个项目参评第二十四届中国专利奖。全年专利转让许可13 086次,同比增长5.81%。三是带动金融投资。福建省市场监管局(知识产权局)与中国银行福建省分行携手开展"知惠行"助企活动,助力福建省受疫情影响较大的餐饮、文旅等行业小微企业和个体工商户稳岗扩岗,纾困提质。闽清县农信联社与闽清县橄榄协会、闽清县粉干协会举行战略合作签约仪式,累计综合授信3亿元,促进当地实体经济发展。全省专利质押金额83.11亿元,同比增长31.8%。四是推动改革试点。2022年,福建顺利通过第一批地理标志专用标志使用核准改革试点验收,6月获批延续开展改革试点。结合福建实际进一步明确改革试点期间重点工作任务和措施,构建省、市、县(区)公开、有序、规范的核准和监管体系,推进改革试点工作取得实效。2022年,福建共核准生产"莆田桂圆""南日鲍""永春佛手"地理标志产品的4家企业使用地理标志专用标志,获得地理标志产品保护。

四、着力优化知识产权保护环境

一是强化协同联动。依托国家级知识产权保护中心、快维中心,构建省、市、县三级联动的知识产权快速协同保护体系。与省法院签署《知识产权协同合作框架协议》,与省公安厅制定《加强协作配合强化知识产权保护的意见》,构建行政保护与刑事司法有机衔接、优势互补的运行机制。开展数据知识产权地方试点工作,建立数据知识产权维权与协同保护机制。持续深化跨地区商标行政保护协作,加强跨地区跨部门执法交流。二是强化行政保护。推进专利侵权纠纷行政裁决试点工作,晋江市入选全国首批知识产权纠纷快速处理试点地区。将驰名商标保护纳入辖区工作重点，并在日常工作中加强跟踪指导。全省共查处涉及驰名商标行政保护案件 397 件。依法严格审查和推荐案件程序的驰名商标认定，2022 年，向国家知识产权局推荐"沙县小吃及图""瑞达 Ruida 及图""誉达及图"等 3 件商标申请认定驰名商标。推荐武夷山大红袍、安溪铁观音等 15 件地理标志商标和片仔癀、圣农等 35 件驰名商标纳入泛珠三角区域知识产权行政保护协助第一批重点商标和地理标志保护名录。三是强化监管执法。全省共立案查处商标违法案件 2137 件，案值 2579.39 万元，罚没款 4935.95 万元；移送司法机关案件 38 件；立案受理专利纠纷案件 2604 件，结案 2584 件；立案查处假冒专利案件 6035 件；立案查处侵犯奥林匹克标志专用权案件 113 件；办理国家知识产权局移送的涉嫌商标侵权、地理标志违法案件线索 12 件；对接国家知识产权局电商领域执法维权协作调度机制，为 2158 件电商领域专利侵权纠纷案件提供侵权判定咨询意见。福州、厦门市持续推进知识产权领域以信用为基础的分级分类监管试点工作。

五、健全完善知识产权公共服务

一是深化"知创福建"平台。福建省市场监管局（知识产权局）加快构建立体化、多层级的区域知识产权信息公共服务体系，形成以"知创福建"知识产权公共服务平台为核心，以九市一区分平台为枢纽，以区域工作站为结点的资源共享、服务联动、智库支撑的多级协作公共服务网络，已设立 10 个分平台、2 个区域平台、41 个工作站。《福建省高标准建设"知创福建"知识产权公共服务平台》入选知识产权强国建设第一批典型案例。二是拓展商标品牌服务。指导全省 7 个商标受理窗口结合社会需求，在业务办理、宣传培训、咨询服务等方面，不断拓展业务职能，延伸服务链条。

2022 年全省商标业务受理窗口共受理注册业务 4042 件，其他业务 4546 件；质押业务 8 件，质押金额 9.231 亿元。全省各地共设立 105 个商标品牌指导站，累计服务各类主体 9809 次。三是优化信息资源渠道。新增省级知识产权信息公共服务网点 32 家、备案国家网点 2 家，获批首批国家级专利导航服务基地 3 家。扎实开展"知识产权服务万里行"活动，制定出台知识产权公共服务事项清单，广泛收集梳理创新主体对知识产权服务资源需求；组织完成福建省知识产权优势企业等 6 套管理系统接入市场监管智慧应用一体化项目平台，推进知识产权工作信息化建设。四是丰富交流培训形式。会同福建省工业和信息化厅组织开展"融智汇"主题沙龙暨中小企业知识产权管理专题线上培训活动，会同福建省资产评估中心举办知识产权评估与质押融资公益课堂，助力"专精特新"中小企业提高知识产权管理水平。组织全省技术与创新支持中心（TISC）、国家高校信息中心及信息公共服务网点等 283 家（次）机构、1000 余人次参加 3 批次国家知识产权信息服务优秀案例线上分享活动，2 篇案例入选全国 2022 年首批知识产权信息服务优秀案例。举办 2022 年全省商标及地理标志行政执法培训班，130 余人参加线上线下集中研学，全方位提升执法水平与服务能力。

供稿：福建省知识产权局

版权工作

2022 年，福建省版权工作以习近平新时代中国特色社会主义思想为指导，深入学习贯彻党的二十大报告精神，贯彻落实习近平总书记关于加强知识产权保护工作重要指示精神，围绕《知识产权强国建设纲要（2021—2035 年）》决策部署，按照《版权工作"十四五"规划》要求，坚持守正创新，加强版权文化建设，强化著作权行政执法监管，提高社会公共服务水平，促进福建省文化优势产业快速发展。

一、加强全省版权文化建设

一是开展"4·26世界知识产权日"版权宣传周活动。根据《国家版权局关于做好2022年全国知识产权宣传周版权宣传活动的通知》要求，围绕"全面开启版权强国建设新征程"的宣传主题，印发《2022年全省知识产权宣传周版权宣传活动方案》，组织各地广泛开展版权宣传活动。积极协调电视、广播、报刊等传统媒体开展版权宣传活动，拍摄"福见版权，一起向未来"宣传片。福建省广播影视集团安排《帮帮团》栏目联合福州市中级人民法院，在"海博TV"、微信公众号等新媒体平台推出3集短视频《1分钟普及知识产权》。省通信管理局向全省干部群众手机端发送版权宣传短信4700万余条次。各地市版权部门利用线上线下、传统媒体和新媒体一起发力，形成版权宣传的强大态势。

二是大力开展版权宣传"五进"（进企业、进机关、进校园、进园区、进网络）活动，不断提高全社会版权保护意识。指导省版权协会举办"版权保护进企业　福昕软件在行动"宣传活动，倡导全社会关注软件版权，引领使用正版软件新风尚；开展版权知识进校园活动，在福建少年儿童出版社《小火炬》杂志上连载版权系列漫画，培养少年儿童从小树立版权观念。推动省版权协会与省开发区协会开展交流合作，引导企业尊重版权，保障企业健康发展。

二、强化版权监管规范版权秩序

1. 开展专项整治，规范各类主体版权秩序

会同省电影局、省文旅厅开展"2022年春节档院线电影版权保护专项工作"，会同省公安厅、省文旅厅、省广电局、省通管局、省委网信办等部门开展"冬奥会版权保护专项行动"，会同新闻出版、"扫黄打非"、公安、教育等部门开展"青少年版权保护季"行动，会同省公安厅、省网信办、省通管局开展打击网络侵权盗版"剑网2022"专项行动。

据统计，"院线电影版权保护专项行动"期间，全省版权执法部门出动执法人员917人次，巡查院线339家，有力保障节日期间电影市场版权秩序。"冬奥会版权保护专项行动"期间，全省开展各类冬奥版权市场巡查6475次，检查相关单位3314家，巡查相关网站5813家次，发现案件线索25条，删除涉嫌侵权链接657条，查处微信公众号17个，行政立案查办7起，有力规范了冬奥赛事传播秩序。

"青少年版权保护季"期间，全省共检查校园周边出版物经营场所约6300家次，查处3起侵犯青少年读物著作权案件。协调拼多多等商业平台，为福建省青少年假期读书活动删除各类违规购书链接2600余条，下架图书155种。开展青少年版权保护宣传工作，共吸引中小学生约12万人次参与。

"剑网2022"专项行动期间，清理福建省无相关行业资质网站1713个，处置违规IP地址118个、备案不实信息8914条、违规域名7461个，约谈企业4家。全省版权执法部门共立案各类侵权盗版案件50起，其中涉网络案件15起。通过专项行动，有力保护了各类版权作品权利人的合法权益，维护了版权市场秩序。

2. 强化督促检查，全面推进软件正版化工作

召开省推进使用正版软件工作厅际联席会议，研究并制定工作实施方案，从巩固长效工作机制、聚焦重点工作任务、规范软件采购使用、深化优化督促核查、维护市场公平秩序五方面对全省工作进行动员部署。省教育厅、省卫健委、福建证监局、省工商联等行业主管部门按照统一部署，积极推进本系统本行业企事业单位开展软件正版化工作，进一步提升重点领域行业软件正版化工作成效。启动"福建省2022年

度软件正版化工作第三方核查项目"，对省、市、县三级共计 300 家机关、企事业单位开展软件正版化核查，压实各单位软件正版化工作职责，提高工作自觉性、主动性，持之以恒推进福建省软件正版化工作。2022 年全省共开展软件正版化工作检查 2251 次，组织 2216 家单位、5801 人次参加软件正版化工作培训；截至 2022 年底，全省党政机关累计采购操作系统、办公和杀毒三类正版软件 69.27 万个，累计推进1237 家国有企业完成软件正版化整改任务。

三、推进版权相关产业发展

总结推广"德化经验"，进一步发挥版权促进文化产业高质量发展的推进器作用，组织德化陶瓷产业参加第三届江苏（南京）版权贸易博览会。指导海峡出版发行集团开展"区块链+版权"试点工作，推进版权作品登记与"区块链"技术融合，实现出版领域数字版权与"数字藏品"转化路径，探索在区块链技术体系下的全流程版权保护、管理、开发利用，服务国家文化大数据体系建设，实现版权整体价值提升。指导福州、宁德市申报"国家版权局民间文艺版权保护与促进试点工作"，积极推动福建省开展民间文艺版权保护工作。开展全省版权示范创建工作，组织各地市积极推荐本地区版权企业、园区参评全国版权示范单位、示范园区。推荐 5 家企业参评全国版权示范单位、1 家园区参评全国版权示范园区。认真开展中国版权金奖推荐活动，推荐福建省 2 件作品和 2 家单位参评。

四、认真做好版权公共服务

进一步规范作品登记审核标准，制定《作品登记审查标准（征求意见稿）》和《作品登记审核需要注意的事项》；加强版权信息化、智能化基础设施建设，不断升级改造作品自愿登记系统，实现作品登记全程网上办理，做好相关数据汇集、电子证照获取、数据共享等服务，方便社会公众使用作品登记系统，最大限度方便作品登记申请人。开通"福"文化作品版权登记绿色通道，为"福"文化产品版权保护提供支持。对在闽台港澳作品和因有急用申请加急登记的权利人，开通"绿色通道"，不断提升版权公共服务水平。配合省发改委，把作品登记正式列入各市营商环境考核指标，指导各市做好作品登记宣传和登记工作，进一步激发各市作品登记的主动性和积极性，推动作品登记工作上新台阶。2022 年全省著作权登记作品数量大幅增长，截至2022 年底，登记数量达 236 986 件，比 2021年同期（153 472 件）增长 54.4%，保持全国前列。

供稿：福建省版权局

司法工作

一、发挥审判职能作用，服务大局有高度

加大重点领域保护力度，服务保障创新护匠心。福州中院利用好技术类案件集中管辖优势，继续加大对"卡脖子"关键核心技术创新的知识产权保护，出台《关于加强对技术密集型行业重点企业知识产权司法保护的实施意见（试行）》。泉州中院加强文化遗产知识产权司法保护与延伸服务，出台《关于加强世界遗产司法保护实施意见》，规范化开展涉文化遗产审判工作；泉州市德化县人民法院构建陶瓷知识产权"1234"保护机制，获世界知识产权组织、最高人民法院充分肯定。武夷山市人民法院在茶产业重镇天心村设立共享法庭"三茶法治驿站"。平潭综合实验区法院梳理建立新业态重点关注企业名录，向有关单位发出《关于规范摄影作用适用、传播，保护著作权人合法权益的司法建议》。

树立加大赔偿力度导向，提高震慑力度展决心。进一步规范侵权赔偿标准。依法支持权利人惩罚性赔偿请求，加大对侵权行为惩处力度，提升侵权损害赔偿额，加

大维权合理费用支持力度,降低维权成本。厦门中院聚焦惩罚性赔偿制度的落地,在全省率先出台《关于侵害知识产权民事案件适用惩罚性赔偿的工作指引》。

提升典型案例引领功能,营造营商环境提信心。福建高院审结的侵害商标权及不正当竞争纠纷案,准确适用法律予以正当维护,对同业竞争者恶意侵权行为予以有力打击,营造了公平合理的竞争秩序和良好的法治营商环境。福州中院审结了一批标准必要专利许可条件纠纷案件,提升了营商环境国际化水平。厦门中院在侵犯商业秘密罪案中,充分运用“三合一”审判机制,推动同类企业以案为鉴完善商业秘密保护机制。泉州中院在不正当竞争纠纷一案中,有效杜绝虚假诉讼造成的不利影响。

二、优化审判体制机制,改革创新有深度

优化三级法院管辖布局,健全审判体系新格局。按照最高人民法院技术类案件集中管辖和四级法院审级职能定位改革部署,全省具有知识产权案件管辖权的基层法院由 7 家增至 27 家。三级法院知识产权专业化审判体系建设全面优化,全面推进知识产权“三合一”审判机制改革。

推进协同保护机制落实,凝聚各方力量解纠纷。以“强化保护、系统协同”为主线,打造具有福建特色的知识产权全链条、大保护工作格局。2022 年 4 月 24 日,福建高院与省知识产权局签订知识产权合作框架协议,以福州、厦门、泉州知识产权法庭为纽带,健全集中管辖区域知识产权司法协作机制。厦门中院利用“海丝中央法务区”资源聚合优势,建立知识产权诉调对接机制,成功调解众多企业的知识产权纠纷。

强化诉源治理工作机制,拓展解纷举措提效能。福建高院整合各类调解资源,建立诉讼与行政调解、人民调解相互衔接的知识产权诉调对接机制,着力推行多种调解模式,合力化解知识产权矛盾纠纷,实现多种调解有效整合,进一步提升知识产权解纷效率。福州中院建立诉调一体化云平台,在平台上提交调解申请即可由调解员主持异地在线调解。厦门中院就爱亦锐批量案件,量身定制司法建议,及时沟通调整维权策略,加强纠纷化解工作。宁德中院通过区域卡拉 OK 经营者与音集协集体签约,构建良好的版权秩序,从源头上有效预防和化解区域版权纠纷。平潭综合实验区法院会同有关行政机关在全省首创实现行政处罚、行政调解、司法确认“三同步”。

探索审判流程优化途径,加快审理周期惠民众。针对知识产权批量维权案件和小额诉讼案件,福建高院在总结试点法院工作经验的基础上,出台《关于一审知识产权民事案件要素式审判工作若干问题的解答》,在全省全面推行要素式审判机制。厦门中院在全省率先出台《关于知识产权民事案件适用小额诉讼程序的工作指引》。晋江市人民法院经最高人民法院批复作为首批侵害商标权案由全流程要素式审判试点法院,着力优化诉讼程序。

健全涉外纠纷化解机制,融入全球治理优环境。主动融入法治化营商环境示范区、海丝中央法务区建设。落实 RCEP 对知识产权保护的要求。加强重大涉外案件审理,积极探索“标准必要专利”“禁诉令”等新领域法律适用问题。经最高人民法院批准,福建高院与世界知识产权组织仲裁与调解中心建立国际合作关系,签署《加强知识产权领域替代性争议解决交流与合作谅解备忘录》,制定《福建省高级人民法院关于与世界知识产权组织仲裁与调解上海中心诉调对接的工作办法》,对福建法院管辖的涉外知识产权纠纷案件调解工作作出详细规定,为国际知识产权争端解决提供新路径和新平台。厦门市思明区人民法院与一带一路国际商事调解中心共同设立“海丝中央法务区知识产权专业调解室”,有效拓宽涉外知识产权纠纷调解途径。

三、着力审判宣传调研,硕果累累有亮度

持续加强知产保护宣传,彰显知产保护正能量。福建高院精心筹划"4·26 全国知识产权宣传周"活动,召开新闻发布会,发布《福建法院知识产权司法保护状况》及《福建法院知识产权司法保护十大案例》;融合线上线下媒体功能,开展司法"六进"普法宣传;进一步增强与茶叶等行业协会协作互动,开展涉茶知识产权保护宣传。厦门中院举办第四期台青创新创业法律讲堂,全面展现涉台知识产权司法保护成效。

抓实抓细重点课题调研,提升成果转化加速度。福建高院成功申报并按时完成全省法院重点课题《福建特色产业知识产权司法保护研究》;完成省法学会重大调研课题《知识产权协同保护研究》并形成调研报告,取得立项证书,与省知识产权局签署知识产权协同保护合作框架协议;做好涉KTV案件类案裁判的协调指导工作,制定《关于参照版权使用费确定卡拉OK著作权侵权损害赔偿数额的解答》。

四、推进审判队伍建设,人才培养有力度

站稳正确立场,严守纪律底线。培养塑造干部梯队,提升专业素养。福建高院认真抓好理论调研和案例选送工作;与其他省市法院、行政机关共同研讨不同主题类型的难点热点问题;参加最高人民法院、省高院举办的知识产权专题讲座、民事审判专题讲座,借力视频方式举办专题讲座,进行答疑解惑。

供稿:福建省高级人民法院
知识产权审判庭

检察工作

一、坚持服务大局,全力保障"创新福建"建设

牢固树立"保护知识产权就是保护创新"理念。2022 年,全省检察机关共批捕侵犯知识产权犯罪案件 256 人,起诉 896人,起诉人数同比上升 27%。共办理知识产权民事、行政、公益诉讼监督案件 27 件,同比上升 41%。一是服务保障创新驱动发展。加强种业知识产权保护,会同省农业农村厅等部门印发实施方案,严厉打击"假种子"犯罪,维护国家种源安全。加强科技创新保护,严厉打击剽窃"解码库技术""香精工艺"等高新技术案件,有效激励市场主体创新。加强中医药、非物质文化遗产、地理标志产品保护,"南平建盏""福鼎白茶""灵源万应茶"等传统知识产权切实得到维护。二是推动数字经济高质量发展。严厉打击通过电商、微信平台制假售假行为,会同省公安厅、省版权局共同推进"昆仑""剑网"等专项行动,起诉假冒商标犯罪 666人;严厉打击网络盗版行为,福州鼓楼区检察院办理全国首例侵犯微信小程序著作权犯罪案件,取得良好效果。三是平等保护中外权利人合法权益。切实履行国际条约义务,参与制定福建高质量实施《区域全面经济伙伴关系协定(RCEP)》指导意见,起诉涉外知识产权犯罪案件 247 件。厦门市思明区人民检察院办理的假冒西门子等公司工矿产品一案,被中国外商投资企业协会评为典型案例,有力营造了国际一流营商环境。

二、坚持守正创新,打造知识产权检察"福建样本"

坚持以改革思维破解难题,以创新方式保护创新。一是全面开展知识产权检察集中统一履职。承担最高人民检察院多项知识产权检察改革任务,在全国率先出台《关于推进知识产权检察职能集中统一履行工作的意见》,融合履行知识产权刑事、民事、行政、公益诉讼"四大检察"职能。在办理某高科技企业"扫描设备解码库技术"被窃取一案中,检察机关强化综合履职,引导侦查取证,追诉单位犯罪,督促被告人赔偿损失 100 万元,并提出从业禁止令,一体解决刑事追责、民事赔偿、犯罪预防等问

题。二是全面实行知识产权刑事案件权利人告知工作。针对一些案件权利人维权难的问题,结合检察为民办实事,全面开展权利人告知,为权利人实时掌握案件进展情况、查阅摘抄证据材料等提供便利。综合采取认罪认罚从宽、刑事和解、起诉裁量等举措,推动解决"举证难、周期长、赔偿低、成本高"等问题。三是全面加强知识产权检察专门化建设。全省检察机关已组建知识产权办案组织 41 个,核心团队 11 个,聘请 14 名专业技术人员担任特邀检察官助理,省市两级检察院已全部组建知识产权检察办公室,知识产权办案专业化水平得到有效提升,经验做法得到最高人民检察院肯定。

三、坚持依法履职,助力形成综合保护合力

一是部署开展惩治知识产权恶意诉讼专项监督。坚持诚信原则,依法整治知识产权领域虚假诉讼、恶意诉讼、"碰瓷式维权"等行为。制定专项监督实施方案,明确专项监督工作任务、步骤安排和具体要求,全省检察机关共排查相关案件线索 4596条,其中刑事案件 41 件,检察机关逐一开展分析研判。先后整理出全景视觉、奥飞动漫、手尚工夫、百威啤酒等批量维权案件线索和可能存在的上游制假售假犯罪线索,下发重点任务分解表,明确任务书、时间表、路线图,压紧压实各级检察院工作责任,一体推进专项监督工作。二是推动构建知识产权大保护工作格局。省检察院参与制订知识产权强省建设纲要和"十四五"推进计划,加快推进知识产权强省建设。福州、厦门、泉州等地检察机关积极入驻海丝中央法务区,设立知识产权检察服务中心。宁德检察机关主动走访宁德时代,提供"订单式知识产权服务"。

供稿:福建省人民检察院
知识产权检察办公室

江　西　省

❋❋❋❋❋❋❋❋

知识产权工作

一、优化知识产权政策环境,推进知识产权强省建设

一是强化顶层设计。2022 年 7 月,江西省委、省政府正式印发实施《关于加强知识产权强省建设的行动方案(2022—2035年)》。二是推动制度完善。《江西省专利促进条例》同时被列入 2022 年江西省人大、省政府立法工作计划中的重点调研项目。江西省市场监督管理局(知识产权局)联合江西省财政厅修改印发《江西省知识产权专项资金管理办法》。印发《关于推进知识产权政策实施提速增效促进经济平稳健康发展的通知》。三是完善考核激励。2022 年,江西省委、省政府实施"深入推进营商环境优化升级一号改革工程",出台《2022 年江西省优化营商环境对标提升方案》,明确了创造质量、运用效益等方面的具体重点工作任务和考核内容。

二、激励知识产权创造,有力推动知识产权高质量发展

一是知识产权量质提升,结构持续改善。2022 年,江西省新增专利授权 75 830件,其中发明专利授权 8655 件,同比增长28.4%。截至 2022 年底,江西省有效发明专利拥有量 31 312 件,每万人口有效发明专利拥有量 6.93 件,同比增长 35.6%。2022年江西省商标注册申请 14.5 万件,现有有效注册商标 78.3 万件,同比增长 16.5%,位列全国第 15 位;现有中国驰名商标 169 件,地理标志商标 139 件,比上年底增长11.1%;现有马德里国际注册商标 264 件。

截至 2022 年底,江西省共有地理标志保护产品 63 件,地理标志证明商标 133 件,制定国家标准或地方标准的地理标志产品有 45 件,核准地理标志专用标志使用市场主体 350 余家,地理标志专用标志使用市场主体年度总产值达 150 亿余元。二是大力推进区域品牌建设。江西省大力支持区域特色产业打造区域公共品牌,指导江西绿色生态、井冈山农产品、江西山茶油、江西绿茶、九江米市、安义门窗、江中医商等全省有影响力区域公共品牌创建。三是启动开展高价值专利培育工作。制定出台《江西省高价值专利培育管理办法》,聚焦江西省"2+6+N"产业,有力支撑产业转型和创新发展推动产学研服协同创新,培育一批市场竞争力强、能够支撑产业发展的高价值专利。

三、有力促进知识产权转化运用,支撑经济高质量发展

一是深入实施专利转化专项,促进高校院所创新成果更多惠及中小微企业。推动《关于实施专利转化专项计划　助力中小企业创新发展工作方案》落实见效,在南昌大学等高校建设知识产权运营服务中心,开发建设"江西省高校院所专利运营平台",联合江西省教育厅等部门在全省范围内开展高校院所专利转化供求信息和企业、园区需求信息征集。二是探索开展知识产权金融创新,拓宽企业融资渠道。推进知识产权质押融资"入园惠企"专项行动。2022 年,江西省共实现专利权质押融资登记 681 项,质押登记额 85.67 亿元,同比增长 111.26%,普惠金融占比和企业受益面大幅提升。在赣州、鹰潭和抚州等地开展知识产权证券化和保险等金融创新试点工作。2022 年 3 月,鹰潭率先开展江西省首批专利执行保险。6 月,江西首单地理标志侵权损失保险在赣州落地。11 月,赣州经开区围绕稀土电子产业正式启动江西省首单知识产权证券化产品项目。三是加强商标管理运用推广。开展"讲好商标

品牌故事——我最喜爱的地理标志商标"展示活动,有 20 件地理标志商标获奖。活动共获得了 237.4 万次关注度,61.9 万次点赞,10 家主流媒体进行专题宣传。四是推进实施地理标志运用促进工程。2022 年获国家知识产权局批准设立赣南茶油国家地理标志产品保护示范区。狗牯脑茶地理标志运用促进工程项目以优秀成绩通过国家知识产权局专家评审组验收。狗牯脑茶、赣南脐橙、南丰蜜桔 3 个产品入选国家知识产权局《地理标志助力乡村振兴典型案例汇编》,15 家企业核准使用地理标志专用标志。

四、加强知识产权全链条保护,有效优化营商环境

一是强化知识产权行政保护。印发《江西省 2022 年知识产权行政保护工作方案》,组织开展知识产权执法专项行动。2022 年全省共处理专利侵权假冒案件 2859 件,同比增长 184%;查办各类商标违法案件 356 件,罚款 717.75 万元;移送公安机关案件 17 件。组织召开全省商标执法监管经验现场交流会。持续开展打击恶意抢注商标专项整治和特殊标志、奥运标志等使用行为专项整治,查办侵犯北京冬奥会、冬残奥会特殊标志专用权案件 44 件,罚款 39.41 万元;及时办理北京冬奥组委投诉本省企业违法使用奥林匹克标志案件线索 2 件,取得了良好成效。按照国家知识产权局统一部署,在全省范围内开展四批次非正常专利申请核查工作,非正常专利申请撤回率在全国排名靠前。二是推进知识产权保护体系架构建设。江西省现有中国景德镇(陶瓷)知识产权快维中心、中国(南昌)知识产权保护中心、中国(赣州)知识产权保护中心 3 个国家级保护平台,江西省知识产权保护中心 1 个省级保护平台。中国(赣州)知识产权保护中心建设顺利通过国家知识产权局验收。三是推进知识产权纠纷多元化解机制建设。江西省知识产权局

与江西省司法厅联合印发《江西省关于加强知识产权纠纷调解工作的实施意见》《关于开展知识产权纠纷仲裁工作的通知》，持续推进知识产权调解、仲裁机构能力建设。2022年新批复成立江西省知识产权仲裁服务中心、江西省知识产权纠纷人民调解委员会两个省级知识产权纠纷化解机构，江西省各设区市成立了17家知识产权调解仲裁机构。四是加强协同，形成知识产权保护合力。江西省发挥知识产权工作部门联席会议机制作用，组织知识产权职能单位开展合作与交流，与省版权局、省高级人民法院、省检察院等8个单位建立了知识产权协同保护机制和对话机制。江西省与湖南省、湖北省共同签订长江中游三省知识产权保护合作协议。

五、持续优化知识产权服务，强化知识产权监管

一是制定《江西省知识产权公共服务事项清单》。首次统一集中向社会公开提供线上和线下知识产权公共服务内容，包括专利、商标、地理标志申请受理，专利优先审查受理、专利快速预审受理等49个知识产权公共服务事项，为广大创新主体和社会公众提供全链条的知识产权公共服务。二是启动开展江西省首批地方知识产权信息公共服务网点建设。经单位申报、各设区市推荐、专家评审等环节，批准确定了华东交通大学等4家单位列入2022年江西省知识产权信息公共服务网点。

六、加强知识产权强市强县试点示范建设

江西省南昌市获批国家知识产权强市建设示范城市，列全国第13位；赣州市获批国家知识产权强市建设试点城市，列全国第17位。临川区、安义县获批国家知识产权强县建设示范县，列全国第7位；南昌县、青山湖区、章贡区、樟树市、东乡区获批国家知识产权强县试点县，列全国第8位。

示范培育城市1个、试点培育城市3个、试点培育县16个。

七、加强知识产权保护宣传和人才培养

一是开展"4·26全国知识产权宣传周"活动。举办宣传周活动新闻发布会、百万网民学法律知识产权法专题竞赛，参加江西省政府网站在线访谈，在《江西日报》刊登知识产权专刊，参加新华网知识产权高端访谈等。"4·26世界知识产权日"宣传周前夕，江西省市场监管局首次公开发布了"2021年度江西省商标行政保护十大典型案例"，十大案例涵盖商标法律法规规定的常见商标违法行为，国内多家主流媒体转载，引起强烈社会反响，起到了良好的宣传教育和警示作用。二是加强知识产权保护人才培养。成立江西省知识产权（专利、商标、地理标志）保护专家委员会，确定首批知识产权保护专家65人。印发《江西省知识产权技术调查官管理办法》，推进技术调查官制度建设。配合省人社厅做好2022年江西省专利管理专业技术人员资格评审工作。新增专利管理中级专业技术资格人员25名，专利管理高级专业技术资格人员12名。与省人社厅联合印发《江西省知识产权专业人员高级职称申报条件（试行）》。

供稿：江西省知识产权局

版权工作

2022年，江西省版权工作坚持以习近平新时代中国特色社会主义思想为指导，深入贯彻习近平总书记关于知识产权工作重要指示精神，深入学习宣传贯彻党的二十大精神，扎实做好版权执法、宣传、社会服务等各项工作，着力推动江西版权工作高质量发展。

一、进一步加大版权执法力度

江西省赋能基层破解版权执法难题案

例入选知识产权强国建设典型案例。2022年,江西省共办结版权案件133起,其中网络版权案件71起。办结国家版权局等四部委挂牌督办案件2起,2022年由国家版权局等六部委挂牌督办案件4起。12家单位(含专案组)和45名个人(含专案组)获得表彰,江西省委宣传部版权管理处连续6年获国家版权局查处重大侵权盗版案件有功单位第一批次奖励。

国家知识产权局对江西省开展2022年知识产权保护实地检查考核,江西省版权工作亮点成效获得国家知识产权局肯定。联合江西省知识产权学院,定期对全省版权执法工作进行分析研判,专业化指导基层执法,并选定"江西省2021年度打击侵权盗版十大案件"于"4·26世界知识产权日"版权宣传周期间向社会发布。3月,与省高级人民法院、省市场监管局联合下发《建立健全知识产权司法保护与行政保护衔接协作机制的若干意见》,进一步推动知识产权保护两法衔接,构建协调保护格局。5月,与省公安厅、省检察院、省高级人民法院等部门联合召开江西省打击侵权盗版工作联席会议,加强版权与司法部门工作联动。8月,省、市检察部门联合江西省版权局,在二十一世纪出版社设立知识产权保护联系点,助推企业知识产权保护创新发展。

9月,与通信管理、公安、网信等部门联合开展打击网络侵权盗版"剑网2022"专项行动,围绕重点领域网络版权专项整治、压实网络平台主体责任等五方面开展。专项行动中,进一步加大网络版权案件查办力度,全年共办结网络版权案件71起,国家版权局等部委联合挂牌督办的2起网络案件成功判决。

二、持续扩大版权宣传影响力

1. 主题宣传贯穿始终

2022年"4·26世界知识产权日"版权宣传周期间,紧紧围绕"全面开启版权强国建设新征程"宣传主题,指导全省各地开展形式多样的宣传活动。江西省、南昌市和东湖区版权局三级版权部门在东湖意库文化创意产业园联合开展"版权宣传月"活动。在江西新闻客户端开设专栏,向社会公众宣传推介江西省"全国版权示范单位",充分发挥版权先进单位的积极示范作用。制作原创版权保护宣传片在全省各级电视台、网站播放。

2. 联合宣传汇聚合力

2022年"4·26世界知识产权日"版权宣传周期间,联合开展知识产权新闻发布会、在线访谈等宣传活动。8月起,联合开展"版权保护赣鄱行"活动,深入全省各设区市、部分高等院校举行版权保护知识宣讲,在全社会持续营造良好的版权氛围。

3. 热点宣传亮点突出

2022年"4·26世界知识产权日"版权宣传周期间,《中国新闻出版广电报》刊发资讯《强化部门联动　提升宣传合力》对江西"4·26"宣传活动进行报道。7月,《中国新闻出版广电报》对红色文化版权保护工作进行宣传报道。8月,景德镇国家陶瓷版权交易中心正式上线运营启动后,《中国新闻出版广电报》持续关注景德镇国家陶瓷版权交易中心,连续刊发消息和专题报道。

三、不断优化版权社会服务

1. 国际版权论坛成功举行

11月10日,"2022国际版权论坛"在江西景德镇举行,世界知识产权组织副总干事西尔维·福尔班,江西省委常委、省委宣传部部长庄兆林出席论坛并致辞。来自世界知识产权组织、相关国家版权主管部门、境外著作权认证机构和国内相关部委、部分省(区、市)版权局、著作权集体管理组织以及业界、学界的200余名代表线上线下参会,论坛取得圆满成功。

2. 版权保护优秀案例正式启动

2022国际版权论坛上,启动了世界知

识产权组织版权保护优秀案例示范点调研项目"IP与创意产业：景德镇故事"。这是我国第四个优秀案例示范点调研项目,将通过世界知识产权组织向全球推广。

3. 国际风险防控培训班顺利举办

11月8日至10日,版权产业国际风险防控培训班在景德镇举办。培训班由国家版权局、世界知识产权组织主办,江西省委宣传部(江西省版权局)承办,近百人参加。

4. 版权示范积极培育

3月,国家版权局下文授予江西省2家企业"全国版权示范单位"称号,1家"全国版权示范园区(基地)"称号。截至2022年底,江西省共创建全国版权示范城市1个、全国版权示范单位13家、全国版权示范园区(基地)2家。10月,江西省版权局授予12家单位、2家园区"江西省版权示范单位"或"江西省版权示范园区"称号。截至2022年底,全省共有省级版权示范园区(基地)4家、省级版权示范单位58家。

5. 民间文艺获批试点

11月,抚州市获批成为全国首批8家民间文艺版权保护与促进试点地区之一,进一步推动解决江西省民间文艺传承、利用、保护和弘扬的版权问题,增进江西民间文艺版权对话交流,助力优秀传统文化走出去。

6. 版权登记效率提升

2022年,江西省版权公共服务平台正式上线,版权作品登记量大幅增长,全年共完成一般作品登记64 808件,增幅83.47%。

四、切实巩固软件正版化工作成果

调整省使用正版软件工作领导小组及成员,召开江西省使用正版软件工作领导小组会议,下发《2022年江西省推进使用正版软件工作计划》,在全省部署推进2022年江西省推进使用正版软件工作。7月,举办2022年全省软件正版化工作线上培训班,省直各有关单位、省出资监管企业的软件正版化工作负责同志,各设区市、省直

管试点县(市)版权局有关同志等近400人参加培训。9月,牵头组织,聘请第三方专业机构协助,对省直党政机关11 907台电脑进行全覆盖核查。10月,组织对抚州、宜春两个设区市进行抽查,并对相关核查情况进行通报。

五、积极助力文化产业发展

1. 景德镇国家陶瓷版权交易中心上线运营推进建设

2021年7月,国家版权局正式批复同意设立景德镇国家陶瓷版权交易中心,系全国第一家面向特定行业的国家级版权交易中心。2022年7月,江西省委省政府印发的《关于加强知识产权强省建设的行动方案(2022—2035年)》提出:"推进景德镇国家陶瓷版权交易中心发展,服务景德镇国家陶瓷文化传承创新试验区建设。"2022年8月28日,景德镇国家陶瓷版权交易中心正式上线运营,当天线上成交额超50万元。

2. "江西版权云"完善功能拓展业务

2022年"4·26世界知识产权日"版权宣传周期间,"江西版权云"正式上线,为数字版权提供版权确权、版权登记、版权监测、版权维权、版权交易、版权推广、版权研究等全链条一体化版权服务。

供稿:江西省版权局

司法工作

一、以服务大局为中心

紧扣双"一号工程",深化知识产权司法保护。先后制定《关于加强知识产权审判工作为数字经济做优做强提供有力司法服务和保障的意见》《全省法院2022年"知识产权保护"对标提升工作的实施方案》,提出13条服务数字经济做优做强意见,明确19项知识产权司法保护对标提升举措,并发布8起数字经济知识产权司法保护典型案例。对优化营商环境知识产权保护对

标提升工作进行台账式管理和项目化推进,确定的 6 项重点任务全部完成。

围绕陶瓷、中医药等重点产业需求加强知识产权司法保护。经江西高院知识产权审判庭指导,宜春中院联合知产财经全媒体于樟树市第 53 届药交会期间(10 月 31 日)举办"赣知·2022 中医药知识产权保护论坛",就中医药知识产权司法保护面临的现状、困难与对策进行深入研讨。

二、以审议检查为契机

顺利完成专项审议和迎检考核工作。7 月,江西省人大常委会专项审议 2019 年以来全省法院知识产权司法保护工作情况。10 月,国家知识产权保护实地检查考核组来江西高院实地检查工作。江西高院知识产权审判庭认真落实院党组工作部署及院长指示批示精神,制定配合开展专项审议与实地检查工作的具体方案。

制定整改落实举措破难补短改进工作。8 月 15 日及 19 日,以江西高院名义印发《关于落实省人大常委会审议意见的工作方案》明确落实举措,并召开动员部署视频会。及时对国家知识产权保护实地检查考核组检查中发现的问题进行整改。

三、以理念更新促办案

2022 年,全省法院受理各类知识产权案件 6479 件。从数量上看,知识产权一审民事案件收案 5807 件,同比增长 22%。从结构上看,知识产权一审民事案件类型集中在商标与著作权纠纷。从效率上看,总体态势是知识产权一审民事案件结案率维持在较高水平。简易程序适用数量迅速增长,2022 年数量为 4321 件。质量方面,总体情况是:90% 以上的一审民事案件服判息诉,60% 以上的一审案件调解撤诉,85% 以上的二审案件得到维持。

进一步树牢"保护知识产权就是保护创新""严格保护知识产权"的理念。知识产权诉讼"赔偿低"难题仍然存在,一系列举措有利于提升本省知识产权司法保护水平。

进一步树牢"促进公共利益与激励创新兼得""公正合理保护"的理念。针对知识产权批量维权案件,在坚持合理区分、加强源头打击的同时,对于权利人在全省范围未经警告即针对众多零售商提起的系列诉讼,区别侵权情节,合理确定中小微企业承担的侵权责任。

四、以创新机制强特色

全面开展知识产权案件"三合一"审判机制改革。1 月,在全国率先全面开展"三合一"审判机制改革。7 月,分管院领导率队进行"全省基层法院知识产权'三合一'改革落实情况"调研。随着改革的深入,着力构建配套机制,确保改革行稳致远。江西省高院、各中院已提级管辖 63 件一审知识产权民事案件,有效打破地方保护壁垒,促进司法裁判规则统一。全省法院已设立多个诉讼服务项目,巡回审判工作布局得到优化。多地集合解纷力量,推动多元化解工作取得实效。

着力构建知识产权司法保护与行政保护衔接协作机制。3 月,江西高院会同省市场监管局、省版权局制定出台《关于建立健全知识产权司法保护与行政保护衔接协作机制的若干意见》,完善长效机制建设。已与省市场监管局、省版权局联合制定《全面开展知识产权纠纷行政调解协议司法确认工作的实施意见》并经审委会讨论通过,已按规定程序报备审核。

积极健全知识产权刑事司法协作配合机制。与省检察院、省公安厅知识产权工作部门在南昌、景德镇、宜春三地联合开展知识产权刑事案件集中管辖改革情况调研,12 月,江西高院与省检察院、省公安厅联合印发《关于加强知识产权刑事司法协作配合工作的意见》,促进三家协作深入开展。

深化院校合作机制。中南财经政法大学吴汉东教授等在线参加"赣知·2022 中医药知识产权保护论坛"。积极拓展与江西省法学会数据法学研究会的联系交流,江西高院知识产权审判庭主要负责同志在其成立大会上作主旨发言。

优化对下监督指导机制。召开全省法院知识产权审判工作座谈会,将知识产权司法保护工作纳入全省法院工作高质量发展考核评价体系,推动全省法院知识产权审判工作均衡发展。重点加强对南昌、景德镇知识产权法庭工作的督促指导。

五、以法治宣传作阵地

召开、参加新闻发布会。4月26日,举行知识产权宣传周新闻发布会,通报全省法院2021年知识产权司法保护的总体情况,发布加强数字经济知识产权司法保护有关司法文件和典型案例。9月21日,在江西省政府《关于加强知识产权强省建设的行动方案(2022—2035年)》新闻发布会上,分管院领导专门介绍了法院系统贯彻落实方案要求、全面加强知识产权司法保护的工作举措。

带头开展知识产权审判进企业活动。2022年2月,与南昌知识产权法庭在南昌VR产业基地共同开展主题为"VR企业知识产权司法保护需求"的调研活动。11月,与江西高院审监庭、南昌知识产权法庭在经开区法院"法企通"法律服务工作室以"赣知行·服务企业创新"为主题开展专题讲座。

六、以队伍建设为保障

着力增强专业能力。积极推进侵权赔偿金额精细化规范化调研,已按照"问题解答"形式拟定有关意见征求各中院意见,推动全省法院进一步提高侵权赔偿责任认定能力。加强业务学习,鼓励年轻干警对知识产权疑难复杂问题开展研究,努力培养复合型、专门化的知识产权审判人员。

供稿:江西省高级人民法院
知识产权审判庭

检察工作

一、加强谋划部署,强化知识产权司法保护工作检察担当

一是全面系统谋划。自觉将知识产权检察工作融入服务保障深入推进创新驱动发展战略以及全面建设创新江西、深入推进数字经济一号发展工程等江西省经济社会发展大局来谋划和推进。专门出台《江西省人民检察院关于全面加强新时代知识产权检察工作若干措施》,研究制定全省知识产权检察年度工作要点,明确今后一段时期加强新时代知识产权检察工作18条具体举措和年度工作安排。将知识产权检察工作列为检察重点工作任务,纳入服务保障全面建设"六个江西"、全力打造一流法治化营商环境工作台账管理,列入对市县检察院综合考核指标。二是推进体制机制建设。以机构专门化、队伍专业化、职能一体化建设为抓手,深入推进体制机制创新。推进知识产权检察刑事、民事、行政、公益诉讼检察职能集中统一履行,积极探索知识产权检察综合履职。加强知识产权检察专门机构建设,推动省人民检察院成立知识产权检察办公室实体化运行,指导19个市县检察院成立知识产权检察办公室或专门办案组。南昌等地检察机关聘请知识产权主管部门专业人才兼任检察官助理,探索建立专业技术人员辅助办案机制。三是注重对下指导。印发《江西省知识产权检察工作白皮书(2018—2021)》,全面梳理四年来江西检察机关知识产权检察工作情况,分析存在的问题,提出改进举措。下发《关于加强涉知识产权案件办理的通知》,强化对全省检察机关办理的涉知识产权刑事、民事、行政等案件的指导。发挥案例示范作用,评选发布4起典型案例。指导南昌高新区检察院办理的1起假冒注册商标案积极服务疫情防控大局,入选最高人民检察院、公安部联合发布的典型案例。

二、坚持以办案为中心，提升知识产权综合保护质效

一是依法惩治侵犯知识产权犯罪。2022 年，全省检察机关围绕日用物品、生命健康、医疗器械等民生领域以及电子信息、新能源、文化等重点产业，聚焦数字经济等新业态新领域，依法严惩各类侵犯知识产权犯罪，批准逮捕侵犯知识产权犯罪案件 48 件 58 人，起诉 149 件 308 人。吉安、上饶等地检察机关办理假冒某知名品牌光伏组件、侵犯某热门游戏著作权等案件，有力保障产业发展。全面推行知识产权刑事案件权利人权利义务告知工作，综合运用认罪认罚从宽等制度，帮助挽回权利人损失，维护权利人合法权益。二是加强检察监督。加强刑事立案、侦查活动监督，监督公安机关立案 2 件 2 人，监督撤案 3 件 3 人，纠正漏捕、漏诉 32 人，对侦查活动违法情形及时提出纠正意见。加强刑事审判活动监督，对认为确有错误的裁判提出抗诉。加强民事行政检察监督，南昌市检察院就某起申请监督的商标权纠纷案件，反复做双方当事人工作，促成双方达成和解。按照最高人民检察院部署，在全省检察机关开展依法惩治知识产权恶意诉讼专项监督工作。三是稳步开展知识产权领域公益诉讼。全省检察机关依托公益诉讼法定领域，聚焦国家地理标志产品相关生态环境和资源保护、食品安全等，共立案办理知识产权领域公益诉讼案件 8 件，制发诉前检察建议 3 件，提起刑事附带民事公益诉讼 3 件。九江市人民检察院针对外地砚台产品冠以"金星砚国家级非遗"称号生产销售的案件线索依法立案（金星砚为我国十大名砚之一，庐山市"金星砚制作技艺"入选第一批国家级非遗名录），督促当地政府加强非物质文化遗产的保护、传承、利用，推动当地特色文化保护与产业经济融合发展。南昌、景德镇、鹰潭等地检察机关针对销售假冒注册商标的白酒涉嫌消费欺诈、损害公共利益的案件线索，提起刑事附带民事公益诉讼，诉请被告承担停止侵害、赔礼道歉等民事责任，获法院判决支持。

三、强化协同配合，推动构建知识产权大保护格局

一是健全完善协作配合机制。省人民检察院会同省市场监督管理局印发《关于加强知识产权协同保护的实施意见》，会同江西省公安厅、江西省高级人民法院开展知识产权司法保护工作专题调研，研究制定《关于加强知识产权刑事司法保护协作配合工作的意见》，联合省版权局等单位召开打击侵权盗版工作联席会。11 个设区市检察院会同市场监督管理、公安、法院等部门会签知识产权保护制度文件，建立健全定期会商、办案协作、资源共享等机制，促进行政执法与刑事司法有序衔接，促进执法司法办案标准有机统一。2022 年，全省检察机关将作出不起诉决定的 53 人移送行政执法机关予以行政处罚。二是加大知识产权保护宣传力度。利用"4·26 全国知识产权宣传周"等重要节点，联合有关部门开展宣传，营造浓厚氛围。"4·26 全国知识产权宣传周"期间，省人民检察院与省人民政府新闻办公室、省委宣传部、省市场监督管理局等部门共同举办知识产权宣传周新闻发布会，联合省委宣传部、省市场监督管理局等部门开展"全面开启知识产权强省建设新征程"省政府网站在线访谈。全省检察机关共召开新闻发布会 7 场，发布典型案例 15 件，走进企业、社区等开展实地宣传 57 场，通过互联网、微信公众号等新媒体平台推送普法宣传文章 116 篇，《检察日报》报道景德镇市人民检察院在景德镇市知识产权保护中心建立知识产权检察联络点做法，最高人民检察院微信公众号刊发景德镇市昌江区检察院根据真实案例制作的漫画原创作品《"牛小二"上庭记》。三是探索建立知识产权检察保护联系点。江西省人民检察院联合有关地市检

察院设立首批 3 个省级知识产权检察保护联系点,指导鹰潭、景德镇、宜春等地检察机关在行业协会等设立联系点,为优化营商环境、助力数字经济发展提供优质检察服务。

供稿:江西省人民检察院
知识产权检察办公室

山 东 省

知识产权工作

2022 年,山东省专利授权量 342 290 件,同比增长 3.8%,其中,发明专利授权量 48 696 件,同比增长 34.0%;PCT 国际专利申请量 3380 件,同比增长 4.2%。截至 2022 年底,山东省发明专利拥有量 189 383 件,同比增长 25.6%,每万人口发明专利拥有量 18.65 件,较上年底增加 3.8 件。山东省高价值发明专利拥有量 66 145 件,每万人口高价值发明专利拥有量 6.5 件,同比增长 40.1%。

一、知识产权战略

山东省委、省政府高度重视知识产权强省建设工作,印发《山东省知识产权强省建设纲要(2021—2035 年)》,颁布实施《山东省知识产权保护和促进条例》,召开全省知识产权保护工作会议,将知识产权工作纳入省委督查激励计划、高质量发展考核评价体系,高位推动、支持有力的知识产权工作机制逐步完善。

二、知识产权保护

执法保护。2022 年组织开展全省知识产权行政保护、打击商标恶意抢注、地理标志保护、奥林匹克标志及“华润”字号保护等专项行动。山东省驰名商标总量为 804 件,数量居全国首位。累计批准保护的地理标志产品总数 82 个。累计开展护航冬奥会、冬残奥会奥林匹克标志专项检查 7036 次,处置案件线索 322 条,查处侵犯奥林匹克标志案件 132 件,罚没款 26.76 万元。2022 年办理专利纠纷案件 1887 件,同比增长 271%,其中作出行政裁决决定的案件 270 余件。

体系建设。布局建设国家级保护中心 7 家,快维中心 3 家,总量居全国前列。山东省以及济南、烟台、潍坊市获国家知识产权局批复依托保护中心开展知识产权纠纷快速处理试点工作。山东省保护中心、烟台保护中心获国家知识产权局批复开展专利复审无效案件多模式审理试点建设。完善诉调对接等协同配合机制,加强知识产权纠纷人民调解组织建设,66 个知识产权调解组织、381 名调解员入驻“人民法院调解平台”,受理调解案件 3000 余件。在全省开展知识产权纠纷行政调解司法确认工作,完成行政调解司法确认 30 余件。

跨区域跨部门协作。举办 12 省市知识产权行政保护协作活动,现场公布了 12 省市重点商标保护名录 550 余条,移交涉嫌侵权违法线索 196 条。举办黄河生态经济带知识产权保护合作活动暨沿黄 9 省(区)地理标志联合保护行动启动仪式,现场发布地理标志重点监管名录 285 条,移交地理标志案件线索 78 条。与公安部门行刑衔接机制运行通畅,联合查办一批有影响力的案件,移送知识产权案件 15 件。与省检察院联合印发关于强化知识产权协同保护的实施意见,深化知识产权保护合作。

重点领域关键环节。实施拟上市企业风险防控项目,确定项目企业 75 家。与山东省财政厅联合印发知识产权保护工作站实施细则,在全省建立知识产权保护工作站 30 个。开展知识产权保护规范化电商平台培育行动,确定培育规范化电商平台 10 个。实施知识产权侵权假冒线索智能检测项目,检索并向各市分发奥林匹克标志、地理标志、商标线索 800 余条。获批国家地理标志保护示范区 2 家,确定省级地理标志产品保护示范区 7 家。

涉外保护。围绕全省重点产业企业,开展海外知识产权侵权风险防控项目,确定了知识产权海外侵权风险防控项目 2 批共 30 个。支持 100 余家社会组织为企业处理重大涉外知识产权纠纷诉求,建立海外风险防控体系。开展知识产权保险保费补贴项目,已服务投保企业 350 家,为 4401 件专利提供约 7.2 亿元的保额。开展国际交流合作,成功举办第三届跨国公司领导人青岛峰会"知识产权保护论坛"和闭门会议,举办中法地理标志保护与发展论坛。

三、知识产权运用

推动创新主体知识产权能力提升。一是实施高价值专利培育工程。开展高价值专利综合奖补,省财政安排专项资金 1 亿元,统筹用于高价值专利培育、运用、服务等重点工作。组织第三届新旧动能转换高价值专利培育大赛,"以赛代评"决出高价值专利获奖项目 66 项,其中 19 项为"专精特新"企业。二是开展"专精特新"中小企业专利赋能创新发展行动。推出公益性专利信息利用、高价值专利培育、企业上市知识产权辅导和审查员驻企帮扶等"八大举措",提升企业知识产权创造水平和质量。三是推动标准与专利融合创新。推动日照市率先开展专利标准战略融合创新城市试点,支持济宁市依托国家高新技术产业标准化示范区率先开展专利标准奖励制度试点。

活跃知识产权交易许可。一是实施专利转化专项计划。聚焦黄河流域重大国家战略、新旧动能转换"十强产业"转型升级,遴选高校院所、产业园区、服务机构等重点项目 35 个、知识产权运营服务重点支撑项目 15 个。省新旧动能转换重点产业专利库吸纳国内外最新专利技术 5.3 万件、向企业精准推送专利技术 1 万余件。二是实施专利开放许可试点。印发试点工作方案,搭建专利开放许可声明信息发布平台,登记开放许可专利 488 项,匹配推送中小企业 231 家,达成许可专利 28 项,其中免费许可 21 项,进一步解决高校院所专利技术转化难、中小企业专利技术获取难"两难"问题。三是完善市场化、多元化知识产权运营服务体系。坚持政府引导、市场化运作,建设山东知识产权运营中心及一批产业运营中心,依托山东金融资产交易中心建设全省性知识产权交易平台,通过"揭榜挂帅"方式建设重点产业知识产权运营机构 11 家,省市校企多点布局、优势互补、高效协同的工作机制和运营体系逐步形成,促成 394 项知识产权成果达成转让意向、金额 1.6 亿元。

知识产权服务高质量发展。一是实施专利导航工程。制定专利导航服务基地建设实施方案,围绕重点产业、企业、园区布局建成省级专利导航服务基地 26 家,支持开展各类导航项目 240 多个,其中省级专利导航项目 60 个。二是有序推进专利奖励评审。评审第四届山东省专利奖 100 项、优秀发明家 10 人,省政府予以通报表彰,全省知识产权保护工作会议对获奖单位、个人进行表彰。新增第二十三届中国专利奖 58 项,其中金奖项目 3 项、银奖 7 项、优秀奖 48 项。三是加强地理标志运用和商标品牌建设。实施地理标志运用促进工程,建设国家、省级重点项目共 20 项,形成专利导航、保险赋能、母子品牌建设等典型经验。支持重点产业、园区建立商标品牌(知识产权)指导站 496 家。

四、知识产权管理与服务

创新知识产权金融服务。一是开展知识产权质押融资服务"入园惠企"活动。组织银企对接等系列活动 470 多场,覆盖各类园区 260 多家,参与银行 310 多家,惠及企业 1.05 万户,知识产权融资工作影响和政策惠及面持续扩大。二是构建知识产权质押融资服务生态。大力推广专利价值评价规范地方标准及质押融资贴息、保险、风险补偿政策"组合拳"，持续扩大知识产权质押风险增信政策知晓面、惠及面，全省普惠性知识产权质押融资提质增速见成效。2022年，全省完成专利质押登记3912项、金额398.48亿元，同比分别增长87.3％和81.4％。其中，主要面向中小企业的普惠性专利质押登记3153项、金额166.08亿元，居全国首位。三是创新知识产权金融服务产品。实施拟上市企业风险防控项目75个。支持保险公司推出专利执行险、被侵权损失险与海外侵权责任险，为350家企业、4400多件专利转化实施提供总金额7.2亿元的保障。烟台发行"以发明专利独占许可为基础、以专利质押为保障"的知识产权证券化产品2单、总规模13亿元。

加强知识产权代理服务。一是实施专利代理申请质量提升行动。加强代理机构高质量发展政策宣讲、业务培训，推动代理机构加强内部质量管控、签名责任管理及诚信合规经营承诺。建立重点关注代理机构名录，加强约谈指导。二是强化代理机构监管。实施以信用为基础的知识产权领域分级分类监管，实现知识产权信用风险等级自动评价与知识产权代理行为"双随机、一公开"监管的深度融合，对1255家知识产权代理机构开展"双随机、一公开"检查。组织开展知识产权代理机构"蓝天"行动，依法查处非正常专利代理、无资质代理等违法行为7起，罚没款27.9万元。三是推动非正常专利申请核查。建立非正常专利申请重点关注代理机构名录，强化部门协同配合，严控非正常专利申请外溢，暂停18家申请主体专利优先审查和快速预审申请，4～6批非正常申请撤回率98％。

优化知识产权公共服务。一是完善知识产权公共服务体系建设。截至2022年底，已建设国家高校知识产权信息服务中心7家，TISC机构6家，国家级知识产权信息公共服务网点5家、省级网点12家。维权援助组织设立知识产权维权援助工作站53家，维权援助组织实现16市全覆盖。二是首次发布《山东省知识产权公共服务事项清单》，确定378项知识产权公共服务事项，对"清单"进行动态调整管理，实现全省知识产权公共服务事项规范化管理。三是持续优化营商环境。争取国家知识产权局数据知识产权地方试点，推动数据要素流通利用。实施知识产权公共服务提升工程，建设国家知识产权业务受理窗口14个，专利代办站14个，实现知识产权业务受理设区市全覆盖。创建强国建设试点示范市、县、园区40家，培育拥有自主知识产权、具有行业引领作用的国家知识产权优势企业563家、示范企业116家，均居全国前列。

强化知识产权运营服务。一是建成黄河流域知识产权大数据中心。大数据中心建设被列入省信息化重点建设项目，12月，成功举办上线启动仪式，并发起成立黄河流域知识产权高质量发展联盟，山东省副省长、国家知识产权局副局长出席启动仪式并致辞。二是建成山东知识产权运营中心。3月，完成了向国家知识产权局的备案工作。11月，省市场监督管理局、省国资委、齐鲁工业大学（省科学院）三方共建山东知识产权运营中心协议顺利签署，"政府引导+公共服务+市场化运营"的基本架构已建设完成。三是出版《"好品山东"地理标志产品》图册。图册收集了山东省政府发布的首批"好品山东"区域类产品中的25个地标产品，通过图、文、音并茂的形式对产品概况、产品特色、自然环境、人文特征、产业发展五个方面进行全面展示。

五、知识产权宣传与培训

提高知识产权人才培养工作格局。省委人才工作领导小组首次将省知识产权局列入成员单位，将知识产权激励创新创造有关工作举措纳入省委人才工作体系，将知识产权高质量发展研修班列为省委人才办专家人才研修培训重点班次予以充分保障。连续三年开展知识产权进党校活动,培训全省领导干部和业务骨干 2000 余人。指导省知识产权服务业协会探索建设人才企业上市服务子联盟,精准提供各类知识产权服务。

优化知识产权人文环境。举办知识产权宣传周活动,山东省副省长出席活动,国家知识产权局副局长发表视频致辞。会上,发布 2022 年第一批知识产权运营成果,组织知识产权运营成交项目集中签约,启动第三届"新高赛",《中国知识产权报》、《大众日报》、齐鲁网、山东卫视等多家新闻媒体广泛报道。常态化开展知识产权保护法律法规宣传工作,通过召开新闻发布会、发布知识产权发展与保护状况白皮书和山东省 2022 年度知识产权行政保护十大典型案例、知识产权保护公益广告大赛等形式,不断厚植全社会尊重创新、保护创新的文化理念。

加强知识产权人才培训。举办 2022 年度专家人才国情省情研修培训重点班次——知识产权高质量发展研修班,培训省知识产权创造重点单位、专利技术转移转化专项计划项目实施单位等相关知识产权管理人员 300 余人。依托山东干部网络学院举办知识产权保护能力提升暨强国建设纲要网络培训班,培训全省领导干部和业务骨干近 1200 人。举办全省知识产权监管执法能力提升培训班,培训市、县基层执法人员 1500 余人。举办全省奥林匹克标志知识产权行政保护线上线下培训班。优化全省知识产权远程教育体系,已建设 7 家分站和 1 个站点。宣贯地方标准《知识产权人才培训及能力素质要求》,开展远程教育培训班 58 个,培训规模 30 万余人次。采取线下和线上结合的方式,围绕加强全省涉外企业海外知识产权纠纷应对能力培养,重点对"一带一路"沿线国家、RCEP 区域、美日韩等相关国家的知识产权进行培训,加强对知识产权维权调解、涉外知识产权保护等专门人才的培养。举办线下知识

产权维权援助与纠纷调解业务培训班、线上组织调解实务工作系列培训 10 期;举办线上线下涉外企业培训班 5 个,来自全省 16 市知识产权管理部门、涉外企业、涉外服务机构 2800 余人参加培训。

供稿:山东省知识产权局

版权工作

2022 年,山东省版权工作坚持以习近平新时代中国特色社会主义思想为指导,紧紧围绕"党的二十大"这一主线,认真贯彻落实党中央、国务院关于知识产权的重大决策和部署,服务宣传思想工作大局,扎实做好版权保护、社会服务、产业发展等工作,取得明显成效。

一、持续提升版权保护工作质效

1. 开展"剑网 2022"等专项行动

开展打击网络侵权盗版"剑网 2022"专项行动,查处网络侵权盗版案件 183 起,刑事移交 5 起,涉案金额 1241.5 万余元,出动执法人员 1 万余人次,检查单位 5440 余家次,捣毁窝点 3 个,关闭侵权网站 4 家,删除盗版链接 11 个。

扎实开展冬奥版权保护、青少年版权保护、春节档电影保护等专项行动,其间全省共出动执法人员 3523 人次,检查场所 335 家,张贴宣传海报 690 余张,查处侵权盗版案件 23 起,有力打击涉冬奥作品、青少年读物、院线电影侵权行为。

2. 强化大案要案查办力度

2022 年山东省共查处侵权盗版案件 418 起,刑事移交 9 起。积极申报中央宣传部版权管理局等六部门联合挂牌督办案件,3 起案件列入中央宣传部版权管理局等六部门联合挂牌督办案件,获批案件经费补贴 13 万元。在国家版权局查处重大侵权盗版案件通报表彰中,山东省获得有功单位称号 32 家、有功个人 103 名。

二、持续提升版权社会服务水平

完成山东省版权保护与服务平台升级改造工作,实现软件架构优化开发、硬件扩容配置及数据安全防控,提升了作品审核效率和安全运营能力。全省著作权作品全年登记量达 25 万件。进一步健全著作权作品登记服务体系,新增 8 家省级版权工作站,推动作品登记数量、质量稳步提升。加强图书出版、影视剧等涉外版权合同的登记备案工作,全年办理引进输出图书版权合同 172 份,有效推进作品的对外传播和保护。

三、持续发挥版权示范引领作用

通过"以服务促创建、以创建促发展"的工作模式,深化版权示范城市、示范单位、示范园区(基地)培育创建工作,成功创建"2021 年度全国版权示范单位、园区(基地)"6 家,培育公布"山东省版权示范单位、园区(基地)"40 家。截至 2022 年底,山东省共有全国版权示范城市 2 个、获批正在创建的全国版权示范城市 1 个。版权示范城市、示范单位、示范园区的创建成功为激活版权资源、培育版权精品、提升产品文化内涵和附加值、实现版权作品价值转化提供了案例参考。

四、持续促进版权产业高质量发展

推动泰山国家图书版权交易中心建设,运用"版权+服务+维权+评估+科技"的模式,通过开展版权确权、登记、评估、推广、交易、质押融资等服务,搭建图书版权交易桥梁。推动潍坊市成功申报国家民间文艺版权保护与促进试点,探索、开辟民间文艺版权创新、发展新路径。以展会促交易,成功举办第五届青岛国际版权交易博览会,实现重大版权项目交易 6 项,达成意向签约交易额 30.1 亿元,向世界展示了山东尊重知识、崇尚创新的形象。

五、持续创新版权宣传模式

围绕"全面开启版权强国建设新征程"

主题,开展系列版权宣传活动。在学习强国平台专项答题栏目推出《著作权法相关知识专项答题》;联合省高级人民法院发布2021 年度版权保护十大案件;《大众日报》推出版权工作综述、整版刊登版权公益广告,山东广播电视台《新闻联播》《晚间新闻》栏目播发版权工作新闻,创新宣传模式,在闪电会客厅组织两场大型版权主题直播访谈,普及宣传著作权法,扩大版权社会影响力,受到社会公众的广泛关注。

六、持续组织协调行政审批制度改革

全面实行行政许可事项清单管理,开展违背市场准入负面清单问题自查自纠工作、妨碍全国统一大市场建设规定和实际情况自查清理工作,补充市场准入隐形壁垒反映投诉渠道,不断提高行政审批效率和监管效能。

供稿:山东省版权局

司法工作

一、依法公正高效审理案件,充分发挥知识产权审判职能作用

知识产权收结案总体态势稳定,2022年,山东法院新收各类知识产权案件 23 981件,审结 24 549 件。其中,新收民事一审案件 20 760 件,审结 21 620 件;新收民事二审案件 2587 件,审结 2319 件;新收民事再审审查案件 259 件,审结 224 件;新收刑事一审案件 295 件,审结 303 件;新收刑事二审案件 41 件,审结 41 件;新收刑事再审审查案件 12 件,审结 11 件;新收行政一审案件 27 件,审结 31 件。山东高院知识产权审判庭共新收各类知识产权案件 1010 件,同比增长 25%,审结 845 件,同比增长 17%。

二、提升知识产权司法保护整体效能,营造有利于创新创造的法治环境

1. 严格落实惩罚性赔偿制度

山东高院在全国率先制定发布《关于

审理侵害知识产权民事案件适用惩罚性赔偿的裁判指引》（简称《裁判指引》）。为指导山东法院审理好相关案件，山东高院接续发布《关于审理侵害知识产权民事案件适用惩罚性赔偿的裁判指引的说明》，对《裁判指引》每条制定的背景、依据以及如何具体适用进行了详细说明，并举办山东法院知识产权审判实务培训班，就惩罚性赔偿适用进行培训。多地中院积极落实惩罚性赔偿制度，制定推进知识产权民事案件适用惩罚性赔偿的实施意见。

2. 推进技术调查人才库建设

山东高院牵头，指导济南、青岛知识产权法庭，根据最高人民法院关于技术调查官相关规定，出台技术咨询专家、技术调查官、专家陪审员管理办法、实施细则等。济南知识产权法庭、青岛知识产权法庭逐步实现技术专家参与庭审、勘验、保全等诉讼活动常态化。

3. 加强调研指导

一是加强调查研究。山东高院立足知识产权审判工作实际，形成《侵害商标权类案解纷研究》调研报告。二是加强裁判指引。2022年初，山东高院制定《2022年山东法院知识产权审判工作要点》，明确全年工作重点。

4. 健全行政保护与司法保护衔接机制

构建知识产权大保护格局。2022年，山东高院与省科技厅联合签署《依法促进科技创新协作框架协议》；与省版权局座谈并联合发布"2021年度山东省著作权保护十大案件"；与省市场监督管理局、省检察院联合制定《关于强化反垄断行政执法与司法衔接协作的实施意见》；与省检察院召开加强知识产权司法保护工作座谈会，就推动知识产权审判"三合一"等工作进行协调对接；与省市场监管局反垄断局、价监竞争局召开反垄断、反不正当竞争工作座谈会，进一步完善证据认定、信息互通等协作机制，促进行政执法标准和司法裁判标准统一；与省农业农村厅科教处、法规处、质监处、省种子管理总站召开农业科技成果保护工作座谈会，建立交流合作长效机制，激励育种创新和保障种业科技自立自强。向省市场监管局提供山东企业知识产权侵权司法裁判信息，共建知识产权信用监管机制。

加强与行政职能部门协同配合。在全国地理标志立法调研会上作交流发言。深入推进知识产权行政调解司法确认工作制度化、常态化，促进知识产权纠纷依法、公正、高效化解，2022年山东法院知识产权行政调解司法确认案件146件。

5. 加强知识产权法治宣传

连续21年组织开展"4·26世界知识产权日"宣传活动，召开新闻发布会发布《2021年山东法院知识产权司法保护状况》（中英文版）和2021年山东法院十大知识产权案件，进行中英文发布成为山东法院知识产权司法公开新常态。作为全国法院系统唯一代表，在全国保护种业知识产权打击假冒伪劣套牌侵权视频会议上，就种业司法保护情况作典型发言；应邀参加第三届跨国公司领导人青岛峰会，并就"加强知识产权保护促进跨国公司发展"作主旨演讲；参加山东省人民政府新闻办知识产权强省建设纲要新闻发布会，介绍山东法院服务保障知识产权强省建设亮点工作；就知识产权司法保护工作积极开展培训授课，应省文联邀请就新媒体时代文艺领域著作权维权进行座谈等。

三、深化知识产权审判领域改革创新，推进知识产权审判体系和审判能力现代化

1. 进一步优化知识产权审判格局

持续加强知识产权巡回审判庭建设，青岛中院设立烟台保护中心知识产权巡回审判庭、莱西莱阳一体化发展先行区知识产权巡回审判工作站，聊城中院设立经济技术开发区知识产权巡回审判庭。菏泽中院在曹县设立知识产权巡回审判庭，滨州中院设立高新区知识产权巡回审判庭。山东法院已形成"1+2+15+41"知识产权审判格局。

2. 全面推进知识产权审判"三合一"改革

根据《山东省高级人民法院关于全面推进知识产权审判"三合一"工作的实施方案》部署，山东三级法院知识产权民事、行政、刑事审判"三合一"工作有序开展。

3. 加强知识产权法庭建设

积极参加最高人民法院知识产权法庭试点评估座谈会，为推动完善国家层面知识产权案件上诉审理机制建言献策。济南、青岛知识产权法庭是全国技术类知识产权案件专门化审判体系的重要组成部分，两法庭成立以来，对山东知识产权审判的龙头带动效果明显，有效服务保障国家创新驱动发展战略，为知识产权强省建设作出了应有的贡献。2022年，两法庭辖区内受理一审、二审、申请再审等各类知识产权案件9283件，审结9557件，占山东案件总数的40%，多起案件被最高人民法院评为典型案例。济南知识产权法庭加大对关键领域核心技术、支柱产业保护力度，跨区域受理山东中西部技术类案件1013件；青岛知识产权法庭发挥跨域管辖优势，与威海、潍坊中院、市场监管局签订跨域保护合作协议，举办胶东半岛知识产权司法与行政协同保护工作交流会，推动胶东经济圈一体化保护，跨区域受理技术类案件445件。

4. 健全知识产权多元化纠纷解决机制

积极参与社会治理创新，座谈、联合出台知识产权纠纷诉调对接机制实施意见、知识产权案件行政调解协议司法确认工作实施办法，为当事人提供便捷、高效的纠纷化解途径。

5. 深入推进智慧法院建设创新升级

推进山东法院精准化案例规则库建设，2022年录入知识产权案例179条。根据山东智慧法院4.0类案审理模块系统推广应用工作部署，完成侵权类知识产权案件要素化模块建设，促进裁判标准统一。青岛知识产权法庭上线跨网域异步质证系统，当事人在线上传电子化证据材料，自助利用碎片时间完成庭前质证，诉讼参与各方无须同时在线，庭前程序更加便捷高效。

供稿：山东省高级人民法院
知识产权审判庭

检察工作

一、深入推进体制机制改革，加强知识产权检察专业化建设

一是全面推开知识产权检察职能集中统一履行工作。印发《关于全面推开知识产权检察职能集中统一履行工作的方案》，9月底，山东省人民检察院知识产权检察办公室正式作为临时内设机构独立运行，统筹指导全省知识产权集中统一履职工作。山东省三级检察院共组建知识产权检察办公室38个，成立知识产权办案组130个。山东省人民检察院知识产权检察办公室被国家版权局授予"查处重大侵权盗版案件有功单位"，办理的2件侵犯商业秘密案件入选最高人民检察院典型案例，6篇工作信息和经验被最高人民检察院转发，4件知识产权案例被省检察院评为"三个走在前"、优化营商环境、"我为群众办实事"典型案例。二是加强组织领导，完善制度机制。先后制定《山东省人民检察院关于知识产权案件集中办理工作的办法》等22项制度规定，形成《山东省人民检察院知识产权检察集中统一履职制度汇编》，编发《山东省知识产权集中统一履职专刊》20期，刊发政策制度、工作动态、经验做法、优秀案例和机制协议共65件，连续三年在世界知识产权日发布全省知识产权检察白皮书，形成了知识产权检察白皮书长效机制。三是加强人才队伍建设。建立全省检察机关知识产权人才库，考察吸收办理各类知识产权案件的专家能手12人，举办全省知识产权检察业务培训，以专业素能提升带动综合履职能力提升。

二、全面提升知识产权检察工作质效，服务保障创新驱动发展

一是依法惩治侵犯知识产权犯罪，刑事办案质效稳步提升。聚焦群众反映强烈、社会舆论关注的突出问题，围绕涉农领域产品、生命健康产品、环境保护产品和地理标志产品侵权假冒行为，侵犯商业秘密行为，互联网领域仿冒混淆以及网络侵权盗版等行为重点打击，山东省检察机关受理审查起诉知识产权案件同比上升31.3%，提起公诉人数同比上升45.4%。二是树立精准监督理念，强化知识产权民事检察履职。民事检察监督办案规模显著提高，全省检察机关共办理知识产权民事检察监督案件235件，其中办理民事裁判结果监督案件17件，同比上升88.9%，办案数量位居全国第五。三是加大行政诉讼监督力度，推动知识产权行政检察走深走实。加强对行政审判和执行监督，积极开展行政非诉执行监督，参与行政争议实质性化解，全省检察机关办理知识产权行政检察监督案件同比增加11倍，其中办理行政非诉执行监督案件数量位居全国第一。四是稳妥推进公益诉讼检察监督新领域，守护社会公益。紧紧围绕"公益"核心，积极构筑知识产权公益保护检察屏障，指导山东省各级检察机关办理知识产权公益诉讼案件79件，同比增加14.8倍。

三、深化知识产权综合司法保护，推进知识产权检察工作创新发展

一是通过"证据一体"审查机制，实现对知识产权犯罪的全链条打击。检察机关针对侵犯商标权等犯罪案件呈现犯罪环节多、犯罪链条长、组织分工细的特点，充分履行法律监督职责，提前介入，在监督侦查机关打击侵权产品末端销售行为的同时，引导其对上游生产假冒商标标识和生产、销售各个环节全面侦查取证，及时固定证据，深挖上下游制假犯罪线索，督促侦查机关对涉案上下游人员一体打击，做到对侵犯知识产权犯罪行为应追尽追、全面惩治，

实现对知识产权的全链条保护。二是通过"一案四查"线索发现机制，实现对知识产权全面综合司法保护。对300余起案件开展"一案四查"，厘清围绕知识产权产生争议的民事、行政法律关系，准确认定知识产权产生的时间、权利内容和边界，实现对犯罪的精准打击；通过审查刑事案件，发现民事、行政监督线索；通过梳理研判民事、行政类案，发现"以罚代刑"等刑事案件监督线索，或者发现民事案件中可能存在的恶意诉讼线索。三是通过"刑民一体"诉讼机制，实现对知识产权的快速一体化保护。对知识产权刑事被害人实行诉讼权利同步告知、实体权利一体保护；山东省人民检察院制定《知识产权刑事案件诉前赔偿暂行规定（试行）》，规范诉前和解和赔偿程序，通过适用认罪认罚、不起诉和刑事和解等手段，推进犯罪嫌疑人诉前民事赔偿，保障权利人合法权益，解决权利人维权成本高、赔偿低等问题。四是通过"行刑一体"衔接机制，实现对知识产权的协同保护。检察机关主动加强与法院、公安、市场监管、版权、文化等部门联系，通过建立信息共享平台，健全线索双向移送机制，完善纠纷多元化解机制。对72人达不到刑事案件起诉条件、符合行政违法情形的案件，及时移送行政执法部门处理，并对行政处罚结果持续跟进监督；对24件达到刑事立案标准线索，及时建议行政机关移送，并监督公安机关立案，建议行政机关移送案件数量位居全国第二。

四、加强协作配合，自觉把知识产权检察职能融入党和国家工作大局

在山东省知识产权战略实施工作领导小组的统筹协调下，山东省人民检察院参与制定了《山东省知识产权强省建设纲要（2021—2035年）》《山东省贯彻落实知识产权强国建设纲要和"十四五"规划2022—2023年推进计划》《山东省关于强化反垄断深入推进公平竞争政策落实的意见》等

10 份全省规范性文件；依托"双打"工作平台，积极与山东省"双打办"开展协作，积极参与 2022 年侵权假冒商品集中销毁活动，与知识产权保护专项工作同频共振。对办理知识产权案件中发现的行政执法、行业治理等方面存在的普遍性、倾向性问题，精准制发综合治理检察建议 151 件，其中纠正违法类检察建议 85 件，社会综合治理类检察建议 66 件，推动法律监督由个案监督向类案监督拓展。

供稿：山东省人民检察院
知识产权检察办公室

河南省

知识产权工作

2022 年，河南省专利授权量达到 135 990 件，全省有效发明专利拥有量达 67 164 件，同比增长 20.48%，每万人口有效发明专利拥有量达 6.8 件。全省新增注册商标 28.1 万件，有效注册商标总量 174.6 万件。开展涵盖专利、商标、地理标志等保护的专项行动，2022 年全省共查处知识产权案件 2531 件，各类商标侵权违法案件 1089 件，受理专利侵权纠纷案件 1442 件。在第二十三届中国专利奖评审中，河南省共有 20 个项目获奖，其中 2 个项目获金奖；完成了第三届 50 项省专利奖获奖项目的表彰奖励工作。河南 111 家企业入选"2022 年度国家知识产权示范企业和优势企业"，84 家企业通过国家知识产权示范企业和优势企业复核，190 家企业获评省级知识产权强企。

一、知识产权顶层设计

2022 年 1 月 28 日，《河南知识产权创造保护运用"十四五"规划》正式印发实施；按照河南省委省政府领导批示指示要求，组织研究编制《河南省知识产权强省建设纲要（2021—2035 年）》，经省政府常务会议和省委常委会会议审议通过后，8 月 31 日正式印发。贯彻落实国家知识产权高质量发展的决策部署，制定河南省 2022 年知识产权强国建设和规划实施工作要点，出台《河南省推动知识产权高质量发展年度实施方案》，明确落实举措和责任地市，不断提升河南省知识产权发展质量和水平。

二、知识产权高质量发展

扎实推进"蓝天"专项行动，严厉打击非正常专利代理行为，营造良好的专利代理市场环境。河南省知识产权局成立了专项整治工作领导小组，多次召开局办公会专题研究非正常专利申请治理工作，听取工作进展情况汇报，并向各地市印发了《河南省知识产权局关于非正常专利申请情况的通报》，共发动各级知识产权工作人员近 10 万余人次，核查涉嫌非正常专利申请 5 万余件，约谈专利代理机构 23 家，向 18 个省辖市发了 3 批次情况整改通报，对 99 家涉嫌非正常专利申请代理的专利代理机构发放《河南省知识产权局关于进一步严格规范专利申请行为的告知书》，非正常专利申请撤回率均超过全国平均值。2022 年，河南省发明、实用新型、外观设计专利授权量分别为 14 574 件、104 713 件、16 703 件，发明专利授权量同比增长 7.7%，占比提升 2.1 个百分点；职务专利达 117 800 件，占授权总量的 86.6%，比上年同期提高 4.3 个百分点，创历史新高；全省拥有发明专利达 67 164 件，较上年度同期增长 20.48%；PCT 专利申请量 212 件。

三、营造良好创新环境和营商环境

完善知识产权保护法律政策。继续推进《河南省专利保护条例》修订工作。健全知识产权快速协同保护体系,指导洛阳、漯河、许昌加快推进知识产权保护中心和知识产权快维中心建设,支持新乡保护中心和郑州创意产业快维中心拓宽预审服务领域,提升服务能力。组织开展知识产权保护社会满意度调查,牵头会同司法部门开展打击、防范、化解知识产权违法犯罪各项工作,与省法院共同建立知识产权纠纷在线诉调对接机制,与省检察院联合建立派遣助理检察官制度。申报国家知识产权局第三批知识产权侵权纠纷行政裁决试点,获批开展知识产权侵权纠纷行政裁决试点工作,组织指导郑州市知识产权局获批建设知识产权纠纷快速处理试点。信阳毛尖国家地理标志产品保护示范区获批国家级示范区,启动省级地理标志保护示范区建设,首批筹建泌阳花菇、柘城辣椒 2 个河南省地理标志保护示范区。

四、知识产权与产业发展相结合

入选 2022 年国家专利转化专项计划奖补省份,获中央财政 1 亿元资金支持。指导省重点产业知识产权运营基金平稳运营,截至 2022 年底,基金累计完成项目股权投资 8 个,金额达 1.65 亿元。大力推动知识产权质押融资工作,探索知识产权质押融资风险补偿机制建设,助力中小微企业抵御疫情影响健康发展。研究制定《河南省知识产权质押融资风险补偿资金管理办法》,积极争取设立省级知识产权质押融资风险补偿资金,进一步提升本省银行业金融机构开展知识产权质押融资业务的积极性。中国银行河南省分行、中原银行、招商银行郑州分行推出知识产权质押融资业务产品,有效提升了知识产权质押融资服务的可及性和便利性。全年全省实现知识产权质押融资总额 41.51 亿元,其中专利质押融资额 38.44 亿元,商标质押融资额 3.07 亿元,惠及企业 300 余家。4 家高校获批建设省高校知识产权运营管理中心,5 家单位获评国家专利导航服务基地称号,7 家省级专利导航服务基地成功通过国家知识产权局备案。

五、知识产权管理服务事业发展

组织开展国家知识产权强市建设试点示范城市、强县建设试点示范县、强国建设试点示范园区申报推荐工作。经综合评定、推荐、公示等环节,河南省 5 市 4 县区 3 园区成功获批。郑州市、安阳市获批国家知识产权强市建设示范城市,濮阳市、洛阳市、南阳市获批试点城市,郑州市金水区获批国家知识产权强县建设示范县(市、区),长垣市、洛阳市涧西区、禹州市(地理标志类)获批试点县(市、区),郑州高新技术产业开发区获批国家知识产权强国建设示范园区,郑州金水区国家知识产权创意产业试点园区、洛阳高新技术产业开发区获批试点园区。

充分发挥河南省知识产权局门户网站、微信公众号优势的同时,以《河南日报》《大河报》《河南科技报》《河南科技》等为平台,拓宽宣传渠道。围绕"全面开启知识产权强国建设新征程",开展全省知识产权宣传周启动仪式、知识产权工作成果展等活动,取得良好宣传效果。组织开展"豫知行—2022"巡讲活动,在做好疫情防控的基础上,围绕"宣贯《知识产权强国建设纲要(2021—2035 年)》与《"十四五"国家知识产权保护和运用规划》,助力知识产权强省建设"巡讲主题,完成了 5 个地市巡讲活动,开展讲座 15 场,培训人员近 800 人次。注重人才培养,为河南知识产权强省建设提供智力支撑。积极组织遴选中小学普及教育优质师资人才,联合河南省教育厅开展构建"互联网+教育"的中小学知识产权普及教育云课堂建设,录制中小学普及教育宣传片,结合国家知识产权局培训中心录制的中小学发明创造与知识产权普及教育宣传片,不断提升中小学知识产权素质和创新精神。强化知识产权学院建设,与商丘师范学院签署了共建协议,全省知识产权学院新增至 7 家,在知识产权学科发展、研究、人才培养、社会服务等方面取得了明显的成效。河南知识产权远程教育平台位居全国知识产权远程教育子站第六位,连续 14 年被评为全国优秀子站,积极引导鼓励企业职工参加远程教育,通过有效的商标专利布局,助力科技转化和产品保护,助推"万人助万企"活动取得实效。

供稿:河南省知识产权维权保护中心

版权工作

2022 年,河南省各级版权主管部门深入贯彻落实习近平新时代中国特色社会主义思想,坚持"守正创新",扛牢"使命任务",主动融入经济社会中心工作、宣传思想工作大局,积极助力兴文化工程、文化强省建设,全省版权事业取得基础性、突破性进展,为版权促进文化繁荣、赋能河南高质量发展打下了良好基础。

一、严格执法监管,营造迎接学习贯彻党的二十大精神的良好氛围

认真落实党中央和省委关于加强知识产权保护的安排部署,坚持以严格执法为主基调,切实加强日常监管,开展党的二十大学习用书、冬奥、院线电影、青少年版权保护季,以及"剑网 2022"五项版权保护集中行动,不断加大对侵权盗版惩治力度。

1. 开展打击党的二十大学习用书侵权盗版专项行动

聚焦习近平总书记重要著作和党的二十大文件文献等重点出版物,通过对实体书店的突击检查、网上书店的日常巡查等方式,严厉打击侵权盗版行为。

2. 开展"冬奥版权保护集中行动"

会同省公安厅等六部门组成河南省反盗版工作组,协商制定方案,开展冬奥版权保护集中行动。深入"纸的时代书店"和部分文化市场对涉冬奥的文创产品、商品、书籍等进行暗访。春节期间,与各市、县版权

主管部门实行三级联络员 7×24 小时巡查,全省持续保持打击涉冬奥侵权盗版的高压态势。

3. 开展"院线电影版权保护集中行动"

春节期间,联合省电影局、省文化和旅游厅开展"院线电影版权保护集中行动",严格查处打击各种电影盗录、盗播等违法行为,对发现的 3 起电影盗录案件,进行严肃查处。其中,邓州市"3·01"系列影院侵犯著作权案的主犯被判刑 1 年 6 个月,对版权违法犯罪行为起到了震慑作用。在全省版权、电影部门的共同努力下,2022 年春节期间,河南未发现重大院线电影侵权盗版案件。

4. 开展"青少年版权保护季集中行动"

2—3 月和 7—9 月,在寒暑假和开学季分别对出版物市场、印刷企业、校园周边书店、报刊摊点等重点场所,及校园周边复印企业等源头企业进行摸排检查;对相关网站、电商平台、微信公众号等进行线上巡查,集中打击复制销售、网络传播侵权盗版教材教辅、少儿图书等违法犯罪行为,严肃查办开封"2·21"涉嫌制售侵权盗版教辅案等一批典型案件。

5. 开展打击网络侵权盗版"剑网 2022"专项行动

联合省网信办、省公安厅、省文化和旅游厅等五部门,在 9—11 月开展第 18 次打击网络侵权盗版专项治理"剑网行动",重点针对文献数据库、短视频、网络文学及 NFT 数字藏品、"剧本杀"等新领域的侵权问题开展集中整治,网络巡查 6374 次,排查网站账号 54 199 个,处置违法违规 App 和网站 649 个。

二、完善版权工作新体系,积极服务推进"兴文化工程"

"兴文化工程"是河南省宣传思想战线深入学习贯彻习近平总书记重要讲话重要指示的重要举措。河南省各级版权主管部门紧紧围绕兴文化工程,推动发挥版权工

作对激励保护创新、推动科技进步、促进文化繁荣、助推经济社会发展的职能作用。

1. 筹建河南省著作权登记管理平台,助力数字化转型战略

加紧筹建基于区块链的版权公共服务平台,实现作品登记"网上办""便民化"的历史性跨越。同时,创新数字版权服务机制,优化版权认证、转让、溯源、防伪、侵权检测操作流程,打造全链条的数字版权保护生态体系。

2. 开展特色鲜明的版权主题宣传,着力提升人民群众的版权意识

精心策划线上线下宣传,在"学习强国"平台开设"加强版权保护 促进创新发展"专栏,在"百姓文化云"平台开设"河南省知识产权周版权宣传活动"专题,组织省直单位和省辖市联动,制作推出"正版河南"等宣传片,组织拍摄 21 个视频,集中展示全省精品版权产品,全省各级各类媒体同步开展版权宣传报道。同步在城市地标建筑组织"灯光秀",在车站广场、公园、公交车、超市等人员流动大的场所以 LED 大屏幕为载体进行版权宣传,联合郑州市在惠济区集中开展"版权服务进企业"活动。

3. 组织出版口袋书,推动新《著作权法》的宣传普及

推动出版口袋书《著作权法咨询台》,以寓学于案的方式,把侵权盗版案例和日常生活紧密结合起来,简明清晰地向群众宣传普及新《著作权法》,通俗易懂地为读者答疑解惑。河南省相关版权企业和群众也给予好评。

4. 推进版权示范创建,发挥带动引领作用

积极申创全国版权示范单位、示范园区(基地),指导各地开展地方版权示范创建评选工作,引导版权企业集聚,促进版权运用和转化,实现版权示范工作向纵深发展。2022 年,河南省有 4 家单位获"全国版权示范单位"称号,填补了河南省在全国版权示范园区(基地)、全国版权示范单位(软件正版化)两项全国性荣誉中的空白。

三、持续巩固软件正版化成果,维护网络安全

河南省在巩固党政机关、国有企业软件正版化成果的基础上,全面推进教育、医疗等重点行业领域的软件正版化工作,积极为维护国家网络安全贡献河南力量。

1. 强化组织领导,凝聚部门合力

召开河南省推进使用正版软件工作联席会议,总结 2021 年工作,印发 2022 年工作计划,省审计厅、省工商联等作典型发言,交流工作经验。将省教育厅、省卫健委、省交通厅等补充纳入联席会议成员,凝聚部门合力,加快推进教育、医疗、交通等重点行业软件正版化工作。

2. 推动软件正版化与国产化有机结合

指导省教育厅、省卫健委分别印发《河南省教育系统软件正版化工作方案(2022—2025 年)》《河南省卫生健康系统软件正版化工作方案(2022—2027 年)》,督促行业主管部门加强对本行业软件正版化工作的领导监管。

3. 组织教育培训,提升能力素质

7 月 21 日,召开全省软件正版化工作培训会。省市县三级推进使用正版软件工作联席会议成员单位、党政机关和部分学校、医院、金融证券、新闻出版、交通运输等重点行业以及国有、民营重点企业共计 3000 余人参加培训,进一步提升了各地各单位软件正版化工作能力,增强了推进使用正版软件的责任感、使命感。

4. 突出重点领域,狠抓整改落实

持续巩固政府机关、国有企业软件正版化成果,突出对教育、医疗等重点领域的现场核查。推动立查立改,巩固提升河南省政府机关、国有企业软件正版化水平,逐步推进教育、医疗等重点行业开展软件正版化工作。

供稿:河南省版权局

司法工作

一、充分发挥审判职能,切实担负保障创新职责使命

河南法院始终坚持执法办案第一要务,2022 年,受理各类知识产权案件 20 509 件。全省三级法院共审结各类知识产权案件 19 962 件,结案率 97.33%。五年内,受理和审结的知产案件分别增长了 1 倍和 1.5 倍,平均审限缩减 60%。

一是更加凸显主导作用。建立明确、稳定、可预期的司法引导,激发和提升创新创业创造活力。二是更加注重重点科技领域司法保护。2022 年,全省法院新收专利、植物新品种等技术性较强的一审案件 2283 件,审结 2106 件。三是更加注重平衡各方利益。在加强知识产权保护的同时,针对权利人集中维权的案件,重点打击侵权源头,体现"严保护"要求。四是司法裁判影响力显著提升。全省法院涌现出大批典型案例,提供了可资借鉴的维权范本。

二、坚持严格保护理念,助推经济创新驱动发展

加大知识产权民事审判保护力度,全面维护权利人合法权益。着力提高民事侵权赔偿数额,判决侵权人赔足权利人经济损失以及合理维权成本。河南高院会同省委统战部等,对老字号、驰名商标以及音乐版权保护等进行研讨,统一保护尺度。

提高刑事审判威慑作用,严惩侵犯知识产权犯罪。2022 年,全省法院共受理侵犯知识产权犯罪案件 497 件,审结 435 件,判处犯罪分子 872 人。加大对涉及民生重点领域知识产权犯罪行为的打击力度。针对河南省知识产权刑事案件特点、成因等问题进行调研,河南高院完成《关于知识产权刑事案件有关情况的分析报告》《河南省法院关于打击防范侵犯知识产权犯罪的情况报告》。

加强对具体行政行为的司法审查,依法监督知识产权行政执法。妥善处理司法保护和行政保护之间的关系,强化对知识产权行政执法行为的规范和监督。河南高院就公证机关在知产案件公证取证中存在的突出问题,向省司法厅提出司法建议。

三、健全司法保护机制,不断提升创新保障能力

全省法院坚决贯彻落实党中央决策部署,立足全省知识产权审判实际,推进知识产权审判体系和审判能力现代化。

深化知产案件"三合一"改革。完善知产案件管辖机制。河南高院会同省检察院、省公安厅出台《完善知识产权"三合一"审判机制中刑事案件管辖若干问题的意见》,18 个地市均明确 1~2 家法院、检察院集中管辖知产刑事案件,补上了"三合一"管辖机制最后一块"拼图"。

健全知产案件多元解纷机制。全省十多家省辖市的中级人民法院在河南高院指导下与当地市场监管局共同构建诉调对接机制,推动全省法院将涉卡拉 OK、图片及部分商业维权类案件交由河南省知识产权调解中心、娱乐业协会及其他组织调解。

推进繁简分流,完善诉讼机制。全省法院持续推进知识产权简案快审、普案标审、繁案精审,对疑难复杂新领域新类型案件作出指引性裁判;对侵害作品放映权、信息网络传播权、小商户侵害商标权等类型化、商业化维权案件,合理简化裁判文书撰写;积极探索类型化快审、独任制审判、要素式裁判、示范性判决等制度。

大力开展信息化建设,推进信息技术与诉讼服务的深度融合。全省法院知识产权案件网上立案 16 915 件,网上立案率 87%。成立法律文书集中送达中心,最大限度发挥集中管辖的优势。

四、服务地方特色经济,持续优化创新营商环境

全省法院围绕高质量发展大局,找准知识产权审判服务创新发展和营商环境建

设的着力点。

围绕推动创新驱动发展出台司法政策。河南高院与河南省人民检察院会签《加强知识产权司法保护服务保障创新驱动发展的若干意见》，充分发挥"四大检察"和"三大审判"职能，优化法、检协作配合机制，强化协同保护力度，整合知识产权司法保护资源，为河南省加快构建一流创新生态，建设国家创新高地提供更加有力的司法服务和保障。

加强农业知识产权保护。全省法院以高质量司法护航现代农业发展和粮食安全。植物新品种临时保护期使用费纠纷等三起案件入选《最高人民法院种业知识产权司法保护典型案例（第二批）》。侵害植物新品种权纠纷案件入选农业农村部评选的 2022 年农业植物新品种保护十大典型案例。

加强中医药知识产权保护。依法妥善审理涉中医药领域知识产权纠纷和不正当竞争案件，促进中医药传统知识保护与现代知识产权制度有效衔接。针对南阳艾草行业、焦作怀药行业知识产权纠纷案件多发易发状况，建立专家联络平台，定期就中医药领域保护难题组织互动交流，促进行业健康发展。

开展优化营商环境系列活动。全省法院实地调研交流企业知识产权保护面临的困难和问题，研究知识产权司法保护新课题。信阳中院联合信阳市场监管局制定信息共享的实施方案，对被生效判决认定为"故意侵权"且"侵权情节严重"的企业，由市场监管部门进行"经营异常"标注，打击知识产权侵权失信行为。郑州中院在郑东新区中原科技城、高新区自创区（郑州片区）挂牌成立中原科技城"知识产权巡回法庭"，利用该平台开展法律咨询、法制讲座等活动，提升科技园区企业知识产权保护意识和保护能力。

加强知识产权司法保护宣传。开展庭审观摩活动，零距离感受知识产权审判全流程。对知识产权典型案件开展庭审视频直播，增强司法透明度。在"4·26 世界知识产权日"之前召开新闻发布会，发布 2021 年河南法院知识产权司法保护状况白皮书和十件典型案例；开展"邀请群众旁听庭审"活动。配合最高人民法院拍摄"上天入地的知识产权"系列直播《土地里的秘密宝藏》。《法治日报》头版以《维护公平竞争强化诉源治理——河南法院知识产权司法保护激活创新创造源头活水》为题，长篇报道了河南省经验做法。

五、加强能力作风建设，着力打造过硬知识产权审判队伍

河南高院始终坚持以党建带队建促审判，提高队伍履职能力。

一是加强学思践悟，确保正确政治方向。扎实开展"两个确立"主题教育和"能力作风建设年"活动。二是强化司法素能，提升队伍专业水平。立足审判实际，深入研究，积累裁判经验，在核心期刊上发表多篇专业学术论文。强化对下指导，持续提升本省知识产权法官专业能力。三是从严反腐倡廉，维护司法公正廉洁。始终将推进党风廉政建设和反腐败斗争作为纯洁队伍、公正司法的重要抓手，确保队伍忠诚干净担当。

供稿：河南省高级人民法院
知识产权审判庭

检察工作

一、加大办案力度，依法惩治侵犯知识产权犯罪

聚焦人民群众反映强烈、社会舆论关注的突出问题以及新业态新领域知识产权前沿问题，严厉打击假冒注册商标和专利、销售假冒注册商标的商品、侵犯商业秘密等侵犯知识产权犯罪，形成有力震慑。河南省检察机关共受理侵犯知识产权审查逮捕案件 263 件 612 人，批准和决定逮捕 146 件 231 人；共受理侵犯知识产权审查起诉案件 473 件 1129 人，提起公诉 380 件 862 人。

二、优化完善知识产权案件管辖布局

省公检法联合会签《关于进一步完善我省知识产权"三合一"审判机制中刑事案件管辖若干问题的意见》,全面推行区域内集中管辖模式,在每个地市确定1～2个县(区)法院、检察院集中管辖知识产权一审案件,加快推进知识产权检察职能集中统一履行试点工作和知识产权审判"三合一"工作衔接机制,进一步提升知识产权司法保护的整体质效。

三、出台贯彻落实最高人民检察院《关于全面加强新时代知识产权检察工作的意见》的实施方案

对标省委确定的"十大战略"工作部署,制定15项工作措施,统筹好知识产权刑事、民事、行政和公益诉讼检察,深入推进知识产权检察职能集中统一履行,助力构建知识产权全方位立体化保护格局,全面提升知识产权检察工作质效,为实施创新驱动发展战略、培育营造法治化营商环境提供有力检察保障。

四、加强知识产权协同保护

省检察院联合省市场监督管理局(知识产权局)举行加强知识产权协同保护工作会议,会签印发《关于建立健全知识产权协同保护工作机制的意见》,建立沟通联络、信息共享、线索移送、协作配合等工作机制,推动构建知识产权"严保护、大保护、快保护、同保护"工作格局。

五、加强办理涉科研领域犯罪案件请示汇报

为进一步加强知识产权和科技创新保障,依法审慎办理涉科研领域犯罪案件,根据最高人民检察院工作要求,省检察院下发《关于加强办理涉科研领域犯罪案件请示汇报的通知》,要求办理涉科研骨干职务犯罪案件,拟作出批捕、起诉决定的,应当以请示案件的形式层报省检察院审批。其中,涉国家重大科研项目、知名科学家的案件应当层报最高人民检察院审批。办理涉科研领域经济犯罪案件,应在作出批捕、起诉决定前逐级向省检察院汇报。

六、大力开展"4·26"知识产权宣传活动

省检察院下发《关于全省检察机关开展2022年知识产权宣传周活动的通知》,宣传周期间,省检察院举行知识产权司法保护线上新闻发布会,向社会各界介绍了2021年以来全省检察机关知识产权保护工作情况以及下一步的工作打算,发布3起河南检察机关知识产权保护工作典型案例。

七、建立特邀检察官助理协助办案机制

用好智慧借助,发挥专家作用,配合省检察院政治部聘任省委宣传部、省市场监督管理局8名相关专业人员担任特邀检察官助理,对办案中涉及的技术性事项的审查认定等提供专业支持,共同推进准确高效认定技术事实,进一步提升检察监督办案质效。

八、法检联合出台《关于加强知识产权司法保护服务保障创新驱动发展的若干意见》

认真落实省委《关于加快构建一流创新生态建设国家创新高地的意见》,充分发挥"四大检察"和"三大审判"职能,优化法、检协作配合机制,强化协同保护力度,整合知识产权司法保护资源,为创新创造提供强有力的司法保障。

九、开展依法惩治知识产权恶意诉讼专项监督工作

按照中央政法委要求,最高人民检察院决定自2022年7月至2023年12月在全国检察机关开展"依法惩治知识产权恶意诉讼专项监督工作"。省检察院专门下发通知,制定活动方案,要求积极与民事、行政检察部门协调衔接,共同研究落实措施,共享信

息和线索,针对知识产权批量维权案件、虚假诉讼行为、恶意注册、囤积商标等问题,联合开展专项监督活动,坚决斩断灰色"产业链",维护正常经济社会秩序,切实保护广大人民群众和中小微企业合法权益。

十、举办首次知识产权案件业务办理培训班

省检察院在国家检察官学院河南分院举办全省检察机关首次知识产权案件业务办理培训班,全省检察系统共 140 余名办案骨干参加培训,培训班邀请全省公安、检察、法院、版权局、律师等一线实务专家,分别就商标近似、网络著作权、侵犯商业秘密犯罪等开展授课和研讨,不断提升办案能力水平,促进执法司法理念融合和标准统一。

供稿:河南省人民检察院
知识产权检察办公室

湖 北 省

知识产权工作

一、知识产权综合实力稳中有进

湖北省作为中西部唯一省份与北京、上海、江苏、浙江共 5 省市获得国务院知识产权工作督查激励;湖北在全国知识产权保护工作检查考核中获得优秀等次,湖北省知识产权行政保护绩效连续 3 年位居全国前列、中部第一;国家知识产权局批复同意湖北省建设国家级知识产权保护中心;武汉、宜昌、襄阳、黄石、孝感等 12 地获批国家知识产权强市建设试点示范城市、县域及园区。

二、知识产权顶层设计全面加强

省委、省政府印发《关于加快推进知识产权强省建设的实施意见》,为湖北省新时代知识产权工作描绘了宏伟蓝图,提供了有力指导。"加强知识产权创造、保护、运用"被写入省十二次党代会报告,知识产权工作连续 3 年被纳入全省深化改革重点项目,连续 2 年被纳入省委对地方党委政府重要工作考核范围,有力推动了相关工作落实落地。机构改革后首次召开了推进品牌强省建设联席会议。各地工作协调机制不断健全,出台了高规格知识产权文件,16 个市州建立了知识产权战略联席会议制度。

三、高价值专利培育体系日趋完善

深入实施高价值专利培育工程,引导创新主体突破关键核心技术,形成核心自主知识产权,推动产业迈向价值链中高端。一是狠抓创新主体培育,实施企业知识产权发展"百千万计划",发布 100 家专利优势企业、100 名发明专利领军人才名单,打造高价值专利培育示范样板。全省国家知识产权示范企业达 60 家、优势企业 270 家。二是狠抓专利信息应用,强化专利布局。新增 1 家国家级专利导航工程支撑服务机构和 3 家国家级专利导航服务基地。围绕"51020"现代产业集群,启动 10 个产业导航项目,服务重点产业专利布局。完成三个产业方向的专利导航,组织开展 OLED 产业链等专利导航成果系列发布活动,取得良好社会反响。三是狠抓专利申请质量。引导高校院所开展专利申请前评估,举办专利实务技能大赛,开展专利申请文件质量抽查,促进提升专利代理质量。四是狠抓保障激励。出台服务企业创新发展若干措施,加强与审协湖北中心合作对接,促进缩短企业高价值发明专利审查周期。举办年度高价值专利大赛,强化激励引导作用。

四、知识产权保护效能显著提升

深入实施企业知识产权护航工程,构建"严、大、快、同"知识产权保护工作格局。

一是强化知识产权法治保障。加快推进知识产权综合性地方立法,开展《湖北省知识产权促进与保护条例》立法调研工作。二是完善跨区域跨部门协调工作机制。推进落实十二省市、中部六省知识产权行政保护协作协议。推进长江中游三省知识产权保护协作,推动武汉城市圈九市知识产权局共同签署《武汉城市圈知识产权保护合作协议》。三是加强行政执法业务指导。制发行政保护工作实施方案,建立知识产权保护技术调查官工作机制,持续推进专利侵权纠纷行政裁决,2022年,全省办案2103件,结案率99.5%,"湖北构建'四位一体'行政裁决工作机制"入选全国专利侵权纠纷行政裁决建设典型经验做法。四是加强平台载体建设。建成省级知识产权保护工作站60家,市州各级保护工作站212家,有效扩大知识产权保护覆盖面。五是强化海外维权援助。新增19家知识产权海外护航服务对象,全省首单知识产权海外侵权责任险在光谷落地。组织"一带一路"和RCEP知识产权保护等相关培训,有效提升企业海外知识产权风险应对能力。

五、知识产权转化运用实现突破

一是持续推进专利转化专项计划。上线"知慧桥"湖北专利运用公共服务平台,持续开展专利供需对接活动,全省专利转让许可26 170次,同比增长38.39%。二是推动高校专利转化运用。遴选13家高校院所建立专利转化基地,推动开展专利分级分类管理和赋权改革,5所高校入选全国高校专利转化百强。三是持续推进知识产权质押融资。开展知识产权质押融资入园惠企活动,发布首批知识产权质押融资授信企业白名单,入围企业298家。全年知识产权质押融资额75.31亿元,同比增长49.84%,普惠贷款质押数545个,融资额33.12亿元,惠及中小企业516家。

六、品牌建设加速推进

深入实施荆楚品牌培育工程,建设117家商标品牌指导站,成立全国首家商标品牌与地理标志研究院。全方位推动商标权质押融资,质押融资额超过12亿元,同比增长28.6%。公布2021年度商标行政保护十大典型案例。举办"我喜爱的湖北品牌"电视大赛。实施地理标志助力乡村振兴行动。开展地理标志专用标志使用核准改革试点,为有关主体提供更为优质、便捷的服务,省知识产权局已直接核准用标企业3批,为8个地理标志产品的25家企业办理用标申请。截至2022年底,全省地理标志专用标志合法使用人达1781家,同比增长60.6%。英山云雾茶国家地理标志产品保护示范区建设通过验收。麻城福白菊作为本省首个国家地理标志运用促进工程项目,顺利通过国家知识产权局验收并获评"优秀"。同时,首次发布全省地理标志产业发展十大典型案例,建成湖北地理标志线上展馆,成功举行湖北地理标志大会暨地理标志展示品鉴活动,并启动建设湖北地理标志运营中心。截至2022年底,全省有效商标注册量超过97万件,同比增长16.4%;累计认定驰名商标391件;获批保护地理标志产品165个,注册地理标志商标517件。湖北省6项品牌建设成果入选全国商标品牌工作典型案例。

七、知识产权服务供给不断优化

深入实施知识产权服务能力提升工程,有效支撑知识产权工作"全链条"。一是改进知识产权政务服务。不断优化窗口专利、商标业务办理流程,开通楚才卡服务绿色通道,不断提升市场主体办事便捷度。二是提升知识产权公共服务供给。新增1家国家高校知识产权信息服务中心、3家国家知识产权信息公共服务网点备案、6家省级知识产权双创服务基地,推进全省知识产权公共服务"一张网"建设,为市场主体提供方便快捷的知识产权服务。三是大力发展知识产权服务业。印发《湖北省实施知识产权服务能力提升工程行动计划（2022—2025年）》《湖北省知识产权服务能力提升工程管理办法（试行）》，新增2家省级知识产权服务业集聚区和46家知识产权代理服务机构，深化"蓝天"专项整治行动，严厉打击不以保护创新为目的的专利申请行为，对三批29 074件非正常专利申请做到"应撤尽撤"，行业发展环境持续优化。

八、知识产权发展基础有效夯实

一是开展知识产权专业高级职称评审。出台《湖北省经济系列知识产权专业技术职务任职资格申报评审条件》，首次开展知识产权正高级专业技术人员水平能力测试，完成2022年度知识产权专业高级职称评审。二是统筹推进全省知识产权万人大培训。创新实施企业"四知五会"知识产权专员培训，报名企业5000余家，报名人数7000余人，认证企业知识产权专员700余人，获得受训企业和专员广泛好评。三是营造知识产权文化氛围。首次举办全国知识产权宣传周启动仪式分会场活动，启动仪式首次在"央视频"直播。省委宣传部召开湖北省知识产权"十四五"规划、湖北省知识产权保护状况、湖北省品牌强省建设情况3场新闻发布会，社会反响强烈。全省共举办丰富多彩的线上线下活动400余场，有效提升了全社会知识产权意识。

供稿：湖北省知识产权局

版权工作

2022年，湖北省版权局深入学习贯彻习近平总书记关于加强知识产权保护的重要论述精神，认真落实《知识产权强国建设纲要（2021—2035年）》和《版权工作"十四五"规划》有关工作要求，创新版权保护思路，完善版权管理机制，积极开展版权宣传、版权执法、软件正版化、制度建设和社会服务等各项工作取得良好成效。

一、积极开展版权宣传，打造良好版权生态

贯彻落实习近平总书记关于知识产权保护重要论述和《版权工作"十四五"规划》要求，创新开展版权宣传及版权普法工作。"4·26全国知识产权宣传周"期间，《中国新闻出版广电报》发表《湖北：加快版权强省建设 构建版权工作新格局》整版文章，宣传推广湖北省"十四五"版权工作的目标、方法、路径、举措，"版人版语"微信公众号全文转发。"荆楚网""湖北版权"等发布"尊重创造，保护版权"宣传视频和海报。湖北省版权局官微发布"2021年湖北版权工作十件大事"。湖北省版权局与武汉市委宣传部共同主办华中高校大学生版权辩论赛，邀请省内高校、北京大学和河南、四川、湖南、陕西等省高校法学院参加，扩大比赛影响力，普及了版权法律知识。与"抖音"短视频平台合作，开展"我是版权守护者"短视频创作大赛活动，专题作品累计播放8908万次，作品点赞165万次，增加版权保护的话题度和辐射面。组织开展省域版权宣传，《湖北日报》《长江日报》等发布打击侵权盗版案件和知识产权周湖北宣传活动情况，荆州、仙桃、恩施、神农架林区等举办"4·26世界知识产权日"版权宣传周启动仪式暨集中销毁活动，武汉、十堰、襄阳、黄石等利用多媒体平台开展版权宣传教育活动。

二、组织开展版权培训，加强版权队伍建设

建立省、市两级定期培训和组织参加国家版权局轮训相结合、线上培训和线下培训相结合的培训机制，举办全省版权行政执法管理工作培训班，组织市、县（区）两级500余名基层版权行政执法队员参训。举办全省软件正版化工作培训班，组织省直政府机关（含省国资委）、省属国有企业

相关单位、省属证券期货业、银行业、保险业相关单位、省新闻出版广电行业相关单位、各市州县软件正版化工作领导小组办公室负责人共260人参训。2022年,全省各级版权行政管理部门共举办版权培训215期,参训单位3082家次,参训人员9910人次,极大提高了基层队伍执法水平,提升了版权执法队伍综合素质。

三、深入推进软件正版化工作,巩固软件正版化工作成果

强化组织领导,研究制定《湖北省2022年推进使用正版软件工作计划》和《督查考核实施方案》。巩固软件正版化工作成果,省级政府机关及部分所属事业单位、部分市州政府机关、省级国有企业总部全面实现软件正版化。2022年,各级政府机关采购各种通用和专业软件104 950套,企业采购各种通用软件62 338套(件),累计有94家企业通过软件正版化检查验收。加大督查问责力度,建立联席会议督查和聘用第三方核查相结合的软件正版化督查机制,开展软件正版化督查2662家(次),检查计算机97 934台。湖北省软件正版化工作在全国"双打"办组织的年度目标责任制考核中连续10年取得满分成绩,在全国知识产权战略实施工作考核中连续3年取得满分成绩。

四、加强版权制度建设,完善落实体制机制

针对新《著作权法》颁布实施,湖北省提请将《湖北省著作权条例》列入2023—2027年立法计划,并报请省人大备案。推进完善"两法"衔接机制建设,组织武汉市江岸区人民法院、武汉市律师协会等召开版权行政执法及行政纠纷实质化解工作座谈会,联合湖北省知识产权局、省公安厅、省法院、省检察院等部门印发《关于加强知识产权行政执法和刑事司法衔接工作的意见》,明确了联络会商、信息共享、案件移送

和法律监督等工作内容。

五、开展专项执法行动,严厉打击侵权行为

组织开展冬奥版权保护、院线电影版权保护、青少年版权保护季和"剑网2022"四大专项行动,积极参与湖北省"双打"专项行动和"网剑"专项行动,先后组织查处蕲春"4·29"侵犯网络游戏著作权案和黄冈"4·23"侵犯网络游戏著作权案等一批典型案件。其中,十堰某私人影院未经著作权人许可向公众放映电影作品案被央视电影频道《中国电影报道》热点扫描栏目予以专题报道,襄阳"1·25"侵犯著作权案、武汉刘某侵犯著作权案等4起侵权刑事案件提请国家版权局进行挂牌督办。2022年1月至12月,湖北省各级版权执法部门共检查单位22 403家次,出动执法人员38 669人次,网络巡查删除侵权盗版链接41个,关闭侵权盗版网站(App)77个,立案查处各类侵权盗版行政案件66件,其中刑事案件9件。在国家版权局2021年度查处重大侵权盗版案件有功单位和有功个人评选中,湖北省共有18家单位、11名个人获奖,湖北省版权局版权管理处连续10年获评有功单位,连续2年获得全省"双打"工作先进单位。

六、创新版权保护模式,助力版权产业发展

组织国家民间文艺版权保护试点申报工作。组织2022年中国版权金奖申报对象提名推荐活动,推荐3家版权企业(个人、作品)参评。开展版权示范创建活动,推荐3家版权企业申报国家版权示范单位。"区块链+版权"服务平台建设取得长足进步,湖北数字版权交易平台("一幕影链")正式运营并签订"元宇宙湖北艺术家版权生态联盟战略合作协议",不断探索数字版权工作新领域;华中版权服务平台上线,并发出首批150万元文创版权贷,版权

融资工作实现破冰之旅;武汉大学"中国知链"取得阶段性进展。

供稿:湖北省版权局

司法工作

一、调整管辖范围

2022年5月1日起施行的《最高人民法院关于第一审知识产权民事、行政案件管辖的若干规定》明确,湖北省新增19家基层法院获得标的额为500万元以下的第一审知识产权民事、行政案件管辖权。部分基层法院还实施了"三合一"改革,形成了层级贯通、全面覆盖、上下协同的知识产权审判布局。

二、立足司法办案

将司法办案作为激励和保护创新的基本途径。加大对知识产权侵权行为惩治力度,持续优化营商环境软实力。2022年,湖北法院受理各类知识产权案件18 516件,审结15 277件,结案率82.5%。在审理的涉假冒"茅台""五粮液""剑南春"系列白酒等民生领域消费品尤其是食品安全类的刑事案件中,十堰中院采取零容忍的态度,多采用实刑与罚金刑相结合的方式予以严厉打击,从经济上彻底剥夺犯罪分子非法获利和再犯能力,有力震慑违法犯罪分子的同时,也鼓舞了权利人的维权信心。武汉中院知识产权审判国际国内影响力持续提升,香奈儿、摩托罗拉、欧特克等跨国公司相继选择在武汉提起知识产权维权诉讼。

推行知识产权案件繁简分流"双轨制"。对涉音乐作品著作权许可、信息网络传播等类型化案件实行裁判文书表格化等简化快审模式,大幅缩短审理周期。对"普拉达""阿迪达斯"等系列涉外商标侵权案件,适用要素式审判模式,快速调解、及时履行,大大降低了涉外权利人的维权成本。

完善知识产权"三合一"审判模式。武汉中院会同市人民检察院联合发布《关于

侵犯知识产权犯罪常见罪名证据收集指引》,并召开专题培训会提升执法办案人员执法办案水平。同时,积极支持检察机关开展知识产权刑事附带民事诉讼、公益诉讼等试点工作。

探索"五位一体"技术事实查明体系。持续探索健全完善专家陪审、专家证人、技术咨询、技术鉴定和技术调查官参与的技术事实查明体系。发挥技术调查官的参谋助手作用,提供技术调查意见,提高案件裁判准确度。

提升知识产权审判智能化水平。以便利当事人诉讼、提升司法效率为原则,推动审判庭信息技术升级。支持区块链、时间戳等在线取证技术手段运用,规范微信聊天记录等电子证据审查认证标准,降低当事人维权成本。

完善失信惩戒反馈机制。2022年4月20日,十堰中院与市市场监管局召开联席会议,研究讨论并制定了《关于建立完善知识产权等领域严重失信行为惩戒触发反馈联动机制工作方案》。根据该工作方案,实施严重破坏公平竞争秩序和扰乱市场秩序、严重危害人民群众身体健康和生命安全违法行为被依法追究刑事责任的当事人,将被列入市场监督管理严重违法失信名单。

三、延伸审判职能

优化营商环境,激发科技创新动能。湖北法院首创涉企案件经济影响评估制度,加大对侵犯企业知识产权、商业秘密和新技术、新业态案件评估力度。依法保护科技创新成果,围绕生物医药、人工智能、汽车制造、"光芯屏端网"等武汉优势产业,加大对高端芯片、集成电路等核心技术领域成果保护力度。在东莞远程自动化公司与陈某等"导轨模组"系列专利权权属争议中,禁止离职员工将职务发明成果申报为归个人所有的专利。

助力品牌经济发展,构建多元解纷大

格局。加大公众健康领域商标侵权案件的惩处力度,对假冒茅台、泸州老窖、白云边等酒水饮料和假冒周黑鸭、味福、劲宝、徐福记、酒鬼花生等食品调料案件,依法从重判处赔偿,维护公众健康。坚决制止恶意抢注、囤积商标等扰乱商标注册使用秩序行为,维护老字号品牌信誉。武汉中院联合市市场监管局等6家单位发布《武汉市加强知识产权纠纷多元化调解工作的意见》,为当事人提供更多纠纷解决方式。襄阳高新技术产业开发区知识产权局与襄阳高新技术产业开发区人民法院积极探索"行政调解+司法确认"模式。

严格保护重遏制,促进文化产业繁荣。严厉打击假冒"舒肤佳"等知名商标犯罪行为,审结涉"贵州茅台"全省首例知识产权刑事附带民事公益诉讼案,高度重视长飞光纤、豪迈电力等商业秘密罪案件审理,保护科技企业核心技术。在TEKLA软件侵权案中,依法推定拒不配合法院保全工作的被告安装使用侵权软件,并按正版软件最高售价确定侵权赔偿。在侵害"嘧啶胺"技术秘密案件中,对以商业间谍手段窃取他人核心技术秘密并拒不如实提供财务账簿的侵权人,按侵权获利3倍计算判决赔偿权利人经济损失1043万元。发挥著作权案件审判对优秀文化的传播和引领功能,高度重视网络直播、短视频、动漫游戏、文化创意等新兴产业和文化业态的保护。加强民间文艺和传统知识领域著作权保护,保护《求骗记》等优秀剧目创作者权益,明确文艺作品署名和演出收益分配规则。

准确把握公平竞争政策,维护公平竞争环境。合理划定技术创新与不正当竞争界限,在涉"微信""抖音"群控案件中认定不当获取他人软件用户数据、干扰他人软件正常运行的行为构成不正当竞争,维护互联网行业正常竞争秩序和消费者合法权益。在著名影视IP"魔童降世"网络不正当竞争纠纷案的审理中,进一步规范了游戏文化市场环境。

推进城市圈一体化保护,完善区域协同保护链。发挥武汉"一主引领"作用,推进武汉"1+8"城市圈知识产权一体化保护,强化跨区域人才交流、信息共享、执行协作,助力光谷科创大走廊、车谷产业创新大走廊、长江新区建设。加强湖北自贸试验区司法保障力度,2022年9月29日,武汉东湖新技术开发区法院、襄阳高新技术产业开发区人民法院、宜昌市三峡坝区人民法院等三家湖北自贸区法院签署《湖北自由贸易试验区法院知识产权司法保护区域合作协议》。

打造知识产权保护工作站,筑牢知识产权保护"堡垒"。建立知识产权保护工作站,站内设立法官联系点,公示驻站法官工作职责和联络信息。依托"知识产权保护工作站""法官联系点",联合市场监督管理局开展"送法进企业、进园区、进协会"和"法律巡诊"活动,用实际行动打出了护航企业发展的"组合拳"。

开展"问诊式"普法宣传,传播湖北法治好声音。积极开展"下基层察民情暖民心解民忧"实践活动,走进国家级科创园、走访"专精特新""小巨人"企业及科大讯飞、长江存储、烽火通信、安翰科技等重点高新技术企业。建设运行光谷司法快线"司保通号",发挥人民法庭服务园区的前沿"触角"功能,做优"1+8"全域诉讼服务赋能园区治理新机制,实现知识产权司法服务的全覆盖。

供稿:湖北省高级人民法院
知识产权审判庭

检察工作

一、高标定位,扎实部署开展知识产权检察工作

为积极适应知识产权"三合一"审判机制改革要求,湖北省检察院根据最高人民检察院部署要求,立足湖北实际,积极主动作为,在全省6个检察院(省检察院、武汉

市检察院、荆州市检察院、武汉市江岸区检察院、大冶市检察院、武铁分院)部署开展知识产权检察职能集中统一履行试点工作，探索设立专门机构或专业化办案组织，强化知识产权检察综合履职。2022 年 9 月，湖北省检察机关启动知识产权检察职能集中统一履行第二批试点工作，除前期开展试点的地区以外，每个地、市、州院结合本地法院开展知识产权民事、行政审判职能集中统一履行工作的实际情况，确定本地开展试点工作的地区院，又新增 15 个试点院，做到试点工作全覆盖。

二、创新作为，积极探索知识产权检察保护"湖北模式"

试点工作开展以来，各试点院因地制宜，积极探索创新，力争打造知识产权检察"湖北品牌"，初步形成了一些具有湖北特色的工作模式，取得良好成效。如武汉市检察机关制定"六位一体"知识产权检察工作总体框架(机构设置专门化、人员配备专业化、职能配置集中化、办案模式集约化、案件管辖区域化、两法衔接规范化)，建立符合武汉地域特点的"一室一部一站"整体联动工作模式(武汉市院设立"知识产权检察办公室"，指导全市知识产权检察工作；江岸区院设立知识产权检察部，集中办理全市范围内由基层法院管辖的一审知识产权刑事案件。

三、依法履职，全面提升知识产权检察综合保护质效

2022 年 5 月，湖北省检察院专门制定出台《关于全面加强新时代知识产权检察保护服务保障湖北创新驱动发展的实施意见》，全面部署推进知识产权检察工作，进一步明确了检察机关服务湖北构建全域科技创新新格局的具体目标、任务和路径。8 月，根据最高人民检察院的统一部署，湖北省检察院在全省范围内开展了知识产权恶意诉讼专项监督工作，并成立了以分管副

检察长为组长的专项监督工作领导小组。2022 年，全省检察机关共批捕侵犯知识产权刑事犯罪 66 件 151 人，起诉 74 件 150 人；督促行政执法机关移送涉嫌犯罪 7 件，监督侦查机关立案 13 件。办理民事行政公益诉讼案件 10 件。

四、强化协作，着力推动构建知识产权大保护格局

加强与法院对接，推动刑事、民事、行政、公益诉讼等检察职能集中统一履行与法院刑事、民事、行政"三审合一"有效衔接。如武汉市检察院建立与知识产权"三审合一"相适应的诉讼协作机制，探索对知识产权法庭的监督新模式；加强与行政执法机关沟通协作，建立健全相关工作机制，推动知识产权协同保护。2022 年 5 月，湖北省检察院与省知识产权局会签《关于加强知识产权协同保护合作框架协议》，与省公安厅、省市场监督管理局、省文化和旅游厅、省知识产权局、省版权局等五部门联合会签《关于加强知识产权行政执法和刑事司法衔接工作的意见》，积极推动构建知识产权"严保护、大保护、快保护、同保护"工作格局；积极借助外脑，充分利用湖北科教资源丰富优势，推动知识产权领域检校优势互补。目前，武汉市检察院与中南财经政法大学知识产权研究中心联合成立了知识产权研究基地，江岸区检察院与武汉大学法学院共建"侵犯知识产权犯罪研究所"，在资源共享、人才共育等方面开展广泛合作，取得良好成效。

五、延伸职能，为创新主体提供"全方位"精准服务

全省检察机关积极走访问需企业，创新服务方式，搭建多元服务平台，采取设立"面对面"知识产权保护工作站、"点对点"企业联系点等方式，为创新主体提供"高质量、零距离、全方位"法律服务。如武汉市江岸区检察院在武汉岱家山科技创业园、

黄埔科技园建立知识产权保护工作站，与十余家企业建立知识产权保护联系点，深受企业欢迎；大冶市检察院到劲牌有限公司开展知识产权保护法律政策宣讲，为企业送上"定心丸""防护服"。

六、提升素能，着力打造专业化知识产权检察队伍

为发挥专业人才辐射带动效果，湖北省检察院从全省经济犯罪检察队伍中选拔出 39 名办案经验丰富、具有较高理论素养的人员组成首批知识产权检察人才库，加强以专家人才为引领、骨干人才为支撑、青年人才为基础的知识产权专业人才梯队建设。同时，还探索开展了知识产权技术调查官机制。江岸区检察院组建技术调查官专家库，借助"外脑"查明技术事实，破解涉专利、技术秘密等案件专业性极强、审查难度大这一办案难题，提升知识产权案件办案质效。目前，该院已聘请国家知识产权局专利局专利审查协作湖北中心 88 人为技术调查官专家库专家，涉及机械、通信、光电、材料、外观设计等多领域。2022 年以来，江岸区检察院已适用技术调查官机制办理 2 起侵犯商业秘密案。

七、加强宣传，营造全社会共同保护知识产权的良好氛围

全省检察机关充分运用电视、报刊、网络"两微一端"等多种媒体平台，采取召开新闻发布会、开展知识产权检察主题宣传活动等形式广泛开展知识产权法治宣传，积极营造全社会共同保护知识产权良好氛围。4 月 25 日，湖北省检察院分管副检察长应邀参加由湖北省政府新闻办主办的"湖北省知识产权保护工作情况"新闻发布会，就湖北检察机关知识产权保护情况答记者问；武汉市江岸区人民检察院"知案检行"知识产权办案团队专门精心制作的宣传视频作品"岸检青年带你玩转知产"，参加首届武汉知识产权短视频大赛，获特等奖和最佳创意奖。

供稿：湖北省人民检察院
知识产权检察办公室

湖　南　省

知识产权工作

一、挖掘潜能，创造能力持续增强

截至 2022 年底，全省发明专利拥有量 87 133 件，同比增长 24.27%；每万人口发明专利拥有量 13.16 件，同比增长 24.74%；每万人口高价值发明专利拥有量 4.59 件，同比增长 28.93%，增长速度高于全国平均水平；全省有效商标注册量 1 048 144 件，同比增长 16.13%；全省地理标志 316 个（件），地理标志专用标志使用企业 1545 家；新增中国专利奖 28 项，其中金奖 2 项（全国仅 30 项），142 个专利参选湖南专利奖。2022 年，发明专利授权量 20 423 件，同比增长 23.3%。

二、高位推动，知识产权顶层设计不断夯实

省委、省政府高站位推进，知识产权工作部署全面到位。省委理论学习中心组集体学习习近平总书记关于知识产权保护工作的重要讲话和重要指示批示精神，省委常委会议、省政府常务会议先后 5 次研究知识产权保护工作。

高规格部署，知识产权强省基础全面夯实。按照国家知识产权局"一省一策建强省"新模式，在全国首个采取"共商强省主题、共发强省文件、共开强省大会"的模式，国家知识产权局与湖南省人民政府高规格召开共建"三高四新"知识产权强省推进大会，申长雨局长出席并讲话。

高质量立法,积极构建"1+N"知识产权地方法规体系。在省领导多次碰撞研究下,明确提出构建"1+N"知识产权法规体系,即一个综合法规,N 个知识产权单项法规。《湖南省知识产权保护和促进条例》于 2022 年 9 月 26 日省人大常委会第 33 次会议审议通过,2023 年 1 月 1 日正式实施。

机构建设取得突破。湖南省和湘潭市获批建设国家级知识产权保护中心,机构编制、经费保障等已经到位,为湖南省重点产业、重点区域知识产权保护开辟了快速通道。

三、多措并举,知识产权保护力度不断加强

健全部门间联合保护机制。2022 年,与省高级人民法院、省人民检察院、省公安厅、长沙海关、省贸促会分别签署知识产权保护合作相关协议(备忘录),加强知识产权部门合作。

完善跨区域协同保护机制。扩大省级协同保护范围,筹备与湖北、江西签订长江中游三省知识产权保护合作协议;建立跨市级、跨县级协作机制,已建立湖南岳阳、湖北咸宁、江西九江知识产权保护知识产权合作机制。

积极推进专利侵权纠纷行政裁决试点示范。出台《湖南省专利侵权纠纷行政裁决办法》,统一全省专利侵权纠纷行政裁决标准和适用法规。实现专利侵权纠纷行政裁决市州级试点建设全覆盖,确定 2 个县(区)级市场监管部门实施试点工作。湖南省专利侵权纠纷行政裁决经验做法在全国推广。截至 2022 年底,全省办理专利侵权纠纷案件 795 件。

强化重点领域知识产权保护。发布一批省知识产权保护重点关注市场名录,为中国(国际)轨道交通和装备制造产业博览会、湖南(国际)通用航空产业博览会、湖南(长沙)跨境电商交易会等提供咨询指导服务,出台《湖南省展会知识产权保护规程》。

四、从严监管,知识产权执法成效不断提升

严查商标侵权违法。2022 年,全系统共查办商标侵权、地理标志、商标代理以及其他商标案件 620 件,涉案金额 1928.69 万元,罚没金额 751.35 万元,移送司法机关案件 17 件。

严查假冒专利行为。2022 年,全系统共查办假冒专利违法案件共 50 件。

严查专利侵权行为。2022 年,全系统共查办专利侵权违法案件和其他专利案件 72 件。

加强代理监管促进行业发展。2022 年全省共查处无资质专利代理("黑代理")、地理标志商标申请材料造假、商标恶意注册行为和主动撤回后又重复提交的代理非正常申请专利代理机构 19 起,结案 16 起,罚没金额 26.13 万元;约谈代理机构 16 家,认真排查国家知识产权局移交的三批不以创新为目的的非正常专利申请线索共计 2.1 万余条,将确属不以保护创新为目的的专利申请全部撤回,2022 年非正常专利申请撤回率 98.5%(全国平均撤回率 98%)。

五、强化效益,知识产权运用转化不断深入

专利转让许可日趋活跃,专利技术惠及实体经济发展势头强劲。湖南省专利转化工作获得中央财政 1 亿元资金奖补,2022 年 10 月,省知识产权局将首笔 5000 万元资金以项目支持高校、园区、服务平台、市州开展转化及质押融资工作。2022 年,全省专利转让 12 942 次,专利许可 372 次。推动专利开放许可制度落地见效,全省共有 30 所高校、14 家企业以及个人的 1682 件专利参与开放许可,信息匹配推送中小微企业 1123 家,通过开放许可方式达成许可合同 60 余项,达成收费许可总金额近 1200 万元。

知识产权试点示范结硕果,区域知识

产权综合实力大幅提升。长沙、湘潭等 5 个城市获批国家示范试点城市,长沙经开区、湘潭高新区等 3 个园区获批国家示范试点园区,长沙县等 5 县市获批国家示范试点县,41 家企业获批国家示范企业,228 家企业获批国家优势企业。中南林业科技大学、南华大学等 3 所高校获批建设省级高校知识产权中心。目前,全省共有 38 个省级知识产权建设强县,12 所高校知识产权中心。

高校知识产权运营机制不断完善,运营效益再创新高。2022 年,12 所知识产权中心建设高校通过转让、许可、作价投资等方式开展知识产权运营项目近 400 余项,实现运营金额超 5 亿元。

知识产权质押融资有了新气象,知识产权价值更加显现。全省办理知识产权质押融资登记 300 笔,质押专利、商标 2200 余件,质押融资登记金额 34.8 亿元,其中商标质押登记金额占比超过 10%;发放知识产权质押贷款 187 笔共 17 亿元,较上年同期翻了一番。

地理标志运用获准改革试点,保护运用能力得到新提升。全省新增地理标志商标 12 件,地理标志专用标志使用企业 472 家,地理标志使用率超过 50%,地理标志保护地域范围达到 111 个县市,基本实现地理标志县市全覆盖。

六、深化服务,知识产权服务水平不断提高

知识产权强链护链行动持续深化。2022 年,投入 550 万元在全省 12 大支柱产业 22 条产业链中选取 11 个产业链企业开展知识产权强链护链行动,先后形成 30 余篇专题分析报告,较好地为企业、产业和地方政府决策提供服务。

强化服务能力提升。举办湖南省知识产权综合服务能力提升培训班,开展湖南省知识产权综合服务远程教育培训工作,45 个分中心 70 人完成线上学习。

着力提升"一网通办"服务能级。探索办理登记业务采用电话问、网上交、线上审、邮寄传的零接触模式,聚焦解决企业和银行注销续贷的实际困难,以优质高效的服务助力知识产权金融。

供稿:湖南省知识产权局

版权工作

2022 年,湖南省版权工作深入贯彻习近平总书记关于全面加强知识产权保护工作的重要指示精神,落实《知识产权强国建设纲要(2021—2035 年)》《关于强化知识产权保护的意见》等重要文件要求,立足湖南实际,着力构建全省版权领域"严保护、大保护、快保护、同保护"工作格局,取得明显成效。

一、高效组织版权执法

指导全省各级版权执法部门加大执法力度,有效部署打击网络侵权盗版"剑网"、冬奥版权保护、青少年版权保护等专项执法行动。结合省委省政府重大工作部署,开展首届湖南旅游发展大会版权保护专项工作。全年查办侵权盗版案件 155 起,其中刑事案件 28 起,涉案金额 29 007.4 万元。

1. 加强重点领域、重点案件指导

岳阳、常德、益阳、张家界等地查办侵犯网络游戏著作权案,形成可复制、可推广的经验。永州查办"无忧无损音乐网"侵犯音乐作品著作权案,《中国知识产权报》对此进行了专题报道。湖南岳阳"2·09"涉嫌侵犯著作权案等 3 个案件被国家版权局等六部门委列为挂牌督办案件。岳阳汨罗市"20210421"侵犯网络游戏著作权案入选湖南省 2022 年度"双打"典型案例。

2. 加强执法队伍能力建设

举办全省版权执法专题培训班,邀请国家版权局执法监管处有关负责同志开展执法监管政策与实务操作授课,组织长沙、邵阳、岳阳等地一线执法人员"以案说法"

交流办案经验。召开全省版权工作座谈会，听取市州工作汇报，分析落实过程中的难点、堵点及应对举措，切实提高执法人员专业素质。

3. 不断提升执法影响力

湖南省 20 家执法单位、36 名个人获评国家版权局 2021 年度查处重大侵权盗版案件有功单位及有功个人，获奖数量、获奖金额均居全国第三。其中，湖南省版权局获评有功单位一等奖。

二、稳步推进软件正版化

1. 推动专项工作规范化实施

发挥推进使用正版软件工作联席会议机制作用，印发年度工作方案，组织省市县党政机关开展年度自查。强化正版软件使用管理，按期组织开展全省软件正版化年度报告工作。各成员单位持续推进重点领域软件正版化工作进程，省国资委完成省属国有企业办公软件集采续期工作，金融行业正版化工作规范化、常态化措施不断加强，民营企业试点范围不断扩大。

2. 做好宣传培训

举办全省软件正版化工作培训班，邀请中央宣传部版权管理局专家授课，培训政府机关工作人员、重点国企民企信息化主管、高校与园区代表等 120 余人，集中宣讲软件正版化工作的重要性及操作要点。

3. 加强督促检查

加大技术推广运用，督促各单位安装使用正版软件检查工具。聘请第三方机构开展专项检查，强化督促检查实效。2022 年 11 月，湖南省版权局对省市县 25 家政府机关进行全覆盖检查，共检查计算机 2971 台。

三、做优版权社会服务

聚焦版权创造、运用、保护、管理全链条，持续优化版权服务，提升版权主管部门与社会公众的版权意识。

1. 专题宣传出新出彩

2022 年 6 月 2 日，在新修改的《著作权法》实施一周年之际，湖南省版权局在全网推出公益宣传片《保护版权就是保护创新》。《中国新闻出版广电报》刊发专稿《"湘味"版权知识飞入寻常百姓家》，光明网、红网时刻等媒体全文转载，两周内点击量超 752.3 万次，湖南版权故事的声量不断放大。

2. 重点宣传成效显著

2022 年"4·26 全国知识产权宣传周"期间，湖南省市场监管局、省版权局召开新闻发布会，发布全省知识产权保护状况白皮书；联合省文联在马栏山版权服务中心设立"文艺作品版权服务基地"，向文艺工作者赠送《文艺维权知识手册》；在新湖南、红网等平台发布打击侵权盗版典型案例，发挥案件查办对侵权盗版行为的警示作用。

3. 版权登记数量持续攀升

继续落实作品著作权免费登记政策，夯实版权公共服务基础。全年登记作品 13.89 万件，同比增长 131.65%。"湖南省版权登记服务平台"启动信创云部署与适配工作，加快建设进程。湖南省文联在马栏山成立文艺作品版权服务基地。涉外业务高效办理，全年登记外国图书出版合同 247 件，境外委托印刷著作权人授权书备案 74 件，办理时限压缩一半。

4. 版权示范创建捷报频传

越来越多的单位树立起"以创建促管理，以示范促发展"的理念。长沙着力实施"全国版权示范城市"创建"六大工程"，做好考核验收工作。中南出版传媒集团、湖南梦洁家纺股份公司、长沙城市发展集团 3 家企业获评全国版权示范单位。

四、构建版权共治格局

湖南省版权局推动全省形成以法律法规为指引、以行政执法和司法保护为基础、以技术创新为支撑、以社会共治为重要组成的版权保护新格局。

1. 推动版权行政保护与刑事司法有效衔接

指导市县两级文化市场综合行政执法

队伍高效办案,在行政执法过程中发现涉嫌触犯刑法的,积极与公安、检察等机关沟通协调,明确证据标准、统一法律适用,对情节严重的及时移送司法机关。

2. 指导省版权协会开展工作

湖南省版权协会多次赴重点版权单位调研,宣传著作权法律法规,聚焦热点领域组织版权业务培训,启动实施会员单位系列专题培训,在政府、企业、高校间搭建沟通桥梁,推动化解版权纠纷。2022年8月,湖南省版权协会微信公众号正式开通,定期发布"版权知识小课堂",为权利人答疑解惑。

3. 鼓励版权社会力量蓬勃发展

"优版权""淘剧淘""中国Ｖ链""芒起来"等平台版权交易活跃。"优版权"平台全年交易额突破12亿元。2022年6月上线的"中国Ｖ链",运用区块链与大数据算法,为数字版权的生产、交易、保护全流程赋能,助力数字经济健康发展。

供稿:湖南省版权局

司法工作

一、充分发挥知识产权审判职能,助推高质量发展

充分发挥司法保护主导作用。2022年,湖南法院新收知识产权案件13 826件,审结13 314件,围绕"打造国家重要先进制造业、具有核心竞争力的科技创新高地"中心任务,妥善审理涉及5G通信、生物医药、高端装备制造等一批高新技术案件。规范注册商标使用行为,依法审理涉"三一""德高""小米""樟树港辣椒""周六福""PRADA""FILA"等国内外知名商标侵权纠纷案,明确了商标专用权的使用和保护界限,促进市场良性竞争。

依法保护科技创新主体合法权益。在何某某与飞翼股份有限公司职务发明创造发明人报酬纠纷案中,认定股权激励可以相对于《中华人民共和国专利法》第15条中的奖励、报酬独立存在。本案系新专利法实施后,首例涉职务发明人股权激励纠纷案,依法保护了发明人的创新收益权。

加强对新业态、新商业模式的保护在长沙乱神馆文化创意有限公司与长沙市芙蓉区五里牌街道嘿店实景娱乐馆不正当竞争纠纷案中,认定"剧本杀"经营者将盗版剧本用于经营的行为构成不正当竞争。该案系全国首例"剧本杀"行业使用盗版本进行经营被认定构成不正当竞争的案例,进一步构筑了公平竞争秩序的法治根基。

加强文艺作品、文化产品保护。在杨某延时摄影作品《交付了!火神山医院建造超清延时摄影全纪录》著作权纠纷案中,明确具备独创性的延时摄影为视听作品予以保护。在张某诉湖南省楹联家协会等著作权权属、侵权纠纷案中,认定具有独创性的对联属于著作权法意义上的作品。

促进平台经济规范健康持续发展。在中信出版集团股份有限公司诉上海寻梦信息技术有限公司侵害出版者权纠纷案中,认定电子商务平台经营者对平台内经营者资质未履行定期核验更新义务的,应与平台内经营者承担连带责任。该案系全国第一起判令电商平台未尽定期审核义务承担连带责任的案例,确立了平台应承担的相应注意义务规则,推进平台经济规范健康发展。

助推国家政策落实落地。在赵某某与长沙市小新星卡通数码科技有限公司特许经营合同纠纷案中,对以"双减"政策为由提出解除合同的,通过对双减政策在何种情形下属于情势变更进行阐释,规范校外学科类培训业务的开展。

积极适用惩罚性赔偿打击恶意侵权行为。在山东长彤生物科技发展股份有限公司诉湖南汇泽生物科技有限公司侵害商标权纠纷案中,对司法解释中的"情节严重"认定进行了具体化并依据被告的违法所得确定5倍的惩罚性赔偿额,严厉打击恶意侵犯知识产权的侵权行为。

二、创新工作机制,有效提高司法保护质效

湖南法院运用人民调解平台诉前调解知识产权案件,全省 1/4 以上的知识产权纠纷通过非诉方式和谐、快速解决。在涉"樟树港辣椒"商标案中,长沙市岳麓区人民法院委托湖南省长沙高新区知识产权纠纷人民调解委员会调解,成功调处涉"樟树港辣椒"商标系列纠纷。在长沙市某公司与李某某等六人著作权纠纷案中,长沙市岳麓区人民法院协调长沙市司法行政部门参与,以互联网远程视频调解的方式调处系列纠纷。

探索建立"技术鉴定、技术调查、技术咨询、专家陪审"四位一体的技术事实查明认定体系,提高审判质效。指导长沙中院知识产权法庭探索"数字知识产权前置保护新模式",将区块链存证节点提前至技术开发初始阶段,减轻当事人的举证困难。在审理涉 SolidWorks 等计算机软件著作权纠纷案中,及时采取证据保全措施,提取固定易于删除灭失的侵权关键证据。

针对管辖权下沉,新增 12 家基层法院管辖知识产权案件的新形势。湖南高院积极创新对下指导方式,采取实地案例解读、线上授课、专题微课堂、优秀文书点评等多种方式,确保全省法院知识产权案件审判质效。建立系列案件三向交流制度,基层法院审理的 5 件以上的知识产权系列案件,逐级向湖南高院报送,裁量尺度,确保辖区内法律适用的统一和裁判结果的协调。

湖南高院统一部署,把知识产权案件列入重点执行的六类案件之一,执结涉知识产权强制执行案件 3796 件,强制执行到位 6043.15 万元。长沙中院在全国率先推出执行标的无障碍交付承诺,《人民法院报》向全国推广,《湖南日报》予以专题报道。"4·26 全国知识产权宣传周"期间,长沙中院知识产权法庭、长沙市天心区人民法院集中优势执行力量深入知识产权侵权重点地区开展执行行动,开展线上同步直播,累计观看量达 100 万人次。

三、以协作交流为抓手,构建知识产权大保护格局

完善司法与行政执法衔接机制。湖南高院与省知识产权局联合签署《知识产权保护合作备忘录》,完善知识产权协同保护工作机制。

拓展与行政机关的合作渠道。长沙中院知识产权法庭与长沙知识产权保护中心签署《关于加强知识产权保护的合作协议》,在长沙知识产权保护中心设立知识产权巡回审判庭,提高司法协作水平。

深化区域知识产权协同保护。指导岳阳中院与湖北咸宁、江西九江等地中院和市场监督局签订跨域知识产权保护协议,加强区域内知识产权司法保护的协作、资源共享和制度创新。

主动参与社会治理。常德中院主动参与常德市建设国家知识产权强市试点城市工作,协助编制《常德市知识产权工作概览》。邵阳中院主动向邵阳市人大、邵阳市政府提出《"邵阳红"商标及产品在民商事审判中出现的问题及司法保障的建议》,保护当地首个区域性集体商标。

四、积极延伸司法职能,营造尊重和保护知识产权的良好社会氛围

主动对接司法需求,增强企业创新发展意识。长沙中院知识产权法庭联合省机械工业协会设立"长沙中院驻湖南机械工业协会知识产权司法保护联络站"开展长效合作。长沙中院知识产权法庭调研岳麓山种业创新中心、省农业科学院,与全国人大代表、生物分子育种和检验检测技术专家,以及水稻、果木、蔬菜专家等共同探索符合地方特色的种业知识产权保护模式。

创新宣传方式,提升司法保护公信力和影响力。部分法院根据案件特点、审判工作实际,突出宣传重点。长沙中院知识产权法庭向社会公布了长沙辖区范围内 1/4 的知

识产权侵权纠纷通过诉前在线调解解决的成效,宣扬了法院在重点产业领域、具有核心竞争力的品牌和技术的保护理念和保护态度。

供稿:湖南省高级人民法院
知识产权审判庭

检察工作

一、组建知识产权专业化办案组织

2022年6月6日,湖南省人民检察院(简称省检察院)制发《湖南省人民检察院关于成立湖南省人民检察院知识产权检察工作领导小组及其办公室的通知》文件,省检察院成立了以党组副书记、副检察长为组长,党组成员、副检察长为副组长,刑事、民事、行政、公益诉讼检察部门主任为成员,选取7名业务骨干成立了湖南省人民检察院知识产权检察工作办公室,推动知识产权"四大检察"职能集中统一履行。

二、持续推进机制建设

6月8日,湖南省人民检察院与湖南省知识产权局签署《关于加强知识产权保护合作框架协议》,旨在贯彻落实《关于强化知识产权保护的意见》和最高人民检察院、国家知识产权局《关于强化知识产权协调保护的意见》,建立健全联席会商、办案协作、多元纠纷化解、公共服务平台建设等十项机制,共同构建知识产权大保护格局。

三、着力提升办案质效

8月,湖南省检察机关办理的"陈某某、王某某销售假冒注册商标的商品抗诉案"入选湖南省知识产权强省建设第一批十大经典案例。省、市、县三级检察机关上下联动,主动开展自行补充侦查,精准把握案件定性,最终将一起原判无罪案件抗诉成功。

四、重视分析研判

2022年,为进一步加强知识产权量刑和抗诉指导,湖南省人民检察院组织对2021年度219件不捕、不诉、生效裁决的侵犯知识产权案件进行交叉评查,逐月对"诉判不一"的知识产权刑事犯罪案件进行审查,深度查摆梳理案件办理中存在的问题,在充分研判的基础上,制定下发《关于进一步加强知识产权刑事案件规范量刑工作的通知》。

供稿:湖南省人民检察院
知识产权检察办公室

广　东　省

知识产权工作

2022年,广东相继颁布实施《广东省知识产权保护条例》《广东省版权条例》《广东省地理标志条例》,率先在全国建立起以知识产权综合立法为统领,以专利、版权、地理标志、技术秘密等门类知识产权单行立法为支撑的地方性法规体系。入围国务院2022年度知识产权创造、运用、保护、管理和服务工作成效突出拟给予督查激励的公示名单。广东地区知识产权地区发展指数和保护指数位列全国首位,"深圳—香港—广州"科技集群继续位居全球第二。全省首批获批8个国家知识产权强国建设试点示范城市、13个强县建设试点示范县、8个强国建设试点示范园区。与国家知识产权局开展新一轮部省共建,与广州、深圳等10个城市联合印发知识产权强市建设方案,广州、深圳入围第一批国家级知识产权保护示范区建设城市。

2022年，广东省专利授权量83.73万件，其中，发明专利授权量11.51万件，同比增长11.89%；PCT国际专利申请量2.43万件，占全国总量的35.14%；商标申请量136.99万件，商标注册量114.39万件，均居全国首位；马德里商标国际注册申请量1551件，同比增长2.51%，占全国总量的26.62%，保持全国首位；新增注册地理标志商标19件。截至2022年底，全省高价值发明专利26.07万件，占全国总量的19.71%；累计专利授权量546.43万件，占全国总量的18.33%，其中，累计发明专利授权量64.74万件，占全国总量的15.34%，高价值发明专利量、累计专利授权量和累计发明专利授权量均居全国首位。每万人口高价值发明专利拥有量20.56件，比全国平均水平高11.16件。全省有效注册商标量779.59万件，居全国首位，每万户市场主体拥有商标4771件，比上年底增加338件。

2022年，全省战略性产业集群发明专利授权量7.30万件，居全国首位，同比增长13.45%，占全省发明专利授权量的63.48%，占全国战略性产业集群发明专利授权量的16.94%。发布全国首个《高价值专利培育布局工作指南》省级地方标准，全省累计建设高价值专利培育布局中心354家。在第二十三届中国专利奖评选中，广东共获奖项目261项，其中金奖8项，获奖总量居全国首位，连续5年位居全国第一。截至2022年底，全省拥有国家知识产权优势示范企业1071家，数量居全国首位；拥有国家知识产权试点示范高校10家，通过"贯标"认证高校25家，科研机构18家。

2022年，广东成功举办第五届"粤港澳大湾区知识产权交易博览会暨地理标志产品交易博览会"，4100余家企业和机构参展；举办第四届"粤港澳大湾区高价值专利培育布局大赛"；全国首创举办"粤港澳大湾区高价值商标品牌培育大赛"，探索和总结高价值商标品牌培育的成功经验和路径。与香港知识产权署签订新一轮合作计划，联合香港知识产权署在港设立"内地知识产权业务咨询邮箱"，累计开展粤港、粤澳知识产权合作项目380项。

2022年，广东印发《关于加快全省知识产权保护中心体系建设的意见》，全省累计建成13家国家级知识产权保护中心或快维中心、16家省维权援助分中心、227家市县级维权援助机构和工作站，共办理专利快速预审3万件，快速维权案件0.7万件。发布全国首个知识产权维权援助地方标准《知识产权维权援助工作规范》（DB44/T 2362—2022）。建成集纠纷调解、仲裁在线、公证在线等九大功能于一体的"广东省知识产权维权援助公共服务平台"。广州等4市积极推进知识产权纠纷快速处理试点工作，"打造知识产权保护和综合服务的'中山模式'"入选全国法治政府建设示范项目。发布全国首个企业知识产权国际合规管理地方标准《企业知识产权国际合规管理规范》（DB44/T 2361—2022）。广东省知识产权局出台《知识产权对外转让办事指南》。省贸促会联合省知识产权保护中心在德国等国家设立广东省海外知识产权保护服务工作站。建设海外知识产权保护专家库，引入海内外知识产权服务战略合作单位80多家，覆盖30个国家或地区，共有各领域专家近600名。

2022年，全省公安机关共破获侵犯知识产权犯罪案件2600余起；全省检察机关共批捕侵犯知识产权犯罪案件474件698人，起诉1178件2092人；全省法院系统审结知识产权案件12.04万件，专利等案件平均判赔额度大幅提升。知识产权行政保护提质增效。2022年，全省市场监管（知识产权）部门共查处知识产权案件4346件，其中商标案件3988件、专利案件327件，案值2.95亿元，罚没0.75亿元；办理专利侵权纠纷行政裁决案件1138件，有力维护了公平竞争的市场秩序，营造了国际一流营商环境。

2022年,全省专利和商标质押金额970.24亿元,同比增长119.25%,居全国第二,占全国总量的19.93%,其中,专利权质押登记金额897.25亿元,同比增长122.08%,占全国总量的22.35%;商标质押登记金额72.99亿元,同比增长89.58%,占全国总量的8.55%。全省专利许可和转让7.32万次,同比增长2.55%,占全国总量的19.20%,专利被许可和受让6.6万次,占全国总量的17.24%,均居全国首位。

2022年,全省新发行20单知识产权证券化产品,发行金额超过42亿元,深圳发行全国最大规模知识产权证券化储架产品,储架规模高达50亿元。围绕广东省战略性产业集群发展规划,建设10个战略性产业集群和13个重点园区知识产权协同运营中心,发布新一代信息技术、高端装备制造、数字经济、新材料等4个战略性产业集群专利导航成果。全省获批建设国家级专利导航服务基地和专利导航服务支撑机构12家。统筹布局商标品牌指导站建设,新建商标品牌指导站25家,总数达148家。广东商标品牌发展指数连续两年位居全国首位。

2022年,广东省知识产权局发布首版《广东省知识产权公共服务事项清单》,全省21个地市实现综合性知识产权公共服务机构建设全覆盖,累计布局建设6家技术与创新支持中心(TISC)、6家高校知识产权信息服务中心、8家国家知识产权信息公共服务网点。获批新增建设汕尾、清远、韶关、阳江、惠州5个商标业务受理窗口,总数达14个。升级建设粤港澳知识产权大数据综合服务平台,包含战略性产业、重点行业以及地方特色行业专利数据库88个,2022年平台访问量110万次。建设知识产权"一件事"集成服务平台,集成知识产权全要素服务事项64项。在"粤商通"App上线"搜专利""查商标"功能,截至2022年底累计访问量达33.79万次。佛山市、深圳福田区和广州开发区建设国家知识产权服务业集聚发展示范区和试验区,深圳福田区、广州开发区建设全国首批知识产权服务领域特色服务出口基地。中新广州知识城建设广东省知识产权服务业集聚中心。截至2022年底,全省共拥有专利代理机构及分支机构1445家,执业专利代理师4518人。累计培育18家全国知识产权分析评议服务示范及示范创建机构和22家全国知识产权服务品牌及品牌培育机构。2家外国专利代理机构获国家知识产权局批准在广州开发区设立常驻代表机构。

供稿:广东省知识产权局

版权工作

2022年,广东省版权局坚持以习近平新时代中国特色社会主义思想为指导,认真贯彻落实党的二十大精神和广东省第十三次党代会精神,根据中央宣传部版权管理局工作部署和省委省政府工作安排,按照"讲政治、强理论、精业务、提质效、保安全"的工作思路,守正创新、真抓实干,有效推动了全省版权工作高质量发展。

一、地方版权立法首开先河

充分发挥协调作用,推动广东省十三届人大常委会于2022年9月29日审议通过了《广东省版权条例》,并于2023年1月1日起施行。《广东省版权条例》是全国第一部以版权命名的地方性法规,也是全国第一部以推动版权事业和产业高质量发展为立法目的的地方性法规。《广东省版权条例》立意高远、体系完整、结构合理、内容充实、重点突出、特色鲜明,政治站位高、设计维度多、保障力度大、立法速度快,充分体现了广东先行先试、勇立潮头的雄心和紧扣难点、解决问题的务实精神。

二、版权保护工作不断强化

以开展冬奥版权保护集中行动、打击网络侵权盗版和"青少年版权保护季"等专项行动为依托,进一步强化案件查处,严厉打击侵权盗版违法行为,依法维护意识形态领域安全。2022年,全省版权行政执法监管机构共出动执法人员15 863人次,检查单位18 620家次,立案查处侵权盗版案件144件,版权保护环境进一步优化。

三、软件正版化工作有序开展

按照广东省推进使用正版软件工作联席会议工作部署,会同广东省委网信办、广东省卫生健康委员会对广州、东莞2市市直机关145家单位进行全覆盖检查。检查组共现场检查43 032台计算机的软件安装使用情况,进一步提高了软件使用单位的规范化水平。广东省版权局会同省卫生健康委员会印发《关于推进全省卫生健康系统使用正版软件工作的通知》,对全省卫生健康系统软件正版化工作路径进行规划;会同省教育厅、省人力资源和社会保障厅印发《广东省教育系统推进使用正版软件工作实施方案》,对全省教育系统软件正版化工作进行部署。

四、版权宣传展示有声有色

借助"4·26全国知识产权宣传周"版权宣传活动、版权执法及软件正版化培训、版权保护工作考评、广东省大学生版权知识演讲大赛等契机,在全省范围内广泛开展版权保护普法宣传。通过制作播放《马拉喀什条约——拓展阅读障碍者视野》《广东省版权条例》等公益宣传片、设计印制主题宣传海报、编制《图解中华人民共和国著作权法》《版权基础知识读本》等宣传读本,深入进行版权宣传,推进版权宣传进社区、进机关、进学校、进企业、进农村、进家庭。采用新媒体与传统媒体相结合,综合利用报刊、广播电视和网络等,开展形式多样、接地气、易接受的宣传活动,不断扩大宣传活动的覆盖面,在全社会形成"尊重版权、保护版权"的良好氛围。评选2021年度广东省版权十大案件,以案说法,震慑侵权盗版违法犯罪行为。

五、版权示范创建卓有成效

认真做好佛山市创建"全国版权示范城市"验收准备工作,指导深圳前海"国家版权创新发展基地"开展创新实践。组织申报全国版权示范单位、园区(基地),组织开展2022年中国版权金奖评选推荐工作,开展"广东省版权兴业示范基地"认定评选工作。广东省目前有全国版权示范城市2个,全国版权示范单位、园区(基地)21个,国家版权创新发展基地1个,国家版权贸易基地1个,广东省版权兴业示范基地135家,广东省最具价值版权作品86件,以示范创建推动版权事业高质量发展。广州中望龙腾软件股份有限公司《中望3D软件》、广州市朗声图书有限公司分别荣获2022年中国版权金奖的作品奖、推广运用奖。

六、版权社会服务持续优化

积极提供展会版权服务,在中国进出口商品交易会、中国(深圳)国际文化产业博览交易会、中国国际影视动漫版权保护和贸易博览会、南国书香节暨羊城书展等展会上设立版权服务工作站,做好展会版权宣传服务,营造保护版权的良好舆论氛围。严把作品著作权登记审核,对禁止出版传播、登记内容涉及敏感信息的作品不予登记,牢牢守好作品登记意识形态阵地,作品登记质量进一步提升。2022年,广东省著作权登记总量为29.44万件,其中,一般作品登记5.57万件;计算机软件著作权登记量23.87万件,占全国登记总量的13.01%,位列全国第一。

供稿:广东省版权局

司法工作

一、充分发挥职能作用,司法质效稳步向好

2022年,广东法院新收各类知识产权案件117 095件,同比减少40.5%;申请再审案件707件,同比减少64.13%;再审案件154

件,同比增长 136.92%。审结各类知识产权案件 120 366 件,案件结收比为 102.79%。

广东法院新收知识产权民事、刑事和行政案件分别为 115 506 件、1553 件、36 件,同比分别减少 40.76%、12.56%、30.77%。

司法公信力不断增强,当事人自动履行意愿提升,不到 20% 的知识产权民事案件进入强制执行,执行案件结收比约 98%。

二、以高质量司法服务保障经济社会高质量发展

护航"双区""三大平台"建设,聚焦打造科技和产业创新高地。广东法院强化广东省高端制造业及战略性新兴产业、未来产业、数字经济等高价值知识产权司法保护,促进产业向价值链高端转移。制定出台全国首个《关于加强数字经济知识产权保护的实施意见》,加强保护数字经济创新成果;充分发挥粤港澳知识产权联盟的作用,全面加强与港澳相关部门交流合作,主动服务保障粤港澳大湾区科技创新。

加强关键核心技术司法保护力度,营造保护创新、公平竞争法治环境。审结《我的世界》诉《迷你世界》游戏侵权案,保护文娱产业创意,制止恶意"搭便车"的不正当竞争行为;审结蔡某诉润平公司侵害植物新品种权纠纷案,明确不具备繁殖能力的果实籽粒及其汁胞不属于植物新品种权的保护范围,入选最高人民法院指导性案例;审结龙某卫等跨境运营网络游戏侵权案,获评国家版权局全国打击侵权盗版十大案件;审理全球首宗标准必要专利全球许可费率案、全国首宗适用《个人信息保护法》案,加强知识产权法治保障适应社会经济发展新形势能力。

严惩知识产权侵权行为,提高侵权代价和违法成本。广东高院发布《广东法院知识产权惩罚性赔偿典型案例》,广州知识产权法院出台《全面落实惩罚性赔偿工作指引》,提高惩罚性赔偿实操性。深圳中院在司法实践中积极适用惩罚性赔偿,累计作出知识产权惩罚性赔偿判决 29 件,所涉判赔金额达 1.69 亿元。在加大民事侵权判赔力度的同时,依法严惩侵犯知识产权刑事犯罪,彰显人民法院加大惩罚力度加强知识产权保护的决心和能力。佛山中院与佛山市人民检察院、佛山市公安局联合出台《关于建立知识产权刑事案件办理"绿色通道"的指导意见》;广州市南沙区人民法院对侵犯商业秘密罪的被告人首次适用从业禁止令,将缓刑社区矫正、禁止令行为矫正相结合,用足刑法制裁手段,有效维护权利人合法权益,有效通过刑事震慑力保护创造,激发创新活力。

依法保护我国企业核心利益,平等保护境内外主体合法权益。审结美国 GPNE 公司诉苹果公司等侵害发明专利权纠纷一审案,借鉴国际行业规则惯例驳回原告诉请,展现我国法院维护法治化营商环境的良好形象。妥善化解华为公司与美国英伟特公司标准必要专利系列纠纷案,促成双方达成全球一揽子和解,《建立标准必要专利相关制度 努力赢得知识产权国际法律斗争的主动权》方案得到中央领导同志肯定性批示。

三、全方位深化体制机制创新,建立知识产权协同保护格局

优化知识产权管辖布局。经最高人民法院批准,广东法院实现全部地级市均至少有 1 个基层法院具有知识产权案件管辖权。最高人民法院对于涉外涉港澳、惩罚性赔偿、网络不正当竞争等特定类型案件,指导新增管辖权的基层法院报请提级管辖,全年累计提级审理 15 件。

推进知识产权审判"三合一"改革。2022 年 6 月,广东高院正式实施知识产权审判"三合一",并指导全省各地法院制定实施细则,分两阶段推动全省三级法院全面落实改革方案。随着"三合一"改革的进一步深入推进,将在提高审判质量、优化审判资源配置、提升知识产权司法保护整体效能等方面发挥积极作用。

推动司法与行政协同保护，完善速裁机制。广东高院与省人民检察院、省公安厅、省市场监管局等十一部门联合签署《强化知识产权协同保护合作备忘录》，落实知识产权侵权联合惩罚等举措。深圳地区"建立新兴领域知识产权保护新机制"作为综合改革试点首批授权事项典型经验和创新举措被国家发展改革委向全国推广。广州知识产权法院与国家知识产权局开展合作，建立涉诉专利无效案件优先审查机制，并试行在同一地点远程审理专利确权和侵权案件，当场作出无效决定和判决，"无缝衔接"速解专利纠纷，平均缩短审理周期2个月以上；该院二审速裁改革经验被写入《广州营商环境报告2022》。

深化多元化纠纷解决机制，推进诉源治理。广东省各级法院陆续与当地相关部门签署知识产权纠纷行政调解协议司法确认制度的合作框架协议，共同建立跨部门协作机制，助推区域协同创新。广州知识产权法院与香港国际调解中心及调解委员等组织合作，调撤成功案涉及标的额超2亿元；深圳中院建立"示范判决+先行调解"机制，依托知识产权联席会议，与行政机关、行业协会、网络平台、公证机关等积极构建知识产权多元纠纷化解大平台，有效推动诉前联调和诉源治理工作走深走实；潮州中院建立"四化"模式，诉前调解率61.5%，相关工作经验被省内外法院学习借鉴。

不断健全技术事实查明机制。不断优化多位一体的技术事实查明机制。建成启用全国首个技术调查实验室，入选知识产权强国建设第一批典型案例。积极探索香港法律专家出庭提供法律查明协助机制，在陈某匡与腾讯音乐公司侵害录音录像制作者权案中，依法委托香港律师进行域外法查明并以在线视频方式出庭提供法律查明协助，推动粤港澳三地法律规则衔接，进一步提升法律事务对外开放水平。

加强知识产权保护国际交流与信息合作。为引导数字经济新业态健康有序发展，广东高院与广州互联网法院、部分高校学者组成调研组，开展"数据权益知识产权司法保护"课题调研。广州知识产权法院携手北京大学粤港澳大湾区知识产权发展研究院围绕"聚焦前沿知产保护，护航湾区科技创新"话题进行研讨交流。

四、开展司法宣传，优化法治化营商环境

广东法院注重加强与公共媒体的全面合作，强化网站、微博、微信等自媒体平台建设，不断扩大广东法院知识产权司法保护的社会影响力。广东高院、广州知识产权法院发布《加强知识产权司法保护助推灯具照明行业高质量发展的调研报告》，助推珠三角地区照明行业健康稳步发展。

供稿：广东省高级人民法院
知识产权审判庭

检察工作

一、持续加大知识产权司法保护力度

一是突出对高价值知识产权的司法保护。2022年，全省检察机关共派员提前介入190件，批捕侵犯知识产权犯罪案件474件698人，起诉1178件2092人。各地检察机关高度重视高价值知识产权案件办理，突出对核心技术、知名品牌的保护。广州、深圳、佛山检察机关分别成功办理侵犯商业秘密案，通过严惩离职员工侵犯原企业商业秘密的犯罪，为企业挽回了经济损失，为维护正常竞争市场秩序、促进企业创新发展提供助力。东莞检察机关依法办理了一批侵犯苹果、华为、vivo、OPPO、微软等知名品牌知识产权的刑事案件。各地检察机关成功办理了一批新型、疑难复杂且在全国有较大影响的案件，大千视界公司、张某等人侵犯著作权罪案，广州指某服务有限公司、广州中某管理咨询服务有限公司与迅某（中国）商贸有限公司侵害商标权抗诉案，陈某与佛山市亮某厨卫有限公司侵害专利权纠纷再审检察建议案分别入选最高人民检察院发布的检察机关知识产权综合性司法保护典型案例、检察机关保护知识产权服务保障创新驱动发展典型案例。二是加强诉讼监督。2022年,全省检察机关建议行政执法机关移送案件19件24人,公安机关已立案20件25人,纠正漏捕17人,纠正移送起诉遗漏罪行20人,纠正遗漏同案犯102人,确保严格执法,防止以罚代刑。受理涉知识产权民事、行政生效裁判、审判活动、执行活动等申请监督案件68件,提出检察建议30件,法院采纳30件,促进公正司法,维护企业合法权益。三是深入开展依法惩治知识产权恶意诉讼专项工作。省检察院制定《依法惩治知识产权恶意诉讼专项监督工作具体工作方案》,各地检察机关全面落实专项监督工作,形成"上下一体、同频共振,建立机制、强化协作,突出办案、深入摸查"工作格局。检察机关积极运用大数据,对知识产权批量维权、权利滥用行为以及虚假诉讼行为等开展法律监督。经过认真梳理、排查、研判、立案、调查核实,已对3件恶意诉讼案件向审判机关制发了3份《再审检察建议》。2022年,广东检察机关3个案例入选最高人民检察院保护知识产权服务保障创新驱动发展典型案例和知识产权综合性司法保护典型案例,"广东省人民检察院积极探索知识产权'四检合一'机制改革,为知识产权提供全方位司法保护"入选2021年度广东省知识产权十大事件。

二、构建全链条知识产权检察保护新格局

一是完善检察工作体系。2022年6月,省检察院制定《关于贯彻落实〈最高人民检察院关于全面加强新时代知识产权检察工作的意见〉的具体措施》,从"强化知识产权创造、运用、保护、管理、服务全链条司法保障"等八个方面提出26条细化工作举措,构建全面的检察工作体系,为全省各级检察机关开展知识产权检察工作进一步指

明方向、提供路径。二是强化检察机关与相关职能部门的协同保护机制建设。广州、深圳、东莞、中山等地检察机关在省检察院与广东高院、省市场监督管理局、省知识产权保护中心等11家单位联合签署《关于强化广东知识产权协同保护的备忘录》的基础上,深入开展"精装修",积极与当地相关职能部门建立跨部门知识产权保护合作机制。广州市检察院、市市场监督管理局、市公安局联合印发《关于加强和完善广州市知识产权行政执法与刑事司法衔接工作机制的意见》;深圳市检察院牵头,联合市公安局、市市场监管局、市文体旅游局印发《商业秘密行政执法与刑事司法衔接工作办法》;东莞市检察院与市市场监督管理局(知识产权局)签署《强化知识产权协同保护合作备忘录》;中山市检察院牵头,联合市公安局、市市场监管局等七部门联合印发《关于加强知识产权行政执法与刑事司法衔接工作的协作意见》。三是采取聘请知识产权、农业农村、文化旅游、海关、市场监管、版权、科技等行政机关专业人员担任检察官助理等有效措施,完善联络协同机制,推动落实《行政执法机关移送涉嫌犯罪案件的规定》。省检察院聘请3名涉知识产权等行政机关专业人员担任特邀检察官助理,广州、深圳等各地市已聘请39名特邀检察官助理。

三、打造知识产权检察综合保护广东品牌

一是积极推进知识产权检察职能集中统一履行。截至2022年底,珠三角九市和汕头、湛江、韶关、汕尾及广州铁路运输分院等14个地级市(分)院组建了知识产权检察办公室(简称知产办),广州白云、深圳南山等21个县区院组建了知产办,整合刑事、民事、行政和公益诉讼四大检察资源,不断提升全方位综合性司法保护水平。二是稳步探索开展知识产权领域公益诉讼。珠海检察机关积极探索在地理标志领域开

展公益诉讼业务,并取得良好成效,司法办案经验被《法治日报》《检察日报》刊登。珠海斗门区检察院以"检察公开听证+联席会议+检察建议+调研报告"办案模式凝聚多方合力,促进行业监管质效提升和产业溯源治理,有效助推产业发展。办案实践经验为全国率先出台的《广东省地理标志条例》所吸纳,成为推动地理标志公益诉讼保护的立法样本。

供稿:广东省人民检察院
知识产权检察办公室

广西壮族自治区

知识产权工作

一、知识产权概况

2022 年以来,广西知识产权系统坚持以习近平新时代中国特色社会主义思想为指导,全面贯彻落实党的二十大精神,认真落实《知识产权强国建设纲要(2021—2035 年)》《"十四五"国家知识产权保护和运用规划》重大战略部署,在国家知识产权局指导和广西壮族自治区党委、政府的领导下,深化知识产权领域改革,扎实推进广西特色型知识产权强区建设。

1. 专利申请及授权概况

2022 年全年受理专利申请 14 255 件,同比增长 8.49%;广西全区拥有发明专利 32 249 件,比上年增长 12.59%;其中,维持年限 10 年以上的有效发明专利 3128 件,占全区有效发明专利总量 9.70%。全区每万人口高价值发明专利拥有量 1.84 件,同比增长 15.74%。全区 PCT 专利申请 862 件;其中,2022 年 PCT 专利申请 163 件,同比增长 28.35%。2022 年,发明专利、实用新型专利和外观设计专利共获授权 4.47 万件,比上年下降 4.51%。

2. 商标工作概况

截至 2022 年底,广西全区累计有效注册商标 46.14 万件,同比增长 18.61%,增速居全国第 3。其中驰名商标 35 件,马德里商标注册 272 件。新增 20 件地理标志证明商标,累计获准以地理标志作为证明商标注册 97 件。累计获准保护的国家地理标志产品 93 个。全区 15 个商标业务受理窗口办理全部申请 11 843 件,商标品牌指导站 67 个。8 个品牌入围世界品牌实验室中国品牌价值排行榜年度 500 强。12 个地理标志品牌入围中国品牌百强榜。入围品牌数量和总价值均创近 5 年新高。"融安金桔"和"百色芒果"国家地理标志运用促进工程获评国家知识产权局优秀工程项目并入选国家知识产权局地理标志助力乡村振兴典型案例。"柳州螺蛳粉"获批筹建 2022 年国家地理标志产品保护示范区。

3. 知识产权保护概况

2022 年"广西壮族自治区统筹多部门资源提升知识产权纠纷化解效能"入选知识产权强国建设第一批典型案例;专利商标行政保护案卷评查获国家知识产权局通报表扬;知识产权保护社会满意度评价得分 80.7。持续深入开展"蓝天"专项整治行动,查处无资质专利代理案件 5 起;全区专利纠纷行政裁决案件同比增长 150%。推动成立广西知识产权协会,指导广西知识产权协会召开专利代理行业自律监督联合行动大会,47 家专利代理机构代表共同签署《广西知识产权代理行业自律倡议书》,发布《专利代理机构能力提升指标体系》并组织评价。2022 年非正常专利申请撤回率达 98.8%。建成区中心、分中心、工作站"1+17+N"维权援助体系。指导柳州市开展知识产权领域以信用为基础的分级分类监管国家试点。

4. 知识产权运用情况

一是完成第一届广西专利奖评选工作,共评出广西专利奖 42 项,获奖专利涉及产品创造新增销售额 1517.8 亿元。二是完成 2021 年自治区本级专利资助和奖励项目拨付工作 2179 项,金额 557.266 万元。三是组织推荐 17 项专利参评第二十三届中国专利奖,广西区 8 项专利获优秀奖。四是举办第十一届广西发明创造成果展览交易会,现场签约金额 6550 万元。五是组织开展 2021 年度自治区知识产权优势企业培育单位评选工作,86 家获评 2021 年度自治区知识产权优势企业培育单位。六是大力实施专利转化专项计划。2022 年全区专利出让 3793 次,受让 3715 次;专利许可 1525 次,被许可 1497 次。

二、知识产权管理及服务方面

新增国家知识产权示范企业、优势企业 112 家,新增自治区高价值专利培育示范中心 21 家、知识产权培训基地 5 个、"十百千"人才 281 人。全区 3 市 3 县 2 家园区被确定为国家级示范试点城市、县、园区;3 个集体 3 名个人被表彰为全国知识产权系统先进集体和先进个人,2 个集体 5 名个人被表彰为全国知识产权系统和公安机关知识产权保护工作成绩突出集体和个人,首次出台《广西知识产权公共服务事项清单》,明确服务事项、范围和标准。

三、知识产权顶层设计情况

"知识产权强区建设"写入自治区第十二次党代会报告、2022 年政府工作报告,"推进知识产权强区建设"及"推动广西地理标志产业高质量发展助力乡村振兴"列入自治区党委深改委 2022 年重点改革任务,研究制定《广西落实〈知识产权强国建设纲要(2021—2035 年)〉实施方案》《广西壮族自治区知识产权保护和运用"十四五"规划》《2022 年广西知识产权工作要点和推进计划》。

四、知识产权机构与人才队伍

1. 加强知识产权人才队伍建设

扎实开展第八批广西"十百千"知识产权人才遴选工作,遴选广西知识产权领军人才、中青年专家、实用人才共 281 人。积极开展广西知识产权培训活动,举办 2022 年广西市场监管系统知识产权战略实施工作业务培训班和商标业务培训班,全区各市知识产权管理部门的分管领导及业务科长共 150 人参加了培训,有效提高基层知识产权工作水平。

2. 扎实推进自治区知识产权人才基地建设

2022 年,新增广西知识产权发展研究中心、北部湾交易集团股份有限公司、百色学院、梧州学院、广西海商海事法学研究会 5 家单位为广西知识产权培训基地。截至 2022 年底,建立了 17 个自治区级知识产权培训基地,培养了国家级各类知识产权人才 36 人、广西"十百千"知识产权人才 1407 人。

五、科研项目与经费投入

完成广西知识产权奖励申报系统升级改造,完成 2022 年度自治区本级专利资助和奖励项目申报及拨付工作。对获得国内外发明专利授权、获得各类国家和自治区知识产权示范优势试点称号的城市、县、园区、学校、企业给予奖励。2022 年自治区知识产权奖励项目 1984 项,奖励经费约 2530.75 万元,涉及企业 347 家。

六、知识产权平台、网点建设情况

1. 搭建中国—东盟知识产权大数据平台

整合东盟国家专利数据 79 万条,广西重点产业专利数据 254 万条。发布《RCEP框架下企业知识产权合规指引》,为企业"走出去"保驾护航。拓展海外知识产权维权援助服务,在中国·印尼经贸合作区设立首个境外知识产权维权援助工作站。开展知识产权保护暨维权援助公益行活动,建立重点企业知识产权保护直通车服务模式,有效帮助企业防控化解海外知识产权风险。

2. 积极推动国家知识产权平台建设

2022年,南宁市及柳州市和梧州市分别入选国家知识产权强市建设示范、试点城市,荔浦市、陆川县、港口区为国家知识产权强县建设试点县(区),南宁、柳州高新技术产业开发区分别入选国家级知识产权强国建设示范、试点园区。南宁职业技术学院、柳州职业技术学院获国家知识产权信息公共服务网点。

3. 指导企业制定专利导航21个

为推进企业高质量发展,2022年评选自治区高价值专利培育示范中心21家,制定专利导航21个。

供稿:广西壮族自治区知识产权局

版权工作

一、持续做好版权宣传工作

2022年4月,广西壮族自治区版权局(简称自治区版权局)组织全区开展"开启版权强国建设新征程"主题宣传活动。自治区版权局联合学习强国广西平台、广西云平台开展为期30日的"版权知识大家答"活动,共360万人次参与,获点赞量超过20万次。此外,配合自治区知识产权局举办知识产权新闻发布会,通过网络媒体向社会发出《版权保护倡议书》,联合广西广播电视台制作《让知识产权保护更加有力》等节目,动员社会各界参与广西版权公益海报设计大赛,深入开展"版权进校园"活动,在南宁市中心区域举办知识产权灯光秀,显著提升了版权的社会关注度和认知度。据不完全统计,全区14个市及相关单位宣传周版权宣传活动超过660场,运用公益广告牌、LED显示屏、楼宇电视等方式播放有关版权内容的广告超过55万分钟,设置、张挂版权知识宣传栏、版权标语超过19 000条(次),各类报刊台网微端报道推送有关版权宣传报道1960条(次),制作版权宣传片3部,群众参与度超过260万人次。

二、广泛开展版权执法行动

2022年5月,自治区版权局举办全区版权业务骨干培训班,组织全区各市版权管理部门、文化市场综合执法支队、公安局、网信办等相关部门以"剑网2022"专项行动为抓手,围绕版权执法工作重点,大力查办案件,不断加大版权执法监管力度,加大视听作品、网络直播、体育赛事转播、在线教育、社交平台等重点领域版权治理力度,规范了线上线下版权秩序,巩固了重点领域治理成果。

自治区版权局组建院线电影反盗版联盟,配合国家版权局处理了有关网络侵权盗版线索5条。牵头联合公安厅、教育厅、文旅厅联合转发国家版权局等六部门文件,在全区部署开展"青少年版权保护季"行动。

截至2022年底,全区共出动执法人员超过5.8万人次,检查各类市场主体超过2.9万家次,立案查处各类侵权盗版案件102起。2022年,广西壮族自治区党委宣传部版权管理处获评国家版权局2021年度查处重大侵权盗版案件有功单位。

三、深入推进软件正版化工作

2022年6月,自治区版权局组织召开自治区推进使用正版软件工作厅际联席会议,对全年工作进行部署。编制《软件正版化工作制度汇编》,面向全区印发。印发《自治区版权局2022年使用正版软件工作方案》,从11月初开始,自治区版权局组织4个考核组,分头对全区14个设区市开展软件正版化工作2022年度考核,现场共抽查市级机关300多家。按照"双随机一公开"的要求,实行检查结果通报机制,推动后进单位进一步加强整改,以确保年度目标实现。

四、主动提供版权社会服务

自治区版权局积极作为,主动提高服务质量,大力宣传线上办理和免费登记等作品版权登记工作,作品登记数量大幅提高,2022年作品登记数量增长率超过100%。截至2022年底,共完成线上线下作品登记3000件,其中线上登记作品2850件,线下登记作品150件。在作品版权登记工作中加强意识形态管理,不予办理作品登记269件。认真做好出版外国图书合同备案工作,全年共办理合同备案275份。2022年,由自治区版权局推荐的广西文化产业集团、广西师范大学出版社集团有限公司两家单位被国家版权局授予"全国版权示范单位"称号,成为广西壮族自治区第二批入选的全国版权示范单位。

五、进一步完善版权制度

2022年3月17日,印发《广西壮族自治区版权示范城市、示范单位和示范园区(基地)管理办法》,广泛动员各市、县、区和有关单位、园区参与自治区版权示范单位、示范园区(基地)的创建评比活动,推出一批自治区版权示范单位、示范园区(基地)。3月,制定出台《广西贯彻落实国家版权局〈版权工作"十四五"规划〉若干措施》。7月,组织开展《广西壮族自治区著作权管理条例》调研工作。

供稿:广西壮族自治区版权局

司法工作

一、发挥审判职能作用,全面提升服务经济社会发展大局能力

2022年,广西法院受理的知识产权民事、行政和刑事案件共计6872件,同比上年下降19.66%。一部分事实清楚、争议不大的著作权、商标权侵权纠纷借助人民法院调解平台等,已在诉前得到切实化解。

知识产权审判效率稳步提升。广西法院全年调解或撤诉案件共计1982件,调撤率达34.81%。一审知识产权民事案件调撤率达76.24%。南宁市良庆区人民法院对知识产权案件进行繁简分流,平均审理周期61.1天,缩短了诉讼周期,降低了当事人的诉讼成本。

加强农业科技成果保护,服务全面推进乡村振兴。南宁中院准确运用农作物种子质量检验报告的结论,审结了一批侵害植物新品种权纠纷案件,有效保护了权利人的"中柑所5号"柑橘属植物新品种权。全区法院加强优质产品地理标志保护,依法审理"柳州螺蛳粉""荔浦芋""梧州六堡茶"等地理标志侵权案,保障区域特色经济发展。

加强公平竞争保护,维护市场法治环境。桂林中院审结桂林零与壹软件有限公司诉小米通讯技术有限公司不正当竞争纠纷案,明确了互联网经营者应当履行的法律义务与应承担的社会责任。广西三级法院加强本土老字号保护,助力"万国酒家""多丽电器"等老字号走好品牌复兴路;加大驰名商标司法保护力度,重拳惩治"华润""元祖""如家"等商标攀附、仿冒搭车等行为。

加强文化知识产权保护,促进广西文化繁荣发展。全区法院切实加强著作权保护,审理《启航》《新标准英语》等侵害作品发行权、信息网络传播权纠纷,"猪猪侠"等侵害美术作品复制权纠纷,鼓励原创、反对剽窃,促进智力成果创造和传播。自治区高院主动加强与广西文化娱乐协会等相关部门的沟通协调,促进著作权纠纷实质性化解。钦州中院依法审结"4·02"跨省制售盗版教材教辅著作权犯罪案,获评2022年全国青少年版权保护十大典型案例。

二、深化知识产权审判领域司法改革,推进知识产权审判体系和审判能力现代化

优化管辖布局,深入推进"三合一"改革。在最高人民法院的指导下,广西法院优化知识产权案件管辖布局,指定14家基

层法院集中管辖其所在地级市辖区内的知识产权民事、行政案件。贺州中院深入探索知识产权民事、刑事、行政案件"三合一"审判机制,与检察院、公安局与市场监管局等部门联合印发《贺州市知识产权行政执法与刑事司法衔接工作办法》。来宾中院成立知识产权民事、行政和刑事案件审判"三合一"工作推进协调小组。

选聘技术调查官,完善技术事实查明机制。自治区高院会同自治区市场监管局共同选聘首批技术调查官 12 名,出台《技术调查官参与知识产权诉讼案件办理办法》,完善技术调查官参与知识产权案件诉讼活动机制。

发挥知识产权诉讼制度效能,适当减轻当事人的举证和诉讼负担。南宁中院在审理广西江河环保建材有限公司诉浙江省第一水电建设集团股份有限公司等侵害发明专利权纠纷案中,依法及时对被诉侵权产品及现场进行证据保全;在审理涉案标的高达 3.2 亿元的广西锦途房地产开发有限公司诉南宁市金之库房地产开发股份有限公司等不正当竞争纠纷案中,灵活运用诉讼财产保全置换措施,解决 179 户家庭的房屋办证、子女入学问题。

依托智慧审判建设,满足多元解纷司法需求。广西法院充分运用智慧法院建设成果,全面提供智助立案、电子送达、在线开庭、云上调解等诉讼服务,畅通知识产权多元化纠纷解决机制,为当事人提供集约高效、智能便民的诉讼服务。

三、参与构建大保护工作格局,强化知识产权全链条保护

建立高效便捷的调解渠道,健全知识产权多元化纠纷解决机制。广西法院切实将非诉纠纷解决机制挺在前面,依托人民法院调解平台,大力推进知识产权纠纷在线诉调对接机制。广西壮族自治区贵港市覃塘区人民法院出台《贵港市覃塘区人民法院知识产权纠纷法律援助(调解)工作实

施方案》,并挂牌成立"荷城知盾"法律援助(调解)中心。

强化协作联动机制建设,健全行政保护与司法保护衔接机制。全区法院积极与行政机关加强著作权、商标权、专利权保护的协同配合,共同研究行政执法标准与司法裁判标准统一,推动形成知识产权保护合力。北海法院揭牌"知识产权司法与行政保护办公室",并与市市场监管局签订《关于加强知识产权保护工作协调机制》。崇左中院积极融入自贸区建设大局,与广西自贸区崇左片区管委会签署《共同推进中国(广西)自由贸易试验区崇左片区法治环境建设合作框架协议》。

加大司法公开,创新宣传举措。全区法院通过《中国审判》《广西法治日报》以及官方微信公众号等平台主动公开知识产权大要案,积极邀请人大代表、政协委员、行业代表旁听重大案件庭审。玉林中院创新宣传举措,拍摄知识产权普法短视频《玉小槌说法》系列作品,在微信视频号、抖音等平台发布。

加强法治宣传教育,积极开展送法进企业等活动。全区法院认真落实"谁执法谁普法"责任制,积极参与每年各层面知识产权宣传周活动。广西法院积极开展送法进企业等活动。南宁中院主动听取 19 家自贸区企业在发展过程中的知识产权保护问题。

四、加强调研指导,提升知识产权审判专业化水平

坚决贯彻落实党委部署,积极献言献策。全区法院立足审判实际,坚持问题导向,柳州中院参与起草《柳州螺蛳粉产业发展条例》,撰写司法经验和问题建议等信息,获地方党委内刊采用。

加强知识产权审判指导工作,统一案件裁判标准。自治区高院积极跟踪评估全区法院一审知识产权案件的新受理情况,指导各基层法院及时有效应对知识产权审

判新变化。整理编撰全区法院知识产权审判精品案例,统一知识产权司法裁判标准。

供稿:广西壮族自治区高级人民法院
知识产权审判庭

检察工作

一、坚持以政治建设为根本,加强知识产权保护组织保障

认真落实习近平总书记关于加强知识产权保护工作的重要指示精神,统筹开展知识产权检察工作,全力提升知识产权检察工作质效。广西壮族自治区检察院党组专题研究知识产权检察工作,专门印发2022年《广西知识产权检察工作要点》,成立广西壮族自治区检察院知识产权检察工作领导小组及其办公室,全方位整合刑事、民事、行政、公益诉讼四大检察职能,负责广西知识产权检察工作的业务指导和综合协调,努力为广西经济社会高质量发展提供专门化知识产权司法综合保护,提高知识产权综合性司法保护的整体效能。同时根据广西检察机关知识产权办案情况和区域经济特点,构建知识产权检察保护工作新模式。2021年12月29日,广西首个知识产权检察办公室在桂林市七星区人民检察院揭牌成立,负责辖区内刑事、民事、行政及公益诉讼四大检察涉知识产权的全部案件及法律监督工作。2022年4月26日,广西首家市级检察机关知识产权法律保护中心在南宁市良庆区人民检察院揭牌成立,该院探索的"检法公行"联动知识产权保护工作衔接机制入选中国(广西)自由贸易试验区第四批自治区级制度创新成果。

二、坚持以业务建设为抓手,提升知识产权案件办理质效

一是充分发挥检察职能作用,严厉打击侵犯知识产权犯罪。2022年,受理审查逮捕侵犯知识产权犯罪案件62件160人,批准逮捕27件62人,不批准逮捕32件94人。受理审查起诉侵犯知识产权犯罪案件76件183人,起诉46件107人,不起诉8件25人。受理审查起诉案件中,侵犯商标权案150人,占81.97%;侵犯著作权案27人,占14.75%;侵犯商业秘密案6人,占3.28%。监督公安机关撤案5件5人,纠正漏捕5人,纠正遗漏同案犯8人。二是积极发挥指导性案例、典型案例的引领示范作用。结合"4·26世界知识产权日"召开新闻发布会,发布7例知识产权保护典型案例,同时积极向最高人民检察院推荐有关精品案例。2022年,广西检察机关成功办理中央宣传部版权管理局、最高人民检察院知识产权检察办公室等六部门联合督办的邓某元侵犯著作权案,成效显著,入选全国扫黄打非办"护苗2021"行动第二批典型案例和中央宣传部版权管理局等部门评选的2022年全国青少年版权保护典型案例。

三、坚持以协同保护为重点,推动构建"严保护、大保护、快保护、同保护"工作格局

一是深入开展"保知识产权·护企业发展"专项活动,服务保障经济社会高质量发展。联合广西壮族自治区工商联、国资委、市场监管局持续开展广西"保知识产权·护企业发展"专项活动,获评2022年度"创新中国"工商联(商会)工作最佳案例和全国工商联民营企业产权司法保护协同创新百佳实践案例。广西壮族自治区检察院制定落实充分发挥职能持续优化营商环境27条措施,深化知识产权刑事、民事、行政检察一体履职,开展涉民企刑事案件"两项监督",为企业挽回经济损失2.2亿元,以法治稳企业稳预期,保就业保民生保权益,有力推动广西营商环境持续优化。二是创新知识产权检察工作机制,加大知识产权综合保护合力。2022年9月7日,与广西壮族自治区工商联、国资委、市场监督管理局联合出台《建立知识产权保护绿色通道工作办法》,共同建立涉企知识产权快速保护

法律通道,依法保护企业合法权益,引导企业强化知识产权创造保护和运用,激发创新创业活力,实现高质量发展。2022年11月30日,与广西壮族自治区市场监管局会签《关于强化知识产权协同保护的实施意见》,促进知识产权行政执法标准和司法裁判标准统一,深化知识产权管理部门与检察机关在知识产权保护工作中的合作,构建知识产权大保护工作格局。

四、坚持以宣传引领为依托,着力营造知识产权保护良好工作氛围

一是以检校联合方式强化知识产权保护业务培训,增强知识产权法律保护双向合力。2022年4月,南宁市检察院举办"知识产权保护工作高质量发展"同堂实务培训,邀请知识产权研究领域专家为南宁市两级公检法等单位业务骨干及律师代表140余人授课。桂林市人民检察院与桂林电子科技大学签署知识产权协同保护合作框架协议,南宁市良庆区人民检察院与广

西民族大学签订知识产权法律保护合作框架协议,充分整合检察资源与教研资源,借助"外脑智库"激发知识产权法律保护的双向合力。二是创新宣传方式,开展"4·26全国知识产权宣传周"活动。广西三级检察机关多措并举,广泛开展以案释法、校园普法、主题宣传等活动,加大对知识产权协同保护的宣传力度,营造知识产权协同保护的良好氛围。广西壮族自治区检察院及南宁、贺州、来宾、梧州等多地检察机关结合侵犯知识产权刑事案件办理,撰写以案释法宣传材料,转发学习最高人民检察院发布的检察机关保护知识产权服务保障创新驱动发展典型案例。南宁市西乡塘区人民检察院、隆安县人民检察院联合当地党委宣传部、市场监督管理局、法院等多部门开展"全面开启知识产权强国建设新征程"主题宣传活动,以专题活动形式强化职能单位知识产权宣传和保护意识。

供稿:广西壮族自治区人民检察院
知识产权检察办公室

海 南 省

知识产权工作

2022年,海南省专利授权量13 148件,同比下降3.55%。其中,发明专利1602件,同比增长67.92%;实用新型专利10 062件,同比下降12.97%;外观设计专利1259件,同比下降16.68%。有效发明专利6161件,同比增长23.1%。每万人口有效发明专利拥有量6.0件。

2022年,全省受理商标注册申请66 937件,同比下降5.56%;注册43 976件,同比增长14.88%。有效商标注册量203 646件,同比增长27.05%。全省地理标志保护产品12件,地理标志商标107件,244家专用标志用标主体。2022年,全省新增地理标志商标13个,同比增长62.5%;新增146

家专用标志市场主体,同比增长131.7%,占累计用标市场主体总数的60%。

2022年,全省专利商标质押融资额29.07亿元,其中专利质押融资额9.64亿元,商标质押融资额19.43亿元。

一、知识产权管理顶层设计

2022年2月22日,海南省委办公厅、海南省政府办公厅印发《海南省推进知识产权强省建设强化知识产权保护和运用的实施意见》;11月7日,海南省人民政府、国家知识产权局印发《海南省人民政府 国家知识产权局共建全面深化改革开放知识产权强省实施方案》《海南省人民政府 国家知识产权局2022—2023年共建知识产权强省工作要点》;12月27日,海南省知识

产权局联合海南省高级人民法院印发《海南省推进设立一体化知识产权保护机制工作方案》，通过整合行政执法、行政裁决、仲裁调解、司法审判、社会监督等资源，开创知识产权综合监管与保护新模式。

二、知识产权制度集成创新

2022年，海南省形成2个知识产权制度集成创新成果。6月7日，海南省优化营商环境工作专班印发《关于推广第二批优化营商环境示范案例的通知》，"省知识产权局等打造跨境电商联合执法新模式　构筑知识产权保护新屏障"作为优化营商环境示范案例在全省推广宣传；10月19日，国务院知识产权战略实施工作部际联席会议办公室印发《关于印送知识产权强国建设第一批典型案例的函》，"海南省打造跨境电商联合执法新模式　构筑知识产权保护新屏障"作为知识产权强国建设第一批典型案例公开推广；12月21日，中共海南省委深化改革开放办公室发布第十五批海南自由贸易港制度（集成）创新案例，其中由三亚市（三亚崖州湾科技城管理局）、海南省农业农村厅、海南省知识产权局等部门联合报送的《"南繁种业"知识产权特区》入选。

三、知识产权运用

2022年5月18日，海南国际知识产权交易所上线"专利开放许可交易平台"，首批挂牌上线12项专利，新华社对此进行报道，浏览量超过100万次；7月7日，海南国际知识产权交易所专利开放许可交易平台完成首单交易；截至2022年底，海南国际知识产权交易所挂牌上线开放许可专利达184项。推进知识产权运营服务体系建设，8月24日，海口市、海口市龙华区、三亚市崖州区、三亚崖州湾科技城分别入选国家知识产权强国建设试点城市、试点县（区）和试点园区；采取省、市、区共建的形式，在海口国家高新区建设省级知识产权

运营公共服务平台；12月27日，认定海口国家高新技术产业开发区管委会、三亚市知识产权保护中心、海南师范大学科技园管理有限公司等3家单位为2022年度海南省专利导航服务基地。

地理标志运用促进。2022年，海南省大力实施地理标志运用促进工程。2月28日，全省确定8个筹建省级地理标志产品保护示范区名单，分别为"大坡胡椒""三亚芒果""儋州粽子""兴隆咖啡""文昌椰子""陵水圣女果""乐东金钱树""乐东蜜瓜"。5月16日，海南省知识产权协调领导小组办公室关于印发《海南省商标品牌指导站建设管理办法》，加强商标品牌建设。6月15日，全省实施地理标志运用促进工程现场交流会召开，从地理标志挖掘、培育、运用、促进、管理、保护等方面对全省地理标志运用促进工作进行部署。12月7日，"海南沉香（香料）""海南沉香（药用）"两项地理标志证明商标通过国家知识产权局商标局核准注册。

四、知识产权保护

知识产权监督执法。2022年，全省商标、专利和地理标志案件立案627件、结案599件、罚没款284.6万元。海南省知识产权局会同海南省市场监督管理局组织各市县市场监管、综合行政执法部门，开展冬奥会和冬残奥会知识产权保护、地理标志保护、知识产权代理行业"蓝天"等专项行动。6月24日，三亚市被国家知识产权局确定为第一批知识产权纠纷快速处理试点地区。7月25日至30日，海南省知识产权局邀请国家知识产权局作为第二届中国国际消费品博览会成员单位，提供更加专业、权威的知识产权业务支持，共处理知识产权线索13件（商标7件，专利4件，版权2件），清理"展虫"2起。

知识产权信用分类监管。2022年10月20日，海南省知识产权局与海南省市场监督管理局联合印发《海南省知识产权领域市场主体信用监管办法（试行）》，加强知

识产权领域市场主体信用分级分类管理，归集知识产权领域市场主体受到行政处罚、刑事处罚等情况，将知识产权领域市场主体信用等级分为A、B、C、D四级，作为知识产权、市场监管、综合行政执法等部门分级分类监管的依据。

三亚崖州湾科技城知识产权特区建设。2022年1月30日，中国（三亚）知识产权保护中心通过国家知识产权局验收并投入运行，系国家知识产权局批复海南省建设的第一家知识产权保护中心。3月4日，中国（三亚）知识产权保护中心成为中国第一个集现代农业和海洋科技快速预审、快速确权、快速维权于一体的知识产权保护"一站式"综合服务平台。该中心受理的涉海外观设计专利"无人船"，仅用2个工作日即获国家知识产权局授权，与以往外观设计专利审查周期相比缩减99%以上。受理的实用新型专利"一种土壤污水处理装置""一种污水处理剂播撒装置"，仅用4个工作日即获得授权，与一般实用新型专利审查周期相比缩减96%以上。7月27日，全国首家农业植物新品种审查协作中心在三亚市成立。12月28日，海南省知识产权局联合多部门印发《三亚崖州湾科技城知识产权"五合一"综合管理体制改革实施方案》，在三亚崖州湾科技城知识产权特区推行专利、商标、版权、地理标志、植物新品种"五合一"兼具行政管理和综合执法职能的知识产权综合管理体制。

五、知识产权服务

知识产权金融服务。2022年4月24日、11月14日，海南省知识产权局组织开展知识产权质押融资政策宣讲暨银企对接活动，共计410余人次参加，部分企业和金融机构达成融资意向。11月2日，新锐恒丰（海南）农业科技有限公司利用植物新品种权作为质押物，从中国银行股份有限公司海南省分行获得企业急需的融资贷款，标志着海南首单植物新品种权质押融资贷款落地三亚，拓宽了种企融资渠道。中国太平洋财产保险股份有限公司海南分公司与海口市秀英区永兴镇人民政府、海南亚洲制药股份有限公司，中国人民财产保险股份有限公司海南省分公司与海南桥网络科技有限公司，分别就"永兴荔枝""永兴黄皮"地理标志，"快克"商标和一项发明专利权，正式签订《地理标志法律费用保险单》、《商标法律费用保险单》和《专利执行保险保险单》，标志着知识产权类保险落地海口。

知识产权平台建设与公共服务。2022年，海南省知识产权局推动在11个重点园区建设知识产权公共服务窗口。3月23日，海南省知识产权局发布《海南省知识产权公共服务事项清单（第一版）》，从知识产权创造、运用、保护、管理和服务5个方面，全面梳理海南省知识产权有关部门和单位的公共服务职能，整合公共服务资源，细化公共服务事项，明确服务供给方式，实现知识产权公共服务事项无差别受理和同标准办理。6月8日，三亚崖州湾科技城知识产权公共服务窗口挂牌，成为海南省第一个知识产权公共服务窗口。6月28日，海南省知识产权局认定三亚中央商务区管理局、三亚学院、海南软件职业技术学院为2022年海南省知识产权信息公共服务网点，并向国家知识产权局推荐三亚学院、海南软件职业技术学院进行国家知识产权信息公共服务网点备案。

六、知识产权宣传普及

2022年，海南省知识产权局组织全省各市县知识产权管理部门开展"4·26全国知识产权宣传周"活动，发放、张贴知识产权宣传海报6000张。举办2022年海南省知识产权知识竞赛活动，开展地理标志助力乡村振兴电视夜校讲座，举办知识产权质押融资政策宣讲暨银企对接活动，开展知识产权进校园活动，举办知识产权行政保护典型案例新闻发布会，举办2022年

RCEP(《区域全面经济伙伴关系协定》)知识产权培训、"专利开放许可制度专题培训",提升全社会知识产权意识。

供稿：海南省知识产权局

版权工作

2022 年,海南省版权工作以习近平新时代中国特色社会主义思想为指导,以党的二十大精神以及习近平总书记关于知识产权保护的重要论述为根本遵循,坚定不移贯彻新发展理念,严格版权保护,稳步推进软件正版化工作,严厉打击侵权盗版,积极探索版权公共服务便利化,大力发展版权产业,为海南打造知识产权强省、推动海南自由贸易港高质量发展、营造良好营商环境和创新创造环境提供支撑支持。

一、稳步推进软件正版化工作

1. 工作措施

发挥体制机制优势,做好统筹部署。召开海南省使用正版软件工作厅际联席会议第七次全体会议,研究审议《海南省使用正版软件三年行动计划(2022—2024 年)》,确定基本原则和工作思路。

广泛开展宣传培训,营造良好氛围。开展 2022 年海南省党政机关使用正版软件工作线上培训,进一步提高工作人员业务能力,共约 200 人参训。举办 2022 年海南省新闻出版、印刷、发行企事业单位软件正版化线上培训,约 200 人参加培训。组织开展"4·26 全国知识产权宣传周"版权宣传活动,提高公众的版权保护意识。

进一步加强审查指导,规范采购安装。与省公共资源中心加强沟通合作,对海南省政府采购网上商城上架软件的版权状况和各单位采购软硬件情况予以掌握了解,提醒督促个别市县、单位对违规采购的软硬件进行整改,对不符合正版要求的网上商城软件予以下架和处理。部分市县、单位就采购软硬件设立前置审查,阻断不合

规软硬件进入机关和企事业单位,对各市县、各单位采购安装使用计算机软件进行规范化管理。

2. 工作成效

党政机关、国有企业软件正版化工作成果得到拓展延伸。指导全省各级党政机关加强软件正版化制度建设,修订充实《计算机软硬件采购制度》等各项管理制度,把制度建设作为巩固工作成效的重要举措。持续加强正版软件采购和使用管理,各级党政机关正版软件实现全覆盖。国有企业软件正版化工作加快推进,省属国有企业采购操作系统 413 套、办公软件 822 套、工业设计软件 8 套,实现通用正版软件全覆盖。市县国有企业软件正版化工作有序开展,海口、澄迈等市县国有企业软件正版化工作进展较快。

金融机构软件正版化工作进展顺利。一是银行业保险业法人机构软件正版化工作全面完成。二是证券期货机构软件正版化工作进展顺利。联合海南证监局要求辖区内证券期货机构重视软件正版化工作,强化制度建设,督促机构编制年度预算,保障经费投入,要求将正版软件使用及管理纳入公司考核机制,定期开展自查整改工作,不断提升软件正版化率,多措并举确保机构软件正版化工作取得实效。

全行业软件正版化工作正式启动。印发《海南省使用正版软件三年行动计划(2022—2024 年)》,部署开展全行业软件正版化工作,聚焦推进各级工商联会员企业和重点行业(领域、系统)使用正版软件。省教育厅、省卫生健康委员会等省级主管部门制定印发本行业(领域、系统)使用正版软件三年行动计划。

二、严厉打击侵权盗版行为

1. 工作措施

组织开展海南省打击网络侵权盗版"剑网 2022"专项行动。召开工作协调会,印发实施方案,组织各市县拉网式巡查,指

导各级版权执法部门查处网络侵犯著作权案件。专项行动期间,共巡查互联网企业422家次、影院192家次、电商平台213家次、社交平台公众号(个人账号)1430个次、剧本杀娱乐经营场所255家次、网吧676家次、教育(在线教育)机构88家次、网上书店89家次,共出动执法人员2930人次,处置关停中央宣传部版权管理局移送的1家侵权网站,查处琼海嘉积嘟嘟柒休闲放映工作室未经著作权人许可,复制、放映其作品案,成功调解三亚微信公众号利用"雷公马"IP形象进行促销系列纠纷。

开展海南省冬奥版权保护集中行动。第一时间印发通知,部署安排冬奥版权保护集中行动。行动期间,全省共出动执法人员1480人次,车辆303台次,检查各种场所1275家次,巡查网站及App共计165余家次,平台账号共计83余个次,下发《责令整改通知书》33份,查办案件11宗,扣压"冰墩墩"形象的公仔、钥匙扣等侵权物品共1230个,罚款6000元。

开展海南省青少年版权保护季专项行动。联合相关单位印发《关于开展海南省"青少年版权保护季"行动的通知》,对辖区内校园周边书店、报刊亭、印刷企业、打字复印店、文具店、杂货店、网上书店等场所(网络)进行巡查摸排,累计检查出版物经营单位约2500家次,检查印刷复制企业和图文印刷单位约700家次,巡查网络文化经营单位(网站)约1000家次。查办昌江倪尔星培训学校未经许可发行作品案等7起教材教辅、少儿图书案件。

2. 工作成效

持续开展"剑网"、院线电影版权保护、冬奥版权保护、青少年版权保护等专项行动,加大对侵权盗版行为的打击力度。在执法队伍力量未能增强的情况下,办理著作权案件数量迅猛增长,成效显著。2022年全省著作权立案35件,行政处罚结案34件,分别同比增长250%和386%。查办琼海嘉积嘟嘟柒休闲放映工作室未经著作权人许可,复制、放映其作品案等一批有影响力的案件。

三、广泛开展版权宣传

按照国家版权局和海南省知识产权局的部署安排,组织开展"4·26全国知识产权宣传周"版权宣传活动。一是组织举办海南省知识产权知识竞赛活动。与省知识产权局、省教育厅等联合举办知识产权知识竞赛活动,通过竞赛增强广大青年群体尊重和保护知识产权意识,引导青年主动担当社会责任。据统计,自2022年4月18日至26日,全省总参与人次为41 145人次,有效答题28 945人,获奖人数为5203人。二是联合举办2022年海南省知识产权行政保护典型案例新闻发布会,会上通报2021年度全省版权保护工作情况、发布版权保护六大典型案例。三是指导市县版权局开展"4·26全国知识产权宣传周"版权宣传活动,指导市县结合本地实际,配合知识产权部门做好知识产权宣传周版权宣传活动。

四、积极做好版权社会服务工作

2022年,海南省共登记各类作品438件,审核备案涉外版权贸易合同110个,当年实际引进图书版权92种,实际输出图书版权1种。筹备建设中国版权保护中心海南分中心,授权海南国际知识产权交易所开展作品自愿登记信息采集业务,积极探索版权公共服务便利化。组队参加第二届中国国际消费品博览会知识产权专项保护版权服务保障工作。

供稿:海南省版权局

司法工作

一、提高站位,突出忠诚,把党对人民法院工作的绝对领导贯穿始终、落在实处

将学习贯彻党的二十大精神作为首要政治任务始终在政治上、思想上、行动上同

以习近平同志为核心的党中央保持高度一致。

始终坚持党对法院工作的绝对领导，严格执行《中国共产党政法工作条例》《中国共产党重大事项请示报告条例》，将请示报告作为坚定拥护"两个确立"的实际行动。

在审判执行工作中贯彻习近平法治思想，加强网络意识形态管理。严格对外宣传审批流程，严格开展外事活动，筑牢意识形态安全防线，弘扬司法正能量。在海南电视台《护航自贸港　政法在行动》系列特别节目推出专题片，营造良好氛围。

海南高院党组严肃政治纪律和政治规矩，不断纵深推动从严治党、从严治院，切实在"两个维护"上当好表率。

二、充分发挥知识产权审判职能作用，助力创新发展

2022年，海南法院共受理知识产权案件3883件（不含执行案件），审结3536件，结案率为91.1%。2022年受理涉外和涉港知识产权案件8件，涉及美国、德国、韩国、荷兰、芬兰等国家，平等保护中外权利人合法权益，营造公开透明的法治环境和平等竞争的市场环境。

注重司法能力提升。"第一槌"侵害植物新品种权纠纷一案入选最高人民法院发布的第二批人民法院种业知识产权司法保护典型案例、2021年中国法院50件典型知识产权案例。

依法审理知识产权民事案件，服务创新发展和公平竞争。2022年海南法院共受理知识产权民事诉讼案件3836件。调解、撤诉1931件，调撤率50.34%。涉及植物新品种、海洋生态环境修复、太阳能海水淡化、软件开发、药品研发等重点产业、技术，加强新兴领域知识产权保护。涉及互联网平台、文化消费、消防安全检测等领域，准确把握竞争政策，保护竞争活力。

加强刑事案件审理，全面推进知产审判"三合一"改革。按照全国人大常委会《关于设立海南自由贸易港知识产权法院的决定》，扎实推进"三合一"改革工作。依法打击涉知识产权犯罪，提升知识产权司法保护整体效能。

加强知识产权案件的执行力度，探索新型执行方法。2022年共受理执行案件961件，其中首执案件911件、执行保全案件36件，共结案910件，结案率94.7%。坚持依法公正善意文明执行。探索建立知识产权领域严重失信主体黑名单制度，推进知识产权诚信体系建设。

三、以服务自贸港建设大局为己任，营造法治化营商环境

进一步落实最高人民法院要求和省委改革部署，支持"三极一带一区"区域协调发展，经最高人民法院批复，自2022年5月1日起，增加儋州市人民法院、琼海市人民法院跨区域管辖普通一审知识产权案件，重新调整出台《海南省高级人民法院　海南省人民检察院　海南省公安厅关于知识产权刑事案件指定管辖若干问题的意见》（2022年第二次修正）、《海南省高级人民法院关于知识产权案件管辖衔接若干问题的意见》。

海南高院与省知识产权局共同发布《海南省推进设立一体化知识产权保护机制工作方案》，构建海南省"全类别、全链条、多渠道、多主体""一体化"知识产权保护体系。海南高院指导自贸港知识产权法院与省知识产权局联合印发《关于建立知识产权纠纷"调审一体化"机制的通知》，推动各市县市场监督管理局与相关法院对口建立诉调对接机制。2022年，自贸港知识产权法院通过诉前委派和诉中委托方式推送调解组织调解案件，调解成功115件，调解率78.23%。

海南高院指导海南自贸港知识产权法院在三亚崖州湾科技城设立知识产权特区审判庭和知识产权司法保护联系点。与最高人民法院民三庭共同设立"人民法院知识产权司法保护种质资源研究（海南）基地"，保障国家种业知识产权战略实施、助力热带高效农业可持续发展。

加强知识产权法治保障，支持高新技术产业等现代产业领域的制度创新。海南高院、海南自贸港知识产权法院与其他相关单位参与的"创设省级统一的类案裁判指引制度""南繁种业知识产权特区"两个案例，分别纳入第十四批、第十五批海南自由贸易港制度集成创新案例。

围绕国家重点战略实施和创新驱动发展，积极主动为南繁育种、医疗新科技、数字创意等重点领域、新兴产业的推进建设提供司法服务，公开开庭审理案件，做好司法保护和法治宣传，服务重点园区科技创新。以三亚崖州湾科技城种业知识产权保护为主题制作的《一粒种子的保护》微动漫，获全国第九届"金法槌奖"微视频类三等奖、海南自由贸易港法动漫微视频暨全国第十八届法治动漫微视频作品征集评选活动一等奖。

海南自贸港知识产权法院对"桥头地瓜""福山咖啡"等海南自由贸易港特色农产品地理标志进行调研，形成地理标志司法保护指南，是海南法院"揭榜挂帅"第一批榜单项目。

四、积极开展国际交流合作，打造知识产权司法保护新高地

举办海南自由贸易港知识产权法治建设研讨、外事政策和涉外礼仪专题讲座，开展 RCEP、CPTPP 等贸易协定的专题学习研讨，刊印知识产权国际动态专报。

利用"4·26 全国知识产权宣传周"，派驻专业团队服务保障中国国际消费品博览会、中国种子大会、中国（海南）国际热带农产品冬季交易会、海南岛国际电影节等重大活动，参加博鳌亚洲论坛知识产权分论坛、RCEP 种业知识产权保护论坛等国际会议，做好知识产权保护和司法服务保障工作。

积极开展高水平国际司法交流，海南高院与中国（海南）改革发展研究院联合举办"海南自由贸易港知识产权法治建设"研讨会。协助最高人民法院举办"种质资源知识产权司法保护"研讨会。海南自贸港知识产权法院法官受邀为丹麦哥本哈根大学开设线上讲座"中国商标注册与保护的实践"。

五、坚持以党建为引领，锻造忠诚干净担当的法院队伍

海南自贸港知识产权法院审判事务部党支部获评海南省直机关第四批"标准化党支部示范点"。海南自贸港知识产权法院党建创新案例《构建党建引领知识产权一体化保护"四共一体"新机制》入选最高人民法院第二届新时代人民法院党建创新优秀案例，并获得海南省"椰树杯"党建案例三等奖。

制定实施《2022 年全省法院素能建设实施方案》，着力提升队伍素能。海南自贸港知识产权法院"创新"文化建设，入选全国法院文化建设特色项目。海南自贸港知识产权法院获评海南省直机关第四批"创建文明单位示范点"称号。

供稿：海南省高级人民法院
知识产权审判庭

检察工作

一、加大办理知识产权刑事犯罪案件的力度，提升办案质效

2022 年，共受理审查逮捕侵犯知识产权犯罪案件 10 件 26 人，批准逮捕 6 件 10 人；受理审查起诉 25 件 80 人，起诉 20 件 65 人；监督公安机关立案 3 件。办理知识产权刑事二审上诉案件 2 件，抗诉案件 2 件。建议行政执法机关向公安机关移送知识产权犯罪案件线索、向行政执法机关移送不起诉但符合行政处罚的案件线索各 1 件。共办理知识产权民事检察监督案件 6 件，其中知识产权民事生效裁判监督 2 件，执行活动监督 1 件，审判人员违法行为监督 3 件；向人民法院发出检察建议 4 份，全部被采纳。一是聚焦主责主业，做优知识产权刑事检察。积极与公安机关交流会商，适时提前介入引导侦查，进一步解决取证难、固证难、认定难等问题，全年提前介入侦查 7 件，引导公安侦查 12 件，保证案件办理质效。三亚市城郊人民检察院提前介入一起涉植物新品种权的犯罪案件，与公安机关、中国（三亚）知识产权保护中心开展案件交流研讨，线上咨询北京专家解决涉案玉米授权品种与侵权品种的同一性问题，积极引导公安机关侦查，在具体案件中切实加大对植物新品种权的保护力度，目前公安机关已经立案。二是进一步完善知识产权刑事案件管辖范围。2022 年 4 月 20 日，最高人民法院印发《基层人民法院管辖第一审知识产权民事、行政案件标准》。为适应管辖的变化，6 月 17 日，海南省人民检察院与海南省高级人民法院、海南省公安厅印发《关于知识产权刑事案件指定管辖若干问题的意见》，对 2021 年版本进行修正，进一步优化海南省知识产权刑事检察工作职能。

二、积极构建知识产权民事检察多元化监督格局

一是明确工作重点，强化知识产权民事检察精准监督。2022 年，海南省检察院知识产权检察办公室指导海口市琼山区人民检察院和三亚市城郊人民检察院开展知识产权民事检察专项监督工作，扩大监督范围、丰富监督类型，全面提升监督质效。海南省检察机关共办理知识产权民事检察监督案件 6 件，案件类型包含知识产权民事生效裁判监督、执行活动监督、审判人员违法行为监督，实现民事检察监督案件类型"全覆盖"，试点基层检察院亦全部实现知识产权民事检察监督案件零的突破。二是推进知识产权恶意诉讼专项监督工作，创新拓宽监督渠道。2022 年 7 月，最高人民检察院印发《全国检察机关开展依法惩治知识产权恶意诉讼专项监督工作实施方案》。8 月 3 日，海南省检察院印发《关于贯彻执行全国检察机关开展依法惩治知识产权恶意诉讼专项监督工作的通知》，海南省检察机关认真组织实施，相关工作有序开展。一是开展知识产权恶意诉讼线索排查工作，共发现知识产权恶意诉讼线索 5 件。二是三亚市城郊人民检察院主动对接法院，在三亚市城郊人民法院立案窗口设置知识产权恶意诉讼举报电话告示牌，积极探索建立法检联合惩治知识产权恶意诉讼的监督工作机制。

三、构建知识产权行政执法与刑事司法衔接机制，形成保护合力

一是积极探索案件线索"双向移送"。针对办案实践中存在的刑事追究与行政处罚衔接缺位的问题，三亚市城郊人民检察院积极探索建立知识产权案件线索"行政刑事双向移送"机制。三亚市城郊人民检察院将一起作出不起诉但符合行政处罚条件的案件线索移送给三亚市烟草专卖局，该局经审查依法对涉案人员作出行政处罚决定。二是凝聚知识产权协同保护合力。落实最高人民检察院、国家知识产权局《关于强化知识产权协同保护的意见》，海南省检察院和海南省市场监督管理局、海南省知识产权局联合召开座谈会，就建立常态化联络机制、信息共享机制、加强业务协作达成共识。海南省检察院第一分院与海南自由贸易港知识产权法院、海南省知识产权局、海南省市场监督管理局、海南省农业农村厅共同组建知识产权保护一体化党建共建联盟，签订《知识产权保护一体化党建联盟协议书》，明确与相关单位共享活动平台、分享工作资源、交流工作经验。

四、多种形式开展知识产权检察综合保护宣传，提升知识产权检察影响力

2022 年，海南省检察机关聚焦海南省知识产权刑事、民事、行政检察职能集中统一履行特点,大力开展"线上线下"宣传。共开展专题线下宣传培训活动 21 场,发放宣传材料 4600 余份,开展线上宣传活动 4 次。一是做好中国国际消费品博览会知识产权保护检察服务工作。第二届中国国际消费品博览会期间,海南省检察机关首次进驻展会,制作《知产保护 检察护航》宣传手册,宣传知识产权检察职能集中统一履行工作,全程提供法律咨询服务。二是召开新闻发布会。海南省人民检察院召开"知识产权保护,海南检察在行动"主题新闻发布会,通报海南检察机关开展知识产权检察职能集中统一履行试点工作情况,发布 2021 年海南检察机关知识产权检察综合保护典型案例,发出知识产权"海南检察声音"。

供稿:海南省人民检察院
知识产权检察办公室

重 庆 市

知识产权工作

一、审批登记

2022 年,重庆市授权专利 66 467 件,其中发明专利 12 207 件、实用新型专利 46 556 件、外观设计专利 7704 件;每万人口发明专利拥有量 16.14 件,较 2021 年增长 22.1%,每万人口高价值发明专利拥有量 5.48 件,专利密集型产业增加值占 GDP 比重 10.8%;国际专利(PCT)申请 451 件,同比增长 14.7%。有效注册商标总量 80.66 万件,较 2021 年增长 8.67 万件。地理标志商标总量 295 件,驰名商标总量 162 件。

全年普通作品登记 17.02 万件。

全年获得农业、林业等植物新品种授权品种 19 个。

全年推动制定发布国家标准、行业标准 141 项,新立项地方标准 193 项,批准新发布地方标准 211 项,推动 20 余家社会团体标准 57 项,951 家企业自我声明公开现行有效标准 3035 项。

全年完成科技成果登记 1918 项,其中应用技术成果 1781 项,基础理论成果 63 项,软科学成果 74 项。认定登记技术合同 6919 项,其中涉知识产权合同 249 项。

二、制度建设

知识产权政策体系不断完善。重庆市委、市政府印发《重庆市知识产权强市建设纲要》,对未来 15 年知识产权强市建设作出系统谋划和总体部署。重庆市政府办公厅印发《重庆市高价值发明专利质量提升行动方案(2022—2024 年)》,明确 13 项工作举措和 8 项扶持政策。重庆市知识产权保护联席会议办公室印发《2022 年重庆市强化知识产权保护推进计划》,安排 36 项年度重点工作,统筹推进全市知识产权保护工作。新增设立重庆专利奖,制定《重庆专利奖评审奖励办法》,启动首届重庆专利奖评审工作。

知识产权工作机制不断健全。重庆市检察院、市知识产权局制定《关于强化知识产权协同保护的具体措施》,建立案件线索双向移送、重大案件挂牌督办等 9 项机制。重庆市检察院、市经济信息委、市知识产权局建立知识产权综合保护联系点 100 个,开展定期走访、维权援助等"一企一策"精准服务,从源头化解涉企知识产权纠纷风险。重庆高院、市知识产权局制定《关于开展知识产权纠纷行政调解协议司法确认工作的实施办法》,完成全市首例专利、商标纠纷行政调解协议司法确认案件。重庆市司法局、市贸促会、市知识产权局出台《关于加强知识产权纠纷调解工作的实施意见》,进一步完善知识产权纠纷多元化解机制。全市设立知识产权纠纷人民调解委员会 21 家,调解知识产权纠纷 682 件。重庆市教委、市知识产权局出台《关于严格规范高等学校专利申请行为的通知》,强化高价值发明专利培育。川渝两地知识产权管理部门聚焦农特产品、调味品、酒类等领域,联合开展"巴蜀味道"知识产权联合执法行动,打造"知识产权双城保护圈"。重庆市知识产权局建立专利侵权纠纷"快调+速裁+精审"行政裁决模式,成立专利侵权纠纷行政裁决综合办公室,有效统筹市和区县两级知识产权执法力量。重庆市涉外知识产权调解中心与重庆自贸区法院率先实践"人大代表+法官+检察官+专家调解员"知识产权案件联合调解模式,成功调解全市首例检察机关支持起诉的商标专用权纠纷案件。

三、行政执法

全市知识产权管理部门开展"铁拳""蓝天"等执法专项行动,办理专利侵权纠纷案件 740 件,查办专利、商标和地理标志违法案件 1005 件,案值 2600 万余元。

重庆市农业农村委开展柑橘种苗市场专项整治和违规品种清理,查处品种侵权案件 3 起。办理案件入选全国农业植物新品种保护十大典型案例。

重庆市林业局开展打击制售假劣种苗和保护植物新品种权专项行动,办理种苗案件 3 件。

重庆海关持续保持打击侵权高压态势,全年共采取知识产权保护措施 121 次,扣留侵权货物 100 687 件。

四、转化运用

制定《重庆市高价值专利培育项目实施细则》,以重点实验室、大院大所、专精特新企业为重点,立项支持 12 个高价值专利培育项目,实现制造业产业集群全覆盖。

制定《重庆市地理标志品牌培育指南》,印发《重庆市商标品牌指导站建设与运行管理办法(试行)》,布局设立集商标品牌培育、保护、运用、管理等于一体的公益性工作平台。

重庆市财政局、市知识产权局、人民银行重庆营管部、重庆银保监局出台《关于金融支持知识产权质押融资的若干措施》,制定支持知识产权质押融资 11 项措施,创新建立融资担保机构、再担保机构、国家融资担保基金、银行 4∶2∶2∶2 风险分担机制。

全市全年办理专利商标质押融资 119 笔、金额 16.24 亿元,新增发放知识价值信用贷款 43.26 亿元,惠及企业 2403 家。

五、公共服务

建设市级知识产权培训基地 4 家,推进高层次、专业性及实务型人才培养,全市新增知识产权师 51 人。

开展"为科技工作者办实事助科技工作者作贡献"行动,为 275 位优秀科学家及其团队提供专利信息检索分析等服务。

重庆市贸促会自主研发上线全市首个RCEP 企业服务公共平台——重庆自贸通FTA 智慧服务平台,为企业提供国别知识产权法律、知识产权纠纷线上调解等一键式智能服务。

重庆市国防专利受理窗口受理国防专利申请 35 批 306 件,受理量位居全国前列。

重庆商标审查协作中心坚持质效并举、质量优先,着力提升审查能力、防范质量风险、稳定注册周期。全年共完成商标注册形式审查 289.62 万件、实质审查 125.50 万件,完成"变转续"审查 64.76 万件。

六、文化建设

全市各部门各单位广泛开展以"全面开启知识产权强市建设新征程"为主题的知识产权宣传周活动,累计开展知识产权宣传活动 190 余项。

重庆市教委、市知识产权局举办"重庆市青少年知识产权绘画海报创意大赛",推进中小学知识产权教育工作进校园。

供稿:重庆市知识产权局

版权工作

2022年,重庆市版权局深入学习贯彻党的二十大精神,坚持稳中求进、守正创新,统筹做好版权执法监管、软件正版化、版权宣传普及、版权产业发展等各项工作,为服务宣传思想大局、维护意识形态安全、促进文化繁荣发展提供有效版权支撑。

一、抓专项、强督办,版权执法工作有力有效

1. 突出执法重点,开展专项整治工作

重庆市版权局开展打击网络侵权盗版"剑网行动"、冬奥版权保护集中行动、打击院线电影盗录传播集中行动、青少年版权保护季行动,核查互联网平台500余个,出动执法人员约7800人,检查单位约3200家。召开版权执法工作推进会,推动版权执法工作走深走实。

2. 加强部门联动,重点案件挂牌督办

2022年,重庆市版权局不断加强与公安、文化执法、网信等部门联动,成效明显。全年共查处侵权盗版案件135件,案件查办数量位居全国前列。大渡口"4·21"幼儿教辅读物侵权盗版案、渝中区音乐网站侵权盗版案、北碚区工业软件侵权盗版案、云阳童某某涉嫌侵犯著作权案4起案件被国家版权局等单位挂牌督办。

3. 发挥典型示范作用,强化激励机制

重庆市加强统筹协调,成功查办了一批大案要案,数质并举。其中,重庆市委宣传部版权管理处等6个单位和重庆市"7·31"沈某侵犯著作权案专案组等8名个人获评国家版权局2021年度查处重大侵权盗版案件有功单位和有功个人。重庆市童某某高清盗录传播春节档院线电影案成功入选国家版权局等四部门发布的打击网络侵权盗版"剑网2022"专项行动十大案件。

二、抓核查、强考核,软件正版化工作规范有序

1. 通报核查情况,促进问题整改

为推动各区县各部门落实软件正版化工作主体责任,按照国务院办公厅相关工作要求,2022年初,印发上一年度全市软件正版化工作核查情况通报,对核查中发现部分区县和市级部门存在的认识不到位、制度不落实、日常管理缺位、网络信息安全重视不够等问题予以提醒,并要求有关区县和部门限期整改。

2. 强化结果运用,传导责任压力

重庆市版权局将软件正版化核查结果持续纳入全面从严治党考核、"双打"考核指标,与意识形态专项督查统筹推进,有效传导责任压力,以查促改,确保软件正版化工作规范有序开展。

3. 发挥平台优势,优化日常服务

重庆市版权局指导重庆市软件正版化服务中心(简称服务中心),不断强化运营管理,加强对软件正版化政策解读,服务中心线上服务平台制作的《软件正版化科普指南》《加大数字传播版权保护》等获广泛关注。指导服务中心摸排国产操作系统、办公软件等与部分业务系统兼容性等问题,服务30余家政府企事业单位,搭建起用户与厂商单位沟通对接桥梁。

三、重登记、强宣传,版权社会化服务深入人心

1. 严把著作权登记质量关

紧紧围绕迎接、宣传、贯彻党的二十大这条主线推进工作,严格落实意识形态工作责任制,把牢著作权登记政治方向、舆论导向、价值取向和作品质量关口。2022年作品登记17万余件。严格执行作品登记制度和《重庆市版权服务工作站管理办法(试行)》,通过"内容+程序"双重审查、三级审核、作品登记承诺、编制案例库等举措,进一步优化审查流程,规范审查尺度。驳回登记作品1600余件,登记驳回率1.08%,有效防

止因认识不同、标准不一而引发的重复登记等情况。

2. 精心组织版权宣传活动

组织2022重庆版权宣传周活动,活动期间设计并投放版权宣传纸质海报近4万张、电子海报1246处,制作版权宣传视频10期,发起"川渝版权说"抖音话题,相关视频点击量达3009.1万次。全市213个市级党政机关、41所高等院校、83家国有企业、81家金融机构、41个区县直接参与其中。举办"IP·创未来"2022重庆艺术版权季,组织市内外专业设计机构以及全市各高校、中小学按照给定选题进行艺术版权创作。40余个专业设计机构、1600人参与其中,创作平面设计类、动画视频类等类型作品2000余件。

3. 深入开展版权普及活动

组织部分法律专家、重点版权企业、版权登记工作人员走进区块链数字经济产业园、金山意库文化产业园等市级版权示范园区,宣讲新修改的《著作权法》,提供免费版权登记、法律咨询援助服务。面向基层发放《黄丝玛玛说版权常识篇》《黄丝玛玛说版权案例篇》宣传手册5000余份。

四、抓创建、重创新,版权产业发展可圈可点

1. 版权示范创建数质并举

持续推进版权示范创建工作,不断培育版权优势示范企业、园区。新增重庆出版集团有限公司、视觉图库(重庆)传媒科技有限公司和重庆仙桃国际大数据谷为全国版权示范单位、园区(基地)。截至2022年底,重庆市已成功培育8家全国版权示范单位、3家全国版权示范园区。

2. 版权创新驱动成效明显

积极培育数字版权区块链服务中心,为数字版权登记、展示、存证、保护、评估、交易、衍生品开发等提供全方位服务。"政府+平台+企业+司法机关"数字经济版权保护新模式,入选中国(重庆)自贸试验区最佳实践案例。

3. 版权理论研究持续深入

会同重庆师范大学版权研究基地,开展新一年度的重庆市版权产业经济贡献调研,按照版权产业经济贡献度总体情况、版权产业经济贡献数据分析等九个方面进行系统梳理、有序推进。指导重庆邮电大学版权研究基地开展版权司法案例专题调研,分析版权司法案例数据,形成《重庆市版权司法大数据分析报告》。

五、抓示范、强基层,版权业务培训扎实开展

1. 积极开展市级示范培训

举办版权执法和软件正版化专题培训,各区县宣传部分管副部长、文化市场综合执法支队主要负责人、执法骨干以及市卫生健康委及其直属(代管)单位、市教委及其直属事业单位、各高校、宣传文化系统有关单位软件正版化工作负责同志等共163人参训。

2. 广泛推动区县业务培训

为服务好区县版权业务培训,重庆市版权局积极为区县提供师资支持,多次应邀派员到部分区县开展点对点讲座培训。全年指导开州区、合川区、江津区、忠县、巫山县等21个区县,对乡镇街道宣传委员、文化服务中心主任、区级部门分管负责人等3300余人开展版权执法和软件正版化工作专题培训。

供稿:重庆市版权局

司法工作

一、聚焦执法办案,案件审判更加公正高效

2022年,重庆法院共受理一、二审各类知识产权案件21 412件,审结20 224件,案件数量位居西部地区前列。其中,受理的民事、刑事、行政案件分别为21 319件、77件、16件。

精细化审理各细分领域典型案件，服务经济社会发展。加强对关键核心领域技术的保护。依法妥善审理专利、技术秘密、植物新品种等技术类案件，其中，OPPO 公司诉诺基亚公司 3 案系重庆首例涉标准必要专利全球费率裁决案、朗盛德国有限责任公司与重庆长风生物科技有限公司案系跨国技术秘密侵权案，加强对市场秩序的保护。审理涉及华为、周六福、宝岛等知名品牌的商标侵权纠纷及不正当竞争案件，严厉打击假冒伪劣产品，并合理把握合法来源标准。依法审理"云控"软件刷流量系列案、不正当设置网络搜索关键词拦截流量案等新型网络不正当竞争案件，加强数字文化产业保护，维护网络空间司法秩序。加强对版权的保护。依法审理起诉标的额 8 亿元的视频平台头部企业间热门影视作品信息网络传播权纠纷案、王某某后人提起的涉 9 首"西部民歌"系列著作权侵权纠纷案等案件，促进平台经济规范健康持续发展，加强文艺作品、文化产品保护。

加强知识产权全面保护，加大侵权惩治力度。准确适用惩罚性赔偿，着力破解"赔偿低"问题，判赔金额较高案件逐渐增多。加大刑事保护力度，在被告人罗某销售假冒注册商标的商品罪一案中，明确网络售假流程认定犯罪既遂标准，强化知识产权的刑事保护力度。准确把握加强知识产权保护与防止权利滥用的法律界限，精准防止权利滥用，在安翰科技公司与重庆金山医疗公司专利侵权案中，明确当事人在发明专利申请因创造性被驳回后仍以已被授权的相同实用新型专利提起诉讼不构成恶意诉讼。平等保护中外权利人合法权益，依法涉及日本有米酸奶、发财猫，意大利奢侈品牌 PRADA，法国酒类品牌，美国苹果、李维斯等涉外知识产权案件。

二、坚持改革创新，专业化审判体系和审判机制更加完善

不断优化完善"1+1+2"专业化审判体系。全市三级法院职能定位改革与审判专业化并重，形成由高院、一个全域管辖的中院、两个跨行政区域集中管辖的基层法院组成的专业化审判组织体系。打造庭、站、室"三位一体"的便民诉讼体系。以重庆知识产权法庭为基点，在全市重点科创园区布局 9 个巡回审判站开展巡回审判、司法调研、法治宣传等，有效减轻当事人诉累。

优化知识产权小额诉讼程序。出台《关于审理知识产权小额诉讼案件若干问题的意见》，2022 年 5 月至 12 月，适用小额诉讼程序 9147 件，审结 8995 件，结案率 98.3％。重庆市渝中区人民法院积极探索完善知识产权小额诉讼审判机制改革，组建"2+6+6"知识产权速裁团队，平均审理周期 25 天。深化"1+1+N"诉源治理和多元解纷体系，依托"人民法院老马工作室"、代表委员联络站发挥调解功能，诉源治理成效明显。加强行政调解协议司法确认。出台《关于开展知识产权纠纷行政调解协议司法确认工作的实施办法（施行）》，各中基层法院均实现行政调解协议司法确认零突破。

优化审判管理和业务指导，制度化提升审判能力。加强审判指导。印发《知识产权审判疑难问题与解答》、法官会议纪要等，统一法律适用；通过条线法官联席会、专题研讨会等方式，统一裁判尺度，提升审判质效。加强审判管理。坚持每月通报审判调研工作情况，每季度开展审判运行态势分析，每年组织优秀裁判文书和优秀庭审评比，促进审判管理常态化、规范化。

三、坚持调查研究，理论指导实践更加有力

组织高水准研讨会。重庆市法学会知识产权法学研究会与中国法学会审判理论研究会知识产权专业委员会联合主办"反不正当竞争法司法解释"研讨会。与中国法学会知识产权法学研究会知识产权司法专业委员会、中国法学会案例法学研究会知识产权案例专业委员会共同主办知识产权审判理论专业委员会 2022 年年会暨"加强商标司法保护　服务品牌强国建设"研讨会。举办高品质"中国知识产权法官讲坛"。2022 年,邀请全国知名学者和资深法官作为主讲嘉宾,精心策划组织举办 3 期讲坛,线上线下吸引 16 万余人参与,为业界法官、学者等提供良好学习交流和实务参考平台。

健全案例打造机制。组织重庆市三级法院相关人员共同打磨案例,并邀请专家学者指导提炼裁判要点,切实做好典型案例打造工作,形成更多有规则意义和指导价值的裁判。案例成果丰硕。2022 年,1 场庭审获评第四届全国法院"百场优秀庭审",2 个案件入选 2021 年中国法院 50 件知识产权典型案例,1 篇文书在 2021 年全国法院技术类知识产权和垄断案件优秀裁判文书评选中获三等奖。

四、坚持合作开放,司法保护整体效能更加高效

切实提升区域一体化知识产权司法水平。重庆高院与四川高院共同召开知识产权司法保护联合新闻发布会,发布 2021 年川渝法院知识产权司法保护状况、典型案例;共同举办第二届川渝知识产权保护研讨会。创新开展川渝跨部门知识产权保护协作。两地高级人民法院、省人民检察院首次线上联合开展川渝法检系统知识产权司法保护业务培训。重庆高院与国家知识产权局专利局专利审查协作四川中心就委托进行技术调查签署协议。深度参与川渝自贸区协同开放示范区知识产权保护。重庆市渝中区人民法院与政府机关、检察机关首创"政府+平台+企业+司法机关"四位一体数字经济知识产权保护机制,入选中国(重庆)自由贸易区实践案例。

积极参与国际交流。2022 年 8 月,重庆高院院长出席"中国—上合组织国家地方法院大法官论坛",就"互联网环境下知识产权司法保护新趋势与交流合作"作专题发言。推进跨部门保护协作。与重庆知识产权局、司法局等签署系列合作协议,强化司法保护与行政保护的衔接,诉前化解纠纷、促进执法尺度统一。完善联席会议机制,邀请行政执法部门、检察院列席法院态势分析会,在信息共享的同时解决协作中存在的问题。加强对外宣传力度。组织开展"舌尖上的知识产权"全媒体直播,65 万余网友在线参与。与重庆广播电视集团(总台)《重庆之声》栏目开展《知产普法 Time》系列在线讲座活动,普及"新媒体时代背景下常见的著作权法律问题"等。

供稿:重庆市高级人民法院
知识产权审判庭

检察工作

一、高标准办案,全力提升知识产权检察基础工作质效

2022 年,重庆检察机关依法能动履职,一体化融合履行知识产权刑事、民事、行政、公益诉讼检察职能,持续深化"保知识产权　护知名品牌"专项行动,案件办理数量和质效明显提升。一是坚持做优知识产权刑事检察,严格贯彻宽严相济刑事政策,加强对人民群众反映强烈的酒精饮料、日化品、烟草、汽配件、图书影视版权等领域侵权假冒犯罪"上下游""全链条"打击,持续加大对侵犯知识产权案件侦查、审判监督力度。二是严格落实知识产权案件"一案四查""一案四评估"的工作要求,知识产权民事、行政检察监督办案数量明显提升,反垄断、反不正当竞争行政检察监督开展力度加大。三是涉知识产权公益诉讼检察实现重大突破,对食品、日化用品等消费领域积极开展支持消费者权益保护委员会等组织提起民事公益诉讼。如市检察院第二分院办理的销售假冒品牌白酒侵害川渝两地消费者权益民事公益诉讼案,获评最高人民检察院"3·15 检察机关食品药品安全公益诉讼典型案例";市检察院第五分院、南岸区检察院办理假冒日化用品系列案件,获评最高人民检察院"公益诉讼优秀案例"。

中云阳县检察院与四川天府新区检察院、消委会协作办理的一起制售假冒"江小白""小郎酒"等川渝知名白酒案获评最高人民检察院"2022 年全国保护知识产权典型案例"。

二、高质量融合,深入推进知识产权检察一体化改革

一是实现知识产权检察专门机构设置全覆盖。重庆市 44 个检察院,包括市院、5 个分院和 38 个区县检察院均成立知识产权检察办公室或检察官办案组,机构专门化设置已基本完成,实现了原有知识产权检察业务机构分别设置、分散履职模式向集中履职模式的改变,推动了知识产权刑事、民事、行政、公益诉讼检察办案监督合力的形成,构建了"捕、诉、监、防、治"全链条一体化的综合司法保护体系。二是构筑协同履职的大保护格局。聚焦"严保护、大保护、快保护、同保护"工作格局的构建,加强知识产权跨部门协同保护,与市知识产权局联合出台《关于强化知识产权协同保护的具体措施》协作文件。2022 年,重庆市检察院统筹全市 19 个分院、基层院与有关单位搭建知识产权协同保护机制共计 32 个;积极探索"检察官+检察官助理+技术调查官+专家辅助人"复合型专业化办案模式,商请知识产权、市场监管、文化执法、版权等市级部门推荐业务骨干,聘请为市检察院特邀检察官助理,为提升知识产权案件办理专业化水平提供"外脑"支撑。三是深化川渝知识产权保护协作共建。紧紧围绕推动国家区域发展战略实施,聚焦成渝地区双城经济圈建设,全面落实《关于加强川渝知识产权检察协作的意见》,联合开展案件办理、同堂培训、挂牌督办重点案件,不断深化川渝两地知识产权执法司法协作,2022 年重庆市检察院统筹全市分院、区县院与四川地市级、区县级检察院共签署协作意见 3 个。川渝检察联合公安挂牌督办知识产权案件 4 件,其

三、高起点谋划,努力打造重庆知识产权检察工作亮点

一是知识产权综合保护联系点工作不断深化。重庆市级知识产权综合保护联系点规模已达 100 家,各基层院联合辖区知识产权行政部门等单位共设立区级综合保护联系点 194 家,具有重庆特点的"线下+线上""司法+行政"知识产权大保护格局已基本建立。制发《重庆市检察机关知识产权综合保护联系点工作实施细则》,对综合保护联系点相关工作原则、目标、要求、设立、管理与退出等内容进行了细化完善。二是知识产权检察影响力显著提升。重庆市检察机关注重通过宣传讲好知识产权保护检察故事、传播检察好声音,彰显检察机关保护知识产权的坚定决心,不断提升知识产权检察影响力,助力营造"尊重知识、崇尚创新"的良好社会氛围。"4·26 全国知识产权宣传周"期间,重庆市各级检察院共开展 23 类 179 次宣传活动、覆盖数万人次,亮点纷呈,知识产权检察宣传特色鲜明。三是服务创新平台建设工作有声有色。重庆市检察机关聚焦创新格局打造,探索建立重大创新平台司法服务保障机制,助推打造一城引领、多园支撑、点面结合、全域推进的全市创新格局,努力将司法保护延伸到科技创新最前沿。

四、高维度提升,全面加强知识产权检察专业化建设

一是上下一体促提升。重庆市检察机关发挥检察一体化优势,纵向实行案件线索统一管理、统一标识,监督办案一体推进、人员力量依法调用,三级检察院合力攻坚、接力监督,拧成"一股绳"、形成"一盘

棋"。二是抓实队伍建设促提升。重庆市检察机关注重发挥专业团队示范带动作用,不断强化加强专业团队建设,参与办理及指导多起知识产权疑难复杂案件、完成最高人民检察院应用理论研究课题、撰写理论调研文章、发表专著等。注重加强全市知识产权检察队伍综合履职能力提升,围绕审判、检察工作实务和理论热点,联合举办"川渝法检系统知识产权司法保护业务培训班"。三是强化指导促提升。重庆市检察院注重强化案件质量管控,加大对重大复杂案件的指导督办力度,与市公安局联合挂牌督办侵犯知识产权刑事案件。注重充分发挥典型案例示范、引领、指导作用,强化全市知识产权检察案例培育意识、典型案例撰写能力,联合市公安局、市知识产权局发布知识产权典型案例。注重强化和规范信息简报编写报送工作,依托《知识产权检察工作情况》,及时将各地知识产权检察重大工作进展、经验做法、特色亮点予以编发,促进各级检察院沟通交流、取长补短、共同进步。

供稿:重庆市人民检察院
知识产权检察办公室

四 川 省

知识产权工作

2022 年,四川省着力打通创造、运用、保护、管理、服务全链条,全面提高知识产权保护水平、创造质量、运用效益、服务效能和治理能力,知识产权强省建设迈出坚实步伐。

一、知识产权战略实施概况

1. 知识产权强省建设

四川省委、省政府印发《四川省知识产权强省建设纲要(2022—2035 年)》。成都市、绵阳市被确定为国家知识产权强市建设示范城市,成都市郫都区和武侯区、绵阳市游仙区、遂宁市射洪市被确定为国家知识产权强县建设示范县。24 项专利获第二十三届中国专利奖。新获批国家知识产权示范优势企业 122 家,现有 354 家,居全国第六。首次获批国家级制造业创新中心 1 个。新增国家级技术创新示范企业 1 家,累计 36 家,位列西部第一。四川省在国家2022 年知识产权保护工作检查考核中获得"优秀"等次。

2. 知识产权创新改革

圆满完成国家知识产权局知识产权领域以信用为基础的分级分类监管、地理标志专用标志使用核准改革两项试点工作,在验收中均获得"优秀"等次,4 条经验做法在全国推广。广安市"龙安柚国家地理标志产品保护示范区"通过验收。遂宁市探索建立知识产权行政禁令制度。自贡市发布全国首个知识产权行政保护地方标准。完成知识产权保护"一件事"集成服务改革试点任务。成都市国家级知识产权保护中心建成运行。

3. 知识产权政策法规措施

《四川省知识产权保护和促进条例(草案)》通过四川省十三届人大常委会第一次审议。中共四川省委、四川省人民政府印发《四川省知识产权强省建设纲要(2022—2035 年)》。各部门分别印发《关于开展专利纠纷行政调解协议司法确认的工作办法(试行)》《关于强化知识产权协同保护的意见》《"天府乡村"公益品牌标识使用管理办法(试行)》《关于技术调查官参与专利侵权纠纷行政裁决办案的规定(试行)》《关于开展四川省重大经济科技活动知识产权评议的实施意见(试行)》《关于实施高价值专利培育行动的意见》《关于加强知识产权国际交流合作　赋能经济高质量发展的意见》等政策措施文件。

4. 知识产权拥有量

新增发明专利授权 2.55 万件，同比增长 31.65%；有效发明专利拥有量 10.87 万件，同比增长 24.64%；每万人口高价值发明专利拥有量 5.06 件，同比增长 25.24%。PCT 国际专利申请 718 件，同比增长 12.19%。新增注册商标 23.09 万件，有效注册商标量累计 149.21 万件。新增作为集体商标、证明商标注册的地理标志 29 件，累计 587 件；现有地理标志保护产品 296 个（保持全国第一）；农产品地理标志登记 201 个。新增作品著作权登记 22.9 万件，同比增长 25%。累计植物新品种权授权量 1081 件。现有联合国人类非物质文化遗产代表作名录项目 7 个，国家级非物质文化遗产代表性项目 153 个，省级非物质文化遗产代表性项目 1132 个。

二、知识产权行政保护

持续推进专利侵权纠纷行政裁决示范建设试点工作，办理专利侵权纠纷案件 4270 件，同比增长 7.7%，结案率 100%。深入开展"春雷""铁拳"等行动，立案查处假冒专利违法案件 1194 件，结案率 95.23%。深入开展"北京 2022 年冬奥会和冬残奥会奥林匹克标志知识产权保护""打击恶意商标注册"等专项行动，共查处各类商标违法案件 1523 件，案值 6.31 亿元。持续加强商标代理监管，定向抽查商标代理机构 547 家。持续推动商标品牌发展，6 个案例被国家知识产权局确定为商标品牌建设优秀案例。全面启动四川省商业秘密保护创新试点工作，制定《四川省商业秘密保护创新试点工作方案》，确定首批 25 个省级商业秘密保护创新试点。编写《商业秘密保护工作指导手册》《商业秘密保护工作参阅资料》。强化农作物品种管理，全年审定主要农作物新品种 254 个，登记非主要农作物品种 92 个，认定非主要农作物新品种 35 个，培育越桔属蓝韵之光、墨蓝、花椒属无刺红 3 个植物新品种获得品种权证。开展

全省地理标志运用情况排查，查处地理标志违法案件 65 件，案值 99.93 万元。邛崃黑茶、东坡泡菜 2 个地理标志获批筹建国家地理标志产品保护示范区。"涪城蚕茧""新津黄辣丁"等 4 个地理标志农产品入围农业农村部农产品"三品一标"典型案例。成都海关开展"龙腾"、寄递渠道"蓝网"、出口转运货物"净网"等知识产权保护年度专项行动，共启动知识产权保护措施 873 批次，实际扣留侵权货物 864 批次，查获侵权货物 254.76 万件，案值 171.43 万元。

三、知识产权发展与运用

全面推进职务科技成果权属改革，四川大学等试点单位累计完成职务科技成果分割确权 1646 项，新创办企业 540 家，带动企业投资 118.3 亿元。四川省专利开放许可试点平台重点推介专利项目 192 件。国家精准医学产业创新中心、国家超高清视频创新中心、生物靶向药物国家工程研究中心获批组建落户四川。

持续推进公益品牌建设提档升级，"天府乡村"公益性集体商标已在 17 个类别获得注册。截至 2022 年底，"天府乡村"公益性集体商标用标主体已达 3525 家、用标产品 9007 个，全年带动农产品销售 202.95 亿元。

成都知识产权交易中心新增合作金融机构 18 家，完成融资服务 5.71 亿元，同比增长 60.39%；创新"一补一池三平台"知识产权质押融资服务体系，推动"知贷通"融资项目共享"蓉易贷"融资风险补偿机制；推进全国首个基于区块链技术的知识产权融资服务平台建设，共上链金融机构 21 家，上链金融产品 20 余款，服务企业超 1000 家，实现知识产权融资 12.58 亿元。全省技术合同认定登记 23 620 项，成交额 1649.77 亿元，同比增长 18.12%。专利快速预审、快速确权、快速维权"一站式"服务，全省备案企事业单位 3329 家，注册服务机构 626 家，受理专利快速预审申请

8769 件,同比增长 52%,获国家授权 4031 件,同比增长 60%。

四、知识产权宣传培训

1. 知识产权宣传普及

联合印发《2022 年深入开展知识产权"五进"推进计划》。全年省级各部门刊登(播出)知识产权新闻 4300 篇(条)、新媒体端点击量 2000 万余次。制作投放专题宣传视频 8 部,发放各类知识产权法律法规宣传资料 45 万余册(张),开展法治讲座 2300 余场(次),接受群众咨询 21.5 万余人(次)。持续推进"走进天府地标·2022"专题宣传,点击量(阅读量)超过 1400 万次,观众及服务对象的满意度超过 98%。

2. 知识产权人才培训

编制完成《四川省"十四五"知识产权人才发展规划》。首次举办专精特新"小巨人"企业海外同族专利培育培训班;举办 2022 年国际(地区)合作园区海外知识产权布局与风险应对能力提升活动;承办工业品外观设计国际注册海牙体系网络和中国—东盟菁英奖学金知识产权能力建设等培训班。各部门共举办知识产权类专题培训班 490 余期,共计培训 5.3 万余人(次)。全年 446 人获得助理知识产权师职称,431 人获得知识产权师职称。

五、知识产权交流合作

印发《关于加强知识产权国际交流合作　赋能经济高质量发展的意见》。举办四川省"知识产权+蓉欧班列"基地启动、自主知识产权产品集中出海首列列车发车仪式暨涉外知识产权能力提升活动。组织四川江口醇隆鼎酒业有限公司参加中俄地理标志专家视频会。全面落实川渝知识产权领域各部门、各类型合作协议,加强重点商品和关键领域知识产权保护,联合开展"巴蜀味道"知识产权执法专项行动,共立案查办违法案件 330 件,案值约 1182.59 万元。举办"川渝知识产权服务业技能大赛"。举办川渝合作赋能区域知识产权服务创新发展、军民两用知识产权转化运营助力川渝智能制造产业高质量发展等专题研讨会。签署《知识产权公共服务共建共享合作框架协议》。

供稿:四川省知识产权服务促进中心
四川省知识产权局

版权工作

2022 年,四川省版权局深入学习贯彻党的二十大精神,按照四川省第十二次党代会和省委十二届二次全会部署,聚焦建设文化强省目标任务,坚持"一手抓保护、一手抓发展"总体思路,打通版权发展保护全链条,推动版权创造、运用、保护,促进四川版权高质量发展。

一、着眼前端保护,扎实做好版权确权和示范引领

1. 加强版权行政服务工作

加强版权行政确权和服务管理工作,深入开展版权登记和合同备案工作,2022 年全年作品登记数量 22.9 万件,同比增长 25%。完成版权贸易合同备案登记 949 件,其中输出 493 件、引进 456 件,输出数量首次超过引进数量,实现历史性突破。

2. 扎实开展版权示范创建工作

通过积极培育、申报创建,成都许燎源现代设计艺术博物馆、四川非意欧国际皮革制品有限公司、自贡市龙腾文化艺术有限公司 3 家单位获"全国版权示范单位"称号,四川省港航投资集团有限责任公司获"全国版权示范单位(软件正版化)"称号,芦山县根雕文化产业园获"全国版权示范园区(基地)"称号。组织开展省级版权示范创建工作,新华文轩出版传媒股份有限公司等 15 家单位获评省级版权示范单位,荥经县黑砂文化产业基地获评省级版权示范园区(基地)。

二、加大执法力度，严厉打击侵权盗版、巩固深化软件正版化工作

1. 加大案件查处和惩罚力度，强化权利人版权保护

四川省版权局按照中央宣传部集中部署，积极开展各项版权保护行动。

加强院线电影版权保护。严格做好对院线电影特别是 2022 年春节档院线电影的版权保护工作，及时处置"长津湖之水门桥"等院线电影盗录传播等侵权盗版行为。

开展冬奥版权保护集中行动。严厉打击涉冬奥作品侵权盗版，规范冬奥赛事传播秩序，及时查处"冰墩墩"等产品侵权盗版案件，有力维护冬奥版权秩序。

实施教材教辅版权保护专项行动，启动"青少年版权保护季"行动。在开学季及假期针对校园周边区域，重点打击擅自征订发行教材教辅、销售侵权盗版和非法出版教材教辅、非法印刷销售教辅资料行为。出动检查人员 6525 人次，检查经营单位 2279 家次，收缴盗版教材教辅 5000 余册。

深化"剑网"专项行动。落实电商平台主体责任，对注册网站、微信公众号、微博、抖音号、快手号等进行全面梳理，确定了主动监管网站平台的名单，运用技术手段对网站平台内容进行在线巡查，共开展网上巡查 1500 余次，开展专项督导检查 300 余次。

狠抓大案要案查办。联合省公安、文化执法部门重拳出击，快速查办了一批大案要案，案件数量和质量显著提升。2022 年累计查办侵权盗版案件 111 件，同比增长 105%，其中刑事案件 20 件、行政案件 71 件、调解案件 20 件。泸州"2·24"涉嫌侵犯著作权案、绵阳"11·11"侵犯著作权案、达州"8·17"涉嫌侵犯著作权案由国家版权局等部门挂牌督办。

2. 深入推进软件正版化工作

完善四川省推进使用正版软件工作联席工作制度，将四川省教育厅、交通厅、能源局、大数据中心等行业主管部门纳入省级联席会议，制定全省软件正版化年度工作计划。抽调省级联席会议成员单位组建 5 个检查组，扩大抽查范围，在巩固党政机关、国有企业正版化工作成效基础上，重点向教育、医疗、能源、交通等行业倾斜，检查了 35 家省级单位、183 家市、县（市、区）单位，检查总体数量和基层单位覆盖面居全国前列。

三、推动产业发展，高标准建设"国家版权创新发展基地"（四川天府新区）

以四川天府新区国家版权创新发展基地为关键抓手，引领带动全省版权产业高质量发展。指导基地在版权经济全领域探索创新、先行先试，聚焦数字版权产业生态创新发展"一核引领"，推进产业链、创新链、价值链、生态链"四链融合"，聚焦实现版权创造、运用、保护、管理和服务"五维创新"。聚焦版权登记、授权交易、金融质押等关键环节，积极争取相关支持政策，加快建设版权综合服务平台、版权资产交易平台，截至 2022 年底已完成基地综合服务中心海创园过渡厅建设。吸引版权运营、交易平台、传播发行、金融服务企业机构入驻，打造创新发展产业集群。引进阿里数字版权交易中心、区块链版权创新发展产业中心、华录集团西部总部、虎牙直播西南中心等 29 个项目，总投资 400.8 亿元，并形成蚂蚁链版权授权交易平台、金树版权交易中心等一批项目储备。

四、抓好先行先试，加强民间文艺版权保护和转化运用

四川省被中央宣传部确定为 4 个全国民间文艺版权保护与促进试点省（市、区）之一，积极开展对民间文学艺术作品版权保护大调研，在成都市和宜宾市分别召开座谈会，梳理民间文艺版权保护现状和存在问题，并形成高质量调研报告，为民间文学艺术作品版权保护立法提供重要支撑，受到中央宣传部高度肯定。

供稿：四川省版权局

司法工作

2022年,四川法院牢固树立"创新是引领发展的第一动力,保护知识产权就是保护创新"理念,妥善办理知识产权案件,为成渝地区建设具有全国影响力的科技创新中心提供强有力的司法服务和保障。2022年,四川法院受理、审结各类知识产权案件23 472件、21 473件,同比下降0.03%、1.33%。

一、不断提升知识产权司法保护水平

妥善审理知识产权刑事、民事、行政案件,充分发挥惩罚性赔偿和刑事制裁的震慑作用。在方某犯假冒注册商标罪案中,依法判处自行生产、委托他人生产假冒"谭鸭血"注册商标的火锅底料、油料并销售给天津、江苏、上海、河南等地的谭鸭血火锅加盟店的被告人方某有期徒刑3年4个月,并处罚金20万元。

以"青花椒"商标案件为"小切口",讲出"权利有边界,行使须诚信"的"大道理",旗帜鲜明为诚信善良经营者撑腰鼓劲,以法之名否定"碰瓷式维权",倒逼知识产权权利人诚信诉讼、依法维权。该案被写入《2022年最高人民法院工作报告》,入选四川法院2022年度十大典型案例,并入围最高人民法院与中央广播电视总台主办的"新时代推动法治进程2022年度十大案件"评选活动。

准确把握竞争政策,妥善审理垄断、不正当竞争纠纷,依法惩处垄断和不正当竞争行为,净化市场环境。四川高院严厉制裁恶意抢注商标及滥用商标权利的行为,涉"金蝶"注册商标案入选2021年全国法院50件典型知识产权案例。严厉打击"刷单炒信"、商业诋毁等不正当竞争行为,四川金口碑公司"刷单炒信"不正当竞争纠纷案件入选全国法院反不正当竞争十大典型案例,"咪咕音乐案"入选《中国音乐产业法治发展年度报告(2022)》,位居音乐产业十大典型案例之首。

妥善审理技术类纠纷,激励科技创新、种业振兴。四川高院提级审理侵害植物新品种权纠纷案件1件,系四川高院提级审理的首案,把释法说理贯彻到询问、庭审、裁判文书制作等审判工作各方面和全过程,并组织成都市花卉协会工作人员和成都部分花卉种植商家旁听,有效增强植物新品种权保护意识。一审宣判后,双方当事人均未上诉。

充分发挥著作权案件审判工作对优秀文化的引领和导向作用,妥善审理涉著作权纠纷。加强对著作权新业态保护,促进以数字内容、虚拟娱乐等为主题的文化科技产业融合发展。积极参与最高人民法院工作专班,起草《最高人民法院关于加强中医药知识产权司法保护的意见》。妥善审理电视连续剧《红灯记 II》使用合作作品《自有后来人》著作权侵权纠纷案。

二、深化审判领域改革创新

持续强化科技成果运用。积极应用"四川移动微法院"等智慧法院建设成果,有效降低权利人的维权成本。积极运用在线庭审平台,大力推行网上开庭,有效解决疫情期间当事人出庭难、诉讼成本高等问题。成都中院结合知识产权"快审机制"运行特点,依托"蓉易诉e平台",设计建设知识产权类型化案件智能化系统——"蓉知·蓉智"系统。

持续深化审判模式改革。指导四川法院构建"三级联动、三审合一、三位一体"的知识产权审判模式,积极落实最高人民法院管辖新规定,推动知识产权民事、行政一审案件下沉到基层法院集中管辖,在基层法院全面推行"三合一"改革。

持续优化审判工作机制。深入开展繁简分流改革,指导成都知识产权法庭首创审判团队新模式;探索构建"技术事实查明中心",引入"实物证据3D建模系统""技术调查官流动站"。在温江医学城、邛崃种业园区、泸州白酒产业园区等地设立知识产权巡回审判点。指导四川省成都市武侯区人民法院建设"三个一体"保护司法协同创新赋能格局,被《人民法院报》报道。

积极争取设立成都知识产权法院。始终把"争取设立成都知识产权法院"摆在突出重要位置,推动"成都知识产权审判庭"升级更名为"成都知识产权法庭",跨区域审理全省涉生物医药、高端装备制造、新材料、新能源等专业技术性较强的知识产权案件。

三、完善知识产权大保护工作格局

强化川渝两地法院联动,做实跨地区保护。深入落实与重庆高院、省知识产权局、市知识产权局共同签署的备忘录,推动6项知识产权司法执法合作机制落地落实。四川高院与重庆高院联合印发《关于宾馆、酒店等提供影视作品点播服务是否侵害作品信息网络传播权问题的会议纪要》,有效统一了两地涉及宾馆、酒店等提供影视作品点播服务是否侵害作品信息网络传播权问题的裁判标准。两地高院首次与两地省(市)检察院共同举办"2022年川渝法检系统知识产权司法保护业务培训班",两地高院联合举办"2022川渝知识产权保护研讨会",指导成都中院与重庆第一中院共同承办"司法保障成渝地区双城经济圈建设法官论坛(知产专场)"。

合力预防化解矛盾纠纷,做实非诉讼保护。与省市场监管局会签《关于开展专利纠纷行政调解协议司法确认的工作办法(试行)》,强化知识产权司法保护和行政保护的有机衔接,推动多元解纷制度优势切实转化为社会治理效能。认真落实《四川省纠纷多元化解条例》,指导眉山中院将"人民法院调解平台"引入四川省知识产权纠纷人民调解委员会,实质化运行中国(四川)知识产权保护中心多元解纷眉山工作站。

强化行政司法协作,做实多部门保护。积极配合省人大监察和司法委员会开展知识产权司法保护调研,主动与公安、检察、市场监管等单位和部门建立常态化沟通协调机制,通过邀请旁听庭审、担任人民陪审员等,促进行政执法标准与司法裁判标准统一。

主动延伸审判职能,做实全链条保护。坚持举办"4·26全国知识产权宣传周"活动,连续12年发布知识产权司法保护状况白皮书及典型案例,定期发布《四川知产与涉外商事审判》电子期刊。加大司法公开力度,公开开庭审理"青花椒案",邀请20余家新闻媒体现场直播庭审,推动社会热点成为法治公开课。积极开展"保护知识产权 促进创新发展"等联络活动,邀请代表委员以考察、参会、座谈等方式深度参与、见证、监督知识产权审判工作。认真办理代表委员意见建议,着力转化为改进工作的务实措施和显著成效。

供稿:四川省高级人民法院
知识产权审判庭

检察工作

一、注重开展综合履职,加强知识产权检察全方位保护

全省检察机关以办案为中心,以知识产权刑事、民事、行政、公益诉讼"一案四查"方式不断探索知识产权检察综合履职工作。全年办理侵犯知识产权犯罪审查逮捕案件101件238人,批捕66件122人;审查起诉案件238件695人,起诉133件312人。各级检察机关用多种方式提高工作质效,达州市检察院积极探索刑事附带民事诉讼,一体解决知识产权犯罪案件中刑事责任追究和民事责任承担问题。绵阳高新区检察院在办理中央宣传部、最高人民检察院联合挂牌督办的侵犯著作权案中,邀请权利人从侦查阶段便参与诉讼,权利人得以及时了解被侵权情况以及案件进展,国际唱片业协会为此专门发出《致谢信》表示感谢。全年共受理知识产权民事

检察监督案件 23 件、行政检察监督案件 1 件。省检察院在办理一起特许经营合同纠纷检察监督案件中,耐心释法说理,促成双方当事人和解,定分止争;在办理一起涉外商标权民事检察监督案件中,平等保护涉外企业的知识产权合法权益,依法未支持本地企业申请人的申请监督理由。积极稳妥开展知识产权领域公益诉讼。天府新区检察院在履职过程中发现某公司销售的不符合蜀锦标准的商品上使用"蜀锦"字样标志,行政主管机关未能及时依法履职,依法以公益诉讼立案审查,向区市场监管局提出检察建议,市场监管局采纳检察建议并对存在问题进行了专项整改。

二、聚焦重点领域,扎实推进专项工作

一是开展知识产权领域恶意诉讼监督专项活动。2022 年 8 月,省检察院印发《四川省检察机关开展知识产权领域恶意诉讼行为监督专项活动实施方案》,组织开展监督专项活动。各地检察机关按要求成立监督专项活动领导小组,与当地法院、知识产权行政管理职能部门达成惩治恶意诉讼行为的共识,每月摸排监督线索,强化线索移送,合力开展专项活动,并利用线上、线下等渠道,做好宣传工作。成都市龙泉驿区检察院在履职中发现第 31 届世界大学生运动会场地"东安湖"等商标被恶意抢注,积极协调中国(四川)知识产权保护中心等单位,共同帮助企业制定综合维权援助方案,抢注商标均已于 2022 年 9 月被国家知识产权局宣告无效,实现了涉大运会本土知识产权的有效保护。二是开展农资打假专项工作,依法妥善办理农资类案件。省检察院就农资打假领域开展专题调研,撰写完成《2021 年农资打假专项治理工作报告》,并与省法院、省公安厅等部门共同签署《2022 年四川省农资打假和监管工作要点》,加强沟通协作与信息交流,严厉打击假劣农资坑农害农行为。

三、强化协作配合,凝聚知识产权保护合力

一是深化跨部门对接。省检察院与省知识产权局签署《关于强化知识产权协同保护的意见》,切实深化各级检察机关与知识产权管理部门的合作,强化知识产权协同保护。二是加大跨区域协作。省检察院依托《关于加强川渝知识产权检察协作的意见》协作机制,联合省法院、重庆市检察院、市法院举办《2022 年川渝法检系统知识产权司法保护业务培训班》,提升川渝两地司法人员履职能力及水平。该做法被最高人民检察院在全国检察机关推广,并在《检察日报》报道。成都市检察院与重庆商标审查协作中心签署《知识产权协同保护合作协议》,实现优势互补,共同推动川渝创新驱动发展,助力成渝地区双城经济圈建设。三是建立健全专业办案合作。省检察院与国家知识产权局专利局专利审查协作四川中心共同签署《关于加强合作　促进知识产权保护工作的意见》,开展办案协作、联合培训研究及社会服务等工作,实现知识产权检察保护与专业技术审查优势互补,并已就多起案件开展良好合作。

四、探索创新履职,结合地方特色推动知识产权检察工作走深走实

一是持续推广知识产权刑事案件"双报制"。该制度的运用使企业维权周期大幅缩短,维权渠道有效拓展,司法获得感明显提升,2021 年 12 月被列入《四川省知识产权保护和运用"十四五"规划》,2022 年入选知识产权强国建设第一批典型案例。二是结合地方特色产业开展履职工作,保障特色经济高质量发展。成都、泸州、德阳、遂宁、宜宾 5 地 14 个基层检察院共同组建四川白酒产业知识产权检察保护联盟,会签《关于建立四川白酒产业知识产权检察保护联盟　推动跨区域检察协作的意见》,共建跨区域办案协作、综合履职、资源共享等协作机制,合力护航四川白酒产业高质量发展。三是充分行使检察职能,打造知识产权检察保护品牌。泸州市检察院创新成立"同心圆·双保中心",对内统筹四大检察,对外凝聚司法、行政、企业力量,整合案件办理、检察建议、以案释法、法治体检等检察职能,全力保障企业合法权益。

五、注重宣传引领,强化知识产权检察人才队伍建设

一是开展各类宣传活动,提升宣传效果。在"4·26 全国知识产权宣传周"期间,省检察院适时发布《2021 年度四川省知识产权检察法律监督工作报告》及四川检察机关知识产权保护优秀案例,报送的"彭某雪、王某恒等七人假冒注册商标、销售假冒注册商标的商品、非法制造、销售非法制造的注册商标案"入选最高人民检察院检察机关保护知识产权服务保障创新驱动发展典型案例,"何某销售侵权复制品案"入选 2021 年度四川省知识产权保护十大典型案例。二是加强知识产权检察人才队伍建设。省检察院根据《聘请行政机关专业人员兼任检察官助理工作实施办法(试行)》,聘请知识产权服务促进中心、市场监管局等单位人员为省检察院特邀检察官助理,完善人员配置,确保工作开展有力。绵阳高新区检察院打造"绵州·吾为之"知识产权检察保护团队,以推动案件办理专业化和增强服务保障主动性为切入口,切实提升知识产权司法保护水平。

供稿:四川省人民检察院
知识产权检察办公室

贵 州 省

知识产权工作

一、知识产权创造质量整体向好

2022 年,全省专利授权 29 382 件,同比下降 25.2%。截至 2022 年底,全省有效专利 125 971 件,同比增长 6.4%。其中有效发明专利 17 804 件,有效实用新型专利 92 007 件,有效外观设计专利 16 160 件,分别同比增长 17.5%、4.1%、8.8%。每万人口有效发明专利拥有量 4.62 件,同比增长 17.7%。高价值发明专利 5767 件,同比增长 22.2%。商标申请 136 293 件,同比下降 19.85%。商标注册 91 031 件,同比下降 6.43%。截至 2022 年底,全省有效注册商标 449 518 件,同比增长 23.96%。每万户市场主体有效注册商标 1029 件,同比增长 10.29%。驰名商标累计认定 64 件。新增地理标志 7 个,累计 414 个。

二、知识产权运用效益显著提高

遴选支持 8 项贵州省高价值核心专利、50 家贵州省知识产权优势企业、10 项专利导航项目。实施县域经济知识产权战略推进工程,资助 9 个县(市、区)180 万元。对首次贯标的 39 家企业资助 117 万元。资助发明专利等 640 余件,受益企事业单位近 200 家,资助金额 170 万余元。获中国专利优秀奖 2 个,贵州省专利金奖 2 个、银奖 6 个、优秀奖 20 个,贵州省外观设计专利银奖 2 个、优秀奖 4 个。印发《2022 年贵州省知识产权质押融资工作推进计划》,知识产权质押融资工作获省领导批示肯定。开展知识产权"入园惠企"行动,开展知识产权质押贷款资助工作,对 40 余家企业及银行机构共计资助 200 万余元。核准 9 个地理标志保护产品的 24 家生产企业使用地理标志产品专用标志。全省有 15 个地理标志产品列入中欧地理标志保护与合作协定。对 41 家地理标志用标企业生产的地理标志产品进行抽检。资助地理标志产品产业化促进项目 14 个,共 700 万元。资助地理标志产品 25 个,共 50 万元。

三、知识产权保护更加有力

推进考核制度。制定《贵州省 2022 年知识产权行政保护工作实施方案》，对 2022 年全省知识产权行政保护工作进行安排部署。完善督查考核制度，将知识产权保护工作纳入市县政府高质量发展绩效考核、省直机关年度目标绩效考核、省政府督查考核事项及全省营商环境考核评价，推动知识产权工作党政同责落地落实。

加强法制保障。将《贵州省知识产权保护条例》纳入省十四届人大常委会立法规划和 2023 年立法调研计划。制定《2022 年贵州省打击侵犯知识产权和制售假冒伪劣商品工作要点》《贵州省知识产权纠纷仲裁调解对接机制》《贵州省知识产权维权援助工作体系建设方案》《贵州省行政执法机关与刑事司法机关打击侵犯知识产权和制售假冒伪劣商品工作案件移送制度》等制度。加快推进保护中心建设，贵阳市知识产权保护中心完成全部建设工作。

强化行政保护。全省各级行政执法机关共计立案查办侵权假冒案件 11 478 件，同比上升 63.99%，罚没金额 6931.55 万元，同比下降 32%，向司法机关移送案件 215 件，同比上升 95.45%。办理北京冬奥组委交办案件线索 1 条，查处违法行为 27 起，没收所得 5.99 万元，罚款 4.32 万元。打击商标恶意注册和非正常专利申请行为，立案调查不以使用为目的的恶意商标注册申请案件 5 件。完成 3 批共计 11 524 件非正常专利申请的专项核查处理，撤回 10 366 件，申诉成功 156 件，撤回率 91.2%。开展知识产权代理行业"蓝天"专项整治行动，办理无资质专利代理案件 1 件，查处专利代理机构重复提交非正常专利申请及法定代表人变更后未备案等违法行为案件 2 件，罚款 56 719.7 元。

四、知识产权管理能力持续提升

省委常委会召开 2 次会议、省政府召开 1 次专题会议，学习贯彻习近平总书记关于知识产权工作的重要指示论述，学习《知识产权强国建设纲要（2021—2035 年）》等党中央、国务院政策文件，听取知识产权保护工作情况汇报，统筹部署知识产权强省建设及知识产权保护等重点任务。通过《关于支持贵州在新时代西部大开发上闯新路的实施方案》在知识产权保护、运用和服务等方面支持贵州省知识产权事业发展。制定《贵州省知识产权"十四五"规划和 2035 年知识产权强省建设远景目标纲要（2021—2035 年）》分工方案、年度推进计划、工作要点等配套文件。制订《关于支持贵州在新时代西部大开发上闯新路的实施方案》任务分工方案。健全工作机制，印发《省政府知识产权办公会议工作规则》。贵阳市入选首批国家知识产权强市建设示范城市，遵义市、白云区、盘州市、遵义高新区和黔南高新区被分别确定为国家知识产权强市建设试点示范城市、强县建设试点示范县和试点园区。《贵州大数据产业知识产权现状、存在问题及对策研究》课题入选省政府 2022 年度重大调研课题。优化公共服务体系布局，全省共有技术与创新支持中心（TISC）2 家、高校国家知识产权信息服务中心 2 家、国家知识产权信息公共服务网点 7 家，全省 9 个市（州）商标注册受理和商标质押登记窗口实现全覆盖。向省大数据局申请"贵州省知识产权公共服务平台建设项目"立项。

五、"放管服"改革助力营商环境不断优化

制定出台《贵州省知识产权局公共服务事项清单》，推进知识产权业务"一窗通办"。制定《非正常专利申请监控工作措施》《商标恶意注册防控工作措施》等制度。全年受理专利（电子）申请 54 236 件，审批专利费减备案 14 612 件，为申请人减免专利申请相关费用逾 5600 万元。专利申请网办率达 100%，省内专利代理机构专利电子申请率达 100%，全省专利电子申请率达

到 99.64%。开展"知识产权服务万里行"活动,涵盖 8 个市州、100 多家企事业单位,服务人数 500 余人(次)。为 3700 余个市场主体(中小企业 2500 余个)提供商标品牌服务 6200 余次。

六、知识产权文化建设有序开展

将知识产权纳入省级党员干部示范培训班培训内容。在省委党校举办的处级公务员任职培训班、少数民族干部进修班等主体班次中开展知识产权讲座,在厅级干部进修班、中青年干部培训班等主体班次中开设知识产权形势与任务大报告课程。承办专利代理师资格考试,设立贵阳市为考点城市,报名考生 329 人,同比增长 8.58%。专利代理师新增 29 人,累计达 334 人;资助专利代理师、知识产权师 7 人。在"4·26世界知识产权日",发布《2021 年贵州省知识产权保护与发展状况》。

供稿:贵州省知识产权局

版权工作

2023 年,贵州省版权局坚持把版权保护工作与地方社会、经济、文化发展紧密结合,常态化部署、高位推进版权社会服务、版权行政执法和软件正版化工作,取得一定成效。

一、深化推进版权社会服务工作

2022 年是"十四五"规划实施的关键之年,是深入贯彻《国务院关于支持贵州在新时代西部大开发上闯新路的意见》精神的开局之年。为助推贵州高质量发展,贵州省版权局积极推进各项版权社会服务工作。

持续做好作品版权登记工作。2022年贵州省作品登记平台作品登记共计超 22万件。作品版权登记工作主要呈现三大特点。首先是提速。在保证审核质量的前提下,作品登记实现全流程无纸化线上操作,

增加摄影作品、美术作品等类型作品的批量登记。其次是增效。升级平台对用户操作进行了详细的提示、注释、解读和规范,可以系统支持登记查询、证书补办、版权变更、版权转让、版权撤销、版权公示等功能。平台新设数据库检索、查询、比对等功能,只需要扫码即可查询该版权的关键信息。再次是扩容。升级平台实现了软件架构优化开发、硬件扩容配置及数据安全防控,完成对旧平台历史数据的承接,每年可支撑百万件以上的作品登记和样本存档。这些功能将极大方便权利人处置作品版权,促进贵州省版权交易活跃和版权产业发展。

推进全省版权服务站工作。颁布《贵州省版权工作服务站管理办法(试行)》,并在基层版权要素密集的行业和单位设立版权服务站。

组织参加中央宣传部版权管理局与世界知识产权组织合作举办的"2022 国际版权论坛",贵州省版权局在论坛上进行民族民间文化版权保护相关主题发言。

加快推进贵州省民族民间文化版权保护工作。以国家民族民间文化版权贸易基地(西南)建设和毕节市成功申报"民间文艺版权保护与促进试点地区"为切入点,突出重点,深入版权创意生产企业,开展点对点咨询,为全省民族民间文化版权产品生产提供版权保护服务。

先后完成贵州省内出版单位出版外国图书合同审核登记 120 余件。

完成版权统计报表填报工作。

二、持续加大版权行政执法力度

把按月进行的版权行政执法案件信息统计工作作为推进版权案件办理的抓手,将案件办理情况纳入年度市州考核,督促各地加强版权案件办理,每月及时统计案件完成情况并上报。加强对各市州办理案件的指导,2022 年全年全省共完成版权案件 47 件,较 2021 年增长 13 件。

2022 年初,贵州省开展冬奥会版权保

护行动,建立快速联动机制,开展从节目转播到冬奥会周边衍生产品全版权要素的保护,保持打击冬奥会版权侵权高压态势。2022年9月,省版权局联合省公安厅等相关部门下发贵州省2022年"剑网"专项行动通知,启动实施"剑网2022"专项行动,加大对网络侵权盗版的打击和整治力度。举办全省版权行政执法培训班,全省版权行政执法人员120余人参加培训,科学配置课程、师资,确保培训实效,学员反映培训内容贴合实际、可操作性强,培训班达到预期效果。开展执法表彰活动,经推荐,2022年度贵州省1家单位、2个个人分别获评中央宣传部版权管理局查处重大侵权盗版案件有功单位、有功个人。

三、大力推进软件正版化工作

根据省政府领导分工变化,及时调整贵州省推进使用正版软件工作领导小组成员。结合贵州省软件正版化工作实际,制定下发贵州省2022年软件正版化工作计划,对全年软件正版化工作进行安排部署,并将该项工作列入2022年版权工作要点,进一步强化对该项工作的统筹指导。2022年7月,组织召开省推进使用正版软件工作领导小组会议,省委宣传部部长出席会议并作重要讲话,为做好下阶段软件正版化工作指明了方向。11月,开始组织开展软件正版化检查督查,对部分市州和20个省直单位软件正版化情况进行督查,进一步扩大软件正版化工作成果。

供稿:贵州省版权局

司法工作

一、知识产权审判总体情况

2022年,全省法院受理知识产权案件3210件,审结2744件,同比分别下降41.53%和32.38%,收、结案数均呈现大幅下降态势。

2022年,全省法院受理的知识产权案件中,民事案件3114件,同比下降41.35%;刑事案件93件,同比下降47.16%;行政案件3件。2022年受理的知识产权民事一审案件中,著作权类671件,同比下降56.7%;商标类1312件,同比下降54.75%;专利类173件,同比增长34.46%;技术合同类128件,同比下降30.05%,其他类案件173件,同比增长232.69%。2022年受理的知识产权刑事一审案件中,假冒注册商标罪35件,销售假冒注册商标的商品罪36件,非法制造销售非法制造注册商标标识罪1件,侵犯著作权罪1件。

二、依法履职,着力提升知识产权审判质效

不断强化对知识产权权利的保护力度。2022年初,贵州高院在召集有知识产权案件管辖权的法院召开知识产权审判协调会,就部分大规模商业维权案件的审理标准进行研讨,确保全省法院的裁判标准一致。为适应本省知识产权案件调整管辖的新形势,提升知识产权案件审理水平,组织全省知识产权审判业务专题培训,专门邀请知识产权审判专家学者对审判实务中的疑难问题进行专题培训,进一步统一裁判理念、裁判思维、裁判标准。在知识产权案件办理过程中,对权利人取证难、举证难的情况,积极采取证据保全措施。仅贵阳中院2022年就启动证据保全案件25件,依当事人申请裁定查封冻结财产4010万元。

持续加大对侵犯知识产权刑事犯罪行为的打击力度。贵州法院办理的知识产权案件中绝大部分为涉茅台酒系列刑事案件,在审理此类案件中,贵州法院严格按照刑法及相关司法解释的规定,对知识产权犯罪行为人慎用缓刑。为加大对知识产权犯罪打击力度,贵州法院积极探索"服务商标入刑",依法对被告人李某假冒他人已注册的服务商标一案宣判,该案是假冒"服务商标"入刑后,贵州省第一例假冒"服务商标"构成假冒注册商标罪的刑事案件。

有效履行对行政行为的司法审查和监

督职能。贵州法院严格执行《中华人民共和国行政诉讼法》及司法解释,强化对行政执法行为合法性的审查,加强对行政执法裁量权的司法监督,促进行政机关依法行政。2022 年贵州法院在审理荔波县程氏珠宝商行二店与荔波县市场监管局行政处罚一案时,因荔波县程氏珠宝商行二店的行政违法行为情节轻微、社会危害程度不大,结合 2021 年疫情对个体经济发展的影响,对市场监管局作出的行政处罚数额依法予以调整。当事人均服判,案件审理效果良好。

三、创新机制,完善知识产权司法保护体系

积极构建知识产权多元化纠纷解决机制。贵州高院与省知识产权局联合印发《关于开展知识产权纠纷行政调解协议司法确认工作的实施意见(试行)》,积极促进知识产权行政保护和司法保护之间的有机衔接,提升本省知识产权纠纷诉调对接机制效能。贵阳中院全方位邀请人民调解员参与诉中调解,立案庭、民商事调解中心等部门密切配合,邀请司法局公证员入驻知识产权审判庭,全程参与诉中调解。2022 年以来,遵义中院采取诉前座谈、示范判决、组织签约许可、源头诉讼维权等方式积极开展诉源治理工作,坚持把非诉讼纠纷解决机制挺在前面。

统一全省知识产权法律适用及裁判尺度。2022 年初,贵州高院组织全省法院开展研讨判赔标准问题,对本省长期知识产权审判中形成的成熟做法和裁判经验进行总结。在知识产权案件管辖调整后,及时下发《贵州省知识产权审理参考资料》,指导全省法院知识产权案件的审理工作。

健全技术事实查明机制,破解技术事实查明难题。为确保技术类案件的审判质量,贵州法院积极推进技术调查官共享机制建设,与省市场监管局联合选任一批资深技术专家,全面开展技术调查、专家陪审、专业咨询等技术辅助工作。

四、服务大局,助力贵州新时代西部大开发

出台知识产权司法政策护航贵州经济社会发展。为贯彻落实好国务院《关于支持贵州在新时代西部大开发上闯新路的意见》和最高人民法院《关于支持和保障贵州在新时代西部大开发上闯新路的意见》文件精神要求,贵州高院及时下发《关于加强知识产权审判工作为新时代西部大开发提供有力司法服务和保障的意见》,围绕优势特色产业、新业态新产业、地域特色产业、体制机制建设等方面,为贵州闯新路、开新局、抢新机、出新绩提供有力知识产权司法服务和保障。

强化对贵州本地特色产业的知识产权司法保护。贵州法院紧密结合贵州省的本地经济特点,服务贵州在实施数字经济战略上抢新机,积极开展基于大数据无形财产特质对其归属和利用提供的知识产权保护的研究。不断强化本省地理标志的司法保护。依法审理涉及中医药、民间文学、非物质文化遗产等方面的案件,促进民族优秀传统知识和传统文化创造性转化、创新性发展,并防止第三方以不适当的方式使用,包括防止滥用、盗用、歪曲篡改或其他非法利用。

加大知识产权保护的宣传力度,积极营造尊重知识产权的良好社会氛围。贵州法院推荐的贵州双升制药有限公司与贵州长生药业有限责任公司商业诋毁纠纷案入选 2021 年中国法院 50 件典型知识产权案例。贵阳中院知识产权庭审理的陈某某假冒注册商标罪一案获评第四届全国法院"百场优秀庭审"。遵义中院积极开展服务企业"百千万"大走访活动,走访企业"茅台股份有限公司""习酒有限公司""德庄""贵三红食品有限公司""裕同科技""阳春白雪""湄潭县落花巷茶叶专业合作社",对涉诉企业在知识产权诉讼中出现的问题,及时总结并向相关企业通报,征集企业司法需求,提出完善企业知识产权保护的建议。

供稿:贵州省高级人民法院
知识产权审判庭

检察工作

一、着力提升司法办案实效

2022年，贵州省检察机关共批准逮捕侵犯知识产权犯罪47件72人，其中假冒注册商标罪28件40人，销售假冒注册商标的商品罪17件30人，侵犯著作权罪1件1人，侵犯商业秘密罪1件1人；共提起公诉侵犯知识产权犯罪71件133人，其中假冒注册商标罪36件74人，销售假冒注册商标的商品罪33件54人，非法制造、销售非法制造的注册商标标识罪1件4人，侵犯著作权罪1件1人，未发生无罪生效案件。2022年，贵州省检察机关共监督行政执法机关移送侵犯知识产权犯罪案件107件，同比上升20倍；要求公安机关立案、说明不立案理由12件，同比上升1.4倍；监督后公安机关主动立案11件，同比上升1.7倍；提前介入112件，同比上升21.7%，纠正遗漏同案犯6人，同比上升100%；纠正遗漏起诉罪行2人，实现零突破。

二、完善落实协作工作机制

一是强化对口联系。2022年贵州省检察院共向最高人民检察院知识产权检察办公室、省"双打办"等部门报送知识产权检察工作数据、材料等20余篇，其中《贵州省检察院通报2019年来打击侵犯知识产权违法犯罪工作开展情况》《贵州检察机关积极开展知识产权宣传效果好》《贵州检察机关2022年知识产权检察工作亮点纷呈》等6篇信息被中国打击侵权假冒网采用，向最高人民检察院知识产权检察办公室、省"双打办"报送知识产权检察典型案例共8件。二是强化正面宣传。2022年"4·26全国知识产权宣传周"期间，全省三级检察机关积极开展知识产权保护集中宣传，发出贵州知识产权检察好声音。其中，贵州省检察院召开新闻发布会通报全省检察机关打击侵犯知识产权违法犯罪情况并发布侵犯知识产权犯罪典型案例，聚焦白酒产业知识产权司法保护取得的成效得到最高人民检察院官微、官网、新闻头条号集中宣传。三是强化法治宣讲。贵阳市人民检察院检察官到图书企业围绕行业可能发生的侵犯著作权、销售侵权复制品违法犯罪行为进行法制宣讲，促使企业加强监管；遵义市习水县、湄潭县人民检察院检察长分别带队深入酒企、茶企实地了解企业知识产权保护情况，并宣讲知识产权法律法规。

三、强化知识产权全链条保护

一是强化对下指导。贵州省人民检察院明确要求下级院办理的侵犯知识产权犯罪不捕不诉、撤回起诉、重大疑难复杂案件等必须层报贵州省人民检察院，贵州省人民检察院通过备案审查强化个案指导；对全省检察机关侵犯知识产权犯罪案件量刑工作进行调研，为下一步更好地指导全省侵犯知识产权刑事案件量刑工作提供重要参考；遵义市人民检察院制定下发《知识产权刑事案件证据审查指引》及《关于办理侵犯知识产权刑事犯罪案件适用〈重大刑事犯罪案件提前介入侦查工作规定〉》，切实缩小辖区基层院业务能力差异和案件办理过程中存在的分歧，并实现知识产权案件提前介入率100%。二是强化联动协作。贵阳市人民检察院第四检察部与市公安局生态保护分局、市中级法院知识产权审判庭就知识产权办理过程中的疑难问题进行会商，并围绕基层民警在办理侵犯知识产权案件过程中的薄弱环节和执法难点，对全市公安民警开展专题培训；遵义市人民检察院及所辖仁怀市检察院分别与市场监管部门会签《关于推进知识产权保护行政执法与刑事司法衔接工作机制（试行）》和《关于进一步加强协作配合　强化知识产权综合司法保护的实施意见（试行）》，进一步强化"行刑衔接"。三是强化综合履职。贵州省人民检察院刑事、民事、行政、公益诉讼检察部门依法履行检察职责，通过深化融合履职、深入开展依法惩治知识产权恶意诉讼专项监督等工作推进综合履职；遵义市人民检察院制定《遵义市检察机关推进知识产权综合司法保护工作方案》，调配刑事、民事、行政、公益诉讼等部门及仁怀市人民检察院办案骨干，成立知识产权检察办案组织承办知识产权刑事、民事、行政和公益诉讼案件，统筹全市知识产权检察工作业务指导和综合协调，形成上下一体化知识产权检察综合履职模式。

四、夯实人才队伍建设

一是重视骨干人才建设。2022 年以来，贵州省检察院先后从全省推荐 8 名知识产权检察业务骨干参加国家检察官学院举办的"侵犯知识产权案件办理专题研修班"和"知识产权案件办理同堂培训专题研修班"，推荐 2 名知识产权检察业务骨干参加全国检察机关知识产权检察人才库评选，其中 1 名骨干入选。二是建立专业人员参与知识产权案件办理机制。2022 年 7

月，贵州省人民检察院举行特邀检察官助理聘任仪式，聘任省市场监管局、省农业农村厅、省文旅厅、贵阳海关等 17 个单位的 63 名专业人员为首批特邀检察官助理，作为专业人员充实检察办案力量，为知识产权案件办理提供人才保障。三是重视知识产权检察涉外人才建设。贵州省人民检察院建立涉外检察人才库，成员中有专门的知识产权涉外检察人才，负责指导全省检察机关涉外知识产权案件办理，为全省涉外知识产权业务提供专业支持。2022 年 10 月，贵州省政府知识产权办公会议办公室印发《关于表扬 2022 年贵州省知识产权保护先进集体和先进个人的决定》，贵州省人民检察院第四检察部 1 名同志荣获"先进个人"，贵州省遵义市人民检察院第四检察部荣获"先进集体"。

供稿：贵州省人民检察院
知识产权检察办公室

云 南 省

知识产权工作

一、知识产权强省建设战略实施有力

2022 年，云南省深入贯彻《知识产权强国建设纲要（2021—2035 年）》和《"十四五"国家知识产权保护和运用规划》，扎实推进知识产权创造、运用、保护、管理和服务全链条工作，知识产权强省建设取得了较好成效。一是及时出台《中共云南省委云南省人民政府关于贯彻〈知识产权强国建设纲要（2021—2035 年）〉的实施意见》，规划了到 2035 年云南知识产权强省建设中期目标和远景目标，设定 7 个方面 20 项重点任务。二是分管副省长主持召开 2022 年省人民政府知识产权战略实施工作联席会议（简称联席会议）全体会议，审议通过联席会议工作规则等 4 个文件，完善联席

会议工作机制，压实成员单位工作职责，部署年度重点工作。统筹知识产权强省建设任务，印发《云南省知识产权强省建设工作推进计划（2022—2023 年）》，分解目标、细化措施、明确责任部门，分阶段推进知识产权强省建设。

二、知识产权创造量质齐升

2022 年，云南省专利授权 3.95 万件，其中，发明专利授权 4091 件，同比增长 12.3%；有效发明专利 2.2 万件，同比增长 16.62%；有效专利 14.54 万件，每万人口高价值发明专利拥有量达 1.59 件，提前完成云南省"十四五"国民经济和社会发展目标。专利密集型产业增加值占 GDP 比重为 9.55%（2021 年为 9.21%）。著作权作品登记 5.15 万件，同比增长 120.55%。有效商标注册量 62.77 万件，同比增长 18.82%。

地理标志商标总量 347 件。新获国家授权植物新品种 216 个,累计授权 1101 个。

三、知识产权保护能力全面加强

"严保护、大保护、快保护、同保护"保护体系建设取得新进展。一是开展"剑网2022""龙腾""蓝网"、农资打假等行政执法保护行动。查处商标案件 887 件、种业案件 299 件,办理专利案件 179 件,奥林匹克标志保护案件 87 件,海关查扣侵权商品556 批次。抽取 1873 户市场主体开展商标、专利"双随机、一公开"检查。二是成立云南知识产权维权援助中心,全省建立 216个维权援助机构,基本形成省、州(市)、县(市、区)三级知识产权维权援助工作体系。三是省知识产权局与省高院联合印发《技术调查官参与专利等知识产权案件行政裁决和司法审判工作规程》,共建云南省技术调查官名录库;省知识产权局与省贸促会联合印发《云南省加强海外知识产权纠纷应对机制建设的行动方案》;省公安厅与省市场监管局联合印发《知识产权和制售假冒伪劣商品违法犯罪执法协作机制》。完善知识产权民事纠纷司法审判和行政调处在线诉调对接机制,11 个知识产权调解机构、45 名调解员入驻法院在线调解平台。

四、知识产权转化运用能力不断提高

一是昆明市加快推进国家知识产权运营服务体系重点城市建设并通过中期验收。昆明市、玉溪市分别被确定为国家知识产权强市建设示范城市、试点城市;昆明市官渡区、曲靖市麒麟区被确定为国家知识产权强县建设示范县;昆明市五华区、昆明市盘龙区、安宁市、文山市等 4 县(市、区)被确定为国家知识产权强县建设试点县;楚雄高新区、临沧工业园区被确定为国家知识产权强国建设试点园区。新增国家知识产权示范优势企业 106 家。6 项专利获中国专利奖优秀奖。二是政府部门与银行保险机构建立"银政保"联动工作机制,

开展商标质押融资助力餐饮文旅等重点行业纾困"知惠行"行动。知识产权质押融资金额 6.94 亿元,专利出让 2330 次。完成技术合同认定 7514 份,技术合同成交金额219.2 亿元。全国首单稀贵金属材料专利保险及首笔植物新品种权质押贷款落地。三是国家地理标志运用促进项目"保山小粒咖啡""龙陵紫皮石斛"的实施取得较好经济效益,被国家知识产权局评为优秀项目。省农业农村厅确定"蒙自石榴"等 9 个地理标志农产品实施保护工程,提供 3481 万元部级项目资金支持,有效助力乡村振兴。

五、知识产权公共服务体系更加完善

一是发布云南省知识产权公共服务事项清单;制定商标业务受理窗口管理规范等 8 项制度,规范 20 项业务流程。全省设立 10 个商标业务受理窗口。设立技术与创新支持中心 1 个、国家知识产权信息服务网点 3 个、高校知识产权信息服务中心 2个,备案省级知识产权信息服务网点 26个。二是在昆明市高新区建设知识产权服务业集聚区,整合建设昆明商标受理窗口、昆明市知识产权保护中心高新分中心等 10大公共服务平台,设置 4 个知识产权服务窗口,引进服务机构 20 家。组织 429 人参加专利代理师资格考试。持续开展专利代理行业"蓝天"专项整治行动。三是在省知识产权局官网设立海外维权专栏。开展海外知识产权法律制度研究,在跨境电子商务公共服务平台发布相关信息。印发《云南省加快对接 RCEP 行动计划》《云南省加强海外知识产权纠纷应对机制建设的行动方案》。

六、知识产权发展文化氛围日渐浓厚

一是开展知识产权"进党校"活动,编印知识产权法规政策读本,在省委党校处级领导任职培训班开设专题课程。组织面向各级各类人员的知识产权保护、管理、运营等方面教育培训,参训人员近 5000 人。

开展知识产权人才认定工作和中小学知识产权教育试点工作,共认定 3 类省级知识产权人才 208 名、教育试点学校 89 所。二是通过各类传统媒体和新媒体深入开展知识产权宣传活动。编印 2021 年云南省知识产权发展状况报告。在"4·26 全国知识产权宣传周"期间召开新闻发布会,深入解读《知识产权强国建设纲要(2021—2035 年)》和《中共云南省委 云南省人民政府关于贯彻〈知识产权强国建设纲要(2021—2035 年)〉的实施意见》,发布云南知识产权工作取得的成效和知识产权保护典型案例,努力营造"尊重知识、崇尚创新、诚信守法、公平竞争"的知识产权文化氛围。

供稿:云南省知识产权局

版权工作

2022 年,云南省各级版权主管部门深入学习贯彻习近平总书记关于加强知识产权保护的重要论述,认真贯彻落实国家版权战略和著作权保护管理的政策措施,制定印发《云南省版权工作"十四五"规划》,不断提高全省著作权作品登记工作服务水平,深度推进全省软件正版化工作,提升查办侵犯著作权案件效能,版权产业建设与发展稳步推进。全省版权工作不断取得新突破新进展,在推动云南高质量跨越式发展进程中发挥积极作用。

一、版权执法监管情况

1. 不断完善版权行政执法机制

云南省版权局联合省文化和旅游厅、省广电局、省文物局印发《云南省关于进一步完善文化市场综合行政执法运行机制的实施方案》,构建包括版权在内的文旅市场行政执法运行机制;经省政府同意,省文化和旅游厅印发《云南省文化市场综合行政执法事项指导目录(2022 年版)》,明确版权行政执法事项由全省各级文化综合行政执法机构行使,划清版权主管部门和行政执法机构主体责任和权责边界,保障版权行政执法的有效性、合法性。

2. 持续开展版权行政执法工作

云南省版权局按照国家版权局等部委办的统一部署,联合省互联网信息办公室、省教育厅、省公安厅、省文化和旅游厅、省通信管理局等单位,在全省范围内组织开展"剑网 2022""青少年版权保护""冬奥版权保护""院线电影版权保护"等专项行动。抽调全省版权执法骨干 28 人,组织开展"2022 年云南省打击网络侵权盗版暨文化和旅游市场网络执法集中办案行动",巡查辖区内 5700 余家网站、1800 余个微信公众号、2500 余个短视频用户账号、100 余家电商平台,共排查出网络侵权盗版案件线索 39 条,其中,4 条涉嫌犯罪线索移送公安机关,35 条按属地原则与省文化和旅游厅联合督办。截至 2022 年底,全省共出动行政执法人员 6.2 万余人次,检查经营场所 3.9 万余家次,查办侵权盗版行政案件 80 件,办结案件 74 件,涉案金额 15.03 万元,移送公安机关侦办案件 6 件,年内行政立案 74 件,各级版权主管部门和文化市场综合执法机构参与、协助公安机关立案侦办侵权盗版刑事案件 4 件,对侵权盗版行为始终保持高压态势。

二、推进使用正版软件工作情况

云南省召开 2022 年省推进使用正版软件工作联席会议(简称省联席会议)全体会议,明确"巩固党政机关成果,推动重点行业开展"的任务目标,审议通过《云南省 2022 年推进使用正版软件工作计划》和《云南省 2022 年软件正版化工作检查方案》,在巩固党政机关软件正版化成果的基础上,逐步推进教育、卫生健康行业单位和国有企业的"全覆盖"检查。2022 年,省联席会议组成联合检查组完成曲靖、玉溪、西双版纳、德宏 4 个州(市)、21 家省级部门软件正版化检查,全年共检查党政机关 82 家、国有企业 22 家、卫生健康行业单位 30

家、教育行业单位 39 家,调研(督导)省工商联重点联系企业(商会)5 家。由推进使用正版软件工作部际联席会议办公室编辑、《中国出版》杂志社出版的《腾飞 20 年·软件正版化在中国》,刊登云南省版权局署名文章《夯实基础抓落实　形成合力促成效》、云南铜业(集团)公司署名文章《有序推进　务求实效》共 2 篇。

三、版权社会服务情况

2022 年,云南省各级版权主管部门围绕构建版权"严保护、大保护、快保护、同保护"体系,着眼新时代云南经济社会发展需要和著作权人需求,以新视野实施新举措,进一步加强社会共治机制建设、提高版权社会服务效能、扩大宣传培训范围,全省版权社会共治建设成效明显。

1. 作品登记情况

2022 年,云南省版权局加强作品登记信息服务平台建设,开展作品登记综合调研,加强宣传教育培训,及时调节矛盾纠纷。对云南省作品登记系统进行全面升级改造,进一步完善系统功能,为著作权人提供更安全便捷的服务。全年全省作品登记量达到 51 538 件,同比增长 120.55%,数量超过前三年之和。

2. 云南省版权服务工作站建设情况

云南省版权局重新修订《云南省版权服务工作站管理办法》,严格建站标准和年度考核,进一步规范管理。2022 年,在全省新设 16 家云南省版权服务工作站(简称工作站),撤销考核不达标工作站 4 家,截至 2022 年底,全省共设有服务工作站 40 家,覆盖全省 16 个州(市)。全年服务工作站共计登记作品 25 802 件,占年登记总量的 50%。设有软件正版化类工作站 2 个,为年度检查提供技术力量。参与软件正版化工作培训授课 26 场次。

3. 版权示范创建情况

在各级版权主管部门的宣传引导下,各州(市)和相关企业、机构对创建版权示范创建工作更加重视。2022 年,云南省版权局认定"全省版权示范单位"8 个,向国家版权局推荐申报候选"全国版权示范单位"5 个、"全国版权示范园区(基地)"1 个,其中获评"全国版权示范单位"2 个、"全国版权示范园区(基地)"1 个;修订印发《云南省"全省版权示范城市、示范单位、示范园区(基地)创建"管理办法》,完善顶层制度设计,规范全省版权示范创建活动。组织全省 8 个作品、单位(个人)参评中国版权金奖的优秀版权作品、版权运用推广、管理和保护各个奖项,发挥先进典型的示范作用。

4. 涉外作品引进备案情况

2022 年,云南省版权局共收到 221 种图书合同登记申请,对符合规定的 158 种图书合同进行登记,对不符合规定的 63 种图书的合同退回出版社并要求其补全授权文书。

四、版权宣传培训情况

2022 年,云南省版权局运维"云南版权"微信公众号、云南版权网,在云南网开设"版权工作在云南"专栏,全年共在省内主流媒体平台发布稿件 400 余篇,阅读量 194.5 万余次。以"4·26 全国知识产权宣传周"版权宣传活动为抓手,在昆明市四城区同时开展以"最美蓝花楹,版权伴你行"为主题的集中宣传推广活动,各州(市)也相应开展分会场宣传活动。围绕《计算机软件保护条例》颁布实施 20 周年和"青少年版权保护",举办"保护版权　拒绝盗版"宣传活动。组织开展云南省大学生版权征文活动,共收集投稿论文 250 篇,评出研究生组、本专科组一等奖各 1 名,二等奖各 2 名,三等奖各 3 名,优秀奖若干名,评出优秀组织单位奖 8 个,优秀指导教师奖 15 名。举行为期一个月的全省优秀版权作品线上展活动,共展出优秀作品 50 余个,联合省"扫黄打非"办公室开展"'护苗联盟·绿书签'·版权保护"进校园活动,评出"版权小卫士"16 名,构建了多层级、多部门、多领域版权大宣传格局。

云南省版权局在丽江市举办 2022 年云南省软件正版化暨版权工作培训班,共培训相关从业人员 221 人。

供稿:云南省版权局

司法工作

一、高位统筹推进,全面压实职能职责

云南高院党组统筹协调、督促推动全省法院抓好知识产权司法保护工作。1 月 26 日,全省中级法院院长会对全省法院年度各项工作作出安排部署。2 月,云南高院制定出台《服务和保障一流营商环境的十六条措施》,明确要突出保护市场主体创新行为,加强对云南省高原特色农业、服务业、生物研发、数字产业、科技开发等领域的知识产权保护。

二、聚焦主责主业,充分发挥审判职能

2022 年 1 月 1 日至 12 月 31 日,全省法院共受理涉知识产权类案件 7614 件(其中旧存 2005 件,新收 5609 件);审结 7103 件。法定审限内结案率 98.83%。其中,受理知识产权民事案件 7512 件,审结 7010 件,调撤案件 3290 件,同比上升 24.20%,调撤率 46.93%,同比上升 10.14%;受理知识产权刑事案件 76 件,审结 67 件;受理知识产权行政案件 6 件,审结 6 件;受理知识产权管辖类案件 20 件,审结 20 件。

三、推进体制机制建设,提高知识产权工作效能

2022 年 5 月 1 日起云南省新增 30 家管辖知识产权案件的中基层法院,形成了"1+16+18"的案件管辖新格局。2022 年 10 月,云南高院下发《云南省高级人民法院关于全省知识产权案件管辖的通知》,保障全省知识产权案件朝着审理专门化、程序集约化和人员专业化的方向不断迈进。

落实知识产权惩罚性赔偿制度。加大司法惩处力度,加大知识产权侵权损害赔偿力度,降低维权成本,给权利人提供充分的司法救济,使侵权人付出足够的侵权代价,加大刑事打击力度,依法惩治侵犯知识产权犯罪。不断完善技术事实查明机制。2022 年 6 月,与云南省知识产权局(简称省知识产权局)联合下发《云南省知识产权局 云南省高级人民法院关于印发技术调查官参与专利等知识产权案件行政裁决和司法审判工作规程(试行)的通知》,完成云南省首批技术调查官选任工作。在云南高院审理的技术委托开发合同纠纷二审案件中引入技术调查官参与审理,实现了云南省技术调查官参与诉讼案件"零"的突破,持续深入推动知识产权技术调查官制度实质化运行。

开展知识产权多元解纷机制改革创新。支持知识产权纠纷的多渠道化解,充分发挥司法在多元化纠纷解决机制建设中的引领、推动作用,提升解决纠纷的整体效能。2022 年 6 月,与省知识产权局联合制发《关于建立知识产权民事纠纷司法审判和行政调处在线诉调对接机制的通知》,确保知识产权矛盾纠纷多元化解机制在云南省各州市全面建立。2022 年,入驻人民法院调解平台的知识产权局特邀调解员 45 人,调解组织 11 个;全省知识产权民事案件调撤率达 46.93%,同比上升 10.14%。进一步推进依法、及时、有效预防和化解知识产权纠纷,形成知识产权"大保护"格局,实现"快保护"效果。

加强沟通,相互协作,提升整体工作合力。与省知识产权局联合制定《云南省知识产权局 云南省高级人民法院关于印发技术调查官参与专利等知识产权案件行政裁决和司法审判工作规程(试行)的通知》,共同组建云南省技术调查官名录库,在全国范围内由法院和知识产权行政管理部门共同联合制定技术调查官制度规范的,尚属首例。指导昆明中院与市市场监督管理局于 2022 年 7 月在中国(昆明)知识产权

保护中心签署《关于加强知识产权保护协作机制的协议》，并在该中心挂牌设立知识产权司法保护一庭一站一中心，即"知识产权巡回审判法庭"、"知识产权服务工作站"和"知识产权保护诉调中心"，指导全省16个州市中院加强与当地知识产权行政管理部门的协调联络，推进知识产权矛盾纠纷多元化解机制在云南各州市全面建立。

注重审判队伍建设，夯实人才队伍基础。2022年7月8日，组织开展全省法院知识产权审判业务视频培训，针对云南省占比较大的著作权和商标权类案件，进行线上视频培训。全省具有知识产权案件管辖权的三级法院分管院领导、相关部门负责人、法官及法官助理共180余人参加培训。2022年8月8日至11日，云南高院、云南省市场监督管理局首次联合举办全省知识产权行政执法与司法保护培训班，全省具有知识产权案件管辖权的三级法院相关部门负责人、法官及法官助理和全省市场监督管理系统负责知识产权执法保护的部门负责人共计140余人参加培训。

拓展宣传渠道，全面提升社会效果。云南法院深入细致开展法治宣传教育工作。一是全面深化司法公开，采取"线上+线下"同步庭审模式，严格依法公开开庭审理知识产权案件，邀请人大代表、政协代表、企业代表、新闻媒体代表、师生代表、群众代表等旁听；二是举办新闻发布、公布典型案例，向社会通报人民法院司法保护知识产权工作成效。4月21日，云南高院在2022年云南省知识产权工作新闻发布会上，通报了2021年云南法院知识产权司法保护工作情况，并发布2021年度云南法院知识产权司法保护典型案例。年度典型案例发布受到各大媒体的广泛关注，《人民日报》、《人民法院报》、中国网、《云南日报》、《云南政协报》、《春城晚报》、云南网等多家媒体进行了宣传报道，取得了良好的宣传效果。三是广泛采取发放宣传册、现场答疑、座谈交流等多种形式，送法"进校园、进社区、进

企业"开展普法宣传教育和提供司法服务活动。充分利用新媒体优势，通过接地气、聚人气、有温度的抖音、微博、微信公众号、今日头条号等多媒体渠道，适时发布知识产权司法保护相关信息。

供稿：云南省高级人民法院
知识产权审判庭

检察工作

一、推动集中统一履职，全面推进知识产权检察综合保护

省检察院在2022年8月成立知识产权检察办公室，统筹指导、综合协调刑事、民事、行政、公益诉讼依职权办理知识产权案件，推动形成检察办案监督合力。各地检察机关加强知识产权专业化建设，普洱市院、德宏州院成立知识产权检察办公室，通过职能联动，推进综合保护。

二、多措并举，全面提升知识产权检察保护质效

一是以案件质量为核心，打牢检察保护基础。2022年，全省检察机关共批捕侵犯知识产权犯罪案件40件86人，起诉44件84人。共立办涉知识产权领域公益诉讼案件7件，向行政机关发出检察建议8件。全面落实侵犯知识产权刑事案件权利人诉讼权利义务告知工作，各地采用电话、信函、当面送交等多种方式，实现案件100%告知率。省检察院对2019年以来全省检察机关办理的侵犯知识产权犯罪案件进行梳理，分析知识产权犯罪案件的特点和趋势以及案件办理中存在的问题和困难，全面掌握全省知识产权犯罪案件情况，并专题向党组报告。组织昆明、普洱、临沧等地对知识产权不起诉案件和认罪认罚工作情况进行分析，找准影响案件办理质效的关键点，针对性解决。二是以专项行动为抓手，推进检察保护走深走实。部署开展"打假护牌""依法惩治知识产权恶意诉

讼专项监督工作"等专项行动。省检察院和昆明市、官渡区、西山区、呈贡区检察院三级联动,与省内知名商标经营企业召开座谈会,听取企业代表意见和建议,拓展知识产权恶意诉讼监督线索来源;玉溪市检察院联合市场监督管理局、知识产权局、新闻出版局、公安局等部门开展"打假护牌"专项检查,共对假冒他人注册商标行为检查经营者 30 家次。省检察院主动走访省法院,获取恶意诉讼监督案源信息,对 2000 余件知识产权民事诉讼案件进行排查,并对排查出的 66 件批量维权案件向省法院调取案件材料逐一核查。三是以行刑衔接为着力点,构建全方位保护格局。强化与市场监管部门的沟通协作,及时督促行政机关录入案件信息,畅通案件双向移送渠道,2022 年,对达不到刑事起诉条件但构成行政违法的 3 人移送行政执法部门依法处理。

三、依法履职,全面参与知识产权领域社会治理

一是以检察建议为切入点,积极推进系统治理。全省检察机关立足办案,针对办理知识产权案件中发现的行政执法、行业治理等方面存在的普遍性、倾向性问题,通过检察建议有效维护市场秩序、保障权利人合法权益。普洱市检察院在办理某公司销售假冒注册商标的商品、销售伪劣产品案时,发现海关在监管中存在履职不到位、监管有缺失等问题,在深入调查的基础上,制发了检察建议,引起高度重视,海关党委及时召开专题会议研究提出针对性整改措施。二是以法治宣传为重点,增强全民知识产权保护意识。省检察院专门申请设立知识产权宣传专项经费,统一制作印刷知识产权宣传手册发放各地。各地结合"我为群众办实事""知识产权宣传周""普法宣传"等活动,通过深入社区、深入企业、深入乡村多形式开展知识产权宣传工作。省检察院开展"知识产权送法进企"专题巡讲,深入各地组织 50 场专题讲座送法进企,为企业创新发展提供法律支持。省检察院、昆明市检察院知识产权办案团队走进自贸区开展知识产权法治宣传,听取自贸区及相关企业关于知识产权保护方面的司法需求。

供稿:云南省人民检察院
知识产权检察办公室

西藏自治区

❈ ❈ ❈ ❈ ❈ ❈ ❈ ❈ ❈

知识产权工作

一、知识产权顶层设计有效加强

西藏自治区党委、政府将知识产权创新与保护运用纳入自治区政府年度重点工作。以开展国家 2021 年知识产权保护工作检查考核整改为契机,围绕强化知识产权保护、落实《知识产权强国建设纲要(2021—2035 年)》《"十四五"国家知识产权保护和运用规划》等决策部署出台多项提升推进计划,印发《西藏自治区贯彻〈知识产权强国建设纲要〉的实施意见》,编制《西藏自治区"十四五"知识产权保护和运用规划》。推动设立由 31 家自治区中直单位组成自治区市场监管联席会议知识产权工作专项推进组,建立议事协调机制。

二、知识产权法治水平有效提升

协同自治区多部门开展专利、商标、版权、奥林匹克标志等知识产权专项行动,严厉查处侵权假冒等违法犯罪行为。受理各类知识产权投诉举报 34 起,立案查处 27 起,办结各类知识产权行政案件 37 件,调解专利纠纷 3 件。持续开展"双随机、一公开"监管,检查专利、商标代理机构 90 家,制止无资质代理商标注册行为 1 起,查处 4

家涉嫌违规经营的代理机构,处置非正常专利申请 434 件。将知识产权信用分级分类列入《推进企业信用风险分类管理　进一步提升监管效能实施方案》,累计有 74 家涉及知识产权经营市场主体被列入经营异常名录。

三、知识产权区域布局效应初显

2022 年,拥有有效商标 5.77 万件,有效发明专利 1108 件,分别较上年增长 10% 和 16%。每万人口发明专利和高价值专利拥有量分别为 3.04 件、1.53 件。制定《西藏自治区地理标志运用促进项目建设工作指南》,持续推进岗巴羊、阿旺绵羊、林芝灵芝、那曲冬虫夏草地理标志产品运用促进项目建设,积极引导各地市开展知识产权保护示范城市创建工作,1 家特色企业入选国家知识产权优势企业培育名单。加强区域公共品牌海外布局,引导"地球第三极""蓝天圣洁"等商标在 6 个国家注册 8 个类别 65 件商标。

四、知识产权公共服务体系日趋完善

会同西藏自治区编办等部门提出西藏自治区知识产权发展和保护中心机构设置方案,在西藏自治区拉萨经开区、柳梧高新区等重点园区设立知识产权保护和服务工作站 2 个,在自治区律师协会设立知识产权专业委员会。与国家知识产权局专利局专利审查协作四川中心签订战略合作框架协议。设立自治区知识产权专家库,首批遴选专家 35 名。

供稿:西藏自治区知识产权局

版权工作

2022 年,西藏自治区版权局深入贯彻落实国家知识产权强国战略和国家版权工作"十四五"规划,贯彻落实党的二十大报告精神,加强版权执法监管与宣传培训,巩固软件正版化工作成果,优化版权社会服务体系,各项工作取得良好成效。

一、加强版权执法监管

协同自治区文化厅等相关单位,对中国音像集体管理协会西藏联络处开展规范卡拉 OK 版权许可工作进行检查和指导,对歌舞娱乐行业负责人加强法制宣传,明确行业义务。督办并指导拉萨市文化市场执法队成功办理"抓典糠噗梅朵"作品侵权案件,对侵权人进行了行政处罚,有效净化了文化市场环境。

组织开展"院线电影版权保护""冬奥版权保护集中行动""青少年版权保护季"等专项行动。组织拉萨市版权局等相关单位开展院线电影版权保护工作,对 8 家电影院进行巡查。开展冬奥版权保护集中行动,对 10 家书店、2 家商品批发市场、2 家超市开展版权执法巡查;并对山南市冬奥会标志著作权侵权案件的调查工作进行指导和帮助。联合拉萨市版权局、文化市场综合行政执法队开展出版物版权保护市场巡查工作,检查书店 25 家,严厉整治教材教辅、少儿图书的侵权盗版乱象,有效净化了出版物市场环境。

二、巩固软件正版化成果

进一步调整充实西藏自治区推进使用正版软件工作厅际联席会议成员及各地市推进使用正版软件工作领导小组成员单位及成员。对自治区市场监管局、自治区商务厅等 10 家单位开展软件正版化工作核查和指导,形成核查工作报告。

三、优化版权社会服务

起草并向各地市印发《西藏自治区版权局 2022 年工作方案》,要求各地市结合实际开展 2022 年版权工作。开展自治区版权示范单位创建评选工作,对申报单位相关材料进行认真审核,指导申报单位进一步完善机制。开展民间文艺版权保护与促进试点工作。组织各地市开展民间文艺

版权保护与促进试点工作的申报推荐工作，向中央宣传部办公厅推荐昌都市江达县文化和旅游局、那曲市巴青县文化和旅游局为民间文艺版权保护与促进试点单位。

四、开展版权宣传培训工作

开展"4·26世界知识产权日"宣传活动。联合自治区市场监管局开展知识产权与服务工作座谈会，围绕版权宣传主题向拉萨经济技术开发区19家企业代表进行版权保护知识宣讲，并为参会企业答疑解惑，发放版权宣传品及宣传资料，营造了"尊重版权、崇尚知识、诚信守法"的良好舆论环境，进一步推动版权保护理念深入人心。

开展2022年"4·26全国知识产权宣传周"版权宣传周相关活动。版权宣传周期间在书店、电影院等场所张贴主题宣传海报300张，向社区居民、便民警务站等发放版权主题宣传布袋、笔记本、宣传资料等200份；解答群众疑问，对群众关心的版权热点问题，以案说法、讲述百姓身边的版权事例，有效倡导公众尊重创作、支持正版，共同维护版权创新环境。

举办版权执法工作培训班。联合相关部门组织基层新闻出版、版权执法人员，开展2022年全区出版物质量管理业务暨版权执法培训班，对各地市基层版权执法人员开展版权执法监管工作相关知识培训，不断提高基层新闻出版、版权执法工作人员的业务能力和工作水平。

供稿：西藏自治区版权局

司法工作

一、加强法治宣传力度，推进为民办实事

依托"知识产权宣传周"开展系列主题党日活动，一是4月7日西藏高院受邀在全区法院青年法官培训班授课，向青年法官们重点讲授习近平总书记关于知识产权保护的重要论述及知识产权民事案件受理中的疑难问题；二是4月25日积极与藏游坛城联系，在人流集中的藏游广场开展了"尊重知识产权，维护市场秩序"为主题的主题党日活动；三是4月26日，西藏高院受邀参加区知识产权局举办的"知识产权保护与服务工作站揭牌仪式及知识产权工作座谈会"；四是鉴于专利权纠纷数量不断增加，引入技术调查官制度。

二、推进知识产权审判改革，加强对下指导工作

根据《西藏自治区高级人民法院关于知识产权案件"三合一"审判模式的实施意见》《西藏自治区高级人民法院关于知识产权案件"三合一"审判模式的实施方案》，继续加大力度推进知识产权审判"三合一"制度改革。

三、全区知识产权案件审理情况

2022年，西藏自治区高院民三庭共受理民事案件60件，审结59件，结案率98.33%。其中，旧存6件，新收54件，知识产权民事案件9件（二审6件，再审3件），其他民事二审案件22件，申诉复查案件29件。案件类型有：侵害商标权纠纷5件，委托创作合同纠纷1件（旧存），技术服务合同纠纷1件，侵犯商业秘密纠纷1件，侵害作品信息网络传播纠纷1件，建设工程合同纠纷18件，租赁合同纠纷4件，合同纠纷5件，买卖合同纠纷5件，确认合同无效纠纷1件，劳务合同纠纷2件，运输合同纠纷2件，承揽合同纠纷3件，不当得利纠纷2件，民间借贷纠纷1件，股权转让纠纷2件，追加变更被执行人异议之诉1件，财产损害纠纷1件，其他合同纠纷3件。与上年同期相比受理案件数有所减少，但结案率提升了36个百分点，已结案件平均审理周期62.3天，与上年同期相比审理周期延长24天。

2022年，全区知识产权案件共计92件（自治区高院9件）。

拉萨中院受理知识产权案件56件。

其中,技术服务合同纠纷 4 件,侵害作品放映权纠纷 49 件,委托创作合同纠纷 1 件,侵害作品信息网络传播权纠纷 1 件,不正当竞争纠纷 1 件。

昌都中院受理知识产权案件 5 件。其中,侵害外观设计专利纠纷 4 件,著作权权属侵权纠纷 1 件。

林芝中院受理知识产权案件 2 件。均为侵害作品信息网络传播权。

日喀则中院受理知识产权案件 2 件。其中,侵害商标权纠纷 1 件,侵犯商业秘密权纠纷 1 件。

那曲中院、山南中院 2022 年未受理知识产权案件。

全区知识产权审判工作呈现如下特点。一是案件呈逐年下降趋势。拉萨中院收案数较上年同期相比减少近一半;二是案由以侵害作品放映权纠纷为主。主要原因是 2021 年中国音像著作权集体管理协会在拉萨市启动的侵害放映权诉讼一直延续;三是昌都中院办理 4 件外观设计专利纠纷占专利案件纠纷的 66.7%;四是调判结合工作开展较好,如拉萨中院调解结案 49 件,全区调撤率案件达 88%,调解率达 55%;五是鉴于专利案件纠纷数量的不断提升,2022 年 9 月 28 日,西藏自治区高院颁布《西藏自治区高级人民法院知识产权法庭技术调查官管理办法(试行)》,有效弥补了专利案件审理的制度漏洞。

四、发挥知识产权联席会议机制,强化知识产权保护

2022 年 12 月 16 日—28 日,受自治区市场监督管理局(知识产权处)委托参加市场监管联席会议办公室,对 2022 年各市(地)知识产权保护工作目标绩效的年度考评。

五、加强党风廉政建设,推进依法审判工作

按照党风廉政建设责任制工作要求,

自治区高院知识产权法庭结合审判工作实际,认真落实全面从严治党要求,一是厘清工作思路,抓好"一岗双责"。制定党风廉政建设年度工作方案,细化任务分解,加强对本庭审判权力运行、办案效率、审判质量的监督检查,加强对权力运行的有效监督和制约。二是根据《2022 年下半年西藏自治区知识产权保护工作重点任务清单》的相关要求,对知识产权司法案件严保护制度执行进行全面部署安排,包括对全区涉知识产权案件进行数据分析,并严格要求法院审理的涉知识产权案件的庭审在庭审直播网上进行直播,裁判文书在中国裁判文书网上依法上网公开,按需将案件情况录入国家企业信用信息平台(西藏),提供录入途径及需要的信息或联络人,以便及时对接录入相关信息。

供稿:西藏自治区高级人民法院
知识产权审判庭

检察工作

一、高度重视,认真部署安排

全区检察机关深入贯彻落实习近平新时代中国特色社会主义思想,党中央、区党委和最高人民检察院关于强化知识产权保护的相关工作部署,自觉把推进知识产权检察工作、强化全区知识产权保护作为检察机关服务经济社会发展的一项重要工作来抓。根据机关部门职能分工,认真部署安排好相关工作任务,以检察综合履职助力知识产权保护工作。一是成立西藏自治区人民检察院知识产权检察办公室。为整合知识产权刑事、民事、行政检察职能,推动形成监督检察合力,统筹加强西藏检察机关知识产权保护的研究指导,加强知识产权全方位综合性司法保护,成立西藏自治区人民检察院知识产权检察办公室,办公室设在自治区人民检察院第四检察部,主要负责对全区知识产权检察工作的研究分析,负责对法律规定的全区由检察机关办理的侵犯知识产权刑事、民事、行政案件的办案和指导工作,负责对涉及知识产权工作区直各部门和机关各业务部门间联席会议的联络协调。二是深刻领会习近平总书记在中央政治局第二十五次集体学习时的重要讲话精神,认真落实全国、全区工作部署会议要求,坚决压实政治责任,构建"一把手"主抓、分管领导靠前指挥协调、各部门分工协作的责任体系。针对涉知识产权案件专业性强、办理难度大等特点,根据最高人民检察院、区党委、政府部署要求,研究制定实施方案,抓好上下一体、接力监督,构建横向一体、紧密衔接、符合知识产权案件特点的综合履职模式,加强涉知识产权横向一体化建设,构建起知识产权"捕、诉、监、防、治"全链条一体化检察保护格局,切实提高知识产权司法保护质效。集中"四大检察"部门主任、优秀员额检察官等优势力量深入基层指导办案,一体提升基层干警办理知识产权案件能力和水平,如期办结受理的知识产权刑事案件。

二、提高知识产权保护工作法治化水平,推动严保护重点工作

1. 切实履行检察职能,依法打击犯罪

2022年,全区检察机关共受理审查起诉知识产权案件1件4人(销售假冒注册商标的商品罪1件4人)。

2. 强化完善两法衔接机制

加强涉知识产权领域行政执法与刑事司法的联动机制建设,进一步做好与市场监管、新闻出版、版权、文化、专利、海关等行政执法部门的沟通与相互协作,努力实现案件移送、受理、查办、审判等环节的有效衔接,形成行动合力,确保知识产权保护工作取得实效。一是积极建章立制,联合区市场监督管理局等部门印发《西藏自治区市场监管行政执法与刑事司法衔接工作机制(试行)》《西藏自治区关于强化知识产权保护的实施意见》等文件。二是加大司法保护协作力度。为整合知识产权行政保护和司法保护资源,完善知识产权行政执法与刑事司法衔接机制,持续加大知识产权保护力度,全面提升知识产权协同保护工作质效,切实形成打击整治侵犯知识产权违法犯罪行为工作合力,自治区检察院印发《西藏自治区人民检察院 西藏自治区知识产权局关于加强知识产权协同保护的意见》,围绕总体要求、联席会商、建立线索移送制度、完善办案协作机制、加强督办调研、合力促进业务提升、开展联合宣传、三级联动等方面,对检察院、知识产权局双方系统加强知识产权保护进行较为详细的阐述。三是全区检察机关按照《关于对第96期"消"字号抗(抑)菌剂非法添加案件进行排查的通知》《关于针对乡村零售商品侵权假冒行为开展调研的通知》等通知要求,依法积极履职,联合相关执法部门大力开展"消"字号抗(抑)菌剂非法添加案件专项排查工作十余次,以实实在在的检察监督成效拧紧"消"字号产品"安全阀",在调研过程中发现多起销售不合格产品行为,及时向有关行政机关移交线索,并发出检察建议2份,与人民政府、行政机关一道深度参与知识产权社会治理。

三、推动知识产权保护工作机制顺畅运行

1. 加强信息报送

全区检察机关立足检察职能,主动向本级政府、有关行业主管部门报送知识产权保护工作有关信息、简报等15条(次),做到工作安排和开展情况及时报告。

2. 大力开展普法宣传活动

一是重视知识产权保护宣传培训工作。依托检察机关"两微一端"等新媒体矩阵,通过普法教育、新闻宣传、以案释法等多种形式,大力营造"尊重知识、崇尚创新、诚信守法"的法治氛围,将知识产权保护的理念送上街头巷尾、校园社区,以内容多样的宣传手册通过面对面的宣传方式,通过拉家常、讲案例等方式将知识产权保护的法治理念深深植入辖区民众的心中,依托第 22 个世界知识产权日,与自治区市场监管局等多部门联合,在公共场所,通过悬挂宣传标语、发放宣传资料、提供法律咨询、走访超市、商店等形式,向过往群众宣传知识产权政策及相关法律法规,结合典型案例介绍检察机关打击侵犯知识产权犯罪的具体做法,宣传检察机关在保护知识产权、打击假冒伪劣产品等破坏社会主义经济犯罪方面的新部署、新举措、新进展以及打击相关经济犯罪的基本知识,让市民了解保护知识产权的重要性,并就群众关心的知识产权法律问题及如何识别假冒产品、如何维权等问题进行现场解答。2022 年,公开宣传涉知识产权典型案例 1 件次,开展宣传活动 37 次、发放宣传资料 4600 余份,利用抖音短视频平台开展保护知识产权法律宣传 1 次,解答群众关于知识产权保护等方面法律咨询 200 余人次。二是丰富知识产权宣传培训内容。那曲市安多县人民检察院编辑以"知识须有产权,产权必须保护,每一份创意都来之不易,保护自己的知识产权,尊重他人的知识产权,做知识的守护者"为内容的藏汉双语法治宣传短信,向辖区内居民累计发送短信 8000 余条。

3. 构建联动保护工作格局

昌都市检察机关对标优化营商环境部署要求,草拟《昌都市人民检察院昌都市知识产权局强化知识产权协同保护合作框架协议》,与市市场监督管理局(知识产权局)等职能部门通过联席会议、信息共享、案件咨询等方式建立常态化、长效化沟通联动机制,高效推进知识产权行刑衔接,着力形成司法保护工作合力。与市市场监管局、市公安局、卡若区公安局等单位召开联席会议,主动赴市市场监督管理局(知识产权局)沟通协调知识产权保护工作,针对规范使用行政执法与刑事司法信息共享平台、涉知识产权案件司法鉴定等九个方面重点问题进行研究探讨并达成共识,有效解决此类案件办理中的"堵点""难点"问题。

四、持续优化知识产权检察队伍

1. 借助"外脑",充实专业化办案力量

充分发挥行政机关专业人员兼任检察官助理机制作用,聘请相关主管部门专业人员,以特邀检察官助理身份协助办理相关案件,听取对检察工作的意见建议,为精准办理知识产权案件奠定坚实基础。

2. 借助"线上+线下"培训,提升专业化能力

一是举办"双打"业务培训。为推动自治区打击侵犯知识产权和制售假冒伪劣商品工作开展,推进检察机关打击侵权假冒工作取得更好成效,自治区检察院组织开展全区检察机关"双打"工作视频线上培训会,邀请北京市通州区检察院业务骨干为自治区 100 余名检察干警授课,针对知识产权刑事案件疑难实务问题,从全链条保护、法律变迁、数字领域的相关知识等方面进行授课,采用理论知识讲解与案例教学相结合的模式,进一步提高检察人员的知识产权工作业务能力,为推进自治区知识产权保护工作迈上新台阶打下了良好基础。二是通过线上线下两种学习方式,以多途径、多渠道、多形式加强知识产权保护相关文件精神的学习广度和学习深度,如那曲检察机关通过"那曲检察""安多检察""申扎检察"等自媒体进一步拓宽学习领域、加深学习内容,为下一步工作中将知识产权保护工作内化于心、外化于形奠定了坚实的理论基础。三是充分利用"中国检察教育培训网络学院"、援藏讲师优质资源禀赋,围绕知识产权刑事审判问题、侵犯商业秘密刑事案件办理等问题,加强全区检察机关知识产权办案人员培训。

3. 借助"考评指挥棒",激发履职积极性和主动性

持续深化抓好涉知识产权案件办理机制探索,对发现线索多、办理案件质量高、服务人民群众好的办案机构和人员进行表扬,并在遴选、考评考核工作中予以体现,着力发现知识产权案件办理领域优秀检察人才。

4. 加强案件指导力度

为切实落实刑事检察"捕诉一体"改革要求,做优做强经济犯罪检察业务,聚焦提升经济犯罪检察办案的专业化水准,真正做到业务、机构、人员三整合,自治区检察院分管经济犯罪的院领导主动部署安排并主持编写了《经济犯罪检察工作指导用书(第一册)》,该书全面详细梳理经济犯罪相关法律法规规定,尽可能反映当下我国刑法法规及司法解释中关于破坏社会主义市场经济秩序犯罪的相关规定的最新全貌,便于广大检察干警快速集中查阅相关法律及司法解释,有助于提高全区经济犯罪检察一线办案人员正确适用法律办理案件的能力,对全区经济犯罪检察工作的开展具有较强的指导性、系统性、针对性和精准性。

供稿:西藏自治区人民检察院
知识产权检察办公室

陕 西 省

❖❖❖❖❖❖❖❖

知识产权工作

一、提高站位加强工作统筹,知识产权支撑高质量发展的基础更加牢固

1. 完善知识产权强省建设顶层设计

落实党中央、国务院知识产权强国建设部署,2022年10月,陕西省委、省政府印发《陕西省知识产权强省建设纲要(2021—2035年)》,描绘了新时代建设知识产权强省的宏伟蓝图。

2. 知识产权强省建设工作体系基本建立

省政府同意将知识产权强省建设示范市、示范县、示范园区和知识产权保护示范区,以及知识产权优势企业示范企业纳入全省示范创建范围。2022年全省2市5县3园区被确定为国家知识产权强国建设试点示范市、县、园区。实施陕西省知识产权强县工程,4个县(区)被确定为示范县(区),29个县(区)被确定为试点县(区)。

3. 强化激励奖励

将西安市、宝鸡市、汉中市作为2021年陕西省知识产权创造、运用、保护、管理和服务工作成效突出的市(区)激励对象,省政府予以通报奖励。"陕西省知识产权工作先进集体和先进个人"被列入省政府表彰项目。

二、瞄准培育高价值专利,助力科技自立自强的举措更加坚实

1. 狠抓创新主体培育

发挥知识产权示范优势企业引领作用,实施29项高价值专利培育项目;大力实施中小企业知识产权战略推进工程,以高新技术企业、专精特新企业为重点,增强中小企业知识产权创造和运用能力;创新实施陕西省专利密集型企业培育项目,支持培育企业16家;组织制定《陕西省高价值专利培育地方标准》,引导创新主体形成核心自主知识产权,厚植竞争优势。

2. 狠抓专利申请质量

支持建设"秦创原专利申请前评估公共服务平台",形成全流程专利申请前评估工作体系,完成专利申请前评估4587件。与省教育厅、省科技厅联合开展高校科技成果知识产权规范管理试点工作,"专利申请前评估机制"等3个典型案例被教育部科技司在全国推广。截至2022年底,全省发明专利拥有量8万件,每万人口发明专利拥有量20.7件,高价值发明专利拥有量30 253件,每万人口高价值发明专利拥有量7.65件。全省累计注册商标申请89.9万件,全省地理标志商标154件,地理标志保护产品86个。

3. 强化专利布局

完成24条重点产业链及5G产业专利

导航工作,发布首批 4 个重点产业专利导航报告。布局建设首批 20 家省级专利导航服务基地,5 家单位被国家知识产权局确定为首批国家级专利导航服务基地。

三、扭住关键提升保护效能,打造良好创新环境营商环境的措施更加有力

1. 上下联动强化行政保护

开展"知识产权保护年"活动,制定《陕西省专利侵权纠纷行政裁决规程(试行)》《第二批知识产权行政执法指导案》,全省专利纠纷案件立案 330 件,结案 328 件。

2. 聚焦重点实施精准保护

深入开展陕西省 2022 年冬奥会和冬残奥会奥林匹克标志知识产权保护专项行动,开展全省驰名商标信息更新工作,摸清底数,严格保护,维护商标权利人合法权益。

3. 示范引领打造保护高地

在铜川市、西安市雁塔区、宝鸡市高新区等 8 个市、县、园区开展陕西省知识产权保护示范区建设。探索开展知识产权保护规范化市场培育工作。发布 2021 年全省知识产权行政保护典型案例。

4. 强化支撑完善保护体系

持续推动陕西省知识产权保护中心建设,机构设置、人员招聘、场地建设等各项工作均已顺利完成。与省法院、省检察院共同建立知识产权技术调查官队伍,进一步提升全省知识产权案件技术事实认定的中立性、客观性和科学性。

四、深化融合提升运用能力,激发创新活力的渠道更加通畅

1. 促进转移转化赋能创新发展

深入实施陕西省专利转化专项计划,组织实施省级项目 51 项,转让许可专利 4842 次,省内中小企业受让专利 3614 次,服务促进中小企业创新发展。在全国首批开展专利开放许可试点工作,31 家试点单位发布开放许可专利 957 件,匹配推送 523 家中小微企业,达成许可合同总数 39 件。

创办首届秦创原高价值专利大赛,立足陕西、面向全国征集项目,加快高价值专利在秦创原落地实施。扎实做好专利奖励工作,在第二十三届中国专利奖评选中,陕西获金奖 1 项、银奖 2 项、优秀奖 26 项,数量为历届最多。省专利奖评定 98 个授奖项目,有效彰显全省创新发展成效。

2. 推进知识产权金融助力稳企纾困

持续落实《陕西省知识产权质押融资入园惠企三年行动方案》,与中国银行联合开展商标质押助力重点行业纾困"知惠行"专项活动。2022 年,全省专利权质押合同登记数 968 件(居全国第六位),同比增长 17.6%,专利质押贷款总金额 39.63 亿元,受惠企业 756 家,同比增长 38.7%。

3. 提升企业能力筑牢主体地位

全省新增国家知识产权示范企业 5 家,优势企业 65 家。新增省知识产权示范企业 15 家,省知识产权优势企业 26 家。150 家企业按期完成贯标并通过第三方认证。

4. 深入实施商标品牌战略和地标运用促进工程

推动布局建设 16 个商标品牌指导站。参与省商务厅陕西老字号认定工作,指导第三方开展"陕西好商标"评价工作。持续开展地理标志助力乡村振兴行动。新立项地理标志运用促进项目 11 项。深化地理标志专用标志使用核准改革试点工作,全省核准用标市场主体数量达到 619 家,试点工作被国家知识产权局评定为优秀等次,在全国 12 个试点省份排名前三。眉县猕猴桃国家地理标志产品保护示范区建设获国家知识产权局批准。截至 2022 年底,全省累计注册商标申请 89.9 万件,全省地理标志商标 154 件,地理标志保护产品 86 个。

五、严管优服促进行业发展,市场主体的满意度获得感更加显现

1. 严格监管净化行业环境

持续深化知识产权代理行业"蓝天"专

项整治行动,严厉打击非正常专利申请相关行为和商标恶意注册行为。深入开展以信用为基础的分级分类监管试点工作,对接省"双随机、一公开"监管工作平台,推进信息共享、加强分类管理。

2. 优化服务激发发展活力

加快知识产权公共服务体系建设,西北工业大学、西安电子科技大学入选全国第四批高校国家知识产权信息服务中心,陕西科技大学、西安市发明协会入选国家知识产权服务网点,指导咸阳、延安等4市增设商标业务受理窗口,加快推进全省各市区商标受理窗口全覆盖。

3. 精准分析提供决策参考

加快建设陕西省知识产权大数据公共服务平台,重点开发4个系统和陕西重点产业专题专利数据库,开发的"灵琐"检索系统实现上线运行,基础功能向社会公众公益开放。

供稿:陕西省知识产权局

版权工作

2022年,陕西省版权局以习近平总书记关于知识产权工作的重要论述为遵循,贯彻落实党中央、国务院知识产权工作决策部署,按照省委、省政府和省委宣传部的工作要求,解放思想、创新举措,全面加强版权保护,加快构建版权新发展格局,推动全省版权创造、运用、保护、管理和服务水平迈上新水平。

一、严格保护,强化版权行政执法监管

1. 强化版权专项治理

印发开展集中行动的通知,积极开展冬奥版权保护工作。联合省公安厅、省教育厅等部门印发进一步加强青少年版权保护工作的通知,严厉打击危害青少年权益的行为。9月23日,召开全省打击网络侵权盗版"剑网2022"专项行动协调会,与省通信管理局、省公安厅、省互联网信息办公室联合印发"剑网2022"专项行动的通知,严厉打击短视频、网络直播等领域的侵权盗版行为。联合省电影局开展院线电影保护专项行动,出动执法人员600余人次,巡查影院300余场,检查私人点播影院50余家,查处盗录电影作品案2起。

2. 加大案件查办力度

印发进一步做好2022年全省版权执法工作的通知,指导各市(区)深入开展版权案件查办工作。其中西安"2·23"涉嫌销售侵权盗版冬奥会吉祥物"冰墩墩"案,在省市版权部门的指导配合下,公安部门进行了跨省市全链条打击,逮捕犯罪嫌疑人20余名,捣毁生产销售窝点6个,涉案物品10万余件,涉案金额300万余元,被国家版权局等五部门列为联合挂牌督办案件。全年累计查办各类版权案件32件。

3. 发挥典型案件警示作用

发布2021年度陕西省打击侵犯版权典型案件,并通过省内主流媒体转载报道,有效震慑了版权侵权行为。积极开展版权保护预警工作,定期发布重点作品保护预警名单,进一步提升全社会版权保护意识。积极做好2021年度查处重大侵权盗版案件有功单位及有功个人推荐工作,陕西省在评选中共获得11个奖项。

4. 加强版权行政执法协作

与甘肃省版权局签署版权保护合作框架协议,成立版权保护合作协调小组,由两省分管领导担任组长,围绕案件移送、委托送达、协助调查、协助执行等方面开展交流协作,共同提升版权保护工作质效。

5. 开展版权行政执法培训工作

举办全省版权行政执法线上培训会,全省各级版权行政管理和执法人员434人参加培训。邀请省检察院及省内版权行政执法一线办案人员进行专题授课。

二、多措并举,巩固提升软件正版化成果

发挥陕西省推进使用正版软件工作联席会议制度优势,及时调整联席会议成员。

召开联席会议第四次全体（扩大）电视电话会议，审议通过省使用正版软件工作实施方案。开发建成陕西省软件资产管理系统，加强对全省软件正版化工作的规范化、常态化、长效化管理。8月，对省级政府机关、省属国有企业共16家单位开展现场督促检查，对存在的问题现场指出并限期整改到位。同时，创新督查检查方法，通过陕西省软件资产管理系统进行线上督查检查300余次。5月，举办省直机关软件正版化核查整改动员暨培训会，会议传达国家核查情况反馈意见，邀请省财政厅有关同志就软件采购政策进行讲解。8月，举办省软件资产管理系统线上培训会，来自全省各级党政机关、事业单位和省属国有企业1000余家单位的1800余人参加培训。

三、创新举措，推动版权产业高质量发展

1. 推进陕西版权贸易与保护平台建设

加快推进陕西版权贸易与保护平台二期项目开发工作，指导西部国家版权交易中心扎实开展版权资源梳理、统计和登记工作，推动"丝路版权网"技术改进和效能升级，建成"西部国家版权链"，实现版权数字确权登记、区块链存证取证、数字版权交易等功能。

12月，"西部国家版权链"发布仪式举行。2022年，西部国家版权交易中心共实现版权交易及服务收入累计2.38亿元，其中影视类收入15 932.96万元、图文类收入1533.81万元。举办第二届"致未来文学节"线上元宇宙盛典，广受社会关注。扎实开展作家及编剧经纪业务，累计合作作家及编剧300余人，推动图书出版、影视改编等多渠道助力版权价值变现。

2. 开展版权示范创建工作

评定陕西三秦出版社有限责任公司等6家单位为陕西省版权示范单位，秦创原（延安）创新促进中心等2家园区为陕西省版权示范园区（基地）。积极做好全国版权示范单位和示范园区（基地）申报推荐工作。陕西人民出版社有限责任公司等3家企业获评2021年度全国版权示范单位，老钢厂设计创意产业园获评2021年度全国版权示范园区（基地），填补省内全国版权示范园区（基地）空白。

3. 做好国家区块链创新应用试点工作

在大唐西市文化产业发展有限公司成功申报国家"区块链+版权"应用创新试点基础上，协调省委网信办做好任务书的审核工作，按时向上级主管部门报送，指导试点单位按要求做好试点项目的推进落实工作。

四、强化宣传力度，不断提升版权社会服务水平

1. 举办版权宣传周活动

印发开展2022年"全国知识产权宣传周"版权宣传活动的通知，在西安曲江创新创业园举行版权宣传主题活动。举行2021年度版权示范单位和示范园区授牌、首届"陕西年度十大新锐IP"颁奖、陕西省版权协会维权服务中心揭牌，并开展陕西优秀IP作品现场展示、"知识产权与青年——IP发展之路"论坛等系列活动。其中，首届"陕西年度十大新锐IP评选"活动评选出"长安未知局"等陕西版权领域十大新锐IP，有效激发了全社会的创新热情，活动累计访问3480万余人次，投票1400万余张，取得了良好的社会反响。

2. 做好版权工作服务站建设

完成2021年度陕西省版权工作服务站目标任务考核工作。指导各市（区）、各单位加快版权服务站建设，新设立6家陕西省版权工作服务站。各服务站全年共开展各类版权宣传活动81次，提供维权服务33次、法律咨询1800余人次。指导编制《平行实境剧本游戏编创内容审核标准细则》，并通过国家标准化管理委员会正式发布实施，成为目前国内剧本游戏行业唯一一团体标准。

3. 开展常态化精准化版权宣传

通过《中国新闻出版广电报》《陕西日

报》等主流媒体开展常态化宣传,对国内外版权热点问题和版权法律法规知识开展精准化宣传。指导西部国家版权交易中心深入开展专项普法宣传活动,极大地提升了省内文化企业版权保护意识。

4. 做好版权作品登记工作

充分发挥线上登记系统功能,不断提升作品登记质效。2022年全年共完成版权作品登记37 082万余件,同比增长25.2%,其中美术作品占比57%;摄影作品占比25.4%;文字作品占比9.3%;视听作品占比5.7%。

供稿:陕西省版权局

司法工作

2022年,陕西省共受理各类知识产权案件7771件,同比增长4%。陕西高院审理的"彩虹星球"抖音短视频带货商业诋毁案入选最高人民法院发布的中国法院50件知识产权典型案例以及陕西第三届"十大法治事件"、陕西法院十大审判执行案件。2022年,陕西高院民三庭被评为"全省人民群众满意的政法单位",连续三年被评为院机关年度考核先进集体,全省法院多名审判人员获得"办案标兵"称号。

一、主动对接创新驱动发展战略实施,融入高质量发展大局愈发深透

认真学习贯彻党中央和最高人民法院关于创新驱动发展的部署要求。陕西高院民三庭定期召开专题会议研究陕西知识产权司法保护工作,组织学习《知识产权强国建设纲要(2021—2035年)》等党中央、国务院政策文件,认真学习最高人民法院《关于加强新时代知识产权审判工作为知识产权强国建设提供有力司法服务和保障的意见》,研究确定年度重点工作任务,落实知识产权司法保护属地责任。

加强科技创新成果保护。切实保护关键核心自主创新技术,妥善审理单案诉讼标的额达1.5亿元的无线局域网标准专利侵权案,依法守护中国标准,努力推动构建更加公正合理的国际通信专利秩序。加大恶意违法人员惩罚性赔偿力度。

积极为服务创新驱动发展建言献策。《省法院反映陕西省专利权保护工作存在四方面问题》在省委办公厅《要情快报》刊载后,受到省委书记批示肯定。陕西高院、西安中院服务保障创新发展的有关做法在陕西省委办公厅《要情快报》、陕西政法委《陕西政法》等刊发交流。

二、审判质效持续保持"双升"态势,维护公平正义的成色更足

2022年共受理各类知识产权案件7771件,案件法定审限内结案率100%,民事一审案件服判息诉率91%,生效判决执行率98.91%。7起案件被评为全国典型案例、优秀裁判文书、陕西省"十大法治事件"。陕西高院民三庭2022年共审理各类案件874件(知识产权案件799件、涉外民商事案件25件、仲裁司法审查案件46件),审结832件,在上年审结592件的基础上同比增长40.5%,在案件数量连年增长的同时,逆势保持了案件发改率逐年下降的良好势头,2022年无一发回改判案件,体现了打造高水平审判的实际成效。加强矛盾纠纷实质性化解,民三庭2022年调撤案件123件,调撤率为14.78%,位列全院第一,西安知识产权法庭运用"融解决"理念,与涉外仲裁机构联合调解1起涉外著作权纠纷案,被评为2022年陕西"一带一路"建设十大亮点工作。全省法院加强知识产权保护工作的经验做法先后在《人民日报》理论版、新华社《参考清样》、《人民法院报》头版头条等重要媒体专题报道,2022年,国家知识产权考核检查领导小组考核检查陕西省知识产权司法保护工作时打了满分。

三、积极推进改革创新和队伍建设,审判工作运行的现代化水平不断提升

统筹优化陕西法院知识产权管辖布局和审级职能配置。经最高人民法院批准,在全省 10 个地级市扩充 14 家基层法院审理一审知识产权诉讼案件,强化中级法院审理知识产权二审案件的把关职能,增强诉讼便利、提高审判质量。

加强知识产权案件审判监督管理。陕西高院民三庭制定《关于推定"双进"工作常态化的若干措施》《关于加强沟通联系建立"包片结对"机制的通知》,建立结对包片机制。

加强知识产权审判人才队伍建设。全省知识产权审判队伍由 65 人增至 173 人。陕西高院按照"求实务实扎实"的要求举办全省法院知识产权审判培训班,突出一线法官的传帮带作用,参训 164 人。西安中院举办第五期"法官课堂",相关业务部门审判人员近 50 人参与听课,各区县法院相关部门业务人员通过视频连线方式同步参加学习。陕西高院民三庭专门申请了知识产权司法保护专项经费 20 万元,用于知识产权司法保护宣传、人员培训等。

四、强化知识产权全链条保护,知识产权保护协同互动更加紧密

加强知识产权司法保护协同发力。陕西高院牵头与 13 家省级机关及院校单位在西咸新区挂牌成立秦创原知识产权司法保护中心,建立联席会议制度,搭建知识产权司法保护紧密合作的工作平台,陕西省人民代表大会(简称省人大)常务委员会《要情快报》对此进行了专门介绍。完善技术调查官机制,加强专业技术支撑。陕西高院与省知识产权局、省检察院联合建立技术调查官专家库,协助法院审查专业技术性事实问题,确保技术类案件依法公正审理。积极接受人大、政协民主监督。2022 年 9 月 6 日,陕西高院向省人大专题报告了 2021 年省人大常委会对知识产权审判专项报告审

议意见的落实情况。2022 年 9 月 27 日,向省人大报告了包括知识产权在内加强民商事审判服务优化营商环境的情况。

五、深化社会合作共治,同心共促创新型社会发展的氛围浓厚

健全服务高等院校、创新主体合作机制。深入西部科技创新港、杨凌农业高新技术产业示范区、陕西电子信息集团,持续强化与西北大学、西安交通大学、西北农林科技大学等 985、211 院校交流合作,实施"一校一策",共建"一中心三基地",构筑资源共享、融通互补、辐射联动、特色鲜明的新型"院校联盟",下气力在创新源头保护创新。

注重宣传工作对社会公众的有效互动。在全面推进知识产权庭审直播、裁判文书公开的基础上,组织举办 2022 年度知识产权司法宣传周活动,陕西高院、西安中院均召开新闻发布会,分别发布《陕西法院知识产权司法保护年度报告(2021)》《西安市中级人民法院知识产权司法保护状况(2021)》白皮书,分别评选出 10 件知识产权典型案例,制作并发布《陕西法院知识产权审判工作 5 年纪(2018—2022)》,促进形成激励创新、保护创新、崇尚创新的浓厚社会氛围。

开展知识产权保护国际交流与合作。深化国际视野,恪守国际条约,尊重国际惯例,积极营造透明、稳定、可预期的法治化营商环境。

供稿:陕西省高级人民法院
知识产权审判庭

检察工作

一、强化顶层设计,统筹规划开展知识产权检察工作

成立全国首家有编制的省级知识产权检察专门机构——第十一检察部,集中统一履行知识产权刑事、民事、行政、公益诉讼"四大检察"职能,服务保障陕西创新驱

动高质量发展。制定印发《陕西省人民检察院关于全面加强新时代知识产权检察保护的实施意见》，聚焦服务保障创新驱动发展、乡村振兴、黄河文化保护传承弘扬、营造优质创新营商环境，充分发挥知识产权"四大检察"职能作用。制定印发《2022年度全省知识产权检察工作要点》，明确2022年度全省知识产权检察工作总体思路和重点工作，有效引导下级院抓好贯彻落实。制定《陕西省人民检察院知识产权检察办案联系点管理办法（试行）》，下发《关于推荐知识产权检察工作联系点的通知》，明确14个知识产权检察工作基础较好的区县院作为省院直接联系点。

二、依法充分履职，严厉打击侵犯知识产权犯罪

2022年，陕西省检察机关依法严厉打击侵犯知识产权犯罪案件，受理审查逮捕侵犯知识产权犯罪71件127人，共批准和决定批捕70人；受理审查起诉侵犯知识产权犯罪76件159人，起诉97人。聚焦专项监督，全面提升知识产权检察工作质效。认真贯彻最高人民检察院安排部署，陕西省人民检察院印发《关于全省检察机关开展依法惩治知识产权恶意诉讼专项监督工作的实施意见》《陕西省检察机关开展地理标志保护检察监督专项活动方案》，联合省市场监管局、省知识产权局联合印发《开展侵犯知识产权犯罪专项立案监督活动工作方案》，一体推进依法惩治知识产权恶意诉讼专项监督工作、侵犯知识产权犯罪专项立案监督活动、地理标志保护检察监督专项活动。针对专项监督工作中面临的现实问题，建设知识产权恶意诉讼大数据监督模型，对筛查出的批量维权案件线索逐项开展调查。

三、护航创新驱动，围绕中心大局开展综合保护

认真落实陕西省委《关于全面加强新时代检察机关法律监督工作 为谱写陕西高质量发展新篇章提供法治保障的若干措施》"强化对核心技术、新兴产业、传统文化等领域知识产权司法保护，助力秦创原创新驱动平台建设"要求，印发《陕西省人民检察院关于充分履行检察职能服务保障秦创原创新驱动平台建设的意见》，从依法打击侵犯知识产权犯罪、依法服务保障科技企业创新发展等方面明确提出14条具体举措。与省秦创原建设领导小组办公室会签《合作框架协议》，明确4项合作内容，建立4项工作机制。在秦创原总窗口设立全省首家知识产权检察保护中心，加大对新兴产业、重点领域、关键核心技术的知识产权保护。出台《秦创原知识产权检察中心设立运行管理办法（试行）》，推动7个市级检察院设立保护中心，50个基层院设立保护工作站，在96家重点企业设立保护联系点，收到、摸排相关线索40余条，办理相关案件94件，建立制度机制58项，"进公司""进企业"法律宣讲197次，依法服务保障秦创原各类市场主体安心发展、专注创新。

四、加大宣传力度，提升知识产权检察保护影响力

围绕"4·26世界知识产权日"开展"知识产权检察宣传周"活动，陕西省人民检察院召开新闻发布会，首次公开发布《陕西省知识产权检察工作年度报告（2021）》和4件保护典型案例。全省检察机关召开新闻发布会2次，知识产权检察宣传进企业、进校园、进社区117次，各类媒体发布宣传稿件210余篇，制定各类制度机制15份。制定《全省检察机关开展2022年打击侵权假冒工作宣传月活动实施方案》，在全省检察机关部署开展"双打"主题宣传月活动，知识产权检察影响力稳步提升。

供稿：陕西省人民检察院
第十一检察部

甘 肃 省

知识产权工作

一、知识产权强省建设高位推进

进一步完善政策法规体系，修订《甘肃省专利条例》(简称《条例》)的工作，《条例》于 2023 年 1 月 1 日起施行。制定印发《〈甘肃省知识产权强省建设纲要(2021—2035年)〉任务分工台账》《实施知识产权强省建设纲要和十四五规划 2022 年度推进计划》，明确细化知识产权强省建设六大方面 80 项任务。出台《甘肃省市场监督管理局与市级人民政府知识产权合作会商规定》，启动与兰州市的合作会商。组织开展新一轮知识产权试点示范工作，兰州市、民乐县、民勤县、天水经济技术开发区分别获批知识产权强国建设试点城市、试点县、试点园区。持续深化区域品牌合作，联合青海召开两省知识产权合作工作联席会议，发布《2022年知识产权保护工作备忘录》《甘青两省商标地理标志品牌名录(第二批)》《甘肃省青海省商标地理标志品牌专家智囊库名录》，为持续加强两省知识产权合作奠定了坚实的基础。

二、知识产权大保护格局逐步形成

甘肃省委、省政府连续将知识产权保护列入市场监管工作综合督查，印发《2022年全省知识产权保护工作检查考核工作方案》，并引入第三方评估，组织完成各市州知识产权保护工作检查考核。制定《关于加强知识产权纠纷调解工作的实施意见》，张掖、平凉、陇南、兰州新区等地设立知识产权纠纷人民调解委员会，通过"人民法院调解平台"调解知识产权纠纷 23 起；通过提供技术支撑方式参与专利侵权纠纷行政裁决办案13 件。在全国范围内选任 50 人为海外知识产权纠纷应对指导专家。完成电商领域专利侵权纠纷案件 559 件，涉案主体 700 余家，涉案金额 100 万余元。部署开展知识产权执法保护专项行动，全省共立案处理专利侵权纠纷案件 565 件，查办商标侵权、假冒专利案件 611 件，罚没金额 857 万余元，查办版权案件 29 件。查办侵犯冬奥会和冬残奥会奥林匹克标志专有权案件 31 件。中国(甘肃)知识产权保护中心专利快速预审跑出新速度，截至 2022 年底，共接收专利快速预审案件 511 件，预审合格 259 件，授权 188件，结案授权率为 89.1%。发明专利平均审查周期为 49.7 天，实用新型专利为 18.2天，发明专利最快 32 天获得授权，实用新型专利 5 天获得授权，审查周期相比普通申请分别缩短了 90.9% 和 90.1%。保护中心专利复审无效案件多模式审理顺利入选国家试点，成为西北唯一一家试点单位，成为首批被确定的国家级专利导航服务基地。

三、知识产权质量效益稳步提升

坚持质量导向，印发《甘肃省关于规范专利申请提高专利质量的若干措施》，首次建立并实施甘肃省专利申请精准管理制度。2022 年，甘肃省专利授权 22 490 件，PCT 国际专利申请 36 件；有效发明专利累计 12 000 件，其中高价值发明专利 3989件，占比 33.24%，每万人口高价值发明专利拥有量 1.60 件；商标注册 30 104 件，商标有效注册量累计 185 375 件，同比增长17.73%，高于同期全国 15.06% 的平均增幅；全省新增地理标志证明商标 20 件，地理标志证明商标累计 169 件，总量领跑西北五省；新增地理标志专用标志使用企业339 家，累计达到 574 家；国家知识产权局专利局兰州代办处办理专利电子申请 52 998件，收费 3.5 万笔，金额 2020 万余元。

四、知识产权运用价值加速实现

调整省级知识产权有关奖补事项,提高政策扶持的精准性,拓展了知识产权计划项目范围,实现了对知识产权全要素、全链条的支持。2022 年共评选立项 98 个省级知识产权计划项目,拨付资金 1980 万元,定向组织院士团队等 8 个项目,拨付资金 570 万元。知识产权质押融资入园惠企行动成效明显。全省新增知识产权质押融资 3.71 亿元,及时落实企业专利权质押融资贴息补助和专利保险补贴政策,发放贴息补助、评估费补贴共计 152.8 万元;发放专利保险费限额补助 37 万元。新增 416 家企业通过《企业知识产权管理规范》国家标准认证,对通过贯标的企业择优奖补 131 家,奖补资金 655 万。新增 15 家国家知识产权优势企业,达到 112 家,新增 9 家国家知识产权示范企业,达到 23 家。高新技术企业达到 1683 家,增长 22.8%。商标品牌培育能力显著提升,完成省级区域品牌"甘味 GANWEI 及图"的商标注册,逐步推进省级区域品牌"陇字号"商标注册工作。"甘味"、"兰州百合"和酒泉商标品牌指导站 3 项品牌建设成果入选全国商标品牌建设优秀案例。

五、公共服务顶层设计日趋完善

发布《甘肃省知识产权局公共服务事项清单(第一版)》《甘肃省专利优先审查办事服务指南》《甘肃省商标注册申请快速审查办事服务指南(试行)》。《甘肃省建设便民利民的知识产权公共服务体系》一文被《全国优化营商环境简报》(第 126 期)刊登并抄送全国学习借鉴;以"全链条服务、服务全链条"为理念,完成省级知识产权公共服务综合平台建设工作;甘肃省生产力促进中心和西北师范大学备案为国家知识产权信息公共服务网点、中国科学院西北院入选国家级专利导航工程支撑服务机构;兰州大学和中国科学院西北院两家 TISC 机构的服务案例入选 2022 年全国知识产权信息服务优秀案例;甘肃省代表获得首届全国知识产权公共服务机构专利检索分析大赛二、三等奖。知识产权公共服务网点布局逐步健全,公共服务能力显著提升。

六、知识产权文化宣传氛围浓厚

组织开展中新网知识产权专访等系列活动,开展知识产权优秀短视频展播活动,征集作品 51 部,评选出一等奖 3 部,二等奖 5 部,三等奖 10 部。制作 5 集专题宣传片《知识产权——甘肃经济高质量发展的新引擎》,在甘肃卫视《今日聚焦》栏目播出。提升知识产权对外交流水平,与青海、宁夏、国家知识产权局专利局专利审查协作北京中心及沿黄九省区知识产权部门签订知识产权保护战略合作协议。加强各类知识产权人才培训力度,举办各类知识产权业务培训班,举办全省知识产权保护业务专题培训班,积极构建全省知识产权人才"大培训"体系。

供稿:甘肃省知识产权局

版权工作

2022 年,甘肃省版权局认真贯彻落实党中央、国务院决策部署和甘肃省委、省政府工作要求,坚持守正创新,积极担当作为,推动全省版权工作取得显著成效。

一、版权工作谋划开创新局面

印发《2022 年全省版权工作方案》,对 2022 年版权各项工作作出安排部署。坚持高站位认识、高起点谋划,制定印发《甘肃省版权工作"十四五"规划》,明确重点任务和主要措施。大力实施"五大提升行动",即实施版权执法监管提升行动、使用正版软件提升行动、版权社会服务提升行动、版权产业发展提升行动、队伍能力素质提升行动;精心打造"十项基础工程",即健全全省版权监管体系、完善甘肃版权调解机制、完善软件正版化工作考核评价机制、完善甘肃版权登记大数据信息服务平台、成立甘肃省版权协会、建立版权综合服务站、创建版权示范单位、搭建敦煌文博会版权展览交易平台、成立甘肃版权交易中心、组建甘肃版权专家库。

二、软件正版化工作迈上新台阶

将软件正版化作为版权工作的重中之重，加强统筹协调、督促检查和培训指导，完善软件正版化工作制度体系，深入推进软件正版化工作向纵深发展。制定印发《2022年全省推进使用正版软件工作计划》，指导督促省教育厅、省卫生健康委、省交通运输厅等重点行业领域主管部门制定印发本系统推进使用正版软件工作三年行动计划（2023—2025年）或实施方案。完善2022年全省软件正版化工作核查内容及评分标准，组织各地各单位对标对表开展自查、推进任务落实。组织召开核查部署培训专题会议，组成5个核查组对8个市（州）、14个省级党政机关、8家省属企事业单位进行了实地核查，并对2021年核查的4个市和7个省直单位进行"回头看"，共核查单位180家、核查计算机9120台。举办2022年全省软件正版化工作培训班，邀请中央宣传部版权管理局有关负责同志授课，省委宣传部分管领导部署工作，指导各地各部门扎实有效推进使用正版软件工作。广泛查阅资料，认真总结梳理，起草并向中央宣传部报送甘肃省软件正版化20年约稿，提炼出"一盘棋"格局、"一张网"体系、"一股劲"合力、"一条心"共识的工作经验。

三、版权执法工作取得新成效

进一步完善版权行政执法监管体系，健全部门间重大案件联合查办和移交机制，突出大案要案查处和重点行业专项治理，不断提升版权联合执法监管效能。积极协调配合省文旅厅在全省文化市场执法培训班中开展了版权执法相关培训，着力提升版权执法能力和水平。制定全省版权保护工作机制及流程图，推进版权执法制度化规范化。认真落实国家版权局督办要求，协调查办酒泉市谢某某涉嫌侵犯著作权人复制权损害公共利益案。积极做好版权保护指导服务工作，协助省博物馆、窑街煤电集团进行版权维权。联合省公安厅、省教育厅等开展"剑网2022""青少年版权保护季"专项行动。2022年，全省出动版权执法人员28 236人次，检查实体市场10 132家次，查办版权案件31件。在国家版权局公布的2021年度查处重大侵权盗版案件奖励名单中，甘肃省平凉市、武威市、镇原县、肃北县文化市场综合行政执法队和甘肃省委宣传部版权管理处获评有功单位，省委宣传部版权管理处及酒泉市文化市场综合行政执法队3名同志获评有功个人。

四、版权宣传引导开拓新视野

甘肃省版权局坚持日常宣传和集中宣传相结合，充分利用各级各类媒体平台开展版权宣传，努力营造尊重版权的社会环境和舆论氛围。

先后印发通知、制定方案、召开协调会议，认真组织开展2022年"4·26全国知识产权宣传周"版权宣传活动。在此期间，知识产权港公司在"甘肃版权综合服务"微信公众号发布宣传海报、标语、H5，开展4期版权相关知识线上培训；读者出版集团举办版权专题讲座，集团网站、微信公众号等网络平台发布版权知识音画，举办手机线上"版权知识答题"活动；甘肃媒体版权保护中心举办甘肃媒体版权服务平台上线仪式，召开媒体版权保护座谈会，开展《媒体版权保护与侵权防范》专题培训；在兰州西北书城小广场集中开展版权宣传活动，发放著作权法、作品登记及国产正版软件介绍等相关资料，现场解答群众关于版权事务的咨询；组织全省各地结合实际开展版权宣传活动，共制作宣传展板1400余个、悬挂宣传标语横幅 2000 余条、发放宣传资料 9.6 万余份；组织全省各级新闻媒体开展版权宣传、刊播相关稿件，其中《甘肃日报》刊发稿件 13 篇、每日甘肃网刊载 19 篇（件）、"新甘肃"客户端刊载 37 篇（件），省广电总台广播《全省新闻联播》播发 4 篇、电视《甘肃新闻》播出 2 条、其他频率频道播出 5 篇（条）、"丝路明珠网"刊载 4 篇，各地播发相关新闻稿件 150 篇（条）。

五、版权社会服务搭建新平台

甘肃省依托指导知识产权港公司、甘肃媒体版权保护中心，不断优化完善甘肃版权综合服务平台、甘肃媒体版权服务平台，探索运用大数据、人工智能、区块链等新技术，广泛开展作品版权确权、侵权监测、存证固证、运营交易和维权援助等多项业务，为构建版权创造、运用、保护、管理、服务全链条提供重要支撑。2022 年，甘肃版权综合服务平台共完成作品登记 50 321 件，其中文字作品 4394 件、美术作品 40 571 件、摄影作品 3695 件、口述作品 382 件、视听作品 684 件、音乐作品 147 件、设计图作品 213 件、其他作品 235 件。2022 年甘肃媒体版权服务平台正式上线运行以来，不断优化升级平台各项功能，对媒体实时发布的原创稿件自动采集，并引入白名单管理模式，为媒体单位上链确权文字、摄影、视听等各类作品 3757 件。甘肃省版权局对北京、四川、陕西等 9 省（市）作品登记工作进行了书面学习调研，提出进一步加强改进甘肃省作品登记及版权相关服务工作的意见建议。

六、版权产业发展取得新进展

甘肃省版权局认真学习省外版权工作先进经验，促进版权创造和转化运用，助力全省经济发展、文化强省和知识产权强省建设。组织甘肃省有关单位通过线上平台，参加国家版权局举办的 2022 年版权产业国际风险防控培训班及版权国际论坛。探索开展民间文艺版权保护与促进试点工作，持续激活民间文艺领域的版权价值。组织开展 2022 年全省版权示范创建评选工作，命名 2 家全省版权示范单位，1 家省属国有企业获评全国版权示范单位，充分发挥典型示范引领作用，带动全省版权产业高质量发展。

供稿：甘肃省版权局

司法工作

一、发挥审判职能，公正高效审理知识产权案件

2022 年，全省法院共受理一、二审知识产权民事案件 2047 件（旧存 475 件、新收 1572 件），审结 1641 件，结案率 80.17%。其中，受理一审案件 1858 件，审结 1497 件，结案率 80.57%。受理二审案件 189 件，审结 144 件，结案率 76.19%。受理再审案件 1 件，审结 1 件。调解、撤诉案件 1008 件，调撤率 61.43%。在案件类型方面，2022 年知识产权一、二审民事案件中，专利权案件 50 件、著作权案件 1030 件、商标权案件 679 件、植物新品种权纠纷案件 36 件、技术合同纠纷案件 64 件、特许经营合同纠纷案件 66 件、不正当竞争纠纷案件 57 件、其他知识产权案件 65 件。受理知识产权刑事案件 62 件，审结 48 件。

二、对接保护主体，加强知识产权协同保护和源头保护

兰州知识产权法庭与省农业农村厅签订种业知识产权保护衔接联动工作机制框架协议，就建立信息交流互通机制、完善知识产权行政救济与司法救济的衔接、成立种业知识产权专家库、协同开展种业知识产权保护宣传等进行商定。双方将通过综合运用行政监管、司法审判、仲裁调解等多种手段，形成种业保护合力，维护品种权人及制种企业的合法权益。

天水、武威、金昌等市中院也与当地市场监管局、司法局、海关等部门联动，签订

各类保护知识产权的协议,落实知识产权纠纷在线诉调对接机制,努力形成人民调解、行政调解、行业性专业性调解、司法调解优势互补、有机衔接,府院联动形成合力,不断探索知识产权领域诉源治理新路径,构建知识产权司法保护大格局。

三、深化机制改革,为知识产权保护提供有力司法保障

调整、新增15个基层法院审理知识产权一审案件,进一步优化知识产权案件管辖布局,增加具备条件的辖区法院受理知识产权案件,方便当地群众诉讼维权。

张掖市甘州区人民法院设立"种子法庭",立足地方主导产业,探索推行服务种业工作新模式。从签订制种合同或劳务合同,到种植、回收,对产销各环节提供全流程法律服务。主动对接制种企业,向农户发放"连心卡",推行涉种纠纷非诉解决机制,为种业健康发展保驾护航,营造种业振兴良好环境。

兰州市城关区人民法院开展"3+4+6+N"知识产权诉调对接模式。即省、市、区三级法院建立知识产权纠纷诉调对接中心;以人民法院调解平台为纽带,搭建与审判系统、智调、智审平台"四位一体"的司法办案平台;设立6个知识产权纠纷诉调对接工作站,以点带面,以面带全,构建人民调解、商事调解、专家调解等多层次的立体化纠纷解决体系。该模式得到最高人民法院充分肯定,在全国法院相关会议上交流了经验。

四、加大宣传力度,提高知识产权公共服务能力

4月20日,甘肃高院召开新闻发布会,发布2021年甘肃法院知识产权司法保护状况(白皮书)及十大典型案例,全面展示甘肃法院知识产权司法保护工作,同时将源于实践的司法案例作为生动具体的法治教材,既为社会公众传递了知识产权保护理念,又为全省知识产权审判统一裁判尺度提供了参考借鉴。

第22个"4·26全国知识产权宣传周"活动期间,甘肃各级法院围绕"全面开启知识产权强国建设新征程"主题,举办庭审观摩、送法进军营、发布典型案例、销毁假冒伪劣产品等形式多样的宣传活动,传播了以"尊重知识,崇尚创新,诚信守法"为核心理念的知识产权文化。

五、立足创新发展,打造知识产权保护新引擎

5月,甘肃省人大常委会审议了甘肃法院知识产权审判工作,甘肃高院就五年来知识产权司法保护工作作专题报告。主动对接"兰白两区",走访省内"专精特新"企业30余家,为企业专利保护提供司法指导。在兰州新区设立兰州知识产权法庭巡回审判点,设立"知识产权司法保护示范基地",为把新区打造成区域经济增长极和创新示范高地提供"上门服务"。

六、提升审判水平,推进知识产权人才和文化建设

3月,在南京大学举办全省法院知识产权审判能力提升培训班,有效提升知识产权审判人员专业水平、司法技能和国际视野,为全省知识产权审判良性发展积蓄力量、储备人才。6月下旬,在甘肃省法官学院分院举办全省法院知识产权审判业务培训班,参训人员150人次,实现了对全省法院知识产权法官的全覆盖。

供稿:甘肃省高级人民法院
知识产权审判庭

检察工作

一、调整重点工作,主动融入知识产权保护格局

立足新发展阶段、贯彻新发展理念,省检察院党组局部调整了"六项重点工作"部分内容,将加强知识产权司法保护作为保

障和激发企业创新创业活力的重要举措,列入 2022 年甘肃省检察机关《"强化法律监督,优化营商环境"专项行动实施方案》10 件实事,全面开展侵犯知识产权刑事案件权利人诉讼权利义务告知、知识产权保护行刑衔接和对下业务指导等 3 项工作。

二、充分履行检察职能,加大知识产权保护力度

2022 年,共受理审查逮捕侵犯知识产权案件 33 件 79 人,批准逮捕 28 件 45 人,不批准逮捕 9 件 39 人。受理审查起诉侵犯知识产权案件 46 件 101 人,提起公诉 30 件 66 人,不起诉 4 件 17 人,适用认罪认罚 26 件 65 人。所办案件中假冒酒类的侵权行为占比最高,罪名主要涉及假冒注册商标罪(21 人)和销售假冒注册商标的商品罪(41 人)。加强侦查环节引导取证工作,提前介入 15 件;履行监督职能,监督公安机关立案侵犯知识产权案件 1 件 2 人;纠正漏捕 3 人,纠正遗漏同案犯 3 人;书面纠正侦查活动违法 2 件次。深化认罪认罚从宽制度适用,督促侵权人向权利人作出赔偿,尽力弥补权利人因侵权行为遭受的经济损失,对侵权行为提出从宽的量刑建议 41 人。省检察院知识产权检察办公室挂牌督办"清源安民"1 号行动中破获的张某琴等人销售假冒注册商标商品案等 6 起重大案件。

三、积极推进协同保护,完善知识产权行政执法和刑事司法办案信息交流和共享机制

全省检察机关加强与行政执法部门工作衔接,受理两法衔接案件 1 件 1 人,建议行政执法机关移送公安机关处理;加强与公安机关协作配合,提前介入侵犯知识产权案件 15 件。省检察院联合公安厅、科技厅、农业农村厅组织召开全省检察机关种业司法保护工作推进会,对种业司法保护工作进行全面部署,重点打击假冒伪劣、套牌侵权等违法犯罪行为。会上,同省农业农村厅、省高级人民法院、公安厅共同印发《关于保护种业知识产权打击假冒伪劣套牌侵权营造种业振兴良好环境的指导意见》,为甘肃建设种业强省、助推民族种业振兴发展贡献检察力量。

四、不断深化司法体制改革,加强知识产权检察队伍职业化专业化建设

在检察机关内设机构重塑性改革的基础上,省检察院进一步探索建立符合知识产权司法特点和办案规律的工作机制,逐步在全省建立知识产权专业化办案团队。为进一步提升全省知识产权办案专业化水平,省检察院在省内确定 7 名理论水准较高、办案经验丰富的检察业务骨干,组建种业领域刑事案件业务指导团队。推动实现基层检察院涉知识产权公益诉讼案件专人办理,常态化举办涉食品、药品和侵犯知识产权案例教学培训,以检察官教检察官的形式,深入剖析讲解知识产权案件办理过程中的难点、热点问题,省、市、县三级检察院全体经济犯罪检察干警共 200 余人参训。

五、加大宣传舆论引导,营造全社会保护知识产权良好氛围

紧抓国际消费者权益日、世界知识产权日等关键节点,开展以"全面加强知识产权保护 推动构建新发展格局"为主题的知识产权保护日宣传活动,汇编、制作下发《加强知识产权保护 助力优化营商环境宣传手册》,在"两微一端"平台,发布检察机关知识产权司法保护工作情况及知识产权保护的典型案例、事例。制定"维护民企权益 优化营商环境"专项行动"提升年"实施方案,联合省工商联组织开展全省检察机关、工商联系统送法进企业"百场法治培训",对民营企业知识产权风险与防控进行专门讲授。汇编并下发送法进企业"百场法治培训"活动培训教材,督促各地有序开展培训活动。2022 年,全省共举办培训

80 场次,参加培训人数为 4000 余人,其中企业家人数达 800 余人,积极营造保护知识产权、自觉抵制侵犯知识产权和制售假冒伪劣商品的良好社会氛围。

供稿:甘肃省人民检察院
知识产权检察办公室

青海省

知识产权工作

一、统筹推进知识产权战略实施

充分发挥省知识产权战略实施工作联席会议办公室职能作用,凝聚共识、明确方向、压实工作,调整了联席会议组成人员,青海省政府副省长、联席会议召集人主持召开 2022 年青海省知识产权战略实施工作联席会议,通报 2021 年以来青海省知识产权工作和国家知识产权保护工作检查考核反馈问题整改情况,并安排部署下一步重点工作。印发《青海省贯彻落实〈知识产权强国建设纲要(2021—2035 年)〉和"十四五"规划实施 2022 年度工作要点》、《2022 年全省知识产权保护工作要点及责任分工》,贯彻落实《知识产权强国建设纲要(2021—2035 年)》(简称《纲要》)实施意见重点任务分工方案等文件,定期调度、督导、通报各成员单位工作情况。组织举办贯彻落实知识产权强国建设纲要实施意见和"十四五"规划解读培训班,持续推进《纲要》实施意见和《规划》宣传解读培训工作。起草《青海省知识产权创造、运用、保护、管理和服务工作争取国家督查激励事项的实施方案(2022—2024 年)》,征求各市州政府、联席会议成员单位意见并修改完善,经国家知识产权局党组会议审议通过。

二、强化知识产权高价值创造

2022 年,每万人口发明专利拥有量 4.29件,同比增长 14.1%。年内新增有效注册商标 11 028 件,完成目标任务 2000 件的 5倍,青海省注册商标总数累计 70 421 件。中国驰名商标 48 件,地理标志证明商标 48件,地理标志保护产品 15 件,获准使用国家地理标志专用标志用标企业 62 家,其中2022 年新增 32 家。青海省 4 项发明专利获第二十三届中国专利优秀奖,实现新增销售 20.03 亿元、新增税收 8148 万元,为青海省经济社会高质量发展提供了有力支撑。优化青海省知识产权激励政策,出台《青海省知识产权专项资金管理办法》,完成 2022 年度资金补助工作,向创新主体发放各类奖补资金 326.8 万元,激发青海省创新创造活力。加强知识产权强企建设,制定印发"十四五"期间知识产权优势企业培育和推动创新主体贯彻知识产权管理规范工作方案,组织开展 2022 年度国家知识产权优势企业和示范企业申报、复核,经青海省知识产权局推荐和评审,新确认 1 家国家知识产权示范企业和 10 家国家知识产权优势企业,复核通过 5 家国家知识产权优势企业,新确认 7 家青海省知识产权优势企业。持续规范代理行业监管,召开青海省知识产权代理机构工作会议,开展知识产权代理机构"双随机、一公开"监管和"蓝天"专项行动,为各类企业创新发展营造良好营商环境。联合各市州市场监管部门核查处理 2 批次 317 件非正常专利申请,向国家知识产权局推荐 34 家精准管理创新主体,从源头规范非正常专利申请行为。

三、构建知识产权大保护格局

加强 2021 年国家知识产权保护工作检查考核的反馈问题整改,开展 2022 年检查考核自评工作。先后制定出台《青海省加强知识产权纠纷调解工作的若干措施》《青海省强化知识产权纠纷在线诉调对接工作的意见》等意见措施,快捷、低耗、和谐化解知识产权纠纷。出台《青海省加强知识产权行政执法和刑事司法衔接工作的意见》《关于强化知识产权协同保护的实施意见》,完善行政执法和司法衔接机制,推动建立良性互动、有机合作的知识产权快速协同机制。制定出台《关于进一步加强海外知识产权纠纷应对机制建设的实施意见》,指导涉外知识产权工作的开展,积极做好"走出去"企业纠纷调解援助工作。配合青海省人大常委会完成《青海省专利促进与保护条例》立法后评估调研工作。签署甘肃和青海两省《2022 年加强知识产权保护运用工作合作备忘录》,参与沿黄河九省区地理标志联合保护,青海省 34 家地理标志用标企业列入联合保护名录。加强市州知识产权保护工作指导,召开市州知识产权保护考核工作会议,完成 2021 年度市州知识产权保护绩效考核工作,印发《2022 年度市州绩效考核指标体系》,并在青海省范围内启动知识产权保护多部门联合督导,推动青海省上下逐级自检、自我加压、整改落实,推动知识产权保护重点任务高质量完成。开展 2022 北京冬奥会和冬残奥会奥林匹克标志知识产权保护专项行动,打击商标侵权和假冒专利行为规范商标地理标志使用及专利标识标注专项行动,查办各类商标侵权案件 34 件,案值 46.96 万元,罚款 34.48 万元。立案调查国家知识产权局转办的 3 件恶意注册商标线索。印发《青海省专利行政执法三级联动实施方案》,开展各类知识产权保护培训 14 次,其中线上 8 次、线下 6 次,培训各级市场监管部门执法人员 400 余人次。加强知识产权人才培养和队伍建设,开展知识产权技术调查官选聘工作和青海省知识产权保护工作成绩突出集体和个人评选工作。举办青海省领导干部知识产权保护专题培训班,由国家知识产权局有关专家专题授课,各市州政府分管领导,各级市场监管部门、联席会议各成员单位有关负责同志参加培训,切实增强青海省领导干部做好知识产权保护工作的责任感、使命感。

四、促进知识产权高效益运用

开展知识产权质押融资入园惠企行动,联合青海银保监局、金融机构、知识产权服务机构和评估机构深入园区企业开展实地调研,在海西州成功举办 2022 年知识产权质押融资入园惠企活动,搭建知识产权银企对接平台,帮助企业拓宽融资渠道。2022 年共登记 3 笔专利权质押贷款,质押金额 1000 万元。编制发布《2022 年青海省重点产业专利导航工作指引》,指导创新主体运用专利导航加强产业规划布局,深入挖掘培育青海地方特色知识产权,实施盐湖化工、清洁能源、绿色有机农畜产品等领域共 5 个专利导航项目。助力产业知识产权运营工作,鼓励指导中国科学院盐湖研究所建立青海省首家省级产业知识产权运营中心——盐湖产业知识产权运营中心,以高水平知识产权运营推动盐湖产业高质量发展。全年向青海省技术交易市场推荐有良好市场前景的专利技术 152 件。开展专利开放许可试点工作,制定印发《青海省市场监督管理局关于推进专利开放许可试点工作的通知》,针对高校、科研院所和国有企业开展专利开放许可意愿调研。以"把握一带一路新机遇 构建合作共赢新格局"为主题,组织青海省内 150 家企业并对接中国—白俄罗斯工业园 50 家优质企业开展 2022 青海品牌商品云推介活动,线上集中宣传展示青海省优势资源和特色产品。采取"代参展"模式,优选近百家企业的 1000 种品牌商品参展 2022 华北国际食品交易博览会。

五、优化知识产权高质量管理服务

充分发挥省市联动作用,全力支持指导西宁市申报知识产权强国建设试点城市。深化"我为群众办实事"实践活动,积极向国家知识产权局申报并成功获批西宁市为全国专利代理师资格考试考点之一。

全面梳理知识产权公共服务职能,编制印发知识产权公共服务事项清单(第一版)。签订TISC知识产权服务框架协议,截至2022年底,共为青海省近300家企业提供基础检索服务千余次,开展产业专利信息利用等公益培训近百场,累计受众3000余人次。协同青海省商务厅开展2022年"双品网购节"活动,通过线上销售平台优先推广青海省地理标志产品,实现销售金额598.5万元。青海省1项知识产权信息服务案例获评2022年全国知识产权信息服务优秀案例。提升窗口服务质量,推动实现专利、商标等知识产权业务"一窗通办",开展打造"群众满意服务窗口"活动。2022年,国家知识产权局专利局西宁代办处共完成专利电子申请人工受理1059件,专利费用减缴请求审批4533件,专利申请优先审查102件。加大知识产权宣传力度,广泛动员青海省市场监管系统、各知识产权有关单位和服务机构共同参与"4·26全国知识产权宣传周"系列活动。评选发布2020—2021年度8个知识产权典型案例,制作知识产权强省建设微视频,发布知识产权保护倡议书,充分利用传统媒体和微信公众号、抖音等新媒体努力传播知识产权声音。

供稿:青海省知识产权局

版权工作

2022年,青海省版权局按照国家版权局、青海省委省政府的工作部署和要求,切实履行工作职责,围绕年度目标任务,把握重点,认真谋划,精心实施,较好地完成了各项工作任务。

一、加强宣传,提升公众版权意识

2022年初对做好2022年全省知识产权宣传周版权宣传活动进行安排部署,要求各市州结合本地实际,以广场、公园、商超等人流密集场所和报刊栏等为主阵地,通过悬挂横幅、摆放展板、现场咨询等形式

开展版权宣传活动。宣传活动期间,海东市、黄南州、果洛州分别组织开展了知识产权宣传周版权集中宣传活动,在现场组织了"尊重知识、保护版权、从我做起"签名活动,摆放展板100余块,悬挂条幅50余条,发放各类宣传资料10 000余份,集中展示宣传了开展打击侵犯知识产权和制售假冒伪劣商品专项行动、推进全省政府机关软件正版化及版权保护工作取得的成果。同时,充分利用网络媒体进行宣传。西宁市在"夏都西宁"客户端,果洛州在"今日果洛""果洛在线"客户端,海东市、海西州在电视、门户网站等分别进行了版权法律法规宣传。全省采取线上线下全媒体资源,多角度多渠道共同推进,积极营造了"尊重知识、崇尚创新、诚信守法、保护版权"的良好社会氛围,增强了公众的版权保护意识。

二、积极开展冬奥版权保护集中行动

2022年1月至3月,按照国家版权局关于开展冬奥版权保护集中行动的要求,开展青海省冬奥版权保护集中行动。

1. 广泛宣传动员

集中行动期间,借助广播电台、报纸、网站等多种媒体,对全省开展冬奥版权保护集中行动工作进行了广泛宣传。3月8日,全省"青绣"创作能力提升培训班举办,针对新修改的《著作权法》进行专题培训。

2. 设立举报电话

为方便广大群众参与监督,设立涉冬奥作品侵权盗版行为举报投诉电话和投诉举报电子邮箱,并在《青海日报》、青海新闻网等媒体进行公告,鼓励公众和相关权利人对侵权盗版行为进行投诉举报。

3. 查处违法案件

2月14日,青海省版权局接举报称位于西宁市城东区的"某唐卡工作室"涉嫌未经著作权人许可,制作并在网络销售掐丝唐卡"冰墩墩"工艺美术品。西宁市文化市场综合行政执法人员对案件信息进行综合分析研判,通过现场检查和网络巡查调查

取证,确定当事人侵犯了权利人"冰墩墩"作品的复制权和发行权,损害社会公共利益,扰乱了版权市场的行政管理秩序,对"某唐卡工作室"制作并在网络销售"冰墩墩"掐丝唐卡侵权盗版案予以立案查处,责令停止侵权行为并给予当事人没收违法所得1432元、罚款15 000元的行政处罚。

三、组织开展青少年版权保护季行动和打击网络侵权盗版"剑网"专项行动

为维护良好的出版物市场版权秩序,保护青少年身心健康,青海省版权局会同省公安厅、省教育厅、省文化和旅游厅联合开展"青少年版权保护季"行动。明确各部门工作任务,专项行动以严厉整治教材教辅、少儿图书的侵权盗版乱象,规范电商平台销售出版物的版权秩序为重点,有力打击盗版盗印、非法销售、网络传播侵权盗版思想政治理论课教材教辅、畅销儿童绘本等违法犯罪行为,为青少年健康成长营造良好的版权环境。

青海省版权局联合省委网信办、省公安厅、省通信管理局、省文化和旅游厅开展打击网络侵权盗版"剑网2022"专项行动,在巩固历年专项行动成果基础上,为网络创新发展保驾护航。

四、扎实推进软件正版化工作

1. 加强组织领导,狠抓工作落实

制定印发《青海省2022年推进使用正版软件工作实施方案》,从加强制度建设、强化督促检查,完善长效机制,巩固扩大工作成果,全面推进青海省软件正版化工作规范化、常态化、制度化和信息化方面,进行了安排部署。

2. 加强源头管理,规范软件采购

对省地质环境监测总站等5家单位的采购计划进行了审核把关。加强督促检查,巩固工作成果。2022年10月至11月,对全省各市州软件正版化工作进行督查,对各地各单位存在的问题进行全省通报,并要求限期整改。

3. 开展宣传培训,提升监管能力

2022年4月2日,会同海北州组织举办软件正版化工作培训班,海北州州直机关、州属各县负责软件正版化工作人员共计100余人参加培训。

五、认真开展版权日常监管工作

1. 明确版权工作要求

印发《2022年版权工作要点》,对加强院线电影版权保护工作进行安排部署,加大院线电影版权保护力度,严厉打击院线电影盗录传播违法犯罪活动。

2. 组织开展民间文艺版权保护与促进试点工作

通过广泛推荐、认真筛选,确定海东市(河湟文化地区)和黄南州(热贡文化生态保护区)为民间文艺版权保护与促进试点地区并向中央宣传部进行了申报。

3. 开展版权示范创建工作

制定印发《青海省版权示范单位和示范园区(基地)管理办法》。

4. 认真开展版权咨询服务

2022年,青海省版权局接待来人(来电)版权咨询500余人次,进行著作权作品登记33件。

5. 组织开展文化市场执法检查

截至2022年底,青海省共出动执法检查人员9500余人次,检查出版物市场经营单位3000余家次,查缴各类侵权盗版出版物1万余件,查处侵权盗版案件1起,没收违法所得1432元,罚款15 000元,有效净化了全省出版物市场。

供稿:青海省版权局

司法工作

一、依法公正高效审理各类案件,充分发挥知识产权审判职能作用

2022年,全省法院共受理一、二审知识产权民事、刑事案件369件,旧存134

件，审结 432 件，结案率为 85.9%。

积极履行民事审判职能，服务创新驱动发展。2022 年，全省各级法院共新收一、二审知识产权民事案件 360 件，旧存 105 件，审结 405 件，结案率为 87.1%。总体呈现如下特点：一是知识产权民事案件以涉著作权、商标权和专利权纠纷案件为主，占比 85.1%。一审新收案件中涉著作权合同、权属和侵权纠纷案件 95 件，商标权权属、侵权纠纷案件 106 件，专利权权属、侵权纠纷案件 91 件。新类型案件不断增多，如技术合同纠纷、技术服务合同纠纷、特许经营合同纠纷、侵害商业秘密纠纷、商业诋毁纠纷、垄断纠纷等。二是案件仍集中在西宁地区。一审新收 343 件，其中西宁中院新收 182 件，占全省法院新收案件 53.1%；一审审结 383 件，西宁中院审结 234 件，占全省法院审结案件 61.1%。三是注重调撤，实质化解纠纷。一审审结 383 件，其中撤诉 254 件，调解 59 件，调撤率 81.7%。四是在审理的著作权权属纠纷中，通过查明事实，加强对文化创作者权益的保护，妥善处理涉互联网文化创作和传播的著作权保护。同时加强对商业标志保护，依法保护权利人的合法权益，积极履行刑事审判职能，依法严惩侵犯知识产权犯罪行为。2022 年，全省各级法院共新收一、二审知识产权刑事案件 9 件，旧存 29 件，审结 27 件，结案率为 71%。全省法院共审结检察院提起刑事附带民事公益诉讼的假冒注册商标的商品罪案件 26 件，其中一审 25 件全部采用七人制合议审理，涉及被告人 28 名，22 人被判处 3 年（含 3 年）以上有期徒刑并处罚金，6 人被判处 3 年以下有期徒刑并处罚金，罚金总额达 1678 万元，没收违法所得 1664 万余元，公益诉讼赔偿金总额 4229 万余元。同时要求刑事附带民事公益部分判决被告人在省级以上电视台或全国性报纸上向社会公开赔礼道歉，彰显了人民法院严厉打击知识产权犯罪的坚定决心。

二、深化知识产权审判机制改革，不断完善知识产权专门化审判体系

持续推进知识产权"三合一"审判机制改革。一是由最高人民法院统一印发《最高人民法院关于第一审知识产权民事、行政案件管辖的若干规定》，对全省知识产权案件管辖法院予以确定；二是基层人民法院管辖知识产权民事案件诉讼标的额即诉讼标的额在 100 万元以下（不包括本数），被确定为第四档；三是对已有的知识产权刑事案件管辖规定进行修改完善，由本省 8 个具有一审知识产权民事、行政案件管辖权的基层法院集中管辖知识产权一审刑事案件，全面实现了知识产权"三合一"审判机制体制改革目标。

持续探索技术调查官制度。与省市场监督管理局联合开展知识产权技术调查官选聘工作，积极推动建立多元化技术事实查明机制，帮助法官解决技术事实认定难题，弥补法官专业性知识不足的缺陷。

完善便捷高效的诉讼机制。一是积极引导当事人通过非诉讼方式解决纠纷，最大程度减少群众诉讼成本，并实现知识产权行政和司法保护的协同推进，推进行政执法标准和司法裁判标准相统一。同时，积极运用智慧法院建设成果，大力推行在线审判。二是进一步加大简易程序、小额诉讼程序等适用率，促进案件繁简分流、轻重分离、快慢分道，发挥多层次诉讼制度体系的整体效能。全省法院适用简易程序且非小额诉讼程序审结案件 18 件，有效满足了人民群众多元、高效、便捷的纠纷解决需求。

加强审判监督管理。全省法院对办案情况实行全面、全员、全流程从严监管。实行"三评查一审核"，健全案件质量评查、庭审活动评查、裁判文书评查和结案审核机制，对改判和发回重审案件进行重点评查，对裁判文书进行随机抽查，对庭审活动进行定期评查，对所有案件进行结案网上审核，发现问题，及时督促纠错整改。建立院庭长办案情况定期通报制度，推行案件强

制检索报告制度,健全专业法官会议与合议庭评议、审判委员会讨论案件衔接制度,大力提高了知识产权案件质效。

三、参与构建大保护工作格局,强化知识产权全链条保护

坚持诉调对接,理好"诉源关"。建立制度机制,充分发挥人民法院、行政机关、社会组织及其他各方力量的作用。2022年全年,诉前向人民调解平台推送知识产权案件79件,其中调解成功14件,取得初步成效。

协同推动纠纷多元化解机制建设,不断强化知识产权全链条保护。推动建立健全社会共治模式,不断提升司法保护能力和水平。

四、加强知识产权审判队伍建设,提升司法服务保障能力

加强知识产权审判队伍建设,全面提升审判人员司法能力。举办首次全省法院知识产权审判业务培训班,提升全省法院知识产权法官审判能力和水平。

加强对下条线指导。一是刊印《知识产权审判专刊》,充分发挥生效裁判的指引作用,确保知识产权案件审理方向不偏航;二是建立全省法院知识产权审判工作微信群,畅通沟通渠道;三是随时随地接受辖区法院审理过程中遇到的法律适用等问题咨询,与各中院通过电话、座谈等方式沟通120余次,统一裁判尺度。

五、加强法治宣传教育,营造促进知识产权高质量发展的法治环境

多措并举开展法治宣传。一是发布典型案例,并充分利用青海高院微信公众号、《青海法制报》等媒介平台向社会通报青海法院知识产权司法保护工作状况,不断提升社会公众对于知识产权纠纷多元化解机制的认知度和信任度;二是辖区各级法院以世界知识产权日为契机,持续强化知识

产权保护意识,营造良好的舆论氛围;三是在全社会积极营造依法预防、依法化解、依法治理的良好法治营商环境。积极开展以案释法工作。将法庭变为课堂,宣传保护知识产权的成果。

供稿:青海省高级人民法院
知识产权审判庭

检察工作

一、加大打击力度,依法惩治侵犯知识产权犯罪

聚焦人民群众反映强烈的生命健康、文化体育产品等侵权假冒行为,重拳出击,形成震慑。2022年,起诉1件1人,提前介入引导侦查取证1件。强化"两项监督",全面提升法律监督质效。坚持"在办案中监督、在监督中办案",监督行政执法机关移送2件2人,公安机关已立案2件2人。积极推进认罪认罚从宽制度在侵犯知识产权类犯罪中的适用,严格按照法律及司法解释相关规定,参照量刑指导意见,用好统一业务应用系统量刑辅助工具,规范量刑建议。严格实行抗前逐级请示制度,进一步规范和强化全省检察机关对知识产权刑事审判的法律监督。开展依法惩治知识产权恶意诉讼专项监督工作,制定《青海省检察机关开展依法惩治知识产权恶意诉讼专项监督工作实施办法》,成立专项监督工作领导小组,部署专项监督工作要求,防止通过恶意诉讼而形成产业化现象,坚决斩断灰色"产业链",维护正常经济社会秩序,切实保护广大人民群众和中小微企业合法权益。

二、建立健全工作机制,深入推进知识产权检察工作创新发展

一是深入推进知识产权检察职能集中统一履行。深入贯彻最高人民检察院、省检察院党组要求,在省检察院成立知识产权检察办公室,设立刑事、民事、行政检察专门办案组,确保履职到位。更新履职理

念,立足知识产权刑事、公益诉讼检察职能行使特点,对知识产权案件开展"一案双查",准确把握刑事打击与维护公共利益的关系,实现最优保护效果。二是建立健全知识产权工作机制创新发展。会同省市场监管局等单位印发《青海省加强知识产权行政执法和刑事司法衔接工作的意见》《关于强化知识产权协同保护的实施意见》,进一步整合知识产权行政执法和刑事司法资源,切实提升知识产权保护工作水平。会同省高级人民法院、公安厅,研究探索知识产权刑事案件集中管辖制度,会签意见与人民法院"三合一"审判机制改革相协调。三是充分发挥专家智库作用,推进行政机关专业人员兼任检察官助理工作。省检察院邀请知识产权领域专家以特邀检察官助理身份协助检察官办理相关专业领域案件,提升检察机关办案专业化水平,实现双赢多赢共赢,更好服务保障青海治理体系和治理能力现代化。

三、深化思想认识,加强组织保障和舆论引导

一是专门召开党组会研究成立青海省人民检察院知识产权检察办公室,发挥统筹谋划、督促指导作用,确保各项部署和措施落到实处。二是贯彻落实"谁执法谁普法"的责任制,紧密结合工作实际,围绕"4·26世界知识产权日"等重要节点,认真开展法治宣传活动。针对不同受众主体,采取进社区、进乡镇、进学校等方式,科学稳妥、安全有序地开展"双打"宣传,充分利用"两微一端"等网络平台,通过摆放展板、张贴横幅、发放宣传册、播放宣传片,为群众释法说理答疑解惑,增强全社会知识产权保护意识,推动形成齐心参与、共同保护的良好社会氛围。三是加强人才培养,强化知识产权人才队伍建设,积极参加最高人民检察院组织的第1、2期知识产权培训班,检察机关保护知识产权典型案例研究、食药刑事案件办理专题培训班,侵犯知识产权案件办理专题研修班,最高人民检察院、国家知识产权局等部门举办的知识产权案件办理同堂培训专题研修班,着力培养办理知识产权类犯罪案件人才,为知识产权司法保护提供坚实的人才保障。

供稿:青海省人民检察院
知识产权检察办公室

宁夏回族自治区

知识产权工作

2022年,宁夏共获授权专利12 451件,其中:发明专利1204件、实用新型专利10 796件、外观设计专利451件。截至2022年底,宁夏有效发明专利5195件,每万人口有效发明专利拥有量7.16件;宁夏高价值发明专利拥有量为1424件,同比增长25.2%,每万人口高价值发明专利拥有量1.96件。

2022年,宁夏商标申请量21 697件,商标注册量16 072件。截至2022年底,宁夏有效商标注册量99 290件,其中:集体商标19件,证明商标32件,地理标志集体、证明商标32件,驰名商标50件。

一、促进创新驱动发展

贯彻落实创新驱动发展战略,聚焦自治区"六新六特六优"产业发展,出台《知识产权促进创新驱动发展十四条措施》,为助推地方经济社会高质量发展提供"真金白银"政策红利。宁夏7家企业入选国家知识产权优势企业、示范企业;确定自治区级培优试点企业35家;宁夏各级各类知识产权示范、优势、试点企业累计200家,形成国家知识产权示范企业引领、自治区级知识产权强企支撑、优势企业补充的梯次培育良性循环工作局面。

二、地理标志保护

聚焦自治区"六特"产业领域,联合林草局修订《"宁夏枸杞"地理标志证明商标使用管理规则》《"宁夏枸杞"地理标志证明商标使用管理办法(试行)》。组织开展"盐池滩羊""彭阳红梅杏"专项保护行动和涉"枸杞"地理标志知识产权保护线上线下一体专项行动,与相关部门联合执法,严查冒用、滥用地理标志等违法行为,立案 7 起,罚没款 2.6 万元,有力净化了市场消费环境。国家知识产权局批准银川市人民政府筹建贺兰山东麓葡萄酒国家地理标志产品保护示范区,对进一步提升贺兰山东麓葡萄酒品牌价值、扩大市场影响力具有重要推动作用。

三、地理标志运营

择优认定 10 家优秀地理标志运营试点企业,专项资金支持 200 万元。"盐池滩羊"地理标志运用促进工程项目被国家知识产权局评选为优秀。宁夏"地理标志信息公共服务助力贺兰山东麓葡萄酒打造金字招牌""专利信息利用助推铸造 3D 打印产业创新发展"两个案例被国家知识产权局评为 2022 年度知识产权信息服务优秀案例。宁夏大力推进地理标志助力乡村振兴行动,《固原胡麻油助力精准扶贫的高效产业》等 2 篇案例入选《地理标志助力乡村振兴典型案例汇编》。

四、跨部门协同保护

2022 年,宁夏健全知识产权行政执法与刑事司法衔接工作机制,宁夏市场监督管理厅(知识产权局)联合自治区人民检察院制定《关于强化知识产权协同保护的实施意见》,与自治区版权局、人民检察院、公安厅、司法厅、文化和旅游厅五部门联合出台《关于加强知识产权行政执法和刑事司法衔接工作的意见》,实现了知识产权刑事司法和行政执法在信息共享和办案移送等方面的有效合作,形成打击整治侵犯知识产权违法犯罪行为的工作合力。建立行政调解与司法确认衔接机制,办理首例专利侵权纠纷行政调解协议司法确认,不断完善知识产权多元化纠纷解决途径。

五、跨区域协作

加强与黄河流域九省区知识产权保护、西部十二省区的地理标志保护协作,签订《黄河流域"9+3"省(区、兵团)知识产权保护协议》,开展案件线索移送、联合执法保护等,先后向陕西、河北等省移交涉枸杞、滩羊、葡萄酒等侵犯知识产权线索 5 件,初步构建起自治区知识产权大保护格局。

六、窗口服务

国家知识产权局专利局银川代办处成功创建国家知识产权局"青年文明号",严格执行国家知识产权局相关管理规定及各项工作规程,进一步完善内部管理制度,加强专利电子申请推广工作,拓展注册商标专用权质权登记等试点业务,协助办理"太西煤"地理标志证明商标注册人移转事宜,不断提升知识产权业务办理便利化水平。

七、宣传培训

共发布自治区、市、县各级知识产权管理部门相关工作资讯 923 篇(条),组织开展第 22 个世界知识产权日宣传活动,公布 10 起侵犯知识产权典型案例,举办《中华人民共和国著作权法》学习讲座,创作的《保护版权就是保护我们的创造力》宣传片和 2 部公益广告牌在各级各类媒体和宣传平台播放。积极宣传地理标志保护工作,"盐池滩羊国家地理标志"视频短片获 2022 年第七届宁夏公益广告大赛电视类二等奖。

与自治区党委组织部联合举办全区党政领导干部知识产权保护专题培训班,全区各市、县(区)分管知识产权工作的领导参加培训。举办全区知识产权行政执法人员培训班,全区各市、县(区)市场监管局知识产权行政执法人员共70人参加培训。

八、案件查办

2022年,宁夏知识产权行政管理部门共查处各类知识产权案件414件,其中:专利侵权纠纷行政裁决案10件,办理报送电商案件80件,查处假冒专利3件,查处商标侵权案件307件,查处地理标志、官方标志、特殊标志和奥林匹克标志案件14件。

供稿:宁夏回族自治区知识产权局

版权工作

2022年宁夏回族自治区版权局认真贯彻落实党的二十大和自治区第十三次党代会精神,全面落实《知识产权强国建设纲要(2021—2035年)》《版权工作"十四五"规划》等文件要求,不断强化版权保护意识,加大版权执法力度,严厉打击侵权盗版行为,为文化强区建设提供了版权力量。

一、加强顶层设计,强化组织领导

深入实施知识产权强国战略,加快知识产权强区建设,将版权工作作为知识产权保护和运用的重要内容。制定下发《2022年版权工作要点》和《2022年推进使用正版软件工作安排》,对全区版权工作和软件正版化工作作出安排。同时根据工作任务特点,及时调整自治区推进使用软件正版化联席会议成员及成员单位职责。联合市场监管厅、检察院、公安厅、司法厅、文化和旅游厅印发《加强知识产权行政执法和刑事司法衔接的意见》,联合公安厅、文化和旅游厅、"扫黄打非"办公室制定《关于加强文化市场综合行政执法与刑事司法衔接工作意见》,牵头制定《西北五省版权执法检查协议机制》等制度文件,进一步健全知识产权保护机制。

二、加强版权保护力度,着力促进版权事业发展

1. 严厉打击侵权盗版行为

按照"保护版权就是保护创新"的要求,区市县联动,收缴侵权盗版书籍3.5万余册,查处被国家版权局挂牌督办的宁夏石嘴山市平罗县"5·16"侵犯著作权案等17起案件,开展冬奥版权保护集中行动和青少年版权保护季行动,对广播电视台、IPTV、视听网站等传播平台进行全面排查,发现侵权线索22条,下发转办单6个,对发现的非法传播冬奥赛事节目行为立即责令停止侵权、停止接入,依法查处2起非法经营涉少儿出版物案。

2. 深入开展"剑网""秋风"专项行动

按照国家版权局等四部门和自治区打击侵犯知识产权和制售假冒伪劣商品工作领导小组的统一部署,制定下发《关于开展"剑网行动"的专项通知》,强化"双打""剑网"等专项行动的精准打击力度,明确了专项行动的目标、重点任务、行动步骤。在对影视、音乐、新闻、动漫等领域专项治理的基础上,加强对媒体版权、院线电影网络版权、图片市场版权、流媒体软硬件版权4项工作的专项整治,落实发动群众投诉举报、加大案件查办力度、健全快速处理机制和完善长效工作机制4项工作措施,为专项行动取得良好效果提供保障。"宁夏石嘴山市平罗县'5·16'侵犯著作权案"获评"剑网2022"专项行动十大案件。

3. 严格进行网络监管

及时建立完善有关制度,加强对大型网站的版权重点监管,扩大监管范围和监管对象。组织对宁夏日报报业集团、银川新闻网媒体融合过程中版权保护问题进行调研,听取一线媒体人意见。充分发挥成员单位作用,将宁夏回族自治区备案的1.3万余家网站、2700余个政务类自媒体、200

余个移动应用程序详细备案信息全部纳入技术监测平台,利用人机结合的方式,加强对属地网站内容的巡查监管,对所辖区域互联网企业传播盗版影视节目等行为进行查处。重点对网盘分享、聚合盗链、微博微信、论坛社区等渠道传播盗版影视作品的行为进行打击。

三、创新版权工作方式方法,不断提高版权服务质量

1. 扎实推进软件正版化工作

充分发挥软件正版化工作联席会议机制作用,召开自治区推进使用正版软件工作联席会议,明确工作任务,落实职责分工。以"三查一推进"为主要方式,对 3 个县 30 个(局、委、办)政府机关使用正版软件情况和长效机制建设情况进行实地督查,检查计算机 898 台,对 2021 年度本级预算执行审计项目中发现的 7 家单位存在的问题限时进行整改。积极推进区属国有企业集团二、三级企业加快推进重点行业软件正版化工作,先后对 8 家国有企业推进使用正版软件工作进行检查,对不符合软件正版化要求的限期进行整改,对推动不力的 1 个企业进行通报批评。宁夏交通投资集团有限公司获"全国版权示范单位(软件正版化)"称号。

2. 不断提升版权社会服务水平

进一步完善版权社会服务体系,创新工作方式方法,升级版权作品登记服务平台,提升版权服务与管理能力。鼓励有条件的市县、企业设立"版权服务工作站",开展作品登记业务,先后在 5 市和 2 家企业挂牌设立版权工作服务站,2022 年优秀版权作品登记 1365 件,同比增加 125%。在银川市和中卫市开展民间文艺版权保护与促进试点工作,推荐《诗在远方——"闽宁经验"纪事》和《苦下到哪达哪达亲》2 部作品、宁夏智慧宫文化产业集体有限公司等 2 家企业参评中国版权金奖评选。宁夏盛天彩数字科技股份有限公司、宁夏回族自治

区测绘地理信息院 2 家单位获"全国版权示范单位"称号,宁夏艺盟礼仪益文化艺术作品有限公司获"2022 年度十大著作权人(美术类)"称号,系宁夏回族自治区版权系统首次获得此殊荣。

3. 广泛开展版权工作宣传

充分发挥"4·26 全国知识产权宣传周"作用,将主题宣传与常态宣传相衔接,集中组织媒体对"冬奥版权保护"集中行动、"青少年版权保护季"行动和"剑网2022"集中行动进行宣传,制作《保护版权就是保护我们的创造力》宣传片和 2 部公益广告片,在各媒体平台播放。联合教育厅在全区中小学开展网上版权知识有奖问答活动,参与学生 23.3 万人。结合新《著作权法》颁布一周年,联合自治区高级人民法院、宁夏大学等单位召开著作权保护及案件工作交流座谈会。

4. 不断加强国际版权合作

不断提升版权合作水平,多渠道多方式进行版权输出输入。充分利用发挥国家出版署项目牵头引领作用,大力拓展海外市场,向海外输出《诗在远方——"闽宁经验"纪事》韩语和英语版。宁夏广播电视台引进区外电视剧 13 部,涉及版权经费 800 万元左右。宁夏智慧宫文化产业集体有限公司面向阿拉伯国家输出图书版权 119 种11.9 万册,创造版权价值达 1785 万元。宁夏艺乐升辉网络科技有限公司开发的艺乐升辉乐谱授权第三方交易平台完成乐谱交易 200 余首,填补了宁夏回族自治区在音乐版权领域的空白。

供稿:宁夏回族自治区版权局

司法工作

一、立足审判主业,公正高效审理知识产权案件

完成知识产权案件审判任务。2022年,宁夏法院受理知识产权民事一审案件932 件(含旧存件),其中著作权纠纷 496

件,占收案总数的 53%;商标权纠纷 311 件,占收案总数的 33%;发明专利、实用新型专利纠纷 59 件,占收案总数的 7%;其他类型知识产权纠纷案件 66 件,占收案总数的 7%。共审结知识产权案件 820 件,结案率 88%。坚持"以调为主,调判结合"工作思路,调解撤诉结案共 434 件,调撤率 47%,最大限度地维护当事人利益与社会和谐。

推进知识产权审判信息化应用。宁夏三级法院利用网络通信便捷性,在知识产权案件中大力推进网上立案、网上证据交换、电子送达、在线开庭等信息化技术的普及应用。

加大知识产权侵权惩罚力度。2022 年,宁夏三级法院依照《最高人民法院关于审理侵害知识产权民事案件适用惩罚性赔偿的解释》的规定,对具有惩罚性赔偿情形的案件,落实惩罚性赔偿制度,加大知识产权的保护力度以及对侵权行为的惩罚力度。在涉"舍得"酒商标侵权案件中,对重复侵权、恶意侵权且情节严重的行为依法适用惩罚性赔偿,在其他知识产权侵权案件中,除了对被侵权人产生的损失予以赔偿,对其在维权中的合理开支一般予以支持。

二、强化顶层设计,注重知识产权司法工作创新

宁夏法院始终坚持"以创新的方式保护创新",推进知识产权司法体制机制改革。

"三合一"审判有序推进。2017 年,宁夏高院成立知识产权审判庭;2021 年,银川中院、石嘴山中院先后成立知识产权"三合一"专业合议庭。2022 年 4 月,中卫中院制定文件,亦实现知识产权"三合一"审判。2022 年 5 月,宁夏高院配合最高人民法院完成知识产权部分民事、行政案件级别管辖、集中管辖改革,确定辖区 6 家基层法院管辖部分民事、行政一审案件。

多元解纷成效突出。近年来,宁夏法

院知识产权案件调撤率一直维持在 50% 左右。深入推进"行政调解+司法确认"工作机制。完成多件知识产权侵权纠纷行政调解协议司法确认,进一步完善知识产权纠纷诉源治理和多元调解机制。

司法职能日趋多元。2022 年,银川中院知识产权法官做客银川交通音乐广播电台,以嘉宾身份进行普法宣传,结合宁夏区情为听众讲解本地营商环境及知识产权保护的法治措施;吴忠中院受邀参加吴忠市 2022 年第一次市域知识产权保护联席会议,会上通报了吴忠两级法院近四年知识产权案件审理情况,并报送典型知识产权保护司法案例 2 篇,进一步拓宽了行政司法信息互通机制;西夏区人民法院深入社区进行"点穴式"知识产权法治宣传 13 次,联系西夏区司法局、西夏区教育局、西夏区文昌路街道办事处等多家单位共同走进银川市第十四中学,以"与法同行　呵护成长"为题为师生们作法治讲座;灵武法院受邀深入统计局、审计局等机关单位以及社区、村委会开展讲座 10 余次,引导机关、乡镇、村委干部在工作中提高运用知识产权法律法规、维护基层和谐稳定的能力,树立知识产权保护意识和市场导向。

司法能力扎实提升。宁夏回族自治区第十三次党代会将葡萄酒产业列为"六特"产业之首,银川中院在第二届中国(宁夏)国际葡萄酒文化旅游博览会举办期间,派出专利、商标领域的资深知识产权法官驻场提供法律服务,对贺兰山东麓葡萄酒在知识产权保护领域所涉及的法律法规及经营风险进行现场指引,为参展商提供全方位、一站式、零距离的司法服务。制作知识产权宣传片,营造保护知识产权的良好氛围。组织庭审在线观摩,促进相关市场主体知法守法。宁夏高院联合宁夏知识产权服务中心组织相关市场主体观摩在线庭审,线上观摩人数 1.8 万人次。

司法公开程度加深。宁夏法院创新庭审公开形式、拓展庭审公开范围,并将依法可以公开的生效裁判文书全部上传至中国裁判文书网,主动接受社会各界的监督。做到庭审直播"应播尽播",裁判文书上网"应上尽上"。保证高效完成审判任务的同时,宁夏法院依托三级法院官方微博、微信公众号、抖音官方账号等群众喜闻乐见的新媒体、自媒体,联合各大新闻媒介,大力宣传知识产权法律法规和司法政策,集中宣判了一批音乐作品著作权侵权案件,旨在助推建立音乐作品合法规范使用的市场秩序,树立经营者有偿使用他人享有著作权的音乐作品的理念,不断增强宁夏法院知识产权司法保护工作的影响力和权威性。同时,切实抓好常态宣传工作,对社会普遍关注的案件,自觉接受监督。

协同治理能力稳步提升。2022 年强化知识产权全链条保护。联合行政部门,助力全区高新技术企业创新发展。宁夏法院与自治区知识产权局开展全区商标、地理标志、高新技术等"知识产权保护直通车"服务,调研走访宁夏共享集团、长城葡萄酒庄等全区高新技术企业及地方品牌企业,就加强企业创新成果应用、提高品牌市场占有率开展调研工作,努力为推动全区经济高质量发展贡献司法智慧。强化部门联动,护航非物质文化遗产薪火相传。银川中院牵头与自治区党委宣传部版权管理处等相关部门,紧紧围绕"打造筑牢中华民族共同体意识示范市"目标任务,在"4·26 全国知识产权宣传周"期间与宁夏国家级非遗代表性传承人伏兆娥共话民间剪纸艺术,了解非物质文化企业创新发展中面临的难题,给予企业专业的指导与建议。

三、构建大保护格局,护航宁夏地区创新发展

宁夏法院与公安、检察机关和省市场监督管理局、知识产权局、版权局等知识产权行政执法部门建立知识产权纠纷联动处理机制,综合运用法律、行政、社会治理等多种手段,从审查授权、行政执法、司法保护等环节完善保护体系,加强协同配合,打通知识产权创造、运用、保护、管理、服务全链条,构建知识产权大保护工作格局,护航企业创新发展。

供稿:宁夏回族自治区高级人民法院
知识产权审判庭

检察工作

一、加强机构设置,统筹推动知识产权检察综合履职

严格落实最高人民检察院关于知识产权检察改革的工作部署,整合知识产权刑事、民事、行政、公益诉讼检察职能,统筹推进机构设置。自治区人民检察院协调党委编制部门在第五检察部加挂知识产权检察办公室牌子,成立知识产权检察办公室。积极推动银川市、石嘴山市人民检察院成立知识产权检察办公室,各县(区)人民检察院组建涉知识产权办案组,集中统一履行知识产权检察职能。印发《宁夏回族自治区人民检察院关于进一步加强知识产权检察工作的意见》,推进"一案四查"办案模式,要求在办理知识产权刑事案件中,同步审查是否存在民事追责和支持起诉线索、是否存在行政机关履职不到位、是否存在侵犯公共利益等情形,进行综合评判,在刑事追责、民事赔偿和行政处罚中寻找最佳路径,实现三个效果的有机统一。

二、全面履行检察职能,提升办案质效

坚持以办案为中心,聚焦人民群众反映强烈的问题,充分履行刑事、民事、行政、公益诉讼检察职能,强化知识产权司法保护力度。依法惩治侵犯知识产权犯罪。2022 年,全区检察机关决定批准逮捕 3 件 6 人,提起公诉 6 件 13 人。检察机关纠正漏诉 1 人,立案监督 1 件,监督撤案 1 人。银川市兴庆区人民检察院在办理闫某某销售假冒注册商标案过程中,及时追赃挽损24.26 万元。发挥民事行政检察法律监督

职能。办理民事行政检察监督案件 5 件，其中，民事生效裁判监督案件 2 件，均作不支持监督申请决定；民事执行监督案件 2 件，提出检察建议 2 件，均采纳；行政执行监督案件 1 件，提出检察建议 1 件，已采纳。积极开展知识产权领域公益诉讼案件办理。重点加强国家地理标志产品、食品药品安全等知识产权公益保护，探索开展消费领域侵犯知识产权案件提起公益诉讼，办理知识产权领域公益诉讼案件线索 3 件，立案 2 件，发出社会治理类检察建议 1 件。石嘴山市大武口区检察院针对被告范某某等人销售假冒品牌白酒损害消费者合法权益的行为，提起刑事附带民事公益诉讼，要求被告人对销售假冒品牌白酒损害消费者合法权益的行为承担赔偿损失、消除影响、赔礼道歉等民事责任，获法院支持。

三、加强内外协作，建立健全知识产权检察工作机制

完善内部统筹协调机制。自治区人民检察院制定印发《关于加强涉知识产权案件指导的通知》，成立以检委会专职委员为组长，相关业务部门负责人、员额检察官为成员的案件指导组，重点对量刑建议、抗诉案件和刑民（行）交织案件，实行跨部门案件会商研判，从刑事、民事、行政多角度审查案件。健全完善外部协作配合机制，自治区人民检察院与公安厅等部门会签《关于加强知识产权行政执法和刑事司法衔接工作的意见》，与自治区知识产权局会签《关于强化知识产权协同保护的实施意见》，优化协作配合机制，协同落实各项知识产权保护的决策部署。吴忠市人民检察院与市公安局等六部门联合印发《关于加强知识产权行政执法和刑事司法衔接工作的意见》，加强联络会商，密切协作、相互配合做好知识产权保护行政执法与刑事司法衔接工作。

（供稿：宁夏回族自治区人民检察院知识产权检察办公室）

新疆维吾尔自治区

知识产权工作

一、加强知识产权顶层设计

制定并印发《自治区贯彻知识产权强国建设纲要实施意见和"十四五"规划 2022 年推进计划》，从战略高度谋划知识产权工作。印发《新疆维吾尔自治区专利导航服务基地建设工作实施方案》《关于落实好知识产权政策实施提速增效　促进经济平稳健康发展若干工作举措的通知》《新疆维吾尔自治区专利开放许可试点工作实施方案》《新疆维吾尔自治区市场监督管理局地理标志助力乡村振兴行动方案》等文件，同时积极推进国家知识产权局和自治区人民政府共建"丝绸之路经济带知识产权强区"，起草合作方案。一系列文件的出台，推动自治区知识产权创造水平得到显著提升。

二、提升知识产权创造水平

面向全区征集、审定并择优推荐 14 项优秀专利参加第二十四届中国专利奖评选。2 项专利获中国专利奖优秀奖。2022 年 3 月开展自治区专利奖评选工作，评选出一等奖 8 项，二等奖 16 项，三等奖 32 项。2022 年，全区专利授权量 20 528 件，其中发明专利 1711 件，同比增长 48.39%，PCT 国际专利 50 件，累计有效发明专利 7429 件，高价值发明专利拥有量 2599 件，同比增长 12.46%；注册商标 55 654 件，商标申请量 73 657 件，累计有效商标注册量 327 518。地理标志合法用标企业 291 家。

持续开展知识产权质押融资"入园惠

企"行动,召开银企对接会,鼓励金融机构拓宽知识产权类质押融资规模,2022 年本区质押融资知识产权质押项目 63 笔 531 件,质押融资金额达 16.31 亿元。

围绕硅基新材料、生物医药、绿色钢铁等重点产业,服务支持建立知识产权运营中心。其中硅基新材料产业知识产权运营中心为自治区首个国家级知识产权运营中心。

三、知识产权保护环境持续优化

发布《2021 年新疆维吾尔自治区知识产权保护与发展状况》《2021 年新疆维吾尔自治区知识产权保护典型案例》。开展《中华人民共和国专利法》及《自治区专利促进与保护条例》执法检查工作,制定规范性文件《自治区知识产权领域(代理服务机构)信用分级分类管理办法(试行)》,强化知识产权保护法治化水平。

先后与自治区高院、自治区人民检察院、自治区司法厅联合印发《关于加快落实知识产权纠纷在线诉调对接机制的通知》《关于强化知识产权协同保护的实施意见》《关于加强知识产权纠纷调解工作的实施意见》;与自治区商务厅、新疆贸促会、乌鲁木齐海关等部门共同签订《自治区海外知识产权保护工作备忘录》;与中国人民财产保险公司新疆分公司签订战略合作协议,共同推动构建知识产权"严保护、大保护、快保护、同保护"工作格局。印发《全疆市场监管(知识产权)系统落实〈2022 年全国知识产权行政保护工作方案〉的实施方案》,组织开展专利、商标、地理标志等各类知识产权执法检查活动。2022 年,办理专利、商标、地理标志行政案件 1538 件;在北京冬奥会和冬残奥会期间,开展奥林匹克标志专项执法检查工作,共出动执法人员 8069 人次,开展检查 3556 次,核查处置网络舆情 2 件,处置线索 32 条,查办案件 19 件。

开展专利侵权纠纷行政裁决试点申报工作,成功获批第三批专利侵权纠纷行政裁决规范化建设试点;推荐克拉玛依市向国家知识产权局申报国家知识产权保护示范区建设项目;制定印发《新疆维吾尔自治区知识产权领域以信用为基础的分级分类监管试点实施方案》和《新疆维吾尔自治区知识产权领域(代理服务机构)信用分级分类管理办法》。

加大对知识产权代理服务机构的培育与指导力度,促进全疆专利代理人才队伍的壮大和发展,积极配合国家知识产权局做好全国专利代理师资格考试乌鲁木齐考点考务工作;积极推动第二批国家知识产权局以信用为基础的分级分类监管试点建设工作,研究制定《自治区知识产权领域(代理服务机构)信用分级分类管理办法》,结合"双随机、一公开"检查监督机制,加大对知识产权代理行业的事中、事后监管力度,有效规范代理行为。截至 2022 年底,共有专利代理机构 22 家、商标代理机构 598 家。

四、知识产权运用效益显著提高

全面开展知识产权强国建设试点示范申报工作,以试点示范为增长点,促进示范带动作用持续增强,昌吉州、克拉玛依市获批为国家知识产权强国建设试点城市;吐鲁番市、奎屯市获批为国家知识产权强市建设试点县市;乌鲁木齐经开区获批为国家知识产权强市建设试点园区。

发布《新疆高校科研院所高价值(沉睡)专利推荐转化手册》,择优选出专业技术价值高、市场运用前景广、法律状态稳定的近 300 件重点专利,以宣传推介高校院所重点专利技术,唤醒"沉睡专利",推动高校院所和中小企业精准对接。

制定《新疆维吾尔自治区专利导航服务基地建设工作实施方案》,强化自治区专利导航工作支撑体系。在葡萄酒产业、林果产业、硅基新材料产业、光伏制氢产业等领域,设立 9 个专利导航产业化项目。经乌鲁木齐市市场监管局的推荐,支持建设新疆葡萄酒产业专利导航服务基地。

推动中欧地理标志互认互保,库尔勒香梨、精河枸杞、吐鲁番葡萄干、霍城薰衣草、博湖辣椒、策勒红枣和阿克苏苹果先后入选中欧地理标志互认互保名录。开展地理标志标准制定,针对地理标志运用建立《地理标志专用标志使用管理规范》,保障地理标志产品质量和品质。开展地理标志示范区建设和地理标志促进运用工程,推进库尔勒市、精河县国家地理标志保护示范区建设和地理标志运用促进工程项目建设,阿克苏地区成功获批 2022 年国家地理标志保护示范区。组织和田地区市场监管局进行和田大枣、和田薄皮核桃项目的国家知识产权局地理标志促进运用工程验收,并获得优秀。

五、完善知识产权服务体系

克拉玛依、昌吉、克州经申请获批第十五批商标业务受理窗口。截至 2022 年底,在自治区各地已设立商标业务受理窗口 12 个,建立商标品牌指导站 15 个,对提升区域商标品牌工作效能、打通知识产权服务"最后一公里"具有积极意义。

以"知识产权服务走基层、助力知识产权强国建设"为主题,聚焦自治区创新主体迫切需求,整合知识产权服务资源,优化知识产权服务供给,促进知识产权高质量创造、高效益运用、高标准保护,为开创知识产权强区建设提供有力支撑。2022 年,以线上线下形式组织开展培训、知识讲座活动 169 次、知识产权强区建设高峰论坛 2 次、专利导航启动会 2 次,举办专利技术转移转化对接会 3 场。发放宣传资料 4 万余份。

供稿:新疆维吾尔自治区知识产权局

版权工作

2022 年,新疆维吾尔自治区版权局贯彻落实习近平总书记关于宣传思想工作的重要思想、关于加强知识产权保护工作的重要指示精神,贯彻落实中央办公厅、国务院办公厅《关于强化知识产权保护的意见》《知识产权强国建设纲要(2021—2035 年)》、国家版权局印发的《版权工作"十四五"规划》和自治区"两办"实施意见,贯彻实施新修改的《著作权法》,围绕学习宣传贯彻党的二十大精神这条主线,聚焦新疆工作总目标,落实部务会工作部署,扎实推进版权管理各项工作,取得了积极成效。

一、加强版权执法,打击侵权盗版取得新成果

1. 强化日常监管

明确全区各地版权管理和执法工作责任、范围和要求,加大版权工作指导。组织各地常态化开展执法检查,全年组织开展执法行动 280 次、出动执法人员 2 万余人次,检查各类文化市场 3 万余家次,立案查处侵权盗版案件 28 件,收缴侵权盗版图书光碟 10 400 余册(张),罚款 5 万元。调解处理《中考冲刺真题卷·物理》《中考提升训练·英语》等著作权纠纷 3 起,督办各地查办侵权案件 4 起。维护了意识形态领域安全,营造了良好文化氛围。

2. 开展专项整治

自治区版权局组织开展冬奥版权保护集中行动、青少年版权保护季等专项整治。组织开展"北京冬奥会版权保护集中行动",查处侵犯北京冬奥会标志、标识案件 9 件,收缴侵权盗版制品 300 件,切实保护冬奥版权。组织开展"青少年版权保护季"行动,严厉打击侵权盗版教材教辅行为,查处案件 16 件,守护青少年健康成长。落实国家版权局等四部委部署,会同自治区党委网信办、公安厅、通信管理局共同开展打击网络侵权盗版"剑网 2022"专项行动,严厉打击短视频、网络直播、体育赛事、在线教育等领域的侵权盗版行为,持续巩固新闻作品、网络音乐、网络文学、电商平台等领域专项治理成果。各地共检查网站 3200 家,巡查微信、微博、自媒体账号 3.4 万个,

巡查监测网上信息 500 万条,累计清理网上相关违法违规信息 100 余条,受理举报信息 6 条,处置仿冒、假冒网站 2 家,查处网络案件 1 件,有力打击了网络侵权行为,净化了网络版权环境,维护了清朗的网络空间。

2022 年,新疆维吾尔自治区内 2 家单位获评 2021 年度全国查处侵权盗版案件有功单位,1 人获评全国查处侵权盗版案件有功个人。

二、软件正版化工作取得新进展

1. 巩固拓展软件正版化工作成果

自治区版权局落实国家版权局和推进使用正版软件工作部际联席会议第十一次全体会议部署,印发 2022 年自治区推进使用正版软件工作计划,分解工作任务,加强对各地(州、市)教育、医疗、新闻出版等重点行业、国有企业软件正版化工作指导。

2. 持续加强软件正版化工作监管

自治区版权局对自治区工信厅、新疆师范大学等自治区 20 家党政机关、事业单位,16 户自治区国资委监管企业软件正版化工作进行核查,指导各地(州、市)对属地党政机关、事业单位及国有企业软件正版化工作进行核查,共核查计算机 15 万台,有力促进了工作落实。创新管理方式,注重信息技术应用,使用"正版软件管理系统"通过平台管理,在线统计、分析、检查,加强对全区软件正版化工作动态监管。加快推进国有企业软件正版化工作。协调自治区审计部门对全区 858 个部门软件正版化工作采购资金使用、采购实施、软件资产管理情况进行审计,督促和规范工作落实。对全区 14 个地(州、市)、169 家自治区党政机关、企事业单位落实软件正版化工作情况开展年度考核评议,推动了工作落实。

落实国家和自治区知识产权考核工作要求,积极配合开展 2022 年国家知识产权保护工作检查考核和国家打击侵权假冒工作绩效考核工作,取得较好成效。

三、版权宣传培训取得新成效

1. 开展版权宣传活动

自治区版权局大力宣传普及新修改《著作权法》,组织全区版权部门开展"全面开启版权强国建设新征程"主题宣传活动。制作发放宣传册 13 万余份、公益海报 2 万余份,宣传展板、横幅 2500 块,通过各级电台、电视台以及网站、微博、微信、移动客户端推送版权保护公益宣传片,播发版权保护案例、著作权法知识、知识产权保护助力高质量发展等消息 800 余篇,总阅读量 20 万人次。组织网上和现场宣传 200 余场次,参加 10 000 余人次。结合版权宣传活动组织开展大学生征文、开设版权讲座、现场答复公众咨询,增强公众尊重和保护版权的意识。

2. 加强版权培训工作

自治区版权局根据疫情防控工作要求,做好版权培训工作,向 14 个地(州、市)版权部门印发《自治区版权执法监管工作培训手册》和《自治区软件正版化工作培训手册》1000 余册。指导昌吉州、伊犁州等地州开展版权执法和软件正版化工作培训,培训 2000 余人次,增强了版权工作素质。

四、版权社会服务进一步优化

1. 开展作品登记工作

严格审核申请登记作品的内容导向,确保登记作品导向正确。规范审核程序,压缩审核时限,办理各类作品登记 700 件。其中,美术作品 190 件,文字作品 280 件,音乐作品 50 件,工程设计图、产品设计图作品 160 件,录像制品 20 件。接待咨询群众 2000 余人次。

2. 做好涉外版权工作

引导出版单位与周边国家、"一带一路"沿线国家开展版权合作,实施"丝路书香工程""睦邻固边"项目,对外版权输出、合作出版项目,传播中华文化,展示真实新疆。严格审核备案引进出版外国图书 12 种。

供稿:新疆维吾尔自治区版权局

司法工作

2022 年,新疆法院准确把握知识产权司法保护服务大局的出发点和目标定位,聚焦知识产权司法保护的突出问题和薄弱环节,不断深化知识产权审判领域改革,增强知识产权司法保护整体效能,为自治区创新驱动发展战略实施提供有力司法服务和保障。

一、以执法办案为中心,公正高效审理各类案件

2022 年,新疆法院新收各类知识产权案件 1028 件。其中新收民事案件 819 件,较 2021 年同比下降 42.4%;一审案件 744 件,同比下降 44.8%,二审案件 64 件,同比上升 1.5%;审结 808 件,同比下降 38.6%,结案率 80.48%,同比分别下降 12.52 个百分点。新收知识产权刑事案件 21 件,其中一审 17 件,二审 4 件,同比下降 32.2%;审结 16 件,同比下降 44.8%,结案率 83.87%,一审结案率 70.59%,二审结案率 100%。新收知识产权行政一审案件 3 件,已结 3 件,无行政二审案件。

二、健全司法保护机制,深入推进知识产权审判领域改革

完成实务问答及办案指引,提供公正高效司法保护。新疆高院起草完成《新疆维吾尔自治区高级人民法院关于知识产权民事侵权纠纷适用惩罚性赔偿的办案指引(试行)(征求意见稿)》《新疆维吾尔自治区高级人民法院知识产权审判实务问答(一)(征求意见稿)》,统一裁判尺度,进一步提升全区法院知识产权保护整体水平。

不断推进全区法院知识产权"三合一"工作。及时调整自治区知识产权一审民事、行政、刑事案件的管辖,对 2020 年出台的《新疆维吾尔自治区高级人民法院关于在全区法院推进知识产权民事、行政和刑事审判"三合一"工作的实施方案》进行修改,修改方案已按程序征求相关单位意见。

扎实推进在线诉调对接机制。全面提升知识产权纠纷调解工作的质量和效率,推进知识产权行政执法和司法保护两条途径优势互补、有机衔接,健全知识产权多元化纠纷解决机制。

完善技术事实查明机制建设。新疆高院不断探索具有新疆特色、符合专业需求、人员类型多样的技术调查官队伍,不断完善拟入库专家名录,更好适用新疆创新发展需求。克拉玛依中院选报专业人员作为技术调查官后备人员。

三、着力推动知识产权大保护工作格局

建立知识产权纠纷调解协议司法确认工作机制。12 月 22 日,新疆高院出台《新疆维吾尔自治区高级人民法院关于加强知识产权纠纷调解协议司法确认工作的意见》,促进知识产权民事诉讼程序繁简分流,拓展知识产权纠纷多元化解渠道,强化知识产权行政保护和司法保护的有机衔接。

进一步推进行政执法和司法保护衔接工作。继续深化《知识产权保护合作框架协议》,推动信息资源共享、宣传合作、联席会议等机制建设及衔接,更好地发挥行政保护和司法保护优势互补作用。

发挥中国(克拉玛依)知识产权保护中心引领作用。依托已经建成的中国(克拉玛依)知识产权保护中心建立司法保护平台以及巡回审判点,切实督导克拉玛依中院和乌鲁木齐知识产权法庭,充分发挥保护中心的一站式服务优势,推动知识产权行政裁决、司法保护的有效衔接。

四、提升知识产权司法保护国际影响力的举措

聚焦"外国法查明难"问题,建立外国法查明中心。与新疆大学合作建立"丝绸之路经济带"沿线国家法律查明研究中心,为新疆乃至整个丝绸之路经济带西向国家的涉外审判、仲裁、国家投资、法学研究等

提供外国法查明服务。制定《新疆法院委托查明外国法工作规程》,进一步规范全区法院涉外案件外国法查明流程,联合开展实务研究。

积极为亚欧博览会提供知识产权司法服务保障。新疆高院主动加强与相关部门的沟通协调,精准对接博览会知识产权保护需求,选派新疆高院及乌鲁木齐市新市区人民法院知识产权审判经验丰富的法官和法官助理,进驻国际会展中心,设立司法服务工作站,为博览会提供知识产权法治宣传、风险提示、诉讼咨询、快速立案等司法服务和保障工作。

加强涉外知识产权保护和维权,主动回应涉外企业关切。新疆高院制定《企业经营知识产权保护与风险防范建议》《涉外企业法律风险防范意见》,进一步助力涉外企业发展,指导涉外企业有效维护自身知识产权,防范经营中涉及的知识产权风险。

五、加强知识产权法治宣传

开展企业调研学习活动。全区法院会同当地市场监督管理局等相关行政部门不定期赴企业实地调研、座谈交流。

以知识产权宣传周为契机,做好普法宣传工作。新疆高院提前部署、统一安排,全区法院协同行动、集中宣传,展现知识产权司法保护成果,提升全社会的知识产权保护意识。"4·26 全国知识产权宣传周"期间,全区各分中院通过新闻发布会的形式,向社会各界通报各地知识产权司法保护工作,发布知识产权司法保护典型案例,并回答新闻媒体记者提问。4月20日至4月26日,全区法院集中开庭审理一批知识产权案件,并开展庭审公开日活动,征求人大代表和政协委员对全区法院知识产权司法保护工作的意见和建议。

开展社会面知识产权法治宣传。全区法院在"4·26 全国知识产权宣传周"期间纷纷走进广播电台直播间,向社会公众介绍全区法院知识产权司法保护状况,全区

法院主动延伸审判职能、助力自治区高质量发展开展系列工作,就社会工作关系、知识产权司法保护方面的相关问题,进行现场沟通和交流。

六、优化知识产权人才队伍建设

一是开展培训。由国家法官学院新疆分院开设全区法院民商事审判培训班,对知识产权进行专题培训。4月,新疆高院受邀参加国家检察官学院新疆分院开展的相关业务培训活动,并委派知识产权领域业务骨干赴国家检察官学院新疆分院以"知识产权刑事案件审判实务交流"为题,为全区经济犯罪检察部门人员进行授课交流。2月,乌鲁木齐中院组织两级法院通过视频方式围绕著作权保护及审判实务进行授课,提高两级法院全体干警学习著作权法律法规的主动性。二是跟案学习。新疆高院选派知识产权审判庭一名同志前往最高人民法院跟案学习,不断扎实理论功底,丰富办案经验,提高新疆法院知识产权法官综合素质,打造过硬队伍。

供稿:新疆维吾尔自治区高级人民法院
知识产权审判庭

检察工作

一、从全局高度谋划知识产权检察工作

新疆维吾尔自治区人民检察院高度重视知识产权保护工作,从推动依法治疆、建设丝绸之路经济带核心区等高度谋划知识产权检察工作,制定《2022年新疆检察机关知识产权检察工作要点》,规划新一年知识产权检察工作,抓落实抓实效。2022年4月,新疆维吾尔自治区人民检察院要求全区检察机关切实更新办案监督理念,保护企业产权和企业人员合法权益,依法打击侵犯商标权、专利权、著作权、商业秘密等知识产权犯罪,促进知识产权民事检察精准监督履职,不断提升服务保障沿边口岸经济高质量发展的工作质效。

二、严厉打击涉侵犯知识产权犯罪,加强法律监督

2022年,新疆检察机关共受理审查逮捕涉侵犯知识产权犯罪案件25件28人,批准逮捕涉侵犯知识产权犯罪案件7件8人,不捕23件29人;受理审查起诉涉侵犯知识产权犯罪案件95件141人,起诉涉侵犯知识产权犯罪案件16件29人,不诉25件33人。新疆检察机关积极发挥法律监督职能,推动知识产权执法司法法治化、规范化。2022年,新疆检察机关提前介入侵犯知识产权案件17件;监督公安机关立案2件4人,监督公安机关撤案6件6人;向公安机关侦查违法行为提出书面纠正意见26件,公安机关已纠正26件。

三、推动知识产权司法改革稳步推进

2022年4月,新疆维吾尔自治区高级人民法院、新疆维吾尔自治区人民检察院、新疆维吾尔自治区公安厅召开第二次知识产权刑事司法保护联席会议,就各自开展知识产权刑事司法保护工作互通情况,并进行了研讨。2022年8月,新疆维吾尔自治区人民检察院成立知识产权检察办公室,办公室设在新疆维吾尔自治区人民检察院第四检察部,整合了知识产权刑事、民事、行政、公益诉讼检察职能,推动知识产权综合司法保护。

四、加强执法司法协作,形成保护知识产权合力

新疆维吾尔自治区人民检察院、新疆维吾尔自治区市场监督管理局(知识产权局)共同研究印发《关于强化知识产权协同保护的实施意见》,加强知识产权执法司法合作,完善行政执法与刑事司法衔接机制,构建大保护工作格局。

五、加强督导督促,促进知识产权工作落地落实

以专项工作部署,办案指导、条线督导等方式,推进知识产权检察工作落地成效。2022年2月和8月,新疆维吾尔自治区人民检察院先后组织召开全区经济犯罪检察重点工作推进会,通报知识产权检察等重点工作开展情况,分析知识产权综合司法保护等多项重点工作存在的问题,对具体任务提出要求。

六、释法说理,加强知识产权法治宣传

新疆检察机关落实"谁执法谁普法"的普法责任制,围绕"4·26世界知识产权日"加强普法宣传,讲好知识产权保护检察故事,传播检察好声音,通过悬挂宣传横幅、提供现场咨询、发放法治宣传材料等方式开展知识产权保护方面的普法宣传活动,进企业宣传活动8次、进社区宣传活动16余次、进校园宣传活动5次、进网络宣传活动8次、进街道宣传活动12次,引导群众增强知识产权保护意识,切实满足人民群众的法治需求。2022年11月,参加新疆广播电视台维吾尔语广播综合频道"法律与你同行"广播直播节目,针对知识产权相关法律进行法律宣传。

供稿:新疆维吾尔自治区人民检察院
知识产权检察办公室

新疆生产建设兵团

知识产权工作

一、推进知识产权强兵团建设

深入实施《关于贯彻落实〈知识产权强国建设纲要(2021—2035年)〉的工作措施》《兵团加强知识产权保护和运用的实施意见(2021—2025年)》《兵团关于加强知识产权保护工作方案》,制定《兵团贯彻落

实《知识产权强国建设纲要（2021—2035年）》《"十四五"国家知识产权保护与运用规划》工作要点，印发《关于建立知识产权纠纷在线诉调对接机制的实施意见》等文件，全面提升知识产权创造、运用、保护、管理和服务水平，持续推进知识产权强兵团战略。

二、增强知识产权创造能力

知识产权数量质量实现"双提升"。2022年，兵团专利授权量2806件，同比增长4.74%，其中实用新型专利授权2399件，同比增长1.35%；发明专利授权331件，同比增长65.50%。有效发明专利1170件，每万人口高价值发明专利拥有量2.45件，每万人口有效发明专利拥有量3.25件。商标申请2365件，注册1921件，有效注册量12420件。申请地理标志证明商标2件，注册2件，累计注册7件。面向重点产业链创新成果，积极开展专利申请优先审查，促进产业结构优化升级，2022年审查专利申请优先审查50余件。

三、提升知识产权运用效益

突出转化运用，稳步提升知识产权运用效能。一是加强地理标志品牌培育，编制完成《兵团地理标志商标资源储备库》，63件特色产品纳入地理标志培育动态管理。二是加强地理标志运用促进工作。拨付20万元用于支持第六师开展"五家渠甜瓜"地理标志运用促进项目。三是组织开展兵团高校企业专利成果推介会，多家企业同高校科研团队签订专利转化意向合作协议书，不断促进高校科研成果转化运用工作。四是面向化工工艺、生物制药、番茄栽培等关键技术，投入80万元支持4家单位开展高价值专利的运用与产业化项目，提升专利转化运用效能。

四、强化知识产权保护工作

持续落实《兵团关于加强知识产权保护工作方案》，不断强化知识产权保护。一是组织开展2022年兵团知识产权行政保护专项活动，严厉打击知识产权侵权行为，查办商标侵权案件44起，案件总值30.73万元，罚没款合计102.16万元。二是组织开展北京2022年冬奥会和冬残奥会奥林匹克标志知识产权保护专项行动，兵团知识产权系统共出动2220人次，开展检查631次，排查处理侵权线索9条，办结案件7件。三是组织开展"蓝天"专项整治行动，全面摸底辖区知识产权代理机构，督促辖区4家知识产权代理机构开展自查，提交《自查表》《承诺书》。四是严厉打击不以保护创新为目的的非正常专利申请和不以使用为目的的恶意商标注册申请行为，连续开展4批非正常专利申请专项核查整改工作，督促撤回非正常专利申请近540件。指导第一师市场监管局依法对国家知识产权局转办的重大不良商标注册案进行立案调查，依法依规严肃惩治恶意商标注册行为，坚决消除不良影响。五是不断加强兵地知识产权保护工作，不断推进《兵地知识产权保护协作协议》，利用"4·26全国知识产权宣传周"等重要节点，联合开展兵地知识产权执法活动。

五、增强知识产权管理效能

一是充分发挥"4·26全国知识产权宣传周"、全国科技周、中国品牌日的作用，积极开展知识产权宣传培训活动，知识产权线上大讲堂和知识产权"五进"活动，发放宣传资料17860余份，培训1200余人次，张贴宣传海报800余张，《兵团日报》、胡杨网等媒体宣传报道近100条。二是联合自治区市场监管局等部门组织开展2022年新疆发明创造优秀大学生评选活动，8名兵团大学生被评为发明创造优秀大学生，石河子大学、塔里木大学获优秀组织奖。三是举办各类知识产权专题培训，同时积极派员参加国家知识产权局组织的各类业务培训，累计培训近400人次。四是指导塔里木大学南疆技术转移中心成为新疆唯一国家级技术转移人才培养基地，并与多所高校和组织建立合作关系。

六、提升知识产权服务能力

一是不断健全知识产权公共体系，持续推进知识产权维权援助工作站和商标品牌指导站建设，在第二师、第六师、第九师等国家级、兵团级园区已累计建立知识产权维权援助工作站14家。二是组织开展"知识产权服务万里行"活动，对12家知识产权重点企业和专业合作社进行调研，召开知识产权座谈会20场次，举办知识产权专项培训4场次，共计220余人参加培训。三是积极开展专利信息利用帮扶活动，帮助4家企业建立知识产权专利数据库，为企业提供全面的专利检索和预警服务，编制专利态势分析报告。

供稿：新疆生产建设兵团知识产权局

司法工作

2022年，新疆生产建设兵团人民法院（简称兵团法院）坚持"司法为民、公正司法"的工作主线和"实体运行、实绩提升"的工作标准，以抓好"知识产权审判、涉外商事审判"为重点，以打造"信得过、靠得住、能放心"的审判队伍为保障，重点围绕知识产权助力经济平稳健康发展和保持社会和谐稳定、提高政策公开质量，为新疆生产建设兵团（简称兵团）经济高质量发展和优化营商环境提供有力司法保障。

一、案件基本情况

2022年，兵团三级人民法院受理知识产权案件共73件，比上年同期增加22件，同比增加43.14%。其中民事一审案件65件，比上年同期增加19件，同比上升41.3%，审结58件，结案率89.23%；民事二审案件8件，比上年同期增加3件，同比上升60%，审结8件，比上年增加3件，结案率100%。

受理一、二审刑事、行政知识产权案件数均为0件。

二、主要做法

充分发挥主导作用，着力破解审判难题。兵团法院充分发挥知识产权司法保护主导作用，实施严格知识产权保护。一是加大民事侵权判赔力度，着力解决"赔偿低"问题。依法适用惩罚性赔偿，对于恶意侵权、重复侵权者，用足用好法律惩处手段，支持权利人的惩罚性赔偿请求。二是合理分配举证责任，着力解决"举证难"问题。举证责任适时转移，合理降低权利人的维权难度。倡导"司法主导、严格保护、分类施策、比例协调"的知识产权司法政策，坚持"常规案件快速审、疑难案件精心审"，通过疑难、复杂案件的精细化审理，积极应对新领域、新类型法律问题，通过对社会关注度高、涉及面广、影响力大案件的裁判，回应社会关切，发挥司法的治理与引领功能。

高度重视案件审判和调研指导，确保裁判尺度统一。对情节较重、侵权恶意明显的案件，从重确定赔偿数额，从源头上震慑侵权行为，减少侵权现象。对社会影响较大的关联案件，加强工作协调，积极利用裁判文书上网、内部数据库等便利条件，发挥案例指导的作用，统一裁判标准。为今后审理类似案件奠定了坚实基础。

完善兵团辖区技术类知识产权案件跨地域管辖机制。各师中级法院所辖的基层法院集中管辖本师诉讼标的100万元以下的知识产权民事、行政案件。作为兵团3家有权管辖所划辖区内技术类知识产权案件的法院之一，新疆生产建设兵团第一师中院完善了兵团辖区技术类知识产权案件跨地域管辖机制，加强了南疆地区兵团辖区法院技术类知识产权审判力量。

加强学习，不断提升业务能力。前往兄弟法院进行交流学习，建立良好沟通机制。继续做好类案检索工作，避免在法律理解和适用上出现不一致的情况，同时充分利用法信平台学习全国各地法院在具体案件中的裁判思路和说理方法。

妥善处理好知识产权审判中依法保护与适度保护的辩证关系,在坚持调解优先、化解矛盾的基础上,精准发力,定向施策,遵循补偿为主、惩罚为辅的侵权损害认定机制,进一步加大损害赔偿力度,给权利人提供充分司法救济,着力破解知识产权侵权诉讼"赔偿低"问题,降低维权成本,通过适用停止侵害、排除妨碍、赔偿损失、赔礼道歉、消除影响等民事措施,加大对权利人的保护,打击知识产权侵权行为。

着重完善多元化纠纷解决机制。紧密结合知识产权审判工作特点和规律,加强与知识产权行政部门、人民调解组织、仲裁机构、行业协会、专业调解组织等的协调配合,找准功能定位,着力优化延伸,发挥司法职能在矛盾纠纷多元化解机制中的引领、推动和保障作用,创新纠纷解决方式,动员和发挥社会各界力量,形成知识产权保护合力。

强化综合保护手段。加强与其他司法机关和知识产权行政执法机关之间的沟通联系,各司其职,相互配合,对知识产权进行全方位、立体性保护。

积极深化司法公开和司法宣传,彰显司法保护的权威和公正。利用微博、微信等自媒体创新对全国知识产权典型案例进行报道。深入基层街道、社区和企业开展知识产权维权宣传,向职工群众进行释法宣讲,进一步提高辖区职工群众对假冒伪劣产品的辩识度,增强群众的法律法规意识;定期回访企业,深入了解企业品牌建设状况和维权需求,找准知识产权审判保障民生、服务地方经济发展的切入点,营造知识产权司法保护的浓厚氛围。

三、工作特点

充分发挥"智慧兵法 4.0"作用,利用网上开庭、调解等功能,降低当事人诉讼成本。

发挥法官工作室职能,多元化解纠纷。

新疆生产建设兵团第二师中院积极构建涉知识产权纠纷案件多元调解机制,在第二师机关相关职能部门设立法官工作室,一方面与相关职能部门共同化解矛盾纠纷,另一方面为行政机关依法行政提供有力支持,形成行政机关带头保护、尊重知识产权的良好局面,切实从源头上减少知识产权案件的诉讼增量;设立法官工作室,有针对性地对企业进行风险提示或提出司法建议。

进行普法宣传,开展法治教育。加大力度规制商标恶意注册、非正常专利申请以及恶意诉讼等行为,探索加强对商业秘密、保密商务信息等的有效保护,通过普法宣传活动进社区等,加强对商标注册、专利申请以及诉讼等行为的积极宣传引导工作。积极开展法治宣传进团场进连队活动,对具有"审理一案、教育一片"效果的案件进行公开宣判,加大与广播电视台等新闻媒体合作,采取人民群众喜闻乐见、通俗易懂的方式进行普法宣传。

供稿:新疆生产建设兵团高级人民法院
知识产权审判庭

检察工作

一、总体统筹谋划,夯实知识产权检察工作基础

兵团检察机关深刻学习领会习近平总书记关于全面加强知识产权保护工作重要论述精神,全面贯彻落实《中共中央关于加强新时代检察机关法律监督工作的意见》,认真落实《知识产权强国建设纲要(2021—2035 年)》,提高政治站位,通过制发工作要点、召开要点解读会议和刑事检察重点工作调度会议等形式,要求各院进一步提升政治站位,切实将加强知识产权检察工作作为重要政治任务,准确把握知识产权检察工作的战略定位和历史方位,依法惩治侵犯知识产权、制售假冒伪劣产品刑事犯罪,持续探索刑事、民事、行政不同诉讼程序的有效衔接,全面加强知识产权司法

保护,有力服务保障兵团经济社会高质量发展。

二、完善部门协同联动机制,推动行政执法与刑事司法相衔接

兵团检察院持续推进与兵团市场监督管理局等行政执法部门的工作联动,健全完善案件移交、线索通报、信息共享、联合执法等工作机制,打击知识产权犯罪工作合力进一步增强。积极配合兵团打击侵权假冒伪劣工作领导小组办公室,共同牵头建设"打击侵权假冒行政执法与刑事司法衔接信息共享系统平台",实现与国家"双打"办数据联通。各师检察机关立足检察职能,加强与行政执法部门的协同配合,取得一定工作成效。第三师检察机关联合市场监管部门,对辖区侵权假冒行政违法案件进行分析研判,及时开展风险评估和预警。第六师检察机关积极配合行政执法部门开展执法"护航"专项行动,对辖区农资产品经销点进行检查,有效监督纠正了台账不健全、销售过期农药等问题。

三、推进法治专门队伍建设,打造高素质知识产权检察工作队伍

兵团检察院以强化队伍业务素能建设为重要抓手,建立培训学习长效机制,常态化组织各院通过刑检微课堂集体学习、交流体会等多种方式,加强对知识产权相关法律法规和最高人民检察院典型案例的学习,为进一步推进知识产权工作提供人才保障。要求各院围绕多发高发类案、实践疑难问题以及新类型案件,深化对侵犯知识产权犯罪特点和规律的分析研究,不断提升检察人员办案能力和理论水平。为有效解决业务骨干短缺、不同院之间业务量不平衡、个别院应对重大疑难复杂案件能力不足等实际问题,制发《关于充分发挥兵团刑事检察一体化工作机制作用的意见》,

统筹各院刑事检察力量,发挥业务指导作用,打通上下级之间、不同辖区之间的界限,力求以最少的投入,确保刑事检察工作精准高效运转。另外,聚焦业务需求和抓实队伍建设,不断强化业务培训:一是积极参加最高人民检察院举办的知识产权业务培训大讲堂,重点加强对多发高发类案、实践疑难问题以及新类型案件的同堂培训,研究分析侵犯知识产权犯罪的特点和规律;二是邀请大学教授等法律专业人士,开展知识产权类专项培训,加强专业指导,提升检察机关业务水平和依法办案能力;三是建立以老带新的传帮带制度,突出案例教学,通过检察官教检察官的方式,发挥专业人才的引领作用。

四、深化法治宣传工作,培养人民群众保护知识产权意识

兵团各级检察机关积极落实兵团检察院关于加强知识产权普法宣传的工作部署,贯彻"谁执法、谁普法"的普法责任制,对标为民办实事工作要求,开展各类法治宣传工作。第一师检察机关通过送法进社区、进校园等活动,结合办案工作,积极宣传知识产权相关法律法规,引导人民群众进一步增强尊重知识产权、抵制侵权假冒的法治意识。第三师检察机关举办"知识产权宣传周"活动,以悬挂横幅、摆放展板、播放视频等方式,向职工群众细致介绍侵权假冒违法犯罪行为的具体表现和危害后果,讲解防范、维权对策。第五师检察机关在"4·26世界知识产权日"开展普法宣传,借助微信公众号等平台,发布打击侵权假冒犯罪典型案例、工作动态等内容,方便群众查看学习。第九师检察机关走进市场,发放知识产权保护相关宣传资料530余份,接待群众咨询百人次。

供稿:新疆生产建设兵团
人民检察院第三检察部

台湾地区

✿ ✿ ✿ ✿ ✿ ✿ ✿

知识产权工作

一、专利事务

1. 统计数据

2022 年,台湾地区知识产权主管部门共受理发明专利申请 50 242 件,请求实质审查 44 402 件,结案 42 664 件,待办案件量为 52 007 件。从结案状态来看,授权 32 622 件,驳回 9250 件,其他 792 件,分别占 76.5%、21.7% 和 1.8%。2022 年,发明专利审查共发出 44 116 件审查意见通知书,其中第一次审查意见通知书 39 177 件,第二次(含以上)审查意见通知书 4939 件,另发出最后通知书 93 件。初审案件平均首次通知期与平均审结周期分别为 8.8 个月和 14.3 个月。

受理新型专利申请 14 662 件,结案 14 625 件,平均审结周期为 2.8 个月。完成新型技术报告 831 件,报告平均制作周期为 6.8 个月。

受理设计专利申请 7155 件,结案 7400 件。其中,授权 6564 件,驳回 582 件,其他 254 件,各占 88.7%、7.9% 和 3.4%。2022 年,设计专利申请平均首次通知周期为 5.9 个月,平均审结周期为 6.9 个月。

2. 审查人力现况

台湾地区知识产权主管部门共有员工 762 人,从事专利审查的员工共计 383 人,约占总人数的 50.3%。

3. 修订相关规定

(1)对相关专利审查细则进行修订,推动专利证书电子化,简化专利质权登记程序,放宽申请补发或者换发专利证书事由。

(2)完成相关发明专利审查标准修订,以配合专利电子证书的使用,落实发明专利生物材料寄存证明文件规范,明确不同申请名义属于同一权利主体的专利案件审查规则及因应电子签章发展趋势,放宽专利申请案件检查证明文件电子签署态样,并导入案例说明,帮助理解审查实务。

(3)为实时反映审查实务的需要,统一见解,增加审查原则及注意事项,对发明专利实体审查标准进行修订:

一是关于"专利要件":有关发明及新型案件新增说明,在发明申请案审查中或发明申请案核准审定后至发明公告前,若新型举发案经审定举发成立但尚未确定,发明申请案的审查原则。

二是关于"修正":针对申请人于发审查意见通知函前,主动以负面表现方式修正请求项,借以排除与先前技术重叠的部分,申请人仍应提供先前技术文件,叙明理由,供审查人员凭断。

三是关于"审查意见通知与审定公告":有关例示属申请专利范围减缩的情形,说明增加新的请求项不属于最后通知修正限制所称的"申请专利范围减缩"。

四是关于"生物相关发明":新增说明申请人依规定,检送指定保藏机构保藏的证明文件,应证明生物材料的保藏事实及存活事实。

二、商标事务

1. 统计数据

2022 年,商标注册申请案受理以案件计共 94 778 件,办结 92 724 件,待办案件 53 420 件。商标注册申请案受理以类别计共 122 320 类,办结 120 092 类,待办案件 75 597 类。

2022 年商标注册申请案的平均首次通知周期为 5.2 个月,平均案结周期为 6.5 个月。

2. 审查人力现况

台湾地区知识产权主管部门从事商标审查的员工共计 83 人,约占总人数的 10.9%。

3. 修订相关规定

(1)修订商标领域相关规定。主要包括:建立商标代理人登记及管理机制、导入加速审查机制、明确适格申请主体,以及松绑废止的申请及海关侵权认定等程序规定。

(2)修正商标识别性审查基准。增修重点包括字母与数字的组合、数字、标语、流行用语或成语、图形商标的类型、图样涉有地理含义元素、近代已故著名人物姓名及肖像的认定、宗教图像用语与传统民俗文化活动相关标识等审查原则。另针对商标图样包含"公司名称全衔"或"网域名称/网址"部分,认定属于纯粹信息性事项者,应予删除,以强化各类型商标识别性的判断标准,以更符合市场交易情形。

(3)修正证明标章、团体标章及团体商标审查基准,就实务上常发生疑义部分,增修内容及案例,明确证明的商品或服务范围,并独立"产地标章"章节,便利"产地证明标章""产地团体商标"的审查及提升消费者对产地标章保护的认知。

三、著作权事务

2022 年,办理 6 项费率审议案,5 项尚在审议中。持续优化办理广播电台利用著作权集体管理团体管理著作信息系统功能,协助打击数字侵权案件。

四、两岸交流

12 月 7 日,中华全国专利代理师协会与台湾工业总会线上举办第十四届两岸专利论坛。论坛聚焦科技创新热点和专利审查实务,围绕两岸绿色技术专利申请及审查实务,药品专利纠纷早期解决机制与实践分享,专利诉讼最新发展,人工智能、元宇宙领域对专利保护带来的挑战与应对等问题开展深入交流与研讨,有力推动了两岸专利领域的民间交流。

供稿:国家知识产权局港澳台办公室
(根据台湾地区知识产权主管部门
提供的素材整理)

香港特别行政区

知识产权工作

香港特区政府知识产权署(简称知识产权署)下设商标注册处、专利注册处、外观设计注册处和版权特许机构注册处,负责就知识产权的政策和法律提出专业意见,并向特区政府提供知识产权方面的民事法律意见。此外,知识产权署还负责增进公众对知识产权的认识和尊重,并促进和推动香港特区发展为区域知识产权贸易中心。

一、保护知识产权

香港特区有健全的知识产权保护制度,通过周全的法例、简便的注册制度、严厉的执法行为和广泛的公众教育,在有效保护知识产权方面,建立良好声誉。

二、注册

知识产权署通过互联网提供电子注册和管理服务。电子注册纪录册可让公众免费查阅中英文资料,电子提交系统可让知识产权所有人和代理人安全提交申请,并直接更改其注册及申请的某些资料。2022年,通过电子方式提交的商标、专利和外观设计注册申请的比例分别为 84%、98% 和 87%。

三、商标

2022 年,商标注册处收到注册申请 29 432 件,较上年下降 16.5%。注册商标为 30 630 个。截至 2022 年底,注册商标共计 489 300 个。2022 年提出注册申请的国家和地区有 95 个。

香港特区政府继续推进在香港实施《商标国际注册马德里协定有关议定书》下国际注册制度的筹备工作,包括草拟准备相关附属法例和设立所需的资讯科技系统。

四、专利

2022 年,专利注册处收到转录标准专利申请 20 031 件、原授标准专利申请 133 件和短期专利申请 579 件,并授权 11 573 件转录标准专利和 535 件短期专利,较上年分别下降 21% 和 21.8%。2022 年,专利注册处授权原授标准专利 29 项。

五、外观设计

2022 年,外观设计注册处收到申请 1672 件,注册外观设计 3286 项;获准注册的外观设计 3319 项,较上年减少 21.1%。

六、版权

12 月,制定《2022 年版权(修订)条例》,进一步加强在数码环境的版权保护。政府正进行筹备工作,以实施新法例。

七、公众教育

知识产权署推广知识产权贸易和保护知识产权的重要性。2022 年,来自 11 个商会的 1700 余个零售商参加知识产权署的正版正货承诺计划,涵盖 7000 余个销售点和网上商店。此外,还通过学校讲座和互动剧场,为 110 所学校超过 29 100 名学生开展知识产权教育活动。

八、知识产权贸易

国家"十四五"规划纲要支持香港特区发展成为区域知识产权贸易中心。知识产权署推动香港知识产权商品化和知识产权贸易发展。提供免费咨询服务、推行知识产权管理人员计划(升级版)、联合持份者举办研讨会和培训课程,并展示企业在大湾区经营知识产权贸易的成功案例。还与律政司合作,推广以仲裁和调解方式解决知识产权争议。

九、与内地合作

知识产权署与内地(包括粤港澳大湾区)相关部门合作,推广知识产权保护、管理和贸易。

十、参与国际及区域组织活动

知识产权署参与世贸组织框架下与贸易有关的知识产权理事会、亚太经合组织知识产权专家小组的活动。在国家知识产权局等部门统筹下参与世界知识产权组织相关活动。此外,还与东盟知识产权合作工作组合作,推动东盟经济体的知识产权商品化。

供稿:国家知识产权局港澳台办公室
(根据香港特区政府知识产权署
提供的素材整理)

澳门特别行政区

知识产权工作

一、工业产权申请与授权

2022 年,澳门特区经济及科技发展局(简称经科局)共受理商标注册申请 12 432 件,累计商标注册总申请量超过 20 万件。排名前三位的商标注册来源地分别为内地、澳门特区和香港特区。共收到发明专利申请 31 件;收到拟延伸至澳门特区生效的内地发明专利共有 1054 件,批准延伸至澳门特区生效的共 869 件。共收到实用专利申请 20 件,授权 10 件;收到设计及新型申请 268 件,授权 262 件。共收到营业场所名称及标志的申请 9 件,全年批准登记共 10 件。共受理请求发出药品及植物药剂产品保护补充证明书的申请 23 件;受理有关原产地名称/地理标记的申请 3 件。

二、扶持中小企业发展

继续向澳门中小企业提供多元化和便捷的服务,持续推行便民措施,推动澳门企业品牌发展及市场拓展。支持商会设立"大湾区知识产权咨询服务中心",为澳门中小企业和居民提供在内地、香港特区与澳门特区取得知识产权咨询及申请对接的免费服务。截至 2022 年底,该中心共接到1532 件查询/预约,已协助企业和居民在内地、香港特区与澳门特区提交申请 761 件。

三、电子化建设

2022 年,通过电子申请系统提交的商标申请占总申请量的 68.65%。经科局自2022 年 1 月 4 日起,增设"澳门公共服务一户通"(简称"一户通")登入方式及电子认证"云签"功能,企业可通过"一户通"实现各类工业产权的网上申请,并可使用电子认证"云签"服务进行具有法律效力的电子签署。2022 年 6 月 13 日,推出实用专利注册电子申请服务,申请人可通过网站服务系统以电子方式提交实用专利注册申请的全流程。2022 年 9 月 26 日,推出电子商标注册证服务,申请人或代理人在办理网上申请时,可选择通过"一户通"接收电子注册证,有效节省行政资源,进一步加快无纸化进程,提高商标使用的便利性。

四、宣传与培训活动

经科局与澳门海关等部门合作,开展"保护知识产权学校宣传计划"。联合其他部门合办 2022"普法新 TEEN 地"青少年法律推广月的活动。通过走访学校讲解知识产权的基础概念和相关法律知识。

经科局于 2022 年 3 月以线上方式举办"专利挖掘布局及其实务"培训,由国家知识产权局专家介绍专利挖掘和布局的基本知识和实务内容,有助于培育专利布局规划与策略人才。

支持商会在"澳门国际品牌连锁加盟展 2022"举行期间举办"2022 连锁加盟经营专业知识讲座",帮助中小企业及创业者打好营商基础。举办"知识产权法律讲座",与澳门生产力暨科技转移中心于 2022年 12 月联合举办"特色店计划讲座",讲解知识产权制度的基本概念及相关法律知识,提高知识产权保护意识。

五、合作与交流

进一步加强与国家知识产权局的交流与合作。以换文方式签署《国家知识产权局和澳门特别行政区政府经济及科技发展局专利审查业务文件信息交换谅解备忘录》,推动专利审查业务自动化实施,支持专利事业高质量发展。继续与国家知识产权局展开数据和文献交流,定期向国家知识产权局寄送澳门特区的各类专利数据和文献资料,为信息化业务发展提供参考。

截至 2022 年底,经科局寄送国家知识产权局进行实质审查的发明专利申请共1223 件,实用专利申请共 277 件。受理内地专利要求延伸至澳门特区生效的申请 6742件,批准在澳门生效的 6130 件,占申请总量的 90.92%。共有 9 名澳门居民报名参加内地专利代理师资格考试。

8 月,与国家知识产权局港澳台办公室、香港特区政府知识产权署联合线上举办"2022 年内地与香港特区、澳门特区知识产权研讨会",为内地及港澳特区知识产权界人士提供了加强沟通和分享经验的平台,促进内地与港澳特区知识产权领域交流和合作。

以"高价值专利引领创新型湾区高质量发展"为主题,积极参与粤港澳大湾区合作与交流。与广东省知识产权局、香港特区政府知识产权署和佛山市人民政府共同主办"2022 年粤港澳大湾区高价值专利培育布局大赛"（简称湾高赛）。澳门特区参赛团队共有 4 个项目进入决赛，获得 1 项银奖及 1 项优秀奖。支持由广东省市场监督管理局（知识产权局）与东莞市人民政府联合主办的"2022 年粤港澳大湾区（广东）高价值商标品牌培育大赛"。

与广东省市场监督管理局（知识产权局）、香港贸易发展局、香港特区政府知识产权署联合举办的"粤港澳大湾区专题论坛"于"第十二届亚洲知识产权营商论坛"期间以线上方式举行。论坛邀请多家企业代表及知识产权界专家进行主题演讲并探讨热点问题，促进海外企业通过大湾区合作机制拓展内地业务，帮助大湾区企业拓展海外市场。派员出席"粤港澳大湾区知识产权法律联盟 2022 年年会暨第四届知识产权澳门论坛"。

开展粤澳知识产权交流。参加"澳门国际贸易投资展览会"知识产权分论坛，深化穗澳知识产权交流合作，推动双方在知识产权、科技成果转化、产业升级及人才培养等方面建立合作机制。

在港澳知识产权合作与交流方面，持续建设知识产权信息平台，与香港特区政府知识产权署不定期就信息更新工作交换意见，不断完善粤港澳知识产权资料库内容，适时作出更新，确保相关信息交流渠道的畅通。

供稿：国家知识产权局港澳台办公室
（根据澳门特区政府经济及
科技发展局提供的素材整理）

国家知识产权局

1. 全国知识产权局局长会议召开。 1 月 6 日，2022 年全国知识产权局局长会议在北京召开。

2. 国家知识产权局召开党史学习教育总结会议。 1 月 11 日，国家知识产权局在北京召开党史学习教育总结会议。

3. 国务院新闻办公室举行新闻发布会。 1 月 12 日，国务院新闻办公室举行新闻发布会，介绍 2021 年知识产权相关工作统计数据。

4. 中共国家知识产权局党组扩大会议召开。 1 月 13 日，中共国家知识产权局党组扩大会议在北京召开。

5. 中共国家知识产权局党组召开党史学习教育专题民主生活会。 1 月 20 日，中共国家知识产权局党组召开党史学习教育专题民主生活会。同日，《2022 年全国知识产权行政保护工作方案》印发。

6.《全国知识产权系统法治宣传教育第八个五年实施方案（2021—2025 年）》印发。 1 月 21 日，《全国知识产权系统法治宣传教育第八个五年实施方案（2021—2025 年）》印发。

7.《国家知识产权局知识产权信用管理规定》印发。 1 月 24 日，《国家知识产权局知识产权信用管理规定》印发。

8. 国家知识产权局 2022 年机关党的建设暨党风廉政建设工作会议召开。 1 月 25 日，国家知识产权局 2022 年机关党的建设暨党风廉政建设工作会议在北京召开。

9. 知识产权强国建设专家咨询委员会成立。 1 月 26 日，由十二届全国人大常委会副委员长严隽琪担任主任，34 位专家组成的知识产权强国建设专家咨询委员会成立。

10. 中国向世界知识产权组织提交《工业品外观设计国际注册海牙协定》加入书。 2 月 5 日，中国向世界知识产权组织（WIPO）提交《工业品外观设计国际注册海牙协定》加入书。同日，申长雨局长与来华出席北京冬奥会开幕式的世界知识产权组织总干事邓鸿森举行视频会谈。

11. 全面加强冬奥知识产权保护专场新闻发布会举行。 2 月 14 日，2022 北京新闻中心举行全面加强冬奥知识产权保护专场新闻发布会。

12. 专利审查调研座谈会召开。 2 月 22 日，申长雨局长深入专利审查业务部门，调研专利审查提质增效工作，并召开座谈会。

13. 国家知识产权局党组与中央纪委国家监委驻市场监管总局纪检监察组召开全面从严治党专题会商会议。 2 月 28 日，国家知识产权局党组与中央纪委国家监委驻市场监管总局纪检监察组召开全面从严治党专题会商会议。

14. 中国国家知识产权局与吉尔吉斯共和国国家知识产权与创新局举行会议。 3 月 1 日，申长雨局长与吉尔吉斯共和国国家知识产权与创新局新任局长莱海特·克里姆巴耶娃举行视频会议。

15. 中国国家知识产权局与老挝知识产权厅举行会议。 3月9日，申长雨局长与老挝知识产权厅新任执行厅长丰沙瓦举行视频会谈。

16. 全国知识产权人才工作电视电话会议在北京召开。 3月9日，全国知识产权人才工作电视电话会议在北京召开。局党组书记、局长申长雨出席会议并讲话。

17. 国家知识产权局党组召开理论学习中心组学习（扩大）会暨学习贯彻全国两会精神大会。 3月16日，国家知识产权局党组召开理论学习中心组学习（扩大）会暨学习贯彻全国两会精神大会。

18.《2022年知识产权强国建设纲要和"十四五"规划实施地方工作要点》印发。 3月17日，《2022年知识产权强国建设纲要和"十四五"规划实施地方工作要点》印发。

19. 2022年全国知识产权宣传周活动启动仪式举行。 4月20日，2022年全国知识产权宣传周活动启动仪式以线上方式举行。国务委员王勇对宣传周活动作出重要批示。市场监管总局局长张工作书面致辞，宣传周活动组委会主任、国家知识产权局局长申长雨在线致辞，世界知识产权组织总干事邓鸿森发来贺信。同日，申长雨局长出席博鳌亚洲论坛2022年年会"亚洲知识产权：趋势与机遇"分论坛，并作视频致辞。

20. 2022中国知识产权保护高层论坛举行。 4月22日，以"全面加强知识产权保护 优化创新环境和营商环境"为主题的2022中国知识产权保护高层论坛在北京举办。同日，申长雨局长会见应邀出席高层论坛的最高人民法院副院长贺荣一行。

21. 2021年中国知识产权发展状况新闻发布会举行。 4月24日，国务院新闻办公室举行2021年中国知识产权发展状况新闻发布会。

22. 强化知识产权协同保护暨协作意见会签活动举行。 4月25日，最高人民检察院与国家知识产权局联合举办强化知识产权协同保护暨协作意见会签活动。

23.《关于组织开展2022年"知识产权服务万里行"活动的通知》印发。 4月26日，《关于组织开展2022年"知识产权服务万里行"活动的通知》印发。同日，国家知识产权局举办"云开放日"活动。

24.《工业品外观设计国际注册海牙协定》正式生效。 5月5日，《工业品外观设计国际注册海牙协定》在我国正式生效。

25.《专利开放许可试点工作方案》印发。 5月11日，国家知识产权局办公室印发《专利开放许可试点工作方案》，组织有关省份开展专利开放许可试点工作。

26.《关于做好2022年专利转化专项计划有关工作的通知》印发。 5月20日，国家知识产权局联合财政部印发《关于做好2022年专利转化专项计划有关工作的通知》。

27.《关于知识产权政策实施提速增效 促进经济平稳健康发展的通知》印发。 5月30日，国家知识产权局印发《关于知识产权政策实施提速增效 促进经济平稳健康发展的通知》。

28. 2022年中美欧日韩知识产权五局（IP5）合作局长系列会议举行。 6月8日至9日，2022年中美欧日韩知识产权五局（IP5）合作局长系列会议以视频形式举行，会议通过了《2022年中美欧日韩知识产权五局合作局长联合声明》。

29. 中国国家知识产权局与欧盟知识产权局举行会谈。 6月29日，中国国家知识产权局局长申长雨与欧盟知识产权局局长克里斯蒂安·阿尔尚博举行视频会谈。

30. 全国知识产权系统政务工作会议在北京召开。 6月29日，全国知识产权系统政务工作会议在北京召开。

31. 2022 年度海外知识产权纠纷应对指导工作会议召开。 6 月 30 日,2022 年度海外知识产权纠纷应对指导工作会议在北京召开。

32. 国务院新闻办公室 7 月例行新闻发布会举行。 7 月 12 日,国务院新闻办公室举行新闻发布会,介绍 2022 年上半年知识产权相关工作统计数据。

33.“弘正气 提质量”知识产权代理行业行风建设年活动启动仪式举行。 7 月 13 日,“弘正气 提质量”知识产权代理行业行风建设年活动启动仪式在北京举行。

34. 国家知识产权局召开党组理论学习中心组学习(扩大)会。 7 月 14 日,国家知识产权局召开党组理论学习中心组学习(扩大)会,局党组书记、局长申长雨以“走好第一方阵,我为二十大作贡献”为主题讲授专题党课。

35. 世界知识产权组织(WIPO)成员国大会第 63 届系列会议举行。 7 月 14 日至 22 日,世界知识产权组织(WIPO)成员国大会第 63 届系列会议以实体加线上的混合模式在瑞士日内瓦召开。中国国家知识产权局局长申长雨率中国政府代表团出席会议,并以视频方式作一般性发言。

36. 第二十三届中国专利奖获奖名单公布。 7 月 22 日,第二十三届中国专利奖获奖名单公布,958 件专利分获中国专利金奖、银奖、优秀奖和中国外观设计金奖、银奖、优秀奖。

37. 全面从严治党专题会商会议召开。 7 月 26 日,国家知识产权局党组与中央纪委国家监委驻市场监管总局纪检监察组召开全面从严治党专题会商会议。

38. 2022 年全国知识产权局局长高级研修班举行。 7 月 28 日,2022 年全国知识产权局局长高级研修班以线下和线上相结合的方式在北京举行。

39. 第十三届中国—东盟知识产权局局长会议举行。 8 月 24 日,第十三届中国—东盟知识产权局局长会议以线上线下结合的方式举行,申长雨局长率团出席。

40. 国家知识产权局、湖南省人民政府共建“三高四新”知识产权强省推进大会举行。 8 月 25 日,国家知识产权局、湖南省人民政府共建“三高四新”知识产权强省推进大会在湖南长沙举行。

41. 数据知识产权工作指导专家组第一次全体会议召开。 9 月 5 日,国家知识产权局在北京组织召开数据知识产权工作指导专家组第一次全体会议。

42. 山西省知识产权保护大会暨共建高质量转型发展知识产权强省推进大会召开。 9 月 9 日,山西省知识产权保护大会暨共建高质量转型发展知识产权强省推进大会在太原召开。

43.《研究生教育学科专业目录(2022 年)》印发。 9 月 13 日,国务院学位委员会、教育部印发《研究生教育学科专业目录(2022 年)》,新设知识产权硕士专业学位类别。

44. 第十四次金砖国家知识产权局局长会议召开。 9 月 15 日,由中国国家知识产权局主办的第十四次金砖国家知识产权局局长会议以视频形式举行。

45. 中国国家知识产权局与欧亚专利局召开会议。 9 月 16 日,中国国家知识产权局局长申长雨与欧亚专利局局长戈利高里·伊夫利耶夫举行视频会谈。

46. 知识产权强国建设第一批典型案例公布。 10 月 19 日,知识产权强国建设第一批典型案例公布。

47. 传达学习贯彻党的二十大精神大会召开。 10 月 24 日,国家知识产权局召开传达学习贯彻党的二十大精神大会。

48. 中美欧日韩商标五局(TM5)合作和外观设计五局(ID5)合作年度系列会议召开。

10 月 24 日至 28 日,中美欧日韩商标五局(TM5)合作和外观设计五局(ID5)合作年度系列会议以线上线下混合模式举行。

49.《深入实施〈关于强化知识产权保护的意见〉推进计划》印发。 10 月 25 日,国家知识产权局印发《深入实施〈关于强化知识产权保护的意见〉推进计划》,明确了 2022—2025 年落实《关于强化知识产权保护的意见》重点任务和工作措施。

50. 国家知识产权局党组理论学习中心组召开(扩大)会议。 10 月 28 日,国家知识产权局党组理论学习中心组召开(扩大)会议。

51. 2022 年全国知识产权保护检查考核工作会议召开。 11 月 4 日,2022 年全国知识产权保护检查考核工作会议在北京召开。

52.《关于认真学习宣传贯彻党的二十大精神的通知》印发。 11 月 7 日,中共国家知识产权局党组印发《关于认真学习宣传贯彻党的二十大精神的通知》及工作方案。

53. 学习宣传贯彻党的二十大精神动员部署会暨宣讲报告会召开。 11 月 8 日,国家知识产权局召开学习宣传贯彻党的二十大精神动员部署会暨宣讲报告会。11 月 15 日,国家知识产权局召开学习宣传贯彻党的二十大精神专题辅导会。

54. 第十九届上海知识产权国际论坛开幕。 11 月 18 日,以"加强知识产权转化运用　助力中小企业创新发展"为主题的第十九届上海知识产权国际论坛在上海开幕。

55.《关于加强知识产权鉴定工作衔接的意见》印发。 11 月 22 日,国家知识产权局、最高人民法院、最高人民检察院、公安部、国家市场监督管理总局联合印发《关于加强知识产权鉴定工作衔接的意见》。

56. 2022 年全国知识产权法制交流研讨会举办。 11 月 24 日,2022 年全国知识产权法制交流研讨会在北京线上举办。

57. 数据知识产权地方试点工作部署会召开。 11 月 24 日,国家知识产权局在北京以线上线下相结合的方式组织召开数据知识产权地方试点工作部署会。

58. 第十六次中欧两局局长会议召开。 11 月 25 日,第十六次中欧两局局长会议以视频形式举行。

59. 第 29 次中日知识产权局局长会议、第 28 次中韩知识产权局局长会议和第 22 次中日韩知识产权局局长会议举行。 11 月 28—29 日,第 29 次中日知识产权局局长会议、第 28 次中韩知识产权局局长会议和第 22 次中日韩知识产权局局长会议分别以视频方式举行。

60. 第十一届中国知识产权年会开幕。 11 月 30 日,第十一届中国知识产权年会以线上形式开幕。

61.《商标代理监督管理规定》施行。 12 月 1 日,《商标代理监督管理规定》施行。

62.《关于加强医药集中采购领域知识产权保护的意见》印发。 12 月 5 日,国家知识产权局、国家医疗保障局联合印发《关于加强医药集中采购领域知识产权保护的意见》。

63. 国家知识产权局党组召开专题会议。 12 月 29 日,国家知识产权局党组召开专题会议,传达学习中央经济工作会议精神,研究部署贯彻落实工作。

供稿:国家知识产权局办公室

国家版权局

1. 北京冬奥会版权保护工作取得显著成效。 2022 年北京冬奥会、冬残奥会期间,国家版权局会同工信部、公安部等六部门联合开展了冬奥版权保护集中行动,重点整治通过广播电视、网站、互联网电视等非法传播冬奥赛事节目,重点打击短视频平台未经授权提供冬奥赛事节目盗播链接。冬奥会期间,全国各级版权执法部门共出动执法人员 18.5 万人次,检查实体市场相关单位 8.9 万家次,删除涉冬奥侵权链接 11.07 万条,处置侵权账号 1.01 万个,有效维护了冬奥版权保护秩序,展现了我国政府切实履行国际承诺的良好形象。

2.《马拉喀什条约》在中国落地实施。2022年 2 月 5 日,中国向世界知识产权组织交存了《关于为盲人、视力障碍者或其他印刷品阅读障碍者获得已出版作品提供便利的马拉喀什条约》批准书。5 月 5 日,《马拉喀什条约》对中国生效。国家版权局 8 月 1日印发了《以无障碍方式向阅读障碍者提供作品暂行规定》,推动该条约有效实施。作为世界上迄今为止唯一一部版权领域的人权条约,《马拉喀什条约》在中国落地实施更好地保障了我国广大阅读障碍者的文化权益。同时,也为我国向海外阅读障碍者提供无障碍格式版创造了条件,对推动我国优秀作品海外传播具有重要意义。

3. 加强对知识分享平台版权监管。2022年,针对群众反映强烈的知识分享平台侵权使用作品、强制独家授权等问题,国家版权局在联合多部门开展的"剑网行动"中对文献数据库未经授权、超授权使用传播他人作品等侵权行为开展集中整治,推进知识资源平台版权合规建设与社会共治,加强对知识服务全链条版权监管与行政执法,推进行业自律和版权信用体系建设,推动知识服务行业规范健康发展。12 月 26日,市场监管总局对知网垄断行为依法作出行政处罚决定,责令知网停止违法行为,并处罚款 8760 万元。

4. 版权专项整治行动成效显著。2022 年,全国各级版权执法部门不断加大版权执法力度,相继组织开展了冬奥版权保护集中行动、青少年版权保护季行动、打击院线电影盗录传播专项工作、"剑网 2022"专项行动,重点整治非法传播冬奥赛事节目行为、权利人和广大家长反映强烈的危害青少年权益的侵权盗版行为、电影盗录传播违法犯罪行为,以及文献数据库、短视频和网络文学、NFT 数字藏品、"剧本杀"等重点领域侵权盗版行为。全国各级版权执法部门共检查实体市场相关单位 65.35 万家次,查办侵权盗版案件 3378 件(网络案件 1180件),删除侵权盗版链接 84.62 万条,关闭侵权盗版网站(App)1692 个,处置侵权账号 1.54 万个,版权环境进一步净化。

5. 国家版权局参与主办第十八届中国(深圳)国际文化产业博览交易会。2022 年 12月,国家版权局首次作为主办单位之一参与第十八届中国(深圳)国际文化产业博览交易会,并举办"版权让文化生活更美好"主题展览,展示了党的十八大以来版权立法、版权保护、版权服务、版权国际交流合作和版权宣传教育在提升文化产业发展等方面取得的成就,体现了版权对优化文化产业生态、推动文化科技融合、促进文化成果转化、推动文化产业高质量发展的重要作用。

6. 全国著作权质权登记信息实现统一查询。2022 年 9 月,按照《国务院关于开展营商环境创新试点工作的意见》(国发〔2021〕24 号)关于在北京、上海、重庆、杭州、广州、深圳 6 个城市试点"便利开展机动车、船舶、知识产权等动产和权利担保融资"的要求,国家版权局联合中国人民银行,指导中国版权保护中心与中国人民银行征信中心实现全国著作权质权登记信息统一查询,有力促进版权运营和价值转化,缓解中小微企业的融资困难,进一步优化市场营商环境。

7. 国家"区块链+版权"创新应用试点工作启动。2022 年 1 月,中央网信办、中央宣传部等十六部门联合公布国家区块链创新应用试点名单,12 家单位入选"区块链+版权"特色领域国家区块链创新应用试点。

该工作是为了落实国家关于推动产业数字化转型的重要部署,指导试点单位依托区块链技术,为版权登记、授权管理、版权交易、版权运营及版权保护等版权产业链相关业务提供解决方案。

8. 中国音像著作权集体管理协会诉天合文化集团有限公司等合同纠纷案终审宣判。 2022 年 11 月 20 日,北京市高级人民法院就中国音像著作权集体管理协会(以下简称音集协)与天合文化集团有限公司等(以下简称天合公司)合同纠纷案作出终审判决[(2021)京民终 929 号]。法院认为,天合公司在与音集协合作期间存在截留版权使用费、延迟履行支付、私下收取现金等行为,构成根本性违约,音集协有权解除合作,判决驳回天合公司上诉,维持原判。音集协与天合公司之间历时 4 年的合同纠纷案以著作权集体管理组织的胜诉终结。该判决有效落实了著作权法律法规相关规定,有力支持了国家版权局关于商业机构不得介入著作权集体管理事务的监管要求,为我国著作权集体管理事业健康发展提供了坚实的司法保障。

9. 民间文艺版权保护与促进试点工作推进实施。 2022 年 11 月 10 日,中央宣传部在内蒙古、江苏、四川、贵州 4 个省级试点地区的基础上,启动了山西晋城、黑龙江佳木斯、江苏扬州、安徽黄山、江西抚州、山东潍坊、广东潮州、贵州毕节 8 个市级试点地区的民间文艺版权保护与促进试点工作,进一步发挥当地民间文艺资源的独特优势,探索创新民间文艺领域版权工作业态、模式、机制,提升全社会民间文艺版权保护意识,加强民间文艺版权创造、运用、保护、管理和服务,推动民间文艺版权资源流动,开拓版权助力中华优秀传统文化创造性转化、创新性发展的新思路、新格局。

10. 长短视频协同合作成业界共识。《中国互联网络发展状况统计报告》数据显示,截至 2022 年 6 月,我国短视频用户规模增至 9.62 亿,占网民整体的 91.5%。短视频行业成为数字版权领域发展最为迅猛的行业,而长短视频平台因为版权问题冲突不断。2022 年,长短视频平台通过尝试开展版权合作,积极解决版权侵权问题。3 月 17 日,抖音与搜狐视频达成合作;6 月 30 日,快手宣布与乐视视频达成合作;7 月 19 日,抖音宣布与爱奇艺达成合作。短视频平台作为数字版权领域的新兴产业,加强与长视频平台的版权合作,获得更多长视频版权授权,将成为解决短视频平台版权侵权问题的重要方式,对行业版权治理和共赢发展具有积极意义。

供稿:中央宣传部版权管理局

农业农村部

1.《关于保护种业知识产权打击假冒伪劣套牌侵权营造种业振兴良好环境的指导意见》发布。 1 月 28 日,农业农村部、最高人民法院、最高人民检察院、工业和信息化部、公安部、市场监管总局和国家知识产权局联合印发《关于保护种业知识产权打击假冒伪劣套牌侵权营造种业振兴良好环境的指导意见》,提高种业知识产权保护水平,加快营造种业振兴良好环境。

2. 新修改种子法开始施行。 3 月 1 日,第十三届全国人民代表大会常务委员会第三十二次会议审议通过的《全国人大常委会关于修改〈中华人民共和国种子法〉的决定》开始施行。

3.《2022—2023 年全国种业监管执法年活动方案》印发。 3 月 28 日,农业农村部办公厅印发《2022—2023 年全国种业监管执法年活动方案》,要求加大品种权保护力度。

4. 种子法实施座谈会召开。 3 月 30 日，农业农村部会同全国人大农业与农村委员会在北京组织召开种子法实施座谈会，全国人大常委会副委员长吉炳轩出席并讲话。

5. 全国保护种业知识产权打击假冒伪劣套牌侵权视频会议召开。 4 月 24 日，农业农村部召开全国保护种业知识产权打击假冒伪劣套牌侵权视频会议，副部长张桃林出席会议并讲话。会议发布了《2022 年农业植物新品种保护十大典型案例》和首批打假护权种子检测机构推荐名单。

6. 发展中国家植物新品种保护研修班召开。 5 月 24 日—6 月 1 日，由商务部主办、农业农村部国际交流服务中心承办的发展中国家植物新品种保护研修班顺利举行，来自毛里求斯、斯里兰卡、菲律宾、缅甸、泰国 5 个国家的 26 名学员参加培训。

7. 种子法实施与种业知识产权保护研讨会召开。 7 月 22 日，中国社会科学院法学研究所、农业农村部科技发展中心、三亚崖州湾科技城管理局主办的"种子法实施与种业知识产权保护"研讨会成功举行。全国人大农业与农村委员会副主任委员刘振伟出席会议并讲话。

8. 海南自由贸易港农业植物新品种审查协作中心挂牌。 7 月 27 日，农业农村部联合海南省人民政府设立的海南自由贸易港农业植物新品种审查协作中心在海南省三亚市挂牌，标志着全国首家农业植物新品种审查协作中心正式运行。农业农村部副部长张兴旺出席挂牌仪式。

9. 参加 UPOV 首届测试方法与技术工作组（TWM）会议。 9 月 19—23 日，农业农村部科技发展中心参加国际植物新品种保护联盟（UPOV）首届测试方法与技术工作组（TWM）首届会议，来自 30 多个国家或组织的 80 余名代表参会。

10. 首位中国代表当选 UPOV 理事会主席。 10 月 24—28 日，在国际植物新品种保护联盟（UPOV）理事会第 56 届会议上，我国农业农村部科技发展中心崔野韩总农艺师成功当选理事会主席，任期 3 年，成为该组织历史上首位中国籍理事会主席。

11. DUS 测试技术培训班举办。 11 月 14—26 日，农业农村部科技发展中心组织举办农业植物品种 DUS 测试技术系统培训班，这是自 2012 年以来连续举办的第 11 届测试技术系统培训。

12.《植物新品种保护条例（修订征求意见稿）》征求意见。 11 月 22 日，《中华人民共和国植物新品种保护条例（修订征求意见稿）》向社会公开征求意见。

13. 品种权申请量超 6 万件。 截至 2022 年底，我国农业植物新品种权申请总量超 6 万件，授权总量超 2.3 万件。

供稿：农业农村部科学技术司

公 安 部

1. 部署开展依法严厉打击制售假药劣药犯罪重点攻坚专项工作。 1 月 20 日，公安部召开全国公安机关依法严厉打击制售假药劣药犯罪重点攻坚专项工作动员部署视频会议。

2. 会同国家版权局等五部门开展冬奥版权保护集中行动。 1 月 27 日，国家版权局、工业和信息化部、公安部、文化和旅游部、国家广播电视总局、国家互联网信息办公室联合开展冬奥版权保护集中行动，严厉打击各类涉冬奥作品侵权盗版行为，为北京

2022 年冬奥会和冬残奥会顺利举办营造良好版权环境。

3. 农业农村部、公安部等七部门联合印发《关于保护种业知识产权打击假冒伪劣套牌侵权营造种业振兴良好环境的指导意见》。 1 月 28 日,农业农村部、最高人民法院、最高人民检察院、工业和信息化部、公安部、市场监管总局、国家知识产权局联合印发《关于保护种业知识产权打击假冒伪劣套牌侵权营造种业振兴良好环境的指导意见》。

4. 会同中宣部等部门开展"青少年版权保护季"行动。 2 月 14 日,公安部食品药品犯罪侦查局、中央宣传部版权管理局、教育部教材局、文化和旅游部文化市场综合执法监督局等六部门联合开展"青少年版权保护季"行动,严厉打击整治教材教辅、少儿图书等领域侵权盗版乱象,为青少年健康成长营造良好版权环境。

5. 部署开展打击食药环和知识产权犯罪"昆仑 2022"专项行动。 2 月 28 日,公安部召开全国公安机关"昆仑 2022"专项行动动员部署视频会议。

6. 通报公安机关打击侵犯知识产权犯罪工作情况并发布典型案例。 4 月 23 日,公安部对外通报 2021 年以来全国公安机关依法打击侵犯知识产权犯罪的总体情况,发布打击侵犯北京冬奥会知识产权和保障粮食安全、公共安全、民生安全、营商环境、科技创新、文化繁荣等典型案例。

7. 会同国家知识产权局通报表扬 2021 年度全国知识产权系统和公安机关知识产权保护工作成绩突出集体和个人。 6 月 22 日,国家知识产权局、公安部联合对 2021 年度全国知识产权系统和公安机关知识产权保护工作成绩突出的 100 个集体和 200 名个人予以通报表扬。

8. 部署开展夏季治安打击整治"百日行动"。 6 月 29 日,公安部食品药品犯罪侦查局下发通知,部署各地公安食药侦部门紧密结合公安部夏季治安打击整治"百日行动",依法严厉打击制售有毒有害食品、制售假药劣药、侵犯知识产权等相关犯罪活动。

9. "昆仑"专项行动被评选为"新时代加强民营经济法治建设"十大事件。 8 月 19 日,第四届民营经济法治建设峰会将公安机关"开展'昆仑'专项行动依法严厉打击侵犯知识产权犯罪"评选为"新时代加强民营经济法治建设"十大事件。

10. 通报公安机关依法打击网上侵权假冒犯罪工作情况并发布典型案例。 11 月 8 日,公安部通报 2022 年公安机关严厉打击网上侵权假冒犯罪工作情况并公布 10 起典型案例。

供稿:公安部食品药品犯罪侦查局

商　务　部

1. 中欧地理标志联合委员会第一次会议召开。 1 月 19 日,商务部与欧盟委员会农业与农村发展总司共同组织召开中欧地理标志联合委员会第一次会议,就推进《中欧地理标志保护与合作协定》实施、加强双边务实合作交换意见。双方还共同审议通过了联合委员会议事规则,讨论通过了联合委员会下一步工作计划。

2. 中瑞(士)知识产权工作组第十一次会议召开。 3 月 1—3 日,商务部与瑞士联邦知识产权局共同主持召开中瑞经贸联委会知识产权工作组第十一次会议。双方就与经贸相关的知识产权立法及执法最新进展进行了交流,就关注的知识产权保护问题进行了讨论,确定了下一步合作方向和内容。为推动解决双方产业界具体关注,会议期间,双方还举行了产业圆桌会议。

3. 参加中欧农产品双边贸易研讨会。 3月31日,商务部参加欧盟委员会农业与农村发展总司主办的中欧农产品双边贸易研讨会,就《中欧地理标志保护与合作协定》实施情况与欧方进行交流。

4. 中俄知识产权工作组第十三次会议召开。 6月29—30日,商务部与俄罗斯知识产权局共同主持召开中俄经贸分委会知识产权工作组第十三次会议。双方就共同关注的知识产权保护问题进行了深入讨论,并会同有关企业举行了产业圆桌会议,就贸易投资中遇到的具体知识产权问题进行了沟通。

5. 赴山东省开展软件正版化检查。 9月

21—23日,为落实推进使用正版软件工作部际联席会议工作安排,商务部赴山东省检查软件正版化工作开展情况。

6. 中欧知识产权工作组第二十五次会议召开。 11月15—17日,商务部与欧盟委员会贸易总司共同主持召开中欧知识产权工作组第二十五次会议,双方就知识产权立法进展、打击商标恶意注册、知识产权执法、商业秘密保护等进行了富有成效的交流。会议期间举行产业圆桌会,推动解决双方企业在对方市场遇到的知识产权问题。

7.《中欧地理标志保护与合作协定》第二批地理标志公示。 12月2日,中欧双方同步公示《中欧地理标志保护与合作协定》第二批双方各175个地理标志,通过审查的第二批地理标志将在2025年3月前获得保护。

供稿:商务部条约法律司

国家林业和草原局

1. 参加国际植物新品种保护联盟(UPOV)收获材料和未经授权使用繁殖材料工作组(WG‑HRV)第一次线上会议。 3月15日,国际植物新品种保护联盟(UPOV)线上召开"收获材料和未经授权使用繁殖材料工作组(WG‑HRV)第一次会议",国家林业和草原局派员参会。工作组重点对3个解释性说明中关于"收获材料"和"繁殖材料"定义范畴、"有效的临时保护"和"未经授权使用繁殖材料"概念等进行了讨论和研究。

2. 开展2022年全国林业和草原知识产权宣传周活动。 4月20—26日组织开展了2022年全国林业和草原知识产权宣传周活动。在宣传周期间,国家林业和草原局科技发展中心与有关司局和单位配合,通过媒体集中报道、出版科技图书、制作"部长谈知识产权"视频、举办培训和座谈会等活动,向公众普及和宣传林业与草原知识

产权知识。

3. 制作《新闻2+1》知识产权宣传周特别节目:"全面开启知识产权强国建设新征程"。 4月21日,大型系列主题公益访谈节目《新闻2+1》重磅推出知识产权宣传周特别节目"全面开启知识产权强国建设新征程"。

4. 8个中国林草新品种在UPOV社交媒体平台发布。 4月23日,国家林业和草原局植物新品种保护办公室在UPOV推特和领英等社交媒体平台上发布了刺槐属新品种"泓森槐",山楂属新品种"金如意",石榴属新品种"天使红"和"中石榴4号",木兰属新品种"娇丹"、"娇红1号"、"绿星"和"小璇"8个中国林草植物新品种和4个青年育种者事迹。

5.《2021中国林业和草原知识产权年度报告》出版。 4月26日,国家林业和草原局科技发展中心、国家林业和草原局知识产权

研究中心编著的《2021 中国林业和草原知识产权年度报告》由中国林业出版社出版发行。

6. 联合举办中欧植物新品种保护法律法规研讨会。 5 月 6 日，欧盟植物新品种保护办公室（CPVO）、国家林业和草原局科技发展中心（植物新品种保护办公室）、农业农村部科技发展中心联合主办线上"中欧植物新品种保护法律法规研讨会"。针对实质性派生品种解释性文件内容、欧盟植物新品种保护法律法规最新情况、我国农业植物新品种保护最新进展、我国林草植物新品种保护最新进展等进行了交流研讨。

7. 参加 UPOV 第 54 届观赏植物和树木工作组（TWO）网络会议。 6 月 13—17 日，国际植物新品种保护联盟（UPOV）第 54 届观赏植物和树木工作组（TWO）会议以线上形式举行。银杏属（*Ginkgo biloba*）国际植物新品种测试指南获国际植物新品种保护联盟批准立项，将由中国专家牵头编制。

8. 参加 UPOV 第 53 届果树作物技术工作组（TWF）网络会议。 7 月 11—15 日，国际植物新品种保护联盟（UPOV）第 53 届果树作物技术工作组（TWF）会议在线上召开。中国林业科学研究院林业研究所联合宁夏枸杞工程中心牵头起草 UPOV 枸杞属（*Lycium*）植物新品种特异性、一致性和稳定性测试指南，会上技术工作组对枸杞属测试指南第二稿进行了讨论，对来自德国和 UPOV 等多位专家提出的 20 余条修改建议进行了答复。

9. 推动建立林草实质性派生品种（EDV）制度。 7 月 20 日，"林草新品种分子测试技术研讨会"在中国林业科学研究院林业研究所举办。有关专家针对分子技术在植物新品种保护领域的应用、推动实质性派生品种制度落地实施展开讨论，专家建议建立林草实质性派生品种制度。

10. 林草植物新品种测试分中心工作座谈会举办。 8 月 24 日，由国家林业和草原局科技发展中心主办、中国林业科学研究院华北林业实验中心承办的林草植物新品种测试分中心工作座谈会在北京召开，重点围绕测试分中心在林草植物新品种测试体系中的定位以及在测试工作中如何充分发挥作用等关键问题进行研讨。

11. 制作"优良林草植物新品种巡礼"视频，推进林草植物新品种国际宣传。 8 月 26 日，国家林业和草原局科技发展中心制作推出的"优良林草植物新品种巡礼"（英文版）短视频在国际植物新品种保护联盟（UPOV）官网发布。视频集中展示了我国国内市场效益高、群众口碑好、产业化潜力大的近 80 个优良林草植物新品种。

12. 林草新品种及知识产权保护与管理培训班举办。 9 月 19 日，国家林业和草原局科技发展中心线上举办了林草新品种及知识产权保护与管理培训班，来自 31 个省（自治区、直辖市）及新疆生产建设兵团林业和草原主管部门、各大林草高校、林草综合测试站、测试分中心、分子鉴定实验室等单位的相关人员共 700 余人参加了培训。

13. 推进《中华人民共和国植物新品种保护条例》修订工作。 9 月 26 日，国家林业和草原局与农业农村部召开条例修订座谈会，研究共同成立条例修订工作小组，并讨论相关修订内容。

14.《林草植物新品种领域标准体系》编制发布。 9 月 30 日，《国家林业和草原局科技司 科技中心关于印发林草植物新品种领域标准体系和相关工作安排的通知》对林草植物新品种领域现有标准进行整合优化，组织编制了《林草植物新品种领域标准体系》（含国家标准、行业标准），包括基础通用、林木、果树、木本观赏和其他五大类标准。

15. 参加 2022 年度国际植物新品种保护联盟（UPOV）系列国际会议。 10 月 24—28

日,2022 年度国际植物新品种保护联盟(UPOV)系列国际会议在瑞士日内瓦召开,国家林业和草原局派员线上参会。这是 UPOV 首次将中文作为会议工作语言使用。

16. 9 项林业植物新品种测试指南以林业行业标准发布。 11 月 30 日,国家林业和草原局公告(2022 年第 16 号)批准发布 43 项林业行业标准,木麻黄属、李属-樱花、金丝桃属、金镂梅属、侧柏属、黄檗属、栀子属、杜仲属和梓树属 9 项林业植物新品种测试指南以林业行业标准发布。

17. 联合印发《关于加快推动知识产权服务业高质量发展的意见》。 12 月 27 日,国家林业和草原局与国家知识产权局等十七部门联合印发《关于加快推动知识产权服务业高质量发展的意见》。

供稿:国家林业和草原局科技发展中心

最高人民法院

1. 与种业振兴有关指导意见和典型案例发布。 1 月 28 日,最高人民法院与农业农村部等联合印发《关于保护种业知识产权打击假冒伪劣套牌侵权营造种业振兴良好环境的指导意见》。3 月 2 日,最高人民法院出台《关于进一步加强涉种子刑事审判工作的指导意见》。3 月 11 日,最高人民法院发布第二批人民法院种业知识产权司法保护典型案例 10 件。

2. 周强向全国人大常委会作报告。 2 月 27 日,最高人民法院院长周强向十三届全国人大常委会第三十三次会议作《最高人民法院关于〈全国人民代表大会常务委员会关于专利等知识产权案件诉讼程序若干问题的决定〉实施情况的报告》。

3.《最高人民法院关于适用〈中华人民共和国反不正当竞争法〉若干问题的解释》发布。 3 月 17 日,《最高人民法院关于适用〈中华人民共和国反不正当竞争法〉若干问题的解释》发布。

4.《最高人民法院关于第一审知识产权民事、行政案件管辖的若干规定》及配套文件发布。 4 月 20 日,《最高人民法院关于第一审知识产权民事、行政案件管辖的若干规定》《关于印发基层人民法院管辖第一审知识产权民事、行政案件标准的通知》配套文件发布。4 月 27 日,最高人民法院发出《关于涉及发明专利等知识产权合同纠纷案件上诉管辖问题的通知》,就涉及发明专利等知识产权合同纠纷案件上诉管辖事宜进一步明确。

5. 贺小荣出席 2022 中国知识产权保护高层论坛。 2022 年 4 月 22 日,最高人民法院副院长贺小荣应邀出席 2022 中国知识产权保护高层论坛并与国家知识产权局局长申长雨举行工作会谈,最高人民法院知识产权法庭与国家知识产权局专利局专利审查协作北京中心签署技术咨询合作协议。

6. 发布《中国法院知识产权司法保护状况(2022 年)》、十大案件和 50 件典型案例,集中公开开庭。 4 月 20 日,最高人民法院召开新闻发布会,发布《中国法院知识产权司法保护状况(2022 年)》以及 2022 年中国法院十大知识产权案件和 50 件典型知识产权案例,并启动"知识产权司法保护北京行"活动。4 月 21 日,最高人民法院举行"4·26 全国知识产权宣传周"新闻发布会。4 月 25 日,最高人民法院知识产权法庭敲响 2022 年"4·26 集中公开开庭周"第一槌。

7. 与欧盟线上举办"知识产权专门诉讼程序研讨会"。 5 月 23 日,最高人民法院与欧盟线上举办"知识产权专门诉讼程序研讨会"。

8. 贺荣出席第3届中国—东盟大法官论坛并作专题发言。 7月20日,最高人民法院党组副书记、常务副院长贺荣出席第3届中国—东盟大法官论坛并作专题发言。

9. 李勇出席2022中国种子大会暨南繁硅谷论坛。 7月28日,2022中国种子大会暨南繁硅谷论坛在海南三亚开幕,最高人民法院副院长李勇出席并讲话。

10. 人民法院反垄断和反不正当竞争司法有关情况和典型案例发布。 11月17日,最高人民法院召开新闻发布会,发布人民法院反垄断和反不正当竞争司法有关情况和典型案例,并回答记者提问。

11. 与国家知识产权局、最高人民检察院等部门印发《关于加强知识产权鉴定工作衔接的意见》。 11月22日,最高人民法院与国家知识产权局、最高人民检察院等部门印发《关于加强知识产权鉴定工作衔接的意见》。

12.《最高人民法院关于加强中医药知识产权司法保护的意见》发布。 12月21日,《最高人民法院关于加强中医药知识产权司法保护的意见》发布,并回答记者提问。

13. 人民法院与相关单位建立版权"总对总"在线诉调对接机制。 最高人民法院加强与国家版权局、中国作家协会、中国文联等单位的沟通,推动建立版权保护领域"总对总"在线诉调对接机制。

供稿:最高人民法院民三庭

最高人民检察院

1. 协同加强种业知识产权保护。 1月28日,最高人民检察院聚焦国家种业安全,会同农业农村部等部门出台《关于保护种业知识产权打击假冒伪劣套牌侵权营造种业振兴良好环境的指导意见》,参与保护种业知识产权专项工作,持续加大对种业套牌侵权犯罪打击力度,为种业振兴营造良好司法环境。

2. 制定发布《最高人民检察院关于全面加强新时代知识产权检察工作的意见》。 3月1日,最高人民检察院组织召开新闻发布会,发布《最高人民检察院关于全面加强新时代知识产权检察工作的意见》(简称《意见》)和4件检察机关知识产权综合性司法保护典型案例。《意见》提出四个方面21条内容,明确当前和今后一段时期知识产权检察工作的指导思想、基本原则、目标任务和具体举措,为新时代知识产权检察工作提供指引。《意见》要求各省级院加强统筹,根据司法实践需要,因地制宜推动知识产权检察业务机构和办案组织建设,科学组建专业化办案团队。

3. 建立知识产权检察办案联系点制度。 3月17日,最高人民检察院知识产权检察办公室发布办案联系点管理办法,并确定首批34个市(县)级院知识产权检察部门作为联系点,了解基层工作实际情况,及时加强指导,引领和推动全国知识产权检察工作稳步发展。

4. 与国家知识产权局开展座谈并会签《关于强化知识产权协同保护的意见》。 4月25日,在第22个世界知识产权日前夕,最高人民检察院与国家知识产权局共商强化知识产权协同保护,会签《关于强化知识产权协同保护的意见》(简称《意见》),推动构建"严保护、大保护、快保护、同保护"工作格局。《意见》共九部分17条,推动进一步深化执法司法协作,建立常态化联络机制,建立健全信息共享机制,强化业务支撑,加大办案协作力度,促进人才交流培训,深化研究合作,加强宣传配合和国际合作,建立奖惩机制,构建知识产权协同保护体系。

5. 开展"4·26 世界知识产权日"知识产权保护宣传周活动。 4 月 22 日,最高人民检察院检委会专职委员宫鸣出席 2022 中国知识产权保护高层论坛并作主旨演讲,录制"部长谈知识产权"短视频。4 月 25 日,最高人民检察院发布 11 件检察机关保护知识产权服务保障创新驱动发展典型案例。最高人民检察院加强统筹指导,各级检察机关充分发挥主观能动性,通过召开新闻发布会、出台规范性文件、发布典型案例、组织庭审观摩、制作法宣作品等形式,线上线下相结合,形成全国宣传矩阵。

6. 最高人民检察院抗诉的"蒙娜丽莎"商标行政纠纷案获再审改判。 6 月 14 日,经最高人民法院指令再审,北京市高级人民法院作出判决,认为争议商标与引证商标构成使用在类似商品上的近似商标,改判撤销本案二审判决和一审判决,驳回蒙娜丽莎公司的诉讼请求。该案是最高人民检察院知识产权检察办公室成立以来,首例提起抗诉并成功改判的行政诉讼监督案件。

7. 组织开展依法惩治知识产权恶意诉讼专项工作。 7 月 8 日,按照中央政法委部署,最高人民检察院在全国组织开展为期 1 年半的"依法惩治知识产权恶意诉讼"专项工作。要求各地检察机关全面履行知识产权检察职能,聚焦批量维权诉讼案件,精准甄别恶意诉讼行为,重点关注虚假公证、虚假诉讼问题,加强对涉嫌犯罪线索的移送,积极参与对恶意注册、囤积商标等突出问题的行业治理,斩断灰色"产业链",切实维护人民群众和中小微企业合法权益。

8. 会同国家知识产权局等五部门开展同堂业务培训。 9 月 5—9 日,最高人民检察院会同中央宣传部、最高人民法院、国家知识产权局等部门,以"知识产权案件办理疑难复杂问题"为主题举办同堂业务培训,来自全国知识产权执法司法办案一线的法官、检察官、警官和商标、版权等领域行政执法业务骨干参训,凝聚保护共识,提升履职能力,增进互信交流,明确工作方向,促进执法司法理念融合和标准统一。

9. "知识产权刑事案件'双报制'经验材料"入选知识产权强国建设第一批典型案例。 10 月 19 日,最高人民检察院向国务院知识产权战略实施工作部际联席会议办公室推荐的四川省检察机关报送的"知识产权刑事案件'双报制'经验材料"入选知识产权强国建设第一批典型案例。"双报制"要求,知识产权权利人向公安机关报案的同时,将相关材料同步报送同级人民检察院。依托该机制,检察机关有效对接权利人维权需求,夯实案件证据基础,企业维权周期大幅缩短,维权渠道有效拓展,司法公正获得感明显提升。

10. 会同国家知识产权局等部门制发《关于加强知识产权鉴定工作衔接的意见》。 11 月 22 日,最高人民检察院会同国家知识产权局、最高人民法院、公安部、国家市场监督管理总局等部门,制定发布《关于加强知识产权鉴定工作衔接的意见》,明确知识产权鉴定的定义、性质、具体领域、衔接机制等事项,完善知识产权鉴定工作体系,提升鉴定质量和公信力。充分发挥鉴定在知识产权执法和司法中的积极作用,强化知识产权全链条保护。

11. 持续推动知识产权检察专业化建设。 2022 年,10 个省级院新成立知识产权检察办公室,不断加强区域知识产权综合司法保护。截至 2022 年底,全国有 29 个省级院成立了知识产权检察部门。

12. 深化国际交流合作。 参加中国国际进口博览会虹桥分论坛、中瑞(士)知识产权会议、世界知识产权组织中国办事处座谈会等国际活动,介绍中国检察机关知识产权保护工作的思考、行动和成效。积极参与自贸协定谈判等相关工作,为国际知识产权治理规则的修订和完善贡献中国检察智慧。

供稿:最高人民检察院
知识产权检察办公室

中国贸促会

1. 提交美国"特别 301 条款"审议书面评论意见。 1 月 31 日,中国贸促会向美国贸易代表办公室(USTR)提交有关 2022 年"特别 301"审议书面评论意见,代表我工商界向美方全面介绍 2021 年以来我国在知识产权立法、司法和执法等方面的新发展,对 2021 年度"特别 301 报告"中针对中国的重点关注问题进行了详细回应。

2. 举办 2022 年中美企业知识产权交流会。 4 月 13 日,中国贸促会与美国知识产权人协会(IPO)、中国专利保护协会共同举办 2022 年中美企业知识产权交流会,为中美企业知识产权加强对话、增进互信、促进合作搭建交流平台。

3. 与世界知识产权组织(WIPO)签署合作备忘录。 4 月 21 日,中国贸促会任鸿斌会长与 WIPO 总干事邓鸿森代表两机构签署合作备忘录,进一步深化两机构机制性交流合作,开启合作新篇章。

4. 参加 WIPO 第 63 届成员国大会。 7 月 14—22 日,中国贸促会以长期观察员身份参加世界知识产权组织第 63 届成员国大会系列会议。

5. 中国国际经济贸易仲裁委员会知识产权仲裁中心成立。 7 月 22 日,中国贸促会成立中国国际经济贸易仲裁委员会知识产权仲裁中心,打造知识产权纠纷多元化解决专业平台,推动知识产权仲裁工作规范化、专业化、国际化发展。

6. 第四届国际工商知识产权论坛举办。 8 月 26 日,由中国贸促会、国际商会、成都市人民政府共同主办的第四届国际工商知识产权论坛在北京、成都两地举行,推动工商界积极参与知识产权领域国际治理体系建设。

7. WIPO 商标国际注册马德里体系推广活动举办。 9 月 20 日,中国贸促会与 WIPO 合作举办商标国际注册马德里体系推广浙江站活动,30 万余人次观看培训直播,帮助企业深入了解马德里体系,提升企业国际知识产权布局意识和水平。

8. 提交 WIPO 马德里体系立场文件。 11 月 8 日,中国贸促会向 WIPO 商标国际注册马德里体系法律发展工作组第 20 届会议提交立场文件,阐述马德里体系引入中文作为工作语言的必要性,代表中国工商界表达诉求,推动马德里体系加入中文作为工作语言。

9.《2022 年全球知识产权保护指数报告》发布。 12 月 27 日,中国贸促会发布《2022 年全球知识产权保护指数报告》,构建知识产权保护评价指标体系,科学合理地评估相关国家知识产权保护水平。这是全球首份专门针对"知识产权保护"进行全面量化分析和研究的指数型报告。

供稿:中国贸促会法律事务部

专　利

表 1　　　　　分国内外三种专利申请量/授权量/有效量(2022 年)

统计范围		发明		实用新型		外观设计	
		数量(件)	构成(%)	数量(件)	构成(%)	数量(件)	构成(%)
合计	申请量	1 619 268	30.2	2 950 653	55.0	794 718	14.8
	授权量	798 347	18.5	2 804 155	64.9	720 907	16.7
	有效量*	4 212 188	23.6	10 835 261	60.6	2 831 512	15.8
国内	申请量	1 464 605	28.2	2 944 139	56.8	777 663	15.0
	授权量	695 591	16.6	2 796 049	66.6	709 563	16.9
	有效量	3 351 453	19.9	10 781 169	64.0	2 708 070	16.1
国外	申请量	154 663	86.8	6514	3.7	17 055	9.6
	授权量	102 756	84.1	8106	6.6	11 344	9.3
	有效量	860 735	82.9	54 092	5.2	123 442	11.9

注：* 有效量：报告期末处于专利权维持状态的案卷数量。统计范围为：发明、实用新型、外观设计。与申请量和授权量
　　不同，有效量是存量数据而非流量数据。

表 2　　　　　分国内外三种专利申请年度状况(1985—2022 年)　　　　　　　　　　(单位:件)

统计范围	年份	发明	实用新型	外观设计
合计	1985—2016	7 696 363	8 101 960	5 919 782
	2017	1 381 594	1 687 593	628 658
	2018	1 542 002	2 072 311	708 799
	2019	1 400 661	2 268 190	711 617
	2020	1 497 159	2 926 633	770 362
	2021	1 585 663	2 852 219	805 710
	2022	1 619 268	2 950 653	794 718
国内	1985—2016	6 058 575	8 045 003	5 698 457
	2017	1 245 709	1 679 807	610 817
	2018	1 393 815	2 063 860	689 097
	2019	1 243 568	2 259 765	691 771
	2020	1 344 817	2 918 874	752 339
	2021	1 427 845	2 845 318	787 149
	2022	1 464 605	2 944 139	777 663

续表

统计范围	年份	发明	实用新型	外观设计
国外	1985—2016	1 637 788	56 957	221 325
	2017	135 885	7786	17 841
	2018	148 187	8451	19 702
	2019	157 093	8425	19 846
	2020	152 342	7759	18 023
	2021	157 818	6901	18 561
	2022	154 663	6514	17 055

注:"发明"列数据中,2016 年及之前的数据为专利申请受理量,2017 年及之后的数据为专利申请量。

表 3 　　　　　　　　　　　　　分地区国内发明专利申请量　　　　　　　　　　（单位:件）

地区	2017 年	2021 年	2022 年
全国	1 245 709	1 427 845	1 464 605
北京	99 167	167 608	189 198
天津	25 652	21 370	21 466
河北	13 982	23 923	24 182
山西	7379	10 059	9891
内蒙古	2845	5998	6676
辽宁	20 500	23 078	23 080
吉林	7780	12 680	15 518
黑龙江	10 607	15 018	14 770
上海	54 630	92 527	89 448
江苏	187 005	188 241	194 983
浙江	98 975	129 821	122 807
安徽	93 527	64 106	65 368
福建	26 456	31 093	30 581
江西	11 507	19 171	20 625
山东	67 772	82 481	88 744
河南	35 625	34 950	33 183
湖北	51 569	51 690	55 207
湖南	31 365	36 746	35 851
广东	182 639	242 551	236 957
广西	37 976	13 693	13 611
海南	1627	4497	4402
重庆	19 297	24 068	28 907
四川	64 642	45 358	48 283
贵州	13 885	9869	10 732
云南	7801	10 293	12 036
西藏	273	515	585

续表

地区	2017 年	2021 年	2022 年
陕西	46 607	38 643	38 569
甘肃	5785	6423	7005
青海	949	1585	1459
宁夏	2561	3054	3358
新疆	3207	4395	4951
台湾	10 802	11 140	10 941
香港	1232	1059	1076
澳门	83	142	155
广州	37 041	61 053	56 587
长春	6254	10 591	13 485
武汉	23 243	38 963	42 823
南京	37 343	50 168	49 386
杭州	25 690	59 374	61 775
西安	40 669	34 151	33 740
济南	11 740	20 450	22 143
沈阳	9872	9242	9657
成都	47 035	33 000	35 958
大连	6103	7915	8443
厦门	5816	10 202	10 536
哈尔滨	8684	11 751	11 683
深圳	60 263	105 762	108 034
青岛	22 485	25 446	28 198
宁波	18 497	17 689	17 028
新疆兵团	498	861	904

表 4　　　　　　　　　　分地区国内实用新型专利申请量　　　　　　　　（单位：件）

地区	2017 年	2021 年	2022 年
全国	1 679 807	2 845 318	2 944 139
北京	68 400	89 406	92 902
天津	56 675	63 512	58 221
河北	36 134	86 877	93 903
山西	11 719	27 280	27 312
内蒙古	7468	21 215	24 037
辽宁	25 456	60 052	68 893
吉林	10 964	23 023	23 803
黑龙江	17 963	28 583	30 478
上海	60 925	113 176	109 312
江苏	219 503	450 594	420 425

续表

地区	2017 年	2021 年	2022 年
浙江	191 372	254 741	271 002
安徽	72 333	116 337	138 935
福建	76 724	93 513	97 271
江西	39 496	54 593	46 704
山东	118 252	254 956	285 199
河南	66 803	114 130	117 915
湖北	49 744	108 272	131 786
湖南	33 073	57 087	58 342
广东	283 564	456 220	465 463
广西	14 595	33 617	33 020
海南	2242	12 082	11 043
重庆	37 525	50 721	49 597
四川	73 789	94 330	96 313
贵州	16 898	25 819	24 096
云南	17 867	33 832	36 981
西藏	652	1887	2303
陕西	31 595	60 163	63 030
甘肃	13 691	21 626	23 725
青海	1946	5544	5865
宁夏	5633	10 805	12 385
新疆	8927	16 283	19 324
台湾	6715	4279	3787
香港	1098	698	701
澳门	66	65	66
广州	53 508	102 932	85 133
长春	7799	16 110	16 476
武汉	22 916	56 982	64 693
南京	29 764	60 077	53 757
杭州	35 143	69 493	75 030
西安	22 842	43 384	42 250
济南	16 724	47 223	54 316
沈阳	9542	19 978	24 026
成都	46 680	52 640	53 518
大连	6847	18 432	23 038
厦门	13 929	23 059	24 819
哈尔滨	11 347	15 583	17 257
深圳	75 581	147 530	149 640
青岛	28 363	55 195	65 177
宁波	26 070	38 405	42 990
新疆兵团	1322	2055	2500

表 5 分地区国内外观设计专利申请量 （单位：件）

地区	2017 年	2021 年	2022 年
全国	610 817	787 149	777 663
北京	18 361	26 120	25 075
天津	4669	5589	4648
河北	11 172	19 905	19 352
山西	1599	3121	3218
内蒙古	1388	2249	2208
辽宁	3915	5374	5319
吉林	1706	3104	3201
黑龙江	2388	3976	3779
上海	16 185	27 215	25 649
江苏	107 894	57 858	47 101
浙江	86 768	118 635	120 021
安徽	10 012	15 984	16 760
福建	24 899	36 097	35 180
江西	19 588	27 166	24 486
山东	18 835	32 033	34 193
河南	16 812	18 470	18 008
湖北	8921	15 350	15 125
湖南	13 496	20 334	19 894
广东	161 631	281 863	291 060
广西	4417	8677	9652
海南	695	1100	1828
重庆	7826	8766	8247
四川	29 053	23 976	20 903
贵州	3827	6045	5727
云南	3027	3872	3982
西藏	172	242	247
陕西	20 733	6846	6497
甘肃	4972	2116	1782
青海	286	319	266
宁夏	381	720	490
新疆	2126	1543	1520
台湾	1429	1192	1073
香港	1577	1253	1153
澳门	57	39	19
广州	28 026	45 301	40 783
长春	946	1752	1942
武汉	3567	6919	6928

续表

地区	2017 年	2021 年	2022 年
南京	8484	6076	5885
杭州	15 105	20 067	20 857
西安	18 235	4856	4406
济南	2345	4189	4375
沈阳	1464	2100	1944
成都	20 269	14 012	11 900
大连	834	1292	1321
厦门	4887	8515	8707
哈尔滨	1295	2094	2016
深圳	41 340	82 956	80 836
青岛	3491	7268	7905
宁波	17 537	22 882	23 772
新疆兵团	74	124	111

表 6　　　　　　　　　分地区分申请人类型国内发明专利申请量(2022 年)　　　　　　　　(单位:件)

地区	合计	高等院校	科研机构	企业	事业单位	个人
全国	1 464 605	265 072	68 258	1 042 541	34 203	54 531
北京	189 198	24 082	17 914	139 759	4538	2905
天津	21 466	6321	1439	12 430	442	834
河北	24 182	4068	500	17 086	570	1958
山西	9891	2803	466	5626	177	819
内蒙古	6676	1074	266	4514	157	665
辽宁	23 080	7479	3046	10 907	374	1274
吉林	15 518	4946	1368	8255	291	658
黑龙江	14 770	8496	533	4392	120	1229
上海	89 448	12 544	3795	69 240	2341	1528
江苏	194 983	37 110	4103	145 665	3034	5071
浙江	122 807	18 833	5541	91 557	2070	4806
安徽	65 368	10 074	1939	49 640	782	2933
福建	30 581	5391	1182	22 004	399	1605
江西	20 625	3677	732	14 191	431	1594
山东	88 744	14 541	2802	64 073	3244	4084
河南	33 183	8145	846	17 651	3020	3521
湖北	55 207	13 981	1645	36 610	1106	1865
湖南	35 851	10 916	642	21 199	1088	2006
广东	236 957	19 923	8403	200 910	3408	4313
广西	13 611	4044	573	7525	445	1024
海南	4402	1017	536	2438	93	318
重庆	28 907	7735	731	18 142	1134	1165
四川	48 283	12 221	3370	28 215	2186	2291

续表

地区	合计	高等院校	科研机构	企业	事业单位	个人
贵州	10 732	1818	636	6866	511	901
云南	12 036	3497	728	6326	449	1036
西藏	585	50	73	347	19	96
陕西	38 569	16 289	2226	17 376	913	1765
甘肃	7005	1770	1312	2896	241	786
青海	1459	259	133	848	102	117
宁夏	3358	451	165	2399	110	233
新疆	4951	1118	367	2785	320	361
台湾	10 941	52	239	9914	74	662
香港	1076	228	1	732	14	101
澳门	155	119	6	23	0	7
广州	56 587	12 759	3694	37 139	1710	1285
长春	13 485	4166	1340	7492	241	246
武汉	42 823	12 300	1330	27 389	953	851
南京	49 386	19 682	1783	25 728	1012	1181
杭州	61 775	14 246	2230	43 349	707	1243
西安	33 740	15 229	2159	14 606	754	992
济南	22 143	4969	1165	14 025	1305	679
沈阳	9657	2738	1683	4612	189	435
成都	35 958	10 353	1948	20 938	1476	1243
大连	8443	3533	1245	3223	144	298
厦门	10 536	1693	367	8038	126	312
哈尔滨	11 683	7533	478	2970	77	625
深圳	108 034	3936	3027	98 610	1004	1457
青岛	28 198	5165	970	20 925	544	594
宁波	17 028	1295	1002	13 667	429	635
新疆兵团	904	602	14	226	20	42

表 7　　　　　　分地区分申请人类型国内实用新型专利申请量(2022 年)　　　　　　(单位:件)

地区	合计	高等院校	科研机构	企业	事业单位	个人
全国	2 944 139	112 471	21 907	2 377 721	91 726	340 314
北京	92 902	2849	2984	70 247	9207	7615
天津	58 221	1488	473	51 106	952	4202
河北	93 903	3050	450	67 498	1895	21 010
山西	27 312	1788	262	17 455	872	6935
内蒙古	24 037	1733	318	14 227	1200	6559
辽宁	68 893	3873	701	51 629	1538	11 152
吉林	23 803	2642	293	15 417	1018	4433
黑龙江	30 478	4065	494	12 906	465	12 548
上海	109 312	1559	996	97 903	4456	4398

续表

地区	合计	高等院校	科研机构	企业	事业单位	个人
江苏	420 425	11 349	1207	380 157	8611	19 101
浙江	271 002	7103	1160	234 940	7658	20 141
安徽	138 935	4474	597	116 931	2827	14 106
福建	97 271	2796	499	84 839	1992	7145
江西	46 704	3231	428	34 308	1529	7208
山东	285 199	6614	2205	218 429	6439	51 512
河南	117 915	6860	482	91 278	3302	15 993
湖北	131 786	4546	493	113 185	3193	10 369
湖南	58 342	4080	382	43 950	1892	8038
广东	465 463	6177	2136	407 674	8578	40 898
广西	33 020	3479	680	18 415	2591	7855
海南	11 043	681	302	7880	664	1516
重庆	49 597	3120	384	38 093	3188	4812
四川	96 313	6648	897	68 261	7697	12 810
贵州	24 096	1620	233	13 595	1554	7094
云南	36 981	2758	523	26 641	2157	4902
西藏	2303	81	95	1713	73	341
陕西	63 030	7984	566	41 136	2067	11 277
甘肃	23 725	3026	726	11 244	1347	7382
青海	5865	305	40	2854	598	2068
宁夏	12 385	546	384	9277	410	1768
新疆	19 324	1922	499	11 044	1737	4122
台湾	3787	6	13	2923	5	840
香港	701	11	0	545	14	131
澳门	66	7	5	21	0	33
广州	85 133	3428	1019	62 301	3537	14 848
长春	16 476	2144	232	11 356	835	1909
武汉	64 693	3438	322	54 636	1757	4540
南京	53 757	4339	549	42 544	2814	3511
杭州	75 030	3626	409	62 602	2781	5612
西安	42 250	6323	449	28 349	1371	5758
济南	54 316	1762	933	43 031	1294	7296
沈阳	24 026	1796	398	17 212	953	3667
成都	53 518	4119	663	39 412	3290	6034
大连	23 038	869	145	19 840	296	1888
厦门	24 819	640	141	21 866	953	1219
哈尔滨	17 257	3083	433	7736	199	5806
深圳	149 640	674	449	140 346	2415	5756
青岛	65 177	1367	428	57 960	1015	4407
宁波	42 990	674	194	38 318	1306	2498
新疆兵团	2500	626	93	1278	159	344

表 8　　　　　　　　分地区分申请人类型国内外观设计专利申请量(2022 年)　　　　　　　(单位:件)

地区	合计	高等院校	科研机构	企业	事业单位	个人
全国	777 663	17 730	1543	480 352	3277	274 761
北京	25 075	582	216	22 141	253	1883
天津	4648	221	36	3582	29	780
河北	19 352	401	13	8230	55	10 653
山西	3218	306	6	1651	23	1232
内蒙古	2208	156	0	1101	19	932
辽宁	5319	553	18	2376	37	2335
吉林	3201	256	3	1605	23	1314
黑龙江	3779	664	26	1266	51	1772
上海	25 649	338	50	23 347	297	1617
江苏	47 101	1598	89	36 079	238	9097
浙江	120 021	1748	101	77 699	364	40 109
安徽	16 760	692	27	9598	233	6210
福建	35 180	602	35	21 328	57	13 158
江西	24 486	874	32	6732	84	16 764
山东	34 193	975	86	22 429	130	10 573
河南	18 008	373	32	8266	176	9161
湖北	15 125	874	23	7023	78	7127
湖南	19 894	680	29	6698	138	12 349
广东	291 060	1736	550	188 214	313	100 247
广西	9652	460	2	2061	110	7019
海南	1828	69	7	1243	31	478
重庆	8247	367	28	5224	107	2521
四川	20 903	1059	45	11 080	175	8544
贵州	5727	482	12	2386	25	2822
云南	3982	466	15	1931	109	1461
西藏	247	7	1	150	14	75
陕西	6497	503	30	3434	56	2474
甘肃	1782	497	14	597	15	659
青海	266	28	0	134	2	102
宁夏	490	51	10	285	11	133
新疆	1520	107	7	674	24	708
台湾	1073	0	0	809	0	264
香港	1153	3	0	974	0	176
澳门	19	2	0	5	0	12
广州	40 783	981	382	32 605	122	6693
长春	1942	204	3	1308	18	409
武汉	6928	723	18	4471	40	1676

续表

地区	合计	高等院校	科研机构	企业	事业单位	个人
南京	5885	430	38	4359	85	973
杭州	20 857	692	17	17 536	133	2479
西安	4406	359	30	2849	42	1126
济南	4375	250	29	3379	18	699
沈阳	1944	228	8	946	7	755
成都	11 900	683	26	8670	107	2414
大连	1321	144	7	682	18	470
厦门	8707	171	10	7655	16	855
哈尔滨	2016	503	26	696	29	762
深圳	80 836	181	69	72 235	93	8258
青岛	7905	252	15	6602	6	1030
宁波	23 772	208	8	16 658	86	6812
新疆兵团	111	11	0	65	3	32

表 9　　　　　　　　　　按国别(地区)分国外在华发明专利申请量　　　　　　　　(单位:件)

国家或地区	2017 年	2021 年	2022 年
合计	135 885	157 818	154 663
安道尔	1	0	0
阿联酋	28	28	28
安提瓜和巴布达	0	52	43
安圭拉	2	8	11
安哥拉	0	1	0
阿根廷	11	6	5
奥地利	828	1038	996
澳大利亚	675	740	651
波黑	0	0	1
巴巴多斯	70	252	301
比利时	708	798	787
保加利亚	8	11	10
百慕大	72	68	32
文莱	1	0	0
巴西	133	259	270
巴哈马	5	3	4
白俄罗斯	0	9	7
伯利兹	4	1	0
加拿大	984	1230	1084
刚果(金)	2	1	2
中非	1	0	0

续表

国家或地区	2017 年	2021 年	2022 年
瑞士	3431	4365	4491
库克群岛	0	1	0
智利	22	22	24
哥伦比亚	2	13	11
哥斯达黎加	1	8	2
古巴	0	6	8
塞浦路斯	19	21	23
捷克	44	48	53
德国	14 342	16 481	15 218
丹麦	871	1154	1158
多米尼加	0	1	3
厄瓜多尔	1	0	0
爱沙尼亚	8	10	9
埃及	2	3	2
西班牙	378	486	480
芬兰	877	1073	906
斐济	2	0	1
法国	4926	4964	4969
英国	2296	2867	2779
格鲁吉亚	1	0	2
直布罗陀	3	1	0
希腊	32	38	19
危地马拉	1	0	0
克罗地亚	5	6	8
匈牙利	28	44	30
印度尼西亚	3	7	1
爱尔兰	251	496	496
以色列	884	1204	1281
马恩岛	0	2	0
印度	277	337	317
伊朗	1	2	3
冰岛	11	13	15
意大利	1695	1938	1844
牙买加	1	0	0
约旦	0	1	2
日本	40 908	47 010	45 259
肯尼亚	2	0	0
吉尔吉斯斯坦	0	1	0

续表

国家或地区	2017 年	2021 年	2022 年
柬埔寨	0	4	1
圣基茨和尼维斯	1	1	1
朝鲜	2	2	1
韩国	13 180	17 691	18 262
科威特	2	1	1
开曼群岛	2867	1069	404
哈萨克斯坦	2	3	2
黎巴嫩	4	0	0
列支敦士登	138	205	198
斯里兰卡	3	1	4
利比里亚	1	0	0
立陶宛	6	7	14
卢森堡	345	225	232
拉脱维亚	1	8	8
摩洛哥	2	7	3
摩纳哥	8	8	13
马达加斯加	0	0	1
马绍尔群岛	0	3	0
北马其顿	0	1	0
马里	7	7	4
马耳他	47	25	30
毛里求斯	1	3	15
墨西哥	40	40	41
马来西亚	65	88	84
纳米比亚	0	0	1
尼日利亚	1	0	0
荷兰	3267	3133	3224
挪威	211	293	275
新西兰	197	161	226
阿曼	3	0	1
巴拿马	3	5	12
秘鲁	2	5	2
菲律宾	15	11	2
巴基斯坦	0	6	2
波兰	68	87	92
葡萄牙	38	62	66
卡塔尔	3	2	4
罗马尼亚	5	7	5

国家或地区	2017 年	2021 年	2022 年
塞尔维亚	2	8	1
俄罗斯	154	168	169
沙特阿拉伯	87	207	106
塞舌尔	25	13	5
瑞典	1842	2489	2670
新加坡	1015	2024	1382
斯洛文尼亚	13	18	29
斯洛伐克	7	6	8
圣马力诺	0	3	1
塞内加尔	0	1	0
泰国	86	92	80
塔吉克斯坦	0	1	1
土库曼斯坦	1	0	0
突尼斯	0	1	0
土耳其	62	112	79
特立尼达和多巴哥	0	1	0
乌克兰	14	9	8
美国	36 980	42 266	43 090
乌拉圭	4	4	4
乌兹别克斯坦	2	0	0
圣文森特和格林纳丁斯	1	0	0
委内瑞拉	0	1	0
英属维尔京群岛	99	47	102
越南	4	7	10
萨摩亚	31	5	7
南非	61	36	30
赞比亚	0	0	2
其他	2	0	2

表 10　　　　　　　**按国别(地区)分国外在华实用新型专利申请量**　　　　　（单位:件）

国家或地区	2017 年	2021 年	2022 年
合计	7786	6901	6514
阿联酋	3	2	9
安圭拉	0	2	4
阿根廷	1	2	0
奥地利	37	35	34
澳大利亚	57	84	43
巴巴多斯	3	16	13

续表

国家或地区	2017 年	2021 年	2022 年
比利时	27	42	31
布基纳法索	0	1	0
保加利亚	3	0	0
百慕大	2	0	0
文莱	4	0	0
巴西	15	10	10
不丹	0	1	0
白俄罗斯	0	1	1
伯利兹	5	1	0
加拿大	84	55	45
刚果（金）	1	2	6
瑞士	156	158	143
库克群岛	1	0	0
智利	0	0	1
哥斯达黎加	0	0	1
古巴	0	0	1
塞浦路斯	5	2	1
捷克	14	7	12
德国	879	798	647
丹麦	25	45	21
多米尼加	1	0	0
阿尔及利亚	0	0	1
厄瓜多尔	0	0	10
爱沙尼亚	1	4	1
西班牙	27	21	22
芬兰	79	68	41
法国	313	269	334
英国	117	104	81
直布罗陀	1	0	0
希腊	1	0	0
克罗地亚	0	0	1
匈牙利	1	2	1
爱尔兰	10	25	8
以色列	38	47	36
印度	17	13	13
伊拉克	0	1	0
伊朗	5	3	0
意大利	155	169	146

续表

国家或地区	2017 年	2021 年	2022 年
约旦	0	2	2
日本	2070	1860	1464
柬埔寨	0	7	8
朝鲜	0	2	3
韩国	809	855	1035
科威特	0	1	0
开曼群岛	82	13	33
老挝	0	4	0
黎巴嫩	1	0	1
列支敦士登	3	5	2
立陶宛	1	0	0
卢森堡	10	2	6
拉脱维亚	1	1	1
摩纳哥	0	1	0
马里	4	0	1
蒙古国	1	1	1
马耳他	0	0	2
毛里求斯	0	0	1
墨西哥	0	3	0
马来西亚	20	15	26
荷兰	104	162	208
挪威	5	15	3
新西兰	13	11	31
巴拿马	0	1	1
菲律宾	8	6	2
巴基斯坦	0	0	2
波兰	7	4	5
葡萄牙	0	1	0
卡塔尔	0	0	1
塞尔维亚	1	0	0
俄罗斯	23	24	14
沙特阿拉伯	3	0	1
塞舌尔	6	2	5
瑞典	53	111	83
新加坡	520	188	164
斯洛文尼亚	0	1	0
斯洛伐克	0	2	0
泰国	19	15	13

续表

国家或地区	2017 年	2021 年	2022 年
塔吉克斯坦	0	1	1
土耳其	6	2	7
特立尼达和多巴哥	0	1	0
乌克兰	3	4	1
美国	1876	1568	1575
英属维尔京群岛	34	11	82
越南	0	5	2
萨摩亚	12	1	3
南非	3	1	3
赞比亚	0	2	3

表 11　　　　　　　　　**按国别(地区)分国外在华外观设计专利申请量**　　　　　　　（单位:件）

国家或地区	2017 年	2021 年	2022 年
合计	17 841	18 561	17 055
阿联酋	23	17	16
阿富汗	2	0	0
安圭拉	0	0	1
阿根廷	3	0	2
奥地利	59	107	41
澳大利亚	226	263	298
巴巴多斯	62	40	63
孟加拉国	1	0	0
比利时	93	58	76
保加利亚	1	13	3
巴林	0	2	0
巴西	6	77	30
白俄罗斯	0	3	2
加拿大	118	129	111
瑞士	815	808	689
科特迪瓦	0	0	1
库克群岛	7	0	0
智利	0	1	0
哥伦比亚	4	0	5
塞浦路斯	9	15	1
捷克	112	66	28
德国	1639	1717	1573
丹麦	97	245	178
多米尼加	4	11	0

续表

国家或地区	2017 年	2021 年	2022 年
阿尔及利亚	1	0	1
厄瓜多尔	1	0	0
爱沙尼亚	6	9	5
埃及	0	0	2
西班牙	196	125	164
芬兰	128	122	93
法国	651	819	690
英国	708	581	513
格鲁吉亚	3	0	0
希腊	1	2	2
危地马拉	0	1	0
克罗地亚	0	9	0
匈牙利	12	2	0
印度尼西亚	9	7	8
爱尔兰	25	43	27
以色列	70	125	77
印度	36	31	12
伊拉克	0	0	2
伊朗	0	2	0
冰岛	0	0	5
意大利	558	618	612
约旦	0	1	0
日本	3756	3495	3471
吉尔吉斯斯坦	1	0	0
柬埔寨	0	0	1
朝鲜	0	0	3
韩国	2592	2602	2021
科威特	1	3	1
开曼群岛	274	65	63
哈萨克斯坦	0	0	2
黎巴嫩	1	0	1
列支敦士登	39	15	1
斯里兰卡	0	2	0
立陶宛	1	6	7
卢森堡	72	50	83
拉脱维亚	0	17	3
摩纳哥	0	42	28
黑山	1	0	0

续表

国家或地区	2017 年	2021 年	2022 年
北马其顿	0	2	0
马里	2	2	2
缅甸	1	0	0
马耳他	1	10	19
毛里求斯	1	0	3
墨西哥	14	7	5
马来西亚	22	21	16
尼日利亚	2	0	2
荷兰	337	409	317
挪威	22	42	42
新西兰	53	58	64
巴拿马	0	0	4
菲律宾	1	1	0
巴基斯坦	3	2	1
波兰	21	33	25
葡萄牙	7	6	4
卡塔尔	2	3	3
罗马尼亚	1	1	6
俄罗斯	44	40	27
沙特阿拉伯	80	10	2
塞舌尔	1	1	18
苏丹	0	0	2
瑞典	367	385	313
新加坡	148	246	228
斯洛文尼亚	10	16	13
斯洛伐克	4	3	2
圣马力诺	0	0	2
泰国	36	40	28
土耳其	17	16	16
乌克兰	13	6	3
乌干达	0	0	1
美国	4066	4775	4835
英属维尔京群岛	91	39	15
越南	26	9	14
萨摩亚	1	1	3
也门	0	1	0
南非	22	10	4
其他	1	0	0

表 12　　　　　　　　分国内外三种专利授权年度状况(1985—2022 年)　　　　　　　　(单位:件)

统计范围	年份	发明	实用新型	外观设计
合计	1985—2016	2 315 411	5 872 756	4 012 485
	2017	420 144	973 294	442 996
	2018	432 147	1 479 062	536 251
	2019	452 804	1 582 274	556 529
	2020	530 127	2 377 223	731 918
	2021	695 946	3 119 990	785 521
	2022	798 347	2 804 155	720 907
国内	1985—2016	1 464 115	5 823 249	3 807 868
	2017	326 970	967 416	426 442
	2018	345 959	1 471 759	517 693
	2019	360 919	1 574 205	539 282
	2020	440 691	2 368 651	711 559
	2021	585 910	3 112 795	768 460
	2022	695 591	2 796 049	709 563
国外	1985—2016	851 296	49 507	204 617
	2017	93 174	5878	16 554
	2018	86 188	7303	18 558
	2019	91 885	8069	17 247
	2020	89 436	8572	20 359
	2021	110 036	7195	17 061
	2022	102 756	8106	11 344

表 13　　　　　　　　　　　分地区国内发明专利授权量　　　　　　　　　　　(单位:件)

地区	总累计	2017 年	2021 年	2022 年
全国	4 220 155	326 970	585 910	695 591
北京	584 174	46 091	79 210	88 127
天津	73 068	5844	7376	11 745
河北	63 262	4927	8621	12 022
山西	33 201	2382	3915	5026
内蒙古	12 498	848	1651	2054
辽宁	93 273	7708	10 480	10 892
吉林	40 537	3057	5730	6483
黑龙江	56 927	4947	6337	8519
上海	268 807	20 681	32 860	36 797
江苏	492 702	41 518	68 813	89 248
浙江	380 122	28 742	56 796	61 286
安徽	158 503	12 440	23 624	26 180
福建	95 019	8718	12 561	16 213

续表

地区	总累计	2017 年	2021 年	2022 年
江西	36 534	2238	6741	8655
山东	256 642	19 090	36 345	48 696
河南	91 296	7914	13 536	14 574
湖北	147 586	10 880	22 376	29 212
湖南	109 351	7909	16 564	20 423
广东	647 402	45 740	102 850	115 080
广西	41 913	4553	4573	5472
海南	7546	373	954	1602
重庆	70 778	6138	9413	12 207
四川	141 053	11 367	19 337	25 458
贵州	23 350	1875	2824	3645
云南	29 823	2259	3643	4091
西藏	943	42	184	149
陕西	112 308	8774	15 516	18 963
甘肃	17 234	1340	2253	2472
青海	3234	240	454	458
宁夏	7179	657	1103	1204
新疆	11 379	950	1153	1711
台湾	103 526	6158	7098	6171
香港	8662	554	934	711
澳门	323	16	85	45
广州	137 539	9349	24 129	27 614
长春	33 003	2605	5038	5619
武汉	118 900	8444	18 553	23 658
南京	142 995	10 730	21 576	28 304
杭州	150 885	9875	22 966	30 128
西安	100 743	7990	14 201	17 368
济南	61 248	5043	8208	11 853
沈阳	39 316	3373	4569	4606
成都	102 782	7990	14 989	19 545
大连	33 178	2604	4162	4284
厦门	27 951	2336	3780	5276
哈尔滨	46 630	4275	5060	7096
深圳	306 267	18 938	45 194	52 166
青岛	75 730	5941	10 210	14 523
宁波	61 705	5382	7819	9611
新疆兵团	1799	199	200	331

表 14　　　　　　　　　　　　分地区国内实用新型专利授权量　　　　　　　　　　（单位：件）

地区	总累计	2017 年	2021 年	2022 年
全国	18 114 124	967 416	3 112 795	2 796 049
北京	746 793	46 011	96 078	91 947
天津	488 139	32 353	85 076	55 357
河北	478 284	21 841	92 603	85 735
山西	158 993	7730	30 608	25 238
内蒙古	103 061	4453	20 737	20 642
辽宁	420 396	15 821	64 406	61 846
吉林	137 713	6673	21 220	20 212
黑龙江	214 788	11 395	28 698	24 902
上海	766 164	39 942	120 857	118 460
江苏	2 630 733	126 482	515 935	427 156
浙江	2 011 885	114 311	292 944	271 100
安徽	691 920	38 304	114 415	115 757
福建	655 551	39 608	105 267	93 033
江西	318 497	17 613	64 221	43 817
山东	1 490 935	67 005	264 072	263 518
河南	684 154	35 822	126 477	104 713
湖北	609 495	28 867	118 303	117 765
湖南	387 646	20 337	62 871	54 686
广东	2 739 693	169 017	484 320	457 716
广西	169 507	7755	34 133	30 962
海南	41 726	1285	11 561	10 062
重庆	367 048	23 261	58 410	46 556
四川	606 379	33 613	105 327	89 368
贵州	159 155	7986	30 666	20 720
云南	177 137	10 085	33 900	32 089
西藏	6093	257	1449	1750
陕西	340 586	17 003	65 011	54 496
甘肃	115 357	6637	21 975	18 234
青海	24 012	1079	5774	4570
宁夏	50 090	3345	11 141	10 797
新疆	100 567	5630	18 691	17 535
台湾	204 849	5125	4797	4447
香港	16 057	751	792	802
澳门	721	19	60	61
广州	526 595	32 201	107 136	81 242
长春	87 701	4795	14 585	14 415
武汉	310 350	14 260	61 547	59 395

续表

地区	总累计	2017 年	2021 年	2022 年
南京	339 949	17 351	64 487	53 264
杭州	457 312	21 326	80 553	72 854
西安	246 529	11 784	47 804	38 505
济南	256 528	10 452	49 782	49 108
沈阳	139 544	5498	22 706	20 997
成都	358 819	19 687	60 562	51 760
大连	122 245	4497	18 136	20 068
厦门	147 662	8193	24 196	25 153
哈尔滨	112 470	6852	15 249	14 312
深圳	840 386	44 471	154 750	148 785
青岛	309 946	15 088	58 831	60 082
宁波	338 157	16 518	42 010	44 120
新疆兵团	12 392	852	2367	2399

表 15   分地区国内外观设计专利授权量   （单位：件）

地区	总累计	2017 年	2021 年	2022 年
全国	7 480 867	426 442	768 460	709 563
北京	207 402	14 846	23 490	22 648
天津	59 905	3478	5458	4443
河北	126 956	8580	18 810	17 557
山西	24 269	1199	2856	2804
内蒙古	18 791	970	1974	1944
辽宁	58 218	2966	5305	4696
吉林	24 612	1360	2929	2839
黑龙江	48 417	1879	3849	3130
上海	276 843	12 183	25 600	23 066
江苏	1 223 496	59 187	56 169	43 723
浙江	1 284 234	70 752	115 728	111 599
安徽	144 052	7469	15 436	14 647
福建	305 961	19 978	35 986	32 290
江西	162 681	13 178	26 410	23 358
山东	258 094	14 427	29 421	30 076
河南	152 897	11 671	18 025	16 703
湖北	112 258	6622	14 490	13 872
湖南	149 627	9670	19 501	17 807
广东	2 077 252	117 895	285 039	264 480
广西	55 669	2962	8098	8257
海南	9760	475	1117	1484

续表

地区	总累计	2017 年	2021 年	2022 年
重庆	103 738	5381	8383	7704
四川	292 552	19 026	22 272	20 681
贵州	47 452	2698	5777	5017
云南	34 887	1886	3624	3317
西藏	2737	121	296	228
陕西	93 768	8777	5745	5916
甘肃	18 541	1695	1828	1784
青海	3853	261	363	248
宁夏	5776	242	641	451
新疆	18 145	1514	1334	1282
台湾	42 697	1407	1124	599
香港	34 673	1583	1346	892
澳门	654	104	36	21
广州	352 873	18 720	58 569	38 170
长春	12 851	789	1737	1726
武汉	48 065	2824	6279	6408
南京	69 668	4144	5976	5266
杭州	195 621	11 110	19 082	18 320
西安	67 811	5575	4077	4225
济南	29 205	1852	3775	3816
沈阳	21 867	1020	1977	1790
成都	207 020	13 414	12 825	12 195
大连	13 431	667	1210	1121
厦门	64 340	4175	8570	8030
哈尔滨	23 663	990	1945	1705
深圳	509 598	30 883	79 155	74 816
青岛	56 061	2857	6611	7130
宁波	299 453	15 093	22 561	22 396
新疆兵团	774	106	112	76

表 16 　　　　　　　　　分地区分专利权人类型国内发明专利授权量 　　　　　　　（单位:件）

地区	总累计						2022 年					
	合计	高等院校	科研机构	企业	事业单位	个人	合计	高等院校	科研机构	企业	事业单位	个人
全国	4 220 155	1 003 750	302 296	2 539 939	58 406	315 764	695 591	171 779	39 917	457 968	12 954	12 973
北京	584 174	116 399	97 158	338 575	9400	22 642	88 127	15 556	11 209	58 281	2309	772
天津	73 068	27 237	5396	35 585	1263	3587	11 745	4669	755	5973	186	162
河北	63 262	14 029	3108	36 318	961	8846	12 022	2728	302	8217	224	551

续表

地区	总累计						2022 年					
	合计	高等院校	科研机构	企业	事业单位	个人	合计	高等院校	科研机构	企业	事业单位	个人
山西	33 201	12 629	3023	12 808	406	4335	5026	2294	261	2224	66	181
内蒙古	12 498	2365	707	6636	187	2603	2054	564	90	1241	28	131
辽宁	93 273	33 762	13 832	34 029	978	10 672	10 892	4795	1739	3996	137	225
吉林	40 537	18 239	8081	9508	631	4078	6483	3285	814	2171	118	95
黑龙江	56 927	36 781	2644	11 451	265	5786	8519	6126	262	1837	54	240
上海	268 807	66 367	25 531	164 643	3849	8417	36 797	8416	2571	24 679	749	382
江苏	492 702	135 540	16 723	312 291	6038	22 110	89 248	24 365	2254	60 527	1125	977
浙江	380 122	80 823	12 318	239 197	3030	44 754	61 286	11 917	2560	44 837	695	1277
安徽	158 503	25 274	6017	113 062	1091	13 059	26 180	5565	772	19 238	209	396
福建	95 019	19 876	4159	57 450	2459	11 075	16 213	3681	606	11 406	154	366
江西	36 534	9853	1880	20 528	300	3973	8655	2194	440	5589	122	310
山东	256 642	55 963	13 544	143 740	6218	37 177	48 696	10 547	2180	32 385	1715	1869
河南	91 296	29 376	4015	43 614	2547	11 744	14 574	4968	472	7651	792	691
湖北	147 586	55 243	7704	76 993	1154	6492	29 212	9848	1079	17 660	294	331
湖南	109 351	39 039	2923	55 550	982	10 857	20 423	7520	424	11 695	373	411
广东	647 402	58 636	22 972	524 296	5304	36 194	115 080	12 061	4508	95 621	1200	1690
广西	41 913	11 813	3077	18 479	1855	6689	5472	2273	301	2595	145	158
海南	7546	1471	1417	3574	132	952	1602	459	227	856	13	47
重庆	70 778	23 342	3071	38 067	1947	4351	12 207	4705	394	6386	535	187
四川	141 053	42 390	13 218	72 947	3378	9120	25 458	8609	2415	13 249	813	372
贵州	23 350	3764	1972	14 829	626	2159	3645	807	287	2308	130	113
云南	29 823	9453	3864	12 523	846	3137	4091	1556	314	2059	65	97
西藏	943	82	116	649	25	71	149	22	21	100	5	1
陕西	112 308	63 862	10 502	31 491	1159	5294	18 963	10 478	1411	6458	388	228
甘肃	17 234	5022	4493	5387	255	2077	2472	779	743	750	70	130
青海	3234	367	945	1432	68	422	458	99	78	228	30	23
宁夏	7179	873	306	5173	99	728	1204	232	60	852	25	35
新疆	11 379	1898	2083	5311	420	1667	1711	452	154	928	104	73
台湾	103 526	628	5458	87 673	486	9281	6171	41	214	5453	71	392
香港	8662	1248	39	5979	43	1353	711	149	0	495	9	58
澳门	323	106	0	151	4	62	45	19	0	23	1	2
广州	137 539	42 020	11 866	72 787	2637	8229	27 614	8039	2044	16 319	656	556
长春	33 003	15 990	7662	6991	510	1850	5619	2789	797	1894	98	41
武汉	118 900	50 193	6513	58 092	845	3257	23 658	8778	863	13 632	210	175
南京	142 995	72 225	8306	55 877	1887	4700	28 304	13 954	1031	12 644	393	282
杭州	150 885	58 420	5345	79 851	1091	6178	30 128	8499	1144	19 978	242	265

续表

地区	总累计						2022 年					
	合计	高等院校	科研机构	企业	事业单位	个人	合计	高等院校	科研机构	企业	事业单位	个人
西安	100 743	61 223	10 183	25 308	994	3035	17 368	9994	1386	5509	352	127
济南	61 248	22 494	5714	25 075	2108	5857	11 853	3777	823	6326	643	284
沈阳	39 316	14 795	6902	13 651	355	3613	4606	1757	817	1892	69	71
成都	102 782	38 355	7462	49 456	2615	4894	19 545	7717	1190	9764	632	242
大连	33 178	14 905	6373	9079	205	2616	4284	2438	883	841	50	72
厦门	27 951	7217	778	18 374	194	1388	5276	932	161	4079	32	72
哈尔滨	46 630	33 618	2328	7628	175	2881	7096	5503	243	1169	46	135
深圳	306 267	9222	7592	278 398	1186	9869	52 166	2240	1485	47 465	303	673
青岛	75 730	19 226	5503	42 222	2597	6182	14 523	3719	943	9084	580	197
宁波	61 705	6810	3436	43 802	393	7264	9611	931	623	7819	90	148
新疆兵团	1799	945	195	467	24	168	331	252	5	66	1	7

表 17　　　　　　　　　分地区分专利权人类型国内实用新型专利授权量　　　　　　（单位：件）

地区	总累计						2022 年					
	合计	高等院校	科研机构	企业	事业单位	个人	合计	高等院校	科研机构	企业	事业单位	个人
全国	18 114 124	1 095 349	245 764	13 113 312	353 154	3 306 545	2 796 049	98 971	21 581	2 384 678	77 342	213 477
北京	746 793	33 306	41 172	534 052	22 934	115 329	91 947	2786	2977	75 007	6790	4387
天津	488 139	18 813	8398	412 361	5659	42 908	55 357	1442	589	49 963	804	2559
河北	478 284	26 416	5205	313 090	6864	126 709	85 735	2606	524	67 600	1630	13 375
山西	158 993	12 593	5172	91 993	2214	47 021	25 238	1498	223	18 146	620	4751
内蒙古	103 061	9146	2531	52 265	2706	36 413	20 642	1587	274	13 653	847	4281
辽宁	420 396	36 230	8775	238 602	7280	129 509	61 846	3263	665	49 940	1121	6857
吉林	137 713	23 000	3628	65 279	2597	43 209	20 212	1955	211	14 790	598	2658
黑龙江	214 788	40 145	7022	70 421	2082	95 118	24 902	3308	478	13 817	282	7017
上海	766 164	34 117	14 245	637 822	21 870	58 110	118 460	1788	963	109 214	3938	2557
江苏	2 630 733	135 687	15 270	2 224 367	49 989	205 420	427 156	10 736	1248	397 390	8012	9770
浙江	2 011 885	91 178	10 561	1 515 312	30 161	364 673	271 100	6908	1125	242 424	7730	12 913
安徽	691 920	42 454	6368	551 174	7999	83 925	115 757	4047	550	102 738	2395	6027
福建	655 551	26 385	4343	487 217	6808	130 798	93 033	2721	486	84 684	1588	3554
江西	318 497	28 666	3263	231 397	3040	52 131	43 817	2751	465	35 480	1173	3948
山东	1 490 935	70 817	17 027	885 131	23 372	494 588	263 518	5974	2159	208 635	4541	42 209
河南	684 154	64 425	7563	451 995	17 517	142 654	104 713	5652	512	87 512	2998	8039
湖北	609 495	50 418	8238	438 047	13 585	99 207	117 765	4106	563	104 440	2700	5956
湖南	387 646	43 622	3976	243 566	5344	91 138	54 686	3610	346	43 975	1592	5163

续表

地区	总累计						2022 年					
	合计	高等院校	科研机构	企业	事业单位	个人	合计	高等院校	科研机构	企业	事业单位	个人
广东	2 739 693	60 728	18 050	2 217 168	26 203	417 544	457 716	6133	2055	414 518	6774	28 236
广西	169 507	22 882	4763	81 216	14 240	46 406	30 962	3099	667	18 394	3458	5344
海南	41 726	3153	2107	28 059	1506	6901	10 062	549	281	8075	503	654
重庆	367 048	31 759	4596	261 794	13 712	55 187	46 556	2593	362	38 404	2750	2447
四川	606 379	49 661	13 277	414 003	25 063	104 375	89 368	5525	945	69 400	6566	6932
贵州	159 155	18 311	3941	80 619	10 213	46 071	20 720	1512	252	12 818	1408	4730
云南	177 137	21 335	4179	114 938	9945	26 740	32 089	1998	490	25 496	1767	2338
西藏	6093	332	520	4104	185	952	1750	89	85	1369	75	132
陕西	340 586	70 137	8884	195 312	6572	59 681	54 496	6581	541	39 662	1559	6153
甘肃	115 357	16 665	5524	52 332	4366	36 470	18 234	2184	646	9937	999	4468
青海	24 012	1271	818	13 707	1265	6951	4570	230	30	2810	437	1063
宁夏	50 090	2664	1362	36 246	1029	8789	10 797	392	336	8822	292	955
新疆	100 567	8557	4288	53 569	4707	29 446	17 535	1327	516	11 494	1372	2826
台湾	204 849	222	562	105 239	1858	96 968	4447	5	17	3424	8	993
香港	16 057	94	2	10 424	91	5446	802	11	0	626	14	151
澳门	721	51	0	237	161	272	61	5	0	21	1	34
广州	526 595	33 893	9731	354 467	9321	119 183	81 242	3288	1006	62 162	2778	12 008
长春	87 701	19 068	2821	48 786	1678	15 348	14 415	1624	170	11 029	499	1093
武汉	310 350	33 551	6452	217 143	6823	46 381	59 395	3171	377	51 696	1543	2608
南京	339 949	56 754	7415	237 447	11 638	26 695	53 264	4328	604	44 229	2384	1719
杭州	457 312	44 453	5093	345 866	8921	52 979	72 854	3373	458	63 290	2711	3022
西安	246 529	53 663	8100	148 554	4988	31 224	38 505	5333	432	28 423	1092	3225
济南	256 528	16 438	6777	159 347	5281	68 685	49 108	1363	967	39 848	905	6025
沈阳	139 544	14 716	5944	74 142	4353	40 389	20 997	1530	397	16 144	729	2197
成都	358 819	33 545	7523	259 253	11 465	47 033	51 760	3419	679	41 651	2832	3179
大连	122 245	10 289	1310	78 764	988	30 894	20 068	760	122	17 933	198	1055
厦门	147 662	5880	564	128 313	1445	11 460	25 153	565	146	23 175	715	552
哈尔滨	112 470	27 729	5153	41 195	875	37 518	14 312	2519	404	8413	131	2845
深圳	840 386	6669	3553	743 271	8274	78 619	148 785	822	381	142 176	1924	3482
青岛	309 946	25 857	4242	230 239	6020	43 588	60 082	1402	460	53 929	747	3544
宁波	338 157	8074	1510	259 743	3325	65 505	44 120	689	173	40 232	1156	1870
新疆兵团	12 392	3633	824	5374	275	2286	2399	510	81	1484	89	235

表 18　　　　　　　　分地区分专利权人类型国内外观设计专利授权量　　　　　　　　（单位：件）

地区	总累计						2022 年					
	合计	高等院校	科研机构	企业	事业单位	个人	合计	高等院校	科研机构	企业	事业单位	个人
全国	7 480 867	178 158	16 653	3 902 502	44 491	3 339 063	709 563	16 506	1367	435 817	2755	253 118
北京	207 402	2837	2766	159 175	1789	40 835	22 648	554	194	19 967	234	1699
天津	59 905	3791	485	39 353	470	15 806	4443	221	25	3468	24	705
河北	126 956	3455	216	49 635	291	73 359	17 557	373	6	7299	37	9842
山西	24 269	897	177	11 176	176	11 843	2804	254	5	1476	23	1046
内蒙古	18 791	553	58	8802	120	9258	1944	148	2	1000	24	770
辽宁	58 218	7531	276	19 196	368	30 847	4696	574	17	2023	33	2049
吉林	24 612	1080	117	10 716	118	12 581	2839	209	4	1458	15	1153
黑龙江	48 417	4633	228	10 204	198	33 154	3130	526	18	869	31	1686
上海	276 843	7262	1212	224 888	13 454	30 027	23 066	260	54	21 063	239	1450
江苏	1 223 496	24 866	1609	699 449	6982	490 590	43 723	1815	72	32 867	206	8763
浙江	1 284 234	29 359	1053	658 284	3111	592 427	111 599	1611	109	71 013	315	38 551
安徽	144 052	5404	259	76 429	1232	60 728	14 647	578	24	8150	216	5679
福建	305 961	3910	670	159 305	1110	140 966	32 290	425	34	19 579	57	12 195
江西	162 681	7030	225	44 941	362	110 123	23 358	841	24	6311	49	16 133
山东	258 094	4643	1184	146 408	976	104 883	30 076	763	58	19 344	98	9813
河南	152 897	4246	712	69 150	1228	77 561	16 703	331	31	7801	190	8350
湖北	112 258	8926	429	50 944	724	51 235	13 872	1019	18	6097	68	6670
湖南	149 627	4768	239	50 942	439	93 239	17 807	532	17	5697	67	11 494
广东	2 077 252	18 418	2433	1 029 650	5923	1 020 828	264 480	1562	492	171 290	213	90 923
广西	55 669	3664	168	14 964	463	36 410	8257	494	1	1743	116	5903
海南	9760	282	120	4549	113	4696	1484	51	9	975	30	419
重庆	103 738	2877	282	68 098	788	31 693	7704	319	24	4951	95	2315
四川	292 552	8001	510	150 710	1533	131 798	20 681	1087	45	11 270	127	8152
贵州	47 452	4793	322	22 341	300	19 696	5017	529	24	2017	38	2409
云南	34 887	3129	263	16 867	471	14 157	3317	401	10	1616	59	1231
西藏	2737	8	20	1959	40	710	228	2	0	156	16	54
陕西	93 768	8586	331	31 332	397	53 122	5916	440	23	3476	58	1919
甘肃	18 541	2426	131	7548	204	8232	1784	454	10	705	38	577
青海	3853	106	15	2123	85	1524	248	20	0	128	3	97
宁夏	5776	258	66	3313	42	2097	451	38	10	283	11	109
新疆	18 145	383	37	7438	162	10 125	1282	72	7	588	25	590
台湾	42 697	18	31	24 422	760	17 466	599	0	0	394	0	205
香港	34 673	17	9	27 793	38	6816	892	2	0	734	0	156
澳门	654	3	0	477	4	170	21	1	0	9	0	11
广州	352 873	8279	1062	185 781	1392	156 359	38 170	892	328	30 446	92	6412

续表

地区	总累计						2022 年					
	合计	高等院校	科研机构	企业	事业单位	个人	合计	高等院校	科研机构	企业	事业单位	个人
长春	12 851	714	83	7462	48	4544	1726	154	3	1188	10	371
武汉	48 065	7069	297	29 554	480	10 665	6408	855	11	3992	32	1518
南京	69 668	10 357	419	41 661	348	16 883	5266	474	19	3859	57	857
杭州	195 621	20 215	241	131 696	1234	42 235	18 320	599	13	15 339	129	2240
西安	67 811	6901	213	22 261	206	38 230	4225	308	22	2972	45	878
济南	29 205	1627	133	17 750	179	9516	3816	198	19	2918	13	668
沈阳	21 867	3477	120	7472	142	10 656	1790	220	7	846	5	712
成都	207 020	4827	311	118 095	821	82 966	12 195	724	26	8791	69	2585
大连	13 431	2223	118	5910	62	5118	1121	149	6	566	11	389
厦门	64 340	660	20	51 348	37	12 275	8030	108	6	7161	11	744
哈尔滨	23 663	3718	186	5915	111	13 733	1705	406	18	545	28	708
深圳	509 598	899	488	377 472	381	130 358	74 816	132	59	66 754	52	7819
青岛	56 061	992	684	43 796	274	10 315	7130	209	16	6013	4	888
宁波	299 453	1962	151	168 785	433	128 122	22 396	259	12	15 424	67	6634
新疆兵团	774	49	8	338	5	374	76	8	1	33	2	32

表 19   按国别(地区)分国外在华发明专利授权量   (单位:件)

国家或地区	总累计	2017 年	2021 年	2022 年
合计	1 424 771	93 174	110 036	102 756
安道尔	13	0	2	2
阿联酋	122	16	12	17
安提瓜和巴布达	26	0	3	19
安圭拉	4	0	3	0
亚美尼亚	4	0	0	0
阿根廷	69	3	7	5
奥地利	8706	832	747	711
澳大利亚	6976	383	393	406
阿塞拜疆	2	0	0	0
巴巴多斯	1242	104	113	119
孟加拉国	1	0	0	0
比利时	7071	493	541	534
保加利亚	67	3	7	6
巴林	4	0	0	3
布隆迪	1	0	1	0
百慕大	840	52	99	39
文莱	31	3	0	1

续表

国家或地区	总累计	2017 年	2021 年	2022 年
巴西	1006	73	67	62
巴哈马	156	6	1	3
白俄罗斯	16	0	5	2
伯利兹	13	2	0	2
加拿大	10 394	667	687	642
刚果(金)	3	0	0	1
中非	1	0	0	0
瑞士	37 445	2453	2956	2755
库克群岛	5	0	0	0
智利	142	9	19	14
喀麦隆	2	0	1	0
哥伦比亚	44	3	4	1
哥斯达黎加	7	1	2	1
古巴	116	3	3	2
库拉索	2	0	0	0
塞浦路斯	206	15	13	20
捷克	401	27	52	42
德国	146 472	11 240	11 758	11 248
丹麦	8741	570	822	637
多米尼加	6	0	1	0
阿尔及利亚	3	1	0	0
厄瓜多尔	4	0	0	0
爱沙尼亚	39	0	3	4
埃及	14	1	3	0
西班牙	3228	224	282	230
芬兰	12 689	814	722	668
斐济	1	0	0	0
法国	50 926	3382	3490	3348
加蓬	2	0	0	0
英国	23 218	1449	1850	1655
格鲁吉亚	2	0	0	0
根西岛	4	0	0	2
直布罗陀	30	4	1	2
几内亚	1	0	0	0
希腊	218	11	19	23
克罗地亚	69	0	2	4
匈牙利	517	21	32	18
印度尼西亚	40	2	1	2

续表

国家或地区	总累计	2017 年	2021 年	2022 年
爱尔兰	2556	195	321	356
以色列	5370	423	645	564
马恩岛	2	0	1	1
印度	1990	134	156	179
伊拉克	1	0	0	1
伊朗	10	0	3	0
冰岛	175	14	6	10
意大利	18 019	1123	1457	1333
泽西岛	6	0	0	0
牙买加	4	1	0	0
约旦	9	1	0	0
日本	523 130	31 090	34 853	33 301
肯尼亚	1	0	0	0
吉尔吉斯斯坦	4	0	0	0
柬埔寨	3	0	1	2
圣基茨和尼维斯	1	0	0	0
朝鲜	12	0	0	0
韩国	121 489	7857	11 086	10 464
科威特	6	0	0	0
开曼群岛	10 992	543	2140	1822
哈萨克斯坦	22	1	2	1
老挝	1	0	0	1
黎巴嫩	11	1	0	1
列支敦士登	1378	101	137	138
斯里兰卡	9	0	1	1
利比里亚	2	0	0	0
立陶宛	32	0	9	8
卢森堡	2036	149	185	153
拉脱维亚	39	2	4	1
摩洛哥	12	0	1	2
摩纳哥	87	3	4	4
摩尔多瓦	3	0	2	0
马达加斯加	3	0	0	0
马绍尔群岛	9	2	0	2
北马其顿	2	0	0	0
马里	14	0	4	3
蒙古国	5	0	0	0
马耳他	172	22	8	14

续表

国家或地区	总累计	2017 年	2021 年	2022 年
毛里求斯	81	3	1	2
马尔代夫	1	0	0	0
墨西哥	364	19	28	26
马来西亚	515	31	30	26
纳米比亚	3	1	0	1
尼日尔	1	0	1	0
尼日利亚	1	0	0	0
荷兰	38 009	2278	2343	2097
挪威	2856	172	199	240
新西兰	1194	88	109	111
阿曼	5	1	1	0
巴拿马	232	2	0	1
秘鲁	8	0	2	1
菲律宾	63	8	4	4
巴基斯坦	5	0	1	0
波兰	466	37	61	48
葡萄牙	266	11	36	42
卡塔尔	15	5	1	1
罗马尼亚	25	0	3	3
塞尔维亚	14	1	1	4
俄罗斯	1415	96	103	115
沙特阿拉伯	986	111	159	121
塞舌尔	94	7	6	2
瑞典	24 232	1376	2110	1943
新加坡	6466	471	1004	631
斯洛文尼亚	247	23	12	18
斯洛伐克	81	7	10	8
圣马力诺	14	0	1	2
萨尔瓦多	2	0	0	0
叙利亚	1	0	0	0
斯威士兰	1	0	0	0
泰国	295	10	54	48
突尼斯	4	3	0	0
土耳其	608	43	45	59
特立尼达和多巴哥	3	0	0	0
乌克兰	87	7	7	4
美国	334 173	23 673	27 843	25 497
乌拉圭	22	1	3	3

国家或地区	总累计	2017 年	2021 年	2022 年
乌兹别克斯坦	8	0	0	0
圣文森特和格林纳丁斯	9	0	0	0
委内瑞拉	42	2	0	0
英属维尔京群岛	1626	93	55	49
越南	21	2	1	2
瓦努阿图	6	0	0	1
萨摩亚	91	5	13	5
南非	858	52	37	29
赞比亚	2	0	0	0
津巴布韦	3	0	0	0
其他	271	6	2	0

表 20　　按国别(地区)分国外在华实用新型专利授权量　(单位:件)

国家或地区	总累计	2017 年	2021 年	2022 年
合计	94 630	5878	7195	8106
安道尔	1	0	0	0
阿联酋	35	3	2	5
安圭拉	18	0	6	4
阿尔巴尼亚	1	1	0	0
阿根廷	18	0	0	2
奥地利	458	41	23	54
澳大利亚	892	64	87	86
阿塞拜疆	1	1	0	0
巴巴多斯	44	1	4	21
孟加拉国	1	0	0	0
比利时	340	25	33	50
保加利亚	10	0	1	0
百慕大	123	0	0	0
文莱	38	0	1	0
巴西	169	17	12	13
巴哈马	20	0	0	0
白俄罗斯	6	0	2	1
伯利兹	58	6	1	0
加拿大	814	49	78	60
刚果(金)	13	0	6	6
刚果(布)	1	0	1	0
瑞士	2149	166	180	188
库克群岛	3	0	1	0

续表

国家或地区	总累计	2017 年	2021 年	2022 年
智利	8	1	1	0
哥伦比亚	5	0	0	0
哥斯达黎加	2	0	0	0
塞浦路斯	31	2	4	2
捷克	135	9	8	9
德国	9167	606	776	926
丹麦	422	18	36	42
多米尼加	3	1	0	0
阿尔及利亚	3	1	0	0
厄瓜多尔	9	0	0	8
爱沙尼亚	24	0	6	3
埃及	9	1	0	0
西班牙	365	21	17	25
埃塞俄比亚	1	0	0	0
芬兰	748	47	48	80
斐济	8	0	0	0
法国	3474	196	321	359
英国	1545	99	120	121
格鲁吉亚	1	1	0	0
直布罗陀	2	0	0	0
希腊	4	0	1	0
危地马拉	1	0	0	0
克罗地亚	6	0	0	1
匈牙利	30	0	0	3
印度尼西亚	31	1	4	1
爱尔兰	135	3	23	18
以色列	457	18	36	48
印度	128	12	13	12
伊拉克	5	0	2	0
伊朗	19	8	1	3
冰岛	2	0	0	0
意大利	1613	121	179	196
约旦	24	0	6	1
日本	30 688	1598	1986	2043
吉尔吉斯斯坦	1	0	0	0
柬埔寨	20	0	16	4
圣基茨和尼维斯	2	0	0	1
朝鲜	11	0	2	3

续表

国家或地区	总累计	2017 年	2021 年	2022 年
韩国	8671	624	822	1046
科威特	1	0	1	0
开曼群岛	775	51	50	13
哈萨克斯坦	9	0	1	0
老挝	4	0	1	2
黎巴嫩	11	0	0	0
列支敦士登	29	2	5	5
斯里兰卡	2	0	0	0
莱索托	1	0	0	0
立陶宛	2	0	0	0
卢森堡	175	9	6	6
拉脱维亚	7	0	0	2
摩洛哥	3	0	0	0
摩纳哥	10	0	0	1
马绍尔群岛	3	0	0	0
马里	15	2	0	0
蒙古国	5	0	0	1
马耳他	10	0	0	0
毛里求斯	29	0	0	1
墨西哥	22	0	2	3
马来西亚	279	15	15	37
尼日尔	1	0	0	0
尼日利亚	4	0	1	0
荷兰	1326	71	170	219
挪威	79	6	3	13
尼泊尔	2	0	0	0
新西兰	160	11	21	27
阿曼	2	0	1	0
巴拿马	10	0	0	1
秘鲁	5	0	1	0
菲律宾	59	0	4	5
巴基斯坦	4	0	0	1
波兰	54	1	6	4
葡萄牙	8	0	1	2
卡塔尔	1	0	1	0
罗马尼亚	6	0	1	0
塞尔维亚	2	0	0	0
俄罗斯	365	19	10	22

续表

国家或地区	总累计	2017 年	2021 年	2022 年
沙特阿拉伯	17	0	2	0
塞舌尔	74	3	7	4
瑞典	925	44	119	125
新加坡	3166	330	404	195
斯洛文尼亚	7	0	1	1
斯洛伐克	9	0	2	1
圣马力诺	4	0	0	0
叙利亚	1	0	0	0
乍得	1	0	0	0
泰国	151	6	7	15
塔吉克斯坦	2	0	0	2
土耳其	99	5	5	4
坦桑尼亚	1	0	0	0
乌克兰	37	0	5	3
美国	22 642	1487	1456	1892
乌拉圭	5	0	2	0
乌兹别克斯坦	1	0	0	0
英属维尔京群岛	754	43	12	38
越南	20	0	0	7
萨摩亚	147	8	2	2
也门	1	0	0	0
南非	48	3	3	3
赞比亚	6	0	1	4
其他	9	0	0	0

表 21　　　　　　　　　　**按国别(地区)分国外在华外观设计专利授权量**　　　　　　　　（单位:件）

国家或地区	总累计	2017 年	2021 年	2022 年
合计	305 740	16 554	17 061	11 344
安道尔	2	0	0	0
阿联酋	235	14	11	23
阿富汗	13	0	1	0
安提瓜和巴布达	3	0	0	0
安圭拉	3	0	0	1
阿尔巴尼亚	1	1	0	0
亚美尼亚	1	0	0	0
安哥拉	2	0	0	0
阿根廷	21	2	0	1
奥地利	1211	47	87	68

续表

国家或地区	总累计	2017 年	2021 年	2022 年
澳大利亚	4119	192	256	229
波黑	1	0	0	0
巴巴多斯	342	41	60	8
孟加拉国	4	0	0	0
比利时	1150	69	68	50
保加利亚	47	1	12	4
巴林	2	0	1	1
贝宁	1	0	0	0
百慕大	107	0	1	0
文莱	28	0	0	0
玻利维亚	2	0	1	0
巴西	673	12	64	33
巴哈马	48	0	0	0
白俄罗斯	9	0	2	0
伯利兹	12	0	0	0
加拿大	2125	114	111	70
刚果（金）	13	0	0	0
中非	2	0	0	0
瑞士	12 040	698	781	683
科特迪瓦	1	0	0	0
库克群岛	20	1	0	0
智利	5	0	1	0
哥伦比亚	32	5	0	1
哥斯达黎加	1	0	0	0
古巴	2	0	0	0
塞浦路斯	134	8	19	3
捷克	1075	91	67	37
德国	26 874	1559	1572	1241
丹麦	2875	134	228	173
多米尼加	15	4	0	10
阿尔及利亚	4	0	0	1
厄瓜多尔	7	0	0	0
爱沙尼亚	55	4	7	6
埃及	23	0	0	2
西班牙	2650	136	125	118
埃塞俄比亚	1	0	0	0
芬兰	2360	91	145	70
斐济	1	0	0	0

国家或地区	总累计	2017 年	2021 年	2022 年
马尔维纳斯群岛(福克兰群岛)	1	0	0	0
法国	13 161	607	744	685
英国	8981	562	544	295
格鲁吉亚	15	0	0	0
根西岛	6	0	0	0
直布罗陀	4	0	0	0
希腊	86	6	1	1
危地马拉	7	0	1	0
洪都拉斯	1	0	0	0
克罗地亚	20	0	11	0
海地	1	0	0	0
匈牙利	52	1	0	0
印度尼西亚	190	9	7	6
爱尔兰	360	13	32	19
以色列	1150	62	98	65
印度	598	16	23	23
伊拉克	15	0	2	1
伊朗	42	14	4	2
冰岛	3	0	0	0
意大利	10 698	599	613	512
约旦	16	0	3	0
日本	90 606	3536	2986	2219
肯尼亚	1	0	0	0
吉尔吉斯斯坦	1	0	0	0
朝鲜	2	0	0	2
韩国	35 371	2626	2805	1474
科威特	11	1	2	3
开曼群岛	2846	295	99	47
哈萨克斯坦	1	0	0	0
黎巴嫩	8	2	0	0
列支敦士登	726	32	16	2
斯里兰卡	30	0	2	1
利比里亚	1	0	0	0
立陶宛	23	0	6	4
卢森堡	889	63	65	37
拉脱维亚	40	0	23	3
摩洛哥	53	0	1	0
摩纳哥	173	1	73	23

续表

国家或地区	总累计	2017 年	2021 年	2022 年
摩尔多瓦	2	0	1	0
黑山	1	0	0	0
马绍尔群岛	6	0	1	0
北马其顿	3	0	2	0
马里	19	3	3	1
缅甸	14	1	0	0
蒙古国	3	0	0	0
马耳他	52	2	27	5
毛里求斯	48	2	0	3
墨西哥	264	17	6	7
马来西亚	775	22	16	16
尼日利亚	25	2	0	2
荷兰	6327	283	298	237
挪威	514	27	31	39
尼泊尔	2	0	0	0
新西兰	713	54	50	38
阿曼	2	0	1	0
巴拿马	44	2	0	0
秘鲁	1	0	0	0
巴布亚新几内亚	2	0	0	0
菲律宾	37	4	1	0
巴基斯坦	29	4	3	2
波兰	275	19	17	21
葡萄牙	103	6	6	8
巴拉圭	3	2	0	0
卡塔尔	18	2	9	3
罗马尼亚	13	0	0	2
塞尔维亚	1	0	0	0
俄罗斯	535	30	46	25
沙特阿拉伯	513	80	12	3
塞舌尔	75	1	4	15
瑞典	4776	440	302	209
新加坡	2088	50	203	164
斯洛文尼亚	119	10	13	9
斯洛伐克	60	3	4	1
圣马力诺	12	0	0	2
塞内加尔	1	0	0	0
叙利亚	4	0	0	0

国家或地区	总累计	2017 年	2021 年	2022 年
特克斯和凯科斯群岛	1	0	0	0
泰国	566	39	51	18
突尼斯	2	0	0	0
土耳其	574	16	19	17
特立尼达和多巴哥	4	0	0	0
坦桑尼亚	1	0	0	0
乌克兰	55	8	10	5
乌干达	2	0	0	0
美国	60 437	3616	4092	2183
乌拉圭	1	0	0	0
乌兹别克斯坦	1	0	0	0
委内瑞拉	8	0	0	0
英属维尔京群岛	1623	79	34	25
越南	163	38	8	18
萨摩亚	61	2	2	1
也门	10	3	0	0
南非	187	17	8	8
津巴布韦	1	0	0	0
其他	23	1	0	0

表 22　　　　分国内外三种专利有效量年度状况(2017—2022 年)　　　(单位:件)

统计范围	年份	发明	实用新型	外观设计
合计	2017	2 085 367	3 603 187	1 459 054
	2018	2 366 314	4 403 658	1 610 616
	2019	2 670 784	5 262 039	1 789 671
	2020	3 057 844	6 947 697	2 187 356
	2021	3 596 901	9 243 443	2 580 532
	2022	4 212 188	10 835 261	2 831 512
国内	2017	1 413 911	3 563 389	1 346 915
	2018	1 662 269	4 359 926	1 495 596
	2019	1 926 122	5 214 362	1 671 586
	2020	2 279 123	6 895 886	2 061 859
	2021	2 773 287	9 190 633	2 453 506
	2022	3 351 453	10 781 169	2 708 070
国外	2017	671 456	39 798	112 139
	2018	704 045	43 732	115 020
	2019	744 662	47 677	118 085
	2020	778 721	51 811	125 497
	2021	823 614	52 810	127 026
	2022	860 735	54 092	123 442

表 23　　　　　　　　　　　分地区国内发明专利有效量　　　　　　　　　　（单位：件）

地区	2017 年	2021 年	2022 年
全国	1 413 911	2 773 287	3 351 453
北京	205 320	405 037	477 790
天津	28 601	43 409	51 162
河北	21 499	41 657	51 959
山西	11 675	19 474	23 235
内蒙古	4505	8215	9664
辽宁	33 270	56 146	64 049
吉林	11 585	21 699	26 420
黑龙江	20 007	32 754	39 256
上海	100 433	171 972	201 950
江苏	179 963	349 035	428 589
浙江	109 952	250 383	305 598
安徽	47 734	121 732	144 704
福建	31 006	62 156	75 064
江西	8936	23 086	31 312
山东	74 590	150 776	189 383
河南	28 615	55 749	67 164
湖北	40 410	92 920	117 557
湖南	34 774	70 114	87 133
广东	208 502	439 607	539 237
广西	18 157	28 240	31 855
海南	2344	5005	6161
重庆	22 306	42 349	51 856
四川	44 511	87 186	108 672
贵州	8408	15 147	17 804
云南	10 551	18 872	22 009
西藏	539	916	1024
陕西	33 752	67 379	82 069
甘肃	6045	10 164	12 000
青海	1182	2225	2547
宁夏	2216	4310	5195
新疆	4458	6388	7429
台湾	53 136	63 239	65 199
香港	4831	5751	6161
澳门	98	195	246
广州	39 492	93 225	117 839
长春	8844	17 620	21 729
武汉	30 962	74 204	94 432

地区	2017 年	2021 年	2022 年
南京	41 515	88 996	113 858
杭州	43 917	95 205	122 999
西安	30 189	61 253	74 887
济南	18 246	35 304	45 014
沈阳	13 387	23 488	27 049
成都	30 540	63 040	79 445
大连	11 371	20 309	23 285
厦门	9414	19 544	23 767
哈尔滨	16 537	27 150	32 692
深圳	106 926	198 025	243 820
青岛	21 805	47 158	59 414
宁波	20 731	38 289	47 084

表 24　　　　　　　　　　分地区国内实用新型专利有效量　　　　　　　　　　（单位：件）

地区	2017 年	2021 年	2022 年
全国	3 563 389	9 190 633	10 781 169
北京	231 317	403 429	451 923
天津	103 717	244 766	260 469
河北	80 716	255 601	307 760
山西	28 663	81 172	95 159
内蒙古	15 592	53 256	66 317
辽宁	69 555	181 946	219 846
吉林	23 286	60 832	71 755
黑龙江	39 270	74 275	85 886
上海	182 459	411 822	493 714
江苏	473 244	1 459 654	1 707 243
浙江	437 039	940 937	1 096 110
安徽	139 040	328 016	396 545
福建	134 193	338 506	379 390
江西	54 462	169 438	180 498
山东	227 491	663 222	835 389
河南	115 789	337 172	389 520
湖北	108 329	305 872	383 741
湖南	79 679	190 616	218 625
广东	574 463	1 586 524	1 854 144
广西	26 744	85 906	103 158
海南	4545	24 704	31 898
重庆	77 986	165 890	189 430

续表

地区	2017 年	2021 年	2022 年
四川	120 675	306 375	358 863
贵州	27 291	88 363	92 007
云南	32 474	91 619	110 469
西藏	552	3351	4568
陕西	61 741	162 316	195 106
甘肃	18 066	54 285	60 115
青海	3072	13 733	15 913
宁夏	7361	25 704	33 326
新疆	18 792	44 114	56 694
台湾	41 619	32 383	30 598
香港	4025	4519	4698
澳门	142	315	292
广州	101 938	324 083	351 782
长春	16 193	44 420	52 532
武汉	58 532	160 724	201 286
南京	65 106	200 687	227 248
杭州	92 085	236 363	282 081
西安	46 813	121 681	144 675
济南	38 608	122 619	157 607
沈阳	22 599	62 990	75 244
成都	72 075	180 804	212 945
大连	18 950	52 446	67 002
厦门	34 420	86 741	104 183
哈尔滨	23 967	41 306	48 776
深圳	170 444	491 002	584 557
青岛	49 790	158 942	200 368
宁波	78 524	151 057	181 670
新疆兵团	2661	5475	7083

表 25　　　　分地区国内外观设计专利有效量　　　　（单位：件）

地区	2017 年	2021 年	2022 年
全国	1 346 915	2 453 506	2 708 070
北京	58 304	105 150	117 002
天津	12 388	20 088	20 908
河北	26 076	58 651	64 365
山西	4510	8445	9808
内蒙古	3749	7117	7817
辽宁	10 868	18 816	19 143

续表

地区	2017 年	2021 年	2022 年
吉林	5021	9382	10 678
黑龙江	6479	11 243	11 767
上海	46 550	92 903	105 451
江苏	156 172	164 427	177 183
浙江	238 199	401 132	448 552
安徽	26 011	48 454	54 954
福建	61 126	116 906	124 444
江西	31 133	64 704	68 382
山东	49 270	98 729	114 082
河南	30 594	55 321	60 241
湖北	20 846	43 689	49 462
湖南	27 771	56 357	61 150
广东	382 712	869 814	965 931
广西	9681	22 441	25 017
海南	1553	3192	4035
重庆	21 312	30 765	33 420
四川	50 415	68 563	73 389
贵州	7349	14 857	16 160
云南	7198	11 980	12 926
西藏	383	1356	1021
陕西	24 399	18 831	21 186
甘肃	4111	5846	5860
青海	853	1249	1268
宁夏	711	1822	1926
新疆	4814	5750	6036
台湾	8464	7964	7241
香港	7570	7232	6956
澳门	323	330	309
广州	60 959	170 897	155 068
长春	3022	5506	6467
武汉	9510	19 849	23 512
南京	13 479	21 114	22 785
杭州	38 051	68 295	77 809
西安	15 970	13 297	15 176
济南	6514	12 990	15 138
沈阳	3873	6839	7392
成都	31 553	38 525	41 664
大连	2525	4459	4604

续表

地区	2017 年	2021 年	2022 年
厦门	14 071	30 041	34 372
哈尔滨	3573	5570	6050
深圳	95 678	247 925	288 040
青岛	11 765	24 030	28 610
宁波	56 256	89 100	99 442
新疆兵团	252	327	351

表 26　　　　　　分地区分专利权人类型国内发明专利有效量(2022 年)　　　　　　（单位:件）

地区	合计	高等院校	科研机构	企业	事业单位	个人
全国	3 351 453	656 138	189 033	2 366 635	42 047	97 600
北京	477 790	78 741	62 921	320 460	8153	7515
天津	51 162	15 896	3113	30 609	446	1098
河北	51 959	8890	1102	38 161	654	3152
山西	23 235	8085	1620	12 207	191	1132
内蒙古	9664	1700	356	6674	86	848
辽宁	64 049	21 635	8380	31 257	414	2363
吉林	26 420	11 065	4306	9761	269	1019
黑龙江	39 256	23 460	1220	12 740	203	1633
上海	201 950	35 393	15 518	145 485	2728	2826
江苏	428 589	91 846	10 108	313 049	4999	8587
浙江	305 598	51 407	8512	230 479	2705	12 495
安徽	144 704	18 670	3563	116 429	998	5044
福建	75 064	14 382	3034	53 551	792	3305
江西	31 312	6440	1250	21 693	346	1583
山东	189 383	35 874	7515	132 739	3931	9324
河南	67 164	17 294	1607	42 271	2220	3772
湖北	117 557	36 067	4576	74 116	756	2042
湖南	87 133	28 424	1821	52 976	1134	2778
广东	539 237	42 466	17 519	463 847	3416	11 989
广西	31 855	8862	1628	18 127	893	2345
海南	6161	1202	865	3756	48	290
重庆	51 856	14 621	1562	32 720	1487	1466
四川	108 672	28 244	8785	66 919	1907	2817
贵州	17 804	2662	1024	12 968	426	724
云南	22 009	6327	1785	12 668	340	889
西藏	1024	55	97	843	13	16
陕西	82 069	40 358	6845	32 503	878	1485
甘肃	12 000	2561	3326	5258	199	656

续表

地区	合计	高等院校	科研机构	企业	事业单位	个人
青海	2547	299	543	1520	57	128
宁夏	5195	594	110	4250	55	186
新疆	7429	1200	858	4620	289	462
台湾	65 199	329	3564	57 227	949	3130
香港	6161	1009	0	4613	64	475
澳门	246	80	0	139	1	26
广州	117 839	29 922	7865	75 025	1910	3117
长春	21 729	9595	4245	7166	218	505
武汉	94 432	32 509	3710	56 557	548	1108
南京	113 858	51 154	3858	55 421	1576	1849
杭州	122 999	37 176	2902	80 116	833	1972
西安	74 887	39 049	6762	27 300	780	996
济南	45 014	14 126	2841	24 935	1610	1502
沈阳	27 049	9369	3829	12 807	229	815
成都	79 445	25 750	4631	45 893	1516	1655
大连	23 285	9847	4447	8211	117	663
厦门	23 767	4514	615	18 034	105	499
哈尔滨	32 692	21 452	1133	9002	145	960
深圳	243 820	7389	6859	224 977	788	3807
青岛	59 414	12 889	3274	40 490	1145	1616
宁波	47 084	3770	2963	38 434	312	1605
新疆兵团	1170	671	10	436	4	49

表 27　　　　分地区分专利权人类型国内实用新型专利有效量(2022 年)　　　　(单位:件)

地区	合计	高等院校	科研机构	企业	事业单位	个人
全国	10 781 169	378 065	96 106	9 257 952	242 779	806 267
北京	451 923	12 222	16 884	380 198	19 883	22 736
天津	260 469	7151	3300	238 618	2541	8859
河北	307 760	9016	1783	248 897	4517	43 547
山西	95 159	5725	1115	70 713	1593	16 013
内蒙古	66 317	4819	859	44 895	2114	13 630
辽宁	219 846	13 039	2904	174 528	4838	24 537
吉林	71 755	8204	1063	50 104	2073	10 311
黑龙江	85 886	10 027	1679	49 626	979	23 575
上海	493 714	8102	5298	455 537	12 791	11 986
江苏	1 707 243	49 555	6465	1 579 876	30 679	40 668
浙江	1 096 110	25 252	4452	983 771	22 487	60 148
安徽	396 545	13 383	2272	353 437	6336	21 117

续表

地区	合计	高等院校	科研机构	企业	事业单位	个人
福建	379 390	11 849	2235	339 986	4271	21 049
江西	180 498	9117	1604	152 266	2830	14 681
山东	835 389	21 011	7051	668 848	11 893	126 586
河南	389 520	20 789	2143	319 533	11 602	35 453
湖北	383 741	16 539	3010	332 907	9518	21 767
湖南	218 625	14 463	1504	176 844	4481	21 333
广东	1 854 144	26 791	10 193	1 668 762	19 232	129 166
广西	103 158	10 373	2142	63 236	10 974	16 433
海南	31 898	1725	1040	25 657	1056	2420
重庆	189 430	10 171	1410	159 398	8616	9835
四川	358 863	18 423	5617	287 662	21 250	25 911
贵州	92 007	8097	987	54 041	7520	21 362
云南	110 469	7530	1514	87 881	5834	7710
西藏	4568	258	303	3560	135	312
陕西	195 106	22 133	2615	147 075	4482	18 801
甘肃	60 115	6453	2126	35 829	2579	13 128
青海	15 913	795	205	10 869	1009	3035
宁夏	33 326	1341	839	27 363	741	3042
新疆	56 694	3609	1357	39 432	3741	8555
台湾	30 598	38	137	23 020	73	7330
香港	4698	46	0	3441	71	1140
澳门	292	19	0	142	40	91
广州	351 782	14 522	4886	273 723	8757	49 894
长春	52 532	7103	944	38 395	1762	4328
武汉	201 286	11 573	2210	173 055	5903	8545
南京	227 248	22 460	3156	186 219	8553	6860
杭州	282 081	12 899	2213	248 775	7481	10 713
西安	144 675	17 653	2352	111 276	3308	10 086
济南	157 607	5495	2917	128 906	2711	17 578
沈阳	75 244	5074	2126	56 295	3637	8112
成都	212 945	11 935	3260	177 150	9625	10 975
大连	67 002	3421	477	58 553	680	3871
厦门	104 183	1938	371	97 708	1581	2585
哈尔滨	48 776	7651	1467	30 011	388	9259
深圳	584 557	3265	2332	553 325	4979	20 656
青岛	200 368	5392	2033	178 493	2707	11 743
宁波	181 670	3277	653	164 611	2818	10 311
新疆兵团	7083	1483	171	4435	186	808

表 28　　　　　　　　分地区分专利权人类型国内外观设计专利有效量(2022 年)　　　　　　　　(单位:件)

地区	合计	高等院校	科研机构	企业	事业单位	个人
全国	2 708 070	41 157	5195	1 780 326	8225	873 167
北京	117 002	1394	1372	104 436	873	8927
天津	20 908	582	82	17 381	84	2779
河北	64 365	913	53	30 758	120	32 521
山西	9808	452	29	5832	65	3430
内蒙古	7817	272	13	4416	57	3059
辽宁	19 143	1267	98	9713	82	7983
吉林	10 678	459	16	5956	68	4179
黑龙江	11 767	999	43	4441	84	6200
上海	105 451	1338	311	96 255	1094	6453
江苏	177 183	5198	297	138 363	632	32 693
浙江	448 552	3272	249	295 865	872	148 294
安徽	54 954	1381	75	35 316	510	17 672
福建	124 444	1581	142	79 609	143	42 969
江西	68 382	1187	91	22 266	109	44 729
山东	114 082	1489	165	80 155	228	32 045
河南	60 241	775	137	31 486	494	27 349
湖北	49 462	2608	116	25 724	203	20 811
湖南	61 150	1336	85	23 648	168	35 913
广东	965 931	5015	1174	636 892	713	322 137
广西	25 017	1079	41	7174	287	16 436
海南	4035	133	38	2694	50	1120
重庆	33 420	709	57	24 873	197	7584
四川	73 389	2473	216	45 635	387	24 678
贵州	16 160	1885	51	7601	100	6523
云南	12 926	1037	62	7968	175	3684
西藏	1021	4	2	849	30	136
陕西	21 186	1117	77	14 206	203	5583
甘肃	5860	850	48	3140	76	1746
青海	1268	47	4	794	25	398
宁夏	1926	115	33	1341	41	396
新疆	6036	175	10	3972	40	1839
台湾	7241	5	7	5382	6	1841
香港	6956	7	1	5962	5	981
澳门	309	3	0	223	4	79
广州	155 068	2893	595	114 123	351	37 106
长春	6467	331	15	4681	37	1403
武汉	23 512	1986	79	17 399	115	3933

续表

地区	合计	高等院校	科研机构	企业	事业单位	个人
南京	22 785	1747	98	17 969	191	2780
杭州	77 809	1355	67	67 767	382	8238
西安	15 176	822	65	11 292	111	2886
济南	15 138	388	53	11 966	80	2651
沈阳	7392	455	41	4134	14	2748
成都	41 664	1653	120	32 303	221	7367
大连	4604	377	53	2760	35	1379
厦门	34 372	233	9	31 085	29	3016
哈尔滨	6050	757	39	2549	63	2642
深圳	288 040	423	268	250 908	127	36 314
青岛	28 610	417	65	25 009	13	3106
宁波	99 442	599	29	70 266	176	28 372
新疆兵团	351	29	1	148	2	171

表 29　　　　　　　　　**按国别(地区)分国外在华发明专利有效量**　　　　　　　　　(单位:件)

国家或地区	2017 年	2021 年	2022 年
合计	671 456	823 614	860 735
安道尔	5	11	11
阿联酋	49	97	112
安提瓜和巴布达	4	3	22
安圭拉	2	3	3
亚美尼亚	2	0	0
阿根廷	30	35	36
奥地利	4060	5567	5968
澳大利亚	2810	2950	3096
阿塞拜疆	1	0	0
波黑	1	0	0
巴巴多斯	649	669	764
孟加拉国	0	1	1
比利时	3572	4102	4202
保加利亚	23	39	40
巴林	2	0	3
布隆迪	0	1	1
百慕大	312	492	547
文莱	9	7	5
巴西	457	489	489
巴哈马	91	60	53
白俄罗斯	0	14	15

续表

国家或地区	2017 年	2021 年	2022 年
伯利兹	5	9	10
加拿大	4990	6192	6477
刚果（金）	0	2	3
瑞士	17 977	21 766	23 017
库克群岛	3	1	1
智利	64	84	93
喀麦隆	1	1	1
哥伦比亚	16	23	22
哥斯达黎加	1	5	6
古巴	74	50	44
库拉索	1	3	3
塞浦路斯	85	80	96
捷克	135	243	269
德国	69 505	86 013	90 967
丹麦	4064	5570	5854
多米尼加	1	2	1
阿尔及利亚	2	2	1
厄瓜多尔	2	2	2
爱沙尼亚	13	25	26
埃及	5	7	6
西班牙	1367	1717	1823
芬兰	6499	6916	7064
斐济	0	1	1
法国	24 784	27 289	28 481
英国	9904	11 882	12 610
格鲁吉亚	1	0	0
根西岛	0	1	3
直布罗陀	23	23	22
几内亚	0	1	0
希腊	83	115	132
克罗地亚	8	12	13
匈牙利	148	181	178
印度尼西亚	20	21	22
爱尔兰	1355	2561	2650
以色列	2169	3214	3585
马恩岛	1	1	1
印度	932	1003	1071
伊拉克	0	0	1

国家或地区	2017 年	2021 年	2022 年
伊朗	2	4	4
冰岛	83	76	79
意大利	8228	10 440	11 028
泽西岛	3	1	1
牙买加	2	3	3
约旦	4	7	7
日本	255 429	296 870	304 564
吉尔吉斯斯坦	1	0	0
柬埔寨	0	1	3
圣基茨和尼维斯	1	0	0
朝鲜	3	2	2
韩国	52 355	71 882	76 785
科威特	2	1	1
开曼群岛	3793	9487	11 236
哈萨克斯坦	9	10	10
老挝	0	0	1
黎巴嫩	3	5	6
圣卢西亚	1	0	0
列支敦士登	558	786	898
斯里兰卡	3	4	5
立陶宛	2	22	29
卢森堡	1258	1437	1532
拉脱维亚	15	18	16
摩洛哥	8	10	8
摩纳哥	28	28	30
摩尔多瓦	0	2	2
马绍尔群岛	4	5	7
北马其顿	1	1	1
马里	2	10	13
缅甸	2	2	2
蒙古国	1	0	0
马耳他	120	162	169
毛里求斯	104	104	104
墨西哥	310	271	264
马来西亚	270	266	267
纳米比亚	1	1	2
尼日尔	0	1	1
尼日利亚	0	1	1

国家或地区	2017 年	2021 年	2022 年
荷兰	17 567	19 564	20 111
挪威	1267	1373	1473
新西兰	497	658	739
阿曼	1	4	4
巴拿马	103	32	30
秘鲁	2	4	5
菲律宾	64	54	54
巴基斯坦	1	2	0
波兰	185	274	273
葡萄牙	85	155	182
卡塔尔	12	13	8
罗马尼亚	4	8	10
塞尔维亚	6	9	13
俄罗斯	481	584	644
沙特阿拉伯	411	662	724
塞舌尔	53	43	48
瑞典	10 952	13 163	14 207
新加坡	2804	5908	5916
斯洛文尼亚	119	128	126
斯洛伐克	26	51	57
圣马力诺	0	7	9
萨尔瓦多	2	0	0
泰国	78	196	230
突尼斯	4	3	3
土耳其	330	206	252
特立尼达和多巴哥	3	3	3
乌克兰	30	27	25
美国	155 771	197 595	207 299
乌拉圭	7	12	15
乌兹别克斯坦	3	4	4
圣文森特和格林纳丁斯	1	1	1
委内瑞拉	4	1	0
英属维尔京群岛	972	809	742
越南	12	10	10
瓦努阿图	0	0	1
萨摩亚	196	210	178
南非	429	334	306
赞比亚	0	2	2
其他	51	27	26

表 30　　　　　　　　　按国别(地区)分国外在华实用新型专利有效量　　　　　　　　　(单位:件)

国家或地区	2017 年	2021 年	2022 年
合计	39 798	52 810	54 092
安道尔	1	1	1
阿联酋	13	11	58
安圭拉	1	15	19
阿尔巴尼亚	1	0	0
阿根廷	4	6	6
奥地利	221	247	272
澳大利亚	268	399	445
阿塞拜疆	1	0	0
巴巴多斯	11	34	53
比利时	118	184	211
保加利亚	3	6	6
百慕大	60	42	23
文莱	7	4	1
巴西	69	91	102
巴哈马	1	1	1
白俄罗斯	0	7	8
伯利兹	36	11	7
加拿大	234	339	399
刚果(金)	0	7	13
刚果(布)	0	1	1
瑞士	1249	1474	1592
库克群岛	1	2	2
智利	2	3	3
哥伦比亚	2	2	2
哥斯达黎加	0	1	1
塞浦路斯	14	10	6
捷克	46	55	53
德国	4049	5491	5914
丹麦	169	247	263
多米尼加	1	1	1
阿尔及利亚	1	0	0
厄瓜多尔	0	0	8
爱沙尼亚	1	17	19
埃及	2	4	3
西班牙	118	136	149
埃塞俄比亚	1	0	0
芬兰	381	418	430

续表

国家或地区	2017 年	2021 年	2022 年
法国	1404	2123	2208
英国	602	776	791
格鲁吉亚	1	1	1
直布罗陀	1	0	0
希腊	1	2	2
危地马拉	0	1	0
克罗地亚	1	0	1
匈牙利	8	18	19
印度尼西亚	7	14	13
爱尔兰	32	146	141
以色列	197	207	225
印度	41	73	78
伊拉克	4	2	1
伊朗	9	2	5
冰岛	1	2	2
意大利	540	868	978
约旦	0	18	18
日本	14 433	17 454	16 880
吉尔吉斯斯坦	0	1	1
柬埔寨	0	16	19
圣基茨和尼维斯	0	0	1
朝鲜	2	6	7
韩国	2421	4814	5461
科威特	0	1	1
开曼群岛	253	587	568
哈萨克斯坦	2	1	1
老挝	0	2	4
黎巴嫩	2	3	3
列支敦士登	9	15	20
斯里兰卡	0	1	1
立陶宛	2	2	2
卢森堡	88	70	70
拉脱维亚	1	2	3
摩洛哥	0	1	1
摩纳哥	2	2	3
马绍尔群岛	1	0	0
马里	5	7	7
缅甸	9	9	9
蒙古国	0	2	2
马耳他	9	6	2

续表

国家或地区	2017 年	2021 年	2022 年
毛里求斯	2	0	1
墨西哥	7	7	8
马来西亚	126	139	163
尼日尔	0	1	1
尼日利亚	0	2	2
荷兰	429	766	914
挪威	24	43	56
新西兰	51	76	92
阿曼	0	1	1
巴拿马	4	0	1
秘鲁	2	4	2
菲律宾	11	30	23
巴基斯坦	3	3	1
波兰	14	29	29
葡萄牙	1	3	5
卡塔尔	0	1	1
罗马尼亚	1	4	4
塞尔维亚	0	1	1
俄罗斯	116	121	122
沙特阿拉伯	6	6	5
塞舌尔	43	42	43
瑞典	342	496	566
新加坡	1093	2690	2027
斯洛文尼亚	0	4	5
斯洛伐克	1	5	5
圣马力诺	0	1	1
乍得	1	0	0
泰国	25	53	64
塔吉克斯坦	0	0	2
土耳其	34	32	29
乌克兰	9	13	13
美国	9820	11 414	11 990
乌拉圭	0	4	4
英属维尔京群岛	343	227	233
越南	1	10	14
萨摩亚	94	43	23
南非	17	15	14
赞比亚	1	1	5
其他	3	1	1

表 31　　　　　　　　　按国别(地区)分国外在华外观设计专利有效量　　　　　　　　(单位:件)

国家或地区	2017 年	2021 年	2022 年
合计	112 139	127 026	123 442
安道尔	1	0	0
阿联酋	47	51	94
阿富汗	0	1	1
安提瓜和巴布达	2	0	0
安圭拉	0	2	1
阿尔巴尼亚	1	0	0
亚美尼亚	1	0	0
安哥拉	1	1	1
阿根廷	7	5	6
奥地利	448	475	491
澳大利亚	1212	1571	1589
波黑	1	0	0
巴巴多斯	137	315	296
孟加拉国	1	2	1
比利时	425	487	470
保加利亚	9	19	23
巴林	0	1	2
百慕大	82	29	12
玻利维亚	0	2	2
巴西	238	272	288
巴哈马	10	4	3
白俄罗斯	0	6	2
伯利兹	9	1	0
加拿大	923	853	788
刚果(金)	13	0	0
瑞士	4470	5602	5628
科特迪瓦	1	0	0
库克群岛	10	5	5
智利	1	2	2
哥伦比亚	9	14	13
哥斯达黎加	1	1	1
塞浦路斯	32	59	45
捷克	409	356	333
德国	11 504	12 746	12 739
丹麦	985	1198	1212
多米尼加	4	1	11
阿尔及利亚	2	0	1

续表

国家或地区	2017 年	2021 年	2022 年
厄瓜多尔	4	2	2
爱沙尼亚	12	33	33
埃及	6	2	4
西班牙	842	896	880
埃塞俄比亚	1	0	0
芬兰	866	722	748
法国	4616	5480	5489
英国	3323	3976	3817
格鲁吉亚	1	9	6
根西岛	0	6	6
直布罗陀	3	0	0
希腊	47	18	15
危地马拉	0	1	1
克罗地亚	1	15	14
匈牙利	9	20	20
印度尼西亚	40	41	44
爱尔兰	83	232	224
以色列	400	533	525
印度	132	188	188
伊拉克	2	8	9
伊朗	30	4	6
冰岛	1	3	3
意大利	3481	4247	4354
约旦	5	5	5
日本	32 254	30 696	28 311
吉尔吉斯斯坦	0	1	1
朝鲜	0	0	2
韩国	14 215	16 354	15 963
科威特	3	4	7
开曼群岛	1346	2009	1824
哈萨克斯坦	0	1	1
黎巴嫩	6	0	0
列支敦士登	206	200	166
斯里兰卡	1	6	6
立陶宛	2	10	13
卢森堡	362	445	411
拉脱维亚	3	26	28
摩洛哥	37	37	37

国家或地区	2017 年	2021 年	2022 年
摩纳哥	5	143	169
摩尔多瓦	1	2	2
黑山	1	0	0
马绍尔群岛	0	6	1
北马其顿	0	3	3
马里	10	14	13
缅甸	5	10	10
蒙古国	0	1	1
马耳他	9	59	62
毛里求斯	8	3	6
墨西哥	104	71	62
马来西亚	266	203	189
尼日利亚	6	7	9
荷兰	2207	2538	2460
挪威	170	186	200
新西兰	245	399	385
阿曼	0	1	1
巴拿马	28	4	3
秘鲁	0	1	1
巴布亚新几内亚	2	0	0
菲律宾	18	5	4
巴基斯坦	7	11	10
波兰	115	107	105
葡萄牙	33	38	39
巴拉圭	2	2	2
卡塔尔	4	13	15
罗马尼亚	0	3	5
俄罗斯	126	239	220
沙特阿拉伯	141	193	116
塞舌尔	41	47	53
瑞典	2047	2503	2475
新加坡	690	1057	1115
斯洛文尼亚	32	68	70
斯洛伐克	20	23	16
圣马力诺	0	0	2
叙利亚	1	2	2
泰国	160	234	229
土耳其	224	152	137

续表

国家或地区	2017 年	2021 年	2022 年
特立尼达和多巴哥	1	0	0
乌克兰	18	32	33
美国	21 252	27 744	27 433
委内瑞拉	2	0	0
英属维尔京群岛	647	453	429
越南	58	51	56
萨摩亚	25	16	11
也门	3	2	1
南非	65	67	62
其他	4	2	2

表 32   **分地区国内发明专利申请代理量（2022 年）**   （单位：件）

地区	合计	职务	非职务
全国	1 314 152	1 289 400	24 752
北京	175 094	173 530	1564
天津	18 191	17 904	287
河北	21 137	20 236	901
山西	8763	8359	404
内蒙古	5861	5569	292
辽宁	20 776	20 109	667
吉林	14 233	13 945	288
黑龙江	11 067	10 516	551
上海	81 106	80 347	759
江苏	170 243	168 341	1902
浙江	108 922	106 970	1952
安徽	58 614	57 566	1048
福建	26 992	26 294	698
江西	18 256	17 625	631
山东	78 288	76 080	2208
河南	29 617	27 700	1917
湖北	50 996	50 359	637
湖南	31 477	30 588	889
广东	218 224	216 092	2132
广西	11 685	11 190	495
海南	3531	3399	132
重庆	26 499	26 014	485
四川	42 373	41 396	977
贵州	9698	9289	409

续表

地区	合计	职务	非职务
云南	10 743	10 345	398
西藏	501	454	47
陕西	35 071	34 378	693
甘肃	6144	5827	317
青海	1353	1305	48
宁夏	2809	2743	66
新疆	3949	3746	203
台湾	10 721	10 072	649
香港	1063	964	99
澳门	155	148	7
广州	52 610	52 076	534
长春	12 559	12 448	111
武汉	40 029	39 752	277
南京	43 922	43 496	426
杭州	55 909	55 434	475
西安	31 154	30 759	395
济南	20 071	19 712	359
沈阳	9003	8783	220
成都	31 447	30 982	465
大连	7782	7597	185
厦门	9364	9178	186
哈尔滨	8522	8274	248
深圳	98 506	97 844	662
青岛	25 522	25 253	269
宁波	14 972	14 672	300
新疆兵团	663	639	24

表 33　　　　　　**分地区国内实用新型专利申请代理量(2022 年)**　　　　　　（单位:件）

地区	合计	职务	非职务
全国	2 298 357	2 125 967	172 390
北京	77 116	73 323	3793
天津	41 940	39 734	2206
河北	68 184	57 899	10 285
山西	20 772	16 906	3866
内蒙古	19 685	15 558	4127
辽宁	51 536	45 724	5812
吉林	19 077	17 043	2034
黑龙江	20 798	13 099	7699
上海	83 888	81 784	2104

续表

地区	合计	职务	非职务
江苏	327 790	318 376	9414
浙江	228 009	216 470	11 539
安徽	107 317	101 080	6237
福建	74 275	71 395	2880
江西	33 490	29 986	3504
山东	205 951	178 241	27 710
河南	95 545	88 359	7186
湖北	105 670	100 634	5036
湖南	46 404	42 137	4267
广东	374 150	355 479	18 671
广西	25 564	21 346	4218
海南	7601	7028	573
重庆	40 734	38 445	2289
四川	75 767	69 785	5982
贵州	18 349	14 357	3992
云南	28 609	26 265	2344
西藏	1826	1686	140
陕西	46 960	41 555	5405
甘肃	17 046	13 205	3841
青海	4436	3369	1067
宁夏	10 426	9526	900
新疆	14 964	12 675	2289
台湾	3723	2897	826
香港	692	568	124
澳门	63	33	30
广州	60 462	56 684	3778
长春	13 737	12 912	825
武汉	51 752	49 625	2127
南京	43 609	41 977	1632
杭州	62 530	59 768	2762
西安	32 905	30 079	2826
济南	39 543	35 710	3833
沈阳	18 797	16 899	1898
成都	42 158	39 869	2289
大连	16 488	15 557	931
厦门	19 356	18 868	488
哈尔滨	11 755	8167	3588
深圳	120 312	117 327	2985
青岛	46 665	44 535	2130
宁波	35 945	34 365	1580
新疆兵团	1949	1737	212

表 34 分地区国内外观设计专利申请代理量(2022 年) (单位:件)

地区	合计	职务	非职务
全国	614 677	412 706	201 971
北京	21 376	19 988	1388
天津	3723	3202	521
河北	14 707	6501	8206
山西	2578	1695	883
内蒙古	1709	1015	694
辽宁	4156	2441	1715
吉林	2384	1599	785
黑龙江	2788	1478	1310
上海	21 387	20 277	1110
江苏	35 237	28 910	6327
浙江	100 509	67 772	32 737
安徽	14 029	9240	4789
福建	26 008	17 393	8615
江西	17 318	5595	11 723
山东	25 229	18 539	6690
河南	14 404	7493	6911
湖北	12 232	6769	5463
湖南	15 124	6279	8845
广东	229 305	156 279	73 026
广西	7174	2163	5011
海南	1566	1206	360
重庆	6702	4758	1944
四川	16 871	10 592	6279
贵州	4633	2493	2140
云南	3356	2175	1181
西藏	217	157	60
陕西	4517	2919	1598
甘肃	1401	903	498
青海	227	153	74
宁夏	369	280	89
新疆	1242	686	556
台湾	1049	789	260
香港	1132	960	172
澳门	18	7	11
广州	33 182	28 205	4977
长春	1581	1292	289
武汉	5552	4431	1121

续表

地区	合计	职务	非职务
南京	4642	4041	601
杭州	17 592	15 668	1924
西安	3040	2313	727
济南	3010	2538	472
沈阳	1560	994	566
成都	9598	8057	1541
大连	1021	648	373
厦门	7445	6830	615
哈尔滨	1402	856	546
深圳	64 440	58 232	6208
青岛	6291	5577	714
宁波	20 021	14 583	5438
新疆兵团	94	66	28

表 35　　　　　　　发明、实用新型专利申请按 IPC 部的分类统计 (2022 年)

分类	发明		实用新型	
	数量 (件)	构成 (%)	数量 (件)	构成 (%)
A—H 合计	1 632 428	100.0	2 969 733	100.0
A 部 人类生活必需	183 043	11.2	437 390	14.7
B 部 作业;运输	280 203	17.2	1 124 808	37.9
C 部 化学;冶金	188 963	11.6	92 646	3.1
D 部 纺织;造纸	18 154	1.1	39 111	1.3
E 部 固定建筑物	66 296	4.1	252 849	8.5
F 部 机械工程;照明; 加热;武器;爆破	95 524	5.9	368 758	12.4
G 部 物理	517 112	31.7	332 271	11.2
H 部 电学	283 133	17.3	321 900	10.8

表36　　　　　　　发明、实用新型专利授权按 IPC 部的分类统计(2022 年)

分类	发明		实用新型	
	数量(件)	构成(%)	数量(件)	构成(%)
A—H 合计	798 347	100.0	2 804 155	100.0
A 部 人类生活必需	72 442	9.1	389 197	13.9
B 部 作业;运输	144 203	18.1	1 086 031	38.7
C 部 化学;冶金	116 729	14.6	93 599	3.3
D 部 纺织;造纸	11 440	1.4	38 436	1.4
E 部 固定建筑物	29 736	3.7	253 830	9.1
F 部 机械工程;照明; 加热;武器;爆破	46 147	5.8	357 784	12.8
G 部 物理	221 608	27.8	299 140	10.7
H 部 电学	156 042	19.5	286 138	10.2

表37　　　　　按受理局计中国(不含港澳台)申请人在境外发明专利申请量(2021 年)　　　　　(单位:件)

国家、地区或组织	合计	直接申请	进入国家、地区或组织 阶段的国际发明专利申请
合计	110 883	49 781	61 102
安道尔	2	2	0
阿联酋	61	5	56
非洲地区知识产权组织	26	5	21
阿根廷	72	72	0
奥地利	9	7	2
澳大利亚	2319	333	1986
波黑	7	0	7
孟加拉国	21	21	0
比利时	72	72	0
巴林	5	1	4
文莱	16	1	15
巴西	1298	34	1264
白俄罗斯	14	1	13

续表

国家、地区或组织	合计	直接申请	进入国家、地区或组织阶段的国际发明专利申请
加拿大	1825	236	1589
瑞士	26	8	18
智利	77	4	73
哥伦比亚	35	1	34
哥斯达黎加	7	0	7
古巴	8	3	5
捷克	3	1	2
德国	568	290	278
丹麦	8	7	1
多米尼加	1	0	1
阿尔及利亚	6	1	5
欧亚组织	115	7	108
厄瓜多尔	11	11	0
埃及	70	1	69
欧洲专利局	16 550	3468	13 082
西班牙	14	5	9
芬兰	11	5	6
法国	124	124	0
英国	604	313	291
中国香港	6971	6971	0
印度尼西亚	1216	209	1007
爱尔兰	2	2	0
以色列	224	7	217
印度	3989	331	3658
伊朗	45	45	0
意大利	85	85	0
约旦	1	0	1
日本	9369	2505	6864
肯尼亚	1	0	1
吉尔吉斯斯坦	2	2	0
韩国	6300	1281	5019
斯里兰卡	5	1	4
立陶宛	5	5	0
卢森堡	1092	907	185
摩洛哥	46	15	31
摩纳哥	2	2	0
蒙古国	5	1	4

续表

国家、地区或组织	合计	直接申请	进入国家、地区或组织阶段的国际发明专利申请
中国澳门	3	3	0
墨西哥	740	53	687
马来西亚	888	55	833
荷兰	892	892	0
挪威	14	5	9
新西兰	206	15	191
非洲知识产权组织	17	0	17
巴拿马	1	1	0
秘鲁	19	0	19
菲律宾	400	9	391
巴基斯坦	27	27	0
波兰	21	3	18
葡萄牙	3	0	3
卡塔尔	11	11	0
罗马尼亚	4	3	1
塞尔维亚	5	4	1
俄罗斯	1242	119	1123
沙特阿拉伯	128	6	122
瑞典	13	5	8
新加坡	1578	268	1310
萨尔瓦多	3	0	3
泰国	873	78	795
土耳其	31	7	24
乌克兰	131	4	127
美国	45 842	28 410	17 432
乌兹别克斯坦	16	2	14
越南	1441	45	1396
也门	2	2	0
南非	2987	2346	641

注:数据来自世界知识产权组织(WIPO)网站,http://www.wipo.int。查询时间为2023年4月10日。

表38　　　　按受理局计中国(不含港澳台)权利人在境外发明专利授权量(2021年)　　　　(单位:件)

国家、地区或组织	合计	直接申请	进入国家、地区或组织阶段的国际发明专利申请
合计	53 770	26 251	27 519
安道尔	2	2	0
阿联酋	14	0	14

续表

国家、地区或组织	合计	直接申请	进入国家、地区或组织阶段的国际发明专利申请
非洲地区知识产权组织	19	1	18
阿根廷	25	25	0
奥地利	3	1	2
澳大利亚	1292	220	1072
波黑	2	0	2
比利时	83	83	0
巴林	1	0	1
文莱	3	0	3
巴西	681	39	642
白俄罗斯	4	0	4
加拿大	837	157	680
瑞士	24	8	16
智利	102	2	100
哥伦比亚	15	0	15
哥斯达黎加	1	0	1
古巴	4	0	4
捷克	1	1	0
德国	256	120	136
丹麦	4	0	4
阿尔及利亚	45	0	45
欧亚组织	68	5	63
埃及	36	4	32
欧洲专利局	6864	1513	5351
西班牙	5	2	3
芬兰	1	0	1
法国	90	90	0
英国	521	207	314
中国香港	3446	3446	0
印度尼西亚	403	37	366
以色列	82	8	74
印度	1338	155	1183
伊朗	19	19	0
意大利	119	119	0
约旦	3	3	0
日本	4902	1479	3423

续表

国家、地区或组织	合计	直接申请	进入国家、地区或组织阶段的国际发明专利申请
肯尼亚	1	0	1
韩国	2999	524	2475
哈萨克斯坦	10	10	0
斯里兰卡	5	2	3
立陶宛	4	4	0
卢森堡	774	564	210
拉脱维亚	5	5	0
摩洛哥	24	14	10
摩纳哥	5	5	0
北马其顿	3	0	3
蒙古国	22	2	20
墨西哥	238	8	230
马来西亚	294	27	267
荷兰	337	337	0
挪威	1	0	1
新西兰	78	16	62
非洲知识产权组织	12	0	12
巴拿马	2	0	2
秘鲁	6	0	6
菲律宾	51	5	46
巴基斯坦	9	9	0
波兰	3	0	3
卡塔尔	3	0	3
罗马尼亚	1	1	0
俄罗斯	920	71	849
沙特阿拉伯	53	1	52
瑞典	5	2	3
新加坡	523	59	464
泰国	88	28	60
土耳其	35	4	31
乌克兰	34	0	34
美国	23 705	15 501	8204
乌兹别克斯坦	2	0	2
越南	330	13	317
南非	1873	1293	580

注：数据来自世界知识产权组织（WIPO）网站，http://www.wipo.int。查询时间为 2023 年 4 月 10 日。

表 39　　　　　　　按受理局计中国(不含港澳台)权利人在境外发明专利有效量(2021 年)　　　　　　（单位：件）

国家、地区或组织	合计
合计	312 296
安道尔	2
阿联酋	62
非洲地区知识产权组织	61
阿根廷	101
奥地利	3149
澳大利亚	5537
波黑	20
保加利亚	254
巴林	2
文莱	10
巴西	1466
白俄罗斯	78
加拿大	4018
瑞士	9837
智利	188
哥伦比亚	67
哥斯达黎加	8
古巴	5
捷克	739
丹麦	1259
多米尼加	4
厄瓜多尔	1
爱沙尼亚	127
埃及	116
西班牙	5560
芬兰	1410
法国	19 948
英国	28 551
海湾阿拉伯国家合作委员会专利局	21
格鲁吉亚	4
希腊	611
危地马拉	3
中国香港	6420
洪都拉斯	2
克罗地亚	143
匈牙利	737
以色列	287
印度	4018
冰岛	95

国家、地区或组织	合计
意大利	6833
约旦	4
日本	26 218
吉尔吉斯斯坦	3
韩国	13 584
哈萨克斯坦	87
斯里兰卡	22
立陶宛	159
卢森堡	8824
拉脱维亚	113
摩洛哥	214
摩纳哥	6859
马达加斯加	4
北马其顿	89
蒙古国	103
中国澳门	2
墨西哥	1979
马来西亚	1127
荷兰	8121
挪威	664
新西兰	475
巴拿马	6
秘鲁	32
巴基斯坦	22
波兰	1586
葡萄牙	1032
卡塔尔	3
罗马尼亚	509
塞尔维亚	115
沙特阿拉伯	199
瑞典	2870
新加坡	2151
斯洛伐克	222
泰国	450
土耳其	1502
乌克兰	220
美国	123 900
乌兹别克斯坦	15
越南	1126
南非	5931

注:数据来自世界知识产权组织(WIPO)网站,http://www.wipo.int。

表 40 　　　　　　　　　　　　　　　　PCT 国际专利申请受理量　　　　　　　　　　　　　　　　（单位：件）

地区		2021 年	2022 年
合计		73 434	74 452
国内	国内小计	68 338	69 115
	北京	10 358	11 463
	天津	444	577
	河北	461	464
	山西	77	65
	内蒙古	37	88
	辽宁	373	337
	吉林	343	475
	黑龙江	95	92
	上海	4830	5591
	江苏	7168	6986
	浙江	4675	4316
	安徽	2007	1880
	福建	1768	3055
	江西	140	138
	山东	3244	3380
	河南	232	212
	湖北	1691	1371
	湖南	849	648
	广东	26 079	24 290
	广西	127	163
	海南	396	78
	重庆	393	451
	四川	708	826
	贵州	70	246
	云南	119	163
	西藏	3	29
	陕西	481	542
	甘肃	32	36
	青海	3	9
	宁夏	17	25
	新疆	50	50
	台湾	448	393
	香港	607	646
	澳门	13	30
国外	国外小计	5096	5337

供稿：国家知识产权局战略规划司

商 标

表1 分国内外商标申请注册年度状况（1979—2022年） （单位：件）

统计范围	年份	申请量	注册量
合计	1979—2016	22 094 108	14 508 848
	2017	5 748 175	2 792 072
	2018	7 370 709	5 007 395
	2019	7 837 441	6 405 840
	2020	9 347 568	5 760 652
	2021	9 450 507	7 738 947
	2022	7 515 961	6 177 170
国内	1979—2016	20 109 958	12 985 610
	2017	5 538 980	2 656 039
	2018	7 127 032	4 796 851
	2019	7 582 356	6 177 791
	2020	9 116 454	5 576 545
	2021	9 192 675	7 545 358
	2022	7 304 007	6 001 698
国外	1979—2016	1 984 150	1 523 238
	2017	209 195	136 033
	2018	243 677	210 544
	2019	255 085	228 049
	2020	231 114	184 107
	2021	257 832	193 589
	2022	211 954	175 472

表2 分地区国内商标申请、注册量及年末有效注册量 （单位：件）

地区	申请量		注册量		年末有效注册量	
	2021年	2022年	2021年	2022年	2021年	2022年
全国	9 192 675	7 304 007	7 545 358	6 001 698	35 322 797	4 0642 099
北京	641 220	485 330	427 911	387 204	2 578 614	2 908 053
天津	95 011	71 347	67 921	54 955	352 692	399 652
河北	282 347	232 623	239 842	195 541	1 063 792	1 245 125
山西	89 251	73 459	69 498	57 184	289 394	342 608
内蒙古	75 793	66 468	58 946	53 232	295 125	343 184
辽宁	132 718	112 039	103 652	86 711	556 582	631 750

续表

地区	申请量		注册量		年末有效注册量	
	2021 年	2022 年	2021 年	2022 年	2021 年	2022 年
吉林	79 358	66 140	61 471	52 747	309 803	356 321
黑龙江	96 990	83 689	77 776	65 721	392 827	451 792
上海	559 352	403 117	420 985	350 704	2 117 136	2 427 452
江苏	590 311	480 272	507 784	398 631	2 335 946	2 685 045
浙江	837 586	642 028	748 628	559 986	3 675 052	4 161 116
安徽	287 123	243 320	254 033	195 276	1 011 461	1 189 531
福建	500 458	391 137	446 895	327 483	1 989 159	2 277 564
江西	181 052	145 376	172 954	120 979	671 642	782 781
山东	545 189	464 975	465 216	373 687	2 057 493	2 404 114
河南	429 656	324 474	389 068	280 931	1 489 689	1 746 409
湖北	220 348	193 549	181 590	151 030	833 494	970 111
湖南	244 563	196 093	211 056	162 029	902 594	1 048 144
广东	1 738 500	1 369 943	1 437 978	1 143 878	6 766 377	7 795 886
广西	121 037	103 705	97 297	78 165	389 044	461 430
海南	70 885	66 937	38 277	43 976	160 278	203 646
重庆	159 051	131 682	128 539	104 609	694 043	782 071
四川	353 261	289 996	282 109	230 862	1 281 664	1 492 127
贵州	170 048	136 293	97 189	91 031	362 645	449 518
云南	149 049	133 967	113 873	99 516	538 604	627 702
西藏	14 180	9899	9889	8661	47 472	55 810
陕西	169 668	147 629	142 766	108 603	620 721	714 827
甘肃	43 494	39 544	34 945	30 104	157 464	185 375
青海	15 091	13 148	13 179	11 028	60 756	70 421
宁夏	24 815	21 697	18 210	16 072	84 299	99 290
新疆	102 382	73 657	62 485	55 654	279 325	327 518
台湾	13 068	9855	11 211	8785	182 042	183 308
香港	157 963	79 068	150 987	95 456	766 806	812 605
澳门	1857	1551	1198	1267	8762	9813
广州	485 618	367 723	395 000	310 356	1 881 904	2 160 076
长春	39 168	33 287	29 116	26 684	145 236	175 147
武汉	110 050	88 815	81 976	70 022	410 214	472 269
南京	113 439	93 092	90 825	74 265	428 951	497 031
杭州	276 743	213 107	217 131	177 843	1 025 618	1 183 264
西安	102 887	92 078	81 879	65 503	379 496	435 441
济南	89 643	73 042	72 691	60 466	331 760	386 000
沈阳	48 095	41 431	39 309	31 777	213 604	240 526
成都	193 723	153 044	168 488	124 574	771 167	876 697

续表

地区	申请量		注册量		年末有效注册量	
	2021 年	2022 年	2021 年	2022 年	2021 年	2022 年
大连	32 864	28 066	23 911	21 104	137 748	156 057
厦门	116 262	87 963	103 738	77 021	489 933	556 365
哈尔滨	50 799	45 281	41 442	34 794	208 781	240 007
深圳	574 780	449 041	464 393	370 044	2 165 693	2 500 626
青岛	105 810	90 392	87 593	72 325	391 532	457 675
宁波	82 368	72 639	78 333	61 015	401 084	455 133

表 3　　　按国别(地区)分国外在华商标申请量、注册量及年末有效注册量　　(单位:件)

国家或地区	申请量		注册量		年末有效注册量	
	2021 年	2022 年	2021 年	2022 年	2021 年	2022 年
合计	257 832	211 954	193 589	175 472	1 916 723	2 029 812
安道尔	10	37	4	7	78	62
阿联酋	694	875	404	420	4435	4738
阿富汗	166	82	90	92	395	399
安提瓜和巴布达	20	31	17	9	68	83
安圭拉	50	20	67	24	810	783
阿尔巴尼亚	13	5	8	5	29	31
亚美尼亚	33	16	24	10	212	216
安哥拉	3	4	5	1	45	45
阿根廷	227	138	185	120	1654	1724
奥地利	1785	1292	1001	1137	14 346	15 053
澳大利亚	7308	6473	6319	4903	49 063	52 422
阿鲁巴	0	0	0	0	1	1
阿塞拜疆	18	80	15	49	298	327
波黑	8	20	5	25	21	41
巴巴多斯	121	118	83	119	898	970
孟加拉国	22	25	7	11	164	175
比利时	1517	1435	1199	1120	14 091	14 435
布基纳法索	3	2	3	2	19	14
保加利亚	190	150	123	109	1754	1822
巴林	5	28	4	6	124	128
布隆迪	0	0	0	0	16	13
贝宁	5	5	3	5	26	30
百慕大	349	183	260	152	2397	2486
文莱	4	1	18	3	250	207
玻利维亚	3	9	6	2	58	58
巴西	516	557	406	356	4419	4648

续表

国家或地区	申请量		注册量		年末有效注册量	
	2021 年	2022 年	2021 年	2022 年	2021 年	2022 年
巴哈马	30	68	69	39	981	970
博茨瓦纳	0	0	0	0	92	92
白俄罗斯	189	116	124	86	1081	1080
伯利兹	18	29	20	19	568	543
加拿大	4721	3721	3727	2987	26 324	28 574
刚果（金）	0	0	0	0	20	18
刚果（布）	2	0	0	0	7	7
瑞士	8602	7904	5842	6318	79 015	82 611
科特迪瓦	2	3	1	2	42	46
库克群岛	61	8	17	44	305	330
智利	557	365	397	351	3308	3620
喀麦隆	9	8	51	30	213	240
哥伦比亚	188	276	101	175	1054	1197
哥斯达黎加	24	56	7	22	109	123
古巴	9	14	8	6	179	199
佛得角	0	0	0	0	1	1
库拉索	8	14	0	3	243	222
塞浦路斯	427	371	318	328	3594	3621
捷克	418	316	257	224	4311	4369
德国	17 697	16 387	13 201	12 400	185 628	191 453
吉布提	0	1	2	0	6	6
丹麦	2407	2383	1791	1631	17 905	18 997
多米尼克	4	0	0	2	19	21
多米尼加	38	33	31	27	205	232
阿尔及利亚	21	46	43	7	264	262
厄瓜多尔	38	23	38	29	238	264
爱沙尼亚	158	139	111	94	748	814
埃及	167	214	120	141	923	1034
厄立特里亚	2	0	0	0	2	2
西班牙	2934	2570	2070	1957	25 320	25 964
埃塞俄比亚	8	8	2	8	28	35
芬兰	1781	1290	1390	1180	14 534	15 025
斐济	2	3	8	1	64	64
法国	10 696	10 109	7638	7677	113 100	116 242
加蓬	0	0	0	0	1	1
英国	23 762	17 583	20 312	15 291	134 458	145 578
格林纳达	6	1	3	0	10	10

续表

国家或地区	申请量		注册量		年末有效注册量	
	2021 年	2022 年	2021 年	2022 年	2021 年	2022 年
格鲁吉亚	44	19	26	14	233	239
根西岛	5	60	5	44	74	112
加纳	14	20	10	10	61	67
直布罗陀	16	11	14	8	167	156
格陵兰	0	0	2	0	6	6
冈比亚	0	0	0	0	4	4
几内亚	8	10	0	12	55	68
赤道几内亚	0	0	1	0	2	2
希腊	163	176	137	103	1732	1736
危地马拉	23	18	8	20	104	124
几内亚比绍	1	0	0	1	1	2
圭亚那	1	0	2	0	15	15
洪都拉斯	5	1	3	6	12	18
克罗地亚	56	112	27	50	408	435
海地	0	0	2	0	32	32
匈牙利	207	131	164	135	1620	1689
印度尼西亚	748	451	582	478	4956	5350
爱尔兰	1114	768	746	707	6236	6825
以色列	920	894	611	656	5286	5814
马恩岛	25	27	47	29	1325	1209
印度	664	727	549	511	4947	5321
伊拉克	482	370	227	292	1388	1636
伊朗	190	325	198	135	1978	2020
冰岛	95	56	69	36	785	780
意大利	8323	6854	6125	5806	85 806	88 101
泽西岛	86	40	39	48	367	400
牙买加	5	9	7	6	65	64
约旦	131	89	74	53	518	552
日本	30 393	24 426	25 082	22 138	254 325	268 065
肯尼亚	12	10	17	6	152	151
吉尔吉斯斯坦	18	25	10	11	97	113
柬埔寨	36	21	41	12	180	189
科摩罗	0	1	0	0	0	0
圣基茨和尼维斯	1	0	2	0	35	33
朝鲜	73	50	50	79	216	291
韩国	18 332	14 783	14 910	12 776	125 690	135 300
科威特	38	108	16	48	285	324

续表

国家或地区	申请量		注册量		年末有效注册量	
	2021 年	2022 年	2021 年	2022 年	2021 年	2022 年
开曼群岛	1864	2261	1955	1595	29 787	31 007
哈萨克斯坦	129	137	112	82	838	891
老挝	3	107	3	30	27	56
黎巴嫩	82	91	37	57	518	562
圣卢西亚	6	2	1	5	15	20
列支敦士登	124	152	86	131	2663	2754
斯里兰卡	70	12	50	30	347	374
利比里亚	5	10	3	7	23	28
立陶宛	248	87	147	130	820	946
卢森堡	694	643	523	355	8911	8434
拉脱维亚	50	86	71	51	480	500
利比亚	45	84	33	50	141	186
摩洛哥	83	660	35	44	671	683
摩纳哥	158	136	177	87	2136	2052
摩尔多瓦	54	73	27	69	273	333
黑山	2	2	1	1	46	46
马达加斯加	0	7	1	0	40	37
马绍尔群岛	119	56	119	79	970	969
北马其顿	11	13	7	11	99	81
马里	33	10	12	14	100	104
缅甸	123	53	159	65	545	601
蒙古国	27	36	18	15	166	180
北马里亚纳群岛	0	9	2	2	5	7
毛里塔尼亚	0	0	2	0	22	19
蒙塞拉特岛	0	0	0	0	2	2
马耳他	131	240	93	94	1361	1447
毛里求斯	56	40	117	51	745	771
马尔代夫	2	32	6	11	19	30
马拉维	0	1	1	0	6	6
墨西哥	461	453	276	364	4812	5049
马来西亚	2054	1451	1556	1293	12 747	13 762
莫桑比克	12	3	11	9	36	33
纳米比亚	7	2	1	5	60	63
尼日尔	0	5	0	1	12	13
尼日利亚	66	36	54	21	322	332
尼加拉瓜	0	3	0	0	9	9
荷兰	3784	3598	3150	3016	37 192	39 962

续表

国家或地区	申请量		注册量		年末有效注册量	
	2021 年	2022 年	2021 年	2022 年	2021 年	2022 年
挪威	1122	851	698	670	5926	6402
尼泊尔	30	14	5	14	94	104
瑙鲁	0	0	0	0	4	4
新西兰	1798	1496	1477	1219	13 110	13 863
阿曼	18	6	33	13	209	221
巴拿马	140	75	77	96	748	816
秘鲁	47	87	69	33	456	465
波利尼西亚	1	0	0	1	7	7
巴布亚新几内亚	0	2	1	0	39	33
菲律宾	205	198	173	147	1545	1647
巴基斯坦	132	106	66	85	789	858
波兰	1261	841	845	697	6575	7050
巴勒斯坦	7	1	7	3	27	30
葡萄牙	334	228	250	188	3206	3256
帕劳	0	0	0	0	20	19
巴拉圭	10	29	5	16	71	85
卡塔尔	295	85	39	94	379	471
罗马尼亚	165	74	67	119	872	934
塞尔维亚	158	64	110	42	493	520
俄罗斯	2503	2635	1959	1634	20 676	21 234
卢旺达	0	0	0	0	5	5
沙特阿拉伯	207	287	114	116	1137	1216
所罗门群岛	0	0	0	0	2	2
塞舌尔	870	494	834	585	5163	5521
苏丹	4	8	16	6	126	131
瑞典	3626	2959	2396	2432	22 099	23 821
新加坡	9279	6536	4669	6781	36 075	42 684
斯洛文尼亚	199	220	171	127	1439	1517
斯洛伐克	74	181	45	114	1084	1185
塞拉利昂	4	0	4	0	18	18
圣马力诺	19	38	23	9	231	229
塞内加尔	7	6	5	3	62	64
索马里	0	0	1	1	5	6
苏里南	1	0	0	1	1	3
南苏丹	0	1	1	0	1	1
萨尔瓦多	2	3	9	4	27	31
荷属圣马丁	0	0	0	0	1	0

续表

国家或地区	申请量		注册量		年末有效注册量	
	2021 年	2022 年	2021 年	2022 年	2021 年	2022 年
叙利亚	93	107	86	66	496	529
特克斯和凯科斯群岛	4	24	5	5	58	55
乍得	3	0	2	0	18	18
多哥	3	1	2	1	88	89
泰国	1950	1349	1650	1172	13 555	14 479
塔吉克斯坦	3	2	5	2	35	37
土库曼斯坦	8	3	9	4	70	74
突尼斯	8	14	3	7	147	149
汤加	0	0	0	0	1	1
土耳其	1009	953	649	658	8270	8509
特立尼达和多巴哥	24	5	7	13	87	98
坦桑尼亚	21	28	19	18	116	132
乌克兰	431	221	290	205	2424	2432
乌干达	8	2	3	8	30	37
美国	65 951	51 288	45 464	43 124	406 115	438 403
乌拉圭	52	47	39	45	300	344
乌兹别克斯坦	23	44	35	26	127	148
圣文森特和格林纳丁斯	0	1	5	2	24	25
委内瑞拉	36	75	41	30	363	379
英属维尔京群岛	3915	2268	3811	2393	36 471	36 483
越南	344	373	247	223	1996	2108
瓦努阿图	2	0	4	0	101	99
萨摩亚	41	193	32	45	2275	2240
也门	209	183	149	128	559	685
南非	315	373	236	244	3105	3279
赞比亚	5	0	3	1	12	7
津巴布韦	8	8	1	10	18	26
其他	60	39	19	21	440	124

表 4 （单位：件）

分地区马德里商标国际注册申请量

地区	2021 年	2022 年
全国	5928	5827
北京	299	335
天津	41	119
河北	198	488
山西	7	3
内蒙古	17	7

续表

地区	2021 年	2022 年
辽宁	13	21
吉林	9	24
黑龙江	10	5
上海	424	477
江苏	890	690
浙江	803	763
安徽	277	174
福建	377	287
江西	74	23
山东	408	345
河南	35	52
湖北	80	87
湖南	142	109
广东	1513	1551
广西	32	41
海南	7	10
重庆	76	51
四川	78	60
贵州	15	39
云南	16	10
西藏	21	3
陕西	24	18
甘肃	3	8
青海	1	0
宁夏	7	2
新疆	9	8
台湾	20	13
其他	2	4
广州	266	395
长春	8	13
武汉	49	62
南京	91	74
杭州	177	162
西安	23	17
济南	101	68
沈阳	5	6
成都	46	39
大连	3	11

续表

地区	2021 年	2022 年
厦门	80	74
哈尔滨	6	1
深圳	818	774
青岛	36	74
宁波	115	123

注:本表统计国家知识产权局收到的国内申请人马德里商标国际注册申请情况。中国香港、中国澳门不是马德里体系缔约方,如中国香港、中国澳门申请人在网上提交马德里申请,将不予受理,故在本表中划入"其他"统计项名下。

供稿:国家知识产权局战略规划司

集成电路布图设计

表 1　　　　　　　　集成电路布图设计登记申请发证年度状况　　　　　　（单位：件）

统计范围	年份	申请量	发证量
合计	2001—2016	15 535	14 043
	2017	3228	2670
	2018	4431	3815
	2019	8319	6614
	2020	14 375	11 727
	2021	20 353	13 087
	2022	14 403	9106
国内	2001—2016	14 322	12 872
	2017	3174	2574
	2018	4346	3719
	2019	8223	6473
	2020	14 297	11 647
	2021	20 274	13 029
	2022	14 343	9006
国外	2001—2016	1213	1171
	2017	54	96
	2018	85	96
	2019	96	141
	2020	78	80
	2021	79	58
	2022	60	100

表 2　　　　　　　　　集成电路布图设计登记申请量　　　　　　　　（单位：件）

国家或地区	2021 年	2022 年
合计	20 353	14 403
国内总计	20 274	14 343
北京	684	640
天津	195	119
河北	114	68
山西	68	54
内蒙古	15	16
辽宁	169	98

续表

国家或地区	2021 年	2022 年
吉林	102	18
黑龙江	266	80
上海	2499	1766
江苏	3585	2777
浙江	961	783
安徽	616	479
福建	382	300
江西	56	21
山东	548	320
河南	246	127
湖北	443	520
湖南	131	121
广东	7536	4748
广西	59	46
海南	61	21
重庆	319	137
四川	621	649
贵州	89	56
云南	14	31
西藏	7	9
陕西	228	178
甘肃	18	99
青海	3	0
宁夏	50	39
新疆	14	8
台湾	6	6
香港	169	9
澳门	0	0
国外在华总计	79	60
美国	78	60
英国	0	0
英属维尔京群岛	0	0
意大利	1	0

表 3　　　　　　　**集成电路布图设计登记发证量**　　　　　　　（单位：件）

国家或地区	2021 年	2022 年
合计	13 087	9106
国内总计	13 029	9006

国家或地区	2021 年	2022 年
北京	395	457
天津	134	76
河北	80	22
山西	55	10
内蒙古	2	0
辽宁	96	14
吉林	62	2
黑龙江	124	36
上海	1699	1428
江苏	2618	1819
浙江	648	446
安徽	329	310
福建	238	234
江西	47	11
山东	302	180
河南	213	53
湖北	263	203
湖南	77	68
广东	4667	2597
广西	34	19
海南	43	9
重庆	159	85
四川	425	571
贵州	32	37
云南	12	6
西藏	5	2
陕西	152	181
甘肃	9	4
青海	2	1
宁夏	23	2
新疆	8	3
台湾	3	1
香港	73	119
澳门	0	0
国外在华总计	58	100
美国	57	100
英国	0	0
英属维尔京群岛	0	0
意大利	1	0

供稿:国家知识产权局战略规划司

地理标志

表 1   **地理标志作为集体商标、证明商标累计注册量**   （单位：件）

国家或地区	2021 年末累计注册量	2022 年末累计注册量
合计	6562	7076
国内总计	6347	6849
北京	18	19
天津	27	27
河北	255	298
山西	95	108
内蒙古	178	183
辽宁	141	141
吉林	102	112
黑龙江	107	108
上海	18	18
江苏	379	412
浙江	280	304
安徽	205	218
福建	594	643
江西	125	139
山东	855	903
河南	102	112
湖北	500	517
湖南	222	241
广东	97	121
广西	78	98
海南	93	107
重庆	284	295
四川	552	587
贵州	117	121
云南	310	347
西藏	134	146
陕西	143	156
甘肃	155	171
青海	40	48
宁夏	28	30

续表

国家或地区	2021 年末累计注册量	2022 年末累计注册量
新疆	108	114
台湾	5	5
香港	0	0
澳门	0	0
国外在华总计	215	227
德国	2	2
西班牙	2	3
法国	154	155
英国	3	3
格鲁吉亚	3	3
意大利	24	34
牙买加	2	2
日本	1	1
墨西哥	2	2
泰国	6	6
美国	14	14
印度	2	2

表 2　　　　　　　　　　　　　　　地理标志产品累计批准量　　　　　　　　　　　　　　　（单位：件）

国家或地区	2021 年末累计注册量	2022 年末累计注册量
合计	2490	2495
国内总计	2350	2355
北京	13	13
天津	13	13
河北	73	75
山西	27	27
内蒙古	41	41
辽宁	89	89
吉林	53	53
黑龙江	75	75
上海	12	12
江苏	91	91
浙江	115	115
安徽	86	87
福建	107	107
江西	62	62
山东	81	82
河南	116	116

续表

国家或地区	2021 年末累计注册量	2022 年末累计注册量
湖北	165	165
湖南	83	83
广东	162	162
广西	93	93
海南	12	12
重庆	14	14
四川	296	296
贵州	150	150
云南	64	65
西藏	35	35
陕西	86	86
甘肃	68	68
青海	16	16
宁夏	13	13
新疆	39	39
台湾	0	0
香港	0	0
澳门	0	0
国外在华总计	140	140
西班牙	12	12
法国	63	63
英国	4	4
意大利	26	26
墨西哥	1	1
美国	1	1
爱尔兰	2	2
奥地利	1	1
比利时、德国、法国、荷兰	1	1
波兰	1	1
丹麦	1	1
德国	5	5
芬兰	1	1
捷克	2	2
立陶宛	1	1
罗马尼亚	1	1
葡萄牙	6	6
瑞典	1	1
塞浦路斯	1	1

国家或地区	2021 年末累计注册量	2022 年末累计注册量
塞浦路斯、希腊	1	1
斯洛伐克	1	1
斯洛文尼亚	1	1
希腊	5	5
匈牙利	1	1

供稿:国家知识产权局战略规划司

农业植物新品种

表 1　　　　　**1999—2022 年品种权申请/授权情况汇总按植物种类划分**　　　　　（单位：件）

作物种类	植物种属	累计申请量	累计授权量	2022 年申请量	2022 年授权量
大田作物 累计申请量： 47 516 累计授权量： 18 645	水稻	15 070	6210	2232	787
	玉米	20 427	7449	3859	1064
	马铃薯	457	138	62	15
	普通小麦	4049	1637	550	219
	大豆	2385	1199	368	239
	甘蓝型油菜	721	325	84	24
	花生	766	303	100	65
	甘薯	370	171	61	35
	谷子	249	101	36	26
	高粱	217	75	32	3
	大麦属	254	118	26	17
	苎麻属	9	3	1	0
	棉属	1075	527	137	59
	亚麻	8	5	0	1
	桑属	56	24	0	0
	芥菜型油菜	2	0	1	0
	绿豆	88	25	11	2
	橡胶树	32	14	8	0
	茶组	428	84	90	5
	芝麻	53	13	8	3
	木薯	30	7	8	4
	甘蔗属	251	81	42	16
	小豆	42	14	3	4
	燕麦	26	5	12	2
	烟草	21	7	8	1
	向日葵	333	102	109	5
	荞麦属	28	0	7	0
	白菜型油菜	14	0	1	0
	薏苡属	10	0	4	0
	蓖麻	14	8	0	0
	菊芋	1	0	0	0
	甜菜	8	0	3	0

续表

作物种类	植物种属	累计申请量	累计授权量	2022 年申请量	2022 年授权量
大田作物 累计申请量： 47 516 累计授权量： 18 645	稷（糜子）	2	0	2	0
	大麻槿（红麻）	0	0	0	0
	可可	4	0	1	0
	苋属	16	0	6	0
蔬菜 累计申请量： 7437 累计授权量： 1813	大白菜	375	132	56	42
	普通番茄	1076	274	273	24
	黄瓜	543	147	129	3
	辣椒属	1257	327	319	112
	普通西瓜	730	216	122	55
	普通结球甘蓝	266	90	50	4
	食用萝卜	178	33	31	15
	茄子	203	66	41	18
	蚕豆	49	20	8	4
	豌豆	33	9	2	5
	菜豆	127	25	34	8
	豇豆	121	13	57	2
	大葱	27	3	3	0
	西葫芦	198	58	60	2
	花椰菜	185	39	40	13
	芹菜	11	2	2	1
	胡萝卜	34	3	16	1
	甜瓜	484	128	115	8
	大蒜	24	7	11	2
	不结球白菜	507	78	147	8
	苦瓜	165	30	38	0
	芥菜	57	14	11	10
	芥蓝	37	3	3	0
	莴苣	84	16	10	9
	冬瓜	33	2	10	1
	菠菜	42	7	12	0
	南瓜	188	27	55	0
	丝瓜属	56	2	16	0
	青花菜	153	28	32	2
	洋葱	44	1	6	0
	姜	0	0	0	0
	茭白（菰）	2	0	0	0
	芦笋（石刁柏）	2	0	1	0
	山药（薯蓣）	21	2	6	2

续表

作物种类	植物种属	累计申请量	累计授权量	2022 年申请量	2022 年授权量
蔬菜 累计申请量： 7437 累计授权量： 1813	咖啡黄葵	16	4	1	2
	魔芋属	34	5	14	5
	芋	7	1	2	1
	莘	0	0	0	0
	蕹菜(空心菜)	26	1	6	1
	芫荽(香菜)	3	0	0	0
	韭菜	12	0	1	0
	紫苏	27	0	8	0
观赏植物 累计申请量： 4483 累计授权量： 1696	春兰	8	1	0	1
	菊属	1125	586	179	142
	石竹属	289	103	32	2
	唐菖蒲属	8	2	0	0
	兰属	177	68	35	14
	百合属	161	75	8	2
	鹤望兰属	4	4	0	4
	补血草属	6	3	0	0
	非洲菊	260	130	27	9
	花毛茛	23	12	0	0
	华北八宝	0	0	0	0
	雁来红	0	0	0	0
	花烛属	404	181	72	8
	果子蔓属	76	39	3	1
	莲	130	22	26	2
	蝴蝶兰属	1136	361	230	53
	秋海棠属	52	24	6	1
	凤仙花	3	1	0	1
	非洲凤仙花	0	0	0	0
	新几内亚凤仙花	37	10	6	0
	万寿菊属	28	11	2	0
	郁金香属	3	0	0	0
	仙客来	0	0	0	0
	一串红	12	0	0	0
	三色堇	4	0	1	0
	矮牵牛(碧冬茄)	87	16	31	3
	马蹄莲属	19	4	0	4
	铁线莲属	9	0	8	0
	萱草属	70	20	15	2
	薰衣草属	8	3	0	1

续表

作物种类	植物种属	累计申请量	累计授权量	2022 年申请量	2022 年授权量
观赏植物 累计申请量： 4483 累计授权量： 1696	欧报春	0	0	0	0
	水仙属	3	0	0	0
	石蒜属	13	0	5	0
	睡莲属	30	0	13	0
	天竺葵属	13	0	1	0
	鸢尾属	52	3	10	3
	芍药组	1	0	0	0
	六出花属	16	0	4	0
	香雪兰属	4	0	0	0
	蟹爪兰属	19	14	5	14
	朱顶红属	180	3	149	3
	满天星	13	0	3	0
果树 累计申请量： 2589 累计授权量： 826	梨属	240	105	27	3
	桃	277	102	73	12
	荔枝	42	16	18	9
	苹果属	375	102	87	4
	柑橘属	213	75	38	4
	香蕉	88	32	15	9
	猕猴桃属	297	118	43	8
	葡萄属	306	114	58	25
	李	47	11	0	1
	草莓	293	82	66	4
	龙眼	14	1	5	0
	枇杷	38	15	4	2
	樱桃	104	7	66	1
	芒果	55	18	16	17
	杨梅属	7	3	2	0
	椰子	11	2	0	0
	凤梨属	49	9	23	2
	番木瓜	9	0	3	0
	木菠萝(菠萝蜜)	4	0	3	0
	无花果	16	2	3	0
	芭蕉属	8	1	3	1
	量天尺属	36	1	19	0
	西番莲属	52	8	15	3
	梅	8	2	6	2

作物种类	植物种属	累计申请量	累计授权量	2022 年申请量	2022 年授权量
牧草 累计申请量： 49 累计授权量： 8	紫花苜蓿	15	3	1	0
	草地早熟禾	4	0	0	0
	酸模属	4	0	0	0
	柱花草属	9	3	0	0
	结缕草	5	2	1	0
	狗牙根属	4	0	0	0
	鸭茅	0	0	0	0
	红车轴草 （红三叶）	0	0	0	0
	黑麦草属	0	0	0	0
	羊茅属	0	0	0	0
	狼尾草属	7	0	2	0
	白车轴草 （白三叶）	1	0	0	0
药用植物 累计申请量： 255 累计授权量： 57	人参	12	5	2	2
	三七	4	3	0	0
	石斛属	98	25	16	11
	枸杞属	7	1	5	0
	天麻	2	0	2	0
	灯盏花 （短葶飞蓬）	0	0	0	0
	何首乌	2	0	2	0
	菘蓝	1	0	0	0
	甜菊（甜叶菊）	5	2	0	0
	红花	7	0	0	0
	淫羊藿属	8	0	0	0
	松果菊属	9	3	0	3
	金银花	4	1	0	1
	柴胡属	1	0	0	0
	黄芪属	2	0	0	0
	美丽鸡血藤 （牛大力）	68	13	0	1
	穿心莲	1	0	1	0
	丹参	12	4	3	4
	黄花蒿	5	0	0	0
	砂仁	7	0	1	0

作物种类	植物种属	累计申请量	累计授权量	2022 年申请量	2022 年授权量
菌类 累计申请量: 307 累计授权量: 56	白灵侧耳	14	1	1	0
	羊肚菌属	10	5	0	0
	香菇	72	9	18	1
	黑木耳	10	5	1	1
	灵芝属	17	3	6	0
	双孢蘑菇	21	11	3	0
	金针菇	43	0	22	0
	蛹虫草	5	0	3	0
	长根菇	2	0	1	0
	猴头菌	5	0	2	0
	毛木耳	23	3	5	3
	蝉花	1	1	0	0
	真姬菇	39	0	13	0
	平菇(糙皮侧耳、弗罗里达侧耳)	42	18	4	15
	秀珍菇(肺形侧耳)	3	0	0	0
合计		62 636	23 101	11 199	3375

供稿:农业农村部科学技术司

林草植物新品种

表1   林草植物新品种申请量和授权量统计（1999—2022 年）   （单位：件）

年份	申请量			授权量		
	国内申请人	国外申请人	合计	国内品种权人	国外品种权人	合计
1999	181	1	182	6	0	6
2000	7	4	11	18	5	23
2001	8	2	10	19	0	19
2002	13	4	17	1	0	1
2003	14	35	49	7	0	7
2004	17	19	36	16	0	16
2005	41	32	73	19	22	41
2006	22	29	51	8	0	8
2007	35	26	61	33	45	78
2008	57	20	77	35	5	40
2009	62	5	67	42	13	55
2010	85	4	89	26	0	26
2011	123	16	139	11	0	11
2012	196	26	222	169	0	169
2013	169	8	177	115	43	158
2014	243	11	254	150	19	169
2015	208	65	273	164	12	176
2016	328	72	400	178	17	195
2017	516	107	623	153	7	160
2018	720	186	906	359	46	405
2019	656	146	802	351	88	439
2020	897	150	1047	332	109	441
2021	1225	217	1442	637	124	761
2022	1649	179	1828	501	150	651
合计	7472	1364	8836	3350	705	4055

表2   林草授权植物新品种中不同植物类别的授权量统计（1999—2022 年）   （单位：件）

年份	林木	经济林	观赏植物	竹	木质藤本	其他	合计
1999	6	0	0	0	0	0	6
2000	3	0	20	0	0	0	23

续表

年份	林木	经济林	观赏植物	竹	木质藤本	其他	合计
2001	2	2	14	0	0	1	19
2002	0	1	0	0	0	0	1
2003	6	1	0	0	0	0	7
2004	6	4	5	0	0	1	16
2005	3	1	34	0	0	3	41
2006	5	0	3	0	0	0	8
2007	7	1	70	0	0	0	78
2008	10	6	19	1	0	4	40
2009	14	1	39	0	0	1	55
2010	10	6	10	0	0	0	26
2011	2	1	5	0	0	3	11
2012	27	20	113	0	2	7	169
2013	34	9	114	1	0	0	158
2014	24	13	121	1	0	10	169
2015	31	28	106	1	2	8	176
2016	44	40	104	2	3	2	195
2017	18	17	120	1	1	3	160
2018	62	99	238	2	3	1	405
2019	69	70	287	1	0	12	439
2020	89	77	257	1	0	17	441
2021	66	80	600	9	3	3	761
2022	68	62	498	0	7	16	651
合计	606	539	2777	20	21	92	4055

表 3 　　　　林草授权植物新品种中各国的授权量统计(1999—2022 年) 　　　　（单位:件）

排名	国家	1999—2022 年授权总量	2022 年授权量	主要植物属
1	中国	3350	501	蔷薇属、芍药属
2	荷兰	294	96	蔷薇属
3	法国	102	17	蔷薇属
4	德国	93	7	蔷薇属
5	美国	69	5	越桔属
6	英国	44	4	蔷薇属
7	澳大利亚	33	7	越桔属、蔷薇属、大戟属
8	丹麦	32	0	蔷薇属
9	日本	20	11	蔷薇属
10	西班牙	6	2	越桔属
11	比利时	6	0	杜鹃花属

续表

排名	国家	1999—2022 年授权总量	2022 年授权量	主要植物属
12	意大利	4	0	蔷薇属
13	新西兰	1	0	蔷薇属
14	厄瓜多尔	1	1	蔷薇属
合计		4055	651	

表 4　　　　　各国授权品种的属(种)授权量统计(1999—2022 年)　　　　(单位:件)

属(种)	1999—2022 年授权总量														
	中国	荷兰	法国	德国	美国	英国	澳大利亚	丹麦	日本	比利时	西班牙	意大利	厄瓜多尔	新西兰	合计
蔷薇属	371	281	102	75	5	40	10	32	10	0	0	4	1	1	932
芍药属	201	0	0	0	0	0	0	0	0	0	0	0	0	0	201
杜鹃花属	185	0	0	0	0	0	0	0	3	6	0	0	0	0	194
杨属	178	0	0	0	0	0	0	0	0	0	0	0	0	0	178
李属	176	0	0	0	0	0	0	0	0	0	0	0	0	0	176
山茶属	150	0	0	0	0	0	0	0	0	0	0	0	0	0	150
越桔属	80	0	0	0	28	0	13	0	0	0	5	0	0	0	126
紫薇	111	0	0	0	0	0	0	0	0	0	0	0	0	0	111
苹果属	81	0	0	0	0	0	0	0	0	0	0	0	0	0	81
柳属	73	0	0	0	0	0	0	0	0	0	0	0	0	0	73
槭属	62	0	0	0	4	0	0	0	0	0	0	0	0	0	66
桂花	65	0	0	0	0	0	0	0	0	0	0	0	0	0	65
木兰属	63	0	0	0	0	0	0	0	0	0	0	0	0	0	63
核桃属	61	0	0	0	0	0	0	0	0	0	0	0	0	0	61
文冠果	58	0	0	0	0	0	0	0	0	0	0	0	0	0	58
卫矛属	54	0	0	0	0	0	0	0	0	0	0	0	0	0	54
紫薇属	48	0	0	0	0	0	0	0	0	0	0	0	0	0	48
大戟属	3	7	0	18	7	0	10	0	0	0	0	0	0	0	45
含笑属	45	0	0	0	0	0	0	0	0	0	0	0	0	0	45
杏	41	0	0	0	2	0	0	0	0	0	0	0	0	0	43
桉属	41	0	0	0	0	0	0	0	0	0	0	0	0	0	41
梅	39	0	0	0	0	0	0	0	0	0	0	0	0	0	39
白蜡树属	34	0	0	0	0	0	0	0	0	0	0	0	0	0	34
悬钩子属	11	0	0	0	18	4	0	0	0	0	1	0	0	0	34
牡丹	33	0	0	0	0	0	0	0	0	0	0	0	0	0	33
榆属	33	0	0	0	0	0	0	0	0	0	0	0	0	0	33
其他	1053	6	0	0	5	0	0	0	7	0	0	0	0	0	1071
合计	3350	294	102	93	69	44	33	32	20	6	6	4	1	1	4055

供稿:国家林业和草原局科技发展中心

海关知识产权保护

表 1   **2022 年海关扣留侵权货物统计按进出口类型分**

进出口类型	批次(万)	占比(%)	商品数量(万件/万双)	占比(%)
合计	6.09	100	7794	100
进口	0.03	0.5	556	7.1
出口	6.06	99.5	7238	92.9

表 2   **2022 年海关扣留侵权货物统计按渠道分**

渠道	批次(万)	占比(%)	商品数量(万件/万双)	占比(%)
合计	6.09	100	7794	100
货运渠道	0.2	3.2	6995	89.7
非货运渠道	5.89	96.8	799	10.3

供稿:海关总署综合业务司

知识产权司法保护

表 1   **2022 年全国法院受理和审结各类知识产权案件统计**

项目	数量	备注
1. 全国地方法院刑事案件		
新收侵犯知识产权罪一审案件（件）	5336	
同比增长（%）	−14.98	
审结侵犯知识产权罪一审案件（件）	5456	
同比增长（%）	−9.76	
侵犯注册商标类刑事案件（件）	5099	
侵犯著作权类刑事案件（件）	302	
其他刑事案件（件）	55	
新收涉知识产权刑事二审案件（件）	979	
审结涉知识产权刑事二审案件（件）	977	
2. 全国地方法院行政案件		
新收一审案件（件）	20 634	
同比增长（%）	0.35	
新收专利案件（件）	1876	
新收商标案件（件）	18 738	
新收著作权案件（件）	12	
新收植物新品种案件（件）	3	2022 年新增
审结一审案件（件）	17 630	
同比增长（%）	−8.85	
新收二审案件（件）	5897	
审结二审案件（件）	7285	
3. 全国地方法院民事案件		
新收一审案件（件）	438 480	
同比增长（%）	−20.31	
专利案件（件）	38 970	
同比增长（%）	23.25	
商标案件（件）	112 474	
同比增长（%）	−9.82	
著作权案件（件）	255 693	
同比增长（%）	−29.07	
技术合同案件（件）	4238	
同比增长（%）	5.55	

续表

项目	数量	备注
竞争案件(件)	9388	
同比增长(%)	11.51	
植物新品种类案件(件)	476	2022 年新增
其他知识产权案件(件)	17 241	
同比增长(%)		因 2021 年其他知识产权案件数据中包含植物新品种类案件数据,故无法计算同比上升数据
审结一审案件(件)	457 805	
同比增长(%)	−11.25	
新收二审案件(件)	46 524	
审结二审案件(件)	46 563	
4. 最高人民法院知识产权审判案件		
新收知识产权民事案件(件)	3786	
审结知识产权民事案件(件)	3073	
新收知识产权行政案件(件)	1456	
审结知识产权行政案件(件)	1542	

供稿:最高人民法院民三庭

第二十四届中国专利金奖获奖项目简介

专利名称：HIV 感染的肽衍生物融合抑制剂
专 利 号：ZL03816434.5
专利权人：前沿生物药业（南京）股份有限公司
发 明 人：谢 东 姜 和

本专利首创 HIV 感染的肽衍生物融合抑制剂，使其在体内的稳定性增加和对肽酶或蛋白酶降解的易感性降低，解决了多肽产品开发面临的半衰期短、成药性差、用药频率高导致的治疗费用高昂的问题。艾可宁为国家一类新药、中国市场唯一获批上市的抗 HIV 病毒长效注射药，全球首例获批的长效 HIV 融合抑制剂，已被纳入全球知名的利物浦药物作用数据库、国家医保目录、中国艾滋病诊疗指南，是国家重大专项新药创制专项标志性成果，解决了我国创新药缺乏难题，为患者提供了新的选择。其建立的新型治疗方案，是对国内艾滋病治疗方案全部为口服药的重要补充和提升，推动建立了艾滋病治疗多层次支付体系。

本专利成果覆盖国内 28 个省的 250 余家 HIV 定点治疗医院及 130 余家 DTP 药房，累计销售量超过 30 万支，销售额超 2 亿元，提升了我国重大传染病防治水平，具有显著临床优势和不可替代性，实现了治疗药物自主可控；已在海外 5 个国家注册上市，开启了中国艾滋病创新药物进入国际市场的道路。

专利名称：数字信号收发系统及收发方法
专 利 号：ZL200610028998.1
专利权人：上海数字电视国家工程研究中心有限公司
发 明 人：张文军 居 峰 归 琳
　　　　　 梁伟强 何大治

电视广播是一个国家信息基础设施的重要组成部分，我国在 21 世纪初确立了自主制定数字电视广播标准并带动相关产业发展的国家战略。当时国际上已有欧美两种主要技术标准，其性能和应用各有差异和局限。如何继承和超越国际已有标准，满足我国城乡更加多样化的应用需求，亟须在电视收发系统及方法上实现核心关键技术的突破。

本专利发明了信息传输的一阶循环数据帧结构，形成了多模信号同构接收方法，实现了在接收复杂度与国外标准相当条件下，显著提高对抗强干扰能力。本专利成为同时保护发射端和接收端且"绕不开"的我国标准必要专利，协助国标专利池成功实现向境外公司的规模专利许可收费。基于本专利自主设计的国产接收芯片通过数字电视整机产品惠及全国亿万家庭。本专利的实施与应用，为建立和贯通"关键技术—核心标准—自主产业"的创新之路作出了重要贡献。

专利名称：一种柴油机喷油控制方法及应用该控制方法的电控柴油机
专 利 号：ZL201210059618.6
专利权人：潍柴动力股份有限公司
发 明 人：陈文森 谭智超 李志杰

本专利首创性提出实际喷油开始时刻、精准喷油持续时间、喷油油束碰撞活塞顶面的临界曲轴转角的计算方法，基于这三个计算方法，提出一种柴油机喷油的自适应控制策略，实现对燃油喷射的实时精确控制，避免了喷油碰撞活塞顶面风险，保证了柴油机高效运行，从而大幅提高柴油机的热效率。以本专利为核心，从结构设计、控制方法等方面进行系统布局保护，形成由 30 余件专利组成的专有技术保护群。

2015 年以来，应用获奖专利技术的柴油机产品国内累计销售收入 994.81 亿元，国外累计销售收入 17.66 亿美元，创造了巨大的经济效益。本专利成果的应用对实现"双碳"目标、保障国家能源安全、推进生态文明建设具有重大意义。

专利名称:一种多路服务器动态链路配置装置和方法

专 利 号:ZL201210272129.9

专利权人:浪潮（北京）电子信息产业有限公司

发 明 人:王恩东　胡雷钧　李仁刚

本专利技术及相关产品，根据多路服务器系统中处理器间互连链路设计结构的特点，采用动态链路可用性转化的双步初始化芯片配置方法，保证多路服务器系统的互连通信。

本专利技术保证了多路服务器系统中处理器间的互连链路时刻存在，极大地支持了多处理器扩展互连、故障链路动态切换、实时链路负载均衡，实现了处理器间物理链路的透明传输和动态可用性转化，保障了多处理器之间的高效互连互通，从根本上解决了多路服务器系统中"难扩展""难维护""难调度"三大关键性技术难题，是多路服务器的底层核心技术，对于多路服务器相关产品的性能提升和可用性保障有关键作用。

基于本专利技术，浪潮（北京）电子信息产业有限公司牵头制定了高端服务器的

国家标准 GB/T 34948—2017（《信息技术 8 路（含）以上服务器功能基本要求》），实施该专利技术的产品新增销售额已超 300 亿元。在专利技术实施与项目攻关过程中，培养了一大批专业的核心技术人才、服务器领域技术带头人和产业开拓者。

专利名称:一种制造机械零件的方法、模具和系统

专 利 号:ZL201210594172.7

专利权人:北京机科国创轻量化科学研究院有限公司

发 明 人:单忠德　姜　超　张密兰　蔡万华　叶永胜

为满足汽车轻量化、安全性等发展需求，超高强度钢结构件既能提升安全性能，又能降低车身重量，成为汽车车身轻量化的首选。本专利针对超高强度钢热冲压结构件的高性能、高精度、高效率制造急需，创新性提出了一种金属板料数字化热冲压成形工艺、模具和精确调控的高质量成形制造系统，为高强度金属冲压件成形淬火一体化形性控制、褶皱裂纹缺陷控制等成形难题提供了系统解决方案，全面突破工艺、模具及装备等关键技术，实现了超高强钢结构件数字化精确成形制造技术的自主可控。发明的复杂结构件成形与控性设计制造一体化技术、模具及装备，满足了汽车零部件高性能、高精度、高效率制造急需，大幅度缩短零件制造周期、降低生产制造成本，产品尺寸精度可达 ±0.5mm，抗拉强度达 1500MPa 以上。

本专利创新轻量化设计、绿色成形制造技术，解决复杂结构件一体化成形难题，在中国一汽、北汽福田等 100 余家企业推广应用，赋能制造业高端化、智能化、绿色化发展，取得了显著的经济效益和社会效益。

专利名称:监护设备及其生理参数处理方法及系统

专 利 号:ZL201310419886.9

专利权人：深圳迈瑞生物医疗电子股份有限公司

发 明 人：孙泽辉　苏健伟　喻　娇
　　　　　　杨景明　谢超成　叶文宇
　　　　　　岑　建

监护仪是患者生命的"警卫员"，然而临床科室环境复杂、干扰多，导致生理参数误报警多，不仅增加医护人员工作量，还影响患者安全。传统技术是各生理参数的独立分析，存在显著瓶颈。

本专利是重症科室监护仪设备的基础核心专利。其方法基于患者各生理参数之间具有生理相关性的特点，通过信号质量分析和过程互相控制，实现了多参数联合分析，相对于依靠单个生理参数独立进行处理的方式，信息源更广，可以得到更加准确的生理参数结果，从而有效降低误报警和漏报警，解决了行业技术难题，提升了医疗监护水平。

本专利方法通用性强，应用于迈瑞高、中、低端全系列监护产品；临床应用广泛，覆盖重症监护室、手术室、心脏科、急救室、普通病房等多个医院科室。本专利产品提升产品竞争力，进驻国内外众多高端教学医院，是工业和信息化部认定的"国家级制造业单项冠军产品"。截至2021年底，累计发货量超24万台，销售额48.9亿元，利润超16亿元，出口额超24亿元。

专利名称：用于控制飞机起落架舱门的连杆机构

专 利 号：ZL201310513351.8

专利权人：中国商用飞机有限责任公司，中国商用飞机有限责任公司上海飞机设计研究院

发 明 人：吕　军　孟庆功　张　璞
　　　　　　姜　皓　杨尚新　张恒康
　　　　　　马　建

本专利所述的起落架舱门连杆机构，实现了起落架在无液压能源动力的情况下依靠自身重力放下，使得飞机起落架在任何使用环境中都能够放下锁定，确保飞机安全着陆。

本专利产品符合适航规章关于起落架应急放的安全要求，实现了中国商飞公司"生命至上，安全第一，安全永远第一"的安全观。本专利产品在中国首个自主知识产权的涡扇民用飞机ARJ21-700上得到应用，目前已累计装机100余架份并交付最终客户使用。按照产品单套价值和飞机当前的采购订单计算，总价值超过5.4亿元。

利用联动式舱门机构来同步起落架和起落架舱门的收放，可靠性高、力学性能好，已成为该领域的业内共识，未来有望在多个机型上得到推广应用。ARJ21-700飞机自2016年开始投入民航航线运行，安全运送旅客超过700万人次。本产品在飞机航线运营中安全工作超20万小时，是保障ARJ21飞机飞行安全的关键部件。

专利名称：三酮类化合物及其制备方法和应用

专 利 号：ZL201310516269.0

专利权人：山东先达农化股份有限公司，辽宁先达农业科学有限公司

发 明 人：杨光富　王大伟　陈　琼

喹草酮为本专利保护的核心化合物之一，是一种对高粱高度安全的苗后选择性除草剂，具有高效（每亩用量仅需2～10克）、杀草谱广、低毒低残留的特点，尤其对野糜子、虎尾草等高粱田重大恶性杂草具有特效，解决了高粱田"超级杂草"无药可治的"卡脖子"技术难题，为高粱及白酒相关产业的高质量发展提供了关键科技支撑。

喹草酮具有全新的分子骨架，是全球第一个喹唑啉二酮类商品化农药品种，具有首创性。与使用非选择性除草剂进行定向喷雾的常规防治手段相比，不仅省工效，还可减少农药用量50%以上，使高粱平均增产13%以上。目前，喹草酮已取得国内原药、制剂双登记；正在巴基斯坦进行田间试验，已于2022年底向巴基斯坦提交了登

记申请；2023—2024 年将陆续启动尼日利亚、喀麦隆、莫桑比克、坦桑尼亚等国家的田间试验和登记申请。截至 2022 年底，专利产品喹草酮累计推广应用近 400 万亩，农业增收超过 8 亿元，经济、社会和生态效益巨大，乡村振兴成效显著。

喹草酮拥有完善的自主知识产权保护体系，是我国近年来在国内外学术界和产业界产生广泛影响的原创性农药科技成果，市场认可度不断提升，成为高粱除草的当家品种。

专利名称：变频装置及其功率扩展方法
专 利 号：ZL201410144513.X
专利权人：中车株洲电力机车研究所有限公司
发 明 人：刘海涛　梁志伟　王　婷　应　婷　黄　敏　杨　林　李　宇　吴顶峰　刘雨欣　从　静

变频装置是电气化时代能量转化的"心脏"，主要用于轨道交通和高端工业装备等领域，是践行"交通强国""制造强国"和"双碳"战略的核心。随着电气化向大容量、强灵活、高安全方向发展，变频装置容易出现系统不均衡、控制难度高、多物理场相互影响等问题，如处理不当，将导致关键部件损坏、系统停运，甚至重大工程事故等。

本专利首创了一套变频装置及其功率扩展方法，具备构型化功率扩展设计、电网友好型多模块均衡高效控制、多物理场耦合集成优化、电磁兼容关联矩阵等关键技术，有效提高了变频装置的容量、功率密度、电气性能和可靠性，可在多场景下实现减少体积 50%、提升电流均衡度至 98.5%、降低故障率 90%。该装置最高功率可达 160MW，解决了用户对更大功率、丰富应用场景、低碳环保、安全可靠的追求。

本专利成果的国内市场占有率在高铁、机车、地铁、矿卡领域全面第一，并应用于人民大会堂、"中国尊"、北京大兴机场等地标性建筑，且支撑"大湾区 1 号"献礼深圳改革开放四十周年。截至 2022 年底，直接收入约 192 亿元，间接经济效益超 600 亿元。

专利名称：一种多级分流再生的二氧化碳捕集系统与工艺
专 利 号：ZL201410175747.0
专利权人：中国华能集团清洁能源技术研究院有限公司
发 明 人：许世森　牛红伟　邵时旺　刘练波　王金意　郭东方

二氧化碳捕集利用与封存（CCUS）技术是我国实现碳中和目标、保障国家能源安全不可或缺的战略性技术。其中，碳捕集成本占 CCUS 全链成本的 70%～75%，降低碳捕集成本至关重要。目前，二氧化碳捕集过程中存在气液界面热质传递耦合匹配性差、再生反应驱动力不足、蒸汽热源利用率低等问题，阻碍了碳捕集技术的大规模推广。

本专利开创了二氧化碳捕集多级分流技术体系，将我国二氧化碳捕集技术能耗相比国外工艺降低 20%；首创富液多级分流技术，实现在再生塔不同位置利用余热对二氧化碳多级解吸，综合能耗降低 20%以上；首创富液进入再生塔精确控制技术，大幅提升再生驱动力，设备成本降低 15%以上；首创富液分流流股控制及富液再热技术，实现能量品位的高效梯级利用，大幅度回收再生余热，蒸汽热耗降低 11.6%以上。

本专利成果已成功应用于全球最大的 150 万吨/年 CCUS 示范工程和澳大利亚首个燃煤电厂碳捕集与封存示范工程，同时在国内外十余个碳捕集项目中节能降耗效果明显，大幅降低捕集成本。本专利的专利权人已获批高效灵活煤电及 CCUS 全国重点实验室和国家能源局"赛马争先"创新平台，持续为双碳目标提供技术支撑。

专利名称：一种分布式存储系统升级方法和装置
专 利 号：ZL201511034171.7

专利权人:阿里云计算有限公司

发明人:朱家稷 赵树起 林江彬
谷跃胜

基于本专利首创的热升级方法,阿里云提升了部署和运维数百万台服务器的超大规模集群的能力和效率,并且将单集群规模扩展到万台以上,增强了阿里云在规模、性能、弹性、稳定和成本等方面的竞争力。能够在不影响上层用户业务的前提下,安全稳定地快速升级和迭代底层的存储服务。具体而言:在几乎每天都有大量数据服务器升级的情况下,存储系统能保障数据可靠性 12 个 9 的目标(99.999 999 999 9%),数据可用性达 99.995%。同时,本专利创新方法也让数据中心的海量服务器实现了无人值守的自动升级,升级效率提升了 4 倍以上。

目前,阿里云在全球 28 个地域开放了 86 个可用区,为全球超过 400 万客户提供高可靠、高可用的计算和存储服务。在国内同时为 26 个部委,30 个省、自治区、直辖市,全国 442 个城市,提供 1000 余项服务,累计服务 9 亿人次,用于铁路 12306、云上奥运会、健康码、电子社保卡、医保平台、个人所得税申报、数字政府、城市大脑、"一带一路"等与国计民生密切相关的国家重点项目。以获奖专利为支撑的阿里云 2022 年实现营收超过 1000 亿元。

专利名称:EGFR 抑制剂及其制备和应用

专利号:ZL201580045311.2

专利权人:江苏豪森药业集团有限公司

发明人:危明松 孙广俊 谭松良
高鹏 王少宝 修文华
张福军 包如迪

第三代 EGFR 抑制剂是治疗耐药性非小细胞肺癌的突破性药物。几乎所有肺癌患者在服用一代或二代 EGFR 抑制剂后 1—2 年内均出现了耐药性,其中 50% 以上由 T790M 突变造成。因此,寻找能克服 T790M 耐药的第三代 EGFR 抑制剂是临床治疗肺癌急需解决的世界难题。

专利产品甲磺酸阿美替尼片(商品名:阿美乐)是首个中国原创三代 EGFR - TKI 创新药。与一线标准用药相比,阿美乐显著延长了患者中位无进展生存期(19.3 个月 vs 9.9 个月)及中位缓解持续时间(18.1 个月 vs 8.3 个月),对棘手的肺癌脑转移也有优异的抑制作用。二线治疗方面,24 个月超长生存期达 57.5%,是迄今为止的最佳生存获益。通过创新性的分子设计,显著提高了药物安全性,患者不良反应降低了 50%。

本专利成果因突破性疗法获国家药品监督管理局快速审批。该专利产品已快速纳入国家医保目录,广泛造福肺癌患者,年销售额达几十亿元。凭借全球专利布局,产品海外权益已成功对外许可,并已在英国和欧洲递交上市申请。

专利名称:一种聚酰胺 1012 系热塑性弹性体材料及其制备方法

专利号:ZL201610069156.4

专利权人:中国科学院化学研究所

发明人:董侠 朱平 王笃金
王莉莉 高昀鋆 刘学新

长碳链聚酰胺弹性体具有质轻、热稳定性好、耐溶剂、吸水量低、弹性好、耐磨等优点,应用广泛。

本专利以对称碳链的 AABB 型长碳链聚酰胺为硬段,以聚醚或者聚酯为软段,通过调控软硬段比例与长度,创制出一种聚酰胺 1012 系热塑性弹性体材料,具有更高的氢键有序度和结晶温度,超临界发泡加工的稳定性好。中国科学院化学研究所利用自行研制的核心设备和精准端基控制聚合工艺,解决了原料易热分解、高粘物料小分子脱挥难、连续出料稳定性差等技术难题。通过高熔体强度专用配方设计,开发了超临界珠粒发泡-蒸汽成型、改性型坯发泡、珠粒发泡成型一体化等系列生产工艺,获得了密度小于 0.1g/cm³、垂直回弹率大于 70% 的发泡制品。经鉴定,本专利技术总体达到国际先进水平。

目前,该专利成果已实现产业化转化,建成工业生产线,具备稳定生产和供货能力。该专利产品填补了国内空白,在高端跑鞋的成功应用,标志着我国高性能长碳链聚酰胺弹性体的生产和应用进入新阶段。

专利名称:一种堆芯三维功率分布的在线测量方法

专 利 号:ZL201610478643.6

专利权人:中广核研究院有限公司,中国广核集团有限公司,中国广核电力股份有限公司

发 明 人:李文淮　张香菊　王军令
李 晓　王 超　卢皓亮
厉井钢　蔡利

堆芯是核电厂系统中最核心、最复杂、技术最密集的部分,其高温、高辐射、流动复杂等特点以及多种物理场耦合效应,使高精度实时监测堆芯内状态充满挑战。

本专利创新性地提出了假想热电偶T/C组件概念、利用多节堆外中子探测器重构堆芯边缘组件功率的方法,并辅以定期物理实验更新标定因子,实现多类型探测器信息融合,达到高精度堆芯三维功率分布实时监测。结合相关测量信息和理论模型,实现了中子-功率-温度多物理场耦合的监测,对反应堆的运行裕量进行直接监测和预警。

搭载本专利的堆芯三维在线监测与运行支持系统,具有精度高、响应快和操作简单的特点,提升了堆芯运行监测、预测、诊断以及辅助运行控制能力。已在我国20余个在运机组成功商用,具有累计80堆年运行经验。该系统计算准确、功能全面、性能稳定、使用方便,能有效提升机组运行能力,助力我国核电技术高质量发展。

专利名称:一种非线性光学材料弛豫铁电单晶单畴化的方法

专 利 号:ZL201710414718.9

专利权人:西安交通大学

发 明 人:徐 卓　赵 烨　魏晓勇
王三红　庄永勇　李振荣

专利权人西安交通大学经过20余年持续研究,发明了弛豫铁电单晶的制备工艺、成套技术和应用方法。本专利在退火过程提出了在居里温度处的极缓慢降温过程,居里温度处的缓慢降温过程可以有效地调控晶体的电畴尺寸,从而获得无裂纹的单畴态晶体,这解决了弛豫铁电单晶的核心加工问题。

以本专利为核心,专利权人团队于2020年在《自然》杂志上发表关于透明弛豫铁电单晶的研究成果,大幅度提升光声传感器性能,为光声成像系统、电光调制器、光学相控阵、量子光学器件提供了一种全新的关键材料。相关成果入选2020年度中国科学十大进展。

专利权人以本专利为核心,构建了包括弛豫铁电单晶的生长、加工、应用等全环节的专利体系,攻克了弛豫铁电单晶的生长技术并具备批量生产能力。

专利名称:一种用于基因测序仪的光学系统

专 利 号:ZL201720333150.3

专利权人:深圳华大智造科技股份有限公司

发 明 人:杨 斌　姜鹤鸣　温 欣
苏泽宇　梁元庆　黄燕樵
刘 健

在基因测序仪中,光学系统是测序仪的核心部件。使用荧光标记的方法进行基因测序时,光学系统通过激发测序芯片的荧光标记物并采集这些荧光标记物所发射出的荧光信号来识别碱基,以往的基因测序仪光学系统结构复杂,使用成本高,对于推广应用有很大的限制。

本专利的光学系统通过创造性技术变革,激光器发射激光后通过极简化的光路即可实现对激发产生的荧光进行多种组合的检测,从而识别出四种碱基,高效地实现

对 DNB 的荧光激发和检测成像，简化了光路和降低成本；同时通过减少 DNB 的像素采样率，来保证同样大小的图片（像素数量固定）可以识别出更多的 DNB，从而提高了测序通量。

本专利成果应用到深圳华大智造科技股份有限公司多款基因测序仪中，在科研、临床、农业等方面具有良好的应用，特别是在新冠疫情防控中，本专利产品能够对病毒序列进行大量快速检测，在防疫前线发挥着重要的作用。

专利名称：一种液态金属钠高功率加热系统及其调节方法
专 利 号：ZL201810037587.1
专利权人：西安交通大学
发 明 人：苏光辉　向　延　张大林
　　　　　　王明军　张　魁　田文喜
　　　　　　秋穗正

本项目面向我国重大核能科技工程中国首座示范快堆自主化设计研发需求，发明了快堆钠-水蒸气发生器复杂运行环境下液态金属钠高功率加热和测量仪表、设备及先进控制系统和方法，开发了完全自主知识产权的通用性强、精度高的蒸汽发生器设计及瞬态分析软件，建成了技术参数国际领先、我国首个且唯一的钠-水蒸气发生器综合试验装置，完成了我国首台国产化钠-水蒸气发生器的启停、满功率稳态、事故瞬态及事故保护系统的全面试验验证，保障了重大工程示范快堆的工程进度节点，为示范快堆后续安全运行提供了重要支持。

本专利成果已广泛应用于中国快堆等国家重大核能工程，支撑了我国在第四代核能系统液态金属反应堆的基础科研及工程实践。本专利成果获陕西省高等学校科学技术奖一等奖，产生了巨大的社会效益和经济效益。

专利名称：复合催化剂及其制备方法、应用
专 利 号：ZL201811010567.1
专利权人：浙江新和成股份有限公司，浙江大学
发 明 人：王　勇　吕国锋　于丽丽
　　　　　　王　哲　毛善俊　唐静思
　　　　　　李浩然　陈志荣

炭负载型纳米金属催化剂凭借较高的催化活性和选择性，以及耐高温、抗氧化、耐腐蚀等综合特性，在化工、环保、能源等领域得到了广泛应用，是重要的催化材料之一。

本专利创制了一种兼具高活性、高稳定性、环境友好性和适用范围广的复合催化剂，有效解决了传统炭负载型纳米金属催化剂易失活、稳定性差、无法适用于大分子底物反应等难题。

本专利催化技术的应用，首创大分子共轭双烯酮化合物选择性加氢技术，发明了全新的维生素 E 合成工艺路线，将维生素 E 侧链异植物醇的合成步骤从 14 步减少到 11 步，原子经济性从 36％提高到 85％。此外，还成功实现了含硫底物的高效、稳定选择性加氢反应。得益于这一技术创新，浙江新和成股份有限公司维生素 E 和维生素 H 等相关产品的新增销售额超过百亿元。

专利名称：一种用于飞机平尾作动筒传感器组件的检测装置
专 利 号：ZL201811046043.8
专利权人：国营芜湖机械厂
发 明 人：阚　艳　范　鑫　姚旭成
　　　　　　刘　国　郑永龙　单奕萌
　　　　　　李珊珊　周勇军　张子明
　　　　　　王纬国　袁大鹏　王洪涛
　　　　　　孙同明

航空飞机既是国家综合国力和工业水平的集中体现，更是国家安全和大国地位的重要战略保障。航空飞机的维护保障能力，对飞行安全至关重要。作动筒作为飞行控制系统的终端执行部件，通过操纵方向舵、升降舵等控制着飞行姿态，作动筒位

移一旦发生偏差,将导致飞行姿态控制失效,造成重大飞行事故。

本专利首创了一种用于飞机平尾作动筒传感器组件的检测装置,具备性能指标的自动采集与处理、同步测试等功能,故障检出率及修复合格率达到 100%,效率提升 4 倍,解决了检测效率低、测试误差高,多余度系统测试精度、测试一致性无法匹配高强度、高频率、低缓冲的复杂工况的问题。

本专利成果已经实现产业化,应用于多家单位的飞机平尾作动筒检测维修中,累计实现总销售额超过 2.9 亿元。国营芜湖机械厂以本专利技术为核心自主研发的"飞机性能检测技术""飞机测试维修技术"等系列技术,支撑和形成了飞机性能重塑体系。

专利名称:一种全彩化发光器件及显示模组
专 利 号:ZL201910583699.1
专利权人:佛山市国星光电股份有限公司
发 明 人:张运原　章金惠　麦家儿
　　　　　郑银玲　袁毅凯　李　程

LED 显示产业是国家重点培育和发展的战略性新兴产业,符合国家的战略发展方向。随着 LED 显示器件向微型化、高密度集成化方向发展,LED 显示器件采用传统封装架构会出现严重的光学串扰现象,导致显示屏显示色彩偏色,显示性能严重下降。

本专利首创了一种全彩化发光器件,创新性地提出了采用光学界面全反射结构抑制 LED 显示中的光学串扰问题。运用该专利技术自主研发出微型化、高亮度、高对比度的超高清 LED 显示器件,突破了超高清 LED 显示关键技术瓶颈,掌握了超高清 LED 显示封装关键技术。

本专利的相关成果凭借创新的技术及高品质的特点,已应用于成都春熙路太古里核心商圈的裸眼 3D 巨幕、广州北京路步行街裸眼 3D 大屏等国内城市地标商圈。

专利名称:一种用于多种叶片激光冲击的
　　　　　变形抑制夹具
专 利 号:ZL201910805376.2
专利权人:江苏大学
发 明 人:鲁金忠　杜家龙　张连英
　　　　　罗开玉

航发涡轮叶片表面强化是提高航空发动机制造和飞行安全的重要手段。针对叶身强化易生震颤与变形等难题,本专利原创性提出了一种用于多种叶片激光冲击加工的变形抑制装夹方法和夹具,采用了叶根定位模块和叶身夹紧模块,并设计了变形抑制模块。本专利主要包括三个发明点:①采用磁吸式+组合设计,可实现多种叶片快速装夹,并灵活切换。②采用多点感应柔性支撑,自适应叶片形状,抑制强化过程中的叶片变形。③叶身采用柔带式夹紧,约束叶片悬垂末端,显著提升叶片的夹持刚度。本专利实现了多种类多规格汽轮机叶片高效精准装夹、高性能冲击强化,并可拓展到航空发动机叶片、薄壁件等高效率高性能激光冲击强化。

基于本专利提供的叶片装夹方法和装置,可用于多种不同规格的叶片及薄壁件快速装夹定位,同时抑制激光冲击强化叶片引发的振动以及弹性变形,提高激光冲击强化精度、装夹效率以及冲击效率,降低工装成本。应用本专利技术的项目已经实现产业化,应用在沈阳黎明、沈飞、杭汽等行业头部企业,产生了显著的社会效益和经济效益。2020 年 1 月至 2021 年 12 月底,合计应用单位 6 家,新增销售额 62 582 万元,新增利润 24 183 万元。

专利名称:一种宏基因来源的脂肪酶、编码
　　　　　基因、载体、工程菌及在叶黄素
　　　　　制备中的应用
专 利 号:ZL201910904220.X
专利权人:浙江医药股份有限公司新昌制
　　　　　药厂,浙江可明生物医药有限
　　　　　公司

发明人：谢　恬　　王秋岩　　张路路
　　　　许新德　　拜重阳　　陈铸恺
　　　　徐　瑶　　蒋太斗　　王　铎
　　　　沈一丁　　林舒妮

脂肪酶是一类具备广泛底物特异性重要工业酶资源，广泛应用在化工、医药、皮革制备和生物柴油等领域，但目前国内尚缺乏对长链酯底物具备高活性、能满足工业应用需求的脂肪酶制剂。

本专利创建了 DNA - shuffling 宏基因组技术、结构生物学-半经验量子力学计算机辅助设计等创新技术，制备了包括脂肪酶在内的 450 余种可供产业化应用的新型酶库，显著提高了多个酶的催化活性、底物选择性和稳定性，解决了目前高效脂肪酶严重依赖进口、国产酶来源匮乏、催化活性不高等技术难题。

本专利高效脂肪酶已在浙江医药股份有限公司及分（子）公司成功实施，开发出叶黄素、β-胡萝卜素、维生素 E 和维生素 A 等维生素和类维生素及其多种医药中间体的酶法合成及纯化工艺，创制了高纯度叶黄素、β-胡萝卜素、其他脂溶性维生素及其高效制剂等多款产品。以产品专利为基础的口服护眼产品来益叶黄素咀嚼片国内市场占有率 70％左右。脂溶性维生素和类维生素产品近三年累计销售额超 100 亿元，新增利润超 20 亿元。

专利名称：亚稳态检测装置和方法、ADC 电路

专　利　号：ZL201911366573.5

专利权人：普源精电科技股份有限公司

发 明 人：严　波　　罗浚洲　　王　悦
　　　　　王铁军　　李维森

本专利技术主要用于多颗 ADC 交织采样的亚稳态检测，具有检测速度快、同步精度高、采样率高的优点，是成功研发高采样率数字示波器的关键技术。

随着数字示波器向更高带宽、更高采样率的方向发展，多颗 ADC 交织存在的亚稳态将导致 ADC 采样时不能稳定同步、检测波形出现毛刺现象，如不能快速检测并消除亚稳态，将导致检测信号失真、噪声增加、采样率降低和时序错误等后果，进而影响数字示波器的测量准确性和信号分析能力。本专利首创了一种亚稳态检测装置和方法、ADC 电路，采用触发器单元直接测量出时钟和触发信号的亚稳态关系，通过调节同步信号延迟单元，消除了系统中存在的亚稳态，最终实现多颗 ADC 的可靠、稳定的同步，大幅度提升了 ADC 芯片的采样率。

本专利成果已成功应用于高带宽高采样率数字示波器的 ADC 芯片，依托该专利技术，普源精电科技股份有限公司成功研发出了 5GHz 带宽及最大 20GSa/s 实时采样率的高端数字示波器产品，并使我国成为除美国和德国外，第三个能自主研发并量产 5GHz 带宽及 20GSa/s 实时采样率数字示波器的国家。

专利名称：基于低轨卫星的接收机跟踪方法

专　利　号：ZL201911374945.9

专利权人：中国人民解放军军事科学院国防科技创新研究院

发 明 人：陈小前　　范广腾　　曹　璐
　　　　　王　建　　李献斌　　张　飞
　　　　　冉德超　　覃江毅

本专利首创一种基于低轨卫星的接收机跟踪方法，在导航信号跟踪阶段利用低轨卫星播发的导航增强信号，获取可见卫星导航电文和高稳定度时频基准，采用锁频环、幅度鉴频器、锁频环辅助的非相关延迟锁定环路和非相干超前滞后包络鉴别器进行多普勒频偏和码相位跟踪，能够提高导航终端在跟踪阶段的抗干扰能力 20 倍以上，有效解决了卫星导航在复杂环境下可用性不足的难题。

基于本专利成果研制的搜寻终端，参与了"嫦娥五号""神舟十二号"航天任务，为千公里落区范围内的搜救回收任务提供可靠定位保障；在大兴安岭林业巡检中发

挥重要作用,在森林遮挡等环境下提升人员和装备定位成功率达50%以上。本专利成果未来将应用于我国综合 PNT 体系建设中,为低轨导航增强系统建设贡献创造性解决方案,应用前景广阔。

专利名称: 基于 N00 工法的极薄煤层长壁开采方法

专　利　号: ZL202010330365.6

专利权人: 北京中矿创新联盟能源环境科学研究院

发 明 人: 何满潮　王　琦　王亚军　刘简宁

煤炭是我国的主体能源,是不可再生的重要燃料和工业原料,煤炭工业是关系我国经济命脉和能源安全的重要基础产业。长期以来,我国煤炭井工生产一直以 121 工法为主。该工法 1706 年起源于英国,存在煤柱资源浪费、生态环境破坏、巷道掘进量大、采掘系统分离等问题,而且大部分核心装备知识产权由国外掌握,为我国煤矿智能化建设带来诸多技术难题。

本专利"基于 N00 工法的极薄煤层长壁开采方法"及以其为核心的 N00 工法专利池成果,突破了 300 多年来煤炭行业先掘巷后采煤的传统开采模式,建立了我国自主知识产权的"采留一体化"开采模式和配套技术装备体系,实现了取消矿井巷道掘进和煤柱留设,降低掘巷安全隐患,减轻地表环境损伤,经济社会效益显著。同时,N00 工法可大幅简化矿井生产系统,为全矿井实现智能化提供了重要支撑。

无煤柱自成巷 N00 工法及成套装备系统是我国的原始创新和自主创新,在提高资源采出率、保护生态环境、降低巷道掘进率等方面具有显著优势,被《中国煤炭报》称为"煤炭开采探索第三次技术变革",引领了采矿科学技术发展。

专利名称: 臂架监测方法、系统、工程机械及机器可读存储介质

专 利 号: ZL202010438466.5

专利权人: 中联重科股份有限公司

发 明 人: 付　玲　佘玲娟　刘延斌　尹　莉

本专利"臂架监测方法、系统、工程机械及机器可读存储介质"由中联重科股份有限公司中央研究院的付玲博士牵头的结构健康监测团队研发突破,该团队发明的全方位、实时的臂架结构健康监测技术,是现代传感、大数据、人工智能等先进手段与机械、力学的交叉融合创新。

这项专利技术应用于工程机械五大系列 72 款产品,确保了工程机械超长重载臂架的服役安全,有力支撑了"能源强国""交通强国""海洋强国"等国家战略,新增销售额超 100 亿元,经济效益显著。同时该专利技术的突破与实施,解决了制约工程机械高端化和超大型化的关键核心技术瓶颈,为我国打造具有核心竞争力的世界级先进装备制造高地奠定了基础,为中国工程机械迈向全球领航地位提供了有力支撑。

专利名称: 一种高效传质分离散装填料结构

专 利 号: ZL202010476406.2

专利权人: 北京化工大学

发 明 人: 李群生

高纯化学品作为电子信息、航空航天、高新材料、医疗健康等领域的高端基础原材料,面临国家芯片、化工产品高质量、高端化发展的重大急需,服务于国家战略需求。散装填料是高纯化学品分离提纯的核心技术装备,但现有散装填料压降大、通量小、传质效率低,生产的芯片采用电子化学品、石化化工产品等存在纯度低及杂质含量高的问题。

本专利首创了一种高效传质分离散装填料结构,包括多层结构紧密贴合的散装填料本体。散装填料本体的环壁面具有波纹角组,其下部为喇叭口状,在其内部形成截面面积相同的三个通道,有效增加了填料的结构稳定性和传质面积;提高了气液

两相的流速,降低了传质阻力,提高了总传质系数、分离效率和生产能力,降低了能耗并减少了化工排放;缓解了其他散装填料难以解决的壁流和沟流问题,增加了液膜传质面积,提高了传质效率。

本专利成果自 2020 年 6 月开始应用,已成功应用于超过 29 家单位,生产出 10N 级高纯硅、杂质含量为 10^{-2} 量级的二氯二氢硅以及高纯聚氯乙烯、电子级甲醇等,取得了良好的经济、社会和环境效益。

专利名称: 抗蠕变、长寿命镍基变形高温合金及其制备方法和应用

专 利 号: ZL202011262753.1

专利权人: 中国联合重型燃气轮机技术有限公司,北京北冶功能材料有限公司

发 明 人: 束国刚　文新理　董建新
　　　　　章清泉　江　河　李振瑞
　　　　　刘　伟　余志勇　彭　劫
　　　　　柳海波　魏　然　李国超

重型燃气轮机是能源领域的国之重器,因设计制造难度极大,被誉为装备制造业"皇冠上的明珠"。燃烧室是重型燃气轮机的动力之源和核心关键部件,承受超高温度下的热应力、热腐蚀、气动载荷和振动载荷综合作用,对材料要求极其严苛。该类材料的知识产权长期被国外所有,是典型的"卡脖子"材料。

本专利研制的变形高温合金材料,解决了航空发动机及燃气轮机国家科技重大专项重型燃气轮机工程核心关键部件无材可用的难题,是重型燃气轮机国家重大战略顺利实施的关键。

专利权人通过实验室研究、中试、工业应用,攻克了成分设计、高纯冶炼和铸造、组织控制等一系列关键技术,成功突破国外专利壁垒和出口管制,首创了拥有完全自主知识产权的新一代高等级镍基变形高温合金成分体系,产品综合性能达到国际领先水平。专利产品已应用于我国自主研制的先进重型燃气轮机,解决了国家重大装备面临的"卡脖子"难题。本专利在航空航天、舰船、电站、汽车等重点领域推广应用前景广阔,助力装备制造产业链优化升级,推动高端产业创新发展。

专利名称: 空间动量轮轴承摩擦力矩试验机及其试验方法

专 利 号: ZL202110259023.4

专利权人: 上海交通大学,上海航天控制技术研究所

发 明 人: 张执南　陈　实　刘松恺
　　　　　蔡晓江

发展高可靠、长寿命航天器是国家重大战略需求,动量轮、控制力矩陀螺(CMG)是航天器高精度指向和快速机动的核心执行部件,也是卫星主要故障源,其失效主因是轴承失效。轴承组件失效形式复杂,但其表现均为摩擦力矩失稳,为评估其服役可靠性,开展服役前的轴承组件摩擦力矩测试成为必要手段。

本专利解决了模拟空间环境和工况下的动量轮轴承组件摩擦力矩高精度实时测量难题。通过原创性地提出"动量轮轴承组件专用接口+消除附加扭矩的径向载荷施加系统+径向和轴向载荷精准测量方案"的空间轴承组件摩擦力矩测试技术,突破空间轴承组件测试难、径向扭矩复现难、摩擦力矩精准测量难三个关键共性难题,获取其摩擦力矩演变规律,实现了动量轮服役性能稳定性评估。

本专利已为 1Nm 反作用飞轮、68Nms 动量轮、125Nms 控制力矩陀螺等型号产品提供服役稳定性评估服务,覆盖通信、气象、遥感、探测等系列卫星,缩短了轴承组件测试筛选周期,提升了型号产品研发效率。该专利技术系通用技术,可满足不同工况、不同领域轴承摩擦力矩测试需求,易拓展并实现系列化推广应用。

供稿:国家知识产权局
知识产权运用促进司

第二十四届中国外观设计金奖获奖项目简介

专利名称：火星车
专利号：ZL201530295725.3
专利权人：北京空间飞行器总体设计部
发明人：张旺军　陈百超　贾　阳
　　　　　孙泽洲　党兆龙　温　博
　　　　　彭　松　张建利　李群智

本专利所设计的火星车已经用于我国首次火星探测任务的"祝融号"火星车上，已于2020年7月发射，2021年5月15日在火星着陆，"祝融号"火星车从着陆平台驶至火星表面、开展就位科学探测。

火星车作为中国航天器的代表，在完成任务需求的同时，仿生中国古老蝴蝶风筝的外形设计和各部分颜色的搭配，具有鲜明的外观辨识性；国旗位置的精心选择，体现了中国创造的属性；以汉字为载体的中国元素的表达，实现了与中国文化的深度融合，以中华智慧为指导的创新方案设计，以柔克刚的集热窗，刚柔相济的保温箱舱体，融合增材制造、点阵技术和相变技术的储能装置，散发着强烈的科技感和深厚的中国底蕴。

火星车不仅承载着展示中国科技水平的责任，还承载了凝聚海内外中华儿女的纽带。首次火星探测任务作为我国又一次重大航天科技实践活动，使火星车引起了全社会的广泛关注。火星车的外观是最能直接引起观众注意的地方，通过火星车在火星表面着陆和行驶的照片，全球人民能够切实感受到我国航天实力的提升和综合国力的提高。

专利名称：客车
专利号：ZL201630661141.8
专利权人：厦门金龙旅行车有限公司
发明人：陈笃廉　石添华　梅进明
　　　　　张　纲　潘　磊　潘室佐

本专利是厦门金旅豪华大巴标杆车型"领航者"的外观设计专利。车型外观设计采用"流体雕塑"美学设计理念和空气动力学造型手法，整车型体厚重饱满兼具时尚动感，豪华大气与优美精致合一，视觉效果超凡。

整车型体结合空气动力学，前围采取略微后倾的形式，侧围通过俯冲的前后贯穿隐藏式发光装饰件设计，以及后围雕塑感十足的型面和尾翼，使得整车型体饱满，型面层次丰富，更具动感和视觉冲击力。同时，其整车风阻系数仅为0.548，达到优秀等级，而一般客车的数值为0.7~0.8，超低的风阻系数对客车的燃油经济性、操控性、安全性和节能减排具有显著意义。

目前，基于获奖专利转化的"领航者"客车累计销量近千台，销售额超5亿元。产品曾服务于2019年国际篮联篮球世界杯、2021年中国国际服务贸易交易会等大型活动的通勤保障。"领航者"的造型设计、结构优化、空气动力学、智能安全等创新式的设计理念，对整个客车设计制造行业及上下游产业链都产生了深远的影响并起到了带动作用。

专利名称：履带起重机
专利号：ZL201830721208.1
专利权人：江苏徐工工程机械研究院有限公司
发明人：蹤雪梅　肖利伟　孟祥恒

履带起重机是利用履带行走的大型动臂旋转起重机，广泛应用于风电、石化、核能等国家重大工程建设领域，产品起重能力从55吨覆盖至4000吨，在涉及国计民生的各项建设工程中具有不可替代的地位。履带起重机产品受功能和结构布局限制,外观设计难度大,复杂程度高,易造成吊装作业时的安全隐患,引起作业人员疲劳;臂架、配重等关键部件尺寸超宽超大,装配、运输难度高、成本高;外观设计特征不明显,不能直观彰显出企业核心价值,无法与竞争对手拉开距离。

本专利创造了镂空立柱操纵室设计,创新式解决了以往产品在长时间几乎静止的吊装作业中,为获取更加有效视野,机手脊柱、肩背部肌肉长时间受力的积累性疲劳问题,增加综合视野20%;菱形折叠臂架设计,解决了刚性臂架拆装、转运行业难题,作业效率提升了1倍;轻量化、模块化设计降低了运输能耗5%。

本专利成果已应用于9种规格型号产品,产品国内市场占有率超过40%以上,已全面取代进口并成功进入国际市场,累计实现销售405台套,新增销售额56.1亿元。

专利名称: 汽车整车
专 利 号: ZL201930039882.6
专利权人: 广州小鹏汽车科技有限公司
发 明 人: 费拉格·拉菲克　赵　里
　　　　　　张利华　金肖恩　张欣欣
　　　　　　胡　健　储勇进　司倩倩
　　　　　　高　灿

本专利产品将"生·动·力 LIVE POW-ER"设计理念融入产品造型设计中,同时赋予其"星际 INTERSTELLAR"的主题设计语言,以"星际之光""星尘之速""星河之曲"诠释本专利产品的设计,是为年轻人打造的一款高颜值且有科技、有温度的汽车。

本专利产品是行业内首家具备"全场景语音"功能的汽车产品,在车内实现可见即可说,能够覆盖90%以上的车辆控制。本专利产品同时具备自主研发全栈式自动驾驶技术,目前已实现高速道路和部分城市道路的高级辅助驾驶功能。

本专利产品自上市至今,累计销售额3 804 185万元,经济效益显著,同时获得行业内多项荣誉。相较于传统汽油车,本专

利产品车型材料可回收利用率达到97%以上,已交付的电动汽车全生命周期减排二氧化碳超过100万吨。

专利名称: 电子计算机断层扫描仪
专 利 号: ZL201930435428.2
专利权人: 东软医疗系统股份有限公司
发 明 人: 刘　卓　简振哲　马　梅
　　　　　　阎　虹　于　军

电子计算机断层扫描仪又称 CT,是临床应用最为广泛的影像检查设备之一,其主要原理是利用 X 射线穿透人体不同组织衰减度不同的特性,对被检查对象某部位一定厚度的层面进行断层扫描,由探测器接收透过该层面的 X 射线,通过光电转换变为电信号,再经模拟/数字转换器转为数字信号,经计算机处理后,把数字矩阵中的每个数字转为黑白灰度不等的小方块像素,并按矩阵排列构成人体结构影像信息。在临床中,CT 主要应用于头颅、胸部、腹部、骨骼等多种人体组织器官影像检查。

本专利是一款512层16cm覆盖全景多模态 CT 产品,其外观设计本着以"仁"为本、以"智"为体的设计理念,用中国传统的儒家思想将医者仁心和工匠智心有机地结合在一起。在满足可靠、高效、关爱的医患需求前提下,借用"仁山智水"的哲学寓意与美学提炼手法,动静结合之中打造安心、直观、舒适的产品形态,以提升用户体验。本专利助力产品实现单圈全器官覆盖及多模态成像,并使其在一站式检查、降低辐射剂量等方面有了质的飞跃,成为满足现在和未来一段时间内大型医疗机构升级换代需求的重要 CT 产品。目前,该款产品已被国内数十家大中型医院采购使用,累计销售额达数亿元。

专利名称: 汽车
专 利 号: ZL202030311070.5
专利权人: 长城汽车股份有限公司

发 明 人: 李鹏飞　葛艳君　郝鸿权
　　　　　胡春丰　马海利　杜金表
　　　　　石佳华

长城汽车坦克 300 将中国传统元素"方"和"圆"两种最基本却又富有几何想象力的元素融入外观设计当中。整体方正的外观造型,凸显了专业的越野形象,展现其"刚"的一面;而局部"圆"形要素充斥在刚性设计中,以"柔"的一面,完美诠释东方"刚柔并济"的设计理念,其造型美观、独特,深受广大用户喜爱。

截至 2023 年 6 月,坦克 300 销量累计超 20 万台,销售额超 400 亿元,经济效益可观。

坦克 300 对于中国越野车市场最大的意义在于,找到了中国越野车设计的新方向,将我们自己的文化内涵融入其中。坦克 300 设计引领了全新越野车的新趋势,树立了企业良好形象,带动了地方经济发展,引领中国品牌向上,增强了民族自豪感。坦克 300 持续开拓澳大利亚、泰国、俄罗斯、沙特等海外市场,并进行全球专利布局,专利保护全面,市场前景广阔。

专利名称: 空调器
专 利 号: ZL202030454865.1
专利权人: 青岛海高设计制造有限公司,青岛海日高科技有限公司,海尔智家股份有限公司
发 明 人: 蒋春晖　刘 为　张 聪
　　　　　辛 涛　严 博　张 鹏
　　　　　徐 鹏　谭普兆

卡萨帝鉴赏家柜机首创镂空式三立柱造型,打破了空调常规形态;面板采用行业首创纳米级纹理印刷工艺,融合独有青色呈现出宝石般细腻光泽质感,演绎东方之美;整机设计引领了家电艺术化的设计方向。

创新三立柱结构利用射流匀风专利结合主动软风科技,将机身两侧空调风、底部水氧风、室内自然风三股风进行充分混合后吹出,不仅风量提升 40%,还实现了从一维冷风到多维软风的气流组合,从"吹 10℃冷风"到"吹 23℃自然风"的舒适平衡,让空调风更符合人体体感舒适性,颠覆了行业送风方式。分区送风功能,可独立调节左右风区的风速、风量、风向等,实现送风个性化,同时提升送风精度、降低能耗,进而实现对同一场景中不同人的不同温度控制。行业独创舒适集成系统,实现集温、湿、柔、净、静、氧、味七大维度舒适自平衡的行业生态级舒适养护标准。

卡萨帝鉴赏家柜式空调于 2022 年 2 月上市,凭借其差异化的外观和颠覆性的送风方式,引领空调新一轮的设计和消费趋势。目前全球累计销量 1 万余台,新增销售额约 3.3 亿元,新增利润约 5000 万元。

专利名称: 无人机
专 利 号: ZL202030461921.4
专利权人: 深圳市大疆创新科技有限公司
发 明 人: 郑在完　何百川　陈逸纬

本专利提供一种具有流线型设计的无人机,该无人机的机身、机臂、电机座以及脚架采用了流线型设计,且满足了外形美感、结构强度以及气动性能的要求。同时,该无人机可拆卸的模块化设计,给用户提供了 DIY 改装趣味性以及个性化设计体验。

本专利所对应的产品"沉浸式飞行无人机 DJIFPV"在 2021 年 3 月 2 日发布,已得到产业化及商业化应用。该产品带来全新的第一人称视角沉浸式飞行体验,在保持高水准航拍性能的基础上,极大地提升了安全性能,致力于让用户能够以较低的上手门槛进行高趣味性的沉浸式飞行体验。本专利填补了国内外多项技术空白,带动了相关产业的技术升级,引领了沉浸式飞行无人机的新潮流,获得消费者广泛认可,创造了显著的社会价值。目前,该专利实施产品已在全球范围内生产,其良好的社会效益以及经济效益在沉浸式飞行器领域占据重要一席。

专利名称:汽车

专 利 号:ZL202030621088.5

专利权人:广州汽车集团股份有限公司

发 明 人:张　帆　黄钊翔　徐宜江
　　　　　冯鸿飞　裴丽娜　闫文煜
　　　　　但　卡　沈传全

AION Y 设计团队开创性地将动感姿态、超大空间、超低风阻三者巧妙融合,最大化将新能源平台的优势转换成实用价值,打造了短前悬、长轴距、宽轮距,拥有 MPV 空间的全新 SUV 物种。AION Y 外观设计主题为"天空之城","天使之翼"前大灯、"星辰之轨"尾灯、"皓月之芒"定制轮毂极具辨识度。"天青色"专属车身色,质感通透纯粹,搭配亮橙色,轻盈灵动。

内饰营造极智科技格局,横向双层 IP 镶嵌超大中控屏幕,搭载 ADiGO 4.0 智能物联系统,实现科技与设计的高效协同。同时,AION Y 为用户打造超越 A 点到 B 点的移动客厅,用户可以改装成化妆车、健身房、IMAX 影院,集人、车、娱乐、生活于一体。

自 2021 年 4 月上市以来,AION Y 受到众多消费者青睐。截至 2023 年 6 月,AION Y 系列车型累计销量超 24 万台,销售收入超 300 亿元,位列 15 万级纯电 SUV 市场冠军,并带动广汽埃安 2022 年销量超 27.1 万台,同比增长 126％。凭借出色的设计,AION Y 对于引领电动汽车设计新潮流、带动新能源产业链可持续发展具有积极作用。

专利名称:电视机(W82)

专 利 号:ZL202030733621.7

专利权人:深圳创维-RGB 电子有限公司

发 明 人:刘湘钺　彭丽媛　叶　镔
　　　　　韦淑潇　张新华　王　泽
　　　　　储　彪　徐千正　刘宗凯

电视机(W82)外观遵循以用户为核心、形式追随功能的设计法则,实现了电视观影方式的突破,颠覆性地在一张屏幕上同时兼备直面和曲面两种显示状态,以精密巧妙的创新结构来实现屏幕曲率的无极变幻;独创类鳞状的仿生设计,屏幕由直面变为曲面的过程,产品如猛兽醒来一般,伸展肢体,筋骨踊动,展露犹如魔术般的强烈视觉冲击力。电视机(W82)也从东方哲思的角度诠释"可曲可直"的非凡理念。

电视机(W82)屏幕可变换不同曲率,适应不同的观看距离,满足不同纵深客厅等使用空间的需求;电视机(W82)OLED 屏幕先天具有护眼的健康科技,对于眼球发育还未完善的孩童群体尤其友好,为他们的学习教育作出有利贡献;该外观设计在社会趋势、市场需求及商业价值上通过设计做了完美的诠释。

本外观专利产品于 2021 年 2 月上市销售,受到了广大高端人士的热捧并推动了整个电视行业的发展,累计销售超 2.5 万台,销售总额达 5 亿元。

供稿:国家知识产权局
知识产权运用促进司

2022 年新增地理标志商标名录

序号	名称	商标号	类别	商标类型	注册人	注册人地址	地区	商品
1	PROSECCO	15449282	33	证明商标	普罗塞克原产地控制指定保护财团	意大利	意大利	火腿
2	哥瑞纳帕达诺	15803086	29	证明商标	格拉那帕达那奶酪保护协会	意大利	意大利	奶酪
3	西樵大饼	22790214	30	证明商标	佛山市南海区西樵饼业协会	广东省佛山市南海区西樵镇创新大厦三楼 306	广东省佛山市南海区	大饼
4	志丹山杏仁	31294385	31	证明商标	志丹县致农种养殖协会	陕西省延安市志丹县保安镇马岔村	陕西省延安市志丹县	新鲜杏仁
5	三亚芒果 SANYA MANGO	31518508	31	集体商标	三亚市芒果协会	海南省三亚市三亚湾路 128 号兴莱曼海景度假酒店主楼 3 楼	海南省三亚市	新鲜芒果
6	岢岚柏籽羊肉	32170419	29	证明商标	岢岚县畜牧兽医中心	山西省忻州市岢岚县安元街 92 号	山西省忻州市岢岚县	羊肉
7	大圣水芹	33692750	31	集体商标	南京市六合区大圣水芹专业技术协会	江苏省南京市六合区马鞍街道大圣圣陵路 8 号	江苏省南京市六合区	水芹（新鲜蔬菜）
8	微山湖杞柳	33718789	31	证明商标	微山县高楼乡聂庄铺杞柳种植协会	山东省济宁市微山县高楼乡王楼管区	山东省济宁市微山县	杞柳（灌木）
9	唐山秋黄瓜	33961296	31	证明商标	唐山市农业产业化龙头企业协会	河北省唐山市路南区车站路市场街	河北省唐山市路南区	新鲜黄瓜
10	唐山花生	33961298	31	证明商标	唐山市农业产业化龙头企业协会	河北省唐山市路南区车站路市场街	河北省唐山市路南区	新鲜花生
11	石门红茶	34101143	30	证明商标	石门县茶叶产业协会	湖南省常德市石门县易家渡镇	湖南省常德市石门县	红茶
12	郓城黄河鲤鱼	34170916	31	证明商标	郓城县地方特产发展服务中心	山东省菏泽市郓城县郓州大道中段路南	山东省	活鲤鱼

续表

序号	名称	商标号	类别	商标类型	注册人	注册人地址	地区	商品
13	元氏石榴	34455131	31	证明商标	元氏县农产品协会	河北省石家庄市元氏县苏村乡南苏村	河北省石家庄市元氏县	新鲜石榴
14	上杭紫金山酒	34455135	33	证明商标	上杭县种养协会	福建省龙岩市上杭县临江镇供销大厦三楼	福建省	米酒
15	通道侗绣	34744606	26	证明商标	通道侗族自治县侗锦编织协会	湖南省怀化市通道县双江镇长征中路供销社3楼	湖南省怀化市	刺绣品
16	通道苦酒	34744609	33	证明商标	通道侗族自治县特产商贸协会	湖南省怀化市通道县双江镇供销社三楼	湖南省怀化市	米酒
17	平和 大溪荔枝 PINGHE DAXI LITCHI	34744755	31	集体商标	平和县特产协会	福建省平和县小溪镇河滨北路工商局大楼六层	福建省漳州市平和县	荔枝
18	平和 夫人李 PINGHE PINK PLUM	34744756	31	集体商标	平和县特产协会	福建省平和县小溪镇河滨北路工商局大楼六层	福建省漳州市平和县	李子
19	平和 棕包梨 PINGHE BROWN BARK PEAR	34744757	31	集体商标	平和县特产协会	福建省平和县小溪镇河滨北路工商局大楼六层	福建省漳州市平和县	梨
20	东光辣椒	34774779	31	证明商标	东光县辣椒种植技术协会	河北省沧州市东光县于桥乡吴定杆村	河北省沧州市东光县	新鲜辣椒
21	承德香菇	34858596	31	证明商标	承德县农产品行业协会	河北省承德市承德县东小白旗乡顺道地村	河北省承德市承德县	新鲜香菇
22	承德蕨菜	34858597	31	证明商标	承德县农产品行业协会	河北省承德市承德县东小白旗乡顺道地村	河北省承德市承德县	新鲜蕨菜
23	承德黑木耳	34858599	29	证明商标	承德县农产品行业协会	河北省承德市承德县东小白旗乡顺道地村	河北省承德市承德县	木耳

续表

序号	名称	商标号	类别	商标类型	注册人	注册人地址	地区	商品
24	睢宁大米	34924309	30	证明商标	睢宁县绿色农业发展协会	江苏省徐州市睢宁县中央大街南小滩河东侧维景大厦A座5层	江苏省徐州市睢宁县	大米
25	新罗天草橘橙	35188744	31	证明商标	龙岩市新罗区果树协会	福建省龙岩市新罗区雁石镇岩星村鸭母坑天草家庭农场	福建省龙岩市新罗区	新鲜柑橘
26	阜城鸭梨	35554747	31	证明商标	阜城县霞口鸭梨协会	河北省衡水市阜城县霞口镇刘老人村	河北省衡水市阜城县	新鲜梨
27	福鼎白茶 FUDING WHITE TEA	35583757	30	证明商标	福鼎市茶业协会	福建省宁德市福鼎市玉龙北路66号C座(金九龙大酒店北楼11层)	福建省宁德市福鼎市	白茶(茶)
28	福鼎白茶 FUDING WHITE TEA	35583758	30	证明商标	福鼎市茶业协会	福建省宁德市福鼎市玉龙北路66号C座(金九龙大酒店北楼11层)	福建省宁德市福鼎市	白茶(茶)
29	黄金村软米	35676953	30	证明商标	常州市金坛区黄金村软米协会	江苏省常州市金坛区朱林镇黄金村黄金大道1号	江苏省常州市金坛区	大米
30	三门坡沙姜 SANMENPO SAND GINGER	36294336	31	证明商标	海口市琼山区三门坡镇农业服务中心	海南省海口市琼山区三门坡镇政府	海南省海口市琼山区	新鲜沙姜
31	固安蜜李	36398510	31	证明商标	固安县瓜果产业协会	河北省廊坊市固安县东湾乡杨家屯村058号	河北省廊坊市固安县	新鲜李子
32	洋县黑米酒	36598576	33	证明商标	洋县有机产业协会	陕西省汉中市洋县文明路363号	陕西省汉中市洋县	米酒
33	南靖芦柑	36599570	31	证明商标	南靖县名优农产品协会	福建省漳州市南靖县山城镇建设北路15幢3楼	福建省漳州市南靖县	芦柑(新鲜水果)
34	南靖蕉柑	36599571	31	证明商标	南靖县名优农产品协会	福建省漳州市南靖县山城镇建设北路15幢3楼	福建省漳州市南靖县	蕉柑(新鲜水果)

续表

序号	名称	商标号	类别	商标类型	注册人	注册人地址	地区	商品
35	南靖土楼茶	36675478	30	证明商标	南靖县海峡两岸茶业交流协会	福建省漳州市南靖县山城镇凤翔二楼茶都3-010号	福建省漳州市南靖县	乌龙茶
36	任丘灵芝	36818823	5	证明商标	任丘市食用菌种植协会	河北省沧州市任丘市西环路办事处思贤村	河北省沧州市任丘市	药用灵芝
37	万宁龙滚菠萝	37201049	31	证明商标	万宁市农业技术推广中心	海南省万宁市万城镇迎宾大道第二行政办公区	海南省省直辖县级行政单位万宁市	菠萝
38	尤溪尤溪老酒	37841188	33	证明商标	尤溪县红曲酒行业协会	福建省三明市尤溪县城关镇闽中大道5号质检大楼801室	福建省三明市尤溪县	黄酒
39	牛滩之姜	38317476	31	证明商标	泸县农产品流通协会	四川省泸州市泸县供销社	四川省泸州市泸县	新鲜姜
40	南四湖蒲草	38407258	31	证明商标	微山县蒲草加工协会	山东省济宁市微山经济开发区昭阳工业园69号	山东省济宁市微山县	蒲草（新鲜蔬菜）
41	保康金钗	38542764	5	证明商标	保康县中药材协会	湖北省襄阳市保康县城关镇光千路167号）	湖北省襄阳市保康县	药用金钗
42	岳普湖小茴香	38746067	30	证明商标	喀什农村合作经济组织协会	新疆维吾尔自治区喀什地区疏附县商贸援疆南路1号	新疆维吾尔自治区喀什地区疏附县	茴香子
43	大庙桑葚	38863288	31	证明商标	重庆市铜梁区大庙镇农业服务中心	重庆市铜梁区大庙镇长安街1号	重庆市铜梁区	桑葚（新鲜水果）
44	泰和冠朝猪	38894998	31	证明商标	泰和县畜牧兽医局	江西省吉安市泰和县白凤大道	江西省吉安市泰和县	猪（活动物）
45	黄金村软米	39469622	30	证明商标	常州市金坛区黄金村软米协会	江苏省常州市金坛区朱林镇黄金村黄金大道1号	江苏省常州市金坛区	大米

序号	名称	商标号	类别	商标类型	注册人	注册人地址	地区	商品
46	泰和沙田柚	39643428	31	证明商标	泰和县果业局	江西省吉安市泰和县农业综合服务中心	江西省吉安市泰和县	柚子
47	香格里拉牦牛	39643505	29	证明商标	香格里拉市特色产业协会	云南省迪庆藏族自治州香格里拉市行政中心人民政府发展生物产业办公室4-2-02	云南省迪庆藏族自治州香格里拉市	牦牛肉（肉）
48	香格里拉藏香猪	39643773	31	证明商标	香格里拉市特色产业协会	云南省迪庆藏族自治州香格里拉市行政中心人民政府发展生物产业办公室4-2-02	云南省迪庆藏族自治州香格里拉市	猪（活动物）
49	泰和蜜桔	39800975	31	证明商标	泰和县果业局	江西省吉安市泰和县农业综合服务中心	江西省吉安市泰和县	新鲜桔
50	茂名荔枝	39801021	31	证明商标	茂名市农业农村事务中心	广东省茂名市迎宾一路20-26号大院	广东省茂名市	新鲜荔枝
51	茂名荔枝	39801022	29	证明商标	茂名市农业农村事务中心	广东省茂名市迎宾一路20-26号大院	广东省茂名市	干荔枝
52	新化红薯粉	40122826	30	证明商标	新化县曹家镇农业技术推广服务中心	湖南省娄底市新化县曹家镇	湖南省娄底市新化县	红薯粉丝
53	城步峒茶	40122877	30	证明商标	城步苗族自治县峒茶协会	湖南省邵阳市城步苗族自治县儒林镇城东街道27号	湖南省邵阳市城步苗族自治县	红茶
54	建瓯白莲	40549699	29	证明商标	建瓯市特色产品发展研究会	福建省建瓯市都御坪140号	福建省南平市建瓯市	干莲子
55	南安南都山铁观音	40619515	30	证明商标	南安市英都镇农村专业技术协会	福建省泉州市南安市英都镇良山村秋芦3号	福建省泉州市南安市	铁观音茶

续表

序号	名称	商标号	类别	商标类型	注册人	注册人地址	地区	商品
56	弯丹牛	40753433	31	证明商标	芒市五岔路乡农业综合服务中心	云南省芒市五岔路乡街子	云南省德宏傣族景颇族自治州芒市	黄牛（活的）
57	弯丹牛	40753440	29	证明商标	芒市五岔路乡农业综合服务中心	云南省芒市五岔路乡街子	云南省德宏傣族景颇族自治州芒市	黄牛肉
58	南城麻姑茶	40782709	30	证明商标	南城县土特产品协会	江西省抚州市南城县市场和质量监督管理局6楼	江西省抚州市南城县	绿茶
59	金溪蜜桔	40782741	31	证明商标	金溪县蜜桔产业协会	江西省抚州市金溪县双辉生态果业有限公司	江西省抚州市金溪县	新鲜桔
60	巫山川牛膝	40901055	5	证明商标	巫山县特色经作生产管理中心	重庆市巫山县高唐街道净坛路84号	重庆市巫山县	药用川牛膝
61	临县大豆	40937769	30	证明商标	临县肾型大豆种植协会	山西省吕梁市临县刘家会镇朱家会村	山西省吕梁市临县	大豆
62	平和蜜柚	40970680	31	证明商标	福建省平和琯溪蜜柚发展中心	福建省漳州市平和县小溪镇东大街168号	福建省漳州市平和县	新鲜柚子
63	尼西黑陶	41000965	21	证明商标	香格里拉市特色产业协会	云南省迪庆藏族自治州香格里拉市行政中心人民政府发展生物产业办公室4-2-02	云南省迪庆藏族自治州香格里拉市	陶器
64	茶陵生姜	41377262	31	证明商标	茶陵县大蒜生姜协会	湖南省株洲市茶陵县虎踞镇分路口	湖南省株洲市茶陵县	新鲜生姜
65	辉县草鸡蛋	41377432	29	证明商标	辉县市大北农农业技术推广服务中心	河南省新乡市辉县市常村镇赵凝屯村	河南省新乡市辉县市	鸡蛋
66	石嘴山架豆种子	41777291	31	证明商标	石嘴山市种业协会	宁夏回族自治区石嘴山市平罗县彭楼东街134号	宁夏回族自治区石嘴山市平罗县	架豆种子

序号	名称	商标号	类别	商标类型	注册人	注册人地址	地区	商品
67	通元湖羊	41866608	29	证明商标	海盐县通元镇农民合作经济组织联合会	浙江省嘉兴市海盐县通元镇秦溪东路 13 号	浙江省嘉兴市海盐县	羊肉
68	通元湖羊	41866609	31	证明商标	海盐县通元镇农民合作经济组织联合会	浙江省嘉兴市海盐县通元镇秦溪东路 13 号	浙江省嘉兴市海盐县	活绵羊
69	江城瑶家山红米	41867218	30	证明商标	江城哈尼族彝族自治县农业技术推广中心	云南省江城县勐烈新大街	云南省普洱市江城哈尼族彝族自治县	红米
70	慈利黄柏	42031956	5	证明商标	慈利县科学技术信息研究所	湖南省慈利县经济信息和科学技术局院内	湖南省张家界市慈利县	药用黄柏
71	路桥枇杷	42309470	31	证明商标	台州市路桥区市场开发服务中心	浙江省台州市路桥区西路桥大道 555 号天时大厦 2201 室	浙江省台州市路桥区	新鲜枇杷
72	安吉竹林鸡	42457755	29	集体商标	安吉县禽业协会	浙江省湖州市安吉县开发区递铺街道北庄路 139 号	浙江省湖州市安吉县	鸡（非活）
73	喜德水蜜桃	42554788	31	证明商标	喜德县特色产业保护协会	四川省凉山彝族自治州喜德县光明大道 436 号	四川省凉山彝族自治州喜德县	水蜜桃（新鲜水果）
74	南安高茹龙眼	42742395	31	证明商标	南安市英都镇农村专业技术协会	福建省泉州市南安市英都镇良山村秋芦 3 号	福建省泉州市南安市	新鲜桂圆
75	炉霍黑虎掌菌	42972516	31	证明商标	炉霍县泥巴乡农副产品协会	四川省甘孜藏族自治州炉霍县泥巴乡	四川省甘孜藏族自治州炉霍县	黑虎掌菌（鲜食用菌）
76	白朗西瓜	43005546	31	证明商标	西藏白朗县农牧综合服务中心	西藏自治区日喀则市白朗县洛江北路 1 号	西藏自治区日喀则市	新鲜西瓜

序号	名称	商标号	类别	商标类型	注册人	注册人地址	地区	商品
77	舟山小黄鱼	43035374	29	证明商标	舟山市水产流通与加工行业协会	浙江省舟山市定海区环城南路469号	浙江省舟山市定海区	小黄鱼（非活）
78	蒋坝螺蛳	43105498	31	证明商标	淮安市洪泽区蒋坝镇农业技术服务站	江苏省淮安市洪泽区蒋坝镇红堤路14号	江苏省淮安市洪泽区	螺蛳（活的）
79	西昌葡萄	43127145	31	证明商标	西昌市经济作物站	四川省凉山彝族自治州西昌市三岔口东路220号	四川省凉山彝族自治州西昌市	新鲜葡萄
80	乡城水磨糌粑	43252673	30	证明商标	乡城县农特产品服务协会	四川省甘孜藏族自治州乡城县香巴拉镇巴姆南路2号	四川省甘孜藏族自治州乡城县	糌粑（谷类制品）
81	美姑山羊	43274730	29	证明商标	美姑县养殖技术推广中心	四川省凉山彝族自治州美姑县城西社区团结街3号	四川省凉山彝族自治州美姑县	羊肉（肉）
82	白菜王庄大白菜	43331348	31	证明商标	菏泽市定陶区白菜王蔬菜技术服务中心	山东省菏泽市定陶区马集镇白菜王庄村村东	山东省菏泽市定陶区	新鲜大白菜
83	大坡番石榴	43466774	31	证明商标	海口市琼山区大坡镇农业服务中心	海南省海口市琼山区大坡镇人民政府	海南省海口市琼山区	新鲜番石榴
84	谭文针米 TANWEN RICE	43467667	30	证明商标	海口市琼山区三门坡镇农业服务中心	海南省海口市琼山区三门坡镇政府办公楼	海南省海口市琼山区	米
85	河包粉条	43472430	30	证明商标	重庆市荣昌区河包镇农业服务中心	重庆市荣昌区河包镇万寿街51号	重庆市荣昌区	粉条
86	志丹牛肉 牛肉	43475311	29	证明商标	志丹县精质养殖专业技术协会	陕西省延安市志丹县金丁镇赵沟门行政村朱湾村	陕西省延安市志丹县	牛肉
87	三门坡鸭塘果蔗 SANMENPO YATANG SUGARCANE	43503196	31	证明商标	海口市琼山区三门坡镇农业服务中心	海南省海口市琼山区三门坡镇政府办公楼	海南省海口市琼山区	甘蔗

序号	名称	商标号	类别	商标类型	注册人	注册人地址	地区	商品
88	武夷山大红袍	43509397	30	证明商标	武夷山市茶叶科学研究所	福建省武夷山市中山路 13 号（平安大厦 4 楼）	福建省南平市武夷山市	乌龙茶
89	长宁长裙竹荪	43509439	29	证明商标	长宁县经济作物推广站（长宁县竹荪开发研究所）	四川省宜宾市长宁县长宁镇竹海路三段 320 号	四川省宜宾市长宁县	竹荪（干食用菌）
90	河曲海红	43581335	31	证明商标	河曲县农业技术推广中心	山西省忻州市河曲县文笔镇黄河大街 564 号	山西省忻州市河曲县	新鲜海红果
91	无极芦笋	43679114	31	证明商标	无极县特色产品推广协会	河北省石家庄市无极县高头乡西高村	河北省石家庄市无极县	新鲜芦笋
92	贵德包谷杏	43717667	31	证明商标	贵德县农牧业综合服务中心	青海省海南藏族自治州贵德县河阴镇迎宾东路	青海省海南藏族自治州贵德县	新鲜杏
93	宜陵螺蛳	43730916	31	证明商标	扬州市江都区宜陵农村供销合作经济联合会	江苏省扬州市江都区宜陵镇文星路 1 号	江苏省扬州市江都区	螺蛳（活的）
94	新泰食醋	43751774	30	证明商标	新泰市国成调味品酿造技术研究所	山东省泰安市新泰市金斗路 151 号	山东省泰安市新泰市	陈醋
95	新泰酱油	43751775	30	证明商标	新泰市国成调味品酿造技术研究所	山东省泰安市新泰市金斗路 151 号	山东省泰安市新泰市	酱油
96	吴城大板瓜子	43800214	29	证明商标	永修县食品药品检验检测中心	江西省九江市永修县新城大道县委大院部 1 栋 5 楼	江西省九江市永修县	西瓜子（加工过的瓜子）
97	安图林蛙油	43830438	5	证明商标	安图县林蛙行业协会	吉林省安图县明月镇瓮声街 78 号	吉林省延边朝鲜族自治州安图县	药用林蛙油
98	沙芜大蒜	43870103	31	证明商标	清流县沙芜乡农业农村经济和科技服务中心	福建省三明市清流县沙芜乡政府大院内	福建省三明市清流县	新鲜大蒜

续表

序号	名称	商标号	类别	商标类型	注册人	注册人地址	地区	商品
99	君山许市脐橙	43909826	31	证明商标	岳阳市君山区农业技术推广中心	湖南省岳阳市君山区柳州办事处九公里	湖南省岳阳市君山区	新鲜脐橙
100	贵德花椒	43931362	30	证明商标	贵德县农牧业综合服务中心	青海省海南藏族自治州贵德县河阴镇迎宾东路	青海省海南藏族自治州贵德县	花椒（调味品）
101	贵德胡麻油	43975653	29	证明商标	贵德县农牧业综合服务中心	青海省海南藏族自治州贵德县河阴镇迎宾东路	青海省海南藏族自治州贵德县	胡麻油（食用油）
102	贵德菜籽油	43975712	29	证明商标	贵德县农牧业综合服务中心	青海省海南藏族自治州贵德县河阴镇迎宾东路	青海省海南藏族自治州贵德县	食用菜籽油
103	晋安佛手瓜	43976037	31	证明商标	福州市晋安区寿山乡商会	福建省福州市晋安区寿山乡岭头街38号福州市晋安区寿山乡企业服务中心大楼	福建省福州市晋安区	佛手瓜（新鲜蔬菜）
104	谢岗荔枝	43988807	31	证明商标	东莞市谢岗镇农业技术服务中心	广东省东莞市谢岗镇人民政府办公楼	广东省东莞市	新鲜荔枝
105	邱县棉花	44048211	22	证明商标	邱县特色农产品推广协会	河北省邯郸市邱县邱城镇北街村	河北省邯郸市邱县	未加工棉花
106	慈利杜仲	44122460	5	证明商标	张家界市杜仲产业协会	湖南省张家界市慈利县档案馆	湖南省张家界市慈利县	药用杜仲
107	青岛海参	44160466	29	证明商标	青岛市海洋渔业协会	山东省青岛市市南区高雄路18号海洋大厦19层1918室	山东省青岛市市南区	海参（非活）
108	青岛海参	44161988	31	证明商标	青岛市海洋渔业协会	山东省青岛市市南区高雄路18号海洋大厦19层1918室	山东省青岛市市南区	海参（活的）
109	青岛梭子蟹	44164682	31	证明商标	青岛市海洋渔业协会	山东省青岛市市南区高雄路18号海洋大厦19层1918室	山东省青岛市市南区	活螃蟹

续表

序号	名称	商标号	类别	商标类型	注册人	注册人地址	地区	商品
110	青岛鲍鱼	44166242	29	证明商标	青岛市海洋渔业协会	山东省青岛市市南区高雄路 18 号海洋大厦 19 层 1918 室	山东省青岛市市南区	鲍鱼（非活）
111	胶州星鳗	44167617	31	证明商标	青岛市海洋渔业协会	山东省青岛市市南区高雄路 18 号海洋大厦 19 层 1918 室	山东省	鳗鱼（活的）
112	青岛鲍鱼	44168747	31	证明商标	青岛市海洋渔业协会	山东省青岛市市南区高雄路 18 号海洋大厦 19 层 1918 室	山东省青岛市市南区	活鲍鱼
113	荣成刺参	44256821	29	证明商标	荣成海鲜协会	山东省威海市荣成市凭海西路 88 号	山东省威海市荣成市	海参（非活）
114	甘谷月季	44260177	31	证明商标	甘谷县月季花协会	甘肃省天水市甘谷县新兴镇十甲村麦甘公路北	甘肃省天水市甘谷县	月季花
115	黛青山软籽石榴	44380945	31	证明商标	淄博市河东富硒石榴研究院	山东省淄博市淄川区罗村镇河东村	山东省淄博市淄川区	新鲜石榴
116	合川桃片	44649972	30	集体商标	重庆市合川区桃片管理协会	重庆市合川区书院路 34 号	重庆市合川区	糕点（桃片）
117	崆峒苹果	44747730	31	证明商标	平凉市崆峒区果业技术服务站	甘肃省平凉市文化街 88 号	甘肃省平凉市	新鲜苹果
118	南漳高山土豆	44857798	31	证明商标	南漳县田园有机果蔬协会	湖北省襄阳市南漳县城关镇金庙路 157 号	湖北省襄阳市南漳县	新鲜土豆
119	仪征黑莓	44941112	31	证明商标	仪征市马集镇农业综合服务中心	江苏省扬州市仪征市马集镇泗大线路边	江苏省扬州市仪征市	新鲜黑莓
120	平顺核桃	44941134	31	证明商标	平顺县地方特产发展协会	山西省长治市平顺县状元路南侧紫东家园保障性住房 8♯2 单元 501 室	山西省长治市平顺县	新鲜核桃

续表

序号	名称	商标号	类别	商标类型	注册人	注册人地址	地区	商品
121	台儿庄荷叶茶	44996856	30	证明商标	枣庄市台儿庄区茶文化协会	山东省台儿庄区金光路和顺老街A8栋南溪问茶馆二楼	山东省枣庄市台儿庄区	荷叶茶（用作茶叶代用品的荷叶）
122	河口小龙虾	45071436	31	证明商标	东营市河口区地方特产流通协会	山东省东营市河口区六合街道办事处东崔村	山东省东营市河口区	小龙虾（活的）
123	河口海蜇	45071437	31	证明商标	东营市河口区地方特产流通协会	山东省东营市河口区六合街道办事处东崔村	山东省东营市河口区	海蜇（活的）
124	栾城葡萄	45143278	31	证明商标	石家庄市栾城区果品科技产业协会	河北省石家庄市栾城区张举路38号	河北省石家庄市栾城区	新鲜葡萄
125	平山粉条	45143280	30	证明商标	平山县小觉农副产品服务中心	河北省石家庄市平山县小觉镇小觉村东	河北省石家庄市平山县	粉条
126	涡阳榆钱	45143281	29	证明商标	涡阳县林业产业协会	安徽省亳州市涡阳县站前西路南侧	安徽省亳州市涡阳县	干榆钱
127	下白石特晚熟龙眼	45198200	31	证明商标	福安市下白石镇农业服务中心	福建省宁德市福安市下白石镇八一路32号	福建省宁德市福安市	新鲜龙眼
128	苍梧沙头迟熟荔枝	45251812	31	证明商标	苍梧县水果生产办公室（苍梧县经济作物站）	广西壮族自治区梧州市苍梧县龙圩镇政贤路153号	广西壮族自治区梧州市苍梧县	新鲜荔枝
129	龙眠山茶油	45260416	29	证明商标	桐城市油茶协会	安徽省桐城市金大地工业园	安徽省	食用茶籽油
130	天祝羊肉	45272874	29	证明商标	天祝藏族自治县畜牧技术推广站	甘肃省武威市天祝藏族自治县华藏寺镇华干西路21号	甘肃省武威市天祝藏族自治县	羊肉
131	栾城黄桃	45272877	31	证明商标	石家庄市栾城区果品科技产业协会	河北省石家庄市栾城区张举路38号	河北省石家庄市栾城区	新鲜桃

序号	名称	商标号	类别	商标类型	注册人	注册人地址	地区	商品
132	大埠岗高料烟	45366250	34	证明商标	邵武市大埠岗镇三农服务中心	福建省南平市邵武市大埠岗镇大埠岗街18号	福建省南平市邵武市	烟草
133	马铺虎尾轮	45366337	5	证明商标	云霄县地理标志产业协会	福建省漳州市云霄县下河乡华荣里2号云霄县电商文创园1号楼	福建省漳州市云霄县	药用虎尾轮
134	万宁东山羊	45570362	31	证明商标	万宁东山羊养殖协会	海南省万宁市万城镇东方村委会办公楼	海南省省直辖县级行政单位万宁市	活羊
135	井陉红小豆	45696930	30	证明商标	井陉县特色产品服务中心	河北省井陉县秀林镇北横口村	河北省石家庄市井陉县	红小豆
136	泸定苹果	45709126	31	证明商标	泸定县农业技术推广和土壤肥料站	四川省甘孜藏族自治州泸定县泸桥镇瑞金路农牧和科技局	四川省甘孜藏族自治州泸定县	新鲜苹果
137	西街口人参果	45732183	31	证明商标	石林彝族自治县西街口镇农业综合服务中心	云南省昆明市石林彝族自治县西街口镇西街口村	云南省昆明市石林彝族自治县	新鲜人参果
138	南晓鸡	45786218	31	证明商标	南宁市良庆区农业服务中心	广西壮族自治区南宁市良庆区歌海路9号	广西壮族自治区南宁市良庆区	活鸡
139	巫山红叶	45860368	31	证明商标	巫山县林业科技推广和林业产业合作中心	重庆市巫山县广东中路106号	重庆市巫山县	红叶（植物）
140	钟山蜜梨	45919503	31	证明商标	桐庐县钟山乡综合服务中心	浙江省桐庐县钟山乡人民政府	浙江省	新鲜梨
141	闻喜柴胡	45942775	5	集体商标	闻喜县中药材协会	山西省运城市闻喜县凹底镇户头村	山西省运城市闻喜县	药用柴胡
142	蒙城黄牛	45942777	31	证明商标	蒙城县农副产品协会	安徽省亳州市蒙城县农产品电商中心8楼809室	安徽省亳州市蒙城县	黄牛（活的）
143	商城高山茶	45942783	30	证明商标	商城县茶产业办公室	河南省信阳市商城县赤城路中段29号	河南省信阳市商城县	绿茶

续表

序号	名称	商标号	类别	商标类型	注册人	注册人地址	地区	商品
144	澜沧八角	46020046	5	证明商标	澜沧拉祜族自治县农业技术推广中心	云南省普洱市澜沧拉祜族自治县勐朗镇温泉路139号	云南省普洱市澜沧拉祜族自治县	药用八角
145	澜沧八角	46035823	30	证明商标	澜沧拉祜族自治县农业技术推广中心	云南省普洱市澜沧拉祜族自治县勐朗镇温泉路139号	云南省普洱市澜沧拉祜族自治县	八角（调味品）
146	澜沧草果	46058895	30	证明商标	澜沧拉祜族自治县农业技术推广中心	云南省普洱市澜沧拉祜族自治县勐朗镇温泉路139号	云南省普洱市澜沧拉祜族自治县	草果（调味品）
147	澜沧草果	46105714	5	证明商标	澜沧拉祜族自治县农业技术推广中心	云南省普洱市澜沧拉祜族自治县勐朗镇温泉路139号	云南省普洱市澜沧拉祜族自治县	药用草果
148	河间花生	46200332	31	证明商标	河间市花生产业协会	河北省沧州市河间市西九吉乡黄家村	河北省沧州市河间市	新鲜花生
149	高陵大葱	46287204	31	证明商标	无极县大葱协会	河北省石家庄市无极县大陈镇高陵村村南大葱市场内	河北省石家庄市无极县	大葱（新鲜的）
150	沿滩花椒	46424643	30	证明商标	自贡市沿滩区农业技术推广中心	四川省自贡市沿滩区沿滩镇开元路24号	四川省自贡市沿滩区	花椒（调味品）
151	洮南鲫鱼	46541385	31	证明商标	洮南市水产协会	吉林省洮南市民生大厦11楼	吉林省白城市洮南市	鲫鱼（活的）
152	洮南葛氏鲈塘鳢	46541386	31	证明商标	洮南市水产协会	吉林省洮南市民生大厦11楼	吉林省白城市洮南市	鳢鱼（活的）
153	洮南大银鱼	46541387	31	证明商标	洮南市水产协会	吉林省洮南市民生大厦11楼	吉林省白城市洮南市	银鱼（活的）
154	丰南大米	46602440	30	证明商标	唐山市丰南区草泊大米产销协会	河北省唐山市丰南区丰源香粮油有限公司院内	河北省唐山市丰南区	大米

序号	名称	商标号	类别	商标类型	注册人	注册人地址	地区	商品
155	福清东张蜜柚	46626942	31	证明商标	福清市蔬果种植与流通行业协会	福建省福清市镜洋镇东升村福清市绿丰农业开发有限公司厂房二楼办公室 201、203、207 三间	福建省	新鲜柚子
156	无棣香油	46684691	29	证明商标	无棣县芝麻制品研究所	山东省滨州市无棣县 205 国道东侧山东省十里香芝麻制品有限公司 5#厂	山东省滨州市无棣县	香油
157	余姚铁皮石斛	46717014	5	证明商标	余姚市石斛文化产业促进会	浙江省余姚市梨洲街道雷南路 398 号中模国际大厦 27 楼	浙江省宁波市余姚市	铁皮石斛（药草）
158	澜沧花椒	46719620	30	证明商标	澜沧拉祜族自治县农业技术推广中心	云南省普洱市澜沧拉祜族自治县勐朗镇温泉路 139 号	云南省普洱市澜沧拉祜族自治县	花椒（调味品）
159	澜沧砂仁	46731534	30	证明商标	澜沧拉祜族自治县农业技术推广中心	云南省普洱市澜沧拉祜族自治县勐朗镇温泉路 139 号	云南省普洱市澜沧拉祜族自治县	砂仁（调味品）
160	澜沧砂仁	46741406	5	证明商标	澜沧拉祜族自治县农业技术推广中心	云南省普洱市澜沧拉祜族自治县勐朗镇温泉路 139 号	云南省普洱市澜沧拉祜族自治县	药用砂仁
161	普格高原粳稻米	46750403	31	证明商标	普格县农业农村局农技站	四川省凉山彝族自治州普格县普基镇新建南路 314 号	四川省凉山彝族自治州普格县	未加工的稻
162	理塘虫草	46793716	5	证明商标	理塘县农业技术推广和土壤肥料站	四川省甘孜藏族自治州理塘县高城镇幸福西路 121 号	四川省甘孜藏族自治州理塘县	冬虫夏草
163	射阳平菇	46835952	31	证明商标	射阳县四明镇农业技术推广服务中心	江苏省射阳县四明镇政府大院内	江苏省盐城市射阳县	鲜平菇

序号	名称	商标号	类别	商标类型	注册人	注册人地址	地区	商品
164	七岌葡萄	46901396	31	证明商标	莱西市克瑞森葡萄种植推广中心	山东省青岛市莱西市院上镇七岌新村	山东省青岛市莱西市	新鲜葡萄
165	滕州马铃薯	46901399	31	证明商标	滕州市界河镇农业综合服务中心	山东省枣庄市滕州市界河镇中联路1号	山东省枣庄市滕州市	马铃薯（新鲜的）
166	白朗枸杞	46913047	5	证明商标	西藏白朗县农牧综合服务中心	西藏自治区日喀则市白朗县洛江北路1号	西藏自治区日喀则市	干枸杞（中药材）
167	白朗辣椒	46931301	31	证明商标	西藏白朗县农牧综合服务中心	西藏自治区日喀则市白朗县洛江北路1号	西藏自治区日喀则市	新鲜辣椒
168	全椒碧根果	46978373	31	证明商标	全椒县薄壳山核桃产业协会	安徽省滁州市全椒县绿兴园生态农业发展有限公司内	安徽省滁州市全椒县	碧根果（新鲜的）
169	鹿泉中华鳖	47040277	31	证明商标	石家庄市鹿泉区康态水产协会	河北省石家庄市鹿泉区李村镇邓庄村	河北省石家庄市鹿泉区	中华鳖（活的）
170	维西木香	47060644	5	证明商标	维西县绿色种养殖产业行业协会	云南省迪庆藏族自治州维西傈僳族自治县保和镇白和山社区白鹤路26号	云南省迪庆藏族自治州维西傈僳族自治县	药用木香
171	仪陇茧丝	47074220	22	证明商标	仪陇县蚕业站	四川省南充市仪陇县宏德大道农业行政中心	四川省南充市仪陇县	生丝
172	高邮湖 高邮湖梅鲚 GAO YOU HU ANCHOVY	47098573	31	证明商标	高邮市高邮湖大闸蟹行业协会	江苏省高邮市中心大道86号科创大厦3楼	江苏省扬州市高邮市	梅鲚（活鱼）
173	龙口长把梨	47150841	31	证明商标	龙口市特色果业协会	山东省烟台市龙口市七甲镇政府南院北三楼	山东省烟台市龙口市	新鲜梨
174	庙头千张	47150842	29	证明商标	沭阳县庙头镇农业经济技术服务中心	江苏省沭阳县庙头镇庙头街	江苏省宿迁市沭阳县	千张（豆腐制品）

序号	名称	商标号	类别	商标类型	注册人	注册人地址	地区	商品
175	易县花生	47150850	31	证明商标	易县特色农作物种植协会	河北省保定市易县城管处营房村	河北省保定市易县	新鲜花生
176	理塘马铃薯	47207269	31	证明商标	理塘县农业技术推广和土壤肥料站	四川省甘孜藏族自治州理塘县高城镇幸福西路121号	四川省甘孜藏族自治州理塘县	马铃薯（新鲜蔬菜）
177	高邮湖 高邮湖白虾	47218017	31	证明商标	高邮市高邮湖大闸蟹行业协会	江苏省高邮市中心大道86号科创大厦3楼	江苏省扬州市高邮市	虾（活的）
178	维西秦艽	47266209	5	证明商标	维西县绿色种养殖产业行业协会	云南省迪庆藏族自治州维西傈僳族自治县保和镇白和山社区白鹤路26号	云南省迪庆藏族自治州维西傈僳族自治县	药用秦艽
179	合川龙凤山稻	47366443	30	证明商标	重庆市合川区龙凤镇农业服务中心	重庆市合川区龙凤镇聚龙街	重庆市合川区	大米（加工过的山稻）
180	合川龙凤红苕	47394358	31	证明商标	重庆市合川区龙凤镇农业服务中心	重庆市合川区龙凤镇聚龙街	重庆市合川区	红苕（新鲜甘薯）
181	维西青刺果油	47426160	29	证明商标	维西县绿色种养殖产业行业协会	云南省迪庆藏族自治州维西傈僳族自治县保和镇白和山社区白鹤路26号	云南省迪庆藏族自治州	青刺果油（食用油）
182	香格里拉藏鸡	47433430	31	证明商标	迪庆香格里拉藏鸡产业行业发展协会	云南省迪庆藏族自治州香格里拉市建塘镇吾吉组24号	云南省迪庆藏族自治州香格里拉市	鸡（活家禽）
183	无棣白蜡	47493824	31	证明商标	无棣县棣丰街道苗木协会	山东省滨州市无棣县棣丰街道办事处驻地	山东省滨州市无棣县	白蜡树（树木）
184	阿尔山卜留克	47589425	29	证明商标	兴安盟万佳卜留克加工技术研究所	内蒙古自治区兴安盟乌兰浩特市工业经济开发区中央大路11号	内蒙古自治区兴安盟乌兰浩特市	卜留克（腌制蔬菜）

序号	名称	商标号	类别	商标类型	注册人	注册人地址	地区	商品
185	瑶山雪梨	47624976	31	证明商标	江华瑶族自治县瑶山雪梨产销协会	湖南省永州市江华县商贸新城191号	湖南省永州市	新鲜梨
186	桑植茶油	47639489	29	证明商标	桑植县特色农产品研发中心	湖南省张家界市桑植县河口乡太平村	湖南省张家界市桑植县	茶油（食用油）
187	汉中毛尖	47734242	30	集体商标	汉中市茶业协会	陕西省汉中市汉台区滨江路茶城	陕西省汉中市	绿茶
188	汉中红	47734243	30	集体商标	汉中市茶业协会	陕西省汉中市汉台区滨江路茶城	陕西省汉中市	红茶
189	灌阳雪梨	47752134	31	证明商标	灌阳县农业局水果技术推广中心站	广西省桂林市灌阳县灌阳镇灌北路132号	广西壮族自治区桂林市灌阳县	新鲜雪梨
190	无棣芝麻	47770648	31	证明商标	无棣县芝麻制品研究所	山东省滨州市无棣县205国道东侧山东省十里香芝麻制品有限公司5♯厂	山东省滨州市无棣县	未加工的食用芝麻
191	鹅鼻萝卜	47770651	31	证明商标	福州晋安区宦溪镇鹅鼻萝卜专业协会	福建省福州市晋安区宦溪镇鹅鼻村村部一层	福建省福州市晋安区	白萝卜（新鲜蔬菜）
192	辛集香椿	47805544	31	证明商标	辛集市旧城镇农业综合服务中心	河北省石家庄市辛集市旧城镇旧城村裤腿街121号	河北省石家庄市辛集市	新鲜香椿
193	綦江金水梨	47805628	31	证明商标	重庆市綦江区永新凤凰梨子专业协会	重庆市綦江区永新镇石坪村	重庆市綦江区	新鲜梨
194	大纵湖小龙虾	47805638	31	证明商标	盐城市盐都区水产技术推广站	江苏省盐城市盐都区盐龙街道中小企业创业园B1幢	江苏省盐城市盐都区	小龙虾（活的）
195	茂名荔枝 MAO MING LITCHI	47879392	29	证明商标	茂名市农业农村事务中心	广东省茂名市迎宾一路20－26号大院	广东省茂名市	干荔枝
196	茂名荔枝 MAO MING LITCHI	47882836	31	证明商标	茂名市农业农村事务中心	广东省茂名市迎宾一路20－26号大院	广东省茂名市	新鲜荔枝

序号	名称	商标号	类别	商标类型	注册人	注册人地址	地区	商品
197	灵寿香猪	47910443	31	证明商标	灵寿县香猪养殖协会	河北省石家庄市灵寿县南燕川乡万寺院村	河北省石家庄市灵寿县	香猪（活动物）
198	张掖乌江贡米	47937747	30	证明商标	甘州区乌江镇水稻协会	甘肃省张掖市甘州区乌江镇平原村委会	甘肃省张掖市甘州区	大米
199	蓝山黄花梨	47964749	31	证明商标	蓝山县农业技术推广中心	湖南省永州市蓝山县塔峰镇湘粤路	湖南省永州市蓝山县	新鲜梨
200	凌云乌鸡	47964751	31	证明商标	凌云县畜牧技术推广站	广西壮族自治区百色市凌云县泗城镇前进社区营盘小区126号	广西壮族自治区百色市凌云县	活乌鸡
201	香格里拉松茸	47998282	31	证明商标	迪庆藏族自治州食用菌（松茸）协会	云南省迪庆藏族自治州香格里拉市建塘镇尼旺路4号	云南省迪庆藏族自治州香格里拉市	松茸（鲜食用菌）
202	阳山淮山	48050977	31	证明商标	阳山县淮山科技种植协会	广东省清远市阳山县七拱镇新圩街8号	广东省清远市阳山县	新鲜山药
203	高邮湖鳙鱼高邮湖GAO YOU HU BIGHEAD	48090919	31	证明商标	高邮市高邮湖大闸蟹行业协会	江苏省高邮市中心大道86号科创大厦3楼	江苏省扬州市高邮市	鳙鱼（活鱼）
204	吉水冬酒	48148455	33	证明商标	吉水县醪桥镇政务服务中心	江西省吉安市吉水县醪桥镇滩头岭4号	江西省吉安市吉水县	米酒
205	胸阳栀子花	48159084	31	证明商标	连云港市海州区胸阳街道办事处农业技术服务中心	江苏省连云港市海州区新海南路163号	江苏省连云港市海州区	栀子花（自然花）
206	罗源鲍鱼	48159087	31	证明商标	罗源县渔业行业协会	福建省福州市罗源县凤山镇凤南西路5号楼	福建省福州市罗源县	活鲍鱼
207	滦南黄坨甘薯片	48159111	29	证明商标	滦南县甘薯产业协会	河北省唐山市滦南县司各庄镇司各庄西街村村西原老财政所	河北省唐山市滦南县	甘薯片（加工过的甘薯）

序号	名称	商标号	类别	商标类型	注册人	注册人地址	地区	商品
208	茂县甜樱桃	48160665	31	证明商标	茂县经济作物管理站	四川省阿坝藏族羌族自治州茂县凤仪镇	四川省阿坝藏族羌族自治州茂县	新鲜樱桃
209	茂县脆红李	48160757	31	证明商标	茂县经济作物管理站	四川省阿坝藏族羌族自治州茂县凤仪镇	四川省阿坝藏族羌族自治州茂县	新鲜李子
210	维西黄牛	48169654	31	证明商标	维西县绿色种养殖产业行业协会	云南省迪庆藏族自治州维西傈僳族自治县保和镇白和山社区白鹤路26号	云南省迪庆藏族自治州维西傈僳族自治县	牛（活的）
211	茂县猕猴桃	48173163	31	证明商标	茂县经济作物管理站	四川省阿坝藏族羌族自治州茂县凤仪镇	四川省阿坝藏族羌族自治州茂县	新鲜猕猴桃
212	云县大朝山茶	48178167	30	证明商标	云县茶叶技术推广站	云南省临沧市云县爱华镇	云南省临沧市云县	绿茶
213	金堂葛根	48185535	5	证明商标	金堂县中药材种植协会	四川省成都市金堂县官仓镇双新村十二组	四川省成都市金堂县	药用葛根
214	云县白莺山茶	48194545	30	证明商标	云县茶叶技术推广站	云南省临沧市云县爱华镇	云南省临沧市云县	绿茶
215	乳山杂色蛤	48237694	31	证明商标	乳山市水产技术推广站	山东省威海市乳山市府前路	山东省威海市乳山市	杂色蛤（活的贝壳类动物）
216	建阳麻沙扁溪草莓	48355383	31	证明商标	南平市建阳区麻沙镇三农服务中心	福建省南平市建阳区麻沙镇麻沙街71号	福建省南平市建阳区	新鲜草莓
217	红古高原皇菊	48355384	31	证明商标	兰州市红古区经济作物技术推广站	甘肃省兰州市红古区海石湾镇中和路22号	甘肃省兰州市红古区	新鲜菊花
218	三六沟板栗	48441086	31	证明商标	赞皇生态农业发展协会	河北省石家庄市赞皇五马山路86号201室	河北省石家庄市赞皇县	新鲜板栗
219	高淳鲈鱼	48441303	31	证明商标	高淳区养殖技术协会	江苏省南京市高淳区阳江镇永胜圩村608号	江苏省南京市高淳区	鲈鱼（活的）

序号	名称	商标号	类别	商标类型	注册人	注册人地址	地区	商品
220	溧水大米	48441304	30	证明商标	南京市溧水区和凤镇农业服务中心	江苏省南京市溧水区和凤集镇	江苏省南京市溧水区	大米
221	溧水蓝莓	48441306	29	证明商标	南京市溧水区白马镇农业服务中心	江苏省南京市溧水区白马镇	江苏省南京市溧水区	蓝莓干
222	溧水黑莓	48441307	29	证明商标	南京市溧水区白马镇农业服务中心	江苏省南京市溧水区白马镇	江苏省南京市溧水区	黑莓干
223	武安花椒	48441313	30	证明商标	武安市优质农产品协会	河北省邯郸市武安市泉上农产品交易市场大门北3号	河北省邯郸市武安市	花椒粉
224	宝应慈姑	48460411	31	证明商标	宝应县曹甸镇农副产品行业协会	江苏省扬州市宝应县曹甸镇人民政府	江苏省扬州市宝应县	慈姑（新鲜蔬菜）
225	随州油茶	48513903	29	证明商标	随州市林木种苗管理站	湖北省随州市城南新区迎宾大道19号	湖北省随州市	食用茶油
226	棠邑绿茶	48548468	30	证明商标	南京市六合区龙袍街道农业服务中心	江苏省南京市六合区龙袍街道龙腾路1号	江苏省南京市六合区	绿茶
227	双阳胖头鱼	48552819	31	证明商标	长春市双阳区水产技术推广站	吉林省长春市双阳区西双阳大街865号	吉林省	胖头鱼（活鱼）
228	屏南山羊	48605318	31	证明商标	屏南县山羊养殖行业协会	福建省宁德市屏南县古峰镇文化路中段四号楼6♯-7♯号楼	福建省宁德市屏南县	活山羊
229	屏南山羊	48627126	29	证明商标	屏南县山羊养殖行业协会	福建省宁德市屏南县古峰镇文化路中段四号楼6♯-7♯号楼	福建省宁德市屏南县	羊肉
230	屏南锥栗	48663464	31	证明商标	屏南县锥栗协会	福建省宁德市屏南县双溪镇双溪村3号	福建省宁德市屏南县	新鲜栗子

序号	名称	商标号	类别	商标类型	注册人	注册人地址	地区	商品
231	山阳羽绒	48674852	22	证明商标	宝应县羽绒行业协会	江苏省扬州市宝应县城西工业集中区羽绒科技服务中心	江苏省扬州市宝应县	羽绒
232	吴屯稻花鱼	48700129	29	证明商标	武夷山市吴屯乡"三农"服务中心	福建省南平市武夷山市吴屯乡吴边街 43 号	福建省南平市武夷山市	鲤鱼（非活）
233	吴屯稻花鱼	48700130	31	证明商标	武夷山市吴屯乡"三农"服务中心	福建省南平市武夷山市吴屯乡吴边街 43 号	福建省南平市武夷山市	活鲤鱼
234	凤阳大米	48700132	30	证明商标	凤阳县大米行业协会	安徽省滁州市凤阳县临淮关镇凤翔大道创业路交叉口	安徽省滁州市凤阳县	大米
235	下野地枸杞	48817747	5	证明商标	新疆生产建设兵团第八师一三四团农业发展服务中心	新疆石河子市沙湾县下野地镇幸福路 406 号	新疆维吾尔自治区阿勒泰地区石河子市	枸杞
236	博白杨桃	48817755	31	证明商标	博白县杨桃产业协会	广西壮族自治区玉林市博白县城东工业园 11 号 B 区	广西壮族自治区玉林市博白县	新鲜杨桃
237	建湖虾稻米	48852169	30	证明商标	建湖县粮食行业协会	江苏省建湖县人民北路 16 号	江苏省盐城市建湖县	大米
238	鱼台龙虾	48886846	31	证明商标	鱼台县龙虾协会	山东省济宁市鱼台县湖陵三路一中西门社会组织监管服务中心	山东省济宁市鱼台县	龙虾（活的）
239	临潼石榴	48886847	31	证明商标	西安市临潼区园艺工作站	陕西省西安市临潼区党校路 9 号	陕西省西安市临潼区	石榴
240	赵县生姜	48891788	31	证明商标	赵县私营企业协会	河北省石家庄市赵县自强路 65 号	河北省石家庄市赵县	生姜（新鲜的）
241	侯帐桃	49004645	31	证明商标	石家庄市长安区果蔬协会	河北省石家庄市长安区南村镇侯帐村新开街 22 号	河北省石家庄市长安区	新鲜桃

续表

序号	名称	商标号	类别	商标类型	注册人	注册人地址	地区	商品
242	房山红薯	49004647	31	证明商标	北京市房山区农业技术综合服务中心	北京市房山区良乡西路24号	北京市房山区	新鲜红薯
243	沐川魔芋	49110126	30	证明商标	沐川县魔芋协会	四川省乐山市沐川县五显村14组	四川省乐山市沐川县	魔芋粉
244	鄄城董口黄金梨	49120265	31	证明商标	鄄城县地方特产发展服务中心	山东省菏泽市鄄城县黄河路32号（鄄城县市场监督管理局内）	山东省菏泽市鄄城县	新鲜梨
245	永平火腿	49220934	29	证明商标	永平县火腿协会	云南省大理白族自治州永平县北斗乡北斗村背后组	云南省大理白族自治州永平县	火腿
246	扶溪大米	49229605	30	证明商标	仁化县国家现代农业示范区管理委员会	广东省韶关市仁化县新城路24号九楼	广东省韶关市仁化县	大米
247	武宁棍子鱼	49257199	31	证明商标	武宁县综合检验检测中心	江西省九江市武宁县西海大道	江西省九江市武宁县	活棍子鱼（似鳡）
248	枣阳皇桃	49364926	31	证明商标	枣阳市桃产业协会	湖北省襄阳市枣阳市中兴大道百盟电商园	湖北省襄阳市枣阳市	新鲜桃
249	汉源贡椒	49367809	30	证明商标	汉源县花椒协会	四川省雅安市汉源县文化大厦	四川省雅安市汉源县	花椒
250	大冶刺绣	49374859	26	集体商标	大冶市民间文艺家协会	湖北省大冶市金湖街办金井路金井九巷45号	湖北省黄石市大冶市	刺绣品
251	景泰肉苁蓉	49561386	5	证明商标	景泰县土特产品行业协会	甘肃省白银市景泰县工商行政管理和质量技术监督局	甘肃省白银市景泰县	药用肉苁蓉
252	岷县黄芪蜂蜜	49561387	30	证明商标	岷县土蜂蜜产销联合会	甘肃省定西市岷县寺沟镇白土坡村245号	甘肃省定西市岷县	蜂蜜

续表

序号	名称	商标号	类别	商标类型	注册人	注册人地址	地区	商品
253	景泰文冠果茶	49561388	30	证明商标	景泰县土特产品行业协会	甘肃省白银市景泰县工商行政管理和质量技术监督局	甘肃省白银市景泰县	文冠果茶（用作茶叶代用品的叶）
254	任丘小蜜梨	49669162	31	证明商标	任丘市特色产业推广服务中心	河北省沧州市任丘市燕山北道22号	河北省沧州市任丘市	蜜梨
255	黄庄蜜桃	49698405	31	证明商标	任丘市特色产业推广服务中心	河北省沧州市任丘市燕山北道22号	河北省沧州市任丘市	蜜桃
256	蓬安锦橙	49748365	31	证明商标	蓬安县果蔬技术指导站	四川省南充市蓬安县政府街18号	四川省南充市蓬安县	锦橙（新鲜水果）
257	高县黄金芽	49748370	30	证明商标	高县茶技站	四川省宜宾市高县庆符镇凯华路50号	四川省宜宾市高县	绿茶
258	惠民短枝红富士苹果	49761248	31	证明商标	惠民县大年陈镇农业综合服务中心	山东省滨州市惠民县大年陈镇政府驻地	山东省滨州市惠民县	新鲜苹果
259	政和地瓜干	49782863	29	证明商标	政和县农副产品流通信息服务中心	福建省南平市政和县城关解放街83号	福建省南平市政和县	地瓜干
260	政和地瓜干	49782864	29	证明商标	政和县农副产品流通信息服务中心	福建省南平市政和县城关解放街83号	福建省南平市政和县	地瓜干
261	阿瓦提长绒棉	49845197	22	证明商标	阿瓦提县农业产业化服务办公室	新疆省阿克苏地区阿瓦提县团结西路7号	新疆维吾尔自治区阿克苏地区阿瓦提县	未加工棉花
262	定陶甜瓜	49863321	31	证明商标	菏泽市定陶区兴民农副产品技术服务中心	山东省菏泽市定陶区仿山镇游东行政村村委会院内	山东省菏泽市定陶区	新鲜甜瓜
263	定陶黄金梨	49880727	31	证明商标	菏泽市定陶区兴民农副产品技术服务中心	山东省菏泽市定陶区仿山镇游东行政村村委会院内	山东省菏泽市定陶区	新鲜梨

序号	名称	商标号	类别	商标类型	注册人	注册人地址	地区	商品
264	垛疃樱桃	49889500	31	证明商标	乳山市樱桃协会	山东省威海市乳山市诸往镇垛疃村	山东省威海市乳山市	新鲜樱桃
265	蛟河粘玉米	49971019	29	证明商标	蛟河市农业技术推广总站	吉林省吉林市蛟河市新区北京路	吉林省吉林市蛟河市	速冻玉米
266	蛟河粘玉米	49971019	31	证明商标	蛟河市农业技术推广总站	吉林省吉林市蛟河市新区北京路	吉林省吉林市蛟河市	玉米
267	越西苹果	50008823	31	证明商标	越西县经济作物站	四川省凉山彝族自治州越西县越城镇白塔巷10号	四川省凉山彝族自治州越西县	新鲜苹果
268	曹县麦冬	50029491	5	证明商标	曹县农业技术推广站	山东省菏泽市曹县珠江东路农业局院内	山东省菏泽市曹县	药用麦冬
269	曹县黄桃	50037530	31	证明商标	曹县农业技术推广站	山东省菏泽市曹县珠江东路农业局院内	山东省菏泽市曹县	新鲜黄桃
270	安义米粉	50052028	30	证明商标	安义县农产品流通协会	江西省南昌市安义县解放路47号	江西省南昌市安义县	米粉（条状）
271	大埔蜜柚	50085561	31	证明商标	大埔县蜜柚行业协会	广东省梅州市大埔县湖寮镇西环路	广东省梅州市大埔县	新鲜柚子
272	溆浦龙潭猪	50117994	31	证明商标	溆浦县龙潭猪养殖协会	湖南省怀化市溆浦县龙潭镇莲河村	湖南省怀化市溆浦县	猪（活动物）
273	石城烟叶	50142321	34	证明商标	石城县农产品协会	江西省赣州市石城县小松创业园A6-2	江西省赣州市石城县	烟草
274	兰溪小萝卜	50163815	29	证明商标	兰溪市食品行业协会	浙江省兰溪市兰花路801号	浙江省金华市兰溪市	腌制萝卜
275	荣县二红茄	50194956	31	证明商标	荣县种植业服务中心	四川省自贡市荣县旭阳镇西街214号附8号2栋1单元2楼1号	四川省	茄子（新鲜蔬菜）
276	沛县冬桃	50222946	31	证明商标	沛县张庄镇农业技术推广服务中心	江苏省徐州市沛县张庄镇人民政府	江苏省徐州市沛县	新鲜桃

续表

序号	名称	商标号	类别	商标类型	注册人	注册人地址	地区	商品
277	龙州桄榔粉	50234151	30	证明商标	龙州县农产品质量安全监督管理站	广西壮族自治区崇左市龙州县龙州镇城北路 32 号农业局	广西壮族自治区崇左市龙州县	桄榔粉（食用淀粉）
278	湖口凤尾鱼	50281335	31	证明商标	国营湖口县南北港水产场	江西省九江市湖口县南北港	江西省九江市湖口县	凤尾鱼（活的）
279	曹县西红柿	50308831	31	证明商标	曹县大集镇蔬菜协会	山东省菏泽市曹县大集镇政府院内	山东省菏泽市曹县	新鲜西红柿
280	太平大米	50366362	30	证明商标	临沂市河东区优质水稻种植协会	山东省临沂市河东区太平街道临沂万德福优质稻米基地	山东省临沂市河东区	大米
281	东明鲈鱼	50411939	31	证明商标	东明县水产服务中心	山东省菏泽市东明县沿河路中段 41 号	山东省菏泽市东明县	鲈鱼（活的）
282	垫江晚柚	50428363	31	证明商标	垫江县果品蔬菜管理站	重庆市垫江县桂西大道南段 208 号（垫江县会议中心三楼）	重庆市垫江县	新鲜柚子
283	石河子黄桃	50432971	31	证明商标	石河子一五二团特色农产品协会	新疆省石河子市南区多米诺精品主题酒店 201 - 203 室	新疆维吾尔自治区阿勒泰地区石河子市	新鲜黄桃
284	荣成蜢子虾酱	50451377	29	证明商标	荣成海鲜协会	山东省威海市荣成市凭海西路 88 号	山东省威海市荣成市	虾酱
285	荣成鲍鱼	50452020	29	证明商标	荣成海鲜协会	山东省威海市荣成市凭海西路 88 号	山东省威海市荣成市	鲍鱼（非活）
286	南漳土鸡	50462945	31	证明商标	南漳县五官山生态土鸡养殖协会	湖北省南漳县长坪镇黄潭村五官山	湖北省襄阳市南漳县	鸡（活的）
287	诸暨短柄樱桃	50471804	31	证明商标	诸暨市经济特产站	浙江省绍兴市诸暨市暨阳街道人民南路 116 号	浙江省绍兴市诸暨市	新鲜樱桃

序号	名称	商标号	类别	商标类型	注册人	注册人地址	地区	商品
288	普润稻花鱼	50549046	31	证明商标	隆昌市普润镇农业服务中心	四川省内江市隆昌市普润镇外街北段891号	四川省内江市隆昌市	鲫鱼(活鱼)
289	保安莲子	50572383	29	证明商标	大冶市保安镇农业技术服务中心	湖北省大冶市保安镇	湖北省黄石市大冶市	莲子
290	涟水草鸡蛋	50649656	29	证明商标	涟水县农副产品营销协会	江苏省淮安市涟水县涟城镇红日大道18-8号	江苏省连云港市	鸡蛋
291	日照海米	50652198	29	证明商标	日照市东港区水产品加工与流通协会	山东省日照市东港区青岛路中段	山东省日照市东港区	海米
292	日照对虾	50652199	29	证明商标	日照市东港区水产品加工与流通协会	山东省日照市东港区青岛路中段	山东省日照市东港区	虾(非活)
293	荣县黑山羊	50665668	31	证明商标	荣县农业技术推广中心	四川省自贡市荣县旭阳镇东桥街224-1号	四川省自贡市荣县	活山羊
294	碌曲蕨麻猪	50687274	29	证明商标	碌曲县畜牧工作站	甘肃省甘南藏族自治州碌曲县玛艾镇勒尔多东路25号	甘肃省甘南藏族自治州碌曲县	猪肉
295	武义灵芝	50703659	5	证明商标	浙江寿仙谷珍稀植物药研究院	浙江省武义县商城路10号	浙江省金华市武义县	药用灵芝
296	相达牦牛	50711050	29	证明商标	西藏浪卡子县农牧综合服务中心	西藏自治区山南市浪卡子县嘎玛林路	西藏自治区山南市浪卡子县	牛肉
297	相达牦牛	50729326	31	证明商标	西藏浪卡子县农牧综合服务中心	西藏自治区山南市浪卡子县嘎玛林路	西藏自治区山南市浪卡子县	牦牛(活动物)
298	象山小黄鱼	50739747	31	证明商标	象山县水产技术推广站	浙江省象山县丹东街道丹河路海岸带管理中心	浙江省宁波市象山县	小黄鱼(活的)

续表

序号	名称	商标号	类别	商标类型	注册人	注册人地址	地区	商品
299	碌曲牦牛	50744912	29	证明商标	碌曲县畜牧工作站	甘肃省甘南藏族自治州碌曲县玛艾镇勒尔多东路25号	甘肃省甘南藏族自治州碌曲县	牛肉
300	华州花椒	50760441	30	证明商标	渭南市华州区林业产业协会	陕西省渭南市华州区新秦南路林苑小区1-102号	陕西省渭南市华州区	花椒
301	碌曲藏羊	50767707	29	证明商标	碌曲县畜牧工作站	甘肃省甘南藏族自治州碌曲县玛艾镇勒尔多东路25号	甘肃省甘南藏族自治州碌曲县	羊肉
302	安达黑豆	50794399	31	证明商标	安达市寒地黑土绿色物产协会	黑龙江省绥化市安达市新兴街哈大齐工业走廊1委21-37(301)室	黑龙江省绥化市安达市	新鲜黑豆
303	稳村番薯	50846550	31	证明商标	吴川市黄坡农业农村服务中心	广东省吴川市黄坡镇城西路116号	广东省	新鲜番薯
304	高要巴戟天	50878114	5	证明商标	肇庆市高要区质量技术协会	广东省肇庆市高要区南岸街道上岸路11号	广东省肇庆市高要区	药用巴戟天
305	天等指天椒	50893600	31	证明商标	天等县农产品质量安全监督管理站	广西壮族自治区崇左市天等县人民政府城南办公区1号楼	广西壮族自治区崇左市天等县	新鲜辣椒
306	天等指天椒	50916764	30	证明商标	天等县农产品质量安全监督管理站	广西壮族自治区崇左市天等县人民政府城南办公区1号楼	广西壮族自治区崇左市天等县	辣椒（调味品）
307	藤县粉葛	50931575	31	证明商标	藤县农业技术推广中心	广西壮族自治区梧州市藤县藤州镇藤州大道15号	广西壮族自治区梧州市藤县	新鲜粉葛
308	永安鸡爪椒	50973044	29	证明商标	永安市燕南街道新农村建设服务中心	福建省永安市燕南街道荣兴路21号	福建省三明市永安市	腌辣椒

续表

序号	名称	商标号	类别	商标类型	注册人	注册人地址	地区	商品
309	耿马滇黄精	50983493	5	证明商标	耿马傣族佤族自治县农业技术推广站	云南省临沧市耿马县耿马镇建设路98号	云南省临沧市耿马傣族佤族自治县	药用黄精
310	井陉连翘	50989871	5	证明商标	井陉县多彩陉山连翘产业发展协会	河北省石家庄市井陉县微水镇罗庄西山北路19号	河北省石家庄市井陉县	药用连翘
311	潭碧冬瓜	51040154	31	证明商标	开平市苍城镇农业综合服务中心	广东省江门市开平市苍城镇苍城圩西门街40号	广东省江门市开平市	新鲜蔬菜（冬瓜）
312	星甸青虾	51053939	31	证明商标	南京市浦口区星甸街道农业发展服务中心	江苏省南京市浦口区星甸街道中心街38号	江苏省南京市浦口区	活虾
313	廉江番石榴	51072725	31	证明商标	廉江市番石榴协会	广东省廉江市吉水镇新村仔村	广东省	新鲜番石榴
314	宁海白枇杷	51091183	31	证明商标	宁海县水果产业协会	浙江省宁波市宁海县跃龙街道人民路268号	浙江省宁波市宁海县	新鲜枇杷
315	三门甜瓜	51127363	31	证明商标	三门县西甜瓜行业协会	浙江省台州市三门县海游街道上洋路143号	浙江省台州市三门县	新鲜甜瓜
316	长白林下猪	51127364	29	证明商标	长白朝鲜族自治县特产协会	吉林省白山市长白朝鲜族自治县林苑小区	吉林省白山市长白朝鲜族自治县	猪肉
317	三门小白虾	51127365	31	证明商标	三门县水产技术推广站	浙江省台州市三门县海游街道蟹山路18-20号	浙江省台州市三门县	活虾
318	八步茶	51161129	30	证明商标	望谟县八步古茶协会	贵州省黔西南州望谟县郊纳镇纳江社区政府三楼	贵州省黔西南布依族苗族自治州望谟县	红茶

续表

序号	名称	商标号	类别	商标类型	注册人	注册人地址	地区	商品
319	海南沉香 HNCX	51196929	3	证明商标	海南省林业科学研究院（海南省红树林研究院）	海南省海口市琼山区桂林下路141号	海南省海口市琼山区	香料（以沉香木为原料），天然香料（以沉香木为原料），香（以沉香木为原料），香木（以沉香木为原料），香粉（以沉香木为原料），芳香精油（以沉香木为原料）
320	海南沉香 HNCX	51196930	5	证明商标	海南省林业科学研究院（海南省红树林研究院）	海南省海口市琼山区桂林下路141号	海南省海口市琼山区	药用沉香
321	隆化苍术	51197476	5	证明商标	隆化县特色农产品开发协会	河北省承德市隆化县七家镇西地村承德晨林食品有限公司二楼	河北省承德市隆化县	药用苍术
322	隆化柴胡	51202341	5	证明商标	隆化县特色农产品开发协会	河北省承德市隆化县七家镇西地村承德晨林食品有限公司二楼	河北省承德市隆化县	药用柴胡

序号	名称	商标号	类别	商标类型	注册人	注册人地址	地区	商品
323	黄河涯蜜桃	51317487	31	证明商标	德州市德城区黄河涯镇农业综合服务中心	山东省德州市德城区黄河涯镇政府驻地黄河涯农业综合服务中心	山东省德州市德城区	新鲜桃
324	李官葡萄	51317488	31	证明商标	临沂市兰山区李官葡萄栽培服务中心	山东省临沂市兰山区李官镇驻地	山东省临沂市兰山区	新鲜葡萄
325	兴文石海小龙虾	51419641	31	证明商标	兴文县水产管理站	四川省宜宾市兴文县光明新城应急综合大楼9楼	四川省宜宾市兴文县	小龙虾（活的）
326	理塘香菇	51430147	29	证明商标	理塘县农业技术推广和土壤肥料站	四川省甘孜藏族自治州理塘县高城镇幸福西路121号	四川省甘孜藏族自治州理塘县	干香菇
327	六里葡萄	51430261	31	证明商标	宿迁市洋河新区农产品行业协会	江苏省宿迁市洋河新区洋河镇梁庄村	江苏省宿迁市	新鲜葡萄
328	石城贡米	51436384	30	证明商标	石城县生态有机农业协会	江西省石城县琴江区廊桥二楼D-2051号	江西省	大米
329	齐楼向日葵	51471706	31	证明商标	单县张集镇农业农村服务中心	山东省菏泽市单县张集镇人民政府院内	山东省菏泽市单县	向日葵（植物）
330	达日酸奶	51596718	29	证明商标	青海省达日县畜牧兽医工作站	青海省果洛藏族自治州达日县吉迈镇建设路	青海省果洛藏族自治州达日县	酸奶
331	霍邱虾田米	51606656	30	证明商标	霍邱县大米产业协会	安徽省六安市霍邱县马店镇商贸街西段	安徽省六安市霍邱县	大米
332	固始鹅	51641277	29	证明商标	固始县鹅协会	河南省信阳市固始县台商工业园	河南省信阳市固始县	鹅肉
333	三沙金枪鱼 SANSHA TUNA	51645517	31	证明商标	三沙市企业联合会	海南省海口市海秀中路92号	海南省海口市	金枪鱼（活的）
334	三沙金枪鱼 SANSHA TUNA	51645518	29	证明商标	三沙市企业联合会	海南省海口市海秀中路92号	海南省海口市	金枪鱼（非活）

续表

序号	名称	商标号	类别	商标类型	注册人	注册人地址	地区	商品
335	晋宁康乃馨	51645519	31	证明商标	昆明市晋宁区农业特色产业服务中心	云南省昆明市晋宁区昆阳永乐大街云磷集团研发中心综合大楼401	云南省昆明市晋宁区	康乃馨（自然花）
336	晋宁玫瑰	51645520	31	证明商标	昆明市晋宁区农业特色产业服务中心	云南省昆明市晋宁区昆阳永乐大街云磷集团研发中心综合大楼401	云南省昆明市晋宁区	玫瑰（自然花）
337	晋宁绣球	51645521	31	证明商标	昆明市晋宁区农业特色产业服务中心	云南省昆明市晋宁区昆阳永乐大街云磷集团研发中心综合大楼401	云南省昆明市晋宁区	绣球（自然花）
338	时楼芍药	51651430	31	证明商标	单县时楼镇农业农村服务中心	山东省菏泽市单县时楼镇人民政府院内	山东省菏泽市单县	芍药（新鲜草本植物）
339	单县香酥梨	51671718	31	证明商标	单县蔡堂镇农业农村服务中心	山东省菏泽市单县蔡堂镇人民政府院内	山东省菏泽市单县	新鲜梨
340	霍邱土鸡蛋	51711148	29	证明商标	霍邱县土鸡蛋协会	安徽省六安市霍邱县乌龙镇陡岗村霍邱县科瑞达禽业有限公司	安徽省六安市霍邱县	鸡蛋
341	理塘香菇	51873551	31	证明商标	理塘县农业技术推广和土壤肥料站	四川省甘孜藏族自治州理塘县高城镇幸福西路121号	四川省甘孜藏族自治州理塘县	鲜香菇
342	道孚青杠椴木黑木耳	51895110	29	证明商标	道孚县农产品质量安全（质量检测）中心	四川省甘孜藏族自治州道孚县农牧和科技局	四川省甘孜藏族自治州道孚县	黑木耳（食用干黑木耳）
343	牟定腐乳	51918425	29	证明商标	牟定县腐乳协会	云南羊泉生物科技股份有限公司	云南省	腐乳
344	奉节贝母	51956893	5	证明商标	奉节县中药材产业协会	重庆市奉节县永安镇县政路28号人大宿舍3幢2单元1-2	重庆市奉节县	药用贝母

序号	名称	商标号	类别	商标类型	注册人	注册人地址	地区	商品
345	伊犁薰衣草	51956896	31	证明商标	伊犁哈萨克自治州农村能源环境工作站	新疆维吾尔自治区伊犁哈萨克自治州伊宁市解放路4巷24号	新疆维吾尔自治区伊犁哈萨克自治州伊宁市	薰衣草
346	潢川州姜	52015433	31	证明商标	潢川县农业技术推广中心	河南省信阳市潢川县航空北路西118号	河南省信阳市潢川县	新鲜姜
347	栾城拐枣	52066972	31	证明商标	石家庄市栾城区拐枣产业协会	河北省石家庄市栾城区南李村	河北省石家庄市栾城区	鲜枣
348	中山东升脆肉鲩	52067085	29	证明商标	中山市东升镇农业服务中心	广东省中山市东升镇坦背沿河西路	广东省中山市	鲩鱼（非活）
349	中山东升脆肉鲩	52067101	31	证明商标	中山市东升镇农业服务中心	广东省中山市东升镇坦背沿河西路	广东省中山市	鲩鱼（活的）
350	沙建芦柑	52067102	31	证明商标	华安县沙建镇农业农村服务中心	福建省漳州市华安县沙建镇镇直1号	福建省漳州市华安县	新鲜芦柑
351	茶陵风干鹅	52074816	29	证明商标	茶陵县鹅鱼养殖科技协会	湖南省株洲市茶陵县舲舫乡长鸭村	湖南省株洲市茶陵县	鹅肉干
352	锡林郭勒奶酪 THE CHEESE OF XILINGOL	52156149	29	证明商标	锡林郭勒盟传统乳制品协会	内蒙古自治区锡林郭勒盟党政大楼1134室	内蒙古自治区锡林郭勒盟	奶酪
353	达日藏羊	52208003	31	证明商标	青海省达日县畜牧兽医工作站	青海省果洛藏族自治州达日县吉迈镇建设路	青海省果洛藏族自治州达日县	活羊
354	罗定三黄鸡	52209928	31	证明商标	罗定市动物卫生监督所	广东省罗定市龙华西路	广东省	活鸡
355	南沙青蟹	52278491	31	证明商标	广州市南沙区农业农村服务中心	广东省广州市南沙区凤凰大道1号行政中心D栋三楼	广东省广州市南沙区	活螃蟹
356	南充柑桔	52282664	31	证明商标	南充市果树技术指导站	四川省南充市北湖路26号（市农业局院内）	四川省南充市	新鲜柑桔

续表

序号	名称	商标号	类别	商标类型	注册人	注册人地址	地区	商品
357	崇礼彩椒	52287667	31	证明商标	张家口市崇礼区农业技术推广站	河北省张家口市崇礼区西湾子镇长青路 39 号	河北省张家口市崇礼区	新鲜柿子椒
358	崇礼彩椒	52291109	29	证明商标	张家口市崇礼区农业技术推广站	河北省张家口市崇礼区西湾子镇长青路 39 号	河北省张家口市崇礼区	腌辣椒
359	羊湖裸鲤	52323819	29	证明商标	西藏浪卡子县农牧综合服务中心	西藏自治区山南市浪卡子县嘎玛林路	西藏自治区山南市浪卡子县	裸鲤（鱼肉）
360	西店牡蛎	52357922	31	证明商标	宁海县西店镇农民合作经济组织联合会	浙江省宁波市宁海县西店镇振兴南路 158 号	浙江省宁波市宁海县	牡蛎（活的）
361	察隅石榴	52464551	31	证明商标	察隅县农技推广服务站	西藏自治区林芝市察隅县农牧局大楼	西藏自治区林芝市察隅县	新鲜石榴
362	察隅辣椒	52471943	31	证明商标	察隅县农技推广服务站	西藏自治区林芝市察隅县农牧局大楼	西藏自治区林芝市察隅县	新鲜辣椒
363	临翔蜂蜜	52480056	30	证明商标	临沧市临翔区畜牧技术推广站	云南省临沧市临翔区扎路营巷 74 号	云南省临沧市临翔区	蜂蜜
364	达日大黄	52484725	5	证明商标	达日县草原工作站	青海省果洛藏族自治州达日县吉迈镇	青海省果洛藏族自治州达日县	药用大黄
365	窑湾蜜桔	52492347	31	证明商标	宜昌市西陵区蜜桔协会	湖北省宜昌市西陵区朝阳路 33 号	湖北省宜昌市西陵区	新鲜蜜桔
366	正阳花生	52546831	31	证明商标	正阳县花生产业服务中心	河南省正阳县产业集聚区 6 楼	河南省驻马店市正阳县	新鲜花生
367	科左中旗甜菜	52641144	31	证明商标	科尔沁左翼中旗地方特产服务中心	内蒙古自治区通辽市科尔沁左翼中旗保康镇科尔沁大街中段	内蒙古自治区通辽市科尔沁左翼中旗	新鲜甜菜
368	科左中旗瓜子	52641145	29	证明商标	科尔沁左翼中旗地方特产服务中心	内蒙古自治区通辽市科尔沁左翼中旗保康镇科尔沁大街中段	内蒙古自治区通辽市科尔沁左翼中旗	加工过的瓜子

序号	名称	商标号	类别	商标类型	注册人	注册人地址	地区	商品
369	科左中旗高粱	52641146	30	证明商标	科尔沁左翼中旗地方特产服务中心	内蒙古自治区通辽市科尔沁左翼中旗保康镇科尔沁大街中段	内蒙古自治区通辽市科尔沁左翼中旗	加工过的高粱
370	达日藏红花	52652379	5	证明商标	达日县草原工作站	青海省果洛藏族自治州达日县吉迈镇	青海省果洛藏族自治州达日县	药用藏红花
371	新田大豆	52687920	31	证明商标	新田县食品药品工商质量监督检验检测中心	湖南省永州市新田县龙泉镇秀峰街12号	湖南省永州市新田县	未加工的大豆
372	米脂山地苹果 MIZHI MOUNTAIN LAND APPLE	52799046	31	证明商标	米脂县果业服务中心	陕西省榆林市米脂县广电巷4号	陕西省榆林市米脂县	新鲜苹果
373	钦州黄瓜皮	52828461	29	证明商标	钦州市经济作物技术推广站	广西壮族自治区钦州市南珠东大街236号	广西壮族自治区钦州市	干黄瓜皮
374	平潭鲍鱼	52903541	31	证明商标	平潭县鲍鱼协会	福建省福州市平潭县澳前镇碣报村99号	福建省福州市平潭县	活鲍鱼
375	白马蓝莓	52909190	31	证明商标	南京市溧水区白马镇农业服务中心	江苏省南京市溧水区白马镇	江苏省南京市溧水区	新鲜蓝莓
376	郭村软仁石榴	52972090	31	证明商标	枣庄市市中区齐村镇卓山土特产协会	山东省枣庄市市中区齐村镇前良村	山东省枣庄市市中区	新鲜石榴
377	宁县苹果	53019991	31	证明商标	宁县果业局	甘肃省庆阳市宁县新宁镇人民路6号	甘肃省庆阳市宁县	新鲜苹果
378	江孜藏毯	53107506	27	证明商标	西藏江孜县文化艺术馆	西藏自治区日喀则市江孜县英雄南路15号	西藏自治区日喀则地区江孜县	地毯
379	洛龙大蒜	53175425	31	证明商标	道真仡佬族苗族自治县农村专业技术协会联合会	贵州省道真自治县政府大楼二楼	贵州省遵义市道真仡佬族苗族自治县	新鲜大蒜

续表

序号	名称	商标号	类别	商标类型	注册人	注册人地址	地区	商品
380	襄阳花生油	53322356	29	证明商标	襄阳市襄州区油脂油料协会	湖北省襄阳市襄州区金华寺路45号	湖北省襄阳市襄州区	食用花生油
381	泽州黄小米	53475944	30	证明商标	泽州县北义城镇农特产品协会	山西省晋城市泽州县北义城镇东张后村	山西省晋城市泽州县	小米
382	靖江河豚 JINGJIANG PUFFER FISH	53514013	29	证明商标	靖江市烹饪餐饮行业协会	江苏省靖江市幸福路71号	江苏省泰州市靖江市	河豚（非活）
383	靖江河豚 JINGJIANG PUFFER FISH	53514013	31	证明商标	靖江市烹饪餐饮行业协会	江苏省靖江市幸福路71号	江苏省泰州市靖江市	河豚（活鱼）
384	安康魔芋	53522764	31	证明商标	安康市魔芋产业发展协会	陕西省安康市汉滨区陵园路14号	陕西省安康市汉滨区	新鲜魔芋
385	天门黄豆	53591514	30	集体商标	天门市天西农产品产销协会	湖北省天门市拖市镇梅河村	湖北省省直辖县级行政单位天门市	黄豆
386	大丰麦仁	53601413	30	证明商标	盐城市大丰区稻米业协会	江苏省盐城市大丰区疏港路199号	江苏省盐城市大丰区	大麦仁
387	尼玛白绒山羊	53676637	31	证明商标	西藏尼玛县农牧业科学技术服务站（尼玛县动物卫生监督所）	西藏自治区那曲市尼玛县建设东路	西藏自治区那曲市尼玛县	活山羊
388	尼玛白绒山羊	53676640	29	证明商标	西藏尼玛县农牧业科学技术服务站（尼玛县动物卫生监督所）	西藏自治区那曲市尼玛县建设东路	西藏自治区那曲市尼玛县	羊肉
389	山盆脆李	53884250	31	证明商标	遵义市汇川区山盆镇农业服务中心	贵州省遵义市汇川区山盆镇九龙社区三区贸易北街1号	贵州省遵义市汇川区	新鲜李子
390	吴堡青梨	53924529	31	证明商标	吴堡县果业协会	陕西省榆林市吴堡县	陕西省榆林市吴堡县	新鲜梨

续表

序号	名称	商标号	类别	商标类型	注册人	注册人地址	地区	商品
391	大姚花椒	53963340	31	证明商标	大姚县林草产业服务中心	云南省大姚县政务中心2号楼	云南省楚雄彝族自治州大姚县	新鲜花椒
392	大姚花椒	53968733	30	证明商标	大姚县林草产业服务中心	云南省大姚县政务中心2号楼	云南省楚雄彝族自治州大姚县	花椒（调味品）
393	南漳柑橘	53990137	31	证明商标	南漳县柑桔协会	湖北省南漳县巡检镇峡口千佛寺	湖北省襄阳市南漳县	新鲜柑橘
394	栾川连翘	54101384	5	证明商标	栾川县农业产业化龙头企业协会	河南省洛阳市栾川县农业局四楼	河南省洛阳市栾川县	药用连翘
395	宁武莜麦	54103458	31	证明商标	宁武县农业环境保护监测站	山西省忻州市宁武县城凤凰西大街	山西省忻州市宁武县	莜麦
396	崀山脐橙	54224386	31	证明商标	新宁县农业农村特色产业开发服务中心	湖南省邵阳市新宁县金石镇解放路142号	湖南省邵阳市新宁县	新鲜脐橙
397	曲靖烟叶	54355714	34	证明商标	曲靖市烟草学会	云南省烟草公司曲靖市公司	云南省	烟草
398	城口独活	54386526	5	证明商标	城口县中药材产业协会	重庆市城口县葛城街道北大街39号	重庆市城口县	药用独活
399	宝应芡实	54677697	31	证明商标	宝应县慈姑行业协会	江苏省扬州市宝应县望直港镇工业园区1号	江苏省扬州市宝应县	新鲜芡实
400	宝应芡实	54686735	30	证明商标	宝应县慈姑行业协会	江苏省扬州市宝应县望直港镇工业园区1号	江苏省扬州市宝应县	干芡实
401	松溪香菇	54691533	29	证明商标	松溪县特色产品发展研究学会	福建省南平市松溪县工农中路285号	福建省南平市松溪县	干香菇
402	松溪香菇	54691558	31	证明商标	松溪县特色产品发展研究学会	福建省南平市松溪县工农中路285号	福建省南平市松溪县	鲜香菇
403	松溪灵芝	54699399	5	证明商标	松溪县特色产品发展研究学会	福建省南平市松溪县工农中路285号	福建省南平市松溪县	药用灵芝
404	胡陈洋芋	54728340	31	证明商标	宁海县胡陈乡农民合作经济组织联合会	浙江省宁波市宁海县胡陈乡胡东村西张	浙江省宁波市宁海县	新鲜土豆

续表

序号	名称	商标号	类别	商标类型	注册人	注册人地址	地区	商品
405	松溪灵芝	54769957	31	证明商标	松溪县特色产品发展研究学会	福建省南平市松溪县工农中路 285 号	福建省南平市松溪县	新鲜灵芝
406	碌曲牦牛	54946919	31	证明商标	碌曲县畜牧工作站	甘肃省甘南藏族自治州碌曲县玛艾镇勒尔多东路 25 号	甘肃省甘南藏族自治州碌曲县	牦牛（活动物）
407	长沙绿茶	54963232	30	集体商标	长沙市茶业协会	湖南省长沙市长沙县天华北路 6 号	湖南省长沙市长沙县	绿茶
408	长兴红梅	55118250	31	证明商标	长兴县花卉苗木协会	浙江省湖州市长兴县泗安镇兴安路 766 号	浙江省湖州市长兴县	红梅（观赏植物）
409	长兴青梅	55118251	31	证明商标	长兴县花卉苗木协会	浙江省湖州市长兴县泗安镇兴安路 766 号	浙江省湖州市长兴县	新鲜青梅果
410	麻栗坡草果	55155322	30	证明商标	麻栗坡县农业产业发展服务中心	云南省文山壮族苗族自治州麻栗坡县回迁楼 14 楼	云南省文山壮族苗族自治州麻栗坡县	草果（食品用香料，含醚香料和香精油除外）
411	上杭建兰	55330409	31	证明商标	上杭县种养协会	福建省龙岩市上杭县临江镇供销大厦三楼	福建省龙岩市上杭县	建兰（自然花）
412	宁强天麻	55332680	5	证明商标	宁强县中药材产业发展中心	陕西省汉中市宁强县汉源街道办七里坝	陕西省汉中市宁强县	药用天麻
413	勐腊砂仁	55490191	5	证明商标	勐腊县砂仁协会	云南省西双版纳傣族自治州勐腊县勐腊新城高速路平交旁边往磨憨方向 300 米处	云南省西双版纳傣族自治州勐腊县	药用砂仁
414	歙县山核桃	55787295	31	证明商标	歙县山核桃产业协会	安徽省黄山市歙县徽城镇百兴园 C 区 9 号	安徽省黄山市歙县	新鲜山核桃

序号	名称	商标号	类别	商标类型	注册人	注册人地址	地区	商品
415	高明三洲黑鹅	55825164	29	证明商标	佛山市高明区农业技术服务推广中心	广东省佛山市高明区荷城街道文竹路开成街23号	广东省佛山市高明区	黑鹅（非活）
416	元谋洋葱	55863433	31	证明商标	元谋洋葱技术协会	元谋县元马镇源达路北段东侧	云南省楚雄彝族自治州元谋县	新鲜洋葱
417	武宣胭脂李	56019290	31	证明商标	武宣县农业技术推广站（武宣县农产品质量安全检测站）	广西壮族自治区来宾市武宣县武宣镇城北路232号	广西壮族自治区来宾市武宣县	新鲜李子
418	宣州鸡	56085744	29	证明商标	宣城市禽业协会	安徽省宣城市双塔路178号	安徽省	鸡（非活）
419	永安大湖鱼	56256462	31	证明商标	永安市大湖镇农业综合服务中心	福建省三明市永安市大湖镇石林路007号	福建省三明市永安市	活草鱼
420	随县葡萄	56278336	31	证明商标	随县水果专业技术协会	湖北省随州市随县唐县镇华宝山林果基地	湖北省随州市随县	新鲜葡萄
421	三都香葱	56685508	31	证明商标	柳州市柳江区农业科技推广中心	广西壮族自治区柳州市柳江区马平路瑞丰国际恒美嘉园10栋一楼	广西壮族自治区柳州市柳江区	新鲜细香葱
422	江油附子	56812980	5	证明商标	江油市中药材种植协会	四川省绵阳市江油市三合镇石岭子街1幢1楼	四川省绵阳市江油市	药用附子
423	保康柿子	56839867	31	证明商标	保康县农产品流通协会	湖北省襄阳市保康县城关镇迎宾路52号	湖北省襄阳市保康县	新鲜柿子
424	卓尼柴胡	56859369	5	证明商标	卓尼县中药材产业协会	甘肃省甘南藏族自治州卓尼县柳林镇下所藏	甘肃省甘南藏族自治州卓尼县	药用柴胡
425	卓尼当归	56881716	5	证明商标	卓尼县中药材产业协会	甘肃省甘南藏族自治州卓尼县柳林镇下所藏	甘肃省甘南藏族自治州卓尼县	药用当归

续表

序号	名称	商标号	类别	商标类型	注册人	注册人地址	地区	商品
426	绿春黄连鸡	56888785	31	证明商标	绿春县畜牧技术推广站	云南省红河哈尼族彝族自治州绿春县农业农村和科学技术局	云南省红河哈尼族彝族自治州绿春县	活鸡
427	内乡毛花菊	56921401	31	证明商标	内乡县菊花研究会	河南省南阳市内乡县梨苑山庄	河南省南阳市内乡县	菊花（自然花）
428	仙桃黄鳝	57155136	31	证明商标	仙桃市黄鳝产业协会	湖北省仙桃市忠善黄鳝苗种繁育专业合作社	湖北省	黄鳝（活的）
429	庆元甜桔柚	57243880	31	证明商标	庆元县农业产业服务中心	浙江省丽水市庆元县濛洲街道濛洲街 222 号 18 楼	浙江省丽水市庆元县	新鲜甜桔柚
430	三沙针叶樱桃 SANSHA ACERIFOLIA CHERRY	57244506	31	证明商标	三沙市企业联合会	海南省海口市龙华区海秀中路 92 号	海南省海口市龙华区	新鲜樱桃
431	三沙石斑鱼	57269409	31	证明商标	三沙市企业联合会	海南省海口市龙华区海秀中路 92 号	海南省海口市龙华区	石斑鱼（活鱼）
432	永福杜鹃花	57317404	31	证明商标	漳平市永福花卉协会	福建省龙岩市漳平市永福镇兴福大道 33 号	福建省龙岩市漳平市	杜鹃花（自然花）
433	永福素心兰	57322400	31	证明商标	漳平市永福花卉协会	福建省龙岩市漳平市永福镇兴福大道 33 号	福建省龙岩市漳平市	素心兰（自然花）
434	永福高山茶 YONG FU HIGH - MOUNTAIN TEA	57349921	30	证明商标	漳平市台创园茶业协会	福建省龙岩市漳平市永福镇步云东路 11 号	福建省龙岩市漳平市	乌龙茶
435	忻州糯玉米	57453143	31	证明商标	忻府区农业产业化协会	山西省忻州市忻府区紫岩乡北宋村忻州伟业奶牛养殖有限公司	山西省忻州市忻府区	糯玉米
436	倒店西瓜	57575904	31	证明商标	云梦县倒店乡农业技术推广站	湖北省孝感市云梦县倒店乡	湖北省孝感市云梦县	新鲜西瓜

序号	名称	商标号	类别	商标类型	注册人	注册人地址	地区	商品
437	莒县苹果	57600107	31	证明商标	莒县碁山镇农业综合服务中心	山东省日照市莒县碁山镇政府驻地	山东省日照市莒县	新鲜苹果
438	高邑黄瓜	57679157	31	证明商标	高邑县农业技术推广中心	河北省石家庄市高邑县康复大街	河北省石家庄市高邑县	新鲜黄瓜
439	永安冬笋	57864931	29	证明商标	永安市农村合作经济组织联合会	福建省永安市燕江中路 63 号	福建省三明市永安市	冷冻竹笋
440	内黄花生	57980975	29	证明商标	内黄县农产品质量安全检验检测中心	河南省内黄县西环路 18 号果蔬城行政中心二楼	河南省安阳市内黄县	加工过的花生
441	内黄花生	57990437	31	证明商标	内黄县农产品质量安全检验检测中心	河南省内黄县西环路 18 号果蔬城行政中心二楼	河南省安阳市内黄县	新鲜花生
442	寨沙头菜	58061032	29	证明商标	鹿寨县农业技术推广中心	广西壮族自治区柳州市鹿寨县鹿寨镇建中东路 13 号	广西壮族自治区柳州广西壮族自治区柳州市鹿寨县	大头菜
443	屏南四季杜鹃	58233353	31	证明商标	屏南县花卉盆景协会	福建省宁德市屏南县古峰镇国宝路 181 号	福建省宁德市屏南县	杜鹃花（自然花）
444	献县金丝小枣	58536213	29	证明商标	献县干果协会	河北省沧州市献县河北省沧州市献县高官乡尚庄村雅园快捷宾馆 206	河北省沧州市献县	干枣
445	丰宁大扁	58555373	31	证明商标	丰宁满族自治县地方特色产品产业协会	河北省承德市丰宁满族自治县五道营乡五道营村驸马山庄生态农业综合开发有限公司办公楼二楼 203 室	河北省承德市丰宁满族自治县	新鲜杏仁
446	颍泉包金梨	58744219	31	证明商标	阜阳市颍泉区宁老庄镇包金果梨协会	安徽省阜阳市颍泉区鹿坎路青年电子产业园 2#501	安徽省阜阳市颍泉区	新鲜梨
447	永福茶花	58782854	31	证明商标	漳平市永福花卉协会	福建省龙岩市漳平市永福镇兴福大道 33 号	福建省	茶花（自然花）

续表

序号	名称	商标号	类别	商标类型	注册人	注册人地址	地区	商品
448	万宁东山羊 WANNING DONGSHAN GOAT	58849578	31	证明商标	万宁东山羊养殖协会	海南省万宁市万城镇东方村委会办公楼	海南省省直辖县级行政单位万宁市	活羊
449	敦化人参	58970045	5	证明商标	敦化市人参产业协会	吉林省敦化市青沟子乡老屯村光明组	吉林省延边朝鲜族自治州敦化市	人参
450	尉犁罗布麻	59132660	30	证明商标	尉犁县特色农产品协会	新疆维吾尔自治区巴音郭楞蒙古自治州尉犁县尉犁镇尉犁县农业农村局	新疆维吾尔自治区巴音郭楞蒙古自治州尉犁县	罗布麻茶
451	平湖西瓜	59163676	31	证明商标	平湖市农民合作经济组织联合会	浙江省嘉兴市平湖市当湖街道新华北路 813 号	浙江省嘉兴市平湖市	新鲜西瓜
452	岳西茯苓	59193336	5	证明商标	岳西县中药材协会	安徽省安庆市岳西县莲云乡步文大道 9 号	安徽省安庆市岳西县	药用茯苓
453	二甲蓝印花布	59261475	24	证明商标	南通市通州区二甲镇特色产业联合会	江苏省南通市通州区二甲镇光明中路通州区市监局二甲分局指挥室	江苏省南通市通州区	蓝印花布
454	乐业薄壳核桃	59266857	31	证明商标	乐业县林业技术推广站	广西壮族自治区百色市乐业县同乐镇三乐街 174 号	广西壮族自治区百色市乐业县	新鲜核桃
455	乐业板栗	59283534	31	证明商标	乐业县林业技术推广站	广西壮族自治区百色市乐业县同乐镇三乐街 174 号	广西壮族自治区百色市乐业县	新鲜栗子
456	深州鸭梨	59295252	31	证明商标	深州市特色农产品产业协会	河北省衡水市深州市工业城中心街 8 号	河北省衡水市深州市	新鲜梨
457	莱芜老干烘 LAIWU OLD DRY BAKING	59308063	30	证明商标	济南市莱芜区茶叶种植协会	山东省济南市莱芜区高庄街道刘家林村	山东省济南市莱芜区	黄茶
458	乐业刺梨	59313051	31	证明商标	乐业县水果生产技术指导站	广西壮族自治区百色市乐业县同乐镇三乐街 004 号	广西壮族自治区	新鲜刺梨

续表

序号	名称	商标号	类别	商标类型	注册人	注册人地址	地区	商品
459	金寨篮茶	59429557	30	证明商标	金寨县农业产业发展中心	安徽省六安市金寨县现代产业园区金梧桐创业园综合服务楼（政务服务中心）十三楼	安徽省六安市金寨县	黑茶
460	昌黎扇贝	59497782	29	证明商标	昌黎县水产养殖协会	河北省秦皇岛市昌黎县茹荷镇塔子口	河北省秦皇岛市昌黎县	扇贝（非活）
461	宁夏枸杞	59676128	5	证明商标	宁夏枸杞产业发展中心	宁夏回族自治区银川市兴庆区南薰西路 60 号	宁夏回族自治区银川市兴庆区	枸杞
462	绛县连翘	59716538	5	证明商标	绛县果业发展中心	山西省运城市绛县乔村斜	山西省运城市绛县	药用连翘
463	绛县黄芩	59716539	5	证明商标	绛县果业发展中心	山西省运城市绛县乔村斜	山西省运城市绛县	药用黄芩
464	绛县柴胡	59716540	5	证明商标	绛县果业发展中心	山西省运城市绛县乔村斜	山西省运城市绛县	药用柴胡
465	大关筇竹笋	59741513	31	证明商标	大关县竹产业发展中心	云南省昭通市大关县翠华镇黄连河村民委员会汪家山村民小组 57 号	云南省昭通市大关县	新鲜竹笋
466	龙泉灵芝孢子粉	59747881	5	证明商标	龙泉市农民合作经济组织联合会	浙江省丽水市龙泉市中山西路 74 号	浙江省	药用灵芝孢子粉
467	龙泉灵芝	59747882	5	证明商标	龙泉市农民合作经济组织联合会	浙江省丽水市龙泉市中山西路 74 号	浙江省	药用灵芝
468	赤壁青砖茶 赤 1006 CHI BI QING ZHUAN TEA	59779244	30	证明商标	赤壁市茶叶协会	湖北省咸宁市赤壁市茶庵岭镇羊楼洞茶文化生态产业园	湖北省咸宁市赤壁市	茶
469	河边白柠檬	60028854	31	证明商标	大英县河边镇农业综合服务中心	四川省遂宁市大英县河边镇裕河街 1 号	四川省遂宁市大英县	新鲜柠檬

续表

序号	名称	商标号	类别	商标类型	注册人	注册人地址	地区	商品
470	抚松人参 FUSONG GINSENG	60029561	5	证明商标	抚松县人参协会	吉林省白山市抚松县抚松镇松山街九兴泰小区4#楼01单元04层01号	吉林省白山市抚松县	人参
471	莲花白鹅	60083737	29	证明商标	莲花县"莲花白鹅"产业协会	江西省萍乡市莲花县三板桥乡镇背村	江西省	白鹅肉
472	罗定豆豉	60176949	30	证明商标	罗定市餐饮服务行业商会	广东省云浮市罗定市罗城镇兴华一路三桥头（好莱湾酒店有限公司大院内）A幢（1楼101室）	广东省	豆豉
473	云和雪梨	60183703	31	证明商标	云和县经济作物站	浙江省丽水市云和县中山街350号	浙江省	新鲜梨
474	巨鹿小米	60250133	30	证明商标	巨鹿县小米协会	河北省邢台市巨鹿县工业园区	河北省邢台市巨鹿县	小米
475	孙福集山药	60259991	31	证明商标	商丘市梁园区孙福集乡山药专业协会	河南省商丘市梁园区孙福集乡中良村	河南省商丘市梁园区	新鲜山药
476	罗定 肉桂	60340560	30	证明商标	罗定市肉桂生产加工流通协会	广东省云浮市罗定市㑇滨镇石灰岭	广东省云浮市罗定市	肉桂卷（食品调料）
477	开阳枇杷	60600370	31	证明商标	开阳县富硒产品协会	贵州省贵阳市开阳县云开街道办事处金湖湾居委会麒龙香岸美域2-1-63	贵州省	新鲜枇杷
478	绍兴腐乳	60654410	29	证明商标	绍兴市食品行业协会	浙江省绍兴市越城区中兴中路288号现代大厦B1109室	浙江省	腐乳
479	惠东马铃薯	60712187	31	证明商标	惠东县马铃薯协会	广东省惠州市惠东县铁涌镇老圩村供销社大楼二、三楼	广东省惠州市惠东县	新鲜土豆

续表

序号	名称	商标号	类别	商标类型	注册人	注册人地址	地区	商品
480	新宁脐橙	60817110	31	证明商标	新宁县农业农村特色产业开发服务中心	湖南省邵阳市新宁县金石镇解放路 142 号	湖南省	新鲜脐橙
481	松溪九龙大白茶	60909447	30	证明商标	松溪县茶业发展中心	福建省南平市松溪县松源镇大街 263 号	福建省南平市松溪县	白茶
482	椿木营竹节参	60984508	5	证明商标	宣恩县中药材协会	湖北省恩施土家族苗族自治州宣恩县农业农村局 203 办公室	湖北省	竹节参（中药材）
483	会东芒果	61103241	31	证明商标	会东县多经站	四川省凉山彝族自治州会东县金江街道亿鑫家园二楼	四川省凉山彝族自治州会东县	新鲜芒果
484	宝鸡蜂蜜BAOJIHONEY	61368772	30	证明商标	宝鸡市畜牧兽医中心	陕西省宝鸡市群众路 57 号	陕西省	蜂蜜
485	环县苹果	61420438	31	证明商标	环县果业发展中心	甘肃省庆阳市环县翼龙路 27 号	甘肃省	新鲜苹果
486	石湖西瓜	61436271	31	证明商标	固镇县蔬菜瓜果协会	安徽省蚌埠市固镇县固镇县石湖乡刘元村	安徽省蚌埠市固镇县	新鲜西瓜
487	东兴海鸭蛋	61505389	29	证明商标	东兴市动物疫病预防控制中心	广西壮族自治区防城港市东兴市东兴镇北郊路 27 号	广西壮族自治区防城港市东兴市	鸭蛋
488	郓城半夏	61659648	5	证明商标	郓城县地方特产发展服务中心	山东省菏泽市郓城县郓州大道中段路南	山东省	药用半夏
489	西昌葡萄XICHANG GRAPE	61706729	31	证明商标	西昌市经济作物站	四川省凉山彝族自治州西昌市三岔口东路 220 号	四川省凉山彝族自治州西昌市	新鲜葡萄
490	左贡葡萄	61752913	31	证明商标	左贡县农业技术推广站	西藏自治区昌都市左贡县旺达中街	西藏自治区	新鲜葡萄
491	东源仙湖茶	61795722	30	证明商标	东源县茶叶产业协会	广东省东源县城规划区木京中心区 R-1 地块江南居商住楼 1 栋 05 号商铺	广东省	绿茶

序号	名称	商标号	类别	商标类型	注册人	注册人地址	地区	商品
492	玉林八角	61924211	30	证明商标	玉林市香料行业协会	广西壮族自治区玉林市城站路141号财富100大厦五楼	广西壮族自治区玉林市	八角（调味品）
493	龙门大米 LONGMEN RICE	61954089	30	证明商标	龙门县农产品行业协会	广东省惠州市龙门县农贸市场C栋01号2楼第01号	广东省	大米
494	防城八角	61965997	30	证明商标	防城港市防城区林业技术推广中心	广西壮族自治区防城港市防城区防城镇防东路172号林业局大院	广西壮族自治区防城港市防城区	八角（调味品）
495	内江天冬	61983394	5	证明商标	内江市中医药学会	四川省内江市东兴区兴隆路61号	四川省内江市东兴区	药用天冬
496	新兴排米粉	62221181	30	证明商标	云浮市新兴微丰紫米研究院	广东省云浮市新兴县天堂镇元头岗村大椰河大岗边新兴微丰综合园自编2号	广东省云浮市新兴县	米粉（条状）
497	罗城扎粉	62323474	30	证明商标	万载县罗城扎粉行业协会	江西省宜春市万载县罗城镇黎明村易丰组	江西省	米粉（条状）
498	武冈脐橙	62358584	31	证明商标	武冈市农作物良种繁育推广中心	湖南省武冈市玉龙路53号	湖南省	新鲜脐橙
499	偏关豆腐	62388784	29	证明商标	偏关县农业产业发展中心	山西省忻州市偏关县万府街农业综合办公大楼	山西省忻州市偏关县	豆腐
500	泰宁新桥白笋干	62423674	29	证明商标	泰宁县旅游食品行业协会	福建省泰宁县农业局一楼	福建省	白笋干
501	偏关莜面	62583507	30	证明商标	偏关县农业产业发展中心	山西省忻州市偏关县万府街农业综合办公大楼	山西省	面粉
502	沧县金丝小枣	62828909	29	证明商标	沧县金丝小枣协会	河北省沧州市沧县高川乡后村沧州金利源食品饮料有限公司	河北省	干枣

序号	名称	商标号	类别	商标类型	注册人	注册人地址	地区	商品
503	宜川核桃	64065827	29	证明商标	宜川县农业技术推广协会	陕西省延安市宜川县环城东路市场南区2楼	陕西省延安市宜川县	加工过的核桃
504	防城肉桂	51754669A	30	证明商标	防城港市防城区林业技术推广中心	广西省防城港市防城区防城镇防东路172号林业局大院	广西壮族自治区防城港市防城区	肉桂（调味品）
505	BARBARESCO	G1022063H	33	证明商标	Consorzio di Tutela Barolo Barbaresco Alba Langhe e Dogliani	意大利	意大利	葡萄酒
506	JABUGO	G1130951	29	证明商标	ASOCIACION AUTENTICO JABUGO	西班牙	西班牙	猪肉火腿
507	P PINEAU DES CHARENTES AOC DEPUIS 1945	G1302555	33	证明商标	SYNDICAT DES PRODUCTEURS DE PROMOTION ET DE PROPA-GANDE DU PINEAU DES CHARENTES	法国	法国	葡萄酒
508	SOAVE	G1350724H	33	证明商标	CONSORZIO TUTELA VINI SOAVE E RECIOTO DI SOAVE	意大利	意大利	葡萄酒
509	LUGANA	G1534232	33	证明商标	CONSORZIO VOLONTARIO PER LA TUTELA DEI VINI "LUGA-NA" D. O. C.	意大利	意大利	葡萄酒
510	PARMIGIANO REGGIANO	G477182H	29	证明商标	CONSORZIO DEL FORMAGGIO PARMIGIANO REGGIANO	意大利	意大利	干酪

续表

序号	名称	商标号	类别	商标类型	注册人	注册人地址	地区	商品
511	MORTADELLA BOLOGNA	G789800	29	证明商标	CONSORZIO MORTADELLA BOLOGNA	意大利	意大利	香肠
512	BRUNELLO DI MONTALCINO	G857959	33	证明商标	CONSORZIO DEL VINO BRUNELLO DI MONTALCINO	意大利	意大利	葡萄酒
513	CHIANTI CLASSICO	G877636H	33	证明商标	CONSORZIO VINO CHIANTI CLASSICO	意大利	意大利	葡萄酒
514	CHIANTI CLASSICO DAL 1716	G902976	33	证明商标	CONSORZIO VINO CHIANTI-CLASSICO	意大利	意大利	葡萄酒

供稿：国家知识产权局商标局

2022 年新认定地理标志保护产品名录

序号	产品名称	申请机构	产地范围	国家知识产权局公告号
1	滦南虾酱	河北省唐山市滦南县人民政府	河北省唐山市滦南县南堡镇、柏各庄镇、坨里镇、胡各庄镇共 4 个镇现辖行政区域	国家知识产权局公告第四七三号
2	滦南虾油	河北省唐山市滦南县人民政府	河北省唐山市滦南县南堡镇、柏各庄镇、坨里镇、胡各庄镇共 4 个镇现辖行政区域	国家知识产权局公告第四七三号
3	祥云红梨	云南省大理白族自治州祥云县人民政府	云南省大理白族自治州祥云县现辖行政区域	国家知识产权局公告第四七三号
4	亳菊	安徽省亳州市人民政府	安徽省亳州市谯城区,涡阳县义门镇、陈大镇、牌坊镇、花沟镇、龙山镇、涡南镇、星园街道、城关街道、天静宫街道、高炉镇、西阳镇、标里镇,蒙城县小涧镇、岳坊镇、马集镇、小辛集乡、城关街道,共计 42 个乡、镇、街道现辖行政区域	国家知识产权局公告第四九四号
5	即墨黄酒	山东省青岛市即墨区人民政府	山东省青岛市即墨区现辖行政区域	国家知识产权局公告第四九四号

供稿:国家知识产权局知识产权保护司

2022 年中国版权金奖获奖名单

作品奖 （6个）	"足迹"系列（图书，著作权人：本书编写组）
	"中国历代绘画大系"（图书，著作权人：浙江大学）
	《人世间》（电视剧，著作权人：弘道影业有限公司等）
	《长津湖》（电影，著作权人：北京博纳影业集团有限公司）
	《中望3D软件》（计算机软件，著作权人：广州中望龙腾软件股份有限公司）
	《只此青绿》（舞蹈，著作权人：中国东方演艺集团有限公司）
推广运用奖 （5个）	中国工信出版传媒集团有限责任公司
	河南广播电视台
	广州市朗声图书有限公司
	人民文学出版社有限公司
	麒麟软件有限公司
保护奖 （5个）	文化和旅游部文化市场综合执法监督局综合指导处
	北京知识产权法院审判监督庭
	北京市公安局通州分局环境食品药品和旅游安全保卫支队
	宁波海关综合业务处
	中国作家协会社会联络部权益保护处
管理奖 （4个）	江苏省版权局版权管理处
	上海市版权局版权管理处
	景德镇市版权局
	长沙市版权局

供稿：中央宣传部版权管理局

法律(无)、法规(无)

规章

商标代理监督管理规定

(2022 年 10 月 27 日国家市场监督管理总局令第 63 号公布,
自 2022 年 12 月 1 日起施行)

第一章 总 则

第一条 为了规范商标代理行为,提升商标代理服务质量,维护商标代理市场的正常秩序,促进商标代理行业健康发展,根据《中华人民共和国商标法》(以下简称商标法)、《中华人民共和国商标法实施条例》(以下简称商标法实施条例)以及其他有关法律法规,制定本规定。

第二条 商标代理机构接受委托人的委托,可以以委托人的名义在代理权限范围内依法办理以下事宜:

(一)商标注册申请;

(二)商标变更、续展、转让、注销;

(三)商标异议;

(四)商标撤销、无效宣告;

(五)商标复审、商标纠纷的处理;

(六)其他商标事宜。

本规定所称商标代理机构,包括经市场主体登记机关依法登记从事商标代理业务的服务机构和从事商标代理业务的律师事务所。

第三条 商标代理机构和商标代理从业人员应当遵守法律法规和国家有关规定,遵循诚实信用原则,恪守职业道德,规范从业行为,提升商标代理服务质量,维护委托人的合法权益和商标代理市场正常秩序。

本规定所称商标代理从业人员包括商标代理机构的负责人,以及受商标代理机构指派承办商标代理业务的本机构工作人员。

商标代理从业人员应当遵纪守法,有良好的信用状况,品行良好,熟悉商标法律法规,具备依法从事商标代理业务的能力。

第四条 商标代理行业组织是商标代理行业的自律性组织。

商标代理行业组织应当严格行业自律,依照章程规定,制定行业自律规范和惩戒规则,加强业务培训和职业道德、职业纪律教育,组织引导商标代理机构和商标代理从业人员依法规范从事代理业务,不断提高行业服务水平。

知识产权管理部门依法加强对商标代理行业组织的监督和指导,支持商标代理行业组织加强行业自律和规范。

鼓励商标代理机构、商标代理从业人员依法参加商标代理行业组织。

第二章 商标代理机构备案

第五条 商标代理机构从事国家知识产权局主管的商标事宜代理业务的,应当依法及时向国家知识产权局备案。

商标代理机构备案的有效期为三年。有效期届满需要继续从事代理业务的,商标代理机构可以在有效期届满前六个月内办理延续备案。每次延续备案的有效期为三年,自原备案有效期满次日起计算。

第六条 商标代理机构的备案信息包括:

(一)营业执照或者律师事务所执业许可证;

(二)商标代理机构的名称、住所、联系方式、统一社会信用代码,负责人、非上市公司的股东、合伙人姓名;

(三)商标代理从业人员姓名、身份证件号码、联系方式;

(四)法律法规以及国家知识产权局规定应当提供的其他信息。

国家知识产权局能够通过政务信息共享平台获取的相关信息,不得要求商标代理机构重复提供。

第七条 商标代理机构备案信息发生变化的,应当自实际发生变化或者有关主管部门登记、批准之日起三十日内向国家知识产权局办理变更备案,并提交相应材料。

第八条 商标代理机构申请市场主体注销登记,备案有效期届满未办理延续或者自行决定不再从事商标代理业务,被撤销或者被吊销营业执照、律师事务所执业许可证,或者国家知识产权局决定永久停止受理其办理商标代理业务的,应当在妥善处理未办结的商标代理业务后,向国家知识产权局办理注销备案。

商标代理机构存在前款规定情形的,国家知识产权局应当在商标网上服务系统、商标代理系统中进行标注,并不再受理其提交的商标代理业务申请,但处理未办结商标代理业务的除外。

商标代理机构应当在申请市场主体注销登记或者自行决定不再从事商标代理业务前,或者自接到撤销、吊销决定书、永久停止受理其办理商标代理业务决定之日起三十日内,按照法律法规规定和合同约定妥善处理未办结的商标代理业务,通知委托人办理商标代理变更,或者经委托人同意与其他已经备案的商标代理机构签订业务移转协议。

第九条 商标代理机构提交的备案、变更备案、延续备案或者注销备案材料符合规定的,国家知识产权局应当及时予以办理,通知商标代理机构并依法向社会公示。

第三章 商标代理行为规范

第十条 商标代理机构从事商标代理业务不得采取欺诈、诱骗等不正当手段,不得损害国家利益、社会公共利益和他人合法权益。

商标代理机构不得以其法定代表人、股东、合伙人、实际控制人、高级管理人员、员工等的名义变相申请注册或者受让其代理服务以外的其他商标,也不得通过另行设立市场主体或者通过与其存在关联关系的市场主体等其他方式变相从事上述行为。

第十一条 商标代理机构应当积极履行管理职责,规范本机构商标代理从业人员职业行为,建立健全质量管理、利益冲突审查、恶意申请筛查、投诉处理、保密管理、人员管理、财务管理、档案管理等管理制度,对本机构商标代理从业人员遵守法律法规、行业规范等情况进行监督,发现问题及时予以纠正。

商标代理机构应当加强对本机构商标代理从业人员的职业道德和职业纪律教

育,组织开展业务学习,为其参加业务培训和继续教育提供条件。

第十二条 商标代理机构应当在其住所或者经营场所醒目位置悬挂营业执照或者律师事务所执业许可证。

商标代理机构通过网络从事商标代理业务的,应当在其网站首页或者从事经营活动的主页面显著位置持续公示机构名称、经营场所、经营范围等营业执照或者律师事务所执业许可证记载的信息,以及其他商标代理业务备案信息等。

第十三条 商标代理机构从事商标代理业务,应当与委托人以书面形式签订商标代理委托合同,依法约定双方的权利义务以及其他事项。商标代理委托合同不得违反法律法规以及国家有关规定。

第十四条 商标代理机构接受委托办理商标代理业务,应当进行利益冲突审查,不得在同一案件中接受有利益冲突的双方当事人委托。

第十五条 商标代理机构应当按照委托人的要求依法办理商标注册申请或者其他商标事宜;在代理过程中应当遵守关于商业秘密和个人信息保护的有关规定。

委托人申请注册的商标可能存在商标法规定不得注册情形的,商标代理机构应当以书面通知等方式明确告知委托人。

商标代理机构知道或者应当知道委托人申请注册的商标属于商标法第四条、第十五条和第三十二条规定情形的,不得接受其委托。

商标代理机构应当严格履行代理职责,依据商标法第二十七条,对委托人所申报的事项和提供的商标注册申请或者办理其他商标事宜的材料进行核对,及时向委托人通报委托事项办理进展情况、送交法律文书和材料,无正当理由不得拖延。

第十六条 商标代理从业人员应当根据商标代理机构的指派承办商标代理业务,不得以个人名义自行接受委托。

商标代理从业人员不得同时在两个以上商标代理机构从事商标代理业务。

第十七条 商标代理机构向国家知识产权局提交的有关文件,应当加盖本代理机构公章并由相关商标代理从业人员签字。

商标代理机构和商标代理从业人员对其盖章和签字办理的商标代理业务负责。

第十八条 商标代理机构应当对所承办业务的案卷和有关材料及时立卷归档,妥善保管。商标代理机构的记录应当真实、准确、完整。

第十九条 商标代理机构收费应当遵守相关法律法规,遵循自愿、公平、合理和诚实信用原则,兼顾经济效益和社会效益。

第四章 商标代理监管

第二十条 知识产权管理部门建立商标代理机构和商标代理从业人员信用档案。

国家知识产权局对信用档案信息进行归集整理,开展商标代理行业分级分类评价。地方知识产权管理部门、市场监督管理部门、商标代理行业组织应当协助做好信用档案信息的归集整理工作。

第二十一条 以下信息应当记入商标代理机构和商标代理从业人员信用档案:

(一)商标代理机构和商标代理从业人员受到行政处罚的信息;

(二)商标代理机构接受监督检查的信息;

(三)商标代理机构和商标代理从业人员加入商标代理行业组织信息,受到商标代理行业组织惩戒的信息;

(四)商标代理机构被列入经营异常名录或者严重违法失信名单的信息;

(五)其他可以反映商标代理机构信用状况的信息。

第二十二条 商标代理机构应当按照国家有关规定报送年度报告。

第二十三条 商标代理机构故意侵犯知识产权,提交恶意商标注册申请,损害社会公共利益,从事严重违法商标代理行为,性质恶劣、情节严重、社会危害较大,受到较重行政处罚的,按照《市场监督管理严重违法失信名单管理办法》等有关规定列入严重违法失信名单。

第二十四条 知识产权管理部门依法对商标代理机构和商标代理从业人员代理行为进行监督检查,可以依法查阅、复制有关材料,询问当事人或者其他与案件有关的单位和个人,要求当事人或者有关人员在一定期限内如实提供有关材料,以及采取其他合法必要合理的措施。商标代理机构和商标代理从业人员应当予以协助配合。

第二十五条 知识产权管理部门应当引导商标代理机构合法从事商标代理业务,提升服务质量。

对存在商标代理违法违规行为的商标代理机构或者商标代理从业人员,知识产权管理部门可以依职责对其进行约谈、提出意见,督促其及时整改。

第二十六条 知识产权管理部门负责商标代理等信息的发布和公示工作,健全与市场监督管理部门之间的信息共享、查处情况通报、业务指导等协同配合机制。

第五章 商标代理违法行为的处理

第二十七条 有下列情形之一的,属于商标法第六十八条第一款第一项规定的办理商标事宜过程中,伪造、变造或者使用伪造、变造的法律文件、印章、签名的行为:

(一)伪造、变造国家机关公文、印章的;

(二)伪造、变造国家机关之外其他单位的法律文件、印章的;

(三)伪造、变造签名的;

(四)知道或者应当知道属于伪造、变造的公文、法律文件、印章、签名,仍然使用的;

(五)其他伪造、变造或者使用伪造、变造的法律文件、印章、签名的情形。

第二十八条 有下列情形之一的,属于以诋毁其他商标代理机构等手段招徕商标代理业务的行为:

(一)编造、传播虚假信息或者误导性信息,损害其他商标代理机构商业声誉的;

(二)教唆、帮助他人编造、传播虚假信息或者误导性信息,损害其他商标代理机构商业声誉的;

(三)其他以诋毁其他商标代理机构等手段招徕商标代理业务的情形。

第二十九条 有下列情形之一的,属于商标法第六十八条第一款第二项规定的以其他不正当手段扰乱商标代理市场秩序的行为:

(一)知道或者应当知道委托人以欺骗手段或者其他不正当手段申请注册,或者利用突发事件、公众人物、舆论热点等信息,恶意申请注册有害于社会主义道德风尚或者有其他不良影响的商标,仍接受委托的;

(二)向从事商标注册和管理工作的人员进行贿赂或者利益输送,或者违反规定获取尚未公开的商标注册相关信息、请托转递涉案材料等,牟取不正当利益的;

(三)违反法律法规和国家有关从业限制的规定,聘用曾从事商标注册和管理工作的人员,经知识产权管理部门告知后,拖延或者拒绝纠正其聘用行为的;

(四)代理不同的委托人申请注册相同或者类似商品或者服务上的相同商标的,申请时在先商标已经无效的除外;

(五)知道或者应当知道转让商标属于恶意申请的注册商标,仍帮助恶意注册人办理转让的;

(六)假冒国家机关官方网站、邮箱、电话等或者以国家机关工作人员的名义提供虚假信息误导公众,或者向委托人提供商标业务相关材料或者收取费用牟取不正当利益的;

(七)知道或者应当知道委托人滥用商标权仍接受委托,或者指使商标权利人滥用商标权牟取不正当利益的;

(八)知道或者应当知道委托人使用的

是伪造、变造、编造的虚假商标材料,仍帮助委托人提交,或者与委托人恶意串通制作、提交虚假商标申请等材料的;

(九)虚构事实向主管部门举报其他商标代理机构的;

(十)为排挤竞争对手,以低于成本的价格提供服务的;

(十一)其他以不正当手段扰乱商标代理市场秩序的情形。

第三十条 有下列情形之一的,属于商标法第十九条第三款、第四款规定的行为:

(一)曾经代理委托人申请注册商标或者办理异议、无效宣告以及复审事宜,委托人商标因违反商标法第四条、第十五条或者第三十二条规定,被国家知识产权局生效的决定或者裁定驳回申请、不予核准注册或者宣告无效,仍代理其在同一种或者类似商品上再次提交相同或者近似商标注册申请的;

(二)曾经代理委托人办理其他商标业务,知悉委托人商标存在违反商标法第四条、第十五条或者第三十二条规定的情形,仍接受委托的;

(三)违反本规定第十条第二款规定的;

(四)其他属于商标法第十九条第三款、第四款规定的情形。

第三十一条 有下列情形之一的,属于以欺诈、虚假宣传、引人误解或者商业贿赂等方式招徕业务的行为:

(一)与他人恶意串通或者虚构事实,诱骗委托人委托其办理商标事宜的;

(二)以承诺结果、夸大自身代理业务成功率等形式误导委托人的;

(三)伪造或者变造荣誉、资质资格,欺骗、误导公众的;

(四)以盗窃、贿赂、欺诈、胁迫或者其他不正当手段获取商标信息,或者披露、使用、允许他人使用以前述手段获取的商标信息,以谋取交易机会的;

(五)明示或者暗示可以通过非正常方式加速办理商标事宜,或者提高办理商标事宜成功率,误导委托人的;

(六)以给予财物或者其他手段贿赂单位或者个人,以谋取交易机会的;

(七)其他以不正当手段招徕商标代理业务的情形。

第三十二条 有下列情形之一的,属于商标法实施条例第八十八条第三项规定的在同一商标案件中接受有利益冲突的双方当事人委托的行为:

(一)在商标异议、撤销、宣告无效案件或者复审、诉讼程序中接受双方当事人委托的;

(二)曾代理委托人申请商标注册,又代理其他人对同一商标提出商标异议、撤销、宣告无效申请的;

(三)其他在同一案件中接受有利益冲突的双方当事人委托的情形。

第三十三条 商标代理机构通过网络从事商标代理业务,有下列行为之一的,《中华人民共和国反垄断法》《中华人民共和国反不正当竞争法》《中华人民共和国价格法》《中华人民共和国广告法》等法律法规有规定的,从其规定;没有规定的,由市场监督管理部门给予警告,可以处五万元以下罚款;情节严重的,处五万元以上十万元以下罚款:

(一)利用其客户资源、平台数据以及其他经营者对其在商标代理服务上的依赖程度等因素,恶意排挤竞争对手的;

(二)通过编造用户评价、伪造业务量等方式进行虚假或者引人误解的商业宣传,欺骗、误导委托人的;

(三)通过电子侵入、擅自外挂插件等方式,影响商标网上服务系统、商标代理系统等正常运行的;

(四)通过网络展示具有重大不良影响商标的;

(五)其他通过网络实施的违法商标代理行为。

第三十四条 市场监督管理部门依据

商标法第六十八条规定对商标代理机构的违法行为进行查处后,依照有关规定将查处情况通报国家知识产权局。国家知识产权局收到通报,或者发现商标代理机构存在商标法第六十八条第一款行为,情节严重的,可以依法作出停止受理其办理商标代理业务六个月以上直至永久停止受理的决定,并予公告。

因商标代理违法行为,两年内受到三次以上行政处罚的,属于前款规定情节严重的情形。

商标代理机构被停止受理商标代理业务的,在停止受理业务期间,或者未按照本规定第八条第三款规定妥善处理未办结商标代理业务的,该商标代理机构负责人、直接责任人员以及负有管理责任的股东、合伙人不得在商标代理机构新任负责人、股东、合伙人。

第三十五条 国家知识产权局作出的停止受理商标代理机构办理商标代理业务决定有期限的,期限届满并且已改正违法行为的,恢复受理该商标代理机构业务,并予公告。

第三十六条 从事商标代理业务的商标代理机构,未依法办理备案、变更备案、延续备案或者注销备案,未妥善处理未办结的商标代理业务,或者违反本规定第十五条第四款规定,损害委托人利益或者扰乱商标代理市场秩序的,由国家知识产权局予以通报,并记入商标代理机构信用档案。

商标代理机构有前款所述情形的,由市场监督管理部门责令限期改正;期满不改正的,给予警告,情节严重的,处十万元以下罚款。

第三十七条 知识产权管理部门应当健全内部监督制度,对从事商标注册和管理工作的人员执行法律法规和遵守纪律的情况加强监督检查。

从事商标注册和管理工作的人员必须秉公执法,廉洁自律,忠于职守,文明服务,不得从事商标代理业务或者违反规定从事、参与营利性活动。从事商标注册和管理工作的人员离职后的从业限制,依照或者参照《中华人民共和国公务员法》等法律法规和国家有关规定执行。

第三十八条 从事商标注册和管理工作的人员玩忽职守、滥用职权、徇私舞弊,违法办理商标注册事项和其他商标事宜,收受商标代理机构或者商标代理从业人员财物,牟取不正当利益的,应当依法进行处理;构成犯罪的,依法追究刑事责任。

第三十九条 知识产权管理部门对违法违纪行为涉及的商标,应当依据商标法以及相关法律法规严格审查和监督管理,并及时处理。

第四十条 法律法规对商标代理机构经营活动违法行为的处理另有规定的,从其规定。

第四十一条 律师事务所和律师从事商标代理业务除遵守法律法规和本规定外,还应当遵守国家其他有关规定。

第四十二条 除本规定第二条规定的商标代理机构外,其他机构或者个人违反本规定从事商标代理业务或者与商标代理业务有关的其他活动,参照本规定处理。

第四十三条 本规定自 2022 年 12 月 1 日起施行。

司法解释

最高人民法院关于适用《中华人民共和国反不正当竞争法》若干问题的解释

法释〔2022〕9号

（2022年1月29日最高人民法院审判委员会第1862次会议通过，自2022年3月20日起施行）

为正确审理因不正当竞争行为引发的民事案件，根据《中华人民共和国民法典》《中华人民共和国反不正当竞争法》《中华人民共和国民事诉讼法》等有关法律规定，结合审判实践，制定本解释。

第一条 经营者扰乱市场竞争秩序，损害其他经营者或者消费者合法权益，且属于违反反不正当竞争法第二章及专利法、商标法、著作权法等规定之外情形的，人民法院可以适用反不正当竞争法第二条予以认定。

第二条 与经营者在生产经营活动中存在可能的争夺交易机会、损害竞争优势等关系的市场主体，人民法院可以认定为反不正当竞争法第二条规定的"其他经营者"。

第三条 特定商业领域普遍遵循和认可的行为规范，人民法院可以认定为反不正当竞争法第二条规定的"商业道德"。

人民法院应当结合案件具体情况，综合考虑行业规则或者商业惯例、经营者的主观状态、交易相对人的选择意愿、对消费者权益、市场竞争秩序、社会公共利益的影响等因素，依法判断经营者是否违反商业道德。

人民法院认定经营者是否违反商业道德时，可以参考行业主管部门、行业协会或者自律组织制定的从业规范、技术规范、自律公约等。

第四条 具有一定的市场知名度并具有区别商品来源的显著特征的标识，人民法院可以认定为反不正当竞争法第六条规定的"有一定影响的"标识。

人民法院认定反不正当竞争法第六条规定的标识是否具有一定的市场知名度，应当综合考虑中国境内相关公众的知悉程度，商品销售的时间、区域、数额和对象，宣传的持续时间、程度和地域范围，标识受保护的情况等因素。

第五条 反不正当竞争法第六条规定的标识有下列情形之一的，人民法院应当认定其不具有区别商品来源的显著特征：

（一）商品的通用名称、图形、型号；

（二）仅直接表示商品的质量、主要原料、功能、用途、重量、数量及其他特点的标识；

（三）仅由商品自身的性质产生的形

状,为获得技术效果而需有的商品形状以及使商品具有实质性价值的形状;

(四)其他缺乏显著特征的标识。

前款第一项、第二项、第四项规定的标识经过使用取得显著特征,并具有一定的市场知名度,当事人请求依据反不正当竞争法第六条规定予以保护的,人民法院应予支持。

第六条 因客观描述、说明商品而正当使用下列标识,当事人主张属于反不正当竞争法第六条规定的情形的,人民法院不予支持:

(一)含有本商品的通用名称、图形、型号;

(二)直接表示商品的质量、主要原料、功能、用途、重量、数量以及其他特点;

(三)含有地名。

第七条 反不正当竞争法第六条规定的标识或者其显著识别部分属于商标法第十条第一款规定的不得作为商标使用的标志,当事人请求依据反不正当竞争法第六条规定予以保护的,人民法院不予支持。

第八条 由经营者营业场所的装饰、营业用具的式样、营业人员的服饰等构成的具有独特风格的整体营业形象,人民法院可以认定为反不正当竞争法第六条第一项规定的"装潢"。

第九条 市场主体登记管理部门依法登记的企业名称,以及在中国境内进行商业使用的境外企业名称,人民法院可以认定为反不正当竞争法第六条第二项规定的"企业名称"。

有一定影响的个体工商户、农民专业合作社(联合社)以及法律、行政法规规定的其他市场主体的名称(包括简称、字号等),人民法院可以依照反不正当竞争法第六条第二项予以认定。

第十条 在中国境内将有一定影响的标识用于商品、商品包装或者容器以及商品交易文书上,或者广告宣传、展览以及其他商业活动中,用于识别商品来源的行为,人民法院可以认定为反不正当竞争法第六条规定的"使用"。

第十一条 经营者擅自使用与他人有一定影响的企业名称(包括简称、字号等)、社会组织名称(包括简称等)、姓名(包括笔名、艺名、译名等)、域名主体部分、网站名称、网页等近似的标识,引人误认为是他人商品或者与他人存在特定联系,当事人主张属于反不正当竞争法第六条第二项、第三项规定的情形的,人民法院应予支持。

第十二条 人民法院认定与反不正当竞争法第六条规定的"有一定影响的"标识相同或者近似,可以参照商标相同或者近似的判断原则和方法。

反不正当竞争法第六条规定的"引人误认为是他人商品或者与他人存在特定联系",包括误认为与他人具有商业联合、许可使用、商业冠名、广告代言等特定联系。

在相同商品上使用相同或者视觉上基本无差别的商品名称、包装、装潢等标识,应当视为足以造成与他人有一定影响的标识相混淆。

第十三条 经营者实施下列混淆行为之一,足以引人误认为是他人商品或者与他人存在特定联系的,人民法院可以依照反不正当竞争法第六条第四项予以认定:

(一)擅自使用反不正当竞争法第六条第一项、第二项、第三项规定以外"有一定影响的"标识;

(二)将他人注册商标、未注册的驰名商标作为企业名称中的字号使用,误导公众。

第十四条 经营者销售带有违反反不正当竞争法第六条规定的标识的商品,引人误认为是他人商品或者与他人存在特定联系,当事人主张构成反不正当竞争法第六条规定的情形的,人民法院应予支持。

销售不知道是前款规定的侵权商品,能证明该商品是自己合法取得并说明提供者,经营者主张不承担赔偿责任的,人民法院应予支持。

第十五条 故意为他人实施混淆行为提供仓储、运输、邮寄、印制、隐匿、经营场所等便利条件，当事人请求依据民法典第一千一百六十九条第一款予以认定的，人民法院应予支持。

第十六条 经营者在商业宣传过程中，提供不真实的商品相关信息，欺骗、误导相关公众的，人民法院应当认定为反不正当竞争法第八条第一款规定的虚假的商业宣传。

第十七条 经营者具有下列行为之一，欺骗、误导相关公众的，人民法院可以认定为反不正当竞争法第八条第一款规定的"引人误解的商业宣传"：

（一）对商品作片面的宣传或者对比；

（二）将科学上未定论的观点、现象等当作定论的事实用于商品宣传；

（三）使用歧义性语言进行商业宣传；

（四）其他足以引人误解的商业宣传行为。

人民法院应当根据日常生活经验、相关公众一般注意力、发生误解的事实和被宣传对象的实际情况等因素，对引人误解的商业宣传行为进行认定。

第十八条 当事人主张经营者违反反不正当竞争法第八条第一款的规定并请求赔偿损失的，应当举证证明其因虚假或者引人误解的商业宣传行为受到损失。

第十九条 当事人主张经营者实施了反不正当竞争法第十一条规定的商业诋毁行为的，应当举证证明其为该商业诋毁行为的特定损害对象。

第二十条 经营者传播他人编造的虚假信息或者误导性信息，损害竞争对手的商业信誉、商品声誉的，人民法院应当依照反不正当竞争法第十一条予以认定。

第二十一条 未经其他经营者和用户同意而直接发生的目标跳转，人民法院应当认定为反不正当竞争法第十二条第二款第一项规定的"强制进行目标跳转"。

仅插入链接，目标跳转由用户触发的，人民法院应当综合考虑插入链接的具体方式、是否具有合理理由以及对用户利益和其他经营者利益的影响等因素，认定该行为是否违反反不正当竞争法第十二条第二款第一项的规定。

第二十二条 经营者事前未明确提示并经用户同意，以误导、欺骗、强迫用户修改、关闭、卸载等方式，恶意干扰或者破坏其他经营者合法提供的网络产品或者服务，人民法院应当依照反不正当竞争法第十二条第二款第二项予以认定。

第二十三条 对于反不正当竞争法第二条、第八条、第十一条、第十二条规定的不正当竞争行为，权利人因被侵权所受到的实际损失、侵权人因侵权所获得的利益难以确定，当事人主张依据反不正当竞争法第十七条第四款确定赔偿数额的，人民法院应予支持。

第二十四条 对于同一侵权人针对同一主体在同一时间和地域范围实施的侵权行为，人民法院已经认定侵害著作权、专利权或者注册商标专用权等并判令承担民事责任，当事人又以该行为构成不正当竞争为由请求同一侵权人承担民事责任的，人民法院不予支持。

第二十五条 依据反不正当竞争法第六条的规定，当事人主张判令被告停止使用或者变更其企业名称的诉讼请求依法应予支持的，人民法院应当判令停止使用该企业名称。

第二十六条 因不正当竞争行为提起的民事诉讼，由侵权行为地或者被告住所地人民法院管辖。

当事人主张仅以网络购买者可以任意选择的收货地作为侵权行为地的，人民法院不予支持。

第二十七条 被诉不正当竞争行为发生在中华人民共和国领域外，但侵权结果发生在中华人民共和国领域内，当事人主张由该侵权结果发生地人民法院管辖的，人民法院应予支持。

第二十八条 反不正当竞争法修改决

定施行以后人民法院受理的不正当竞争民事案件,涉及该决定施行前发生的行为的,适用修改前的反不正当竞争法;涉及该决定施行前发生、持续到该决定施行以后的行为的,适用修改后的反不正当竞争法。

第二十九条　本解释自 2022 年 3 月 20 日起施行。《最高人民法院关于审理不正当竞争民事案件应用法律若干问题的解释》(法释〔2007〕2 号)同时废止。

本解释施行以后尚未终审的案件,适用本解释;施行以前已经终审的案件,不适用本解释再审。

最高人民法院关于第一审知识产权民事、行政案件管辖的若干规定

法释〔2022〕13 号

(2021 年 12 月 27 日最高人民法院审判委员会第 1858 次会议通过,
自 2022 年 5 月 1 日起施行)

为进一步完善知识产权案件管辖制度,合理定位四级法院审判职能,根据《中华人民共和国民事诉讼法》《中华人民共和国行政诉讼法》等法律规定,结合知识产权审判实践,制定本规定。

第一条　发明专利、实用新型专利、植物新品种、集成电路布图设计、技术秘密、计算机软件的权属、侵权纠纷以及垄断纠纷第一审民事、行政案件由知识产权法院,省、自治区、直辖市人民政府所在地的中级人民法院和最高人民法院确定的中级人民法院管辖。

法律对知识产权法院的管辖有规定的,依照其规定。

第二条　外观设计专利的权属、侵权纠纷以及涉驰名商标认定第一审民事、行政案件由知识产权法院和中级人民法院管辖;经最高人民法院批准,也可以由基层人民法院管辖,但外观设计专利行政案件除外。

本规定第一条及本条第一款规定之外的第一审知识产权案件诉讼标的额在最高人民法院确定的数额以上的,以及涉及国务院部门、县级以上地方人民政府或者海关行政行为的,由中级人民法院管辖。

法律对知识产权法院的管辖有规定的,依照其规定。

第三条　本规定第一条、第二条规定之外的第一审知识产权民事、行政案件,由最高人民法院确定的基层人民法院管辖。

第四条　对新类型、疑难复杂或者具有法律适用指导意义等知识产权民事、行政案件,上级人民法院可以依照诉讼法有关规定,根据下级人民法院报请或者自行决定提级审理。

确有必要将本院管辖的第一审知识产权民事案件交下级人民法院审理的,应当依照民事诉讼法第三十九条第一款的规定,逐案报请其上级人民法院批准。

第五条　依照本规定需要最高人民法院确定管辖或者调整管辖的诉讼标的额标准、区域范围的,应当层报最高人民法院批准。

第六条　本规定自 2022 年 5 月 1 日起施行。

最高人民法院此前发布的司法解释与本规定不一致的,以本规定为准。

其他规范性文件

国家知识产权局关于印发《外国专利代理机构在华设立常驻代表机构管理办法》的通知

（国知发运字〔2022〕1号）

各省、自治区、直辖市和计划单列市、副省级城市、新疆生产建设兵团知识产权局，四川省知识产权服务促进中心，各地方有关中心：

为规范外国专利代理机构在华常驻代表机构的设立及其业务活动，保障外国专利代理机构在华常驻代表机构及其代表的合法权益，优化营商环境，促进专利代理行业高质量发展，国家知识产权局制定《外国专利代理机构在华设立常驻代表机构管理办法》，现印发给你们，请认真贯彻执行。

特此通知。

国家知识产权局
2022年1月7日

外国专利代理机构在华设立常驻代表机构管理办法

第一章　总　　则

第一条　为了规范外国专利代理机构在华常驻代表机构的设立及其业务活动，保障外国专利代理机构在华常驻代表机构及其代表的合法权益，优化营商环境，促进专利代理行业高质量发展，根据《专利代理

条例》《外国企业常驻代表机构登记管理条例》及有关法律法规，制定本办法。

第二条　本办法所称外国专利代理机构常驻代表机构（以下简称代表机构），是指外国专利代理机构依法在中国境内设立的从事与该外国专利代理机构业务有关专利服务活动的办事机构。

第三条　代表机构及其代表应当遵守中国的法律、法规，恪守专利代理职业道德和自律规范，不得损害中国国家安全和社会公共利益。

第四条　外国专利代理机构在中国境内设立常驻代表机构，须经国家知识产权局批准。

国家知识产权局和省、自治区、直辖市人民政府知识产权管理部门依法对代表机构及其代表进行管理。

第五条　根据权利平等、机会平等、规则平等的原则，代表机构依法平等适用国家支持知识产权服务业发展的政策措施。

第二章　设立代表机构许可的条件、程序

第六条　外国专利代理机构申请在华设立常驻代表机构，应当向国家知识产权

局提出申请,提交有关材料,取得外国专利代理机构在华设立常驻代表机构许可。

第七条 外国专利代理机构申请在华设立常驻代表机构许可,应当具备下列条件:

(一)在国外合法成立;

(二)实质性开展专利代理业务 5 年以上,并且没有因执业行为受过自律惩戒或者行政处罚;

(三)代表机构的首席代表具备完全民事行为能力,具有专利代理师资格,专利代理执业经历不少于 3 年,没有因执业行为受过自律惩戒或者行政处罚,没有因故意犯罪受过刑事处罚;

(四)在其本国有 10 名以上专利代理师执业。

第八条 代表机构名称应当由以下部分依次组成:外国专利代理机构国籍、外国专利代理机构中文名称、驻在城市名称以及"代表处"字样。

第九条 外国专利代理机构申请设立代表机构,应当向国家知识产权局提交下列材料:

(一)该外国专利代理机构主要负责人签署的设立常驻代表机构的申请书;

(二)该外国专利代理机构所在国家或地区有关主管部门核发的营业执照或合法开业证明;

(三)该外国专利代理机构给代表机构拟任首席代表的授权书,该授权书中应当明确代表机构的业务范围;

(四)符合本办法第七条第(二)至(四)项规定的相关情况说明及承诺书;

(五)代表机构代表的名单及其简介;

(六)国家知识产权局要求提交的其他材料。

申请材料为外文的,应当附具中文译文,以中文为准。

第十条 国家知识产权局应当自受理许可申请之日起 3 个月内作出是否批准的决定。批准设立代表机构的,应当作出书面批准决定;不予批准的,应当说明不予批准的理由。

外国专利代理机构应当自批准之日起 90 日内,依法向登记机关申请设立登记。

第十一条 代表机构应当自收到国家知识产权局批准决定之日起 2 个月内,将以下材料提交代表机构所在地的省、自治区、直辖市人民政府知识产权管理部门备案:

(一)代表机构的基本情况说明,包括:名称、住所、首席代表、代表、业务范围等内容;

(二)首席代表、代表的身份证明等材料。

省、自治区、直辖市人民政府知识产权管理部门应当为代表机构通过互联网备案提供方便。

第十二条 代表机构的名称、办公地址等事项发生变更的,应当就有关情况向国家知识产权局申请办理变更手续。

代表机构的备案信息发生变更的,应当就有关情况向所在地的省、自治区、直辖市人民政府知识产权管理部门申请办理备案变更手续。

第三章 代表机构的管理

第十三条 国家知识产权局和省、自治区、直辖市人民政府知识产权管理部门应当依据《中华人民共和国行政许可法》《专利代理条例》等法律法规和国家有关规定,对代表机构、代表的行为依法进行管理。

第十四条 代表机构可以依法从事下列业务活动:

(一)向当事人提供该外国专利代理机构已获准从事专利代理业务国家或者地区的专利事务咨询;

(二)接受当事人或者中国专利代理机构的委托,办理在该外国专利代理机构已获准从事专利代理业务国家或者地区的专利事务;

(三)接受当事人或者中国专利代理机构的委托,为我国企业海外投资、海外预警、海外维权等涉专利事务提供专业化咨询服务;

(四)代表外国当事人,委托中国专利

代理机构办理中国专利事务。

代表机构应当依法开展业务活动,不得从事代理专利申请和宣告专利权无效等中国专利事务以及中国法律事务。

第十五条 国家知识产权局和省、自治区、直辖市人民政府知识产权管理部门应当加强代表机构及其代表的公共信息发布,为公众了解代表机构及其代表的基本情况提供查询服务。

第十六条 国家知识产权局和省、自治区、直辖市人民政府知识产权管理部门对存在以下违法违规行为的代表机构及其工作人员,可以进行警示谈话、提出意见,督促及时整改,依法予以查处,必要时移送有关部门处理。

(一)外国机构或者个人擅自在中国境内设立代表机构,或者非法从事专利服务活动;

(二)外国机构或者个人以咨询公司或者其他名义在中国境内从事代理专利申请

和宣告专利权无效等中国专利事务;

(三)代表机构聘用已办理执业备案的中国专利代理师;

(四)同时在两个以上代表机构担任或者兼任代表;

(五)从事其他违法违规活动。

第十七条 以隐瞒真实情况、弄虚作假手段申请外国专利代理机构在华设立常驻代表机构许可的,国家知识产权局依法不予受理或者不予许可;已取得许可的,由国家知识产权局依法撤销设立常驻代表机构许可。

取得设立常驻代表机构许可后,因情况变化不再符合本办法规定条件的,由国家知识产权局责令限期整改。

第四章 附 则

第十八条 本办法由国家知识产权局负责解释。

第十九条 本办法自颁布之日起施行。

国家知识产权局关于印发《国家知识产权局知识产权信用管理规定》的通知

(国知发保字〔2022〕8号)

局机关各部门,专利局各部门,商标局,局其他直属单位、各社会团体:

为深入贯彻落实《知识产权强国建设纲要(2021—2035年)》《关于强化知识产权保护的意见》《国务院办公厅关于进一步完善失信约束制度构建诚信建设长效机制的指导意见》,建立健全知识产权领域信用管理工作机制,加强知识产权保护,促进知识产权工作高质量发展,制定《国家知识产权局知识产权信用管理规定》,现予印发,请遵照执行。

特此通知。

国家知识产权局
2022年1月24日

国家知识产权局知识产权信用管理规定

第一章 总 则

第一条 为了深入贯彻落实《知识产权强国建设纲要(2021—2035年)》《关于强化知识产权保护的意见》《国务院办公厅关于进一步完善失信约束制度构建诚信建设长效机制的指导意见》,建立健全知识产权领域信用管理工作机制,加强知识产权保护,促进知识产权工作高质量发展,根据《中华人民共和国专利法》《中华人民共和国商标法》《中华人民共和国专利法实施细则》《中华人民共和国商标法实施条例》

《专利代理条例》《企业信息公示暂行条例》等法律、行政法规,制定本规定。

第二条　本规定适用于国家知识产权局在履行法定职责、提供公共服务过程中开展信用承诺、信用评价、守信激励、失信惩戒、信用修复等工作。

第三条　国家知识产权局知识产权信用管理工作坚持依法行政、协同共治、过惩相当、保护权益原则,着力推动信用管理长效机制建设。

第四条　国家知识产权局知识产权保护司负责协调推进国家知识产权局信用管理工作,主要履行以下职责:

(一)协调推进知识产权领域信用体系建设工作,依法依规加强知识产权领域信用监管;

(二)协调推进知识产权领域信用承诺、信用评价、守信激励、失信惩戒、信用修复等工作;

(三)承担社会信用体系建设部际联席会议有关工作,组织编制知识产权领域公共信用信息具体条目;

(四)推进知识产权领域信用信息共享平台建设,归集国家知识产权局各部门、单位报送的信用信息,并依法依规予以共享及公示。

第五条　承担专利、商标、地理标志、集成电路布图设计相关工作及代理监管工作的部门、单位,应履行以下职责:

(一)归集在履行法定职责、提供公共服务过程中产生和获取的信用信息;

(二)依法依规开展失信行为认定,报送失信信息;

(三)依法依规对失信主体实施管理措施;

(四)依职责开展信用承诺、信用评价、守信激励、失信惩戒、信用修复等工作。

第二章　失信行为认定、管理及信用修复

第六条　国家知识产权局依法依规将下列行为列为失信行为:

(一)不以保护创新为目的的非正常专利申请行为;

(二)恶意商标注册申请行为;

(三)违反法律、行政法规从事专利、商标代理并受到国家知识产权局行政处罚的行为;

(四)提交虚假材料或隐瞒重要事实申请行政确认的行为;

(五)适用信用承诺被认定承诺不实或未履行承诺的行为;

(六)对作出的行政处罚、行政裁决等,有履行能力但拒不履行、逃避执行的行为;

(七)其他被列入知识产权领域公共信用信息具体条目且应被认定为失信的行为。

第七条　存在本规定第六条第(一)项所规定的非正常专利申请行为,但能够及时纠正、主动消除后果的,可以不被认定为失信行为。

第八条　承担专利、商标、地理标志、集成电路布图设计相关工作及代理监管工作的部门、单位依据作出的行政处罚、行政裁决和行政确认等具有法律效力的文书认定失信行为:

(一)依据非正常专利申请驳回通知书,认定非正常专利申请失信行为;

(二)依据恶意商标申请的审查审理决定,认定从事恶意商标注册申请失信行为;

(三)依据行政处罚决定,认定从事违法专利、商标代理失信行为;

(四)依据作出的行政确认,认定地理标志产品保护申请、驰名商标认定申请、商标注册申请、专利申请、集成电路布图设计专有权登记申请过程中存在的提交虚假材料或隐瞒重要事实申请行政确认的失信行为;

(五)依据作出的行政确认,认定专利代理审批以及专利和商标质押登记、专利费用减缴等过程中适用信用承诺被认定承诺不实或未履行承诺的失信行为;

(六)依据行政裁决决定、行政处罚决定,认定有履行能力但拒不履行、逃避执行的失信行为。

第九条 国家知识产权局对失信主体实施以下管理措施：

（一）对财政性资金项目申请予以从严审批；

（二）对专利、商标有关费用减缴、优先审查等优惠政策和便利措施予以从严审批；

（三）取消国家知识产权局评优评先参评资格；

（四）取消国家知识产权示范和优势企业申报资格，取消中国专利奖等奖项申报资格；

（五）列为重点监管对象，提高检查频次，依法严格监管；

（六）不适用信用承诺制；

（七）依据法律、行政法规和党中央、国务院政策文件应采取的其他管理措施。

第十条 承担专利、商标、地理标志、集成电路布图设计相关工作及代理监管工作的部门、单位认定失信行为后填写失信信息汇总表，附相关失信行为认定文书，于五个工作日内报送知识产权保护司。

知识产权保护司在收到相关部门、单位报送的失信信息汇总表等相关材料后，于五个工作日内向局机关各部门、专利局各部门、商标局等部门、单位通报，并在国家知识产权局政府网站同步公示，各部门和单位对失信主体实施为期一年的管理措施，自失信行为认定文书作出之日起计算，期满解除相应管理措施，停止公示。

第十一条 国家知识产权局对失信主体实施管理措施未满一年，该失信主体再次被认定存在本规定第六条规定的失信行为的，该失信主体的管理和公示期自前一次失信行为的管理和公示期结束之日起顺延，最长不超过三年。

同日被国家知识产权局多个部门、单位认定存在失信行为的主体，管理和公示期顺延，最长不超过三年。

法律、行政法规和党中央、国务院政策文件对实施管理措施规定了更长期限的，从其规定。

第十二条 相关部门、单位认定失信行为所依据的文书被撤销、确认违法或者无效的，应于五个工作日内将相关信息报送知识产权保护司，知识产权保护司收到相关信息后，应于五个工作日内向局机关各部门、专利局各部门、商标局等部门、单位通报，同时停止公示，各部门、单位解除相应管理措施。

已被认定存在失信行为的主体可以在认定相关失信行为所依据的文书被撤销、确认违法或者无效后，及时申请更正相关信息。

第十三条 主体被认定存在失信行为满六个月，已纠正失信行为、履行相关义务、主动消除有关后果，且没有再次被认定存在失信行为的，可以向失信行为认定部门提交信用修复申请书及相关证明材料申请信用修复。

失信行为认定部门在收到申请材料之日起十个工作日内开展审查核实，作出是否予以信用修复的决定，决定予以信用修复的应当将相关决定报送知识产权保护司；决定不予信用修复的应当将不予修复的理由告知申请人。

知识产权保护司在收到予以信用修复的决定后，应于五个工作日内向局机关各部门、专利局各部门、商标局等部门、单位通报，同时停止公示，各部门、单位解除相应管理措施。

第十四条 具有下列情形之一的，不予信用修复：

（一）距离上一次信用修复时间不到一年；

（二）申请信用修复过程中存在弄虚作假、故意隐瞒事实等行为；

（三）申请信用修复过程中再次被认定存在失信行为；

（四）法律、行政法规和党中央、国务院政策文件明确规定不可修复的。

第十五条 知识产权保护司可将失信信息发各省、自治区、直辖市知识产权管理部门，供参考使用。

第三章 严重违法失信主体认定及管理

第十六条 国家知识产权局依职责将实施下列失信行为的主体列入严重违法失信名单：

（一）从事严重违法专利、商标代理行为且受到较重行政处罚的；

（二）在作出行政处罚、行政裁决等行政决定后，有履行能力但拒不履行、逃避执行，严重影响国家知识产权局公信力的。

严重违法失信名单的列入、告知、听证、送达、异议处理、信用修复、移出等程序依据《市场监督管理严重违法失信名单管理办法》（国家市场监督管理总局令第44号）办理。

第十七条 国家知识产权局各部门和单位对列入严重违法失信名单的主体实施为期三年的管理措施，对移出严重违法失信名单的主体及时解除管理措施。

第十八条 知识产权保护司收到相关部门报送的严重违法失信主体信息后，应于五个工作日内向局机关各部门、专利局各部门、商标局等部门、单位通报，并在国家知识产权局政府网站、国家企业信用信息公示系统同步公示，公示期与管理期一致。

第十九条 国家知识产权局按照规定将严重违法失信名单信息与其他有关部门共享，并依照法律、行政法规和党中央、国务院政策文件对严重违法失信主体实施联合惩戒。

第四章 守信激励、信用承诺及信用评价

第二十条 国家知识产权局各部门、单位对连续三年守信情况良好的主体，可视情况采取下列激励措施：

（一）在行政审批、项目核准等工作中，提供简化办理、快速办理等便利服务；

（二）在政府专项资金使用等工作中，同等条件下列为优先选择对象；

（三）在专利优先审查等工作中，同等条件下列为优先选择对象；指导知识产权保护中心在专利预审备案中优先审批；

（四）在日常检查、专项检查工作中适当减少检查频次；

（五）在履行法定职责、提供公共服务过程中可以采取的其他激励措施。

第二十一条 国家知识产权局在专利、商标质押登记，专利费用减缴以及专利代理机构执业许可审批等工作中推行信用承诺制办理，制作告知承诺书格式文本，并在国家知识产权局政府网站公开。

第二十二条 国家知识产权局根据工作需要，推动形成相关行业信用评价制度和规范，推动开展信用评价，明确评价指标、评价体系、信息采集规范等，对信用主体实施分级分类管理。

鼓励有关部门和单位、金融机构、行业协会、第三方服务机构等积极利用知识产权领域信用评价结果；鼓励市场主体在生产经营、资质证明、项目申报等活动中积极、主动应用知识产权领域信用评价结果。

第五章 监督与责任

第二十三条 国家知识产权局相关部门及工作人员在信用管理工作中应当依法保护主体合法权益，对工作中知悉的国家秘密、商业秘密或个人隐私等，依法予以保密。

第二十四条 国家知识产权局相关部门及工作人员在信用管理工作中有玩忽职守、滥用职权、徇私舞弊等行为的，依法追究相关责任。

第六章 附 则

第二十五条 本规定由国家知识产权局负责解释。各省、自治区、直辖市知识产权管理部门可以结合本地区实际情况，制定具体规定。

第二十六条 本规定自公布之日起施行。《专利领域严重失信联合惩戒对象名单管理办法（试行）》（国知发保字〔2019〕52号）同时废止。

最高人民检察院　国家知识产权局
关于强化知识产权协同保护的意见

（国知发保字〔2022〕20号）

各省、自治区、直辖市人民检察院、知识产权局，解放军军事检察院，新疆生产建设兵团人民检察院、知识产权局：

为深入贯彻党中央关于全面加强知识产权保护的决策部署，认真落实中共中央、国务院印发的《知识产权强国建设纲要（2021—2035年）》和国务院印发的《"十四五"国家知识产权保护和运用规划》，优化协作配合机制，强化协同保护力度，整合知识产权行政和司法资源，深化知识产权管理部门与检察机关在知识产权保护工作中的合作，共同推动构建知识产权"严保护、大保护、快保护、同保护"工作格局，现提出如下意见。

一、总体要求

坚持以习近平新时代中国特色社会主义思想为指导，深入贯彻习近平法治思想，全面贯彻党的十九大和十九届历次全会精神，认真落实习近平总书记在十九届中央政治局第二十五次集体学习时的重要讲话精神和党中央决策部署，全面落实中共中央办公厅、国务院办公厅印发的《关于强化知识产权保护的意见》，促进知识产权行政执法标准和司法裁判标准统一，完善行政执法和司法衔接机制，构建大保护工作格局。

二、建立常态化联络机制
（一）明确联络机构

知识产权保护工作中的协作配合，由国家知识产权局知识产权保护司和最高人民检察院知识产权检察办公室归口负责，分别作为国家知识产权局和最高人民检察院之间的日常联络机构。双方各确定一名联络人，负责日常沟通联络。省级以下知识产权管理部门、检察机关根据当地实际情况，建立相应的联络机制，指定专人负责。

（二）建立会商机制

国家知识产权局和最高人民检察院建立知识产权保护协调会商机制，定期组织召开会议，根据工作需要邀请人民法院、公安机关等部门参加，相互通报知识产权保护工作情况，重点针对知识产权保护中存在的普遍性、趋势性问题加强研究，会商提出对策，以会议纪要、会签文件、共同出台指导意见等形式确认共识，并由责任方负责落实。省级以下知识产权管理部门、检察机关在日常工作中要积极拓宽交流沟通的渠道和方式，逐步建立常态化、多样化的会商沟通机制，共同研究落实相关工作。

三、建立健全信息共享机制
（三）建立关联案件双向通报制度

国家知识产权局和最高人民检察院对于行政授权确权和检察监督中的关联案件，保持密切沟通并互相通报案件办理进展情况，维护当事人合法权益。

（四）健全信息通报制度

各级知识产权管理部门、检察机关对不涉及国家秘密的工作情况、监督案件分析、工作简报等信息及时向对方进行通报，共同做好知识产权领域案件数据动态分析、案件规律研判等工作，并适时就知识产权行政执法和司法保护中出现的新情况、新问题进行沟通。

（五）推动建立信息共享平台

各级知识产权管理部门、检察机关要推进专利、商标行政执法与刑事司法衔接工作信息共享平台建设纳入电子政务建设规划，依托知识产权保护信息平台，推动跨部门跨区域信息共享，实现有关案件行政、司法信息互联互通。

四、加强业务支撑

（六）完善专家咨询库和技术调查官人才库建设

各级知识产权管理部门、检察机关要健全完善并充分利用双方已建立的专家咨询库和技术调查官人才库。检察机关建立的专家咨询库、检察研究基地等资源可以与知识产权管理部门共享；对检察机关办理的涉及到技术性事项的审查认定及需要委托鉴定的案件，知识产权管理部门可推荐有关专家。双方共同推进在知识产权行政保护和司法保护中对专业技术问题的认定途径科学化、统一化，准确高效认定技术事实，为社会公众提供合理预期，降低维权成本。

（七）加强业务协助

知识产权管理部门就刑事案件的立案追诉标准、证据的固定和保全等问题征求检察机关意见的，检察机关应当及时答复。检察机关在办理案件过程中，需要核实注册商标信息的，可以通过国家知识产权局商标注册证明公示系统核实；需要核实涉案专利法律状态的，可以向国家知识产权局在各地设立的专利代办处申请出具《专利登记簿副本》；需要核实地理标志产品信息的，可以登录国家知识产权局政府网进行检索查询。对于案件中涉及的商标的使用、相同商标、同一种商品、假冒专利行为等认定问题，检察机关可以依据相关司法解释和国家知识产权局制定的专利侵权判断标准、专利审查指南、商标侵权判断标准、商标一般违法判断标准、商标审查审理指南等综合审查认定；必要时，可以商请同级知识产权管理部门提供专业意见，知识产权管理部门应当及时答复。同级知识产权管理部门对相关问题无法认定的，可以逐级请示上级知识产权管理部门，也可以由检察机关逐级请示上级检察机关。

五、加大办案协作力度

（八）建立线索双向移送机制

各级知识产权管理部门在工作中发现涉嫌犯罪的案件线索，在向公安机关移送案件线索的同时抄送同级检察机关。对于公安机关应当立案侦查而不立案侦查的，可建议检察机关依法进行刑事立案监督。检察机关对知识产权管理部门提出的立案监督建议，应当依法受理和审查并及时反馈案件处理情况。各级检察机关对于作出不起诉决定但应予行政处罚的案件，应当移送同级负责专利商标执法的部门，相关部门及时将处理结果反馈同级检察机关。各级知识产权管理部门对人民法院生效的行政判决、裁定、调解书不服的，可依据行政诉讼法等有关法律规定向检察机关申请监督或提供线索，检察机关应依法审查并及时反馈。对于确有错误的，应当依法进行监督。

（九）建立重大案件共同挂牌督办制度

最高人民检察院对办理的重大敏感、疑难复杂案件或涉及到重点领域重要行业的案件，应及时与国家知识产权局沟通，必要时双方可共同挂牌督办，加强业务指导，共同做好案件办理和舆情管控工作。

（十）推进跨区域协作共建

国家知识产权局、最高人民检察院加强对各地知识产权管理部门、检察机关的指导和督促，围绕国家制定的区域发展战略规划，共同推进重点地区（环渤海、长三角、珠三角/泛珠三角、成渝、海西、粤港澳大湾区等)知识产权管理部门与检察机关建立联席会议、信息共享、案件移送、协作办案、人才培养等机制,完善知识产权综合保护体系。

六、加强人才交流培训
(十一)建立人才交流机制

各级知识产权管理部门和检察机关可根据工作需要互派综合素质高、专业能力强的干部进行交流学习,深入推进行政机关专业人员兼任检察官助理机制,通过人员交流学习促进双方业务的深度合作,降低沟通成本,提升保护合力。

(十二)探索开展同堂培训

各级知识产权管理部门和检察机关探索建立知识产权执法人员与检察官同堂培训机制,鼓励双方通过共同组织开展培训交流活动、互派人员参加对方组织的培训活动、邀请对方业务专家授课等方式,共同提高业务能力,统一执法办案标准,提升知识产权综合保护水平。

七、深化研究合作
(十三)开展联合调研

对于知识产权行政执法和司法办案中发现的重大问题,国家知识产权局和最高人民检察院可联合立法机关、有关行政部门、行业协会,邀请全国人大代表等开展联合调研,建立成果共建、共享机制,共同推动知识产权立法及政策制定的完善。

(十四)组织业务研讨

各级知识产权管理部门和检察机关共同加强对知识产权保护宏观战略的研究,围绕关键领域、重点行业知识产权行政保护和司法保护中存在的重大疑难和前沿问题组织业务骨干、专家学者进行研讨交流,以厘清分歧,形成共识,推动法律政策完善,推进行政执法标准与司法保护标准的统一。

八、加强宣传配合和国际合作
(十五)加强宣传配合

各级知识产权管理部门和检察机关要加强保护知识产权宣传工作,创新宣传方式,找准宣传亮点,扩大宣传途径,采用召开新闻发布会、发布白皮书和典型案例等方式,宣传知识产权行政和司法综合保护效果,营造尊重创新、保护知识产权的良好社会氛围,展示我国保护知识产权的决心和成效。

(十六)深化国际交流合作

国家知识产权局、最高人民检察院在国际合作中密切配合,以"一带一路"实施共建为契机,共同研判知识产权保护领域国际发展趋势和问题,在国际谈判、国际项目合作等方面加强沟通,扎实稳妥、积极主动参与相关国际交流活动。

九、建立奖惩机制
(十七)建立健全奖优惩劣制度

省级以上知识产权管理部门、检察机关应建立健全奖优惩劣制度,提高执法司法保护综合效能。国家知识产权局和最高人民检察院定期对查办侦破重大案件、推进协作机制、开展理论研究和宣传培训等作出突出贡献的知识产权管理部门、检察机关中的集体和个人进行表扬鼓励;对工作不力的予以通报批评。

国家知识产权局　最高人民法院　最高人民检察院 公安部　国家市场监督管理总局印发《关于加强知识产权 鉴定工作衔接的意见》的通知

（国知发保字〔2022〕43 号）

各省、自治区、直辖市知识产权局、高级人民法院、人民检察院、公安厅（局）、市场监管局（厅、委），解放军军事法院、军事检察院，新疆生产建设兵团知识产权局、新疆维吾尔自治区高级人民法院生产建设兵团分院、新疆生产建设兵团人民检察院、公安局、市场监管局：

为全面贯彻党的二十大精神，充分发挥鉴定在知识产权执法和司法中的积极作用，深化知识产权管理执法部门与司法机关在知识产权鉴定工作中的合作，强化知识产权全链条保护，国家知识产权局、最高人民法院、最高人民检察院、公安部、国家市场监督管理总局联合制定了《关于加强知识产权鉴定工作衔接的意见》。现予以印发，请认真贯彻执行。执行中遇到重大问题，请及时向国家知识产权局、最高人民法院、最高人民检察院、公安部、国家市场监督管理总局请示报告。

特此通知。

国家知识产权局
最高人民法院
最高人民检察院
公安部
国家市场监督管理总局
2022 年 11 月 22 日

关于加强知识产权鉴定工作衔接的意见

为全面贯彻党的二十大精神，深入落实中共中央、国务院印发的《知识产权强国建设纲要（2021—2035 年）》和中共中央办公厅、国务院办公厅印发的《关于强化知识产权保护的意见》，推动落实《国家知识产权局关于加强知识产权鉴定工作的指导意见》，建立完善知识产权鉴定工作体系，提升知识产权鉴定质量和公信力，充分发挥鉴定在执法和司法中的积极作用，深化知识产权管理执法部门与司法机关在知识产权鉴定工作中的合作，强化知识产权全链条保护，现就加强知识产权鉴定工作衔接制定本意见。

一、知识产权鉴定是指鉴定人运用科学技术或者专门知识对涉及知识产权行政和司法保护中的专业性技术问题进行鉴别和判断，并提供鉴定意见的活动。

二、知识产权鉴定主要用于协助解决专利、商标、地理标志、商业秘密、集成电路布图设计等各类知识产权争议中的专业性技术问题。

三、知识产权鉴定意见经查证属实，程序合法，才能作为认定案件事实的根据。

四、国家知识产权局、最高人民法院、最高人民检察院、公安部、国家市场监督管理总局建立健全协商机制，及时研究解决知识产权鉴定工作面临的重大问题，充分发挥知识产权鉴定在强化知识产权全链条保护工作中的作用。

五、国家知识产权局、最高人民法院、最高人民检察院、公安部、国家市场监督管理总局健全信息共享机制，推动建立知识产权鉴定信息共享平台，推动跨部门跨区域信息共享，实现有关知识产权鉴定信息的行政、司法互联互通。

六、国家知识产权局、最高人民法院、

最高人民检察院、公安部、国家市场监督管理总局共同加强对知识产权鉴定机构和鉴定人员的培训和培养，开展新兴领域涉及的知识产权鉴定问题研究，不断完善知识产权鉴定方法手段，利用信息化手段，加强知识产权鉴定能力的提升。

七、国家知识产权局、最高人民法院、最高人民检察院、公安部、国家市场监督管理总局共同推动知识产权鉴定专业化、规范化建设，开展知识产权鉴定程序、技术标准和操作规范方面的沟通协作，构建知识产权鉴定机构遴选荐用机制，建立知识产权鉴定机构名录库，实现名录库动态调整。将通过贯彻知识产权鉴定标准的鉴定机构纳入名录库并予以公开，供相关行政机关、司法机关、仲裁调解组织等选择使用。开

展知识产权鉴定机构互荐共享工作，建立对知识产权鉴定机构和鉴定人员从业情况的互相反馈机制，共同推进知识产权鉴定工作的规范化和法制化。

八、引导行业自律组织加强诚信体系建设，强化自律管理，建立执业活动投诉处理制度，完善行业激励惩戒机制。对存在严重不负责任给当事人合法权益造成重大损失、经人民法院依法通知拒不出庭作证、故意作虚假鉴定等严重失信行为的知识产权鉴定人、鉴定机构，相关部门可实施联合惩戒。构成犯罪的，依法追究刑事责任。

九、本意见由国家知识产权局、最高人民法院、最高人民检察院、公安部、国家市场监督管理总局负责解释。

十、本意见自发布之日起施行。

国家知识产权局
关于发布《商标注册申请快速审查办法(试行)》的公告

（国家知识产权局公告第四六七号）

为认真贯彻落实党中央、国务院关于加强知识产权保护的决策部署，落实知识产权领域"放管服"改革措施，完善商标审查制度，更好满足市场主体差异化需求，服务经济社会高质量发展，国家知识产权局制定《商标注册申请快速审查办法(试行)》，现予以发布，自发布之日起施行。

特此公告。

附件：1. 商标注册申请快速审查请求书
2. 商标注册申请快速审查办事指南

国家知识产权局
2022 年 1 月 14 日

商标注册申请快速审查办法(试行)

第一条 为了服务国家高质量发展，

落实知识产权领域"放管服"改革决策部署，依法快速审查涉及国家利益、社会公共利益或者重大区域发展战略的商标注册申请，根据《中华人民共和国商标法》和《中华人民共和国商标法实施条例》的有关规定，结合商标工作实际，制定本办法。

第二条 有下列情形之一的商标注册申请，可以请求快速审查：

（一）涉及国家或省级重大工程、重大项目、重大科技基础设施、重大赛事、重大展会等名称，且商标保护具有紧迫性的；

（二）在特别重大自然灾害、特别重大事故灾难、特别重大公共卫生事件、特别重大社会安全事件等突发公共事件期间，与应对该突发公共事件直接相关的；

（三）为服务经济社会高质量发展，推动知识产权强国建设纲要实施确有必要的；

（四）其他对维护国家利益、社会公共利益或者重大区域发展战略具有重大现实

意义的。

第三条 请求快速审查的商标注册申请,应当同时符合以下条件:

(一)经全体申请人同意;

(二)采用电子申请方式;

(三)所申请注册的商标仅由文字构成;

(四)非集体商标、证明商标的注册申请;

(五)指定商品或服务项目与第二条所列情形密切相关,且为《类似商品和服务区分表》列出的标准名称;

(六)未提出优先权请求。

第四条 请求快速审查商标注册的申请,应当以纸件形式向国家知识产权局提交以下材料:

(一)商标注册申请快速审查请求书;

(二)符合本办法第二条规定的相关材料;

(三)中央和国家机关相关部门、省级人民政府或其办公厅出具的对快速审查请求的推荐意见;或者省级知识产权管理部门出具的对快速审查请求理由及相关材料真实性的审核意见。

第五条 国家知识产权局受理快速审查请求后,对符合本办法规定的,准予快速审查并依法作出审查决定。对不符合本办法规定的,不予快速审查,按照法律规定的一般程序审查。

第六条 国家知识产权局准予快速审查的,应当自同意之日起20个工作日内审查完毕。

第七条 在快速审查过程中,发现商标注册申请有下列情形之一的,可以终止快速审查程序,按法律规定的一般程序审查:

(一)商标注册申请依法应进行补正、说明或者修正,以及进行同日申请审查程序的;

(二)商标注册申请人提出快速审查请求后,又提出暂缓审查请求的;

(三)存在其他无法予以快速审查情形的。

第八条 快速审查的商标注册申请在依法作出审查决定后,依照法律有关规定,相关主体可以对初步审定公告的商标注册申请提出异议,对驳回或部分驳回的商标注册申请提出驳回复审。

第九条 国家知识产权局处理商标注册申请快速审查应当严格依法履职、秉公用权,接受纪检监察部门监督,确保快速审查工作在监督下规范透明运行。

第十条 易产生重大不良影响的商标注册申请的快速处置办法另行规定。

第十一条 本办法由国家知识产权局负责解释。国家知识产权局商标局承担商标注册申请快速审查的具体工作。

第十二条 本办法自发布之日起施行。其他有关商标注册申请快速审查的规定,凡与本办法相抵触的以本办法为准。

附件 1

商标注册申请快速审查请求书

请按照"填写与邮寄说明"正确填写 　　　　　★快速审查编号：

<table>
<tr><td rowspan="5">①
商标注册申请信息</td><td colspan="2">商标名称：</td></tr>
<tr><td colspan="2">商标注册申请号：</td></tr>
<tr><td colspan="2">商标注册申请人（列全）：</td></tr>
<tr><td>联系人：</td><td>联系电话：</td></tr>
</table>

<table>
<tr><td>②
请求快速审查理由</td><td>该商标注册申请存在《商标注册申请快速审查办法（试行）》第二条第（____）项的情形，具体理由如下：</td></tr>
</table>

③材料清单

　共____份共____页

序号	文件名称	页数

④商标注册申请人承诺

1. 商标注册申请人已认真阅读并同意遵守《商标注册申请快速审查办法（试行）》的各项规定；

2. 商标注册申请人已对商标注册申请进行了事先检索，承诺不违反商标法、商标法实施条例和《商标审查审理指南》关于禁止使用、显著特征等方面的规定，也不与他人的在先权利相冲突；

3. 商标注册申请人承诺所附证明材料真实可靠，愿意承担不实承诺所带来的法律责任。

　　商标注册全体申请人签字： 　　　　　　　　　　（盖章）

　　　　　　　　　　　　　　　____年____月____日

⑤中央和国家机关、省级人民政府或其办公厅推荐意见，请另行附文

　或者省级知识产权主管部门审核意见

　　经审核，申请人提交的快速审查请求及相关材料，符合《商标注册申请快速审查办法（试行）》第二条第（____）项的规定，申请理由属实，所附材料真实可靠，同意办理商标注册申请快速审查程序。

　　负责人： 　　　　　　　　　　　　　　　（公章）

　　　　　　　　　　　　　　　____年____月____日

续表

★⑥国家知识产权局商标局审核意见 经审核,申请人提交的快速审查理由、所附材料,□符合 □不符合《商标注册申请快速审查办法(试行)》的要求,建议□启动 □不启动快速审查程序。 经办人: 处室负责人: 分管局领导: ___年___月___日
★⑦终止快速审查程序意见 因出现《商标注册申请快速审查办法(试行)》第七条规定的情形,_____,同意终止快速审查程序,转为一般程序审查。 经办人: 处室负责人: 分管局领导: ___年___月___日

填写与邮寄说明

1. 办理商标注册申请快速审查,适用本书式。商标注册申请快速审查请求书应当打字或者印刷。商标注册申请人应当按照规定并使用国家公布的中文简化汉字填写,不得修改格式。

2. 本书式正面第①栏由商标注册申请人填写请求快速审查的商标注册申请的信息。

3. 本书式正面第②栏由商标注册申请人填写请求快速审查理由。

4. 本书式正面第③栏由商标注册申请人填写《商标注册申请快速审查办法(试行)》第四条规定的材料清单。

5. 本书式正面第④栏商标注册申请人应当作出声明并签字或者盖章。商标注册申请由两个或者两个以上申请人共同申请的,由全体申请人签字或者盖章。《商标注册申请快速审查办法(试行)》可在国家知识产权局网站上查看。

6. 本书式背面第⑤栏由省级知识产权主管部门出具审核意见。若有中央和国家机关相关部门、省级人民政府或其办公厅推荐意见,可另行附文。

7. 本书式标有★的栏目由国家知识产权局商标局填写。

8. 商标注册申请快速审查请求书提交地址:北京市西城区茶马南街 1 号,收件人名称:国家知识产权局商标局,邮政编码:100055。提交时应在信封正面显著位置注明"商标注册申请快速审查请求"字样。

附件 2

商标注册申请快速审查办事指南

1. 适用情形

《商标注册申请快速审查办法(试行)》第二条规定,有下列情形之一的商标注册申请,可以请求快速审查:

(一)涉及国家或省级重大工程、重大项目、重大科技基础设施、重大赛事、重大展会等名称,且商标保护具有紧迫性的;

(二)在特别重大自然灾害、特别重大事故灾难、特别重大公共卫生事件、特别重大社会安全事件等突发公共事件期间,与应对该突发公共事件直接相关的;

(三)为服务经济社会高质量发展,推动知识产权强国建设纲要实施确有必要的;

(四)其他对维护国家利益、社会公共利益或者重大区域发展战略具有重大现实意义的。

2. 办事条件

《商标注册申请快速审查办法(试行)》第三条规定,请求快速审查的商标注册申请,应当同时符合以下条件:

(一)经全体申请人同意;

如请求快速审查的商标注册申请为共有商标,在填写商标注册申请快速审查请求书时,应列全所有商标注册申请人的名称,并经由全体申请人签字或者盖章。两个以上的自然人、法人或者其他组织共同向商标局申请注册,共同享有和行使该商标专用权的同一商标,称为共有商标。

(二)采用电子申请方式;

(三)所申请注册的商标仅由文字构成;

(四)非集体商标、证明商标的注册申请;

(五)指定商品或服务项目与第二条所列情形密切相关,且为《类似商品和服务区分表》列出的标准名称;

(六)未提出优先权请求。

3. 申请材料

《商标注册申请快速审查办法(试行)》第四条规定,请求快速审查商标注册的申请,应当以纸件形式向国家知识产权局提交以下材料:

(一)商标注册申请快速审查请求书

商标注册申请快速审查请求书应当打字或者印刷。商标注册申请人应当按照《填写与邮寄说明》规定并使用国家公布的中文简化汉字填写,不得修改格式,填写完毕后用 A4 打印纸双面打印。

如有补充材料,可另行附文。

(二)符合本办法第二条规定的相关材料

主要指证明该商标注册申请是符合《商标注册申请快速审查办法(试行)》所列快速审查情形的必要材料。

(三)中央和国家机关相关部门、省级人民政府或其办公厅出具的对快速审查请求的推荐意见;或者省级知识产权主管部门出具的对快速审查请求理由及相关材料真实性的审核意见。

以上意见,提供任意其一即可。

4. 申请接收方式

申请人应当以纸件形式向国家知识产权局商标局提交商标注册申请快速审查请求,且提交时应在信封正面显著位置注明"商标注册申请快速审查请求"字样。

提交地址:北京市西城区茶马南街 1 号。

收件人名称:国家知识产权局商标局。

邮政编码:100055。

5. 审查时限

国家知识产权局商标局负责受理和审核快速审查请求,对准予快速审查的商标注册申请,自同意之日起 20 个工作日内依法作出审查决定,对不予快速审查的商标注册申请,按照法律规定的一般程序审查。

6. 结果送达

国家知识产权局商标局负责受理和审核快速审查请求,对准予快速审查的商标注册申请,申请人会及时收到电子发文的审查结论,对不予快速审查的商标注册申请,商标局会及时通知申请人。

7. 相关主体的权利和义务

快速审查的商标注册申请在依法作出审查决定后,依照法律有关规定,相关主体可以对初步审定公告的商标注册申请提出异议,对驳回或部分驳回的商标注册申请提出驳回复审。

在快速审查过程中,发现商标注册申请有下列情形之一的,商标局可以终止快速审查程序,按法律规定的一般程序审查,并及时通知快速审查请求人:

(一)商标注册申请依法应进行补正、说明或者修正,以及进行同日申请审查程序的;

(二)商标注册申请人提出快速审查请求后,又提出暂缓审查请求的;

(三)存在其他无法予以快速审查情形的。

8. 咨询途径

(一)电话咨询

(010)63218500

(二)电子邮件咨询

sbjscgl2@cnipa.gov.cn

9. 公开查询

申请人可以随时通过中国商标网(http://sbj.cnipa.gov.cn/sbcx/)查询快速审查商标注册申请的审查进度。

国家知识产权局
关于加入《海牙协定》后相关业务处理暂行办法的公告

（国家知识产权局公告第四八一号）

我国已于 2022 年 2 月 5 日向世界知识产权组织交存《工业品外观设计国际注册海牙协定》（1999 年文本）（以下简称《海牙协定》）加入书，《海牙协定》将于 2022 年 5 月 5 日起对我国生效。为保障《海牙协定》的生效实施，国家知识产权局制定《关于加入〈海牙协定〉后相关业务处理暂行办法》，现予发布，自 2022 年 5 月 5 日起施行。外观设计国际申请的申请人可以按照本办法的规定，办理相关业务。

特此公告。

国家知识产权局
2022 年 4 月 22 日

关于加入《海牙协定》后相关业务处理暂行办法

第一条　自 2022 年 5 月 5 日起，中国单位或者个人可以依照专利法第十九条第二款的规定，根据《工业品外观设计国际注册海牙协定》（1999 年文本）（以下简称《海牙协定》），提出工业品外观设计国际注册申请。

申请人可以直接向世界知识产权组织国际局（以下简称国际局）提交工业品外观设计国际注册申请，也可以通过国家知识产权局转交使用英文提出的工业品外观设计国际注册申请。

通过国家知识产权局转交工业品外观设计国际注册申请的，应当以符合《海牙协定》和国家知识产权局规定的纸件形式或者电子形式提交相关材料。

《海牙协定》规定的相关费用，由申请人直接向国际局缴纳。

第二条　对于指定中国的工业品外观设计国际注册申请（以下简称外观设计国际申请），国家知识产权局依照专利法第十九条第三款、修改后的专利法实施细则以及专利审查指南予以处理。

第三条　申请人要求优先权的，如未在提出外观设计国际申请时提交在先申请文件副本，应当自其申请国际公布之日起三个月内向国家知识产权局提交在先申请文件副本。

在先申请文件副本中记载的申请人与在后申请的申请人不一致的，申请人应当自其申请国际公布之日起三个月内向国家知识产权局提交相关的证明文件。

申请人要求优先权的，应当自其申请国际公布之日起三个月内向国家知识产权局缴纳优先权要求费，其国际公布日在修改后的专利法实施细则施行日之前（含当日）的，应当自修改后的专利法实施细则施行日起三个月内缴纳优先权要求费。

申请人期满未提交在先申请文件副本，或者未提交有关证明文件，或者未缴纳或未缴足优先权要求费的，视为未要求优先权。

第四条　外观设计国际申请的申请人可以自其申请国际公布之日起两个月内，向国家知识产权局提出分案申请，国家知识产权局依照专利法及其实施细则、专利审查指南的相关规定处理。

第五条　申请人认为外观设计国际申请涉及的外观设计有专利法第二十四条第（二）项或者第（三）项所列情形的，应当在提出外观设计国际申请时声明，并自其申请国际公布之日起两个月内向国家知识产权局提交有关证明文件，并予以说明。未提出声明或者未提交证明文件的，其申请不适用专利法第二十四条的规定。

第六条 申请人缴纳外观设计国际申请相关费用的,应当按照国际局和国家知识产权局的规定足额缴纳。关于外观设计国际申请单独指定费的缴纳标准及减缴规则另行公告。

第七条 外观设计国际申请的申请人或者专利权人请求权利变更的,除向国际局办理相关手续外,还应当向国家知识产权局提交证明文件。证明文件是外文的,应当同时附具中文题录译文。没有提交证明文件或者证明文件不合格的,国家知识产权局通知国际局该权利变更在中国未生效。

第八条 外观设计国际申请的申请人办理本办法规定以外的其他法律手续和事务,应当依照《海牙协定》、专利法及其实施细则、专利审查指南的规定提出请求。

第九条 本办法自 2022 年 5 月 5 日起施行。

国家版权局关于印发《以无障碍方式向阅读障碍者提供作品暂行规定》的通知

（国版发〔2022〕1 号）

各省、自治区、直辖市版权局,中央和国家机关有关部委、有关人民团体相关主管部门:

现将《以无障碍方式向阅读障碍者提供作品暂行规定》印发给你们,请认真遵照执行。

国家版权局
2022 年 8 月 1 日

以无障碍方式向阅读障碍者提供作品暂行规定

第一条 为规范以无障碍方式向阅读障碍者提供作品的秩序,更好地为阅读障碍者使用作品提供便利,发挥著作权促进阅读障碍者平等参与社会生活、共享文化发展成果的作用,根据《中华人民共和国著作权法》(以下简称著作权法)和我国批准的《关于为盲人、视力障碍者或其他印刷品阅读障碍者获得已出版作品提供便利的马拉喀什条约》(以下简称《马拉喀什条约》),制定本规定。

第二条 本规定所称的阅读障碍者,是指视力残疾人以及由于视觉缺陷、知觉障碍、肢体残疾等原因无法正常阅读的人。

本规定所称的无障碍格式版,是指采用替代方式或形式,让阅读障碍者能够感知并有效使用的作品版本。

本规定所称的无障碍格式版服务机构,是指以非营利方式向阅读障碍者提供文化、教育、培训、信息等服务的法人组织。

本规定所称的无障碍格式版跨境交换机构,是指向其他《马拉喀什条约》缔约方的同类机构或阅读障碍者提供,或从前述同类机构接收无障碍格式版的法人组织。

第三条 依据著作权法第二十四条第一款第十二项规定,可以不经著作权人许可,不向其支付报酬,将已经发表的作品制作成无障碍格式版并向阅读障碍者提供,但应当遵守下列要求:

(一)指明作者姓名或名称、作品名称;

(二)使用有合法来源的作品;

(三)尊重作品完整性,除让阅读障碍者能够感知并有效使用所需的修改外,不得进行其他修改;

（四）在作品名称中以适当显著的方式标注"阅读障碍者专用"；

（五）仅限通过特定渠道向可以提供相关证明的阅读障碍者或无障碍格式版服务机构提供，不得向其他人员或组织提供或开放服务；

（六）采取身份认证、技术措施等有效手段防止阅读障碍者以外的人员或组织获取、传播；

（七）向阅读障碍者提供的无障碍格式版类型应当仅限于满足其合理需要；

（八）不以营利为目的；

（九）未以其他方式影响作品的正常使用或不合理地损害著作权人的合法权益。

第四条 使用无法通过正常途径获取的作品制作、提供无障碍格式版，依据著作权法第五十条第一款第二项规定，可以避开技术措施，但不得向他人提供避开技术措施的技术、装置或部件，不得侵犯权利人依法享有的其他权利。

第五条 制作、提供、跨境交换无障碍格式版，应当以适当的方式告知著作权人，并完整、准确记录作者姓名或名称、作品名称以及制作、提供的方式和数量及提供对象等，供相关著作权人和国家相关主管部门查阅。相关记录至少保留 3 年。

记录、提供相关信息时，应当遵守《中华人民共和国个人信息保护法》相关规定，平等保护阅读障碍者个人信息。

第六条 制作、提供无障碍格式版，应当遵守国家关于出版、电影、广播电视、网络视听等行业的管理规定和标准。

跨境交换无障碍格式版，应当遵守相关行业进出口管理等有关规定。

第七条 鼓励出版、电影、广播电视、网络视听等机构为其拥有版权的作品同步制作、提供无障碍格式版。

鼓励通过无障碍格式版服务机构制作无障碍格式版并向阅读障碍者或其他无障碍格式版服务机构提供。

鼓励通过无障碍格式版跨境交换机构与其他《马拉喀什条约》缔约方的同类机构交换无障碍格式版。

第八条 无障碍格式版服务机构应当符合下列条件：

（一）具有与制作、提供无障碍格式版相适应的人员、资金和技术，包括防止阅读障碍者以外的人员或组织获取、传播无障碍格式版的技术；

（二）制定符合本规定第三条至第六条规定的规章制度并严格遵守，包括能够有效确认阅读障碍者和无障碍格式版服务机构身份的规则程序；

（三）从事需要取得行政许可的活动的，须经相关主管部门许可，取得相关资质、资格。

第九条 无障碍格式版跨境交换机构应当符合下列条件：

（一）符合本规定第八条规定的条件；

（二）具有与跨境交换无障碍格式版相适应的人员、资金和技术，包括确保无障碍格式版安全跨境提供和接收的技术；

（三）采取合理措施确认其他《马拉喀什条约》缔约方的同类机构或阅读障碍者身份；

（四）建立无障碍格式版跨境交换内容合规机制；

（五）从事进出口等需要取得行政许可的活动的，具有相应资质。

第十条 无障碍格式版服务机构（含跨境交换机构）实行告知性备案，相关机构应当依据无障碍格式版服务机构（含跨境交换机构）备案指南向国家版权局备案。

无障碍格式版跨境交换机构的相关信息由国家版权局向世界知识产权组织或相关机构提供，以促进无障碍格式版的跨境交换。

第十一条 各级著作权主管部门以及相关部门对无障碍格式版服务机构（含跨境交换机构），在业务指导、宣传推广、资源对接、经费协调等方面给予支持。

第十二条 制作、提供、跨境交换无障碍格式版违反本规定,影响作品的正常使用或不合理地损害著作权人的合法权益的,应当承担著作权法第五十二条、第五十三条规定的民事责任;同时损害公共利益的,由著作权主管部门依法追究行政责任;构成犯罪的,依法追究刑事责任。

制作、提供、跨境交换无障碍格式版违反相关行业管理规定、标准或进出口管理等有关规定的,由相关部门依法依规进行处理。

第十三条 对于制作、提供、跨境交换无障碍格式版违反本规定的行为,被侵权人、利害关系人或其他知情人可以向著作权主管部门或其他相关部门投诉、举报。

第十四条 为实施义务教育和国家教育规划而编写出版教科书,将已经发表的作品制作成无障碍格式版并向阅读障碍者提供的,属于著作权法第二十四条第一款第十二项规定的情形,适用本规定。

第十五条 制作、提供、跨境交换无障碍格式版涉及图书、报刊出版,以及表演、录音录像和广播电台、电视台播放等与著作权有关的权利的,参照本规定执行。

第十六条 本规定由国家版权局负责解释。

第十七条 本规定自印发之日起施行。

农业农村部 最高人民法院 最高人民检察院 工业和信息化部 公安部 市场监管总局 国家知识产权局 关于保护种业知识产权打击假冒伪劣套牌侵权 营造种业振兴良好环境的指导意见

(农种发〔2022〕2 号)

各省、自治区、直辖市农业农村(农牧)、公安、市场监管、知识产权厅(局、委)、工业和信息化主管部门、高级人民法院、人民检察院,新疆生产建设兵团农业农村局、工业和信息化局、公安局、市场监管局、知识产权局和新疆维吾尔自治区高级人民法院生产建设兵团分院、新疆生产建设兵团人民检察院:

为深入贯彻党中央、国务院关于推进种业振兴和加强知识产权保护的决策部署,落实《全国人民代表大会常务委员会关于修改〈中华人民共和国种子法〉的决定》,提高种业知识产权保护水平,严厉打击假冒伪劣、套牌侵权等违法犯罪行为,加快营造种业振兴良好环境,现提出如下指导意见。

一、总体要求

以习近平新时代中国特色社会主义思想为指导,深入贯彻党的十九大和十九届历次全会精神,落实知识产权强国建设纲要和种业振兴行动方案部署要求,以强化种业知识产权保护为重点,坚持部门协同、上下联动、标本兼治,综合运用法律、经济、技术、行政等多种手段,推行全链条、全流程监管,既立足解决当前突出问题,又着力构建打基础利长远的体制机制,有效激励原始创新,全面净化种业市场。力争到 2023 年,建立起较为完备的种业知识产权保护制度体系,假冒伪劣、套牌侵权等违法犯罪行为得到有效遏制;到 2025 年,种业知识产权保护能力显著提升,种业自主创新环境持续优化。

二、加快法律法规制修订,夯实种业知识产权保护制度基础

(一)推动修订法律法规及配套规章

贯彻实施新修改的种子法,推进植物新品种保护条例修订,研究制定实质性派生品种制度的实施步骤和方法,提高种业知识产权保护水平。研究修订植物新品种保护条例实施细则(农业部分)、非主要农作物品种登记办法等配套规章,实施新修订的主要农作物品种审定办法、农作物种子生产经营许可管理办法和农业植物品种命名规定,健全以植物新品种权为重点的种业知识产权保护法律法规体系。(农业农村部、国家知识产权局等单位部门按职责分工负责)

(二)强化种业知识产权保护制度建设

研究制定加强涉种业刑事审判工作的指导意见,加大对危害种业安全犯罪的惩处力度。编制种业企业知识产权保护指南,制定合同范本、维权流程等操作指引。各地结合实际研究制定保护种业知识产权相关制度。(各级法院、检察院、公安、农业农村、知识产权等单位部门按职责分工负责)

三、加强司法保护,严厉打击侵害种业知识产权行为

(三)加大种业知识产权司法保护力度

加强种业知识产权案件审判工作,深入推进种业知识产权民事、刑事、行政案件"三合一"审判机制改革。积极运用涉及植物新品种、专利的民事及行政案件集中管辖机制,打破地方保护主义,提高保护专业化水平。强化案件审理,严格执行《最高人民法院关于审理侵害植物新品种权纠纷案件具体应用法律问题的若干规定(二)》。对反复侵权、侵权为业、伪造证书、违法经营等情形的侵权行为实施惩罚性赔偿,在法律范围内从严惩处。充分利用举证责任转移等制度规定,降低维权成本,提高侵权代价。加强种业领域商业秘密保护,完善犯罪行为认定标准。强化案例指导,促进裁判规则统一。深入研究严重侵害植物新品种权行为入刑问题。(各级法院、检察院、公安、农业农村、市场监管、知识产权等单位部门按职责分工负责)

(四)健全行政执法和刑事司法衔接机制

农业农村部门要加强与公安、检察院、法院等部门单位的沟通衔接,建立健全信息共享、案情通报、案件移送机制,联合开展重大案件督查督办。加快制定出台农产品质量安全领域行政执法与刑事司法衔接工作办法,依法严惩种业违法犯罪行为。推进行政执法和刑事司法立案标准协调衔接,完善案件移送要求和证据标准。提高假劣种子检验鉴定水平,公布有资质的种子检测机构名单,强化刑事打击技术支撑。建立健全损失认定和涉案物品保管、处置机制。(各级法院、检察院、公安、农业农村、市场监管、知识产权等单位部门按职责分工负责)

四、强化技术和标准支撑,提高品种管理水平

(五)提高主要农作物品种审定标准

实施《国家级稻品种审定标准(2021年修订)》和《国家级玉米品种审定标准(2021年修订)》,激励育种原始创新。适时推进大豆、小麦、棉花品种审定标准修订,适当提高DNA指纹差异位点数、产量指标和抗性指标,有效解决品种同质化问题。严格国家和省级品种审定绿色通道及联合体试验监管,建立健全品种试验主体资质评价和退出机制。规范同一适宜生态区引种备案,依法加大审定品种撤销力度。(农业农村部及各省级农业农村部门按职责分工负责)

(六)推进非主要农作物登记品种清理

以向日葵为突破口,持续开展登记品种清理,并逐步拓展到其它非主要农作物。充分利用分子检测技术手段,以具有植物新品种权的品种为重点,严格处理违法违规申请登记行为,依法撤销一批违法违规登记品种。(农业农村部及各省级农业农村部门按职责分工负责)

（七）探索实施品种身份证管理

加强品种标准样品管理，制定农作物品种标准样品管理办法，实现审定、登记和保护样品统一管理。完善种子、种畜禽检验检测技术标准，加快品种分子检测技术研发和标准研制，建立健全品种标准样品库和DNA指纹数据库。推进种业数字化建设，依托种业大数据平台，整合品种试验、测试、管理和种子生产经营等信息，做到"一品种、一名称、一标样、一指纹"，推动实现全流程可追溯管理，促进品种身份信息开放共享。（农业农村部及各省级农业农村部门按职责分工负责）

五、严格行政执法，加大种业违法案件查处力度

（八）持续开展种业监管执法活动

组织开展常态化专项整治行动，持续保持高压严打态势，突出重要品种、重点环节和关键时节，加强种子企业和市场检查，对违法行为发现一起、查处一起。对检查发现问题及投诉举报集中或多次受到处罚的企业，加大检查抽查频次。以制种企业生产备案、委托合同、品种权属和亲本来源等内容为重点，开展制种基地检查，利用大数据手段强化制种基地监管，严厉打击盗取亲本、抢购套购、无证生产等违法行为。积极探索实施种子质量认证制度。加强种畜禽生产经营许可管理和质量检测，强化冻精等畜禽遗传物质监管。（各级农业农村、市场监管等部门按职责分工负责）

（九）加大重大案件查处力度

以假冒伪劣、套牌侵权、非法生产经营转基因种子等为重点，加大案件查办力度，对涉嫌构成犯罪的案件，及时移送公安机关处理。对于跨区域、重大复杂案件由部级挂牌督办、省级组织查处，做到一处发现、全国通报、各地联查。加大对电商网络销售种子监管力度，加快建立分工明确、处置及时、协同联动的工作机制。

对群众反映集中、社会关注度高、套牌侵权多发的重点区域和环节，要重拳出击、整治到底、震慑到位。（各级农业农村、工业和信息化、公安、市场监管等部门按职责分工负责）

六、推进社会监督共治，构建种业创新发展良好环境

（十）加强行业自律和信用建设

充分发挥各级种业行业协会的协调、服务、维权、自律作用，引导规范企业行为。中国种子协会要加强企业信用等级评价，发布种业知识产权保护倡议书，提供法律咨询服务。实施信用风险分类监管，健全失信联合惩戒机制。建立市场主体"黑名单"制度，将有严重违法和犯罪等行为的企业纳入"黑名单"。（各级农业农村、市场监管、知识产权及行业协会等部门单位按职责分工负责）

（十一）建立健全社会共治机制

充分发挥仲裁、调解、公证等机制作用，强化种业行业社会共治。加强社会和群众监督，各地各部门要畅通投诉举报渠道，及时收集违法线索，提高查办时效，实现精准打击。鼓励建立举报奖励机制。强化普法宣传和培训，推动学法用法守法，引导市场主体综合运用植物新品种权、专利权、商标权等多种知识产权保护手段，提高知识产权保护水平。（各级农业农村、市场监管、知识产权部门按职责分工负责）

七、强化组织保障，确保各项任务落实落地

（十二）加强组织领导

各地各单位各部门要高度重视，按照职责分工，明确主体责任，抓好组织落实，推动构建法制完善、监管有力、执法严格、行业自律的种业监管执法体系，全面提高知识产权保护法治化水平。农业农村部会同有关单位部门强化统筹协调、完善工作机制，对地方有关单位部门加强业务指导和督促。各

省级农业农村部门要牵头抓好种业知识产权保护和监管执法工作,狠抓重点任务落实。(各有关单位部门按职责分工负责)

(十三)压实属地责任

将保护种业知识产权、打击假冒伪劣和套牌侵权等工作列入种业振兴党政同责、全国打击侵犯知识产权和制售假冒伪劣商品工作考核,强化责任落实。各地要落实属地责任,紧盯重大案件、重要领域、重点地区,努力破解重点难点问题。建立健全激励约束机制,对工作成效突出的地区、单位、部门及个人进行表扬,对推诿扯皮、不作为乱作为等情况及时通报并督促整改。(各有关单位部门按职责分工负责)

(十四)培养专业人才队伍

充实种业行业监管、农业综合执法和司法队伍人员配备,加强技术装备条件建设,强化行政执法和司法人员专业培训,确

保队伍稳定、能力提升。鼓励企业加强法务团队和能力建设,依法维护自身权益,不断提升知识产权保护能力和水平,共同营造种业法治环境。(各有关单位部门按职责分工负责)

(十五)加强宣传引导

加大种业知识产权保护宣传力度,鼓励引导权利人依法维权,提高知识产权保护意识。联合开展重点案件总结宣传,发布种业知识产权典型案例。加大案件查处曝光力度,全面营造种业创新有活力、发展有动力、市场有秩序的种业振兴氛围。(各有关单位部门按职责分工负责)

农业农村部　最高人民法院　最高人民检察院
工业和信息化部　公安部
市场监管总局　国家知识产权局
2022 年 1 月 28 日

最高人民法院关于印发基层人民法院
管辖第一审知识产权民事、行政案件标准的通知

(法〔2022〕109 号)

各省、自治区、直辖市高级人民法院,解放军军事法院,新疆维吾尔自治区高级人民法院生产建设兵团分院:

根据《最高人民法院关于第一审知识产权民事、行政案件管辖的若干规定》,最高人民法院确定了具有知识产权民事、行政案件管辖权的基层人民法院及其管辖区

域、管辖第一审知识产权民事案件诉讼标的额的标准。现予以印发,自 2022 年 5 月1 日起施行。本通知施行前已经受理的案件,仍按照原标准执行。

最高人民法院
2022 年 4 月 20 日

基层人民法院管辖第一审知识产权民事、行政案件标准

地区	民事案件诉讼标的额（不含本数）	基层人民法院	管辖区域
北京市	不受诉讼标的额限制	北京市东城区人民法院	东城区、通州区、顺义区、怀柔区、平谷区、密云区
		北京市西城区人民法院	西城区、大兴区
		北京市朝阳区人民法院	朝阳区
		北京市海淀区人民法院	海淀区
		北京市丰台区人民法院	丰台区、房山区
		北京市石景山区人民法院	石景山区、门头沟区、昌平区、延庆区
天津市	500 万元以下	天津市滨海新区人民法院	滨海新区、东丽区、宁河区
		天津市和平区人民法院	和平区、南开区、红桥区、西青区、武清区、宝坻区、蓟州区
		天津市河西区人民法院	河东区、河西区、河北区、津南区、北辰区、静海区
河北省	100 万元以下	石家庄高新技术产业开发区人民法院	石家庄高新技术产业开发、长安区、裕华区、栾城区、藁城区、新乐市、晋州市、深泽县、灵寿县、行唐县、赵县、辛集市
		石家庄铁路运输法院	新华区、桥西区、鹿泉区、正定县、井陉县、井陉矿区、赞皇县、平山县、高邑县、元氏县、无极县
		唐山高新技术产业开发区人民法院	唐山市
		秦皇岛市山海关区人民法院	秦皇岛市
		邯郸市永年区人民法院	永年区、复兴区、丛台区、涉县、武安市、广平县、曲周县、鸡泽县、邱县、馆陶县
		邯郸经济技术开发区人民法院	邯郸经济技术开发区、冀南新区、峰峰矿区、邯山区、肥乡区、磁县、成安县、临漳县、魏县、大名县
		邢台经济开发区人民法院	邢台市
		保定高新技术产业开发区人民法院	保定市及定州市

地区	民事案件诉讼标的额（不含本数）	基层人民法院	管辖区域
河北省	100 万元以下	张家口市桥东区人民法院	张家口市
		承德市双滦区人民法院	承德市
		沧州市新华区人民法院	沧州市
		廊坊市安次区人民法院	廊坊市
		衡水市桃城区人民法院	衡水市
		容城县人民法院	雄安新区
山西省	100 万元以下	山西转型综合改革示范区人民法院	山西转型综合改革示范区
		太原市杏花岭区人民法院	太原市
		大同市云冈区人民法院	大同市
		阳泉市郊区人民法院	阳泉市
		长治市潞州区人民法院	长治市
		晋中市太谷区人民法院	晋中市
		晋城市城区人民法院	晋城市
		朔州市朔城区人民法院	朔州市
		忻州市忻府区人民法院	忻州市
		汾阳市人民法院	吕梁市
		临汾市尧都区人民法院	临汾市
		运城市盐湖区人民法院	运城市
内蒙古自治区	100 万元以下	呼和浩特市新城区人民法院	呼和浩特市
		包头市石拐区人民法院	包头市
		乌海市乌达区人民法院	乌海市
		赤峰市红山区人民法院	赤峰市
		通辽市科尔沁区人民法院	通辽市
		鄂尔多斯市康巴什区人民法院	鄂尔多斯市
		呼伦贝尔市海拉尔区人民法院	呼伦贝尔市
		巴彦淖尔市临河区人民法院	巴彦淖尔市
		乌兰察布市集宁区人民法院	乌兰察布市
		乌兰浩特市人民法院	兴安盟
		锡林浩特市人民法院	锡林郭勒盟
		阿拉善左旗人民法院	阿拉善盟

续表

地区	民事案件诉讼标的额（不含本数）	基层人民法院	管辖区域
辽宁省	100万元以下	沈阳高新技术产业开发区人民法院	沈阳市
		大连市西岗区人民法院	大连市［中国（辽宁）自由贸易试验区大连片区除外］
		大连经济技术开发区人民法院	中国（辽宁）自由贸易试验区大连片区
		鞍山市千山区人民法院	鞍山市
		抚顺市东洲区人民法院	抚顺市
		本溪市平山区人民法院	本溪市
		丹东市振安区人民法院	丹东市
		锦州市古塔区人民法院	锦州市
		营口市西市区人民法院	营口市
		阜新市海州区人民法院	阜新市
		辽阳市太子河区人民法院	辽阳市
		铁岭市银州区人民法院	铁岭市
		朝阳市龙城区人民法院	朝阳市
		盘山县人民法院	盘锦市
		兴城市人民法院	葫芦岛市
吉林省	100万元以下	长春新区人民法院	长春市
		吉林市船营区人民法院	吉林市
		四平市铁西区人民法院	四平市
		辽源市龙山区人民法院	辽源市
		梅河口市人民法院	通化市
		白山市浑江区人民法院	白山市
		松原市宁江区人民法院	松原市
		白城市洮北区人民法院	白城市
		珲春市人民法院	延边朝鲜族自治州
		珲春林区基层法院	延边林区中级法院辖区
		临江林区基层法院	长春林区中级法院辖区

续表

地区	民事案件诉讼标的额（不含本数）	基层人民法院	管辖区域
黑龙江省	100万元以下	哈尔滨市南岗区人民法院	南岗区、香坊区、阿城区、呼兰区、五常市、巴彦县、木兰县、通河县
		哈尔滨市道里区人民法院	道里区、道外区、双城区、尚志市、宾县、依兰县、延寿县、方正县
		哈尔滨市松北区人民法院	松北区、平房区
		齐齐哈尔市铁锋区人民法院	齐齐哈尔市
		牡丹江市东安区人民法院	牡丹江市
		佳木斯市向阳区人民法院	佳木斯市
		大庆高新技术产业开发区人民法院	大庆市
		鸡西市鸡冠区人民法院	鸡西市
		鹤岗市南山区人民法院	鹤岗市
		双鸭山市岭东区人民法院	双鸭山市
		伊春市伊美区人民法院	伊春市
		七台河市桃山区人民法院	七台河市
		黑河市爱辉区人民法院	黑河市
		海伦市人民法院	绥化市
		大兴安岭地区加格达奇区人民法院	大兴安岭地区
		绥北人民法院	农垦中级法院辖区
上海市	不受诉讼标的额限制	上海市浦东新区人民法院	各自辖区
		上海市徐汇区人民法院	
		上海市长宁区人民法院	
		上海市闵行区人民法院	
		上海市金山区人民法院	
		上海市松江区人民法院	
		上海市奉贤区人民法院	
		上海市黄浦区人民法院	
		上海市杨浦区人民法院	
		上海市虹口区人民法院	
		上海市静安区人民法院	
		上海市普陀区人民法院	
		上海市宝山区人民法院	

续表

地区	民事案件诉讼标的额（不含本数）	基层人民法院	管辖区域
上海市	不受诉讼标的额限制	上海市嘉定区人民法院	各自辖区
		上海市青浦区人民法院	
		上海市崇明区人民法院	
江苏省	500 万元以下	南京市玄武区人民法院	玄武区、栖霞区
		南京市秦淮区人民法院	秦淮区
		南京市建邺区人民法院	建邺区
		南京市雨花台区人民法院	雨花台区
		南京市江宁区人民法院	江宁区（秣陵街道及禄口街道除外）
		江宁经济技术开发区人民法院	江宁区秣陵街道及禄口街道溧水区、高淳区
		南京江北新区人民法院	南京江北新区、鼓楼区、浦口区、六合区
		江阴市人民法院	江阴市
		宜兴市人民法院	宜兴市
		无锡市惠山区人民法院	惠山区
		无锡市滨湖区人民法院	滨湖区、梁溪区
		无锡市新吴区人民法院	新吴区、锡山区
		徐州市鼓楼区人民法院	鼓楼区、丰县、沛县
		徐州市铜山区人民法院	铜山区、泉山区
		睢宁县人民法院	睢宁县、邳州市
		新沂市人民法院	新沂市
		徐州经济技术开发区人民法院	云龙区、贾汪区、徐州经济技术开发区
		常州市天宁区人民法院	天宁区
		常州市钟楼区人民法院	钟楼区
		常州高新技术产业开发区人民法院	新北区
		常州市武进区人民法院	武进区
		常州市金坛区人民法院	金坛区
		溧阳市人民法院	溧阳市
		常州经济开发区人民法院	常州经济开发区
		张家港市人民法院	张家港市

续表

地区	民事案件诉讼标的额（不含本数）	基层人民法院	管辖区域
江苏省	500万元以下	常熟市人民法院	常熟市
		太仓市人民法院	太仓市
		昆山市人民法院	昆山市
		苏州市吴江区人民法院	吴江区
		苏州市相城区人民法院	相城区
		苏州工业园区人民法院	苏州工业园区、吴中区
		苏州市虎丘区人民法院	虎丘区、姑苏区
		南通通州湾江海联动开发示范区人民法院	崇川区、通州区、海门区、海安市、如东县、启东市、如皋市、南通经济技术开发区、通州湾江海联动开发示范区
		连云港市连云区人民法院	连云区、海州区、赣榆区
		连云港经济技术开发区人民法院	东海县、灌云县、灌南县、连云港经济技术开发区
		淮安市淮安区人民法院	淮安区、洪泽区、盱眙县、金湖县
		淮安市淮阴区人民法院	淮阴区、清江浦区、涟水县、淮安经济技术开发区
		盐城市亭湖区人民法院	亭湖区、建湖县、盐城经济技术开发区
		射阳县人民法院	响水县、滨海县、阜宁县、射阳县
		盐城市大丰区人民法院	盐都区、大丰区、东台市
		扬州市广陵区人民法院	广陵区、江都区、扬州经济技术开发区、扬州市生态科技新城、扬州市蜀冈一瘦西湖风景名胜区
		仪征市人民法院	邗江区、仪征市
		高邮市人民法院	宝应县、高邮市
		镇江市京口区人民法院	京口区、润州区
		丹阳市人民法院	丹阳市、句容市
		镇江经济开发区人民法院	丹徒区、扬中市、镇江经济技术开发区
		靖江市人民法院	姜堰区、靖江市、泰兴市

续表

地区	民事案件诉讼标的额（不含本数）	基层人民法院	管辖区域
江苏省	500万元以下	泰州医药高新技术产业开发区人民法院	海陵区、泰州医药高新技术产业开发区（高港区）、兴化市
		沭阳县人民法院	沭阳县、泗阳县
		宿迁市宿城区人民法院	宿城区、宿豫区、泗洪县
浙江省	500万元以下	杭州市拱墅区人民法院	拱墅区
		杭州市西湖区人民法院	西湖区
		杭州市滨江区人民法院	滨江区
		杭州市萧山区人民法院	萧山区
		杭州市余杭区人民法院	余杭区
		杭州市临平区人民法院	临平区
		杭州市钱塘区人民法院	钱塘区
		杭州铁路运输法院	上城区、富阳区、临安区、建德市、桐庐县、淳安县
		宁波市海曙区人民法院	海曙区、江北区
		宁波市北仑区人民法院	北仑区
		宁波市镇海区人民法院	镇海区
		宁波市鄞州区人民法院	鄞州区、象山县、宁波高新技术产业开发区
		宁波市奉化区人民法院	奉化区、宁海县
		余姚市人民法院	余姚市
		慈溪市人民法院	慈溪市
		温州市鹿城区人民法院	鹿城区
		温州市瓯海区人民法院	龙湾区、瓯海区
		瑞安市人民法院	瑞安市、龙港市、平阳县、苍南县、文成县、泰顺县
		乐清市人民法院	洞头区、乐清市、永嘉县
		湖州市吴兴区人民法院	吴兴区、南浔区
		德清县人民法院	德清县
		长兴县人民法院	长兴县
		安吉县人民法院	安吉县
		嘉兴市南湖区人民法院	南湖区、平湖市、嘉善县、海盐县

续表

地区	民事案件诉讼标的额（不含本数）	基层人民法院	管辖区域
浙江省	500万元以下	嘉兴市秀洲区人民法院	秀洲区
		海宁市人民法院	海宁市
		桐乡市人民法院	桐乡市
		绍兴市柯桥区人民法院	越城区、柯桥区
		绍兴市上虞区人民法院	上虞区
		诸暨市人民法院	诸暨市
		嵊州市人民法院	嵊州市
		新昌县人民法院	新昌县
		金华市婺城区人民法院	婺城区、武义县
		金华市金东区人民法院	金东区、兰溪市、浦江县
		义乌市人民法院	义乌市
		东阳市人民法院	东阳市、磐安县
		永康市人民法院	永康市
		衢州市衢江区人民法院	柯城区、衢江区、龙游县
		江山市人民法院	江山市、常山县、开化县
		舟山市普陀区人民法院	定海区、普陀区、岱山县嵊泗县
		台州市椒江区人民法院	椒江区、黄岩区、路桥区
		温岭市人民法院	温岭市
		临海市人民法院	临海市
		玉环市人民法院	玉环市
		天台县人民法院	三门县、天台县、仙居县
		丽水市莲都区人民法院	莲都区、青田县、缙云县
		云和县人民法院	龙泉市、遂昌县、松阳县、云和县、庆元县、景宁畲族自治县
安徽省	100万元以下	合肥高新技术开发区人民法院	合肥市
		濉溪县人民法院	淮北市
		利辛县人民法院	亳州市
		灵璧县人民法院	宿州市
		蚌埠市禹会区人民法院	蚌埠市

续表

地区	民事案件诉讼标的额（不含本数）	基层人民法院	管辖区域
安徽省	100万元以下	阜阳市颍东区人民法院	阜阳市
		淮南市大通区人民法院	淮南市
		滁州市南谯区人民法院	滁州市
		六安市裕安区人民法院	六安市
		马鞍山市花山区人民法院	马鞍山市
		芜湖经济技术开发区人民法院	芜湖市
		宁国市人民法院	宣城市
		铜陵市义安区人民法院	铜陵市
		池州市贵池区人民法院	池州市
		安庆市迎江区人民法院	安庆市
		黄山市徽州区人民法院	黄山市
福建省	100万元以下	福州市鼓楼区人民法院	鼓楼区、台江区、仓山区、晋安区
		福州市马尾区人民法院	马尾区、长乐区、连江县、罗源县
		福清市人民法院	福清市、闽侯县、闽清县、永泰县
		平潭综合实验区人民法院	平潭综合实验区
		厦门市思明区人民法院	思明区
		厦门市湖里区人民法院	湖里区、中国（福建）自由贸易试验区厦门片区
		厦门市集美区人民法院	集美区、同安区、翔安区
		厦门市海沧区人民法院	海沧区〔中国（福建）自由贸易试验区厦门片区除外〕
		漳州市长泰区人民法院	芗城区、龙文区、龙海区、长泰区、南靖县、华安县
		漳浦县人民法院	漳浦县、云霄县、诏安县、东山县、平和县
		泉州市洛江区人民法院	鲤城区、丰泽区、洛江区、泉州经济技术开发区
		泉州市泉港区人民法院	泉港区、惠安县、泉州台商投资区
		晋江市人民法院	晋江市
		石狮市人民法院	石狮市
		南安市人民法院	南安市
		德化县人民法院	安溪县、永春县、德化县

续表

地区	民事案件 诉讼标的额 (不含本数)	基层人民法院	管辖区域
福建省	100 万元 以下	三明市沙县区人民法院	三元区、沙县区、建宁县、泰宁县、将乐县、尤溪县
		明溪县人民法院	永安市、明溪县、清流县、宁化县、大田县
		莆田市城厢区人民法院	城厢区、秀屿区
		莆田市涵江区人民法院	荔城区、涵江区
		仙游县人民法院	仙游县
		南平市延平区人民法院	延平区、建瓯市、顺昌县、政和县
		武夷山市人民法院	建阳区、邵武市、武夷山市,浦城县、光泽县、松溪县
		龙岩市新罗区人民法院	新罗区、永定区、漳平市
		连城县人民法院	上杭县、武平县、长汀县、连城县
		宁德市蕉城区人民法院	蕉城区、东侨经济技术开发区、古田县、屏南县、周宁县、寿宁县
		福鼎市人民法院	福安市、柘荣县、福鼎市、霞浦县
江西省	100 万元 以下	南昌高新技术产业开发区人民法院	东湖区、青云谱区、青山湖区、红谷滩区、南昌高新技术产业开发区
		南昌经济技术开发区人民法院	南昌县、进贤县、安义县、西湖区、新建区、南昌经济技术开发区
		九江市濂溪区人民法院	九江市
		景德镇市珠山区人民法院	景德镇市
		芦溪县人民法院	萍乡市
		新余市渝水区人民法院	新余市
		鹰潭市月湖区人民法院	鹰潭市
		赣州市章贡区人民法院	赣州市
		万载县人民法院	宜春市
		上饶市广信区人民法院	上饶市
		吉安市吉州区人民法院	吉安市
		宜黄县人民法院	抚州市
山东省	100 万元 以下	济南市历下区人民法院	历下区、槐荫区
		济南市市中区人民法院	市中区、历城区
		济南市天桥区人民法院	天桥区、济阳区、商河县

续表

地区	民事案件诉讼标的额（不含本数）	基层人民法院	管辖区域
山东省	100 万元以下	济南市长清区人民法院	长清区、平阴县
		济南市章丘区人民法院	章丘区、济南高新技术产业开发区
		济南市莱芜区人民法院	莱芜区、钢城区
		青岛市市南区人民法院	市南区、市北区
		青岛市黄岛区人民法院	黄岛区
		青岛市崂山区人民法院	崂山区
		青岛市李沧区人民法院	李沧区、城阳区
		青岛市即墨区人民法院	即墨区、莱西市
		胶州市人民法院	胶州市、平度市
		淄博市周村区人民法院	张店区、周村区、淄博高新技术产业开发区
		沂源县人民法院	淄川区、博山区、临淄区，桓台县、高青县、沂源县
		枣庄市市中区人民法院	市中区、峄城区、台儿庄区
		滕州市人民法院	薛城区、山亭区、滕州市
		东营市垦利区人民法院	东营市
		烟台市芝罘区人民法院	芝罘区
		招远市人民法院	龙口市、莱州市、招远市、栖霞市
		烟台经济技术开发区人民法院	蓬莱区、烟台经济技术开发区
		烟台高新技术产业开发区人民法院	福山区、牟平区、莱山区、莱阳市、海阳市、烟台高新技术产业开发区
		潍坊市潍城区人民法院	潍城区、坊子区、诸城市、安丘市
		潍坊市奎文区人民法院	寒亭区、奎文区、高密市、昌邑市、潍坊高新技术产业开发区、潍坊滨海经济技术开发区
		寿光市人民法院	青州市、寿光市、临朐县、昌乐县
		曲阜市人民法院	曲阜市、邹城市、微山县、泗水县
		嘉祥县人民法院	鱼台县、金乡县、嘉祥县、汶上县、梁山县
		济宁高新技术产业开发区人民法院	任城区、兖州区、济宁高新技术产业开发区
		泰安高新技术产业开发区人民法院	泰安市

续表

地区	民事案件诉讼标的额（不含本数）	基层人民法院	管辖区域
山东省	100万元以下	威海市环翠区人民法院	威海市
		日照市东港区人民法院	日照市
		临沂市兰山区人民法院	兰山区
		临沂市罗庄区人民法院	罗庄区、兰陵县、临沂高新技术产业开发区
		临沂市河东区人民法院	河东区、郯城县、沂水县、莒南县、临沭县、临沂经济技术开发区
		费县人民法院	沂南县、费县、平邑县、蒙阴县
		德州市德城区人民法院	德州市
		聊城市茌平区人民法院	东昌府区、茌平区
		临清市人民法院	临清市、阳谷县、莘县、东阿县、冠县、高唐县
		滨州经济技术开发区人民法院	滨州市
		成武县人民法院	定陶区、曹县、单县、成武县
		东明县人民法院	牡丹区、东明县
		菏泽经济开发区人民法院	巨野县、郓城县、鄄城县、菏泽经济开发区
河南省	500万元以下	郑州市管城回族区人民法院	管城回族区、金水区、中原区、惠济区、上街区、巩义市、荥阳市
		郑州航空港经济综合实验区人民法院	二七区、郑州高新技术产业开发区、郑州经济技术开发区、郑州航空港经济综合实验区、中牟县、新郑市、新密市、登封市
		开封市龙亭区人民法院	开封市
		洛阳市老城区人民法院	洛阳市
		平顶山市湛河区人民法院	平顶山市
		安阳市龙安区人民法院	安阳市
		鹤壁市山城区人民法院	鹤壁市
		新乡市卫滨区人民法院	新乡市
		修武县人民法院	焦作市
		清丰县人民法院	濮阳市
		许昌市魏都区人民法院	许昌市

续表

地区	民事案件诉讼标的额（不含本数）	基层人民法院	管辖区域
河南省	500万元以下	漯河市召陵区人民法院	漯河市
		三门峡市湖滨区人民法院	三门峡市
		南阳高新技术产业开发区人民法院	南阳市
		商丘市睢阳区人民法院	商丘市
		罗山县人民法院	信阳市
		扶沟县人民法院	周口市
		遂平县人民法院	驻马店市
		济源市人民法院	济源市
湖北省	500万元以下	武汉市江岸区人民法院	江岸区、黄陂区、新洲区
		武汉市江汉区人民法院	江汉区、硚口区、东西湖区
		武汉市洪山区人民法院	武昌区、青山区、洪山区
		武汉经济技术开发区人民法院	汉阳区、蔡甸区、汉南区、武汉经济技术开发区
		武汉东湖新技术开发区人民法院	江夏区、武汉东湖新技术开发区
		南漳县人民法院	枣阳市、宜城市、南漳县、保康县、谷城县、老河口市
		襄阳高新技术产业开发区人民法院	襄州区、襄城区、樊城区、襄阳高新技术产业开发区
		宜昌市三峡坝区人民法院	宜昌市、神农架林区
		大冶市人民法院	黄石市
		十堰市张湾区人民法院	十堰市
		荆州市荆州区人民法院	荆州区、沙市区、江陵县、监利市、洪湖市
		石首市人民法院	松滋市、公安县、石首市
		荆门市东宝区人民法院	荆门市
		鄂州市华容区人民法院	鄂州市
		孝感市孝南区人民法院	孝南区、汉川市、孝昌县
		安陆市人民法院	应城市、云梦县、安陆市、大悟县
		黄冈市黄州区人民法院	黄州区、浠水县、蕲春县，武穴市、黄梅县、龙感湖管理区
		麻城市人民法院	团风县、红安县、麻城市、罗田县、英山县

续表

地区	民事案件诉讼标的额（不含本数）	基层人民法院	管辖区域
湖北省	500万元以下	通城县人民法院	咸宁市
		随县人民法院	随州市
		宣恩县人民法院	恩施土家族苗族自治州
		天门市人民法院	仙桃市、天门市、潜江市
湖南省	100万元以下	长沙市天心区人民法院	天心区、雨花区
		长沙市岳麓区人民法院	岳麓区、望城区
		长沙市开福区人民法院	开福区、芙蓉区
		长沙县人民法院	长沙县
		浏阳市人民法院	浏阳市
		宁乡市人民法院	宁乡市
		株洲市天元区人民法院	株洲市
		湘潭市岳塘区人民法院	湘潭市
		衡阳市雁峰区人民法院	衡阳市
		邵东市人民法院	邵阳市
		岳阳市岳阳楼区人民法院	岳阳市
		津市市人民法院	常德市
		张家界市永定区人民法院	张家界市
		益阳市资阳区人民法院	益阳市
		娄底市娄星区人民法院	娄底市
		郴州市苏仙区人民法院	郴州市
		祁阳市人民法院	永州市
		怀化市鹤城区人民法院	怀化市
		吉首市人民法院	湘西土家族苗族自治州
广东省	广州市、深圳市、佛山市、东莞市、中山市、珠海市、惠州市、肇庆市、江门市：1000万元以下；其他区域：500万元以下	广州市越秀区人民法院	各自辖区
		广州市海珠区人民法院	
		广州市荔湾区人民法院	
		广州市天河区人民法院	
		广州市白云区人民法院	
		广州市黄埔区人民法院	
		广州市花都区人民法院	
		广州市番禺区人民法院	
		广州市南沙区人民法院	
		广州市从化区人民法院	
		广州市增城区人民法院	

续表

地区	民事案件诉讼标的额（不含本数）	基层人民法院	管辖区域
广东省	广州市、深圳市、佛山市、东莞市、中山市、珠海市、惠州市、肇庆市、江门市：1000万元以下；其他区域：500万元以下	深圳市福田区人民法院	各自辖区
		深圳市罗湖区人民法院	
		深圳市盐田区人民法院	
		深圳市南山区人民法院	
		深圳市宝安区人民法院	
		深圳市龙岗区人民法院	
		深圳前海合作区人民法院	
		深圳市龙华区人民法院	
		深圳市坪山区人民法院	
		深圳市光明区人民法院	
		深圳深汕特别合作区人民法院	
		佛山市禅城区人民法院	佛山市
		东莞市第一人民法院	各自辖区
		东莞市第二人民法院	
		东莞市第三人民法院	
		中山市第一人民法院	
		中山市第二人民法院	
		珠海市香洲区人民法院	珠海市（横琴粤澳深度合作区除外）
		横琴粤澳深度合作区人民法院	横琴粤澳深度合作区
		惠州市惠城区人民法院	惠州市
		肇庆市端州区人民法院	肇庆市
		江门市江海区人民法院	江门市
		汕头市金平区人民法院	金平区、潮阳区、潮南区
		汕头市龙湖区人民法院	龙湖区、澄海区、濠江区、南澳县
		阳江市江城区人民法院	阳江市
		清远市清城区人民法院	清远市
		揭阳市榕城区人民法院	揭阳市
		湛江市麻章区人民法院	湛江市
		茂名市电白区人民法院	茂名市
		梅州市梅县区人民法院	梅州市
		翁源县人民法院	韶关市
		潮州市潮安区人民法院	潮州市
		汕尾市城区人民法院	汕尾市
		东源县人民法院	河源市
		云浮市云安区人民法院	云浮市

续表

地区	民事案件诉讼标的额（不含本数）	基层人民法院	管辖区域
广西壮族自治区	100万元以下	南宁市良庆区人民法院	南宁市
		柳州市柳江区人民法院	柳州市
		桂林市叠彩区人民法院	桂林市
		梧州市万秀区人民法院	梧州市
		北海市海城区人民法院	北海市
		防城港市防城区人民法院	防城港市
		钦州市钦北区人民法院	钦州市
		贵港市覃塘区人民法院	贵港市
		玉林市福绵区人民法院	玉林市
		百色市田阳区人民法院	百色市
		贺州市平桂区人民法院	贺州市
		河池市宜州区人民法院	河池市
		来宾市兴宾区人民法院	来宾市
		崇左市江州区人民法院	崇左市
海南省	500万元以下	海口市琼山区人民法院	海口市、三沙市
		琼海市人民法院	海南省第一中级人民法院辖区
		儋州市人民法院	海南省第二中级人民法院辖区
		三亚市城郊人民法院	三亚市
重庆市	500万元以下	重庆两江新区人民法院（重庆自由贸易试验区人民法院）	重庆市第一中级人民法院辖区
		重庆市渝中区人民法院	重庆市第二中级人民法院、第三中级人民法院、第四中级人民法院、第五中级人民法院辖区
四川省	100万元以下	四川天府新区成都片区人民法院（四川自由贸易试验区人民法院）	四川天府新区成都直管区、中国（四川）自由贸易试验区成都天府新区片区及成都青白江铁路港片区、龙泉驿区、双流区、简阳市、蒲江县
		成都高新技术产业开发区人民法院	成都高新技术产业开发区、成华区、新津区、邛崃市
		成都市锦江区人民法院	锦江区、青羊区、青白江区、金堂县
		成都市武侯区人民法院	金牛区、武侯区、温江区、崇州市
		成都市郫都区人民法院	新都区、郫都区、都江堰市、彭州市、大邑县

续表

地区	民事案件诉讼标的额（不含本数）	基层人民法院	管辖区域
四川省	100 万元以下	自贡市自流井区人民法院	自贡市
		攀枝花市东区人民法院	攀枝花市
		泸州市江阳区人民法院	泸州市
		广汉市人民法院	德阳市
		绵阳高新技术产业开发区人民法院	绵阳市
		广元市利州区人民法院	广元市
		遂宁市船山区人民法院	遂宁市
		内江市市中区人民法院	内江市
		乐山市市中区人民法院	乐山市
		南充市顺庆区人民法院	南充市
		宜宾市翠屏区人民法院	宜宾市
		华蓥市人民法院	广安市
		达州市通川区人民法院	达州市
		巴中市巴州区人民法院	巴中市
		雅安市雨城区人民法院	雅安市
		仁寿县人民法院	眉山市
		资阳市雁江区人民法院	资阳市
		马尔康市人民法院	阿坝藏族羌族自治州
		康定市人民法院	甘孜藏族自治州
		西昌市人民法院	凉山彝族自治州
贵州省	100 万元以下	修文县人民法院	贵阳市
		六盘水市钟山区人民法院	六盘水市
		遵义市播州区人民法院	遵义市
		铜仁市碧江区人民法院	铜仁市
		兴义市人民法院	黔西南布依族苗族自治州
		毕节市七星关区人民法院	毕节市
		安顺市平坝区人民法院	安顺市
		凯里市人民法院	黔东南苗族侗族自治州
		都匀市人民法院	黔南布依族苗族自治州
云南省	100 万元以下	昆明市盘龙区人民法院	盘龙区、东川区、嵩明县、寻甸回族彝族自治县

续表

地区	民事案件诉讼标的额（不含本数）	基层人民法院	管辖区域
云南省	100万元以下	昆明市官渡区人民法院	呈贡区、官渡区、宜良县、石林彝族自治县
		安宁市人民法院	五华区、西山区、晋宁区、安宁市、富民县、禄劝彝族苗族自治县
		盐津县人民法院	昭通市
		曲靖市麒麟区人民法院	曲靖市
		玉溪市红塔区人民法院	玉溪市
		腾冲市人民法院	保山市
		禄丰市人民法院	楚雄彝族自治州
		开远市人民法院	红河哈尼族彝族自治州
		砚山县人民法院	文山壮族苗族自治州
		宁洱哈尼族彝族自治县人民法院	普洱市
		勐海县人民法院	西双版纳傣族自治州
		漾濞彝族自治县人民法院	大理白族自治州
		瑞丽市人民法院	德宏傣族景颇族自治州
		玉龙纳西族自治县人民法院	丽江市
		泸水市人民法院	怒江傈僳族自治州
		香格里拉市人民法院	迪庆藏族自治州
		双江拉祜族佤族布朗族傣族自治县人民法院	临沧市
西藏自治区	100万元以下	拉萨市城关区人民法院	拉萨市
		日喀则市桑珠孜区人民法院	日喀则市
		山南市乃东区人民法院	山南市
		林芝市巴宜区人民法院	林芝市
		昌都市卡若区人民法院	昌都市
		那曲市色尼区人民法院	那曲市
		噶尔县人民法院	阿里地区
陕西省	100万元以下	西安市新城区人民法院	新城区
		西安市碑林区人民法院	碑林区
		西安市莲湖区人民法院	莲湖区
		西安市雁塔区人民法院	雁塔区
		西安市未央区人民法院	未央区

续表

地区	民事案件诉讼标的额（不含本数）	基层人民法院	管辖区域
陕西省	100 万元以下	西安市灞桥区人民法院	灞桥区、阎良区、临潼区、高陵区
		西安市长安区人民法院	长安区、鄠邑区、周至县、蓝田县
		宝鸡市陈仓区人民法院	宝鸡市
		兴平市人民法院	咸阳市
		铜川市印台区人民法院	铜川市
		大荔县人民法院	渭南市
		延安市宝塔区人民法院	延安市
		榆林市榆阳区人民法院	榆林市
		汉中市南郑区人民法院	汉中市
		安康市汉滨区人民法院	安康市
		商洛市商州区人民法院	商洛市
甘肃省	100 万元以下	兰州市城关区人民法院	城关区、七里河区、西固区、安宁区、红古区、榆中县
		兰州新区人民法院	兰州新区、永登县、皋兰县
		嘉峪关市城区人民法院	嘉峪关市
		永昌县人民法院	金昌市
		白银市白银区人民法院	白银市
		天水市秦州区人民法院	天水市
		玉门市人民法院	酒泉市
		张掖市甘州区人民法院	张掖市
		武威市凉州区人民法院	武威市
		定西市安定区人民法院	定西市
		两当县人民法院	陇南市
		平凉市崆峒区人民法院	平凉市
		庆阳市西峰区人民法院	庆阳市
		临夏县人民法院	临夏回族自治州
		夏河县人民法院	甘南藏族自治州
青海省	100 万元以下	西宁市城东区人民法院	西宁市
		互助土族自治县人民法院	海东市
		德令哈市人民法院	海西蒙古族藏族自治州
		共和县人民法院	海南藏族自治州
		门源回族自治县人民法院	海北藏族自治州

续表

地区	民事案件诉讼标的额（不含本数）	基层人民法院	管辖区域
青海省	100万元以下	玉树市人民法院	玉树藏族自治州
		玛沁县人民法院	果洛藏族自治州
		尖扎县人民法院	黄南藏族自治州
宁夏回族自治区	100万元以下	银川市西夏区人民法院	金凤区、西夏区、贺兰县
		灵武市人民法院	兴庆区、永宁县、灵武市
		石嘴山市大武口区人民法院	石嘴山市
		吴忠市利通区人民法院	吴忠市
		固原市原州区人民法院	固原市
		中卫市沙坡头区人民法院	中卫市
新疆维吾尔自治区	100万元以下	乌鲁木齐市天山区人民法院	天山区、沙依巴克区、达坂城区、乌鲁木齐县
		乌鲁木齐市新市区人民法院	乌鲁木齐高新技术产业开发区（新市区）、水磨沟区、乌鲁木齐经济技术开发区（头屯河区）、米东区
		克拉玛依市克拉玛依区人民法院	克拉玛依市
		吐鲁番市高昌区人民法院	吐鲁番市
		哈密市伊州区人民法院	哈密市
		昌吉市人民法院	昌吉回族自治州
		博乐市人民法院	博尔塔拉蒙古自治州
		库尔勒市人民法院	巴音郭楞蒙古自治州
		阿克苏市人民法院	阿克苏地区
		阿图什市人民法院	克孜勒苏柯尔克孜自治州
		喀什市人民法院	喀什地区
		和田市人民法院	和田地区
		伊宁市人民法院	伊犁哈萨克自治州直辖奎屯市、伊宁市、霍尔果斯市、伊宁县、霍城县、巩留县、新源县、昭苏县、特克斯县、尼勒克县、察布查尔锡伯自治县
		塔城市人民法院	塔城地区
		阿勒泰市人民法院	阿勒泰地区

地区	民事案件诉讼标的额（不含本数）	基层人民法院	管辖区域
新疆生产建设兵团	100 万元以下	阿拉尔市人民法院（阿拉尔垦区人民法院）	各自所属中级人民法院辖区
		铁门关市人民法院（库尔勒垦区人民法院）	
		图木舒克市人民法院（图木休克垦区人民法院）	
		可克达拉市人民法院（霍城垦区人民法院）	
		双河市人民法院（塔斯海垦区人民法院）	
		五家渠市人民法院（五家渠垦区人民法院）	
		车排子垦区人民法院	
		石河子市人民法院	
		额敏垦区人民法院	
		北屯市人民法院（北屯垦区人民法院）	
		乌鲁木齐垦区人民法院	
		哈密垦区人民法院	
		和田垦区人民法院	

最高人民法院关于涉及发明专利等知识产权合同纠纷案件上诉管辖问题的通知

（法〔2022〕127 号）

各省、自治区、直辖市高级人民法院，新疆维吾尔自治区高级人民法院生产建设兵团分院；各知识产权法院，具有技术类知识产权案件管辖权的中级人民法院：

《最高人民法院关于第一审知识产权民事、行政案件管辖的若干规定（法释〔2022〕13 号）已于 2022 年 4 月 21 日公布，将自 2022 年 5 月 1 日起施行。根据该司法解释有关规定，现就涉及发明专利等知识产权合同纠纷案件上诉管辖事宜进一步明确如下：

地方各级人民法院（含各知识产权法院）自 2022 年 5 月 1 日起作出的涉及发明专利、实用新型专利、植物新品种、集成电路布图设计、技术秘密、计算机软件的知识产权合同纠纷第一审裁判,应当在裁判文书中告知当事人,如不服裁判,上诉于上一级人民法院。

特此通知。

最高人民法院

2022 年 4 月 27 日

最高人民法院关于加强中医药知识产权司法保护的意见

(法发〔2022〕34 号)

为深入贯彻落实党的二十大精神,落实党中央、国务院关于中医药振兴发展的重大决策部署和《知识产权强国建设纲要(2021—2035 年)》有关要求,全面加强中医药知识产权司法保护,促进中医药传承精华、守正创新,推动中医药事业和产业高质量发展,制定本意见。

一、坚持正确方向,准确把握新时代加强中医药知识产权司法保护的总体要求

1. 指导思想

坚持以习近平新时代中国特色社会主义思想为指导,全面贯彻落实党的二十大精神,深入贯彻习近平法治思想,认真学习贯彻习近平总书记关于中医药工作的重要指示,深刻领悟"两个确立"的决定性意义,增强"四个意识"、坚定"四个自信"、做到"两个维护",坚持以推动高质量发展为主题,在新时代新征程上不断提高中医药知识产权司法保护水平,促进中医药传承创新发展,弘扬中华优秀传统文化,推进健康中国建设,为以中国式现代化全面推进中华民族伟大复兴提供有力司法服务。

2. 基本原则

坚持以人民为中心,充分发挥司法职能作用,促进中医药服务能力提升,更好发挥中医药防病治病独特优势,更好保障人民健康。坚持促进传承创新,立足新发展阶段中医药发展需求,健全完善中医药知识产权司法保护体系,推动中医药传统知识保护与现代知识产权制度有效衔接,助

力中医药现代化、产业化。坚持依法严格保护,正确适用民法典、知识产权部门法、中医药法等法律法规,切实维护社会公平正义和权利人合法权益,落实知识产权惩罚性赔偿,推动中医药创造性转化、创新性发展。坚持公正合理保护,合理确定中医药知识产权的权利边界和保护方式,实现保护范围、强度与中医药技术贡献程度相适应,促进中医药传承创新能力持续增强。

二、强化审判职能,全面提升中医药知识产权司法保护水平

3. 加强中医药专利保护

遵循中医药发展规律,准确把握中医药创新特点,完善中医药领域专利司法保护规则。正确把握中药组合物、中药提取物、中药剂型、中药制备方法、中医中药设备、医药用途等不同主题专利特点,依法加强中医药专利授权确权行政行为的司法审查,促进行政执法标准与司法裁判标准统一,不断满足中医药专利保护需求。结合中医药传统理论和行业特点,合理确定中医药专利权保护范围,完善侵权判断标准。严格落实药品专利纠纷早期解决机制,促进中药专利侵权纠纷及时解决。

4. 加强中医药商业标志保护

加强中医药驰名商标、传统品牌和老字号司法保护,依法妥善处理历史遗留问题,促进中医药品牌传承发展。依法制裁中医药领域商标恶意注册行为,坚决惩治恶意诉讼,遏制权利滥用,努力营造诚实守

信的社会环境。严厉打击中医药商标侵权行为,切实保障权利人合法权益,促进中医药品牌建设。

5.加强中药材资源保护

研究完善中药材地理标志保护法律适用规则,遏制侵犯中药材地理标志行为,引导地理标志权利正确行使,通过地理标志保护机制加强道地中药材的保护,推动中药材地理标志与特色产业发展、生态文明建设、历史文化传承及全面推进乡村振兴有机融合。依法加强中药材植物新品种权等保护,推动健全系统完整、科学高效的中药材种质资源保护与利用体系。

6.维护中医药市场公平竞争秩序

坚持规范和发展并重,加强对中医药领域垄断行为的司法规制,维护统一开放、竞争有序的中医药市场。依法制裁虚假宣传、商业诋毁、擅自使用中医药知名企业名称及仿冒中药知名药品名称、包装、装潢等不正当竞争行为,强化中医药行业公平竞争意识,促进中医药事业健康有序发展,切实维护消费者合法权益和社会公共利益。

7.加强中医药商业秘密及国家秘密保护

依法保护中医药商业秘密,有效遏制侵犯中医药商业秘密行为,促进中医药技术传承创新。准确把握信息披露与商业秘密保护的关系,依法保护中药因上市注册、补充申请、药品再注册等原因依法向行政机关披露的中医药信息。妥善处理中医药商业秘密保护与中医药领域从业者合理流动的关系,在依法保护商业秘密的同时,维护中医药领域从业者正当就业创业合法权益。对经依法认定属于国家秘密的传统中药处方组成和生产工艺实行特殊保护,严惩窃取、泄露中医药国家秘密行为。

8.加强中医药著作权及相关权利保护

依法把握作品认定标准,加强对中医药配方、秘方、诊疗技术收集考证、挖掘整理形成的智力成果保护和创作者权益保护。依法保护对中医药古籍版本整理形成的成果,鼓励创作中医药文化和科普作品,

推动中医药文化传承发展。加强中医药遗传资源、传统文化、传统知识、民间文艺等知识产权保护,促进非物质文化遗产的整理和利用。依法保护对中医药传统知识等进行整理、研究形成的数据资源,支持中医药传统知识保护数据库建设,推进中医药数据开发利用。

9.加强中药品种保护

依法保护中药保护品种证书持有者合法权益,促进完善中药品种保护制度,鼓励企业研制开发具有临床价值的中药品种,提高中药产品质量,促进中药市场健康有序发展。

10.加强中医药创新主体合法权益保护

准确把握中医药传承与创新关系,依法保护以古代经典名方等为基础的中药新药研发,鼓励开展中医药技术创新活动。准确认定中医药企业提供的物质基础、临床试验条件与中医药研发人员的智力劳动对中医药技术成果形成所发挥的作用,准确界定职务发明与非职务发明的法律界限,依法支持对完成、转化中医药技术成果作出重要贡献的人员获得奖励和报酬的权利,不断激发中医药创新发展的潜力和活力。

11.加大对侵犯中医药知识产权行为惩治力度

依法采取行为保全、制裁妨害诉讼行为等措施,及时有效阻遏中医药领域侵权行为。积极适用证据保全、证据提供令、举证责任转移、证明妨碍规则,减轻中医药知识产权权利人举证负担。正确把握惩罚性赔偿构成要件,对于重复侵权、以侵权为业等侵权行为情节严重的,依法支持权利人惩罚性赔偿请求,有效提高侵权赔偿数额。加大刑事打击力度,依法惩治侵犯中医药知识产权犯罪行为,充分发挥刑罚威慑、预防和矫正功能。

三、深化改革创新,健全中医药知识产权综合保护体系

12.完善中医药技术事实查明机制

有针对性地选任中医药领域专业技

人员,充实到全国法院技术调查人才库。不断健全技术调查官、技术咨询专家、技术鉴定人员、专家辅助人员参与诉讼的多元技术事实查明机制。建立技术调查人才共享机制,加快实现中医药技术人才在全国范围内"按需调派"和"人才共享"。遴选中医药领域专业技术人员参与案件审理,推动建立专家陪审制度。完善中医药领域技术人员出庭、就专业问题提出意见并接受询问的程序。

13. 加强中医药知识产权协同保护

做好中医药领域不同知识产权保护方式的衔接,推动知识产权司法保护体系不断完善。深入推行民事、刑事、行政"三合一"审判机制,提高中医药知识产权司法保护整体效能。健全知识产权行政保护与司法保护衔接机制,加强与农业农村部、卫生健康委、市场监管总局、版权局、林草局、中医药局、药监局、知识产权局等协调配合,实现信息资源共享和协同,支持地方拓宽交流渠道和方式,推动形成工作合力。支持和拓展中医药知识产权纠纷多元化解决机制,依托人民法院调解平台大力推进诉调对接,探索行政调解协议司法确认制度,推动纠纷综合治理、源头治理。

14. 提升中医药知识产权司法服务保障能力

健全人才培养培训机制,进一步提升中医药知识产权审判人才专业化水平。深刻把握新形势新要求,积极开展中医药知识产权司法保护问题的调查研究,研判审判态势,总结审判经验,及时回应社会关切。加强中医药知识产权法治宣传,建立健全案例指导体系,积极发布中医药知识产权保护典型案例,通过典型案例的审判和宣传加强中医药知识传播,营造全社会共同关心和支持中医药发展的良好氛围。

15. 加强中医药知识产权司法保护科技和信息化建设

提升中医药知识产权审判信息化水平,运用大数据、区块链等技术构建与专利、商标、版权等知识产权平台的协同机制,支持对知识产权的权属、登记、转让等信息的查询核验。大力推进信息化技术的普及应用,实现全流程审判业务网上办理,提高中医药知识产权司法保护质效。

16. 加强中医药知识产权司法保护国际交流合作

加强涉外中医药知识产权审判,依法平等保护中外权利人的合法权益,服务保障中医药国际化发展。坚持统筹推进国内法治和涉外法治,积极参与中医药领域国际知识产权规则构建,推进中医药融入高质量共建"一带一路",助力中医药走向世界。

最高人民法院

2022 年 12 月 21 日

典型案例

知识产权强国建设第一批典型案例

案例1 中国科学院理化技术研究所知识产权立项管理机制撑起转化"保护伞"

中国科学院理化技术研究所以专利运营为导向，加强高质量专利布局，创新国家重大任务精细闭环管理机制，积极与社会专业化知识产权机构、相关领域专家等外部资源对接，建立起专利全面分析、潜力项目遴选、专利质量管控、专利系统布局、知识产权规范管理等全方位工作体系，为科技成果转化撑起"保护伞"。

案例2 北京市建立企业"白名单"双向推送机制 力促知识产权质押融资

北京市建立知识产权质押企业"白名单"双向推送工作机制，由知识产权管理部门向银行推送知识产权领域表现突出的"白名单"企业，银行也可将申请知识产权质押融资的企业名单反向提交至知识产权管理部门，由其开展专业评估并反馈信息，从而有效帮助银行精准高效地开展银企对接，解决知识产权评估难题，引导银行提升知识产权质押融资服务能力，走出了一条助力企业融资的新路径。

案例3 河北省开展"知识产权信息进企业促创新"活动

河北省在全省范围内推出"知识产权信息进企业促创新"大规模综合服务活动，充分发挥知识产权信息的基础性作用，调配各类知识产权服务资源，突出需求导向、问题导向和结果导向，优化服务新生态，变"坐等服务"为"上门对接"，强化服务场景化，变"单项服务"为"综合提升"，集聚服务新要素，变"助力服务"为"支撑赋能"，推动知识产权服务供给侧和需求侧精准对接。

案例4 辽宁省丹东市实施地理标志富农新战略 全面激发地方农业新活力

辽宁省丹东市坚持把农产品商标培育作为服务兴市富农的重点工作，以农产品商标为抓手，在培育地理标志产品上聚焦发力，科学规划、强化指导，通过"区域公共品牌+企业产品商标"运作模式，将区域公共品牌与有发展前景的多个企业产品商标进行整合，按照"一个标准体系，多个经营主体和产品"的产业发展方式，引导农户统一使用"东港草莓"地理标志证明商标，加强品牌保护和质量监管，保障产业发展，政府搭台举办特色活动，扩大品牌知名度。

案例5 上海、江苏、浙江、安徽先行先试创新突破 推动知识产权保护一体化

上海、江苏、浙江、安徽三省一市强化知识产权保护跨区域协作，构建制度框架体系，强化系统内开放，构建跨区域立案诉

讼服务、区域全覆盖委托送达机制、委托办理诉讼事项协作平台等司法协作集群,强化新科技赋能,共建长三角司法区块链联盟,强化跨部门协作,构建司法行政协同保护框架,推动知识产权行政执法与刑事司法衔接保护,打造多元化纠纷解决机制,为长三角一体化发展提供优质高效的司法服务和保障。

案例6 上海市开展国际贸易知识产权海外维权援助服务

上海市设立上海国际贸易知识产权海外维权服务基地,搭建知识产权海外维权专家库,建立相关案件数据库,为企业提供知识产权应诉指导,定期发布与知识产权相关的国际规则等信息,编制相关实务报告,将知识产权纳入企业合规体检服务,提升企业国际贸易知识产权海外维权能力与合规意识,搭建中外合作、区域联动的培训机制,持续开展专业实践培训指导,推进国际贸易领域知识产权海外维权人才培养。

案例7 上海市推进知识产权纠纷行政调解协议司法确认制度

上海市推进知识产权纠纷行政调解协议司法确认制度,通过司法确认机制提升行政调解协议的形式确定力和强制执行力,强化行政保护和司法保护的有机衔接,以地方立法形式,在《上海市知识产权保护条例》中设立知识产权纠纷调解协议司法确认制度,出台《关于在本市开展知识产权纠纷行政调解协议司法确认程序试点工作的实施办法》,建立了工作制度,固定和拓展了行政调解司法确认的规则和适用范围。

案例8 江苏省苏州市吴江区版权赋能丝绸纺织产业高质量发展

江苏省苏州市吴江区立足丝绸纺织产业集散地优势,持续提升推进版权保护和服务,引导版权创造"高端化",构建以专业展会、设计赛事、时尚秀场、交易平台、质押融资为主要载体的版权交易体系,形成包括司法保护、纠纷调解、执法监管、版权服务、行业自律的全方位版权保护共治格局,强化版权人才培养培训和宣传教育,使现代版权制度成功赋能传统制造业,吴江丝绸年产值超过1000亿元。

案例9 江苏省南京市加大知识产权保护 强化种业振兴司法保障

江苏省南京市中级人民法院打造专业化审判队伍,完善技术事实查明机制,严格规范种子鉴定方法和鉴定程序监督,综合运用调查令、举证责任分配、证据保全、现场勘验等方式,降低品种权人举证负担,综合考虑品种权市场价值、侵权人主观过错、侵权情节和性质等因素,推进惩罚性赔偿的精细化适用,通过裁判创设临时保护期使用费纠纷的案由和具体裁判规则,积极推进种业知识产权民事案件繁简分流,不断加大种业知识产权保护,持续打击品种侵权行为。

案例10 江苏省南京市坚持"七个一"整体推进 强化商业秘密保护

江苏省南京市探索形成商业秘密保护"七个一"的工作做法,推动形成"政府主导、部门联动、企业自主、行业自律"的工作机制,建立健全规则制度体系,建成覆盖全市的商业秘密保护维权联系点、示范点,加强商业秘密保护宣传培训和人才队伍建设,查处曝光一批案值较大的侵犯商业秘密案件,推出带有公证功能的商业秘密在线保护平台,企业保护意识和需求明显增强,信用监管、智慧监管取得较好的社会效应和经济效应。

案例 11　浙江省以数字化改革引领推动知识产权治理重塑性变革

浙江省以数字化改革为引领,坚持问题导向、需求导向、效果导向,建设"浙江知识产权在线",创设"一窗口统办、一平台交易、一链条保护、一站式管理、一体化服务"应用场景,建成全量、全门类知识产权省域综合数据库,打通知识产权创造、保护、运用、管理、服务全链条,实施知识产权保护"一件事"集成改革,纵向贯通省、市、县,横向联通行政、司法等 16 个相关部门,形成权界清晰、分工合理、责权一致、运转高效的知识产权保护体制机制。

案例 12　浙江省探索"沉睡专利"免费开放许可撬动高校院所专利成果转化制度改革

浙江省探索专利免费开放许可制度,构建以"专利征集、匹配关联、精准推送、绩效评估和政策激励"为主线的闭环管理机制。面向省内高校院所征集免费开放许可专利,集中发布专利清单,开发"专利鹊桥"大脑产品,将专利信息精准匹配并推送给潜在适配的中小微企业,引导产业知识产权联盟、产业园区将开放许可专利纳入公共专利池,完善激励机制,在资金、人才和考核评价方面强化政策配套,引导高校院所加强与地方、企业合作并完善专利管理制度。

案例 13　安徽省合肥市打造地理标志展示推广中心

安徽省合肥市发挥全省地理标志资源的优势,建设中国(合肥)地理标志展示推广中心,聚集安徽省 16 个市地理标志产品,引进长三角、全国范围内优质地理标志产品,开展线上线下全方位、多层次营销,形成"政府搭台、知识产权部门组织推动、企业直接参与经营推广"的市场化展示推广平台新模式,提升地理标志产品的知名度、美誉度,强化地理标志资源的利用与管理,推动特色资源优势转换成品牌优势、经济优势,推动区域经济高质量发展。

案例 14　福建省高标准建设"知创福建"知识产权公共服务平台

福建省高标准建设"知创福建"知识产权一体化公共服务平台,通过加强载体建设和政策供给,集聚省内外知识产权服务资源,实现对专利、商标、地理标志等知识产权的综合管理和服务,整合知识产权布局导航、运营交易、法律援助等全链条业务,推动知识产权管理服务重心下移,设立分平台和工作站,开展跨部门服务联动,推出线上公共服务包,提升知识产权服务供给质量,实现服务入口做"减法",服务功能做"加法",服务效果做"乘法"。

案例 15　江西省赋能基层破解版权执法难题

江西省在夯实基层版权执法队伍、强化版权基层执法力量上进行积极探索。一是劲往基层使,破解基层办案难点,指导各地执法工作,评选发布全省年度打击侵权盗版十大案件,激励基层办案积极性;二是钱往基层走,以办案数量和案件大小向各地下拨版权案件补助经费,有效缓解基层案件查办中经费短缺问题;三是人往基层派,对各地一线版权行政执法骨干进行重点培育,打造一批省级"办案能手",对重点案件开展攻坚会诊,实现全省办案"一盘棋"。

案例 16　青岛海关开展知识产权状况预确认　便利合法货物通关

青岛海关开展知识产权状况预确认,以信用管理为基础,对进出口货物知识产权进行"申报前预确认",经确认为授权产品的,通关过程中海关根据预确认结果快速放行,实现进出口货物知识产权变"通关时审查"为"申报前预确认",同时以企业为管理单元,构建立体式风险防控保障,根据企业信用状况实施随机抽查布控,严格依法查处进出口侵权货物行为,并终止相关企业知识产权预确认资格,有效提升知识产权保护水平和贸易通关便利化水平。

案例 17　河南博物院重视知识产权保护　推动文创产业发展

河南博物院积极响应"让文物活起来"的号召,以"大文创"为理念,积极推进知识产权保护工作,制定版权专项管理办法,积极申请商标保护文创品牌,打造华夏古乐团、历史教室、豫博文创、豫来遇潮、川上曰、博物雅堂等品牌矩阵,加强知识产权商业布局,开展品牌授权,搭建河南博物院文创基地,成立中国郑州(创意产业)知识产权快维中心工作站,加大文创作品数字版权保护,积极参与数字版权保护的规范制定,推进文创领域数字化发展。

案例 18　广东省完善技术事实查明护航科技强国建设

广东法院整合专家智库资源,建立健全由技术调查官、专家咨询、专家辅助人、专家陪审员等组成的多元化技术事实查明机制,制定技术调查官制度实施配套文件,创立技术调查官"全流程嵌入"模式提供司法辅助,建立技术专家库和专家咨询制度,探索完善专家辅助人制度,创新构建专家陪审员制度,为技术类案件配备具有技术背景的人民陪审员,建成技术调查实验室,利用科技赋能技术事实查明,多位一体助推技术类案件的精细化审理。

案例 19　深圳海关创新专利权联动保护机制　打造助企维权新路径

深圳海关直面广大中小创新企业在专利维权过程中面临的成本高、取证难、周期长、执行难等痛点难点,在执法实践中积极探索创新知识产权联动保护机制。与中小创新企业建立点对点联系机制,"一对一"帮助企业提升维权能力,建设知识产权侵权风险联合研判工作站,运用大数据分析,实现口岸精准布控拦截,加强属地联动监管和后续司法衔接,打击侵权货物"口岸漂移",服务权利人多渠道维权,不断提升知识产权海关保护服务经济高质量发展的成效。

案例 20　粤港澳联合举办粤港澳大湾区高价值专利培育布局大赛

粤港澳三地共同举办粤港澳大湾区高价值专利培育布局大赛,坚持高质量高价值导向,围绕国家重点发展的战略性新兴产业、大湾区重点培育的战略性产业集群,征集关键核心技术领域专利培育布局项目,创新引入专利资产评估,通过赛训、赛宣、赛投结合方式,调动各方力量,为参赛主体提供创造、运营、保护、服务等全方位支撑服务,引导参赛主体开展高价值专利培育及布局,提升运用知识产权参与市场竞争的综合能力,助推参赛项目转化落地。

案例 21　广东省知识产权证券化助推创新成果市场价值提升

广东省积极推动知识产权证券化试点,强化政策扶持力度,创新税务管理方式,统筹推进全省知识产权证券化工作,通过发行知识产权证券化产品,拓宽实体产业融资渠道,提供中长期融资服务,支持民营科技企业和战略性新兴产业发展,聚焦专利运营,助力企业知识产权价值实现,创立知识产权二次许可和质押小额贷款两种模式,以企业专利许可费用、小额贷款债权作为基础资产构建独立资产池,发挥风险隔离优势,为企业和投资人提供安全保障。

案例 22　广西壮族自治区统筹多部门资源提升知识产权纠纷化解效能

广西壮族自治区积极探索知识产权纠纷多元化解服务途径,不断完善顶层设计,建立全领域知识产权诉调、裁调对接机制,强化行政执法与刑事司法协作联动,创建行政、司法、行业力量"1+1+N"诉前调解模式,推动行政裁决与司法审判技术标准衔接,推广"以调为先、以调为主、裁调结合"专利行政裁决办案模式,建立"1+17+N"维权援助服务网络,发布知识产权维权援助团体标准,建立中国·印尼经贸合作区知识产权维权援助工作站,建设专家高端智库。

案例 23　海南省打造跨境电商联合执法新模式　构筑知识产权保护新屏障

海南省加快建立适应海南自贸港特点的知识产权保护政策体系和监管体系,多部门联合构建跨境电商知识产权监管联合执法机制,充分发挥各部门监管、认定、执法、国际合作等优势,强化对侵权假冒行为的追踪溯源和链条式治理,推行"先行禁令",防范出现违法主体隐匿证据、出境逃离或权利人恶意举报等风险,打造跨境电商知识产权保护新模式,加强行政与司法协作,保护权利人和跨境电商经营者双方合法权益。

案例 24　重庆市强化专利信息分析助推高质量发展

重庆市强化专利信息分析,建立技术评价范式,开发应用"对手通""保护通"等知识产权大数据工具,引导专利信息分析服务向解决企业实际问题方向聚焦,建立产业专题数据库,帮助企业自建数据库,发布专利导航分析规程——产业规划支撑类、企业技术研发类、创新创业类三项企业标准,积极开展技术先进性评价、竞争对手风险预警、企业知识产权布局等服务,促进企业突破技术瓶颈,优化技术研发路径,降低研发成本,规避专利风险。

案例 25　四川省成都市检察机关推出知识产权刑事案件"双报制"

四川省成都市检察机关坚持依法能动履职,不断深化检警协作,推出知识产权刑事案件"双报制",知识产权权利人向公安机关报案的同时,将相关材料同步报送同级人民检察院,检察机关靠前履职,以刑事案件为切入点,同步履行民事检察、行政检察职能。依托该机制,检察机关有效对接权利人维权需求,夯实案件证据基础,企业维权周期大幅缩短,维权渠道有效拓展,司法公正获得感明显提升。

供稿:国务院知识产权战略实施工作部际联席会议办公室

2022 年度知识产权行政保护典型案例

2022 年度专利行政保护典型案例

案例 1　安徽省泾县知识产权局处理"梳子(2)"外观设计专利侵权纠纷案

一、基本案情

请求人汪某是名称为"梳子(2)"的外观设计专利的专利权人,专利号为 ZL202130464274.7。涉案专利权在请求人提起侵权纠纷处理请求时合法有效。2022 年 2 月 28 日,泾县知识产权局依法予以立案。

请求人称,泾县某公司未经专利权人许可,在某电商平台销售被控侵权产品。请求人提交了涉案专利的授权公开文本、专利权评价报告等支持其主张。经审理,泾县知识产权局认为,被控侵权产品与外观设计专利是否构成实质性差异以及如何理解"一般消费者"是该案需要着重解决的问题,并就此请示国家知识产权局。

国家知识产权局出具的咨询意见书指出,外观设计侵权判定应以一般消费者的知识水平和认知能力,进行整体观察、综合判断。从设定"一般消费者"这一判断主体的目的而言,主要在于使外观设计近似性的判断更为统一、客观和合理,避免以具体判断者个体的知识水平和认知能力进行判断,该"一般消费者"为拟制的判断主体,是一种假设的"人",并对其应当具备的"常识性了解"、"分辨力"和"获知力"作出规定,使得实际判断者在外观设计对比判断中避免主观因素的影响。在判断被控侵权产品与外观设计专利是否相近似时应当以一般消费者作为判断主体来进行。

收到咨询意见后,泾县知识产权局于 2022 年 4 月 26 日作出裁决,认定被控侵权产品落入专利权的保护范围,侵权事实成立,责令被请求人立即停止侵权行为。

二、典型意义

该案典型之处在于:一是《安徽省专利条例》2016 年起实施,将专利侵权纠纷行政裁决等执法权下放到县级,为保护专利权人合法权益提供更为便捷、高效的途径,此举具有指导意义;二是如何判定被控侵权产品是否落入专利权保护范围,国家知识产权局就该案给予了具体指导,案件办理中应避免以具体判断者个体的知识水平和认知能力进行判断。

该案例对于指导外观设计的侵权判定具有重要意义。

案例 2　湖南省长沙市芙蓉区知识产权局处理"兽用医药瓶"实用新型专利侵权纠纷系列案

一、基本案情

该系列案件一请求人湖南乐福地医药包材科技有限公司是名称为"一种动物药用两用型单柄易折盖"的实用新型专利的专利权人,专利号为 ZL201920076353.8。另一请求人湖南千山制药机械股份有限公司是名称为"组合管盖"的实用新型专利的专利权人,专利号为 ZL201320028054.X。以上涉案专利权在请求人提起侵权纠纷处理请求时均合法有效。案件被请求人均为长沙某商贸有限公司。

2022 年 10 月 28 日,两请求人一并向湖南省长沙市芙蓉区知识产权局提出请求,认为被请求人销售及许诺销售相关产品的行为涉嫌侵犯其专利权。

芙蓉区知识产权局于 2022 年 11 月 2 日对上述案件分别立案,并采取合并调查审理的办案模式。案件审理过程中,芙蓉区知识产权局与长沙知识产权保护中心联合调查,技术专家提前介入、全程协同办理,构建了调查取证和技术支撑相结合的办案机制。

经调查,芙蓉区知识产权局认为,被控侵权产品技术方案落入涉案专利权的保护范围,被请求人构成专利侵权。2022 年 11 月 30 日,芙蓉区知识产权局对两起案件组织行政调解,其中一案(涉案专利号为 ZL201320028054.X)达成和解,相关调解协议于 2022 年 12 月 8 日经长沙市中级人民法院完成司法确认。2022 年 12 月 12 日,芙蓉区知识产权局就另一案(涉案专利号为 ZL201920076353.8)作出行政裁决,责令被请求人立即停止销售及许诺销售涉案专利产品的行为。

二、典型意义

该案是行政裁决案件处理机制创新与方法创新的共同结合:一是采用分别立案、合并审理的创新模式。该案请求人为两家关联公司,被请求人相同、被控侵权产品也相同,更有利于查清案件基本事实,统一证据认定和裁量标准。二是践行知识产权纠纷快速处理试点工作。对当事人进行案前辅导,将该系列案纳入纠纷处理快速通道,并借助技术调查官专业支撑,保障了案件快速、准确办理。三是行政裁决与行政调解相结合,多元化解纠纷。把非诉讼解决纠纷机制挺在前面,在行政裁决过程中坚持调解,并引导当事人申请司法确认,形成了知识产权行政保护和司法保护的合力。

案例 3　广东省中山市知识产权局处理"铜线辅助固定夹"系列发明专利侵权纠纷案

一、基本案情

请求人中山某公司是名称为"一种 T2 绕线的铜线辅助固定夹",专利号为 ZL201710330407.4 等的 10 件发明专利的专利权人,上述 10 件专利的专利权在请求人提起侵权纠纷处理请求时均合法有效。

被请求人系请求人原员工,请求人认为被请求人通过非法手段获得请求人产品图纸,并制造、销售的"全自动绕线机"侵犯其 10 件发明专利的专利权与商业秘密,于 2022 年 5 月 17 日向中山市知识产权局提出专利侵权纠纷行政裁决请求,并同时向中山市公安局港口分局提出商业秘密侵权投诉。

中山市知识产权局于 2022 年 5 月 17 日对 10 件专利侵权纠纷行政裁决请求同时立案,并于立案当日与中山市公安局港口分局联合进行现场调查。现场调查中,中山市知识产权局办案人员初步判定被控侵权产品涉嫌侵犯涉案发明专利权,被请求人未作不侵权抗辩。经协商,双方当事人同意通过调解方式处理该案。

2022 年 5 月 23 日,在中山市知识产权局主持下,双方迅速就全部案件达成和解,并签订专利侵权纠纷调解协议书,约定被请求人赔偿请求人 160 万元,并不再实施侵犯请求人专利权行为。

二、典型意义

该案系构建便捷高效、衔接顺畅的知识产权协同保护机制的有力尝试,对于发挥行政裁决高效便民的优势、维护市场公平竞争秩序具有示范效应。该案具有如下典型意义:一是建立了多部门协同联动配合的知识产权大保护工作格局。针对请求人提出的两项独立知识产权处理请求,知识产权管理部门迅速与公安部门展开执法联动,达到了快速制止侵权、有效保护创新的目的。二是严格执法手段、创新办案方式,确保专利侵权执法透明公正。办案部门在案件处理的各个环节既遵守规程又创新办案机制,有效维护了专利权人的合法权益。三是程序正当,案结事了。保障当事人诉权,取得了当事人获赔 160 万元的突出效果,并促成双方形成合作关系,对于营造良好的营商环境具有重大意义。

案例 4　江苏省知识产权局处理"具有推板导向滑动功能的电池材料高效烧结炉"实用新型专利侵权纠纷案

一、基本案情

请求人苏州汇科机电设备有限公司是名称为"具有推板导向滑动功能的电池材料高效烧结炉"的实用新型专利的专利权人,专利号为 ZL201620358253.0。涉案专利权在请求人提起专利侵权纠纷处理请求时合法有效。

请求人称,被请求人无锡中工热控科技有限公司从其公司挖走骨干技术人员,生产与涉案专利技术相同的推板炉产品并销售给其客户,严重侵犯其合法权益,对其造成重大损失。被请求人认为,被请求人的涉案产品与涉案专利保护的技术方案存在根本区别,没有侵犯涉案专利权。

2019 年 7 月 22 日,江苏省知识产权局依法予以立案。江苏省知识产权局经审理认为,其在现场调查中查获的涉嫌侵权的推板炉半成品、现场导轨、耐火砖结构和编号均与炉衬总图一致,根据现场查获的炉衬总图,涉案产品的技术特征完全覆盖了涉案专利权利要求 1 的所有技术特征。2019 年 9 月 30 日,江苏省知识产权局作出行政裁决,认定涉案产品构成对涉案专利的侵权,责令被请求人立即停止对涉案专利的侵权行为,被请求人已经制造尚未售出的侵权产品不得以任何形式投放市场等。

被请求人不服该行政裁决,向江苏省南京市中级人民法院提起行政诉讼。南京市中级人民法院于 2020 年 12 月 1 日作出判决,驳回其诉讼请求。被请求人不服一审判决,向最高人民法院提起上诉。最高人民法院于 2022 年 4 月 18 日作出终审判决,驳回其诉讼请求,维持原判。

二、典型意义

该案的典型意义包括两个方面:一是当被控侵权产品为大中型设备且没有完成整套设备组装时如何进行专利侵权比对。该案专利执法人员采取现场调查取证方式,全面收集固定与被控侵权产品相关的所有证据材料,准确运用证据规则和法律推定规则,作出侵权判定,这一做法体现了行政裁决的专业性。二是专利侵权纠纷行政处理程序中,被请求人未提出现有技术抗辩,在行政诉讼程序中提出现有技术抗辩是否属于司法审查范围。最高人民法院在该案终审判决中明确指出,专利侵权纠纷在行政处理程序中未提出现有技术抗辩,而在行政诉讼程序中提出现有技术抗辩,不属于人民法院对被诉行政决定合法性审查的范围。

案例 5　天津市河东区知识产权局处理"薯条盒"外观设计专利侵权纠纷案

一、基本案情

请求人陆某某是名称为"薯条盒"的外观设计专利的专利权人,专利号为 ZL201930039762.6。涉案专利权在请求人提起侵权纠纷处理请求时合法有效。

2022 年 6 月 1 日,请求人以被请求人天津某市场管理有限公司未经许可销售涉嫌侵权产品为由向天津市河东区知识产权局提出专利侵权纠纷处理请求。天津市河东区知识产权局认真分析请求人证据材料后,于当日作出立案决定。3 名执法人员组成合议组,对权利人提交的证据进行逐项研究,仔细对比分析涉案专利技术,认定侵权可能性较大,在送达答辩书时与被请求人耐心沟通,使其认识到侵权的法律后果,被请求人当即表示立即停止销售涉嫌侵权产品,撤销涉嫌侵权产品宣传。

案件办理过程中,办案人员仔细对比分析,及时准确作出侵权判定意见,于2022年6月16日,促使双方当事人快速达成和解。同年7月12日,该调解协议经法院审理予以司法确认。该案请求人为湖北恩施的个体工商户,案件在天津异地快速且成功维权,体现了知识产权"同保护",以及当地部门为营造良好创新环境和营商环境作出的努力。

二、典型意义

该案的典型意义主要体现在以下几个方面:一是通过对行政调解协议的司法确认加强了知识产权行政保护与司法保护衔接,拓宽了知识产权保护渠道;二是案件从受理到办结仅用15个自然日,充分发挥了行政保护高效便捷的优势;三是个体工商户在异地的成功维权体现了对"小个专"知识产权权利人的"同保护"。该案也是天津获批国家专利纠纷裁决规范化试点以来,由市局指导、区局主管、市场监管所主办的首件专利侵权纠纷,是天津市完善市区两级专利行政保护体系,强化保护要求落深落实的集中体现。

案例6　北京市知识产权局处理"二肽基肽酶抑制剂"发明专利侵权纠纷系列案

一、基本案情

请求人武田药品工业株式会社是名称为"二肽基肽酶抑制剂"的发明专利的专利权人,专利号为ZL201110006009.X。涉案专利权在请求人提起侵权纠纷处理请求时合法有效。

请求人称,被请求人北京百灵威科技

有限公司、北京迈瑞达科技有限公司未经许可,分别实施了许诺销售侵权产品的行为。请求人认为上述被请求人的行为侵犯了其发明专利权,向北京市知识产权局提出处理请求,要求被请求人停止许诺销售涉案侵权产品的行为。2022年7月18日,北京市知识产权局依法予以立案。北京百灵威科技有限公司辩称,其不知其所展示的化合物侵犯了请求人的知识产权,已将全部相关产品下架,并承诺在获得合法资格上市之前,不会许诺销售相关产品。北京迈瑞达科技有限公司辩称,其官网仅展示了涉及涉案专利的化学试剂,并未形成真正意义上的侵权行为,其已将相关化学试剂从官网上进行下架删除。

北京市知识产权局经审理认为,北京百灵威科技有限公司相关网站许诺销售的CAS编号为850649-62-6、中文通用名称为苯甲酸阿格列汀的产品落入涉案专利权利要求1—3的保护范围,北京迈瑞达科技有限公司相关网站许诺销售的CAS编号为850649-61-5、中文通用名称为阿格列汀的产品落入涉案专利权利要求1和权利要求2的保护范围。两被请求人存在许诺销售涉案产品的行为。2022年11月2日,北京市知识产权局对两案作出行政裁决,责令被请求人停止许诺销售涉案侵权产品。

二、典型意义

该案涉及治疗和预防糖尿病的医药发明专利侵权纠纷。为查明技术事实,北京市知识产权局指派技术调查官出具调查意见,合议组认真评议,技术事实清楚,证据考量全面,最终结论具有专业性及科学性。请求人是日本制药企业,案件的处理体现了我国在知识产权保护方面对国内外企业一视同仁、平等对待,有利于构建公平的市场竞争环境,持续优化营商环境。

案例7 河北省石家庄市桥西区市场监督管理局查处郑州庞博教育科技有限公司销售假冒专利商品案

一、基本案情

2021年12月23日,河北省石家庄市桥西区市场监督管理局接到举报,反映被举报人郑州庞博教育科技有限公司涉嫌销售假冒专利产品。当日执法人员核查发现被举报人正在某直播平台进行直播销售,主播孙某在直播间宣称其销售的"益品萃"糖果拥有3件发明专利权,但其未能提供相关证明文件。执法人员对上述现场检查情况采取了拍照和录像取证,同年12月24日经批准立案调查。

经查,当事人在直播中提及的3件发明专利(专利号分别为:ZL201610771906.2、ZL201711041407.9、ZL200710068855.8)均真实有效,其中有2件发明专利所对应的技术方案与涉案产品并无直接关联;1件专利所对应的技术方案与涉案产品相关,但当事人无法提供专利权人许可其使用的授权文件。

2022年4月18日,桥西区市场监督管理局依据《专利法》等法律、法规的规定,认定当事人的行为违反《专利法实施细则》第84条第1款第(3)项的规定,构成假冒专利,对其作出没收违法所得72 206.70元、并处罚款108 310.10元的行政处罚决定。

二、典型意义

该案涉及在网络环境下对假冒专利行为的认定,是对《专利法实施细则》第84条第1款第(3)项的细化。随着互联网技术的广泛应用,新模式新业态层出不穷,利用网络直播带货方式实施的新型侵犯知识产权的违法行为不断显现。相较于传统的假冒专利侵权行为,当事人在进行网络直播带货过程中,宣称其销售的商品是专利产品,相关行为构成假冒专利。加强对新业态领域知识产权侵权假冒行为的有效规制,有利于引导这类商业营销模式健康发展。该案的处理对存在于网络直播营销平台的销售假冒专利商品行为的查处和专利标识标记载体的认定提供了借鉴和参考,有助于统一执法标准、提升执法水平和质量。

案例8 川渝三地市跨区域处理"椅子(月亮椅)"外观设计专利侵权纠纷案

一、基本案情

请求人杜某某是名称为"椅子(月亮椅)"外观设计专利的专利权人,专利号为ZL202130435026.X。涉案专利权在请求人提起侵权纠纷处理请求时合法有效。

请求人认为,被请求人罗某、重庆市荣昌区某藤艺厂未经许可,生产销售与请求人的外观设计专利相同的藤椅,损害其合法权益。请求人分别向四川省泸州市知识产权局、重庆市荣昌区知识产权局提出侵权纠纷处理请求,两局分别于2022年2月15日、2022年3月25日依法予以立案。被请求人认为,该藤椅是按照短视频平台上的外观样式纯手工生产,且因销售状况不佳,已停产,无主观恶意侵权行为。

案件受理后,由于专利权人在四川省宜宾市,与制造商、销售商三方处在不同的市(区),案件处理难度较大。四川省宜宾市知识产权局与四川省泸州市知识产权局、重庆市荣昌区知识产权局通报案件情况,启动川渝协作案件联办机制,开展跨区域案件研判,创造性地提出从专利权人到销售环节、生产环节全链条开展追溯,组织三地知识产权局对案件进行研判,对生产、销售环节同时合并审理,实现了同一专利侵权案件多环节联动,统一侵权判定标准,缩短维权周期。

受新冠疫情影响,线下办理存在困难,为减轻当事人诉累,2022年4月22日,三地知识产权局以线上视频会议形式主持三方调解,一次性解决三方调解诉求,促使三方顺利达成共识,分别签署专利侵权纠纷行政调解协议书,随后分别由四川省泸州市中级人民法院、重庆市第一中级人民法院完成司法确认。

二、典型意义

该案涉及跨区域联合执法、多方协同联动,是强化知识产权全链条保护的一次深入贯彻。行政机关指导专利权人从销售环节到制造环节进行追溯,通过川渝辖区三地知识产权行政管理部门在线实施合并审理且全程网办,实现了同一专利侵权案件多地多环节案件联动,消除了疫情、区域、时间等限制因素,不仅有效维护了专利权人的合法权益,更统一了判定标准,降低了维权成本,彰显了专利行政保护便捷、高效的特点。该案将行政保护和司法保护进行有效衔接,不断放大行政保护和司法保护叠加效能,取得了良好的法律效果和社会效果,对于构建公平的市场竞争秩序和营造良好的营商环境,具有指导和示范意义。

案例 9 江苏省南京市知识产权局处理"取代的噁唑烷酮和其在血液凝固领域中的应用"发明专利侵权纠纷案

一、基本案情

请求人拜耳知识产权有限责任公司是名称为"取代的噁唑烷酮和其在血液凝固领域中的应用"发明专利的专利权人,专利号为 ZL00818966.8。涉案专利权在请求人提起侵权纠纷处理请求时合法有效。2019 年 12 月 2 日,南京市知识产权局依法予以立案。因受新冠疫情影响,该案于 2020 年 2 月 3 日中止,2020 年 5 月 7 日恢复处理。

请求人称,被请求人南京恒生制药有限公司在其官网、"第十八届世界制药原料药中国展"展会上展出"利伐沙班片""利伐沙班原料药",配有包装盒、包装瓶并印制有被请求人公司的注册商标,且该公司在官方网站和展会上展出的产品与其涉案专利产品的通用名称、化学名、结构式及 CAS 登记号等完全一致,已构成对其专利产品的许诺销售,且至少落入了涉案专利的权利要求 1、权利要求 2 和权利要求 6 的保护范围,构成专利侵权。被请求人认为,请求人的证据不能证明其行为构成许诺销售;即使认定为许诺销售,根据《专利法》(2008 年修正)第 69 条的规定,也不视为侵犯专利权。

经审理,南京市知识产权局于 2020 年 5 月 25 日作出行政裁决,认定被请求人展出的涉案产品落入请求人涉案专利权保护范围,被请求人的相关涉案行为构成许诺销售侵权行为,并不属于《专利法》(2008 年修正)第 69 条第(5)项规定的例外情形,责令被请求人停止侵权行为。

被请求人不服该行政裁决,向江苏省南京市中级人民法院提起行政诉讼,一审法院判决驳回其诉讼请求。被请求人不服一审判决,向最高人民法院提起上诉。2022 年 6 月 22 日,最高人民法院作出终审判决,驳回其诉讼请求,维持原判。

二、典型意义

该案主要涉及对《专利法》(2008 年修正)第 69 条第(5)项规定的理解。被请求人认为其行为属于上述条款规定的情形,即"为提供行政审批所需的信息,制造、使用、进口专利药品或者专利医疗器械的,以及专门为其制造、进口专利药品或者专利医疗器械的,不视为侵犯专利权"。对此,南京市知识产权局在该案处理中认为,首先被请求人的行为不符合"为提供行政审批所需的信息"而"制造、使用、进口"专利药品的情形;其次被请求人在网站和展会上向不特定的对象展示涉案产品信息,寻找潜在客户的行为,也不属于"为提供行政审批所需的信息"专门"制造、进口"专利药品的情形。因此,该案中认定涉案许诺销售行为构成侵犯专利权,有充分的法律依据,成为专利行政裁决领域的标杆性案件,值得推荐。

案例 10　上海市知识产权局处理"间隔型材及一种使用该型材的保温窗户单元"发明专利侵权纠纷案

一、基本案情

请求人泰诺风玻璃隔热控股股份有限公司是名称为"间隔型材及一种使用该型材的保温窗户单元"的发明专利的专利权人,专利号为 ZL200580030094.6。涉案专利权在请求人提起侵权纠纷处理请求时合法有效。

请求人发现被请求人威海宇光施尔乐节能材料有限公司、威海宇光施尔乐密封材料有限公司、宇光施尔乐节能材料(淮安)有限公司在 2021 年 5 月 7 日举办的"第 31 届中国国际玻璃工业技术展览会"期间,许诺销售的相关产品涉嫌侵犯其专利权。请求人对被请求人在展览会期间的展销行为进行公证取证后,向上海市知识产权局提出专利侵权纠纷行政裁决请求。同年 12 月 20 日,上海市知识产权局受理立案。受新冠疫情影响,该案件于立案当日中止审理,2022 年 3 月 14 日恢复审理。

在案件办理过程中,上海市知识产权局了解到当事人之间曾经有过多年的代加工合作关系,存在较好的调解基础,并且各方都有调解意愿,上海市知识产权局随即决定先行调解。由于当事人分处多地,合议组通过上海市浦东新区知识产权局多元化解知识产权纠纷跨区域协作联动机制,借助山东省威海市知识产权调解机构向请求人初步释法析理,并通过多轮的远程视频磋商,最终促成当事人就三个关联案件达成一致意见。

在上海市知识产权局的主持下,当事人各方于 2022 年 6 月 14 日通过远程视频的方式,共同完成调解协议签订,随后完成了司法确认。

二、典型意义

该案在专利侵权纠纷先行调解、远程调解与司法确认等方面具有较高的示范价值,充分展现了专利行政裁决案件中先行调解对于定纷止争、和谐双赢的积极意义。

该案在处理过程中亮点纷呈。一是异地调解中争取当地调解组织的协助,通过当地调解组织进行初步普法说理,有助于消除远程调解的疏远感,有效提升调解成功率;二是在当事人各方远程视频签订调解协议过程中,由专利管理部门宣读文本,各方同步视频见证盖章过程,既能更好地确认当事人各方的真实意思表达,又能展现专利管理部门应有的作为;三是积极引导双方当事人申请司法确认调解协议,更多地关注调解协议的履行,真正发挥好定纷止争作用。

供稿:国家知识产权局知识产权保护司

2022 年度商标行政保护典型案例

案例 1　浙江省杭州市余杭区市场监督管理局查处侵犯"爱马仕""LV"等注册商标专用权案

一、基本案情

第 14580986 号"爱马仕"商标是爱马仕国际在第 25 类"服装"等商品上的注册商标,专用权期限至 2032 年 6 月 20 日。第 241017 号"LOUIS VUITTON"商标是路易威登马利蒂在第 25 类"外衣"等商品上的注册商标,专用权期限至 2026 年 1 月 14 日。第 5102806 号"GUCCI"商标是古乔古希股份公司在第 25 类"两件套服装"等商品上的注册商标,专用权期限至 2029 年 6 月 13 日。第 75979 号"CHANEL"商标是香奈儿股份有限公司在第 25 类"衣服"等商品上的注册商标,专用权期限至 2027 年 7 月 14 日。

2021 年 12 月 21 日,浙江省杭州市余杭区市场监督管理局接到举报,称余杭区良渚街道深红女装店通过网络销售涉嫌假冒商标的服装,涉及"爱马仕"(Hermès)、"LOUIS VUITTON"、"古驰"(GUCCI)、

"香奈儿"(CHANEL)等品牌。

2022年6月8日,余杭区公安分局、余杭区市场监督管理局联合杭州市市场监督管理局执法人员检查当事人直播地及仓库,现场查获大量涉嫌假冒国际知名品牌的服装产品及商标标签。经"爱马仕"(Hermès)等8个品牌商标注册人或授权代理人辨认,上述商品均为假冒商品。

经查明,当事人经营的名为"原单工坊欧美真丝女装"的网店,在网店直播中展示并销售上述假冒品牌服饰,价格明显低于市场价,还以购买人支付邮费(链接名为邮费,实际支付的是商品货款)的方式逃避监管,当事人经营的网店累计销售额近1600万元。

2022年3月21日,余杭区市场监督管理局根据《行政执法机关移送涉嫌犯罪案件的规定》第3条和《最高人民检察院公安部关于公安机关管辖的刑事案件立案追诉标准的规定(二)》(2010年印发)第70条的规定,将案件移送至余杭区公安分局。公安机关对上下游27名犯罪嫌疑人采取刑事强制措施,捣毁窝点4处,扣押各类侵权标识、商品数十万件,涉案价值5000万余元。公安机关将该案移交检察机关对犯罪嫌疑人提起公诉。

二、典型意义

该案当事人通过直播带货这一新型电商营销模式,以"外贸原单、尾单"的名义低价销售假冒国际知名品牌服饰,满足部分知假买假顾客的虚荣心,欺骗不知情的消费者,严重损害商标权利人合法权益,扰乱市场秩序。当事人知假售假,违法经营额巨大,且故意通过"邮费补差"等手段逃避监管。行政执法机关通过行刑衔接机制,与公安机关密切协作,一举捣毁售假窝点,有效震慑违法经营者,净化网络直播营销环境。该案另一个亮点是主动溯源违法行为,既查处了直接面向消费者的售假店铺,又对其他实施商标侵权行为的违法分子收网打击,取得良好效果。

案例2　安徽省马鞍山市市场监督管理局查处侵犯" "注册商标专用权案

一、基本案情

第10487572号" "商标是上海群政实业有限公司在第28类"全自动麻将桌(机)"等商品上的注册商标,专用权期限至2033年4月6日。

2021年8月至9月,安徽省马鞍山市市场监督管理局根据举报,对马鞍山市花山区某商贸销售中心进行检查,现场发现涉嫌侵犯" "注册商标的麻将机8台,经商标注册人辨认为侵权商品。经查,当事人购进多个不同商标品牌的麻将机零部件后自行组装并销售,上述零部件中包括正品" "品牌麻将机餐桌框。当事人的销售单据上清晰标注" "商标。

针对当事人销售组装麻将机是否属于侵犯注册商标专用权的违法行为,办案机关经逐级请示,国家知识产权局批复认为:(1)行业内存在根据消费者需求组装不同商标的桌框、桌腿、电机进行销售的商业惯例,宜认定当事人的组装销售行为不构成商标侵权;(2)当事人未经商标权利人许可,在组装销售的麻将机销售单据上突出使用" "商标,易使相关公众误以为其为商标权利人许可的经销商;(3)当事人易使相关公众误以为其为商标权利人许可的经销商的情形损害" "商标权利人注册商标专用权。

2022年8月4日,马鞍山市市场监督管理局根据案件查处情况和批复意见,认定当事人销售组装麻将机,构成《商标法》第57条第7项规定的商标侵权行为,依据《商标法》第60条第2款作出行政处罚,责令当事人改正违法行为,罚款2.2万元。

二、典型意义

该案是行政机关充分利用层级化案件办理业务指导体系,成功查办案件的典型案例。执法机关在案件办理中,因无法判定组装不同商标部件进行销售和销售单据上使用未获注册商标权利人许可的商标是否构成侵权,遂按照规定逐级请示。国家知识产权局批复明确市场上存在根据消费者需求组装使用不同商标的商品部件进行销售的商业惯例,在组装时保留原有部件商标标识的情况下,可认定未损害注册商标专用权;但当事人在销售单据上使用注册商标,易使消费者误认其为注册商标权利人许可的经销商,侵害注册商标专用权。该案既尊重了行业既有的商业惯例,又对超出许可期限继续使用被许可商标的侵权行为予以了及时查处,对于构建既严格保护知识产权,又确保公共利益兼得的公正合理保护格局具有示范意义。

案例 3 广西壮族自治区凭祥市市场监督管理局查处侵犯"同仁堂"注册商标专用权案

一、基本案情

第 171188 号"同仁堂"商标是中国北京同仁堂(集团)有限责任公司在第 5 类"中药"商品上的注册商标,专用权期限至 2033 年 2 月 28 日。

2021 年 12 月 28 日,广西壮族自治区凭祥市市场监督管理局执法人员在中国(广西)自由贸易试验区崇左片区某商业城内发现一批标示"同仁牛黄清心丸""安宫牛黄丸"等信息的药品及药品外包装材料和包装机器。经查,当事人黄某自 2019 年开始无证从事药品生产经营活动。执法人员现场查获各型号规格的"同仁堂"安宫牛黄丸、清心丸 11 582 丸,各种包装盒、铭牌、

说明书 21 万余张(枚),涉案金额 784 万元。经梧州市食品药品检验所参照《中华人民共和国药典》鉴定,涉案药品所含成分与国家药品标准规定的成分不符。

2022 年 1 月 28 日,凭祥市市场监督管理局认定,当事人的行为涉嫌构成假冒注册商标罪和生产假药罪,将案件移送凭祥市公安局。凭祥市公安局于 2022 年 1 月 29 日立案调查。自 2022 年 4 月以来,公安机关分别在南宁、桂平、贵港、容县、来宾等地抓获涉嫌生产、销售假药的犯罪嫌疑人 15 人,捣毁制假售假窝点 4 个,查扣"安宫牛黄丸"等假药成品、半成品 44 587 丸,货值金额 2000 万元。

二、典型意义

该案是一起行政机关和司法机关联合保护中华老字号注册商标合法权益、守护人民群众用药安全底线的典型案例。"同仁堂"是中药行业著名的老字号,药品作为治病养身的特殊商品,直接关系人民群众生命安全。该案的成功查办,体现出行政机关和司法机关对于危害人民群众生命安全行为"零容忍"的态度,以及"人民至上"的执法理念。该案被公安部挂牌督办,通过不断深挖深查、协同打击侵犯涉及中华老字号知识产权的违法犯罪行为,产生强大震慑作用和广泛社会影响。该案的成功查办维护了中华老字号品牌合法权益,净化了中医药市场环境,对于进一步提振消费信心、营造安全放心的消费环境具有重要意义。

案例 4 上海市青浦区市场监督管理局查处侵犯"Head & Shoulders"等注册商标专用权案

一、基本案情

第 75811 号"Head & Shoulders"商标、第 972592

号"PANTENE"商标是宝洁公司在第 3 类"香波"等商品上的注册商标,专用权期限分别至 2027 年 6 月 1 日、2027 年 4 月 6 日。第 25183386 号"爱生活"商标是苏州绿叶日用品有限公司在第 5 类"药物饮料"等商品上的注册商标,专用权期限至 2028 年 7 月 6 日。

2022 年 1 月 24 日,上海市青浦区市场监督管理局根据举报,对上海甬领包装印刷有限公司进行检查,发现当事人从事"""PANTENE""爱生活"等商标印制活动。当事人无法提供商标印制业务登记表、商标注册证、商标使用许可合同、商标印制授权书等材料。执法人员现场查获各类注册商标标识 70 箱、共 36 万余张,印刷机、全自动模切机、封模机各 1 台。

青浦区市场监督管理局认定,当事人违法从事商标印制活动,构成《商标法》第 57 条第(4)项规定的侵权行为,数量巨大、涉嫌犯罪,按照《行政处罚法》第 27 条、《行政执法机关移送涉嫌犯罪案件的规定》第 3 条、《市场监督管理行政处罚程序规定》第 17 条第 2 款的规定,将该案移送至上海市公安局青浦分局。2022 年 10 月 28 日,上海市青浦区人民法院公开审理,判处被告人陆某某有期徒刑 5 年,并处罚金 50 万元。

二、典型意义

该案是一起典型的擅自制造他人注册商标标识的违法犯罪案件,涉案商标标识数量巨大,情节严重。行政机关在查处过程中发现该案涉嫌刑事犯罪,立即联合公安机关共同执法,行刑衔接顺畅、推进迅速、处置有力。该案也是上海市青浦区人民法院自 2022 年 7 月 1 日起正式受理管辖范围内的知识产权案件后首次判决的刑事案件。该案的高效处理体现出行刑衔接机制的合力以及行政机关与司法机关保护知识产权的力度和决心,有利于从源头打击侵权行为,维护消费者合法权益及市场

竞争秩序,对增强社会公众知识产权法律意识也具有积极示范作用。

案例 5　湖北省荆州市公安县市场监督管理局查处侵犯""等注册商标专用权案

一、基本案情

第 1385942 号""商标、第 1948357 号""商标是中国石油化工集团有限公司在第 37 类"车辆加油站"等服务上的注册商标,专用权期限分别至 2030 年 4 月 13 日、2032 年 10 月 27 日。第 4638026 号""商标是中国石化销售股份有限公司在第 37 类"车辆加油站"等服务上的注册商标,专用权期限至 2028 年 12 月 13 日。

2022 年 3 月 9 日,湖北省公安县市场监督管理局执法人员根据荆州市市场监督管理局移送的违法线索,对公安县中宏石化有限责任公司曾埠头加油站现场检查。经查,2022 年 2 月,当事人在对加油站装饰装潢时,在罩棚檐面、立式广告牌、加油机身上使用、、、标识。涉案标识与""""""注册商标从文字图形排列、标志设计、颜色组成、整体形象等方面高度近似。执法人员随机询问 3 名消费者,3 人均误以为该加油站为"中石化"所属。至案发,当事人经涉案加油站共销售汽、柴油 23 718.96 升,销售金额共计 17.459 6 万元。调查期间当事人自行拆除涉嫌侵权标识并更换新标识。

2022 年 5 月 26 日,公安县市场监督管理局认定,在加油站使用侵权标识,构成《商标法》第 57 条第 2 项规定的侵权行为,依据《商标法》第 60 条第 2 款,对当事人作

出罚款 20 万元的行政处罚。

二、典型意义

该案是一起典型的服务商标侵权案。中国石油化工集团有限公司是行业内知名度很高的大型国有企业,其加油服务网络遍及中国城乡,涉案系列商标广为相关公众知晓。侵权主体"精心"设计出与权利人注册商标高度近似的标识,并使用于其经营场所显著位置,极易导致消费者混淆误认。执法人员对涉案加油站消费者的随机询问,进一步印证当事人使用涉案标识实际上已导致消费者误以为其加油站系中石化网点。办案机关综合考量侵权事实、消费者混淆误认的实际情形、侵权案值和当事人配合调查等情由,依法作出行政处罚,合理、适当,有力维护了注册商标权利人的合法权益。

案例 6　重庆市渝中区市场监督管理局查处侵犯"洞子"注册商标专用权案

一、基本案情

第 18634764 号"洞子"商标和第 3278749 号"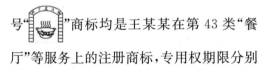"商标均是王某某在第 43 类"餐厅"等服务上的注册商标,专用权期限分别至 2027 年 5 月 13 日、2024 年 2 月 13 日。

2022 年 7 月,王某某向重庆市渝中区市场监督管理局投诉,称重庆洞味鲜老火锅有限公司涉嫌侵犯其"洞子""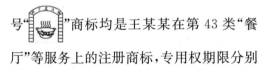"商标专用权。2022 年 8 月 11 日,该局立案调查。

经查,当事人于 2021 年 9 月开始使用"洞子老火锅"字样的店铺招牌,2022 年 3 月开始使用印制有"洞子"字样的点菜单和员工围裙。

2022 年 9 月 6 日,行政机关组织双方调解。经调解,双方达成一致,当事人停止在餐饮服务活动中使用"洞子"商标并赔偿商标注册人损失 1 万元。2022 年 9 月 7 日,渝中区人民法院确认调解协议有效并制发民事裁定书,明确协议双方当事人应按照调解协议的约定自觉履行有关义务。该案系重庆首例商标纠纷调解协议司法确认案。

2022 年 10 月 21 日,渝中区市场监督管理局认定,当事人未经许可在服务中使用他人注册商标,构成《商标法》第 57 条第 1 项规定的侵权行为。依据《商标法》第 60 条第 2 款作出行政处罚,责令当事人停止侵权行为,罚款 3000 元。

二、典型意义

该案采取行政执法案件查办和民事纠纷调解并行的解决机制,既遏制侵权行为,规范重庆美食名片火锅行业的经营秩序,又满足商标注册人及时制止侵权行为并获得赔偿的双重诉求。该案充分发挥多元纠纷解决机制作用,行政保护和司法保护形成合力;充分发挥行政保护便捷高效的显著优势,体现"快保护";行政调解协议由辖区人民法院完成司法确认程序,侵权人履行赔偿义务受到司法约束,确保行政调解可执行性,体现"严保护"。该案以知识产权保护优化营商环境,对护航企业发展和促进行业规范具有示范意义。

案例 7　广东省惠州仲恺高新技术产业开发区市场监督管理局查处侵犯"iHealth"注册商标专用权案

一、基本案情

第 12935531 号"iHealth"商标是北京爱和健康科技有限公司在第 5 类"医用诊断制剂"等商品上的注册商标,专用权期限至 2024 年 12 月 27 日。

2022 年 3 月 11 日,广东省惠州仲恺高新技术产业开发区市场监督管理局根据群众举报,联合公安机关对辖区内一处无名工厂进行检查,现场查获印有"**iHealth**"注册商标的新型冠状病毒抗原检测试剂盒成品、配件、包装箱及生产机器一批。由于涉案商品只在境外销售,涉案金额难以认定。行政机关经与商标注册人及价格认定部门研究、核算,认定涉案商品货值为 469 万余元。

2022 年 6 月 14 日,惠州仲恺高新技术产业开发区市场监督管理局认定,当事人陈某某涉嫌假冒该注册商标,货值大、情节严重,依据《行政处罚法》第 27 条、《行政执法机关移送涉嫌犯罪案件的规定》第 3 条的规定,将该案移送公安机关处理。惠州市仲恺高新区公安分局立案侦查,于 2022 年 6 月 23 日将犯罪嫌疑人陈某某、王某某抓获归案,二人对假冒注册商标的行为供认不讳。公安机关侦查终结后将该案移送检察机关审查起诉。2023 年 2 月 9 日,惠州市惠城区人民法院作出一审判决:涉案人员陈某某犯假冒注册商标罪,判处有期徒刑四年六个月,并处罚金 5 万元;涉案人员王某某犯假冒注册商标罪,判处有期徒刑两年六个月,并处罚金 3 万元。两名涉案人员对法院判决认罪认罚。

二、典型意义

该案涉及的医疗器械产品,在案件查办时属于市场紧缺的抗疫物资,与人民群众健康安全密切相关。办案部门高度重视,迅速行动,依法从快查处。该案有几个特点:一是办案部门充分发挥专业性和主动性,克服调查取证困难,及时、顺利查处案件;二是办案细致、全面,案件证据充分;三是依法据实确定涉案案值,依据充分、精准科学;四是及时移交公安机关追究刑事责任,打击力度大、震慑力强。该案的及时查处,彰显行政执法机关"人民至上、生命至上"的执法理念,维护了消费者生命健康安全,阻止了侵权产品向海外溢出。该案在调查取证的方式方法、行刑衔接机制的有效运用、对海外销售产品的估价等多个方面,对同类案件均具有较强的参考作用。

案例 8 江西省抚州市市场监督管理局查处侵犯"FILA"注册商标专用权案

一、基本案情

第 26919515A 号"FILA"商标是满景(IP)有限公司在第 25 类"运动衫"等商品上的注册商标,专用权期限至 2028 年 11 月 13 日。满景(IP)有限公司授权许可斐乐体育有限公司以独占方式在中国使用"FILA"商标,并有权对产品进行真伪辨认、价格认定及确认是否授权他人生产、销售等。

2021 年 10 月 27 日,抚州市市场监督管理局执法人员根据举报,对童服客栈服饰(杭州)网店的实际经营场所进行检查。经查,当事人熊某以每件 21 元的价格购进 1267 件斐乐系列服装,并以每件 26.9 元至 46.9 元的价格销售。网店展示涉案服装页面仅宣称该服装为"知名品牌代工厂尾货产品",并未展示"FILA"商标,而是作马赛克处理,销售亦未说明具体品牌。成交后,当事人通过快递将涉案商品交付买家。实际销售的服装均清晰标注"FILA"商标。至案发时,当事人已销售涉案服装 67 件,按查清的实际销售价格计算,销售金额为 2522.3 元;尚未销售的涉案商品货值金额,按照已经查清的实际销售平均价格计算,约为 4.2 万元。

2022 年 1 月 21 日,抚州市市场监督管理局认定,当事人在网店销售侵权服装,构成《商标法》第 57 条第 3 项规定的侵权行为。依据《商标法》第 60 条第 2 款作出行政处罚,责令当事人立即停止侵权行为,没收尚未销售的侵权商品和违法所得,罚款 6.6 万元。

二、典型意义

涉案的"FILA"商标具有较高知名度,

当事人在网络展示侵权商品过程中并未展示商标标志，但在实际发货的商品上使用"**FILA**"商标，容易导致购买者或他人误认为涉案商品为"**FILA**"商标注册人或被许可人生产或者与其有关，构成商标侵权行为。在展示商品时使用马赛克遮挡商标是近年来一些侵权人试图逃避监管的一种新手段，行政执法机关对该案的准确认定和正确处理，体现出较高的专业素养和水平，展现出严格保护知识产权的决心和能力，有利于维护公平竞争的市场环境。

案例 9　北京市东城区市场监督管理局查处侵犯"NIKE""得物"注册商标专用权案

一、基本案情

第 4516216 号"NIKE"商标，是耐克创新有限合伙公司在第 25 类"服装""鞋""足球鞋"等商品上的注册商标，专用权期限至 2028 年 11 月 6 日。第 31033869 号"得物"商标，是上海识装信息科技有限公司在第 35 类"市场营销""为商品和服务的买卖双方提供在线市场"等服务上的注册商标，专用权期限至 2029 年 3 月 6 日。

2021 年 11 月 12 日，北京市东城区市场监督管理局接到举报，反映北京某市场内有摊位销售涉嫌侵犯"NIKE"注册商标专用权的运动鞋。经查，2021 年 10 月，当事人陈某某支付 1600 元从上门推销人员处购买带有"NIKE"商标标志的运动鞋100 双，至 2021 年 11 月 12 日被查已销售 5 双，库存 95 双。上述运动鞋及鞋盒上有"NIKE"标志，经商标注册人辨认为涉嫌侵权商品。涉案运动鞋盒内附带有"经鉴别师鉴别为全新正品"字样及"得物"二维码的鉴别证书，经"得物"App 运营方上海识装信息科技有限公司辨认，上述鉴定结论并非该公司出具或授权他人出具。

2022 年 1 月 5 日，东城区市场监督管理局认定，当事人销售侵权商品，构成《商标法》第 57 条第 3 项规定的侵权行为，依据《商标法》第 60 条第 2 款作出行政处罚，没收侵权运动鞋，罚款 3 万元。

二、典型意义

该案系查处在商品上使用侵权商品商标，在包装中使用侵权服务商标以骗取消费者信任、混淆商品来源，从而同时侵犯两种类型注册商标专用权行为的行政执法典型案例。随着电商平台迅速发展且竞争日趋激烈，一些平台通过提供证明商品来源及品质的服务以增强其核心竞争力，获得差异化竞争优势，此种情形下商品与服务商标同时使用、密不可分，均成为影响消费者选择的重要因素。该案适应电子商务新业态发展新趋势，把握违法行为特征，准确认定侵权行为，合理保护品牌方和服务商双方权益，同时保护了国外知名品牌及民营企业合法权益，具有较强的开创性，对此类违法行为的查处也具有借鉴价值。

案例 10　上海市虹口区市场监督管理局查处侵犯"QUATTROFLOW"注册商标专用权案

一、基本案情

G1407263 号"**QUATTROFLOW**"商标是 PSG Gemany GmbH（德国 PSG 公司）在第 7 类"隔膜泵"等商品上的国际注册商标，经过领土延伸至中国，专用权期限至 2027 年 12 月 21 日。

2021 年 8 月，上海市虹口区市场监督管理局根据举报，对上海良辅环境科技有限公司的实际经营场所进行检查，现场查获一台组装完毕，贴有"**QUATTRO**FLOW Fluid Systems"标识及德国 PSG 公司厂名、厂址信息的四元柱塞隔膜泵。经询问，该台泵为当事人自行组装生产，产品标签为其自行打印粘贴。经调查,当事人为德国 PSG 公司产品经销商,2021 年 3 月起在未取得授权情况下,将自行设计开发的外壳、底板、法兰等配件与联轴器、电机以及原厂泵头等主要部件组装生产为整机成品,并在产品上加贴与 "QUATTROFLOW" 商标近似的

标识。执法人员分赴上海市松江区、金山区和江苏省苏州市、淮安市等地调查查明,当事人共组装生产侵权隔膜泵 46 台。相关隔膜泵产品经国家泵阀产品质量检验检测中心检测为合格。

2022 年 8 月 26 日,虹口区市场监督管理局认定当事人未经授权生产销售侵权隔膜泵,构成《商标法》第 57 条第 2 项规定的侵权行为,依据《商标法》第 60 条第 2 款作出行政处罚,责令当事人立即停止侵权行为,没收、销毁侵权隔膜泵,没收违法所得,罚款 162.7 万元。

二、典型意义

该案是一起典型的经销商超越商标注册人许可范围,组装产品并擅自使用近似商标及厂商名称,导致消费者混淆的违法案件。办案机关对违法行为定性准确,案件办理流程规范精细。为查明案件事实,固定证据,执法人员深入相关当事人的经营场所调查取证,查明所有涉嫌侵权产品和销售事实;跨省分赴多地调查取证,锁定违法证据,有力保护了国外知名商标注册人合法权益,有效维护了市场经济秩序和生产经营安全。

供稿:国家知识产权局知识产权保护司

2022 年度专利复审无效十大案件

案例 1 "B 型肝炎病毒(HBV)iRNA 组合物及其使用方法"发明专利权无效宣告请求案

一、基本案情

涉案专利名称为"B 型肝炎病毒(HBV)iRNA 组合物及其使用方法"(专利号:ZL201580072874.0),专利权人为阿尔尼拉姆医药品有限公司,无效宣告请求人为张某。

小干扰 RNA(siRNA)是基因治疗领域产业化实践的典型代表。本案审理涉及生物医药领域的多个典型法律问题,包括以小干扰 RNA(siRNA)为代表的短核酸序列的创造性判断,以及当说明书实验数据和理论预期存在偏差时,如何判断说明书是否公开充分等。经审理,国家知识产权局作出第 58530 号无效宣告请求审查决定,在专利权人提交的修改文本的基础上维持专利权有效。

二、典型意义

针对以小干扰 RNA 为代表的短核酸序列的创造性评判是专利审查实务中的热点和难点。该案在针对 RNA 干扰技术的原理充分剖析的基础上,结合小干扰 RNA 序列的设计规则以及产业化实践的特点,诠释了小干扰 RNA 领域发明专利的创造性判断思路。审查决定强调,需要重点考量现有技术中小干扰 RNA 序列设计繁复规则之间的联系与差异,小干扰 RNA 产业化实践中体内稳定性、转染效率等性能的平衡,从本领域技术人员的角度判断是否存在引入区别技术特征以解决发明实际解决的技术问题的合理成功预期。此外,该案还对于说明书实验数据和理论预期存在偏差时如何判断说明书是否公开充分提供了审理指引。

案例2 "一种复方血栓通中药制剂及其制备方法"发明专利权无效宣告请求案

一、基本案情

涉案专利名称为"一种复方血栓通中药制剂及其制备方法"(专利号:ZL200910215815.0),专利权人为广东众生药业股份有限公司,无效宣告请求人为扬州中惠制药有限公司。

本案涉及的复方血栓通为年销售额十亿元以上的畅销大品种中药产品,主治视网膜静脉阻塞和心绞痛。涉案专利自授权以来,在13年中已被提起9次无效宣告请求,前后涉及3起侵权诉讼,目前在审的侵权诉讼被人民法院裁定提级管辖。本案审理涉及中药领域的多个典型法律问题,包括对说明书实验数据真实性的认定、权利要求中技术特征能否得到说明书支持的判断,以及创造性技术启示的判断等。经审理,国家知识产权局作出第59383号无效宣告请求审查决定,维持专利权有效。

二、典型意义

本案诠释了中药专利实验数据真实性与证明力的判断思路,本领域技术人员需要在全面考量专利文件客观记载和在案证据的基础上,结合本领域研发的通常模式和实际状况,基于高度盖然性的证明标准进行判断。本案还阐述了在判断创造性评判中的"结合启示"时,应当以发明实际解决的技术问题为导向,在现有技术中探寻技术启示。如果现有技术披露的与区别特征看似相关的技术手段事实上并未发挥区别特征在发明中所起的作用,则本领域技术人员不会产生将该技术手段引入最接近现有技术以解决发明技术问题的动机。

案例3 "一种电极片及含有该电极片的锂离子电池"发明专利权无效宣告请求案

一、基本案情

涉案专利名称为"一种电极片及含有该电极片的锂离子电池"(专利号:ZL201410782528.9),共有专利权人为宁德新能源科技有限公司和东莞新能源科技有限公司,无效宣告请求人分别为珠海冠宇电池股份有限公司、福建翔云科技有限公司。

聚合物锂离子电池广泛用于消费类电子产品中。本案共有专利权人之一宁德公司及第一无效宣告请求人珠海冠宇公司均为该领域全球出货量位居前列的头部公司。国家知识产权局对两件无效宣告请求合并审理,审理过程中涉及多个法律问题,包括明显错误的修改、权利要求的进一步限定、技术术语的理解、创造性的评判等。经审理,国家知识产权局作出第59830号无效宣告请求审查决定,在专利权人提交的修改文本的基础上维持专利权有效。

二、典型意义

本案诠释了在确定发明实际解决的技术问题时,如何考量多个技术特征之间的关联性。本案阐明,在划分技术特征时,如果某个特征和其他特征共同才能实现其在发明技术方案中的功能和作用,获得相应的技术效果,则对于这些密切关联、不可分割的特征在划分时应作为一个整体予以认定;在确定发明实际解决的技术问题时,对于作为整体考虑的多个技术特征,不应仅基于单个技术特征本身固有的功能或作用,要立足说明书中对于关联技术特征及其功能和作用的记载,结合说明书所能证明的技术效果,站位本领域技术人员进行整体考量、客观认定。

案例4 "一种可伸缩的传动总成装置及升降立柱"实用新型专利权无效宣告请求案

一、基本案情

涉案专利名称为"一种可伸缩的传动总成装置及升降立柱"(专利号:ZL201720389490.8),

专利权人为浙江捷昌线性驱动科技股份有限公司,无效宣告请求人为袁某中。

本案是我国专利法引入"保密审查条款"后以该理由宣告专利权无效的典型案件。案件审理涉及"保密审查条款"适用中需要考虑的多个法律问题,包括适用该条款的考量因素、举证责任的分配等。经审理,国家知识产权局作出第55586号无效宣告请求审查决定,以涉案专利不符合《专利法》第20条第1款的规定为由,宣告专利权全部无效。

二、典型意义

本案对于发明或者实用新型专利申请的保密审查具有示范作用。一是在国内完成的发明创造,专利申请人拟向国外申请专利的,应当向国家知识产权局提交保密审查,这是专利申请人的法定义务,未履行该义务将产生失权的法律后果。二是无效宣告请求人以违反"保密审查条款"为由请求宣告专利权无效的,负有证明涉案专利的实质性内容系在国内完成的初步证明责任,且其举证需要达到高度盖然性的要求。三是在无效宣告请求人的举证达到高度盖然性要求的情况下,专利权人应当提供充分的反证,表明发明创造是在国外完成的,否则应当承担不利的法律后果。在技术全球化、市场国际化的今天,我国创新主体就其国内研发成果开展专利布局时,要及时了解法律要求、依法履行相关义务,以避免权益丧失的风险。

案例5 "作为血清素再摄取抑制剂的苯基哌嗪衍生物"发明专利权无效宣告请求案

一、基本案情

涉案专利名称为"作为血清素再摄取抑制剂的苯基哌嗪衍生物"(专利号:ZL02819025.4),专利权人为H. 隆德贝克

有限公司,无效宣告请求人为成都康弘药业集团股份有限公司。

抑郁症是世界性的公共健康问题,抗抑郁药的开发面临很大挑战。本案涉及的药物沃替西汀是目前价格最贵的抗抑郁药之一,截至2022年已经获全球95个国家和地区的上市许可,其在2022年的全球销售额超过42亿元。本案系仿制药申请人针对原研药发起的专利挑战。案件审理过程中涉及化学医药领域的多个法律问题,包括与治疗机理有关的技术效果的判断、化合物充分公开中对医药用途的要求以及化合物创造性的判断等。经审理,国家知识产权局作出第54793号无效宣告请求审查决定,维持专利权有效。

二、典型意义

本案阐述,在判断药物化合物是否满足公开充分的要求时,不能狭义地将该药物化合物的医药用途理解为适应证层面的用途,应当在清楚梳理药物的适应证与作用机理之间关系的基础上,根据本领域对于作用机理和适应证之间关系的共识,通过验证药物化合物的作用机理,以判断本领域技术人员能否合理预期该药物化合物具有用于某一适应证的可能性。

本案还释明,体外试验结果对于药物化合物的公开充分具有独特意义,基于体外试验的结果能够证实的效果亦应当视为专利法意义上技术方案的技术效果。

案例6 "用于在用户设备(UE)中配置链路最大传输单元(MTU)的方法"发明专利权无效宣告请求案

一、基本案情

涉案专利名称为"用于在用户设备(UE)中配置链路最大传输单元(MTU)的方法"(专利号:ZL200880009370.4),专利权人为艾利森电话股份有限公司,无效宣告请求

人为苹果电脑贸易(上海)有限公司。

2022年12月,瑞典爱立信公司与美国苹果公司达成了全球专利许可协议,结束了关于在苹果手机中使用5G无线专利而支付专利使用费的争端,涉案专利即是双方在谈判时涉及的一项专利。随着通信技术的飞速发展,制定全球通信适用的技术规范和技术报告的3GPP组织的各种形式的公开文档,越来越多地成为重要的证据形式。

涉案专利系通信领域的标准必要专利,本案审理的重点是对3GPP邮件列表文档公开与否的认定。经审理,国家知识产权局作出第58954号无效宣告请求审查决定,宣告专利权全部无效。

二、典型意义

3GPP是致力于制定全球通信适用的技术规范和报告的组织,3GPP中的相关文档已成为审查中较为常见的证据形式。在审查实践中,应当在了解3GPP技术文档基本情况的基础上,对其是否构成专利法意义上的公开作出准确认定。

本案诠释了对3GPP邮件列表文档公开与否的认定规则。审查决定指出,在综合考量3GPP官网政策、列表网站运行机制以及实践验证等基础上,基于高度盖然性的证明标准认定自邮件发送后该邮件列表文档即处于公众想得知即可得知的状态。

案例7 "汽车"外观设计专利权无效宣告请求案

一、基本案情

涉案专利名称为"汽车"(专利号:ZL202130363449.5),专利权人为雷诺两合公司,无效宣告请求人为华人运通控股(上海)有限公司。

专利权人是全球知名汽车厂商,无效宣告请求人是国内新能源汽车的新锐,也是本案中涉及的在先商标权的权利人。双方在国内外涉及多起诉讼案件。

本无效宣告案件中的证据数量多、类型多,法律问题突出,审理焦点在于涉案专利是否与在先商标权相冲突。经审理,国家知识产权局作出第57220号无效宣告请求审查决定,宣告专利权全部无效。

二、典型意义

本案对外观设计专利权是否与在先商标权相冲突的审查具有指导和示范作用。审查决定详细阐述了外观设计专利与在先商标权冲突的判断原则和方法,认为:判断商标近似应以相关公众的一般注意力为标准,考察涉案专利是否起到商标标识的作用。将涉案专利和在先商标进行对比时,需要考量在先商标实际使用状态以及广泛使用带来的知名度和影响力。

本案对创新主体深入理解、运用相关知识产权法律规则具有指引作用。一方面,引导企业要加大知识产权保护力度,特别是加强对不同类型知识产权的综合布局;另一方面,提示企业在申请和行使知识产权时,应当依法尊重他人的在先合法权利并进行合理避让,这样才能维持自己的权利合法有效,从而在日益激烈的市场竞争中游刃有余。

案例8 "电动平衡车及其支撑盖体、启动方法、转弯方法"发明专利权无效宣告请求系列案

一、基本案情

涉案专利名称为"电动平衡车及其支撑盖体、启动方法、转弯方法"(专利号:ZL201810180450.1),专利权人为浙江骑客机器人科技有限公司,无效宣告请求人分别为浙江九华进出口有限公司、万某安和王某。

在本系列无效案件审理期间,针对涉案专利存在多个在审的侵权诉讼。无效决定作出后,全部侵权诉讼随之撤回。涉案专利系一件分案申请,是专利权人在母案获得授权后提出的 6 件分案申请之一。分案申请在母案的基础上对说明书进行了多处修改,对技术方案进行概括形成了新的权利要求。案件审理的重点在于判断分案申请要求保护的技术方案是否超出母案记载的范围。经审理,国家知识产权局作出第 57433 号无效宣告请求审查决定,宣告专利权全部无效。

二、典型意义

分案申请是与单一性原则配套而生的一项制度,其在实践中存在被不当使用的情形,例如专利申请在被驳回后通过分案申请再次进入审查程序,耗费行政审查资源;又如专利申请在被授权后通过分案申请寻求扩大保护范围,本案即属此类典型情形。

本案诠释了《专利法实施细则》第 43 条的适用规则,在清楚梳理说明书和权利要求之间关系的基础上,详细论述了说明书记载内容的改变对重新概括后形成的权利要求保护范围的影响,为分案申请超范围的判断提供了审理思路和审查标准。

案例 9 "一种建立废钢等级划分神经网络模型方法"发明专利权无效宣告请求系列案

一、基本案情

涉案专利名称为"一种建立废钢等级划分神经网络模型方法"(专利号:ZL201910958076.8),专利权人为北京同创信通科技有限公司,无效宣告请求人为衡阳镭目科技有限责任公司。

涉案专利涉及人工智能技术在钢铁行业的应用,通过采用卷积神经网络技术进行废钢铁等级分类的特征提取和深度学习,实现了对废钢铁等级的客观准确的自动分类。无效宣告请求人和专利权人均为

国内智能制造的软件服务企业。本案审理的焦点在于,在涉及人工智能的发明专利创造性判断中,如何考量算法、应用场景等要素对整体技术方案的贡献。经审理,国家知识产权局作出第 55072 号无效宣告请求审查决定,维持专利权有效。

二、典型意义

随着人工智能等新领域新业态的蓬勃发展,人工智能专利审查标准备受关注,目前审查实践中关于人工智能技术的创造性判断规则不断完善。本案细化了对包含算法特征的发明专利的创造性评判标准,对人工智能领域的发明专利的创造性判断具有示范作用。审查决定认为,在涉及人工智能技术的情况下,对包含算法特征的发明专利进行创造性判断时,应当将算法和应用场景进行整体考量,特别是需要考虑将算法应用到不同场景后是否对算法的训练模式、重要参数或相关步骤等进行了实质性调整,且该调整是否解决了特定的技术问题、获得了有益的技术效果。

案例 10 "用于提供有效不连续通信的方法和设备"实用新型专利权无效宣告请求案

一、基本案情

涉案专利名称为"用于提供有效不连续通信的方法和设备"(专利号:ZL200880008630.6),专利权人为诺基亚技术有限公司,无效宣告请求人为 OPPO 广东移动通信有限公司。

2021 年起,专利权人在多个国家和地区对无效宣告请求人发起了专利侵权诉讼并申请禁令。与之对应,无效宣告请求人对专利权人的相关专利权亦提起多件无效宣告请求,本案即为其中之一。

本案审理的重点是,在判断涉案专利的优先权是否成立时,对于优先权转让证明的认定。经审理,国家知识产权局作出

第 54441 号无效宣告请求审查决定,在专利权人提交的修改文本的基础上维持专利权有效。

二、典型意义

优先权是《保护工业产权巴黎公约》中的一项基本原则。近年来,对于优先权是否成立的判断已成为审查中的热点问题。本案涉及在对优先权进行核实时,对权利主体一致性的判断。

本案在审理时详细梳理了审查实践对于 PCT 国际专利申请优先权转让证明的提交要求,并在此基础上,重点考虑了职务发明专利的特殊性,对无效阶段专利权人提交的优先权转让声明的效力予以认定。本案不仅诠释了在现行法律框架下,该如何考量对程序瑕疵的处理方式,同时也提示创新主体,在享有优先权惠益的同时,应依法办理必要的手续流程,避免造成权益的损失。

供稿:国家知识产权局专利局
复审和无效审理部

2022 年度商标异议和评审典型案例

案例 1　第 43541282 号"花满楼"商标异议案

一、基本案情

异议人:郑某龙

被异议人:四川普度茶叶有限责任公司

被异议商标:花满楼

异议人主要理由:"花满楼"是其父亲古龙先生原创武侠小说《陆小凤传奇》中的人物名称,被异议商标的注册违反了《商标法》第 32 条所指的"不得损害他人现有的在先权利"之规定。

被异议人答辩理由:"花满楼"并非异议人所独创,异议人无权阻碍他人合理使用。异议人提供的证据不足以证明其所主张的作品角色名称在茶叶领域具有较高的知名度。"花满楼"寓意花香满楼,作为商标注册使用在茶等商品上是为了传达产品特点。

经审查,国家知识产权局商标局(下称商标局)认为,在古龙先生创作《陆小凤传奇》之前,"花满楼"一词已出现在唐、宋诗人的作品中,因此在公众认知中"花满楼"不唯一指向《陆小凤传奇》中的人物花满楼,且异议人提供的证据不足以证明被异议商标使用在茶等商品上易导致相关公众误认为其标识的商品与"花满楼"角色名称存在某种特定联系,从而挤占了异议人的潜在交易机会和商业价值。故对于异议人关于被异议商标损害其知名作品中角色名称所享有的在先权益的主张不予支持,被异议商标准予注册。

二、典型意义

作品名称和角色名称等可以作为在先权益获得保护,但既要保护在先合法权益,也要防止不当限制公众使用公有领域元素的自由。该案采信了被异议人答辩理由,对在先权益的边界进行清晰的划定,对类案审查具有积极的指导意义。

案例 2　第 58141161 号"张子憨"商标异议案

一、基本案情

异议人:广州市天河区棠下松本丧丧服饰工作室

异议人:曹某花

被异议商标:张子憨

异议人主要理由:被异议商标的申请注册侵犯了异议人"张子憨"抖音账号的合法权益。

经审查,商标局认为,异议人提供的关于"张子憨"抖音号粉丝量截图、"张子憨"抖音账号获赞的抖音视频截图、"张子憨"抖音号主页页面截图、最早发布视频的页面截图等证据材料可以证明,"张子憨"系异议人抖音平台账号名称,主打服装穿搭的推广、服装销售,通过发布服装穿搭视频等方式具有一定知名度。被异议商标与异议人抖音账号名称相同,注册并使用在"服装"等商品上,侵犯了异议人基于其"张子憨"抖音账号名称享有的在先权益,违反了《商标法》第32条的规定,被异议商标不予注册。

二、典型意义

这是灵活运用《商标法》第32条"不得损害他人现有的在先权利"规定的典型案例,对"张子憨"这一新媒体账号名称是否属于该条保护的在先权益进行了分析。该案综合研判抖音账号的知名度,结合被异议人具有不正当抢注的故意,对新媒体账号名称给予法律保护,规制了网络时代背景下恶意抢注行为,对规范新媒体行业秩序、保护互联网领域创新成果、助力互联网经济发展具有积极意义,有利于打击新媒体领域"搭便车"和蹭热度等不当行为,进而规制网络时代背景下的恶意抢注行为。

案例3 第54491795号"华莱仕福"商标异议案

一、基本案情

异议人:上海榕赢品牌管理有限公司

被异议人:唐山米源企业管理咨询有限公司

被异议商标:华莱仕福

异议人主要理由:双方商标构成近似

商标,被异议人已注销,被异议商标的核准注册不具有正当性和合理性。

经审查,商标局认为,被异议商标"华莱仕福"指定使用在第35类广告、第43类餐厅等服务上,异议人引证在先注册的第23667026号、第10912752号"华莱士"等商标,核定使用服务为第35类饭店商业管理、第43类咖啡馆等,被异议商标与引证商标构成使用在部分类似服务上的近似商标,并存使用易导致消费者混淆误认。异议人提供的证据显示,被异议人唐山米源企业管理咨询有限公司已于2021年5月11日注销,其主体资格已经丧失,且尚无证据显示被异议人在注销前办理了被异议商标申请人变更手续,被异议人未答辩提供反证的情况下,商标局予以采信。被异议商标在丧失了申请主体的情况下,不予注册。

二、典型意义

该案是适用《商标法》第4条对已丧失商标权利主体资格的申请人商标不予核准注册的典型案例。该案通过对不再从事商事活动的商标申请主体所申请的商标不予核准注册,强化商标实际使用,引导商标注册回归"注册为了使用"的制度本源,使真正有使用需求的市场主体能够依法取得商标注册,具有较好的价值导向作用。

案例4 第54053085号"唐妞"商标异议案

一、基本案情

异议人:陕西历史博物馆(陕西省文物交流中心)

被异议人:河南广播电视台

被异议商标:唐妞

异议人主要理由:双方商标构成近似商标,被异议商标与异议人的合法在先权益冲突,损害了异议人的正当利益,违反了

《商标法》第 32 条的规定。

经审查,商标局认为,被异议商标"唐妞"指定使用在第 11 类灯泡等商品上,异议人引证在先注册的第 17454729 号、第 17455036 号、第 17455700 号"唐妞"等商标,核定使用商品和服务为第 29 类肉、第 30 类茶、第 43 类餐馆等,被异议商标与引证商标未构成使用在同一种或类似商品或服务上的近似商标。在案证据可以证明,"唐妞"是异议人以唐文化为依托,以"唐仕女俑"为原型而创造的 IP 形象。通过报纸报道、出版图书、建立文创产业门店等方式宣传和使用,"唐妞"已成为闻名全国的文化创意产业品牌,并与异议人建立了紧密的对应关系。被异议人作为电视媒体,对此理应知晓。被异议人未经异议人同意,申请注册被异议商标侵犯了异议人基于其"唐妞" IP 形象名称享有的在先权益,违反了《商标法》第 32 条的规定,被异议商标不予注册。

二、典型意义

"唐妞"是以"唐仕女俑"为原型而创造的文创 IP 形象。该案综合考量文创 IP 形象的知名度、行为人主观意图等因素,确定文创 IP 形象名称的权属,既有效制止侵权行为,防止减损权利人基于形象名称所应享有的市场优势地位和交易机会,也有利于文化产业的繁荣与发展。

案例 5　第 52917720 号"惠民南粤家政"商标异议案

一、基本案情

异议人:广东省人力资源和社会保障厅

被异议人:惠州市南粤家政服务有限公司

被异议商标:**惠民南粤家政**

异议人主要理由:"南粤家政"工程是广东省委、省政府首创提出并持续推进的重要民生工程。被异议人申请注册被异议商标明显具有恶意,损害"南粤家政"工程品牌权益,不利于"南粤家政"民生工程的贯彻落实,对社会公众具有欺骗性并易产生不良影响。

经审查,商标局认为,"南粤家政"工程系广东省委、省政府首创提出,并经多个政府部门共同贯彻落实的重要民生工程,并已被媒体广泛报道。被异议人在该案中未提交证据证明其获得政府授权从事上述工程建设或许可使用上述工程名称。被异议商标由"惠民"和"南粤家政"组成,"惠民"有"给人民好处"含义,被异议商标"惠民南粤家政"指定使用在社交护送(陪伴)、家务服务等服务上,易使公众对服务的来源产生误认,并可能损害社会公众利益,从而产生不良社会影响,违反《商标法》第 10 条第 1 款第(7)项、第(8)项的规定,被异议商标不予注册。

二、典型意义

该案是对恶意注册重大民生工程相关名称,损害公共利益和公共秩序行为进行有力规制的典型案例。"南粤家政"工程是政府打造的重大民生工程,该案彰显了商标注册机关打击恶意注册国家或区域战略、重大政策、重大工程、重大科技项目名称的鲜明态度和坚定决心,实现了政治效果、法律效果和社会效果的有机统一。

案例 6　第 25908980 号"泉茂"商标、第 33187494 号"林记正泉茂"商标、第 33194676 号"正泉茂"商标无效宣告案、第 26373585 号"泉茂世家 QUANMAO PASTRY"商标不予注册复审案

一、基本案情

申请商标:**泉茂**　**林记正泉茂**　**正泉茂**　**泉茂世家 QUANMAO PASTRY**

双方当事人为叔侄关系。"正泉茂"系列标识为其家族传承使用的字号和商标，主营商品为绿豆饼，在泉州当地具有较高知名度。双方均围绕该标识申请注册商标，申请注册的商标多次引证对方商标予以驳回，互相针对对方商标启动相关程序，时间跨度长达十余年，前后涉及20余件商标案件，覆盖商标授权确权程序的几乎所有案件类型。

合议组通过梳理研究，全盘掌握双方当事人的商标注册情况、所涉案件及相互关系、双方的主动与被动之处，形成初步调解策略。赴当地开展巡回口审、调解工作后，合议组始终站在当事人的立场，实地调查取证，面对面与双方反复沟通，最终促成和解。双方当事人根据和解协议，对10件商标案件撤案申请后已结案，对13件商标签订无偿许可使用协议，互相承诺不再在核心商品上申请注册近似商标、不再对双方已申请注册的44件商标启动任何商标授权确权或维权程序，双方多年商标纠纷彻底定分止争。

二、典型意义

"正泉茂"系列案件的解决，充分发挥了商标巡回审理便利当事人、调解等非诉讼纠纷解决机制节约行政及司法资源的优势，实现了由个案的"解决得了"向系列案件的"解决得好"转变、由个案的"胜负裁决"向多个程序"联动实质解纷"转变，帮助当事人摆脱多年诉累，满足了人民群众对公平正义的新要求和新期待。

案例7 第13571777号"东来顺"商标无效宣告案

一、基本案情

申请人：北京东来顺集团有限责任公司
被申请人：刘某志

申请商标：**东来顺**

申请人主要理由：被申请人具有明显的主观恶意，争议商标构成对申请人"东来顺"商标的复制、摹仿，违反了《商标法》第13条的规定。

经审理，商标局认为，该案申请人对争议商标提出无效宣告请求时，距争议商标获准注册日已超过5年。根据《商标法》第45条的规定，申请人不仅需举证证明在争议商标申请日前其"东来顺"商标已为相关公众所熟知，同时还需证明争议商标所有人具有恶意。申请人提交的在案证据可以证明在争议商标申请日之前，"东来顺"已经被认定为中华老字号，已达到为相关公众广为熟知的知名度；被申请人名下商标涉及多个商品和服务类别，明显超出其提交的个体工商户营业执照所载明的经营范围，同时考虑到"东来顺"商标的独创性和知名度，被申请人复制、摹仿"东来顺"商标的主观恶意明显，争议商标的注册使用易误导公众，并可能会导致申请人的权益受到损害，依据《商标法》第13条第3款的规定，争议商标被宣告无效。

二、典型意义

该案通过适用《商标法》第13条第3款的规定，给予中华老字号商标在非类似商品上强保护，打击商标恶意注册行为，对于提振中华老字号企业的知识产权维权信心，提升知识产权保护意识，助力中华老字号企业在新形势下焕发新活力，发挥了很好的指引作用。

案例8 第16038591号"伍连德医疗及图"商标无效宣告案

一、基本案情

申请人：黄某堃
被申请人：伍连德国际医疗管理中心

有限责任公司

申请商标：

申请人主要理由：伍连德为中国卫生防疫、检疫事业创始人，中国现代医学、流行病学等领域先驱，中华医学会首任会长。争议商标的注册有违诚实信用原则，易使相关公众对服务的来源等产生误认，对我国社会公共利益和公共秩序产生消极、负面的影响，侵犯了伍连德的在先姓名权。

经审理，商标局认为，申请人提交的证据显示伍连德先生在我国卫生防疫、检疫事业以及现代医学、微生物学、流行病学、医学教育、医学史等领域具有极高声誉，争议商标的显著识别部分为文字"伍连德"，使用在核定服务上，容易使公众认为其与伍连德先生存在某种特定关联，从而对服务的来源等特点产生误认，争议商标的注册已构成《商标法》第10条第1款第(7)项规定之情形，故争议商标被宣告无效。

二、典型意义

知名人物具有较高的影响力及品牌价值，商标审查审理实践中存在诸多搭乘知名人物便车牟取不正当商业利益的情形。争议商标完整包含我国近代医学先驱姓名，利用其知名度及影响力不当获取市场竞争优势的意图明显，为维护公序良俗及公平竞争的市场秩序，该案适用《商标法》第10条第1款第(7)项的规定，对该恶意攀附行为予以打击，对类似案件具有一定的借鉴意义。

案例9　第44714668号"叁零叁"商标无效宣告案

一、基本案情

申请人：天津市万荣化工工业公司

被申请人：天津市叁零叁物流有限公司

申请商标：

申请人主要理由：申请人为集体所有制的企业。王某某在担任申请人法定代表人期间未经允许私自将申请人名下共计53件商标（下称引证商标）转让给被申请人。之后，被申请人又申请注册了与引证商标构成近似的争议商标，该行为使得争议商标构成了以不正当手段取得注册的情形。

经审理，商标局认为，被申请人的实际控制人在担任申请人法定代表人期间，在明显损害申请人作为集体所有制企业利益的情形下，将该案引证商标转让至被申请人名下后，又围绕引证商标的标志申请注册了包括该案争议商标在内的20余件与引证商标构成近似或易使相关公众误认为与该案引证商标之间具有特定联系的商标。被申请人申请注册上述商标的行为难谓正当，违反了诚实信用原则，已构成以其他不正当手段注册商标的情形。故争议商标的申请注册违反了《商标法》第44条第1款的规定。

二、典型意义

该案被申请人的行为严重违反了诚实信用原则，扰乱了商标注册秩序等，构成了《商标法》第44条第1款所指的以"其他不正当手段取得注册的"情形。该案充分体现了商标主管机关对恶意抢注商标行为的严厉打击，以及对诚实信用、健康有序的商标注册和使用秩序的坚决维护。

案例10　第48720058号"莱迩"商标无效宣告案

一、基本案情

申请人：上海莱迩酒店管理有限公司

被申请人：郝某

申请商标：**莱迩**

申请人主要理由：申请人主营酒店管理，被申请人曾为其员工，明知其在先使用

"莱迩"商标,依然在第 43 类酒店住宿服务、托儿所服务、养老院等服务上抢注相同商标,主观恶意明显。

经审理,商标局认为,申请人证据可证明其在先使用"莱迩"字号、商标,主营酒店管理。通过比对申请人提交的郝某相关入职文件等材料,可认定在争议商标申请日前,被申请人曾为申请人员工。在入职接洽过程中,被申请人对申请人情况必然有所了解,尤其考虑到被申请人还在第 43 类服务上申请、注册多件与申请人其他在先商标相近的商标,故可合理认定被申请人基于前述隶属关系而明知申请人在先使用的"莱迩"商标。在此情况下,被申请人将与申请人"莱迩"商标完全相同的文字注册

在与其主营业务密切相关的酒店住宿服务、托儿所服务等服务上,主观难谓正当。综上,争议商标违反《商标法》第 15 条第 2 款的规定,被宣告无效。

二、典型意义

该案经审理认定被申请人基于隶属关系而明知申请人在先使用的商标,在双方商标相同、服务密切相关的情况下,从维护诚实信用原则立法宗旨出发,对申请人在先使用商标的保护范围予以适度放宽,适用《商标法》第 15 条第 2 款,严厉打击了恶意注册行为。

供稿:国家知识产权局商标局

2022 年度地理标志、奥林匹克标志、特殊标志和官方标志行政保护典型案例

地理标志行政保护案例

案例 1　浙江省绍兴市柯桥区市场监督管理局查处侵犯"西湖龙井"证明商标专用权案

一、基本案情

第 9129815 号"**西湖龙井**"商标为杭州市西湖龙井茶管理协会在第 30 类"茶叶"商品上注册的证明商标,经续展,专用权期限至 2031 年 6 月 27 日。

2022 年 9 月 22 日,浙江省绍兴市柯桥区市场监督管理局接到杭州市公安局滨江区分局西兴派出所的《线索移交函》,称该分局在侦办相关案件中,发现当事人在经营王氏有礼食品商行(已注销)期间,涉嫌销售假冒注册商标的茶叶。经查,当事人自 2021 年 3 月,从新昌的茶叶市场购入散装茶叶,从某网店购入印有"西湖龙井"字样的包装材料,在其开设的三家门店(其中

柯桥区一家,系上述商行)进行销售,截至 2022 年 9 月,当事人在柯桥店销售的印有"西湖龙井"字样的茶叶货值金额为 3.24 万元,被西兴派出所扣押且未销售的印有"西湖龙井"字样的茶叶共 28 盒,违法所得共计 1.78 万元。

2022 年 10 月 26 日,柯桥区市场监督管理局认定当事人违反《商标法》第 57 条第(1)项、第(3)项规定,依据《商标法》第 60 条第 2 款,作出没收侵权商品、没收违法所得 1.78 万元、罚款 6.29 万元的行政处罚。

二、典型意义

该案是贯彻落实国家知识产权局、公安部《关于加强协作配合强化知识产权保护的意见》,地方知识产权管理部门与公安机关协作配合,共同有效打击侵犯"西湖龙井"这一知名商标专用权行为的典型案例,对加强构建知识产权行政保护与刑事司法有机衔接、优势互补运行机制,加强跨部门

跨区域信息共享、证据互认、案件移送等具有典型意义。

特色,维护了消费者的合法权益。

案例 2　山西省晋城市市场监督管理局查处擅自使用"山西老陈醋"地理标志产品名称案

一、基本案情

2004 年 8 月,"山西老陈醋"获得国家地理标志产品保护,申请人为山西省太原市人民政府,保护范围为山西省太原市清徐县、杏花岭区、万柏林区、小店区、迎泽区、晋源区、尖草坪区,晋中市榆次区、太谷县、祁县现辖行政区域。

2022 年 3 月 2 日,山西省晋城市市场监督管理局根据举报投诉,对山西省阳城县鑫时泰商贸有限公司进行检查。经查,当事人自 2021 年 11 月起印制带有"山西老陈醋"等字样的黑色礼盒 1000 个,印制费 5.5 元/个,在 460 个礼盒内装入印有"李府""五粮老陈醋"等标签的塑料瓶装醋,货值金额共计 2.2 万元,违法所得 416 元。

2022 年 8 月 18 日,晋城市市场监督管理局认定当事人违反《地理标志产品保护规定》第 21 条、《产品质量法》第 31 条规定,依据《产品质量法》第 53 条,作出没收礼盒包装 390 个、没收违法所得 416 元、罚款 7000 元的行政处罚,监督当事人销毁未使用的礼盒包装 540 个。

二、典型意义

地理标志对保护优质特色产品和促进特色行业发展具有重要意义。作为家喻户晓的地理标志产品,"山西老陈醋"享有良好的市场口碑和很高的市场知名度。该案的查处有效保护了地理标志产品,切实优化了营商环境,也起到了良好的法治宣传教育作用。行政保护部门适用部门规章准确、程序合法,有力打击了侵犯地理标志的违法行为,保证了地理标志产品的质量和

案例 3　河南省新乡市原阳县市场监督管理局查处使用与"龙口粉丝"地理标志产品名称近似名称案

一、基本案情

2002 年 9 月,"龙口粉丝"获得国家地理标志产品保护,申请人为山东省烟台市人民政府,保护范围为山东省龙口市、招远市、蓬莱市、莱阳市、莱州市现辖行政区域。

2022 年 5 月 12 日,河南省新乡市原阳县市场监督管理局根据投诉举报,对新乡市亿鑫食品有限公司进行检查。经查,当事人 2022 年 3 月开始生产销售"五连包龙亿粉丝",其产品外包装标有"龙亿粉丝"等字样,其中"龙亿粉丝"中的"亿"字字形与"口"字相似。截至 2022 年 6 月,当事人共生产涉案产品 150 包(25 袋/包),销售 100 包,货值金额共计 4500 元,违法所得 825 元。

2022 年 6 月 23 日,原阳县市场监督管理局认定当事人违反《地理标志产品保护规定》第 21 条和《产品质量法》第 5 条规定,依据《产品质量法》第 53 条,作出没收涉案产品 50 包、没收违法所得 825 元、罚款 2250 元的行政处罚。

二、典型意义

该案涉案产品产于"龙口粉丝"地理标志保护产品产区外,当事人通过将其产品名称"龙亿粉丝"中的"亿"字与"口"字印刷成相似字体的方式,造成与地理标志产品"龙口粉丝"近似,进而误导消费者,谋取不正当利益。该案查处及时,调查取证过程细致严谨,证据充分,程序适用合规,适用法律准确,处罚力度适当,取得了较好的社会效果,在利用行政手段保护地理标志产品方面具有典型意义,有力彰显了知识产权保护部门打击侵权、优化营商环境的决心。

案例 4 海南省昌江黎族自治县综合行政执法局查处侵犯"澄迈桥头地瓜"证明商标专用权案

一、基本案情

第 24094519 号"⬤"商标为澄迈县桥头地瓜产销协会在第 31 类"新鲜地瓜"商品上注册的证明商标,专用权期限至 2028 年 2 月 13 日。

2022 年 5 月 10 日,海南省昌江黎族自治县综合行政执法局根据投诉举报,对昌江县海尾镇三联村委会昌江恒达伟地瓜基地进行检查。经查,当事人于 2022 年 5 月在澄迈县某路边摊处购买印有"桥头地瓜"证明商标的纸箱,用其将产自昌江县海尾镇的地瓜加工打包销售,涉案货值共计 1.4 万元。

2022 年 6 月 30 日,昌江黎族自治县综合行政执法局认定当事人违反《商标法》第 57 条第(1)项规定,依据《商标法》第 60 条第 2 款,作出没收侵权商品 18 箱(规格 5kg)和 3 箱(规格 2.5kg)、空纸箱 1079 个、防伪码标签 723 张,没收违法所得 5787 元,罚款 7.6 万元的行政处罚。

二、典型意义

该案发生在海南自由贸易港,涉案的"澄迈桥头地瓜"是当地政府在商标富农工程中多年培育打造的知名农产品品牌,涉案商标享有较高的知名度和美誉度。查办该案的行政保护部门接到投诉举报后及时查处,适用法律准确,有效维护了权利人的合法权益,有助于进一步激发地理标志产品产地群众保护地理标志的积极性,对推动乡村振兴、推进地方特色产业发展具有良好的促进作用。该案的查处充分展现了海南自由贸易港知识产权行政执法的高水准,对推进优化海南自由贸易港知识产权营商环境具有良好的示范作用。

奥林匹克标志行政保护案例

案例 5 广东省中山市市场监督管理局查处侵犯"北京 2022 年冬奥会会徽""奥林匹克五环图案标志"等奥林匹克标志专有权系列案

一、基本案情

2019 年 2 月 13 日,国家知识产权局发布第二九四号公告,对"⬤BEIJING 2022"(第 A000001 号)予以奥林匹克标志保护,北京 2022 年冬奥会和冬残奥会组织委员会自公告之日起享有对上述标志的专有权,有效期 10 年。2021 年 7 月 8 日,国家知识产权局发布第四三八号公告,对"QQO"(第 A000035 号)予以保护,国际奥林匹克委员会自公告之日起享有对上述标志的专有权,有效期 10 年。

2022 年 1 月 30 日,广东省中山市市场监督管理局根据有关部门移交的案件线索,对中山市协源五金制品厂(当事人一)涉嫌侵犯奥林匹克标志专有权案进行立案调查。经查,当事人自 2021 年 8 月起,委托中山市天隆工艺制品有限公司(当事人二)、中山市小榄镇耐奇制锁有限公司(当事人三)以及中山市信珑五金制品厂(当事人四)对涉案商品进行压铸、电镀加工,生产带有

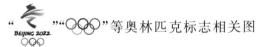

"⬤""⬤"等奥林匹克标志相关图案的奖牌 3334 个,违法经营额 10 万元。

2022 年 2 月 28 日,中山市市场监督管理局认定当事人一违反《奥林匹克标志保护条例》第 4 条第 2 款规定,依据《奥林匹克标志保护条例》第 12 条,作出没收涉案奖牌 1783 个、奖牌半成品 2050 个及模具 2 套,罚款 15.01 万元的行政处罚。同时,对当事人二至四另案处理,另立案 5 起,罚款 7 万元。

二、典型意义

冬奥会奖牌是北京 2022 年冬奥会和冬残奥会的重要元素，其承载并传播北京冬奥会理念，充分展示了我国传统文化与现代科技的融合创新。该案当事人未经奥林匹克标志权利人许可，非法生产、销售北京冬奥会奖牌仿制品，具有生产数量大、加工环节多、产品流向广等特点。办案部门行动快速高效、部署精准全面、事实认定明晰、证据确凿充分，从生产源头、加工及销售等全链条，公平公正地行使行政处罚权，行政处罚裁量恰当，为北京冬奥会和冬残奥会的顺利举办保驾护航，取得良好的法律效果和社会效果，具有可复制推广借鉴的指导和示范作用。

案例 6 陕西省西安市市场监管综合执法支队查处侵犯"冬奥"奥林匹克标志专有权案

一、基本案情

2019 年 2 月 13 日，国家知识产权局发布第二九四号公告，对"冬奥"（第 A000002 号）等奥林匹克标志予以保护，北京 2022 年冬奥会和冬残奥会组织委员会自公告之日起对上述标志享有专有权，有效期 10 年。

2022 年 3 月 30 日，陕西省西安市市场监管综合执法支队六大队根据北京冬奥组委投诉，对西安市碑林文化旅游集团有限公司进行询问调查。经查，当事人在未取得奥林匹克标志专有权人授权的情况下，于《数字藏品发售合同》等商业文书、数字商品名称以及微信宣传中使用"冬奥"等奥林匹克标志。当事人发行的数字商品共 4 款，销售额合计 19.41 万元。

2022 年 7 月 25 日，西安市市场监管综合执法支队认定当事人违反《奥林匹克标志保护条例》第 4 条第 2 款规定，依据《奥林匹克标志保护条例》第 12 条第 1 款，作出罚款 9.7 万元的行政处罚。

二、典型意义

该案查处时，北京 2022 年冬奥会虽然胜利闭幕但是热度依然很高，同时近几年随着"区块链""元宇宙"等互联网技术和概念的兴起，"NFT 数字藏品"这一数字化、虚拟化的新型商品形式出现，这种"新"与冬奥标志的"热"一起，共同造就了该案的特殊性和代表性。该案的查处聚焦数字藏品制作发售的全流程，程序严谨、取证完整、裁量适当，有力惩处了违法行为，对加强奥林匹克标志保护以及其他文化旅游行业、"NFT 数字藏品"产业的规范发展具有积极作用。

案例 7 福建省福州市仓山区市场监督管理局查处侵犯"冰墩墩"奥林匹克标志专有权案

一、基本案情

2020 年 1 月 15 日，国家知识产权局发布第三四八号公告，对北京 2022 年冬奥会吉祥物"🐼"（第 A000020 号）标志予以保护，北京 2022 年冬奥会和冬残奥会组织委员会自公告之日起享有对上述标志的专有权，有效期 10 年。

2022 年 2 月 14 日，福建省福州市仓山区市场监督管理局根据福州市市场监督管理综合执法支队网络监测信息，对当事人经营场所进行检查，发现当事人在其网店"尚尚呈品数码旗舰店"销售的手机壳印有"北京冬奥会 2022"字样或北京 2022 年冬奥会吉祥物"冰墩墩"图案。经查，当事人于 2022 年 1 月 25 日购进空白手机壳 401 个，自行印制"可爱墩墩""hi 墩墩""墩墩滑雪""墩墩向未来"四种手机壳，共计 350 个，违法经营额共计 1.93 万元，违法所得 5801 元。

2022 年 3 月 2 日，福州市仓山区市场监督管理局认定当事人违反《奥林匹克标志保护条例》第 4 条第 2 款规定,依据《奥林匹克标志保护条例》第 12 条,作出没收涉案手机壳 21 个、UV 平板打印机 1 个,没收违法所得 5801 元,罚款 5 万元的行政处罚。

二、典型意义

电商平台是知识产权侵权的高发领域,该案作为福建省首例查处侵犯"冰墩墩"奥林匹克标志专有权的行政执法案件,充分体现了知识产权行政保护部门在北京冬奥会期间积极作为,快速有效制止和打击侵犯奥林匹克标志行为,全力保障国际重大赛事活动顺利开展所作出的努力和取得的成绩。该案的查处科学、准确适用《奥林匹克标志保护条例》《行政处罚法》等相关条款,严格依法办案,综合考量行为人违法情节、后果和态度,作出公正适当的处罚。该案是落实严保护、快保护的生动案例,对市场主体和社会公众加强奥林匹克标志等知识产权保护具有很强的警示和引导作用。

特殊标志行政保护案例

案例 8 四川省成都市市场监督管理局查处侵犯第 31 届世界大学生夏季运动会会徽、吉祥物和"CHENGDU2021"特殊标志专有权案

一、基本案情

2021 年 4 月 14 日,国家知识产权局发布第四一六号公告,对 2021 年第 31 届世界大学生夏季运动会会徽"U"(第 T2021003 号)、吉祥物"🐼"(第 T2021004 号)、"CHENGDU2021"(第 T2021011 号)予以特殊标志保护,登记人为 2021 年第 31 届世界大学生夏季运动会执行委员会,核准使用商品和服务项目为《商标注册用商品和服务国际分类》的全部 45 个类别,有效期至 2025 年 4 月 13 日。

2022 年 4 月 27 日,四川省成都市市场监督管理局根据第 31 届世界大学生夏季运动会执行委员会投诉,对四川鸥鹏鹰城市家具有限公司进行检查。经查,当事人自 2022 年 3 月 8 日开始在某网络平台公司网页上发布"铝合金花箱户外广场小区花园景区学校庭院公园花槽【大运会款】,价格:480—1740 元"等宣传内容,页面中的花槽产品图片上标有"U""🐼"和"CHENGDU2021"等图形和文字,相关产品尚无线上线下销售记录。

2022 年 5 月 31 日,成都市市场监督管理局认定当事人违反《特殊标志管理条例》第 16 条第(1)项规定,依据《特殊标志管理条例》第 16 条,作出罚款 2000 元的行政处罚。

二、典型意义

世界大学生运动会是一项供大学生运动员参加的国际综合性体育活动,具有地域性强、比赛时间集中、参与者来自世界各地、广告效益较好等特点。知识产权行政保护部门依据《特殊标志管理条例》等对世界大学生运动会知识产权开展全方位、全时段的行政保护。该案的查处,有力保护了世界大学生运动会知识产权权利人的合法权益,震慑了侵犯世界大学生运动会特殊标志的行为,保证和促进了大学生体育运动的持续、健康发展。

官方标志行政保护案例

案例 9 新疆维吾尔自治区阿克苏地区市场监督管理局查处擅自使用地理标志专用标志案

一、基本案情

2019 年 10 月 16 日,国家知识产权局发布第三三二号公告,确定并发布地理标志专用标志官方标志"🏔",原相关地理标志产品专用标志同时废止,原标志使用过渡期至 2020 年 12 月 31 日。同日，国家知识产权局发布第三三三号公告，对地理标志专用标志(官方标志 G2019002 号)予以登记备案，并纳入官方标志保护。

2022 年 3 月 1 日，新疆维吾尔自治区阿克苏地区市场监督管理局根据天津市武清区市场监督管理局通报的案件线索，对阿克苏鑫华瑞果业有限公司仓储场所进行现场检查。经查，当事人在阿克苏市托普鲁克乡喀拉库勒村种植 40 亩苹果，以自产自销的方式通过天津红旗农贸批发市场设立代销点和网上销售"鑫华瑞"牌阿克苏冰糖心苹果，在未经公告核准使用地理标志专用标志的情况下，于 2020 年 1 月自行印制带有与""""近似标识的苹果包装箱 1 万个。截至 2022 年 3 月，当事人销售使用 6400 个包装箱。

2022 年 4 月 22 日，阿克苏地区市场监督管理局认定当事人违反《地理标志专用标志使用管理办法(试行)》第 10 条规定，依据《产品质量法》第 53 条，作出没收涉案苹果包装箱 3600 个、罚款 5000 元的行政处罚。

二、典型意义

地理标志专用标志是国家知识产权局为地理标志产品设立的官方标志。产自地理标志产品产地范围内的产品，并不当然可以使用地理标志专用标志。按照《地理标志产品保护规定》《地理标志专用标志使用管理办法(试行)》规定，地理标志产品产地范围内的生产者，应当向当地知识产权管理部门提出申请，经省级知识产权管理部门审核，并经国家知识产权局核准公告后，才可在其产品上使用地理标志专用标志。该案的查处进一步宣传了地理标志专用标志的使用条件和正当使用情形，是一堂现实而又生动的"普法课"，对于助力地方特色产品产业发展、进一步规范市场经营起到了积极作用。

案例 10　贵州省贵阳市花溪区市场监督管理局查处擅自使用地理标志专用标志案

一、基本案情

2019 年 10 月 16 日，国家知识产权局发布第三三三号公告，对地理标志专用标志""(官方标志 G2019002 号)予以登记备案，并纳入官方标志保护。

2022 年 5 月 10 日，贵州省贵阳市花溪区市场监督管理局根据锦屏县市场监督管理局案件移送，对贵州陆羽果品农业有限公司进行检查，现场查获印有""标识以及"库尔勒香梨"字样的纸箱 2 个。经查，当事人于 2020 年 10 月请人设计并制作上述纸箱，2021 年 1 月开始销售使用上述纸箱包装的香梨。

2022 年 8 月 2 日，花溪区市场监督管理局认定当事人违反《地理标志专用标志使用管理办法(试行)》第 10 条和《产品质量法》第 5 条规定，依据《产品质量法》第 53 条，作出罚款 1.16 万元的行政处罚。

二、典型意义

《地理标志专用标志使用管理办法(试行)》规定，知识产权管理部门及相关执法部门依照法律法规和相关规定对擅自使用或伪造地理标志专用标志等行为进行调查处理。该案中，当事人生产和销售标注地理标志专用标志图样的包装盒，尽管包装盒价值低，但会对专用标志合法使用人以及消费者造成较为严重的后果。该案的查处，严厉打击了冒用地理标志专用标志的生产、销售等违法行为，进一步维护了市场秩序，增强了生产经营单位的法律意识。

供稿：国家知识产权局知识产权保护司

2022 年度全国打击侵权盗版十大案件

2022 年，按照党中央、国务院关于全面加强知识产权保护的总体部署，各地区版权执法部门进一步加大版权执法监管力度，查处了一批侵权盗版大要案件。为深入宣传打击侵权盗版工作成果，充分发挥典型案例的示范引导作用，国家版权局联合全国"扫黄打非"办公室评选出了 2022 年度全国打击侵权盗版十大案件，现予公布。

案例 1 北京亿代鑫源商贸有限公司破坏技术保护措施案

一、基本案情

2022 年 2 月，根据国家版权局移转线索，北京市文化市场综合执法总队对该案进行调查。经查，自 2021 年起，北京亿代鑫源商贸有限公司为任天堂 Switch 游戏机加装硬件破解模块，面向社会销售非法牟利，违法所得 10 942 元、非法经营额 296 242 元。经司法鉴定，该破解行为破坏了 Switch 游戏机原有的技术保护措施。2022 年 6 月，北京市文化市场综合执法总队依据《著作权法》第 53 条规定，对该公司作出没收违法所得、没收侵权设备、罚款 59.2484 万元的行政处罚。涉嫌构成刑事犯罪的，已进入司法程序。

二、典型意义

本案发挥了版权行政执法快捷高效的优势，体现了版权执法部门严格保护、平等保护的执法导向，有利于营造加大惩治力度、提高违法成本、发挥法律震慑作用的版权保护氛围，也对类案办理的法律适用、鉴定方式等具有借鉴意义。

案例 2 辽宁沈阳"2·24"制售侵权盗版传统文化电子书案

一、基本案情

2022 年 2 月，根据权利人投诉线索，辽宁省公安厅、版权局指导沈阳市公安局对该案进行调查。经查，辽宁美术出版社历时 25 年完成美术遗产抢救工程《中国敦煌壁画全集》的编辑出版工作，江某某、吴某等未经著作权人许可，非法将《中国敦煌壁画全集》扫描为电子书，并建立覆盖 13 个省区市的侵权盗版销售网络，累计销售 89 147 份。2022 年 11 月，经检察机关依法公诉，沈阳市高新区法院以侵犯著作权罪，判处江某某等 11 人有期徒刑三年缓刑四年不等。

二、典型意义

近年来，国家版权局持续加大传统文化版权保护力度。本案系侵犯传统文化出版物著作权案件，涉案人员众多，盗版品种数量大，涉及区域广，社会影响恶劣，案件查办对震慑传统文化领域侵权盗版、推动中华优秀传统文化传承发展具有重要意义。

案例 3 上海伍某某等生产销售侵权盗版动漫手办案

一、基本案情

2021 年 8 月，根据权利人报案线索，上海市公安局徐汇分局对该案进行调查。经查，自 2021 年起，伍某某伙同他人，未经著作权人日本万代公司许可，擅自生产并通过电商平台销售侵权盗版"海贼王""七龙珠""火影忍者"等动漫形象手办 5 万余件，涉案金额 500 余万元。2022 年 9 月，经检察机关依法公诉，上海市徐汇区人民法院以侵犯著作权罪,判处伍某某有期徒刑三年,并处罚金 15 万元;判处其他同案人员有期徒刑六个月至三年不等,并处罚金 6 万元至 10 万元不等。

二、典型意义

该案是打击动漫卡通形象衍生产品侵权的典型案件。案件查办过程中,版权执法力量和各类侦查资源充分整合,实现了"打源头、端窝点、摧网络、断链条、追流向"的目标,案件查办彰显了我国切实保护境外权利人权利、构建良好营商环境的决心和举措。

案例 4　江苏扬州"2·10"侵犯北京冬奥会吉祥物著作权案

一、基本案情

2022 年 2 月,根据工作巡查获得线索,扬州市公安局对该案进行调查。经查,吕某某未经北京 2022 年冬奥会和冬残奥会组委会许可,非法生产侵权盗版北京冬奥会吉祥物"冰墩墩"系列衍生产品,非法经营额 50 余万元,另查扣尚未销售的盗版成品 1 万余件。公安机关侦查研判将未达到刑事犯罪标准的线索移送版权行政执法部门。2022 年 4—8 月,扬州市文化广电和旅游局依据《著作权法》第 53 条规定,先后对徐某等人作出没收侵权复制品、没收违法所得、罚款 31 200 元不等的行政处罚。2022 年 11 月,经检察机关依法公诉,扬州市广陵区人民法院以侵犯著作权罪,判处吕某某有期徒刑三年,并处罚金 20 万元;判处其他同案人员有期徒刑两年缓刑两年不等。

二、典型意义

该案是国家版权局等五部门联合挂牌督办案件,取得了"当年立案,当年挂牌,当年判决"的突出成效,震慑力度大。该案也是一起典型的两法衔接案件,侵权行为构成犯罪的由公安机关查处,达不到刑事立案标准的由公安机关及时移送行政执法机构作出行政处罚,共同对上下游侵权盗版行为进行全链条打击,具有示范意义。

案例 5　江西宜春袁某销售侵权盗版教材教辅图书案

一、基本案情

2022 年 6 月,根据全国"扫黄打非"办公室移转线索,宜春市文化广电新闻出版旅游局对该案进行调查。经查,2021 年以来,袁某在电商平台开设 8 家店铺,对外销售侵权盗版教材教辅图书,违法所得 17 679.74 元。2022 年 8 月,宜春市文化广电新闻出版旅游局依据《著作权法》第 53 条规定,对袁某作出没收侵权复制品、没收违法所得、罚款 80 374.8 元的行政处罚。

二、典型意义

近年来,"剑网"、青少年版权保护季等专项行动持续将打击电商平台销售侵权盗版教材教辅、少儿图书作为重点领域,不断强化电商平台版权专项整治。该案当事人在多次受到出版单位及消费者投诉侵权情况下,持续销售侵权盗版教材教辅、童书绘本等,社会影响恶劣。基层执法部门通过行政执法手段快查快办、加大处罚,体现了版权行政执法高效惩处的优势。

案例 6　湖北襄阳徐某等侵犯听书作品著作权案

一、基本案情

2019 年 3 月,根据公安部移转线索,襄阳市宜城市公安局对该案进行调查。经查,2017 年以来,徐某、刘某某等未经上海喜马拉雅科技有限公司、得到(天津)文化传播有限公司等著作权人许可,通过网络社交群和网盘售卖侵权盗版音频类作品

23 000 余部,非法获利 1100 万余元。2022年 9 月,经检察机关依法公诉,襄阳市中级人民法院以侵犯著作权罪判处徐某有期徒刑四年,并处罚金 100 万元;判处其他同案人员有期徒刑二年至三年不等,并处罚金 2万元至 12 万元不等。

二、典型意义

该案当事人通过社交软件广告引流、网络销售大量音频类作品,侵权盗版持续时间长、手段隐蔽、获利数额大、取证固证难,执法部门通过调取网络数据信息对侵权规模、路径及收益进行充分调查取证,案件成功办结对打击网络规模侵权盗版具有借鉴意义。

案例 7 湖南长沙童梦文化股份有限公司特教软件被侵犯著作权案

一、基本案情

2021 年 2 月,根据权利人投诉线索,长沙市公安局在版权管理和"扫黄打非"部门配合下对该案进行调查。经查,自 2019 年1 月起,杜某、徐某伙同朱某等通过拷贝、网络爬虫技术,盗版湖南童梦文化股份有限公司享有著作权的残障儿童特殊教育软件及相关教学资源,面向 20 多个省区市特殊教育学校销售,非法获利 263 万元。2022 年 4 月,经检察机关依法公诉,长沙县人民法院以侵犯著作权罪,判处杜某有期徒刑三年六个月,并处罚金 120 万元;判处其他同案人员有期徒刑三年缓刑三年不等,并处罚金 80 万元不等。

二、典型意义

"剑网 2022"专项行动将在线教育版权保护作为重点任务。本案是首个特殊教育领域网络侵权犯罪案件,顺利侦破与判决震慑了违法犯罪行为,保障了特殊教育领域师生合法权益,对树立版权保护意识具有重要意义。

案例 8 广东珠海创嗨新网络科技有限公司侵犯冬奥会赛事节目著作权案

一、基本案情

2022 年 2 月,根据执法巡查线索,广东省珠海市文化广电旅游体育局对该案进行调查。经查,珠海创嗨新网络科技有限公司运营"手机电视直播大全"App 未经著作权人和持权转播商许可,通过信息网络非法向公众传播中央广播电视总台北京冬奥会赛事直播节目和北京冬奥会专题节目等,违法所得 825.63 元。2022 年 3 月,珠海市文化广电旅游体育局依据《著作权法》第 53 条规定,对该公司作出没收违法所得、罚款 10 万元的行政处罚。

二、典型意义

营造良好冬奥版权保护环境,既是履行我国承办北京 2022 年冬奥会和冬残奥会的国际承诺,也是保护持权转播机构合法权益的重要任务。该案是国家版权局等六部门冬奥版权保护集中行动的典型案例,通过行政处罚快速制止侵权行为,对强化重大体育赛事节目版权保护具有示范意义。

案例 9 广西钦州"4·02"侵犯教材教辅图书著作权案

一、基本案情

2022 年 4 月,根据群众举报线索,灵山县公安局在版权管理和文化市场综合行政执法部门配合下对该案进行调查。经查,自 2020 年起,邓某某、曾某某、刘某某等建立了一条涉及 4 省(区)12 市的侵权盗版教材教辅产供销链条,该犯罪团伙反侦察意识强、地下窝点隐蔽,公安机关捣毁生产仓储窝点 11 个,查扣盗版词典、教材教辅等图书 50 万余册,涉案金额 2000 万余元。2022 年 11 月,经检察机关依法公诉,灵山县人民法院以侵犯著作权罪等罪名,判处邓某某有期徒刑七年,并处罚金 80 万元;判处其他同案人员有期徒刑一年六个月至六年六个月不等,并处罚金 3 万元至 200 万元不等。2022 年 12 月,钦州市中级人民法院作出驳回上诉、维持原判的终审裁定。

二、典型意义

该案是国家版权局等六部门联合挂牌督办案件,也是广西迄今办结的判处刑期最长、处罚金额最高的著作权侵权犯罪案件。办案机关在接到群众举报后,不囿于办理简单行政案件,而是跨地区、多部门衔接紧密,追根溯源,摧毁团伙,打掉网络,为西部地区查办侵权盗版大案要案作出了表率。

案例 10　四川绵阳"11·11"侵犯音乐作品著作权案

一、基本案情

2021 年 9 月,根据国家版权局移转线索,绵阳市公安局在文化市场综合行政执法部门配合下对该案进行调查。经查,2015 年以来,杨某某搭建某听歌网站,未经著作权人许可,雇用人员从其他音乐网站、音乐贴吧收集、下载 22 万首侵权盗版歌曲上传至该网,采取注册会员、付费下载形式非法获利 500 万余元。2022 年 7 月,经检察机关依法公诉,绵阳高新技术产业开发区人民法院以侵犯著作权罪,判处杨某某有期徒刑三年缓刑四年,并处罚金 12 万元。

二、典型意义

该案是国家版权局等六部门联合挂牌督办案件,在收到国外著作权认证机构投诉后,公安部门会同版权行政执法部门组成专案组,虽涉案作品数量大、取证固证难,但案件查办落地收网仅用 60 天,是推动两法衔接、提高执法效能的一起成功案例,也是平等保护中外著作权人合法权益的典型案例。

供稿:中央宣传部版权管理局

2022 年农业植物新品种保护典型案例

司法案例

案例 1　江苏省金地种业科技有限公司诉江苏亲耕田农业产业发展有限公司侵害水稻"金粳 818"植物新品种权纠纷案

一、基本案情

江苏省金地种业科技有限公司(简称金地公司)因江苏亲耕田农业产业发展有限公司(简称亲耕田公司)侵害水稻"金粳 818"植物新品种权,向江苏省南京市中级人民法院(简称一审法院)提起诉讼。涉案品种为水稻品种"金粳 818",品种权授权日为 2018 年 11 月 8 日,品种权号为 CNA20141476.3,品种权人为天津市水稻研究所。2017 年 10 月 1 日,天津市水稻研究所授权金地公司独占实施水稻植物"金粳 818"新品种权,授权期限为自"金粳 818"植物新品种权申请之日起至"金粳 818"植物新品种权保护期终止之日止。

2019 年 5 月,金地公司调查人员与亲耕田公司相关人员通过微信交流购买"金粳 818"事宜。2019 年 5 月 26 日,金地公司来到江苏省宿迁市宿豫区农业大市场门头有"宿迁供销亲耕田电子商务中心"等字样的店铺内,询问"金粳 818"种子价格,签订《亲耕田联合农场加盟协议》,以 10 元/亩(1 亩＝0.0 006 667 平方千米)/季向店铺工作人员交付 470 亩地的加盟服务费 4700 元。加盟协议还载明,亲耕田公司目前服务 200 多万亩耕地,辐射苏、鲁、豫、皖四省 4600 多名大户,年交易额超过 2 亿

元。金地公司与亲耕田公司人员联系购买
10 000 斤（1 斤＝0.5kg）"金粳 818"种子，
并确认包装方式、发货信息。2019 年 6 月
2 日，金地公司来到江苏省宿迁市沭阳县
农户仓库处接货，对其中四袋种子进行取
样、封存。公证人员对上述过程及事项均
进行了公证并制作成公证文书。2020 年 4
月 8 日，金地公司向一审法院提起诉讼，并
申请鉴定。

一审法院依法提取"金粳 818"水稻种
子样品，委托农业农村部植物新品种测试
（杭州）分中心对被诉侵权种子品种真实性
进行鉴定。2020 年 9 月 30 日，该中心出具
的检验报告显示，48 个比较位点中差异位
点数为 0，判定为"极近似品种或相同品
种"。金地公司认为，亲耕田公司参与了涉
案"金粳 818"水稻种子的销售，恶意侵害了
其享有的植物新品种权，应适用惩罚性赔
偿制度，要求赔偿损失及合理费用共计 300
万元。亲耕田公司认为，其公司为会员农
户提供种子富余与缺少的信息，没有参与
农户之间的种子销售、收款、发货、送货等
环节，涉案种子销售行为与亲耕田公司无
关。一审法院经审理认为，亲耕田公司提
供了涉案"金粳 818"种子来源和价格等信
息，为涉案种子交易的达成提供了帮助；涉
案种子的销售主体、销售地域及销售数量
均不符合"农民自繁自用"范围；考虑造成
的损失、侵权行为性质和情节以及合理维
权费用，判决赔偿 300 万元。

亲耕田公司不服一审判决，向最高人
民法院知识产权法庭（简称二审法院）提起
上诉。双方未提交新证据。二审法院确认
一审认定事实，另查明亲耕田公司没有取
得种子生产经营许可证，并承认未审查种
子购销双方身份，也没有审查所销售种子
的来源和用途。买卖双方就标的物买卖条
件的意思表示达成一致，销售合同依法成
立，则构成法律意义上的销售行为，亲耕田
公司发布侵权种子销售具体信息，与购买
者协商确定种子买卖的包装方式、价款和

数量、履行期限等交易要素，销售合同已经
依法成立，销售行为已经实施。同时，参照
《最高人民法院关于审理侵害植物新品
权纠纷案件具体应用法律问题的若干规定
（二）》第 4 条的规定，以广告、展陈等方式
作出销售授权品种繁殖材料的意思表示
的，人民法院可以以销售行为认定处理。
故认定亲耕田公司直接实施被诉侵权种子
的销售行为，原审法院认定亲耕田公司仅
实施帮助销售行为不当予以纠正。针对是
否应适用惩罚性赔偿的问题，亲耕田公司
系种子农资专业经营者，其销售的被诉侵
权种子部分包装未标注任何信息、部分包
装标注商品粮名称，其试图掩盖侵权行为
和逃避责任追究的意图明显，具有侵权恶
意；其经营模式实系通过信息网络途径组
织买卖各方，以"农民""种粮大户"等经营
主体名义为掩护实施的侵权行为，其行为
较为隐蔽；以众多种植大户为服务对象，种
植大户不属于农民自繁自用种子的免责范
畴，对品种权人造成巨大市场冲击，属于严
重侵害植物新品种权行为。在侵权获利计
算上，按照《亲耕田联合农场加盟协议》记
载的 200 万亩服务耕地，10 元/亩/季收取
服务费计算，每季服务费收入为 2000 万
元；按 4600 户，每户收取服务费计算，收入
为 2162 万元。考虑到亲耕田公司还经营
农药、化肥等大项农资，前述服务费按三分
之一比例计为 600 万~700 万元；服务耕地
200 万亩，每亩最少用种子 12 斤，而每斤种
子销售价格为 2 元，与商品粮价格 1.5 元
的差价为 0.5 元，种子销售总利润计为
1200 万元，上述收入合计近 2000 万元。亲
耕田公司微信中提及销售水稻品种为"南
粳 2728""南粳 9108""南粳 505""武运粳
23""南粳 46""金粳 818"共 6 种，考虑到可
能还涉及其他植物新品种，从宽计算"金粳
818"在亲耕田公司所售种子中的比例，仍
可合理推定亲耕田公司在"金粳 818"的侵
权获利上达 100 万元以上。综合考虑亲耕
田公司的侵权恶意、手段、规模和范围等，

属侵权行为情节严重情形,适用惩罚性赔偿制度,依照《种子法》第73条第3款规定,并参照《最高人民法院关于审理侵害植物新品种权纠纷案件具体应用法律问题的若干规定(二)》第17条第2款侵权情节严重行为认定的规定,在依法适用惩罚性赔偿时可以按照计算基数的二倍以上确定惩罚性赔偿数额。故原审法院确定本案的惩罚性赔偿金额为200万元,判令亲耕田公司承担共300万元的赔偿责任于法有据,一审认定事实基本清楚,适用法律虽有不当,但实体处理正确,予以维持。

二、典型意义

本案对被诉侵权人通过信息网络途径组织买卖各方,以"农民""种粮大户"等经营主体为掩护实施的侵权行为进行了准确定性。本案涉及种子套牌侵权行为,且侵权行为隐蔽,实施范围广、交易金额大,同时入选2021年最高人民法院"种业知识产权司法保护典型案例"以及"新时代推动法治进程2021年度十大案件"。

本案从表面上看,被诉侵权人仅提供有关种子销售信息,未介入后续的种子交付和收款,仅为种子销售提供了帮助,但实际上被诉侵权人以隐蔽方式寻找潜在客户,主导侵权种子交易的达成,是被诉侵权种子交易的组织者和决策者,属于直接侵权。且侵权方发布和组织交易的种子销售信息所涉种子数量达数万斤,远远超出了农民个人自繁自用的数量和规模;在赔偿额计算上,由于侵权方无交易记录,无法提供相关账簿,法院参考其宣传资料,综合考虑侵权情节,推定其侵权获利超过100万元。组织销售不标注任何产品信息的白皮袋侵权种子、未取得种子生产经营许可证生产经营种子,属侵权行为情节严重,适用惩罚性赔偿制度,以100万元为基数处以二倍以上惩罚性赔偿数额,最终判令被诉侵权方赔偿经济损失及合理开支300万元。

案例2 黑龙江阳光种业有限公司诉农业农村部植物新品种复审委员会申请驳回玉米"哈育189"复审行政纠纷案

一、基本案情

黑龙江阳光种业有限公司(简称阳光种业公司)因不服农业农村部植物新品种复审委员会(简称复审委员会)于2019年1月17日作出的《关于维持〈哈育189品种实质审查驳回决定〉的决定》,向北京知识产权法院(简称一审法院)提起行政诉讼。涉案品种为玉米品种"哈育189",品种权申请日为2015年6月29日,申请号为20150963.4,申请人为阳光种业公司和黑龙江省农业科学院玉米研究所。

2017年11月20日,原农业部植物新品种保护办公室(简称保护办公室)经审查认为"哈育189"不具备特异性,驳回品种权申请。2018年3月24日阳光种业公司不服保护办公室的驳回决定,以保护办公室近似品种选择错误为由,向复审委员会提出复审请求。复审委员会经审理,于2019年1月17日作出《关于维持〈哈育189品种实质审查驳回决定〉的决定》,驳回请求人的复审请求。2019年1月29日阳光种业公司不服该决定,向一审法院提起行政诉讼。阳光种业公司认为,2016年《种子法》第92条第(10)项规定,"已知品种是指已受理申请或者已通过品种审定、品种登记、新品种保护,或者已经销售、推广的植物品种",而"哈育189"于2011年参加黑龙江省农作物品种试验,属于已经受理申请品种审定的植物品种,即为已知品种,而玉米品种"利合228"申请品种权保护的时间是2015年6月29日,晚于"哈育189"申请审定的时间,不能作为判定"哈育189"是否具备特异性的近似品种。阳光种业公司请求法院判决撤销复审决定,并判令复审委员会重新作出决定。

一审法院认为,认定"利合228"能否作为本申请近似品种,应当明晰2016年《种子法》、《植物新品种保护条例》(简称《条例》)以及《植物新品种保护条例实施细则(农业部分)》(简称《细则》)的法律适用问题,并在此基础上进一步考量"利合228"相对于本申请是否为已知的植物品种。阳光种业公司主张适用的《种子法》自2016年1月1日起正式实施,本申请递交品种权申请时间为2015年6月29日,发生于《种子法》施行之前。《立法法》第93条规定,"法律、行政法规、地方性法规、自治条例和单行条例、规章不溯及既往,但为了更好地保护公民、法人和其他组织的权利和利益而作的特别规定除外"。该条款要求,在无特别规定的情况下,法律只能适用于其颁布生效以后发生的行为或事件,不能溯及其颁布生效以前发生的行为或事件。根据"法不溯及既往"的原则,复审委员会未依据2016年《种子法》作出维持"哈育189"品种实质审查驳回决定是适当的。另外,即便本案可以适用2016年《种子法》,该种情形同样也属于已知品种。2016年《种子法》中已知品种的范围涵盖了《细则》中已知品种的范围。

根据《条例》第15条"特异性,是指申请品种权的植物新品种应当明显区别于在递交申请以前已知的植物品种"和《细则》第16条"已知的植物品种,包括品种权申请初审合格公告、通过品种审定或者已推广应用的品种","利合228"申请品种权保护初审合格日期为2015年5月1日,早于"哈育189"申请保护的时间2015年6月29日,可以作为"哈育189"的近似品种。另外,根据甘肃省高级人民法院(2018)甘民终695号民事判决的认定,"利合228"与"哈育189"是同一玉米品种,黑龙江省农业农村厅通告"哈育189"的品种审定名称更名为"利合228"。故阳光种业公司关于"哈育189"受理申请品种审定在先的主张亦缺乏事实依据。

2021年4月26日阳光种业公司不服一审判决,向最高人民法院知识产权法庭(简称二审法院)提起上诉。二审法院认为,本案被诉行政决定是否合法是以作出行政决定时有效的法律法规作为判断依据,复审委员会针对申请日为2015年6月29日的"哈育189"植物新品种权申请作出被诉决定,未适用2016年1月1日起施行的《种子法》,并无不当。"哈育189"品种在2015年6月29日申请植物新品种权时,"利合228"品种已经完成了品种权申请初审,被诉决定将"利合228"玉米品种作为"哈育189"品种权申请日之前的已知品种,就其相关特征、特性进行测试,与申请品种进行性状对比,于法有据。因此,被诉决定和一审判决认定并无不当。故判决驳回上诉,维持原判。

二、典型意义

本案是对复审委员会的决定不服,向人民法院提起的行政诉讼案例。本案的典型意义在于有助于厘清品种特异性判定中已知品种的作用。本案也入选2021年最高人民法院"种业知识产权司法保护典型案例"。

作为授权条件之一,申请品种应具备特异性,即申请品种应当明显区别于递交申请以前的已知品种。在实际特异性鉴定中,无法将所有已知品种与申请品种进行种植对比,故选择已知品种中一个或多个形态上最为接近的品种(又称近似品种),进行种植对比。在比对中,申请品种如果有一个或一个以上的性状与近似品种有明显差别,则视为具有特异性。值得注意的是,已知品种范围在《种子法》中有所拓宽,由原来的"品种权申请初审合格公告、通过审定或者已推广应用的品种"扩大到"已受理申请或者已经通过品种审定、品种登记、品种保护,或已经销售、推广的植物品种"。

"利合228"与"哈育189"实际上为同一品种,本案背后交织着权属纠纷。对于知识产权成果被抢先保护或审定而引发的纠纷,应向法院提出权属之诉,并提供相关育种过程和合法来源等证据,相关行政主管部门依据法院判决结果,作出是否变更权利人或撤销审定等决定。

案例3 北京北方丰达种业有限责任公司诉平顶山市高新区中威果苗培育基地、河南省中威果丰农业科技服务有限公司、平顶山市卫东区聚贤林木专业合作社侵害梨"苏翠1号"植物新品种权纠纷案

一、基本案情

北京北方丰达种业有限责任公司(简称丰达公司)因平顶山市高新区中威果苗培育基地(简称中威基地)、河南省中威果丰农业科技服务有限公司(简称中威果丰公司)、平顶山市卫东区聚贤林木专业合作社(简称聚贤合作社)侵害梨"苏翠1号"植物新品种权,向河南省郑州市中级人民法院(简称一审法院)提起诉讼。涉案品种为梨"苏翠1号",品种权授权日为2017年5月1日,品种权号为CNA20121041.1,品种权人为江苏省农业科学院。江苏省农业科学院分别于2020年2月1日和2020年7月22日两次签订合同,授权丰达公司独家实施"苏翠1号"植物新品种权,可以自己名义进行维权要求赔偿,授权地域范围为中国境内(不含港澳台地区),授权时间为2020年2月1日至2037年4月30日。

2020年4月29日,丰达公司通过公证程序对微信名为"AO盛福财17530508889果树苗"(简称盛福财)的朋友圈内容进行公证,涉及大量销售"苏翠1号"种苗的信息。2020年8月20日,丰达公司通过公证程序保全了微信昵称为"盛福财"与"江北果农"(丰达公司员工的微信昵称)的联系信息,内容是确定购买100条"苏翠1号"接穗。2020年8月21日,丰达公司对梨苗嫁接穗条快递件收取、封存、扦插、取样、送检及收取检验报告的全过程进行了公证。丰达公司接收接穗快递包,先由公证人员确认快递件外包装完整、无破损,粘贴在快

递件上的快递单完好后,送到公司冷库密封保存,加贴公证封条。8月25日,丰达公司人员和公证人员一起到冷库取出封存快递,经确认封存完好后,将快递件送到"北京北方丰达种业桐柏基地",快递内有一捆树枝枝条及宣传册数份。丰达公司人员随机挑选部分枝条修剪后插入编号为013-07的花盆,公证人员将扦插入盆的枝条进行捆扎封存于该花盆内,由基地工作人员日常管护。9月18日,经公证人员查看,编号为013-07的花盆内嫁接穗条根部粘贴的封条完好,花盆上的编号、嫁接穗条与封存时一致,穗条已萌发叶片。丰达公司人员采摘叶片放入编号013-07的自封口塑料透明袋内,由公证人员携带至公证处,放在冰箱内保管。2020年9月27日,重复9月18日的采集、保存样本行为。9月29日,在公证人员监督下,丰达公司人员将上述二批次采集的013-07号样本分装成3份,1份用于送检,2份留存于桐柏县公证处保管。9月30日,两名公证员携带上述样本随同丰达公司人员来到位于武汉市江汉大学系统生物学研究院进行真实性鉴定,并被告知需将检测结果以快递方式邮递至河南省桐柏县公证处。11月2日,公证人员收到快递,内装送检编号为013-07的《检验报告》。上述过程,公证人员均使用本人手机进行了拍摄,所拍摄的照片均附于公证书后。《检验报告》载明,送检样品原编号为013-07,对照样品为"苏翠1号"(来自江苏省农业科学院),检验依据为《植物品种鉴定 MNP标记法》,比较位点总数6256、差异位点数4、遗传相似度(GS)99.94%,结论为极近似品种或相同品种。穗条随附的宣传册称,"盛福财"为中威基地高级农艺师、高级工程师、总经理,宣传册署有中威基地、中威果丰公司、聚贤合作社名称。

一审法院经审理认为,结合经公证的微信聊天记录、宣传册中有关培育、销售"苏翠1号"的内容,根据江汉大学提供的检验报告,确定被诉梨品种接穗与"苏翠1

号"梨品种为同一品种,由于销售果苗信息仅与中威基地、中威果丰公司有关,无法证明聚贤合作社参与实施侵权行为,认定中威基地和中威果丰公司未经许可繁育、销售"苏翠1号"接穗行为构成侵权,判决立即停止繁育、销售侵权繁殖材料,赔偿丰达公司经济损失及维权合理开支10万元。

中威基地不服一审判决,向最高人民法院知识产权法庭(简称二审法院)提起上诉。二审法院认为本案焦点问题为中威基地是否实施侵权行为、一审判决赔偿金额是否合理。中威基地经营者盛福财发布关于"苏翠1号"种苗的销售信息,丰达公司通过其微信购买接穗,经鉴定与"苏翠1号"梨品种为极近似品种或相同品种,宣传册内容表明中威基地为果苗培育基地,上述信息及过程均以公证方式进行证据保全,能够证明中威基地实施了侵权行为。中威基地称其所销售的接穗来源于其他农户,但未提供其购买时的交易依据、交换凭证等相关证据,其在二审中提交的证人证言为单方陈述且证人未到庭,又无其他证据佐证,不予采纳,确认一审法院根据相关证据认定中威基地具有繁殖行为并无不当。一审法院综合考虑中威基地、中威果丰公司的侵权性质、经营规模、涉案梨品种种苗的销售价格,以及丰达公司为制止侵权行为所支付的公证费、律师代理费、检测费等合理开支等因素,确定中威基地、中威果丰公司赔偿10万元并无明显不当,判决驳回上诉,维持原判。

二、典型意义

本案是运用分子检测技术解决无性繁殖植物侵权鉴定问题的典型案例。涉案品种为梨品种,系无性繁殖植物,相对于有性繁殖植物来说,无性繁殖植物的繁殖材料生产与销售更为隐蔽,通常以收获材料出现于公开市场,维权举证较为困难。我国目前尚未建立涉案品种梨的分子鉴定标准,本案运用MNP(多核苷酸多态性)标记

技术解决了梨品种同一性鉴定难题。我国目前已建立近四十种植物的DNA鉴定标准,但还有许多植物种属,尤其是非主要农作物如中草药、食用菌、花卉、林木等,缺乏分子鉴定标准。本案一审法院和二审法院确认了MNP标记技术做出的《检验报告》的法律效力,为尚未建立分子鉴定标准的植物品种维权鉴定提供了解决方案。

此外,本案在维权取证过程中,权利人将公证程序应用于取证全过程,侵权信息发布和侵权穗条购买、接收、寄送、扦插、培育、取样、送检等环节证据有机衔接,为侵权行为认定与损害赔偿的获得提供强有力的支持。

案例4 江苏金土地种业有限公司诉扬州今日种业有限公司、戴某某、杨某某等侵害小麦"扬辐麦4号"植物新品种权纠纷案

一、基本案情

江苏金土地种业有限公司(简称金土地种业公司)因扬州今日种业有限公司(简称今日种业公司)、戴某某、杨某某、柏某某侵害小麦"扬辐麦4号"植物新品种权,向江苏省南京市中级人民法院(简称一审法院)提起诉讼。涉案品种为小麦品种"扬辐麦4号",品种权授权日为2010年7月1日,品种权号为CNA20070263.7,品种权人为江苏里下河地区农业科学研究所、金土地种业公司,后变更为金土地种业公司。

今日种业公司成立于2016年3月1日,原注册资本为680万元,戴某某、杨某某分别认缴出资408万元、272万元,认缴时间为2036年2月29日前,出资方式为货币。2018年11月15日,戴某某、杨某某将公司全部股权以0元转让给柏某某,今日种业公司成为柏某某的个人独资公司。2019年1月11日,今日种业公司将注册资本由680万元变更为10万元,由股东柏某

某一人认缴,认缴时间为 2036 年 2 月 29 日前。2016 年 2 月 29 日,今日种业公司(当时股东为戴某某、杨某某)与扬州宽裕工贸有限公司(法定代表人为戴某某)签订《房屋租赁协议》。

2018 年 10 月 18 日,金土地种业公司委托人与公证人员一起到一悬挂"扬州今日种业有限公司"铭牌的院落内,落实之前与杨某某联系的购买麦种事宜,确定"扬辐麦 4 号"麦种销售价为 1.6 元/斤,共 35 000 斤,计 56 000 元。支付麦种货款后,委托人运走麦种,运至另一仓库。公证人员随机抽取两袋"扬辐麦 4 号"麦种。上述过程记录在公证书中,附有手机截图及拍摄的照片。经双方当事人确认,金土地种业公司提交的种子与今日种业公司销售的"扬辐麦 4 号"种子及其外包装一致。今日种业公司认为涉案种子并非其销售,无法确认涉案种子就是"扬辐麦 4 号"小麦种子。杨某某不认可上述公证书内容,否认销售"扬辐麦 4 号"小麦种子,称金土地种业公司在公证购买涉案种子前与其电话联系过,但不清楚购买过程。

一审法院根据申请提取"扬辐麦 4 号"小麦种子样品,对被诉侵权种子品种同一性进行鉴定。2020 年 8 月 6 日,河南省依斯特检测技术有限公司出具的《检验报告》显示,待测样品与对照品种差异位点数为 1,判定为近似品种。今日种业公司认为,《检测报告》不能证明被诉侵权种子与"扬辐麦 4 号"具有同一性,申请进行田间种植鉴定。柏某某一审未到庭,也未参加答辩。一审法院经审理认为,根据金土地种业公司提交的公证书、《房屋租赁协议》内容、庭审中杨某某认可金土地种业公司在公证购买涉案种子前曾与其联系以及《检测报告》等证据,确认今日种业公司未经许可生产、销售被诉侵权种子的行为。考虑到今日种业公司对检测结论未提交相反证据,驳回今日种业公司进行田间种植鉴定的申请。综合考虑授权品种作物类型、侵权行为可

能造成的损失、侵权行为持续时间、侵权情节和后果以及为维权支出的合理费用等,判定今日种业公司赔偿金土地种业公司经济损失 20 万元。同时,鉴于戴某某、杨某某认缴的出资数额高于今日种业公司应承担的赔偿责任,柏某某未举证证明今日种业公司财产独立于自己财产,根据《最高人民法院关于适用〈中华人民共和国公司法〉若干问题的规定(三)》第 13 条第 2 款及第 18 条第 1 款规定,判决戴某某、杨某某对 20 万元中不能清偿的部分承担补充赔偿责任,根据《公司法》第 63 条规定,判决柏某某对该 20 万元承担连带赔偿责任。

今日种业公司、戴某某、杨某某不服一审判决,向最高人民法院知识产权法庭(简称二审法院)提起上诉。二审中,各方当事人没有提交新证据。二审法院认为,今日种业公司是否实施侵害涉案品种权的生产、销售行为以及赔偿责任如何承担,是争议焦点。一审法院根据在案证据,认定今日种业公司实施了侵害"扬辐麦 4 号"品种权行为,判定赔偿经济损失 20 万元,二审法院经审理予以维持。戴某某、杨某某转让全部股权时认缴时间尚未届满,不属于股东出资加速到期的法定情形,一审法院依据《最高人民法院关于适用〈中华人民共和国公司法〉若干问题的规定(三)》第 13 条第 2 款及第 18 条第 1 款规定,判决戴某某、杨某某承担补充责任,适用法律有所不当。但是,根据《公司法》相关规定,公司股东滥用公司法人独立地位和股东有限责任,逃避债务,严重损害公司债权人利益的,应当对公司债务承担连带责任。戴某某、杨某某实际缴纳的公司资本数额与公司经营所隐含的风险相比明显不匹配,戴某某、杨某某所实施的未实缴出资、0 元转让公司、减资等系列行为,具有明显逃避侵权赔偿责任的故意,导致公司减资后无法偿付公司减资前产生的侵权之债,根据《公司法》第 20 条的规定,判决戴某某、杨某某就今日种业公司的赔偿数额承担补充赔偿

责任。柏某某对于戴某某、杨某某未履行出资义务,恶意转让股权的事实应当知道,且变更后的今日种业公司为自然人独资的一人有限责任公司,但柏某某作为今日种业公司的唯一股东,未参加本案的审理,未提交公司经营情况、财务支出账目,也没有提供证据证明公司存在规范的财务制度、公司财产与股东个人财产相分离,一审法院认定柏某某对今日种业公司的债务承担连带赔偿责任正确。二审判决驳回上诉,一审判决适用法律虽有瑕疵,但裁判结果正确,应予维持。

二、典型意义

实践中,品种权人赢了官司却输了钱,除了因为赔偿额过低,还可能因为遭遇了本案中"花式顶包"情形。本案被诉侵权方的两个股东自公司成立至侵权事发的两年内,虽公司正常营业但没有任何实际出资,在品种权人侵权取证后,将全部股权以 0 元对价转让给无经营能力的第三方,经当地农业行政执法部门现场执法后,又将注册资本由 680 万元减至 10 万元,通过减资程序后导致公司认缴出资数额明显低于侵权损害赔偿额,品种权人无法得到有效赔偿。法院在审理过程中,了解到被诉侵权方"花式顶包"行为的真实意图,认定被诉侵权方原股东具有滥用公司有限责任和减资程序逃避侵权债务的恶意,依据《公司法》相关规定,判决原公司股东就公司不能清偿的赔偿部分承担补充赔偿责任、受让股东承担连带赔偿责任,确保品种权人的合法权益得到有效救济。

案例 5　江苏省高科种业科技有限公司诉秦某某侵害水稻"南粳 9108"植物新品种权纠纷案

一、基本案情

江苏省高科种业科技有限公司(简称高科种业公司)因秦某某侵害"南粳 9108"植物新品种权,向江苏省南京市中级人民法院(简称一审法院)提起诉讼。涉案品种为水稻品种"南粳 9108",品种权授权日为 2015 年 5 月 1 日,品种权号为 CNA20101060.9,品种权人为江苏省农业科学院。2015 年 5 月 1 日,高科种业公司获得水稻"南粳 9108"的独占实施许可权,有权以自己名义对侵害水稻"南粳 9108"植物新品种权的单位和个人追究法律责任。

高科种业公司认为秦某某未经许可擅自生产、销售"南粳 9108"水稻种子的行为侵害了其独占实施许可权,诉请判令秦某某停止侵权并赔偿经济损失 50 万元。秦某某辩称,其利用自留种子生产商品粮的行为属于法律规定的"农民自繁自用"情形,不构成对"南粳 9108"水稻新品种权的侵害。一审法院认为,秦某某通过土地流转,经转包获得土地经营权的面积达 973.2 亩,已不是以家庭联产承包责任制的形式签订农村土地承包合同的农民,而是一种新型的农业生产经营主体(俗称种粮大户)。该类经营主体将他人享有品种权的授权品种用于生产经营活动的,应当取得品种权人的许可,否则构成侵权。故判令秦某某停止侵权并赔偿经济损失 50 万元。

秦某某不服一审判决,向最高人民法院知识产权法庭(简称二审法院)提起上诉。二审法院认为,秦某某经营的土地面积高达 900 余亩,其在该面积土地上进行耕种、收获粮食后售出以赚取收益的行为,不再仅仅是为了满足其个人和家庭生活的需要,而是具有商业目的。从秦某某享有经营权的土地面积、种植规模、粮食产量以及收获粮食的用途来看,已远远超出普通农民个人以家庭为单位、依照家庭联产承包责任制承包土地来进行种植的范畴,一审法院将其认定为一种新型农业生产经营主体,具有事实依据和法律依据。若播种上述土地的繁殖材料均由秦某某自己生产、自己留种而无须向品种权人支付任何费用,无疑会给涉案品种权利人造成重大经济损失,损害其合法权益。秦某某在通过转包获得经营权的900余亩土地上未经许可生产"南粳9108"水稻种子并留作第二年播种使用的行为不属于法律规定的"农民自繁自用"情形,构成侵权。因现有证据仅能证明秦某某存在生产行为,不能证明其实施了销售侵权种子的行为,故对一审判决赔偿数额予以酌情调整到10万元。

二、典型意义

本案进一步细化了"农民自繁自用"的适用条件,有助于解决"农民"身份界定难、"自繁自用"行为界定难的问题。本案也入选2021年最高人民法院"种业知识产权司法保护典型案例"。

农民例外制度的建立,主要考虑农民依靠耕种、取得收获物来满足自己和家庭温饱所需的自然权利,允许农民在植物新品种获得授权后根据自身需求生产、留用一定数量的种子,从而使农民劳动付出得到一定回馈。近年来,我国原有的家庭联产承包责任制下农户耕地面积小、种植分散的特点逐渐发生变化,随着农村土地经营权有序流转,种粮大户、合作社以集约耕种、适度规模经营的方式提高土地产出率、劳动生产率和资源利用率的做法越来越普遍。在此情况下,需要结合新型种粮大户或家庭农场的用种数量增加、土地收益提高的特点,进一步明确农民例外制度的适用条件。

本案明确了"农民自繁自用"适用的主体应是以家庭联产承包责任制的形式签订农村土地承包合同的农民个人,不包括合作社、种粮大户、家庭农场等新型农业经营主体;适用的土地范围应当是通过家庭联产承包责任制承包的土地,不应包括通过各种流转方式获得经营权的土地;种子用途应以自用为限,除法律规定的可以在当地集贸市场上出售、串换剩余常规种子外,不能通过各种交易形式将生产、留用的种子提供给他人使用。

案例6 山东登海先锋种业有限公司诉山西强盛种业有限公司、新绛县华丰种业有限公司侵害玉米"先玉335"植物新品种权纠纷案

一、基本案情

山东登海先锋种业有限公司(简称登海先锋公司)因山西强盛种业有限公司(简称强盛种业公司)、新绛县华丰种业有限公司(简称华丰种业公司)侵害玉米品种"先玉335"植物新品种权,向山西省太原市中级人民法院(简称一审法院)提起诉讼。涉案品种为玉米品种"先玉335",品种权授权日为2010年1月1日,品种权号为CNA20050280.8,品种权人为先锋国际良种公司。登海先锋公司作为玉米品种"先玉335"品种权被许可人,享有以原种或亲本种子在区域内生产亲本种子和商用种子并在区域内经销商用种子,以及以自己名义单独或共同提起民事诉讼等权利。

2019年5月5日,登海先锋公司委托代理人从华丰种业公司购买"强盛388""矗玉21"玉米种子各三袋,获取标注品种名称为"强盛388""矗玉21"的收据一张,并将所购种子密封、拍照、邮寄至河南中农检测技术有限公司,公证员对上述过程进行监督并制作公证书。2019年5月10日,河南中农检测技术有限公司出具《检验报告》,报告显示40个SSR位点中差异位点数为1,判定为近似品种。《检验报告》注明的生产单位为新疆强盛种业有限公司,其备注栏载明:该样品封样完好,封样单位为新绛县公证处。《检验报告》后附有接收样品图片4张,前两张是贴有山西运城市新绛县公证处封条并盖有公证处公章的实物外包装照片,后两张为拆封后的实物图片,实物外包装上有"强盛388"等字样。2019年11月25日,河南中农检测技术有限公司出具一份更正说明,将检验报告中生产单位更正为强盛种业公司。河南中农检测技术有限公司具有《中华人民共和国农作物种子

质量检验机构合格证书》和《检验检测机构资质认定证书》，均处于有效期内。登海先锋公司提交了关于强盛种业公司网站上新闻、企业概况、企业荣誉、营销服务等以及中国种业大数据平台上的生产经营备案情况的公证文书，主张赔偿 300 万元。强盛种业公司认为其享有"强盛 388"品种权，并提供"强盛 388"的山西省农作物品种审定证书和农作物种子生产经营许可证等证据。

一审法院经审理认为，河南中农检测技术有限公司出具的检验报告虽有错误信息，但所附照片和公证书可以确认错误信息为笔误，检验结论可以作为定案依据；强盛种业公司未经许可生产和销售名为"强盛 388"、实为"先玉 335"玉米品种的繁殖材料，构成侵权；华丰种业公司未提交证据证明其已尽审查义务，应承担侵权责任。综合考虑侵权性质、期间、后果，一审法院酌情认定两被告赔偿原告经济损失 30 万元，驳回登海先锋公司其他诉讼请求。

登海先锋公司和强盛种业公司不服一审判决，均向最高人民法院知识产权法庭（简称二审法院）提起上诉。强盛种业公司认为，作为一审法院定案依据的《检验报告》不具有合法性和公正性，要求重新鉴定。二审法院就《检验报告》组织听证后，认为登海先锋公司自行委托检验机构出具的《检验报告》存在对照样品无样品编号、未注明样品来源等问题，检验结论存在疑点，启动重新鉴定程序。2020 年 11 月 18 日，最高人民法院委托北京玉米种子检测中心对被诉侵权种子与农业部征集的"先玉 335""强盛 388"国家审定标准样品进行同一性检测。2020 年 11 月 27 日，北京玉米种子检测中心出具的《检验报告》显示，被诉侵权种子与标准样品"先玉 335"比较位点数 40，差异位点数为 2，结论为不同品种；被诉侵权种子与标准样品"强盛 388"比较位点数 40，差异位点数为 0，结论为极近似或相同品种。登海先锋公司认可委托鉴定程序、鉴定机构资质和鉴定标准，但认为

北京玉米种子检测中心做出的《检验报告》不能否定河南中农检测技术有限公司做出的《检验报告》。二审法院认为，本案争议焦点问题是品种侵权行为是否成立，判断被诉行为是否侵害"先玉 335"植物新品种权，关键在于对一审鉴定结果的认定。我国《民事诉讼法》没有排除自行委托鉴定意见的证据效力，但本案中，登海先锋公司单方委托鉴定的对照样品"先玉 335"存在无样品编号、未注明样品来源等问题，导致检验结论明显存疑，在被诉侵权种子保存完好、具备鉴定条件的情况下，可以启动重新鉴定程序。因登海先锋公司明确不同意重新鉴定，各方当事人未能就鉴定机构达成一致意见，二审法院指定北京玉米种子检测中心进行鉴定。北京玉米种子检测中心是经相关农业行政管理部门授权的农作物种子质量检验机构，具有对玉米等品种真实性、同一性检验的资质。考虑到司法实践中一般借助不受环境影响、测试周期短、准确性高的基因指纹图谱检测技术快速鉴别品种的真实性、同一性，二审法院认可北京玉米种子检测中心采用基因指纹图谱检测方法进行品种鉴定。根据北京玉米种子检测中心的检测结果，二审法院认定被诉侵权种子与"先玉 335"玉米品种不是同一品种，强盛种业公司和华丰种业公司生产和销售被诉侵权种子的行为没有侵害"先玉 335"植物新品种权，判决撤销一审判决，驳回登海先锋公司的诉讼请求。

二、典型意义

本案明确了侵权案件审理中启动重新鉴定程序的条件。植物新品种权纠纷通常涉及品种同一性鉴定，鉴定意见是审理此类案件的重要依据。在同一性鉴定中，当事人可以自行委托鉴定，也可以协商确定鉴定机构和鉴定人，协商不成的由人民法院指定。自行委托鉴定有利于发挥当事人的主动性，推进诉讼进程，但如果自行委托的鉴定意见存在无鉴定资质、程序违法、样品来源不明、

方法依据不足等错误,或者当事人提交了足以推翻原鉴定意见的相反证据,人民法院可不予采信并启动重新鉴定程序。本案中,二审法院组织听证后,因鉴定中对照样品无编号、未注明来源等法院组织了重新鉴定,并根据新的鉴定结论撤销了一审判决。

行政案例

案例 7 宁波种业股份有限公司请求宁波市农业农村局处理水稻"甬优 1540"等品种权侵权案

一、基本案情

2021 年初,宁波种业股份有限公司(简称宁波种业)向宁波市农业农村局反映,其制种基地农户违反制种合同约定,通过中间商擅自将公司委托制种的"甬优 1540""甬优 538""甬优 12""甬优 15"等"甬优"系列杂交水稻种子进行非法买卖获利,形成黑色地下产业链,严重侵犯了该公司的合法权益。

涉案授权品种"甬优 1540"和"甬优 538"的品种权授权日分别为 2018 年 4 月 23 日和 2020 年 9 月 30 日,品种权号分别为 CNA20141498.7 和 CNA20130534.6,品种权人为宁波市种子有限公司;"甬优 12"和"甬优 15"的品种权授权日分别为 2014 年 3 月 1 日和 2016 年 9 月 1 日,品种权号分别为 CNA20090991.8 和 CNA20121355.1,品种权人为宁波市农业科学研究院和宁波市种子有限公司。2019 年 12 月 30 日,宁波市种子有限公司变更名称为宁波种业。"甬优"系列杂交水稻品种有 18 个品种获得植物新品种证书,7 个品种入选国家超级稻品种。

接到线索后,宁波市农业农村局成立种子专项执法协调小组,制定种子专项执法调查方案。一方面,对辖区内重点乡镇的水稻种植大户开展全面排查,检查生产记录,追溯种子来源,锁定宁波市奉化区方桥横铜家庭农场、鄞州区姜山镇西山村农户、台州市天台县平桥镇上庞村种植大户、临海市永丰斯敏农场作为调查对象;另一方面,在浙江省农业农村厅统一调度下,与台州天台、临海当地农业执法部门联合开展执法调查,对上述家庭农场和种植大户开展调查取证,对涉嫌侵权种子先行登记保存,对经营者进行询问笔录,并抽取水稻样品委托农业农村部植物生态环境安全监督检验测试中心(杭州)进行真实性鉴定,2021 年 6 月 2 日该中心出具的 SSR 检验报告显示,上述样品与"甬优 1540""甬优 538""甬优 12""甬优 15"的标准样品在 48 个 SSR 位点中差异位点数为 0,判定为"极近似品种或相同品种"。

经调查,上述家庭农场和种植大户在 2020 年 10 月至 2021 年 2 月间从黄某某处购入"甬优 1540""甬优 538""甬优 12""甬优 15"等无正规包装和标签的编织袋种子合计 2940 斤,并分别通过现金、银行转账、微信等方式支付 90 140 元。2021 年 6 月 3 日宁波种业出具说明称黄某某不是其公司员工,不是公司分支机构和受委托生产、代销单位相关人员,没有授权黄某某生产、销售"甬优"系列杂交水稻种子。根据 2016 年《种子法》第 28 条,黄某某未经品种权人许可买卖宁波种业制种基地种子构成侵权,且其行为不属于 2016 年《种子法》第 37 条和第 30 条规定的农民自繁自用和取得实施强制许可的例外情形;根据《种子法》第 49 条,基地非法外流的种子未经精选、加工、包装,仅用编织袋简易包装,且没有标签,其行为涉嫌非法经营假种子;根据《种子法》第 31 条、第 32 条、第 33 条、第 38 条有关规定,其行为还涉嫌无种子生产经营许可证非法经营种子。

《刑法》第 225 条第 1 项,明确了未经许可经营法律、行政法规规定的专营、专卖物品或者其他限制买卖的物品的,属非法经营行为,可追究刑事责任。《最高人民检察院、公安部关于公安机关管辖的刑事案件立案追诉标准的规定(二)》第 79 条,对非法经营行为中个人非法经营数额在五万元以上,或者违法所得数额在一万元以上的,明确应予立案追诉。宁波市农业农村局认为,黄某某无种子生产经营许可证非法经营种子的行为已触犯《刑法》第 225 条规定,并达到立案追诉标准。依据国务院《行政机关移送涉嫌犯罪案件的规定》第 3 条,行政执法机关在依法查处违法行为过程中,发现违法事实涉及的金额、违法事实的情节、违法事实造成的后果等涉嫌构成犯罪,依法需要追究刑事责任的,必须向公安机关移送,2021 年 6 月 3 日,宁波市农业农村局向宁波市公安局提交涉嫌犯罪案件移送书[甬农(种子)移〔2021〕1 号]。

接到移送案件后,宁波市公安局经济犯罪侦查支队按照备忘协作机制,启动案件联合调查程序,公安部门提供技术侦查手段,农业农村部门提供涉案种子认定技术支持,并多次召开部门联席会议对侦办工作进行商讨,作出合力打击部署。至 2021 年 12 月,共刑事立案 7 起,抓获相关犯罪嫌疑人 9 名(其中宁波 6 名、嘉兴 2 名、台州 1 名),查实涉案侵权"甬优"系列杂交水稻种子共计 36 余吨,涉案金额 180 万余元。

二、典型意义

本案在办理过程中,农业农村主管部门及时将案件移送公安部门,并启动联合调查程序,农业农村主管部门所掌握的案源、专业、技术优势与公安机关侦查、布控、取证等优势相结合,一举铲除了"甬优"系列侵权稻种非法生产经营整条产业链,震慑了违法犯罪行为,为完善部门协作机制,建立立体打击侵权体系,破解行刑衔接不力的难题提供了借鉴。

执法实践中,农业农村主管部门移送公安部门处理的侵权案件不多,主要原因是执法人员对立案标准、判罚标准认识不统一,造成案件不移送或移送不及时、同案不同判等问题。为充分发挥刑事审判职能作用,依法从严惩处套牌侵权等涉种犯罪,2022 年 3 月 2 日,最高人民法院印发了《关于进一步加强涉种子刑事审判工作的指导意见》,明确涉种相关犯罪行为的法律适用,完善多部门协作机制,共同推进种业振兴。

案例 8　酒泉市华美种子有限责任公司请求定西市陇西县农业农村局处理辣椒"华美 105"品种权侵权案

一、基本案情

涉案品种为辣椒品种"华美 105",品种权授权日为 2018 年 7 月 20 日,品种权号为 CNA20161974.8,品种权人为酒泉市华美种子有限责任公司(简称华美公司)。

2021 年 8 月,华美公司在甘肃省定西市陇西县文峰镇三台村明泰中药材种植农民专业合作社(简称明泰合作社)发现种植疑似"华美 105"的辣椒品种,随即取样辣椒种子带回公司进行检测。华美公司科研部分子实验室出具的 SSR 鉴定报告显示,送检样品与"华美 105"在 32 个位点上指纹图谱一致,有 99.9% 的概率为相同品种。2021 年 8 月 30 日,华美公司委托一知农业咨询(北京)有限公司对明泰合作社涉嫌侵害"华美 105"植物新品种权向陇西县农业农村局投诉,并提交投诉书、品种鉴定报告、品种权证书复印件以及授权委托书等文件。

2021 年 9 月 1 日,陇西县农业农村局执法队前往明泰合作社制种地进行调查确认,明泰合作社称甘肃陇欢种业有限责任公司(简称陇欢种业)和酒泉市福瑞斯种子有限责任公司(简称福瑞斯公司)委托其制种,并提供了委托制种合同。制种地内的 13 个大棚均种植了涉嫌侵权品种,执法人员进行拍照录像固定证据,明泰合作社对拍摄照片进行签字确认。9 月 3 日陇西县农业农村局执法队对侵权地块辣椒进行取样,并全程录音录像。在编号为 P18 的 2 个大棚取 1 个点位,编号为 2021 的 11 个大棚取 2 个点位,每个点位分别取 4 份辣椒种子样品封存,1 份样品用于分子鉴定,其余 3 份分别由陇西县农业农村局执法队留存 1 份,一知农业咨询(北京)有限公司留存 1 份,被诉侵权方留存 1 份。执法队将送检样品邮寄至河南省依斯特检测技术有限公司进行检测,9 月 9 日出具的检验报告显示,送检样品与双方当事人均认可的"华美 105"标准样品在 22 个 SSR 位点上无差异,判定为近似品种。

陇西县农业农村局执法队确认陇欢种业和福瑞斯公司委托明泰合作社生产"华美 105"辣椒种子,涉嫌存在违规生产的行为。2021 年 9 月 13 日,陇西县农业农村局组织相关企业进行调解,当事人自愿达成协议:一是陇欢种业和福瑞斯公司就涉嫌侵犯华美公司"华美 105"品种权的行为,分别自愿赔偿 60 万元和 40 万元,赔偿款于 2021 年 9 月 28 日之前一次性转账至华美公司,付款后两公司将转账凭证复印件邮寄至陇西县农业农村局。涉案的 13 座大棚共计 11.37 亩,华美公司监督指导,由明泰合作社对涉案种子进行分棚采收脱粒之后,交华美公司处理。二是华美公司对陇欢种业和福瑞斯公司的赔偿金额和侵权辣椒种子的处理方式无异议。待陇欢种业、福瑞斯公司及明泰合作社履行协议后,华美公司不再追究相关责任。三是陇西县农业农村局要求陇欢种业、福瑞斯公司、明泰合作社严格履行协议,并按照《种子法》规定,合法合规开展种子生产经营活动。

二、典型意义

根据《种子法》第 70 条"违反本法第 28 条规定,有侵犯植物新品种权行为的,由当事人协商解决,不愿协商或者协商不成的,植物新品种权所有人或者利害关系人可以请求县级以上人民政府农业、林业主管部门进行处理,也可以直接向人民法院提起诉讼……",协商调解是处理品种权侵权纠纷的主要手段之一。相对于行政处理,如

罚款、没收违法所得和没收种子等手段,协商调解可以使品种权人获得民事赔偿,弥补因侵权行为造成的损失;相对于司法诉讼,协商调解具有便捷性,维权效率更高。在本案中,行政执法部门接到投诉后迅速调查处理,对侵权事实认定后组织调解,最终当事双方达成调解协议,权利人不仅获得了 100 万元赔偿,而且获得 13 座大棚种子收获后的处理权利,权利人权益得到及时和较好的补偿。

复审案例

案例 9　北京奥瑞金种业有限公司请求宣告玉米"L91158"品种权无效复审案

一、基本案情

涉案品种为玉米品种"L91158",品种权授权日为 2009 年 1 月 1 日,品种权号为 CNA20050143.7,品种权人为石家庄蠡玉科技开发有限公司。

2020 年 8 月 31 日,请求人北京奥瑞金种业有限公司以"L91158"不具备新颖性为由,向农业农村部植物新品种复审委员会请求宣告"L91158"品种权无效。理由是"L91158"与"91158"为同一品种,是杂交种"蠡玉 16"的父本,"91158"作为"蠡玉 16 号"的父本已于 2002 年 5 月 15 日销售。请求人同时提供了发票与电汇凭证复印件、"蠡玉 16 号"品种审定证书复印件等证据材料。

复审委员会经审理认为,从河北省、北京市、安徽省、山东省品种审定证书上的名称和亲本组合可以推导出"L91158"和"91158"是同一品种,"91158"于 2002 年 5 月 15 日进行销售的证据充分,认定"L91158"不具备新颖性。根据《植物新品种保护条例》第 14 条、第 37 条以及《农业部植物新品种复审委员会审理规定》第 34 条的相关规定,复审委员会认为请求人宣告品种权无效请求理由成立,宣告"L91158"品种权无效。

二、典型意义

本案的焦点问题是"L91158"和"91158"是否为同一品种。根据《农业植物品种命名规定》,"91158"和"L91158"的品种名称中有一个字母不同,应被视为不同品种,但本案通过杂交组合和亲本的对应关系推断出"91158"和"L91158"为同一品种,依据"91158"的销售发票,判定"L91158"丧失新颖性。

请求人提交"蠡玉 16 号"在山东、安徽、北京、河北四省市的品种审定证书中存在"蠡玉 16"及"蠡玉 16 号"两种名称,根据《农业植物品种命名规定》第 12 条规定,仅以名称中数字后有无"号"字区别的,应视为相同品种,其亲本名称也应保持一致。"蠡玉 16 号"在四省市审定证书中母本均一致,但在山东省审定证书中的父本名称为"L91158",在其他三个省份审定证书中的父本名称为"91158",故推断"L91158"与"91158"为同一品种。请求人提交了载明出售 2160 公斤"91158"并盖有品种权人财务专用章的河北省保定市服务业统一发票,可认定品种权人在申请日前一年存在自行销售"L91158"的行为,根据《植物新品种保护条例》第 14 条关于新颖性的有关规定,故依法宣告"L91158"品种权无效。

案例 10　黑龙江省巨基农业科技开发有限公司请求水稻"鑫晟稻 3 号"品种更名复审案

一、基本案情

涉案品种为水稻品种"鑫晟稻 3 号",品种权授权日为 2020 年 7 月 27 日,品种权号为 CNA20161683.0,品种权人为黑龙江省巨基农业科技开发有限公司。

2020 年 9 月 29 日,请求人黑龙江省巨基农业科技开发有限公司以"鑫晟稻 3 号"在 2020 年 7 月黑龙江省农作物品种审定委员会品种审定时被改名为"鑫圣稻 3"为由,向农业农村部植物新品种复审委员会请求更名为"鑫圣稻 3"。

2021 年 6 月 16 日,复审委员会经审理认为,根据 2016 年《种子法》第 27 条第 3 款的规定,同一植物品种在申请新品种保护、品种审定、品种登记、推广、销售时只能使用同一个名称,申请品种保护的名称"鑫晟稻 3 号"使用在前,品种审定名称"鑫圣稻 3"使用在后,不能将在先使用的品种名称更名为在后使用的品种名称。请求人品种名称更名请求理由不成立,驳回其品种更名请求,维持该品种的现有名称"鑫晟稻 3 号"。

二、典型意义

本案请求人请求将在先使用的品种名称更名为在后使用的品种名称,复审委员会驳回了其请求。根据《种子法》第 27 条第 3 款的规定,为保证同一品种在申请新品种保护、审定中名称相同,品种权人应当向黑龙江省农作物品种审定委员会申请更名,将审定品种名称更名为保护品种名称。针对品种保护、审定、登记中"一品多名"而请求更名的情形,2022 年 1 月 21 日修订并发布的《农业植物品种命名规定》第 5 条明确规定,"在先使用的品种名称具有优先性,不能再使用其他的品种名称对同一品种进行命名"。

供稿:农业农村部科学技术司

2022年度公安机关打击侵权假冒犯罪典型案例

案例1 打击侵犯北京冬奥会知识产权犯罪典型案例

2022年初，北京公安机关破获"1·01"互联网上制售盗版"冰墩墩""雪容融"案后，按照公安部统一部署，浙江、江苏、福建、陕西、四川、辽宁等地公安机关接续深挖串并线索，先后侦破一批案件，抓获一批犯罪嫌疑人，缴获一批侵犯北京冬奥会商标权、著作权的吉祥物玩偶、挂件、运动服、纪念章等商品，捣毁一批制假售假窝点，切实保护北京冬奥会知识产权，维护我负责任大国形象。

案例2 打击盗版中小学教辅图书犯罪典型案例

2022年9月，根据公安部下发的网上线索，天津、黑龙江、四川、山东、湖北、重庆等地公安机关迅速落地核查，锁定一批兜售盗版中小学教辅图书网店，深挖产供销链条，先后侦破刑事案件15起，抓获犯罪嫌疑人53名，捣毁盗版书籍印刷、销售、仓储窝点31处，查扣各类生产机器设备79台，缴获盗版《一课一练》《初中数学满分冲刺》《快乐英语》等教辅图书274万余册，维护青少年版权市场秩序，营造良好版权环境。

案例3 打击侵犯外商投资企业知识产权犯罪典型案例

2022年8月，北京市公安机关根据网上摸排线索破获"8·18"制售假冒北京环球度假区文创产品案，抓获犯罪嫌疑人21名，打掉制假工厂2处以及利用互联网售假团伙5个，现场查扣仿造的哈利·波特"魔法袍"、围巾、衬衫等文创产品4.6万件，假冒商标标识7.7万件，依法保护外商投资企业在华合法权益，营造市场化、法治化、国际化一流营商环境，积极服务高水平对外开放。

案例4 打击制售假冒品牌化妆品犯罪典型案例

2022年1月，浙江省金华市公安机关根据工作中发现的线索，破获一起制售假冒品牌化妆品案，抓获犯罪嫌疑人14名，捣毁制假售假窝点6处，现场查获假冒多个品牌的化妆品30万余支，半成品及商标标识10万余个，有力维护企业知识产权和化妆品市场秩序，有力保障化妆品质量安全和消费者合法权益。

案例5 打击妨害地域特色经济发展侵权假冒犯罪典型案例

2022年9月，黑龙江省双鸭山市公安机关立足本地旅游特色产业，根据群众举报线索破获"9·20"制售假冒品牌滑雪设备案，抓获犯罪嫌疑人35名，捣毁生产、仓储窝点8处，查扣假冒品牌滑雪服、滑雪板、滑雪镜等运动装备6000余件（套），半成品1万余件（套），切实维护消费者合法权益和公平竞争市场秩序，服务"冰雪旅游经济"高质量发展。

案例6 打击侵犯高科技设备专用软件著作权犯罪典型案例

2022年1月，上海市公安机关根据权

利人企业举报线索破获"1·05"侵犯高科技设备专用软件著作权案,抓获犯罪嫌疑人15名,打掉一个利用技术破解手段盗版高科技设备专用软件的职业犯罪团伙,查扣存储涉案盗版软件的服务器等30余台、破解工具700余个,切实保障高科技企业知识产权合法权益,坚定企业创新发展信心,激发科技主体创新创造活力。

案例7 打击侵犯农产品地理标志犯罪典型案例

2022年5月,福建省南平市公安机关根据群众举报线索破获"3·14"制售假冒地理标志农产品案,抓获犯罪嫌疑人51名,现场查获假冒"武夷岩茶"地理标志及部分品牌茶叶包材600余箱、泡袋12万余个、茶叶原料78箱,及时推动将地理标志茶叶纳入商标保护范围,依法加强地理标志农产品知识产权刑事保护,切实服务保障地理标志农产品高质量发展,助力乡村振兴。

案例8 打击制售假冒品牌消防产品犯罪典型案例

2022年4月,山东省临沂市公安机关根据工作中发现的线索破获"9·02"制售假冒品牌灭火器案,抓获犯罪嫌疑人9名,打掉犯罪窝点5处,现场查获假冒多个品牌的灭火器成品、半成品18万个,阀门、喷管等配件15万余个,假冒商标标识50万件,制假原料100余吨,及时消除一批安全隐患。

案例9 打击侵犯民营企业知识产权犯罪典型案例

2022年9月,河南省郑州市公安机关根据权利人举报线索破获"8·11"假冒民营企业品牌光模块案,彻底摧毁生产、仓储、销售犯罪全链条,抓获犯罪嫌疑人34名,打掉制假售假窝点7处,查扣假冒品牌光模块成品、半成品8100余块,及时打击震慑阻碍民营企业创新发展的犯罪活动,全力护航民营经济高质量发展。

案例10 打击制售假冒伪劣日化用品犯罪典型案例

2022年6月,四川省攀枝花市公安机关根据行政执法部门通报线索破获"4·15"制售假冒伪劣日化用品案,抓获犯罪嫌疑人75名,捣毁生产、仓储和销售窝点16处,查封生产线13条,查获不符合国家标准的假冒品牌劣质洗衣粉、洗衣液、洗洁精15万余瓶(袋),各类制假原料、包材64吨,有力维护企业合法权益、保障人民群众健康安全。

供稿:公安部食品药品犯罪侦查局

2022年度中国海关知识产权保护典型案例

案例1 厦门海关查获出口侵权奢侈品牌包案

一、基本案情

2022年9月,厦门海关所属高崎海关在对泉州某供应链公司申报出口的一批货物进行查验时,发现标有"UMBRO"等近十个国际知名运动品牌标识的休闲鞋共计2259双。此外,该批货物中夹藏一批未如实申报的品牌包,经查验发现有1196个包及其外包装、随附标签上标有多个国际知名奢侈品牌标识。上述品牌包均包装完好，制作精良，其中的部分包随附境外购物发票、刷卡单、境外海关放行单据等全套境外购买及通关"凭证"，每个包售价折合8000余元。经权利人鉴定，上述鞋包均为侵权产品，海关依法予以扣留，同时通报公安机关联合开展研判。根据该条线索，公安机关深挖扩线，抓获犯罪嫌疑人18人，捣毁制假藏假窝点3个，当场查获拟出境的包、运动鞋9000余件，案值达3.57亿元。经初步查明，嫌疑人拟将上述包夹藏出境后，再由境外"代购"人员以跨境销售方式返销国内，以假充真，赚取高额利润。

二、典型意义

该案是海关关注侵权新手法、有效保护国内消费者合法权益的典型案例。近年来，随着经济发展，社会公众对奢侈品的购买需求不断上涨，"境外代购""海淘"等新兴购物模式方兴未艾。该案中，犯罪嫌疑人抓住"商机"，将侵权货物先出后进，形成"夹藏出境—代购邮寄—返销国内"的完整链条，通过伪造的"代购"全套票据以及真实的物流信息，以假充真，欺骗国内消费者。该案的查处有效保护了权利人和国内消费者的合法权益，引导、提醒社会公众理性消费，通过正规渠道购买海外商品。

案例2 广州海关查获出口侵权牙膏案

一、基本案情

2022年4月，连云港某进出口有限公司以一般贸易方式向海关申报出口一批货物至RCEP成员国新加坡。海关总署风险防控局（黄埔）在黄埔海关提供侵权趋势信息的基础上，对该批货物实施布控，广州海关执法人员根据布控在查验时发现，集装箱中夹藏标有"COLGATE"标识牙膏136 512支，价值136.5万元。权利人认为上述夹藏货物涉嫌侵犯其在海关总署备案的商标权，广州海关依法扣留上述侵权嫌疑货物，调查后作出没收侵权货物并处罚款的行政处罚决定。

二、典型意义

该案是海关推进《区域全面经济伙伴关系协定》（RCEP）实施，高效打击侵权行为的典型案例。海关开展知识产权保护专项行动"龙腾行动2022"期间，加强对输往RCEP成员国家侵权货物的监管和风险防控，加大RCEP知识产权海关保护政策宣传力度，推进RCEP协定有效落地。本案中，海关加强侵权风险联防联控，健全"响应、呼应、反应"机制，充分发挥海关监管链条的整体合力，提高跨境侵权治理效能。

案例3 深圳海关查获进口侵犯商标权服装案

一、基本案情

2022年8月，广西某公司委托湖南某公司以一般贸易方式向海关申报进口货物一批，深圳海关所属深圳宝安机场海关运用大数据分析开展专项布控和查验，在该批进口货物中查获带有"MLB"等标识的羽绒服等货物3539件，货物价值45.56万元。相关权利人认为，上述货物涉嫌侵犯其在海关总署备案的商标权，2022年9月，海关依法扣留相关侵权嫌疑货物，调查后作出没收侵权货物并处罚款的行政处罚决定。

二、典型意义

该案是海关履行国门卫士职责，打击进口环节侵权违法行为的典型案例。随着国内产业转型升级以及人民生活水平不断提高，国内消费者对知名品牌消费品需求日益增长，部分侵权假冒商品伺机涌入国内。本案中，海关发挥实货监管优势，根据进口商品原产地等相关特征,敏锐识别侵权风险,精准查发侵权货物。该案彰显了海关有效打击进口侵权违法行为,阻止侵权假冒商品流入国内市场,保护权利人和消费者权益的职责担当。

案例 4 黄埔海关保护中小企业选矿设备发明专利案

一、基本案情

2022 年 7 月,广州市某选矿设备有限公司向黄埔海关提交申请,称广州某公司即将在广州黄埔老港口岸出口至马来西亚的采矿设备(螺旋溜槽)涉嫌侵犯其发明专利权,申请海关扣留该批货物,并向海关提交了发明专利证书、侵权要点对比等证据材料。黄埔海关立即对该企业提供的证据材料进行审核后,采取精准布控措施。7 月 14 日,黄埔海关在对该批货物进行查验时,发现采矿设备两槽螺旋溜槽设备 15 台、三槽螺旋溜槽设备 41 台,涉嫌侵犯权利人的发明专利权。7 月 20 日,黄埔海关依法对上述涉嫌侵权货物予以扣留。权利人在海关扣留相关涉嫌侵权货物后向法院提起了侵权诉讼,海关积极配合法院对涉嫌侵权货物进行取证,保障权利人顺利维权。

二、典型意义

该案是海关保护中小企业核心专利、助力民营经济蓬勃发展的典型案例。中小企业是国民经济和社会发展的生力军,本案权利人在包括中国在内的六个国家取得了发明专利,每年销售额超过千万元,市场上假冒其专利的产品侵占了权利人的市场份额,严重影响企业的生存发展,海关积极支持中小企业创新维权,为权利人维权提供一对一指导服务。该案是海关充分运用知识产权保护职能,维护创新型中小企业合法权益,加力帮扶企业纾困解难的生动实践。

案例 5 江门海关查获出口侵权摩托车发动机及配件案

一、基本案情

2022 年 6 月,江门海关收到广东某摩托车技术有限公司反映自有品牌摩托车在海外市场被大量侵权的情况,江门海关立即对企业开展维权帮扶。8 月,江门海关根据权利人提供的线索,对江门某科技有限公司申报出口的 15 个集装箱摩托车配件实施布控,经查验发现标有翼翅图形标识的 150CC 发动机整机 6000 台、摩托车发动机配件 5 吨,以及其他摩托车组件 105.99 吨,价值 942.35 万元,涉嫌侵犯权利人在总署备案的"豪江"商标权。权利人认为该批货物涉嫌侵犯其在海关总署备案的商标权并提出保护申请,海关依法扣留上述侵权嫌疑货物。

办案过程中,江门海关发现监管区内另有 24 个集装箱中装有与上述在扣发动机及配件相匹配的关联货物,但尚未申报。该关迅速向市场监督管理局通报有关线索。权利人向人民法院就 24 个集装箱的关联货物提起财产保全申请,海关依法协助法院执行。

二、典型意义

该案是海关推动跨部门执法协作、构建知识产权大保护格局的典型案例。知识产权保护是一个系统工程,海关作为进出境监督管理机关,是国家知识产权保护体系的重要环节,与国内生产、销售、流通等环节的知识产权保护,共同形成知识产权保护的有机整体。该案中,海关主动通报市场监督管理部门,积极协助司法机关,推动知识产权全链条保护,为健全衔接顺畅、快速高效的协同保护机制进行了有益探索。

案例6　上海、汕头、大连、南宁海关查获出口侵犯外资企业知识产权货物系列案

一、基本案情

2022年1月，上海海关所属洋山海关在对宁波某贸易公司申报出口的一批制动泵、凸轮轴等货物进行查验时，发现集装箱内部藏匿有大量未申报的标有"TOYOTA""FORD"等15个汽车品牌标识的火花塞、汽缸垫、活塞环等货物共计10.5万余件，价值61万余元。经权利人确认，上述汽配均为侵权产品。

2022年1月，汕头海关所属广澳海关在对诸暨某进出口有限公司申报出口的一批玩具进行查验时，发现其中有3万个气球，每个气球上均标有冰雪奇缘、小猪佩奇、小黄人等多种著名动画电影卡通人物形象。经上述作品的著作权人确认，上述气球为侵权产品。

2022年7月，大连海关发现关区出口笔类商品数量激增，经研判认为存在较大的侵权风险，遂开展专项执法行动。8月，所属北良港海关查验时发现，申报出口的圆珠笔外包装箱采取中性包装方式，但圆珠笔本身均标有"PILOT"标识，经查共计24万支。同一时间，所属大窑湾海关查获标有"三菱图形"标识的圆珠笔3050支。经权利人确认，上述圆珠笔均为侵权产品。

2022年7月，南宁海关所属龙邦海关在对靖西市某公司出口的杂货进行查验时，发现其中标有"TISSOT""TAGHEUER""OMEGA""SEIKO""LONGINES"等标识的手表共计4765块，价值100.6万元，经权利人确认，上述手表均为侵权产品。

二、典型意义

该系列案是海关依法保护外商投资企业权益、营造一流营商环境、推动更高水平开放的典型案例。知识产权保护关系国家对外开放大局，严格保护知识产权，有利于持续优化营商环境，建设更高水平的开放型经济体系。该系列案中，海关始终秉承"同保护"理念，平等保护中外企业的合法权益。

案例7　杭州、兰州、天津、昆明海关加强行刑衔接查办出口侵权货物系列案

一、基本案情

2022年1月，杭州海关对一批通过铁路运输出口的货物进行查验时，发现该批货物实际为钛白粉颜料，共11875千克，价值31.45万元。权利人认为上述货物涉嫌侵犯其在海关总署备案的"TI-PURE"商标权。杭州海关迅速启动"两法衔接"机制，将该案通报移交公安机关刑事立案侦查。公安机关遂对2名犯罪嫌疑人采取刑事强制措施。

2022年5月，兰州海关在甘肃武威保税物流中心（B型）对一批出区货物进行查验时发现侵权运动鞋7134双，涉及"DSQUARED2"等7项商标权，价值30.36万元。经权利人确认，上述运动鞋均为侵权产品，海关依法予以扣留，并移交公安机关立案侦查。

2022年6月，天津海关在货运渠道查获侵权拉杆箱933个，价值111.65万元，涉嫌侵犯"BMW"、"图形（小黄人）"商标权和"CARS-STYLE GUIDE PACKAGING AND RETAIL SIGNAGE"著作权。经权利人确认，上述拉杆箱均为侵权产品。天津海关依法启动"两法衔接"机制，配合公安机关在生产端、销售端抓获犯罪嫌疑人3名。

2022年7月，昆明海关在南伞口岸边民互市渠道发现，于某某申报出口的白酒包装上印有"天之蓝""海之蓝"图文标识，共计34箱、168瓶，价值12万元。权利人认为上述货物涉嫌侵犯其在海关总署备案的"天之蓝及图形""海之蓝及图形"商标权。昆明海关加强"两法衔接"，配合公安机关后续查获侵犯商标权的假酒900余箱。

二、典型意义

该系列案是海关立足知识产权保护行政执法，对群众反映强烈、社会舆论关注、侵权假冒多发的重点领域和区域重拳出击，强力推动行政执法与刑事司法衔接的典型案例。该系列案中，海关在货运、保税、边民互市等不同渠道积极开展"两法衔接"的实践，抢抓案件侦破"黄金期"，充分发挥知识产权海关保护在进出口环节拦截及时的优势，配合公安机关"打源头、摧网络、断链条"，对侵犯知识产权违法犯罪活动实施有力打击。

案例8　福州、青岛、拱北海关查办跨境电商渠道侵权系列案

一、基本案情

2022年3月，福州海关所属榕城海关在对福建某公司以跨境电商贸易方式申报出口的包裹进行查验时，发现一批制作粗糙、包装简陋的服装，经调取数据，发现该公司同时申报出口多批次包裹，经扩大查验，发现涉嫌侵犯35个知名品牌的服装、鞋类等共计1660件，经权利人确认均为侵权产品。

2022年7月，青岛海关所属胶东机场海关在对一批以跨境电商贸易方式申报出口的货物进行查验时发现，申报清单存在申报品名模糊、品名高度集中、分运单号高度相似等多处疑点，逐箱开拆验核，发现涉嫌侵犯"SAMSUNG""APPLE"等20余个品牌商标权的充电插头、手机背板、挎包等各类侵权商品共计12 943件，价值26.7万元，经权利人确认为侵权产品。

2022年11月，拱北海关所属横琴海关在对某公司以跨境电商贸易方式申报出口的582个包裹进行开包查验时，发现大量绣有国际足球联合会和2022年卡塔尔世界杯图案标识的球衣和足球共915件，经联系权利人确认，侵犯了国际足球联合会和2022年卡塔尔世界杯"QATAR 2022""FIFA""大

力神杯图形"等相关知识产权。

二、典型意义

该系列案是海关坚持"打促结合"、促进新业态健康发展的典型案例。近年来，跨境电商迅猛发展，极大地拓宽了企业进入国际市场的路径，逐步成为我国外贸新增长引擎。该系列案中，海关针对跨境电商贸易物流通关速度快、商品品种繁杂、清单对应海量信息等特点，充分运用大数据监控分析优势，提升知识产权保护执法水平，维护跨境电商渠道进出口贸易秩序。与此同时，海关加强跨境电商合规经营宣传力度，提升企业守法经营意识，引导企业自觉遵守知识产权海关保护法律法规。

案例9　南京、北京、乌鲁木齐海关查发邮递渠道侵权物品系列案

一、基本案情

南京海关所属苏州海关在对出境邮包进行例行过机查验时，多次发现从苏州、常州等地寄往海外的多个邮包异常，经重点查验后发现邮包内为标有"奥林匹克五环图案"标志球衣、"Disney"鞋子、"Benz"车标等物品。苏州海关依托"现场查验+风险布控"模式，提炼侵权信息要素进行风险布控，最终在出境邮包中查获涉嫌侵犯冰墩墩图案等奥林匹克标志专有权、"Disney"等商标权的钥匙扣、服装鞋帽、汽车配件等1098批次，涉及物品2000余件。

北京海关所属邮局海关在对由北京、河北、山西等地邮寄出境的邮政快递进行查验时，发现多批邮件寄件人不详，无具体地址和联系方式，包裹详情单品名标注为"泡沫垫""爬行垫"等。经查验，上述邮件共1270批，内含带有"Marlboro"等标识的香烟近3000条，经权利人确认为侵权产品。

乌鲁木齐海关所属邮局海关督促邮政企业准确、及时申报传输信息，对揽件人、

寄件人、敏感商品等相关信息实施风险分析,共扣留侵权物品 8280 件,涉嫌侵犯十余个品牌权利人的 12 项商标权,侵权物品价值 24.71 万元。

二、典型意义

该系列案是海关依托科技赋能、打击"蚂蚁搬家"式侵权违法行为的典型案例。海关连续三年开展寄递渠道知识产权保护"蓝网行动",持续加大寄递渠道知识产权海关保护力度,该系列案中,海关创建智能风控模型,锁定与侵权高风险商品进出境相关的重点邮路,充分运用 CT 机同屏比对排查侵权风险,将创新科技应用嵌入知识产权执法全过程,实现快速甄别、精准打击,并以特征相似邮件为重点持续拓展战果,将机检查验与人工开验有机整合起来,不断提升知识产权保护执法效能。

案例 10　宁波、成都、长沙、济南海关查获侵权游戏卡系列案

一、基本案情

2022 年 2 月,宁波海关所属梅山海关对义乌某公司申报出口的一批申报品名为"硅胶玩具""塑料钱包"的货物进行查验时,发现其中夹带标有"POKEMON"标识的游戏卡片 457.6 万张、游戏卡册 1.47 万册、玩具套盒 2460 套。经权利人确认,上述游戏卡片、卡册及玩具套盒均为侵权产品。

2022 年 3 月,成都海关所属成都双流机场海关在出口货运渠道查获卡牌 148.83 万张、卡牌册 1.8 万本、纪念币 1.62 万个、塑料保护壳及配套包装纸 7.2 万套,货物上标有"POKEMON"标识。经权利人确认,该批货物为侵权产品。

2022 年 5 月,长沙某公司以市场采购贸易方式向长沙海关所属星沙海关申报出口一批纸卡片,拟通过中欧班列经霍尔果斯口岸运往海外。经查验,发现该批货物标有"POKEMON"标识,共计 19.8 万张。经权利人确认,该批游戏卡片侵权。

2022 年 1 月,济南海关所属济南机场海关在对南京某公司以一般贸易方式申报出口的服装、游戏卡片等货物进行现场查验,发现实际货物中标有"POKEMON"标识的游戏卡片 32 万张。经权利人确认,上述货物为侵权产品。2022 年 11 月,济南机场海关又查获了南京另一家公司出口的侵权游戏卡片 2.5 万张。

二、典型意义

该系列案是海关关注侵权新趋势、有效遏制新型消费品侵权的典型案例。随着全球"宅经济"发展,海关查获进出口室内娱乐消费品侵权比重攀升。该系列案中,海关敏锐发现侵权新趋势,聚焦侵权高发商品开展专项治理,实时开展侵权动态监控,一方面加强线索互通、信息互享,形成全国海关"一盘棋"格局,另一方面强化"两法衔接",配合公安机关成功捣毁制假窝点,抓获数名犯罪嫌疑人,有效保护权利人合法权益和消费者特别是儿童消费者的健康安全。

供稿:海关总署综合业务司

2022 年度反不正当竞争与保护商业秘密典型案例

案例 1　白鹭航空有限责任公司企业名称混淆案

一、基本案情

2021 年 11 月 12 日，菏泽市市场监管局向山东省市场监管局（简称山东省局）汇报，厦门航空有限公司（简称厦航）举报白鹭航空有限责任公司（简称白鹭航空）企业字号涉嫌与其有一定影响的商业标识"白鹭"构成混淆，要求予以查处。

经查，厦航成立于 1984 年 8 月 11 日，无线电呼号"白鹭"，航线覆盖全国 34 个省区市，业务辐射东南亚及欧美澳，并创造了连续 36 年盈利纪录，年均旅客运输量超 2000 万人次，在中国境内约位居第五位，多次被评为"最佳航空公司"。厦航自成立以来，一直对"白鹭"标识进行宣传和使用，为培育和扩大"白鹭"标识的影响力，投入了巨大的时间和资金成本，仅 2015—2020 年就投入宣传广告费超 1.6 亿元。30 多年的辛勤耕耘，"白鹭"已成为厦航企业形象的重要组成元素和有一定影响的商业标识。

而白鹭航空成立于 2018 年 12 月 20 日，使用"白鹭"字号明显晚于厦航，且与厦航不存在授权许可使用等合作关系。白鹭航空对厦航等航空客运企业进行深入调研后，故意将"白鹭"登记为企业字号用于航空客运经营。

白鹭航空的上述行为，违反了《反不正当竞争法》第 6 条规定，属于擅自使用他人有一定影响的商业标识的企业名称混淆行为。依据《反不正当竞争法》第 18 条和《企业名称登记管理规定》第 23 条，责令白鹭航空自收到处罚决定书之日起，30 日内办理企业名称变更登记，并处罚款 6 万元，名称变更前，由原企业登记机关以统一社会信用代码代替其名称。

二、典型意义

白鹭航空依据有关规定申报、登记企业名称时，应当遵守诚信原则，并对后续名称使用过程中出现的争议自行承担法律责任。根据市场监管总局《关于推进企业名称自主申报改革试点工作的通知》《企业名称登记管理规定》和《最高人民法院关于当前经济形势下知识产权审判服务大局若干问题的意见》，白鹭航空企业名称虽经依法核准注册，但在使用过程中如对他人在先合法权利造成损害，也会构成不正当竞争。虽然"白鹭"属于通用名称，但经厦航的宣传及使用，在航空运输领域已经获得了区别商品来源的意义，属于厦航有一定影响的商业标识。而白鹭航空作为厦航的同业竞争者，不应擅自将"白鹭"登记为企业字号用于航空客运经营。

1. 合理运用执法办案文书，依法推进案件办理

开始调查时，首先对白鹭航空进行约谈普法，使其逐渐明白合法登记注册的企业名称如不当使用也会造成侵权。调查过程中，使用《限期提供材料通知书》，证明其近年来正在开展经营活动。疫情封控期间，白鹭航空表示无法签收执法文书，山东省局依法让其签署《电子送达确认书》，确保相关执法文书依法有效送达。

2. 严格按照执法程序，防止案件查办出现瑕疵

收到举报后，执法人员对收到的证据材料逐一认真进行梳理、核实和分析，为案件查办打下坚实基础。调查期间，山东省局要求双方提供材料时，必须一并附书面授权委托书，证明该行为是代表其单位的对公行为。调查执法全程使用执法记录

仪,防止双方对调查工作提出异议。

3.协同配合形成执法合力,确保案件查处到位

办案期间,山东省局发挥提级办理、上下联动的优势,积极对接总局,实时跟踪白鹭航空变更企业名称进展情况,为执法决策提供重要支撑。作出处罚决定后,山东省局依法向其住所地行政审批局发函,将其企业名称以统一社会信用代码予以代替,确保信用惩戒措施履行到位。处罚决定30日届满后,白鹭航空仍未进行企业名称变更登记,山东省局遂责成其住所地市场监管部门,将其列入经营异常名录。

案例2 四川安东机电有限责任公司等主体侵犯商业秘密系列案

一、基本案情

2021年12月,德阳市市场监管局接到东方电气集团东方电机有限公司(简称东电)商业秘密被泄露的举报线索。2022年2月22日对四川安东机电有限责任公司(简称安东机电)等主体开展突击检查,现场发现大量标注东电字样的线圈图纸、工艺文件等技术信息。经查,安东机电的经理谢某利用其与权利人开展电机装配业务的便利条件,通过权利人员工黄某、李某非法获取权利人线圈制造图纸等技术信息,并给予二人1万余元"好处费"。谢某擅自进入权利人线圈分厂(保密区域),对大型发电机条式定子线圈校验模、大型发电机条式定子线圈导线固化工艺的参数等进行偷拍。为便于使用权利人技术信息,安东机电谢某让旌阳区某印务部将其获取的技术信息中权利人标识进行删除,修改成该公司名称。

谢某陆续通过微信将其非法获取的权利人技术信息发送给恒博电机卢某。2022年2月22日执法人员对当事人经营场所进行现场检查,在恒博电机工作人员使用的电脑中发现该公司编制的《线圈制造工艺方案》《线圈制造过程控制卡》等技术资料。卢某在案件调查期间主动陈述上述两份技术资料中的温度值、压力值、时间值使用了权利人大型发电机条式定子线圈导线固化工艺的参数。上述有关当事人获取权利人技术信息后尚未实际从事线圈生产制造,未产生违法所得。

依据《反不正当竞争法》第21条的规定,对权利人职工李某作出罚款3万元的行政处罚,对权利人职工黄某作出罚款6万元的行政处罚,对非法获取、使用权利人技术信息的安东机电作出罚款20万元的行政处罚,对非法获取、使用权利人技术信息的恒博电机作出罚款10万元的行政处罚。

二、典型意义

商业秘密作为企业的核心竞争力,也是企业重要的知识产权,保护商业秘密对于促进企业创新发展、优化营商环境、推动高质量发展具有重要意义。本案权利人成立于1958年,是我国研究、设计、制造大型发电设备的重大技术装备制造骨干企业,是全球发电设备、清洁能源产品和服务的主要供应商,主要从事水轮发电机组、热能发电机(包括燃煤、燃气、核能)、风力发电机、交(直)流电机等设备的研发、设计、制造和服务,以及电站改造,电站设备成套、安装、维护及检修等业务。涉案技术信息是权利人发电机制造的核心技术,一旦被他人非法获取使用,将会给国家重装产业造成巨大损失。在本案调查过程中,德阳市市场监管局针对侵犯商业秘密案件的特点,结合前期查办此类案件积累的经验,利用行纪、行刑有效衔接,破解取证固证难题,有效打击侵权行为,发挥了商业秘密行政保护快速、有力的作用,也在市场监管部门查处侵犯商业秘密案件方面进行了有效探索。

供稿:国家市场监督管理总局
价格监督检查和反不正当竞争局

2022 年度中国法院十大知识产权案件

案例 1　涉"大头儿子"著作权侵权纠纷案

杭州大头儿子文化发展有限公司与央视动漫集团有限公司著作权侵权纠纷案

[最高人民法院（2022）最高法民再 44 号民事判决书]

一、基本案情

1994 年，受《大头儿子和小头爸爸》95 版动画片导演等人委托，刘某岱创作了"大头儿子""小头爸爸""围裙妈妈"人物形象正面图，双方并未就该作品的著作权归属签署任何书面协议。95 版动画片演职人员列表中载明："人物设计：刘某岱"。2012 年，刘某岱将"大头儿子"等三件作品所有著作权转让给洪某。2013 年，刘某岱与央视动漫集团有限公司（简称央视动漫公司）先后签订委托创作协议和补充协议，约定央视动漫公司拥有"大头儿子"等三个人物造型除署名权以外的全部知识产权。后刘某岱签署说明确认了上述事实，并称与洪某签订转让合同属于被误导。央视动漫公司还向法院提交了落款为"1995 年刘某岱"的书面声明，该声明确认三个人物造型权属归央视。杭州大头儿子文化发展有限公司（简称大头儿子文化公司）诉至法院，主张央视动漫公司侵犯其著作权。一审法院认为，因双方没有签订合同约定著作权归属，故刘某岱对三幅美术作品享有著作权。大头儿子文化公司依据转让合同取得了上述作品著作权，央视动漫公司未经许可使用构成侵权，应承担侵权责任。央视动漫公司的上诉和申请再审均被驳回，依法向最高人民法院提出申诉。最高人民法院提审后改判，认定涉案作品系委托创作，除署名权以外的著作权及其他知识产权属

于央视动漫公司所有，判决驳回大头儿子文化公司全部诉讼请求。

二、典型意义

本案明确了委托创作作品、法人作品和特殊职务作品的判断标准以及权属证据分析认定方法，为特殊历史背景下的作品著作权人权利保护提供了参考，对激发文化创新创造、支持优秀文化作品广泛传播、推动文化产业高质量发展具有积极意义。

案例 2　涉药品专利链接纠纷案

中外制药株式会社与温州海鹤药业有限公司确认是否落入专利权保护范围纠纷案

[最高人民法院（2022）最高法知民终 905 号民事判决书]

一、基本案情

中外制药株式会社是名称为"ED－71 制剂"的发明专利的权利人，同时也是上市原研药"艾地骨化醇软胶囊"的上市许可持有人。中外制药株式会社在中国上市药品专利信息登记平台就上述药品和专利进行登记，主张其原研药与涉案专利权利要求 1—7 均相关。温州海鹤药业有限公司（简称海鹤公司）申请注册"艾地骨化醇软胶囊"仿制药，并作出 4.2 类声明，即仿制药未落入相关专利权保护范围。中外制药株式会社依据《专利法》第 76 条向北京知识产权法院提起诉讼，请求确认海鹤公司申请注册的仿制药技术方案落入涉案专利权的保护范围。一审法院认为，涉案仿制药技术方案未落入涉案专利权保护范围，故

驳回中外制药株式会社的诉讼请求。中外制药株式会社不服,提起上诉。最高人民法院二审认为,判断仿制药的技术方案是否落入专利权保护范围时,原则上应以仿制药申请人的申报资料为依据进行比对评判,经比对,涉案仿制药技术方案未落入专利权保护范围,判决驳回上诉,维持原判。

二、典型意义

本案系全国首例药品专利链接诉讼案件。2020年修正的《专利法》正式确立了我国的药品专利链接制度,本案判决贯彻立法精神,对实践中出现的药品专利链接制度相关问题进行了有益探索。

案例3 给排水公用企业滥用市场支配地位限定交易案

威海宏福置业有限公司与威海市水务集团有限公司滥用市场支配地位纠纷案

[最高人民法院(2022)最高法知民终395号民事判决书]

一、基本案情

威海宏福置业有限公司(简称宏福置业公司)诉至法院,请求判令威海市水务集团有限公司(简称威海水务集团)赔偿因其实施滥用市场支配地位的限定交易行为给宏福置业公司造成的损失。一审法院认定,威海水务集团在威海市给排水市场中具有市场支配地位,但现有证据不能证明其实施了滥用市场支配地位行为,判决驳回宏福置业公司全部诉讼请求。宏福置业公司不服,提起上诉。最高人民法院二审认为,威海水务集团不仅独家提供城市公共供水服务,而且承担着供水设施审核、验收等公用事业管理职责,其在受理给排水市政业务时,在业务办理服务流程清单中仅注明威海水务集团及其下属企业的联系方式等信息,没有告知、提示交易相对人可

以选择其他具有相关资质的企业,属于隐性限定了交易相对人只能与其指定的经营者进行交易,构成滥用市场支配地位的限定交易行为。依法撤销一审判决,改判部分支持宏福置业公司的诉讼请求。

二、典型意义

本案明确了《反垄断法》中限定交易行为的司法认定,重在考察经营者是否实质上限制了交易相对人的自由选择权,为具有市场独占地位的经营者,特别是公用企业,依法从事市场经营活动提供了指南。

案例4 涉"青花椒"商标侵权纠纷案

上海万翠堂餐饮管理有限公司与温江五阿婆青花椒鱼火锅店侵害商标权纠纷案

[四川省高级人民法院(2021)川知民终2152号民事判决书]

一、基本案情

上海万翠堂餐饮管理有限公司(简称万翠堂公司)系第12046607号注册商标、第17320763号注册商标、第23986528号注册商标"青花椒"的权利人,核定服务项目均包括第43类饭店、餐厅等,且均在有效期内。2021年5月21日,万翠堂公司发现温江五阿婆青花椒鱼火锅店(简称五阿婆火锅店)在店招上使用"青花椒鱼火锅"字样,遂以五阿婆火锅店侵害其注册商标专用权为由诉至法院,请求判令五阿婆火锅店立即停止商标侵权行为并赔偿万翠堂公司经济损失及合理开支共计5万元。一审法院认为,五阿婆火锅店被诉行为构成商标侵权,遂判令五阿婆火锅店停止侵权并赔偿经济损失及合理开支共计3万元。五阿婆火锅店不服,提起

上诉。四川省高级人民法院二审认为,青花椒作为川菜的调味料已广为人知。由于饭店、餐厅服务和菜品调味料之间的天然联系,使得涉案商标和含有"青花椒"字样的菜品名称在辨识上相互混同,极大地降低了涉案商标的显著性。涉案商标的弱显著性特点决定了其保护范围不宜过宽,否则会妨碍其他市场主体的正当使用,影响公平竞争的市场秩序。本案中,五阿婆火锅店店招中包含的"青花椒"字样,是对其提供的菜品鱼火锅中含有青花椒调味料这一特点的客观描述,没有单独突出使用,没有攀附万翠堂公司涉案商标的意图,不易导致相关公众混淆或误认。五阿婆火锅店被诉行为系正当使用,不构成商标侵权,遂判决撤销一审判决,驳回万翠堂公司的全部诉讼请求。

二、典型意义

该案二审判决明确了商标正当使用的认定标准,讲出"权利有边界,行使须诚信"的"大道理"。二审判决充分尊重人民群众的常识、常情和常理,依法维护诚信、正当经营的小微企业的合法权益和公平竞争的市场秩序。

案例5 干扰搜索引擎不正当竞争纠纷案

北京百度网讯科技有限公司与苏州闪速推网络科技有限公司不正当竞争纠纷案

[江苏省苏州市中级人民法院(2021)苏05民初1480号民事判决书]

一、基本案情

北京百度网讯科技有限公司(简称百度公司)是百度搜索引擎的经营者。苏州闪速推网络科技有限公司(简称闪速推公司)通过租赁高权重网站二级目录,利用技术手段生成大量与客户所在行业常用搜索关键词

相关的广告页面,并将这些页面挂接到高权重网站的二级目录中,当用户在百度等搜索引擎中搜索这些关键词时,被推广公司的广告网页就会占据搜索结果首页一条或多条,实现"万词霸屏"的效果。百度公司以闪速推公司实施的上述行为构成不正当竞争为由,诉至江苏省苏州市中级人民法院。一审法院认为,闪速推公司依附于百度搜索引擎开展"万词霸屏"业务,故意利用技术手段破坏百度搜索引擎根据关键词搜索的正常收录和排名秩序,增加了用户信息获取成本,扰乱市场竞争秩序和互联网信息服务管理秩序,违背诚实信用原则和公认的商业道德,构成不正当竞争。判令闪速推公司停止涉案不正当竞争行为,赔偿经济损失及合理支出共计275.3万元。一审判决后,当事人均未上诉。

二、典型意义

本案判决有效遏制了利用技术手段干扰、操纵搜索引擎自然搜索结果排名的行为,有利于保障网络用户的合法权益,维护健康有序的搜索生态和公平竞争的互联网秩序,彰显了人民法院营造风清气朗网络空间的力度与决心。

案例6 "胖虎打疫苗"NFT数字作品侵权案

深圳奇策迭出文化创意有限公司与杭州原与宙科技有限公司侵害作品信息网络传播权纠纷案

[浙江省杭州市中级人民法院(2022)浙01民终5272号民事判决书]

一、基本案情

深圳奇策迭出文化创意有限公司(简称奇策公司)经漫画家马千里授权享有"我不是胖虎"系列作品独占性著作财产权。奇策公司在杭州原与宙科技有限公司(简

称原与宙公司)经营的平台发现其用户铸造并发布了"胖虎打疫苗"NFT数字作品,该作品与马千里在微博发布的插图作品完全一致,甚至依然带有相应水印。奇策公司遂以原与宙公司侵害其信息网络传播权为由诉至杭州互联网法院。一审法院认为,NFT数字作品交易符合信息网络传播行为的特征,结合交易模式、技术特点、平台控制能力、营利模式等,涉案平台应建立有效的知识产权审查机制,认定原与宙公司侵权成立。原与宙公司不服,提起上诉。浙江省杭州市中级人民法院二审认为,NFT数字作品的上架发布阶段涉及信息网络传播行为,作为数字藏品的一种形式,NFT数字作品使用的技术可较为有效地避免后续流转中被反复复制的风险。基于NFT数字作品交易网络服务伴随着相应财产性权益的产生、移转以及可能引发的侵权后果等因素,此类服务提供者应当审查NFT数字作品来源的合法性,确认NFT数字作品铸造者具有适当权利。本案中,原与宙公司未尽到相应的注意义务,故驳回上诉,维持原判。

二、典型意义

本案系涉及NFT数字作品交易平台责任的典型案件。判决对以区块链作为底层核心技术的NFT数字作品的法律属性、交易模式下的行为界定、交易平台的属性以及责任认定等方面进行了积极探索,对于构建公开透明可信可溯源的链上数字作品新生态、推动数字产业发展具有启示意义。

案例7 涉"龙井茶"商标行政处罚及行政复议案

特威茶餐饮管理(上海)有限公司与上海市浦东新区知识产权局、上海市浦东新区人民政府行政处罚及行政复议纠纷案
[上海知识产权法院(2022)沪73行终

1号行政判决书]

一、基本案情

浙江省农业技术推广中心是"龙井茶"商标的商标权人,该商标核定类别为第30类"茶"商品。特威茶餐饮管理(上海)有限公司(简称特威茶公司)销售贴附有"龙井茶"和"盛玺龙井茶"标识的茶叶,上述茶叶是特威茶公司从案外人TWG公司进口,并在进关过程中要求案外人旭暮公司将标有"龙井茶"字样的中文标签贴附在商品上。上海市浦东新区知识产权局认定特威茶公司的上述行为构成商标侵权,决定没收标有"盛玺龙井茶""龙井茶"标识的茶叶共计1422盒,并处罚款54万余元。特威茶公司不服,向上海市浦东新区人民政府申请行政复议。上海市浦东新区人民政府认为,特威茶公司提出的复议理由于法无据,维持上述行政处罚决定。特威茶公司不服,诉至上海市浦东新区人民法院。一审法院认为,被诉行政处罚决定合法,处罚结果并无不当,被诉行政复议决定合法,遂判决驳回特威茶公司的诉讼请求。特威茶公司不服,提起上诉。上海知识产权法院二审认为,涉案商标作为地理标志证明商标,具有标识商品原产地的功能,以表明因原产地的自然条件、工艺、制作方法等因素决定的商品具有特定品质。特威茶公司并未充分举证证明其商品来源于涉案证明商标要求的种植地域范围,其使用被诉侵权标识容易使相关公众对商品的原产地等特定品质产生误认,构成商标侵权。特威茶公司不仅实施了销售侵权商品的行为,其还存在未经许可使用他人注册商标的行为,且销售侵权产品的金额较大,行政机关根据本案具体情况作出的罚款金额合理,故判决驳回上诉,维持原判。

二、典型意义

本案判决监督支持行政机关依法行

政,推动地理标志保护行政执法标准与裁判标准统一,对于加强地理标志司法保护,规范经营者正确使用含有地理标志字样的商业标识,维护消费者利益具有积极意义。

案例 8　涉"都蜜 5 号"植物新品种临时保护期使用费纠纷案

京研益农(寿光)种业科技有限公司与新疆昌丰农业科技发展有限公司植物新品种临时保护期使用费纠纷案

[海南自由贸易港知识产权法院(2021)琼 73 知民初 24 号民事判决书]

一、基本案情

"都蜜 5 号"是经农业农村部授权的植物新品种。京研益农(寿光)种业科技有限公司(简称京研寿光公司)认为,在植物新品种权初步审查合格公告之日起至被授予品种权之日止的临时保护期内,新疆昌丰农业科技发展有限公司(简称昌丰公司)以"世纪蜜二十五号"之名生产、销售实为"都蜜 5 号"的种子。京研寿光公司遂诉至海南自由贸易港知识产权法院,请求判令昌丰公司停止生产、销售行为并赔偿经济损失 300 万元。一审法院认为,品种权人在起诉前单方自行委托的鉴定,不是司法委托鉴定,但从样品来源、鉴定资质、适用的鉴定规则和测试方法等方面进行严格审查后,确认该证据的证明力,认定"世纪蜜二十五号"与"都蜜 5 号"为相同品种。昌丰公司未经许可,在"都蜜 5 号"植物新品种的临时保护期内生产、繁殖、销售与"都蜜 5 号"为同一品种的"世纪蜜二十五号",应当向京研寿光公司支付临时保护期使用费。综合考虑品种类型、生产销售时间、销售单价以及数量等因素,判决昌丰公司支付临时保护期使用费及合理开支共计 35 万元。一审判决后,当事人均未上诉。

二、典型意义

本案系临时保护期使用费纠纷,判决生效后促成关联案件当事人达成使用费支付协议和品种权许可协议,取得积极效果。该案加强了对植物新品种权人的保护,促进了甜瓜种业自主创新。

案例 9　生成社交软件虚假截图不正当竞争纠纷案

深圳市腾讯计算机系统有限公司与郴州七啸网络科技有限公司等不正当竞争纠纷案

[北京市海淀区人民法院(2020)京 0108 民初 8661 号民事判决书]

一、基本案情

深圳市腾讯计算机系统有限公司(简称腾讯公司)开发、运营"微信""QQ"软件。郴州七啸网络科技有限公司、长沙市岳麓区智恩商品信息咨询服务部(简称两被告)共同开发、运营"微商截图王"(后更名为"微商星球")、"火星美化"两款软件,该两款软件提供与"微信""QQ"软件的界面、图标、表情等完全一致的素材和模板,使用户能够自行编辑并生成与"微信""QQ"软件各种使用场景界面相同的对话、红包、转账、钱包等虚假截图。北京神奇工场科技有限公司运营的"乐商店"应用平台为被诉软件提供下载服务。腾讯公司认为三被告构成不正当竞争,遂诉至北京市海淀区人民法院。一审法院认为,两被告借助微信、QQ 软件所具有的广泛用户基础以及构建起的真实、诚信社交生态,利用部分用户意图通过造假、作弊来获取不当利益的心理,使被诉软件获得大量用户并据此牟取高额收益。两被告为其用户提供了造假、作弊的重要工具,为弄虚作假、行骗、欺瞒之行为提供了条件,违背诚实信用原则和商业道德。被诉行为直接冲击了微信、QQ 以真实社交为依托的运营基础,易使消费者因虚假截图受到人身和财产方面的损害,扰乱市场竞争秩序,构成不正当竞争。北京神奇工场科技有限公司作为网络服务提供者,已经尽到了合理注意义务,不应承担相关法律责任。一审法院结合被诉软件用户数量、交易流水金额等因素,判令两被告赔偿腾讯公司经济损失及合理费用共计528.452万元。两被告不服,提起上诉。北京知识产权法院二审判决驳回上诉,维持原判。

二、典型意义

本案是人民法院打击网络"黑灰产"不正当竞争行为的典型案例,打击了提供作弊、造假工具的行为,维护了市场竞争秩序,保护了经营者和消费者的合法权益,对形成公平竞争的市场环境具有促进作用。

案例 10　罗某洲、马某华等八人假冒注册商标罪案

罗某洲、马某华等八人假冒注册商标罪案

［广东省深圳市中级人民法院(2022)粤 03 刑终 514 号刑事裁定书］

一、基本案情

"AIRPODS""AIRPODS PRO"商标权人为苹果公司,核定使用商品包括耳机等。被告人罗某洲、马某华等生产假冒苹果公司注册商标的蓝牙耳机对外销售牟利。涉案蓝牙耳机及包装无论是否印有苹果公司注册商标,经蓝牙连接苹果手机后均弹窗显示"Airpods"或"Airpods Pro"。广东省深圳市龙岗区人民法院一审认为,被告人均构成假冒注册商标罪,分别判处被告人罗某洲等人有期徒刑二至六年及罚金。一审宣判后,部分被告人提起上诉。广东省深圳市中级人民法院二审另查明,本案已销售侵权耳机金额应调整认定为 22 106 296.08 元。二审法院认为,假冒注册商标犯罪中"使用"不限于将商标用于商品、商品包装或者容器等有形载体中,只要是在商业活动中用于识别商品来源的行为,就属于商标性使用。蓝牙耳机的消费者通过蓝牙配对建链寻找设备,对蓝牙耳机产品来源的识别主要通过设备查找正确的配对项实现蓝牙耳机功能。被告人生产的侵权蓝牙耳机连接手机终端配对激活过程中,在苹果手机弹窗向消费者展示"Airpods""Airpods Pro"商标,使消费者误认为其使用的产品是苹果公司制造,造成对产品来源的混淆和误认,构成假冒注册商标罪。二审法院裁定驳回上诉,维持原判。

二、典型意义

本案是数字经济环境下利用物联网技术实施新形态商标犯罪的典型案例。本案裁判把握商标犯罪行为的实质,正确界定商标使用行为,有力打击了利用新技术侵犯知识产权犯罪行为。

供稿:最高人民法院民三庭

2022 年中国法院 50 件典型知识产权案例

一、知识产权民事案件

(一)专利权权属、侵害专利权纠纷案件

1. 徐某等与河北易德利橡胶制品有限责任公司等侵害发明专利权纠纷案［最高人民法院(2020)最高法知民终 1696 号民事判决书］

2. 北京金山安全软件有限公司与上海触宝信息技术有限公司、上海触乐信息

技术有限公司侵害外观设计专利权纠纷案[上海知识产权法院(2019)沪73民初399号民事判决书]

(二)侵害商标权、商标合同纠纷案件

3. 海亮教育管理集团有限公司、海亮集团有限公司等与浙江荣怀教育集团有限公司、诸暨荣怀学校侵害商标权及不正当竞争纠纷案[最高人民法院(2022)最高法民再131号民事判决书]

4. 德禄产业与发展有限责任两合公司、德禄国际有限公司、德禄(太仓)家具科技有限公司与德禄家具(上海)有限公司、德禄家具(南通)有限公司等侵害商标权及不正当竞争纠纷案[江苏省高级人民法院(2021)苏民终2636号民事判决书]

5. 京山市粮食行业协会、湖北国宝桥米有限公司与武汉什湖知音粮油食品有限公司侵害商标权纠纷案[湖北省高级人民法院(2022)鄂知民终483号民事判决书]

6. 卡地亚国际有限公司与梦金园黄金珠宝集团股份有限公司、山东梦金园珠宝首饰有限公司等侵害商标权及不正当竞争纠纷案[天津市高级人民法院(2021)津民终63号民事判决书]

7. 广州阿婆餐饮管理有限公司与藁城区安东街阿婆家常菜馆侵害商标权纠纷案[河北省高级人民法院(2022)冀知民终528号民事判决书]

8. 内蒙古恒丰集团银粮面业有限责任公司、内蒙古恒丰食品工业(集团)股份有限公司与益海嘉里食品营销有限公司、益海嘉里(沈阳)粮油食品工业有限公司、北京华联综合超市股份有限公司呼和浩特兴安北路分公司侵害商标权及不正当竞争纠纷案[内蒙古自治区高级人民法院(2021)内知民终91号民事判决书]

9. 舍得酒业股份有限公司与柳梧鑫旺达商贸、刘某培侵害商标权纠纷案[西藏自治区高级人民法院(2022)藏知民终5号民事判决书]

10. 烙克赛克公司(ROXTEC AB)与上海怡博船务有限公司侵害商标权纠纷案[上海知识产权法院(2021)沪73民终228号民事判决书]

11. 广州市碧欧化妆品有限公司与广东碧鸥国际化妆品有限公司等侵害商标权纠纷案[广州知识产权法院(2020)粤73民终5237号民事判决书]

12. 沈阳狮子王农业有限公司与辽宁沈抚农村商业银行股份有限公司商标许可使用合同纠纷案[辽宁省沈阳市中级人民法院(2021)辽01民初3346号民事判决书]

13. 百度在线网络技术(北京)有限公司、北京百度网讯科技有限公司与广西百度房地产经纪股份有限公司、广西百度房地产经纪股份有限公司柳州五星分公司侵害商标权及不正当竞争纠纷案[广西壮族自治区南宁市中级人民法院(2020)桂01民初2718号民事判决书]

(三)著作权权属、侵害著作权纠纷案件

14. 张某龙与北京墨碟文化传播有限公司、程某、马某侵害作品信息网络传播权纠纷案[最高人民法院(2022)最高法民辖42号民事裁定书]

15. 西安佳韵社数字娱乐发行股份有限公司与上海箫明企业发展有限公司侵害作品信息网络传播权纠纷案[北京市高级人民法院(2022)京民再62号民事判决书]

16. 王某成、王某、王某燕与高某鹤、上海宽娱数码科技有限公司侵害作品信息网络传播权纠纷案[天津市高级人民法院(2021)津民终246号民事判决书]

17. 江西省亿维电子商务有限公司与厦门表情科技有限公司著作权权属、侵权纠纷案[福建省高级人民法院(2022)闽民终879号民事判决书]

18. 北京豪骏影视传媒有限公司与吉林省帝王酒店餐饮娱乐管理有限公司金帝首席纯歌厅、吉林省帝王酒店餐饮娱乐管理有限公司著作权权属、侵权纠纷案[吉林

省高级人民法院(2022)吉民终 339 号民事判决书〕

19. 饶某俊与深圳市大百姓时代文化传媒有限公司、深圳市大百姓网络视频黄页有限公司著作权侵权纠纷案〔广东省高级人民法院(2022)粤民再 346 号民事判决书〕

20. 中国音像著作权集体管理协会与永宁县杨和镇浪漫之约休闲会所著作权权属、侵权纠纷案〔宁夏回族自治区高级人民法院(2022)宁知民终 31 号民事判决书〕

21. 广州加盐文化传播有限公司与北京字节跳动科技有限公司、悠久传媒(北京)有限责任公司侵害作品信息网络传播权纠纷案〔广州知识产权法院(2021)粤 73 民终 5651 号民事判决书〕

22. 景德镇市耘和瓷文化有限公司与景德镇溪谷陶瓷文化有限公司著作权权属、侵权纠纷案〔江西省景德镇市中级人民法院(2022)赣 02 民终 171 号民事判决书〕

(四)不正当竞争纠纷案件

23. 四川金象赛瑞化工股份有限公司与山东华鲁恒升化工股份有限公司等侵害技术秘密纠纷案〔最高人民法院(2022)最高法知民终 541 号民事判决书〕

24. 河北华穗种业有限公司与武威市博盛种业有限责任公司侵害技术秘密纠纷案〔最高人民法院(2022)最高法知民终 147 号民事判决书、甘肃省兰州市中级人民法院(2020)甘 01 知民初 61 号民事判决书〕

25. 深圳市腾讯计算机系统有限公司、腾讯科技(深圳)有限公司与杭州百豪科技有限公司、杭州古馨文化艺术有限公司不正当竞争纠纷案〔浙江省高级人民法院(2022)浙民申 5195 号民事裁定书〕

26. 海信视像科技股份有限公司与TCL 王牌电器(惠州)有限公司等商业诋毁纠纷案〔山东省高级人民法院(2021)鲁民终 38 号民事判决书〕

27. 哈尔滨秋林集团股份有限公司、哈尔滨秋林食品有限责任公司与哈尔滨秋林里道斯食品有限责任公司不正当竞争纠纷案〔黑龙江省高级人民法院(2022)黑民终 236 号民事判决书〕

28. 云南合道康成信息技术有限公司与滇医通医疗信息咨询(云南)有限公司、滇医通互联网医院(云南)有限公司、邹某不正当竞争纠纷案〔云南省高级人民法院(2022)云民终 904 号民事判决书〕

29. 中交大建(西安)桥梁科技有限公司与浙江中隧桥波形钢腹板有限公司、周某不正当竞争纠纷案〔河南省高级人民法院(2021)豫知民终 665 号民事判决书〕

30. 西安思安科技信息股份有限公司与西安聚远电力自动化有限公司、高某、李某侵害商业秘密及虚假宣传纠纷案〔陕西省高级人民法院(2022)陕知民终 10 号民事判决书〕

31. 烟台市松立农业科技有限公司与山东万林新生态农业科技发展有限公司不正当竞争纠纷案〔山东省高级人民法院(2022)鲁民终 390 号民事判决书〕

32. 重庆天权星文化传媒有限公司与游某梅、浪胃仙(重庆)文化传媒有限公司不正当竞争纠纷案〔重庆市高级人民法院(2022)渝民终 859 号民事判决书〕

33. 巴州网众网络科技有限公司与额敏县新大同创生物工程有限责任公司、员某岚商业诋毁纠纷案〔新疆维吾尔自治区高级人民法院(2022)新民终 81 号民事判决书〕

34. 北京古北水镇旅游有限公司与北京小壕科技有限公司不正当竞争纠纷案〔北京知识产权法院(2021)京 73 民终 4553 号民事判决书〕

35. 北京微播视界科技有限公司与上海六界信息技术有限公司、厦门市扒块腹肌网络科技有限公司、浙江淘宝网络有限公司不正当竞争纠纷案〔浙江省杭州市中级人民法院(2022)浙 01 民终 1203 号民事判决书〕

36. 深圳市腾讯计算机系统有限公司与田某源、成都西维数码科技有限公司、金某林、鲁某进不正当竞争纠纷案［四川省成都市中级人民法院(2021)川 01 民初 10950 号民事判决书］

37. 山西瑞亚力生物技术有限公司与蒙某祥、深圳市瑞祥生物技术有限公司侵害商业秘密纠纷案［山西省晋城市中级人民法院(2020)晋 05 民初 124 号民事判决书］

38. 青海景榛城市服务集团有限公司与青海省通信服务有限公司侵害商业秘密纠纷案［青海省西宁市中级人民法院(2022)青 01 知民初 141 号民事判决书］

(五)植物新品种纠纷案件

39. 刘某湘与安徽绿亿种业有限公司、合肥丰民农业科技有限公司植物新品种合同纠纷案［湖南省高级人民法院(2022)湘知民终 25 号民事判决书］

40. 德农种业股份公司与安徽金培因科技有限公司、安徽华展种业有限公司、灵璧县黄湾镇朱鹏农资、泗县久久农资经营部侵害植物新品种权纠纷案［安徽省高级人民法院(2020)皖民初 4 号民事判决书］

41. 中国种子集团有限公司江苏分公司与李某贵侵害植物新品种权及不正当竞争纠纷案［浙江省杭州市中级人民法院(2022)浙 01 知民初 96 号民事判决书］

二、知识产权行政案件

42. 广东好太太科技集团股份有限公司与国家知识产权局、佛山市凯达能企业管理咨询有限公司商标权无效宣告请求行政纠纷案［最高人民法院(2022)最高法行再 3 号行政判决书］

43. 齐鲁制药有限公司与北京四环制药有限公司、国家知识产权局发明专利权无效宣告请求行政纠纷案［最高人民法院(2021)最高法行再 283 号行政判决书］

44. 长沙市华美医药科技有限公司与国家知识产权局、南京圣和药业股份有限公司发明专利权无效宣告请求行政纠纷案［最高人民法院(2020)最高法知行终 475 号行政判决书］

45. 苹果电脑贸易(上海)有限公司与国家知识产权局、高通股份有限公司发明专利权无效宣告请求行政纠纷案［最高人民法院(2021)最高法知行终 1 号行政判决书］

46. 南京恒生制药有限公司与南京市知识产权局、拜耳知识产权有限责任公司专利行政裁决纠纷案［最高人民法院(2021)最高法知行终 451 号行政判决书、江苏省南京市中级人民法院(2020)苏 01 行初 261 号行政判决书］

47. 荔波县程氏珠宝商行二店与荔波县市场监督管理局行政处罚纠纷案［贵州省高级人民法院(2022)黔行终 309 号行政判决书］

三、知识产权刑事案件

48. 任某侵犯著作权罪案［北京市丰台区人民法院(2022)京 0106 刑初 86 号刑事判决书］

49. 纪某民等四人侵犯商业秘密罪案［上海市浦东新区人民法院(2021)沪 0115 刑初 5190 号刑事判决书］

50. 王某假冒注册商标罪案［江苏省无锡市新吴区人民法院(2022)苏 0214 刑初 579 号刑事判决书］

供稿:最高人民法院民三庭

最高人民检察院第四十八批指导性案例

（知识产权检察综合保护指主题）

案例1　广州蒙娜丽莎建材有限公司、广州蒙娜丽莎洁具有限公司与国家知识产权局商标争议行政纠纷诉讼监督案（检例第 191 号）

【关键词】

知识产权保护　商标争议行政纠纷
类似商品　近似商标　延续性注册　类案
检索　抗诉

【要　旨】

对于类似商品和近似商标的认定，应以商标用于区别商品或者服务来源的核心功能为据，着重审查判断是否易使相关公众混淆、误认。商标注册人对其注册的不同商标享有各自独立的商标专用权，其先后注册的商标之间不当然具有延续关系，司法实务中应严格把握商标延续性注册的适用条件。检察机关办理知识产权案件，一般应当进行类案检索。

一、基本案情

申请人（一审第三人，二审上诉人，再审申请人）：广州蒙娜丽莎建材有限公司（简称建材公司），住所地广东省广州市。

申请人（一审第三人，二审上诉人，再审申请人）：广州蒙娜丽莎洁具有限公司（简称洁具公司），住所地广东省广州市。

其他当事人（一审原告，二审被上诉人，再审被申请人）：蒙娜丽莎集团股份有限公司（简称蒙娜丽莎公司），住所地广东省佛山市。

其他当事人（一审被告，二审上诉人）：国家知识产权局，住所地北京市。

本案争议商标为第 4356344 号 "M MONALISA 及图" 商标，系广东蒙娜丽莎新型材料集团有限公司（简称新型材料公司，本案二审期间，更名为蒙娜丽莎公司）于 2004 年 11 月 10 日申请注册，2008 年 9 月 14 日核准注册，核定使用在第 11 类 "灯、烹调器具、高压锅（电加压炊具）、盥洗室（抽水马桶）、坐便器" 等商品上。

本案引证商标为第 1558842 号 "蒙娜丽莎 Mona Lisa" 商标，系广州现代康体设备有限公司 1999 年 12 月 28 日申请注册，2001 年 4 月 21 日核准注册，核定使用在第 11 类 "蒸气浴设备、桑拿浴设备、浴室装置" 等商品上。2012 年 4 月 18 日转让至建材公司和洁具公司名下。

第 1476867 号 "M MONALISA 蒙娜丽莎及图" 商标，系南海市樵东陶瓷有限公司 1999 年 7 月 12 日申请注册，2000 年 11 月 21 日核准注册，核定使用在第 19 类 "非金属地板砖、瓷砖、建筑用非金属墙砖、建筑用嵌砖" 等商品上，于 2011 年 6 月 28 日变更注册人为新型材料公司。

2012 年 3 月 30 日，建材公司、洁具公司针对争议商标向原国家工商行政管理总局商标评审委员会提起争议申请，以争议商标与引证商标、第 3541267 号 "monalisa 及图" 商标构成类似商品上的近似商标为由，请求撤销争议商标。2013 年 11 月 25 日，商标评审委员会作出商评字〔2013〕第 116692 号《关于第 4356344 号 "M MONALISA 及图" 商标争议裁定书》（简称被诉裁定）认为：争议商标核定使用的 "烹调器具、高压锅（电加压炊具）、盥洗室（抽水马桶）、坐便器" 商品与引证商标核定使用的商品构成类似商品，争议商标与引证商标构成使用在类似商品上的近似商标，违反了 2001 年修正的

《商标法》第 28 条的规定,裁定争议商标在"烹调器具、高压锅(电加压炊具)、盥洗室(抽水马桶)、坐便器"商品上予以撤销,在其余商品上予以维持。

新型材料公司不服,提起行政诉讼。诉讼中,新型材料公司明确表示要求在"盥洗室(抽水马桶)、坐便器"两商品上予以维持注册,其他不予核准的商品不再要求维持注册。

北京市第一中级人民法院一审认为:第 1476867 号商标系新型材料公司的基础商标,该商标与争议商标在图形、英文呼叫方面完全相同。第 1476867 号商标核定使用的"瓷砖"商品与争议商标核定使用的"盥洗室(抽水马桶)、坐便器"商品应属于类似商品。第 1476867 号商标在"瓷砖"商品上曾被认定为驰名商标,其商业信誉可以在争议商标上延续。争议商标与引证商标在整体视觉效果上区别明显,不构成近似商标。判决撤销被诉裁定,由商标评审委员会重新作出裁定。

商标评审委员会及建材公司、洁具公司不服,上诉至北京市高级人民法院。二审期间,新型材料公司名称变更为蒙娜丽莎公司。2016 年 6 月 8 日,北京市高级人民法院作出二审判决,认定争议商标核定使用的"盥洗室(抽水马桶)、坐便器"商品,与引证商标核定使用的"蒸气浴设备、桑拿浴设备、浴室装置"等商品不构成类似商品;争议商标与引证商标的标志在构成要素和整体外观上存在较大差异,不构成近似商标;第 1476867 号商标在"瓷砖"商品上的商誉可以延续至争议商标,相关公众可以在相关商品上将争议商标与引证商标区别开来,不会对商品的来源产生混淆误认。判决驳回上诉,维持原判。建材公司、洁具公司申请再审,再审申请被驳回。

案涉商标如下:

争议商标
(第 4356344 号)

引证商标
(第 1558842 号)

基础商标
(第 1476867 号)

二、检察机关履职过程

受理及审查情况。建材公司、洁具公司不服二审判决,向北京市人民检察院申请监督,该院经审查后提请最高人民检察院抗诉。鉴于本案讼争双方存在数起纠纷,法律关系交织,证据情况复杂,检察机关重点从以下两个方面进行审查:一是梳理双方纠纷。检察机关调阅原审法院卷宗材料,多次听取当事人意见,对相关民事和行政判决予以系统梳理分析,全面了解双方商标的历史沿革和争议背景,对类似商品、近似商标的认定以及本案处理结果对其他案件的影响进行重点分析,初步确定二审判决在类似商品和近似商标的认定上均存在应予监督的情形。二是进行类案检索。通过中国裁判文书网对涉及双方当事人的案件进行类案检索,以与本案涉及同一当事人、同一类似群组的商品、同一法条和商标中含有"蒙娜丽莎""monalisa""蒙娜丽莎画像"设计要素为标准,最终筛选出 12 件与本案高度类似的案件。经对比分析,发现其他案件在类似商品和近似商标的认定上与本案存在明显差异,本案与其他案件存在类案异判情形。

监督意见。2021年11月11日，最高人民检察院向最高人民法院提出抗诉，认为本案二审判决认定事实和适用法律均存在错误。主要理由是：争议商标核定使用的"盥洗室（抽水马桶）、坐便器"商品与引证商标核定使用的"浴室装置"商品构成类似商品。争议商标与引证商标在文字构成、呼叫、构成要素等方面相近，构成近似商标。二审判决有关蒙娜丽莎公司第1476867号"M MONALISA 蒙娜丽莎及图"商标延伸注册的论述不能成立。且除本案二审判决外，在其他涉及蒙娜丽莎公司申请注册在第1109类似群组的"盥洗室（抽水马桶）、坐便器"等商品上以"蒙娜丽莎""monalisa"等为设计要素的商标的案件中，法院均认定相关商标与本案引证商标构成使用在类似商品上的近似商标，对蒙娜丽莎公司有关第1476867号商标延伸注册的主张不予支持。

处理结果。最高人民法院指令北京市高级人民法院再审。2022年6月14日，北京市高级人民法院作出判决，认为争议商标与引证商标构成使用在类似商品上的近似商标。蒙娜丽莎公司所提交的证据尚不足以证明，本案争议商标申请注册时其第1476867号商标已经具有较高知名度。且第1476867号商标注册在第19类商品上，与争议商标和引证商标核定使用的第11类商品分属于不同的商品类别，不同商品上的商誉不能当然地延续到其他类别的商品上。蒙娜丽莎公司所提交的证据亦不足以证明，基于其第1476867号商标在"瓷砖"商品上的知名度，客观上足以使争议商标在"盥洗室（抽水马桶）、坐便器"商品上与引证商标相区分。因此，争议商标注册在"盥洗室（抽水马桶）、坐便器"商品上违反了《商标法》第28条的规定。北京市高级人民法院再审改判撤销本案二审判决和一审判决，驳回蒙娜丽莎公司的诉讼请求。

三、指导意义

1. 对于类似商品和近似商标的认定，应以商标用于区分商品或者服务来源的核心功能为据，着重审查判断是否易使相关公众混淆、误认

认定商品类似，应以相关公众的一般认识，结合商品的功能、用途、生产部门、销售渠道、消费对象等因素综合审查判断。认定时可以参考《商标注册用商品和服务国际分类》和《类似商品和服务区分表》。如果相关商品在区分表中处在同一类似群组，原则上应认定为类似商品。如认为此种情形不构成类似商品，应有充分理由，不应随意突破区分表的划分。认定商标是否近似，应以相关公众的一般注意力为标准，既要审查商标标志构成要素及其整体的近似程度，也要审查请求保护注册商标的显著性和知名度，同时考量商品的类似程度、已经客观形成的市场格局等因素，综合判断是否容易导致相关公众混淆。

2. 商标注册人对其注册的不同商标享有各自独立的商标专用权，其先后注册的商标之间不当然具有延续关系，司法实务中应严格把握商标延续性注册的适用条件

商标延续性注册是商标权人将经过使用获得一定知名度的商标向新的商品或服务领域拓展，司法实务中常用作商标在先申请原则的抗辩事由。实践中一般应同时满足以下条件：一是商标注册人的基础商标在引证商标申请日前经使用具备一定知名度；二是申请延续注册商标与基础商标构成相同或近似商标；三是申请延续注册商标与基础商标核定使用的商品或服务构成相同或类似；四是相关公众认为使用两商标的商品或服务均来自该商标注册人或存在特定联系，不易与引证商标发生混淆、误认。鉴于延续注册的商标标志客观上同他人在同一种商品或者类似商品上已经注册的或者初步审定的商标相同或者近似，应严格把握商标延续性注册适用条件，综合考虑商标标志的近似程度、商品的类似程度、在先商标的使用情况和知名度、申请人的主观意图等因素,以申请延续注册的商标不易与引证商标发生混淆、误认为原则,全面审查判断延续性注册抗辩是否成立。

3. 检察机关办理知识产权案件,一般应当开展类案检索

类案检索,是对与待决案件的基本事实、争议焦点、法律适用方面具有相似性的生效法律文书进行检索,并参照或参考检索到的类案文书办理案件。知识产权案件往往多个程序交织,且知识产权客体具有非物质性和开放性特点,客观上更易遭受多方侵害,知识产权领域批量维权案件较其他领域更为常见,类案检索的必要性更为突出。司法实务中,既要检索最高人民法院、最高人民检察院发布的指导性案例等相关类案,用以参照或参考办案;又要检索涉及同一当事人以及涉及同一知识产权权利客体的关联案件,审查是否存在影响案件审查的在先生效判决、是否存在类案异判情形以及是否存在应中止审查的情形等,在全面掌握案件事实的基础上精准履职,统一司法裁判标准和尺度,确保法律统一正确实施。

案例 2　周某某与项某某、李某某著作权权属、侵权纠纷等系列虚假诉讼监督案(检例第 192 号)

【关键词】

知识产权保护　著作权纠纷　著作权登记　虚假诉讼　数字检察　综合履职

【要　旨】

冒充作者身份,以他人创作的作品骗取著作权登记,并以此为主要证据提起诉讼谋取不正当利益,损害他人合法权益,妨害司法秩序的,构成虚假诉讼。检察机关应积极推进数字检察,以大数据赋能创新法律监督模式,破解虚假诉讼监督瓶颈。对于知识产权领域虚假诉讼案件,检察机关应依职权启动监督程序,通过监督民事生效裁判、移送刑事案件线索、提出社会治理意见建议等方式促进综合治理。

一、基本案情

民事诉讼原告周某某。

民事诉讼被告项某某、李某某。

本系列案件共涉及虚假诉讼 64 件,其他案件当事人情况略。

2007 年 10 月,周某某、陈某兰成立杭州美速版权代理有限公司(简称美速公司),主要经营版权登记和版权维权业务,并先后招募杨某全、王某梅等人为工作人员。其中,周某某负责公司的日常管理和起诉维权,陈某兰负责公司部分财务和维权取证,杨某全负责宣传和跟客户对接著作权登记,王某梅负责编写花型创作说明、描稿和维权取证。自 2008 年起,美速公司非法诱导绍兴柯桥中国轻纺城市场的部分经营户将他人创作的纺织花型图案交由该公司进行著作权登记,并委托该公司维权。周某某在明知其客户无实际著作权的情况下,仍指使王某梅等人编造花型创作思路、说明,并将创作日期提前一年,帮助代理著作权登记。在发现市场其他经营户使用该部分花型后,美速公司假借维权之名,以侵犯其客户著作权为由,通过发律师函、提起诉讼等方式要求赔偿,诈骗金额累计 340万余元。其中涉及虚假诉讼 64 件,周某某与项某某、李某某著作权权属、侵权纠纷案即为其中一例。

2012 年 10 月,周某某通过美速公司从浙江省版权局取得美术作品《婀娜多姿》的著作权登记。2014 年 7 月,周某某以项某某、李某某为被告向浙江省绍兴市柯桥区人民法院(简称柯桥区法院)提起诉讼,主张《婀娜多姿》花型系其自己独立创作,诉请判令项某某、李某某立即停止侵权,并赔

偿经济损失 2 万元。2014 年 12 月 15 日，柯桥区法院作出 (2014) 绍柯知初字第 162 号民事判决，查明：周某某于 2012 年 12 月 10 日取得浙江省版权局颁发的美术作品《婀娜多姿》的著作权登记证，登记号为"浙作登字 11-2013-F-14787"。后周某某发现柯桥区柯桥街道中国轻纺城"现代布艺"门市部销售似《婀娜多姿》花型的窗帘布，遂委托王某梅与公证人员一起，以普通消费者的身份从"现代布艺"门市部购买了该花型的窗帘布。该"现代布艺"门市部当时系项某某经营，项某某销售的该花型窗帘布是从李某某处购买。该院认为，《婀娜多姿》花型系蕴含自然人想象完成的作品，周某某系该美术作品的著作权人，"现代布艺"门市部未经周某某许可销售该花型窗帘布，构成侵权，应承担相应民事责任。因该门市部是个体工商户，其责任由其个体经营者项某某承担。但项某某披露涉案窗帘布系从李某某处购买，具有合法来源。故判决项某某、李某某停止销售印有《婀娜多姿》花型的窗帘布，李某某赔偿周某某经济损失 1.4 万元。

二、检察机关履职过程

线索发现。 2020 年初，浙江省绍兴市柯桥区人民检察院（简称柯桥区检察院）在履职中发现，柯桥区纺织品市场存在职业化的纺织花样著作权维权现象，怀疑涉及恶意诉讼，遂启动对相关诉讼情况的调查。检察机关主要开展以下工作：一是走访该区窗帘布协会、绣花布协会、印染协会等行业协会，了解花型著作权恶意维权问题。二是通过绍兴市人民检察院"民事裁判文书智慧监督系统"对柯桥区法院审理的"著作权权属、侵权纠纷"类案件进行检索分析，共检索出案件 2916 件。三是审查案件原告对涉案花型是否享有著作权。柯桥区检察院调取了 2916 件案件涉及的纺织品花型，并通过纺织品花型"AI 智审系统"，对涉案纺织品花型进行数据检索比对，发

现涉案的部分花型早已在市场流通，是否系原告独立创作存疑，相关案件可能属于虚假诉讼。四是梳理筛选出由同一律师事务所代理的民事诉讼案件 601 件。并根据案件处理结果，剔除撤诉结案、驳回诉讼请求案件等 481 件，进一步将审查重点聚焦在以判决和调解结案的 120 件案件。五是通过大数据碰撞进一步聚焦线索。经查询部分被告向原告支付侵权赔偿款的银行账号发现，原告收取的侵权赔偿款全部流向了周某某的银行账号。对该账号进行数据分析，又挖掘出周某某资金密集关联人员陈某兰、王某梅和杨某全。通过企业工商信息查询系统，确认周某某系美速公司的实际控制人。

受理及线索移交。 2021 年 1 月 12 日，柯桥区检察院依职权启动对包括本案在内的系列著作权权属、侵权纠纷案件的民事监督程序，并于 2021 年 5 月 13 日将周某某等人涉嫌犯罪的线索移交绍兴市公安局柯桥分局（简称柯桥分局），柯桥分局于当日对周某某等人以敲诈勒索罪立案侦查。

审查情况。 结合相关刑事案件的侦查，检察机关重点围绕周某某著作权的权利基础进行审查。查明，周某某系从市场现有的花型中找出自己需要的花型元素，交由制版公司予以组合、修改，并向其支付相应报酬（300 元左右），在既未与制版公司签订委托创作合同，也未约定著作权归属的情况下，以该花型系其自己独立创作为由，委托美速公司从浙江省版权局取得 11-2013-F-14787 号美术作品《婀娜多姿》的著作权登记。且本案所涉《婀娜多姿》花型系根据已有花型拼凑得来，不符合著作权法关于作品"独创性"的要求，不应认定为著作权法上的作品。周某某冒充作者身份提起本案诉讼，应认定为虚假诉讼。

监督意见。 2022 年 9 月 26 日，绍兴市人民检察院就本案向绍兴市中级人民法院提出抗诉，认为周某某对涉案花型《婀娜多姿》不享有著作权，其冒充作者身份提起诉

讼,系捏造事实提起诉讼,妨害司法秩序,损害他人合法权益,构成虚假诉讼。同时,绍兴市人民检察院就另外11件类似情形的虚假诉讼提出抗诉,浙江省人民检察院也就2件案件向浙江省高级人民法院提出抗诉。此前,柯桥区检察院已于2022年4月28日对涉及虚假诉讼的50件案件向柯桥区法院发出再审检察建议书,建议法院再审。

监督结果。绍兴市中级人民法院作出民事裁定书,指令柯桥区法院对本案再审。2022年11月28日,柯桥区法院作出(2022)浙0603民再67号民事判决,采纳检察机关抗诉意见,认定构成虚假诉讼,判决撤销原审判决,驳回周某某诉讼请求。其余63件案件再审均认定构成虚假诉讼,改判驳回原审原告的诉讼请求。

办案期间,检察机关对著作权登记环节存在的问题进行梳理分析,积极与版权管理职能部门签署《关于加强版权保护工作合作备忘录》,建立协同保护长效机制,并将案件办理中发现应予撤销的著作权登记线索移送版权管理职能部门撤销。

刑事案件办理情况。2021年8月至11月间,柯桥区检察院对周某某、陈某兰、杨某全、王某梅等人以诈骗罪批准逮捕。2022年4月21日,杨某全、王某梅被取保候审。2022年5月5日,柯桥区检察院以诈骗罪对被告人周某某、陈某兰、杨某全、王某梅向柯桥区法院提起公诉。

庭审中,被告人周某某及部分辩护人提出如下辩护意见:周某某等人不明知客户无实际著作权,其没有对作品的独创性和权利归属进行实质审查的专业能力和法律义务;在合作作品、委托作品、职务作品等情形中,部分申请人作为作品的委托人、受让人和合作人,可以申请著作权登记;虚构完成时间及代写创作说明仅意味着申请文件存在瑕疵,利用瑕疵的著作权登记证书进行诉讼,均不能被认定虚构事实、隐瞒真相的诈骗行为。公诉人答辩:涉案花型

系申请人通过低价购买或者委托第三方修改、与第三方合作等方式获得,而出售人及第三方则是以简单修改已有公开花型的方式获得,并不具备著作权法上要求的独创性。申请版权登记必须依法提交材料,如果是合作、委托、买卖等,则须附相关合同及作品权属证明材料。周某某长期从事版权登记代理业务,熟悉当地市场花型创作情况,在明知申请人不具备版权登记申请权利情况下,仍指使同案人员编写花型创作思路和说明,伪造创作时间,代签著作权保证书,后申请登记著作权。在获得版权证书后,取得版权登记人的"维权"业务,通过发送律师函、起诉等方式"维权"要求被害人支付赔偿,符合虚构事实、隐瞒真相,骗取他人财产的诈骗罪构成要件。

2022年7月28日,柯桥区法院作出一审判决,以诈骗罪判处被告人周某某有期徒刑11年6个月,并处罚金20万元;判处被告人陈某兰有期徒刑3年,缓刑5年,并处罚金8万元;判处被告人杨某全有期徒刑3年,缓刑5年,并处罚金2万元;判处被告人王某梅有期徒刑3年,缓刑4年,并处罚金1万元。并判处没收电脑、手机等作案工具,被告人共同退赔被害人损失。周某某、陈某兰、杨某全、王某梅提出上诉。2022年9月13日,绍兴市中级人民法院裁定驳回上诉,维持原判。

三、指导意义

1. 冒充作者身份,以他人创作的作品骗取著作权登记,并以此为主要证据提起诉讼谋取不正当利益,损害他人合法权益、妨害司法秩序的,构成虚假诉讼

著作权登记证书作为著作权权属的初步证明,是著作权权属、侵权纠纷中最常见的证据之一。但是著作权登记时,对相关作品是否系申请人创作、是否具有独创性不作实质审查,客观上难以防范恶意登记著作权行为。故意提交虚假申请材料以他人作品或者公有领域的作品骗取著作权登

记,再利用骗取的著作权登记证书提起诉讼谋取不正当利益,是知识产权领域一类比较典型的虚假诉讼。检察机关办理著作权权属、侵权纠纷民事诉讼监督案件,除审查著作权登记证书外,还应重点审查创作底稿、原件等证据材料,并调查核实作品是否为他人创作、在登记证书载明的创作完成日前是否已存在等事实,综合判断著作权权属。

2. 检察机关应积极推进数字检察,以大数据赋能创新法律监督模式,破解虚假诉讼监督瓶颈

知识产权案件专业性强,虚假诉讼线索发现、甄别、认定较其他案件难度更大。司法实践中,检察机关应切实强化数字理念、思维,以大数据赋能法律监督,着力破解虚假诉讼案件办理瓶颈。一方面,要做好数据资源的集纳、管理。既要注重各类检察业务数据的汇聚管理,又要通过跨部门大数据协同办案机制等拓宽数据来源渠道,加强对行政执法、司法办案等相关数据的共享。另一方面,要及时总结知识产权领域虚假诉讼办案经验,把握案件特点和规律,构建知识产权案件法律监督模型。具体办案中,对于有虚假诉讼嫌疑的案件或线索,应注重选取诉讼请求,知识产权权属证明,抗辩事由,当事人、代理人信息等要素进行碰撞、比对、分析,精准识别虚假诉讼。

3. 对于知识产权领域虚假诉讼案件,检察机关应依职权启动监督程序,通过监督民事生效裁判、移送刑事案件线索、提出社会治理意见建议等方式促进综合治理

虚假诉讼当事人伪造证据,捏造知识产权侵权关系或者不正当竞争关系,提起民事诉讼以谋取非法利益,损害他人合法权益、妨害司法秩序,应予以依法打击。司法实践中,检察机关发现虚假诉讼案件线索的,应当依职权启动监督程序,综合案件事实认定、法律适用以及案件办理效果等因素,统筹运用抗诉、检察建议等方式进行

监督。同时,针对案件办理中发现的刑事犯罪线索,及时移送公安机关;对于案件反映的社会管理漏洞,及时提出社会治理意见建议,强化综合司法保护。

案例3　梁某平、王某航等十五人侵犯著作权案(检例第193号)

【关键词】

知识产权保护　侵犯著作权罪　信息网络传播"避风港规则"适用　实质性相似分层分类处理

【要　旨】

办理网络侵犯著作权刑事案件,应当准确理解把握"避风港规则"适用条件,通过审查网络服务提供者是否明知侵权,认定其无罪辩解是否成立。涉案侵权视听作品数量较大的,可通过鉴定机构抽样鉴定的方式,结合权利人鉴别意见,综合认定作品是否构成实质性相似。对于涉案人员众多的网络知识产权案件,应根据涉案人员在案件中的地位、作用、参与程度以及主观恶性等因素,按照宽严相济刑事政策分层分类处理。

一、基本案情

被告人梁某平,男,武汉快译星科技有限公司实际控制人。

被告人王某航等其他14名被告人基本情况略。

自2018年起,梁某平先后成立武汉链世界科技有限公司、武汉快译星科技有限公司,指使王某航聘用万某军等人开发、运营"人人影视字幕组"网站及安卓、苹果、TV等客户端;梁某平又聘用谢某洪等人组织翻译人员,从境外网站下载未经授权的影视作品,翻译、制作、上传至相关服务器,通过所经营的"人人影视字幕组"网站及相关客户端为用户提供在线观看和下载

服务。经鉴定及审计，"人人影视字幕组"网站及相关客户端内共有未授权影视作品32 824 部，会员数量共计 683 万余个。为牟取非法利益，梁某平安排谢某翔负责网站和客户端广告招商业务；安排丛某凯负责在网站上销售拷贝有未经授权影视作品的移动硬盘。自 2018 年 1 月至 2021 年 1 月，非法经营数额总计 1200 万余元，其中收取会员费 270 万余元，赚取广告费 880 万余元，销售硬盘获利 100 万余元。

二、检察机关履职过程

审查逮捕及引导取证。2020 年 9 月 8 日，上海市公安机关对"人人影视字幕组"侵犯著作权案立案侦查。鉴于本案有重大社会影响，上海市公安局对主犯梁某平立案侦查，其他同案犯罪嫌疑人由虹口区公安分局（简称虹口分局）立案侦查。2021 年 1 月 29 日，上海市虹口区人民检察院（简称虹口区检察院）对王某航等 12 名犯罪嫌疑人批准逮捕。同年 2 月 1 日，上海市人民检察院第三分院（简称上海三分院）对犯罪嫌疑人梁某平批准逮捕。

公安机关根据检察机关的建议，在执行逮捕后重点开展了以下侦查取证工作：一是研判涉案单位的组织架构、涉案人员的行为性质、分工内容，对团伙重要成员抓捕到案；对于参与程度较低的翻译、校对等非核心人员，以证人身份取证。二是对涉案影视作品与权利人作品是否实质性相似取证。鉴于犯罪嫌疑人主要以完整复制作品方式作案，采用鉴定机构抽样鉴定的方式，结合权利人鉴别意见，综合认定涉案影视作品与权利人作品是否构成实质性相似。由中国版权保护中心版权鉴定委员会在所有影片中随机抽取 50 部进行实质性相似鉴定。同时，综合考虑涉案作品的权属来源、内容类别、网站板块分布，对涉案作品进行分层抽样，抽取电影、电视剧、纪录片等多个种类影片 800 部，由相关权利人通过逐一阅看并截图比对的方式进行鉴别。鉴定和鉴别结果均为构成实质性相似。将结果依法告知梁某平等在案犯罪嫌疑人，各犯罪嫌疑人均认可上述取证方式和结果。三是查明本案非法经营数额、侵权作品数量及涉案网站会员数量。公安机关对"人人影视字幕组"服务器上查获的合计 52 683 部影片，去除重复的影片、公益影片及超过 50 年著作权有效期限的影片，统计得出侵权影片数量为 32 824 部。另对网站收取的会员费、广告费和售卖拷贝有未授权影视作品的硬盘收入以及会员数量进行审计，得出非法经营数额合计 1200 万余元，会员数量 683 万余个。

审查起诉。根据上海市知识产权案件管辖规定，2021 年 7 月 5 日，上海市公安局将梁某平移送上海三分院审查起诉，虹口分局将另外 14 名犯罪嫌疑人移送虹口区检察院审查起诉。检察机关重点开展以下工作：一是准确认定犯罪情节和社会危害性。经审查确认非法经营数额、会员数量，认定该案属于"有其他特别严重情节"的情形。二是及时变更强制措施。审查起诉阶段在犯罪事实基本审定后，虹口区检察院综合考量各犯罪嫌疑人在共同犯罪中的地位和作用、退出违法所得情节、认罪认罚具结情况，对王某航等 14 名犯罪情节较轻的犯罪嫌疑人变更强制措施为取保候审。

2021 年 8 月 20 日，上海三分院以侵犯著作权罪对被告人梁某平向上海市第三中级人民法院提起公诉，虹口区检察院以侵犯著作权罪对被告人王某航等 14 人向上海市杨浦区人民法院（知识产权案件集中管辖法院）提起公诉。

指控与证明犯罪。2021 年 11 月 22 日，上海市第三中级人民法院、上海市杨浦区人民法院分别对两案开庭审理。庭审中，梁某平的辩护人提出：1. 涉案网站的大量作品为用户上传，被告人已尽到"通知-删除"义务，因此适用"避风港规则"，不应认定为侵权；2. 网站接受用户"捐赠"的方式不应认定为非法经营数额。公诉人答辩：第一，涉案网站侵权作品除部分系用户上传外，另有大量侵权作品系同案犯谢某洪等人上传，梁某平明知网站内存在大量侵权作品，仍指使同案犯上传，并放任用户继续上传侵权作品，未采取有效措施遏止侵权作品传播，其"避风港规则"抗辩不成立。第二，被告人梁某平在涉案网站上公布有支付宝"捐赠"二维码，会员"捐赠"以后，能获得包括在线观看、免除部分或全部广告、不同点播次数等会员权益，这是影视类网站平台常见的盈利模式，其本质是以"捐赠"的名义收取会员费，有偿提供视听服务。

处理结果。2021年11月22日，上海市第三中级人民法院以侵犯著作权罪判处被告人梁某平有期徒刑3年6个月，并处罚金150万元；上海市杨浦区人民法院以侵犯著作权罪判处被告人王某航等14名从犯1年6个月至3年不等的有期徒刑，适用缓刑，并处罚金4万元至35万元不等。一审判决后，15名被告人均未上诉。

三、指导意义

1. 准确把握"避风港规则"适用条件，通过审查侵权作品来源、网络服务提供者是否明知侵权等因素，认定其无罪辩解是否成立

"避风港规则"通常是指权利人发现网络用户利用网络服务侵害其合法权益、向网络服务提供者发出通知后，网络服务提供者及时采取必要措施的，不承担侵权责任。司法实践中，部分网络服务提供者依据该规则主张不具有侵犯著作权的主观故意，进而提出不构成犯罪的辩解。对此，检察机关应准确把握"避风港规则"适用条件，重点从以下两个方面审查判断其无罪辩解是否成立：一是审查侵权作品来源。网络服务提供者组织上传侵权作品的，属于直接实施侵犯信息网络传播权的行为，不适用"避风港规则"。二是在网络用户上传侵权作品情形下，审查网络服务提供者是否明知侵权。如有证据证实网络服务提供者主观上明知作品侵权仍放任网络用户上传，或者未采取必要措施的，应认定具有主观故意，其无罪辩解不成立。

2. 涉案侵权视听作品数量较大的，可通过鉴定机构抽样鉴定的方式，结合权利人鉴别意见，综合认定作品是否构成实质性相似

基于视听作品创作特性，侵权人大量改编难度较大，且为迎合用户需求，一般采取完整复制作品的手段。检察机关办理涉及作品数量众多的侵犯视听作品著作权案件，可由鉴定机构抽取一定比例的作品开展实质性相似鉴定。同时，组织权利人鉴别。具体操作中，可按照一定标准，如影视作品特点、种类、来源、作案手法等，将涉案作品整体划分为多个互不重复的类别，再分别在每一类别中随机抽样。在此基础上，将抽样方法、鉴定和鉴别方法以及认定意见告知在案犯罪嫌疑人，听取意见。经审查，鉴别意见符合法定要求的，可作为证据使用。

3. 对于涉案人员众多的网络侵犯知识产权犯罪，应根据宽严相济刑事政策对涉案人员分层分类处理

近年来，通过信息网络侵犯知识产权案件呈现出组织化、链条化特征，分工精细、人员结构复杂。检察机关办理涉案人员众多的网络侵犯著作权案件，应严格落实宽严相济刑事政策，依据涉案人员在共同犯罪中的地位、作用、参与程度、主观恶性等因素，区分对象分层分类予以处理。对于具有提起犯意、主导利益分配、组织管理平台等行为的，或者在共同犯罪中起主要作用的主犯，重点打击，从严追究；对于在共同犯罪中参与程度较低、受雇实施犯罪的其他涉案人员可认定为从犯，酌情从宽处理；对于临时招募人员、共犯意思联络较弱、情节轻微、危害不大的，综合考量处理效果，可不予追究刑事责任。

案例4 上海某公司、许某、陶某侵犯著作权案(检例第194号)

【关键词】

知识产权保护 侵犯著作权罪 计算机软件 二进制代码 复制发行 避免"二次侵害"

【要 旨】

通过反向工程获取芯片中二进制代码后,未经许可以复制二进制代码方式制售权利人芯片的,应认定为复制发行计算机软件行为,违法所得数额较大或有其他严重情节的,以侵犯著作权罪追究刑事责任。对于以复制二进制代码方式制售权利人芯片的,应以二进制代码作为比对客体,综合全案证据认定计算机软件是否构成实质性相似。办案中应完善涉商业秘密证据的取证、鉴定、审查、质证方法,避免知识产权遭受"二次侵害"。

一、基本案情

被告单位上海某公司,住所地上海市徐汇区。

被告人许某,男,上海某公司总经理。

被告人陶某,男,上海某公司销售部经理。

南京某公司享有C型芯片内置固件程序软件V3.0计算机软件著作权。该计算机软件应用于南京某公司生产并对外销售的C型芯片中。C型芯片广泛应用于导航仪、扫码枪、3D打印机、教育机器人、POS机等领域。

上海某公司于2003年成立。2016年,陶某作为上海某公司销售人员,在市场调研和推广中发现南京某公司的C型芯片销量大、市场占有率高,遂从市场获取正版C型芯片用于复制。许某作为上海某公司总经理,负责公司生产经营等全部事务,在明知上海某公司未获得南京某公司授权许可的情况下,委托其他公司对C型芯片进行破

解,提取GDS文件(graphic data system,即图形数据系统,是用于集成电路芯片的工业标准数据文件,其中记录了芯片各图层、图层内的平面几何形状、文本标签等信息),再组织生产掩模工具、晶圆并封装,以上海某公司G型芯片对外销售,牟取不法利益。

2016年9月至2019年12月,上海某公司销售G型芯片共计830万余片,非法经营数额730万余元,上述收益均归单位所有。其中,陶某对外销售侵权芯片780万余片,非法经营数额680万余元。

二、检察机关履职过程

审查逮捕及引导取证。2020年1月19日,江苏省南京市公安局雨花台分局(简称雨花台分局)以犯罪嫌疑人许某、陶某涉嫌销售假冒注册商标的商品罪提请南京市雨花台区人民检察院(简称雨花台区检察院)批准逮捕。雨花台区检察院经审查认为,虽然涉案芯片拆解内层上有类似南京某公司的商标,但该标识并非用于标明商品来源,上海某公司没有假冒注册商标的故意,不构成销售假冒注册商标的商品罪,但C型芯片中的固化二进制代码属于计算机软件一种表现形式,该案可能涉嫌侵犯计算机软件著作权犯罪。对许某、陶某依法作出不批准逮捕决定,同时建议公安机关对二人涉嫌侵犯著作权罪从以下方面补充侦查取证:调取犯罪嫌疑人的聊天记录等电子证据、上海某公司内部会议记录、审批报告、测试报告、对外加工委托合同等书证,查明其是否具有仿制他人芯片的主观明知和客观行为;委托鉴定机构对侵权芯片与正版芯片的内在结构、运行环境、配套软件等技术性内容进行比对鉴定。2020年1月23日,雨花台分局对许某、陶某取保候审。

审查起诉。2020年12月4日,雨花台分局以许某、陶某涉嫌侵犯著作权罪移送审查起诉。检察机关重点开展以下工作:

一是准确认定罪名。经审查认为,上海某公司未经授权,复制南京某公司享有著作权的二进制代码制造芯片并对外销售,属于对计算机软件的复制发行,复制品数量、非法经营数额均达到情节特别严重,构成侵犯著作权罪。二是审查实质性相似鉴定意见。检察机关在对侦查阶段委托鉴定材料审查时,发现检材来源不明。经与公安机关、鉴定人员充分沟通,由公安机关侦查人员主持,从5个地点查扣的17万片侵权芯片中随机抽取10片送检。经鉴定比对,侵权芯片与南京某公司的正版芯片表层布图90%以上相似;生产侵权芯片所使用的GDS文件ROM层二进制代码与南京某公司源代码经编译转换生成的二进制代码相同,相似度100%,与南京某公司芯片的GDS文件ROM层二进制代码相同,相似度100%,从而认定上海某公司量产的830万余片芯片均系侵权产品。三是追加上海某公司为被告单位。鉴于该案以上海某公司名义实施,违法所得归公司所有,检察机关依法追加其为被告单位。四是做好涉案商业秘密保护工作。南京某公司将涉案计算机软件源代码作为商业秘密予以保护,为防止源代码外泄,兼顾权利人的保密诉求,检察机关建议侦查人员在南京某公司内勘验、提取、封存相关电子证据。在后续诉讼程序中,鉴定人员、辩护人及其他诉讼参与人签订保密协议后,在公司专门用于封存证据的保密区域,开展鉴定比对和证据审查、质证工作。

指控与证明犯罪。2021年4月26日,雨花台区检察院以侵犯著作权罪对上海某公司、许某、陶某向江苏省南京市雨花台区人民法院(简称雨花台区法院)提起公诉。

庭审过程中,被告人陶某翻供,辩称自己不知道上海某公司直接复制了其购买的芯片二进制代码。同时,辩护人提出:首先,许某、陶某在仿制芯片过程中,仅明知可能侵犯集成电路布图设计权,对侵犯内置固件著作权并不明知;其次,芯片固件程序仅占芯片价值的小部分,以芯片销售价格认定犯罪金额依据不足;最后,鉴定意见无法得出830万片芯片都是侵权产品的结论。公诉人答辩认为:首先,上海某公司对陶某购买的C型芯片反向破解后,批量生产G型芯片,再由陶某本人以明显低价对外推销,并宣称该产品可完全替代C型芯片;许某、陶某具有芯片专业知识背景,从事芯片行业多年,作案期间许某曾告诉陶某"不能打南京某公司的标,必须白板出货,防止侵权……一次不要出太多,防止被南京某公司发现",所以主观不明知侵犯著作权的辩解不成立。其次,芯片的核心价值在于实现产品功能的软件程序,即软件著作权价值为其主要价值构成,应以芯片整体销售价格作为非法经营数额的认定依据,且该案侵权复制品的数量和非法经营数额均达到情节特别严重。最后,对于量产程度高的芯片,在科学抽样基础上进行多重比对均100%相似,鉴定方法科学、程序透明、比对充分,被告单位也不能提供原创代码,据此可以认定销售的芯片均为侵权产品。

处理结果。2021年7月14日,雨花台区法院以侵犯著作权罪判处被告单位上海某公司罚金400万元;判处被告人许某有期徒刑4年,并处罚金36万元;判处被告人陶某有期徒刑3年2个月,并处罚金10万元。被告单位及被告人均不服一审判决,提出上诉。2021年10月28日,南京市中级人民法院裁定驳回上诉,维持原判。

三、指导意义

1. 注重把握不同罪名认定标准,准确定性涉计算机软件类刑事案件

侵犯计算机软件的知识产权犯罪行为,可能触犯侵犯商标权犯罪、侵犯著作权犯罪和侵犯商业秘密犯罪。检察机关办理此类案件,需要结合案件事实和证据,依据不同罪名的构成要件准确定性,精准打击犯罪行为。司法实践中,对于通过反向工

程获取芯片中二进制代码后,未经许可以复制二进制代码方式制售权利人芯片的,应认定为复制发行计算机软件行为,违法所得数额较大或有其他严重情节的,以侵犯著作权罪追究刑事责任。行为人制售的芯片上附着有与他人注册商标相同的标识,但该标识封闭于产品内部,未用于区分商品来源,不构成侵犯商标权犯罪。对于行为人从公开渠道购买芯片并从中提取二进制代码的,应注重审查其反向工程的辩解是否成立,综合认定是否构成侵犯商业秘密罪。

2. 对于以复制二进制代码方式制售权利人芯片的,应以二进制代码作为比对客体,综合全案证据认定计算机软件是否构成实质性相似

计算机软件实质性相似的认定,是办理侵犯著作权刑事案件的难点,司法实践中多通过源代码比对的形式审查认定。在行为人通过复制芯片中的固化二进制代码复制发行计算机软件情形下,无法通过计算机软件源代码比对的方式开展实质性相似鉴定。因同一计算机程序的源程序和目标程序为同一作品,可通过对芯片中二进制代码进行比对的方式,解决计算机软件实质性相似认定问题。对于查获侵权产品数量较大、采用抽样鉴定方式的,应确保样品具有代表性、随机性,规范样品提取、保存、送检流程。

3. 完善涉商业秘密证据的取证、鉴定、审查、质证方法,避免知识产权遭受"二次侵害"

商业秘密是高新技术型企业创新发展的核心竞争力,具有重大商业价值。检察机关在办理涉计算机软件类案件时,如接触到软件源代码等企业核心技术信息,相关信息可能属于商业秘密的,应充分考虑权利人保护知识产权和经营成果的现实需求,会同相关部门,兼顾办案要求与企业实际诉求,根据取证对象特性及时调整固证和审查思路,创新涉软件源代码的电子数据取证、审查、封存、质证方法,避免知识产权遭受"二次侵害",并确保收集固定的案件证据具备合法性、真实性和关联性。检察机关可依据当事人、辩护人、诉讼代理人或者案外人书面申请,或根据办案需要,采取组织诉讼参与人签署保密承诺书等必要保密措施。

供稿:最高人民检察院
知识产权检察办公室

国家知识产权局 2022 年度软科学研究成果

1. 课题名称：SS22－A－01　数据知识产权保护制度研究

承担单位：同济大学　上海市知识产权研究会

课题负责人：许春明　单晓光

本课题研究认为，明晰权属和自主有序流动是生产要素的前提条件和本质要求。因此，课题针对数据要素在确权方面缺乏规则、用权方面缺乏规范、侵权方面缺乏救济等问题，分为十一个部分展开理论研究和应用对策研究。以我国数据经济发展的现实背景以及生产要素市场化等理论研究为基础，通过对国内外数据保护现有法律模式的梳理及成本收益分析，以及对欧盟、美国、德国、日本、韩国等主要代表性国家和组织的数据保护制度进行总结分析，指出了国外现有数据保护的不足和进步，探索提出了在知识产权体系下采用数据权法的单行立法路径成本更小、收益更大的观点。并且，课题组在数据知识产权制度构建的目标下，分别从数据权本体、数据权客体、数据权主体和数据权归属、数据权权利内容、数据权权利限制、数据权侵权及救济等六大方面提出了相应的数据知识产权保护的制度设计。

2. 课题名称：SS22－A－02　地理标志统一立法研究

承担单位：广西民族大学　广西知识产权学会

课题负责人：陈　星　胡　丽

本课题研究认为，我国在地理标志商标、地理标志产品保护、农产品地理标志保护这三种保护模式下，存在管理混乱、保护力度不一等多种问题。在地理标志利益已成为一项特定和独立的民事利益、独立的知识产权客体的情况下，地理标志统一立法面临着模式整合难、一步到位专门立法难、权利保护难的难题。基于此，课题通过对地理标志权利的构建进行分析，探索提出地理标志统一立法"两步走"策略：一是在商标法框架下制定《地理标志条例》的近期目标，二是在专门法模式下制定《中华人民共和国地理标志法》的远期目标。该项目研究成果对我国地理标志统一立法具有一定的参考作用。

3. 课题名称：SS22－A－03　知识产权强农兴村战略研究

承担单位：南京理工大学　南京市六合区知识产权局

课题负责人：徐升权　贾如臣

本课题通过对江苏、湖南、四川等地的实践进行分析后认为，虽然我国近年来实现了特定区域农业现代化的发展，支撑形成了具有竞争力的区域特色产业，但仍存在着农业农村发展对科技创新的需求日益增大与涉农专利申请与运用面临着专业人才缺乏等问题的矛盾，商标品牌富农发展相对较快与区域公用品牌面临潜在的侵权或被侵权风险的矛盾，地方依托地理标志资源打造特色产业与产业链较短、同质性较大等问题的矛盾，以及新品种惠农受到重视与种源研发和推广困难较大的矛盾等。为此,课题提出了在知识产权强国建设体系中制定中长期知识产权强农兴村战略、推动农业科技创新和专利转移转化、推动地理标志产业融合发展和多元拓展、推动商标品牌规范化发展,以及推动基于本土资源的新品种研发等建议。

4. 课题名称:SS22 - A - 04　知识产权支撑双碳目标实现路径研究

承担单位:江苏大学

课题负责人:曹　震

本课题基于知识产权的多元工具属性,分别以路径选择、突破瓶颈和资源保障作为切入点,探索了适合我国国情的双碳目标实现路径。课题以知识产权全面对接创新链、产业链、资金链、人才链的四链融合,推动协同发展实现"双碳"目标为定位,从我国双碳目标的整体需求出发,通过分技术领域统计并分析低碳专利的发展趋势,研究了知识产权工具对绿色创新和成果转化的提升路径,探索知识产权独占机制与共享机制在推动绿色创新中的协同路径。提出了激活企业实施低碳创新活力的建议,对协调绿色治理体系下各类主体有效参与双碳目标实现具有一定的参考价值。

5. 课题名称:SS22 - A - 05　非物质文化遗产的知识产权保护研究

承担单位:内蒙古工业大学

课题负责人:吴凡文

本课题在分析非遗公法保护面临困境的基础上,通过论证非物质文化遗产与知识产权在私益上、客体上以及动态开发上的一致性,分析非遗公法保护与私法保护之间的协同与补充,说明了知识产权制度保护非遗的合理性。课题通过对内蒙古自治区非遗的知识产权保护开展实地调研,根据对非物质文化遗产知识产权保护的实践分析,概括出非遗知识产权保护中存在的普遍性问题。进而针对我国非物质文化遗产知识产权保护中的现实问题,探索提出非遗知识产权保护的方案设计,主要包括:识别客体,提供精准保护;明确主体,提供对位保护;平衡利益,提供合理保护等。

6. 课题名称:SS22 - A - 06　种业创新激励导向下我国植物新品种保护制度完善研究

承担单位:湖南农业大学

课题负责人:罗晓霞

本课题基于我国当前面临的粮食安全挑战及种业创新现状,通过对 2011 年至 2022 年我国种业创新支持政策演进情况进行梳理,系统分析 1984 年《专利法》颁布以来植物新品种相关的法律法规,比较研究了欧美、日本等发达国家或地区种业创新相关的政策和立法实践,从政策和法律两个层面,分别研究探索我国植物新品种保护制度对种业创新的激励机制。研究认为,我国植物新品种制度在激励种业创新方面还存在进一步优化的空间,并从政策层面和法律层面提出了建议,包括加强种业创新政策的顶层设计、实施种业创新行动方案、优化在司法保护主导下的行政保护与司法保护双轨制模式等内容。

7. 课题名称:SS22 - A - 07　加快实现知识产权公共服务均等化研究

承担单位:国家市场监管总局发展研究中心　中南大学

课题负责人:叶宝文　何炼红

本课题在文献研究、比较研究和实证研究的基础上,梳理总结了我国知识产权公共服务体系建设现状及服务供给实效,并基于知识产权公共服务均等化建设中存在的不足及成因,从制度保障、体系建设、平台建设、内容供给和人才支撑五个方面提出了加快实现知识产权公共服务均等化的对策建议,主要包括:进一步完善知识产权公共服务法律制度,加快实现知识产权公共服务区域全覆盖,加快实现知识产权公共服务供给智能化,加快实现知识产权公共服务供给多样化,进一步夯实知识产权公共服务发展基础,建设知识产权公共服务专业人才队伍等。该研究成果对进一步完善知识产权公共服务体系建设,提升知识产权公共服务效果具有一定的参考价值。

8. 课题名称：SS22－A－08 基于创新全流程的知识产权公共服务机制研究

承担单位：郑州大学 河南省知识产权局

课题负责人：吴灯展 杨红军

本课题研究认为，虽然当前我国已建立起相对完善的知识产权公共服务体系，在创新全流程中发挥着重要的支撑与保障功能，但仍存在一些问题，成为制约其有效助力创新全流程的桎梏。为此，课题以创新全流程为线，对基于创新全流程的知识产权公共服务机制的理论基础进行深入探究，分析创新主体在"创意-技术方案""技术方案-产权""产权-产品""产品-产业"各阶段知识产权公共服务需求和政府的知识产权公共服务需求。同时，考察我国基于创新全流程的知识产权公共服务机制的现存问题，并从政府、服务机构等层面提出了有针对性的完善路径。该课题成果对提高我国知识产权公共服务水平，促进我国创新型国家建设具有较高的参考价值。

9. 课题名称：SS22－A－09 关于我国应对国际知识产权规则发展对策研究——以 CPTPP 为例

承担单位：国家知识产权局知识产权发展研究中心 对外经济贸易大学

课题负责人：曾燕妮 李丽

本课题梳理分析了国际知识产权规则发展历程及现状，重点分析了美国和欧盟知识产权规则特点及发展趋势，总结提炼了国际知识产权规则发展演变的推动力。以 CPTPP 为例，对比分析我国现行知识产权制度和 CPTPP 的差异，结合当前我国知识产权制度建设现状、正在从要素驱动发展为主向创新驱动发展转变、将实行更加积极主动的开放战略的现实基础，分析对接国际高水平的知识产权规则对我国的影响和挑战。并在上述分析基础上，提出我国应对国际知识产权规则演变的对策建议。

10. 课题名称：SS22－A－10 知识产权职称评审服务体系建设及其实施路径研究

承担单位：中国知识产权研究会

课题负责人：谢小勇

本课题以构建全面系统、均衡可及、便捷高效的知识产权职称评审服务体系为目标，通过问卷调查的方式，了解各主体知识产权职称评审服务需求，全面梳理了我国知识产权职称评审服务体系的现状和存在的问题。围绕知识产权职称评审服务体系的基本问题并结合需求，在厘清知识产权职称评审服务体系的内涵与构成的基础上，研判提出了搭建全国知识产权职称评审服务体系的总目标和具体工作举措建议，对完善我国知识产权职称评审工作机制以及人才培养和评价激励机制具有较好的参考价值。

11. 课题名称：SS22－B－11 知识产权政策公平竞争审查的法治进路研究

承担单位：四川大学

课题负责人：郭玉新

本课题认为知识产权政策与公平竞争审查制度有着内在的契合，将知识产权政策纳入公平竞争审查制度中具有较大的现实意义。课题组以知识产权政策的公平竞争审查为研究对象，对我国各级政府及相关部门制定出台的知识产权政策可能出现的公平竞争问题进行了分析，通过构建知识产权政策公平竞争审查清单制度、细化审查标准与例外规则、完善审查主体激励机制、合作协同机制等实施机制，探索提出针对性的解决方案。该研究成果对实现知识产权政策模式转型与体系优化具有一定的参考价值。

12. 课题名称：SS22－B－12 知识产权领域反垄断研究

承担单位：上海政法学院

课题负责人：曹阳

知识产权具有天然垄断属性，反垄断介入知识产权领域需要更高的正当性基础。本课题认为,在反垄断审查中,知识产权可以作为独立要素起到决定性的作用,也可以作为附加考虑因素进行综合分析。课题组以知识产权领域的反垄断文献研究为基础,从《关于知识产权领域的反垄断指南》出发,结合我国知识产权领域的反垄断实践,提出了知识产权领域反垄断的具体理论框架与实践路径,并针对我国知识产权领域反垄断实践中出现的问题,对我国知识产权领域的反垄断审查提出了相关完善意见。

13. 课题名称:SS22－B－13　专利开放许可制度运行机制研究

承担单位:天津大学

课题负责人:俞风雷

鉴于我国新修订的《专利法》确立了专利开放许可制度,但该制度尚未正式实施,仅在一些省市进行了试点,因此,本课题以专利开放许可制度的运行机制为基础,结合我国各地专利开放许可实践以及域外专利开放许可制度规则,聚焦专利开放许可制度实施规则运行中存在的问题,分别从扩张专利开放许可声明主体、明确专利行政部门的声明审查职责和开放许可声明机制、增加专利开放许可费定价机制、补充专利开放许可费纠纷解决机制、完善专利开放许可激励机制与平台建设等方面提出具体建议。该研究成果对提升我国专利开放许可制度的实施效能具有一定的参考价值。

14. 课题名称:SS22－B－14　国家重大产业知识产权安全风险治理研究

承担单位:武汉理工大学　中国(武汉)知识产权保护中心

课题负责人:刘介明　余永红

产业知识产权安全作为国家经济安全乃至总体国家安全的重要内容,被欧美等发达国家纳入立法精神之中。我国也日益重视防范产业知识产权安全风险。本课题基于国家重大产业知识产权安全风险治理的基本原理,提出从模式选择、组织架构、责权利分配、制度体系、流程优化、监管和持续改进六个方面构建国家重大产业知识产权安全风险治理体系,从大数据、智能化、动态化、可视化、平台化和国际化六个方面提出国家重大产业知识产权安全风险治理现代化治理途径,并以我国智能网联汽车产业为例开展实证研究分析。该研究成果对我国重大产业知识产权安全风险治理及相关研究具有较好的参考价值。

15. 课题名称:SS22－B－15　重点产业领域专利池构建难点及对策研究

承担单位:中国科学技术大学

课题负责人:彭小宝

本课题以量子信息与计算技术和新能源汽车产业的专利池作为研究对象,结合重点产业的专利池发展和研究进展,从技术标准化的建设路径、构建机制、运行机制、管理与运营机制、构建难点等方面对重点产业专利池构建进行研究,分析了专利池的构建和运行机制以及专利池中的必要专利评估机制,对比国外专利池的构建与运行经验,从顶层制度设计、创新内部管理、解决法律风险、破解专利竞争难题等方面提出了我国专利池构建与运行的对策建议,对我国各相关主体参与构建专利池具有较好的参考价值。

16. 课题名称:SS22－B－16　标准必要专利利益平衡与协同治理研究

承担单位:中国标准化研究院

课题负责人:赵文慧

本课题从标准必要专利事前事中事后治理的维度,以及标准化活动全周期的视角,对全球主要国家和地区有关标准必要专利的最新战略部署、创新治理措施与实践发展态势进行了系统梳理和深入分析,并基于利益平衡理论提出了标准必要专利综合治理生态体系的概念。课题组针对我国相关实践中存在的诸多难点问题,围绕标准必要专利协同治理的制度、模式、机制以及标准组织能力建设和人才培养等方面提出了对策建议。研究成果对我国标准必要专利协同治理体系构建具有一定的参考价值。

17. 课题名称：SS22 - B - 17 国际非专利实施主体对我企业恶意诉讼的应对机制研究

承担单位：中国信息通信研究院

课题负责人：李 梅 秦 乐

非专利实施主体（NPE）以不断提起诉讼牟取经济利益的特点著称，其依附于专利制度的牟利行为，使得社会各界对专利制度是否会与其激励创新、造福社会的宗旨越来越远深为担忧。随着经济、技术、产业竞争格局的变更，NPE 对实体企业进行的恶意诉讼对我国信息通信产业发展造成了不利影响。本课题从 NPE 的内涵、成因、特征等出发，对 NPE 全球专利诉讼的总体趋势进行深入分析，厘清典型 NPE 的专利持有、运营、诉讼情况，梳理各国 NPE 规则思路和特点，提出 NPE 恶意诉讼对我国重点产业发展的影响，从政府、行业和企业角度提出相关建议，对我国产业主体明确 NPE 知识产权风险及制定应对策略具有较好的参考意义。

18. 课题名称：SS22 - B - 18 中国企业"走出去"知识产权维权援助现实问题研究

承担单位：中国知识产权研究会 中国（宁波）知识产权保护中心

课题负责人：谢小勇 毛高蔚

随着我国企业"走出去"步伐加快，企业遭遇的知识产权纠纷数量越来越多，类型越来越广，案情也越来越复杂，对我国相关产业发展造成的影响越来越大，甚至对某些产业的经济安全构成了威胁。本课题着眼于我国对外贸易业务产品和服务结构及其发展趋势，结合我国"走出去"企业在海外的知识产权保护、风险纠纷现状以及知识产权维权援助工作状况，调研梳理了我国知识产权海外维权援助工作中存在的现实问题，并通过对美、日、韩等国家的实践经验进行比较研究，提出了有效提升我国海外知识产权维权援助工作成效的具体举措和建议，对进一步完善我国海外知识产权风险防控体系具有较好的参考价值。

供稿：国家知识产权局办公室
国家知识产权局知识产权发展研究中心

国家知识产权局学术委员会 2022 年度专利专项课题学术研究成果

1. 课题名称：知识产权干部人才队伍建设激励保障机制相关问题研究（国家知识产权局人事司）

课题负责人：王岚涛

国家知识产权局党组高度重视全局干部人才队伍建设和职业发展，将"统筹做好干部选拔任用、职级晋升、职称评审工作，实现'三职'联动"纳入 2022 党组重点工作。如何统筹好干部职工成长路径、激励干部职工在强国建设中担当作为，成为干部人事工作中的一项重要课题。

本课题从局干部人才队伍建设情况、特点及目前发展路径出发，研究"三职"联动的背景意义与重要作用，对"三职"现行政策及已有联动政策进行了系统梳理，通过实地走访、书面了解、问卷调研等多种形式，摸清"三职"工作当前开展情况和存在问题，围绕"三职"联动机制建设提出解决思路和工作建议，以进一步优化干部人才综合成长路径，为干部人才队伍建设提供更加有力的激励保障。通过研究，明确了"三职"联动的目标任务和可及性、重实绩、重公平、质量优先、系统协同的工作思路，精准把握"三职"联动工作着力点，从优化联动制度设计、发挥用人主体主观能动性、转变工作理念加强统筹、加大优秀年轻干部培养使用力度、加大京外中心干部选任力度等方面,研究提出了政策建议。课题还对发挥职务职级职称的晋升激励效应开展了分析研究,依托职务职级职称联动规律和可行路径进行成长画像,为做好职务职级和职务职称的分类统筹工作提供了坚实的理论支撑。

2. 课题名称:适应高质量发展的专利审查管理机制研究(国家知识产权局专利局审查业务管理部)

课题负责人:魏保志

课题从建设一流专利审查机构的五个方面入手,研究如何充分发挥审查管理机制科学组织、有效运行、充分协同和高效解决问题的作用。

审查体系方面,建议加强面向新技术新产业新业态新模式的研究力度,强化学术研究与审查标准调整有机联动;提高质量保障体系和业务指导体系运转效能,加强体系联动,更加重视培训体系;加强大数据和人工智能在审查业务管理中的运用;提升对宏观政策和产业发展的研判能力;加强审创交流,创新审查模式。

审查质量方面,建议宏观长期质量目标与细化阶段性目标相结合;积极应对技术的复杂性和跨学科技术发展;继续探索多种审查模式,并完善相关案源和任务、质量保障和业务指导机制;激发审查员内生动力,提升裁决质量。

审查效率方面,对受理和审查全流程各环节各步骤进行整体优化;提高审查资源管理能力,发挥审查部门单位自主能动优势;引导审查人力根据入审量变化,在单元组合内自主流动和调整;探索调整任务管理方式;加强案源分级分类管理;结合申请人意愿,形成合理有序、目标明确的审查效率提升梯队,整体压减从申请到结案的周期。

审查能力方面,具备审查经验的复合型人才,应当是重点培养和储备的人才类型;建议定期分批分期次、有计划地对重点人群和全体审查员开展轮训,更新技术和法律知识,提高学习效果;拓展培训渠道;储备专业化人才;通过多种审查方式实现知识传递。

创新主体满意方面,应通过多渠道充分了解国家战略需求、科技攻关需求、前沿性技术的专利创造与储备需求、产业发展需求以及专利审查管理体制及政策需求。关注重点创新主体和广大申请人的多元化审查模式需求,提供优质高效审查,平衡公众利益。

3. 课题名称:服务于产业发展政策协同和业务联动的审查模式研究(国家知识产权局专利局专利审查协作湖北中心)

课题负责人:侯海蕙

习近平总书记在中央政治局第二十五次集体学习时指出"要研究实行差别化的产业和区域知识产权政策,完善知识产权审查制度"。《"十四五"国家知识产权保护和运用规划》提出要"加强审查与产业发展的政策协同和业务联动,满足产业绿色转型和新领域新业态创新发展等社会多样化需求"。以国家需求和用户满意为导向,探索支撑产业发展、实现专利审查政策协同和业务联动的专利审查成为当前的重要工作。

课题组梳理服务国家发展需求的审查政策协同和业务联动方面及审查模式创新方面的实践和经验,研究发现如下问题:从政策协同和业务联动方面,目前的专利审查政策涉及的重点产业还不够明确,与国家需求的联系也不够紧密,涉及审查模式的专利审查政策与创新主体需求不完全匹配;需要完善以国家需求和用户满意为导向的案源管理模型和相匹配的审查业务组织方式,丰富差异化审查模式,建立配套管理机制。

课题组从产业发展在形成期、成长期、成熟期、衰退期对专利保护需求的一般规律出发,结合中国国情,明确了专利审查工作需要满足的国家需求内涵,并给出了实现路径。从审查工作来说,应当对体现国家需求的产业领域和创新主体的专利申请审查予以重点保障,审查模式要满足创新主体差异化的需求,要对不同类型的案件分级分类合理匹配审查资源,提高审查工作整体效益。课题组研究得出了专利审查工作需要重点保障的产业清单和创新主体名录。课题组还通过调研并结合结案数据,分析不同产业技术领域和创新主体的差异化需求。基于上述理论研究和调研实践,课题组认为,要分层次满足国家需求,以服务产业发展,实现政策协同,要分类别地匹配审查资源,以提高审查质量效率,做好业务联动。

课题组以国家需求和创新主体两大维度为基础,建立了"四象限"的案源管理模型,对审查案源进行了初步的分级分类,明确了"以排促审、内外结合"的优案识别机制,并进一步建立了以九宫格模型为框架的审查工作组织模式,根据不同的案源特点,合理地投入不同的审查资源,匹配不同类型的审查模式,做到通过审力配置服务"优案优审"、通过繁简分流实现"精简结合"、通过审序优化实现"快慢结合"。课题组还研究了差异化审查模式创新与知识产权全链条发力的有效衔接,包括建立支持全链条发力的人员交流互动机制、建立支持全链条发力的信息沟通共享机制、建立支持全链条发力的政策协同联动机制。

4. 课题名称:中医药专利特别审查机制研究(国家知识产权局专利局医药生物发明审查部)

课题负责人:冯小兵

为落实《知识产权强国建设纲要(2021—2035年)》和《"十四五"国家知识产权保护和运用规划》中关于"建立中医药专利特别审查和保护机制,促进中医药传承创新发展"的要求,本课题从产业和政策发展现状、国内外专利制度比较、近十年中医药专利申请和审查状况以及行业发展需求等方面进行了系统梳理和分析,发现当前中医药专利申请和审查中存在以下五个方面的突出问题:(1)专利申请的数量过快增长但质量持续走低;(2)非正常申请行为扰乱了正常的审查秩序;(3)案源分配机制和审查模式单一导致审查效能较低;(4)中医药特色技术创新的保护与现行专利制度之间存在冲突;(5)现行中医药 IPC 专利分类体系无法使专利文献发挥作用。

针对上述问题,课题组从完善专利审查制度、优化审查流程、创新审查模式和重构专利分类体系这四个层面展开研究和探索,提出建立和完善以下七类中医药专利特别审查制度和机制的建议。

在完善专利审查制度层面,一是建立授权后公开机制,加强高质量申请的保护,避免低质量申请进入公知领域耗损审查资源和行政成本;二是建立针对临床疗效确切方的自愿保密审查机制,加强特色中医药创新技术保护;三是建立专利申请诚实信用机制,设立专利申请文件真实性承诺制度,确立不诚信行为判断原则和惩戒措施,提高专利申请质量。在优化专利审批流程层面,建立前端筛查机制,借助智能检索系统功能在公布前初步筛查出低质量申请和高质量申请。在创新专利审查模式层面,一是建立案件分级分类审查模式,针对高质量申请优审,低质量申请快审;二是建立效果评价专家咨询机制,针对高质量申请中的疑难问题,选择相应行业专家给出技术效果是否确立的权威意见。在重构专利分类体系层面,重新构建符合中医药特色的专利分类体系,建立按中药功效分类的中医药专利分类体系,增加中药炮制方法的分类系统,补充中医病名和证候名的分类目录,并完善最后位置规则在中药领域的适用原则。

5. 课题名称:数字经济下算法的专利审查规则研究(国家知识产权局专利局电学发明审查部)

课题负责人:王京霞

为厘清数字经济下算法的技术演进及

其产业应用,完善数字经济下算法相关申请的专利审查规则,本课题以多维度、模块化的技术分解作为审查规则研究的基点,聚焦产业和审查中关注的重点分支作为难点,将审查规则研究从法条层面下沉到具体的判断要点,以剥洋葱研究法逐层剥开分析痛点,针对不同保护程度进行专利分析以确定开放程度的依据,结合难点、要点深入研究典型案例以明确焦点,从而提出算法相关审查规则调整和完善建议,以适应数字经济发展的新形势。

本课题在横向对比五局的审查规则以及纵向追踪包括我国近 30 年不同阶段的产业呈现和国家政策、全球 20 世纪起算法的技术演进路线、五局审查规则历史变迁的基础上,综合考量现行《专利审查指南》及指南修改征求意见稿有无进一步调整的必要性以及可行的调整方向,通过系统化研究,形成以下结论建议:(1)对于基础算法,延续现有专利保护规则,以应对国际竞争潜在风险;(2)对于通用算法,修改现有专利保护规则,以适应技术发展新阶段;(3)对于应用算法,澄清现有专利保护规则,以促进审查标准一致性;(4)制定算法相关申请的合规性审查规则,以适应产业发展新形态。

6. 课题名称:通信领域标准必要专利的必要性检查及授权许可研究(国家知识产权局专利局通信发明审查部)

课题负责人:蒋彤

本课题围绕新一代移动通信技术国家战略性"新赛道"的布局要求,按照《知识产权强国建设纲要(2021—2035 年)》《"十四五"国家知识产权保护和运用规划》中对于专利与标准协同发展的战略指引,探索适合我国国情的标准必要专利必要性检查行政相关指引,做好标准必要专利许可指南制定的基础研究,重点聚焦授权许可框架以及许可费计算,为国内创新主体应对日益激烈的定价权谈判和国际诉讼提供支撑。

通过国内外行政政策分析、国内外司法判例分析、我国法律法规适用现状分析,结合国内外创新主体诉求,分别从理论角度、实践角度和实际需求出发,立足于国际规制形势、国内产业民情和不同创新主体需求,提出具有中国特色的标准必要专利必要性检查相关指引以及标准必要专利许可谈判框架性指引。

关于标准必要专利必要性检查的中国指引,在发挥行政指导作用时需考虑五个方面:一是在介入时机和场景上,优选在诉讼纠纷阶段介入必要性检查,且可将重点放在专利包的必要性评估和单件专利必要性认定存在争议的场景;二是运行初期宜将检查服务的请求主体限制在利益相关方;三是基于"双保障机制"开展必要性检查;四是检查方法方面,单件专利基于"侵权判定标准",采用"四步法"进行检查,专利包采用"抽样+单件"的检查方法评估;五是充分利用国家知识产权局专利数据资源优势,有效使用语义分析功能,探索发挥 AI 工具在大规模专利包必要性检查中的辅助作用。

关于标准必要专利授权许可框架,一是以权利人主动发起的乒乓谈判流程为主,同时确保其具有弹性空间和可操作性,实施人也可主动发起许可谈判,与我国推行的开放许可制度相衔接;二是宜借鉴华为中兴框架的前 4 步并通过行政层面予以统一;三是在谈判框架的表现形式上,宜以正向行为边界的方式明确告知谈判双方应当履行何种行为义务,增强谈判框架的可操作性和约束力。

关于许可费计算,一是应当遵循价值中立原则,基于实践确定许可层级,不排除组件级许可;二是在自上而下法计算中,需突出解决行业累积费率和必要性检查问题,以必要性检查修正自上而下法;三是应将许可费基数和行业累积费率联合考虑,来决定特定标准的总许可费。

7. 课题名称：人工智能技术对专利审查的挑战与应对（国家知识产权局专利局专利审查协作江苏中心）

课题负责人：刘新民

本课题结合人工智能技术产业发展现状，通过对比研究主要国家和地区人工智能领域专利审查制度与规则，提出我国需要制定体系化的审查规则来应对人工智能技术的纵深发展。通过调研发现AIGC（人工智能生成物）作为新兴技术已经成为风口产业，并对现行知识产权制度产生了冲击，对AIGC的专利审查与保护规则的前瞻性探索也成为应对其挑战的重要内容。

在人工智能领域专利审查方面，通过对比研究，课题组提出我国需要建立体系化专利审查规则，具体包括：提出人工智能领域专利申请应划分为涉及基础层、涉及技术层及涉及应用层三类及其细分规则，针对不同分类，重点论证了基础算法获得专利保护的可行性；对本领域技术人员能力提出的更高要求；要善于从客观规律中寻找"自然规律"；以及面对"黑盒问题"要强调数据论证等观点。

在AIGC的专利审查与保护规则方面，课题组研究提出需要进一步明确AIGC专利的概念、分类及特点，论证了人工智能系统目前不能作为人工智能生成物普通申请的发明人或申请人，并提出无须针对人工智能生成物普通申请建立新的制度及调整审查规则，人工智能生成物非正常申请具有可识别性，可通过自动化手段予以识别，对人工智能自主生成物申请开展了前瞻性研究并提出了三种新的保护路径。

最后，从国家政策层面提出：加强人工智能领域基础立法工作，为人工智能技术长期稳定发展保驾护航；面向人工智能技术建立教育—科技—人才三位一体高质量发展格局，营造人工智能领域知识产权创造运用保护的优质生态环境；优化知识产权工作评价体系，加强政策指引和导向，从源头治理人工智能生成物非正常申请；建立算法模型数据库，促进审查高质量和高效率。从审查政策层面提出：在审查指南中设置人工智能领域专章或专节，应对专利申请新形势新问题；对基础人工智能算法发明进行适度保护，接轨国际并且回应业界呼声；客体审查"自然规律"的内涵适当外延至"客观规律"；针对"黑盒问题"，强化人工智能领域案件的数据证明与支撑；管理上在初审阶段识别不以保护创新为目的的人工智能生成物非正常申请，加强信息化工具开发，有效净化实质审查环境。

8. 课题名称：生命科学与基因技术领域发明专利伦理道德审查标准研究（国家知识产权局专利局专利审查协作北京中心）

课题负责人：郭　雯

本课题主要面向人类胚胎干细胞、人类辅助生殖及人类基因编辑三大技术领域，针对生命科学及基因技术领域伦理道德审查标准开展研究，梳理生物领域新兴技术及其伦理争议，厘清国内国际现行专利伦理审查标准和伦理审查规则，聚焦伦理审查的基本标准和标准适用，探索指导发明专利伦理道德审查的方针政策和方式方法。

课题研究确立了专利伦理审查的基本原则，建构伦理分析矩阵，为专利审查提供一种解决伦理疑难问题的思考框架与决策工具；明确"人胚胎的工业或商业目的的应用"的含义，确立其解释原则和解释方法，系统性形成指引审查标准适用的伦理审查规则集，促进审查标准的准确适用；针对"克隆的人或克隆人的方法"，从多个法律体系角度辨析其含义及范围，给出审查规则，填补我国有关克隆人的审查规则空白；根据对专利伦理规则和科技伦理规则的最新进展研究，就《专利审查指南》伦理审查相关审查标准修改提出六点合理化修改建议；对标局级业务指导案例体例，形成伦理道德审查指导案例集，含人类胚胎干细胞、人类辅助生殖、人类基因编辑、生殖性克隆四大技术领域共20个案例，进一步明确

《专利法》第5条审查标准的准确适用。

课题研究有助于促进知识产权伦理治理,准确把握专利伦理审查的内外形势机遇,保障国家科技政策与专利保护政策及专利伦理审查政策的协调统一;有助于适时明确专利伦理审查的基本方针政策,把伦理先行、敏捷治理、依法依规、立足国情、开放协同作为我国专利伦理审查的基本方针;有助于逐步强化专利伦理审查的体制机制保障,局级层面成立机构级的伦理审查委员会,构建国家知识产权局覆盖全面、导向明确、规范有序、协调一致的科技伦理治理指导体系;有助于建立健全专利伦理审查的分类分级方法,区分技术领域、技术主题、伦理问题,区分研究阶段、伦理敏感程度,针对不同的技术主题和研究类型,做出合适的伦理审查处理。

9. 课题名称:外观设计单独立法文本建议与可行性分析(北京大学、国家知识产权局专利局外观设计审查部)

课题负责人:易继明　卞永军

《知识产权强国建设纲要(2021—2035年)》中提出探索制定外观设计等专门法律。本课题从外观设计单独立法的必要性和可行性入手,提出可行的制度选择路径和文本设计方案。

在专利法三合一制度下,外观设计领域的发展日益受到既有理论逻辑和规则体系的束缚,无法满足其独特的发展方向与客体特征。新兴技术快速发展,中国加入海牙协定,知识产权市场建设日益成熟,为探索外观设计单独立法创造了改革契机。针对外观设计已经具备的规则数量和亟待解决的现实需求,本课题给出了文本设计方向六个方面的建议:(1)重新定义外观设计产品,涵盖实体和虚拟产品;(2)完整构建制度体系,保留已经成熟的外观设计法律规则,引入符合未来发展的新制度;(3)明确外观设计的性质,界定外观设计与其他知识产权权利保护的范围;(4)全面考虑多元保护需求,针对不同

产业的特性和需求,多样审查制度和保护制度相结合;(5)完善外观设计救济程序,高效维护营商环境;(6)有效保护优质设计,注重法律的导向性,在保护权利人利益的同时,引导正确的设计价值取向。

在分析论证了外观设计单独立法对于知识产权制度体系产生的影响,对行政和司法体系带来的影响,以及立法周期与立法程序所带来的时间与资源成本问题后,提出了外观设计单独立法改革的立法规划路径:第一阶段从2022年至2025年,完成外观设计现有分散规则的整合,通过理论研究和实践调研,形成外观设计领域独立的理论基础和规则体系,在借鉴域外法经验的基础上形成相比现行法律更加具有外观设计相关领域针对性、更具有行业发展引领性和前瞻性的规则设计。同时完成外观设计法作为行政法规的落实和试行,通过行政法规进行规则落实的试点,在立法、司法和行政领域进行规则设计的检验与修正,不断积累实践经验,进一步打磨外观设计法的规则设计,最终形成一份成熟完整的外观设计法提案。第二阶段从2025年至2030年,推动外观设计法与专利法修改提案一并进入正式的全国人大立法程序,在提案、审议、处理和公布各个流程和阶段中不断听取各方意见,展开充分研讨,最终形成具有可行性的法案并落地实施。第三阶段从2030年至2035年,在外观设计单独立法规则正式形成的基础上,进一步推动司法和行政领域配套规则与部门体系的改革与建设,最终形成全方位、全过程、完善立体、有效落实的外观设计保护体系。

10. 课题名称:诚实信用原则在初审流程审查实践中的适用研究(国家知识产权局专利局初审及流程管理部)

课题负责人:郭　琛

近年来,国内专利申请数量持续在高位运行,但专利申请质量有待提升,违反诚实信用原则的专利行为呈现增长态势,其表现形式变得更为多样,方式更加隐蔽。

为提高专利申请质量,我国在 2021 年 6 月 1 日起实施的《专利法》中引入了诚实信用原则,其中第 20 条规定,申请专利和行使专利权应当遵循诚实信用原则。

本课题梳理了国内知识产权领域、其他部门法律法规及域外主要国家知识产权法中诚实信用原则的适用情况及典型案例,研究在我国专利审查实践中可借鉴的有益经验,将其类型化、规律化的研究成果作为专利审查中细化"诚实信用条款"的理论基础。同时全面梳理初审流程审查实践中各业务环节,包括专利申请受理、PCT国际申请及向外申请、法律手续审查、事务服务审查中出现的违反诚实信用原则的典型情形及案例,对各业务环节出现的非诚信行为按照不同要素类型化,从主体、客体、手段、行为四方面进行深入研究分析,从政策等角度深入剖析其成因,梳理现有审查规则、行政手段在规制上述行为方面发挥的作用,以及存在的漏洞和不足,进而提出有针对性的、合理有效的规制规则。

本课题从审查流程、审批系统、行政管理工作、法律法规修改四个方面提出解决方案,包括受理及初步审查环节、法律手续环节、事务服务环节及非正常排查与正常流程衔接的审查规则意见建议;提出加强对专利资助政策制定的指导力度、修改完善相关政策与规定、加强宣传与培训,以期更好地规制非诚信专利行为,强化行政管理效果;同时对专利法及其实施细则、专利审查指南如何修订和完善提出意见建议。本课题为更好地应用和落实诚实信用原则,规制非诚信专利行为,助力专利审查提质增效工作,推动知识产权事业高质量发展提供有力保障。

11. 课题名称:审查流程大数据在初审流程管理方面的运用研究(国家知识产权局专利局初审及流程管理部)

课题负责人:申江华

《知识产权强国建设纲要(2021—2035年)》提出要建设便民利民的知识产权公共服务体系,加强覆盖全面、服务规范、智能高效的公共服务供给,充分利用新技术,提高知识产权公共服务效率。为贯彻落实《知识产权强国建设纲要(2021—2035 年)》提出的任务,结合专利审查领域"三新"工作理念,本课题对大数据在提升专利审查流程公共服务质量和效率方面的运用进行探索,以期为构建新型专利流程管理模式和知识产权公共服务体系提供新思路和新举措。

本课题围绕创新审查方式、优化资源配置、实现流程管理高质量发展的目标,提取专利审查流程中产生的各类数据,运用大数据分析的策略和技术开展挖掘分析,建立了"优先审查推荐质量预测预警模型"和"专利申请人质量大数据模型"。此外,还对部分受理和法律手续的数据进行统计分析,进而发现审查大数据资源背后的规律与模式并提出数据运用策略。

通过两个模型的建立和使用,及时动态掌握各地的优先审查案件推荐质量,优化审查资源配置;同时及时对申请人进行分类管理和引导,有利于促进高质量申请转化运用和及时遏制低质量申请,为制定宏观政策、优化审查资源配置等提供依据,强化申请源头质量管理。本课题还通过对流程中产生的申请数据、法律手续相关数据采用传统的统计分析和可视化分析的研究方法,发现目前审查中存在的问题和不足,并结合智能审查的发展趋势和目标,在提高自动审查比例、节约行政成本和创新审查模式等方面提出具体建议。

12. 课题名称:从实用新型专利构成与源头治理角度落实实用新型制度改革举措研究(国家知识产权局专利局实用新型审查部)

课题负责人:朱广玉

习近平总书记在中央政治局第二十五次集体学习时指出,知识产权工作正在从追求数量向提高质量转变。为贯彻落实习近平总书记重要讲话精神,落实局重点工作部署,课题组采用数据整理、资料整合、审查试点、案例分析、理论研究以及广泛调研等研究方法,将实用新型质量控制环节重心前移,着力在申请端对申请行为进行分析,为落实实用新型制度改革相关举措提供实证和细化方案。

本课题提取并分类整理近十年实用新型专利申请著录项数据,展现实用新型专利申请全貌,分析各类申请中较为典型的行为和特点,梳理与实用新型申请数量相关的激励政策,找出政策激励与申请量增长之间的内在关系。从著录项目、申请文件和机检报告等多个方面梳理实用新型典型案例,结合既有大数据分析成果研究设立实用新型专利申请质量评判指标,用自动化手段对申请质量进行评价赋分,建立实用新型申请质量评价体系。

本课题结合研究内容,根据当前形势要求以及实用新型制度发展现状,提出包括强化评价报告作用、建立分级分类审查体系等十一项宏观政策完善建议和审查模式修改建议,推动基于源头治理的实用新型制度的改革,促进专利事业高质量发展。

13. 课题名称:提质增效形势下的实用新型明显创造性审查标准适用研究(国家知识产权局专利局实用新型审查部)

课题负责人:朱宝华

《知识产权强国建设纲要(2021—2035年)》及《"十四五"国家知识产权保护和运用规划》要求进一步完善知识产权法律政策体系,适时提高知识产权保护标准,提高审查质量和效率。作为实用新型审查制度改革的重要方面,实用新型明显创造性审查将成为提升实用新型授权质量、提高实用新型专利权稳定性的重要举措。本课题聚焦提质增效形势下明显创造性审查机制和审查策略,研究如何推进落实、做好质量保障和业务指导。

本课题将现有审查框架下因缺乏法律依据或存在说理缺陷等无法解决的低质量申请确定为实用新型明显创造性审查重点,通过研究审查效能,开展实践分析验证,提出明显创造性审查质量保障和业务指导相关措施建议。

本课题认为,实用新型明显创造性审查主要基于智能检索系统机检推送的证据开展,审查中启动主动检索的原则应当是"必要且有利";应按照确定的审查规范开展,执行统一的审查标准,建议将明显创造性审查定位为实用新型初步审查中的重要补充手段,并按照"必要且少量"的原则,用以解决依据现有审查手段无法处理的审查问题;智能化检索和审查系统在后续升级过程中仍需要进一步优化;根据案件前景、修改情况、听证原则要求,判断是否继续审查或作出驳回决定。同时建议,应继续与法律界、知识界、产业界开展广泛的交流研讨,适当披露已有研究结论和政策导向,听取意见和建议,分析外界反响,研判外部动态;适时启动对明显创造性审查规范的宣讲和培训工作;制定引入明显创造性审查后的审查管理措施,明确质量保障标准;加强与复审和行政诉讼程序的衔接,就明显创造性审查的标准执行一致达成共识;密切监控申请状况的变化,预判申请案情的变化,建立完善明显创造性审查规范的机制;联动质量保障、业务指导、能力提升等各项工作。

14. 课题名称:实用新型专利保护客体研究(国家知识产权局专利局专利审查协作北京中心)

课题负责人:石贤敏

近年来,"量大质低"的现状使得实用新型专利未能在经济发展中起到与其体量适配的促进作用。为落实习近平总书记在中央政治局第二十五次集体学习时的重要讲话精神,促进实用新型申请质量及审查效率的提升,本课题对实用新型保护客体开展研究,以期提升专利申请质量、专利审查质量和效率。

本课题通过梳理国内外实用新型制度相关文献,汇总各国专利、经济数据信息,结合运用经济、政治、法律学等知识体系,深入分析德国、日本、韩国等典型国家实用新型保护客体改革史，以及改革节点下的产业、经济驱动因素，研究各国实用新型制度及其保护客体的发展规律和变革产生的前因后效，并得到知识产权的相关制度随着社会经济活动而变革的若干规律和启示。

本课题提出用实用新型申请量/发明申请量这样一个观察指数，表征市场化条件下，市场主体对实用新型和发明两种专利的需求对比。两种专利的相对需求反映了宏观经济中工业产业升级、劳动效率提升的现状，该指标用于观察实用新型数量和质量的合理化程度，进而将其作为判断实用新型保护客体范围是否进行扩展的维度参考，当这个观察指数趋于一定的理想值之后，对实用新型保护客体进行一定的扩展。基于现阶段"量大质低"的突出特点和制造业发展水平需求的分析，本课题提出我国实用新型客体范围调整的"两步走"方案，并提出了对于两个阶段的主要矛盾、任务，以及可以采取的措施、政策建议等。

15. 课题名称：数字技术下外观设计保护趋势研究（浙江大学）

课题负责人：孙守迁

以5G、人工智能、大数据、区块链与物联网等为代表的数字技术提升了产品的计算性能与交互方式，催生多种产品外观与人机交互界面的创新，形成了产品差异化与个性化发展，在满足用户多元化、沉浸式需求的同时也对产品的外观设计保护提出了新的要求，只有及时调整相关法规、确定与其相适应的保护体系和保护规则，才能更好地维护创新主体的积极性、激发创新活力。

本课题以当前业界高度关注的虚拟现实技术（VR）/增强现实技术（AR）/混合现实技术（MR）/全息技术等典型产品为切入点，汇总分析当前数字化产品的设计特点，开展VR/AR产业领域相关人员的问卷调研以及与以数字技术为代表的设计公司的深度访谈，比较分析当前国际外观设计保护动态，全面总结数字技术下外观设计保护的需求变化趋势。

通过梳理数字设计新业态的产业概念、产业发展状况、知识产权保护需求、国际动态趋势，结合数字技术下外观设计保护的需求变化趋势，本课题从法律修改、保护策略、国际合作等方面提出知识产权制度的修改建议，为后续我国外观设计制度进一步完善奠定基础。

16. 课题名称：基于智能检索系统的重点新技术领域检索规范研究（国家知识产权局专利局审查业务管理部）

课题负责人：田 宏

为深入贯彻落实习近平总书记关于"提高知识产权审查质量和审查效率"的重要指示精神，国家知识产权局坚持以国家需求和用户满意为导向，持续落实审查"三新"理念，不断提升审查员技术理解、检索和法律适用能力。作为提高审查质量和审查效率的重要工具，智能检索系统正式上线运行为进一步提升检索质效提供了重要保障。由于系统上线时间不长，全新的检索模式以及多样的检索功能仍有待进一步学习和挖掘，因此，及时总结固化现有检索经验，充分发挥智能检索系统的作用，显得尤为重要。

本课题通过分析国家需求，选取计算机安全、有机显示、人工智能功能应用、5G和6G通信技术，以及以生物序列为特征的基因技术五个重点新技术领域，研究检索特点，结合智能检索系统的优势制定相应的检索规范。

本课题将研究成果中的规范流程图、核心案例等内容制作形成《重点技术领域检索规范》手册，为相应领域审查员检索提供参考，有效提升检索与审查质量和效率。同时本课题建议，进一步关注检索规范的动态调整和扩展制定规范的领域，加强多个规范制定部门的工作交流，促进各重点新技术领域的分领域检索规范的制定工作能够整体统筹、协调有序推进。

17. 课题名称：以机理表征的制药用途权利要求审查标准执行一致研究（国家知识产权局专利局医药生物发明审查部）

课题负责人：邹吉承

我国的新药研发产业正处于由跟随型到自主型研发的转型关键时期。随着医药行业的发展和精准医疗的提出，通过机理设计药物成为常见的研发思路，专利申请中以机理表征的制药用途权利要求比重呈增长趋势。完善以机理表征的制药用途权利要求的审查标准以更有效地保护我国制药企业创新研发成为一项亟待研究的课题。

本课题旨在解决以机理表征的制药用途审查标准执行不一致等审查难点问题，通过分析和研究各局审查政策，结合我国行业发展现状，提出适应我国国情和知识产权保护现状的审查建议，为完善审查标准提供决策参考。

本课题在借鉴欧美审查标准和创新主体调研基础上，对上述审查难点给出一般性指导原则。同时，在现有法规框架下，对涉及公开充分、新颖性、创造性、清楚支持、修改超范围等法条的审查提出具体审查建议。同时，针对以机理表征的制药用途权利要求的不同类型，结合具体案例，形成典型案例集，供审查实践中借鉴使用。本课题研究成果将有效提升本领域技术人员对现有技术及申请人提供的证据的综合判断能力，促进审查标准执行一致。

18. 课题名称：AI 制药领域专利审查规则研究（国家知识产权局专利局专利审查协作广东中心、广州中新知识产权服务有限公司）

课题负责人：董　玪

近年来，在智能技术深度融合发展的趋势下，人工智能技术不断渗入制药领域，该领域专利申请量呈快速增长态势。国家"十四五"规划明确提出以新一代信息技术赋能药物研发，助力我国医药产业的高速发展，为全民大健康事业提供优质服务。AI 制药研发过程中出现的创新方式和成果，对现有专利审查标准和保护规则的适用提出新的挑战。基于此，本课题研究如何完善 AI 制药专利申请的审查规则，以期完善和细化相关审查标准，促进 AI 制药领域专利审查的提质增效，以及激励我国制药技术企业的自主创新。

本课题从 AI 制药行业发展现状出发，总结 AI 制药技术申请特点，对照外局相关案例审查过程剖析 AI 技术与制药的深度相关性，对 AI 制药案例进行深入研究，总结审查难点、探索审查思路、明晰 AI 制药领域专利审查规则。

根据 AI 制药领域专利申请特点，本课题对 CPC 分类、审查模式和审查规则提出修改完善建议，包括开展跨领域工作组审查模式，针对 AI 制药申请审查中公开充分与支持评判的难点问题细化对申请说明书效果数据的具体要求，同时，对 AI 制药申请创造性审查标准提出建议。研究成果提升了 AI 制药申请领域审查员的技术理解力、现有技术检索力、法条适用能力，促进了 AI 制药领域专利审查质量和效率的提升。

19. 课题名称：基于 AI 的审查效能提升研究（国家知识产权局专利局专利审查协作北京中心）

课题负责人：张　蔚

近年来，随着创新主体专利保护需求的不断提升，申请数量大幅增长，对专利审查质量和效率也提出更高、更具体、更具个性化的需求。《知识产权强国建设纲要（2021—2035 年）》提出应该优化专利和商标审查协作机制，提高审查质量和效率。《"十四五"国家知识产权保护和运用规划》进一步要求优化审查资源配置，加强智能化技术运用，提升审查效能，缩短审查周期。因此需要探索行之有效的手段应对新挑战，持续提升实质审查效能。

本课题以发明专利实审中案源智能决策和审查信息智能融合为切入点，结合发明专利提质增效工作现状和需求，将人工智能技术融入发明实审关键环节，借助新技术提高审查系统的智能化,并在借助 AI 技术实现审查案源智能决策和审查信息智能推荐两方面提出解决方案。

在审查案源智能决策方面,本课题提出将案源按照技术单元聚类、人力重组和案源繁简进行分流的方案,从而提升审查人力和案源的匹配度,及时消化积压案件,缓解审查人力与积压案源之间的矛盾。在审查信息智能推荐方面,将审查智慧信息融合到审查系统,使审查系统实现为审查员智能推送最优审查策略和优秀检索案例的功能,同时本课题还提出通知书辅助撰写和智能校验的方案,辅助审查员进行通知书的撰写,有力保障审查意见的准确性,促进审查标准执行一致。

20. 课题名称:禁止重复授权法律适用研究(国家知识产权局专利局机械发明审查部)

课题负责人:徐媛媛

自 2008 年《专利法》第三次修改以来,我国禁止重复授权制度总体运行情况一直受到社会的广泛关注。当前国内专利申请量逐年攀升,审查人力资源紧张,实用新型制度也面临重大改革。该制度运行中,在"同样的发明创造"的处理方式、"同样的发明创造"审查标准以及后续无效和侵权判定中出现诸多问题,有必要对禁止重复授权的处理方式和审查标准作进一步研究,重新审视其法律期待和程序设计,聚焦禁止重复授权制度在专利审查实务中的具体把握,梳理现状,总结经验,完善相关程序设计以及审查标准,并为后续立法提供支撑。

本课题着力于解决禁止重复授权,特别是同日申请制度在审查实践中的各类问题,一方面,给出实际有效的解决建议,旨在使同日申请的制度回归至实用新型专利权"转换"至发明专利权的制度设立初衷;另一方面,对同日申请制度运行中存在尚待明确的问题,给出清晰的解决方案,完善审查标准以及处理方式,以减轻专利行政

审批的负担,提高专利审查质量和效率。

通过研究,本课题建议进一步明晰专利法实施细则相关法律规定的含义,减少适用"盲区",促进审查标准执行一致;放宽"同样的发明创造"的判断标准;进一步完善禁止重复授权程序设计,进一步保护和鼓励发明创造,促进科学技术进步和经济社会发展。

21. 课题名称:化学领域高效智能检索策略研究(国家知识产权局专利局化学发明审查部)

课题负责人:孙广秀

智能检索系统强大的功能和简单易操作的特性得到审查员的广泛认可。然而,使用过程中存在一些问题:一方面,系统功能繁多且具有一定的适用性要求,审查员难以全面了解系统全部功能;另一方面,审查员检索过程不规范,效率不高。另外,化学领域的专利申请细分领域多,检索策略、手段等各不相同。因此,开展化学领域高效智能检索策略研究,对提升化学领域专利审查人才的检索能力、打赢提质增效攻坚战具有重要意义。

本课题从化学领域实际个案出发归纳总结,制定化学领域智能检索规范流程,研究发明构思在智能检索系统的高效表达方式,研究化学产品和方法专利申请的高效智能检索策略,结合智能检索系统中化学领域适用的新功能提出如何高效准确地表达发明构思进行检索,实现快速准确判断本申请是否具备授权前景,有效提升检索效率。

采用课题研究成果的规范检索流程进行检索,经随机抽取案件验证,可提高命中目标文献的机会,大幅节约时间精力,有效提升细分领域的检索效能。

22. 课题名称:涉及计算机程序的发明专利申请撰写相关法律适用问题研究(国家知识产权局专利局电学发明审查部)

课题负责人:周述虹

《知识产权强国建设纲要(2021—

2035 年)》《"十四五"国家知识产权保护和运用规划》要求进一步加强对大数据、人工智能等新领域新业态的知识产权保护。新领域新业态的技术创新,大多以计算机程序作为主要实现方式。目前,我国对涉及计算机程序的发明创造,允许采用方法、装置、介质和系统/设备等不同方式进行多元化保护。上述多种保护方式之间保护范围是否相同、相互之间是否可得的问题,业界一直存在较大争议,也导致一系列法律适用问题,亟须提出切实可行的解决方案。

本课题针对涉及计算机程序的发明创造,研究了不同保护方式之间保护范围是否相同、相互之间是否可得两大关键问题,通过梳理中欧美日韩五局针对上述问题的观点和分析思路,调研多家代理机构、创新主体和司法部门,并对实际申请情况进行调查评估,对各问题之间的逻辑关系深入分析,从创新主体、专利审查和司法保护等角度综合研判,提出了一套完整的建议解决方案。

经研究,对涉及计算机程序的发明创造,上述不同保护方式之间保护范围并非完全相同,因此同日以不同保护方式分别申请并不会导致重复授权问题,并可分案为不同的保护方式以寻求多元化保护;同一申请中不同保护方式的权利要求之间不会造成不简要问题。对于不同保护方式相互之间是否可得,应以是否明确记载或隐含公开作为判断依据,并由此判定修改是否超范围、优先权是否成立以及是否可评述新颖性;现有技术中如出现不同于专利申请中的其他保护方式,也可用于评述创造性;在说明书中仅记载了一种或几种保护方式的情况下,权利要求书中其他保护方式也均可得到说明书的支持;申请人或复审请求人在权利要求书中主动增加其他保护方式的权利要求,审查员可对上述主动修改行为予以接受,以便为创新主体提供更为高效的专利审查服务和多元化保护。

23. 课题名称:涉及生物标志物领域审查标准研究(国家知识产权局专利局光电发明审查部)

课题负责人:杨 哲

精准医疗的迫切需求促使生物领域的科研人员不断发现和探索新的生物标志物,近年来,涉及生物标志物主题的专利申请呈现明显激增的趋势。在涉及生物标志物专利申请的审查实践中,存在法条适用不一致、标准把握不统一的问题,给创新主体带来了诸多的困惑,在一定程度上影响专利审查的公信力。

为解决上述问题,本课题通过整理同领域业务指导中的典型问题,在同领域审查部门和单位中征集典型问题和案例,搜集复审案例和法院判决,与创新主体交流等方式,收集生物标志物领域专利申请审查中存在的审查难点以及审查标准执行不一致的问题,梳理出涉及生物标志物主题专利申请的特点,剖析审查实践中遇到的主要问题和审查难点,以问题为导向,与创新主体、同领域和跨领域审查部门和单位再次进行沟通交流,对涉及生物标志物专利申请审查实践中存在的突出问题进行研究。

通过比较国内外相关审查标准,本课题就客体、公开充分、单一性和创造性判断四个方面的相关审查标准完善提出建议,同时提出相应的审查实践建议,形成典型指导案例集,以期提高该领域审查质量和效率,促进同领域审查标准执行一致,为创新主体提供更好的服务。

24. 课题名称:深海通信领域专利审查策略研究(国家知识产权局专利局通信发明审查部)

课题负责人:张雪凌

深海是 21 世纪国际海洋战略博弈和大国角力的重要战略空间,在"十四五"规划和 2035 年远景目标纲要中,"深海探测"被明确列为事关国家安全和发展全局的基础核心领域和科技前沿领域之一。随着我国深海探测活动的积极开展,深海通信领域的重大科研成果不断涌现,专利申请数量快速增长,做好这类高价值专利的实质审查工作,保障并提升我国深海通信领域的授权专利质量,是当下通信领域专利实质审查工作面临的新机遇和新挑战。

本课题详细分析深海通信领域全球专利申请的总体态势,梳理深海通信的关键技术;对深海通信领域专利申请保护现状进行研究,总结出该领域专利申请的特点和存在的问题;全面分析产业发展情况,针对性地提出专利申请布局及撰写建议;最终基于深海通信领域专利申请的特点,深入研究和探索实质审查相关法条的审查策略以及针对国之重器重大专项关联专利申请的审查模式。

本课题基于深海通信领域专利申请保护现状,对创新主体在专利申请布局、专利申请撰写以及知识产权相关政策落地方面提出建议。通过典型案例分析,对涉及不授予专利权的客体、公开充分、创造性、权利要求保护范围等法条的审查提出具体审查策略。针对高价值专利申请,提出了专家组审查模式和会晤式审查模式,其有助于关键核心技术自专利申请初期的源头起直到授权确权能得到全链条保护,以及帮助深海通信领域审查员准确站位本领域技术人员。

25. 课题名称:集成电路布图设计保护相关问题研究(国家知识产权局专利局复审和无效审理部)

课题负责人:樊晓东

《知识产权强国建设纲要(2021—2035年)》指出,为适应科技进步和经济社会发展形势需要,应依法及时推动知识产权法律法规立改废释,同时明确指出应"完善集成电路布图设计法规"。《"十四五"国家知识产权保护和运用规划》在有关完善知识产权法律政策体系的具体要求中明确指出应"完善集成电路布图设计法规"。集成电路布图设计保护制度相对专利制度而言,很多规定较为粗放,且与布图设计产业的最新发展不相匹配,案件审理中存在若干难点问题。

本课题从撤销程序案件审理实践中遇到的疑难问题出发,从登记程序、撤销程序和保护程序三个维度研究其产生的原因以及可能的最优解决办法,同时为完善集成电路布图设计相关法规提出意见和建议。

为构建更为清楚的专有权保护范围、明确更为清晰的确权规则并提供更为平衡的保护力度,本课题提出完善集成电路布图设计保护制度的若干意见或建议,包括对《集成电路布图设计保护条例》及其实施细则的修改建议以及对《集成电路布图设计审查与执法指南(试行)》进一步明确或解释的建议和具体方案,在理论研究的基础上给出实操性解决办法。

26. 课题名称:专利无效宣告程序证明责任研究(国家知识产权局专利局复审和无效审理部)

课题负责人:冯晓青

专利无效宣告程序是专利管理部门根据无效宣告请求人对授权专利的效力提出的疑问再次审查的制度,是专利保护体系中的关键环节,关系到进入市场竞争的专利权是否具有较强的稳定性和可预期性。证明标准与证明责任分配问题对于专利无效宣告程序具有重要意义。在审理实践中,证明责任分配、该由谁最终承担举证不能的不利后果通常是在综合考虑诉讼法、证据规则和专利法基础上自由心证的结果。证明标准、证明责任分配是当前专利无效宣告案件审理的难点和热点,但目前关于该问题的研究则相对较少。因此有待进一步加强研究,为专利无效宣告案件的审理提供指导,也为行政程序与司法程序的衔接提供支撑。

本课题对专利无效宣告程序证明责任开展理论研究,明确专利无效宣告程序的证明标准与证明责任分配规则,分析专利无效宣告程序现有技术使用公开、网络证据以及化学领域中证明责任问题等典型问题,对《专利审查指南》中涉及的有关专利无效宣告程序中证明标准和证明责任分配规则提出修改建议。

课题组认为,由于专利确权案件的特殊性,专利无效宣告程序的证明标准应结合证明标准相关理论统一专利无效宣告案件的证明标准,建立以"高度盖然性"为主,并在部分案件中以"排除合理怀疑"为辅助的多元证明标准模式。就证明责任分配规则而言,应从结果责任与行为责任两个角度分析专利无效宣告程序证明责任分配的一般规则,并探讨自认、免证事实、依公平与诚信原则分配证明责任的特殊规则。

27. 课题名称:智能化技术在专利审查中的应用研究(大连理工大学计算机学院)

课题负责人:姚念民

专利文献是专利情报的主要载体,一个国家的专利数量和质量是其科技实力的重要体现。目前对专利文献的分析研究以文本挖掘技术作为主流,虽然文本分析研究取得了很大进展,但总体来看,该项技术仍然处于初级阶段,计算机对于文本的理解与人的差距还很大。

本课题利用长文本分析技术和相关性回溯技术分析专利文本,研究自动生成审查意见的技术。目前文本生成技术已经可以在一些实践中应用,虽然与人的水平差距很大,但可以用来生成一个审查意见初稿,再由审查员进行少量修改,提高审查员的工作效率。

28. 课题名称:智能语义网络技术在专利审查中的应用研究(西交利物浦大学)

课题负责人:李华康

为了提升审查效能,节约审查人力,国家知识产权局智能检索系统、Patentics、HimmPat、incoPat 等专利检索平台已对智能语义解析有所探究和应用,仍然存在缺乏语义解析和数据标注依赖过高的问题。

本课题从文献比对的计算机语言逻辑出发,使用概念语义表示结合图神经网络

比对算法,研发一套基于语义网络技术的专利文本内容智能检索系统。

本课题研究的系统在提高对比文件相似度排序方面与目前主流商业数据库相比具有明显优势,与国家知识产权局智能检索系统相比,对于不同领域和特点的案件表现不同。本课题系统的验证结果已经较为理想,有望为专利申请人提供良好的检索平台,加快提升我国专利审查工作的质量和效能。

29. 课题名称:基于人工智能技术的 CPC 智能分类研究(知识产权出版社有限责任公司)

课题负责人:李　程

自 2014 年引入联合专利分类体系(CPC)以来,目前已有超过 900 万条人工 CPC 分类结果数据,但仍有 2/3 中国发明专利和实用新型专利文献尚无人工 CPC 分类号,对审查员使用 CPC 检索造成较大困扰。此外,当前专利申请量居高不下,专利分类量五年来翻了一番,同样有必要借助自动化手段降低分类工作成本,促进高效率、高质量开展分类工作。

本课题从专利智能分类需求出发,针对基于人工智能技术的 CPC 智能分类,设计出一套使用 BERT 模型作为语义分析模型、使用神经网络模型作为分类模型的技术路线,并提出技术攻关方案。通过深度融合智能分类技术与业务规则,测试融合方案的可行性,进而提出智能分类技术评价标准选择的建议。

本课题所研究的 CPC 智能分类的技术,在检索领域 CPC 智能分类已具备实用性,课题成果促进 CPC 分类在中文专利文献检索中的应用,为降低分类工作成本、大力提升分类效率和审查效率提供有效支撑。

30. 课题名称:数字化转型背景下审查用非专利文献资源建设与应用研究(中国人民大学)

课题负责人:杨冠灿

文献和数据等检索资源是专利审查工

作的重要保障要素,其中非专利文献作为审查检索资源的重要组成部分,具有数量巨大、分布广泛、类型多样、需求多元化等特点,在资源建设、应用和服务中具有广阔发展前景。在数字化转型背景下,审查提质增效工作的持续推进和智能化升级系统的建设应用对非专利文献资源保障提出新的要求,完善和提升文献资源建设和服务工作质量,满足不同领域和层次的用户文献需求成为当前文献资源配置和服务工作亟待解决的重要问题。

本课题比较各知识产权局在非专利数字文献资源配置方面的差异及检索平台使用情况,以全球专利统计数据库 PATSTAT 的数据为基础,对中国国家知识产权局和欧洲专利局在审查中引用的非专利文献资源进行数据分析,构建面向特定领域的《审查用非专利文献资源检索推荐目录》及其交互式查询方式。

本课题所开展的非专利文献资源建设与应用研究,为资源完善和配置方式优化提供了借鉴,有助于指导数字化转型过程中的资源配置和服务工作实践,促进文献工作与审查工作的融合,更好支撑专利审查提质增效。同时,从资源建设、安全保障、平台工具等方面提出优化发展建议。

31. 课题名称:基于多信息融合和人工智能辅助的关键核心技术识别监测方法及其应用研究(国家知识产权局专利局专利审查协作北京中心)

课题负责人:田　虹

当前,关键核心技术问题已成为关系到我国经济社会高质量发展与国家安全的重大战略问题。清楚地了解战略前沿领域的关键核心技术,明确关键核心技术的重点研发方向和潜在研发趋势,对于助力企业尤其是专精特新企业实施创新驱动发展、加快实现高水平科技自立自强,推动国家经济高质量发展及保障国家安全具有十分重要的意义。

本课题在大量的文献研究基础上梳理关键核心技术筛选的理论基础及实践经验,构建关键核心技术识别与监测模型,形成识别与监测模型的实证研究方法,以新型储能及新冠防治领域为视角对识别与监测模型进一步实证分析,进而总结出一个全面系统的关键核心技术分析模型及应用分析机制。

本课题通过利用国家政策类文件等多信息源构建体现国家战略需求的关键核心技术识别与监测模型,形成关键核心技术经验数据库,为政府掌握产业发展状况,进而为产业快速发展制定出针对性的激励政策提供技术支撑,推动产业技术高质量发展提供信息支撑;也为开发多层次服务科技创新的专利信息情报产品,帮助企业全面了解特定领域的研究现状及未来发展趋势,掌握关键核心技术、技术研发重点,为企业技术创新决策、技术研发和战略布局提供数据支持。此外还可以在专利审查阶段实现关键核心专利标引,精准开展分级分类审查。

32. 课题名称:重大卫生安全事件中的专利审查管理支持机制研究——基于新冠防治关键技术(国家知识产权局专利局专利审查协作北京中心)

课题负责人:赵奕磊

新冠疫情暴发以来,国家知识产权局持续跟踪涉及疫情防控的专利申请情况,对重点申请开展应用前景分析,研究疫情防控关键技术,梳理新冠疫苗及药物专利技术分布和技术发展脉络,为创新主体提供服务,为疫情防控提供信息支持。为有效应对未来的国家层面一级或者二级响应的公共卫生事件,助力关键核心技术科研攻关,有必要构建一套切实可行的专利审查管理支持机制。

本课题对专利审查管理支持机制进行构想和论证。该机制由"启动""维持""终止"三个节点,"专利审查支撑机制""科研攻关支撑机制"和"国际合作支撑机制"三个支撑机制及管理协调机制组成,厘清各支撑机制的职责定位、运行方式、相关部门职责分工,并通过管理协调机制使得各支撑机制发挥协同作用,按照及时响应、主动作为,统一领导、各司其职,依法规范、措施有力,发挥特长、助力创新的工作原则,立足国家知识产权局工作职责,发挥专业特长和人才优势,助力国家应对重大卫生安全事件。

通过本课题的研究和实践,该机制能够有效发挥国家知识产权局职能及专业特长,在重大卫生安全事件发生时,发挥多元化治理体系的作用,为科研攻关提供有力支持,支持国家高质量发展。

33. 课题名称:专利开放许可制度的运行优化研究(东南大学)

课题负责人:林宏志

2021年6月1日,《中华人民共和国专利法》正式引入专利开放许可制度,引起社会各界的广泛关注。但该制度相关的具体实施细则和审查指南内容尚不明确,目前的过渡办法只受理开放许可声明和开放许可撤回声明,从已受理的开放许可数据来看许可使用费的合理性不足,费用制定的不理性特征明显,开放许可制度产生的社会效应有限,制度效果有待进一步发挥,亟须对专利开放许可制度运行优化开展研究。

本课题梳理开放许可运行中涉及的年费减免规则、撤回许可限制、智能化信息平台建设、许可费用定价策略、法律保障机制、激励措施和宣传推广等问题;借鉴域外国家开放许可制度建设方面的政策措施、激励机制、运行机制等内容,研究我国开放许可运行的关于费用减免政策、开放许可费用定价标准、自由撤回的权利、诉讼的权限、侵权救济、开放许可数据库建设等多方面问题。

针对开放许可在实际运行过程中存在的问题,本课题提出优化专利开放许可制度运行机制的若干建议,为专利开放许可制度有效运行提供翔实全面的参考,推进

开放许可的有效实践运行,对推动专利转化实施、推进知识产权事业高质量发展具有重要意义。

34. 课题名称:专利开源战略与风险防控研究(国家知识产权局专利局专利审查协作天津中心)

课题负责人:岳宗全

专利开源作为一种创新的专利运用方式在未来将成为一种战略趋势,它强调专利公开透明、协作共享,与传统的专利运用理念有很大的不同。然而,专利开源是否会对现行的专利保护制度带来冲击,企业应对专利开源形势发展有怎样的诉求,专利开源项目是否有利于促进行业的发展,进而影响行业的竞争格局,已经成为目前亟须研究的重大问题。

本课题分析国内外专利开源代表性企业与行业的专利情况,对比开源专利与非开源专利的差异,得到专利开源背后的诉求,归纳总结专利运用模式,研究专利开源的运用战略和风险防控。

本课题对专利开源这种创新的专利运用方式进行深入分析与思考,通过总结专利开源的定义与内涵,梳理出专利开源的五种开源模式,归纳最为有效的专利运用模式,从企业、行业、国家三个层面提出完善政策、优化环境、健全体系等专利开源战略,同样,课题提出企业和行业层面的专利开源风险防控建议,并针对出口管制、司法管辖、法律救济等方面的风险给出国家层面相应的防控建议。课题成果对强化专利运用,实现专利价值的高效转化,促进技术、产业进步,优化专利制度等方面具有重要的意义。

35. 课题名称:公务员考试改革新形势下审查人才选录机制研究(国家知识产权局专利局人事教育部)

课题负责人:张 倩

公务员考试录用是建设高素质专业化公务员队伍的源头工程、基础工程,其关键在于"考准考好"。近年来,国家知识产权

局专利局公务员考录工作建立了配套的政策体系,考录了一大批适应专利审查工作需要、能力素质突出的优秀年轻人才。但是,专利局公务员考录工作也面临着新挑战,包括传统结构化面试越来越难以测试考生真实水平以及试题形式和内容越来越无法紧贴专利审查职位特点。现阶段,有必要对专利局审查人才选录机制进行研究和调整,进而探索解决相关问题并对新形势下审查人才选录机制提出优化建议,着力解决测查内容针对性不强、考录测查形式单一等问题,不断提高考录工作科学化水平,推动考录工作的高质量发展。

本课题分析公务员考试改革新形势下审查人才选录机制存在的问题,研究不同职位选拔人才时应突出考量的素质和能力,再结合专利局工作特点,探索符合客观实际情况的公务员考录工作的方法或手段,对新形势下专利审查人才考录机制提出优化建议。

本课题提出职位设置、专业能力测试、面试和考察的改进方向设想,有助于为进一步优化审查人才选录机制奠定基础,不断提高录用工作质量和科学化水平,为知识产权强国建设提供人才基础和保障。

供稿:国家知识产权局学术委员会

与知识产权有关的主要政府网站

国家知识产权局网站

国家知识产权局网站（https://www.cnipa.gov.cn）是国家知识产权局主办的官方政府网站，是对外宣传知识产权工作的窗口，主要面向社会发布知识产权工作方针政策、相关法律法规、时政要闻、教育培训等信息，提供专利、商标和地理标志等相关的办事服务，并设有意见征求、热点回应、留言咨询、网上信访等互动板块。网站提供中英文版本。

国家版权局网站

国家版权局网（https://www.ncac.gov.cn）是国家版权局主办的综合性政务官方门户网站，于2000年9月30日开通。主要功能包括宣传版权工作方针政策，发布有关版权执法监管、软件正版化、社会服务、宣传培训、产业发展、国际交流等方面的工作信息，在线接收侵权盗版举报，普及版权相关法律知识，进行版权信息公开等。

中国商标网

中国商标网（https://sbj.cnipa.gov.cn）是宣传商标注册的官方网站，主要栏目包括机构概况、政策文件、商标申请、商标代理、案例评析、集体证明商标（地理标志）、国际注册等。

中国扫黄打非网

中国扫黄打非网（https://www.shdf.gov.cn）是全国"扫黄打非"工作小组办公室主办的综合性政务官方门户网站，是全国"扫黄打非"工作小组办公室宣传"扫黄打非"工作的窗口。网站功能主要包括向社会公开相关政策法规、新闻资讯、市场监管、案件查办、专项行动、经验交流、地方工作等信息，还面向公众提供网上举报与在线查询等服务。

中国保护知识产权网

中国保护知识产权网（http://ipr.mofcom.gov.cn）由商务部主办，设有中英文双语版，于2006年4月26日开通。作为专业的知识产权类政府网站，中国保护知识产权网是发布相关政府信息和提供知识产权资讯服务的重要平台，为中国企业"走出去"提供知识产权预警与维权服务。网站已开通国内新闻、国际新闻、海外维权、保知指南、数据资料、"中欧地理标志协定"、"新冠疫苗知识产权"、"多双边知识产权协定"、在线咨询等多个栏目或专题，多方位多角度地为社会公众、企事业组织提供最新知识产权时事动态、各国知识产权制度建设最新进展、海外维权预警等信息。2016年1月推出同名微信公众号，及时发布国内外知识产权立法动态、制度建设、司法案例、统计数据及研究报告等。

国家市场监督管理总局价格监督检查和反不正当竞争局（规范直销与打击传销办公室）网站

国家市场监督管理总局价格监督检查

和反不正当竞争局（规范直销与打击传销办公室）网站（https://www.samr.gov.cn/jjj）是宣传反不正当竞争执法成果的重要窗口，主要包括司局动态、政策法规、价格收费监管、反不正当竞争、规范直销与打击传销等栏目。

中国林草植物新品种保护网站

中国林草植物新品种保护网站（http://www.cnpvp.net）是林业和草原植物新品种保护门户网站，网站内容主要包括组织机构、政策法规、品种权申请、品种权测试、品种权执法文件下载、工作动态和申请指南等，内含林草植物新品种保护管理系统，提供林草植物新品种在线申报、审查和公告等功能，还提供林草授权植物新品种数据检索服务。网站包括中英文 2 种语言版本。

中国林业知识产权网

中国林业知识产权网（http://lygc.lknet.ac.cn:8080/43.html）是由国家林业和草原局知识产权研究中心承办的林业知识产权信息共享平台，2012 年开通，整合了国内外林业知识产权信息资源，建设了林业专利、植物新品种权、林产品地理标志、商标、著作权等知识产权基础数据库 15 个，累计数据量 150 万条，免费提供林业知

识产权信息检索和数据共享服务。

最高人民法院知识产权法庭网站

最高人民法院知识产权法庭网站（https://ipc.court.gov.cn/zh-cn/index.html），是最高人民法院知识产权法庭官方网站。目前网站分为法庭介绍、要闻聚焦、审判动态、党建队建、诉讼服务、裁判资料、数据分析、知微课堂、司法学术九个板块，及时发布重要信息，提供诉讼服务指引，传递法庭司法理念，实现网上民意沟通，普及知识产权法律知识，全面展示最高人民法院知识产权法庭工作情况。

最高人民检察院网站

中华人民共和国最高人民检察院网站（https://www.spp.gov.cn）是依托国家电子政务网络建立的检务公开网站，集纳检察重要新闻、业务动态和"12309 中国检察网"检察服务平台等信息，向社会提供案件程序性信息查询、控告申诉举报、辩护与代理网上预约等服务。最高人民检察院涉保护知识产权工作的重大部署、指导性案例发布、"4·26"知识产权新闻发布会、民营企业知识产权保护以及地方知识产权检察工作动态等重要内容，均可以通过该网站查询获知。